PRINCIPLES OF MANAGEMENT
경영학원론

Charles W. L. Hill & Steven L. McShane 저
김기태 | 김동배 | 김성훈 | 김주일 | 노중균 | 송영화
이상민 | 이은영 | 이정현 | 이준우 역

經文社

저자 서문

PREFACE

현재 많은 경영학원론 서적들이 출간되어 있음에도 불구하고, 우리는 왜 이 책을 쓰게 되었는가? 그 이유는 경영자들이 실제 행동하고 생각하는 것과 기존의 책들이 최신의 경영방식이라고 말하는 것과는 커다란 차이가 존재하기 때문이다. 전략수립이나 기업문화와 같이 경영자들이 중요하다고 언급하는 특정 주제들은 훨씬 더 많은 비중을 두어야 하지만, 경영자들이 오랫동안 잊고 있던 개념이나 제도들은 더 이상 경영학 교육에서 언급될 필요가 없다. 경영학 이론들은 계속 발전해 나갈 것이고, 많은 경우에 있어 그 경영기법들은 잘 정립되어 있다. 우리는 경영학을 공부하는 학생들이 읽고 있는 것들이 현실과의 갭이 커서 매우 놀랐다는 것을 다시 한 번 언급한다. 그래서 이 책을 쓰게 되었다. 이 책은 경영자들의 실제 행동과 경영학 이론의 실제적인 도움을 학생들이 현실적으로 이해할 수 있도록 도와줄 것이고, 따라서 기존 책들의 한계점을 극복할 수 있을 것이다. 이 책은 논리적이고 간결하며 분명한 문체로 기술되었다. 기업의 실제 사례들을 소개했고 경영자의 역할을 강조하였다.

본서의 적합성 : 21세기를 위한 책

약 100년 전에 프랑스 학자인 Henri Fayol은 다섯 가지 관리기능을 제시했는데, 그 중 네 가지(계획, 조직, 지휘, 통제)는 지난 40년간 경영관리론 서적의 기초가 되었다. 경영의 일부 기능들은 시간과 관계없이 계속 유효하지만, Fayol의 이론에 영향을 미쳤던 19세기 후반의 경영자들과 현재의 효과적인 경영자들 간에는 큰 차이가 있다. 즉, 21세기 경영자들을 위한 21세기 책이 필요한 시기이다. 그러나 한편으로는 Fayol의 경영기능론이 경영학 교과과정에 깊숙이 침투되어 있기 때문에, 이 책은 혁명적인 변화보다는 점증적인 변화에 입각해서 쓰여졌다. 우리는 네 가지 관리기능을 과거와 같이 계속 유지하지만, 이 책 전반에 걸쳐 미묘한 차이들을 기술하게 될 것이다. 기존의 서적들과 몇 가지 차이나는 관점들을 소개한다.

계획과 전략

대부분의 경영학 서적들은 계획을 강조하지만, 우리는 계획과 전략을 강조한다. 이것은 사소한 차이라고 무시할 수 있는가? 결코 아니다. 계획은 조직의 전략을 수립하는 정기적이고(예 : 1년 단위) 공식적인 과정인 반면, 전략은 기업이 그 목적을 달성하기 위해 무엇을 해야 하는지를 생각하도록 하는 지속적인 과정(continual process)이다. 즉, 성공적인 경영자는 끊임없이 전략을 수립해야 하는데, 이때 계획화 없이 진행될 수도 있다. 이렇게 해서 우리는 경영자들이 어떻게 전략을 수립하고 실행해야 하는지를 반복해서 강조한다. 계획과 전략을 혼동하는 것을 피하기 위해 이 책에서는 별개의 장으로 기술하였다.

조직화와 통제 : 조직구조

대부분의 경영학 서적들은 조직화와 통제를 전혀 별개의 기능으로 기술하고 있다. 그러나 경영자들은 사람들을 조직화해서 부문이나 팀으로 만드는 것은 통제의 중요한 형태라고 말한다. 또한 그들은 인센티브 시스템이나 예산시스템과 같은 다양한 통제시스템이 조직구조와 밀접하게 관련되어 있다고 지적한다. 나아가 경영자들은 조직의 문화가 중요한 통제시스템이라는 점을 강조한다. 이렇게 해서 우리는 조직화와 통제는 조직구조라는 관리과정에 함께 포함된 하위부분이라는 현대의 경영학적 관점을 적용한다.

지휘와 종업원 개발

리더십은 중요하다. 사실 리더십은 조직을 달성해야 할 목표로 인도하고 관리기능들을 활용하도록 하는데 결정적으로 중요하다. 그러나 오늘날 경영자들은 다른 이들을 동기부여시키고 지도하는 것 이상의 것들을 한다. 비록 Fayol의 처음 기능에서는 이 부분이 빠졌지만, 본서에서는 부하들을 개발시키는 데 경영자들이 많은 노력을 기울인다는 점을 강조한다. 사실 GE를 비롯하여 최고의 성과를 거두고 있는 기업에서는 종업원을 고용하고 훈련시키고 멘토링하고 보상하는 것에 가장 우선적인 순위를 둔다. 현대의 경영학적인 용어로 말하면 이러한 기업들은 인적자본을 그들의 경쟁우위로 간주하며, 종업원들의 가치를 제고시키는 데 경영자들이 중요한 역할을 수행하고 있다.

본서의 구성

우리는 여러 차례 회의와 자료교환 등을 통해 본서에 포함된 각 장과 주제를 적절하게 구성하였다. 각 장들과 주제들을 적절하게 배열함으로써 학생들이 경영의 역할과 그들 간의 상호 연결을 쉽게 이해하도록 했다. 또한 각 장의 배열순서는 경영자들이 실제 생각하고 행동하는 것을 반영하였는데, 이전의 교재들과는 상이한 방식이다. 예를 들어, 조직구조와 통제에 대한 장은 앞서 언급한 이유들로 인해 나란히 배열했다. 기타 다른 장들도 이러한 논리를 따랐다. 이 책은 처음에는 거시적인 이슈에서부터 출발하여 중간수준을 거쳐 미시적 이슈까지 소개한다. 그리고 마지막에는 거시적인 관점(혁신과 변화관리)으로 되돌아가 끝마친다.

또한 본서는 경영주제에 대한 부분적인 접근법보다는 통합적인 접근을 취한다. 이것은 나중에 나오는 장들이 앞 장에서 설명한 개념에 기초해서 기술되고 있다는 의미이다. 예를 들어, 학생들은 외부 환경에 대해 학습하지 않으면 계획과 전략을 이해할 수 없다. 그 이유는 학생들이 큰 그림을 보도록 하고 다양한 경영관점들 간의 연결관계를 이해하도록 하기 위함이다. 이를 위해 우리는 이전 장에서 소개된 개념들을 자주 언급했고, 그 개념들이 현재의 장에서 어떻게 관련되어 있는지를 보여주었다.

간결성 : 중요한 것을 강조

경영학은 광범위한 영역을 포함하고 있기는 하지만, 기존의 서적들이 이러한 영역을 설명하기 위해 많은 분량을 할애하고 있는 것에 대해 우리는 매우 놀랐다. 대부분의 경영학원론은 한 학기 과목이므로 학생들이 그 많은 분량을 학기 내에 다 읽는다는 것은 매우 어렵다. 심지어 두 학기를 한다 하더라도 읽을거리가 너무 많아 학습과정에 문제가 있다. 어떤 부분을 빼고 넣을지를 결정하는 것이 어렵기는 하지만, 우리는 적절한 수준으로 분량을 조정했다. 이 책에는 경영학사에 대한 별도의 챕터가 없다. 대신에 책 전반에 걸쳐 역사적 발전단계들에 대해 적절히 토론할 수 있도록 배려했다. 또한 다른 서적에는 일반적으로 포함되어 있는 특수 주제(예 : 창업가정신, 정보시스템 등)들도 뺐다. 이러한 주제들은 매우 중요한 주제이기는 하지만 경영학원론 수업에서는 부수적인 것으로 판단했다.

내용 : 최신의 내용

현재 경영현상의 추세에 따라 우리는 최신의 경영개념과 사례들을 제시하고 있다. 현대의 경영사고는 모든 면에서 다음과 같은 사회적 관심을 나타내는 것이 분명하다 : 글로벌라이제이션(제3장), 비공식적 통제시스템 사용(제9장), 종업원 직무만족을 통한 고객만족 개선(제13장), 와해성 기술의 영향 인식(제17장).

학생들은 1980년대, 심지어는 1990년대와 같은 예전의 역사에는 관심이 적고 최신의 현실세계 사례에 관심이 많다. 따라서 우리는 가장 최근의 자료들을 활용하여 최근의 사건들에 대한 경영 개념을 도입하였다. 예를 들어, 고객과 함께 캠핑을 한 Chick-Fil-A 최고경영자인 Dan Cathy를 제1장에서 소개하였고, Intel의 CEO인 Paul Otellini가 새로운 전략적 계획을 위해 마이크로 칩 생산자들을 어떻게 조정했는지를 제5장에서 소개했다. 그리고 제8장에서는 Unilever가 경쟁적 시장에서 적절한 균형을 맞추기 위해 어떻게 조직을 재구조화했는지를 소개했고, Dell의 경영진이 컴퓨터 제조기업 문화를 어떻게 바꾸기 위해 노력했고(제10장), 게릴라 모집방법을 통해 Google이 최고인재들을 확보한 사례 등을 소개했다.

읽기 쉬움 : 흥미롭고 쉬운 이해

경영학 서적들은 어렵거나 지루하거나 따분해서는 안 된다. 학생들이 이 책을 몰입해서 읽도록 하기 위해 우리는 최신의 흥미있고 적절한 사례들을 사용한 이야기를 통해서 개념들을 소개했다. 우리는 스토리 텔러라고 생각하면서, 이 책의 전반에 걸쳐 흥미를 유발하는 이야기들을 활용해서 학생들이 내용을 이해하고 할당된 분량을 읽도록 하였다.

또한 학생들이 쉽게 읽도록 하기 위해 대부분의 경영학 서적들에서 발견되는 난삽한 내용들을 제거했다. 교수나 학생들이 우리에게 이야기하는 것 중의 하나는 박스 내에 포함된 내용이나 일화들을 읽지 않는다는 것이다. 대신에 우리는 이러한 사례들을 본문 내에 포함시켜 학생들이 핵심개념과 결부시켜 읽도록 했다. 각 장의 초반에 전형적인 박스형식의 사례를 도입하지 않았고, 대신에 각 장의 개념들을 설명하기 위해 간략한 이야기를 소개했다.

경영자 중심

경영학 교재는 경영자가 자신의 일을 보다 효율적으로 수행하기 위해 무엇을 어떻게 해야 하는지에 대해 설명해야 한다. 이것은 분명한 원칙이지만, 경영학 교재들이 경영프랙티스에 연결됨이 없이 그저 이론에만 매몰되어 있는 경우가 많다.

이러한 경향을 잘 알고 있기 때문에 우리는 경영자를 우리 교재의 중심에 두었다. 필수적으로 우리는 행위지향적인 접근법을 채택했는데, 성공적인 경영자가 해야 하는 것과 왜 그러한 행위들이 잘 되어야 하는지에 초점을 두었다. 우리는 각 장에서 소개되는 개념들이 왜 경영자에게 중요한지에 대해 반복적으로 강조했다. 또한 우리는 이러한 점들을 "결론: 왜 중요한가?"라는 제목으로 각 장의 끝부분에서 다루었다.

학생들을 위한 조언

여러분의 대부분은 인사담당자, 회계담당자, 엔지니어, 영업사원, 재무전문가 등의 기능별 전문가로서 사회에서 경력을 시작할 것입니다. 여러분이 사회에서 처음 하게 되는 일에서 성공한다면, 여러분은 승진해서 다른 사람들을 관리하게 될 것입니다. 이 시점에서 여러분은 경영자(관리자)가 됩니다. 여러분이 경영자로서 더 성장하기 위해서는 다른 사람들을 동기부여시키고 설득하고 격려하고 코치해서 그들이 더 나은 성과를 거두도록 하는 여러분의 능력에 달려 있습니다. 이 책은 효과적인 경영자가 되는 방법에 대한 책입니다. 어떻게 의사결정을 할까, 어떻게 회사의 전략이나 정책에 영향을 미칠까, 어떻게 다른 사람들을 동기부여시키고 리드할까, 어떻게 효과적으로 의사소통할까, 어떻게 변화관리를 할까 등과 같은 것들을 이 책에서 공부하게 됩니다. 훌륭한 경영자가 되는 것은 쉽지 않습니다. 그러나 훌륭한 경영자가 된다는 것은 성공적인 경력을 쌓아가고 당신이 근무하고 있는 조직에 영향력을 발휘하는 것입니다. 위대한 경영자가 된다는 것은 더 어렵습니다. 위대한 경영자란 세상을 변화시키는 조직을 만드는 것입니다. 지난 20세기 후반기 위대한 경영자로는 Sam Walton(아무것도 없이 시작해서 전 세계에서 가장 큰 소매점인 Wal-Mart를 창업한 사람), Jack Welch(방대한 복합기업 GE를 역동적이고 생산적인 기업으로 바꾼 경영자), Howard Schultz (Starbucks의 성장하는 데 큰 기여를 한 경영자), Michael Dell(기숙사에서 시작해서 세계에서 가장 큰 PC 제조기업으로 성장시킨 경영자) 등이 있습니다.

우리는 여러분들이 훌륭한 경영자 또는 위대한 경영자로 가는 과정의 첫 출발에 도움이 되도록 이 책을 썼습니다. 여러분들이 흥미롭게 이 책을 공부하면서, 여러분의 경력을 잘 쌓아가 성공을 거두기를 희망합니다.

역자 서문

대학교에서 경영학원론 강의를 하면서 적합한 교재를 찾기란 쉬운 일이 아니다. 왜냐하면 경영학에 처음 입문하는 학생들에게 다양하고 급변하는 기업경영의 현실과 경영의 여러 가지 이론을 체계적으로 소개하기가 쉽지 않기 때문이다. 경영학입문 강의에 너무 많은 것을 담으려다 보면 넘치게 되어 오히려 남는 것이 없게 되는 경우가 종종 있어왔다. 넘치지도 부족하지도 않은, 핵심을 짚으면서도 어렵지 않은 적절한 경영 입문서라는 점 때문에 이 책은 새로운 발견이자 신선한 충격이었으며, 이 책을 번역하게 된 이유이기도 하다.

이 책은 21세기 글로벌 시대에서 기업에게 정말로 필요한 경영자의 역량은 무엇일까라는 질문에서 시작한다. 따라서 경영자의 시각에서 어떻게 경영을 하면 좋을까, 왜 이렇게 경영을 해야 되고 이렇게 하면 안 될까 하는 생각과 고민이 교재 곳곳에서 묻어 나오도록 서술되어 있다. 무엇보다도 이 책의 가장 큰 장점은 다른 경영학 교재에 비하여 전략적 관점, 리더십 역량의 필요성, 조직관리 및 통제시스템, 인적자원개발의 중요성 등 글로벌 환경에서 기업의 최신 동향을 본문 곳곳에서 소개하며 글로벌 경영 감각을 가지도록 유도한다는 것이다. 또한 본문의 내용이 재미있고 간결한 스토리텔링 중심이어서 전혀 지루하지 않게 경영학을 이해할 수 있어, 머리로 경영을 배우는 것이 아니라 가슴으로 받아들여 경영 감각을 키워준다는 장점이 있다.

이 책이 경영을 공부하기 시작하는 학생들에게 좋은 첫 단추를 꿰는 역할을 하여, 우리 학생들이 위대한 경영자로 성장할 수 있는 밑거름이 되기를 역자들은 기원한다. 이 책을 번역하는 과정에는 열 명의 역자들이 참여하며 용어의 통일과 전체적인 조율과정이 매우 어려운 과제였다. 경영학 용어 번역의 올바른 의미전달을 위해 수고해준 충북대 박사과정의 이혜진 님, 한기대 박사과정의 박진명 님에게도 감사한 마음을 전한다. 또한 전체적인 마무리와 용어의 통일이라는 힘든 과제를 담당해주신 한발대의 이준우 교수와 전체 원고교정에 수고해준 한발대 경영학과의 오명석, 이기은, 이혜진 님에게도 진심으로 감사를 드린다.

끝으로 번역의 기획단계에서 출판에 이르는 기나긴 여정에 너무나도 많은 도움을 주며 한편으로 묵묵히 지켜봐 주신 경문사의 한헌주 사장, 이하 직원들에게 진심으로 감사드린다. 한헌주 사장의 도움과 지원이 없었다면 이 책의 번역과 출판은 불가능한 일이었을 것이다.

이 책을 읽으며 경영이라는 분야에 흥미와 재미를 가지게 된다면 역자들의 역할은 다한 것이라고 생각한다. 경영에서 즐거움과 보람을 가지게 되실 독자 여러분들께 진심으로 감사의 말씀을 전한다.

2011년 6월

역자들을 대표하여 김주일

차례

CONTENTS

PART 1 경영자와 경영환경

제1장 경 영 _ 2

제2장 외부·내부환경 _ 32

제3장 세계화와 경영자 _ 68

PRINCIPLES OF MANAGEMENT

제10장 조직문화 _ 286

제11장 고성과 팀의 개발 _ 314

PART 4
리더십과 동기부여

제12장 동기부여와 성과보상 _ 348

PRINCIPLES OF MANAGEMENT

CONTENTS

CONTENTS

PRINCIPLES OF MANAGEMENT

1

// PART 1

경영자와 경영환경

경 영

MANAGEMENT

LEARNING OBJECTIVES

이 장을 학습한 후 여러분은

1 경영의 기본 기능들을 이해할 수 있다.

2 기업에서 경영자들이 어디에 위치하는지 인식할 수 있다.

3 경영자가 처음 되었을 때 직면할 과제와 도전에 대해 논의할 수 있다.

4 경영의 기본 기능들을 수행하기 위한 경영자의 역할에 대해 설명할 수 있다.

5 경영자가 효과적으로 업무를 수행하기 위한 역량을 인지할 수 있다.

유행의 절대강자 – 버버리 트렌치코트
Rose Marie Bravo의 지휘 아래 런던패션하우스의 버버리는 르네상스를 겪었다. 버버리를 유행에 밝은 브랜드이자 세계적인 고급브랜드로 탈바꿈하기 시작하면서 1997년부터 2003년까지 5배가 넘는 수익을 창출했다.

도입사례

의류업계에 잘 알려져 있으며 높은 평가를 받던 Saks Fifth Avenue의 회장인 Rose Marie Bravo가 이제는 한물갔다고 평가받던 영국의 Burberry회사의 CEO로 옮길 것이라고 1997년 발표했을 때, 대부분의 사람들은 그녀가 미치지 않고서는 있을 수 없는 일이라는 반응을 보였다. 국내에서는 '바바리'로 알려졌으며 체크형식의 타탄무늬 상표 레인코트로 유명한 Burberry는 패션업계에서 '이제는 명성조차 거의 없는 한물간 기업'으로 알려져 있었다. 7년 후에 Bravo는 영국과 미국에서 세계 최고경영자 중의 하나로 알려졌다. 그러나 Burberry에서 회장으로 있는 동안 Bravo 회장은 주목할 만한 성과를 거두어, 패션전문가들이 '유행에 밝은' 고급 패션브랜드라고 부를 정도로 Burberry를 탈바꿈시켰다. 이제 Burberry가 디자인한 레인코트, 의류, 핸드백, 그리고 다른 액세서리들은 부유하고 유행에 민감한 소비자들의 필수 아이템이 되었다.

Bravo 회장에게 어떻게 이러한 변화가 가능했고, 또한 이런 변화를 이끌어냈는지에 질문하였다. Bravo 회장이 말하기를 Burberry 브랜드의 변화는 전사적이며 지속적인 창의성과 혁신이 있었기 때문에 가능하다고 설명하였다. 그녀가 브랜드를 다시 활성화시키기 위해 유명한 디자이너들을 고용했지만 그것 때문에 성공한 것은 아니라고 한다. "창의성은 단순히 디자이너로부터만 나오지 않는다. 믿기 어렵겠지만 디자인과 혁신의 아이디어는 매장, 마케팅부서, 심지어 회계사들로부터 나올 수 있다. 우리 회사의 어느 직급, 어느 부서에서 근무하든지 종업원 모두는 자기의 관점에서 제시하는 창의적이고 혁신적 아이디어를 가지고 있으며 그 의견들이야말로 정말 소중한 가치가 있다." Bravo 회장은 또한 팀워크의 중요성을 강조하였다. "사람들이 잘 모르고 있는 우리가 간과하고 있는 사실 가운데 하나는 팀워크를 통한 팀의 역량 발휘가 정말 중요하다는 것이다. 팀워크는 한두 사람의 문제가 아니다. 팀워크에 따라 한 가지 목표를 향해 구성원들이 같은 방향을 바라볼지 아닐지, 능력을 발휘할지 아닐지가 판가름된다"고 한다. Bravo 회장은 바로 그녀의 직무가 팀을 조직하고 구성원들을 동기부여하는 경영자의 직무라고 언급한다. "바로 경영자의 직무는 구성원들이 계속 팀워크를 바르게 유지하며 동기부여되도록 하며 조직의 목표인 비전을 제시하는 것이다."[1)]

Bravo 회장은 이제 세계적으로 주목받는 경영자가 되었고, 그녀의 이야기는 경영자들이 조직에서 행할 수 있는 중요하고 강력한 역할을 보여준다. Bravo 회장은 Burberry의 한물간 패션 라인을 직접 재설계하지도 않았고, 브랜드 전환에 도움을 준 슈퍼모델 Kate Moss가 출연하는 광고를 만드는 데 개입하지도 않았다. 또 공급업체들이 Burberry의 엄격한 품질기준을 지키도록 글로벌 제조시스템을 조정하는 데에 개입하여 관리하지도 않았으며 유통라인이나 소매업체들의 재설계에 직접 참여하지도 않았다. 그러나 그녀는 이런 중요한 일을 하는 사람들을 고용하고, 동기부여하고, 지휘하며 보상하는 것을 지원하였다. Bravo 회장은 Burberry 브랜드에서 숨은 가치를 보았고, 새로운 비전을 제시하고 추진하였으며, 지위고하를 막론한 조직의 모든 사람들에게 아이디어를 요청하였으며, Burberry를 탈바꿈시킨 팀을 조직하고 관리하였다. Bravo 회장은 훌륭한 경영자들이 무엇을 해야 하는가를 구체적으로 보여주었다. 경영자는 일이 실현되도록 만들고, 전략을 개발하고, 사람들과 프로젝트, 프로세스 등을 조직하고, 다른 사람들에게 활기를 불어넣으며 구성원들을 지휘하는 것이다.

경영
조직에서 사람을 통해 일을 성취해가는 방법 및 기술

이 책에서는 경영에 대한 내용을 다루며, **경영**(management)은 조직에서 사람을 통해 일을 성취해가는 방법 및 기술이라고 정의한다.[2] 경영자는 창조적인 시도를 해야 하며, 또 조직의 목적과 방향을 제시할 수 있어야 한다. Wal-Mart의 창업주인 Sam Walton은 "경영자란 평범한 사람들이 특별한 일을 수행할 수 있도록 동기부여할 수 있는 사람이다."고 말하곤 하였다.[3] 경영자는 조직을 변화시킬 수 있다. 경영자는 재화와 서비스를 생산하고 분배하는 새로운 방법을 창조할 수 있다. 그리고 경영자는 자신의 행동을 통해서 업무를 변화시킬 수 있다. 이 시대의 위대한 경영자들을 살펴보도록 하자. Sam Walton은 Wal-Mart를 세계 최대의 소매업체로 만들었다. Lou Gerstner는 IBM을 문제가 많은 메인 프레인 컴퓨터 제조업체에서 전 세계를 지배하는 컴퓨터 소프트웨어서비스 공급업자로 변화시켰다. Jack Welch는 GE를 노후된 엔지니어링 대기업에서 효율적이고 활기차고 경쟁적 시장에서 탁월한 업적을 내는 기업으로 변화시켰다. 1970년대말 Apple Computer의 Steve Jobs는 세계에서 처음으로 일반인을 대상으로 한 개인용 컴퓨터 대량판매시장을 겨냥하고 제품을 출시하였다. 오늘날 Jobs의 관리하에서 Apple은 여전히 iPod Music player의 혁신을 지속하고 있다. Meg Whitman은 e-Bay를 세계 최초로 가장 성공적인 온라인 경매 전문회사가 되도록 리더십을 발휘하였으며 경매산업에 일대변혁을 일으켰다.

이 책을 통해서 우리는 위대한 경영자들이 어떻게 뛰어난 업무를 수행하였는지에 대해 배울 것이다. 또한 조직 내 어디에서 경영자들을 발견할 수 있는지, 어떻게 경영자가 될 수 있는지, 경영자 직무의 본질은 무엇인지, 또 사람들을 통해 일을 하는 경영자의 역할은 무엇인지, 그리고 좋은 경영자가 되기 위해 필요한 여러 가지 역량은 무엇이 있는지 등을 인식하고 이해해야 한다.

경영의 기능

20세기 초 Henri Fayol은 경영 혹은 관리라는 직무를 독립적으로 분리하여 계획, 조직, 지휘, 조정, 통제의 다섯 가지 핵심기능으로 구성된다고 하였다.[4] Fayol이 경영 혹은 관리에 대해 언급한 이후 경영의 이론과 실무에 대한 많은 연구가 이루어져 왔다. Fayol의 다섯 가지 핵심기능을 기본으로 하여 일부 수정이 이루어졌다. 현재는 네 가지 핵심기능으로 수정되어 광범위하게 활용되고 있다. 경영의 네 가지 핵심기능은 계획, 조직, 통제, 지휘이며, Fayol의 네 번째 기능인 조정은 조직기능으로 통합되었다. 이 책에서 우리는 경영의 네 가지 핵심기능에 초점을 맞추고 21세기 경영현실에 맞게 네 가지 핵심기능들의 정의를 보다 확대하고자 한다. 우리가 논의할 네 가지 핵심기능은 (1) 계획과 전략, (2) 조직화, (3) 통제, (4) 지휘 및 개발이다.

// 계획과 전략

계획(Planning)은 목표를 선택하고, 조직의 목표를 달성하기 위해 해야 할 일이 무엇인지를 확인하고, 특정 개인 또는 집단이 행동을 실행하도록 책임을 할당하고, 목표와 실제 결과를 비교함으로써 행동의 성공을 측정하고, 계획을 상황에 맞게 수정하는 공식적인 과정이다. 계획은 조직의 다양한 수준에서 일어나며, 경영자의 중요한 직무 중 하나이다. 계획은 조직의 전반적인 전략을 개발하기 위하여 주로 활용되며, **전략**(strategy)은 경영자가 조직의 목표를 달성하기 위하여 취하는 행동이다. 경영자는 예산편성 과정에서 매년 예산을 계획하고, 새로운 공장을 짓고, 새로운 사무실을 열고, 새로운 정보시스템을 구현하고, 재고통제시스템을 개선하고, 새로운 제품을 출시하고, 새로운 마케팅 캠페인을 착수하고, 종업원 연봉프로그램을 개선하며, 당면한 환경의 위기극복 등에 대한 계획을 세운다. 물론 많은 계획들은 기업의 전략과 연결이 된다. 예를 들어, 내년도 예산은 정해진 예산 내에서 기업전략에 맞게 할당되어야 한다. 그러나 흔히 계획은 경영자가 전략을 시행하기 위해 이미 기업에서 선택하고 문서화한 것을 그저 공식화하는 것으로 오해되곤 한다.

계획
목표를 선택하고 조직의 목표를 달성하기 위해 해야 할 일이 무엇인지를 확인하고 특정 개인 또는 집단이 행동을 실행하도록 책임을 할당하고 목표와 실제 결과를 비교함으로써 행동의 성공을 측정하고 계획을 상황에 맞게 수정하는 공식적인 과정

전략
경영자가 조직의 목표를 달성하기 위하여 취하는 행동

계획이 전략을 만들기 위한 유용한 과정이기는 하지만, 전략화는 계획보다 더 많은 것을 포함한다. **전략화**(strategizing)는 기업이 기업의 목표를 달성하기 위해 무엇을 추구해야 하는지에 대한 사고과정이다. 전략화는 경쟁자들이 무엇을 하는지 알고 분석하는 것을 포함한다. 예를 들어, 기술 또는 정부규제의 변화와 같은 외부 환경의 변화가 무엇인지, 조직에 주는 영향은 무엇인지에 대해 분석한다. 또 여러 가지 다양한 전략 대안들의 찬반양론을 따져 보고 비교분석한다. 또한 경쟁기업들이 우리 기업의 전략에 어떻게 반응할지를 예상하고 우리 기업의 행동과정을 선택하게 된다.

전략화
기업이 목표를 달성하기 위해 무엇을 추구해야 하는지에 대한 사고과정

계획은 조직의 전략을 창출하기 위한 공식적인 프로세스인 반면, 전략은 계획이 없는 상태에서도 발생할 수 있다.[5] 예를 들어, Starbucks 매장 내에서는 여러 가지 커피 및 음료와 음식 외에도 음악 CD를 팔고 있다. 현재 대부분의 Starbucks는 약 20개의 CD를 선반에 진열해놓고 있다. Starbucks의 음악 소매업으로의 진출에 대한 재미있는 사실은 공식적인 계획의 결과가 아니라는 것이다. 음악 소매업에 대한 회사의 여정은 1980년대 후반 Tim Jones가 미국 Seattle의 대학촌 Starbucks 매장의 경영자일 때 시작되었다. 이 매장에서 Jones는 자신이 선곡하고 만든 음반을 매장에서 틀었고 이에 열광한 고객들이 Jones에게 복사 요청을 하였다. Jones는 이를 Starbucks의 최고경영자인 Howard Schultz에게 그들이 선곡한 음반을 팔아야 한다고 제안하였다. 다시 말하면 Jones는 고객들의 니즈를 반영하여 Starbucks의 전략을 구상한 것이다. 처음에 Schultz는 회의적이었지만, Jones가 반복적으로 제안을 거듭하면서 결국 이 제안이 받아들여졌다. 오늘날 Starbucks는 CD를 팔 뿐만 아니라 또한 고객들은 대부분의 Starbucks 매장에 있는 온라인 음악 보관함에서 음악을 듣고, 다운로드할 수 있으며 커피를 마시는 동안에 자신의 CD를 만들 수 있다.[6]

음악 소매업 시장에 진입하기 위한 Starbucks의 전략은 특별한 계획 없이 나타난 것

이다. 이것은 개별 매장 경영자에 의한 전략의 결과이고, 얼마간의 시간이 흐른 후에 최고경영자에 의해 전략으로 채택되었다. 우리가 이 책에서 이후에 보게 되는 전략은 종종 이런 방식으로 개발된다. 조직에서 모든 수준의 경영자들은 전략에 많은 시간을 쏟는다. 전략은 경영자들의 중요한 직무이다. 때때로 경영자들이 공식적인 계획과정의 일부로 이를 수행하지만 전략적 사고는 계획 없이 시작되기도 한다. 이는 조직에서 중요한 역할을 하는 계획의 중요성을 하찮게 보는 것이 아니라 전략은 단순히 계획을 세우는 것 그 이상이기 때문이다.

// 조직화

조직화
조직 내에서 누가 어떤 과업을 수행할지 어디에서 의사결정이 만들어지는지 누가 누구에게 보고를 하는지 그리고 공통의 목표를 추구하기 위한 활동들은 조직의 다른 부분들과 어떻게 조정할 것인지를 결정하는 과정

조직화(organizing)는 조직 내에서 누가 어떤 과업을 수행할지, 어디에서 의사결정이 만들어지는지, 누가 누구에게 보고를 하는지, 그리고 공통의 목표를 추구하기 위한 활동들은 조직의 다른 부분들과 어떻게 조정할 것인지를 결정하는 과정이라고 정의된다. 기업에서 조직화는 전형적으로 자재조달, 연구개발(R&D), 생산, 마케팅, 판매, 고객서비스, 인사관리, 회계, 재무와 같은 기능과 직무를 하위부서로 나누어 수행하는 것을 의미한다. 그리고 얼마나 많은 의사결정 권한을 하위부서에 넘겨줄 것인지를 결정하는 것도 포함한다. 물론 조직화는 계획과 전략의 일부이다. 이 책의 후반에 우리가 논의하는 것처럼 전략은 조직을 통해서 시행된다. 예를 들어, Starbucks 기업이 온라인 음악으로 사업을 확장하고자 하는 의사결정을 실행하기 위하여 Howard Schultz는 Hear Music이라고 불리는 Starbucks 내에 별개의 단위를 만들어 Don MacKinnon 부사장이 부서를 새로 담당하게 되었다. 그는 전체매장에 걸쳐 Starbucks 매장 내에 Hear Music 사업을 시작하는 일을 경영자로부터 위임받아 업무를 수행하고 있으며, 또 Hear Music 성장전략의 계획 및 실행을 위한 책임도 맡고 있다.

카페인 음악 스타벅스는 부수입 창출을 위해 음악 CD를 판매했다. 2004년부터 고객들은 음악을 다운받을 수 있었고 Hear music stores에서 자신만의 음악 CD를 만들 수 있었다. 이 음악사업의 도입은 계획된 것이 아니었고, 한 지점의 매니저에 의해 채택되었다.

// 통제

통제
목표와 비교하여 성과를 모니터링하고 목표를 충족시키지 못했을 때 개입하고 행동을 바로 잡는 과정

통제(controlling)는 목표와 비교하여 성과를 모니터링하고, 목표를 충족시키지 못했을 때 개입하고, 행동을 바로 잡는 과정이다. 통제는 계획과 전략, 그리고 조직화만큼 중요하다. 성과가 목표를 달성했는지를 확인하는 통제시스템이 없다면, 조직은

방향을 갑자기 바꿀 수 없을 것이다. 통제는 또한 계획과 전략, 그리고 조직화와 연관이 있다. 계획의 입안은 통제의 첫 번째 단계이다. 통제는 경영자들이 성공적인 조직들이 어떻게 전략을 실행했는지에 대해 검토하기 위하여 계획과 성과를 비교하기 위해 필요하다. Starbucks의 Don MacKinnon은 Hear Music의 오픈과 그로 인한 판매향상과 관련된 목표가 주어졌으며, 전략의 실행에서 그의 성공은 목표와 실제 성과를 비교함으로써 평가될 것이다.

통제의 중요한 측면은 개별 종업원들의 이해관심사를 조직의 이해관심사와 맞추어 모든 사람들이 같은 방향으로 갈 수 있도록 하는 인센티브를 제공한다는 것이다. **인센티브**는 특정 행동을 추구하기 위하여 개인들을 금전적 또는 비금전적으로 동기부여하는 것을 말한다. 예를 들어, Starbucks는 오랜 시간 동안 종업원들에게 재고기반 인센티브 임금을 주었다. 여기서 생각할 것은 재고기반 인센티브 임금은 종업원들이 재고를 줄여 조직의 성과를 향상시킬 수 있는 방법을 찾도록 종업원을 유도하므로 회사의 주가와 종업원들의 수입을 늘리게 되는 것이다. 매장 경영자이자 주주였던 Tim Jones이 매장에서 음악을 팔기 위하여 최고경영자들을 적극적으로 설득한 것은 놀랄만한 일이 아니다. 적절한 인센티브는 종업원들이 생산적으로 일을 하게 하며, 종업원들의 행동을 통제할 수 있게 된다.

인센티브
특정 행동을 추구하기 위하여 개인들을 금전적 또는 비금전적으로 동기부여하는 것

// 지휘 및 개발

지휘(leading)는 조직의 목표 추구를 위해 효과적으로 함께 일해 나가기 위하여 조직 내의 다른 사람들을 동기부여하고, 영향을 미치고, 다른 사람들을 감독하는 과정을 말한다.[7] 지휘는 또한 조직의 전략적 비전을 분명히 표현하고 그 비전에 대해 끊임없는 지원과 지지를 유도하는 것이다. Rose Marie Bravo는 위대한 경영자로 생각되는 이유는 그녀가 Burberry의 변혁적인 전략적 비전을 받아들이기 위하여 다른 종업원들을 설득하는 데 능숙했으며, 그리고 사람들을 동기부여시키고, 영향력을 행사하고, 다른 사람들을 감독하는 능력이 뛰어났기 때문이다. 또한 Rose Marie Bravo의 사례에서처럼, 지휘는 다른 사람들의 말에 귀 기울이고, 그들로부터 학습하고, 조직에 이익이 되는 행동을 유도하기 위해 권한을 위양하는 것이다.

지휘
조직의 목표달성을 위해 효과적으로 함께 일할 수 있도록 사람들을 동기부여하고 영향을 행사하고 다른 사람들을 감독하는 과정

또한 지휘의 중요한 측면은 종업원을 개발하는 것이다. **종업원 개발**(developing employees)은 조직에서 종업원들을 고용, 훈련, 멘토링, 보상하는 과업을 말한다. 사람이 조직에서 가장 중요한 자산이라고 흔히들 말하곤 한다. 학계에서는 기업의 인적자본의 가치에 대해서 다루며, 인적자본은 개인에게 체화된 지식, 기술, 역량을 의미하며 **인적자본**(human capital)은 경쟁우위의 원천이 될 수 있다고 한다.[8] Rose Marie Bravo은 그녀가 Burberry에서 최고경영자 자리에 올랐을 때, 인적자본의 중요성을 인식하였다. 그녀가 취한 첫 번째 행동 중 하나는 일류 팀의 경영자들과 창의적인 디자이너들을 모집하는 것이었다. Peter Drucker는 적절한 사람들을 고용하고 승진시키는 것이야말로 경영자의 가장 중요한 과업이라고 강조하였으며 불행하게도 많은 경영자들이 이 기능

종업원 개발
조직에서 종업원들을 고용, 훈련, 멘토링, 보상하는 과업

인적자본
개인에게 체화된 지식, 기술, 역량

을 제대로 수행하지 못한다는 사실을 지적하였다.[9] GE의 전설적인 CEO였던 Jack Welch는 CEO로서 그의 시간의 70%를 다른 경영자들을 개발하고 선택하고, 그들을 멘토링하고, 그리고 그들의 성과를 평가하는 데 사용하였다고 한다.[10]

종업원 지휘와 개발은 계획과 전략, 조직화, 통제, 그리고 인센티브 창출의 핵심 연결고리이다. 전문적 리더로서 경영자의 역할은 다음과 같다.

- 기업 내에서 구성원들이 전략적 사고를 하도록 유도하고 기업의 비전을 제시한다.
- 기업의 계획과 전략을 제시하여 조직 내 구성원들이 해당 부서 혹은 자신의 계획을 수립하도록 한다.
- 비전과 전략이 실행될 수 있도록 조직구조 및 시스템을 설계한다.
- 구성원들에 대한 적절한 인센티브를 제공한다.
- 구성원들이 최선을 다해서 과업을 수행하도록 설득한다.
- 업무를 성공적으로 마칠 수 있도록 경영자들과 종업원들로 구성된 최상의 팀워크를 구축한다.

전문적인 리더가 없는 전략은 실패할 수 있다. 조직은 관료적이 되며 더 이상 통제가 불가능하며 근로자들은 인센티브와 동기부여가 결여되며, 조직은 채용을 하려 해도 더 이상 사람이 오지 않는 어려움을 겪을 수 있다. 이러한 난관을 예방하고 해결하기 위해서는 전문적 리더로서 경영자의 역할이 중요하다.

경영자의 유형

일반 경영자
조직의 전반적인 성과 또는 독립 사업부나 부서에 대한 책임

기능 경영자
특정 기능 또는 기능 내에서 하부단위를 지휘

현장 관리자
경영자가 아닌 종업원들을 관리

경영자들은 조직 내의 다양한 수준에서 볼 수 있다. Burberry의 Bravo 회장처럼 기업 전반을 지휘할 수도 있다. 또는 경영자는 경영진의 기능부서에 업무를 수행하기도 하고, 기업 내 부서 혹은 현업부서 등을 지휘할 수도 있다. 일반적으로 경영자는 일반 경영자, 기능 경영자, 현장 관리자로 구분할 수 있다. **일반 경영자**(general managers)는 조직의 전반적인 성과 또는 독립적인 하부 단위 및 부서에 대한 책임이 있다. **기능 경영자**(functional managers)는 특정 기능 또는 기능 내에서 하부단위를 지휘한다. 그들은 회계, 마케팅, 판매, 연구개발(R&D), 생산, 정보 기술과 같은 과업, 활동 또는 운영에 대한 책임이 있다. **현장 관리자**(frontline managers)는 경영자가 아닌 종업원들을 관리한다. 그들은 경영관리 계층에서 가장 낮은 수준에 있는 경영자이다.

예를 들어, GE(General Electronic)처럼 아주 다각화된 대기업을 고려해보자. GE는 여러 사업에서 적극적 기업활동을 벌이는 기업으로 유명하며, 제트엔진, 발전소, 의료기기, 철도기관차, 그리고 조명제품 등을 제조하고 있으며 제조업 이외에도 보험, NBC 방송, 광범위한 재무관련 서비스업에 진출해 있다. GE는 여러 사업 부서로 조직화되어 있으며, 각각의 부서는 연구개발(R&D), 생산, 마케팅, 판매, 그리고 고객 서비스와 같은 자체 기능들을 가지고 있다. 그러므로 GE는 다양한 사업을 수행하는 사업부제 기업 혹

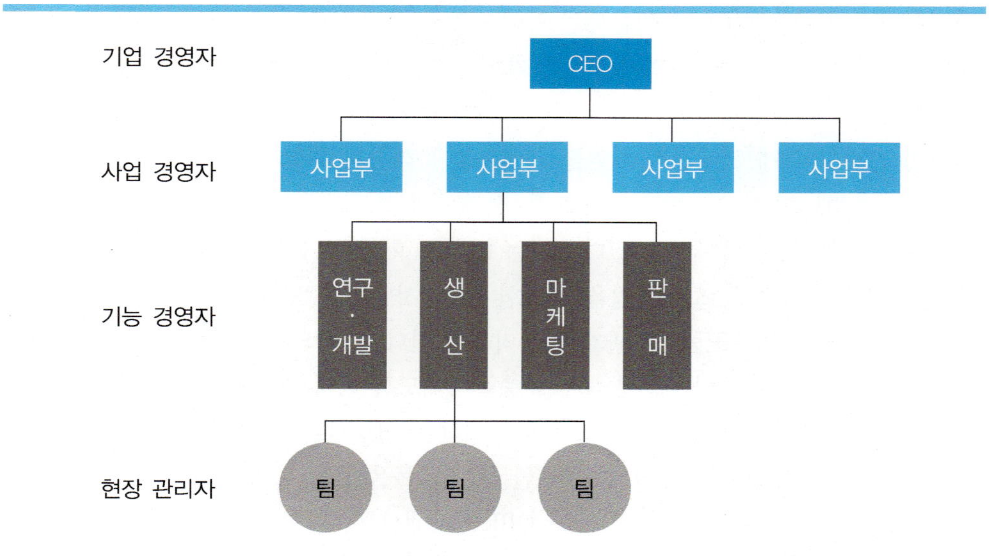

그림 1. 1
기업의 경영구조

은 계열사가 있는 기업으로 볼 수 있다(그림 1.1 참조). GE와 같은 기업은 경영에 있어 네 가지 수준에서 경영이 이루진다고 볼 수 있는데, 각각은 기업 수준, 사업 수준, 기능 수준, 현장 관리자 수준이다. 일반 경영자들은 기업과 사업 수준에서 발견된다. 기능 경영자들은 그들이 기능들을 관리하는 부서 내에서 또는 이러한 기능들 내의 하부단위에서 발견할 수 있다. 현장 관리자는 근로자로 구성된 현업부서를 관리하는 기능을 한다.

// 기업 경영자

기업수준에서 일반 경영자는 전체 기업을 지휘하는 CEO(Chief Executive Officer)이다. 사업부제가 있는 대기업의 CEO는 사업을 포괄하는 전략을 설계한다. 예를 들어, 인수합병을 통한 새로운 시장에 진입하거나 새로운 사업을 시작할지 말지를 결정하기도 하며, 현재 하고 있는 사업 영역을 그만두고 퇴출할 것인지 혹은 계속할 것인지에 대한 결정을 하기도 한다. CEO는 기업 내 여러 부서들을 어떻게 조직화하고, 부서장이 제안한 주요 전략적 제안이나 계획을 승인할지를 결정해야 한다. 또 CEO는 부서들을 통제하고, 그들의 성과를 모니터링하고, 부서장들에게 어떤 인센티브를 주어야 할지 결정하며 나아가 기업의 인적자본을 개발하는 데 지원해야 한다.

2001년부터 GE의 CEO였던 Jeffery Immelt는

Green in Green
GE의 비전으로 CEO Jeffery Lmmelt는 자연친화적 기술에 투자하겠다고 발표했다. GE는 현재 연간 풍력발전으로 20억 달러 이상의 수익을 내고 있다.

환경친화적인 기술을 GE의 핵심사업 영역으로 하여 향후 사업을 경영하기로 결정하였다.[11] 그는 향후 엄격한 환경기준이 불가피하며, 환경친화적인 기술이 비용 효율적이고, 고객들의 친환경적인 기술에 대한 요구가 늘어날 것이라고 믿었다. 그래서 GE는 저연비 기관차와 제트 엔진과 오염물질 배출을 분해하기 위한 기술을 사용한 석탄발전, 이산화탄소 배출량을 격리하는 기술, 물 정화 시스템, 그리고 풍력으로 전기를 만들어 내는 데 막대한 자본을 투자하였다. GE는 Immelt 회장의 체제에서 환경친화적·전략적 비전에 적합하지 않은 보험사업을 포함한 일부 사업들을 퇴출시켰다.[12]

기업의 CEO는 주주들과의 관계를 관리해야 한다. CEO의 주요 기능은 회사의 전략을 확실히 하고 주주들의 이해관심사를 충족시키도록 이사회에 보고하는 것이다. CEO는 또한 보통 이사회에서 주주들에게 회사전략을 설명하는 데 많은 시간을 소비한다. 최고 경영진의 구성원들은 CEO의 이러한 모든 일들을 돕는다. 최고경영진은 보통 재무담당 최고경영자(CFO: Chief Finance Officer), 생산운영담당 최고경영자(COO: Chief Operation Officer), 기술담당 최고경영자(CTO: Chief Technology Officer), 인사담당 최고경영자(CPO: Chief Personnel Officer)로 구성된다. CFO는 회사의 전반적인 재무에 대한 책임이 있으며, COO는 회사가 효율적으로 운영되도록 하는 데 책임이 있으며, CTO는 새로운 기술과 제품들을 개발하는 데 책임이 있으며 CPO는 인사조직 관리 및 노사관계에 대한 책임이 있다.

// 사업 경영자

GE와 같은 기업에서 사업 경영자는 사업부제 혹은 계열사와 같은 사업부서 혹은 사업영역을 책임지는 부사장 혹은 부서책임자이다. GE에는 발전사업, 의료기기사업, 조명사업 등을 경영하는 사업 경영자들이 있다. 이들 사업 경영자들은 Jeffery Immelt 회장에게 직접 보고한다. 그러나 하나의 사업 영역을 가지고 있는 Burberry 또는 Starbucks와 같은 기업에서는 사업 및 기업 수준의 경영자가 동일하다.

사업 경영자들은 그들의 부서를 지휘(부하들에게 동기부여, 영향력 행사, 감독)하고 부서 성과에 대한 책임을 가지고 있다. 사업 경영자들은 회사의 전반적인 전략에 맞게 부서단위의 전략과 계획을 바꾼다. GE의 기관차 사업 경영자는 더욱 환경친화적인 기관차를 만들기 위한 제조전략을 가지게 되었으며 오염물질 배출을 줄이는 디젤기관차 개발과 하이브리드 디젤 전자엔진 개발에 중점을 두고 경영한다. 사업 경영자는 기업의 전반적인 목표와 비전과 일치하는 전략을 수행하여 부서의 성과를 증진시킬 것이라고 믿는 전략들을 개발하고 시행하는 데 상당한 재량권을 가지고 있다. 사업 경영자들은 그들 사업부서 내의 운영을 조직화하고, 기능과 부서들을 어떻게 하면 최선의 방법으로 나눌 수 있을지를 결정하고, 전략을 성공적으로 실행하기 위하여 하부조직과 부서들을 어떻게 조정해야 할지를 의사결정한다. 또한 사업 경영자들은 사업부서 내의 활동들을 통제하고, 목표와 비교하여 성과를 모니터링하고, 필요한 때에 올바른 의사결정과 행동을 취할 수 있도록 개입하고, 지속적으로 인적자원을 개발한다.

// 기능 경영자

일반 경영자들은 하부에 기능 경영자들이 있는데, 기능 경영자들은 특정 사업기능들에 대한 책임을 가지고 있다. 그러므로 기능 경영자들의 책임 영역은 일반 경영자들이 회사 전체 또는 독립적인 부서들을 관리하는 것과는 달리 일반적으로 하나의 조직적 활동(구매, 마케팅, 생산 등)에 국한된다.

각 기능의 부서장들은 그 경영기능을 지휘한다. 기능 경영자들은 그들의 영역 내에 있는 사람들을 동기부여하고, 영향력을 행사하고, 구성원들을 감독한다. 그들이 전반적인 조직의 성과에 대한 책임을 가지지는 않지만, 그럼에도 불구하고 기능 경영자들은 주요 전략적 역할을 수행한다. 사업과 기업 수준 일반 경영자들이 설정한 전략적 목표들을 수행할 수 있도록 그들의 영역 내의 기능적 전략들과 계획들을 개발해야 한다. 예를 들어, GE의 항공우주 사업에서 경영자들은 회사의 환경친화적인 제품을 개발하고자 하는 목표와 높은 성과를 창출하고자 하는 회사의 목표와 일치하는 제조전략들을 개발하기로 하였다고 하자. 그러면 품질을 개선시키고 종업원들의 생산성을 증진시키기 위한 개선 프로그램들의 실행이 필요하다. 그때 기능 경영자들은 사업 및 회사 수준의 일반 경영자들이 현실적이고 달성 가능한 전략들을 만들 수 있도록 정보를 제공한다. 또한 그들은 일반 경영자들보다 더 고객과 가까이에 있기 때문에 기능 경영자들은 회사의 주요 전략들이 될 수 있는 중요한 아이디어들을 창출한다. 그러므로 일반경영자들이 기능 경영자들의 아이디어를 듣는 것은 매우 중요하다. 기능 경영자의 가장 큰 책임은 전략의 구체적 실행이며, 기업 및 회사 수준의 전략이 실현될 수 있도록 지원하고 역할을 하는 것이다.

기능 경영자는 조직 내의 인적 자본을 개발할 책임이 있다. 부서 또는 팀의 하부단위에 해당 기능들을 조직화하고, 이들 하부단위들을 통제하고, 목표를 세우고, 성과를 모니터하고, 피드백을 제공하고 필요에 따라 조정을 한다. 그러므로 제조기능은 특정 제조 프로세스의 특정 측면에 대한 책임을 가지고 있는 부서에서 조달부서, 생산계획부서, 재고관리부서, 품질보증부서 등과 같이 더 구분될 수 있다. 각각의 부서들은 그들의 상급자들과 기능 부서장들에게 보고하는 경영자들이 있다. 이러한 경영자들은 그들의 단위를 지휘해야 하는 책임이 있으며, 필요에 따라 그들을 조직화하고 통제하며, 통제하에서 과업을 위해 전략계획하고, 그들의 부서에서 종업원들을 개발해야 한다.

// 현장 관리자

경영자 계층의 가장 밑부분에는 현장 관리자들이 있는데 현장 관리자들은 종업원들을 관리하는 사람들을 말한다. 현장 판매 관리자는 10명의 판매원을 관리할 수도 있다. 제조의 현장 관리자들은 제품을 조립하는 종업원 작업집단을 관리할 수도 있다. 소프트웨어 회사에서 현장 엔지니어링 관리자는 컴퓨터 코드를 작성하는 개발자집단을 관리할 수도 있다. 대부분의 복잡한 조직들은 많은 현장 관리자들이 있다. 예를 들어, 석유 및 에너지 회사인 BP는 조직 내의 100,000명의 종업원들을 감독하는 10,000명의 현장 관리자들이 있다. 현장 관리자들은 스페인의 태양열 발전에서부터 북해의 드릴 장비 설치까지 회사의 모든 부분에서 일을 하며 시카고에 마케팅 팀이 있다. 전체적으로 그들의 의사결정은 BP의 성과에 큰 영향을 미친다.[13] 대부분의 성공한 현장 관리자들은 현장 관리자의 부하로서 경력이 시작되며 이러한 과정에서 경영을 현실적으로 접하게 된다.

현장 관리자들은 조직의 성과를 유지하는 데 대단히 중요하다. 그들은 해당 팀과 단위들을 지휘한다. 현장 관리자들은 그들의 단위에서 일을 수행할 때 최선의 방식을 계획하고 그들의 기능과 회사의 전략에 맞게 계획한다. 또 현장 관리자들은 그들의 단위의 과업들을 수행하는 최선의 방법이 무엇인지를 계획하고, 부서 내의 과업들을 조직화하고, 부하직원들의 성과를 모니터하고, 부하직원들의 스킬 향상을 위해 노력한다. Starbucks의 Jones의 사례처럼 현장 관리자들은 그들의 직무를 뛰어넘어 기업의 전략에 상당한 영향을 미칠 수 있으며 나아가 전체 조직의 운명에 영향을 미치기도 한다.

경영자가 되는 길

우리가 살펴봤던 것처럼 경영자들은 조직 내 다양한 수준에서 발견된다. 그들의 정확한 역할들과 책임들은 조직 내에서 어느 정도 수준에서 의사결정하는 위치에 있는가에 달려있지만, 모든 경영자는 그들의 종업원들을 지휘하고 개발해야 하며, 그들의 부서를 위한 계획과 전략을 수립해야 하며, 통제와 인센티브를 제공해야 한다. 경영자가 되기 위해서는 어떤 직무를 해야 하며 어떤 경력경로를 경험해야 하는지 살펴보고자 한다.

// 해당 분야 전문가에서 경영자로 되는 길

경영자가 되는 여정은 기업에 채용되어 초기에 수행한 특별한 직무에서 성공을 거두면서 시작되는 경우가 많다. 예를 들어, Microsoft는 컴퓨터 프로그램 전문가인 많은 소프트웨어 엔지니어들을 고용한다. 이들의 전문성은 컴퓨터 프로그램 설계와 개발능력이다. 그러나 이들이 컴퓨터 프로그램 설계분야에서 전문성을 인정받고 성공하게 되면 당연히 이들은 부서의 책임자 수준으로 올라가게 되고 다른 소프트웨어 엔지니어들을 관리해야 할 책임을 가지게 되며 다른 엔지니어들의 프로그램 설계와 개발을 지휘하게 된다. 즉, Microsoft의 현장 관리자 혹은 현업 경영자가 되는 것이다. 이 시점에서 이들의 경영관리 스킬은 프로그램을 설계하고 개발하는 기술적 스킬만큼 중요해진다. 본인이 컴퓨터 프로그램을 설계하고 개발하는 것이 아니라 다른 사람들을 통해 이러한 일을 할 수 있는 사람들은 기업에서 매우 소중한 자산이며 향후에 더 승진하고 중용될 가능성이 크다. 만약 이들이 현장 관리자로서 성과를 보이고 성공하게 되면, 다시 더 승진하게 되며 언젠가는 사업경영자나 기업경영자와 같은 일반 경영자가 될 수 있을 것이다.

또 다른 사례는 John DeVaan으로 그는 1985년에 Oregon 주립대학에서 컴퓨터공학과를 졸업한 뒤 컴퓨터 프로그래머로 Microsoft의 Excel부서에 채용되었다. 얼마 후 DeVaan의 프로그램 개발능력은 회사에서 인정받게 되어 팀장급으로 승진하게 되어 팀원들의 프로그램 개발을 지휘하게 되었다. 그는 이 역시 성공적으로 관리하였으며 계속 승진을 거듭하게 되었다. 이후 그는 Office 95와 Office 97의 소프트웨어 개발팀장으로 역할을 하였으며, Microsoft의 Desktop Application Business의 경영자로 승진하였고 이 사업부는 70억 달러의 매출을 올리는 사업으로 성장하였다. 이후 DeVaan은 Microsoft TV 부서의 사업경영자가 되었고 오늘날 그는 Micrcsoft에서 엔지니어링 수석 부사장으로서 탁월한 경영능력을 보여주고 있다. 물론 DeVaan은 그의 프로그램 개발에 대한 기술적 전문성 때문에 채용되고 또 승진할 수 있었지만, 경영에 관한 전문성을 계속 개발하고 노력하지 않았다면 종업원들을 지휘 및 개발하지 못하였을 것이고, 또 계획 및 전략, 조직화, 그리고 통제를 하는 데 있어 탁월한 경영자가 되지 못했을 것이다.

Software man
마이크로소프트의 John DeVaan의 경력은 얼마나 많은 사람들이 매니저가 되는지를 보여주는 예이다. DeVaan는 코드를 작성하는 소프트웨어 기술자로 시작하였지만 소프트웨어 관리자로 승진하였고 이후 총지배인이 되었다. 20년간 마이크로 소프트에서 근무한 전문가 DeVaan은 현재 마이크로 소프트의 비즈니스 리더십 팀의 구성원이며 완벽한 기술을 위한 수석 부사장을 맡고 있다.

사람들은 처음에 기업에서 근무하던 업무와 전문성에 관계없이 그 분야에서 전문성을 인정받고 성과를 올리게 되면 대부분의 경우 관리적 역할을 하는 위치로 승진하게 된다. 회계 및 재무 전문가들은 다른 회계 전문가와 재무 전문가들을 관리하게 될 것이며, 생산부서에서 일하는 엔지니어들은 다른 엔지니어들과 근로자들을 관리하게 될 것이며, 연구개발(R&D)부서의 연구자 혹은 개발자들은 다른 연구자와 개발자들을 관리하게 될 것이며, 영업직이나 판매직의 경우도 역시 마찬가지이다.

이와 같이 경영자의 역할을 겸비하게 되면서 과거의 기술적 전문성이나 스킬들이 여전히 중요하게 유지되어야 하고 필요하지만, 이와 동시에 다른 사람들을 관리하고 이들이 직무를 잘 수행하도록 지원하고 유도하는 역할도 매우 중요하게 된다. John DeVaan과 같이 이들이 성공한다면 지휘, 계획, 전략, 조직화, 통제 그리고 동기부여하는 등 한 기업이나 한 사업부와 같이 전체 부서를 경영하는 일반 경영자의 직위로 승진하게 될 것이다. 그래서 경영자의 역량과 스킬은 그의 교육배경이 무엇인지는 사실상 관련이 없고 오히려 성공에 대한 야망과 경영능력을 개발하고자 하는 의지에 달려있다고 할 것이다.

// 경영자의 전문역량 개발하기

Harvard Business School의 교수인 Linda Hill은 경영자의 직위에 새롭게 임명되는 기능 경영자들이 어떤 직장생활을 원하는지에 대한 연구를 수행하였다. 그녀는 경영자로 새로 임명된 19명의 신임 경영자들을 대상으로 하여 심층적 연구를 하였다.[14] 이들

경영자들은 전문가로서 훌륭한 성과를 발휘하였다는 공통점이 있으며, 기능 경영자가 되면서 향후 승진기회가 더 많아질 것이고 연봉 등 보상이 더 향상될 것이라는 기대를 가지고 있었다. 그러나 Hill은 연구를 통하여 경영자가 되고 난 이후 기대와 현실 사이에는 커다란 차이점이 있다는 것을 입증하였다. 처음에 신임 경영자들은 경영자로서 공식적인 권한을 행사할 수 있고, 중요한 의사결정을 하고 다른 사람들에게 무엇을 해야 할지 말할 수 있다고 기대하였다. 또한 경영자가 되기 전에 그들이 수행해왔던 전문분야에서의 업무를 '더 많은 파워와 통제권한'을 가지고 지속적으로 할 수 있을 것이라고 생각하였다.[15] 그러나 이러한 기대들은 현실에 의해 무너져버렸다고 한다.

6개월이 지난 후에 이들 신임 경영자들은 일에 파묻혀 아무것도 할 수 없다는 사실을 깨달았다. 부하직원, 관련부서의 동료, 상사들은 경영자에게 무언가를 제안하거나 지시하고 요구하며 끊임없이 기대하고 있었으며, 차분히 앉아 그들의 기대나 요구를 반영할 시간은 거의 없었다. 업무량은 그들이 예상했던 것보다 많았으며, 하루 동안에 집중해서 처리할 많은 이슈들이 산재해 있었다. 일부 신임경영자들은 전문적이고 기능적인 직무들만 수행했던 과거의 평범한 날들을 그리워하였다.

또한 Linda Hill의 연구에서 신임 경영자들은 자신들의 공식적 권위와 파워에 한계가 있고, 부하직원들이 그들의 말에 반드시 귀 기울이는 것은 아니라는 것을 알게 되었다고 한다. 게다가 그들이 일을 처리하려면 동료와 상사들과 밀접하게 연관되어 업무를 수행해야 하며 단독으로 판단하고 처리할 수 있는 일은 거의 없다는 것도 인지하게 되었다고 한다. Hill은 경영자들이 첫해에 직면한 가장 부담이 컸던 이슈들은 '사람들의 도전'에 대한 것이었다. 부하직원, 동료, 그리고 그들의 상사들이 신임 경영자가 일을 수행하는 데 어떻게 영향을 미치는지를 인지하고, 또 그들에게 영향을 미칠 수 있기 전에 부하직원, 동료, 상사의 믿음과 신뢰를 쌓아야만 했다.[16] 한 명의 상사나 부하가 개인적으로 지원하거나 신뢰를 주는 것으로는 부족하며 경영자는 대인관계와 인적 상호작용을 통해서 전체적으로 믿음과 신뢰성을 얻어야 한다는 사실도 알게 되었다.[17]

Linda Hill의 연구는 시간이 지남에 따라 두 가지의 책임이 있다는 것을 발견하였는데, 이는 그들의 팀을 위한 역할과 의제를 설정하는 것과 조직 내에서 네트워크를 구축하는 것이다. 대부분의 새로운 경영자들은 의제 설정의 중요성은 신속히 파악하였으나, 네트워크 구축의 중요성에 대해 파악하는 데는 시간이 걸렸다. 경영자들은 그들이 속한 팀이 성공하도록 지원하고, 동료들과 상급자와의 네트워크를 가지고 밀접하게 연관되어 업무를 처리해야 하며, 상위의 경영자들에게 팀을 위해 안건을 제안하고 설득해야 한다는 것을 깨달았다. 그들은 네트워크의 구축자가 되어야만 했으며 대인관계를 잘 다루어야만 했다. 네트워크 구축자란 명령과 통제를 통해 일을 수행하는 상사가 아니라 부하 및 동료들에게 영향을 주고 설득을 할 수 있는 사람을 의미한다. 특히, Hill은 첫해 동안에는 심리적인 변화를 잘 극복해야 한다고 결론내렸다. 경영자들은 해당 업무 분야의 단순한 기술 전문가가 아니라 리더와 네트워크 구축자로서 스스로를 인정하고 역량을 개발해야 한다.

경영자의 역할

경영자의 역할(managerial roles)은 경영관리 과업과 관련된 구체적인 행동들이다. 경영자들은 경영관리에서 논의되는 계획과 전략, 조직화, 통제, 그리고 종업원 지휘와 개발과 같은 기본 기능들을 달성하기 위한 역할들을 수행한다. 가장 오래된 경영자의 역할에 대한 설명 중 하나는 Henry Mintzberg가 제시한 경영자의 역할이다.[18] Mintzberg는 3개의 범주로 그룹화하여 경영자의 역할 유형을 개발하였다. 3개의 유형은 대인관계 역할, 정보 역할, 그리고 의사결정 역할이다(그림 1.2 참조). Mintzberg는 경영자의 역할과 관련된 활동들이 명확히 구분되지 않기 때문에 통합하여 관리할 것을 강조하였다. 예를 들어, 고객을 방문하는 것은 대개 두 가지 또는 그 이상의 역할들이 동시에 관련되어 있다.[19]

경영자의 역할
경영관리 과업과 관련된 구체적인 행동들

Mintzberg의 연구는 이후 많은 연구자들이 연구하고 논의하며 Mintzberg의 경영자 역할의 내용을 풍부히 하였다. 즉, 경영자의 역할에 대한 논의를 통해 경영관리의 주요 기능들을 수행하고자 할 때 경영자들이 어떻게 행동해야 하는지, 그리고 그들이 무엇을 해야 하는지를 우리에게 알려주게 되었다.

// 대인적 역할

대인적 역할(interpersonal roles)은 경영자가 조직 내외부의 사람들과 상호작용하는 역할이다. 경영자가 하는 일은 대부분이 사람과 관련된 일이다. 한 연구에 따르면 경영

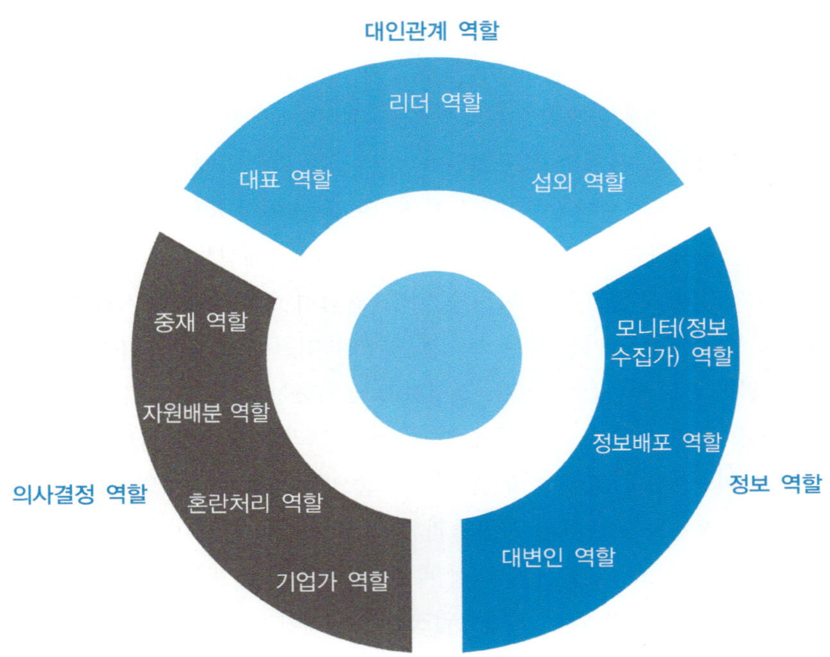

그림 1.2
관리적 역할

명실상부한 CEO
애틀란타의 Chick-fil-A 레스토랑의 사장이자 COO인 Dan Cathy는 새로운 레스토랑 개점일에 트럼펫을 분다. Cathy는 대표자 역할을 잘 수행하고 있다. 그는 특히 새로운 레스토랑의 개점 행사에 참여하는 것을 좋아한다.[21)]

자가 회사 내외의 사람들과 보내는 시간은 전체 시간의 66~80% 정도라고 한다.[20)] Linda Hill이 언급한 것처럼 경영자는 바로 대인관계 네트워크를 통해 경영자의 업무를 수행한다고 할 수 있다. Minzberg는 경영자의 대인적 역할을 3가지 유형으로 구분하였는데, 대표 역할(figurehead role), 리더 역할(leader role), 그리고 섭외 역할(liaison role)이다.

경영자의 대표 역할은 경영자들은 모든 수준에서 회사 또는 부서의 대표자로서 역할을 한다는 것이다. 경영자는 회사의 방문자들을 환영하고 지역행사에서 회사를 대표하고, 때로는 회사의 대변인 역할을 하기도 하며 회사의 특사로서 업무를 수행한다. 예를 들어, 애틀랜타에 본사를 둔 Chick-fil-A라고 하는 체인 외식업체는 새로운 레스토랑을 열면서 최초 100명의 고객들에게 1년 무료식사 쿠폰을 주는 행사를 하였다. 이러한 홍보행사는 효과를 발휘하여 최초 100명의 고객이 되기 위하여 개장일 전에 레스토랑 외부에서 야영을 하는 인파들이 생겨나기에 이르렀다. 이 체인의 사장인 Dan Cathy는 야영 인파들과 합류하여 개장일 전날 밤에 야영을 하며 고객들과 대화를 나누었으며, 그의 트럼펫 연주를 시작으로 개점을 알리는 행사를 시작하였다. 이러한 역할은 Cathy가 Chick-fil-A의 대표자로써 행동하는 모습을 보여준다. 물론 사장이 아니라 회사의 사업부 경영자나 기능경영자 혹은 현업경영자들도 그들 나름대로 다양한 대표 역할들을 수행한다. 그들은 새로운 직원들을 환영하기도 하고, 부서의 획기적인 성과를 축하하는 인사말을 하기도 하고, 종업원들에게 성과에 대한 보상을 제공하는 주체로서 역할을 하기도 하며, 최고경영자나 외부 방문자들의 기업 투어에 동행하며 대표역할을 한다.

경영자의 리더 역할인 리더십은 경영의 중요한 기능이며 경영자가 달성해야 하는 가장 핵심적인 기능이다. 경영자는 조직 내부에서 영향력을 행사하고, 구성원들을 동기부여하고 감독하며, 전략과 계획, 조직화, 통제 그리고 개발을 주도한다. 리더의 중점업무는 조직 구성원들에게 방향감각과 목적을 제시하는 것이다. 구성원들이 조직의 전략적 비전을 분명하게 제시하고 구성원들이 비전을 확인하게 하고 비전을 향해 일을 하도록 구성원들을 동기부여한다. 예를 들면, Burberry에서 Rose Marie Bravo는 전략적 비전을 조직에 제시하여 Burberry는 유행에 맞는 고급 패션브랜드로 전략을 전환하였으며, 그 후 조직의 구성원들이 비전에 따라 열심히 일하도록 동기부여하였다.

경영자의 섭외 역할은 기업 또는 부서에 영향을 미칠 수 있는 기업 또는 부서 외부의 사람들과 연결하고 소통하는 일이다. 경영자가 섭외하는 외부인은 기업 내의 다른 부서의 경영자들이 될 수 있으며 또는 공급자, 구매자 그리고 전략적 파트너들과 같은 조직 외부의 사람들이 될 수도 있다. 이러한 섭외의 중요한 목적은 관계의 네트워크를 구축하기 위해서이다. 경영자들은 다른 사람들과의 업무 조정을 위하여, 또는 가치 있는 정보에 접근하기 위하여, 또는 업무를 더 잘 수행하기 위하여, 또는 조직 내에서 경영자의 주장을 설득시키기 위하여 외부의 네트워크를 활용하게 된다. Linda Hill의 연구에서 관찰한 것처럼 네트워크를 구축하는 것은 새로운 경영자의 중요한 역할이 되고 있다.

// 정보적 역할

경영자의 정보적 역할(informational roles)은 정보를 모니터하고, 처리하고, 배포하는 역할이다. 경영자는 조직 내외부의 여러 가지 원천으로부터 정보를 수집하고 정보를 필요로 하는 구성원들에게 전달한다. Mintzberg의 연구에 의하면 경영자는 자기 시간의 약 40퍼센트를 정보와 관련된 직무에 사용한다고 한다. Mintzberg는 경영의 정보적 역할을 세 가지 유형으로 나누었는데 이는 정보모니터 역할(monitor), 정보전달 역할(disseminator), 대변인 역할(spokesperson)이다.

정보모니터 역할로서 경영자들은 조직 내외부의 환경을 검토한다. 예를 들어, Microsoft의 CEO인 Steve Ballmer는 Microsoft가 경쟁하는 시장에서 경쟁동향, 기술동향, 규제동향 등을 지속적으로 검토한다. 그는 또한 Microsoft 내에서 각 사업부들의 실적정보를 수집하고 검토한다. 예를 들면, Windows, Office, Xbox 사업부들이 목표 대비 성과를 얼마나 잘 내고 있는가에 대한 정보를 수집하고 평가하는 등 모니터링 역할을 한다.

경영자들은 효과적인 모니터링에 필요한 정보를 수집하기 위해 공식적인 채널과 비공식적 채널에 의존한다. 공식적 채널은 조직 고유의 내부 회계정보 시스템과 외부전문기관에 의해 제공되는 자료와 정보들이다. 예를 들어, Microsoft의 경영자는 시장의 경쟁동향과 경쟁기업들을 평가하는 외부 컨설팅업체 혹은 증권분석가들에 의해 산출되는 연구보고서를 보유하고 있는 전자도서관에 기업의 인트라넷을 통하여 접속할 수 있다. 또한 경영자는 비공식적 채널인 개인적인 네트워크를 활용하여 질적인 정보를 얻기도 하고 대화의 원천이 되는 유용한 정보를 얻기도 한다. 경영자는 외부의 경쟁환경과 내부의 조직환경을 모니터링하며 정보를 검토하여 조직이 얼마나 성과를 내고 있는가와 전략 또는 운영의 프로세스에 어떤 변화가 필요한지 아닌지에 대한 지식을 얻고 의사결정하게 된다. 예를 들어, 시애틀에 근거를 둔 소매기업 Nordstrom의 회장인 Blake Nordstrom는 아침에 출근하여 첫 번째로 하는 것은 전날 모든 기업매장에서 온 매출액을 검토하는 것이다. 그는 목표 대비 실적을 비교하고, 변화동향을 찾아내고, 만약 변동이 있으면 기업이 어떠한 조치를 취해야 할지를 고려한다. 이런 점에서 경영의 정보수집 역할은 통제기능의 한 부분이기도 하다. 모니터링에서 수집된 정보를 통하여 경영자는 기업 전략을 수립하고 변경하는 데 활용하기도 한다.

경영자의 정보전달 역할은 여러 가지 정보를 검토하고 조직 내 구성원들에게 유용한 정보를 전달하는 역할이다. 정보전달 역할에서 경영자는 기업의 전략방향이나 비전에 대한 정보부터 특정 기술에 관한 정보까지 정기적으로 구성원들에게 전달한다. 현장관리자 수준에서 정보전달 역할은 대개 특정 문제에 관하여 부하직원과 1대 1 비공식대화의 형태를 취하기도 한다.

경영자의 대변인 역할은 경영자가 자신의 부서 혹은 조직 외부에 자신의 조직을 대변하여 특정 정보를 전달하는 역할이다. 예컨대, 영업을 담당하는 경영자는 새로운 매출전략과 관련하여 사업 파트너들과 의사소통한다. 또한 조직 내 부서장은 다른 부서의 동료들에게 부서의 전략과 자원들에 대하여 프레젠테이션을 한다. CEO는 외부투자자, 정부관리, 지역공동체 리더들을 만나고, 그들 이해관계자들에게 기업을 대변하여 정보를 전달한다. 이는 명목상의 대표 역할 그 이상이다. 경영자는 중요한 이해관계자들에게 가치 있는 정보를 전달하고, 그렇게 하면서 우리 조직에 대한 사람들의 인식을 형성하고 그들과 상호작용하도록 할 수 있다. 예를 들어, 한 기업의 CEO가 투자 분석가들에게 기업에 대한 긍정적인 정보를 전달하여 그 기업이 좋은 전략을 추구하고 있다는 것을 성공적으로 설득할 수 있다면, 투자분석가들은 그 정보에 기반한 바람직한 투자보고서를 작성하게 될 것이다. 이는 기업의 주가를 상승시키고 기업이 신주를 발행함으로써 미래의 투자자들로부터 추가자본을 조달하여 기업의 경쟁력이 제고될 수 있는 것이다.

// 의사결정 역할

미래학자이자 경영학계의 권위자인 Peter Drucker는 궁극적으로 경영자가 해야 하는 것이 무엇인지, 그리고 의사결정을 통해서 해야 하는 일들이 무엇인지에 대해 많은 글을 썼다.[22)] 경영자는 모니터링을 통하여 수집된 정보를 통하여 그 기업의 문제점 또는 기회가 무엇인지, 어떤 대안들이 있는지, 어떻게 의사결정을 하여야 하고, 그리고 이러한 의사결정을 행동에 옮길 수 있다. 대인관계 역할은 사람을 다루고, 정보 역할은 지식을 다루고, 의사결정 역할은 행동을 다룬다. Mintzberg는 경영자의 의사결정 역할(decisional roles)을 네 가지 유형으로 구분하였는데, 이는 기업가의 역할, 해결사의 역할, 자원배분자의 역할, 그리고 협상가의 역할이다.

경쟁적인 시장에서 살아남기 위하여 기업들은 기업가적인 능력을 가지고 있어야 한다. 경영자는 새로운 제품의 개척자가 되어야 하며, 다른 경영자가 개척한 부분은 재빨리 도입할 수 있어야 한다. 기업가로서 경영자 역할은 경영자가 필요한 때에 그들의 조직을 혁신하고 변화시키며, 새로운 아이디어를 개발하거나 채택하고 제품과 공정을 개선하는 역할이다. 만약 경영자가 기업가적 역할을 소홀히 한다면 더 민첩한 경쟁자들이 빠르게 선수를 칠 수 있다. Rose Marie Bravo는 경영자가 기업가의 역할을 성공적으로 수행할 때 어떤 일이 일어나는지를 보여주는 좋은 예이다. 그녀는 Burberry 내에 창의성을 장려하는 의사결정을 하였고, 폭넓은 고객들에게 관심을 끌 수 있는 새로운 제품개발을 직접적으로 지휘하였다.

경영자의 해결사적 역할은 예상치 못한 혼란을 처리하고 해결하는 역할이다. 사실상 경영을 해나가다 보면 많은 모순들로 가득 차 있는 현상을 발견하게 된다. 해결사적 역할을 통하여 업무수행에서 예상하지 못한 문제들이 나타나 야기하는 문제와 혼란을 효율적으로 해결하게 된다. 경영자의 업무에서는 예상하지 못했던 문제점들이 종종 나타난다. 판매는 예상했던 것보다 더 느리게 성장할 수 있으며, 재고는 예상을 초과할 수 있으며 생산과정에서는 고장이 날 수 있으며, 유능한 종업원들이 직장을 떠나기도 하는 등의 문제점들이 발생한다. 경영자들은 이러한 예상하지 못했던 문제들에 대해 무엇을 해야 할지를 결정하여 문제를 극복하고 해결해야 한다.

경영자의 자원배분 역할은 조직 내의 희소한 자원을 적절하게 배분하는 역할이다. 어떤 조직이든 자금, 시간, 시설 등이 충분치 않으며, 유능한 인재 역시 충분하지 않다. 조직 내의 자원은 항상 희소하며, 희소자원을 활용하는 방법은 다양하다. 경영자의 중대한 의사결정 책임은 조직의 목표를 충족시키기 위하여 희소한 자원을 어떻게 하면 최선의 방법으로 할당할 수 있을지에 대해 결정하는 것이다. 예를 들어, 제품개발을 담당하는 경영자의 자원배분 역할은 각기 다른 3개의 제품개발 팀에 종업원, 자금, 그리고 장비를 할당하는 역할이다. 마케팅 경영자는 미디어 광고와 POS(point-of-sale) 판촉에 자금을 배분해야 한다. 일반적으로 자원배분에 관한 의사결정은 조직의 전략에 의해 방향이 결정되게 된다.

경영자의 협상 역할은 경영자에게 끊임없이 필요한 역할이다.[23] 예컨대, 경영자는 기업의 공급자와 더 나은 배달, 더 낮은 가격, 그리고 더 높은 품질의 자원투입을 위해 협상한다. 경영자는 고객과도 가격, 배달, 그리고 제품 디자인과 서비스에 대해 협상한다. 경영자는 조직 내 동료나 구성원들과 자원 공유나 협력적인 노력을 위해 협상한다. 또한 사업 경영자나 기능 경영자는 자금, 인원, 그리고 시설 등의 희소자원들을 배분받고 할당받기 위하여 상위의 경영자 혹은 최고경영자와 협상한다. 심지어 부하직원들이 조직의 목표와 부하들의 개별목표에 적합하도록 과업을 할당하기 위하여 협상하기도 한다. 협상을 통하여 성공적인 경영자는 비용을 낮추고, 고객들의 만족을 얻어내고, 조직 내의 더 좋은 자원들을 획득하고, 부하 직원들을 더 잘 조직화할 수 있는 의사결정을 하게 된다.

// 기타 자격요건

Mintzberg의 연구는 경영 업무의 본질이 무엇인지에 대하여 말해주고 있으며, 경영의 여러 기능들을 성공적으로 수행하기 위한 경영자의 행동이 무엇인지를 보여주고 있다. 그럼에도 불구하고 그의 경영자의 역할 모델에는 몇 가지 한계점이 있다.

첫째, 이 모델은 경영자가 무엇을 하는지는 우리에게 알려주지만 경영자가 무엇을 해야만 하는지에 대해서는 우리에게 말해주지 않는다. 왜냐하면 이 모델은 경영 현장에서 경영자들을 관찰하면서 도출되었기 때문이다. 경영자가 경영 업무에서 일상적 수행하는 활동들과 경영자가 추구해야 하는 활동들은 다르다. 현실적으로 Mintzberg는 모델에서 제시한 모든 역할들이 중요한 것으로 보며 대부분 성공적으로 활동하고 있는 경영자들이 이들 전부에 관여하고 있는 것으로 간주한다. 그러나 어떤 역할은 다른 역할보다 더 중요할 수 있으며 경영의 시간과 노력을 더 많이 쏟아야 할 수도 있다. 예를 들어, 경영자의 리더 역할은 단순한 조직을 대표하는 경영자의 대표 역할보다 더 중요할 수 있는 것이다.

둘째, Mintzberg는 경영자의 어떤 역할에 대하여 주목하지 않았다. 예를 들어, 경영자는 일부러 반대 입장을 취하는 사람(devil's advocate)의 역할을 취하기도 하고, 일부러 결함이 있게 제안된 사안에 대하여 의사결정들의 타당성에 대한 질문을 하기도 하면서,

조직 내 구성원들의 전략적 사고와 의사결정 역량을 증진시키는 역할을 하기도 한다.[24] 또한 많은 성공적인 경영자들은 부하직원들을 멘토링하는 역할을 수행하고 있다. 멘토로서 경영자는 그의 경험을 부하직원들과 공유하며 부하들의 통찰력을 이끌어내고, 부하들이 더 나은 경영자가 될 수 있는 방법을 코칭하기도 한다.

Mintzberg의 모델에서 나타나는 또 다른 문제점은 모델이 상황 의존적이라는 것이다. 경영자의 역할 모델은 모든 상황에서 모든 경영자들이 수행하는 것을 설명하고자 하였다. 그러나 현실에서는 경영자는 상황에 따라 그들의 역할을 달리 수행한다. 예를 들어, 한 연구에서는 지방자치단체의 최고경영자인 기관장들은 대부분이 정치인 출신이기 때문에 민간기업의 경영자와는 다르며 실제로 민간기업 경영자와 같은 대표자의 역할은 수행하지 않는다고 한다. 유사하게 지방자치단체의 일부 의사결정 역할은 핵심 의사결정이 지방의회에서 결정되기 때문에 경영자의 의사결정 역할도 다르다고 한다. 또 다른 연구에서는 조직의 규모가 경영자의 역할에 영향을 미친다고 한다. 즉, 벤처와 같이 성장하는 작은 기업의 경영자는 대기업의 경영자가 수행하는 경영자의 역할보다 업무가 더 간결하고 분할되어 있다고 한다. 또 공식적인 구조가 없는 매우 유연적인 기업들은 또한 관료제나 군대와 같이 공식적인 구조가 있는 기업과 비교하여 경영자가 더 많은 역할들을 수행하며 더 많은 시간을 소비할 수 있다고 한다. 또 다른 연구들은 문화적 다양성에 따라 특정한 경영자의 역할이 중요하게 되는 경우도 있다고 한다.[25]

이 모델의 마지막 한계점은 경영자가 이러한 다양한 역할들을 수행하여 성공하는 구체적인 방법을 충분히 가르쳐 주지 못한다는 것이다. 경영자가 협상에 참여하고, 모니터링 역할이 중요하고, 자원을 할당한다는 것에 대해 평면적으로 제시하고 있기 때문이다. 그러나 경영자들이 실제로 알고자 하는 것은 어떻게 경영을 통하여 기업의 성과를 향상시킬 수 있는지에 대한 것이다. 이것이 바로 이 책에서 주목하고 있는 바이며 기업의 성과를 높이기 위한 경영의 역할에 대하여 논의하게 될 것이다.

경영자의 역량

역량
전문성, 가치관, 동기부여 능력

위에서 언급한 경영자의 역할을 수행하기 위하여 경영자가 갖추어야 할 필요한 자질과 역량이 있다. 경영자는 전문성, 가치관, 동기부여 능력 등 여러 가지 **역량들**(competencies)을 지니고 있어야 하며, 이러한 역량이 있어야 경영자의 직무를 효율적으로 수행하며 나아가 계획과 전략, 조직화, 통제, 개발, 그리고 지휘 등 경영관리의 역할을 잘할 수 있게 된다.[26] 어떤 역량은 타고난 것도 있지만 대부분은 교육, 가정, 그리고 경험을 통해서 개발된다. 성공적인 경영관리를 위한 완벽한 하나의 역량 조합은 없으나 대신에 경영자들의 개인적인 특성들의 조합은 효과적일 수 있다.

// 경영관리의 전문능력

경영은 도전적이고 복잡한 직무이며, 그리고 실행을 효과적으로 하려면 다양한 전문능력(managerial skills)들이 필요하다. 이러한 전문능력은 세 개의 범주로 구성되는데, 이는 개념적 능력, 기술적 능력, 인간관계 능력이다.[27]

개념적 능력　전 세계 250개 회사의 3,600명의 경영자들에게 중간 경영자에게 필요한 24개의 역량들에 대한 순위를 매기게 했을 때, 상위 5위 안에 드는 능력 중 2개는 '문제 분석능력'과 '타당한 판단능력'으로 이 능력들이 개념적인 능력이다.[28] **개념적 능력**(conceptual skills)은 '큰 그림'을 볼 수 있는 능력으로, 서로 영향을 미치는 조직의 다양한 부분들을 어떻게 이해해야 하는지, 그리고 전반적인 조직의 성과를 향상하기 위하여 이러한 부분들을 어떻게 조직화해야 하는지에 대한 것이다. 다른 말로 하면 개념적인 능력은 전략계획과 조직화를 위한 토대가 된다.

> **개념적 능력**
> 큰 그림을 볼 수 있는 능력

경영자의 개념적 능력에 대한 일반적인 오해는 구조적 분석을 위한 역량이라고 생각하는 것이다. 합리적이고 논리적인 사고는 틀림없이 중요하다. 그러나 경영자는 틀을 벗어나 사고하는 개념적인 능력 또한 필요하다.[29] 경영자의 업무는 예외적으로 정해진 해결책이 존재하지 않으므로 실제 문제 또는 기회를 창의적으로 이해할 수 있어야 하며, 문제를 해결하기 위한 다양한 옵션들을 활용해야 하며, 새로운 상황에서 맥락에 맞는 최선의 선택을 해야 한다.

모든 수준에서 경영자는 개념적 능력이 필요하지만, 특히 최고경영자에게 가장 중요하다. CEO와 부사장은 경영을 해나가며 많은 창의적인 사고가 필요하며 새롭고 불확실한 상황에 직면하게 되므로 상황에 대한 더 많은 범위를 이해해야 하기 때문에 개념적 능력이 필요하다. 일반적으로 현장 관리자처럼 조직의 낮은 수준에 있는 경영자들은 큰 전략적 이슈들보다는 협소하게 초점을 맞춘 이슈들에 직면하게 되며, 예외적인 문제보다는 일상적인 문제들을 해결하는 데 주력하게 된다.

기술적 능력　**기술적 능력**(technical skills)은 경영자들이 방법, 절차 또는 기술들을 포함한 특정한 활동들을 수행할 수 있는 능력을 말한다. 인트라넷 서버 환경 설정과 같이 특정 장비에 대한 전문지식 혹은 숙련이나 회계감사 등과 같이 제대로 절차를 수행하는 전문능력이다. 현장 관리자들은 기술전문가들과 부하직원들과 함께 직접적으로 일하게 되므로 직원들의 성과를 모니터하고, 의미 있는 피드백을 제공하고, 종업원이 스스로 해결하지 못하는 일상적이지 않은 문제들을 지원하기 위하여 그들 스스로 전문가가 되어야 한다. 예를 들어, 콜 센터 관리자들은 고객들의 전화를 모니터하는 데 그들 시간의 절반 정도를 소비하며, 추후에 그들의 대화를 개선시키는 방법에 대하여 종업원들에게 피드백을 제공한다. 이들 관리자들은 그들이 제품에 대한 지식과 고객의 전화를 다루는 정확한 절차들에 대한 지식이 충분히 없다면 이러한 모니터링 업무를 효과적으로 수행할 수 없을 것이다.

> **기술적 능력**
> 경영자들이 방법, 절차 또는 기술들을 포함한 특정한 활동들을 수행할 수 있는 능력

기술적 지식과 능력들이 최고경영자보다 현장 관리자들에게 더 중요하다는 것이 일반적인 원칙이다. 이러한 추론은 조직의 하위 수준에 있는 관리자들이 기술 직원들과 직접적으로 부딪치며 일하기 때문이며, 반대로 조직의 높은 수준에 있는 경영자들은 일반적으로 다른 하위의 경영자나 관리자들과 일하기 때문이다. 경영자의 경력개발에 대한 연구들은 경영자들이 처음에는 기술적 전문능력에 의존하다가 조직 내에서 보다 높은 경영자로 승진하게 되면 개념적 전문능력에 더 의존하게 된다고 하고 있다.[30)]

경영자들이 보다 높은 경영자의 직위로 승진하게 됨에 따라 기술적 전문능력에 대한 요구가 줄어들기는 하지만, 기술적 전문능력은 실제로 모든 수준의 경영자들에게 중요하다. 사실상 최고경영자는 하나의 기능적인 영역 내에서 운영하는 경영자들에게 요구되는 것보다 훨씬 더 넓은 범위의 기능적 영역들(마케팅, 생산, 회계 등)에 대한 기술적 전문지식과 능력이 필요하다. 예를 들어, Doulder, Colorado에 본사가 있는 건강음식 슈퍼마켓 체인인 Wild Oats Markets의 재무담당 최고경영자인 ED Dunlap은 그의 경력을 통하여 상당한 재무적 전문지식을 습득하였으며 재무담당 최고책임자로써 많은 기술적 전문능력들을 보유하였다. 그러나 Dunlap이 운영담당 최고경영자로 승진하면서 재무 및 회계를 뛰어넘는 매장 내의 운영과 같은 기술적 전문능력들을 습득해야만 했다. "나는 사업에 대한 안목을 향상시키기 위하여 여전히 재무적 지식이 필요하지만, 한편 판매에 대한 경험과 지식이 필요하다. 그래서 판매직원들과 매우 밀접하게 함께 일한다."고 Dunlap은 말하곤 한다.[31)]

> **인간관계 능력**
> 커뮤니케이션, 설득, 갈등관리, 동기부여, 코치 협상 지휘하는 능력

인간관계 능력 우수한 종업원들은 보통 기술적인 전문성 때문에 경영관리 직무로 승진하지만 나중에는 그 직위에 필요한 **인간관계 능력**(human skills)의 부족으로 인하여 많은 어려움에 빠지곤 한다. 몇 년 전 Microsoft에서 유능한 소프트웨어 프로그래머가 경영자의 직위로 승진하였을 때 인간관계 능력의 부족으로 인한 고질적인 문제가 나타나기 시작했다. 많은 부하직원들이 그 경영자의 커뮤니케이션 능력부족을 언급하고, 팀 구성원들을 동기부여하기보다는 거칠고 오만하고 팀 구성원들의 사기를 꺾는 그의 역량부족을 불평하였다. 이러한 문제들을 바로잡기 위하여 Microsoft는 10년 이상 새로운 경영자들을 훈련하는 데 많은 노력을 기울였으며, 경영자의 역할을 어떻게 하면 더 효율적으로 수행할지에 대해 교육하였다.[32)]

경영자에게 필요한 인간관계 능력은 커뮤니케이션, 설득, 갈등을 다루고, 동기부여하고, 코치, 협상 그리고 지휘와 같은 능력들을 포함한다. 효과적인 경영자는 부하직원들의 요구를 이해하며 또한 조직의 목표를 달성함과 동시에 종업원들의 만족과 행복을 증진할 수 있도록 행동한다. 인간관계 능력은 경영자가 관리하는 부서의 종업원들뿐만 아니라 다른 부서의 종업원들과 함께 일하는 것도 의미한다. 다시 말하면, 성공적인 경영자는 자신의 부서 구성원들뿐만 아니라 다른 부서의 종업원, 고객, 공급자 그리고 조직 외부의 이해관계자들의 요구와 목표를 조화시키는 인간관계 능력을 활용한다.

인간관계 능력은 단순히 다른 사람들과 효율적으로 상호작용하는 것뿐만 아니라 경

기술적 스킬

최고경영자의 자리에 있는 사람들은 일반적으로 기술적 스킬보다 개념적이고 인간적 스킬을 사용한다. 그러나 후자의 전문가들은 CEO에게 그들의 개념적 기술개발 전략을 효과적으로 실행하기 위해서는 충분한 기술적 스킬이 필요하다고 말한다. 애플의 CEO 스티브 잡스가 이러한 경우이다. 잡스는 애플의 다양한 제품들을 면밀히 검토했고, 심지어 초기제품의 디자인과 특징들을 제안했다. 애플의 디지털 뮤직플래이어에 일했던 Portal Player의 수석매니저 Ben Knauss는 "아이팟에서 관심 있게 보아야 할 부분은 처음시작부터 100% 잡스의 시간이었다는 것이다"고 말한다. "매일 필요로 하는 곳에는 잡스의 지적들이 있었다. Knauss는 아이팟이 다른 재생기기보다 소리가 약간 큰 이유가 잡스의 약한 청력 때문"이라고 말했다.[33)]

영자의 자기 이해와 자기 관리를 포함하는 능력이다.[34)] 유능한 경영자는 자신을 어떻게 관리해야 할지 알고 있으며, 자기의 요구와 감정들을 염두에 두면서 적절한 시간과 장소에서 그것들을 통제하거나 적용할 수 있다. 결국 경영자는 역할 모델이 되어야 하며 자신의 감정과 언어, 그리고 행동들을 관리해야만 한다. 즉, 자신이 하나의 본보기로 부하직원이나 다른 사람들을 이끌 수 있어야 한다.

인간관계 능력은 세븐일레븐 매장의 야간 경영자이든 Microsoft의 개발 경영자이든 또는 Bank of America의 최고경영자이든지에 상관없이 중요하다. 경영자는 다른 사람들을 통해 조직의 목표를 달성해야 한다. 만약 자기 자신과 다른 사람들을 관리할 능력이 부족하다면 공동의 목표를 위해 함께 일할 수 있는 종업원들을 설득할 수 없을 것이다. 최근 IBM, Lucent, PepsiCo, British Airway 등의 수천 명의 경영자들에 대한 연구에서 인간관계 능력은 넓은 범위를 다루는 경영자들에게는 기술적 전문능력 및 개념적 전문능력보다 더 중요한 것으로 나타났다.[35)] 분석에 따르면 사람들이 경영자로 승진하거나 보다 높은 수준의 경영자로 승진할 때 기술 및 인식의 전문능력들이 필요하다고 한다. 그러나 성공적 경영자와 평범한 경영자를 구별하는 기준은 바로 인간관계 능력이라고 하는 데에서 그 중요성을 생각할 수 있다.

// 경영관리적 가치관

가치
다양한 상황하에서 행동의 결과나 과정에 대한 선호를 결정짓는 지속적인 평가신념

실제가치
실제로 행동을 가이드하는 가치

표방가치
사람들이 중요하다고 인식하는 가치

공유된 가치
다수의 사람들이 공통적으로 가지고 있는 가치

성공적인 경영자의 또 다른 중요한 특성은 경영관리적 가치관으로 경영관리의 가치를 보유하고 강화해나가는 것이 중요하다.[36] 경영자가 경영관리적 가치관을 가지게 되면 다양한 상황에서 일관성 있게 경영관리를 할 수 있으며 나름대로의 신념을 가지고 업무를 수행할 수 있다. **가치**(values)란 무엇이 좋은지 또는 나쁜지, 무엇이 옳고 그른지에 대한 지각이다.[37] 따라서 가치는 일반적으로 우리가 해야 할일이 무엇인지에 대해서 알려주며, 우리의 의사결정과 행동을 방향 짓는 도덕적 나침반으로 작용한다. 조직 내에는 수많은 다양한 가치들이 존재한다. 어떤 사람들은 가치에 순응하기보다는 새로운 도전을 가치 있게 여기며, 어떤 사람들은 절약보다 너그러움을 더 가치 있게 여긴다. 우리가 여기서 말하는 가치는 실제로 행동을 가이드하는 가치(**실제가치**)의 의미이며, 말로써 표현하는 가치(**표방가치**)를 의미하는 것은 아니다.

경영자가 어떤 가치를 가져야 하는가는 지난 수십 년에 걸쳐 경영계에서 논의되어 왔다.[38] Fortune 500개 회사의 최고경영자들은 종업원들이 작업장에서 받아들여야 할 핵심가치들에 대하여 연구해 왔다. 여러 사람들이 공통적으로 가지고 있는 **공유된 가치**(shared values)는 그 공유된 가치가 공통의 목적을 창출하여 팀과 조직 내에서 충성심과 만족을 증가시키기 때문에 중요한 의미를 부여해 왔다. 조직 구성원들이 공유된 가치를 수용하고 따를 때, 그들의 행동은 더욱 팀 또는 조직의 목표와 일치하게 되기 때문이다.

이 점은 왜 가치가 성공적인 경영자의 중요한 특성으로 제시되는지에 대한 두 가지 이유를 우리에게 설명해준다. 조직 내의 모든 경영자들은 부하직원들의 공유된 가치를 형성하고, 강화하고, 어디에 필요한지, 우선순위는 무엇인지에 대한 궁극적인 책임이 있다. 즉, 경영자는 올바른 방향으로 팀과 조직을 움직일 수 있는 가치를 개인적으로 가지고 있어야 한다. "당신이 강한 신념이 없다면 다른 사람들을 이끌 수 없다."고 New York의 전 시장인 Rudy Giuliani는 조언하고 있다.[39] 가치에 따라 행동하는 경영자는 다른 사람들의 가치도 변화하게 만든다. 따라서 그러므로 올바른 가치관을 가진 최고경영자는 중간 경영자 및 현장 관리자들의 가치를 변화시키며 나아가 경영자의 가치가 조직에 확산되게 되는 것이다.

왜 가치가 성공한 경영자들의 중요한 특성인지에 대한 또 다른 이유는 가치가 불확실한 환경을 헤쳐나가는 데 경영자를 가이드하고 일관성 있게 안정적으로 유지시켜 주기 때문이다.[40] 조직 내에서 경영자는 다양한 파워들에 의해 지속적으로 흔들리며, 때로는 비효율적이거나 도덕적이지 않은 방향으로 결정하고 행동하도록 유도하기도 한다. 가치는 이러한 상황에서 경영자들이 변함없이 유지할 수 있는 신호등으로 작용한다. "나는 항상 가치가 리더십의 핵심 부분이라고 생각한다"고 LipoScience의 CEO인 Richard Brajer가 말한다. "그 이유는 리더십의 역할은 매우 강하기 때문에 그에 걸맞는

단단한 가치적 기반과 토대를 가지고 있어야 한다." 가치의 영향은 경영자들의 나쁜 의사결정들을 없애는 방향으로 유도한다.[41] 가치는 또한 의사결정과 행동의 일관성을 향상시키는 데 영향을 미친다. 이러한 일관성을 통해 종업원들은 경영자가 진실하고 신뢰할 수 있다는 것을 인식하게 된다.[42]

올바른 가치 관리하기 경영자들에게는 강한 가치가 아닌 올바른 가치가 요구된다. 이 말은 무엇을 말하는가? 이 질문에 대한 대답은 두 부분으로 나눌 수 있다. 첫째, 경영자들은 그들이 일하는 상황과 일치되는 가치들을 수용해야 한다. 만약 신중함과 정확성이 중요하다면, 관리적 가치는 자극 및 변화보다는 순응과 전통적인 것이 강조되어야 한다. 만약 회사의 성공이 인재의 부족으로 인하여 어려움을 겪는다면 경영자들은 우선순위 목록의 가장 윗부분에 종업원들의 행복을 우선시하는 가치가 필요하다.

이 대답에 대한 두 번째 부분은 모든 상황에서 모든 경영자들이 도덕적인 행동을 해야 한다는 것이고, 그래서 그들은 도덕적인 가치를 수용해야 한다. **도덕적 가치**(ethical values)는 사회가 사람들이 따르기를 기대하는 가치들이다. 이러한 가치는 다양한 연구에 따르면 시간이 지나도 변함이 없으며, 문화가 달라도 유사하다. 예를 들어, 6개의 대륙에 위치한 70,000명의 응답자들에게 리더들에게 기대하는 가치가 무엇인지에 대해서 질문한 결과, 약 80%가 그들의 목록에 정직함이 포함되어 있었다. 정직함은 15년이 지난 후 시행된 3개의 조사에서도 중요한 가치로 확인되었다.[43]

도덕적 가치
사회가 사람들이 따르기를 기대하는 가치

// 동기부여 능력

경영관리의 전문능력과 가치에 덧붙여 위대한 경영자는 다른 사람들을 효과적으로 관리하기 위해 그들을 동기부여할 수 있는 능력을 갖추고 있어야 한다. 동기부여에 대해서는 여러 가지가 연구되고 논의되었지만 여기서 논의하는 네 가지가 가장 중요한 것으로 보인다.[44]

경쟁하여 경영자로 승진하고자 하는 욕구 경영자는 상위의 경영관리 직무로 승진하기 위하여 경쟁할 때 동기가 부여되고 더 성공적인 경영자가 될 가능성이 크다. 보통 경영자들은 더 높은 경영자의 직위로 승진하기 위하여 경쟁한다. 이러한 토너먼트식 경쟁은 위로 올라갈수록 더욱 어려워지는데 종종 경쟁에서 밀려서 회사를 떠나는 경영자에 대한 이야기를 신문에서 읽곤 한다. 예를 들어, GE의 CEO인 Jeffery Immelt는 전 CEO였던 Jack Welch가 후계자로 양성한 3명의 경영자 중 한명이었다. Immelt가 CEO가 되는 경쟁에서 승리했을 때 다른 2명의 경영자들은 GE를 떠날 수밖에 없었다. 유능한 경영자는 이러한 경쟁에서 약해지기보다는 경쟁을 통하여 성장한다. 경영관리 직무로 경쟁하여 승진하고자 하는 욕구는 매우 중요하다. 한 전문가에 따르면 이러한 동기부여가 줄어든다면 고성과 리더들이 부족해져 미국의 미래가 암울해질 수 있다고 경고하였다.[45]

개인적 권력지향
개인적인 이익을 위한 권력추구

조직적 권력지향
사회적 또는 조직적 목적을 달성하기 위한 권력추구

권력을 행사하려는 욕구 성공적인 경영자는 권력을 추구하고자 하는 욕구가 강하며 이에 따라 동기부여된다. 그렇다고 유능한 경영자가 개인적인 이익을 위해 권력을 쓴다거나 타인에게 권력을 행사하는 것을 즐긴다는 의미는 아니다. 즉, 경영자는 개인 목적의 사유화된 권력지향형(personalized power orientation)이라기보다는 조직의 목표달성을 위해 권력을 지향한다. 경영자는 자신만의 이익을 위한 권력을 추구하지 않으며, 조직적 목표를 달성하기 위하여 권력(socialized power orientation)을 행사한다. 경영분야의 이론가인 Jeffery Pfeffer에 따르면 조직은 다른 권력과 영향력에 의해 특성지어지는 정치적 독립체라고 주장한다. Pfeffer는 경영자는 권력을 축적해야 할 필요가 있으며 건설적인 방식으로 권력을 사용해야 한다고 주장하였다. 권력은 단순히 공식적인 권위로부터 나오는 것이 아니다. 커뮤니케이션을 통해 다른 사람들에게 영향을 미치는 능력, 협력자 네트워크, 그리고 중요한 정보 또는 자원을 통제할 수 있는 능력과 같은 개인적인 특성에도 기인한다. Pfeffer에 따르면 권력의 현명하고 건설적인 활용은 성공적인 경영자들의 중요한 특성이라고 하였다.[46)]

남과의 차이를 추구하는 욕구 성공적인 경영자는 그가 지휘하는 부하들과는 다르기를 원한다. 그 이유는 경영자는 많은 이해관계자들 사이의 중개인 역할을 하여야 하고 중립적으로 행동하기 위하여 다른 사람들과 구별 또는 차이가 있어야 하기 때문이다. 한 연구결과에 따르면 유능한 경영자는 사람들과의 친교 욕구가 그리 강하지 않으며, 또 다른 사람들의 강압에 덜 민감하다고 한다. 이러한 특성으로 인하여 남과 다른 차이를 추구하는 경향이 있다.[47)]

경영자의 차이욕구에 대한 또 다른 이유는 경영자는 중심에서 의사소통을 해야 할 필요가 있으며, 조직 또는 부서의 미래 방향을 상징화하기 위해서는 여타 구성원들과 차이가 있어야 하기 때문이다. 종업원들은 경영자를 미래 행동의 가이드 및 역할 모델로 본다. 경영자가 조직이나 집단에서 남과 차이가 나며 눈에 띄는 것을 불편해 한다면 부하직원이나 구성원들을 새로운 방향으로 유도하는 데에 어려움을 겪을 것이다.

행동으로 실천하는 욕구 경영자들의 가장 중요한 과제 중에 하나는 미래를 위해 조직의 목표를 성취하기 위하여 종업원들 및 다른 이해관계자들이 동기부여되도록 하는 것이다. 최근 3,600명의 경영자들을 대상으로 한 연구에서 효과적인 경영자의 가장 중요한 5가지 역량 중 하나로 '결과 혹은 성과를 내기 위한 추진력'이라는 것이 확인되었다. Honeywell과 Allied Signal의 전 CEO인 Larry Bossidy에 따르면 "지원자들을 평가할 때, 나는 실천을 위한 에너지와 열정을 가장 먼저 봅니다"라고 한다. Bossidy는 이러한 행동 성향은 매우 중요하며 "IQ가 깜짝 놀랄 정도로 높은 사람과 IQ는 낮지만 성공을 위한 강한 의지를 가진 사람이 있다면 당신은 두 번째 사람을 선택해야 한다"고 말하기도 한다.[48)]

결 론 왜 중요한가?

만일 여러분이 공인회계사, 재무전문가, 엔지니어, 마케팅전문가, 창의적 광고기획자의 진로계획을 가지고 있다면, 왜 내가 경영학을 공부해야 하나라는 의문을 가질 수 있다. 대답은 간단하다. 여러분이 해당 기업이나 조직에서 그 분야의 전문가로 성공한다면 경영관리를 해야 하는 직무와 직위로 승진하며 경영을 할 수밖에 없을 것이다. 여러분이 경영관리 직무로 이동하거나 승진할 때 경영관리는 매우 어렵고 매우 도전적인 직무라는 것을 새롭게 깨닫게 될 것이다. 좋은 경영자가 되기 위해서는 해당 분야의 기술적 전문능력보다 더 많은 것이 필요하다. 다른 사람들과 함께 일을 할 수 있는 능력이 필요하며, 계획 그리고 전략, 조직화, 통제, 그리고 팀, 부서, 기능 또는 전체 조직을 개발하고 지휘하는 능력이 필요하며 다양한 역할을 효과적으로 수행해야 한다. 여러분은 좋은 리더, 대표자 그리고 섭외자가 되어야만 하고, 정보를 모으고 분석하고 전달해야 한다. 또한 협상가, 자원배분자, 해결사, 기업가로써 효과적으로 역할을 해야 한다. 그리고 인간관계 능력과 개념적 능력, 올바른 가치관 및 동기부여가 필요하다. 당신은 전략적 비전을 어떻게 만들고 커뮤니케이션을 통해서 다른 사람들을 어떻게 북돋아주고, 네트워크를 구축하고 지혜롭고 건설적으로 권력을 활용하는 방법에 대하여 알아야 한다. 어떤 사람들은 이러한 능력을 타고날 수도 있겠지만 우리들 대부분은 이러한 능력들을 학습해야 한다. 이 책은 당신이 그것들을 배울 수 있도록 돕기 위하여 만들어졌으며 성공적인 경영자가 되기 위한 여정의 첫 단계이다.

Management Challenges

1. 매년 Business Week는 1월에 '올해의 최고의 경영자와 최악의 경영자' 리스트를 발간한다. 가장 최근의 리스트를 보고 가장 훌륭한 경영자와 최악의 경영자를 한 명씩 선정해 보시오.
   a. 최고와 최악의 경영자로 만든 요인은 무엇인가?
   b. 경영관리 기능들을 잘 수행했거나 잘못한 예는 무엇인가?
   c. 경영자의 역할을 잘 수행했거나 잘못 수행한 예는 무엇인가?
   d. 이들 경영자의 강점이 되는 능력과 약점이 되는 능력은 무엇인가?
2. 1981년에서 2001년까지 GE의 CEO였던 Jack Welch는 최근 비즈니스 역사에서 최고의 경영자 중 한명으로 존경받고 있다. Welch가 이렇게 존경받을 수 있게 만든 특성들과 행동들을 확인해보고, 그의 경영스타일의 문제점은 없는지 찾아보시오.
3. 새롭게 임명된 현장 관리자가 업무를 효과적으로 수행하기 위하여 필요한 기술과 역량은 무엇인가? 이러한 기술과 역량들은 기술 전문가들이 직무를 효과적으로 수행하기 위해 필요한 것들과 어떻게 다른가?
4. 왜 전략과 계획은 현장 관리자의 중요한 직무 중 하나인가? 당신은 그들 조직의 전략계획에 영향을 미치는 현장 관리자의 예를 찾아보시오.

Management Portfolio

한 기업을 선택하여 다음을 살펴보시오.

1. 회사를 설명해보시오. 그 회사가 얼마나 되었는가? 회사가 어떠한 산업에서 활동하는가? 어떤 제품이나 서비스를 판매하는가? 주요 경쟁업체는 누구인가? 국제적인 기업인가? 종업원은 몇 명인가? 매출과 이익은 어떠한가?
2. 경쟁업체와 비교해보았을 때 회사는 최근 얼마나 성과가 좋았는가? 경쟁업체보다 성과가 좋았는가 나빴는가? 그 이유는 무엇인가?
3. CEO는 누구인가? CEO는 얼마 동안 재임하였는가? CEO의 과거 경력은 어떠한가?
4. CEO가 운영에 관련된 기본 업무들을 어떻게 수행하였는지에 대한 예를 찾아보시오 — 전략, 계획, 조직, 통제, 개발, 조직운영.

마 · 침 · 사 · 례 George David

George David는 10년 이상 United Technologies Corporation(UTC)의 CEO였다. 그동안 그는 CEO로서 여러 가지 포상을 받는 등 나름대로 성과를 보여 왔다. 그의 리더십하에 엘리베이터(Otis Elevator), 항공우주 제품(Pratt & Whitney 제트엔진과 Sikorsky 헬리콥터 포함), 에어컨디션 시스템, 그리고 화재와 보안 시스템 등을 운영하는 3,430억 달러의 종합기업으로 성장하였으며 매년 10~14%의 수익증가율을 기록하여 왔다. 이러한 성과는 특히 제조기업에서는 놀라운 기록이다.

가치 매니저
United Technologies의 CEO인 George David는 역설적으로 보인다. 그는 간단명료하게 매니저들에게 성과 측정을 위해 책임감 있게 사람을 대하라고 가르치면서도, 종업원이 그들 스스로 높은 윤리, 환경, 안전기준을 유지하고 개선시키기 위해서 스트레스가 중요하다고 말한다.

David에 따르면 United Technologies의 성공 핵심요인은 지속적인 생산성과 품질의 향상이다. 그 이야기는 David가 Otis Elevator의 국제운영부문을 경영하고 있을 때인 1980년대로 거슬러 올라간다. 그는 새 엘리베이터 제품이 형편없게 작동하는 이유를 알아내기 위하여 초빙한 일본 엔지니어인 Yuzuru Ito를 만났다. David는 품질문제를 확인하고 성능을 향상시키는 Ito의 방법에 감명받았다. 이후 David가 CEO로 승진한 다음 우선적으로 UTC의 비용을 낮추고 품질을 향상시켜야 하는 것을 깨달았다. 그가 첫 번째로 한 것은 Ito를 설득하여 UTC로 그를 초빙하였다. David와 더불어서 Ito는 품질과 생산성을 향상시키는 ACE 프로그램을 개발하여 탁월한 경쟁력을 제고하는 등 UTC에서 매우 환대를 받았다. ACE 프로그램은 그 이후 UTC의 생산성을 향상시키는 성공적 동인들 중 하나가 되었다.

CEO로서 임기 초기에 David는 UTC를 재조직하기 시작하였다. 먼저 본사의 규모를 줄였고 의사결정권한을 사업부문들로 분권화시켰다. 또한 각 부문이 얼마나 잘하고 있는가에 대한 좋은 정보를 제공해주고 부문별 사업경영자들이 성과에 책임을 질 수 있게 만들어줄 새로운 재무보고 시스템을 회계부서에서 개발하였다. 그 후 사업부문의 사업경영자들에게 수익과 매출 성장을 위해 부담이 큰 목표를 부여하였고 ACE 프로그램을 이행함으로써 그들의 사업부문 내에 프로세스들을 향상시키도록 독려하였다.

동시에 David는 경영의 목표를 설정하고 사람들이 책임을 갖도록 하여야 함을 항상 강조하였다. David는 가치관의 중요성을 깨닫고 UTC 직원들에게 기업이 환경에 최소 영향을 주는 제품을 생산하고 직장에서 종업원의 안전을 최우선으로 생각하는 가장 높은 윤리기준을 갖도록 주장하였다.

경영자로서 가장 큰 성과가 무엇이었는지 질문을 받았을 때, David는 UTC의 전 세계 직원들에 대한 장학금 프로그램을 언급하였다. 1996년에 시행되어 UTC의 인재육성에 대한 보증마크로 간주되는 그 프로그램은 직원이 다니는 대학이나 대학원 교육비 전액을 지불하고, 직원들이 공인된 학교에서 어떤 주제라도 공부하는 것을 허용하고, 유급의 진학기간을 제공하고, 학위를 마치면 미화로 1만 달러 정도의 UTC 주식을 수여한다.

David의 중심 업무 중의 하나는 장기적으로 부드럽게 기능하는 경영 팀을 조직하는 것이었다고 언급하였다. "사람들은 서로 의지하게 됩니다. 당신은 동일한 신뢰관계를 가져야 합니다. 당신이 사람들을 알고, 그들도 당신을 압니다. 당신은 그들을 예측할 수 있고, 그들도 당신을 여측할 수 있습니다. 모두 그렇게 업무를 시작하고, 그것은 CEO의 임기 내내 가속화됩니다. 사람들을 매 2~3년마다 이동하며 새롭게 시작하도록 하면 좋지 않습니다."

Sandy Weill에 따르면 Citicorp의 전 회장이자 UTC의 이사회 구성원인 David는 강인함과 세심함을 두루 갖추었다고 한다. "누군가가 직무를 수행할 수 없을 때 그는 도울 것이고, 그 사람이 그것을 해결하지 못할 것 같으면 그 사람은 영원히 그 직무를 수행하지 않을 것이다." 동시에 Weill이 언급하기를 "그는 직원들이 존경할 만한 수많은 일을 한다. 나는 그가 매우 훌륭한 경영자라고 생각한다. 비록 David가 요구하는 것이 많지만, 그는 또한 경청한다. — 그는 전송모드뿐만 아니라 수신모드도 갖고 있다."[49]

토론문제

1. George David가 존경받는 경영자가 된 비결은 무엇인가?
2. David는 어떻게 사람을 통해서 성과를 거둘 수 있었는가?
3. David의 계획과 전략, 조직화, 통제, 지휘, 그리고 개발을 볼 수 있는 예는 무엇인가?
4. David의 관리적 전문능력은 무엇인가? 그는 무엇이 부족해 보이는가?

❋ 주석 | Endnotes

1. Quotes from S. Beatty, "Bass Talk: Plotting Plaid's Future," *The Wall Street Journal*, September 9, 2004, p. B1. Also see C.M. Moore and G. Birtwistle, "The Burberry Business Model," *International Journal of Retail and Distribution Management* 32 (2004), pp. 412–22.
2. The definition was first offered by Mary Parker Follett in the 1920s. See P. Graham (ed.), *Mary Parker Follett: Prophet of Management* (Boston: Harvard Business School Press, 1995).
3. S. Walton, *Made in America* (New York: Doubleday, 1992).
4. This view dates back to the French industrialist Henri Fayol, although Fayol talked about "planning" rather than "strategizing." See H. Fayol, *General and Industrial Management* (London: Pitman, 1986). Original edition published in 1916.
5. H. Mintzberg, "Patterns in Strategy Formulation," *Management Science* 24 (1978), pp. 934–48.
6. S. Gray and E. Smith, "Coffee and Music Create a Potent Mix at Starbucks," *The Wall Street Journal*, July 19, 2005, p. A1.
7. G. Yukl and R. Lepsinger, "Why Integrating the Leading and Managing Roles Is Essential for Organizational Effectiveness," *Organizational Dynamics* 34, no. 4 (2005), pp. 361–75.
8. N.W. Hatch and J.H. Dyer, "Human Capital and Learning as a Source of Sustainable Competitive Advantage," *Strategic Management Journal* 25 (2004), pp. 1155–79; J. Pfeffer, *Competitive Advantage through People* (Boston: Harvard Business School Press, 1996).
9. P. Drucker, *Peter Drucker on the Profession of Management* (Boston: Harvard Business School Press, 1998), pp. 33–34.
10. *GE's Two Decade Transformation,* Harvard Business School Case #9-399-150.
11. D. Fisher, "GE Turns Green," *Forbes*, August 15, 2005, pp. 3–5.
12. K. Kranhold, "GE Takes Big Steps in Its Strategy to Exit Insurance," *The Wall Street Journal*, November 21, 2005, p. C7.
13. A. Priestland and R. Hanig, "Developing First Level Leaders," *Harvard Business Review*, June 2005.
14. L.A. Hill, *Becoming a Manager* (Boston: Harvard Business School Press, 1992).
15. L.A. Hill, "What It Really Means to Manage," *Harvard Business School Teaching Note* #9-400-041 (February 2000).
16. H. Mintzberg, "Managerial Work: Analysis from Observation," *Management Science* 18 (1971), pp. B97–B110.
17. H. Mintzberg, "The Yin and the Yang of Managing," *Organizational Dynamics* 29 (2001), pp. 306–12; H. Mintzberg, "Managing Exceptionally," *Organization Science* 12 (2001), pp. 759–71.
18. H. Mintzberg, *The Nature of Managerial Work* (New York: Harper & Row, 1973).
19. Mintzberg, *The Nature of Managerial Work;* H. Mintzberg, "The Manager's Job: Folklore and Fact," *Harvard Business Review,* July–August 1975, pp. 49–61; L.B. Kurke and H. Aldrich, "Mintzberg Was Right! A Replication and Extension of *The Nature of Managerial Work*," *Management Science* 29, no. 8 (August 1983), pp. 975–84; C.P. Hales, "What Do Managers Do? A Critical Review of the Evidence," *Journal of Management Studies* 23, no. 1 (January 1986), pp. 88–115; S. Chareanpunsirikul and R.C. Wood, "Mintzberg, Managers, and Methodology: Some Observations from a Study of Hotel General Managers," *Tourism Management* 23 (2002); pp. 551–56. Mintzberg recently proposed a revised model of managerial work, but few writers have taken up this model, possibly due to its messiness and gaps. See Mintzberg, "Managing Exceptionally."
20. Hales, "What Do Managers Do? A Critical Review of the Evidence."
21. C. Salter, "Customer-Centered Leader Chick-fil-A," *Fast Company*, October 2004, pp. 83–84; L. Cannon, "2005 Golden Chain: Dan T. Cathy," *Nation's Restaurant News*, September 19, 2005; H. Jett, "Businesses Use Grand Openings to Attract Audience, Establish Roots," *Free Lance-Star* (Fredericksburg, VA), March 24, 2005.
22. P. Drucker, *The Practice of Management* (New York: Harper & Row, 1954), Chapter 28.
23. L. Hill, *Becoming a Manager: How New Managers Master the Challenges of Leadership* (Boston: Harvard Business School Press, 2003), pp. 41–42.
24. J.S. Valacich and C. Schwenk, "Structuring Conflict in Individual, Face-to-Face, and Computer-Mediated Group Decision Making," *Decision Sciences* 26 (1995), pp. 369–94; D.N. Stoe, M.P. Sivitanides, and A.P. Magro, "Formalized Dissent and Cognitive Complexity in Group Processes and Performance," *Decision Science* 25 (1994), pp. 243–62.
25. C. Dargie, "The Role of Public Sector Chief Executives," *Public Administration* 776 (Spring 1998), pp. 161–77; M. Noordegraaf and R. Stewart, "Managerial Behavior Research in Private and Public Sectors: Distinctiveness, Disputes, and Directions," *Journal of Management Studies* 37, no. 3 (May 2000), pp. 427–43; C. O'Gorman, S. Bourke, and J.A. Murray, "The Nature of Managerial Work in Small Growth-Oriented Businesses," *Small Business Economics* 25 (2005), pp. 1–16.
26. R. Boyatzis, *The Competent Manager: A Model for Effective Performance* (New York: John Wiley & Sons, 1982), p. 21; R. Jacobs, "Using Human Resource Functions to Enhance Emotional Intelligence," in *The Emotionally Intelligent Workplace*, ed. C. Cherniss and D. Goleman (San Francisco: Jossey-Bass, 2001), pp. 159–81; S.L. Tubbs and E. Schulz, "Exploring a Taxonomy of Global Leadership Competencies and Meta-Competencies," *Journal of American Academy of Business* 8, no. 2 (2006), pp. 29–34.
27. R.L. Katz, "Skills of an Effective Administrator," *Harvard Business Review* 52, no. 5 (September–October 1974), pp. 90–102.
28. D. Nilsen, B. Kowske, and A. Kshanika, "Managing Globally," *HRMagazine*, August 2005, pp. 111–15.
29. M.D. Mumford et al., "Leadership Skills for a Changing World: Solving Complex Social Problems," *Leadership Quarterly* 11, no. 1 (2000), pp. 11–35.
30. R.E. Hill and J. Collins-Eaglin, "Technical Professionals, Technical Managers, and the Integration of Vocational Consciousness," *Human Resource Management* 24, no. 2 (Summer 1985), pp. 177–89; H.G. Enns, S.L. Huff, and B.R. Golden, "CIO Influence Behaviors: The Impact of Technical Background," *Information & Management* 40, no. 5 (2003), p. 467.
31. D. Buss, "How to Pick Your Number 2," *Financial Times* (London), December 16, 2004, p. 16.
32. The author consults with Microsoft on these issues and teaches several in-house management development programs.
33. L. Kahney, "Inside Look at Birth of the iPod," *Wired News*, July 21, 2004.
34. D. Goleman, R. Boyatzis, and A. McKee, *Primal Leaders* (Boston: Harvard Business School Press, 2002).
35. L.M. Spencer and S.M. Spencer, *Competence at Work: Models for Superior Performance* (New York: John Wiley & Sons, 1993), Chapter 16; D. Goleman, "Emotional Intelligence: Issues in Paradigm Building," in *The Emotionally Intelligent Workplace*, ed. C. Cherniss and D. Goleman (San Francisco: Jossey-Bass, 2001), pp. 13–26.
36. E.E. Ghiselli, "Interaction of Traits and Motivational Factors in the Determination of the Success of Managers," *Journal of Applied Psychology* 52, no. 6 (1968), pp. 480–83.
37. B.M. Meglino and E.C. Ravlin, "Individual Values in Organizations: Concepts, Controversies, and Research," *Journal of Management* 24, no. 3 (1998), pp. 351–89; B.R. Agle and C.B. Caldwell, "Understanding Research on Values in Business," *Business and Society* 38, no. 3 (September 1999), pp. 326–387; S. Hitlin and J.A. Pilavin, "Values: Reviving a Dormant Concept," *Annual Review of Sociology* 30 (2004), pp. 359–93.
38. J.C. Collins and J.I. Porras, *Built to Last: Successful Habits of Visionary Companies* (London: Century, 1995); C.A. O'Reilly III and J. Pfeffer, *Hidden Value* (Cambridge, MA: Harvard Business School Press, 2000).
39. R. Giuliani, "Rudy Giuliani on Leadership," *Leadership Excellence*, June 2005, pp. 17–18.
40. J.L. Badaracco Jr., "The Discipline of Building Character," *Harvard Business Review* 76, no. 2 (March–April 1998), pp. 114–24; J.M. Kouzes and B.Z. Posner, *The Leadership Challenge*, 3rd ed. (San Francisco: Jossey-Bass, 2002), Chapter 3.
41. "Building a Solid Foundation on Value-Driven Principles," *Business Leader* 14 (June 2003), p. 6.

42. T. Simons, "Behavioral Integrity: The Perceived Alignment between Managers' Words and Deeds as a Research Focus," *Organization Science* 13, no. 1 (January–February 2002), pp. 18–35.

43. Kouzes and Posner, *The Leadership Challenge*, Chapter 2.

44. J.B. Miner, *Studies in Management Education* (Atlanta: Organizational Measurement Systems Press, 1965); J.B. Miner, "Twenty Years of Research on Role Motivation Theory of Managerial Effectiveness," *Personnel Psychology* 31 (1978), pp. 739–60; B.P. Ebrahimi, S.A. Young, and V.W.M. Luk, "Motivation to Manage in China and Hong Kong: A Gender Comparison of Managers," *Sex Roles* 45, no. 5–6 (2001), pp. 433–53.

45. J.B. Miner, B.P. Ebrahimi, and J.M. Wachtel, "How Deficiencies in Motivation to Manage Contribute to the United States' Competitiveness Problem (and What Can Be Done about It)," *Human Resource Management* 34, no. 3 (1995), pp. 363–86.

46. J. Pfeffer, *Managing with Power* (Boston: Harvard Business School Press, 1992).

47. D.C. McClelland and D.H. Burnham, "Power Is the Great Motivator," *Harvard Business Review* 73 (January–February 1995), pp. 126–39 (reprint; original article published in 1976).

48. R. Charan, C. Burke, and L. Bossidy, *Execution: The Discipline of Getting Things Done* (New York: Crown Business, 2002). The survey of managerial competencies is reported in Nilsen, Kowske, and Kshanika, "Managing Globally."

49. Sources: J.S. McClenahen, "UTC's Master of Principle," *Industry Week*, January 2003, pp. 30–34; D. Brady, "The Unsung CEO," *BusinessWeek*, October 25, 2005, pp. 74–75; W.J. Holstein, "George David Steps Out," *Chief Executive*, May 2005, pp. 3–35.

2

외부·내부환경

THE EXTERNAL and INTERNAL ENVIRONMENTS

LEARNING OBJECTIVES

이 장을 학습한 후 여러분은

1. 조직의 과업(Task) 환경의 주요한 구성요소들을 확인할 수 있다.
2. 과업환경의 각 구성요소가 어떻게 조직에 영향을 미치는지를 설명할 수 있다.
3. 조직의 일반환경의 주요한 구성요소들을 확인할 수 있다.
4. 일반환경의 각 구성요소가 어떻게 조직에 영향을 미치는지를 설명할 수 있다.
5. 외부환경에서의 변화의 본질을 논의할 수 있다.
6. 조직의 내부환경의 주요한 구성요소들과 관리 행위에 미치는 영향을 설명할 수 있다.

Can It Stay Airborne? United Airlines는 수많은 항공산업들과 경쟁하는 운송수단 중 하나이다. 높은 임금으로 인해 United는 Jet Blue와 같은 저가 항공사들과 경쟁하기가 쉽지 않았다. 2004년 United는 10년 동안 3번이나 파산법의 보호하에 운영되기 시작했다.

도입사례

항공산업에서 관리자들은 어려운 과제를 가지고 있다. 그들은 사업에서 가장 도전적인 환경들 중 하나와 직면하고 있다. 2001년 이래, 항공산업은 심하게 변동하는 수요실태와 제트 블루(Jet Blue), 에어 트란(Air Tran), 그리고 사우스웨스트 항공(Southwest Airline)과 같은 저가 항공사들 간의 극심한 경쟁으로 특징지어진다. 소비자들은 그 항공사들로부터 많은 선택권을 가지고 있으며, 가장 낮은 가격으로 항공사를 선택하고, 가격하락에 압력을 가하는 경향이 있다. 인플레이션에 적응되었을 때, 미국에서 1마일을 비행하기 위해 소비자들이 지불한 가격은 1980년에 0.091달러에서 2004년에 0.042달러로 하락했다. 더욱이 항공사들의 비용구조는 심하게 요동치는 연료가격에 밀접히 연관되어 있다. 연료비에 있어서 5% 증가할 때마다 항공사의 수익성이 1% 줄어들며, 항공유의 가격은 2002년에 평균 1갤런(gallon)당 0.71달러였던 것이 2005년 후반에는 1.80달러로 증가하였다. 사태를 복잡하게 하는 것으로, 오래 전에 설립된 항공사들은 고용인의 급여삭감과 유연성 있는 업무 프로세스의 도입을 위한 시도에 역사적으로 저항해 왔던 강력한 노동조합과 함께 일을 해야 한다는 것이다. 이는 높은 인건비를 유지시키게 하였다. 이러한 환경들 때문에 2001년과 2004년 사이에 항공산업은 믿기 어렵게도 323억 달러의 손실을 보았다.[1)]

항공산업 관리자들이 그들의 조직을 효율적으로 관리하고 있다면, 그들은 그들에게 직면한 외부환경을 이해해야 하고, 환경의 변화가 어떻게 그들의 회사에 영향을 미치는지 예견해야 하며, 그리고 적절한 행위를 취하도록 해야 한다. 이 행위들은 수요 감소로서 생산능력을 줄이는 것을, 연료 효율이 더 좋은 항공유를 구매하는 것을, 가능하다면 저가 항공사들과의 가격할인 경쟁을 피하는 것을, 그리고 인건비를 낮추는 것을 포함하고 있다. 동시에 그런 행위들을 갖추고자 하는 관리자들의 능력은 항공사의 내부환경을 통해서 형성된다. 예를 들어, 유나이티드와 같은 몇몇 오래된 항공사들은 강한 노동조합들을 가지고 있으며, 그 노동조합들은 항공기 조정사, 비행 승무원과 지상 스탭들의 임금을 삭감하려는 관리자들의 시도 또는 노동 생산성을 끌어올리기 위한 유연한 업무 관행을 도입하려는 시도에 저항해 왔다. 이러한 제약은 고비용을 유지시켰으며 관리자들이 항공사의 수익을 만드는 것을 더욱 어렵게 하였다.

외부환경
기업의 목적을 달성하는 능력에 영향을 미치는 기업 외부의 모든 것들

항공산업에서 관리자들에게 직면한 상황은 극적이기는 하지만 그들에게만 유일한 것이 아니다. 모든 관리자들의 행위는 두 가지의 주요 환경에 영향을 받는다. 외부환경과 내부환경이다. **외부환경**(external environment)은 회사 밖의 모든 것으로 구성되어 있으며, 그것은 기업의 목적을 달성하려는 기업의 능력에 영향을 미친다. 외부환경은 두 가지의 주요 구성요소로 다시 나눠질 수 있다(그림 2.1 참조). 조직에 당면한 산업환경 혹은 **과업환경**(task environment)이 있는데, 이는 실제적이고 잠재적인 경쟁자들, 공급자들, 그리고 구매자들(소비자들 혹은 배급업자들)을 전형적으로 포함하고 있다. 그리고

과업환경
실제적이고 잠재적인 경쟁자들, 공급자들, 구매자들(소비자 혹은 배급업자들), 산업에서 대체품을 공급하는 회사들, 보완재를 공급하는 회사들

그림 2. 1
관리자들의 환경

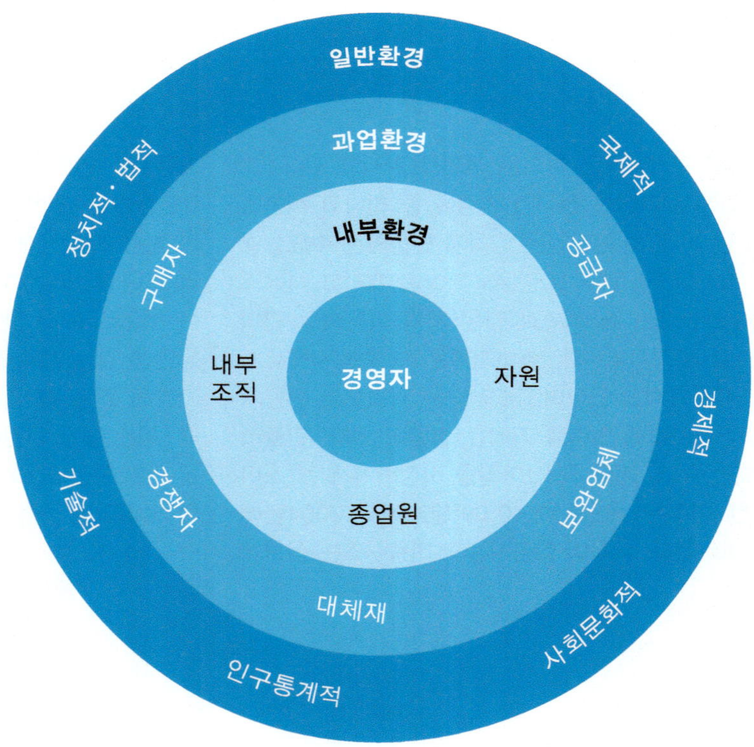

산업에서 대체품을 공급하는 회사들, 보완재를 공급하는 회사들, 그 다음에 더 포괄적인 **일반환경**(general environment)이 있다. 과업환경은 일반환경 안에 포함된다. 일반환경은 정치적인 요인들, 법적인 요인들, 거시경제적 요인들, 인구통계적 요인들, 사회문화적 요인들, 기술적 요인들, 그리고 국제적인 요인들을 포함하고 있다. 과업환경에 대한 영향력을 통해서 일반환경은 회사에 영향을 미친다.

일반환경
정치적 요인들, 법적 요인들, 거시경제적 요인들, 인구통계적 요인들, 사회문화적 요인들, 기술적 요인들, 국제적인 요인들

외부환경을 분석할 때, 관리자들은 전형적으로 기회와 위협을 찾고자 한다. 기회는 외부환경의 상황 혹은 발전으로부터 일어난다. 전략을 통해서 활용된다면, 관리자들은 그들의 기업 목표를 보다 좋게 이루는 것이 가능하다. 예를 들어, Boeing으로부터 가장 최근의 예측에 따르면, 항공 여행은 향후 20년 동안 매년 4.8%가 성장할 것으로 내다보고 있다. 이것은 지난 20년 동안의 성장보다 상당히 빠른 것이다.[2] 항공 여행에 대한 수요증가는 기회로 보이며, 이 기회의 활용은 항공사들의 수입과 수익을 보다 증가시킬 것이다. 위협 또한 외부환경의 상황 혹은 발전으로부터 일어나는데, 기업의 목표를 이루려는 관리자들의 능력에 부정적으로 영향을 미치게 되는 것으로부터 기인한다. 항공산업을 향한 저가 항공사들의 진입은 유나이티드 아메리카 항공과 같은 기존 항공사들의 입장에는 위협이다. 이 항공사는 사우스웨스트 항공과 제트블루와 같은 회사보다 더 높은 비용구조를 가지고 있다. 연료비 상승은 또 다른 중대한 위협이다.

내부환경(internal environment)은 회사 안에서의 모든 것으로 구성되어 있으며, 그것은 확실한 행위 혹은 전략을 추구하는 관리자들의 능력에 영향을 미친다. 내부환경은 회사의 조직(회사의 구조, 문화, 규제, 그리고 인센티브), 회사의 고용인(회사의 인적 자본)과 회사의 자원(회사의 유형과 무형 자산)을 포함하고 있다. 우리가 알 수 있듯이, 이들의 각 요소들은 강점이 될 수도 있고 약점이 될 수도 있다. 강점은 좋은 조직에서의 활동이며, 경쟁력 우위(competitive advantage)를 위한 잠재적 원천(potential source)이 될 수 있다. 약점은 뛰어나지 않은(즉, 노력하지 않는) 조직에서 활동하는 것으로 경쟁력 열위(competitive disadvantage)의 원인이 될 수 있다.

내부환경
기업전략이나 활동을 수행하는 경영자에 영향을 미치는 기업 내부의 모든 것들

회사의 내부환경을 분석할 때, 관리자들은 흔히 자신의 회사의 강점과 약점을 식별하는 것으로 분석한다. 이러한 내부집중(inward focus)은 외부환경에서 기회와 위협을 식별할 수 있도록 보완한다. 따라서 내부의 강점과 약점 그리고 외부의 기회와 위협의 목록 작성은 관리자들이 전략을 개발하는 데에 도움을 줄 수 있다. 이 방법론은 [SWOT(strengths, weakness, opportunities, and threats) 분석의 약자로 나타내는] 전략을 계획하는 것과 결정을 만드는 것에 있어서 표준방법이다. 우리는 보다 자세한 것은 제5장에서 논의할 것이다.

SWOT
강점, 약점, 기회, 위기

이번 장에서 우리는 외부환경과 내부환경의 구성요소들을 살펴볼 것이고 어떻게 그것들이 관리행위를 형성하는지 그리고 기회, 위협, 강점과 약점을 생기게 하는지 논의할 것이다. 우리는 외부환경과 함께 시작할 것이고, 먼저 과업환경을 살펴본 다음에 일반환경을 살펴볼 것이다. 첫째로, 우리는 과업환경을 논의할 것이다. 왜냐하면 그것이 가장 회사에 밀접한 것이고 관리자들 사이에서 가장 당면한 관심사이기 때문이다. 더구나 일반환경이 과업환경에 미치는 영향을 통해서 일반환경이 회사에 영향을 미치기 때

문이다. 우리는 과업환경을 이해할 때까지 일반환경의 중요성을 논의할 수 없을 것이다. 우리는 내부환경의 논의로 이번 장을 끝내게 된다.

과업환경

Forces Model
산업 내 경쟁의 강도를 결정짓는 요인모델

과업 혹은 산업 환경을 분석하기 위한 가장 널리 사용되는 체계 중에 하나는 5 Forces Model로서 알려진 Michael Porter에 의해서 개발된 모델이다(그림 2.2 참조).[3] Porter에 따르면, 수익을 만들기 위한 회사의 능력은 5가지 경쟁요인들에 의해서 영향을 받는다고 한다. 잠재적 경쟁자들에 의한 진입위협(threat of entry), 구매자의 힘, 공급자의 힘, 대체품의 위협, 그리고 산업에서 기존 회사들 간의 격렬한 경쟁이다. Porter의 체계에서 각 요인들은 강할수록, 산업에서 기존 회사들은 수익을 만들기가 더 어려울 것이다. 따라서 강한 요인은 위협이 된다. 반면에 약한 요인은 관리자들에게 판매를 증가시킬 수 있는, 가격을 상승시킬 수 있는, 그리고 보다 더 높은 수익을 낼 수 있는 기회를 준다. Porter는 또한 회사가 올바른 전략을 추구하는 것을 통해서 관리자들이 다양한 요인들의 강도를 바꿀 수 있다고 하였다. 따라서 관리자들은 구매자의 교섭력을 줄일 수 있는 전략을 추구할 수 있으며, 그렇게 함으로써 이 요인에 의해 제기된 위협을 줄일 수 있다. 이 절에서 우리는 차례로 각각의 요인을 살펴볼 것이다.

// 진입위협

일반적으로 한 산업이 수익성이 있다면 새로운 회사들이 진입할 것이고, 생산물은 증대될 것이고, 가격은 떨어질 것이고, 산업의 수익은 감소할 것이다. 관리자들은 흔히 진입장벽을 높이는 전략을 추구하는 것으로 진입위협을 줄이기 위해서 항상 분투한

그림 2.2
포터의 경쟁력 모델

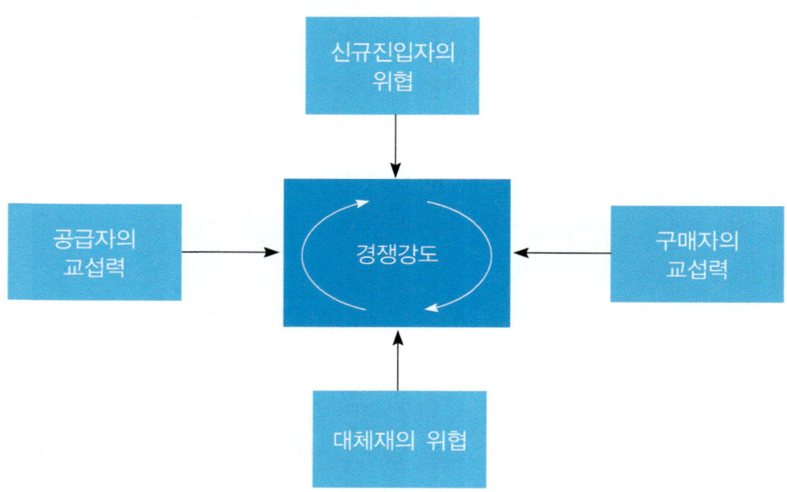

자료 : M. E. Porter, *Competitive Strategy* (New York, Free Press, Copyright ⓒ 1980, 1998)

다.[4] **진입장벽**(barriers to entry)은 잠재적 경쟁자들이 산업에 진입하려는 것에 대해 그리고 산업에 있는 기존 회사들과 경쟁하기 위한 것에 대해 비용이 많이 들게 하는 요소들이다. 높은 진입장벽은 좋은 수익을 내고 있을 때에도 새로운 경쟁으로부터 기존 회사들을 보호한다. 그 장벽은 시장에서 늘어날 수 있는 경쟁자들의 잠재적 증가와 관련된 위협을 줄인다.

진입장벽
잠재적 경쟁자가 산업에 진입해서 기존 기업들과 경쟁하는 것을 어렵게 하는 요인들

규모의 경제(economies of scale)는 대량 생산량과 관련된 비용절감이다. 진입에 대한 중요한 장벽을 일컫는다. 기존 회사들이 상당한 규모의 경제를 누리고 있을 때, 판매량이 부족한 신규 회사들에 비해서 그들은 비용장점을 가지고 있다. 또 다른 진입에 대한 중요한 장벽은 기존 회사들이 누리는 브랜드 충성도이다. **브랜드 충성도**(brand loyalty)는 기존업체들의 제품에 대한 소비자의 선호도이다. 다른 것은 비슷하며, 기존 회사들이 높은 브랜드 충성도를 누릴수록, 산업에 새로 진입하기가 힘들고 아주 적은 경쟁자들만이 진입이 가능하다. 예를 들어, 콜라 시장에서 Pepsi와 Coke는 상당한 브랜드 충성도를 누리고 있다. 다른 업체가 콜라 시장에 들어가기 위해서는 비용이 많이 들게 될 것이고, 이 두 기업의 브랜드 충성도를 깨뜨리도록 노력해야 한다. 규모의 경제와 브랜드 충성도를 얻는 것을 가능케 하는 전략을 추구함으로써, 기존 기업들의 관리자들은 새로운 진입을 제한할 수 있다.

규모의 경제
대량생산과 관련된 비용절감

브랜드 충성도
기존 업체들의 제품에 대한 소비자의 선호도

한 산업의 예로서, 기존 회사들은 규모와 브랜드에 기초된 진입장벽을 통해서 경쟁으로부터 보호받고 있다. 미국에 있는 소형화물 택백운송 시장을 고려해 보자. 1980년대 후반 이래, 이 시장은 FedEx와 UPS에 의해서 지배되었고, 2000년대 초반에 80% 이상의 시장을 차지하였다. FedEx와 UPS는 그들의 브랜드를 수립하기 위해 광고에 많은 지출을 하였다. 그리고 진입을 제지하였다. 더구나 이 시장에서의 성공은 전국적인 항공 네트워크, 배송 트럭, 트래킹 시스템, 선별장소와 배송품 전달장소를 매입하기 위해서 수십 억 달러에 이르는 상당한 자금지출을 필요로 한다. FedEx와 UPS는 그런 네트워크와 관련된 고정비용 충당을 위해 그리고 규모의 경제를 누리기 위해 필요한 운송량을 달성하였다. 결과로서, 1980년대 초기부터 2003년까지 이 시장에서 새로운 진입은 없었다. 진입장벽이 경쟁자들의 진입을 막았던 것이다.

2003년에 변화가 왔다. 독일 소유의 DHL은 Airborn Express를 매입함으로써 이 산업에 진출하였고, 7% 이하의 시장점유율로 뒤처진 기업이었다. 그런데 DHL의 진입은 이 산업에서 시장점유율을 차지하는 것이 얼마나 어려운지를 잘 보여주고 있다. 이 업체는 Airborn Express의 자산을 획득하기 위해 10억 2천만 달러를 지출하였다. Airborn Express의 생산능력을 확장하기 위해 다시 12억 달러를 지출한 것으로 기록되었으며, FedEx와 UPS에 의해 누리던 브랜드 충성도를 약화시키기 위한 시도로 전국적인 광고 캠페인을 시작하여 1억 5천 달러를 또 다시 지출하였다. 막중한 지출 때문에 DHL은 2004년 미국에

Not much bang for the buck
DHL은 미국의 소형물류시장을 위해 FedEx와 UPS의 지분을 위해 20억원 이상을 투자하였으나 이것은 한 단면에 불과했다. 미국의 전체 물류시장이 더욱 거대해졌기 때문이다.

6억 3천 8백만 달러의 손실을 보았으며 2005년에는 3억 8천만 달러의 손실을 추가로 보았다. DHL은 상기 금액으로 무엇을 얻었는가? 많지 않다. 2005년에 미국 시장에서 DHL의 시장점유율은 7%이었고, DHL이 Airborn Express의 자산을 획득하기 전에 이전 회사가 누리던 시장점유율을 가까스로 넘어섰다. 시장진입비용은 정말 높은 것 같이 보인다. DHL은 FedEx와 UPS가 누리던 브랜드 충성도를 극복하기 위해 비용이 많이 든다는 것을 그리고 규모의 경제를 위한 필수적인 운송량을 달성하는 것이 어렵다는 것을 알아가고 있다.[5)]

// 구매자의 교섭력

다음 경쟁요인은 구매자의 교섭력이다. 한 산업의 구매자들은 궁극적으로 그 산업의 제품(최후사용자)을 소비하는 개별 소비자들 혹은 소매업자들과 도매업자들과 같은 최종소비자에게 그 산업의 제품을 배급하는 중개업자들이다. 예를 들어, 비록 Procter & Gamble과 Unilever에 의해 제조된 세제가 궁극적으로 개별 소비자들에 의해 구매된다고 할지라도, P&G와 Unilever로부터 주된 구매자들은 제품을 소비자들에게 재판매하는 슈퍼마켓 체인과 디스카운트 스토어들이다. **구매자의 교섭력**(bargaining power of buyers)은 그 산업에서 회사가 매긴 가격을 내리기 위해 교섭하는, 혹은 보다 좋은 제품의 품질과 서비스를 요구하기 위해 회사들의 비용을 인상하려는 구매자들의 능력이다. 가격을 하락시킴으로써 그리고 보다 좋은 서비스를 요구함으로써, 힘 있는 구매자들은 산업의 수익을 감소시킬 수 있다. 그래서 힘 있는 구매자들은 위협으로 보이게 될 것이다. 그 대신에, 구매자들이 약한 교섭 위치에 있을 때, 산업에서 회사들은 가격을 인상시킬 수 있는 기회를 가질 수 있고 산업의 수익 수준을 높일 수가 있다.

> **구매자의 교섭력**
> 그 사업에서 회사가 매긴 가격을 내리기 위해 교섭하는, 혹은 보다 좋은 제품의 품질과 서비스를 요구하기 위해 회사들의 비용을 인상하려는 구매자들의 능력

다음 조건들 중 하나 혹은 그 이상을 가질 때, 구매자들은 대부분 영향력을 갖는다. (1) 구매자들이 수적으로 적고 많은 양을 구매한다. (2) 구매자들이 많은 여러 회사들로부터 동등한 제품들을 선택할 수 있다. (3) 구매자들이 여러 회사들(전환비용이 적다)의 제공(offerings)을 쉽게 전환할 수 있다. 월마트가 세제 제조업자들을 지배하는 힘을 고려해 보자. 월마트는 세계에서 가장 큰 소매업체이고, 미국에서의 소매 판매의 약 8%에 이르고 있으며 대량구매하고 있다. 그 업체의 구매량은 Procter & Gamble과 Unilever 같은 생산자들에게 상당한 영향을 주고 있다. 월마트는 그 세제업자들이 자신들의 진열공간을 사용하는 답례로 가장 낮은 가격을 요구한다. 더욱이 월마트는 P&G와 Unilever로부터 세제에 쓸 수 있는 진열공간의 크기를 쉽게 조절할 수가 있고, 자체 브랜드에 보다 넓은 진열공간을 쓸 수 있다는 위협과 함께 교섭전술로서 P&G와 Unilever와 같은 회사들이 낮은 가격을 제공하도록 이 사실을 이용한다. 따라서 월마트는 세제산업에 있는 회사들에 대한 상당한 교섭력을 가지고 있다. 거대 물량을 구매하고 많은 제품들을 선택하고 여러 제공을 쉽게 전환할 수 있다.

다음의 경우라면 구매자들은 약한 위치에 있다. (1) 구매자들이 많고 소량으로 구매할 때, (2) 구매자들이 선택을 거의 가지고 있지 않을 때, 그리고 (3) 구매자들이 여러

회사들의 제공을 쉽게 전환할 수 없을 때이다. 약한 위치에 있는 구매자들의 예를 위해, 퍼스널 컴퓨터의 운영시스템에 대한 구매자들을 고려해 보자. 대부분 그런 구매자들은 시장의 규모에 비례하여 소량으로 구매한다. 그래서 그들은 양으로부터 오는 영향력이 결여되어 있다. 세계의 퍼스널 컴퓨터 90% 이상이 MS 윈도우 운영시스템을 사용한다. 다른 실행 가능한 선택은 애플사의 운영시스템뿐이다. 따라서 구매자들은 선택의 여지가 없다. 더욱이 MS 운영시스템을 사용하는 사람과 도서관과 관련된 응용 소프트웨어를 가지고 있는 사람이라면, 다른 컴퓨터 운영시스템으로 전환하려면 비용이 많이 들게 된다. 왜냐하면 운영시스템 그 자체를 구매하는 것 외에, 새로운 응용 소프트웨어를 구매해야 하기 때문이다. 다시 말해, 구매자들이 갖는 전환비용이 높고 그들의 협상력이 낮다는 것이다.[6)]

MS사의 예에서 설명한 것같이, 전환을 위한 고비용은 구매자들의 교섭력을 상당히 줄일 수 있다. 한 기업의 제품을 다른 기업의 제품으로 전환하기 위해 구매자의 시간, 에너지와 자금에 비용이 들 때, **전환비용**(switching costs)이 발생한다. 전환비용이 높을 때, 다른 기업의 제품이 더 좋을지라도, 구매자들은 기존 회사에서 제공하는 제품에 얽매일 수밖에 없다.[7)] 관리자들은 전환비용을 증가시키기 위한 시도로 구매자들에 대한 교섭력을 얻기 위해 흔히 노력한다. 구매자들은 경쟁자 제품을 받아들이는 것을 참고 견뎌야 한다. 관리자들이 성공한 범위까지, 가격을 인상할 수 있는 회사의 능력은 더 높아진다. 예를 들어, 무선전화 공급자들은 새로운 전화기의 답례로 고객들이 다년간 계약에 서명할 것을 유도한다(전환비용을 증가시키기 위한 전략). 결과로서, 무선전화 회사들을 그렇지 않았을 경우보다 더 높은 가격을 책정할 수 있었다. 다른 한편, 낮은 전환비용은 위협으로 보여지게 된다. 2003년에 무선전화산업에서 그런 위협이 일어났다. 고객들이 한 통신회사에서 다른 통신회사로 전환했을 때, 정부는 고객들이 다른 통신회사와 함께 그들의 전화번호를 갖는 것을 허용하였다. 이 법률 이전에는 고객들이 통신회사를 변경하려면 강한 전환비용을 내야 했고, 전화번호를 변경하는 것과 관련되어 불편함이 있었다.

> **전환비용**
> 한 기업에 의해 제공되는 제품을 다른 기업에 의해 제공된 제품으로 전환하기 위해 필요한 구매자의 시간, 에너지, 자금

// 공급업자의 교섭력

공급자들은 회사에 투입물(input)을 제공한다. 이 투입물은 원료, 부분적으로 가공된 제품, 혹은 서비스가 될 수가 있다. 공급자들은 회사의 고용인을 포함하며, 급료의 답례로 기술과 시간을 제공한다. 공급자들은 회사의 기능을 위해 필요한 투입물에 대한 조건의 정도에 따라 회사에 기회가 또는 위협이 되기도 한다.[8)] 극심한 경우에는 중요한 투입물에 하나의 공급자만이 있다. 그러면 그 공급자는 회사에 상당한 교섭력을 가지게 되고 투입물 가격과 비용을 인상하기 위해서 이 교섭력을 사용할 수 있다. 그런 상황은 위협이 된다. 관리자들은 대안 공급자들을 찾는 것으로 이 위협을 줄이기 위해 노력한다. 이 상황의 좋은 실례가 퍼스널 컴퓨터산업에서 발생했다. 칩 생산자 인텔은 오랫동안 PC 생산자들에 있어서 마이크로프로세서의 지배적인 공급자였다. 인텔은 PC

> **공급업자의 교섭력**
> 그 사업에서 회사가 매긴 가격을 올리기 위해 교섭하는, 혹은 보다 낮은 질의 제품이나 서비스를 제공함으로써 그 회사의 비용을 인상하려는 공급자들의 능력

제조업자들에 대해 상당한 교섭력을 갖게 되었고 더 높은 가격을 받는 것이 가능했다. PC 회사들의 관리자들은 마이크로프로세서의 공급을 증가시키기 위해서 인텔의 유일한 경쟁자인 AMD를 독려하는 것으로 반응하였다. 이러한 노력은 제한된 성공을 거두었다. 소비자들 사이에서 인텔 브랜드 충성도는 높고, 인텔 마이크로프로세서 컴퓨터에 대한 그들의 선호도는 대안 공급원을 개발하려는 PC 제조회사들의 능력을 제한시켰다.

기존회사들이 공급자에 대한 교섭력을 가지고 있을 때 그리고 투입물에 대해 지불해야 하는 가격을 줄일 수 있을 때, 공급자는 기회로 나타낸다. 앞서 살펴보았듯이, 월마트는 상품과 서비스에 대해 공급자들에게 지불하는 가격을 억제할 수 있었던 막대한 교섭력을 가지고 있다. 이것은 월마트의 수익성을 증가시키는 것이다. 다음 조건들 중에 하나 혹은 그 이상을 갖는다면, 공급자들에 대한 기업의 교섭력은 더 크다. (1) 회사가 대량으로 구매한다. (2) 다수의 공급자들을 선택할 수 있다. (3) 공급자들을 전환할 수 있는 비용이 낮다. 그리고 (4) 회사가 중요한 투입물을 위해 어느 한 공급자에게 의존적이지 않다.

// 대체품의 위협

대체품
소비자 요구를 유사하게 충족시킬 수 있는 또 다른 사업이나 산업의 재화나 서비스

Porter의 모델에서 또 다른 경쟁요인은 **대체품**(substitute products)의 위협이다. 대체품은 여러 사업과 산업의 상품과 서비스가 고객의 필요를 유사하게 만족시킬 수 있는 것이다. 예를 들어, 커피산업의 회사들은 차와 콜라 음료산업의 회사들을 간접적으로 포함하고 있는데, 세 산업 모두가 알코올이 함유되지 않고 카페인이 함유된 음료에 대해 고객의 필요를 제공하기 때문이다. 비슷한 대체품의 존재는 강한 경쟁력의 위협이다. 이는 한 산업의 업체들이 그들의 제품에 대해 책정할 수 있는 가격을 제한시키기 때문이다. 따라서 그 산업의 수익성도 제한시키게 된다. 커피 가격이 상대적으로 차나 콜라보다 매우 많이 오른다면, 커피를 마시는 사람은 그 대체품으로 전환할 것이다.

한 산업의 제품들이 거의 대체품을 가지고 있지 않다면, 그 대체품은 약한 경쟁요인이다. 다른 것들이 동등하다면, 그 산업의 회사들은 가격을 인상시킬 수 있고 추가적인 수익을 얻을 수 있는 기회를 갖는 것이다. 그 예로서 마이크로프로세서에 대한 유사한 대체품이 없기 때문에 인텔과 AMD 같은 업체들이 더 높은 가격을 받게 되는 것이다.

새로운 기술에 기초한 대체품은 특별히 강한 위협이 될 수 있다. 예를 들어, 1980년대 동안 퍼스널 컴퓨터와 워드프로세싱 소프트웨어 보급 후에 타자기산업에 일어난 일을 살펴보자.

1870년대부터 1980년대에 이르기까지 타자기산업은 시장으로부터 상당한 수입을 얻은 Smith Corona, IBM과 Olivetti 같은 회사들과 더불어 상당한 성장을 누렸다. 1996년에 이르러 타자기산업은 도태되었다. 이전 가장 큰 타자기 회사였던 Smith Corona는 그 해에 파산하였으며 영원히 문을 닫게 되었다. 대체품의 출현으로 타자기산업은 폐쇄되었고, 이는 워드프로세싱 소프트웨어가 설치된 퍼스널 컴퓨터의 출현 때문이었다.

// 격렬한 경쟁

Porter의 마지막 모델은 산업에서 회사들 사이의 격렬한 경쟁이다. 우리가 현재 항공산업에서 볼 수 있는 것처럼 기존 회사들의 격렬한 경쟁은 기존 기업들의 수익을 줄이게 되는 위협이다. 반대로 기존 회사들의 격렬한 경쟁을 줄일 수 있는 것과, 가격을 인상시킬 수 있는 것, 그리고 수익을 더 증대시킬 수 있는 것은 기회라고 볼 수 있다. 많은 다른 요소들이 산업에서의 격렬한 경쟁을 결정한다. 제품의 유형, 수요와 공급의 조건, 회사의 비용구조, 그리고 산업의 경쟁력 구조가 있다.

상품 제품
경쟁자들에 의해 생산된 것으로 구별하기 어려운 제품

제품의 유형 일부 제품들(products)은 상품(commodities), 혹은 상품과 같은 것(commoditylike)으로서 생각될 수 있다. **상품 제품**(commodity products)은 경쟁자들에 의해 생산된 것으로부터 구별하기가 어려운 것이다. 순수 상품들은 원자재를 포함하고 있는데 오일, 천연가스, 석탄, 그리고 많은 농업 제품들이다(밀, 옥수수, 소고기와 돼지고기 등). 그런 경우에는 정확히 같은 것이 아니라면 경쟁회사들의 제품들은 서로 비슷한 대체품들이다. 그래서 소비자가 여러 주유소에서 팔린 휘발유와 여러 농장에서 생산된 밀, 그리고 여러 광산에서 채굴된 금의 차이를 구별하기가 어려운 것이다. 경쟁자들에 의해 생산된 상품들로부터 제품을 구별할 수 없는 것은 경쟁을 이행할 수 없다는 최소공통분모인 셈이다. 가격! 위협이 될 수 있는 가격동향 외에 속성으로 경쟁하는 것은 불가능하다. 이것은 특별히 수요조건이 약해지면 가격 급락과 더 낮은 수익을 이끌기 때문이다.

관리자들은 그들의 제품을 구별하는 방법을 찾는 것으로 이 위협을 다루고 있다. 이것은 놀랍게도 몇몇 산업에서는 성공적인 전략이었다. 그 산업에서도 제품을 구별하기가 어려운 것처럼 보였기 때문이다. 생수산업(water industry)을 살펴보자. 여러 면에서 물은 최종적인 상품이다. 그러나 약간의 탄산과 한 조각의 프랑스의 간계(주 : 프랑스 Perrier사의 상업적 아이디어)가 결합된 기발한 마케팅으로 Perrier는 성공적으로 그들의 탄산이 함유된 병에 담긴 물을 다른 기업들이 생산한 물과 구별하는 것을 가능케 하였다.

항공 여행과 같은 순수 상품들이 아닌 어떤 제품들은 상품과 같은 것이다. 많은 회사들이 거의 동일한 제품을 공급하고 있기 때문이다. 따라서 그들 회사들의 제품은 대체가 용이하다. 대부분의 항공 승객들도 마찬가지로 경쟁력 있는 항공사의 서비스를 본다. 그리고서 가격을 기반으로 하여 항공사를 선택한다. 항공산업의 관리자들은 그들의 제품 제공을 구별하기 위해서 모든 종류의 전략을 추구해 왔다(단골 승객의 프로그램에서부터 비행 중 오락 시스템에 이르기까지). 그러나 제한된 성공만이 있었다. 그런 제공은 빠르게 경쟁사들에 의해 모방되어졌고, 그 경우에는 다시 가격경쟁을 할 수 없기 때문이다.

단순한 상품이 아니야!
Perrier는 일반적인 탄산수를 기발한 마케팅으로 차별화하여 제품출시를 할 수 있었고, 강력한 브랜드로 높은 가격을 부여할 수 있게 되었다.

수요와 공급의 조건 전반적으로 고객이 요구하는 제품과 서비스가 성장하고 있다면, 과업환경은 더 호전적인 것으로 보여질 수 있다. 회사들은 판매확장과 가격인상의 기회를 갖게 될 것이고, 더 높은 수익을 이끌 것이다. 물론, 반대일 수도 있다. 침체되거나 하락하는 수요는 수익을 더 낮게 이끄는 위협이다. 그래서 경기침체와 2001년 9·11의 테러리스트 공격 때문에 하락한 항공여행 수요는 2000년 미국 항공산업의 순이익이 24억 9천만 달러였던 것을 2002년에 순손실 113억 달러가 되게 한 결과를 낳았다.

한 산업에서의 수요 동향은 몇 가지의 요소로 결정된다. 보다 중요한 것은 경제 성장과 상승하는 소득 수준이다. 예를 들어, 이전에 살펴보았듯이, Boeing사는 항공 여행의 수요가 2005년에서 2025년 사이에 해마다 4.8%까지 성장할 것이라고 예견했다. 이는 Boeing사가 같은 시기 동안 세계 경제가 해마다 2.9%에서 성장할 것이라고 믿고 있는 데에 주로 기인한다. 소득 수준도 상기와 같이 성장할 것이고, 부유한 사람이 늘어날수록 항공기를 이용하는 경향이 늘어날 것이라는 것이다. 이는 Boeing사를 위해 좋은 소식이며, 향후 20년에 걸쳐 상업용 항공기에 대한 수요가 활발할 것으로 기대하고 있다. 2억 달러의 가치에 이르는 26,000대의 제트 항공기가 판매될 것으로 기대하는 것이다.[9] 수요의 성장이 더 높은 가격과 더 좋은 수익으로 이어진다면, 사면초가에 몰린 항공산업에 좋은 소식이 될 수가 있다.

수요뿐만 아니라 공급 또한 중요하게 고려되어야 한다. 특별히, 산업에서 격렬한 경쟁의 주요한 결정은 수요와 관련된 생산능력(공급)의 양이다. 산업에서 회사들의 의해 생산된 상품과 서비스에 대한 수요가 그 산업에서의 생산능력(공급)을 초과한다면(초과 수요의 상황이 된다면), 가격은 소비자들에 의해 올라갈 것이고 경쟁은 줄어들 것이다. 반대로, 공급이 수요를 초과하면(초과 생산능력의 상황이 된다면), 회사들은 그들의 생산능력을 효율적으로 활용하기 위한 충분한 판매량을 위해 격렬하게 경쟁할 것이고(즉, 격렬한 경쟁이 있게 될 것이고), 가격과 수익은 더 낮아지는 국면에 있게 될 것이다. 따라서 초과 수요는 기회를, 그리고 초과 생산능력은 위협을 나타낸다.

2004년과 2006년 사이에 세계 석유시장은 초과 수요를 경험하고 있었다. 수요는 예견된 것보다 빠르게 팽창되었는데, 중국처럼 급속히 산업화되어 가는 나라로부터 수요가 밀려듦으로써 어느 정도 기인된 것이다. 이 수요를 충족시키기 위한 공급은 불충분하였다. 그래서 원유가격은 2003년 배럴당 약 20달러에서 2006년 4월에 배럴당 70달러 이상으로 인상되었다. 이는 수익이 증대되는 것을 보았던 원유 생산업자들에게 정말 좋은 환경이었다.

초고속 인터넷 대역폭(bandwidth)의 시장은 생산능력이 수요를 초과했을 때 일어날 수 있는 좋은 예이다(초과 생산능력이 있을 때). 1996년과 2001년 사이 WorldCom, Global Grossing, XO Communication과 360 Network를 포함한 많은 기업들은 인터넷 데이터를 전송하기 위한 광섬유 케이블에 수십억 달러의 투자를 했다. 이 투자는 인터넷 대역폭의 수요가 매년 1,000%까지 성장하고 있었다는 믿음에서 이루어졌다. 이는 사실로 드러나지 않았고(실제로 매년 100%까지 성장하고 있었다), 2002년까지 수요조건을 고려해 볼 때, 땅에 너무 많은 광섬유 케이블이 있었다는 것은 분명해 보였다(공급이 수요를 초과했다). 사실, 모든 광섬유 케이블의 90%가 '무용지물'이었다(그 케이블로 전송되는 데이터는 없었다). 이 초과 생산능력은 가격을 떨어뜨리는 결과를 낳았고 기업의 파산으로 이어지는 파장을 촉발시켰다. 앞서 언급한 모든 업체들이 파산으로 이어졌는데, 이는 광섬유 케이블 네트워크를 설치하기 위해 그들이 갖고 있던 채무를 상환하기 위한 충분한 수입을 발생시키지 못했기 때문이다.

대부분의 산업은 초과 수요와 초과 공급의 시기를 경험한다. 관리자들을 위해 중요한 것은 얼마나 오랫동안 초과 수요와 공급이 계속될 것인가를 이해하는 것이며, 이는 관련된 기회와 위협의 정도와 지속성을 정의하는 데도 도움이 된다. 다른 말로, 관리자들은 그들 조직이 경쟁하는 시장에서 얼마나 빠르게 적응하는지를, 그리고 얼마나 빠르게 수요와 공급이 균형있는 상태로 회복될 것인가를 이해하는 것이 필요하다.

적응과정의 속도는 부분적으로 진입장벽과 퇴출장벽에 의해 결정된다. 우리는 진입장벽을 이미 논의하였다. **퇴출장벽**(barriers to exit)은 진입장벽의 반대로, 수요가 위축되고 생산능력이 초과될 때 생산능력을 줄이는 것으로부터 회사를 폐쇄하는 요인들이다.[10] 퇴출장벽은 다음을 포함한다. (1) 생산조업 중단을 위한 고정비용, 즉 생산설비 폐쇄와 고용인 해고로 부담해야 하는 재정상의 비용, (2) 수요가 곧 회복될 거라는 잘못된 믿음 때문에 생산능력을 줄이는 안이한 대처, 그리고 (3) 정부의 규제, 파산한 기업이 그들의 채무를 인정하도록 하고 파산법원의 보호 아래 운영을 유지하도록 하는 것 등이다.

퇴출장벽
수요가 감소하거나 초과공급이 존재할 때 회사의 생산을 줄이게 하는 요인

[그림 2. 3]이 그 가능성을 요약하고 있다. 초과 수요가 존재하고 진입장벽이 높다면, 진입장벽은 시장 밖에 있는 잠재적 경쟁자를 묶어 두고, 산업 안에서의 격렬한 경쟁은 저조하게 진행되며, 호황기가 당분간 지속될 것이다. 그런 상황은 회사에 중대한 기회가 된다. 반대로, 초과 수요가 존재하나 진입장벽이 낮으면, 새로운 기업들이 기존 기업들의 높은 가격과 수익에 이끌려 그 산업에 진입할 것이다. 공급은 확장될 것이고 가격은 공급과 수요가 균형을 이룰 때까지 떨어질 것이다. 따라서 그런 상황에서 초과 수요와 관련된 기회는 일시적인 것이다.

	높은 진입장벽	낮은 진입장벽
초과수요	초과수요가 지속될 것이다. **중요한 기회**	초과수요가 지속되지 않을 것이다. **일시적 기회**

	높은 퇴출장벽	낮은 퇴출장벽
초과공급	초과생산능력이 지속될 것이다. **큰 위협**	초과생산능력이 지속되지 않을 것이다. **일시적 위협**

그림 2. 3
조정과정

초과 공급(생산능력)이 존재하나 퇴출장벽이 낮다면, 공급은 수요와 비슷할 때까지 빠르게 줄어들 것이고, 격렬한 경쟁은 상대적으로 오래가지 못한다. 그러나 초과 생산능력이 존재하고 퇴출장벽이 높다면, 이는 당분간 지속될 수 있는 중대한 위협이 된다. 산업에 있는 기업들에게는 불운한 결과이다. 이 사례는 철강산업에서 오랫동안 지속되었다. 미국 철강산업의 수요는 1960년 이래로 감소하였다. 이는 합성물, 플라스틱과 알루미늄을 포함한 다른 원자재들이 많은 응용제품에서 철강을 대체하였기 때문이다. 초과 생산능력은 1970년대에 일어나기 시작하였고, 이후로 계속 그 산업의 지속된 특징이었다. 미국 철강 생산능력의 40%가 초과 생산으로 아무런 대책 없이 줄곧 방치되었다. 비록 많은 철강기업들이 파산으로 갔지만, 정부규제에 의해 이 업체들이 파산보호로부터 벗어날 때가지 운영을 지속하도록 하였다. 결과로서, 초과 생산능력은 빠르게 개선되지 않았다. 1990년대 후반과 2000년대 초반이 되서야 비로소 오래된 많은 철강 업체들은 마침내 폐쇄되었다. 이러한 요인들 때문에 철강산업은 수년간 격렬한 경쟁, 낮은 가격과 낮고 부정적인 수익으로 특징지어지게 되었다. 따라서 초과 생산능력과 높은 퇴출장벽의 결합은 중대하고 지속적인 위협이 되었다.

고정비용
조업도와 관계없이 발생하는 비용

회사의 비용구조 **고정비용**(fixed costs)은 회사가 싱글 판매(single sales)를 하기 전에 마련되어야 한다. 삽화를 보면, 서비스를 제공하기 전에 케이블 TV 업체들은 땅 속에 케이블을 가설해야 한다. 이것은 고정비용이다. 마찬가지로 항공 택배 서비스를 제공하기 위해서 FedEx 같은 업체는 비행기, 배송품 선별시설과 배송 트럭에 투자해야 한다. 이것들은 막대한 자본투자를 요구하는 고정비용이다. 생산 고정비용이 높은 산업에서 판매량이 적다면, 회사들은 그들의 고정비용을 충당할 수 없고 수익을 내지 못할 것이다. 이것은 회사들이 그들의 가격을 내리고 판매량을 늘리기 위한 홍보 지출을 증가시키도록 장려하게 된다. 그렇게 함으로써 고정비용을 충당하려 할 것이다. 수요가 충분히 빠르게 성장하지 않고, 매우 많은 업체들이 가격을 내리고 홍보 지출을 늘리는 상황이라면, 격렬한 경쟁과 더 낮은 수익을 낳은 결과가 될 것이다.[11] 따라서 특별히 약한 수요조건과 초과 생산능력이 결합될 때, 높은 고정비용은 위협으로 보여지게 될 것이다.

고정비용
노동자들이 땅에 섬유광학 케이블을 설치하고 있다. 통신회사는 고속인터넷서비스를 제공하기 전에 이러한 케이블을 수만 마일에 설치해야 한다 — 이러한 과정은 수십억 달러는 아니지만 수억 달러의 비용이 드는 과정이다.

관리자들은 높은 고정비용과 관련된 위협을 줄이기 위한 방법을 종종 찾는다. 하나의 전략은 높은 고정비용을 다른 조직에 전가시키는 노력을 포함한다. Cisco 시스템(세계에서 가장 큰 라우터 생산업자(통신을 지시하는 인터넷의 중앙에 있는 컴퓨터 스위치))은 개별 계약 제조업자들에게 그들의 라우터 제조를 아웃소싱하는 것으로 고정비용을 현저하게 줄였다. Cisco는 디자인, 마케팅, 판매와 사업의 기능 지원에 집중하였다. 이로써 모든 고정비용을 낮출 수 있었다. 또 다른 전략은 더 낮은 고정비용을 갖는 새로운 생산방법을 개발하는 것을 포함한다. 예를 들어, 자동차산업에서 도요타는 이 산업에서 이용되어 온 전통적 대량생산방법보다 고정비용을 많이 낮출 수 있는 새로운 유연성 있는 생산기술의 개발을 개척하였다. 이것으로 높은 고정비용구조와 약한 수요조건을 갖는 것과 관련된 위협을 줄이게 되었다.[12)]

경쟁력 구조 한 산업의 **경쟁력 구조**(competitive structure)는 기존 회사들의 수와 유통 규모이다. 산업구조가 서로 다르고, 다른 구조들은 격렬한 경쟁에 대해 다양한 영향을 가지고 있다. **난립하고 있는 산업**(fragmented industry)은 많은 중소업체들로 구성되어 있으며, 어느 누구도 업종 가격을 결정할 수 있는 위치에 있지 않다. **합병정리된 산업**(consolidated industry)은 몇몇 대형 업체들(소수 독점) 혹은 극한 경우에는 단지 한 업체(독점)에 의해 지배된다. 여기서 업체들은 산업 가격을 결정할 수 있는 위치에 있게 된다. 난립한 산업의 예로 농업, 세탁업과 라디오 광고가 포함된다. 합병정리된 산업의 예로는 우주항공산업, 음료산업과 항공택배배송산업이 포함된다.

> **경쟁력 구조**
> 한 산업 내에 기존 기업의 수와 유통규모

> **난립하고 있는 산업**
> 산업 내에 많은 중소업체들로 구성된 산업

> **합병정리된 산업**
> 몇몇 대형업체들에 의해 지배되는 산업

난립하고 있는 산업은 낮은 진입장벽과 차이를 구별하기가 어려운 상품제품에 의해 특징지어진다. 이러한 특성의 결합은 산업의 수익을 높이거나 내리게 하기 때문에 호황 사이클과 불황 사이클을 낳는 경향이 있다. 수요가 강하고 수익이 높을 때이면, 낮은 진입장벽은 호황으로부터 수익을 갖고자 하는 새로운 진입자들이 시장에 넘쳐 흘러들어 올 것이라는 걸 의미한다. 1980년대와 1990년대 동안 비디오 샵, 헬스클럽과 뷰티샵의 폭발적인 증가가 이 상황을 보여주는 좋은 예이다. 호황과 함께 난립하고 있는 산업으로 새로운 진입자들의 홍수는 초과 생산능력을 자아낸다. 그래서 회사들은 그들의 여분의 생산능력을 이용하기 위해 가격을 줄인다. 곤경에 처해 있는 회사들이 경쟁자들의 제품으로부터 그들의 제품을 구별하려고 시도할 때, 이 경향은 더 악화될 수 있다. 결과는 가격전쟁이며, 산업의 수익을 떨어뜨리고 어떤 업체들은 사업 밖으로 퇴출되며, 그리고 잠재적 새로운 진입자를 억제한다. 예를 들어, 10년간의 확장과 수익의 호황 후에, 많은 헬스클럽들은 회원을 붙잡기 위해 큰 할인을 제공해야 한다는 것을 알아가고 있다. 일반적으로, 산업의 제품이 상품과 같은 것일수록 가격전쟁은 보다 더 잔인해질 것이다. 이 불황 사이클은 전체 산업의 생산능력이 수요와 비슷해질 때까지 계속될 것이다. 그 지점이 되어서 가격은 다시 안정화될 것이다.

일반적으로, 난립하고 있는 산업구조는 기회가 되기보다는 오히려 위협이 된다. 대부분 호황기는 새로운 진입이 쉽기 때문에 오래가지 못한다. 격렬한 가격경쟁과 파산이 이어질 것이다. 이 산업에서는 제품을 구별하기가 어렵기 때문이고, 관리자들의 최선의 전략은 비용을 최소화하는 것이다. 이로써 그들 기업은 호황기에 수익성을 갖게 될 것이고, 불황기에 살아남게 될 것이다. 대안으로, 관리자들은 난립하는 산업의 근본적인 구조를 변화시킬 수 있는, 그리고 산업 수익성의 정도가 증가되는 합병정리된 산업으로 이끌 수 있는 전략을 취하도록 노력을 해야 할 것이다. 예를 들어, 한때 비디오 렌탈산업은 매우 난립하였으며 많은 작은 개인 비디오 렌탈 가게로 특징지어졌다. 그러나

1990년대에 Blockbuster와 Hollywood Video에 있는 두 회사의 관리자들은 산업을 합병정리하기 위한 전략을 추구하였다. 공격적인 마케팅으로 그들은 내셔널 브랜드를 만들었고, 큰 가게에 인기 있는 비디오를 널리 보급하는 것으로 그들의 경쟁자들과 차별화된 이점을 얻게 되었다. 그리고 그들의 성장으로 비디오 영화 촬영소에 지급하였던 비용을 줄일 수 있는 교섭력을 이용할 수 있었다. 달리 말하면 Blockbuster와 Hollywood Video의 관리자들은 전략을 선택하는 것으로 보다 나은 수익을 낼 수 있도록 그 산업의 구조를 변화시켰다.

합병정리된 산업에서 회사들은 상호의존적이다. 왜냐하면 한 회사의 경쟁력 행위 혹은 행동(가격, 품질, 등과 관련하여)은 그의 경쟁자들의 시장점유율과 수익성에 직접적으로 영향을 미치기 때문이다. 한 회사가 행위를 취할 때, 이는 일반적으로 그의 경쟁자들로부터 반응을 얻게 한다. 그런 상호의존성의 결과는 소용돌이치는 위험한 경쟁이 될 수가 있다. 회사들이 서로의 가격을 약화시키려 시도할 때 그리고 제품으로 더 나은 가치를 소비자들에게 제공하려고 시도할 때 경쟁은 증가한다. 그 과정에서 산업의 수익을 떨어뜨리게 된다. 항공산업에서 주기적으로 대혼란을 자아낸 요금전쟁은 이 과정의 좋은 실례를 제공한다. 마찬가지로, 자동차산업에서 GM이 더 많은 차를 판매하기 위해 할인을 제공한다면(예를 들어, 0%의 융자와 캐쉬백 리베이트), 포드의 판매는 피해를 입게 될 것이고, 그리고서 포드는 같은 것으로 반응을 해야 하고 시장점유율을 잃게 되는 것이다.

따라서 합병정리된 산업에서 서로 경쟁하는 상호의존성은 위협이다. 관리자들은 경쟁자들에 의해 제공된 제품으로부터 그들의 제품을 구별하기 위한 전략을 추구하는 것으로 이 위협을 줄이려고 한다. 그렇게 함으로써 경쟁자들의 가격할인에 수요가 덜 취약해지도록 하게 한다. 자동차산업에서 회사들은 스타일링과 품질로 그들의 제공을 구별하려고 한다. 도요타가 그렇게 했으며, 그들의 우수한 품질의 평판은 가격경쟁으로부터 회사를 벗어나게 하였다.

// 여섯 번째 요인: 보완업체들

보완업체
산업에서 기업에 의해 생산된 제품에 보완적인 상품과 서비스를 제공하는 회사들

Porter의 모델이 5가지의 요인들에 기반을 두고 있다 하더라도 많은 관찰자들은 6번째 요인(보완업체들) 또한 중요하다고 믿고 있다.[13] **보완업체**들은 산업에서 기업에 의해 생산된 제품에 상호 보완적인 상품과 서비스를 제공하는 회사들이다. 예를 들어, Sony PS2와 Microsoft Xbox와 같은 비디오 게임 콘솔의 보완제품은 게임 그 자체이다. 소니와 마이크로소프트의 보완업체들은 Electronic Arts와 Activision과 같은 비디오 게임을 생산하는 독립회사들을 포함한다. 보완업체들은 일부 산업에서 수요조건의 중요한 동인이 될 수 있다.[14] 비디오 게임 콘솔의 수요는 독립회사들로부터 게임을 충분히 공급받는 것에 의존한다. 마찬가지로 보세(Bose)의 의해 생산된 사운드독 스피커 시스템(애플 iPod으로 음악을 연주할 수 있는 힘 있는 고품질의 스피커)의 수요는 iPod의 설치기반에 의존한다. iPod이 보다 많이 팔릴 때, 보세에 의해 생산된 스피커 시스템에

대한 수요는 증가한다.

이런 사례들을 생각했을 때, 산업에서의 보완재는 중요하다. 소비자들이 요구하는 제품을 만드는 힘 있는 보완업체들은 회사의 수입을 증가시키는 상당한 기회에 해당한다. 반대로, 약한 보완업체들의 제품 제공은 회사에 상당한 위협이 될 수 있다. 예컨대, 2000년대 초에 세가(Sega)는 소니의 PS2와 마이크로소프트의 Xbox에 앞서 'Dreamcast'라는 강력한 비디오 게임 콘솔을 제조하였다. 그러나 Dreamcast의 수요는 저조하였다. 왜냐하면 그 기계를 작동할 수 있는 주목할 만한 게임들이 많지 않았기 때문이고, 세가 측은 그들의 콘솔을 시장으로부터 철수하도록 강요를 받았기 때문이다.

// 종 합

[그림 2.4]는 지금까지 우리가 논의해 온 다양한 요소들을 요약하고 있다. Porter의 5가지 Forces Model(또는 보완업체들이 포함된다면 6가지 Forces)을 사용하는 과업환경을 분석할 때, 그 요인들은 서로 상호작용한다는 것을 그리고 몇몇 요인들은 산업환경에 의존하는 다른 요인들보다 중요한다는 것을 기억하라. 산업에서 경쟁의 본질을 결정하는 경쟁요인들을 이해하려고 할 때, 관리자들은 큰 그림을 보는 것이 필요하다.

예를 들어, 산업이 상품과 같은 제품, 가격인하를 협상할 수 있는 낮은 전환비용을 가지그 있는 힘 있는 구매자들, 투입물 비용(혹은 그 비용을 줄이는 것을 멈추게 할 수 있는)을 인상할 수 있는 힘 있는 공급자들, 높은 고정비용, 약한 수요조건, 초과 생산능력과 새로운 진입이 쉬운 것으로 특징지어진다면, 회사에 당면한 과업환경은 특히 위협적일 것이다. 이것들은 2001년과 2005년 사이에 항공산업에서 성행했던 환경들이었다.

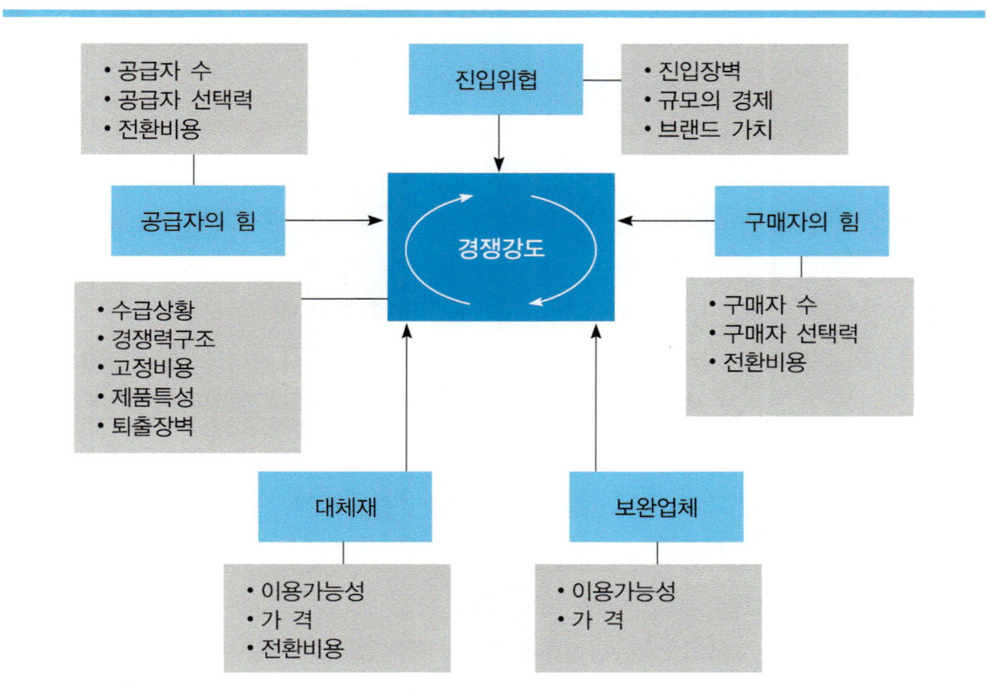

그림 2.4
과업환경의 요인들

그리고 이 산업에 있는 많은 회사들에게 끔찍한 결과들을 가져다주었다. 반대로, 산업이 구별된 제품 제공, 높은 전환비용에 직면해 있는 상대적으로 약한 구매자들, 힘 있는 공급자들과 대체품의 부재, 낮은 고정비용, 높은 진입장벽, 적은 경쟁자들과 안정된 수요성장으로 특징지어진다면, 기존 기업들에게는 호의적일 것이다. 물론, 마이크로소프트는 컴퓨터 운영 시스템과 사무 생산성 소프트웨어(Microsoft Office와 같은)를 위한 시장에서 그런 환경에 직면해 있다. 그 회사의 실적이 매우 좋았다는 것은 놀랄만한 것이 아니다.

이 접근법의 장점은 과업환경에서 기회와 위협을 식별하는 데에 있을 뿐만 아니라 기회의 이점을 갖는 것과, 기업의 목적을 보다 좋게 달성하는 것을 추구하는 다양한 전략을 구상하는 관리자들에게 주는 도움에도 있다. 예를 들어, 1990년대 페덱스의 관리자들에 의한 산업분석은 낮은 전환비용과 페덱스와 유피에스의 제공이 비슷하다는 구매자들의 인식 때문에 구매자들이 힘이 있었다고 결론지었다. 같은 분석은 기업 고객들로부터 수요가 성장하고 있다는 것도 보여주었다. 그 고객들은 다양한 여러 제조 장소에서부터 가공된 제품이 소매업자들에게 이르기까지의 배송 구성요소를 포함하는 물류업무 운영을 페덱스가 인수하기를 원했다. 페덱스의 관리자들은 이것을 그들의 제품 제공에 가치를 더하고 전환비용을 증가시키는 다양한 전략을 추구할 수 있는 기회로 보았다. 특히, 그 관리자들은 고객들에게 물류서비스를 제공하기 위해 그들의 네트워크를 사용할 수 있다는 것을 인식하게 되었다. 고객들이 일단 그들의 물류운영을 페덱스의 물류운영과 합병한 후로는 고객들이 다시 전환하는 것이 보다 어렵게 되었다. 이렇게 함으로써 전환의 위협을 주기적으로 이용하던 고객들의 성향이 줄어들었다. 이는 물량을 갖는 대신에 할인해주는 장치 때문이다. 이 전략은 페덱스와 유피에스 두 회사 모두에게 성공적이었고 수입과 수익을 증가시키게 되었다.

일반환경

일반환경은 그 안에 과업환경이 포함된 더 큰 환경이다. 정치적이고 법률적인 요인들, 거시 경제적 요인들, 인구통계적 요인들, 사회문화적 요인들, 기술의 요인들과 국제적인 요인들을 포함한다. 일반환경의 요소들은 과업환경의 매체를 통해 조직에 영향을 미친다. 즉, 일반환경이 조직에 당면한 기회와 위협의 정도를 결정하는 과업환경을 형성하는 것을 돕는다는 것이다. 일반환경은 멀고 과업환경보다 형성하는 것이 쉽지 않다. 그러나 그것 역시 중요하다.

// 정치적·법적인 요인들

정치적·법적인 요인(political and legal forces)들은 법과 규제에 대한 변화의 결과이다. 정치적 과정은 사회의 법을 형성하는데, 그 법은 조직의 활동을 제한하며 기회뿐만 아니다 위협도 만든다.[15] 예를 들어, 지난 20년 동안 세계는 산업화되는 내내 산업의 규제철폐와 한때 국가가 소유했던 조직이 민영화되는 추세가 가속화되었다. 1979년 미국에서의 항공산업 규제철폐는 1970년과 1993년 사이에 29개의 새로운 항공사들이 항공산업에 진입하도록 하였다. 규제철폐 후 승객운송능력의 향상은 많은 노선에 있어서 초과생산능력을 가져왔고, 나아가 격렬한 경쟁과 요금전쟁을 이끌었다.

정치적·법적인 요인
법과 규제변화로부터 오는 산업의 변화

정치적이고 법적인 요인들과 산업경쟁 요인들 사이에서의 상호작용은 쌍방의 노력이 있어야 진행되는데, 정부는 경쟁구조에 영향을 미치기 위해 규제를 만들고, 산업에 있는 회사들은 정부가 제정하는 규제에 영향을 미치기 위해 또한 시도한다. 예컨대, 2002년에 미국 산업협회는 부시 대통령이 미국으로 들여온 외국의 철강 수입품에 30%의 관세를 부과하도록 설득한 주도자이다. 관세는 미국의 철강 제조업체들을 외국 경쟁자들르부터 보호하기 위한 것이었고, 그렇게 함으로써 미국 철강시장에서 격렬한 경쟁을 줄이게 되었다.

산업 특화 규제기관
특정 산업에 특정한 규칙을 만들고, 해석하고, 이행하는 책임을 가지고 있는 정부기관

산업 특화 규제기관들은 중요한데, 많은 회사들의 일반환경적 측면을 자주 간과하였다. **산업 특화 규제기관**(Industry-specific regulators)은 특정 산업에 특정한 규칙들을 만들고 해석하고 이행하는 책임을 가지고 있는 정부기관들이다. 이 규칙들은 산업에서 경쟁을 형성한다. 따라서 정부 규제기관들은 회사의 과업환경에서 격렬한 경쟁에 대해 그리고 회사의 관리자들에게 당면한 기회와 위협에 대해 엄청난 영향을 가질 수 있다. 몇몇 중요한 산업 특화 규제기관들은 연방의약청(마케팅을 위한 모든 새로운 의약품을 승인해야 한다), 연방통신위원회(회사들이 통신 서비스를 제공하도록 자격을 부여한다), 그리고 연방항공국(항공산업을 통제한다)을 포함한다.

산업 규제기관들에 의해 행사되는 영향력의 사례에 대해, 통신 서비스를 전송하는 업체들에게 자격을 부여하는 연방통신위원회(FCC)를 고려해 보자. 1997년에 회사들이 위성 라디오 서비스의 제공을 허가하기로 동의했을 때 FCC는 아주 큰 기회를 만들었다. FCC는 경매를 시작하였고, 가장 높은 가격을 제시한 두 응찰자인, Sirius와 XM Radio에게 2012년까지 미국에서 위성 라디오 서비스를 제공할 수 있는 독점적 면허(exclusive license)를 승인하였다. 2005년까지 500백만 이상의 사람들이 위성 라디오 서비스를 신청하고 있었고, 수요는 빠르게 성장하고 있었다. 이 면허가 아마 다시 갱신된다고 할지라도, 장래에 추가 면허가 제공되는 것이 결정되면, FCC는 이 기회를 XM Radio와 Sirius에 대한 위협으로 완전히 바뀌게 할 수 있다. 그것 때문에 시장에서 위성 라디오 공급업자들의 수와 격렬한 경쟁은 증가하게 될 것이다. 두 위성 라디오 운영자들에게 면허를 부여한 이 결정은 지상파를 이용하는 기존 라디오 방송국들에게는 위협이 되었다는 것에 주목하라. 그 방송국들은 위성 라디오 회사들과 새로운 경쟁에 직면하게 되었다.

관리자들은 산업 특화 규제기관에게 영향력을 미치기 위한 노력으로, 그 규제기관들을 감독하는 기관과 정치인들이 회사가 관심을 두고 있는 법안을 도입하도록 로비하게 된다. 예를 들어, FCC가 위성 라디오 공급업자들을 위한 면허의 범위를, 위성 라디오가 그들의 사업에 위협으로서 정확하게 보았던 기존 라디오 업체들에게 확장하기 위

해 숙고하고 있었을 때, 로비를 받은 FCC는 위성 라디오를 허가하는 것은 실수가 될 것이라고 주장했다. 이는 사회적으로 가치가 있는 지역 라디오 서비스의 종말을 이끌게 되기 때문이라고 했다.[16] 다행스럽게도 위성 라디오 회사들을 위한 이러한 노력들은 성공적이지 못했다.

// 거시경제의 요인들

거시경제의 요인
국가 또는 지역 경제의 건전성과 복지에 영향을 미치며 결과적으로 그 경제 내에서 수익성에 영향을 미치는 요인

거시경제의 요인(macroeconomic forces)들은 국가 또는 지역 경제의 일반적인 건전성과 웰빙에 영향을 미치며, 결과적으로 그 경제 내에서 회사들의 수익성에 영향을 미치게 된다. 거시경제에서 4가지의 중요한 요인들은 경제성장률, 이자율, 화폐환율과 물가상승률(or 물가하락률)이다. 경제성장률은 소비자 지출의 확대를 이끌기 때문에, 산업 내에서 경쟁력으로 오는 압박을 전체적으로 완화시키는 경향이 있다. 이것은 회사들이 그들의 운영을 확대하도록 하고 더 높은 수익을 얻게 한다. 경기하락(경기후퇴)은 소비자 지출의 감소를 이끌기 때문에, 경쟁으로 오는 압박을 증가시키게 된다. 그리고 경기하락은 종종 성숙한 산업에서 가격전쟁을 일으키는 원인이 된다.

이자율의 수준은 회사의 제품에 대한 수요를 결정할 수 있다. 이자율은 고객들이 일상적으로 그들의 제품구매에 재원을 마련하기 위해 자금을 차입할 때 언제든지 중요하다. 가장 뚜렷한 예는 주택시장이다. 이 시장에서의 담보대출은 직접적으로 수요에 영향을 미친다. 실례를 두서넛 들자면, 이자율은 자동차, 가정용 기기제품과 자본재의 판매에 영향을 미치기도 한다. 그래서 그런 산업들에서 회사는 이자율 상승은 위협이 되고 이자율 하락은 기회가 된다.

화폐환율은 서로 대비하여 여러 국가의 화폐들의 가치를 정의한다. 화폐환율의 변동은 세계시장에서 회사 제품의 수요에 대한 직접적인 영향을 가진다. 2002년과 2004년 사이 유로화(유로 연합의 많은 회원국들이 사용하는 화폐)에 대한 달러의 가치는 하락하였다. 결과는 미국 제품들이 유럽시장에서 보다 싸게 되었다. 일반적으로, 낮아지거나 하락하는 달러의 가치는 외국 경쟁자들로부터의 위협을 감소시키고, 반면에 외국에서 판매증가의 기회를 만들게 한다. 반대로, 달러의 가치상승은 위협이 될 수 있는데, 이는 보다 값비싼 미국 제품들을 만들기 때문이며, 판매에도 해를 끼치게 된다.

이자에 민감한 제품
주택에 대한 수요는 모기지 대출금리 수준에 따라 영향을 받는다. 금리는 경제상황에 따라서 정부 부채의 금리를 조정하는 미 연방준비위원회의 정책에 의해 영향을 받는다. 경제가 좋지 않을 때 미 연방준비위원회는 수요를 자극하기 위해 금리를 낮춘다.

물가상승은 경제성장을 느리게 하는 것으로, 보다 높은 이자율로 그리고 급격한 통화이동으로 경제를 불안정하게 할 수 있다. 물가상승이 계속 증가된다면 투자계획은 위험하게 된다. 물가상승의 핵심적인 특징은 미래를 예견하지 못한다는 것이다. 물가가 상승하는 환경에서는 5년이 걸리는 프로젝트로부터 얻을 수 있는 실제 수익가치의 정확성을 예견하기가 불가능하다는 것이다. 그런 불

확실성은 회사들이 투자하는 것을 꺼리게 한다. 결과적으로 낮은 투자는 경제활동을 압박하고 궁극적으로 경제침체에 빠지게 한다. 따라서 높은 인플레이션은 조직에 위협이 된다.

곧 다가올 모습
인구통계학의 경향은 미국의 인구가 나이 듦에 따라 다음 몇 십년간 고령화된 노인들을 보호하는 상품과 서비스에 대한 수요가 클 것이라고 주장한다.

// 인구통계적 요인들

인구통계적 요인(demographic forces)은 나이, 성, 인종적 태생, 민족, 성적 성향과 사회계급과 같은 인구의 특성들에 대한 변화의 결과들이다. 일반환경에서의 다른 요인들과 같이, 인구의 요인들은 관리자들에게 기회와 위협을 제시하며, 조직에 중요한 영향력을 미친다. 인구 세대 분포에서의 변화는 중요한 인구의 요인을 나타낸다. 현재 가장 산업화된 나라는 출생률과 사망률 하락의 결과로서 그 나라의 인구 노령화를 그리고 베이비 붐 세대의 노령화를 경험하고 있다. 독일에서는 65세 이상의 인구비율이 1990년에 15.4%였던 것이 2010년에 20.7%로 상승하였다. 캐나다 경우와 수치를 비교한다면, 11.4%에서 14.4%로, 일본의 경우는 11.7%에서 19.5%로, 그리고 미국의 경우는 12.6%에서 13.5%로 상승하였다.[17]

인구통계적 요인
나이, 성, 민족, 인종, 성적 성향, 사회계층과 같은 인구의 특성들에 대한 변화의 결과

인구의 노령화는 노인들에게 음식을 제공하는 회사들에게 기회를 증가시키고 있다. 홈 헬스케어와 레크리에이션 산업은 노인들을 위한 서비스의 수요가 증가할 것으로 보고 있다. 1940년대 후반부터 1960년대 초기까지의 베이비 붐 세대가 노령화되었기 때문에, 많은 기회와 위협이 창출되었다. 1980년대에는 많은 베이비 붐 세대들이 결혼을 하고 있었고, 첫 가정을 위해 보통 구매하는 가정 기기제품들의 수요가 급증하게 되었다. Whirlpool Corporation과 General Electric 같은 업체들은 세탁기, 식기세척기, 건조기와 같은 기기들이 불러일으킨 수요를 활용하여 큰 수익을 보았다. 1990년대에는 많은 베이비 붐 세대들이 은퇴를 위한 저축을 하기 시작하였는데, 돈이 뮤추얼 펀드에 유입되었고 뮤추얼 펀드산업의 호황을 불러일으켰다. 앞으로 20년 안에 많은 베이비 붐 세대들은 은퇴를 할 것이고, 퇴직자 주택단지(노인주택단지)를 위한 수요가 증가할 것이다.

// 사회문화적 요인들

사회문화적 요인(sociocultural forces)들은 사회의 관습과 가치가 산업에 영향을 미치는 방식을 의미한다. 다른 요인들과 같이 여기서 논의되었고, 사회의 변화는 기회와 위협을 만든다. 최근 수십 년간 하나의 주요 사회운동은 더 건강한 의식을 향한 추세였다. 초기에 기회를 인식한 회사들은 상당한 이익을 얻게 되었다. 펩시는 처음으로 다이어트 콜라와 과일 소프트 음료를 출시하는 것으로 경쟁자인 코카콜라로부터 시장점유율을 높일 수 있었다. 동시에, 건강 추세는 많은 산업들에게 위협이 되었다. 예를 들어, 담배

사회문화적 요인
산업에 영향을 미치는 사회의 관습과 가치를 변하게 하는 요인

산업은 흡연이 건강에 미치는 영향에 대한 고객의 의식이 커지는 직접적인 결과 때문에 쇠퇴하고 있다.

// 기술의 요인들

지난 세기 동안에 기술변화의 속도는 가속화되었다.[18] 이는 '창조적 파괴의 다년생 강풍'이라고 불렸던 과정을 불러일으켰다.[19] 기술적인 변화는 기존 제품들을 하룻밤 사이에 쓸모없게 만들 수 있고 동시에 많은 새로운 제품의 가능성들을 창출한다. 그래서 기술의 변화는 창조적일 뿐만 아니라 파괴적이기도 하다. 기회이기도 하고 위협이기도 하다.

월스트리트의 미친 남자
1997년 인습타파적인 Jim cramer는 월스트리트 저널과 Investors Business Daily와 같이 기존의 인쇄매체와 경쟁하는 온라인 경제뉴스 사이트 The Street.com을 설립했다.
The Street.com과 같은 온라인 사이트는 광고 달러를 획득하려는 기존의 뉴스 조직을 어렵게 하고, 경제 정보와 논평에서의 시장경쟁을 증가시켰다.

기술변화의 가장 중요한 영향들 중에 하나는 높은 진입장벽에 영향을 미치는 것이고, 이로써 빠르게 산업구조를 재형성하는 것이다. 널리 보급된 인터넷은 많은 산업들의 경쟁구조를 변화시켰다. 진입장벽을 낮게 하였고 전환비용을 줄였으며, 많은 산업에서의 격렬한 경쟁을 증가시켰고 가격과 수익 모두를 낮아지게 하였다.[20] 예컨대, 인터넷은 새로운 산업으로의 진입장벽을 낮추었다. 파이낸셜 뉴스 제공자들은 오늘날 새로운 인터넷 미디어 조직들과 함께 광고비와 고객의 관심에 대해서 경쟁을 해야 하는데, TheStreet.com, Motley Fool과 Yahoo의 파이낸셜 섹션과 같은 조직들은 1990년대에 출현하였다. 경쟁의 증가는 광고주들에게 보다 많은 선택을 주었고, 그들이 미디어 업체들에게 지불하던 가격을 낮출 수 있도록 교섭하는 것을 가능케 하였다. 마찬가지로 자동차산업의 예로, 온라인에서 자동차의 가격과 품질을 비교할 수 있고, 오토 네이션(Auto Nation)과 같은 유통업자로부터 자동차를 구매할 수 있는 고객들의 능력은 최고의 가치를 발견할 수 있도록 그들의 능력을 증가시켰다. 고객들의 증가된 교섭력은 그들이 자동차 가격을 내리도록 그리고 자동차업계의 수익을 떨어뜨리도록 압박하는 것을 가능케 한다.

// 국제적인 요인들

지난 반세기 동안 세계 경제시스템에 거대한 변화가 있어 왔다. 우리는 글로벌 환경이 논의될 다음 장에서 이 변화들을 상세하게 검토할 것이다. 지금 알아야 하는 중요한 요점들은 국제교역의 장벽, 크게 하락한 투자와 지속된 경제성장을 누리고 있는 나라들의 수가 증가하고 있다는 것이다. 브라질, 중국과 인도와 같은 나라들의 경제성장은 상품과 서비스를 위한 새로운 거대 시장을 창출하고 있고, 이들 나라에 진입하는 것으로 기업들에게 수익을 낼 수 있는 기회를 준다. 국제교역과 투자의 장벽붕괴는 또한 외국 나라들로의 진입을 훨씬 쉽게 한다. 예를 들어, 20년 전 서구 업체가 중국에 기업을 세우는 것은 거의 불가능한 것이었다.

오늘날 서구와 일본 업체들은 중국에 매년 500억 달러 이상을 투자하고 있다. 하지만 마찬가지로, 국제교역의 장벽과 투자의 장벽붕괴는 외국 기업들이 많은 회사들이 있는 내수시장으로의 진입을 쉽게 하였는데(진입장벽이 낮아지므로), 그것 때문에 격렬한 경쟁을 증가시키고 수익성을 떨어뜨리게 한다. 이들 변화들 때문에, 이전에 고립된 많은 내수시장들은 현재 회사들에게 무수히 많은 위협과 기회를 불러일으키는 아주 큰 시장의 일부가 되었고, 더 경쟁하는 글로벌 시장이 되었다. 우리는 다음 장에서 상세하게 이 주제로 돌아갈 것이다.

외부환경에서의 역동적 변화들

지금까지의 논의로부터 관리자에게 당면한 외부환경은 안정적이지 않다는 것이 분명해졌다. 실로 그 반대는 일반적이다. 일반 그리고 과업환경의 요소들은 항상 변화하고 있다. 규제, 거시경제 동향, 인구, 사회관습 혹은 기술의 변화와 같은 일반환경에서의 변화들은 회사의 과업환경에서 경쟁의 본질에 영향을 미친다. 예를 들어, 새로운 기술과 규제철폐는 산업으로의 진입장벽을 낮출 수 있으며 격렬한 경쟁을 증가시킬 수 있다. 이와 유사하게 강한 경제성장과 이자율 하락은 과업환경에서 고객의 수요가 더 늘어나도록 이끌 수 있는 반면에, 경기침체와 이자율 상승은 수요를 축소하는 결과를 낳는다.

일반환경이 상대적으로 안정될 때에도, 과업환경에서의 변화들은 여전히 일어난다. 회사들은 그들 자신의 행위로 그들 산업에서 경쟁의 본질을 변화시킬 수 있다. 한 회사에 의한 가격절감은 가격전쟁에 불을 붙일 것이고, 새로운 제품의 도입은 수요성장에 박차를 가하게 될 것이고, 산업에서 능력이 부족한 한계기업들(marginal players)의 파산은 생산능력을 줄일 수 있을 것이고, 더 호전적인 경쟁환경을 만들 수 있을 것이다.

// 점진적 변화 대 불연속적 변화

관리자들은 두 가지의 형태의 외부환경 변화를 고심해야 한다. 그것은 점진적 변화와 불연속적 변화이다. **점진적 변화**(incremental change)는 과업환경에서 근본적인 경쟁의 본질을 바꾸지 않는 변화들을 의미한다. 대부분의 과업환경은 계속 진행 중인 점진적인 변화로 특징지어진다. 수요는 거시경제의 변화에 따라 계속 가속화될 수도 있고 급격히 둔화될 수도 있다. 경쟁은 수요와 생산능력 사이에서 균형에 의존하여 더 격렬해질 수도 있고 덜 격렬해질 수도 있다. 새로운 경쟁자의 진입은 경쟁을 증가시킬 것이고, 경쟁자의 파산은 경쟁압박을 줄일 것이다. 그런 변화들은 비록 하찮지는 않지만, 근

> **점진적 변화**
> 과업환경에서 근본적인 경쟁의 본질을 바꾸지 않는 변화

본적으로 경쟁의 본질을 바꾸지는 않는다.

불연속적 변화
과업환경에서 경쟁의 본질을 근본적으로 바꾸어 놓는 변화

불연속적 변화(discontinuous change)는 과업환경에서 경쟁의 본질을 근본적으로 바꾸어 놓는 것이다. 불연속적 변화는 보통 개별적인 현상(discrete events)들에 의해 촉발되는데, 그 현상들은 경쟁의 근거를 바꾸어 놓는 강력한 새로운 기술의 출현이나 산업을 통제하는 규제들의 상당한 변화와 같은 것이다. 불연속적 변화는 흔히 새로운 경쟁자들의 출현에 의해 특징지어지며, 많은 경우에 새로운 환경에 적응할 수 없는 오래된 기존 기업들의 감소로도 특징지어진다(적응에 실패한 주된 이유는 조직의 관성 때문이다. 우리는 제17장에서 그것을 살펴볼 것이다).

예컨대, 애플의 iPod과 같은 작은 휴대 음악 플레이어의 개발이 결합된 인터넷의 성장은 음악시장에서 불연속적 변화의 주기가 시작되게 하였다. 음악은 소매상점에서 구매되는 것과는 대조적으로 갈수록 더 인터넷에서 다운로드되고 있다. 이는 소매업자들에게는 피해가 된다. 인터넷에서의 불법적인 다운로드는 음반사들의 판매를 부진하게 만들었다. 애플의 iTunes와 같은 서비스를 통한 합법적인 판매의 상승은 또한 음악업체들에게는 유리할 수도 있고 불리할 수도 있다. 고객들은 각각의 노래들을 구매할 수 있고 더 이상 많은 노래가 CD에 포함된 제대로 작동하지 않는 '필러트랙(filler tracks)'을 구매하지 않아도 된다. 결국에는 이 개발들은 음반 발매업자들의 판매기반을 더 낮출 것이고 실제 점포를 가지고 있는 음악 소매업자들의 수를 감소시키게 될 것이다. 이것은 명확히 음악업체들에 대해서는 일상적인 일이 아니다! 그것은 불연속적 변화이며, 일상적인 일의 급속한 붕괴를 나타낸다.

단속적 균형
산업진화의 한 관점으로, 오랜 기간의 균형이 급격한 변화 시기에 의해 종결된다. 예를 들어, 산업구조는 혁신에 의해서 급격하게 변화한다.

변화가 사실상 점진적일 때, 대부분의 과업환경은 상대적 안정성을 오랫동안 겪는 듯하다. 그러나 새로운 기술의 출현이나 정부규제의 상당한 변화로 경쟁의 본질에 혁신이 일어날 때, 불연속적 변화를 짧게 겪기도 한다. 이 과정은 **단속적 균형**(punctuated equilibrium)이라고 언급된다.[21] 컴퓨터산업은 전형적인 실례를 제공해 준다. 1960년대와 1970년대 동안 컴퓨터산업은 IBM과 같은 대형 컴퓨터 제조업자들에 의해 지배되었다. 1980년 중반에 퍼스널 컴퓨터 기술로 컴퓨터산업에 혁신이 일어났다. 컴퓨터산업 시장에서 IBM은 시장을 더 이상 지배할 수 없었고, 몇몇 새로운 경쟁자들이 — 가장 주목받을 만한 마이크로소프트와 인텔 — 새로운 기술을 성장시켰고 산업의 리더십을 움켜잡았다. 1980년대 후반과 1990년대 초반 사이 기간 중에 컴퓨터산업은 다시 한 번 안정되었다. 그리고서 1990년대 중반에 인터넷은 또 다른 혁신적인 변화의 주기가 시작되게 하였다. 마이크로소프트와 인텔은 그들의 시장지배를 전혀 다치지 않고 살아남기는 하였지만, 일부 기업들은 이 기간 동안에 그들의 사업을 실제적으로 성장시킬 수 있는 이점을 갖게 되었다. 가장 주목할 만한 기업인 델은 그들의 고객 인터페이스와 유통망을 관리하기 위해 인터넷의 힘을 이용하였는데, 그 과정에서 비용을 절감하게 되었고 다른 컴퓨터 제조업자들이 비용을 들여 놓는 곳에서 상당한 수입을 얻게 되었다. 컴퓨터산업은 2000년 이후에 상대적으로 안정되었고, 변화는 한 번 더 점진적이게 되어 갔다.

점진적 변화는 관리자들이 다루기 위해 배워야 하는 것이다. 왜냐하면 모든 산업들

이 이것에 의해 특징지어지기 때문이다. 불연속적 변화에 대처하는 것은 훨씬 더 많은 문제를 가지고 있고 전적으로 차원이 다른 행위를 요구한다. 우리는 제17장에서 변화와 혁신의 관리를 상세하게 논의할 것이다.

// 환경의 불확실성

관리자들의 삶을 복잡하게 하는 것으로, 끊임없이 변화하는 외부환경뿐만 아니라, 종종 예견하기 어려운 변화의 본질이 있다. 세계는 상당한 **불확실성**(uncertainty)으로 특징지어지는데, 이 문맥에서의 불확실성이란 환경에서 본질, 규모, 시기와 변화의 방향을 정확하게 예견할 수 없음을 의미하는 것이다. 전형적으로 관리자들은 정보를 더 수집하는 것으로 그리고 환경에 대한 통제를 가하는 것으로 그들이 직면한 환경의 불확실성의 양을 줄이려고 시도한다.[22)]

불확실성
환경에서 본질, 규모, 시기와 변화의 방향을 정확하게 예견할 수 없음을 의미

정보수집 관리자들은 그들이 직면한 환경의 다양한 측면에 관한 정보를 수집하는 것으로 불확실성을 줄이길 바라고 그들의 지식을 증가시키길 바라며, 그리고 더 좋은 결정을 만들길 바란다. 그러나 정보를 더 수집하는 것으로 불확실성이 줄어든다고 할지라도, 결코 모든 것이 함께 제거될 수는 없다. 세계는 본래 불확실하며 예견할 수 없는 곳이다. 기대할 수 있는 최선은 그 불확실성을 어느 정도 관리할 수 있는 수준으로 줄이는 것이다.

정보수집은 많은 전략과 관련 있음을 보여준다. 시장조사는 고객의 필요와 선호도에 관한 관리자들의 지식을 개선할 수 있는데, 관리자들이 미래 수요동향을 더 잘 예견하도록 가능케 한다. 예를 들어, 보잉의 시장조사 그룹은 상업 항공기에 대한 미래 고객의 수요를 알아내기 위한 노력의 방법으로서 그들 자신의 계획에 관해서 고객들과 규칙적으로 대화한다. 그렇게 함으로써 수요 예상과 관련된 불확실성을 줄이게 된다. 경쟁정보는 경쟁자들이 하는 것을 더 잘 이해하기 위해 수집될 수 있는 것이다. 그래서 보잉은 그들의 글로벌 경쟁자인 에어버스의 재무실적, 투자와 전력결정을 주의깊게 추적한다. 이는 에어버스가 계획하고 있는 것을 더 잘 이해하기 위한 것이고 보잉의 전략적 계획에 어떻게 반응할 것인지를 예견하기 위한 것이다. 그렇게 함으로써 계획과 관련된 불확실성을 줄이게 된다. 관리자들은 또한 특화된 산업의 규제자들을 만날 수도 있는데, 이는 그 규제자들이 미래에 취하게 될 행동을 예상하기 위함이다. 다시 보잉을 고려해 보자. 보잉의 관리자들은 연방항공국(FAA)의 규제가 항공기 디자인에 어떻게 영향을 미치는지를 예견하기 위해서 FAA와 함께 대화할 수 있다. 유명한 실례로, 회사가 보잉 777(엔진이 2개뿐인 쌍발 제트 여객기로서는 세계에서 가장 큰 여객기로, 동체의 폭이 넓은 장거리 수송 제트 항공기)을 제작하고 있었을 때, 보잉의 관리자들은 세계의 해양을 가로지르는 장거리 비행을 위한 항공기로 면허받는 것을 확실하게 해두기 위해서 FAA와 정기적으로 상의하였다(보잉 777 이전에는 4개의 엔진을 가진 항공기만이 면허를 부여받았다). 다시 말해서 FAA와 협의해서 보잉의 관리자들은 과업환경의

Multiple Acquirer
인터넷라우터를 만드는 Cisco System은 새로운 라우터 기술을 개발하는 작은 업체를 인수함으로써 환경에 직면하는 기술적인 불확실성을 감소시켰다.

측면과 관련된 불확실성을 줄이게 된 것이다.

규제행사 정보를 수집하는 것 외에도, 관리자들은 환경의 불확실성에 규제를 행사할 수 있는 그들의 능력을 증가시키는 것으로 그들이 직면한 환경의 불확실성을 줄이기 위해 노력한다.23) 이것을 하기 위해 다양한 전략을 사용할 수 있다. 예를 들어, 한 산업에서 미래의 기술궤도에 관한 불확실성이 직면하고 있다면, 기존 기업들이나 파트너는 종종 새로운 기술을 개발하고 있는 소규모 기업체들을 취득하는데, 이는 그 기술의 개발에 일부 규제를 행사하는 것으로 가능하다. 세계에서 가장 큰 라우터 제조업체인 시스코 시스템(Cisco Systems)은 이것과 관련하여 유명하다. 시스코는 시스코 자신의 기술을 대체할 수 있는 기술을 개발하고 있던 소규모의 기업들을 인수하게 된 오랜 역사를 가지고 있다. 그 기술이 차후에 개선될 것으로 드러난다면, 시스코는 흔히 가장 먼저 그것을 자신의 것으로 만들었다. 그렇게 인수를 해가면서 시스코는 기술적인 변화와 관련된 불확실성을 줄여나갔다.

더 나아가 회사들은 그들의 환경을 규제할 수 있는 다양한 수단들을 사용한다. 그들은 경쟁자들을 인수하거나 합병할 수도 있고 또는 협력할 수도 있다. 그렇게 함으로써 경쟁적 대항과 관련된 불확실성을 줄이게 된다. 예를 들어, 1990년대 초반에는 DVD에 사용되는 기술에 대해 상당한 불확실성이 있어 보였다. 다양하고 호환성이 없는 DVD 기술을 개발하려고 서로 경쟁하기보다는, 가전제품 회사들은 DVD 포럼으로 알려진 산업협회를 구성하게 되었다. 그 DVD 포럼을 통해서 그들은 공통된 표준을 마련하게 되었다.

마찬가지로, 불확실성을 줄이기 위해 회사들은 배급업자들(유통업자들), 핵심 공급업자들과 보완업체들을 인수할 수 있는데, 이는 불확실성에 대한 규제를 증가시키기 위한 것이다. 마이크로소프트는 2000년에 Xbox 비디오 게임 콘솔과 동반할 수 있는 아주 주목할 만한 게임들이 있게 될 것이라는 확신으로 중요한 보완업체인 Bungie Studios를 인수하였다. 그 당시에 Bungie는 공상과학게임인 Halo를 작업하고 있었다. Bungie를 인수한 후에, Halo는 Xbox만을 위한 전용게임으로 개발하였고, 이 게임(그것의 계승된 게임 Halo 2와 함께)의 인기는 마이크로소프트의 경쟁자인 소니의 PS2에 맞서서 Xbox의 수요를 끌어올리는 데 도움을 주었다. 회사들은 배급업자들, 공급자들과 보완업체들과도 함께 경쟁 모험에 진입하기도 하는데, 이는 환경에 대한 유사한 규제를 가하기 위한 것이다.

내부환경

외부환경 이외에도 관리자들은 그들 자신의 조직의 내부환경에도 직면하게 된다. 이번 장 개요에서 언급한 것같이, 내부환경은 회사의 조직(회사의 구조, 문화, 규제와 인센티브), 회사의 고용인들(인적 자본)과 회사의 자원(유형과 무형자산)을 포함하고 있다. 이들 각 요소는 관리자들이 기업의 목적을 달성할 수 있게 하는 강점이 될 수도 있고, 관리자들이 기업의 목적을 달성하기 위해 생산적으로 일하는 것을 더 어렵게 할 수 있는 약점이 될 수도 있다. 관리자들이 그들 회사의 내부환경을 분석할 때, 그들은 종종 회사의 강점과 약점을 식별하려고 한다. 이와 같은 내부집중은 외부환경의 기회와 위협을 식별하는 데 보완이 되기도 한다. SWOT 분석과 같은 목록작성을 갖는 것은 관리자들이 전략을 개발하는 데 도움이 될 수가 있다.

// 내부 조직

회사의 내부 조직은 일하기 쉬운 환경이나 일하기 어려운 환경을 만들 수도 있다. 회사의 발전을 위해 많은 기회를 제공하는, 숙련되고 창조적인 관리자들을 보상하는, 그리그 높은 생산성을 조성하는 능력 위주의 제도를 설명할 수 있다. 그러나 변화를 지지하는 자들을 처벌하는, 현상유지를 고취시키는 자들에게만 보상하는, 그리고 생산성의 달성을 저지하는 활기 없는 관료주의가 있을 수도 있다. 내부환경은 관리자가 자신의 완전한 잠재력에 도달하도록 하는 자유로운 곳이 될 수 있기도 하지만, 숨 막히는 곳이 될 수도 있다. 좋은 것을 하기가 쉬운 곳이 될 수도 있으나, 무언가를 하기에 어려운 곳이 될 수도 있다. 관리자들의 행위로 변화될 수 있는 곳이기도 하다. 관리자들은 그들의 회사를 따분한 관료주의로부터 진보적인 능력 위주 제도로 완전히 바꾸어 놓을 수 있다. 불행하게도 그 반대가 일어날 수도 있다. 즉, 능력이 부족한 관리자들은 좋은 조직을 인수하고 나서 그 조직을 그들이 경험한 것보다 더 악화된 형태에 놓이게 할 수도 있다는 것이다.[24)]

조직문화(organizational culture)의 용어로 회사의 내부 조직을 생각하는 것은 일반적인 것이다. 가치(value)와 가정(assumption)의 기본적인 패턴은 조직 내의 고용인들에 의해 공유된다.[25)] 또한 조직의 구조, 규제제도, 인센티브와 일하고 있는 사람들의 종류에 의해 결정되기도 한다. 전체적으로 우리는 구조, 규제, 인센티브와 문화를 회사의 조직 아키텍처(organization architecture)의 측면들이라고 부른다. 우리는 제8장에서부터 제11장까지 조직 구성양식의 기본적인 요소들을 상세하세 논의할 것이다. 그러나 지금 이들 각 요소들이 관리자가 일하는 곳의 종류를 결정하는 데에 대단히 중요하다는 것을 기억하자.

조직문화
조직 내 구성원들에 의해 공유된 가치나 가정의 기본적인 패턴

문화는 공유된 조직의 가치와 가정이 관리자가 할 수 있는 것과 할 수 없는 것은 물론 조직에 의해 권장되는 것과 권장되지 않은 것에 영향을 미치기 때문에 중요하다.

구조는 조직에 있는 무엇에 대하여 누가 책임을 가지고 있는지, 조직에서 집중되어지는 힘과 영향력이 어디에 있는지 그리고 나아가 일을 처리하는 데 있어서 누구의 지원이 가장 중요한지를 정의한다. 규제와 인센티브는 어떤 종류의 행동이 조직에 의해 기대되는지를, 무엇이 진행되고 있는지를, 그리고 무엇이 보상되어져야 하는지를 관리자에게 알려준다. 관리자가 조직에서 일을 처리하고 있을 경우에는, 그는 혹은 그녀는 조직이 어떻게 일을 해야 하는지를, 어떻게 결정을 내려야 하는지를 그리고 영향력을 행사하기 위해 무엇을 해야 하는지를 알아내야 한다. 성공하기 위해서, 또한 외부환경의 도전을 다루기 위해서, 관리자는 그가 혹은 그녀가 있는 곳의 내부 조직을 이해해야 한다.

우리가 이 책의 후반부에서 내부 조직을 더 상세하게 논의하겠지만, 지금 두 가지의 요점들을 알아야 한다. 첫째로, 기업의 내부 조직은 강점과 약점이 될 수 있다. 높은 생산성을 권장하고 보상하며, 관리자들이 외부 기회와 위협에 빠르게 대응하도록 하는 내부 조직은 강점으로 간주될 수 있다. 반대로 생산성을 저지하고, 정치적인 내분과 타성의 영향으로 특징지어지는 내부 조직은 약점으로 간주될 수 있다.

둘째로, 관리자들이 기회의 이점을 갖기 위해 전략을 추구할 수 있는 것과 외부환경의 위협에 대응할 수 있는 것처럼, 그들은 또한 조직의 강점을 만들기 위한 전략을 추구할 수 있고 약점에 대응할 수 있다. 예를 들어, Jack Welch가 1981년에 제너럴 일렉트릭의 CEO가 되었을 때(2001년까지 그 자리를 유지하였다), 그는 GE의 내부 조직이 약점이었다는 것을 빠르게 인식하였다. 무엇보다도 그는 매우 중앙집권적이었고 관료주의적이었고, 그리고 매우 많은 관리단계(평균 11개의 단계가 있었다)로 계급적이었다고 생각하였다. 조직을 위한 그의 전략은 단계를 간소화하는 것(관리단계의 수를 4단계만큼 적게 줄이는 것으로), 독립적인 사업부서들의 운영과 전략적 결정에 대한 책임을 분산하는 것, 그리고 생산성과 수익성장을 신장시키는 전략을 추구하는 관리자들을 위해 긍정적인 인센티브를 만드는 것이었다. 시간이 흐르면서 내부 조직의 이러한 변화는 바람직한 효과를 갖게 되었고, 약점이었던 것이 강점이 되었다.

// 고용인(인적 자원)

인적 자본
개인에게 체화된 지식, 기술, 역량

기업의 고용인들은 지속적인 경쟁우위(competitive advantage)의 원천이 될 수가 있고, 아니면 그들은 약점에 해당될 수도 있다. 고용인들은 경제학자들이 조직의 **인적 자본**(human capital)이라고 일컫는 것으로 구성된다. 그 인적 자본은 지식, 기량과 개인들의 생산능력이 포함된 것을 의미한다. 인적 자본은 생산성의 증가와 경제성장의 중대한 원천이다.[26] 스탠포드 비즈니스 스쿨(Stanford Business School)의 Jeffery Pfeffer 교수는 사람은 지속가능한 경쟁우위를 위해 가장 중요한 원천이라 주장하였다.[27] 적합한 사람들을 고용하고, 그들을 교육시키고, 그들의 잠재력을 완전하게 실현할 수 있도록 내부 조직을 만들고, 적절한 인센티브를 마련하여 보상한다면, 회사는 우수한 실적으로 보답받게 될 것이라고 한다. 하지만 마찬가지로, 고용인들이 지식, 기량, 생산능력과 실적을 개선하기 위해 기회를 추구하고자 하는 동기부여가 결여되어 있다면, Pfeffer의 주장은 이것은 경쟁력 열위(competitive disadvantage)가 될 수 있다고 제안하고 있다.

마이크로소프트의 전략이 성공적인 기업을 만들기 위한 인력의 역할을 잘 설명해 주고 있다. 마이크로소프트는 항상 최고인 혹은 가장 뛰어난 사람을 고용하기 위해 노력해 왔으며, 높은 실적에 대해서는 인센티브에 기초한 급여(스톡옵션과 보조금)로 고용인을 보상하고, 고용인들의 잠재력 실현을 위해 많은 기회를 주려고 노력해 왔다. 수년간 이 전략은 인적 자원이 마이크로소프트의 아주 특별한 강점이 되게 하였다. 이는 의미심장한 이득을 산출하였는데, 산업표준(특별히 윈도우와 오피스)이 된 소프트웨어 제품들의 범위를 효과적으로 만들게 하였다. 그러나 최근 몇 년간 마이크로소프트가 이 전략을 수행하기가 더 어렵게 되었다. 오늘날 최고이면서 가장 뛰어난 사람들 대부분이 구글과 같은 경쟁자들과 일을 하고 있다. 구글이 더 생기가 넘치는 기업으로서 인지되고 있기 때문이다. 더욱이, 마이크로소프트의 많은 최초 고용인들(original employees)은 1990년대에 매우 부유한 부자가 되었고 일찍 은퇴하였다. 이는 그 회사의 인적 자본의 일부가 빠져나가는 것이었다. 결과로서 사람이 그 회사의 아주 특별한 강점이라고 하기에는 더 이상 불분명해진 것이다. 사실 경쟁자들과 비교하여 마이크로소프트가 그들의 인적 자본의 붕괴를 수정하는 조치를 갖지 않는다면, 그 회사의 고용인들은 약점이 될 수가 있다.

경우에 따라서 조직의 고용인들은 정말 약점의 원천이 될 수가 있다. 예를 들어, 우리가 이번 장의 개요에서 본 것처럼, 과업환경에서 거친 경쟁조건을 다루기 위한 전략을 이행하려는 몇몇 미국 항공사들(예: 유나이티드)의 관리자들의 능력은 조직 내에 있는 노동조합에 가입된 많은 사람들에 의해 방해받고 있었다. 그 노동조합은 회사에서 요구하는 변화에 저항하였다. 그러나 SW 에어라인과 제트블루와 같은 항공사들의 관리자들은 생산성을 신장시키기 위해 그리고 비용을 줄이기 위해 유연성이 있는 근무제도를 도입하는 것이 더 쉬웠다. 이는 부분적으로 그들의 노동자가 노동조합에 가입되지 않았기 때문이다.

우리는 이번 장의 후반부에서 사람을 관리하기 위한 그리고 인적 자본을 개선하기 위한 전략에 대해 추가로 논의할 것이다. 따라서 지금 경쟁자들과 비교하여 사람이 뛰어난 강점이 될 수도 있고 약점이 될 수도 있다는 것을 기억하자. 관리자들은 인력관리 업무를 통해서 그리고 적절한 내부 조직의 구성을 마련하는 것으로 조직의 인적 자본에 영향력을 행사할 수 있다.

// 자 원

자원기반 관점
기업의 자원이 지속적인 경쟁우위의 원천이라는 관점

회사의 **자원기반 관점**(resource-based view)으로 알려진 학문적인 문헌에서 일의 중요한 유형은 기업의 자원이 지속가능한 경쟁우위(혹은 경쟁력 이점, competitive advantage)의 원천이 될 수 있다는 것을 보여준다.[28] 회사의 **자원**(resource)은 관리자들이 기업의 실적을 개선하기 위해 그들의 노력과 협력해야 하는 자산이다. **유형자원**(tangible resource)은 땅, 건물, 장비, 재고와 현금과 같은 물질적인 자산이다. **무형자원**(intangible

> **자원**
> 기업의 성과를 제고시키기 위해 경영자들이 활용해야 하는 자산

> **유형자원**
> 땅, 건물, 장비 재고와 현금과 같은 물리적인 자산

> **무형자원**
> 브랜드 이름, 회사의 평판, 업무를 수행하기 위한 그리고 결정을 내리기 위한 회사 내의 프로세스와 특허권, 저작권과 상표를 통해서 보호받게 되는 것을 포함하는 회사의 지적인 무형자산

resource)은 브랜드 이름, 회사의 평판, 일을 수행하기 위한 그리고 결정을 만들기 위한 회사 내의 프로세스와 특허권, 저작권과 상표를 통해서 보호받게 되는 것을 포함하는 회사의 지적 재산인 비물질적인 것이다.

자원기반 관점은 다음 조건들을 만족시킨다면, 아주 특별한 강점이 될 수 있다(그림 2.5 참조). 첫째로, 회사는 그 자원을 소유해야 한다. 그렇지 못한다면 자원 소유자가 수익을 차지할 것이다. 둘째로, 자원은 비용을 낮추어 판매량을 증가시키거나 또는 제품을 차별화시켜 가격인상이 가능토록 함으로써 회사에 가치를 제고시킬 수 있어야 한다. 셋째로, 자원은 희귀해서 경쟁사들이 보유하고 있지 않아야 한다. 넷째로, 자원은 모방할 수 없는 것이어야 한다. 경쟁자들이 자원을 모방하거나 대체하는 것이 어려워야 한다는 것이다. 다섯째로, 자원은 대체 가능하지 않은 것이어야 한다. 경쟁자들이 같은 결과를 성취하기 위해 쉽게 얻을 수 있는 다른 자원을 사용할 수 없어야 한다는 것이다.

간단한 예로, 사우디 국가가 소유한 석유회사인 아람코(Aramco)를 생각해 보자. 아람코는 가치가 큰 자원을 소유하였다. 사우디 Ghawar의 광대한 지역, 즉 발견된 곳 중 가장 넓은 지역에서 석유를 뽑을 수 있는 독점권을 가지고 있다. 그 자원의 가치는 상당한 것이다. 이것은 Ghawar 지역에서 석유 추출비용(약 배럴당 10달러 정도)이 석유 가격보다 훨씬 낮기 때문이다. 2006년 초 석유 가격이 배럴당 70달러였다. Ghawar 지역만큼 넓은 석유 매장지가 매우 적기 때문에 그리고 Ghawar에서의 석유 추출비용이 오랫동안 세계에서 가장 낮기 때문에 그 자원은 희귀한 것이다. 또한 다른 석유업체들이 Ghawar 지역에서 독점권을 가질 수 없기 때문에 아무나 모방할 수 없는 자원인 것이다. Ghawar 지역에서 독점권을 가진 업체는 하나뿐이다. 그 자원은 Ghawar 지역에서 석유 생산을 대체할 수 있는 다른 방법이 없기 때문에 대체가능하지 않은 것이다. 따라서 Ghawar에서 석유를 추출할 수 있는 그 독점권의 소유는 아람코의 아주 특별한 강점이다.[29]

또 다른 예로서, 코카콜라 상표(Coca-Cola Trademark)를 살펴보자. 무형자산인 상표

그림 2.5

독특하면서 강력한 자원

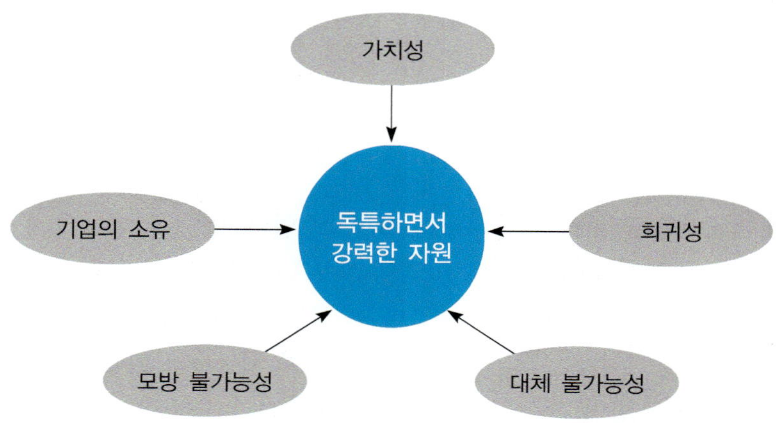

독특한 강점
Coca-Cola 트레이드마크는 회사에서 소유한 희귀하고 흉내 낼 수 없고 대체할 수 없는 가치 있는 자원이다. 코카콜라는 이 트레이드마크를 홍보하고 보호하는 데 중점을 두고 있다.

는 소유자로서 코카콜라 업체의 독점적인 재산이다. 그 자원은 코카콜라의 브랜드를 의미하그 소비자들의 생각을 나타내기 때문에 가치가 큰 것이다. 무엇보다도 특히 상표는 코카콜라가 다른 업체들의 상표로부터 그들의 콜라를 구별할 수 있게끔 한다. 그 상표는 코카콜라에 의해 독점적으로 소유한 지적인 재산이기 때문에 희귀한 자원이다. 상표법은 다른 기업들이 같은 상표를 사용하는 것을 금지하고 있기 때문에 모방할 수 없는 것이다. 혹자는 코카콜라 상표를 대체할 수 있는 것이 없기 때문에 상표는 대체 가능한 것이 아니라고 주장한다(아마도 펩시사가 막대한 비용을 들여서 만든 펩시콜라를 제외하고서는). 요컨대, 코카콜라의 상표는 코카콜라의 아주 특별한 강점이 되는 것처럼 보인다. 즉, 관리자들이 회사의 실적을 개선하도록 일할 수 있게 하는 것이 자원이 되는 것이다. 사실, 관리자들이 미국에서 콜라에 대한 수요성장이 증가하기 시작했다는 것을 알게 되었을 때, 그들은 병에 담긴 물과 같은 다른 음료들의 판매를 돕기 위해 코카콜라의 상표를 사용할 것을 결정하였다. 이 물 음료는 Dasani라는 브랜드의 이름으로 판매되었고 모든 음료수 병에 코카콜라 상표를 부착하기 시작하였다.

더 나아가, 회사를 위한 아주 특별한 강점인 자원(아주 특별하게 강한 자원)은 모든 종류의 형태에서 가질 수 있다. 새로운 제품을 개발하기 위해 3M이 사용한 프로세스는 아주 특별히 강한 자원이었는데, 그 자원을 사용하는 것으로 3M의 역사와 성공을 이루게 되었다. 이와 유사하게 도요타와 델과 같은 주도적인 제조업체들의 생산시스템은 아주 특별하게 강한 자원에 기반을 두고 있다. 어떤 이들은 우리가 이미 살펴본 내부환경의 두 가지 측면인 내부 조직과 인적 자본은 좋은 조건에서 아주 특별하게 강한 자원으로 고려될 수 있다고 한다.[30)]

회사의 자원기반 관점은 다음과 같이 세 가지를 제한한다. 첫째로, 강점과 약점을 대해 회사의 자산을 검토할 때, 관리자들은 여기 논의된 5가지의 특징들을 살펴보는 것으로 회사의 유형과 무형 자원을 평가해야 한다. 즉, 소유, 가치, 희귀성, 모방불가능성과 대체불가능성이다. 그와 같은 자원들은 아주 특별한 강점이 될 수 있다. 둘째로, 관리자들은 그들이 그 자원들을 보호하는 것이 필요하고 미래에 강점의 원천이 되는 것을 계속 유지해야 한다는 것을 인지하고 있어야 한다. 예를 들어, 코카콜라의 상표를 보호하기 위해서, 코카콜라는 브랜드 홍보에 투자한다. 즉, 코카콜라는 그들의 제품 품질이 좋다는 것(궁극적으로 상표는 제품 품질의 상징이다)에, 그리고 승인받지 않고 상표를 사용하는 기업들에게 소송을 제기할 수 있는 법조인을 사용하는 것에 투자해야 한다는 것이다. 관리자들은 최선의 투자를 적시에 할 수 있다면 아주 특별한 강점이 되는 자원을 창출할 수 있다. 그 예로 코카콜라의 상표는 초기에 가치가 큰 것이 아니었다. 시간이 흐르면서 코카콜라의 관리자들이 마케팅, 홍보와 제품 확장을 통해서 그리고 다른 업체들이 상표를 모방하지 못하도록 법적 제도를 이용하는 것을 통해서 그들의 가치 있는 브랜드를 만들어낸 것이다.

결 론 왜 중요한가?

조직은 진공상태로 존재하지 않는다. 우리가 살펴본 것처럼 조직은 과업(산업)환경에 포함되어 있고, 그 환경은 보다 넓은 일반환경에 포함되어 있다. 일반환경의 발전은 과업환경을 형성할 수 있고, 과업환경은 조직의 목적을 달성할 수 있는 조직의 능력을 결정한다. 조직의 목적 달성을 좀 더 쉽게 할 수 있다면, 과업환경은 기회를 나타낸다. 보다 문제가 있는 목적을 달성하려고 하는 것은 위협을 더 일으킬 수가 있다. 관리자들은 회사에 당면한 환경의 정통한 이해가 필요하다. 그들은 기회의 이점을 갖기 위해 그리고 위협에 대응하기 위해 행위와 전략을 만들어 낼 수 있는 환경에 대한 이해가 필요하다는 것이다. 그들 조직에 당면한 환경에 대한 이해와 시간이 흐르면서 환경이 어떻게 변화할 것이라는 상세한 이해가 없다면, 관리자들은 효율적이지 못하게 된다.

관리자들은 외부환경이 그들이 소극적으로 반응하는 것들이라는 것을 또한 이해하는 것이 필요하다. 그들이 영향력을 미칠 수 있으며 그들의 행위를 통해 형성되는 것들이다. 극적인 예로서 이전 시리우스 라디오(Sirius Radio)의 CEO였던 데이비드 말골리스(David Margolese)는 여러 해 동안 연방통신위원회를(FCC)를 로비했는데, 이는 FCC가 업체들이 미국에서 위성 라디오 서비스를 제공하도록 자격을 부여하도록 승인할 것을 설득하기 위한 것이었다. 오늘날, XM 라디오(XM Radio)와 시리어스(Sirius Radio), 두 위성 라디오 제공업체가 빠르게 성장하고 있고 전통 라디오 방송업체들에게 상당한 경쟁력 도전을 주고 있다. 이 행위를 통해 말골리스는 라디오 방송업체들이 당면한 과업환경을 상당히 바꾸어 놓았다. 이것은 최고의 관리자들이 할 수 있는 것이다. 그들은 외부환경을 있는 그대로 보는 것뿐만 아니라 그 환경을 극적으로 변화시킬 수 있도록 그들 회사에 영향을 미친다.

효율적으로 관리하기 위해서, 최근에 일어난 기회와 위협을 다루기 위해서, 그리고 그들의 회사이 수익을 가져다주는 것으로 외부환경을 주도적으로 형성하기 위해서 관리자들은 그들의 기업 안에서 행해질 수 있는 것들을 갖추어야 한다. 이를 위해서 관리자들은 그들 기업에 당면한 내부환경과, 특히 회사의 강점과 약점을 이해해야 한다. 그들은 그들 회사 내부 조직은 물론 인적 자본과 자원을 살펴보는 것이 필요하고, 이들 요소들을 개선할 수 있도록, 그리고 약점을 근절할 수 있고 강점을 만들 수 있도록 해야 한다. 따라서 관리자들은 외부환경의 기회를 이용함으로써 보다 나은 자산을 갖게 되는 것이다.

Management Challenges

1. 산업에서 회사에 직면한 과업환경이 적대적인지를 그리고 회사가 좋은 수익을 내는 것을 어렵게 하는지를 알아보자. 과업환경이 어떻게 적대적인지를 설명하시오.

2. 산업에서 회사에 직면한 과업환경이 호의적인지를 그리고 회사가 좋은 수익을 내는 것을 상대적으로 쉽게 하는지를 알아보자. 이 과업환경이 어떻게 호의적인지를 설명하시오.

3. 지난 20년 동안 미국에서의 통신산업은 급변하였다.
   a. 무엇이 이 변화를 이끌었는가?
   b. 이 산업에서 경쟁의 본질이 어떻게 변하였는가?
   c. 이 산업에서 회사들에 대한 변화의 결과가 무엇인가?

d. 통신회사들의 관리자들은 변화하는 산업에 대처하기 위해 어떻게 노력했는가?

4. 베이비 붐 세대들이 노령화되어 가는 것이 건강서비스 산업에서 과업환경을 어떻게 변화시킬 것인가? 누가 이 변화들로부터 수익을 얻게 될 것인가? 이유는 무엇인가?
5. 미국 소프트음료 산업으로의 진입장벽은 무엇인가? 코카콜라와 펩시와 같은 기존 업체들에 대한 이 진입장벽의 영향은 무엇인가?
6. 마이크로소프트의 강점과 약점은 무엇인가? 이 회사의 강점은 어디에 기반을 두고 있는가? 더 나은 강점의 원천을 위해서, 무엇이 이 회사의 자원을 개선시킬 수 있는가?

Management Portfolio

한 기업을 선택하여 다음을 살펴보시오.

1. 회사가 직면하고 있는 과업환경의 본질을 설명하시오. 무엇이 기회가 될 수 있고 위협이 될 수 있는가?
2. 과업환경은 지난 10년 동안 일반환경의 추세들에 의해 영향을 받아왔는가? 만약 그렇다면, 이 추세들은 무엇이며 어떠한 변화를 주었는가?
3. 회사에 당면한 과업환경에서 불확실성의 원천은 무엇인가? 회사의 관리자들은 이 불확실성을 처리하기 위해서 어떤 전략을 취하였는가?
4. 조직의 강점과 약점은 각각 무엇인가?

마·침·사·례 제약산업(The Pharmaceutical Industry)

제약산업의 관리자들은 기회와 위협 모두를 만들 수 있는 역동적이고 도전적인 과업환경에 직면해 있다. 제약의 수요는 빨리 증가한 편이고 수십 년 동안 안정적으로 성장해 왔다. 1990년과 2005년 사이 미국에서는 처방전에 따른 의약품의 소비가 해마다 12.5%가 증가하였다. 이와 같은 빠른 성장은 순조로운 인구통계에 기인했다. 사람들이 노령화되어 가는 것에 따라, 그들은 처방전에 따른 의약품을 더 소비하는 경향이 있고, 대부분의 선진국들에서도 인구는 노령화되어 가고 있다. 앞서 살펴본 것 같이, 2차 세계대전의 베이비 붐 세대가 노령화되어 가고 있다.

더욱이, 성공한 처방전에 따른 의약품은 수익성이 대단히 좋을 수 있다. 파이저(Pfizer)에 의해 판매된 콜레스테롤을 낮추는 의약품인 Lipitor를 살펴보자. 1997년에 소개되어 2006년까지, 파이저의 이 의약품의 연간 매출은 놀랍게도 120억 달러에 이르게 되었다.

Lipitor의 제조, 포장과 유통 비용은 단지 그 매출금액의 약 10%인 12억 달러이다. 파이저는 Lipitor의 광고와 홍보에 4억 달러를 지출하였고, 그 제품을 판매하기 위한 영업사원(혹은 판매사원)을 유지하는 데에 아마도 같은 금액을 지출했을 것이다. 이 의약품은 여전히 100억 달러에 이르는 매상 총수익을 남기고 있다.

Lipitor는 매우 수익성이 좋은데 이는 20년간의 특허권으로 직접적인 경쟁으로부터 보호받기 때문이다. 이

기간 동안의 독점영업권은 파이저가 높은 가격을 받는 것을 가능케 하고 있다. 특허권이 만료된 후로는 다른 회사들이 Lipitor의 일반적인 제품을 생산할 수 있을 것이고, 가격은 하락하게 될 것이다. 일반적으로 한 해에 80%까지 하락하게 될 것이다. 그러나 시간은 좀 걸릴 것이다.

경쟁회사들은 이 특허권으로 보호받는 의약품과 유사한 의약품을 생산할 수 있다(그러나 동일한 것은 아니다). 제약회사들은 특정한 분자구조로 특허를 신청할 수 있다. 즉, 경쟁회사들은 유사한 특허권을 신청할 수 있는데, 동일한 것은 아니라는 것이다. 유사한 약물효과를 가진 분자구조인 것이다. 따라서 Lipitor는 머크사(Merck)에 의해 판매된 Zocor와 아스트라제네카(AsteraZeneca)의 Crestor와 같은 콜레스테롤을 낮추는 의약품 시장에서 경쟁자들을 갖게 된다. 그리고 이 경쟁 의약품들은 특허권으로 보호받게 된다. 더 나아가, 의약품이 안전하고 효과가 있다는 입증을 위한 연방식약청(FDA)의 규제와 요구로, 신약개발과 관련된 그리고 시장에서 판매하기 위해서는 비용과 위험이 매우 높다. 제약회사의 실험실에서 실험된 매 5,000개의 혼합물 중에 단지 5개만이 임상실험에 들어가고, 이 5개 중에 하나만이 궁극적으로 시장으로 진입하게 된다. 평균적으로, 그 비용이 8억 달러에 이르는 것으로 평가되고, 신약을 시장으로 가져가기 위해서는 10년에서 15년이 걸리는 것으로 평가되고 있다. 일단 시장으로 진입하게 되면, 10개의 의약품 중에 3개만이 제약회사의 R&D 비용과 마케팅 비용을 회수할 수 있고 수익을 내게 된다. 그래서 제약산업의 높은 수익성은 크게 성공한 소수의 의약품에 달려 있다. 크게 성공한 의약품을 생산하기 위해서, 제약회사들은 막대한 금액을 연구개발에 소비해야 하는데, 대부분의 연구개발은 제품생산에 실패하게 된다. 예를 들어, 파이저는 2005년에만 R&D에 74억 달러 이상을 소비하였고, 이 금액은 전체 수입의 14.6%에 이른다.

R&D 지출뿐만 아니라 제약업계의 기존 회사들은 광고와 판매 홍보에 많은 자금을 지출해야 한다. 파이저가 Lipitor의 홍보를 위해 한 해 동안 지출하는 4억 달러가 그 의약품의 총수입에 대해서는 상대적으로 적을 지라도, 새로운 경쟁자의 시장진입을 어렵게 하기 위해 경쟁하기 위한 금액으로는 큰 것이다. 만약 그렇게 하지 않는다면, 경쟁자는 더 좋은 제품을 생산하게 될 것이다.

제약산업의 회사들은 몇몇 큰 기회들이 임박해 있기도 하다. 앞으로 10년 안에 있을 수 있는 게놈(genomics)의 새로운 과학적 돌파구는 제약회사들이 새로운 의약품들을 시장에 내놓게 될 것으로 보이는데, 이 의약품들은 알츠하이머, 파킨스 질병, 암, 심장질환, 뇌졸중과 후천성면역결핍증(HIV)을 포함하는 가장 다루기 어려운 의학적 상태를 치료할 수 있게 될 것이다.

다른 한편, 이 산업에서의 관리자들은 심각한 도전에 직면하게 된다. 특허권으로 보호받은 많은 의약품들이 앞으로 10년 안에 특허권이 만료될 것으로 계획되어 있으며, 수익성을 유지하기 위해 제약회사들은 특허권이 만료될 의약품을 대체할 수 있는 새로운 신약을 개발해야 한다. 추가로, 건강케어에 대한 지출이 상승하고 있기 때문에 고연령층들은 처방전에 따른 의약품의 높은 비용에 관해 불평을 하고 있고, 정치인들은 이것을 제한하는 방법을 찾고 있다. 하나의 가능성은 처방전에 따른 의약품에 대한 가격규제에 관련된 것이다. 의약품 가격규제는 선진국들에서는 이미 실행되고 있고, 아직 미국에 그 규제가 도입되지 않았다 하더라도, 곧 규제가 있게 될 것이다. 또 다른 가능성은 미국 거주자들이 가격이 더 싼 의약품을 외국으로부터 구매하는 것을 쉽게 한다는 것이다.

추가적인 도전은 대형 건강케어 제공업자들의 성장과 관련된 것이다. 그들은 많은 이용자들을 가지고 있고 이용자들이 지불해야 할 의약품 가격을 줄이기 위해 그들의 힘을 사용하기 시작하고 있다. 경우에 따라서는 그 업자들은 가격이 높은 의약품에 대해서 의료보험 혜택의 제공을 거절하게 될 것이다. 더 낮은 가격의 일반 대안 의약품이 가능하게 될 때, 일어날 수 있는 일이다.[31)]

토론문제

1. 제약산업의 진입장벽들은 무엇인가? 어느 정도까지 이 진입장벽들은 새로운 경쟁자들로부터 기존 업체들을 보호할 수 있다고 생각하는가?
2. 제약산업은 미국에서 오랫동안 가장 수익성이 좋은 산업들 중의 하나였다. 왜 그렇다고 생각하는가?
3. 일반환경의 어떤 요인들이 제약회사들에 직면한 과업환

경에서 경쟁의 본질에 영향을 미치는가?

4. 제약업계의 수익성이 앞으로 10년에 걸쳐 위협에 있게 될 것이라고 믿을 만한 이유들이 있는가? 이 산업에서 관리자들이 위협에 대처하기 위해 할 수 있는 것이 무엇이라고 생각하는가?

※ 주석 | Endnotes

1. Sources: "Flying on Empty," *The Economist*, May 22, 2005, p. 73; "Turbulent Skies: Low-Cost Airlines," *The Economist*, July 10, 2004, pp. 68–72; "Silver Linings, Darkening Clouds," *The Economist*, March 27, 2004, pp. 90–92; W. Zellner and M. Arndt, "Big Airlines: Not Much Runway Left," *BusinessWeek*, July 5, 2004, p. 50; Economic data from the Air Transport Association at www.airtransport.org.
2. Boeing Commercial Airplane Group, Current Market Forecast, 2005. Available at www.boeing.com/commercial/cmo/pdf.
3. M.E. Porter, *Competitive Strategy* (New York: Free Press, 1980). Also see J. Pfeffer and G.R. Salancik, *The External Control of Organizations* (New York: Harper & Row, 1978).
4. J.E. Bain, *Barriers to New Competition* (Cambridge, MA: Harvard University Press, 1956). For a review of the modern literature about barriers to entry, see R.J. Gilbert, "Mobility Barriers and the Value of Incumbency," in *Handbook of Industrial Organization*, vol. 1, ed. R. Schmalensee and R.D. Willig (Amsterdam: North-Holland, 1989). Also see R.P. McAfee, H.M. Mialon, and M.A.Williams, "What Is a Barrier to Entry?" *American Economic Review* 94 (May 2004), pp. 461–68.
5. Sources: J. Ewing and D. Foust, "DHL's American Adventure," *BusinessWeek*, November 29, 2004, pp. 126–67; "Shares at a Cost," *Traffic World*, April 11, 2005, pp. 1–2; R. Brooks, "DHL Plans to Spend $1.2 Billion in Challenge of FedEx and UPS," *The Wall Street Journal*, June 25, 2004, p. B2.
6. For details see C. Shapiro and H.R. Varian, *Information Rules: A Strategic Guide to the Network Economy* (Boston: Harvard Business School Press, 1999).
7. A detailed discussion of switching costs and being locked in can be found in C. Shapiro and H.R. Varian, *Information Rules: A Strategic Guide to the Network Economy.*
8. Pfeffer and Salancik, *The External Control of Organizations*.
9. Boeing Commercial Airplane Group, Current Market Forecast, 2005.
10. For a review, see F. Karakaya, "Market Exit and Barriers to Exit: Theory and Practice," *Psychology and Marketing* 17 (2000), pp. 651–68.
11. M. Busse, "Firm Financial Condition and Airline Price Wars," *Rand Journal of Economics* 33 (2002), pp. 298–318.
12. J.P. Womack, D.T. Jones, and D. Roos, *The Machine That Changed the World*; J. Palmer, "Can Anyone Stop Toyota?" *Barron's*, September 13, 2004, pp. 25–29.
13. A.S. Grove, *Only the Paranoid Survive* (New York: Doubleday, 1996).
14. For details and further references, see C.W.L. Hill, "Establishing a Standard: Competitive Strategy and Technology Standards in Winner Take All Industries," *Academy of Management Executive* 11 (1997), pp. 7–25; and Shapiro and Varian, *Information Rules*.
15. For a detailed discussion of the importance of the structure of law as a factor explaining economic change and growth, see D.C. North, *Institutions, Institutional Change, and Economic Performance* (Cambridge: Cambridge University Press, 1990).
16. B. McLean, "Satellite Killed the Radio Star," *Fortune*, January 22, 2001, pp. 94–99.
17. *Economist, The Economist Book of Vital World Statistics* (New York: Random House, 2000).
18. See M. Gort and J. Klepper, "Time Paths in the Diffusion of Product Innovations," *Economic Journal*, September 1982, pp. 630–53. Looking at the history of 46 products, Gort and Klepper found that the length of time before other companies entered the markets created by a few inventive companies declined from an average of 14.4 years for products introduced before 1930 to 4.9 years for those introduced after 1949.
19. The phrase was originally coined by J. Schumpeter in *Capitalism, Socialism, and Democracy* (London: Macmillan, 1950), p. 68.
20. M.E. Porter, "Strategy and the Internet," *Harvard Business Review*, March 2001, pp. 62–79.
21. The term *punctuated equilibrium* is borrowed from evolutionary biology. For a detailed explanation of the concept, see M.L. Tushman, W.H. Newman, and E. Romanelli, "Convergence and Upheaval: Managing the Unsteady Pace of Organizational Evolution," *California Management Review* 29, no. 11 (1985), pp. 29–44; C.J.G. Gersick, "Revolutionary Change Theories: A Multilevel Exploration of the Punctuated Equilibrium Paradigm," *Academy of Management Review* 16 (1991), pp. 10–36; R. Adner and D.A. Levinthal, "The Emergence of Emerging Technologies," *California Management Review* 45 (Fall 2002), pp. 50–65; F.T. Rothaermel and C.W.L. Hill, "Technological Discontinuities and Complementary Assets: A Longitudinal Study of Industry and Firm Performance," *Organization Science* 16 (2005), pp. 52–70.
22. J.D. Thompson, *Organizations in Action* (New York: McGraw-Hill, 1967).
23. The classic summary of such strategies is given in Pfeffer and Salancik, *The External Control of Organizations*.
24. J.P. Kotter and J.L. Heskett, *Corporate Culture and Performance* (New York: Free Press, 1992).
25. A. Williams, P. Dobson, and M. Walters, *Changing Culture: New Organizational Approaches* (London: Institute of Personnel Management, 1989); E.H. Schein, "What Is Culture?" in *Reframing Organizational Culture*, ed. P.J. Frost et al. (Newbury Park, CA: Sage, 1991), pp. 243–53.
26. G.S. Becker, *Human Capital*, 2nd ed. (Chicago: University of Chicago Press, 1993).
27. J. Pfeffer, *Competitive Advantage through People* (Cambridge, MA: Harvard Business School Press, 1994).
28. The material in this section relies on the resource-based view of the company. For summaries of this perspective, see J.B. Barney, "Company Resources and Sustained Competitive Advantage," *Journal of Management* 17 (1991), pp. 99–120; J.T. Mahoney and J.R. Pandian, "The Resource-Based View within the Conversation of Strategic Management," *Strategic Management Journal* 13 (1992), pp. 363–380; R. Amit and P.J.H. Schoemaker, "Strategic Assets and Organizational Rent," *Strategic Management Journal* 14 (1993), pp. 33–46; M.A. Peteraf, "The Cornerstones of Competitive Advantage: A Resource-Based View," *Strategic Management Journal* 14 (1993), pp. 179–91; B. Wernerfelt, "A Resource-Based View of the Company," *Strategic Management Journal* 15 (1994), pp. 171–80; and K.M. Eisenhardt and J.A. Martin, "Dynamic Capabilities: What Are They?" *Strategic Management Journal* 21 (2000), pp. 1105–21.
29. Paul Roberts, *The End of Oil* (Boston: Houghton Mifflin, 2004).
30. This seems to be the position advocated by Jay Barney, one of the founders of this approach. See J.B. Barney, "Company Resources and Sustained Competitive Advantage," *Journal of Management* 17 (1991), pp. 99–120.
31. Source: Staff reporter, "Pharm Exec 50," *Pharmaceutical Executive*, May 2004, pp. 61–68; J.A. DiMasi, R.W. Hansen, and H.G. Grabowski, "The Price of Innovation: New Estimates of Drug Development Costs," *Journal of Health Economics* 22 (March 2003), pp. 151–70; Staff reporter, "Where the Money Is: The Drug Industry," *The Economist*, April 26, 2003, pp. 64–65; Value Line Investment Survey, *The Drug Industry*, April 22, 2005.

3

// PART 1
경영자와 경영환경

세계화와 경영자
GLOBALIZATION AND THE MANAGER

LEARNING OBJECTIVES

이 장을 학습한 후 여러분은

1. 글로벌라이제이션이 무엇인지 설명할 수 있다.
2. 글로벌라이제이션을 촉진하는 과정을 설명할 수 있다.
3. 기업에서 글로벌라이제이션의 시사점을 이해할 수 있다.
4. 글로벌라이제이션의 속도를 제한하는 여러 가지 제약조건에 대해 이야기할 수 있다.
5. 기업에 있어 글로벌로 인한 효익이 무엇인지 요약할 수 있다.
6. 글로벌기업을 경영하는 데 있어 몇 가지 도전이 되는 요소들에 대해 이야기할 수 있다.

인도로 전화하기–
인도에 있는 이 콜센터는 미국기업을 위한 고객서비스문의를 처리한다. 글로벌커뮤니케이션 네트워크가 도래되기 전에는 이러한 서비스활동을 아웃소싱한다는 것은 상상하기 힘들었다.

도입사례

외국의 생산업자에게 제조활동을 아웃소싱하는 일은 더 이상 새로운 것이 아니다. 미국기업들은 수십년간 아웃소싱을 해왔다. 그러나 최근까지도 해외의 제3자에게 아웃소싱을 하는 기업은 거의 없다. 현대 커뮤니케이션 기술 덕택에 최근 이러한 흐름이 변화하고 있다. 미국의 개별세 환급을 생각해보라. 2000년대 초까지도 미국의 모든 개별소비세 환급은 전문적인 미국 회계사에 의해 미국 내에서 이루어졌다. 그 당시에 일부 작은 회계회사들이 세금환급을 준비하면서 인도에서의 아웃소싱으로 실험을 시작하였다. 2003년 약 2만5천 건의 세금환급이 인도에서 일어났고 2004년에는 그 수가 10만 건, 2005년에는 그 수가 23만 건으로 증가하였다. 비록 매년 1억 3천만 건에 달하는 미국 내 개인세 환급에 비하면 아직도 일부에 불과하지만 산업전문가들은 이 숫자가 급격하게 증가할 것으로 전망하고 있다. 그 이유는 간단하다.

(1) 미국에는 매 회계연도마다 발생하는 넘치는 일감을 처리할 충분한 회계사가 없다.

(2) 외국 회계사들의 임금이 더 낮다. 평균적인 인도 회계사들은 미국의 회계사보다 적게 받는다.

(3) 인도는 미국과는 지구 반대편에 있어, 인도의 회계사들은 미국의 파트너가 잠든 사이에 일을 처리할 수 있으므로 준비시간을 줄일 수 있고 이는 더 나은 고객서비스[1]로 평가된다.

해외에서의 세금환급 아웃소싱(outsourcing)은 세계경제에서 일어나고 있는 근본적인 변화의 한 예이다. 이제 세계는 국경을 넘나드는 무역과 투자가 거리나 시차, 언어, 그리고 정부 규제, 문화, 경제시스템 등의 국가차이에 의해 고립되어 있던 국가경제시대로부터 서서히 멀어져가고 있다. 오히려 무역과 투자에 대한 장벽은 완화되고 있고, 지각된 거리는 교통과 통신기술의 발전 덕분에 좁혀지고 있으며, 물리적 문화는 전 세계적으로 동질화되어 가고 있으며, 국가경제는 글로벌라이제이션이라 부르는 상호의존적인 글로벌 경제시스템으로 통합되어가고 있다.

글로벌라이제이션은 국가경제를 더욱더 몰아붙이고 있다. 예를 들어, 서비스활동은 서비스가 전달되는 시점에 수행되곤 했는데, 인터넷과 같은 현대 커뮤니케이션 기술로 인해 많은 기업들이 면대면을 필요로 하지 않는 다양한 서비스활동을 외국의 생산자에게 아웃소싱할 수 있게 되었다. 세금환급뿐 아니라 모기지론, 신용카드, 소프트웨어 설치, MRI 진단 등이다. 제조기업들과 같이 서비스기업들도 이제는 가장 효율적으로 생산활동이 수행될 수 있는 전 세계 여러 지역으로 이전하여 글로벌 생산시스템을 창출하고 있다.

이러한 새로운 세계는 경영자들에게 도전이며 신나는 일이다. 글로벌라이제이션은 20여 년 전에는 존재하지도 않았던 기회와 위협을 유발하며, 대처하기 어려운 새로운 불확실성을 창출하는 등 경영자가 처한 환경을 급격히 변화시키고 있다. 이 장에서는 먼저 이러한 글로벌라이제이션의 과정을 살펴본 다음, 경영자에게 있어 글로벌라이제이션의 의미가 무엇인지를 논의해본다.

글로벌라이제이션의 프로세스

글로벌라이제이션
국가경제나 경제시스템이 점차 서로에게 상호 의존적으로 되어가는 과정

글로벌라이제이션(globalization)이란 국가경제나 비즈니스 시스템이 서로 긴밀하게 상호연결되어가는 과정이다. 세계는 상대적으로 독립적인 국가경제로부터 멀어져 단일한 글로벌시스템으로 옮겨가고 있다. 그러나 글로벌라이제이션의 프로세스는 1980년대 이후 급속히 가속화되고 있다. 이러한 배경에는 3가지 주요한 이유가 있다. 시장경제시스템의 확산, 국제무역과 외국인직접투자(FDI) 장벽의 감소, 커뮤니케이션과 교통비용의 감소[2]가 그것이다.

// 시장-기반 시스템의 확산

시장경제
비즈니스가 사적으로 소유되고 가격이 수요와 공급의 상호작용에 의해 결정되는 경제시스템

미국과 같은 **시장경제**(market economy)에서는 대부분의 비즈니스가 사적으로 소유되고 있다. 가격은 수요와 공급의 상호작용에 의해 결정된다.[3] 정부의 규제는 개별 기업 간의 경쟁이 자유롭고 공정하게 이루어질 수 있도록, 또한 시장경제시스템이 사회에 받아들여지지 못하는 결과(열악한 노동조건, 허위광고, 산업오염 등)를 가져오지 않는 범위에서 제한적으로 사용되고 있다.

최근까지도 아주 극소수의 국가만이 시장기반 시스템을 운영해왔다. 25년 전까지만 해도 세계 인구의 상당수는 **사회주의 경제**(socialist economy)하에 살고 있었다. 그곳에서는 대부분의 비즈니스가 국가에 의해 소유되고 민간제조업자들은 특정한 산업과 상업활동으로부터 제외되었다. 가격은 정부에 의해 결정되고, 정부의 입안자들이 무엇을 어디서 얼마나 누구에 의해 생산할지를 결정하였다. 중국, 러시아, 대부분의 동유럽국가들이 매우 통제된 사회주의 경제하에 운영되었다. 더구나 인도, 브라질로부터 영국과 스웨덴에 이르기까지 다른 많은 국가들도 경제요소의 일부분에서 사회주의적 요소를 상당히 갖고 있었다. 예를 들어, 영국에서는 30년 전만 해도 정부 소유의 기업이 철강, 조선, 광업, 교통, 통신서비스 등 경제의 많은 부분을 지배하고 있었다.

사회주의 경제
비즈니스가 국가에 의해 소유되고 가격이 국가의 정책자에 의해 결정되는 경제시스템

장벽이 무너진 후 동유럽에서 구소련의 지배의 상징이었던 베를린 장벽의 붕괴는 공산주의의 종말을 알렸다. 공산주의 붕괴는 구소련과 사회주의 국가에서의 시장경제시스템의 도입으로 더욱 촉진되었다.

본질상 사회주의 경제는 세계화와는 배치되는 개념이다. 사회주의는 국가 간 무역이나 투자를 장려하기보다는 억제하는 편이다. 해외비즈니스는 경제 전체는 아니더라도 많은 영역에서 제외되고 있으며, 국가소유 기업은 국가경제 내부에만 보다 중점을 두고 있다. 예를 들어, 1970년대 영국의 통신산업은 브리티시 텔레콤(British Telecom)에 의해 독점되어 영국 내에서만 독점적인 통신서비스를 제공하는 데 중점을 두었다. 다른 어떤 통신기업도 영국 내에서 경쟁하도록 허용되지 않았으며, 브리티시 텔레콤은 어떠한 해외법인도 소유하지 않았다.

사회주의 경제는 마르크스의 정치운동에서 그 뿌리를 찾을 수 있는데, 경제는 국가에 의해 통제되고 공공의 이익을 위해 관리되어야 한다는 일명 **'경제고지(commanding heights)'**[역자주]를 지지하고 있다.[4] 1970년경에는 이러한 이데올로기가 다수의 근로자들의 삶을 향상시켜준다는 약속을 실현하는 데 실패했음이 명백해졌다. 실제로 사회주의 경제는 경제성장률이나 삶의 질에서 허덕이는 그 반대의 모습을 보여주었다. 결과적으로 1980년대 초에는 많은 국가들이 사회주의로부터 시장기반 경제로 옮겨오게 되었다. 그 첫걸음은 영국에서 시작되어 사회적 민주주의가 널리 퍼져있던 서유럽으로 확산되었다. 다음으로 동유럽과 구소련의 공산주의의 몰락과 함께 1990년대 초에는 동유럽과 러시아로 확산되었다. 1990년대 중반에는 시장기반 경제시스템이 전 세계로 확대되었다. 인도, 브라질과 같은 거대한 국가도 시장기반의 경제개혁을 실시하였고 중국과 같은 거대 공산주의 국가조차도 빠르게 시장기반 경제로 돌아서게 되었다.[5] 헤리티지 재단(Heritage Foundation)의 연례조사에 따르면 2005년에 이르러서는 시장기반경제시스템이 현대역사에서 그 어느 때보다 가장 널리 확산되었다.[6]

역자주 1922년 레닌이 구소련공산당 전당대회에서 처음 사용한 개념. 한 국가의 경제를 주도하는 기간산업 또는 주도세력을 의미

시장경제시스템으로의 이러한 변환은 네 가지의 주요한 요소를 가지고 있다. 정부

소유기업의 사유화, 이전 국가소유독점기업의 해체, 시장의 규제완화(가격통제의 폐기와 외국기업의 투자제한법 등), 그리고 사기업을 지원하고 재산권을 보호하는 법률시스템의 확립 등이다. 예를 들어, 브라질에서는 국가소유 통신독점기업이 민영화된 12개 별도 기업으로 분리되어 서로 경쟁하고 있으며, 정부는 외국계 통신기업이 브라질 시장에 들어오는 것을 허용하였다.

결론적으로 시장경제시스템으로의 세계적 변화는 글로벌라이제이션을 촉진시켰다. 시장경제는 외국인투자와 국제무역에 보다 개방적이 되었다. 더욱이 중국, 인도와 같이 개방적 시스템으로 전환하고 있는 국가들은 서구기업들에게 위기와 기회를 제공하고 있다. 이들 국가로 제조와 서비스활동을 아웃소싱함에 따라 이들 국가에 대한 투자가 더욱 가속화되고 있다. 특히, 중국은 글로벌 경제성장의 핵심이 되어 많은 수입물품(특히, 석유와 같은 상품)의 주요한 시장이며 실질적 수출의 원천이 되고 있다.

// 무역과 투자의 장벽 제거

> **국제무역**
> 국경을 넘어서는 상품과 서비스의 판매

> **해외직접투자**
> 한 국가에서 비즈니스활동의 기반을 가진 기업이 다른 나라에 투자하는 것

> **관세**
> 수입품에 대해 부과되는 세금

> **쿼터(할당)**
> 외국으로부터 수입되는 상품의 수량에 대한 제한

> **지역무역협정**
> 지리적으로 인접한 지역 내에서 국가 간에 무역에 대한 장벽을 제거하기 위한 협정

시장경제시스템의 핵심주의는 국제무역과 해외직접투자의 장벽을 제거하는 것이 글로벌 경제시스템에 참여하는 모든 국가에게 최선의 이익이 된다는 믿음이다.[7] **국제무역**(international trade)은 상품이나 서비스가 국가의 경계를 이동하여 판매될 때 일어난다. 보잉이 일본항공에 비행기를 판매할 경우 국제무역은 일어난다. 해외직접투자는 한 국가의 기업이 다른 국가에서의 기업활동을 위해 투자하는 경우를 일컫는다. 2003년 포드가 러시아에 자동차 공장을 건설했을 때, 이를 **해외직접투자**(Foreign Direct Investment)라 한다. 시장경제시스템으로의 세계적 변화추이는 국제무역과 해외직접투자에 대한 장벽을 완화시켰고 더불어 무역과 투자의 증대, 국가 간 경제의 상호의존성 증대로 연결되었다.

무역장벽은 흔히 두 가지 형태를 지니고 있다. 외국이나 쿼터로부터의 수입에 관세를 부과하는 것이다. **관세**(Tariffs)는 수입에 부과되는 세금으로서 가격을 올려 상품의 매력도를 저하시키게 된다. **쿼터**(Quotas)는 외국으로부터 수입되는 상품의 수량을 제한하는 것이다. 1947년 19개 선진국은 GATT(General Agreement on Tariffs and Trade)로 알려진 조약에 서명을 했고, 이는 제조상품에 대한 무역장벽을 획기적으로 제거했다. 1995년 GATT는 WTO에 의해 대체되었다.

현재 WTO(World Trade Organization)는 120여 개국 이상이 회원국인데 이는 모든 무역거래 국가를 포괄하는 것이다. GATT와 WTO의 노력의 결과로 관세율은 인하되고 선진국으로 수입되는 제조상품에 대한 대부분의 쿼터는 폐지되었다. 1950년부터 2002년 사이 미국으로 수입되는 제품에 대한 평균 관세는 14%에서 4%로 인하되었다. 독일에서는 26%에서 4%로, 영국에서는 24%에서 4%로 인하되었다.[8] WTO는 이제 농산품과 다양한 서비스 무역에 대한 관세를 인하하거나 철폐하려는 협상을 추진하고 있다.

WTO에 의해 추진되는 글로벌 협정 이외에도, 인접국들 간의 무역과 해외직접투자에 대한 장벽을 제거하는 **지역무역협정**(Regional Trade Agreements)이 빠르게 늘어나고

있다. 대표적인 것으로 현재 25개국이 가입되어 있는 EU(유럽연합)가 있다. EU는 회원국들 간 무역과 투자, 노동의 이동에 대한 장벽을 빠르게 제거해 나가면서 미국에 버금가는 규모의 범위의 대륙경제권을 창출하고 있다. 미국, 캐나다, 멕시코 간의 북미자유무역협정(NAFTA)은 또 다른 지역적 무역협정이다. 1994년에 설립된 NAFTA는 2004년경에 3국간에 거래되는 상품의 99%에 대해 관세를 철폐하였다.

비록 WTO와 다양한 지역적 그룹이 해외직접투자(FDI)에 대한 장벽철폐를 추진하고 있기는 하지만, 아직 이 부분은 쌍방적 협정이 대부분이다. 2004년 160개국 이상이 관련된 전 세계의 협정이 2,392개였는데 이는 1980년 181개 협정에 비하면 12배나 증가한 것이다.[9] UN에 따르면 2,156개 중 93%는 FDI에 대한 우호적 환경이 조성된 1991년부터 2004년 사이에 체결되었다.[10]

// 커뮤니케이션과 수송비용의 감소

국제무역과 FDI에 대한 장벽제거는 글로벌라이제이션에 이론적 근거를 제공하였고 기술적 변화는 이를 실현가능한 현실로 만들어주었다. 지난 30년간 글로벌 커뮤니케이션은 인터넷뿐 아니라 위성, 광섬유, 무선기술에 의해 혁명적 변화를 거듭하였다. 글로벌 커뮤니케이션 비용은 급속히 낮아져 글로벌 조직 간 조정과 통제의 비용을 감소시켰다. 1930년에서 1990년 사이에 뉴욕과 런던 간 3분 전화통화비용은 244.65달러에서 3.32달러로 감소하였다.[11] 1998년 이는 일반 고객기준으로 단지 3센트 수준으로 급격히 인하되었고, 기업고객에게는 더욱 낮은 가격이 적용되었다.[12] 실제로 인터넷을 통한 국제전화비용은 분당 몇 센트 수준으로 낮아졌다.

월드와이드웹(WWW)의 놀라운 성장은 이러한 발전의 상징이다. 1990년에 1백만 명에 불과하던 인터넷 사용자가 1995년에는 5천만 명이 되었고 2007년에는 세계인구의 25%인 14억 7천만 명으로 증가하였다.[13] 월드와이드웹은 글로벌경제의 정보적 중추로 발전하였다. 웹기반의 거래는 2000년 6,570억 달러를 돌파하여 2004년에는 6조 8천억 달러에 이르렀다.[14]

웹기반 트래픽에는 빠르게 성장하는 국경 간 무역이 상당수 포함되어 있다. 전 세계적으로 보았을 때, 웹은 장소와 규모, 시간의 장벽을 뛰어넘게 해준다.[15] 웹은 구매자와 판매자가 그들이 어디에 있건, 규모가 얼마나 되건 간에 서로를 더욱 쉽게 찾을 수 있도록 해준다. 웹은 크고 작은 기업들이 이전보다 훨씬 저비용으로 글로벌화를 촉진시키는 데 도움을 주었다.

통신기술의 발달과 함께 1950년대에 수송기술에서도 몇몇 혁신적인 변화가 일어났다. 가장 주목할 만한 것은 상업용 제트기와 초대형 화물기의 등장과 컨테이너선의 도입이다. 상업용 제트기의 출현은 한 장소에서 다른 장소로의 이동시간을 줄임으로써 세계를 더욱 가깝게 만들었다.

컨테이너선은 장거리 선적상품의 비용을 획기적으로 낮춤으로써 수송산업에 있어 혁명을 일으켰다. 1970년대와 1980년대 컨테이너선의 출현 이전에 상품의 수송은 노동

21세기의 낙타 컨테이너선의 발달은 바다를 통한 상품수송비를 2/3로 낮추어주어 생산의 글로벌라이제이션 촉진에 기여하였다.

집약적이고 비용이 많이 드는 일이었다. 선적에만 며칠이 걸렸으며 수백 명의 노동자들이 상품을 내리고, 트럭이나 기차로 다시 옮겨 실었다. 컨테이너선의 도입으로 이러한 전체 프로세스가 몇 명의 근로자들에 의해 이틀이면 끝날 수 있게 되었다. 1980년경에 세계 컨테이너선 대수는 4배가 늘어났는데 이는 국제무역의 규모가 증가하였고 그 중 일부분은 이러한 수송의 변화 때문임을 반영하고 있다.

컨테이너선 증가로 인해 수송비용은 하락했으며 이는 상품이 전 세계를 보다 경제적으로 이동할 수 있도록 만들어주었고, 이는 글로벌라이제이션을 가속화시켰다.

1920년부터 1990년 사이 미국의 수출입 화물의 평균 선적비용과 항구사용료는 톤당 95달러에서 29달러로 감소하였다.[16] 컨테이너 확산의 결과 미국 내 철도의 선적비용은 1985년 3.04달러에서 2000년 2.3센트로 하락하였다.[17] 이제는 항공을 통한 화물의 이동도 증가하고 있다. 1955년부터 1999년 사이 평균적 항공수송 수익은 평균 80% 이상 감소하였다.[18] 항공화물비용의 감소에 따라 1965년 7%였던 항공선적은 2000년대 초에는 미국무역의 28%를 차지하였다.[19]

글로벌라이제이션의 시사점

이상에서 논의한 트렌드의 시사점은 매우 심오하다.

첫째, 이러한 트렌드는 국제무역과 해외직접투자라는 거대한 물결의 결과이다. WTO의 자료에 따르면, 1970부터 2004년까지 세계의 상품무역 규모는 26배가 증가하였고 전 세계 생산량은 7.5배가 증가하였다(상품무역에는 제조품과 농산품, 광산품은 포함되나 서비스는 포함되지 않는다). [그림 3. 1]에서 보는 것처럼 국제무역의 장벽제거 덕분에 세계무역의 성장은 1980년대 초 이후 더욱 가속화되었다.

둘째, 해외직접투자는 괄목할 만큼 증가하였다. 매년 평균 해외직접투자 유출액은 1975년 250억 달러에서 2000년 1조 3천억 달러로 급증하였고 2005년에는 다소 감소한 9천억 달러를 기록하였다.[20] 2001~2005년 사이의 경기침체에도 불구하고, 해외직접투자액은 전 세계 무역의 성장세보다 더 빠르게 증가하였다. 1992년부터 2005년 사이, 전체 국가들의 해외직접투자액은 420% 증가하였는데 같은 기간 전 세계 무역은 2배가 증가하였고 전 세계 생산량은 35% 증가하였다.[21] 강력한 해외직접투자의 흐름 때문에 2004년 기업들은 9조 원의 해외자산을 보유하게 되었다. 전체적으로 적어도 7만 개의 모기업이 해외시장에서 69만 개의 자회사를 거느리게 되었고 해외에서 540만 명의 종업원을 고용하게 되었으며 전 세계 GDP의 10분의 1에 해당하는 자산가치를 창출하게

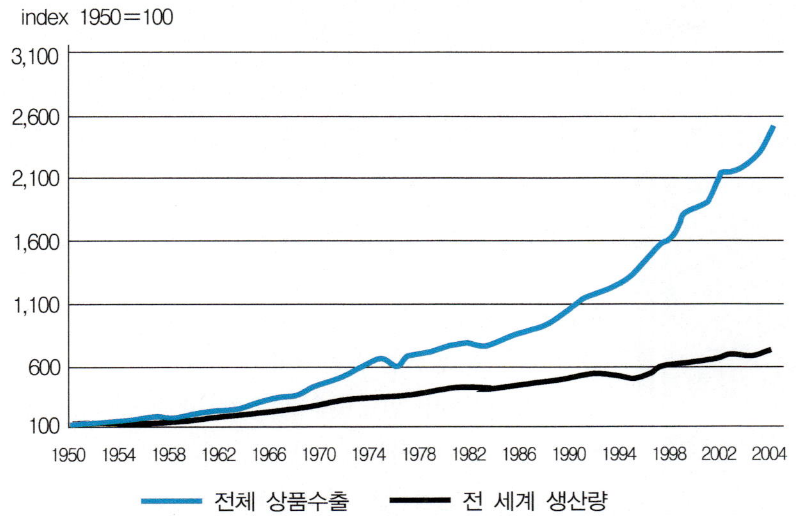

그림 3. 1

전 세계 무역과 생산량 (1950~2004년)

되었다. 다국적기업의 해외협력업체들은 19조 달러에 해당하는 전 세계 매출을 담당하게 되었고 이는 11조 달러에 상당하는 전 세계 상품과 서비스의 수출액의 약 2배에 해당하는 것이다.[22)]

이는 놀라운 수치이지만 개별 기업이나 관리자들에게 어떤 의미가 있을까? 이는 첫째, 생산의 글로벌라이제이션이 진행 중임을 암시하고 있다. 둘째, 시장의 글로벌라이제이션이 일어나고 있다. 셋째, 기술의 발전이 이러한 트렌드를 가속화시키고 있다는 것이다. 이러한 결과는 오늘날 경영자가 직면하고 있는 환경이 지난 세대와는 매우 다르다는 것을 보여주고 있다.

// 생산의 글로벌라이제이션

생산의 글로벌라이제이션(globalization of production)은 생산요소(노동, 에너지, 땅, 자본 등)의 비용과 품질의 국가적 차이를 이용하기 위해 상품이나 서비스를 전 세계 곳곳에서 조달하는 것을 말한다. 이렇게 함으로써 기업들은 전체 비용구조를 낮출 수 있고 생산품의 기능이나 품질을 향상시킬 수 있다. 미국이 세금환급을 인도에 아웃소싱하는 것에서 우리는 이미 이러한 트렌드의 사례를 살펴보았다. 보잉사의 777제트기를 생각해보자. 8개의 일본업체들이 동체, 문짝, 날개 부품을 공급하고 싱가포르업체가 랜딩기어를 위한 문짝을 만들고 있다. 3개의 이탈리아 기업이 날개판을 만들고 있다.[23)] 전체적으로 777기의 약 30%는 외국기업에 의해 만들어지고 있다. 차세대 제트기인 787의 경우 보잉사는 이러한 아웃소싱 트렌드를 더욱 강화하여 전체 항공기의 65% 정도를 외국회사에 아웃소싱할 계획이고, 이 중 35%는 3개의 주요 일본기업이 담당하게 될 것이다.[24)]

생산의 글로벌라이제이션
생산요소의 비용과 품질에서 국가 간 차이를 이용하기 위해 전 세계 여러 지역으로부터 상품과 서비스를 조달하는 것

그렇게 많은 부분을 외국기업에 아웃소싱하는 것은 이들 외국업체들이 특정 부품이

일본, 싱가포르, 이탈리아, 영국에서 만들어지고, 보잉에 의해 조립 보잉의 신형제트기 787의 65%는 외국공급업체에 의해 만들어진 것이다. 일본의 공급업체가 787기의 35%를 생산한다. 최종조립은 미국 내에서 이루어지며, 787은 진정한 글로벌 생산의 대표 사례이다.

나 분야에서 세계최고이기 때문이라고 보잉사는 설명한다. 부품공급업체의 전 세계적 네트워크는 최종상품의 품질을 더 높여주었고, 이는 경쟁사인 에어버스보다 세계시장에서 항공기시장점유율을 높이는 기회를 제공하고 있다. 보잉사는 또한 외국의 국적항공사로부터 주문을 따내기 위해서 일부 부품생산을 해당국에 아웃소싱하고 있다.

역사적으로 아웃소싱은 보잉사와 같은 제조업체에 국한된 것이었으나 현대통신기술과 인터넷의 발달과 함께 점차 서비스활동도 저비용 생산업체를 찾아 외국에서의 아웃소싱이 증가하고 있다. 예를 들어, 인터넷을 활용해 병원들은 방사선과의 일부를 인도에 아웃소싱하는데, 미국의 내과의사들이 잠든 밤 사이에 MRI 사진이 판독되어 아침이 되면 미국에서 그 결과를 알 수 있게 되었다. 이와 비슷한 일로, 2003년 12월 IBM은 4,300여 명의 소프트웨어 엔지니어를 미국에서 인도나 중국으로 이전할 것을 발표하였다(소프트웨어 생산은 서비스활동으로 간주된다).[25] 많은 소프트웨어 기업들이 이제 미국에서 디자인된 소프트웨어를 유지하기 위해 인도인 엔지니어를 활용하고 있다. 시차 덕분에 인도의 엔지니어는 미국의 엔지니어가 잠든 사이에 미국에서 사용된 소프트웨어에 대한 디버그 테스트를 진행하여 안전한 인터넷연결선을 타고 미국으로 수정된 코드를 재전송할 수 있고, 미국의 엔지니어는 다음날 일하러 갔을 때 그 결과를 볼 수 있게 되었다. 이러한 방식의 비즈니스활동의 확산은 새로운 소프트웨어 프로그램을 개발하는 데 필요한 시간과 비용을 절감하게 해준다. 컴퓨터 생산업체에서부터 은행에 이르기까지 기업들은 고객콜센터와 같은 고객서비스 기능을 노동력이 저렴한 개발도상국으로 아웃소싱하고 있다.

// 시장의 글로벌라이제이션

시장의 글로벌라이제이션
역사적으로 뚜렷이 구별되고 분리되어 있던 국가시장이 하나의 거대한 글로벌 시장으로 통합되는 것

시장의 글로벌라이제이션(globalization of markets)이란 뚜렷이 구분되는 개별 국가시장이 하나의 거대한 전 세계 시장으로 통합되는 것을 가리킨다. 국제무역에 대한 장벽의 붕괴는 이를 더욱 쉽게 만들어주었다. 한동안 서로 다른 나라의 소비자들의 입맛과 선호가 한데 모아져서 글로벌 마켓으로 탄생할 수 있는지에 대한 논란이 있었다.[26] 시티그룹의 신용카드, 코카콜라, 소니 플레이스테이션, 맥도날드 햄버거, 스타벅스 커피 등과 같은 소비재들은 이러한 트렌드의 대표적인 사례로 종종 언급되고 있다. 그들은 이미 글로벌화를 촉진시킨 주역들이다. 동일한 상품을 전 세계에 공급함으로써 그들은 글로벌시장의 탄생을 도와주고 있다.

많은 글로벌시장에서 동일한 기업들이 여러 국가에서 경쟁자로 서로를 대면하고 있다.[27] 코카콜라와 펩시의 라이벌관계는 글로벌한 것으로 포드와 도요타, 보잉과 에어버스, 캐터필라와 고마쯔, 그리고 소니와 닌텐도, 마이크로소프트도 비슷한 관계이다. 기업

들이 전 세계 시장에서 서로를 따라감에 따라 상품, 기업운영전략, 마케팅전략, 브랜드네임 등을 포함하는 그들의 자산도 동시에 세계시장으로 함께 진출하게 되었고, 따라서 국가시장을 초월한 일종의 동질성을 창출하게 된다. 이에 따라 동질성이 다양성을 대체하게 된다.

// 기술 : 위대한 촉진자

이미 우리가 살펴본 대로 기술혁신으로 인해 정보처리와 커뮤니케이션의 실질적 비용이 획기적으로 감소하였다. 이러한 발전으로 경영자들은 전 세계적으로 퍼져 있는 생산시스템을 관리할 수 있게 되었고, 이는 더 나아가 생산의 글로벌라이제이션을 촉진하게 되었다. 전 세계적인 통신네트워크는 많은 다국적기업에게 필수적인 요소가 되었다. Dell은 전 세계적으로 퍼져 있는 생산시스템 — 조립공장에서 단 이틀분의 재고만을 보유하도록 하는 — 을 조정하고 통제하기 위해 인터넷을 사용하고 있다. Dell의 인터넷기반 시스템은 인터넷 웹사이트를 통해 고객이 주문을 입력하는 순간 컴퓨터 장비에 주문이 기록되고 즉시 전 세계에 퍼져있는 다양한 부품공급업체에게 주문결과를 전송하는데, 그들은 Dell의 주문흐름을 실시간으로 볼 수 있고 자신들의 생산스케줄을 그에 따라 조정할 수 있다. 저렴한 항공화물 비용 덕분에 Dell은 핵심부품의 배송속도를 높이려고 항공수송을 이용하는데, 이는 예상하지 못한 수요변동에 맞출 수 있어서 소비자에게 가는 최종제품의 선적이 늦지 않게 해준다. Dell은 또한 고객서비스조직을 인도에 아웃소싱하기 위해 현대의 커뮤니케이션 기술을 사용하고 있다. 미국의 소비자가 Dell의 고객서비스센터에 전화를 하면 인도 방갈로르에 있는 영어를 구사하는 서비스인력에게로 연결된다.

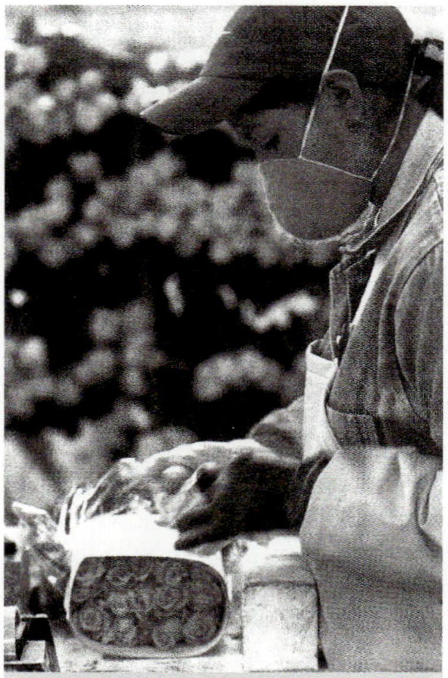

발렌타인데이 전날 에콰도르의 근로자가 미국으로 선적하기 전에 장미를 포장하고 있다. 에콰도르의 고산지대의 이상적 환경에서 재배된 이 꽃들은 24시간 내에 미국의 점포에서 판매될 것이다. 2월 13일에 에콰도르는 평소 장미 선적량의 두 배인 3만 박스를 전 세계의 구매자에게 선적하였다.

인터넷은 서비스의 국제무역을 촉진시키는 주요한 원동력이다. 웹을 통해 시카고의 병원이 인도에 MRI 사진을 보내 판독을 할 수 있게 되고, 샌프란시스코의 세무사가 필리핀에 세금환급업무를 아웃소싱할 수 있게 되며, 인도에 있는 소프트웨어 시험사가 마이크로소프트 본사가 위치한 워싱턴주 레드먼드에 있는 개발업자가 만든 코드를 디버그할 수 있게 되었다. 우리는 아직 이러한 발전의 초기단계에 있다고 할 수 있다. 머지않은 시기에 디지털화될 수 있는 어떠한 작업프로세스라도 거의 대부분이 전 세계 어느 곳에서나 수행될 수 있게 될 것이다.

생산의 글로벌라이제이션에 덧붙여 기술적 혁신도 시장의 글로벌라이제이션을 촉진시켰다. 월드와이드웹과 같은 저렴한 글로벌 커뮤니케이션 네트워크가 글로벌시장을 창출하고 있다. 저렴한 수송은 전 세계적으로 제품의 선적을 보다 경제적으로 만들어주었고, 결과적으로 글로벌시장을 창출할 수 있게 해주었다.

예를 들어, 상품의 항공선적비용의 하락으로 에콰도르에서 재배된 장미가 24시간 후에 뉴욕에서 신선한 상태로 판매될 수 있게 되었다. 이는 20여 년 전 에콰도르에서는 존재하지 않았던 산업을 창출하였고 그들은 이제 전 세계시장에 장미를 공급하고 있다. 글로벌 커뮤니케이션 네트워크와 글로벌 미디어는 전 세계적 문화를 만들어내고 있다. CNN, MTV, HBO와 같은 미국 텔레비전 네트워크들은 이제 많은 국가에서 시청이 가능하고 할리우드 영화는 전 세계 어디서나 볼 수 있게 되었다. 많은 사회에서 미디어는 문화의 주요한 전도사이다. 글로벌 미디어가 성장함에 따라 우리는 글로벌 문화의 진전도 기대할 수 있게 되었다. 이러한 진전의 논리적 결과는 소비재의 글로벌시장의 출현이다. 이미 그 첫 번째 징후는 뚜렷하게 보이고 있다. 이제 도쿄의 맥도날드는 뉴욕에서만큼 찾아보기가 쉬워졌으며, 리오데자네이로나 베를린에서 아이팟을 사는 것이나 파리와 샌프란시스코에서 Gap 청바지를 사는 것도 뉴욕에서만큼이나 쉬운 일이 되었다.

글로벌라이제이션의 한계

이러한 트렌드의 역사적 특성에도 불구하고 우리는 그 중요성을 지나치게 강조해서는 안 된다. 글로벌라이제이션은 피할 수 없는 것이 아니다. 강력한 저항이 생산과 시장이 글로벌화되는 속도를 억제하기도 한다. 이러한 한계는 저렴한 비용으로 전 세계 곳곳에서 생산활동을 확산시켜 전 세계를 하나의 단일시장으로 만들려는 경영자들의 노력을 제한하고 있다.

// 보호주의적 반조류

국경 간 무역과 투자에 대한 장벽을 없애는 시장기반 경제시스템의 흐름이 전 세계적으로 계속된다는 것을 장담할 수는 없다. 1800년대 후반과 1900년대 초반 현대 글로벌 무역의 첫 번째 개화는 1920년대와 1930년대 주요 무역국들 간의 보호주의 정책에 의해 종말을 고했다. 이로 인해 국제무역은 슬럼프에 빠지고 대공황을 맞게 되었다.

이러한 일은 다시 일어날 수 있다. 많은 정치인들과 언론분석가들은 국제무역이 일자리를 파괴하고 외국으로 생산을 아웃소싱시키는 일이 일자리를 외국으로 빼돌리는 것과 같으며 미국경제를 공동화시키는 일이라고 주장한다(CNN의 분석가 루 돕스는 이러한 주장을 자주 펴고 있다). 그들은 글로벌라이제이션이 선진국의 임금을 아래로 끌어내리는 '바닥으로의 경쟁'을 촉진시키고 있다고 주장한다.

자유무역 옹호자들은 이러한 주장에 반대하고 있다. 그들은 국제무역으로부터 얻는 이익이 그 비용을 능가하고 있고 국제무역이 경제성장을 촉진하고 삶의 질을 증진시킨다고 지적하고 있다.[28] 예를 들어, 섬유부문에서 자유무역으로 인해 생산비가 더 저렴한 다른 국가로 생산시설이 옮겨지면서 남부캐롤라이나에 있는 미국인 섬유산업 노동자가 일자리를 잃을지라도, 그 결과 의류에 대한 가격을 인하시켜 미국 소비자들의 가처분소득을 증가시켜준다는 것이다. 따라서 섬유산업에서의 자유무역의 결과 미국인은 더 많은 의류를 구매할 수 있게 되고 다른 제품이나 서비스를 더 많이 구매할 수 있게 된다는 것이다. 결과는 미국의 경제성장이 더 높아지게 되고 이는 추가적인 일자리를 창출함으로써 섬유산업에서 자유무역의 결과로 잃어버리는 것을 충분히 상쇄하고도 남는다는 것이다. 더욱이 자유무역은 외국시장을 개방함으로써 미국기업들이 해외에서 더 많이 제품을 판매할 수 있고 이는 경제성장을 더욱 촉진하게 된다.

따라서 섬유산업과 같이 노동집약적인 로테크분야에서의 일자리는 없어지더라도 전체적으로 미국경제는 자유무역으로 인해 상업용 제트기, 소프트웨어, 제약, 컴퓨터 등과 같은 것을 다른 나라에 더 많이 판매하는 실질적 혜택을 보게 된다는 것이다. 이는 단지 이론적 주장만은 아니다. 국제무역이 자유무역시스템에 참여하는 모든 국가들에서 경제성장을 촉진한다는 경제적 증거들이 제시되고 있다.[29] 경제학자들이 자주 지적하듯이 문제는 공공관계관리이다. 국제무역의 이익이 널리 배분되고 있지만, 반대로 그 부작용이 일자리를 잃어버리는 몇몇 분야에 집중되어 있고 그 아픔에만 초점을 맞추는 뉴스들이 반복되고 있다.

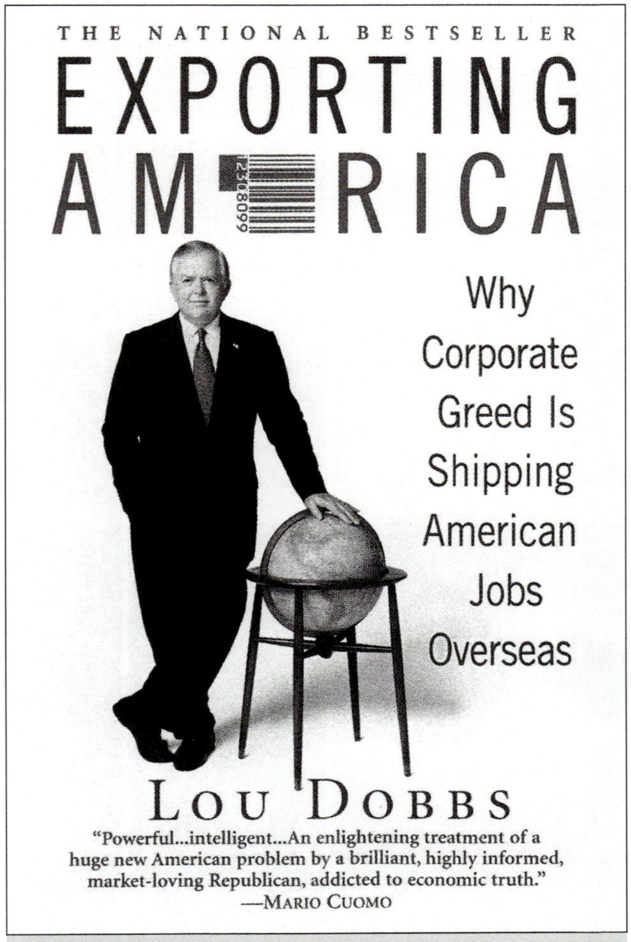

현대의 중상주의자 Lou Dobbs는 CNN의 진행자로서 국제무역에 대한 그의 의견을 피력해왔다. Dobbs는 미국의 비즈니스를 해외시장에 판매함으로써 얻는 수익에 대해 반대하지 않지만, 외국인이 미국에 물건을 판매해 이익을 얻는 것은 좋아하지 않는다. 이러한 관점은 중상주의로 알려진 19세기 경제철학을 상기시키는데 이는 국제무역을 제로섬 게임으로 보고 가능한 외국으로부터 최대한의 부를 축적하고 자국시장에서 외국인과 동일하게 경쟁하는 것을 허용하지 않는 것을 목표로 하고 있다.

자유무역을 지지하는 실질적인 이론과 증거들에도 불구하고, 일부 정치인들은 글로벌라이제이션을 저해하는 국경 간 무역과 투자의 높은 장벽이 있던 시절로 되돌아가고 싶어한다. 실제로 세계 경제에는 여전히 실질적 보호무역주의가 존재하고 있다. 최근 WTO는 농업분야에서 현재 자국의 농업분야를 보호하기 위해 적용되는 관세와 쿼터를 철폐하기 위해 국경 간 무역의 장벽을 낮추도록 권고하고 있는데 미국, 일본, EU를 포함한 몇몇 선진국들의 비호의적인 태도로 인해 추진이 지연되고 있다. 주요 수출국으로 중국의 부상은 1980년대에 일본이 그러했던 것처럼 국제무역시스템을 긴장시키고 있고, 이는 '불공정' 경쟁에 대한 보호주의자들의 새로운 각성을 이끌고 있다. 지난 50년간의 진전이 뒷걸음질치고 국경 간 무역과 투자에 대한 장벽이 다소 일어난다면 국가별 시장은 다시 세분화될 것이고 생산과 시장의 글로벌라이제이션은 정체될 것이다. 그러한 시나리오가 현재로서는 일어날 것 같지는 않지만 전혀 가능성이 없는 것도 아니다.

// 소비자행동에서의 국가별 차이

시장의 글로벌라이제이션을 과장하지 않는 것이 중요하다. 많은 상품과 서비스 — 보잉의 제트기나 노키아의 핸드폰으로부터 스타벅스 커피, 맥도날드 햄버거에 이르기까지 — 가 전 세계적으로 팔리고 있지만 서로 다른 국가의 소비자들의 입맛과 선호에는 여전히 실질적인 차이가 존재한다. 많은 기업들이 비싼 대가를 치르고 외국 소비자들은 국내 소비자들과 다르다는 것을 발견하였고 이러한 차이 때문에 현지 수요를 더 잘 충족시키기 위해서는 상품과 서비스를 현지 소비자들에게 맞춤화시켜야 된다는 사실을 알게 되었다. 다시 말해서 진정한 글로벌시장은 아직 갈 길이 멀다.

서유럽의 운전자들 전용 도요타 Yaris는 유럽시장을 위해 특별히 디자인되었다. 이렇게 작고 연비가 뛰어난 차는 유럽의 높은 유류비와 복잡한 도심에 완벽히 들어맞았다.

예를 들어, 미국의 자동차시장은 유럽시장과는 매우 다르다. 유럽에서 운전을 하다 보면 미국인들이 좋아하는 SUV는 잘 볼 수 없다. 이에는 두 가지 이유가 있다. 첫째, 유럽은 휘발유가격이 미국보다 비싸다. 따라서 차량의 크기나 파워에 비해 연비가 매우 중요하게 고려된다. 둘째, 유럽은 오래된 도시나 마을의 좁은 도로와 주차공간 때문에 소형차가 보다 실용적이다. 이러한 이유로 도요타와 포드가 규모의 경제를 위해 디자인은 같더라도 서로 다른 지역에서의 자동차와 마케팅은 그 지역에 맞춤화될 필요가 있다.

핸드폰과 같은 신생산업에서도 소비자 사용패턴의 주요한 국가적 차이가 관찰되고 있다. 예를 들어, 미국인들은 핸드폰을 메일을 보내거나 인터넷을 검색하는 도구가 아니라 대화를 하는 도구로 생각하는 경향이 강하다. 결과적으로 미국소비자들에게 판매할 때는 핸드폰 제조기업들은 슬림하고 멋진 외관에 보다 치중하고 앞선 기능이나 사양은 신경을 덜 쓰게 된다. 아시아와 유럽에서는 이와 반대로 문자전송이나 인터넷 검색기능이 보다 주요한 요소가 된다. 문화적 이슈는 일터에서 드러나게 된다. 유럽과 아시아의 사람들은 시간의 대부분을 기차로 이동하면서 보내기 때문에 핸드폰을 통해 인터넷을 검색하는 데 보다 많은 시간을 소비하지만 미국인들은 이동 중 손을 사용할 수 없는 승용차에서 보다 많은 시간을 보내는 경향이 있다.[30)]

// 비즈니스시스템에서의 국가 간 차이

비즈니스시스템, 법류시스템, 사회간접자본, 그리고 경제발전의 수준에 있어서 국가 간에는 주요한 차이가 존재한다. 이는 세계를 하나의 글로벌 경제권으로 묶는 데 방해요소가 된다. 예를 들어, 제약산업에 있어서 미국인들은 텔레비전에서 약품광고를 보곤

했다. 그러나 많은 국가들에서 약품에 대한 직접적 광고는 법으로 금지되어 있다(그러한 광고가 의사와 환자의 관계를 해친다는 믿음하에). 따라서 제약회사들은 다른 마케팅전략을 구사해야만 한다. 더욱이 많은 국가에서 제약산업은 여전히 정부의 가격통제하에 놓여 있기 때문에 기업들은 국가마다 서로 다른 가격을 책정해야 한다(정부에 의해 통제되지 않는다면 가격은 더 높아질 것이다). 경쟁도 국가마다 다르게 나타날 수 있다. 예를 들어, 특허법의 차이 때문에 Amgen의 최고 인기약품인 Epogen은 미국에서보다 유럽에서 더 빨리 경쟁에 처하게 되었다.

유통채널은 국가마다 매우 다르기 때문에 이것도 서로 다른 접근전략을 필요로 한다. 코카콜라는 세계 대부분의 국가에서는 트럭으로 운송되지만 중국의 일부지방에서는 오토바이에 의해 운반되며 네팔에서는 야크나 사람에 의해 운반된다.

소득수준의 차이도 중요한 영향을 미친다. 서구에서 유니레버는 우리가 슈퍼마켓에서 볼 수 있는 대용량의 샴푸나 비누를 판매하지만, 인도나 아프리카처럼 저소득 국가에서는 소량의 용기에 담아 판매하는데 이는 현지소비자들이 대용량의 제품을 구매할 여유가 없기 때문이다.

많은 유사한 사례들이 한 가지 같은 원칙을 보여주고 있다. 비즈니스 시스템, 법률시스템, 사회간접자본, 소득수준은 국가마다 다르다. 이러한 차이를 다루기 위해서는 현지에 대한 적응이 필요하고 이러한 적응의 과정(제품과 마케팅메시지, 판매전략, 가격정책, 유통시스템을 현지화시키는 것)은 세계를 하나의 동질적 글로벌시장으로 보는 것과는 반대되는 흐름이다.

// 사회문화의 차이

마지막으로 국가 간 사회문화의 차이가 깊다는 것을 깨닫는 것이 중요하다. 이것이 기업이 세계시장을 동질적인 것으로 보기 어렵게 하고 경영자들이 국가별 사업운용을 어렵게 하는 것이다. **사회문화**(social culture)라 할 때 우리는 한 사회에서 살고 있는 사람들에 의해 일반적으로 받아들여지는 가치나 규범시스템을 의미한다.[31] 가치란 어떤 집단이 좋고 바르고 바람직하다고 믿고 있는 추상적인 생각이다.[32] **규범**(norms)이란 특정한 상황에서 적절한 행동이라고 생각되는 사회적 규율이나 가이드라인이다.

사회문화
한 사회에서 살고 있는 사람들이 공통적으로 갖고 있는 가치나 규범의 체계

규범
특정 상황에서 적절한 행동을 규정하는 사회적 규칙이나 가이드라인

문화적 차이와 왜 그것이 중요한지 하는 생생한 사례를 들기 위해 사우디아라비아와 미국의 문화적 차이를 생각해보자. 사회 내에서 여성의 역할, 알코올의 소비(사우디에서는 불법임), 시간의 속성, 종교와 국가 사이의 관계 등에서 사우디와 미국의 시각은 큰 차이를 보여주고 있다. 사우디의 문화는 엄격한 이슬람교와 유목민의 베두인족의 사회적 전통에 의해 영향을 강하게 받았다. 이러한 사우디문화의 전례는 사회 내에서 여성의 역할에 큰 제약을 두었고 알코올도 금지시켰다. 따라서 미국기업이 사우디인들만이 근무하는 사우디에 있는 자회사에 여성을 파견하는 것은 문화적 민감성의 결여를 보여주는 것이다. 이와 유사하게, 알코올을 접대하는 것도 사우디 비즈니스맨에게는 매우 무례한 일이 될 수 있다.

리야드의 쇼핑센터 돌아다니기 사우디의 여성들은 현대 세계의 과시물인 패스트푸드, 쇼핑몰, 핸드폰 등을 쉽게 구입할 수 있다. 그러나 외출을 할 때는 머리에서 발끝까지 덮는 전통의상을 입어야 한다.

더욱이 미국인들은 문화적 가치가 사우디에서 사업을 하는 방식에 어떻게 영향을 미치는지를 이해할 필요가 있다. 베두인 사회(Bedouin society)의 전통에 따라, 사우디인들은 신뢰가 일단 세워진 다음에 — 이 과정에서 많은 면대면 미팅이 요구된다 — 사업을 진행하게 된다. 사우디인들은 비즈니스 의사결정에 바로 돌진하는 것을 혐오한다. 이들은 보다 편안한 방식으로 논의가 진행되길 선호한다. 많은 사우디인들이 '개방된 사무실'을 유지하고 다른 일을 보기 위해 미팅이 자주 중단되기 때문에 비즈니스 미팅은 매우 길어질 수도 있다. 이러한 습관은 거슬러 올라가면 부족의 모든 구성원이 그들의 지도자를 방문하여 청원을 하던 베두인의 전통에서 살펴볼 수 있다. 게다가 지위에 대한 문화적 중요성 때문에 사우디의 임원들은 외국기업의 하위임원이 비즈니스를 처리한다면 반응을 잘 보이지 않을 수도 있다.[33)]

더욱더 경영자들은 국가 간의 문화적 차이에 보다 민감해야 할 필요가 있으며 문화적 차이가 마케팅이나 판매전략뿐 아니라 기본적인 경영프랙티스에까지 어떻게 영향을 미치며 어떠한 적응과정이 필요한지를 이해할 필요가 있다. 모든 사람이 미국인처럼 생각하고 행동하지는 않으며 사업을 수행하는 데 있어 미국식 방식이 외국에서도 항상 성공할 수는 없다는 것을 이해해야만 한다. 사우디아라비아보다는 미국에 보다 유사한 국가들에서도 저변에 있는 문화적 차이가 사업방식에 영향을 미친다. 예를 들어, 인류학자 에드워드 홀(Edward T. Hall)은 비공식적인 경향이 있는 미국인들이 대중 앞에서 잘못을 지적당할 때 얼마나 강하게 반응하는지를 묘사하였다.[34)] 이는 독일에서는 문제가 될 수도 있는데, 이방인을 바로잡으려는 독일의 문화적 경향은 대부분의 미국인들에게는 충격이고 공격적으로 비춰질 수 있다. 독일 사람들의 입장에서는 모든 사람을 이름으로 부르는 미국인들의 경향이 놀라운 것이다. 이러한 관습은 같은 서열의 임원들 사이에서는 매우 불편한 것이 되기도 한다. 나이 어린 미국인 하위임원이 나이 많은 독일인 상위임원을 이름으로 부르는 것은 매우 모욕적인 것으로 비춰질 수도 있다. 홀은 독일인이 이름을 부르는 데는 상당한 시간이 걸린다는 사실을 지적하였다. 만약 그 과정을 너무 빨리 진행하면 지나치게 친숙하고 무례한 것으로 인식되고 시업에 좋지 않은 영향을 줄 수가 있다.

또 다른 문화적 차이는 개인 공간에 대한 태도와 관련되어 있는데, 이는 대화하는 사람과 편안함을 느끼는 거리의 정도를 가리킨다. 미국에서는 비즈니스 회의에서 양측의 일반적 거리가 150~240cm 정도인데, 남미에서는 90~150cm이다. 결과적으로 많은 미국인들은 남미사람들이 자신들의 사적인 공간을 침범하고 있다고 불편하게 느끼게 되고 대화하는 중에 뒤로 한발 물러나게 된다. 실제로 미국인들은 남미사람들이 공격적이고 저돌적이라고 느끼고 있다. 반대로 남미에서는 뒤로 한발 물러나는 행동이 냉담하다고 해석한다. 그 결과 서로 다른 문화에 사는 두 명의 비즈니스맨 사이에는 의견일치를 보지 못할 수도 있다.

글로벌화의 이점

글로벌라이제이션이 진행되면서 많은 비즈니스가 국경을 넘어 확장되고 다국적기업이 되어가고 있다. **다국적기업**(multinational enterprise ; MNE)은 둘 혹은 그 이상의 국가에서 생산활동을 수행하는 사업체를 말한다. 크건 작건 많은 기업의 경영자들이 그들의 사업체를 국경 밖으로 확장하려고 하는 데는 4가지 주요한 이유가 있다. 그렇게 함으로써 상품시장을 확대하고 규모와 입지의 경제를 실현하며 글로벌 학습으로부터의 이점이 있기 때문이다.

> **다국적기업(MNE)**
> 2개국 이상의 국가에서 생산활동을 하는 기업

// 시장의 확대

국제적 확장은 기업이 활동하는 시장을 확대해 판매와 수익이 더 빨리 증대되도록 해준다. 스타벅스의 성장은 기업의 급격한 국제적 확장 덕분이다. 스타벅스는 미국 내 700개의 매장을 갖고 있던 1996년 첫 번째 해외 매장을 열었다. 2005년 이 회사는 미국 외 34개국에서 3,200여 개의 지점을 갖게 되었다(미국 내에서는 7,000개의 매장을 운영). 10여 년 전 중견 국내기업이었던 스타벅스는 이제 강력한 글로벌 브랜드를 가진 세계적인 기업으로 성장하였다. 앞으로 스타벅스는 중요한 성장엔진으로 국제화를 더욱더 지속시킬 계획이다. 스타벅스의 목표는 스타벅스를 맥도날드나 코카콜라와 같은 미국의 소비재브랜드처럼 국제적으로 널리 알려진 브랜드로 만드는 것이다.

일반적으로 많은 기업들이 국내에서 핵심기술을 개발하여 이를 기술이 결여된 현지 경쟁자들이 있는 외국시장에 적용해 더 큰 수익을 얻으려 한다. 그래서 맥도날드는 미국에서 패스트푸드 프랜차이즈 운영의 핵심 경쟁력을 개발하였고, 이후에 미국식 스타일의 패스트푸드 식당이 부족한 해외시장에 진입하여 큰 수익을 얻었다. 이와 비슷하게 프록터앤갬블(Procter & Gamble)도 샴푸, 세정제, 기저귀 등의 가정용 소비재에 대한 개발과 대중마케팅의 핵심역량을 개발한 뒤 이를 기술이 부족한 해외시장에 적용하여 그 경쟁력으로부터 많은 수익을 얻었다. 다시 말해서 기업이 가치있는 역량이나 기술을 개발했을 때 글로벌화는 그들의 투자에 대한 수익을 극대화시키는 가장 좋은 수단이 될 수 있다는 것이다.

// 규모의 경제실현

글로벌시장에 공급하기 위한 대규모 판매는 기업이 규모의 경제를 실현해 비용을 낮추고 수익을 높일 수 있도록 해준다. 자동차산업에서는 효율적인 규모의 공장이 되려면 매년 20만 대를 생산하도록 설계되어야 한다. 자동차회사들은 생산모델의 변경에 드는 비용을 절감하기 위해 한 공장에서 단일모델을 생산하는 것을 선호한다. 만일 특정 모델에 대한 국내 수요가 매년 10만 대에 불과하다면 필연적으로 20만 대를 생산하는 공장의 단위생산비는 증가하게 될 것이다. 그러나 세계시장에 제품을 공급하고 수출을 함으로써 기업은 생산량을 20만 대까지 끌어올릴 수 있게 되고 규모의 경제를 이루게 된다.

일반적으로 국내시장과 세계시장에 모두 제품을 공급하는 기업은 생산설비를 보다 집중적으로 활용할 수 있게 된다. 예를 들어, 인텔이 마이크로프로세서를 미국 내에서만 판매했다면 일주일에 5일 2교대만으로 공장을 유지할 수도 있었을 것이다. 그러나 같은 공장에서 세계시장에 공급하는 제품을 추가 생산함으로써 인텔은 일주일에 7일간 3교대로 공장을 돌릴 수 있게 되고 더 저렴한 비용과 더 높은 수익성을 확보할 수 있게 되었다.

// 입지의 경제실현

전 세계의 서로 다른 지역은 서로 다른 비즈니스활동을 수행하는 데 더 적합할 수도 있고, 덜 적합할 수도 있다. 예를 들어, 중국은 저렴한 노동비용(섬유산업은 노동집약적 산업임)과 양호한 사회간접자본 덕분에 섬유를 생산하는 데 좋은 입지이다. 미국은 비교적 높은 인건비 때문에 섬유생산에는 좋은 입지가 아니다. 그래서 섬유제조업체들은 지난 20년간 미국을 떠나 다른 나라로 이전하였다. 다른 한편으로 뉴욕, 파리, 로마는 좋은 디자인 기업과 디자인 학교, 풍부한 숙련인력들의 밀집으로 패션디자인에 좋은 입지를 갖고 있다. 이와 유사하게 미국은 풍부한 소프트웨어 프로그래머와 미국 컴퓨터산업의 높은 혁신성 덕분에 새로운 소프트웨어 상품개발에는 매우 좋은 장소이다. 같은 이유로 인도의 방갈로르는 풍부한 소프트웨어 엔지니어의 공급과 비교적 저렴한 인건비, 영어공용권, 소프트웨어 기업이 밀집한 미국 서부와 12시간 시차가 나는 조건 덕분에 소프트웨어의 테스트와 디버그의 수행에 좋은 입지를 갖고 있다. 따라서 미국 서부에서 주간에 만들어진 소프트웨어 코드는 방갈로르에서 밤새 테스트되고 디버그되어 아침에는 다시 미국의 프로그래머에게 되돌아가게 된다. 그 결과 방갈로르는 빠르게 성장하는 인도 소프트웨어 산업의 중심지가 되었고 Wipro와 Infosys라는 거대한 두 개의 하이테크 기업을 갖게 되었다.

입지의 경제(location economy)는 이러한 차이를 활용하는 것에서 창출된다. 이는 비즈니스활동을 수행하는 데 있어 전 세계 어디가 되더라도 최적의 위치에서 그 활동을 수행함으로써 얻게 되는 경제적 이익을 말한다. 비즈니스활동을 최적의 장소에 위치시키는 것은 두 가지 효과 중 하나를 얻을 수 있다. 그 활동을 수행하는 데 드는 비용을 낮추어주든가 기업이 최종상품에 부가가치를 더함으로써 경쟁자들의 제품과 차별화를 해주는 것이다. 글로벌 경제에서 경영자들이 대면한 과제는 기업의 다양한 활동을 살펴보고, 전 세계 어디에 위치해야 입지의 경제를 실현할 수 있는지를 결정하는 일이다.

입지의 경제
비즈니스 활동이 그 활동을 위한 최적의 장소에서 행해짐으로 인해 생산비용이 체감되는 것

일례로 IBM의 랩탑컴퓨터 ThinkPad X31을 들어보자(이 사업부문은 2005년 중국의 레노보에 의해 인수되었다).[35] ThinkPad는 미국 내에서 IBM 엔지니어에 의해 디자인되었는데, 이는 IBM이 기본적인 디자인작업을 수행하기에 미국이 세계에서 가장 최적의 장소라고 생각했기 때문이었다. 케이스, 키보드, 하드드라이버는 태국에서 만들어졌고, 디스플레이 스크린과 메모리는 한국에서 만들어졌으며, 무선 빌트인카드는 말레이시아에서 만들어졌다. 그리고 마이크로프로세서는 미국에서 생산되었다. 이러한 부품들은 다른 장소에서 생산되는 것보다 상대적 비용이 가장 저렴한 최적의 입지에서 생산된다. 이 부품들은 멕시코에 있는 IBM 공장에 선적되고 그곳에서 최종판매를 위해 미국으로 선적되기 전에 조립이 이루어진다. IBM은 멕시코에서 ThinkPad를 조립하게 되었는데, 이는 IBM의 경영자들이 멕시코에서 생산하는 것이 조립비용을 최소화할 수 있다고 믿었기 때문이다. 북미의 마케팅과 판매전략은 미국의 IBM 인력에 의해 개발되었다. IBM은 현지시장에 대한 자신들의 지식 덕분에 미국의 인력들이 마케팅노력을 통해 상품에 더 많은 가치를 부여할 수 있었다고 믿고 있다.

이론적으로 최적의 장소에서 서로 다른 활동을 하는 입지의 경제를 실현하는 기업은 단일 장소에서 가치창출활동을 하는 기업보다 경쟁우위를 가질 수 있다. 이러한 기업은 단일 입지의 경쟁자보다 상품차별화나 저렴한 비용구조를 유지하기가 용이하다. 경쟁이 더욱 치열해지고 있는 세계에서 그러한 전략은 생존을 위한 긴요한 요소가 될 수 있다.

// 글로벌 학습

지금까지 우리의 논의에서 암묵적으로 얘기되었던 것은 가치있는 기술이 처음에는 본국에서 개발되고 그 다음에 해외로 이전된다는 것이었다. 따라서 월마트는 미국에서 먼저 자신들의 소매업태 운영기법을 개발한 다음 이를 해외지점에 이전하였다. 그러나

당신은 더 이상 캔자스에 있지 않다 프랑스에 있는 이 맥도날드 레스토랑의 인테리어는 미국 내의 매장과는 많이 다르다. 프랑스 현지법인은 소비자의 니즈와 변화는 시대변화에 더 잘 부합하기 위해 매장 레이아웃과 메뉴에 변화를 주었다. 그 효과는 극적이었다. 프랑스법인은 이제 맥도날드의 전 세계 자회사 중 가장 성과가 좋은 곳 중의 하나가 되었다.

해외시장에서 자회사 네트워크를 이미 구축한 보다 발전된 다국적기업에게는 가치있는 기술의 개발이 외국 자회사들에서도 일어날 수 있다.[36] 기술은 일을 하는 새로운 방식의 시도에 대한 기회와 인센티브가 존재하는 다국적기업의 글로벌 네트워크 내 어디에서건 개발될 수 있다. 생산비를 낮추고 지각된 가치를 높이며 상품이 더 높은 가격을 받을 수 있도록 하는 기술의 창출이 더 이상 본사의 독점적 영역이 아니다.

자회사 내에서 창출된 기술을 도입하고 이를 기업의 글로벌 네트워크 내에 있는 다른 사업장에 적용하여 가치를 창출할 수 있다. 예를 들어, 맥도날드는 외국의 프랜차이즈가 가치있는 신규 아이디어의 원천임을 깨달았다. 프랑스에서의 성장정체에 직면한 현지의 가맹점들은 메뉴뿐 아니라 매장의 레이아웃이나 테마까지도 실험을 시작하였다. 거대한 패스트푸드업체를 상징하는 실용적 의자와 테이블, 기타 플라스틱 기구들과 함께 어디서나 눈에 띄는 황금색 아치도 사라졌다. 프랑스에 있는 많은 맥도날드 매장은 이제 나무로 된 마룻바닥, 벽돌로 된 벽, 그리고 심지어 안락의자까지도 갖추고 있다. 프랑스에 있는 930여 개 매장 중 절반이 미국에서는 볼 수 없는 수준으로 업그레이드되었다. 메뉴 역시 일반 햄버거보다 30%나 비싼 가격의 포카치오빵과 치킨 같은 프리미엄 메뉴로 변화하였다. 프랑스에서 이러한 전략은 성공한 듯 보인다. 변화에 따라 동일한 매장에서의 매출증가율이 연간 1%에서 3.4% 수준으로 증대되었다. 이러한 사실에 영향을 받아 맥도날드의 임원진들은 이제 이와 유사한 변화를 미국을 포함한 매출이 정체되어 있는 시장의 다른 맥도날드 매장에 도입하려 하고 있다.[37]

다국적기업의 경영자들에게 이러한 현상은 중요한 새로운 도전을 제시하고 있다.

첫째, 경영진들은 가치있는 기술과 경쟁역량이 기업의 본사뿐 아니라 글로벌 네트워크의 어디에서건 창출될 수 있다는 사실을 인식해야 한다.

둘째, 경영진들은 현지종업원들이 새로운 기술을 습득하는 것을 도울 수 있는 인센티브 시스템을 구축해야 한다. 새로운 기술을 창출하는 것은 어느 정도의 위험을 감수하는 일이다. 모든 새로운 기술이 부가가치를 창출하는 것은 아니기 때문이다. 외국에서 맥도날드의 자회사에 의해 창출된 몇몇 가치있는 아이디어 때문에 맥도날드도 몇 번의 실패를 경험했다. 다국적기업의 경영진들은 종업원들이 필요한 위험을 감수하도록 격려할 수 있는 인센티브 시스템을 구축해야 한다. 기업은 사람들에게 성공에 대한 보상을 해야 하며, 실패를 하더라도 불필요한 징계를 가해서는 안 된다.

셋째, 경영진들은 가치있는 새로운 기술이 자회사에서 개발되었을 때 이를 인식할 수 있는 프로세스를 갖추어야 한다.

넷째, 경영진들은 기업 내에서 가치있는 기술이 이전될 수 있도록 촉진자(facilitators)로서의 역할을 해야 한다.

글로벌 기업의 경영도전

우리는 이제까지 글로벌 기업이 되어 얻을 수 있는 명백한 이점에 대해 살펴보았고 점점 많은 기업들이 글로벌화되고 있다. 그러나 글로벌 기업을 경영하는 것은 상당한 도전을 내포하고 있다. 한 기업이 글로벌화될 때 국내기업은 직면하지 않는 다양한 의사결정에 직면하게 된다. 그 결정은 (1) 전 세계를 하나의 단일시장으로 볼 것인가 혹은 국가별 차이를 반영하여 상품을 현지화시킬 것인가? (2) 해외시장에 진입하는 최선의 방법은 무엇인가? (3) 서로 다른 사업영역을 어디에 위치시킬 것인가? (4) 자회사를 어떻게 가장 잘 운영할 것인가 하는 것들이다. 이러한 이슈를 차례로 살펴보자.

// 글로벌 표준화 혹은 현지 맞춤화

경영자들이 직면하는 가장 중요한 의사결정 중 하나는 세계를 하나의 단일시장으로 볼 것인가 혹은 국가별로 상품을 맞춤화시킬 것인가의 문제이다. 기업이 세계시장을 하나의 단일시장으로 보고 전 세계에 동일한 기본상품을 판매할 때 이를 **글로벌 표준화 전략**(global standardization strategy)이라 한다.[38] 반면에 기업이 국가나 지역의 차이를 감안해 상품이나 마케팅 메시지를 차별화할 때 이를 **현지 맞춤화 전략**(local customization strategy)이라 한다. 글로벌 표준화 전략은 기업이 대량생산되는 표준화된 성과물과 전 세계적으로 동일한 마케팅 전략을 사용함으로써 실질적 규모의 경제를 실현할 수 있게 해준다. 그러나 그러한 전략은 소비자의 취향과 기호, 현지 비즈니스 시스템 그리고 문화 등에 있어서 지역의 차이를 경시하게 된다. 이들 전략 사이에서 선택을 하는 것은 쉽지 않아서 기업은 종종 표준화와 맞춤화 사이의 균형을 유지하려 애쓴다.

글로벌 표준화 전략
전 세계 시장을 하나로 보고 전 세계적으로 동일한 기본상품을 판매하는 전략

현지 맞춤화 전략
국가나 지역의 차이를 고려하여 제품이나 마케팅 메시지의 일부 측면을 달리하는 것

글로벌 표준화와 현지 맞춤화 사이의 균형을 잡은 예를 들어보자면 MTV가 있다. MTV는 1987년 이후 북미 이외의 지역으로 사업을 확장하여 MTV 유럽을 설립하였다. 국내의 성공에도 불구하고 MTV의 글로벌 확장은 출발이 썩 좋지는 않았다. 1987년 MTV는 영어를 쓰는 VJ가 진행하는 미국식 프로그램을 전 유럽에 방송하였다. 너무도 순진하게 미국의 MTV 경영진들은 유럽인들이 미국식 프로그램에 열광할 것이라고 생각하였다. 그러나 유럽의 시청자들이 일부 글로벌 슈퍼스타에 일반적 관심을 갖고 있을지라도 그들의 취향은 놀랄 정도로 현지지향적인 것으로 드러났다. 독일에서 인기있는 것이 영국에서는 인기가 없을 수도 있다. 미국의 음악장면 중 많은 요소들에 대해 유럽에서는 냉담하였다. MTV는 결과적으로 고전하였다. 곧 개별 국가에 포커스를 맞추고 MTV를 모방한 현지의 방송국들이 유럽에서 생겨나기 시작하였다. 그들은 시청자를 사로잡았고 광고주들은 MTV를 떠났다. MTV 회장 톰 프레스톤은 "우리는 시청자들을 하나로 묶는 가장 얇은 층만을 집중했고 그것을 유럽에 가져갔다. 그러나 그것은 별 효과가 없었다."

1995년 MTV는 전략을 바꾸어 유럽에 지역별 방송을 제공했다(현재는 8개). MTV 네트워크는 전 세계 어디서나 현지화 전략을 채택하였다. 예를 들어, 아시아에서는 인

도에서 영어-힌두어 채널을 갖고 있고, 중국과 대만에서는 각각 별도의 방송을 내보내고 있으며, 일본에서는 일본어 방송을 내보내는 등이다.

모든 방송은 미국 MTV에서 보는 친숙한 열광적 모습과 느낌을 가지고 있지만 프로그램의 많은 부분은 이제 현지화되었다. 이탈리아에서는 MTV 키친이 음악의 카운트다운과 함께 요리를 결합하였다. 브라질에서는 erotica를 방송하는데 여기에서는 섹스에 대해 토론하는 패널이 등장한다. 인도의 채널은 21개의 자체적인 쇼를 제작하고 있으며, 힌두어와 영어의 변종인 '힝글리시'를 사용하는 현지 VJ가 진행하고 있다. 인기있는 프로그램 중에는 인도인들이 열광하는 크리켓을 다루는 MTV cricket in control과 인도 영화스타들을 집중취재하는 MTV housefull, Candid Camera를 모방한 MTV bakra 등이 있다. 이러한 현지화에 대한 압력은 MTV가 현지의 유사한 방송에서 시청자들을 잡아끌어 추가적인 큰 이익을 거둘 수 있게 해주었다.[39]

// 진입방식

수출
자국에서 상품을 생산한 뒤 이를 외국에 운송하는 것

라이선싱
외국기업이 한 국가나 지역 내에서 자신의 상품을 생산하도록 허가해주고 그 대가로 매출에 대해 로열티 수수료를 받는 것

해외시장에 진입하는 5가지의 주요한 방식은 다음과 같다. 수출, 라이선싱, 프랜차이징, 현지기업과의 조인트벤처, 그리고 완전한 자회사의 설립이 그것이다.[40]

수출은 국내에서 제품을 생산하여 그것을 다른 국가로 실어나르는 것이다. **라이선싱**은 외국기업이 자국에서 제품을 생산할 수 있도록 허가를 해주고 그 대가로 로열티 수수료를 받는 것이다. 프랜차이징은 라이선싱과 비슷하지만 외국기업에게 라이선스되는 것이 물리적 상품을 생산할 권리가 아니라 특정한 형식으로 서비스를 제공하는 권리하

인도 랩 Sukhbir와 Josh가 인도 MTV의 'Immies'시상식이 열리는 뭄바이에서 라이브를 하고 있다. Immies는 미국의 그래미상과 비교되는 인도 MTV의 연례 음악상이다.

는 차이점이 있다. **프랜차이징**은 세계적 호텔체인이나 패스트푸드기업들(맥도날드나 KFC 같은)에서 매우 인기있는 방식이다. **조인트벤처**는 한 기업과 그의 해외파트너가 각자의 지분을 가지고 새로운 회사인 합작회사를 설립하겠다는 협정이다. **완전소유 자회사**란 국내기업의 지분을 100% 소유한 해외 현지 자회사를 말한다.

프랜차이징
특정한 형태로 서비스를 제공할 권리를 인가하는 것

조인트벤처(합작회사)
한 기업과 그 파트너가 서로 지분을 갖고 새로운 회사를 설립하기로 한 협정

완전소유 자회사
한 기업이 100% 지분을 보유하고 있는 외국 내 자회사

이러한 다른 진입방식의 선택은 매우 복잡하지만 몇 가지 핵심적인 요소를 짚어볼 수 있다.

첫째, 수출은 기업의 단일지역에서 대량생산을 할 수 있어서 규모의 경제를 실현하고 비용을 절감할 수 있을 때 매우 유용하다. 이런 점에서 수출은 글로벌 표준화 전략과 맥락을 같이한다. 그러나 많은 기업들이 현지시장에서 생산하는 데 따른 이점을 알게 되었다. 한 국가나 지역에서 생산기지를 두는 것은 현지맞춤화를 촉진시키고(제품이 현지 고객들에 더 가까운 곳에서 디자인되고 생산되기 때문에) 그것은 현지에서 생산하는 것을 수용하기가 더욱 용이하게 해준다. 예를 들어, 도요타는 일본, 미국, 유럽과 같은 주요 시장에 생산설비를 세팅하였다. 이러한 시설은 현지의 요구에 보다 맞춤화해 제품을 생산하게 된다. 따라서 도요타의 유럽공장은 유럽의 고객들에 맞춰 디자인된 소형차를 생산하고 미국에서는 판매되지 않는다. 비슷한 이유로 Tundra트럭과 같이 미국에서 판매되는 도요타의 제품은 유럽에서는 만들지도 않고 판매되지도 않는다. 또한 도요타는 일본에서의 수출량 증대가 무역장벽을 유발할 수도 있는 가능성을 줄이기 위해서도 미국과 유럽에 생산시설을 구축하였다.

둘째, 라이선싱은 자주 사용되지는 않는데, 이는 현재의 라이선싱 계약을 넘어서서 해외시장에 지속적으로 관여하기가 쉽지 않기 때문이다. 게다가 많은 기업들은 라이선스를 빌려간 기업이 독자적인 기술을 개발하여 더 이상 라이선싱을 하지 않을까 하는 염려 때문에 가치있는 기술에 대한 라이선싱을 꺼려한다. 이러한 가능성을 방지하기 위해 많은 기업들이 다른 방식으로 해외시장에 진입하고 있다.

셋째, 현지파트너가 파트너십에 현지시장지식과 같은 가치있는 전문성을 가지고 있는 경우 조인트벤처가 선호된다. 더욱이 어떤 국가에서는 100% 자회사보다 조인트벤처를 현지 정부가 더 선호하기도 하는데, 중국의 경우가 그렇다. 중국시장에 진출한 초기의 많은 서구기업들은 조인트벤처를 통해 시작하였다. 그러나 조인트벤처의 문제점은 전략을 둘러싼 파트너 간의 불협화음이며 이러한 경우 투자가 실패로 돌아갈 수도 있다.

넷째, 비록 자회사에 대해 100% 선행투자가 필요할지라도(기업이 해외시장진출에 모든 비용을 감수해야만 한다), 이러한 진출방식은 모기업에게 자회사의 미래 방향에 대한 최대한의 통제권을 부여한다. 더욱이 모기업은 자회사로부터 얻는 이익을 모두 가질 수 있다. 이는 조인트벤처 파트너와 수익을 나누거나 라이선스를 얻는 기업으로부터의 로열티수입만을 얻는 것과는 다르다. 따라서 많은 경영자들이 100% 모기업이 소유한 조인트벤처를 통해 해외시장에 진출하기를 선호한다. 심지어 제품이 다른 곳에서 생산되어 현지시장에 수출되는 경우라 하더라도 기업은 현지시장에서 시장을 개척하고 제품을 판매하며 이를 유통할 100% 자회사를 세울지도 모른다.

// 기업활동의 입지

또 다른 핵심적인 결정은 기업의 다양한 사업활동을 어디에 위치시킬까 하는 것이다. 우리가 살펴본 대로 기업이 가장 효율적으로 수행할 수 있는 전 세계 여러 지역에 사업장을 확산시키는 것은 분명 이점이 있다. 올바른 선택을 하기 위해서는 두 가지 단계가 필요하다. 첫째, 경영자들이 기업의 운영을 제품디자인, 구매, 생산, 마케팅, 판매, 서비스, 고객관리 등의 명확한 단계나 활동으로 구분해야 한다. 둘째, 각 활동들은 노동비용과 기반시설, 운송비, 관세장벽, 환율, 전략적 지향점 등과 같은 여러 가지 요소를 고려해 가장 최적의 장소에 위치해야 한다. 경영자들은 특정 장소에서 경영활동을 수행하는 데 드는 비용을 계산하고, 특정 장소에서 제품을 생산하는 것이 어떤 부가가치가 창출될 수 있는지를 평가할 필요가 있다.

게다가 핵심적 입지의 매력도는 시간이 지남에 따라 변하게 된다. 10년 전만 해도 소프트웨어의 테스트와 디버그 작업을 인도회사에 아웃소싱하는 미국기업은 거의 없었다. 요즘에는 이러한 현상이 매우 일반적인 일이 되었다. 이와 비슷한 경우로 지난 수년간 미국의 회계기업들은 인도에 있는 회계사들에게 개인 세금환급업무를 아웃소싱해오고 있다. 입지의 매력도는 현지 경제가 발전함에 따라, 노동비용이 변화함에 따라, 사회기반시설이 보완됨에 따라, 환율이 변동함에 따라 시간이 지나면서 계속 변하게 된다. 예를 들어, 미국 달러화에 대한 중국화폐의 가치가 올라감에 따라 시간이 지나면서 중국은 노동집약적 경영활동(섬유제조업과 같은)을 수행하는 입지로서의 매력도는 점차 떨어지게 될 것이고 제조업은 전 세계의 다른 지역으로 옮겨가게 될 것이다.

// 다국적기업에서의 인력의 관리

해외주재원
외국지점에 파견된 자국의 임직원

다국적기업에서 인력의 운영은 경영자들이 직면한 가장 어려운 과제 중의 하나이다. 여러 개의 서로 다른 국가에서 경영활동을 하는 성숙한 다국적기업을 생각해보자. 경영자들은 해외사업장의 직원을 어떻게 선발하는 것이 최선일지를 결정해야 한다. 특히, 해외사업장의 선임책임자가 현지인 출신이어야 하는지 아니면 본국에서 파견하여야 하는지에 대한 결정을 해야 한다. 만약 기업이 현지국 출신 인력이나 **해외주재원**(expatriates)을 고용하려 한다면 해외현지 사업장에 대해 이들이 잘 준비하도록 해야 하며, 이들이 언젠가 본국으로 돌아갈 것이라는 것도 확신시켜 주어야 한다. 이러한 과정이 쉽지는 않다는 것을 조사결과가 보여주고 있다. 선진국으로 파견나간 모든 미국 근로자 중 16~40%가 조기 귀국한 데 비해 개발도상국으로 파견나간 근로자는 70%가 조기 귀국을 하였다.[41] 배우자의 부적응, 관리자의 부적응, 기타 다른 가족문제가 해외주재원이 파견국에서 성공적으로 정착하는 데 실패하는 주요한 이유들이다. 한 조사에 따르면 현지 적응실패의 60%가 이러한 세 가지 이유 때문에 일어난다고 한다.[42] 또 다른 조사에 의하면 적응 실패의 가장 일반적인 이유는 응답자의 27%가 배우자의 불만족이라고 하였다.[43]

해외현지 사업장에서 해외주재원의 부적응은 문화적 스킬의 부족에 기인한다. 한 인적자원관리컨설팅업체에 따르면 이는 많은 기업에서 해외법인 파견자의 선발과정이 근본적으로 결함이 있기 때문이다. "통상적으로 해외주재원의 선발은 기술적 역량에 기반을 가진 라인매니저에 의해 결정된다. 그들은 선발과정에서는 고려되지 않았던 가족이나 개인적 이슈, 문화적 스킬 때문에 현지적응에 실패한다."[44)]

이러한 해외주재원의 실패는 기업에게 매우 큰 부담이지만 해외파견자의 선발, 훈련, 관리, 복귀에 대한 명확한 정책수행을 통해 감소시킬 수 있다.[45)]

더욱이 경영자들은 국가별로 서로 다른 현지의 규범을 반영하는 보상체계를 어떻게 다양화할 것인지를 결정해야 한다. 또한 국가의 문화적 차이가 경영활동에 어떠한 영향을 미치는지도 진지하게 고려해야 한다. 기업의 본국에서 성공적이었던 것이 해외시장에서는 그렇지 못할 수도 있다. 인도 자회사에 참여적 의사결정을 도입한 미국인 관리자의 사례를 보자.[46)]

이 매니저는 당연히 인도인 매니저에게 부정적 평가를 받았는데 사회계층이 엄격히 구분되어 있는 인도에서 경영자는 아래 계급에게 도움을 요청해서는 안 되는 전문가로 인식되기 때문이다. 인도 현지 고용자들은 참여적 경영을 하는 미국인 경영자를 무능력하고 자신의 직무를 잘 알지 못하는 것으로 보았다.

경영자들은 또한 인적자본을 최대한 활용하기 위해 어떤 인력관리와 경영관리 프로그램을 도입할 것인지도 결정해야 한다. 최근에 많은 다국적기업들은 **세계지향적 인사정책**으로 쏠리는 경향이 있는데, 이는 국적에 상관없이 전체 조직을 통해 핵심적인 직무에 최고의 인력을 추구하는 것이다.[47)] 이는 모든 핵심적인 위치에는 본국 국적의 인력들단 충원하는 **본국중심적 인사정책**이나 자회사 내의 핵심적 위치에는 현지국적의 인력을 충원하는 **현지지향적 인사정책**과 비교될 수 있다.

세계지향적 인사정책
국적에 상관없이 조직전체를 통해 직무에 맞는 최적의 인력을 찾는 인사관리정책

본국지향적 인사정책
모든 핵심경영진은 본국국적의 인력으로 충원하는 인사관리정책

현지지향적 인사정책
자회사의 핵심경영진은 현지국적의 인력을 충원하는 인사관리정책

본국중심적 접근법은 해외공장의 운영을 자국에서 파견된 경영자에 전적으로 의존하는 것이다. 이는 일반적 조직문화를 확실히 할 수 있지만 현지국 출신들에게 기회를 제공하는 데 한계가 있다. 이에 대한 불만, 낮은 생산성, 잦은 인력교체 등이 일어날 수도 있다. 특히, 본국에서 파견된 인력이 현지 인력보다 더 높은 급여를 받을 때 이런 불만은 더 커질 수 있다. 본국중심적 접근법은 또한 문화적 근시-마케팅이나 경영에 대해 다른 접근을 하기 위해 필요한 현지국의 문화적 차이를 이해하는 데 실패하는 것-를 유발할 수 있다. 더욱이 본국에서 파견된 인력이 적응하는 데는 오랜 시간이 걸리고 그동안 그들이 중요한 실수를 범할 수도 있다. 예를 들어, 본국에서 파견된 인력이 제품속성, 유통전략, 커뮤니케이션 전략, 가격전략 등이 어떻게 현지국 상황에 맞춰져야 하는지를 감지하는 데 실패할 수도 있다. 그 결과는 값비싼 실수가 될 것이다. 본국 파견인력은 또한 그들이 관리하고 있는 현지의 문화를 이해하지 못해 비윤리적인 의사결정을 내릴

Geocentric CEO 인도에서 태어나고 자란 Indra Nooyi(왼쪽)는 2001년 45세의 나이로 펩시의 최고재무담당자(CFO)가 되었고 2006년에 CEO가 되었다. 펩시에 오기 전 Nooyi는 유럽의 엔지니어링 기업인 Asea Brown Boveri와 모토롤라의 임원을 지냈다. 주요 미국기업에서 톱경영층에 그녀가 오를 수 있었던 것은 이들 기업에서 geocentric staffing 정책을 펼쳐왔기 때문이다.

수도 있다.[48] 예를 들어, 미국에서 알려진 유명한 사례로 미쯔비시 자동차가 일리노이 공장에서 광범위하고 시스템적인 성적 학대를 가하고 있다고 연방평등고용위원회에 제소당한 사건이 있다. 미쯔비시 자동차의 핵심 경영진들은 모두 일본에서 파견된 인력인데 이들은 이러한 제소내용을 부인하였다. 일본인 관리자들은 아마도 일본에서라면 받아들여졌을 수도 있는 행동이 미국에서는 받아들여지지 않는다는 사실을 깨닫지 못했을지도 모른다.[49] 마지막으로 우리가 본 바에 따르면 많은 본국파견 직원은 일찍 본국으로 돌아가고, 이는 기업에 무척 큰 비용부담이 된다.

많은 점에서 현지지향적 접근법은 본국중심적 접근법의 결점을 보완해줄 대안으로 제시된다. 현지지향적 접근법의 첫 번째 이점은 기업이 문화적 근시안(cultural myopia)으로 어려워하지 않아도 된다는 것이다. 현지국 출신 관리자는 문화적 오해로부터 생겨나는 실수를 저지를 가능성이 없다. 두 번째 이점은 현지지향적 접근법이 본국파견 인력을 유지하는 데 드는 비용과 비교하면 비용이 덜 든다는 점이다.

그러나 현지지향적 접근법도 결함을 갖고 있다. 현지국의 인력들은 출신국 이외에서의 경험이 많지 않아 현지자회사 내의 더 높은 지위 이상으로 발전하기가 어렵다는 것이다. 현지지향적 정책하에서는 이런 점이 바로 불만을 야기시킬 수 있다. 그러나 아마도 현지지향적 접근법의 가장 주요한 결점은 현지국인력과 본국 파견인력 간의 갭일 것이다. 언어장벽, 국가에 대한 충성도, 문화적 차이 등이 기업의 본사와 다양한 외국자회사 출신 인력들을 격리시킬 수 있다. 이러한 괴리는 본사와 외국 자회사 간의 통합을 방해할 수도 있다.

세계지향적 인력관리정책은 본국중심적 접근법과 현지지향적 접근법의 한계를 극복하기 위한 대안으로 등장하였다. 중앙집권적 정책하에서 관리자들은 본국에서 현지국으로, 현지국에서 현지국으로, 현지국에서 본국으로 자신이 최고임원의 위치에 오를 때까지 옮겨다닌다. 관리자들은 국적에 상관없이 자격을 갖춘 인력을 어떻게 가장 잘 선발하고 훈련하고 개발하고 보상을 하느냐에 대한 의사결정을 해야 한다. 이러한 정책을 통해 기업은 인적자원을 가장 잘 활용할 수 있게 되고 국적에 상관없이 조직 전체를 통해 최고의 인력을 핵심적 위치로 승진시키게 된다. 더욱이 글로벌 인력정책의 결과 경영층이 다국적으로 구성되었을 경우 문화적 근시가 감소되고 현지의 사정에 보다 잘 적응하게 되는 결과를 가져온다. 이러한 이유로 미국의 많은 유수 다국적기업들은 세계지향적 인력정책을 채택하고 있다.

결 론 왜 중요한가?

경영자들은 글로벌 환경의 본질을 이해해야 한다. 왜냐하면 이러한 환경변화하에서 새로운 기회와 위협, 도전이 생겨나고 있기 때문이다. 우리가 살펴본 대로 세계는 글로벌 마켓의 부상과 글로벌 생산시스템의 발달로 특징되는 글로벌 경제통합으로 빠르게 움직이고 있다. 비록 반대세력이 글로벌라이제이션의 속도에 브레이크를 걸고 있지만, 보호무역주의의 재등장은 분명 글로벌라이제이션의 진전에 방해가 될 것이다. 만약 현재의 트렌드가 계속된다면 앞으로 25년 후에는 더 많은 국가들이 선진국의 대열에 합류할 것이다. 브라질, 중국, 인도는 이미 미국, 일본, 유럽과 더불어 경제적 영향력이 큰 국가로 자리매김하였다. 국가 간 무역과 투자의 장벽은 오늘날보다 더 낮아질 것이다. 물질문명은 선진국 간에 점점 동질화되어 갈 것이며 시장은 더욱 글로벌화될 것이다.

이러한 글로벌 세계에서 관리자들은 기업의 비즈니스를 외국으로 확장시키고 글로벌 생산으로부터 규모의 경제를 실현하고 비즈니스 활동이 가장 효율적으로 수행될 수 있는 입지에 생산공장을 위치시킴으로써 비용을 낮추며 기업의 글로벌 네트워크 내에서 가치있는 기술을 이전시킴으로써 경쟁력을 강화할 기회를 점점 더 많이 이용하게 될 것이다. 동시에 그들은 새로운 외국기업으로부터의 위협에 직면하게 될 것이다. 1970년대와 1980년대 서구의 비즈니스는 일본기업들이 부상함에 따라 위협에 직면하였다. 앞으로 20년 내에 중국, 인도, 러시아의 기업이 서구시장에 진입하고 서구기업에게 새로운 도전을 제시하면서 글로벌 경제에서 주요한 플레이어로 부상하게 될 것이다. 실제로 이는 이미 일어나고 있는 일이다. 2005년 중국의 lenova는 IBM의 PC사업부문을 인수하면서 전 세계 컴퓨터산업에서 주요한 경쟁자가 되겠다는 의도를 보여주었다. 이와 유사하게 인도의 Infosys와 Wipro는 정보기술서비스에 대한 글로벌 마켓에서 핵심적 경쟁자가 되었고, 러시아의 Lukoil도 미국에서 1,200여 개의 주유소를 운영하고 있다. 이러한 변화가 주는 메시지는 분명하다. 세계가 변하고 있다는 것이다. 한 기업의 국가 간 경계를 넘어서 사업을 하지 않을지라도 국내시장에서도 새로운 외국경쟁자들의 진출로 영향을 받을 수 있다는 것이다.

마지막으로 글로벌라이제이션은 글로벌 기업에 있어서 경영자들이 국내기업이라면 일어나지 않는 많은 이슈들로 인해 고심해야 하기 때문에 문제가 될 수 있다. 우리가 살펴본 대로 글로벌 기업에서 경영자는 진입방식, 전략적 태도, 비즈니스 활동을 어디에다 위치시킬 것인가, 무엇을 해외에 아웃소싱할 것인가, 조직 내 인적자원을 어떻게 잘 충원하고 보상하며 동기유발시키고 훈련하고 개발하며 관리할 것인가의 문제에 대해 의사결정을 내려야 한다. 또한 서로 다른 시장에 진입하는 타이밍을 결정하는 문제, 환율관리의 문제, 마케팅과 판매전략을 국가별 차이에 맞춰 조정하는 문제, 전 세계에 흩어진 공급사슬을 관리하는 문제, 국가마다 다른 회계와 세무문제를 다루는 문제 등과 같은 실질적 이슈들이 존재한다. 모든 것을 고려한다면 이러한 요소들이 글로벌 기업의 경영을 복잡하고 도전적인 과제로 만들고 있지만 숙련된 경영자에게 이는 또한 신나는 일이기도 하다.

Management Challenges

1. 글로벌라이제이션의 과정이 섬유산업에서 경쟁의 본질에 어떻게 영향을 미치고 있는가? 이 과정에서 승자는 누가 될 것이며, 패자는 누가 될 것인가?
2. 글로벌라이제이션 과정은 건강 서비스산업의 경쟁의 본질에 최종적으로 어떤 영향을 미치는가? 이 과정에서 승자는 누가 될 것이며, 패자는 누가 될 것인가?
3. 만약 세계가 국경 간 무역과 투자에 대한 장벽을 낮추는 걸 철회하여 이를 강화한다면 미국 경제에 어떤 일이 일어나리라 생각하는가?
4. 선진국에 있는 컴퓨터 제조업체에게 지속적인 글로벌라이제이션이 주는 시사점은 무엇인가? 또한 글로벌라이제이션과 관련하여 기회와 위협은 무엇인가?
5. 전 세계적으로 사업장을 갖고 있는 주요 선진국 기업의 인재채용과 승진에 있어 글로벌라이제이션이 주는 시사점은 무엇인가?
6. 안티-아메리카주의의 부상이 마이크로소프트와 같은 기업의 국제경영 전망에 어떤 영향을 미친다고 생각하는가? 만약 영향이 있다면 마이크로소프트는 안티-아메리카주의의 부정적 영향에 맞서기 위해 무엇을 해야 하는가?

Management Portfolio

한 기업을 선택하여 다음을 살펴보시오.

1. 글로벌라이제이션의 과정이 여러분의 회사에 어떤 영향을 미쳤는지 그리고 앞으로 어떤 영향을 미칠지를 설명해 보시오. 글로벌라이제이션은 어떤 기회를 주고 어떤 도전과제를 주는가?
2. 여러분의 회사는 해외시장에도 진출해 있는가? 해외 매출액은 얼마나 되는가?
3. 여러분 기업의 최대 해외시장은 어디인가? 그 시장에서 어떻게 사업을 운영하고 있는가(완전소유자회사, 조인트벤처, 수출 중)? 특정 진입방식을 선택한 이유는 무엇이라 생각하는가?
4. 여러분의 회사가 글로벌화로 인해 얻는 이점은 무엇인가?

마·침·사·례 스타벅스

30년 전 스타벅스는 시애틀의 피크플레이스마켓에서 고급원두커피를 팔던 가게에 불과했다. 오늘날 스타벅스는 전 세계 8,400여 점포에서 커피를 볶고 판매하고 있으며, 이 중 2,000여 개는 미국 이외의 31개국에 퍼져 있다. 스타벅스는 기업의 마케팅 책임자 하워드 슐츠가 이탈리아 여행에서 돌아와 이탈리아식 커피하우스의 경험에 매혹되었던 1980년대에 이러한 글로벌 여정에 착수하였다. 후에 스타벅스의 CEO가 된 슐츠는 기업의 주주들에게 커피하우스의 형태로 실험하기를 설득했으며 여기서 스타벅스의 경험이 탄생되었다. 기본적인 전략은 스타벅스의 고급 원두커피를 잘 디자인된 커피하우스 인테리어 환경에서 신선한 에스프레소 스타일의 커피음료, 다양한 제과류, 커피 액세서리, 차, 기타 제품과 같이 판매하는 것이었다. 또한 스타벅스는 최고의 고객서비스 제공에 역점을 두었다. 종업원들의 동기유발을 통해 최고의 고객서비스를 제공하였다. 스타벅스의 임원들은 종업원을 고용하고 훈련하는 프로그램과 파트타임 직원에게조차 스톡옵션을 주고 의료혜택을 제공하는 공격적 보상정책에 많은 관심을 기울였다. 이러한 형태는 미국에서 엄청난 성공을 거두었고 10년 내에 전국에서 가장 유명한 브랜드 중 하나로 떠올랐다.

1995년 미 전역에 700여 개의 점포를 가진 스타벅스는 해외시장을 개척하기 시작하였다. 첫 번째 목표시장은 일본이었다. 스타벅스는 북미시장에서는 모든 점포를 직영하여 프랜차이즈를 하지 않았지만 일본에서는 라이선스를 하기로 결정하였다. 그러나 스타벅스는 순수한 라이선스계약만으로는 일본의 업자들이 스타벅스의 성공적 포맷을 그대로 따르도록 통제하기가 어렵다는 것을 깨달았다. 이에 스타벅스의 현지 유통업체인 Sazaby와 조인트벤처를 설립하였다. 각 회사는 각각 50%의 지분을 가지고 스타벅스 재팬을 설립하였다. 스타벅스의 초기 투자비는 1천만 달러였으며 그것이 첫 번째 해외직접투자였다. 그 후 스타벅스 포맷은 이 조인트벤처에 라이선스되었으며 이 합작회사가 일본 내에 스타벅스지점에 대한 책임을 졌다. 일본 내의 스타벅스 매장들이 북미의 스타벅스의 경험을 그대로 재현하도록 하기 위해 스타벅스의 일단의 인력을 일본의 매장으로 파견하였다. 라이선스 계약에는 모든 일본 내 점포의 경영자와 종업원들은 미국의 종업원들이 받았던 것과 유사한 훈련프로그램에 참석하도록 명기되었다. 계약서는 또한 점포들이 미국에서 정착된 디자인 요소를 고수하도록 요구하였다. 2001년 스타벅스는 모든 일본인 종업원들에게 스톡옵션 플랜을 소개했는데, 이는 일본 내의 기업으로서는 처음 시행하는 것이었다. 비관론자들은 스타벅스가 북미에서의 성공을 해외에서도 그대로 실현하기는 어려울 것이라고 회의를 갖기도 하였다. 그러나 2005년 스타벅스는 일본 내 550개 매장을 가지고 있으며 매장을 더 늘릴 계획을 갖고 있다.

곤니찌와 일본은 스타벅스의 첫 번째 해외시장이었고 여전히 가장 큰 시장 중 하나로 남아 있다. 이제 스타벅스는 일본 전역에 550여 개의 매장을 갖고 있고 전국 어디서나 현지풍경의 일부가 되었다.

일본 내에서 어느 정도 사업이 안정되자 스타벅스는 보다 공격적인 해외투자계획을 시작하였다. 1998년 스타벅스는 60여 개 매장을 가진 영국의 커피체인인 Seattle Coffee를 8천4백만 달러에 인수하였다. 시애틀 출신의 미국인 부부는 영국 내에서 스타벅스와 비슷한 커피체인으로 만들 의도로 Seattle Coffee를 시작하였다. 1990년대 후반에 스타벅스는 대만, 중국, 싱가포르, 태국, 뉴질랜드, 한국, 말레이시아에서 신규 매장을 오픈하였다.

아시아에서 스타벅스의 가장 일반적인 전략은 현지운영업자에게 스타벅스의 포맷에 대한 라이선스를 주고 그 대가로 점포수익에 따른 라이선스료와 로열티를 받는 것이었다. 스타벅스는 또한 현지운영업자에게 커피와 관련 제품들을 판매하고, 그들은 이를 다시 소비자에게 판매하였다. 일본에서와 같이 스타벅스는 광범위한 종업원 훈련 프로그램을 운영하였고 점포의 포맷과 레이아웃에 대한 엄격한 기준을 고집하였다. 그러나 스타벅스는 단순한 라이선스계약에서 벗어나 일부는 조인트벤처나 단독 자회사로 변환하게 되었다. 예를 들면, 태국에서 스타벅스는 현지 파트너인 Coffee Partner와의 라이선스계약을 통해 시장에 진출하였다. 라이선스계약의 조건에 따르면 Coffee Partner는 5년 내 태국 전역에 적어도 20개의 스타벅스매장을 열도록 되어 있었다. 그러나 Coffee Partner는 자신들이 태국은행으로부터 이러한 확장에 필요한 재원을 마련하기가 어렵다는 것을 알게 되었다. 2000년 7월 스타벅스는 Coffee Partner를 1천2백만 달러에 인수하였다. 스타벅스의 목표는 태국에서의 확장전략에 대한 더 강한 통제권을 행사하는 것이었다. 비슷한 일이 한국에서도 일어났는데 스타벅스는 1999년 ESCO Korea와 라이선스계약을 했다. ESCO는 곧 10개 매장을 성공적으로 오픈했지만 스타벅스는 ESCO가 자신들이 원하는 공격적 성장목표를 달성하기 힘들다고 판단해 2000년 12월 라이선스계약을 ESCO의 모회사인 신세계와의 조인트벤처로 전환하였다. 조인트벤처를 통해 스타벅스는 한국시장에서의 성장전략에 더 큰 통제권을 행사할 수 있었고 현지파트너로부터의 이점을 충분히 얻으면서 자금조달까지도 도움이 되었다. 2000년 10월까지 스타벅스는 외국의 조인트벤처에 5천2백만 달러를 투자하였다.

2002년 말경 북미 이외의 27개국에 1,200여 개 이상의 매장을 가진 스타벅스는 유럽 중심부로의 공격적인 확장을 시작하였다. 스타벅스의 계획은 프랑스와 이탈리아 등 커피문화를 가진 국가를 포함해 6개의 유럽국가에 매장을 오픈하는 것이었다. 유럽 중심부로의 첫 번째 진출 포인트로(영국에서는 이미 150개의 매장을 갖고 있었다.) 스타벅스는 스위스를 선택하였다. 아시아에서의 경험을 바탕으로 스타벅스는 스위스 최대의 식품기업인 Bon Appetit와의 조인트벤처를 통해 스위스에 진출하였다. Bon Appetit는 조인트벤처의 다수 지분을 소유하였고 스타벅스는 아시아에서 그들이 성공적이었던 것과 유사한 계약을 통해 제휴 스위스기업에 그들의 운영포맷을 라이선스하였다.

이어서 독일에서는 최대 유통업체인 KarstadtQuelle과 조인트벤처를 설립하였다. 계약에 의해 스타벅스는 조인트벤처의 지분 18%를 소유하였고 Karstadt가 나머지를 가졌다. 2005년 초 2,000여 개 이상의 전 세계 매장을 가진 스타벅스는 미국 이외 지역에서 추가적으로 15,000개의 매장을 더 개설할 계획임을 발표하였다.[50)]

토론문제

1. 스타벅스가 세계적인 확장으로부터 얻는 이익은 무엇인가?
2. 스타벅스가 세계적으로 성공한 이유는 무엇일까?
3. 초기에 스타벅스는 외국회사와의 라이선싱을 통해 해외사업을 확장하였고 이후 이 전략은 폐기하였다. 왜일까?
4. 현재의 스타벅스가 왜 순수한 라이선싱 전략이 아니라 현지의 조인트벤처를 통해 해외사업을 확장하고 있다고 생각하는가?
5. 스타벅스처럼 독자 자회사보다 현지의 조인트벤처를 통해 해외시장에 진입할 때의 이점은 무엇인가? 어떤 경우 스타벅스는 해외시장에 대한 통제권을 가지기 위해 독자 자회사를 통한 진출을 선택하였다(영국과 태국의 경우). 왜일까?

※ 주석 | Endnotes

1. E.D. Cook et al., "Outsourcing Tax Returns Raises Legal and Ethical Concerns," *Practical Tax Strategies*, vol. 75 (August 2005), pp. 68–74; J.F. Reeves, "CPAs and Foreign Outsourcing," *The Practical Accountant*, June 2004, p. 23; R.A. Davis, "Outsourcing Sparks Returns," *Accounting Technology*, vol. 21 (January 2005), pp. 37–43.
2. For details, see T.L. Friedman, *The World Is Flat* (New York: Farra, Straus and Giroux, 2005); R.B. Reich, *The Work of Nations* (New York: A.A. Knopf, 1991); and J.A. Frankel, *Globalization of the Economy* (National Bureau of Economic Research: Working Paper no. 7858, 2000).
3. For a detailed but accessible description, see M. Friedman and R. Friedman, *Free to Choose* (London: Penguin Books, 1980).
4. For a classic summary of the tenets of Marxism details, see A. Giddens, *Capitalism and Modern Social Theory* (Cambridge: Cambridge University Press, 1971).
5. S. Fisher, R. Sahay, and C.A. Vegh, "Stabilization and the Growth in Transition Economies: The Early Experience," *Journal of Economic Perspectives* 10 (Spring 1996), pp. 45–66.
6. Heritage Foundation, *2005 Index of Economic Freedom*, www.heritage.org.
7. For details, see Chapters 5 and 7 in C.W.L. Hill, *International Business*, 6th ed. (New York: McGraw-Hill, 2007).
8. World Trade Organization, *2004 Annual Report* (Geneva: WTO, 2005).
9. United Nations, *World Investment Report 2005* (New York & Geneva: United Nations, 2005).
10. United Nations, *World Investment Report 2005*.
11. Frankel, *Globalization of the Economy*.
12. J.C. Fernald and V. Greenfield, "The Fall and Rise of the Global Economy," *Chicago Fed Letters*, April 2001, pp. 1–4.
13. Data compiled from various sources and listed by CyberAtlas at http://cyberatlas.internet.com/big_picture/.
14. www.forrester.com/ER/Press/ForrFind/0,1768,0,00.html.
15. For a counterargument, see "Geography and the Net: Putting It in Its Place," *The Economist*, August 11, 2001, pp. 18–20.
16. Frankel, *Globalization of the Economy*.
17. Data from Bureau of Transportation Statistics, 2001.
18. Fernald and Greenfield, "The Fall and Rise of the Global Economy."
19. Data located at http://www.bts.gov/publications/us_international_trade_and_freight_transportation_trends/2003/index.html.
20. United Nations, *World Investment Report 2005;* United Nations Conference on Trade and Development, "Data Show That Foreign Direct Investment Climbed Sharply in 2005," UNCTAD press release, January 23, 2006.
21. World Trade Organization, *International Trade Statistics 2005* (Geneva: WTO, 2005); United Nations, *World Investment Report 2005;* United Nations Conference on Trade and Development, "Data Show That Foreign Direct Investment Climbed Sharply in 2005."
22. United Nations, *World Investment Report 2005*.
23. I. Metthee, "Playing a Large Part," *Seattle Post-Intelligencer*, April 9, 1994, p. 13.
24. D. Pritchard, "Are Federal Tax Laws and State Subsidies for Boeing 7E7 Selling America Short?" *Aviation Week*, April 12, 2004, pp. 74–75.
25. W.M. Bulkeley, "IBM to Export Highly Paid Jobs to India," *The Wall Street Journal*, December 15, 2003, pp. B1, B3.
26. T. Levitt, "The Globalization of Markets," *Harvard Business Review*, May–June 1983, pp. 92–102.
27. See F.T. Knickerbocker, *Oligopolistic Reaction and Multinational Enterprise* (Boston: Harvard Business School Press, 1973); and R.E. Caves, "Japanese Investment in the U.S.: Lessons for the Economic Analysis of Foreign Investment," *The World Economy* 16 (1993), pp. 279–300.
28. See J. Bhagwati, *In Defense of Globalization* (New York: Oxford University Press, 2004).
29. A large body of evidence supports the proposition that free trade stimulates economic growth. See J.D. Sachs and A. Warner, "Economic Reform and the Process of Global Integration," *Brookings Papers on Economic Activity*, 1995, pp. 1–96; J.A. Frankel and D. Romer, "Does Trade Cause Growth?" *American Economic Review* 89, no. 3 (June 1999), pp. 379–99; and D. Dollar and A. Kraay, "Trade, Growth, and Poverty," Working Paper, Development Research Group, World Bank, June 2001. Also, for an accessible discussion of the relationship between free trade and economic growth, see T. Taylor, "The Truth about Globalization," *Public Interest*, Spring 2002, pp. 24–44.
30. K. Belson, "In U.S., Cell Phone Users Are Often All Talk," *The New York Times*, December 13, 2004, pp. C1, C4.
31. J.Z. Namenwirth and R.B. Weber, *Dynamics of Culture* (Boston: Allen & Unwin, 1987), p. 8.
32. R. Mead, *International Management: Cross Cultural Dimensions* (Oxford: Blackwell Business, 1994), p. 7.
33. G. Rice, "Doing Business in Saudi Arabia," *Thunderbird International Business Review*, January–February 2004, pp. 59–84.
34. E.T. Hall and M.R. Hall, *Understanding Cultural Differences* (Yarmouth, ME: Intercultural Press, 1990).
35. D. Barboza, "An Unknown Giant Flexes Its Muscles," *The New York Times*, December 4, 2004, pp. B1, B3.
36. See J. Birkinshaw and N. Hood, "Multinational Subsidiary Evolution: Capability and Charter Change in Foreign Owned Subsidiary Companies;" *Academy of Management Review* 23 (October 1998), pp. 773–95; A.K. Gupta and V.J. Govindarajan, "Knowledge Flows within Multinational Corporations," *Strategic Management Journal* 21 (2000), pp. 473–96; V.J. Govindarajan and A.K. Gupta, *The Quest for Global Dominance* (San Francisco: Jossey-Bass, 2001); T.S. Frost, J.M. Birkinshaw, and P.C. Ensign, "Centers of Excellence in Multinational Corporations," *Strategic Management Journal* 23 (2002), pp. 997–1018; and U. Andersson, M. Forsgren, and U. Holm, "The Strategic Impact of External Networks," *Strategic Management Journal* 23 (2002), pp. 979–96.
37. S. Leung, "Armchairs, TVs, and Espresso: Is It McDonald's?" *The Wall Street Journal*, August 30, 2002, pp. A1, A6.
38. C.K. Prahalad and Y.L. Doz, *The Multinational Mission: Balancing Local Demands and Global Vision* (New York: Free Press, 1987). Also see J. Birkinshaw, A. Morrison, and J. Hulland, "Structural and Competitive Determinants of a Global Integration Strategy," *Strategic Management Journal* 16 (1995), pp. 637–55.
39. Sources: M. Gunther, "MTV's Passage to India," *Fortune*, August 9, 2004, pp. 117–22; B. Pulley and A. Tanzer, "Sumner's Gemstone," *Forbes*, February 21, 2000, pp. 107–11; K. Hoffman, "Youth TV's Old Hand Prepares for the Digital Challenge," *Financial Times*, February 18, 2000, p. 8; presentation by Sumner M. Redstone, chairman and CEO, Viacom Inc., delivered to Salomon Smith Barney 11th Annual Global Entertainment Media, Telecommunications Conference, Scottsdale, AZ, January 8, 2001. Archived at www.viacom.com.Viacom 10K Statement, 2003.
40. C.W.L. Hill, P. Hwang, and W.C. Kim, "An Eclectic Theory of the Choice of International Entry Mode," *Strategic Management Journal* 11 (1990), pp. 117–28; C.W.L. Hill and W.C. Kim, "Searching for a Dynamic Theory of the Multinational Enterprise: A Transaction Cost Model," *Strategic Management Journal* 9 (Special Issue on Strategy Content, 1988), pp. 93–104.
41. Shay and Bruce, "Expatriate Managers." Also see J.S. Black and H. Gregerse "The Right Way to Manage Expatriates," *Harvard Business Review*, March April 1999, pp. 52–63; Y. Baruch and Y. Altman, "Expatriation and Repatria tion in MNCs—A Taxonomy," *Human Resource Management* 41 (2002 pp. 239–59; *Cornell Hotel and Restaurant Administration Quarterly*, 38 (199 pp. 30–35.
42. C.M. Solomon, "Success Abroad Depends upon More Than Job Skills," *Perso nel Journal*, April 1994, pp. 51–58.
43. C.M. Solomon, "Unhappy Trails," *Workforce*, August 2000, pp. 36–41.
44. Solomon, "Success Abroad Depends upon More Than Job Skills."
45. For details, see Chapter 18 in Hill, *International Business*.

46. G. Oddou and M. Mendenhall, "Expatriate Performance Appraisal: Problems and Solutions," in *International Human Resource Management,* ed. G. Mendenhall and M. Oddou (Boston: PWS-Kent, 1991).

47. S.J. Kobrin, "Geocentric Mindset and Multinational Strategy," *Journal of International Business Studies* 25 (1994), pp. 493–511.

48. M. Banai and L.M. Sama, "Ethical Dilemma in MNCs' International Staffing Policies," *Journal of Business Ethics,* June 2000, pp. 221–35.

49. Reitman and Schuman, "Men's Club: Japanese and Korean Companies Rarely Look Outside for People to Run Their Overseas Operations;" *Wall Street Journal,* September 26, 1996, p. R17.

50. Sources: Starbucks 10K, various years; C. McLean, "Starbucks Set to Invade Coffee-Loving Continent," *The Seattle Times*, October 4, 2000, p. E1; J. Ordonez, "Starbucks to Start Major Expansion in Overseas Market," *The Wall Street Journal*, October 27, 2000, p. B10; S. Homes and D. Bennett, "Planet Starbucks," *BusinessWeek*, September 9, 2002, pp. 99–110; "Starbucks Outlines International Growth Strategy," *Business Wire*, October 14, 2004.

Memo

4

// PART 1

경영자와 경영환경

주주, 윤리 그리고 기업의 사회적 책임

STAKEHOLDERS, ETHICS, AND CORPORATE SOCIAL RESPONSIBILITY

LEARNING OBJECTIVES

이 장을 학습한 후 여러분은

1. 조직 내에서 주주가 누구인지를 알게 된다.
2. 기업이 당면한 윤리적 이슈의 유형을 설명할 수 있다.
3. 경영자가 윤리적 요소를 어떻게 의사결정에 반영할 수 있는지를 설명할 수 있다.
4. 기업의 사회적 책임에 대한 찬반 의견을 요약할 수 있다.
5. 경영자가 사회적으로 책임있는 태도로 행동하기 위해 무엇을 해야 하는지를 설명할 수 있다.

동남아시아에서의 나이키의 '노동착취'에 대해 미국 전역에서 항의의 물결이 일어났다. 이는 나이키의 명성에 흠집을 냈을 뿐 아니라 회사제품의 수요에도 부정적 영향을 미쳤다. 오늘날 나이키는 전략적 의사결정에 있어 윤리적 이슈를 반영시키는 선두주자가 되었다.

도입사례

수익성 증대에 대한 요구에 부응하여 1990년대 나이키는 개발도상국의 운동화 생산업체와 생산계약을 맺었다. 나이키에게는 불행한 일이지만, 이러한 생산업자들 중 몇몇은 매우 열악한 노동환경을 가지고 있었고, 나이키는 '노동착취'를 하는 기업으로 지탄을 받았다. CBS의 뉴스프로그램 48시간에서 상세한 내용이 다루어지기도 했다.
여기에서 베트남의 한 젊은 여성이 일주일에 6일을 산화물질이 가득한 열악한 근로환경에서 한 시간당 20센트를 받고 일하는 모습이 보도되었다. 또한 베트남의 생존임금이 적어도 하루에 3달러이며 상당한 초과근무 없이는 생존임금을 받기가 힘들다는 것을 언급하였다. 그러나 실제로 나이키나 그 하청업체가 법률을 위반한 것은 아니었다.
이러한 보도는 '노동착취'에 대한 윤리적 문제를 제기하였다. 이는 그동안 기업들이 합법적으로 수익성을 증대시키도록 도와준 시스템이었다. 그러나 서구기준에 의해 노동력을 착취하는 하청업체를 사용하는 것이 윤리적인가? 나이키를 비난하는 사람들은 비윤리적이라고 생각했고, 그 결과 나이키는 소비자 불매운동의 핵심에 서게 되었다.[1)]

나이키의 이야기는 무엇이 비즈니스의 원칙인가를 보여주고 있다. 수익성 극대화를 위한 요구는 법이 아니라 윤리적 의무에 의해 통제를 받아야 한다. 기업에서 경영관리자들의 목표가 장기적 주주가치의 극대화이고 이를 위한 최선의 방법은 기업의 장기수익성의 극대화라는 데 대해서는 자주 논의가 되어왔다. 그러나 이 장에서 우리는 경영자들이 이러한 목표를 추구하는 데 있어 윤리적이고 사회적으로 책임있는 방식으로 행동해야 함을 논의할 것이다. 경영자들은 윤리적이고 사회적으로 책임있는 행동을 해야 하며, 또한 그렇게 하는 것이 조직을 유지하는 데 도움이 된다. 그리고 기업의 생존에 필수적인 지지를 해줄 핵심적인 이해관계자들 사이에서 기업의 평판이 높아지기 때문에도 그렇게 해야 한다. 노동을 착취함으로써 나이키는 명성에 큰 흠집을 입었고 핵심 이해관계자그룹의 일부 — 다른 업체의 운동화를 구매하기로 한 고객들 — 가 떨어져나갔다. 기업의 평판을 회복하고 고객들 사이에서의 신뢰를 회복하기 위해 나이키의 경영진들은 공급업체들이 특정한 노동표준을 준수하도록 하는 행동강령을 제정하였다. 나이키는 공급업체가 행동강령을 확실히 준수하는지 정기적으로 모니터하기 위해 외부감사를 고용하였다. 격렬한 비난의 타깃이 됨으로써 나이키는 경영관리의 의사결정에 윤리적 이슈를 어떻게 통합해야 하는지에 대한 중요한 사례가 되었다.

이 장에서는 이해관계자와 이해관계자 관리의 문제에 대해 논의하고자 한다. 그 다음, 비즈니스 윤리문제와 윤리적으로 행동하는 것이 핵심 이해관계자의 지지를 얻어내 조직을 유지하는 데 도움이 된다는 사실을 보여줄 것이다. 이 장은 기업의 사회적 책임과 깊은 관련이 있는데, 이는 경영자들이 의사결정을 할 때 경제적 행동의 사회적 결과를 고려해야 한다는 것이다.

이해관계자와 이해관계자 관리

이해관계자
조직의 운영이나 사업운영방식에 있어 이해관계를 가진 개인, 단체 혹은 지역사회

이해관계자(stakeholder)는 조직의 운영이나 사업방식에 대해 이해관계를 가진 독립적인 기관이나 공동체를 말한다.[2] 이해관계자에는 조직과 정기적으로 직접 거래하는 사람, 주로 종업원, 고객, 공급업체, 유통업자, 주주들, 채권자들 등이 포함된다. 이해관계자에는 또한 정부, 지역공동체, 일반대중 등 다소 거리가 멀지만 조직의 운영과 사업에 대해 이해관계를 가진 기관들도 포함된다.

// 이해관계자와 조직

모든 이해관계자는 조직과 교환관계를 가지고 있다. 각각의 이해관계자집단은 조직에 중요한 자원을 공급하고 반대로 자신들의 이해가 충족되기를 기대한다.[3] 종업원들은 노동과 기술을 제공하고 이에 상응하는 수입, 직무만족, 직업안정성, 좋은 근로조건 등을 기대한다. 고객들은 자신의 소득을 제공하고 지불하는 돈에 대해 가치있고 믿을 만한 제품을 원한다. 공급업체는 조직에 필요한 투입재를 제공하고 적당한 대금지불과

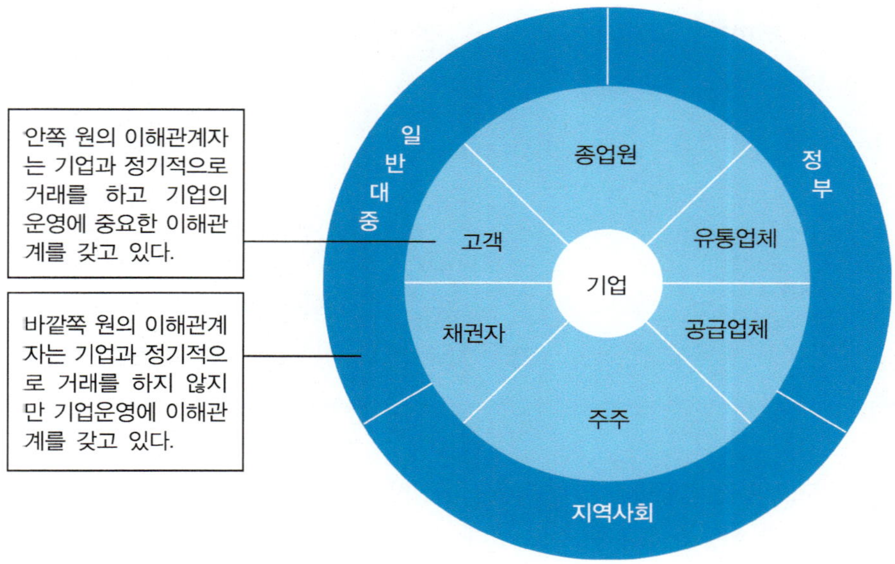

그림 4. 1
이해관계자들

신뢰할 만한 구매자를 기대한다. 유통업자들은 조직의 산출물이 판매되는 것을 돕고 이에 대한 대가로 좋은 거래조건과 그들이 잘 팔 수 있는 제품을 기대한다. 주주들은 기업에 자본을 제공한다. 그들은 또한 법적 소유권도 갖고 있다. 이 교환관계를 통해 주주들은 경영진이 그들의 투자에 대해 수익을 극대화시키길 기대한다. 기업채권의 소유자로서 채권자들은 조직에 부채의 형태로 자본을 제공하고 시간이 되면 이자를 덧붙여 상환되기를 기대한다.

정부는 기업의 비즈니스 관행을 지배하고, 공정한 경쟁을 유지하는 규칙과 규제를 제공한다. 이 교환관계에서 정부는 기업이 규칙과 규제를 잘 준수하기를 원하고 제때에 세금을 납부하기를 원한다. 지역공동체는 기업에게 지역의 사회간접시설을 제공하고 기업이 지역민들을 책임져주길 원한다. 일반대중은 기업에 국가의 사회간접시설을 제공하고 기업이 존재함으로써 자신들의 삶의 질이 향상되기를 기대한다.

// 이해관계자를 고려하는 것

경영자들은 의사결정을 할 때 다양한 이해관계자의 주장을 고려할 필요가 있다. 만약 그렇게 하지 않는다면 이해관계자들은 자신들의 지지를 철회할지도 모른다. 주주들은 주식을 팔 수도 있고, 채권보유자들은 새로운 채권에 대해 더 높은 이자율을 요구할 수도 있으며 종업원들은 이직하고 고객들은 다른 기업의 상품을 구매할지도 모른다. 공급업체들은 더 신뢰할 만한 구매자를 찾아나설지도 모르며 유통업자들은 다른 기업의 상품을 더 선호할지도 모른다. 노동자들의 대표인 노동조합은 노동분쟁에 개입할지도 모른다. 정부는 기업에 대해 최고경영자에 대한 벌금부과나 징역 같은 민사상, 형사상 행동을 취할지도 모른다. 지역공동체는 그 지역 내에 기업의 시설이 들어오는 것을 반

그림 4. 2

이해관계자의 요구 평가

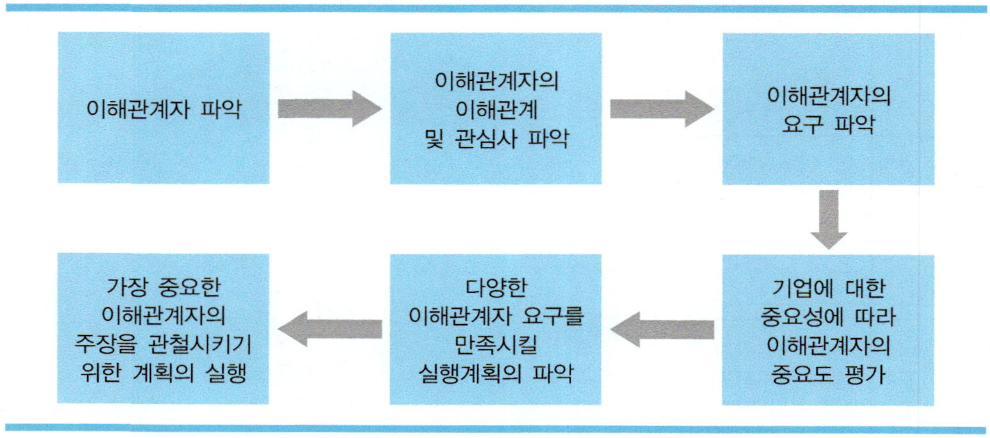

대할지도 모르며, 일반공중은 압력단체를 구성하여 삶의 질에 해가 되는 기업의 비즈니스에 대해 어떤 행동을 요구할 수도 있다. 이러한 반응행동 중 어떤 것은 기업에게 상당히 치명적 손상을 가할 수도 있다. 다른 말로 하면 서로 다른 이해관계자그룹의 주장에 잘 반응하는 것이 좋은 비즈니스 전략이며 조직이 장기적으로 성장·발전하는 데 도움이 될 수 있다는 것이다.[4)]

불행하게도 경영자들은 모든 이해관계자의 주장을 항상 만족시킬 수 없기 때문에 서로 다른 집단의 목표가 충돌할 수도 있다. 실제로 모든 이해관계자의 요구를 동시에 모두 만족시킬 수 있는 자원을 가진 기업은 거의 없다.[5)] 예를 들어, 더 높은 임금을 원하는 종업원의 요구는 합리적인 가격을 원하는 소비자의 요구나 더 높은 수익을 기대하는 주주의 요구와 충돌할 수도 있다. 경영자들은 종종 서로 다른 이해관계자들의 상반된 요구 사이에서 선택을 해야만 한다. 이를 위해 경영자들은 가장 중요한 이해관계자가 누구인지를 파악해야 하며 그들의 요구를 만족시키기 위해 행동하는 데 우선순위를 두어야 한다. 이해관계자의 영향력 분석을 통해 이러한 판단을 할 수도 있다. 통상적으로 이해관계자 영향력 분석은 [그림 4. 2]에서 보는 것과 같은 단계를 거쳐 수행된다.[6)]

그러한 분석을 통해 경영자들은 조직의 생존에 가장 핵심적인 이해관계자를 파악할 수 있게 되고 그들의 요구를 만족시키는 것이 중요하다는 것을 확신하게 된다. 이러한 과정을 통해 수행된 대부분의 비즈니스는 기업의 생존과 번영에 필요한 3개의 주요 이해관계자 집단 — 고객, 종업원, 주주 — 을 만족시켜야 한다는 결론에 도달하게 된다.[7)] 만약 고객이 떠나면 기업의 재무성과가 하락할 것이다. 숙련된 종업원이 기업을 떠난다면 인적자본이 감소하여 생산성이 하락하고 비용이 증가하며 재무성과도 하락할 것이다. 만약 주주들이 자신의 주식을 팔아버린다면 기업의 주가가 떨어지고 자본비용이 증가하여 투자자로부터의 안정적인 자본을 충당하기가 어려워질 것이다.

일반적으로 경영자들이 기업의 고객과 종업원의 요구를 만족시킬 수 있다면, 재무성과는 건전해지고 주가가 올라가며 이는 주주의 요구를 만족시키는 것이 된다.[8)] 다른 말로 하면 장기적으로 주주의 요구를 만족시키기 위해서는 경영자들이 고객과 종업원에게 더 깊은 관심을 먼저 기울여야 한다는 것이다. 고객이 만족한다면 기업의 제품을 계속 구매할 것이며 매출이 증대될 것이다. 종업원이 만족한다면 그들은 더 열심히 일해 생산성이 향상되고 비용이 줄어들며 재무성과도 향상될 것이다. 사우스웨스트 항공사나 스타벅스 같은 기업은 고객의 요구를 만족시키고 종업원들을 위한 좋은 환경을 창출함으로써 이러한 미덕을 실현하였다. 두 기업이 상당한 재무성과와 높은 주가로 보상을 받아 이를 통해 주주의 요구를 만족시킨 것은 전혀 놀라운 일이 아니다.

프랑켄슈타인식품(유전자변형식품)은 이제 그만
스웨덴의 그린피스 행동주의자들의 시위는 몬산토가 유럽에서 유전자변형 종자를 판매하는 데 반대하는 범유럽적 시위의 일부이다. 유전자변형 식품의 판매에 반대하는 강력한 이해관계자집단의 초기 항의 이후 몬산토는 유럽 내에서 종자를 판매하기가 더욱 어려워졌다.

고객, 종업원, 주주의 요구에 초점을 맞추는 것이 중요한 일이긴 하지만 경영자들은 다른 이해관계자집단의 주장을 무시하지 않도록 주의해야 한다. 예를 들어, 몬산토(Monsanto)는 일반 병충해에 강한 유전자 변형종자를 개발하기 위해 수십억 달러를 소비했다. 몬산토는 이 제품이 농부들, 즉 화학비료에 돈을 소비하고 싶어하지 않는 몬산토의 고객들에게 큰 혜택을 가져다 줄 것이라고 믿었다. 또한 그로 인한 이익으로 주가가 올라 주주들에게 이익이 되고 직업의 안정성이 높아져 종업원에게도 이익이 될 것이라 생각했다. 그러나 몬산토는 또 다른 주요 이해관계자집단인 일반시민으로부터 거센 반발에 부딪혔다. 몬산토가 유전자 변형종자를 도입하자 유럽과 남미의 시민들이 거세게 반발하였다. 시민들은 다음과 같이 몇 가지를 우려하였다.

첫 번째는 유전자 변형식품이 건강에 해롭고 암을 유발할지도 모른다는 것이었다.

두 번째는 장기적으로 몬산토가 개발한 병충해에 강한 종자가 상황을 더욱 악화시킬 수 있는데, 이는 시간이 지남에 따라 병충들이 '천연 농약'에 내성을 가지게 됨에 따라 식물들이 새로운 '초강력 해충'에 취약해지게 될지도 모른다는 것이다.

세 번째 우려는 소위 '유전적 오염'의 가능성이다. 몬산토의 식물에 주입된 DNA가 의도하지는 않았지만 종을 건너뛰어 식물에 해가 없는 곤충에게까지도 유해한 농약을 생산할 수 있다는 것이다. 이러한 공중의 관심은 지구의 친구들(Friends of Earth)과 그린피스(Greenpeace) 같은 압력단체들에 의해 행동으로 이어지고 있다. 이 압력단체들은 유럽과 남미의 정부에 특정한 유전자 변형식품의 판매를 금지하도록 로비를 하였고 그 결과 몬산토의 주주와 종업원들에게 손해가 가게 되었다.

반대론자들은 몬산토가 애초에 대중의 우려를 무시함으로써 스스로 화를 자초했다고 지적하고 있다. 몬산토의 경영진은 반대론자들이 과학적 증거를 무시했다고 주장하면서 유전자 변형종자가 농업생산성에 큰 효과를 가져오고 이로 인해 식품가격이 낮아질 수 있다고 언급하였다. 유럽과 남미 일부의 시민들은 기업의 경영자들에게는 그럴듯하게 보이는 몬산토의 접근법을 거만하고 무감각한 처사라고 인식하고 있다. 몬산토는 이를 수습하기 위해 유전자 변형식품이 건강에 해롭지 않으며 초강력 해충과 유전자 오염에 대한 우려가 다소 과장된 것이라는 사실은 일반시민과 정부관계자들에게 알리기 위한 대중교육캠페인에 투자를 하였다. 그 결과 과학적 증거는 몬산토의 편이었다. 그러나 일반시민의 인식을 무시하고 중요한 이해관계자그룹으로부터의 적대적 반응을 내다보는 데 실패함으로써 몬산토는 큰 타격을 입었다.[9)]

경영자들이 다른 이해관계자들보다 주주의 요구를 우선시하는 실수를 했을 경우 또 다른 문제가 발생한다. 기업이 주주의 이익을 극대화시켜야 한다는 것은 사실이다. 그러나 경영자들이 이 목표에 지나치게 집중한다면 다른 중요한 이해관계자집단의 이해에 반할 수도 있을 뿐 아니라 장기적으로 주주 자신들에게도 이익이 되지 않을 수 있다. 주가를 올리기 위해 너무 집중한 나머지 기업건전성을 위해 필수적인 요소인 종업원과 생산시설 기술투자에 비용을 삭감할 수도 있다. 현금흐름의 증대로 인해 기업의 단기성과는 좋아질 수 있다. 그러나 장기적으로 종업원, 생산설비, 신기술에 대한 투자 미흡으로 인해 성과는 하락세로 돌아설 것이며 점점 더 나빠질 것이다.

예를 들어, Al Dunlap이 작은 설비메이커인 선빔(Sunbeam)에 합류했을 때 주주들은 대단한 것을 기대하였다. Scott Paper의 전 CEO였던 Dunlap은 일대 개혁을 시작하였다. 선빔에 합류한 지 3개월 만에 Dunlap은 많은 임원들을 해고하였고 회사의 26개 공장 중 18개를 폐쇄하고 인력의 절반을 해고하였다. 동시에 그의 비용삭감전략이 단기간에 수익과 이익을 증가시켜 주주들에게 보상이 돌아갈 것이라고 주장하였다. 실제로 Dunlap이 합류할 당시 18달러이던 주가는 이후 18개월 후 53달러로 상승하였다. 그 이후 선빔의 성과는 휘청이기 시작하였다. 곧 Dunlap이 그의 야심찬 성장목표를 맞출 가능성이 부족한 선빔의 종업원, 시설, 제품개발 파이프라인을 철저히 제거하였다. 설상가상으로 Dunlap은 경영진들에게 재무성과의 목표를 맞추고 주가를 높이기 위해 윤리적으로 의심스런 행동을 강요했다는 것이 명백해졌다. '청구서 발행과 물품보유'라고 불리는 이러한 행동 중의 하나는 선빔이 유통업자들에게 정상가격에서 대폭 할인된 금액으로 제품을 판매한 뒤 그것을 배달은 나중에 하고 일단 창고에 보관해두는 것이었다. 그 결과 미래의 판매를 현재 회기로 이전함으로써 기업의 재무성과가 부풀려지게 되었다. 이 일을 발견했을 때 이사회는 즉각 Dunlap을 해고하였다. 그러나 이미 선빔에는 너무나 늦은 일이 되어, Dunlap의 임기 내에 이를 회복하지 못하고 결국 파산에 이르고 말았다.[10)]

결론적으로 단기적인 주가부양에 힘씀으로써 Dunlap은 선빔에 큰 해를 끼쳤고 이는 주주를 비롯한 모든 이해관계자집단에 상당한 손실을 초래하였다. 몬산토와 선빔의 사례에서 얻을 수 있는 교훈은 경영자들이 종업원, 고객, 주주 등의 핵심 이해관계자들의 장기적 이익을 위한 행동을 함과 동시에 일반시민과 같은 다른 핵심적 이해관계자들도 무시하지 않도록 균형을 갖추면서 모든 이해관계자집단에 관심을 기울여야 한다는 것이다.

다음에서는 경영자들이 강한 윤리적 기반을 갖고 있다면 이해관계자의 이익에 손해가 되는 행동을 할 가능성이 줄어드는 경향이 있다는 것을 살펴볼 것이다.

비즈니스 윤리

윤리라는 용어는 어떤 개인이나 직업군, 조직의 행동을 지배하는 옳고 그름을 판단할 수 있는 원칙을 말한다. **비즈니스 윤리**(business ethics)는 비즈니스맨의 행동을 지배하는 옳고 그름에 대한 수용된 원칙을 말한다. 윤리적 의사결정은 이러한 옳고 그름에 대한 수용된 원칙에 따라 행해지고, 비윤리적 의사결정은 이 수용된 원칙을 위반하는 것이다. 옳고 그름에 대한 수용된 원칙이 정확하게 없거나 선택대안 중 어느 것도 윤리적으로 받아들여질 수 없을 경우 경영자들은 **윤리적 딜레마**(ethical dilemmas)에 직면할 수도 있다.

비즈니스 윤리
기업인의 행동을 지배하는 옳고 그름을 판별하는 수용된 원칙

윤리적 딜레마
옳고 그름을 판별하는 정확한 수용 원칙에 대한 합의가 없는 상황

우리 사회에서 옳고 그름에 대한 수용된 많은 원칙들은 일반적 인식뿐 아니라 법률에 의해서도 성문화되어 있다. 비즈니스 영역에서는 제품책임에 관한 법(배상청구법), 계약과 계약위반에 관한 법(계약법), 지적재산의 보호에 대한 법(지적재산권법), 경쟁행위에 대한 법(독점금지법), 증권의 판매에 관한 법(증권법) 등이 있다. 이러한 법을 위반하는 것은 비윤리적일 뿐 아니라 불법이 된다. 그러나 비록 합법적인 많은 행위들도 비윤리적일 수 있다. 우리가 도입사례에서 본 것처럼 개발도상국에서 나이키의 '노동착취'가 불법은 아니지만 많은 사람들이 비윤리적인 것으로 생각한다. 다시 말하면 윤리적으로 행동하는 것은 법률의 범위를 넘어서는 것이다.

// 경영에 있어 윤리적 이슈

경영자들이 직면한 윤리적 이슈는 다양한 주제에 광범위하게 퍼져있다. 그러나 대부분은 조직의 목표와 경영자 개인의 목표 그리고 중요한 이해관계자들의 근본적 이해관계 간의 잠재적 갈등에서 기인하는 경우가 많다. 이해관계자들은 존중받아야 될 기본적 권리를 갖고 있고 이러한 권리를 어기는 것은 비윤리적인 일이다. 주주들은 그들의 투자에 대한 적절하고 정확한 정보를 얻을 권리를 갖고 있다. 고객들은 제품이 자신들에게 어떤 해를 끼칠 수 있는지를 포함해 그들이 구매하는 제품과 서비스에 대한 완전히 알 권리를 갖고 있고 이러한 알 권리에 대한 접근을 제한하는 것은 비윤리적이다.

종업원들은 안전한 근로환경에서 그들의 노동에 대한 정당한 대가를 받고 경영자들에게 정당한 대우를 받을 권리가 있다. 공급업체와 유통업체는 계약이 존중되어야 할 권리를 갖고 있고 기업은 계약을 수정하기 위해 기회주의적으로 양자 간 힘의 불균형을 이용해서는 안 된다. 정부에서의 정치적 대표를 포함한 지역사회와 일반시민은 기업이 사회가 기업에 대해 가지는 기본적 기대 — 예를 들면, 환경에 대해 해로운 오염물질을 방류하지 않는다거나 정부의 기준 이상으로 노동력을 착취하지 않는다는 것 등 — 를 저버리지 않을 것이라는 기대를 가질 권리가 있다.

횡령 CEO의 몰락 Tyco International의 전 CEO 데니스 코즐로스키(Dennis Kozlowski)는 Tyco의 공금 1억 달러를 횡령한 혐의로 기소되어 최소 8년 6개월의 형을 선고받았다.

비즈니스 윤리의 관점을 가진 이해관계자들은 이해관계자들의 기본적인 권리를 인식하고 존중해주며 윤리적으로 행동하는 경영자들이 자신들에게 이익이 된다고 주장하는데, 그렇게 함으로써 이해관계자들의 지지를 얻어 궁극적으로 기업과 경영자 자신에게 도움이 된다는 것이다.[11] 또 다른 이들은 윤리에 대한 이러한 도구적 접근법을 넘어서 많은 경우 윤리적으로 행동하는 것이 단지 그것이 올바른 일이기 때문에 그렇게 해야 한다는 것이다. 그들의 비즈니스가 그들의 성공을 가능하게 해준 사회에 대한 보답으로서 자신들의 윤리적 책임감을 인식해야 한다고 주장한다.

비윤리적인 행위는 경영자들이 하나 이상의 이해관계자집단의 기본적인 권리를 넘어서 자신의 개인적 목표나 조직의 목표를 성취하려고 결정했을 때 종종 부각된다. 그러한 행동의 가장 일반적인 사례는 횡령, 정보조작, 불공정행위, 공급업자와 유통업자의 기회주의적 착취, 기준 이하의 근로환경, 환경파괴와 오염 등이다.

횡령
경영자가 기업의 자금을 자신의 주머니로 빼돌리는 상황

횡 령 **횡령**(self-dealing)은 경영자가 기업의 자금을 사적으로 이용하는 것이다. 이러한 행위의 고전적인 사례는 (1) 기업의 자금을 자신의 금고로 생각해 사치스런 생활을 위해 횡령하는 경영자, (2) 기업에 대한 자신의 기여도 이상으로 수백만 달러의 임금인상이나 스톡옵션을 주도록 이사회에 자신의 통제력을 행사하는 경영자, (3) 가장 효율적인 공급업체가 아니라, 가장 많은 리베이트를 주는 업체와 사업계약을 하는 경우 등이 해당된다. 이러한 경우 경영자는 주주의 이익을 우선으로 행동하는 것이 아니라, 합법적으로 주주들에게 가야 할 자원을 사용하는 것이 된다. 이러한 행위들 중에는 불법적인 것이 많고 어떤 것들은 기술적으로는 합법적이지만 투자에 대한 정당한 대가를 기대하는 주주들의 기본권리를 침해할 수 있기 때문에 비윤리적인 것이 되기도 한다.

횡령의 예로 Tyco 인터내셔널의 전 CEO Kozlowski를 보자. Kozlowski는 Tyco를 자신의 금고로 생각해 회사자금으로 3천만 달러 상당의 맨해튼 아파트와 고급 미술작품들을 구입했다. Kozlowski는 심지어 회사자금으로 이탈리아에 있는 자신의 아내를 위해 220만 달러를 들여 호화스런 생일파티를 열어주기도 하였다. 마침내 Kozlowski는 증권사기와 9천7백만 달러 횡령혐의로 기소되어 최소 8년 4개월에서 25년의 징역형이 선고되었다.[12]

정보조작
경영자들이 자신의 재무적 상황을 좋게 하거나 기업의 경쟁적 지위를 향상시키기 위해 기업의 데이터에 대한 자신의 통제권을 이용하여 정보를 왜곡하거나 숨기는 상황

정보조작 **정보조작**(information manipulation)이란 경영자가 자신의 재무적 성과나 기업의 경쟁적 지위를 높이기 위해 정보를 왜곡하거나 숨기려는 목적으로 기업데이터에 대한 자신의 통제권을 임의로 행사하는 것을 말한다. 2000년대 초 미국을 휩쓴 많은

회계부정 스캔들의 대부분이 정보조작과 관련되어 있다. 예를 들어, 현재 파산한 에너지기업 엔론(Enron)은 재무상태표상에 주주로부터 상당한 부채를 숨겼다. 이러한 관행은 엔론의 위험수준에 대해 투자자들에게 잘못된 정보를 제공하고 이로 인해 주식가격이 실제보다 더 높게 평가되었다. 더 높은 주가로 인해 경영자들은 스톡옵션의 대가로 상당한 개인적 수익을 얻기도 하였다. 숨겨진 부채의 규모가 마침내 드러났을 때, 엔론은 즉각 파산상태가 되었고 주주들에게 1천억 달러 이상의 손실을 안겨주었다. 정보조작은 투자자의 정확하고 시의적절한 정보를 얻을 권리를 침해하기 때문에 매우 비윤리적이다.

정보조작은 또한 비재무적 데이터로부터도 발생할 수 있다. 담배회사의 경영자가 흡연이 건강상의 문제를 일으킬 수 있다는 내부조사결과를 공표하지 못하게 하여 흡연의 위험에 대해 정확한 정보를 얻을 소비자의 권리를 침해하였을 때 이러한 문제가 발생할 수 있다. 이에 대한 증거가 나왔을 때, 변호사들은 담배회사에 대해 집단소송을 하게 된다. 1999년 담배회사들은 담배관련 질병과 관련한 의료비용 부담을 요구하는 몇 개의 주로부터 소송을 당했는데 전체 지불금액이 2천6백만 달러에 달했다.

불공정행위
현재의 혹은 잠재적 경쟁자에게 해를 끼칠 목적으로 하는 행위. 보통 독점적 권력에 의해 자주 사용됨.

불공정행위 **불공정행위**(anticompetitive behavior)란 기업의 장래 가능성을 높이기 위해 독점적 권력을 사용함으로써 현재 혹은 잠재적 경쟁자에게 해로운 일련의 행위를 하는 것을 말한다. 예를 들어, 1990년대에 사법부는 마이크로소프트사가 PC제조업체들에게 마이크로사의 웹브라우저인 인터넷 익스플로러를 윈도우와 같이 번들로 팔도록 해 인터넷익스플로러가 데스크탑컴퓨터 메인에 나타나도록 함으로써 운영시스템에 있어서 독점적 지위를 남용했다고 판결하였다. 마이크로소프트사는 만약 PC제조업체가 인터넷익스플로러를 번들로 같이 깔지 않으면 윈도우를 공급하지 않겠다고 하였다. PC제조업체는 윈도우를 자신들이 만드는 컴퓨터에 깔지 않을 수 없었기 때문에 이는 매우 강력한 위협이었다. 끼워팔기(반독점금지법에서는 불법)의 대표적 사례인 이러한 행동의 목표는 경쟁사인 네스케이프사를 시장에서 몰아내기 위한 것이었다. 법원은 마이크로소프트사가 실제로 자신의 독점적 파워를 남용했다고 판결했고 2001년에 마이크로소프트사는 이러한 관행을 그만두기로 했음을 공표하였다.

법적 이슈는 제쳐놓고라도 마이크로소프트사 경영자들의 그러한 행위는 적어도 세 가지 면에서 비윤리적이다. 첫째, 그것은 최종소비자들의 선택권을 제한함으로써 소비자의 권리를 침해했다. 둘째, PC제조업체들이 특정 제품을 그들의 설계에 반영하도록 강제함으로써 산업의 하류부분 가치사슬에 참여하는 참여업체들의 권리를 침해했다. 셋째, 자유롭고 공정한 경쟁을 하고자 하는 경쟁자들의 권리를 침해하였다.

기회주의적 착취
협력업체, 유통업체, 부품공급업체와의 계약조건을 모기업이 자신의 권력을 이용하여 보다 유리하게 일방적으로 다시 작성하는 것

기회주의적 착취 기업이 속해 있는 가치사슬 내에서 다른 참가자들에 대한 기회주의적 착취는 대표적인 비윤리적 행위이다. 이런 종류의 **기회주의적 착취**(opportunistic exploitation)는 기업의 경영자들이 공급업체, 유통업자, 부품공급업자들과의 계약조건을 기업에게 보다 유리한 조건으로 하도록 일방적으로 다시 수정하려 할 때 자주 일어난다.

예를 들어, 1990년대 보잉사는 Titanium Metal사와 10년간 일정량의 티타늄을 구매하는 조건으로 20억 달러 상당의 계약을 했다. 2000년 Titanium Metal사는 계약량을 생산하기 위해 1억 달러를 들여 생산설비확장을 했는데, 보잉사는 계약을 수정할 것을 요구하면서, 더 낮은 가격과 최소구매계약의 중지를 요청하였다. 티타늄의 주요 구매자로서 보잉의 경영자는 아마도 자신들이 이러한 강압적 계약수정을 할 파워가 있고, 이미 설비투자를 한 Titanium Metal사는 어쩔 도리가 없을 거라고 생각했을 것이다. 이에 Titanium Metal사는 즉각 보잉사를 계약위반으로 고소했다. 양자 간의 분쟁은 법정 밖에서 해결이 되었는데, 수정된 계약서에 따르면 보잉사는 Titanium Metal사에 금전적 손해(6천만 달러 상당으로 추정)에 대해 보상하기로 하였으며, 티타늄 구매를 위한 수정계약서를 작성하였다.[13] 행위의 불법성 여부와 상관없이 이는 공정한 방식으로 거래를 하고 싶은 공급업체의 권리를 침해하므로 비윤리적인 것이다.

기준 이하 근로조건
생산비 절감을 위해 시장가격 이하로 근로자들에게 임금을 지불하거나 안전하지 못한 작업환경을 강요하는 것

기준 이하 근로조건 **기준 이하 근로조건**은 경영자가 생산비를 줄이기 위해 안전하지 못한 근로환경을 묵인하거나 종업원에게 시장가격 이하의 임금을 지불할 경우 발생하게 된다. 이러한 행위의 가장 극단적 사례는 기업이 작업장에 대한 규제가 부족한 개발도상국에 생산시설을 설립할 때 일어나게 된다. 앞에서 본 나이키의 사례가 바로 이런 경우에 해당된다.

최근의 또 다른 사례에서 오하이오 아트컴퍼니는 신문에서 유명한 에칭스케치 장난감의 생산을 오하이오에서 공급업체가 있는 중국 광동성의 선전(Shenzhen)으로 이전한 것을 폭로했을 때 윤리적 폭풍에 휩싸이게 되었다. 선전의 종업원들은 대부분 10대로 현지의 최저임금인 시간당 33센트 이하인 시간당 24센트에 장시간 노동을 하는 것으로 알려졌다. 또한 생산은 아침 7시 30분에 시작하여 밤 10시까지 계속되었으며 휴식시간은 점심, 저녁 식사시간뿐인 것으로 알려졌다. 토요일과 일요일도 일상적인 근로일로 취급하였다. 이를 환산하면 선전시 당국이 정한 주당 평균 40시간 노동을 훨씬 초과하는 주 7일, 하루 12시간 노동으로 주당 84시간에 달하는 것이다. 이러한 근로조건은 명백히 현지 규정을 위반한 것이다. 오하이오 아트컴퍼니가 그런 협력업체를 사용하는 것이 윤리적인가? 많은 이들은 그렇지 않다고 말하고 있다.[14]

환경파괴
직접적 혹은 간접적으로 오염을 유발하거나 다른 형태의 환경적으로 유해한 행동을 하는 것

환경파괴 **환경파괴**는 경영자들이 오염이나 기타 환경적으로 유해한 결과를 가져오는 행동을 했을 때 발생한다. 환경파괴는 깨끗한 공기와 물에 대한 지역사회와 일반시민의 권리를 침해하는 것이고, 또한 유해화학물이나 토양침식으로부터 오염되지 않은 땅 등을 기대하는 지역사회와 일반시민의 권리를 훼손하는 것이다.

오염문제는 누구도 소유권을 가지지 않으나 누군가가 훼손할 수 있는 공공선이기 때문에 그 중요성이 점차 더해가고 있다. 누구도 공기나 바다를 소유할 수는 없으나 이를 오염시킬 수는 있다.[15] 오염의 원인이 어디서 왔든지 간에 그 피해는 모두에게 미치게 된다. 공기와 바다는 모든 사람이 누려야 할 글로벌 자산으로 여겨졌으며 특정인 누구도 그에 대한 책임을 갖고 있지는 않다. 이런 경우 공유지의 비극(tragedy of the commons)으로 알려진 현상이 적용될 수 있다. 공유지의 비극은 특정인이 소유하지 않고 모두가 소유하는 것으로 알려진 공유지가 개인에 의해 남용되고 환경파괴로 이어질 때 발생한다. 이러한 현상은 16세기 영국에서 일어났던 특정한 문제를 설명하면서 Garrett Hardin이 명명하였다. 공유지라고 불리는 넓은 지역을 모든 농부들이 자유롭게 사용하도록 되어 있었다. 가난한 사람들은 이 지역에 가축을 방목하였다. 개별 가구가 모두 목축을 하여 개별 이득을 얻었으나 그 결과 땅이 수용할 수 있는 것보다 더 많이 방목가축이 늘어나게 되었다. 결과적으로 지나친 방목으로 환경이 파괴되어 더 이상 목축을 할 수가 없게 되었다.[16)]

글로벌 공감대의 형성 환경기준이 미국보다 훨씬 느슨한 국가로 생산시설을 옮기는 것이 법적으로 정당할 수도 있지만, 윤리적으로도 대부분의 사람들은 아니라고 생각한다.

현대에서도 기업은 국내보다 환경기준이 미비한 개발도상국에 생산기지를 옮김으로써 이러한 글로벌 자산의 비극에 기여하게 된다. 개발도상국에서는 바다나 강에 오염물질을 방류하거나 공기 중에 오염물질을 뿜어내는 것이 선진국보다 더 자유롭기 때문에 이를 통해 가치있는 글로벌 자산을 손상시키게 된다. 비록 이러한 행위가 불법이 아닐지라도 이것이 윤리적이라고 할 수 있을까? 이는 일반시민과 지역사회를 포함한 중요한 이해관계자집단에게 분명히 손해를 끼치고 사회적 윤리의 개념을 위반하고 있다.

부 패 **부패**(corruption)는 경영자가 비즈니스계약을 따내기 위해 뇌물을 제공하는 상황에서 발생할 수 있다. 부패와 관련한 최근의 사례는 텍사스에 본사를 둔 에너지기업

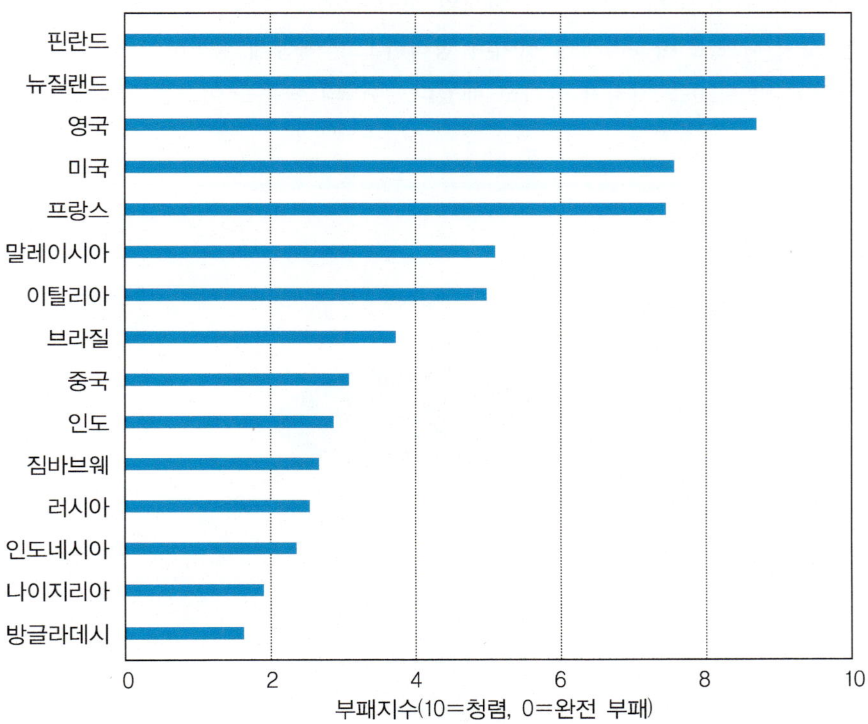

그림 4.3

국가별 부패지수 순위(2005년)

Halliburton이 컨소시엄에 참여하여 나이지리아에 액화천연가스공장을 건설하는 49억 달러짜리 계약을 따내기 위해 정부관리에게 1억 8천만 달러를 불법으로 지불한 사례이다.[17] 부패는 명백하게 비윤리적이다. 이는 경쟁입찰에서와 같이 입찰하는 경쟁자의 권리를 침해하며, 특히 정부관리가 관련되었을 경우에는 이들이 지역사회나 국가의 이익을 최우선으로 하며 개인적 사욕을 위해 뇌물을 받지 않을 것이라고 기대하는 일반시민의 권리를 침해하기도 한다.

부패는 이미 세계 도처에 널리 퍼져있다. 부패를 조사하고 반대하는 독립적 비영리조직인 국제투명성기구에 따르면, 기업이 매년 정부조달계약과 관련하여 뇌물로 매년 약 4천억 달러를 지출하고 있다고 한다.[18] 국제투명성기구는 또한 각국별로 정부관료들 사이의 부패지수를 측정하였다.[19] [그림 4. 3]에 따르면 핀란드와 뉴질랜드는 매우 깨끗한 국가들로 평가되었고 러시아, 인도, 인도네시아, 짐바브웨 등은 부패한 국가로 평가되었다. 방글라데시는 조사대상 146개국 중 최하위로 나타났으며 핀란드가 1위로 평가되었다.

비윤리적 행위의 원인

왜 어떤 경영자들은 비윤리적으로 행동할까? 무엇이 그들을 옳고 그름의 원칙을 위반하고 이해관계자들의 권리를 짓밟고 법률을 위반하도록 만드는 것일까? 이 질문에 명확한 답은 없다. 그러나 몇 가지 일반화는 가능하다(그림 4. 4 참조).[20]

첫째, 기업윤리는 개인윤리와는 별개의 것이다. 개인적으로 우리는 거짓말을 하거나 속이는 것이 나쁘고 비윤리적인 것이며 정직하고 명예롭게 행동해야 하며 우리가 옳고 진실하다고 믿는 것을 지켜야 한다고 배웠다. 우리의 행동을 이끄는 개인적 윤리코드는

그림 4. 4

비윤리적 행위의 원인

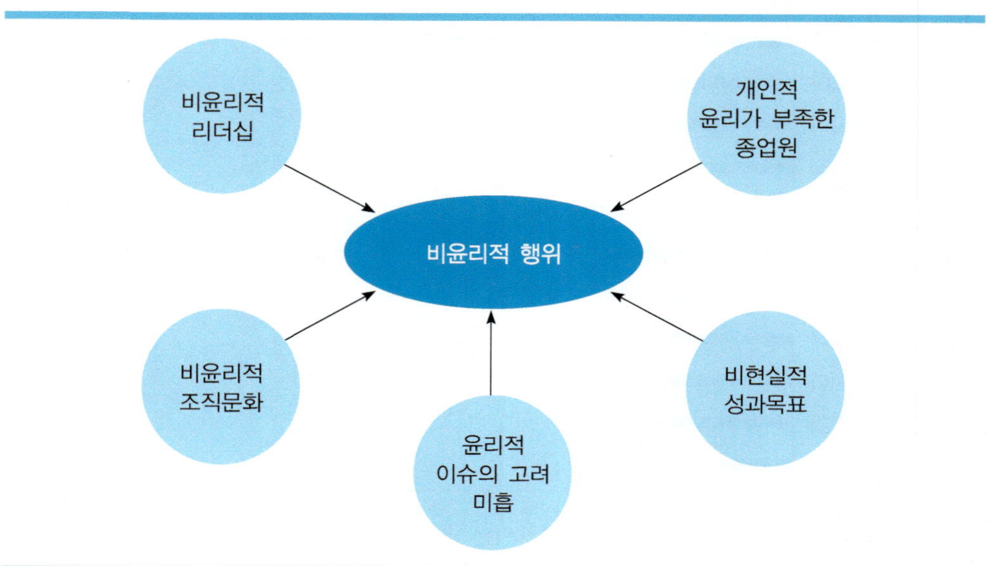

부모, 학교, 종교, 미디어 등 다양한 원천으로부터 나온다. 이러한 개인적 윤리 코드는 비즈니스맨으로 우리가 어떻게 행동해야 하는지에 대해서도 상당한 영향력을 행사한다. 개인적으로 강한 윤리성을 가진 사람은 비즈니스상황에서도 비윤리적으로 행동할 가능성이 낮다. 특히, 횡령 등에 개입될 가능성은 낮고, 보다 정직하게 행동할 가능성이 높다.

둘째, 비윤리적인 비즈니스행위를 연구한 결과 비즈니스맨들은 스스로에게 이 결정이나 행동이 윤리적인가 아닌가 하는 질문을 던지지 않기 때문에 간혹 자신들이 비윤리적으로 행동한다는 것을 깨닫지 못한다는 결론을 내렸다.[21] 대신에 그들은 자신이 내린 결정이 중요한 윤리적 측면을 가지고 있다는 것을 잊어버리고 비즈니스 의사결정으로서만 인식하고 있다. 그 책임은 윤리적 의사결정과 비즈니스 의사결정을 통합하지 못하는 의사결정 프로세스에 있다. 이것이 바로 열악한 노동환경을 가진 개발도상국에서 하청계약을 하기로 결정했을 때 나이키에서 일어난 상황이다. 이 결정은 단지 경제적 논리에만 기초하여 결정되었다. 하청업체는 비용, 배송, 제품품질 등의 비즈니스 변수에만 근거하여 선택되었고 핵심 경영진들도 하청업체들이 근로자들을 어떻게 대우하는지를 묻지 않았다. 만약 그들이 이런 문제에 대해 생각을 했더라도 아마 그건 하청업체들의 일이지 자신들이 상관할 일은 아니라고 결론을 내렸을지도 모른다.

우리는 가장 똑똑한 사람들 케네스 레이와 제프 스킬링(사진)은 자신들이 가장 똑똑한 사람들이라고 생각했다. 그들이 세운 기업 Enron은 1990년대 후반 가장 존경받는 기업 중의 하나였다-기업의 성공이 체계적이고 광범위한 회계부정에 기반하였다는 사실이 드러날 때까지.

불행히도 비즈니스 세계에서의 이러한 분위기는 사람들이 비즈니스 의사결정의 윤리적 결과에 대해 생각하지 않도록 만든다. 이것이 비즈니스에서 비윤리적 행위가 발생하는 세 번째 이유이다. 비즈니스 윤리를 중요시하지 않고 순수한 경제적인 요소만으로 모든 결정을 내리는 조직문화가 바로 그것이다. 로버트 브라이스(Robert Bryce)는 지금은 파산한 에너지기업 엔론에서 탐욕과 속임수를 강조하는 가치가 어떻게 조직문화 속에 자리를 잡게 되었는지에 대해 설명하였다.[22] 브라이스에 따르면 그러한 풍조는 자신과 가족의 부를 늘리기 위해 횡령에 가담한 최고경영진에 의해 만들어졌다는 것이다. 브라이스는 엔론의 전 CEO였던 케네스 레이와 그 가족들이 엔론으로부터 어떻게 상당한 혜택을 얻었는지를 설명하였다. 엔론의 기업출장업무 중 상당수는 레이의 여동생이 운영하는 여행사를 통해 이루어졌다. 내부감사가 다른 여행사를 이용하는 것이 더 좋겠다는 의견을 피력하자 레이는 그를 해임하였다. 1997년에 엔론은 종이와 펄프 제품을 만들기 위해 레이의 아들인 마크 레이가 소유한 기업을 인수하였다. 마크 레이와 그가 관리하는 다른 회사는 당시 파산 사기와 횡령에 대한 연방법원의 조사를 받고 있었다.

엔론은 마크 레이를 3년 계약의 임원으로 선임하여 그 기간 동안 적어도 1백만 달러를 보장하였고 엔론의 주식 중 2만 주를 구매할 수 있는 옵션을 제공하였다. 또한 레이의 성년 딸의 침대를 프랑스로 옮기기 위해 엔론의 제트기를 사용하기도 하였다. 케네스 레이의 사례를 필두로 횡령은 곧 엔론에 만연하게 되었다. 또 다른 예로 최고재무책임자(CFO)인 앤드류 패스토우가 있는데 그는 재무상태표를 조작하여 엔론의 투자자들에게 실제적 재무상황을 감추고 자신의 계좌로 수천억 달러를 빼돌렸다(패스토우는 사기죄로 기소당해 감옥에 갔다).

비윤리적 행위의 네 번째 사례는 비현실적인 성과목표를 맞추기 위한 최고경영진의 압력으로부터 발생한다. 이러한 비현실적인 성과목표를 맞추기 위해서는 비윤리적인 방법이 동원될 수밖에 없다. 브라이스는 이러한 일이 엔론에서 어떻게 진행되었는지를 설명하였다. 레이의 후계자인 CEO 제프 스킬링은 성과평가시스템을 도입하면서 성과부진자 15%를 매 6개월마다 감원한다는 정책을 도입하였다. 이것은 단기성과에 근시안적으로 집착하는 조직문화를 낳았다. 일부 임원과 에너지 중개인들이 이러한 성과압력에 대해 실제 자신이 한 것보다 더 성과를 부풀리는 것으로 대응하였다.

엔론의 도산으로부터 얻을 수 있는 교훈은 어떤 대가를 치르더라도 단기 경영성과만을 극대화해야 하는 비현실적 성과목표와 결합될 경우 조직문화가 사회에서는 불법으로 판단되는 행위조차 합법적인 것으로 보이게 할 수 있다는 것이다. 이러한 환경에서는 경영자들이 자신의 개인적 윤리를 위반하고 비윤리적인 행위에 개입될 가능성이 매우 높아지게 된다. 정반대로 조직문화가 윤리적 행위에 대한 필요성을 더 강화할 수도 있다. 휴렛팩커드의 경우 회사의 설립자인 빌 휴렛과 데이빗 패커드가 HP Way라고 알려진 가치기준을 널리 전파하였다. 비즈니스가 수행되는 방식을 형성한 이러한 가치기준은 중요한 윤리적 요소를 내포하고 있다. 다른 무엇보다도 그들은 신뢰와 개방적 커뮤니케이션, 그리고 종업원 개개인에 대한 관심을 강조하였다.

엔론과 휴렛 패커드의 사례는 비윤리적 행위의 다섯 번째 근본원인을 제시해주고 있는데 이는 바로 리더십이다. 리더십은 조직의 문화를 형성하고 다른 사람이 따르는 모범사례를 만든다. 비즈니스 세계에서 종업원들은 그들의 리더로부터 본을 받게 된다. 만일 리더들이 윤리적으로 행동하지 않는다면 다른 종업원들도 이를 보고 자신들의 비윤리적 행위를 정당화하게 될 것이다. 리더들이 무엇을 말하는지가 중요한 것이 아니라 어떻게 행동하느냐가 중요한 것이다. 예를 들어, 엔론은 윤리강령을 갖고 있고 케네스 레이 자신도 이를 종종 언급했지만 회사의 재산을 이용해 자신의 가족들의 부를 축적한 그의 행동은 다른 어떤 말보다도 더 강력한 본보기가 되는 것이다.

// 윤리에 대한 철학적 접근

이제 우리는 경영자들이 자신과 동료들이 윤리적으로 행동하기 위해 어떤 단계를 밟아야 하는지를 얘기해 볼 것이다. 이보다 먼저 기업윤리의 철학적 토대에 대해 좀 더 자세히 살펴보도록 하자. 기업윤리이론은 실무 목적을 갖고 있다. 기업윤리는 경영자들이 어려운 윤리적 이슈를 뚫고 나가는 길을 알려주고 더 나은 의사결정을 할 수 있도록 돕는 지침을 제공한다.

실용주의적 관점 비즈니스 윤리에 대한 실용주의적 접근법은 18세기와 19세기에 발전하였다. 비록 보다 현대적인 접근법에 의해 자리를 빼앗겼지만, 이후의 여러 가지 접근법이 발생할 수 있게 하는 데 토대가 되었다.

윤리에 대한 **실용주의적 접근법**(utilitarian approach)은 어떤 행위의 윤리적 가치는 그 결과에 의해 결정된다는 것이다.[23] 어떤 행동이 나쁜 결과를 최선의 선으로 이끄는 데 도움이 된다면 그 행동은 바람직한 것으로 판단할 수 있다. 실용주의는 최대의 선과 최소의 피해를 추구한다. 실용주의는 어떤 행동이 다양한 결과를 낳을 수 있고 그 중 일부는 사회적으로 선한 것이고, 그 중 일부는 사회적으로 해로운 것이라는 사실을 파악하고 있다. 기업윤리에 대한 철학으로서 실용주의는 비즈니스 행위로 인한 모든 사회적 혜택을 주의깊게 파악하는 데 주의를 기울인다. 실용주의적 관점에서 최선의 의사결정은 최대의 사람들에게 최대의 혜택을 가져다주는 것이다.

실용주의적 접근법
행동이나 실천할 가치가 있는 윤리는 그 결과에 의해 결정된다는 시각

모든 비즈니스는 실용주의적 철학에 근거해 비용-효익 분석과 위험평가 등의 특정 도구를 채택하고 있다. 경영자들은 흔히 의사결정을 하기 전에 일련의 행위에 따른 혜택과 비용을 비교하게 된다. 알래스카에서 시추를 고려하고 있는 석유회사는 석유생산 및 일자리창출로 인한 경제적 혜택과 환경생태계 내에서 환경파괴로 인한 비용을 잘 비교평가해 보아야 한다.

실용주의적 철학은 심각한 결점을 가지고 있다. 첫 번째 문제는 행위의 혜택과 비용, 위험성을 측정하고 있다는 것이다. 알래스카에서 시추를 고려하고 있는 석유회사의 경우 그 지역의 생태시스템에 대한 잠재적 해악을 어떻게 측정할 수 있을까?

실용주의적 접근법의 두 번째 문제는 정의를 고려하지 않는다는 것이다. 최대다수의 최대행복을 이루어내기 위한 행동의 결과가 소수에 대한 부당한 대우를 낳을 수도 있기 때문이다. 이러한 행동은 불공평하고 부당하기 때문에 윤리적일 수가 없다. 예를 들어, 의료보험 비용을 낮추기 위해 정부가 에이즈바이러스를 보유한 사람들을 골라내어 이들에 대한 의료보험혜택을 거부하기로 했다고 생각해보라. 의료보험 비용을 낮춤으로써 많은 사람들에게 상당한 혜택을 줄 수는 있겠지만 그러한 행동은 소수에 대해 불공평하게 차별하는 부당한 행위이다.

권리이론 20세기에 발전된 **권리이론**(rights theories)은 인간이 기본적인 권리를 갖고 있다고 인식한다. 권리는 윤리적으로 수용될 수 있는 최소한의 행위를 낳게 된다. 기본적인 권리에 대한 잘 알려진 정의는 공동의 선(善)에 선행하는 무엇이 있다는 것이다. 따라서 자유로운 의사표현의 권리는 공동의 목표에 선행하는 기본적인 권리라고 할 수 있다. 그것은 때로 윤리적 공감대로 인해 국가의 이해관계를 무시하기도 한다.[24] 윤리이론가들은 인간의 기본적인 권리가 경영자들이 윤리적 요소를 포함하는 의사결정을 할 때 참고해야 하는 윤리적 범위의 기초를 형성한다고 주장하고 있다. 비즈니스 상황

권리이론
인간은 기본적 권리를 갖고 있다는 시각

에서 주주이론은 경영자들이 권리에 대한 의견을 형성할 때 유용한 기초를 제공한다. 앞서 얘기한 것처럼 주주들은 존중되어야 할 기본적인 권리를 갖고 있고 이들의 권리를 침해하는 것은 비윤리적이다.

권리와 함께 의무도 따른다. 우리는 자유로운 의사표현의 권리를 갖고 있기 때문에 다른 사람의 자유로운 의사표현도 존중해야 하는 의무도 있다. 권리이론의 구조 안에서 어떤 사람이든 조직이든 다른 사람의 권리도 존중하도록 해야 한다. 이러한 의무는 한 부류 이상의 윤리적 대리인에게도 똑같이 해당되는 것이다(윤리적 대리인이란 정부나 기업과 같이 윤리적 행위를 할 수 있는 기관이나 사람을 말한다).

예를 들어, 1980년대 후반에 서구에서는 유해폐기물을 처분하는 데 드는 높은 비용을 절감하기 위해 일부 기업들이 비용이 훨씬 적게 드는 아프리카 국가들로 유해폐기물을 실어날랐다. 1987년 5개의 유럽 선박들이 위험한 독극물이 포함된 유해폐기물을 나이지리아에 폐기하였다. 슬리퍼를 신고 반바지를 입은 노동자들이 하루에 2달러 50센트를 받고 폐기물통을 배에서 내려 주거지역에 있는 진흙토지에 실어날랐다. 그들은 통에 들은 내용물이 무엇인지에 대해서도 아무런 말도 듣지 못했다.[25]

이런 경우 누가 노동자들과 거주자들의 안전을 보호할 의무를 다할 것인가? 권리론자들에 따르면 이 경우 한 사람의 윤리적 대리인이 아니라 노동자들과 거주자에게 해가 되는 행동을 한 모든 윤리적 대리인에게 그 의무가 있다고 한다. 따라서 나이지리아 정부뿐 아니라 유해폐기물을 실어나른 모든 다국적기업에게 거주민과 노동자들에게 해가 가지 않도록 해야 할 의무가 있는 것이다. 이 경우에는 정부와 다국적기업이 다른 사람의 기본적 인권을 보호할 기본적 의무를 명백하게 인식하지 못한 것이다.

정의이론
경제적 상품과 서비스의 공정한 분배에 초점을 맞춘 이론

정의이론 **정의이론**(justice theories)은 경제적 상품과 서비스의 공평한 분배에 초점을 맞추고 있다. 공정한 분배란 공평하고 균등한 것을 말한다. 가장 영향력 있는 정의이론은 존 롤스(John Rawls)에 의해 발전되었다.[26] 롤스는 모든 경제적 상품과 서비스는 균등하지 못한 분배가 모두의 이익이 될 경우를 제외하고는 항상 똑같이 분배되어야 한다고 주장하였다. 롤스에 따르면 정의의 유효한 원칙은 만약 자유롭고 공평하게 상황을 고려했을 때 모든 사람이 동의하는 것이 되어야 한다는 것이다. 공평함은 롤스가 '무지의 장막'으로 부르는 개념적 도구에 의해 보장된다. 무지의 장막 아래에서 사람들은 개인의 특정한 특징들(인종, 성별, 교육수준, 국적, 가족의 배경, 특별한 재능 등)을 알지 못하게 된다. 롤스는 이러한 무지의 장막 아래에서만 사람들이 정의에 대한 두 가지의 기본적 원칙에 만장일치로 동의하게 된다는 것이다.

첫 번째 원칙은 각 개인이 다른 사람이 가진 자유에 필적하는 최대한의 기본적 자유가 허용되어야 한다는 것이다. 롤스는 정치적 자유(투표권 등), 언론의 자유, 집회의 자유, 양심과 사상의 자유, 사적 재산소유의 자유, 임의동행이나 구금 등으로부터의 자유를 언급하였다. 두 번째 원칙은 일단 평등한 기본적 자유가 확보되면 기초적인 사회적 상품 — 소득, 부의 분배, 그리고 기회 — 에서의 불평등이 허용될 것이라는 것이다. 롤스에 의하면, 불평등은 불평등을 낳는 시스템이 모든 사람에게 이익이 될 경우에는 공정한

것이 될 수 있다고 하였다. 엄밀하게 말하면 롤스는 소위 차이의 원칙(difference principle)으로 불리는 불평등이 가장 혜택을 못 받은 사람에게 도움이 될 수 있다면 정당화될 수 있다고 하였다. 따라서 우리가 미국에서 보는 소득과 부의 다양한 변동은 만약 이러한 불평등한 분배를 낳게 하는 시장기반의 경제시스템이 사회의 가장 어려운 사람들에게 도움을 줄 수 있다면 공정한 것으로 볼 수도 있다. 잘 규제된 시장경제시스템은 경제성장을 촉진시킴으로써 사회의 가장 어려운 사람들에게 혜택을 줄 수 있다고 말할 수도 있다. 원칙적으로 적어도 그러한 시스템 내에 내포된 불평등은 공정한 것이다.

비즈니스 윤리 측면에서 롤스의 이론은 흥미로운 시각을 보여주고 있다. 경영자들은 그들이 채택하는 정책이 롤스의 무지의 장막 아래에서 공정한 것으로 여겨지는지를 자문해 볼 수 있다. 예를 들어, 자국의 노동자보다 외국인 노동자에게 임금을 적게 주는 것이 공정한가? 롤스의 이론은 이러한 불평등이 지구사회의 가장 어려운 구성원들에게 도움이 된다면 공정한 것이라는 주장이다. 다시 말하면, 무지의 장막 아래에서 회사를 운영하는 경영자들은 근로자들이 착취적인 노동환경에서 장시간을 저임금으로 일하고 유해물질에 노출되는 경영시스템을 설계하기는 어렵다는 것이다. 그러한 작업환경은 분명히 불공정하고 따라서 그를 채택하는 것은 비윤리적이다. 마찬가지로 무지의 장막 아래에서 경영을 하는 대부분의 사람들은 환경을 보호하고 자유롭고 공정하게 경쟁하며 횡령을 금지하는 경영시스템을 설계할 것이다. 따라서 실제적인 의미에서 롤스의 무지의 장막은 경영자들이 어려운 윤리적 딜레마에 부딪혔을 때 그리고 윤리적으로 강건한 의사결정을 할 때 활용할 수 있는 윤리적 나침반에 기여하고 윤리적으로 강건한 의사결정을 할 수 있는 개념적 수단이 된다.

// 윤리적으로 행동하는 것

경영자들이 의사결정을 할 때 윤리적 고려를 확실히 할 수 있는 최선의 방법은 무엇일까? 이에 대한 쉬운 답은 없다. 많은 경우 갈등을 하는 윤리적 문제들은 현실적 딜레마를 포함하고 있고 어떻게 해야 할지에 대한 뚜렷한 길이 보이지 않기 때문에 발생하는 것이 대부분이다. 그럼에도 불구하고 경영자들은 기본적인 윤리원칙을 고수하기 위해 해야 할 일이 있다.

비즈니스 의사결정에서 윤리적 이슈가 고려되기 위해 경영자들이 할 수 있는 7가지를 정리해보자(그림 4. 5 참조).

1. 개인적 윤리의식이 잘 갖추어진 사람을 채용하고 승진시킨다.
2. 윤리적 행동에 높은 가치를 부여하는 조직문화를 육성한다.
3. 비즈니스에서 지도자들이 윤리적 행동에 대해 말로만 하는 것이 아니라 말과 일치하는 행동을 할 것을 분명히 한다.
4. 사람들이 의사결정과정에서 윤리적 차원을 고려하도록 한다.
5. 강력한 통제 프로세스를 발전시킨다.
6. 윤리담당자를 임명한다.

그림 4.5

바람직한 윤리적 환경의 구축

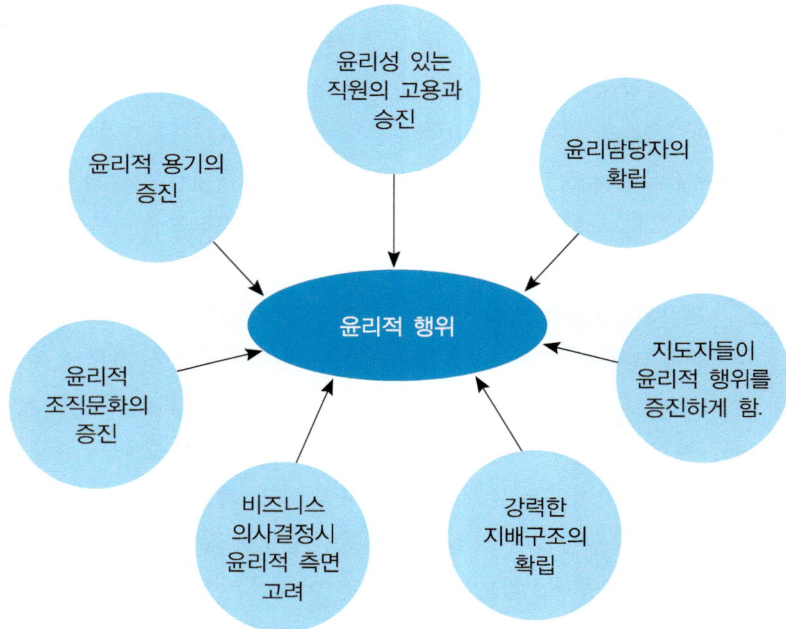

7. 윤리적 용기를 갖고 행동한다.

채용과 승진 개인적으로 강한 윤리의식을 갖고 있고 비윤리적이거나 불법적 행위에 연루되지 않은 사람을 채용하기 위해 노력해야 한다는 것은 분명한 일이다. 마찬가지로 일반적으로 수용되는 윤리적 기준에 맞지 않는 행동을 하는 사람은 승진시키지 않거나 해고하도록 해야 한다. 어떤 사람이 개인적 윤리의식이 약하다는 것을 어떻게 알 수 있을까? 우리가 살고 있는 사회에서는 공중의 시각에서 개인적 윤리의식의 결여를 숨겨야 하는 인센티브가 있다. 일단 사람들은 당신이 비윤리적이라는 것을 알게 되면 더 이상 당신을 신뢰하지 않게 된다.

개인적 윤리의식이 약한 것으로 판명된 사람을 고용하지 않도록 하는 방법이 있을까? 윤리적 경향성을 알아보기 위해 잠재적 종업원들의 심리검사를 해보고 이를 참고할 수 있다. 그리고 윤리의식이 부족한 것으로 드러난 사람은 윤리적 행위에 높은 가치를 부여하는 조직문화를 가지고 리더들도 그렇게 행동하는 기업에서는 승진을 시켜서도 안 된다.

개인적 윤리의식이 강한 사람을 식별하고 채용하려는 노력뿐 아니라 조직 내에서 윤리적 환경을 위해 할 수 있는 것을 찾아보는 것도 중요하다. 결국 엔론 같은 기업에서 일하고 싶어하는 사람은 아무도 없기 때문이다.

조직문화와 리더십 윤리적 행위를 촉진시키기 위해서는 기업이 윤리적 행위에 높은 가치를 부여하는 조직문화를 육성할 필요가 있다. 윤리적 행위를 강조하는 조직문화를 육성하기 위해서는 특히 3가지가 중요하다.

첫째, 기업은 윤리적 행위에 우선순위를 두는 가치를 분명히 강조해야 한다. 이제는 많은 기업들이 고수해야 할 윤리적 우선순위를 공식적으로 언급하는 윤리강령의 제정을 통해 이를 실행에 옮기고 있다. 여타 기업들은 기업의 사명에서 윤리적 요소를 언급하고 있다. 예를 들어, 식료품과 소비재를 생산하는 거대기업인 유니레버는 다음과 같은 윤리강령을 갖고 있다. "우리는 어린이 노동력을 사용하지 않는다", "종업원은 뇌물로 간주될 수 있는 어떤 형태의 선물이나 대가를 제공하지도 않고 받지도 않는다. 뇌물에 대한 요구나 제공은 즉각 거부되어야 하며 경영진에게 보고되어야 한다".[27] 유니레버의 원칙은 조직 내의 경영자들과 종업원에게 윤리에 대한 분명한 메시지를 전달하고 있다.

둘째, 윤리강령이나 기타 다른 서류에서 가치가 일단 형성되면 기업의 리더들이 그 중요성을 반복적으로 강조하고 이를 실제 행동으로 옮김으로써 생명을 불어넣어야 한다. 기회가 있을 때마다 기업윤리의 중요성을 강조하고 중요한 기업의 의사결정이 경제적 의미뿐 아니라 윤리적으로도 건전하게 이루어지도록 해야 한다. 예를 들어, 1990년대의 경험 이후 나이키는 하청업체들이 나이키의 행동강령을 제대로 지키도록 하기 위해 독립된 감사를 채용하였다.

셋째, 윤리적 행위에 높은 가치를 부여하는 조직문화를 육성하기 위해서는 윤리적 행위를 하는 사람에 대한 보상과 윤리적이지 못한 행위를 하는 사람에 대한 제재를 포함하는 인센티브와 보상시스템이 필요하다. 예를 들어, GE에서는 전 CEO 잭 웰치가 경영자들을 몇 개의 그룹으로 구분하고 그들의 성과를 어떻게 보는지에 대해 설명하였다. 이에 의하면 올바른 가치를 가진 초과성과달성자는 승진과 보너스의 대상이 되고, 잘못된 가치를 가진 초과성과달성자는 회사를 그만두어야 한다. 잭 웰치의 핵심은 회사의 중심가치와 부합하지 않는 행동을 하는 사람은 다른 모든 면에서 숙련된 경영자라 하더라도 회사의 리더로 두어서는 안 된다는 것이다.[28]

의사결정 프로세스 조직 내에서 올바른 윤리적 문화를 구축하는 것 외에 기업은 시스템적으로 의사결정에 있어 윤리적 고려가 이루어지도록 해야 한다. 이를 위해서는 권리이론과 롤스의 정의이론에 근거한 윤리적 나침반이 필요하다. 이에 덧붙여 윤리전문가가 의사결정이 윤리적인지 아닌지를 결정하기 위한 실무적 가이드—윤리적 알고리즘—를 제공할 수 있다.[29] 경영자가 다음의 3가지 질문에 모두 예라고 대답할 수 있다면 그 의사결정은 윤리적이라고 할 수 있다.

1. 내 의사결정이 조직문화에서 일반적으로 적용되는 가치나 기준(기업의 윤리강령 등)을 충족하고 있는가?
2. 의사결정에 의해 영향을 받는 모든 이해관계자들에게 의사결정을 알도록 해도 무방한가? 신문이나 텔레비전에 보도되어도 괜찮은가?
3. 가족이나 친구 등 나와 사적인 관계를 가진 사람들이 이 의사결정을 찬성할 것인가?

윤리의 강화: Sarbanes-Oxeley법
부시 대통령이 Sarbanes-Oxeley법의 제정에 사인하고 있다. 기업의 지배 구조를 강화함으로써 Sarbanes-Oxeley법은 경영자들이 횡령이나 정보조작을 하기 어렵게 하기 위해 만들어졌다.

윤리담당자 윤리적으로 행동하기 위해 현재 많은 기업들이 윤리담당자를 채용하고 있다. 윤리담당자는 모든 종업원들이 의사결정과정에서 윤리적 고려를 하도록 하며 기업의 윤리강령을 고수하도록 하는 독립된 개인을 말한다. 윤리담당자는 이러한 윤리강령과 부합하는 의사결정이 되는지를 감사하는 책임을 맡고 있다. 많은 기업에서 윤리담당자는 내부의 옴부즈맨의 역할 — 종업원으로부터의 극비의뢰를 처리하고 그들의 불평을 조사하고 그 결과를 보고하며 변화를 위한 조언 — 을 한다.

280억 달러가 넘는 순이익을 기록하고 있는 대형 항공산업기업인 유나이티드 테크놀러지(United Technology)는 1990년에 공식적으로 윤리강령을 제정하였다.[30] 현재 유나이티드 테크놀러지에는 윤리강령을 준수하도록 하는 책임을 맡고 있는 윤리담당자가 160명이나 있다. 이 회사는 1986년에 옴부즈맨 프로그램을 만들어 종업원들이 윤리적 이슈에 대해 익명으로 문의할 수 있도록 하였다. 이 프로그램은 1986년 이후 5만 6천 건의 문의를 받았으며 8천 건이 옴부즈맨에 의해 처리되었다.

강력한 기업의 지배력 경영자들이 윤리규범을 준수하고, 특히 최고경영진들이 횡령이나 정보조작에 연루되지 않도록 하려면 강력한 기업지배력이 필요하다. 강력한 기업지배력의 핵심은 독립된 이사회이다. 만약 Tyco, WorldCom, Enron이 강력한 이사회를 가졌더라면, 회계스캔들로 얼룩지지는 않았을 것이고 최고경영진들이 회사자산을 자신의 개인적 자금으로 생각하지는 못했을 것이다.

강력한 지배력을 위해서는 다음의 5가지 전제가 필요하다.

첫 번째는 이사회가 회사 내 경영책임이 없고 회사의 중요한 내부자와 아무런 관련이 없는 사외이사들로 다수가 구성되어야 한다. 사외이사는 높은 청렴성을 가진 사람이어야 한다.

두 번째 전제요소는 CEO와 이사회의장은 서로 다른 사람이어야 하며, 이사회의장은 사외이사여야 한다. CEO가 이사회를 주재하게 되면 이사회의 의제를 통제하게 되고 개인적 의제를 조장하거나 현재 기업의 정책에 대한 비판을 제한하게 된다.

세 번째 전제는 이사회의 보상위원회는 완전히 사외이사에 의해 구성되어야 한다는 것이다. 보상위원회는 스톡옵션 등 최고경영진에 대한 보상수준을 결정하게 된다. 만약 보상위원회가 경영진들과 독립된다면 횡령의 범위는 줄어들게 된다.

네 번째 전제는 기업의 재무상태를 감사하는 이사회의 감사위원회가 외부인들에 의해 구성되어야 한다는 것이다. 그럼으로써 기업의 재무상태에 대한 활발하고 독립적인 질문이 가능하게 된다.

다섯 번째 전제로 이사회는 진정으로 독립적이고 이해관계의 갈등이 없는 외부감사를 활용해야 한다. 최근의 회계스캔들에서는 외부감사가 기업의 컨설턴트였고 따라서 수익성 있는 컨설팅계약이 위험에 처할까 두려워 경영진들에 대해 어려운 질의를 하지 못했다.

미국에서는 2002년 기업을 감사하는 회계회사는 같은 기업에게 컨설팅서비스를 제공해서는 안 되며, CEO가 재무제표를 통해 기업의 상태에 대해 진실되고 정확하게 보여주도록 요구하는 Sarbanes-Oxley법이 기업의 지배력을 상당히 강화시켰다.

윤리적 용기 경우에 따라 경영자들이 상당한 윤리적 용기를 필요로 한다는 것을 인식하는 것이 중요하다. 이를 통해 경영자는 수익성이 크지만 비윤리적인 의사결정으로부터 벗어날 수 있다. 윤리적 용기는 종업원들이 비윤리적인 행위를 요구하는 상급자들에게 노(No)라고 말할 수 있는 힘을 준다. 윤리적 용기는 종업원들이 회사 내에서 지속적으로 존재하는 비윤리적인 행위에 대해 내부고발을 할 수 있도록 청렴성을 준다. 윤리적 용기는 쉽게 오지는 않는다. — 비윤리적이라 생각하는 기업의 행위에 대해 내부고발을 한 사람들이 회사에서 해고당한 사례도 있다.[31]

기업은 윤리적 용기를 내 상급자에게 아니라고 말하고 비윤리적 행위에 대해 비난할 수 있는 종업원에게 보복을 가하지 않음으로써 종업원들의 윤리적 용기를 강화할 수 있다. 예를 들어, 다음과 같은 유니레버의 윤리강령의 일부를 살펴보자.

> 윤리강령의 위반은 부칙의 절차에 따라 보고되어야 한다. 유니레버 이사회는 이러한 원칙과 지침에 준수함으로써 발생하는 모든 비즈니스의 손실에 대해 경영진의 책임을 묻지 않을 것이다. 유니레버 이사회는 모든 종업원들이 최고경영진들의 이러한 원칙의 위반이나 위반이 의심되는 사실에 대해 주의를 기울일 것을 기대한다. 종업원의 보고사실은 비밀에 붙여질 것이며 어떤 종업원도 이러한 보고의 결과로 불이익을 당하지 않을 것이다.[32]

이 조항은 종업원의 윤리적 용기를 북돋우게 한다. 기업들은 또한 종업원이 기업의 윤리사관에게 불만사항을 익명으로 알릴 수 있도록 하는 기업윤리 핫라인을 개설할 수도 있다.

요 약 여기서 논의된 모든 단계는 경영자들이 비즈니스 의사결정을 할 때 윤리적 시사점을 완전히 인식하고 기본적인 윤리적 가르침을 위반하지 않도록 하는 데 도움이 된다. 그러나 우리는 모든 윤리적 딜레마가 명백하고 분명한 해결책이 있지는 않다는 것을 기억해야 한다. 그것이 어떤 문제들의 딜레마인 이유이다. 이런 경우 복잡하고 혼란스런 상황을 분별하여 최대한 공평하게 균형잡힌 의사결정을 하는 경영자의 능력이 중요하다.

사회적 책임

사회적 책임
경영자들이 의사결정을 할 때 어떤 사회적 기준에 기반해야 한다는 의무감

이해관계자와 그들의 주장을 인식하고 준법적·윤리적으로 행동하는 것에 덧붙여, 많은 사람들은 기업이 사회적으로도 책임있게 행동해야 한다고 믿고 있다. 기업에게 있어 **사회적 책임**(social responsibility)은 경영자가 의사결정에서 특정한 사회적 기준을 확립해야 하는 일종의 의무라고 할 수 있다. 이 개념은 경영자들이 의사결정을 평가할 때 사회의 복지를 증대시키는 일련의 행위를 선호해야 한다는 전제를 내포하고 있다. 선택되는 목표는 꽤 구체적이다. 기업이 기반으로 하고 있는 지역사회의 복지를 증진시키고 환경을 개선하며 종업원들의 교육수준을 높이는 것 등이다.

// 사회적 책임에 대한 논쟁

순수한 형태로의 사회적 책임은 기업이 해야 할 올바른 길이기 때문에 자신의 이익을 위한 것이다. 이러한 접근법의 지지자들은 기업, 특히 대규모의 잘나가는 기업이 자신의 성공을 가능하게 해준 사회에게 무엇인가를 다시 돌려줄 필요가 있다고 주장한다. 보다 실용적인 주장은 사회적으로 책임감 있는 행위가 기업 스스로에게 도움이 되며 더 좋은 재무성과로 이어질 수 있다는 것이다.[33] 경제적 행위는 기업외부의 이해관계자들에게 영향을 미치는 사회적 결과를 내포하고 있다. 따라서 이러한 이해관계자들의 지지를 얻기 위해 기업은 전략을 세울 때 그러한 사회적 결과를 고려해야 한다. 그렇지

염분기가 없어 더 맛있는 물 알제리에 있는 BP사업장 근처의 지역사회에서 이 회사는 현지주민들에게 깨끗한 식수를 공급하기 위해 4개의 염분제거공장을 건설하였다. 이는 세계에서 가장 큰 석유회사인 BP가 수행하는 사회적 투자의 일부이다.

않으면 기업에 대한 안 좋은 태도와 반대를 야기시킬 수 있다. 예를 들어, 지역사회가 기업을 지역환경에 악영향을 미치는 것으로 인식한다면, 그 지역에 새로운 공장설비를 건설하려는 기업의 시도를 방해할지도 모른다.

실용주의적 접근법은 우리가 이전에 논의했던 이해관계자 접근법의 연장선상에 있다. 이와는 다르게, 성공한 기업이 사회적 책임을 수행해야 한다는 것을 강조하는 접근법에서는 실용주의적 접근법의 주장을 넘어서 사회 전체의 복지를 증진시키는 활동을 해야 한다고 주장한다.

세계 최대의 석유회사 중 하나인 BP(British Petroleum)는 최근 수년간 사회적 책임의 개념을 통감한 기업의 좋은 예이다.[34] BP는 온실가스 배출이 예측 불가능하고 잠재적으로 해로운 방식으로 세계의 기후를 변화시킬 수 있음을 깨달은 최초의 석유회사이다. BP는 환경에 유해한 일을 하지 않는다는 목표－생산물이 온실가스 배출의 일차적 원인이 되는 석유회사로서는 매우 어려운 목표－를 채택하였다. 1990년대 후반 이후 BP는 석유로 가동되는 전기공장과 자동차로부터 온실가스 배출을 감축하기 위한 기술개발에 투자를 해왔다. 1998년 BP는 1990년을 기준으로 2010년까지 자체공장에서 온실가스 배출을 10% 감축한다는 목표를 세웠다. 이 회사는 실제로 이 목표를 예정보다 9년이나 빠른 2001년에 달성하였다. 더욱이 연료 효율성 증대와 연소가스량의 감축을 통해 비용증가 없이도 이러한 온실가스 배출을 달성하였다.

BP는 회사가 비즈니스를 수행하는 지역사회에 대한 책임을 설정하고 지역사회에서 삶의 질을 향상시키기 위해 투자를 해왔다. 예를 들어, 알제리에서 최대 외국 석유기업인 BP는 다른 무엇보다도 현지 물공급의 품질을 향상시키기 위한 시설에 투자하는 사회투자프로그램을 실시하였다. 식수를 공급하는 지하수가 소금으로 오염된 인살라의 사막지역에서 BP는 4개의 염분제거공장을 세워 그 지역의 27,000여 주민이 식수와 조리용으로 매일 20리터의 물을 이용할 수 있게 해주었다. 이는 특이한 경우가 아니라 BP가 사업을 하는 어느 곳에서나 이 회사는 사회투자 프로그램을 구축하여 왔는데, 이는 이러한 일이 올바른 것이라고 회사가 믿고 있고, 또한 회사의 명성을 증대시키는 행동을 함으로써 장기적인 기업의 이익에 도움이 되기 때문이다. 만약 BP가 사업을 수행하는 지역사회에서 좋은 기업시민으로 평가된다면 미래에 그 지역사회에서 공장을 확장하거나 다른 지역사회에 진출하기가 보다 용이해질 것이다.

// 프리드먼 독트린

어떤 사람들은 기업이 사회적 목표를 추구할 의무는 없다고 주장한다. 노벨상 수상자인 밀턴 프리드먼(Milton Friedman)은 사회적 책임에 대한 고려가 비즈니스 의사결정에 개입되어서는 안 된다고 주장한다.[35]

> 기업은 오직 한 가지의 사회적 책임을 갖고 있는데 사기나 속임수가 없는 자유롭고 개방된 경쟁이 보장되는 게임의 룰 안에서 자원을 사용하여 수익성을 높이는 활동을 하는 것이다.[36]

프리드먼은 기업이 법률에 의해 정해지고 기업의 효율적 운영에 필요한 것을 넘어서는 사회적 비용을 떠맡아야 한다는 데 명백하게 반대하고 있다. 예를 들어, 그는 법에 의해 요구되는 수준과 종업원의 생산성을 극대화시키는 데 필요한 수준 이상으로 근로환경을 향상시키는 것은 수익성을 악화시키기 때문에 적절하지 못한 것이라고 주장한다. 기업이란 회사의 주인인 주주들에게 돌아갈 수익률을 극대화시키는 방법으로서 이익을 극대화시켜야 한다는 것이 그의 믿음이다. 만약 주주들이 사회적 투자를 하기를 원한다면 그것은 그들의 권리이다. 그러나 기업의 경영자들이 주주들만을 위해 결정해서는 안 된다.

프리드먼의 입장은 잘 알려져 있지만 그가 기업에게 긍정적인 부작용을 미치는 사회적 비용까지도 반대하지는 않을 것이다. 예를 들어, BP는 사회적 투자로부터 얻게 되는 긍정적 평판과 선의로부터 나오는 경제적인 혜택을 얻고 있다. 이뿐만 아니라 기업에 의한 사회적으로 책임있는 행동이 더 나은 가치를 위해 사회를 변화시킬 수 있고, 그러한 행동으로부터 모두가 혜택을 볼 수 있다고 논의가 전개될 수 있다. 예를 들어, 1980년대 크고 성공적인 많은 미국 기업들이 아프리카에서 살고 있는 사람들의 다수를 차지하는 아프리카와 아시아계 후손들의 정치적 대표성을 부정하는 백인 우월주의(apartheid) 정권에 반대하여 남아공에 대한 투자를 철회하였다. 이러한 행동은 남아공의 경제적 위기를 초래하였고 이것이 원인이 되어 흑인차별주의는 붕괴되고 민주정권이 들어서게 되었다. 이 사례가 보여주는 것은 기업이 사회적 변화와 진보의 수단이 될 수 있다는 것이고 많은 사람들이 기업도 자신의 행동을 선택할 때 이러한 사회적 고려를 염두에 두어야 한다고 믿고 있다.

결 론 왜 중요한가?

왜 경영자들은 이해관계자, 기업윤리, 사회적 책임에 대해 주의를 기울여야 하는가? 경영자들이 조직에 대한 이해관계자들의 요구를 무시한다면, 이해관계자들은 그들의 지지를 철회할 것이고 조직의 성과는 휘청거릴 것이다. 다른 말로 하면, 이해관계자들의 요구를 고려하는 것이 경영자의 자기이익추구이다.

경영자들이 높은 윤리적 기준을 고수해야 하는 몇 가지 이유는 다음과 같다.

첫째, 그렇게 함으로써 경영자들은 자신의 개인적 평판을 증대시킬 수 있고 이것이 장기적으로 그들에게는 가치있는 것이다.

둘째, 비즈니스 의사결정의 윤리적 측면을 고려하는 것은 서로 다른 이해관계자집단의 권리가 존중되도록 하는 좋은 방법이다.

셋째, 윤리적으로 행동하는 것은 옳은 일이다. 윤리적 행위는 그 자체로 가치있게 평가받아야 한다. 윤리적으로 행동하는 사람들은 자긍심이 높고 장기적으로 심리적 안정감을 가져다준다.

넷째, 경영자들은 그들이 비즈니스 의사결정을 할 때 사회적 책임의 문제를 고려해야 하는데, 이는 모든 경제적 의사결정이 이해관계자들에게 영향을 미치는 사회적 결과를 가지고 있기 때문이다. 사회적으로 책임있는 투자를 하는 것은 이해관계자들의 주장을 인식하고 이해관계자와의 관계를 향상시키는 또 다른 방법이다. 더욱이 윤리적 행동과 함께 경영자들은 의사결정 시에 사회적 요소를 고려해야 한다. 특히, 대기업은 그들이 사업을 하는 사회로부터 많은 것들을 얻고 있고 따라서 인간의 복지를 향상시키는 사회적 투자로서 사회에 보답할 의무가 있다.

Management Challenges

1. 이해관계자란 무엇인가?
2. 경영자들은 이해관계자의 관심에 대해 법에서 요구되는 수준을 넘어서서 다루어야 하는가?
3. 당신이 인도에 있는 하청업체에게 노동력을 아웃소싱하는 기업의 경영자라고 생각해보라. 하청업체가 12세에서 16세 사이의 어린이들을 고용하여 저임금으로 장시간 노동을 시킨다는 것을 알게 되었을 때
   a. 당신은 이 상황에 윤리적으로 책임이 있는가?
   b. 당신은 어떤 행동을 취해야 하는가?
   c. 그 어린이들이 가족을 부양해야 하고 그러한 노동을 하지 않으면 길에서 구걸하거나 도둑질을 하거나 매춘을 해야 한다면 어떻게 할 것인가? 이러한 사실이 당신의 입장을 변화시킬 것인가? 당신은 이 상황을 해결하기 위해 다른 무엇인가를 할 것인가?
4. 한때 Credit Suisse First Bank의 스타 투자자였던 Frank Quattrone는 'Frank의 친구들'로 알려진 실리콘 밸리에 있는 '영향력 있는 업체들'에게 향후 Credit Suisse First Bank에서 기업공개(IPO)를 한다는 조건으로 기술기업의 기업공개 시 주식을 배분한 것이 2003년에 드러났다.[37] 그 회사의 주식은 확보하기가 어려웠고 통상적으로 IPO 직후에 상당히 절상되곤 한다. 이러한 행동이 윤리적인가?
5. 2004년 Boeing의 CFO Mike Sears는 정부관료인 Darleen Druyun에게 보잉사의 보수가 높은 직책을 제안하였다. 당시 Druyun은 공군 탱크를 조립하는 170억 달러짜리 계약을 보잉사와 체결할지 말지를 평가하는 데 관여하고 있었다. 보잉은 에어버스와의 치열한 경쟁에서 계약을 따냈고 Druyun은 곧이어 보잉사에 고용되었다. 여러분은 이 일자리 제안이 공군의 의사결정에 영향을 미쳤다고 생각하는가? 여러분이 보잉사의 이사회 구성원이라면 Sears의 행동을 찬성했을 것인가? 만약 여러분은 찬성하지 않는다면 어떤 행동을 취할 것인가?

Management Portfolio

한 기업을 선택하여 다음을 살펴보시오.

1. 종업원, 고객, 주주, 그리고 일반시민을 포함하는 핵심 이해관계자의 주장을 만족시키고 있는가? 만약 그렇다면 어떻게 만족시켰는지, 아니라면 왜 그러지 못했는지를 말하시오.

2. 여러분이 속한 조직의 윤리적 환경을 어떻게 특징적으로 설명할 수 있는가? 여러분의 결론을 뒷받침하는 증거는 무엇이 있나?

3. 만약 여러분이 속한 조직이 최근 몇 년간 부정적 윤리적 이슈에 초점이 되고 있는지 찾아보시오. 만약 있다면 이것이 불량한 경영자의 독자적 행동 때문인지 보다 체계적인 조직적 문제인지를 판단해 보시오.

4. 여러분이 속한 조직은 협소한 자신만의 경제적 이익을 넘어서는 사회적 투자를 수행하고 있는가? 만약 그렇다면 어떤 종류의 투자를 하고 있는가? 이러한 투자로부터 혜택을 얻는 사람들은 누구인가? 당신은 이러한 투자를 찬성하는가?

마·침·사·례 월마트의 근로환경

샘 월튼이 월마트를 설립했을 때 그의 핵심가치 중 하나는 다음과 같았다. 만약 당신이 종업원들을 존중하고 그들의 보상을 회사의 성과와 연동시키고, 중요한 정보와 의사결정에 있어 그들을 신뢰하고 승진에 대한 광범위한 기회를 제공한다면 그들은 회사에 헌신과 성실한 노동으로 보답할 것이다. 수년간 이러한 방식은 성공적으로 운영되었다. 회사 내에서 그들의 지위를 반영하여 종업원들을 'ASSOCIATE'라 불렀다. 심지어 시간당 최저임금을 받는 근로자라도 수익분배계획에 참여할 수 있고 시장가격보다 싸게 회사의 주식을 구매할 수 있도록 하는 수익분배 보너스를 받을 수 있었다. 또한 회사는 내부승진의 미덕을 가지고 있었다(월마트 경영자의 2/3가 시간당 근로자로 시작하였다). 동시에 월튼과 그의 후계자들은 항상 종업원에 대해 충성과 성실한 노동을 요구했고—특히, 경영진들은 새로운 점포로의 이동이 갑작스럽게 통보되기도 하였다—시간당 근로자의 기준임금은 낮았다. 이러한 경영진이 있는 동안 종업원으로부터 별다른 불평은 없었다.

그러나 월마트가 정당한 보상없이 종업원들에게 초과근무를 강요하고 여성에 대해 차별하고 밀입국 이민노동자를 점포청소원으로 고용하여 기준 이하의 임금을 지불한 하청업체를 사용했다는 사실로 여러 건의 소송에 휘말리면서 최근 10년간 회사와 종업원의 관계가 긴장돼가고 있다.

일례로 워싱턴주에서의 소송건은 월마트가 상시적으로 ① 시간당 근로자에게 근로시간을 전부 다 보고하지 말 것을 강요하고, ② 근무시간을 제대로 기록하지 않고, 때로는 종업원의 근무표에서 근무시간에서 삭감하고, ③ 종업원들에게 충분한 휴식시간과 식사시간을 주지 않고, ④ 초과근무를 하지 않는 종업원들에게 해고위협을 하고, ⑤ 임금이 지불되지 않는 회의나 컴퓨터 교육을 근로자들에게 강요하였다고 한다. 더욱이 소송건에서는 월마트가 주 40시간 이상 일하는 종업원들에게 제재를 가하는 '초과근무 불허'정책을 갖고 있으나 실제로서 주당 40시간 내에 할 수 있는 것보다 더 많은 일을 종업원에게 할당하였다고 말하고 있다. 워싱턴주의 소송건은 최근 수년간 전역에서 일어나고 있는 30여 건의 소송 중 하나일 뿐이다.

여성에 대한 차별과 관련해서 사건은 1996년으로 거슬러 올라간다. 캘리포니아매장의 부지점장 스테파니 오들은 우연히 같은 매장의 남성 부지점장의 급여명세서를 보게 되었다. 그는 오들보다 1만 달러나 더 받고 있었다. 그녀가 상급자에게 이러한 급여 차이에 대한 설명을 요구했을 때 그녀가 들은 답변은 남성동료는 '먹여살릴 부인과 아이들이 있기 때문'이라는 것이었다. 싱글맘이었던 오들이 이에 항의를 했을 때 그녀는 개인적 생활비내역을 제출하도록 요청받았다. 그녀의 급여는 2,080달러가 인상되었다. 그리고 그 후 그녀는 해고되었다. 그녀는 이것이 그녀의 불평에 대한 보복이라고 주장하였다. 1998년 회사를 성차별로 고소하였다. 비슷한 다른 건들이 동시에 제소되기 시작하였고 2004년 소송은 160만 명에 이르는 월마트의 전·현직 여성종업원들의 집단소송으로 발전하였다. 소장에 따르면 월마트는 여성종업원들에게 남성종업원들과 동일한 임금을 지불하지 않았고 승진에 있어 동등한 기회를 제공하지 않았다는 것이다.

불법적인 초과근무와 성차별 소송에 대해 월마트는 잘못을 인정하지 않고 있다. 회사는 140만 명의 종업원이 있기 때문에 일부 문제가 일어날 수 있다고 얘기하면서 그러나 초과근무수당 없이 시간당 근로자에게 근무를 시키거나 여성에 대해 차별하는 시스템적인 회사 차원의 노력은 절대 없었다고 주장하고 있다. 실제로 해고와 승진의 결정은 점포단위에서 일어나기 때문에 회사가 일일이 개입하기는 힘들다고 주장한다.

비관론자들은 비록 월마트가 불법적 초과근무나 차별을 조장하는 정책은 가지고 있지 않을지라도 비용긴축에 대해 강하게 압박하는 기업문화가 이를 악용할 수 있는 환경을 만들고 있다고 비난하고 있다. 점포지점장은 늘 과도한 성과목표를 달성하도록 요구받고 있고 이를 위해 종업원들에게 대가없이 초과근무를 하도록 압력을 가하고 있다는 것이다. 이와 비슷하게 매니저들에게 급작스레 다른 점포로의 이동을 통보하는 회사정책이 가족을 떠나 단기간에 다른 지역으로 이동하는 것이 좀 더 어려운 여성들을 차별하는 것이 되기도 한다.[38)]

토론문제

1. 월마트의 창업자 샘 월튼이 형성한 가치와 관례가 이해관계자로서 종업원들이 기업에 대해 가지는 요구를 충분히 인식하였다고 생각하는가?
2. 무엇이 최근 월마트의 윤리적 환경에 변화를 가져왔고 종업원들에 의한 소송건에 휘말리게 되었을까?
3. 월마트가 윤리적 문제가 있다고 보는가? 140만 종업원을 가지고 있어 일부 문제가 생길 수도 있다는 회사의 주장이 맞는 것인가?
4. 여러분이 월마트를 경영하였다면, 특히 종업원과 관련하여 잠재적 윤리적 이슈를 해결하기 위해 어떤 단계를 밟을 것인가?

※ 주석 | Endnotes

1. "Boycott Nike," *CBS News 48 Hours,* October 17, 1996; D. Jones, "Critics Tie Sweatshop Sneakers to 'Air Jordan,'" *USA Today,* June 6, 1996, p. 1B; S. Greenhouse, "Nike Shoe Plant in Vietnam Is Called Unsafe for Workers," *New York Times,* November 8, 1997.
2. E. Freeman, *Strategic Management: A Stakeholder Approach* (Boston: Pitman Press, 1984).
3. C.W.L. Hill and T.M. Jones, "Stakeholder–Agency Theory," *Journal of Management Studies* 29 (1992), pp. 131–54; J.G. March and H.A. Simon, *Organizations* (New York: Wiley, 1958).
4. S.L. Berman, A.C. Wicks, S. Kotha, and T.M. Jones, "Does Stakeholder Orientation Matter?" *Academy of Management Journal* 42 (1999), pp. 488–506; J. Post and L. Preston, *Redefining the Corporation: Stakeholder Management and Organization Wealth* (Palo Alto, CA: Stanford University Press, 2002).
5. Hill and Jones, "Stakeholder–Agency Theory."
6. I.C. Macmillan and P.E. Jones, *Strategy Formulation: Power and Politics* (St. Paul, MN: West, 1986).
7. J.P. Kotter and J.L. Heskett, *Corporate Culture and Performance* (New York: Free Press, 1992).
8. Freeman, *Strategic Management: A Stakeholder Approach;* E. Freeman, "The Stakeholder Approach Revisited," *Zeitschrift fur Wirtschafts* 5 (2004), pp. 228–42; Hill and Jones, "Stakeholder–Agency Theory"; Post and Preston, *Redefining the Corporation: Stakeholder Management and Organization Wealth.*
9. Sources: C.W.L. Hill, "Monsanto: Building a Life Sciences Company," in C.W.L. Hill and G.R. Jones, *Strategic Management: An Integrated Approach* (Boston: Houghton Mifflin, 2001); A. Barrett, "Rocky Ground for Monsanto?" *BusinessWeek,* June 12, 2000, pp. 72–76; J. Rifkin, "Perils of Unnatural Science," *Financial Times,* June 20, 1998, p. 9; J. Forster and G. Smith, "A Genetically Modified Comeback," *BusinessWeek,* December 24, 2001, pp. 60–61.
10. Sources: J. Byrne, "How Al Dunlap Self-Destructed," *BusinessWeek,* July 6, 1998, p. 58; G. DeGeorge, "Al Dunlap Revs Up His Chainsaw," *BusinessWeek,* November 25, 1996, p. 37; Staff reporter, "Exit Bad Guy," *The Economist,* June 20, 1998, p. 70; E. Pollock and M. Brannigan, "Mixed Grill: The Sunbeam Shuffle," *The Wall Street Journal,* August 19, 1998, p. A1.
11. Freeman, *Strategic Management: A Stakeholder Approach;* Freeman, "The Stakeholder Approach Revisited."
12. "Money Well Spent: Corporate Parties," *The Economist,* November 1, 2003, p. 79; M. Maremont, "Tyco Figures Will Be Jailed for at Least 7 Years," *The Wall Street Journal,* September 20, 2005, p. C1.
13. Anonymous, "Timet, Boeing Settle Lawsuit," *Metal Center News* 41 (June 2001), pp. 38–39.
14. J. Kahn, "Ruse in Toyland: Chinese Workers' Hidden Woe," *The New York Times,* December 7, 2003, pp. A1, A8.
15. P. Singer, *One World: The Ethics of Globalization* (New Haven, CT: Yale University Press, 2002).
16. G. Hardin, "The Tragedy of the Commons," *Science* 162, no. 1, pp. 243–48.
17. See N. King, "Halliburton Tells the Pentagon Workers Took Iraq Deal Kickbacks," *The Wall Street Journal,* January 23, 2004, p. A1; Anonymous, "Whistleblowers Say Company Routinely Overcharged," Reuters, February 12, 2004; and R. Gold and J.R. Wilke, "Data Sought in Halliburton Inquiry," *The Wall Street Journal,* February 5, 2004, p. A6.
18. Transparency International, *Global Corruption Report 2005,* www.transparency.org, 2005.
19. www.transparency.org.
20. S.W. Gellerman, "Why Good Managers Make Bad Ethical Choices," *in Ethics in Practice: Managing the Moral Corporation,* ed. K.R. Andrews (Harvard Business School Press, 1989).
21. D. Messick and M.H. Bazerman, "Ethical Leadership and the Psychology of Decision Making," *Sloan Management Review* 37 (Winter 1996), pp. 9–20.
22. R. Bryce, *Pipe Dreams: Greed, Ego, and the Death of Enron* (New York: Public Affairs, 2002).
23. See T.L. Beauchamp and N.E. Bowie, *Ethical Theory and Business,* 7th ed. (Upper Saddle River, NJ: Pearson Prentice-Hall, 2001), pp. 17–23.
24. T. Donaldson. *The Ethics of International Business* (Oxford: Oxford University Press, 1989).
25. Donaldson, *The Ethics of International Business.*
26. J. Rawls, *A Theory of Justice,* rev. ed. (Boston: Belknap Press, 1999; original edition 1971).
27. Unilever Web site: http://www.unilever.com/company/ourprinciples/.
28. J. Bower and J. Dial, *Jack Welch: General Electrics Revolutionary* (Harvard Business School Case # 9-394-065, April 1994).
29. For example, see R.E. Freeman and D. Gilbert, *Corporate Strategy and the Search for Ethics* (Englewood Cliffs, NJ: Prentice-Hall, 1988); T. Jones, "Ethical Decision Making by Individuals in Organizations," *Academy of Management Review* 16 (1991), pp. 366–95; and J.R. Rest, *Moral Development: Advances in Research and Theory* (New York: Praeger, 1986).
30. United Technologies Web site: http://www.utc.com/profile/ethics/index.htm.
31. C. Grant, "Whistle Blowers: Saints of Secular Culture," *Journal of Business Ethics,* September 2002, pp. 391–400.
32. Unilever Web site: http://www.unilever.com/company/ourprinciples/.
33. S.A. Waddock and S.B. Graves, "The Corporate Social Performance–Financial Performance Link," *Strategic Management Journal* 8 (1997), pp. 303–19.
34. Details can be found on BP's Web site at www.BP.com.
35. M. Friedman, "The Social Responsibility of Business Is to Increase Profits," *New York Times Magazine,* September 13, 1970. Reprinted in Beauchamp and Bowie, *Ethical Theory and Business.*
36. Friedman, "The Social Responsibility of Business Is to Increase Profits."
37. L. Himelstein, S. Hamm, and P. Burrows, "Inside Frank Quattrone's Money Machine," *BusinessWeek,* October 13, 2003, pp. 104—9.
38. Sources: S. Holt, "Wal-Mart Workers' Suit Wins Class Action Status," *The Seattle Times,* October 9, 2004, pp. E1, E4; C. Daniels, "Women v. Wal-Mart," *Fortune,* July 21, 2003, pp. 79–82; C.R. Gentry, "Off the Clock," *Chain Store Age,* February 2003, pp. 33–36; M. Grimm, "Wa-Mart Uber Alles," *American Demographic,* October 2003, pp. 38–42.

Memo

// PART 2

경영전략

5

계획수립과 의사결정

PLANNING AND DECISION MAKING

LEARNING OBJECTIVES

이 장을 학습한 후 여러분은

1. 조직 내 각기 다른 수준의 계획에 대해 설명할 수 있다.
2. 전략, 전술, 운영, 부서계획의 차이점에 대해 설명할 수 있다.
3. 일회성 계획, 지속적 계획, 상황계획의 유용성에 대해 설명할 수 있다.
4. 전략계획시스템의 주요 구성요소를 설명할 수 있다.
5. 정규 계획수립과정에서 경영자가 빠질 수 있는 위험과 이러한 위험을 최소화할 수 있는 방법에 대해 설명할 수 있다.
6. 경영자가 부실한 의사결정을 하게 되는 주요 원인을 알고, 의사결정의 질을 높이기 위해서 어떻게 해야 하는지를 설명할 수 있다.

재도약!
인텔의 최고경영자인 Paul Otellini가 성장률을 높이기 위한 새로운 전략계획을 발표하고 있다. 이 전략은 컴퓨터의 용도에 적합한 플랫폼을 개발하는 것이다.

도입사례

20여 년간 인텔은 퍼스널컴퓨터의 두뇌라고 할 수 있는 마이크로프로세서를 생산함으로써 성장해왔다.
그러나 2000년대 초반이 되자 인텔의 성장은 한계에 직면하게 된다. 그 이유는 퍼스널컴퓨터 산업의 성장률이 둔화되었고, 경정자인 AMD가 공격적으로 시장점유율을 확대해 나갔기 때문이다. 따라서 인텔의 최고경영자인 Paul Otellini는 새로운 전략계획을 수립했다. 그의 계획은 컴퓨터 사용자들이 원하는 특정 기능을 수행하도록 여러 개의 칩으로 '플랫폼'을 만드는 것이었다. 즉 기업용 컴퓨터, 가정용 컴퓨터, 노트북 컴퓨터, 의료서비스용 컴퓨터 각각에 적합한 플랫폼을 개발하는 것이다. 각 플랫폼은 각기 다른 고객이 가진 특유의 니즈를 충족시키게 된다. 예를 들어, 가정용 컴퓨터의 플랫폼은 마이크로프로세서에 홈 네트워킹을 위한 무선랜 관련 칩, 디지털 영화를 재생하기 위한 칩, 컴퓨터 게임용 3D 그래픽에 필요한 칩을 포함하게 된다. 인텔은 플랫폼 사업이 모든 컴퓨터의 가치를 향상시키고, 따라서 인텔의 성장률을 높여줄 것으로 기대하고 있다.[1]

그림 5. 1

계획수립의 주요 단계

계획수립
경영자가 목표를 설정하고, 목표를 달성하기 위한 활동(전략)을 선택하며, 활동을 실행하기 위해 조직 내 개인과 부서에 역할을 배분하고, 성과를 목표와 비교함으로써 성공여부를 평가하여, 이를 바탕으로 계획을 수정하는 과정

인텔의 사례에서 보듯이, 계획수립은 경영의 핵심적인 기능이다. **계획수립**(planning)이란 경영자가 목표를 설정하고, 목표를 달성하기 위한 활동(전략)을 선택하며, 활동을 실행하기 위해 조직 내 개인과 부서에 역할을 배분하고, 성과를 목표와 비교함으로써 성공여부를 평가하여, 이를 바탕으로 계획을 수정하는 과정이다(그림 5. 1 참조). 즉, 계획수립은 중요한 의사결정을 내리기 위한 구조화된 과정인 것이다. 첫째, 계획은 조직의 방향을 설정해준다. 이는 모든 구성원에게 조직이 무엇을 하려고 하고, 우선순위는 무엇이며, 어디로 가려 하는가, 어떻게 그곳에 갈 수 있는가를 알도록 해준다. 둘째, 계획은 자원을 배분하고 누가 무엇을 해야 하는가를 결정하는 과정이다. 계획에 따라 역할, 책임, 자금이 배분된다. 셋째, 계획은 통제 메커니즘이기도 하다. 실현된 성과와 계획을 비교함으로써 경영자들은 조직이 목표를 달성하고 있는지, 그리고 어떠한 수정이 필요한지를 판단할 수 있다.

예를 들어, Paul Otellini는 수립된 계획에 따라 인텔을 4개의 시장별 사업부로 재조직하고 각각에게 구체적인 역할, 책임, 자원을 배분했다. 네 개의 사업부는 기업용 컴퓨터, 가정용 컴퓨터, 노트북 컴퓨터, 의료서비스용 컴퓨터에 필요한 플랫폼을 각각 개발하게 된다. Otellini는 각 사업부의 성과를 구체적인 목표와 비교하여, 필요한 수정을 해나갈 수 있을 것이다. 만약 노트북 컴퓨터 사업부의 경영자가 계획을 성공적으로 실행한다면 그는 성과에 따른 보너스를 받고, 미래에 Paul Otellini가 은퇴할 때 그의 뒤를 이을 최고경영자의 후보가 될 것이다. 만약 가정용 컴퓨터 사업부가 플랫폼을 개발하는데 어려움을 겪는다면, Otellini는 사업부의 주요 경영자를 교체함과 동시에 더 많은 기술개발자금과 엔지니어들을 그 사업부에 배치하게 될 것이다. 이와 같이 계획은 기업을 경영하는 데 있어서 통제 메커니즘으로써의 역할을 하게 된다.

이번 장에서는 계획수립의 속성에 대해서 살펴보고, 전략적 의사결정과 조직통제를 위한 과정으로서의 효용에 대해서 알아보고자 한다. 그러나 우리는 계획수립이 가지는 한계에 대해서도 생각할 필요가 있다. 모든 것이 사전에 계획될 수는 없다. 때때로 세상은 아무리 잘 수립된 계획이라도 낡아서 못쓰게 만들기도 한다. 예측하기 어려운 일들이 발생하기도 하고, 새로운 아이디어가 의도하지 않게 탄생하기도 한다. 계획수립과정 또한 문제를 낳기도 한다. 세상을 떠들썩하게 한 많은 전략적 실패들이 알고 보면 광범위하고 정교한 계획수립에 기초한다. 이러한 실수들은 많은 경우 경영자들이 정보를 효과적으로 활용하지 않고, 작위적으로 해석함으로써 발생한다. 즉, 잘못된 의사결정이 계획수립의 실패를 초래한다. 따라서 이 장에서는 경영의사결정(managerial decision making)에 대해 살펴본다. 또한 의사결정에서 흔히 일어나는 오류에 대해 알아보고, 경영자들이 어떻게 이러한 오류를 극복할 수 있는가에 대해서 살펴볼 것이다. 먼저 조직에서 계획수립의 속성과 구성요소를 살펴보자.

조직에서의 계획수립

조직에서 경영자가 수립하는 계획은 계획이 적용되는 조직의 수준(전략·운영 계획), 계획의 적용기간(장기·단기 계획), 계획이 사용되는 빈도(일회성·지속적 계획), 상황요인의 반영방식에 따라 나누어 볼 수 있다. 이들 각각에 대해서 살펴보자.

// 계획의 수준

계획수립은 조직 내 다양한 수준에서 이루어진다. 계획수립은 조직의 가장 높은 곳에서 시작된다. **전략계획**(strategic plan)은 조직의 주요 목표를 설정하고, 목표를 달성하기 위한 조직 전체의 전략을 설정하는 것이다. 다수의 사업부를 가진 다각화된 복잡한 조직의 경우 전략계획은 다시 기업수준의 전략계획, 사업부수준의 전략계획, 그리고 운영전략계획의 세 수준으로 나누어진다. **기업수준의 전략**(corporate-level strategy)은 기업이 어떤 산업에서 경쟁할 것인가, 그리고 산업에서 어떻게 진입 및 퇴출할 것인가를 결정하는 것이다. **사업부수준의 전략**(business-level strategy)은 이미 기업전략에 의해 결정된 산업에서 어떻게 경쟁할 것인가를 결정하는 것이다. 마지막으로 **운영전략**(operating strategy)은 사업부수준의 전략을 뒷받침하기 위해 생산, 물류, R&D, 판매 등 개별 기능수준에서 어떠한 활동을 전개할 것인가를 결정하는 것이다(다음 장에서 각각의 전략에 대해 좀 더 자세히 살펴본다). 보통의 경우 기업수준의 전략계획에 사업부수준의 전략이 포함되고, 사업부수준의 전략계획에 운영전략이 포함된다.

> **전략계획**
> 조직의 주요 목표를 설정하고, 목표를 달성하기 위한 조직 전체의 전략을 설정하는 것

> **기업수준의 전략**
> 어떤 산업에서 경쟁할 것인가, 어떻게 산업에 진출하거나 산업에서 퇴출할 것인가와 관련된 전략

> **사업부수준의 전략**
> 주어진 산업에서 어떻게 경쟁할 것인가와 관련된 전략

> **운영전략**
> 생산, 물류, R&D, 판매를 개별 기능수준에서 어떠한 활동을 전개할 것인가와 관련된 전략

3M의 예를 살펴보자. 3M은 포스트-잇과 테이프에서 LCD 스크린, 수술용품까지 5,000여 개의 제품을 생산하는 매우 다각화된 거대기업이다. 40여 개의 사업부로 조직되어 있고, 매출액은 200억 달러에 이른다. 이와 같이 거대한 규모와 넓은 범위를 가진 기업에서 전략계획은 여러 수준에 걸쳐 이루어진다. 기업수준에서는 최고경영자를 포함한 최고경영진이 조직 전체의 목표를 설정하고, 조직 전체에 영향을 미치는 기업수준의 전략을 계획하며, 기업수준 전략의 성공적인 실행을 위해 역할을 배분한다. 최근 3M은 매년 12~14% 순이익 증대를 목표로 해왔다. 목표달성을 위해 생산성 향상 프로그램을 모든 사업부에 도입하고, 경쟁적 지위를 강화하기 위한 기업인수를 실행하며, 매출과 이익을 향상시킬 가능성이 높은 혁신적인 제품에 집중적으로 연구개발투자를 하는 등의 전략을 계획·실행하고 있다.[2)]

포스트-잇과 스카치 테이프 등의 제품을 책임지고 있는 사무용품 사업부와 같은 사

그림 5. 2

계획수립의 수준

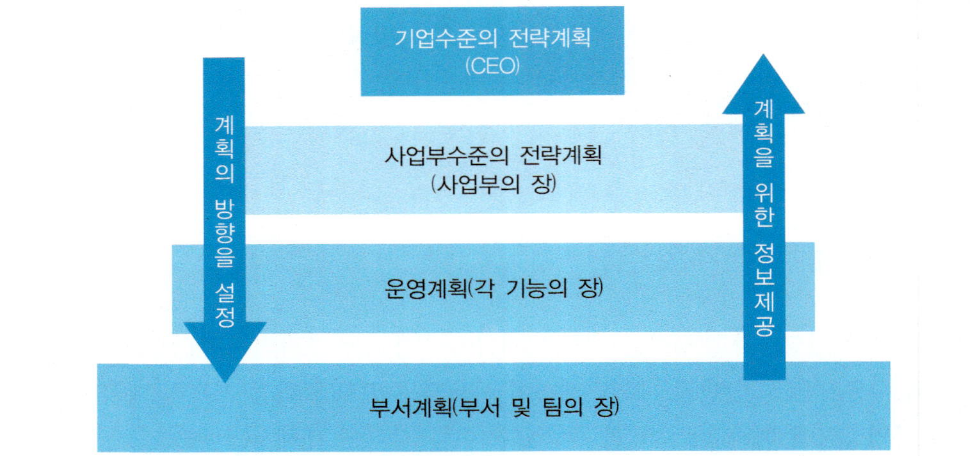

업부수준에서는 사업부의 목표를 달성하고, 사업에서의 경쟁우위를 확보하기 위해 필요한 구체적인 활동을 포함하는 사업부수준의 전략계획이 이루어진다. 예를 들어, 신제품의 개발, 성과가 나쁜 제품라인의 철수, 공급자관리의 합리화 등의 활동이 계획된다.

운영계획
각 기능의 목표, 활동, 역할을 구체화하는 계획

사업부수준의 전략에 포함된 **운영계획**(operating plan)은 사업부 내 개별 기능의 구체적 목표와 목표달성을 위해 필요한 활동들을 설정하고, 활동의 책임을 배분한다. 예를 들어, 3M의 의료사업부는 새로운 항균소재를 외과용 살균 테이프에 코팅한 신제품개발 운영계획을 가지고 있다. 이 계획은 개발기간 및 비용과 관련된 목표를 설정하고, 신제품 출시를 위해 연구개발, 마케팅, 생산기능에서 차출된 인원들로 구성된 신제품개발팀에 책임을 부여한다. 같은 사업부의 생산기능에서는 재고비용을 낮추기 위한 운영계획이 수립될 수 있다. '재고비용 20% 절감'과 같은 목표를 달성하기 위해 책임은 관련 있는 각 개인에 배분된다. 인사관리기능에서는 신제품의 판매를 위한 영업사원 채용과 같은 운영계획이 수립될 수 있다. 정보기능에서는 공급망관리를 위한 소프트웨어의 활용에 대한 운영계획을 수립할 수 있다. 마케팅기능에서는 3M 브랜드의 가치, 매출액과 이익을 높이기 위한 촉진활동의 운영계획을 수립할 수 있다.

부서계획
기능 내 부서, 팀, 개인에 대한 계획

계획수립은 여기서 멈추지 않는다. 각 기능은 보통 여러 부서를 가지고 있다. **부서계획**(unit plan)은 일반적으로 운영계획에 포함되어 있다. 예를 들어, 3M의 사무용품 사업부의 생산기능에 속한 품질관리부서에서는 사업부의 생산공정에서 제품품질을 어떻게 향상시킬 것인지에 대한 부서계획을 가지고 있다. R&D 기능에는 각기 다른 기술을 개발하는 여러 개의 부서가 있다. 각 부서는 부서의 목표, 활동, 책임, 요구되는 자원에 대한 각자의 계획을 가지고 있다.

요약하면 부서계획은 운영계획을 반영하고, 운영계획은 사업부수준의 전략계획을 반영하며, 사업부수준의 전략계획은 기업수준의 전략계획을 반영한다(그림 5. 2 참조). 이때 반영한다는 것은 상위수준의 계획이 하위수준 계획의 방향을 결정한다는 것이다. 예를 들어, 3M의 기업수준의 계획은 회사 전체에 걸친 생산성 개선 프로그램의 도입을 결정한다. 각 사업부는 이러한 내용이 사업부 내에서 어떻게 실행되어야 하는지를 계획한다. 사업부의 각 기능에서는 기능 내에서 생산성을 어떻게 향상시킬지를 계획한다. 기능 내의 각 부서는 부서 내에서 어떻게 할지를 계획한다. 동시에 상위수준의 계획은 아무 근거 없이 수립되지 않는다. 하위수준의 경영자들과 충분한 협의 후에 수립되는 것이다. 3M의 최고경영자는 개발예산을 각 프로젝트에 어떻게 분배할 것인가를 결정하기 위해, 각 프로젝트를 책임지고 있는 사업부 또는 기능수준의 경영자들과 충분한 협의를 하게 된다. 마찬가지로 사업부수준의 경영자들은 사업부의 생산성 향상계획을 수립하기 위해 사업부 내 각 기능과 부서를 책임지고 있는 경영자와 충분한 협의를 하게 된다.

// 계획의 적용기간

계획의 기간(planning horizon)은 한 계획이 얼마나 오래 적용되는가를 의미한다. 대부분의 기업수준과 사업부수준의 전략계획은 몇 년에 걸쳐 적용된다. 보편적으로 이러한 계획은 3년 또는 5년 동안 유효하다. 앞서 살펴본 인텔의 Paul Otelllini가 수립한 계획은 성공적일 경우 향후 몇 년간 인텔의 전략으로서 자리잡을 것이다. 전략계획을 자주 바꾸는 것은 기업에게 바람직하지 않다. 왜냐하면 종업원, 공급자, 고객, 투자자 등의 주요 이해관계자들이 조직의 방향을 이해하는 데 혼란을 주기 때문이다. 이러한 혼란은 최고경영진에 대한 신뢰를 떨어뜨릴 수 있다.

계획의 기간
계획이 얼마나 오래 적용되는가

전략계획이 항상 장기적인 것은 아니다. 조직은 구체적이고 일시적인 기회나 위협에 대응하기 위해 단기계획을 수립하기도 한다. 이러한 단기계획을 **전술계획**(tactical plan)이라고 하고, 일시적인 경쟁전술이 수립된다. 전술계획은 새로이 등장하는 중·단기의 구체적인 위협이나 기회에 대응하기 위해 수립된다. 예를 들어, 제약회사인 Lilly-ICOS는 발기부전 치료제인 Cialis를 2004년에 출시하였다. 그러나 Cialis가 경쟁제품인 Viagra에 비해서 높은 효과가 있음에도 불구하고, 시장선도자인 Pfizer의 시장점유율을 빼앗아오는 것은 매우 힘들었다. 따라서 2004년 중반 이 회사의 경영진은 남성들에게 Cialis를 무료로 체험하게 하는 전술계획을 수립했다. Cialis의 약속(Cialis Promise)이라는 프로그램을 시작한 것이다. 발기부전 남성들은 무료 체험을 위한 상품권을 받게 되었고, 체험에 만족할 경우 두 번째 체험도 무료로 할 수 있었다. 만약 Cialis에 만족하지 않으면, ICOS는 Viagra와 같은 경쟁제품을 대신 구매해 주었다. 이러한 아이디어는 Viagra 소비자들이 Cialis로 전환하도록 하기 위한 것이었다. 프로그램의 효과는 즉각적으로 나타났다. Cialis의 시장점유율이 기존의 2배인 25%까지 상승한 것이다.

전술계획
새롭게 등장한 구체적인 기회나 위협에 대응하기 위한 중·단기적인 계획

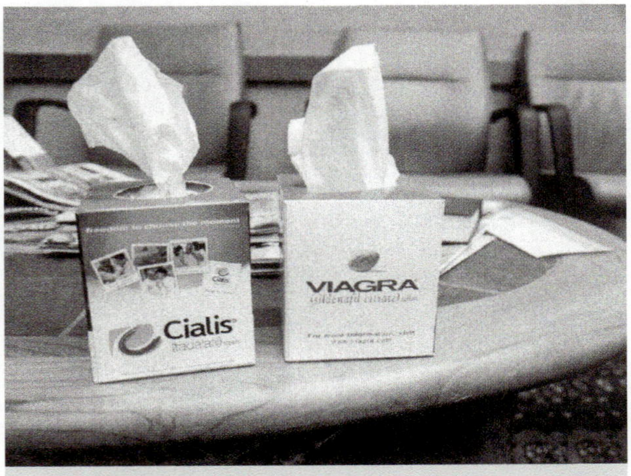

Cialis의 약속 Viagra로부터 시장점유율을 빼앗아오기 위해, ICOS는 Cialis의 약속이라는 프로그램을 계획했다. 이 전술계획으로 인해 시장점유율을 기존의 2배인 25%까지 확대시킬 수 있었다.

운영계획과 부서계획은 전략계획보다 적용되는 기간이

짧다. 기본적인 전략계획이 몇 년간 지속되는 동안, 운영계획과 부서계획은 계획된 과업이 완수되면 다음 과업으로 넘어가기 위해 정기적으로 변경된다. 예를 들어, 3M의 운영 및 부서계획에 따른 생산성 향상 프로그램이 6개월 내에 성공적으로 완수되면, 그 프로그램은 다음해의 계획에서는 제외되고, 새로운 프로그램이 이를 대체하게 된다. 뿐만 아니라 운영 및 부서계획은 연간 예산배분과정과 연계되어 있기 때문에 매년 정기적으로 검토 및 수정된다.

요약하면 전략계획은 보통 3년에서 5년 정도의 기간에 걸쳐 유효하고, 때로는 훨씬 더 긴 기간 동안 추진되기도 한다. 전술계획은 새로이 등장하는 일시적인 기회와 위협에 대응하기 위해 수립되는데, 보통 1년 미만의 단기간 동안 지속된다. 운영 및 부서계획은 시작과 끝이 명확히 정의된 구체적인 과업에 대한 것이므로 중·단기에 걸쳐서 지속된다. 그러나 이러한 일반화에 예외는 존재한다. 만약 수립한 전략계획이 명백한 실패로 판단되면 조직은 1년 이내에 전략계획을 수정할 수 있다. 또한 구체적인 과업을 완수하는 데 긴 시간이 필요할 경우 운영계획도 5년 이상의 긴 기간 동안 유지될 수도 있다.

// 일회성·지속적 계획

일회성 계획
다시 일어날 가능성이 낮은 독특한 일에 대한 계획

계획은 사용빈도에 따라 구분할 수 있다. **일회성 계획**(single-use plan)은 다시 일어날 가능성이 낮은 독특한 사건에 대응하여 일회성 목표를 달성하기 위해 수립된다. 예를 들어, 2002년 보잉(Boeing)은 본사를 시애틀에서 시카고로 옮기기로 결정했다. 이러한 결정에 따라 보잉은 중역과 보좌진을 포함한 330명 직원을 이동시켜야 했고, 업무의 지장을 최소화하면서 빠르게 이주하기 위한 일회성 계획을 수립했다. 이주가 완료됨과 동시에 이러한 계획은 더 이상 필요 없게 되었다. 이외에도 종이문서를 전자문서로 대체하거나, 새로운 인트라넷을 도입하거나, 기업명과 로고를 바꾸는 등의 일에 일회성 계획이 수립되고 실행될 수 있다.

스타벅스 새로운 매장
스타벅스는 입지선정과 매장개점에 필요한 전 과정을 담은 지속적 계획을 가지고 있었기 때문에 매우 빠른 속도로 매장 수를 늘려나갈 수 있었다.

지속적 계획
반복적으로 일어나는 일에 대한 계획

지속적 계획(standing plan)은 자주 반복적으로 일어나는 사건에 대응하기 위해 수립된다. 지속적 계획을 수립하면, 특정 사건이 발생했을 때 주어진 각본에 따라 대응함으로써 시간을 절약할 수 있다. 스타벅스가 1987년 17개에서 2005년 거의 9,000개에 가까운 매장으로 급속하게 확장할 수 있었던 것은 최적입지를 결정하고, 신규 매장이 다른 매장과 유사한 모습과 분위기를 가질 수 있도록 하며, 빠르게 개점할 수 있는 각각의 단계에 필요한 지속적 계획을 가지고 있었기 때문이다. 그러나 이러한 지속적 계획은 경직되는 것을 피해야 한다. 유능한 경영자는 완벽한 계획은 없다는 것을 인정한다. 따라서 그들이 가진 경험을 바탕으로 계획을 지속적으로 수정하고 정교화하며 개선해 나가야 한다.

// 상황계획

오늘날 많은 조직들은 환경의 높은 불확실성에 직면하고 있다. 빠른 대응이나 전략 전반의 수정을 요구하는 사건이 발생할 수 있는 가능성은 항상 존재한다. 이러한 사건을 예측하고 효과적으로 대처하기 위해 경영자들은 **상황계획**(contingency planning)을 수립한다. 상황계획에는 위기관리계획(crisis management plan)과 시나리오계획(scenario plan)의 두 종류가 있다.

상황계획
조직에 큰 영향을 줄 수 있는 미래의 발생 가능한 사건에 대응하기 위한 계획

위기관리계획 위기란 조직과 이해관계자에게 심각한 수준의 부정적 영향을 미치는 불연속적인 사건이다. **위기관리계획**은 미래의 발생 가능한 위기에 대응하기 위해 수립된다.[3] 2001년 9월 11일, 미국이 테러리스트로부터 공격받게 되자, 정부의 관료들은 생화학 공격 등 테러사건에 어떻게 대응할 것인가를 자세히 다룬 위기관리계획에 따라 대응했다. 아마도 9·11테러로 가장 큰 타격을 받은 기업은 Cantor Fitzgerald라는 채권거래업체일 것이다. 이 기업의 본사는 완전히 붕괴된 쌍둥이 빌딩 중 한 건물의 꼭대기에 자리잡고 있었다. 1,000명의 미국 직원 중 700명이 이 날 사망했다. 그럼에도 불구하고 이 회사는 거의 지체 없이 영업을 재개할 수 있었다. 1993년 세계무역센터에 대한 폭탄테러가 있은 후 인근 뉴저지에 백업컴퓨터 시스템을 운영하는 등 미리 위기관리계획을 수립해 놓았기 때문이다.[4]

위기관리계획
미래의 발생 가능한 위기에 대응하기 위한 계획

위기는 테러리스트의 공격에서 산업재해에 이르기까지 매우 다양한 형태를 가진다. Union Carbide의 인도 공장에서는 가스가 유출되어 4,000명에 가까운 사망자가 발생했다. 2004년 12월 26일 쓰나미라는 자연재해로 인해 동남아시아에서 18만 명의 사망자가 발생했다. 이러한 위기상황을 효과적으로 관리하기 위한 위기관리계획은 예방, 대비, 봉쇄의 단계별로 수립된다.[5]

위기에 대처하는 가장 좋은 방법은 위기가 일어나지 않도록 사전에 예방하는 것이다. 2001년 9·11테러 이후 미국 정부는 국토안전부(Department of Homeland Security)를 신설하고, 공항 내 승객과 화물에 대한 검색을 강화하는 등 미래의 테러공격을 예방하기 위한 여러 계획을 수립하고 실행해 왔다. 기업에 있어서 중요한 예방대책은 고객, 공급자, 투자자, 지역사회 등의 주요 이해관계자들과 친밀하고 우호적인 관계를 구축하는 것이다. 이러한 친밀한 관계는 경영자에게 미래에 발생 가능한 위기에 대한 정보를 제공함으로써 조기경보시스템으로서의 역할을 한다. 많은 경우 발빠른 대응으로 닥쳐오는 위기를 피하거나 그 영향을 최소화할 수 있다.

모든 위기가 예방 가능한 것은 아니다. 2004년의 쓰나미는 아무도 예측할 수 없었고, 멈출 수도 없었다. 따라서 경영자는 이러한 상황에 대비해 미리 계획을 수립해 놓아야

아름답지만 위험한 레이니어산 레이니어산이 도시를 감싸고 있다. 워싱턴주는 잠재적 산사태에 대비하기 위해 위기관리계획을 수립·실행하고 있다.

한다. 이것이 위기관리계획의 대비단계이다. 대비를 위해서 조직은 위기상황이 발생했을 때 이에 적절히 대처할 위기관리팀과 대변인을 정해 놓아야 한다. 위기관리계획은 위기 순간의 적절한 대응, 위기상황에서의 조정, 사후관리, 이해관계자와의 정보공유와 의사소통 등을 위해 사용 가능한 구체적인 단계별 계획을 포함해야 한다.

워싱턴주의 눈 덮인 화산인 레이니어산은 평소에는 매우 아름다운 산이다. 그러나 동시에 세계에서 가장 위험한 화산이기도 하다. 화산폭발, 지진뿐 아니라 침식으로 인해 바위가 조금만 약해져도 거대한 산사태를 일으킬 수 있다. 100피트가 넘는 높이의 암석파편들이 50마일의 속도로 10만 명이 살고 있는 도시를 뒤덮게 되는 것이다. 이러한 위기의 상황에서 피해를 최소화하기 위해 지질조사국과 주정부는 구체적인 위기관리계획을 수립했다. 이 계획은 위기관리팀의 구성, 상시적인 감지시스템, 응급 통신시스템, 신속한 대피계획, 정기적인 학교 대피훈련, 난민을 위한 대피소 설치, 수색 및 구출을 위한 절차 등에 대한 상세한 내용을 담고 있다. 산사태를 막을 수는 없지만, 이러한 계획을 통해 재앙에 따른 인명피해를 최소화할 수 있다.

마지막으로, 위기관리계획은 봉쇄단계를 포함한다. 봉쇄는 위기가 발생한 이후 그 영향을 최소화하기 위한 것이다. 봉쇄는 (1) 위기의 직접적인 영향을 제한하기 위한 빠른 대처, (2) 커뮤니케이션(많은 연구결과, 사실은 알려지기 마련이기 때문에 위기의 발생을 부인하는 것보다는 현실을 인정하고 즉각적으로 대응하는 것이 바람직하다), (3) 피해자들에 대한 대책, (4) 정상적인 기업활동으로의 복귀를 포함한다. 위기봉쇄에 성공적인 사례로 존슨앤존슨의 타이레놀 사건에 대한 대응을 들 수 있다. 독극물에 오염된 타이레놀을 먹은 4명이 사망하는 사건이 발생했을 때, 존슨앤존슨은 생산과정이 아닌 유통과정에서 오염되었음에도 불구하고 모든 타이레놀에 대해 즉각적인 리콜을 실시했고, 독극물을 넣기 쉬운 캡슐 디자인을 바꾸기 전까지는 다시 시장에 내놓지 않았다. 이러한 빠른 대응은 단기적으로 큰 손실을 낳았으나, 기업의 명성을 급격히 향상시켰고, 제품안전에 대한 소비자의 신뢰를 다시 얻을 수 있었다.

시나리오 계획 시나리오 계획은 미래가 어쩔 수 없이 예측 불가능하기 때문에, 조직은 미래에 발생할 수 있는 여러 가지 일들에 대해 계획을 세워야 한다는 인식에서 출발한다. **시나리오 계획**은 '만약'에 기반하여 수립된다. 보통의 경우, 시나리오 계획은 낙관적 시나리오와 비관적 시나리오가 있다. 경영자들은 각각의 시나리오에 대응하기 위한 구체적 전략을 개발하게 된다. 몇몇 지표들이 추세를 파악하고 특정 시나리오를 채택하는 기준이 되는 '표지판'으로 선택된다. 시나리오계획을 통해 경영자들은 환경의 동태성과 복잡성을 이해할 수 있고, 문제를 전략적으로 접근할 수 있으며, 여건에 따라 추구해야 할 전략적 대안들을 모색할 수 있다.[6)]

시나리오 계획
미래의 '만약'에 대한 시나리오에 기반한 계획

계획수립에 있어서 시나리오 접근법은 대기업들 사이에서 빠르게 확산되고 있다. 한 설문조사에 따르면 Fortune 500대 기업 중 50%가 넘는 기업들이 이 접근법을 사용하고 있다.[7)]

정유기업인 Royal Dutch Shell은 가장 먼저 시나리오 계획을 도입한 기업으로서, 이 기업의 경험은 시나리오 접근법의 유용성을 잘 설명해준다.[8)] Shell은 1980년대부터 시나리오 계획을 사용하고 있다. 오늘날 이 회사는 전략계획을 구체화하는 데 두 가지 주요 시나리오를 사용한다. 시나리오는 미래의 석유수요와 연결되어 있다. 첫 번째 시나리오(낙관적 시나리오)는 원유, 천연가스와 같은 화석연료로부터 신재생에너지로의

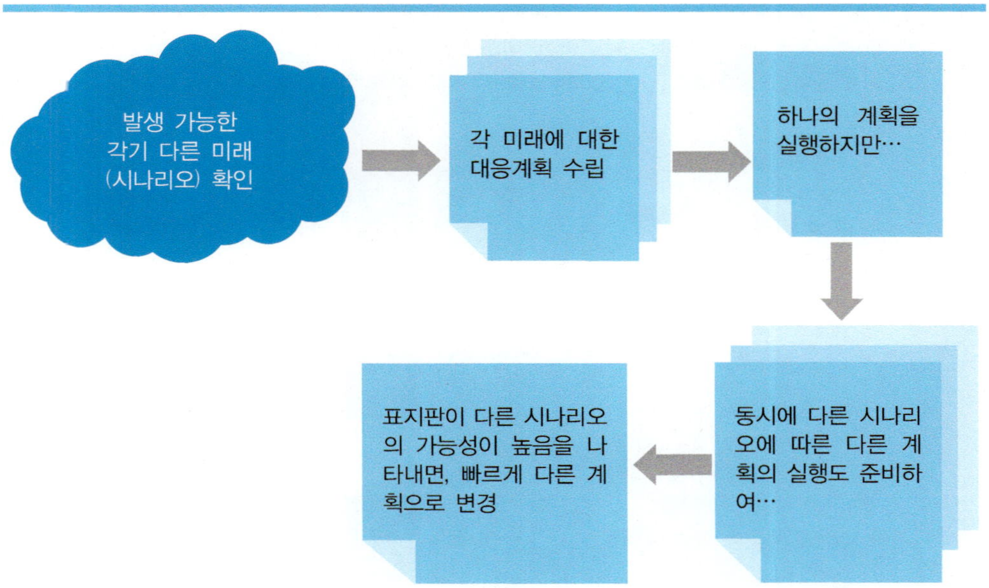

그림 5. 3
시나리오 계획

전환이 점진적으로 이루어질 때를 가정한다. 두 번째 시나리오(비관적 시나리오)는 기술의 혁신을 통해 새로운 에너지원으로의 급격한 전환이 이루어질 때를 가정한다.[9] Shell은 어떤 시나리오에서도 기업이 수익을 창출할 수 있도록 자원을 투자하고, 기술 또는 시장 트렌드를 꼼꼼히 추적하고 있다.

시나리오 계획의 가장 큰 장점은 경영자들이 창의적으로 생각하도록 하고, 다양한 상황에서 어떻게 행동해야 할지에 대해 미리 계획할 수 있도록 하며, 환경은 복잡하고 예측 불가능하기 때문에 유연성이 중요하다는 것을 상기시켜준다는 것이다. 시나리오 계획의 결과, 조직은 가장 가능성 높은 시나리오에 따라 전략을 추구하고, 동시에 다른 시나리오하에서 효과를 발휘하는 투자도 실행하게 된다. 따라서 Shell의 현재 전략은 신재생에너지로의 전환이 점진적이라는 가정하에서 수립되고 실행된다. 그러나 동시에 신재생에너지관련 기술에 투자하는 등 비관적 시나리오의 상황에 대비한 전략을 수립함으로써 잠재적 위험을 감소시키고 있다.

전략계획의 수립

앞서 살펴본 바와 같이 기업 전반의 전략은 조직 내 대부분의 계획의 방향을 설정해 준다. **전략계획**(strategic planning)에 따라서 운영계획과 부서계획이 수립된다. 전략계획은 이와 같이 매우 중요하므로 전략계획이 수립되고 실행되는 과정과 어떻게 운영계획과 부서계획에 영향을 주는지를 살펴보고자 한다. [그림 5. 4]는 전형적인 전략계획수립 과정을 보여준다.[10]

전략계획수립과정은 조직의 미션, 비전, 가치, 목표를 설정하는 것으로부터 시작된

그림 5. 4

전략계획수립과정

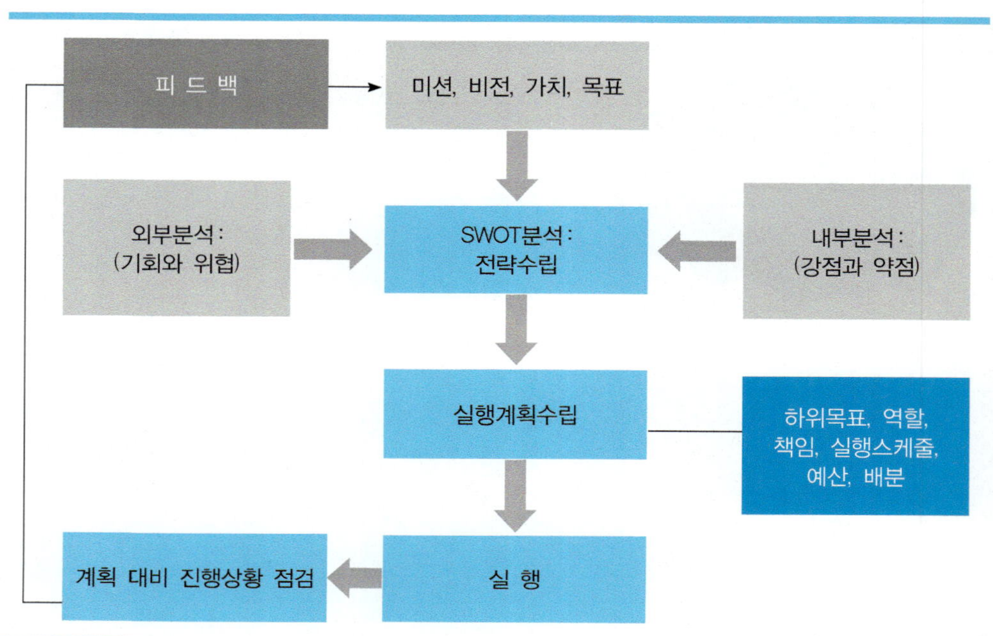

다. 그 후에 조직의 외부환경과 내부환경을 분석한다. 제2장에서 살펴본 것처럼 분석의 목적은 조직의 강점과 약점, 외부환경으로부터의 기회와 위협을 찾아내는 것이다. SWOT분석이라고 하는 이와 같은 과정을 거쳐 경영자는 조직 내부의 강점과 약점을 바탕으로 환경으로부터의 기회를 활용하고, 위협을 중화시키는 전략을 선택한다. 다음으로 **실행계획**(action plan)을 수립한다. 실행계획은 전략이 실제로 어떻게 실행될지에 대해 구체화하는 것으로 하위목표, 담당자와 담당부서, 실행스케줄, 예산에 관한 내용을 포함한다. 실행계획은 사업부, 운영, 부서수준에서 수립된다. 즉, 사업부, 운영, 부서계획은 실행계획의 내용을 포함하고 있다. 실행계획이 수립되고 결정되면 실행에 옮겨지게 된다. 그러나 전략수립과정이 여기에서 끝나는 것은 아니다. 계획은 통제메커니즘이기도 하다. 따라서 경영자들은 계획과 실제 성과를 비교하고 피드백과정을 통해 목표와 전략을 수정한다. 계획은 시간이 지남에 따라 새로운 정보에 대응하기 위해 수정되는 일종의 쌍방향과정인 셈이다. 다음에서 각각의 단계에 대해서 살펴보자.

실행계획
전략이 어떻게 실행될 것인지에 대한 구체적인 계획

// 방향의 설정 : 미션, 비전, 가치, 목표

미션, 비전, 가치, 목표의 설정은 전략계획의 시작점이다. 이들은 나머지 과정과 전략계획이 포함하는 운영 및 부서계획의 방향을 설정해준다.

미 션 조직의 **미션**(mission)은 조직의 목적을 보여준다. 예를 들어 코닥의 미션은 '언제 어디서나 고객이 이미지를 포착, 저장, 처리, 출력, 전달하는 데 필요한 해결책을 제공'하는 것이다.[11] 이 미션은 기업이 현재 생산하는 제품(필름이나 카메라)이 아니라 기업이 충족시키고자 하는 고객의 니즈에 초점을 맞춘 것이다. 즉, 코닥의 미션은 제품에 기반한 미션(product-oriented mission)이 아니라 고객에 기반한 미션(customer-oriented mission)인 것이다.

미션(mission)
조직의 목적

일반적으로 좋은 미션은 기업이 생산하고 있는 제품이나 서비스보다는 기업이 충족시키고자 하는 고객의 니즈에 초점을 맞춘 것이다.[12] 고객에게 제공하는 제품의 속성에 초점을 맞추고, 제품이 충족시키고자 하는 고객의 니즈를 외면한 미션(제품에 기반한 미션)은 근본적으로 위험하다. 왜냐하면 고객의 니즈를 충족시키는 다양한 방법이 존재한다는 것과 시간이 지남에 따라 고객의 니즈를 더욱 잘 충족시켜주는 새로운 제품이 출현할 수 있다는 사실을 외면하게 되기 때문이다. 고객에 기반한 미션은 고객의 니즈에 초점을 맞춤으로써 조직이 환경의 변화를 예측하고 니즈를 충족시키는 새로운 제품을 도입할 수 있도록 도와준다.

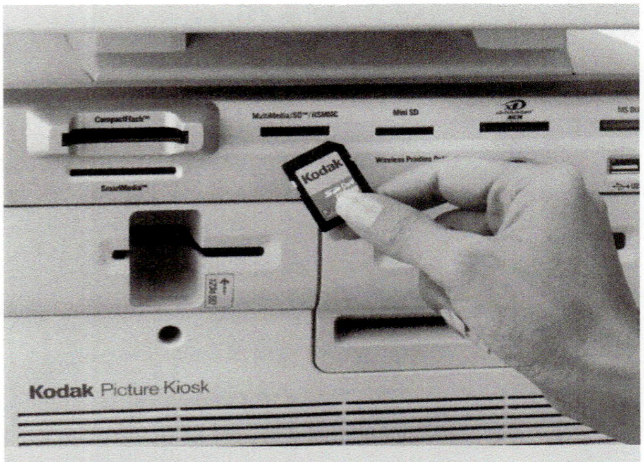

미션 달성 코닥의 미션은 이 회사가 디지털 사진기술을 도입하는 데 도움을 주었다.

예를 들어, 코닥은 백여 년간 할로겐화 은필름과 이러한 필름을 사용하는 카메라를 생산함으로써 이미지를 포착하고 저장하고자 하는 고객의 니즈를 충족시켜왔다. 그러나 1990년대 초반 고객의 같은 니즈를 충족시킬 수 있는 새로운 기술, 즉 디지털 촬영기술이 등장했다. 고객에 기반한 미션으로 인해 코닥의 경영진은 이 신기술에 관심을 가지게 되었고, 디지털 촬영기술에 전략적인 투자를 감행하게 되었다. 그 결과 디지털 카메라와 소프트웨어에서도 중요한 위치를 차지할 수 있었다. 코닥의 미션이 고객의 니즈를 더욱 잘 충족시켜줄 수 있는 새로운 기술을 채택하도록 도움을 준 것이다.

비전(vision)
바람직한 미래의 상황을 기술해 놓은 것

비 전 **비전**(vision)은 바람직한 미래의 상황을 기술해 놓은 것이다. 조직의 경영진이 달성하고자 하는 것을 보통 대담하고, 어떤 모습을 연상시키며, 간결한 언어로 묘사한 것이다. Ford의 비전은 '자동차 관련 제품과 서비스에 있어서 세계 최고의 회사'가 되는 것이다. 이러한 비전은 매우 도전적인데, 그 이유는 현재 포드가 GM과 Toyota의 뒤를 잇는 3위의 회사이기 때문이다. 이 비전을 달성하는 것은 포드에게는 큰 확장을 의미하며, 이는 매우 중요하다. 좋은 비전은 달성 가능한 미래의 야심찬 모습, 즉 확장된 기업의 모습을 보여줌으로써 모든 수준의 구성원들에게 활력과 동기를 부여하고, 이들이 공동의 목표를 향해 단결할 수 있도록 한다.[13] 또한 좋은 비전은 구성원들이 현재의 전략에 지나치게 얽매이지 않고 유연하게 사고할 수 있도록 한다. 비전은 전략을 통해 궁극적으로 달성하고자 하는 모습인 것이다.

좋은 비전은 구성원들에게 전략의 궁극적인 목적이 무엇인지를 알려주고, 그 목적을 달성하기 위한 전략을 탐색하고 수립하도록 동기부여함으로써 새로운 전략의 창출을 돕는다. 예를 들어, 잭 웰치의 재임시절 GE는 간결하고 명확한 비전을 가지고 있었다. "GE는 경쟁하는 모든 사업부문에서 1등 또는 2등이 된다"는 것이다. 잭 웰치는 GE의 다양한 사업부문을 책임지는 경영자들에게 그들이 추구해야 할 전략에 대해서는 언급하지 않았다. 전략의 수립은 그들이 할 몫이었다. 대신 잭 웰치는 간결하고 거스를 수 없는 비전을 설정함으로써 각 사업부의 전략수립에 방향을 제시했다. 그는 사업부 경영자들에게 다음과 같이 이야기했다. "어떤 전략을 추구하든 상관없다. 그러나 그 전략은 당신의 사업부를 시장에서 1등 또는 2등이 되게 하는 것이어야 한다."

가치(values)
경영자들이 헌신해야 할 철학적 우선순위

가 치 조직의 **가치**(values)는 경영자들이 헌신해야 할 철학적 우선순위를 나타낸다. 가치는 경영자와 종업원들이 어떻게 행동해야 하고, 어떻게 사업을 해야 하며, 미션과 비전을 달성하기 위해 어떠한 기업을 만들어야 하는가에 대한 윤곽을 제시한다. 가치는 조직 내에서 바람직한 행동을 알려줌으로써 조직문화에 중요한 영향을 미치게 된다. 이때 문화는 제2장에서 살펴본 바와 같이 조직 내 종업원들이 가지고 있는 공유된 가치와 가정의 근본적인 패턴으로 정의된다. 조직의 문화는 경쟁우위의 중요한 원천이고, 문화를 형성하는 것은 가치이므로 가치의 중요성은 매우 크다[14](조직문화에 대해서는 제10장에서 좀 더 자세히 살펴볼 것이다). 예를 들어, Nucor Steel은 세계에서 가장 수익성이 높은 철강회사 중 하나이다. 이 회사의 경쟁우위는 종업원들의 매우 높은 생산성을 중요한 원천으로 하는데, 높은 생산성은 회사의 종업원을 대하는 방식에 큰 영향을 미친

문화적 가치의 결과물이다.

- "경영진은 종업원들이 그들의 생산성에 따라 보수를 받을 수 있도록 경영해야 한다."
- "종업원들이 자신의 과업을 적정하게 수행하면, 내일도 일할 수 있다는 것에 대해 확신을 가져야 한다."
- "종업원들은 공정하게 대우받을 권리가 있고, 미래에도 그럴 것임에 믿음을 가져야 한다."
- "종업원들이 불공정하게 대우받는다고 생각할 때 항의할 수 있는 방법이 반드시 있어야 한다."[15]

생산성에 따른 보상, 고용보장, 공정한 대우를 강조하는 Nucor의 가치는 평등이 강조되는 문화를 만들어냈고, 이러한 문화는 높은 생산성을 가져 왔다. 높은 생산성으로 인해 Nucor는 철강산업에서 가장 낮은 원가구조를 가질 수 있었고, 가격경쟁이 치열한 이 산업에서도 높은 수익을 창출할 수 있었다.

목 표 전략계획의 방향을 설정하는 마지막 단계는 조직전체의 목표를 만드는 것이다. **목표**(goals)는 조직이 실현하고자 하는 미래의 바람직한 상황이다. 이때 목표는 조직이 미션과 비전을 달성하기 위해 정확히 어떤 일을 해야 하는가를 구체화시킨 것이다. 잘 수립된 목표는 다음의 네 가지 특성을 가진다.[16]

> **목표**(goals)
> 조직이 실현하고자 하는 미래의 바람직한 상황을 구체화시킨 것

첫째, 목표는 명확해야 하고 측정이 가능해야 한다. 측정 가능한 목표는 경영자들이 성과를 평가할 수 있는 척도와 기준을 제공한다.

둘째, 목표는 중요한 이슈를 다루어야 한다. 집중력을 잃지 않기 위해서 경영자는 기업의 성과를 평가할 수 있는 소수의 목표만을 선택해야 한다. 선택된 목표는 핵심적인 이슈를 다루어야 한다.

셋째, 목표는 도전적이지만 현실적이어야 한다. 종업원들이 조직의 성과개선을 모색할 인센티브를 제공해야 한다. 종업원들은 목표가 너무 비현실적이면 포기해버린다. 반대로 목표가 너무 달성하기 쉬우면 동기부여가 되지 않는다.[17]

넷째, 목표는 달성되어야 할 기간이 명시되어야 한다. 시간의 제약은 종업원들이 주어진 시간 내에 목표를 달성해야 함을 알게 한다. 기한설정은 목표달성에 있어서 긴박함을 불러일으키고 동기부여에 도움이 된다. 그러나 모든 목표가 시간제약을 필요로 하는 것은 아니다.

또한 잘 수립된 목표는 전략의 유효성과 경영자의 성과를 평가하는 수단을 제공한다. 대부분의 기업들은 수익성과 수익의 성장성을 목표로 설정한다. 예를 들어 10%의 투하자본수익률(return on invested capital)과 15%의 수익성장률을 목표로 설정할 수 있다. 그러나 경영자들이 현재의 수익성을 지나치게 강조함으로써 미래의 수익성과 수익의

성장성을 잃어버리는 실수를 범해서는 안 된다.[18] 지나치게 단기의 수익성을 추구하다 보면 단기적으로 불필요해 보이는 연구개발, 마케팅, 신규투자 등에 대한 지출을 줄이게 된다. 이를 통해 단기적인 수익성은 높아질 수 있지만, 이로 인한 과소투자, 혁신의 결여, 마케팅의 축소는 장기적인 수익성과 수익의 성장성을 해칠 수 있다. 이러한 지출은 장기적인 미션의 달성과 경쟁우위 및 수익성의 유지를 위해 반드시 필요한 것들이다.[19]

이와 같은 일을 방지하기 위해서는 장기적인 성과와 경쟁력 향상에 도움이 되는 목표를 설정해야 한다. 장기목표는 생산성, 제품의 품질, 고객만족, 종업원만족, 혁신 등에 대한 구체적인 수치를 강조해야 한다. 생산성을 향상시키기 위해 노력하면, 생산성을 향상시키는 기술을 도입하기 위한 투자 등으로 인해 단기적으로는 수익성이 낮아질 수 있지만 장기적으로 원가를 절감할 수 있고, 따라서 수익성을 향상시킬 수 있다. 최근 수익성과 같은 전통적인 목표와 고객만족, 내부 프로세스의 효율성, 혁신 등의 목표를 일치시키기 위한 방법으로 균형성과평가제도(balanced scorecard)가 많이 도입되고 있다. 균형성과평가제도는 제9장에서 논의하고자 한다.[20]

// 외부 및 내부 분석

미션, 비전, 가치, 목표를 설정함으로써 전략계획의 방향을 설정한 후, 다음 단계는 조직의 환경을 분석하는 것이다. 환경은 외부환경(external environment)과 내부환경(internal environment)으로 나눌 수 있다. 외부환경은 다른 조직과의 경쟁이 일어나는 과업(또는 산업)환경(task or industry environment)과 이를 둘러싸고 있는 일반환경(general environment)으로 나눌 수 있고, 외부환경의 분석을 통해 경영자는 기회와 위협을 파악해야 한다(외부환경과 내부환경은 제2장에서 살펴보았다). 기회(opportunity)는 과업 또는 일반환경의 추세가 비전과 목표의 달성가능성을 높일 잠재력을 가지고 있을 때 발생한다. 예를 들어, 1996년 미국 통신산업의 자율화는 통신회사들이 서로 합병을 통해 다양한 종류의 서비스를 제공할 수 있는 기회를 제공했다. 1996년 이전에는 시내전화 사업자들은 장거리 전화서비스를 제공하지 못했다. 더욱이 비슷한 시기에 두 가지의 신기술이 시장에 등장했다. 무선전화기술과 DSL을 통한 초고속 인터넷기술이었다. 정책의 변화와 신기술의 등장은 통신기업들에게 서비스를 확장할 수 있는 거대한 기회를 가져다주었다. 따라서 2000년 두 시내전화 사업자가 합병함으로써 태어난 Verizon은 2005년에 이르자 DSL을 이용한 인터넷, 장거리 전화뿐 아니라 무선전화 서비스까지 제공하게 되었다.

위협(threat)은 과업 또는 일반환경의 추세가 조직의 비전과 목표의 달성을 어렵게 할 때 발생한다. 자율화와 신기술의 등장은 통신기업들에게 기회가 되기도 했지만 동시에 위협이 되기도 했다. 환경의 변화에 따라 많은 기업들이 무선전화시장에 진입했고, 가격이 낮아짐에 따라 무선전화사업자들의 수익성도 악화된 것이다. 뿐만 아니라 새로운 기술의 등장으로 인해 케이블 방송사업자들도 TV 케이블망을 통해 전화와 인터넷

서비스를 제공할 수 있게 되었다. 따라서 기존에는 경쟁관계에 있지 않던 Comcast나 Time Warner 같은 케이블 방송사업자들이 이제는 Verizon과 같은 기존의 전화사업자들의 잠재적 경쟁자로 등장하게 되었다. 치열한 경쟁은 서비스의 가격과 기업의 수익성을 저하시켰다.

외부환경으로부터 기회와 위협을 포착한 후, 경영자들은 조직 내부에 눈을 돌려서 강점과 약점을 파악해야 한다. 강점(strength)은 조직이 잘하는 활동으로 경쟁우위의 잠재적 원천이 된다. 약점은 반대로 조직이 잘하지 못하는 활동으로 경쟁우위를 저해하는 요소이다. 예를 들어, Verizon의 이동전화사업은 통화품질과 고객서비스에서 강점을 가지고 있고, 이러한 강점이 경쟁자를 앞서는 데 중요한 역할을 하고 있다.[21)]

// SWOT 분석 : 전략의 수립

경영자들은 조직이 가지고 있는 강점과 약점, 기회와 위협을 찾아낸 후, SWOT 분석(SWOT analysis)을 통해 이를 정리하여 전략을 선택하는 과정에 들어가게 된다. 이 단계의 목적은 기업, 사업부, 운영 수준에서 약점을 극복하고, 강점을 통해 기회를 활용하고 위협을 차단하는 전략을 수립하는 것이다. 이러한 전략은 기업의 가치에 부합하는 방법으로 미션과 비전을 실현하고, 목표를 달성할 수 있는 것이어야 한다.

SWOT 분석을 통해 도출된 전략들 간에는 서로 일관성이 있어야 한다. 운영전략은 기업의 사업부전략과 일관성을 가져야 한다. 뿐만 아니라 다음 장에서 배우게 될 기업전략은 사업부전략이 뒷받침되어야 한다. 따라서 경영자들은 SWOT 분석을 통해 서로 일관성을 가진 기업, 사업부, 운영전략을 수립해야 한다. 그 다음 이슈는 이렇게 수립된 전략을 실제로 실행하는 것이다.

// 실행계획

앞서 살펴본 바와 같이 실행계획(action plans)은 기업수준, 사업부수준, 운영수준의 전략을 실제로 어떻게 실행할 것인가를 구체화한 것이다. 실행계획은 하위목표, 담당자와 담당부서, 실행 스케줄, 예산을 반드시 포함하고 있어야 한다. Verizon Wireless의 사례를 살펴보자. Verizon 전략의 핵심은 통화가능지역을 넓힘으로써 서비스를 차별화하는 것이었다. 이 전략을 실행하기 위해 경쟁자보다 많은 기지국을 세워야 했다. 이 전략의 실행계획은 예를 들어 일리노이의 경영자들에게 연말까지 지역 내에 100개의 기지국을 신설하는 하위목표를 부가했다. 이러한 목표의 달성은 일리노이 지역의 운영담당 부사장인 Allison Jones라는 특정 경영자가 책임지도록 했다. Jones는 이 목표를 달성하는 데 필요한 예산을 배분받았다. 실제로 Verizon은 미국 내 모든 주에 대해 비슷한 실행계획을 수립했다. 실행계획은 다소 광범위하고 추상적인 전략을 특정 기간 내에 실행되어야 할 구체적인 행동으로 변화시킨다. 실행계획을 통해 전략계획이 실행가능해지는 것이다.

// 실 행

전략실행
실행계획을 실제로 실행하는 것

실행계획이 수립되고, 구성원들이 전략을 실행하기 위해 해야 하는 각자의 역할을 알게 되면, 전략은 비로소 실행된다. 기본적으로 **전략실행**(strategy implementation)은 실행계획을 실제로 실행하는 것이다. 그러나 좀 더 넓게 생각하면 실행을 위해서는 적절한 인적자원의 조합뿐 아니라 적절한 조직구조, 인센티브구조, 통제시스템, 조직문화가 필요하다. 제8장에서 이와 같은 조직아키텍처에 대해 자세히 살펴볼 것이다.

Verizon의 Allison Jones가 자신의 잠재력을 발휘할 수 있게 하려면 회사는 그녀에게 적절한 인센티브를 제시해야 한다. 따라서 그녀가 맡은 조직이 실행계획을 얼마나 잘 달성하느냐에 따라 연말 보너스가 결정되도록 해야 한다. 뿐만 아니라 그녀가 빠르고 적절한 의사결정을 하게 하기 위해 일리노이의 기지국 건설과 관련된 운영적 의사결정의 권한을 위임해야 한다. 즉, Allison Jones의 상급자는 기지국을 구체적으로 어떤 스케줄에 따라서 어디에 건설할 것인가와 관련된 의사결정을 그녀에게 전적으로 맡겨야 한다. 인센티브 구조를 설계하고 권한의 위임을 결정하는 것은 조직아키텍처를 구성하는 요소들이다. 이 사례에서 Allison Jones의 상급자들이 해야 할 일은 그녀가 실행계획의 목표를 최대한 달성할 수 있는 내부환경을 만들기 위해 내부 조직아키텍처를 수정하는 것이다. 일반적으로 상위경영자들의 역할은 하위경영자와 종업원이 실행계획을 실행하도록 뒷받침하는 내부환경을 만들기 위해 구조, 인센티브, 통제, 문화, 인적자원에 대한 의사결정을 하는 것이다.

// 검토 및 수정

전략계획과정의 마지막 단계는 계획 대비 실제 성과를 정기적으로 점검하고 필요한 경우 계획을 수정하는 것이다. 계획은 통제메커니즘의 하나로 볼 수 있다. 만약 조직 전체 또는 하위조직이 계획에 명시된 목표를 달성하지 못하면, 최고경영진은 그 이유를 파악하기 시작한다. 그리고 그 이유를 알게 되면 계획을 달성하기 위해 잘못된 것을 수정하기 위한 행동을 하게 된다. 극단적인 경우, 기존의 계획을 폐기하고 새로운 계획을 수립하기도 한다. 따라서 Verizon의 Allison Jones가 이끄는 부서가 계획대로 목표를 달성하지 못한다면, 위의 경영자는 그녀에게 질문을 던지기 시작할 것이다. 조사결과, 그 이유가 근무시간에 자주 골프를 치느라고 목표달성에 충분한 시간을 투자하지 않았기 때문으로 밝혀지면, 그녀의 자리는 좀 더 근무태도가 좋은 다른 사람으로 교체될 것이다. 반대로 Allison Jones는 매우 열심히 했지만 계획을 시간 내에 달성하는 데 필요한 자원이 충분히 배정되지 않아서였다면, 필요한 자원을 추가적으로 배정해 줄 수도 있다. 여기에서 중요한 것은 계획은 새로운 정보에 따라서 수정될 수 있고, 실제로 흔하게 수정된다는 것이다.

계획의 효용과 위험

우리는 계획이 무엇인지에 대해 살펴보았다. 따라서 이제는 계획의 효용과 문제점에 대해 논의할 수 있다. 계획의 효용은 이미 지금까지의 논의에서 유추해 볼 수 있다.

첫째, 계획은 조직의 방향과 목표를 부여한다. 즉, 조직의 목표를 결정하는 메커니즘이다.

둘째, 계획은 경영자가 자금과 사람을 포함한 희소한 자원을 각기 다른 활동에 배분하는 과정이다.

셋째, 계획은 운영예산을 결정한다. 전략, 운영, 부서계획에 따라 예산이 편성된다.

넷째, 계획은 조직 내 개인과 부서의 역할과 책임을 규정한다.

다섯째, 계획은 경영자가 조직을 잘 통제할 수 있게 해준다.

따라서 계획은 경영자가 수행해야 할 가장 핵심적인 과제이다. 추진력 없는 배와 같이 계획이 없으면 조직은 큰 혼란에 빠지게 된다. 많은 연구결과가 이를 뒷받침한다. 이미 발표된 26개의 연구들을 정리한 논문에 따르면 일반적으로 전략계획의 수립은 기업성과에 긍정적인 영향을 미친다.[22] 656개 기업들을 대상으로 한 또 다른 연구에 따르면 급변하는 환경에서도 공식적인 전략수립과정은 긍정적 효과를 낳는다.[23]

이러한 명백한 효용에도 불구하고 계획에 대해 회의적인 시각을 가진 사람들도 있다. 많은 경영자들이 새로운 전략계획수립 시기가 오면 괴로워하기 시작한다. 몇몇 경영학자들은 최고의 전략은 대부분 정교한 계획과정 없이 만들어진다고 주장한다. 정교한 계획은 창의성과 행동의 자율성을 해치기 때문이다.[24] 더욱이 몇몇 기업들은 정교한 계획과정을 거쳤음에도 불구하고 실망스러운 전략을 수립·실행하기도 한다.

예를 들어, 2000년 AOL과 Time Warner는 1,660억 달러짜리 사상 최대규모의 합병을 성사시켰다. 합병을 통해 새롭게 탄생한 AOL-Time Warner는 AOL을 통해 Time Warner의 *Fortune*과 같은 잡지를 디지털화해서 판매하고, Time Warner가 가지고 있는 케이블 TV망을 통해 AOL의 광대역 서비스를 제공하려는 계획을 수립했고, 매년 25% 이상의 성장률 달성을 목표로 세웠다.[25]

최고의 계획 Time Warner와 AOL의 최고경영자들이 사상 최대 합병의 성사에 환호하고 있다. 그러나 2년도 지나지 않아 새로운 회사에 대한 그들의 계획은 냉혹한 시장현실의 벽에 부딪히고 말았다.

그러나 이러한 목표는 달성되지 않았다. 합병 후 3년도 되지 않아 AOL 영업권의 과소평가로 인한 부당이익에 대해 600억 달러에 달하는 소송을 당했고, AOL 가입자수와 성장률이 정체되었으며, 주가는 80% 넘게 곤두박질쳤다. 결국 합병과 관련된 모든 경영자들이 물러나기까지 했다. 새로운 CEO인 Richard Parsons는 계획이 잘못된 것임을 인정하고, 목표를 매년 8~12%의 성

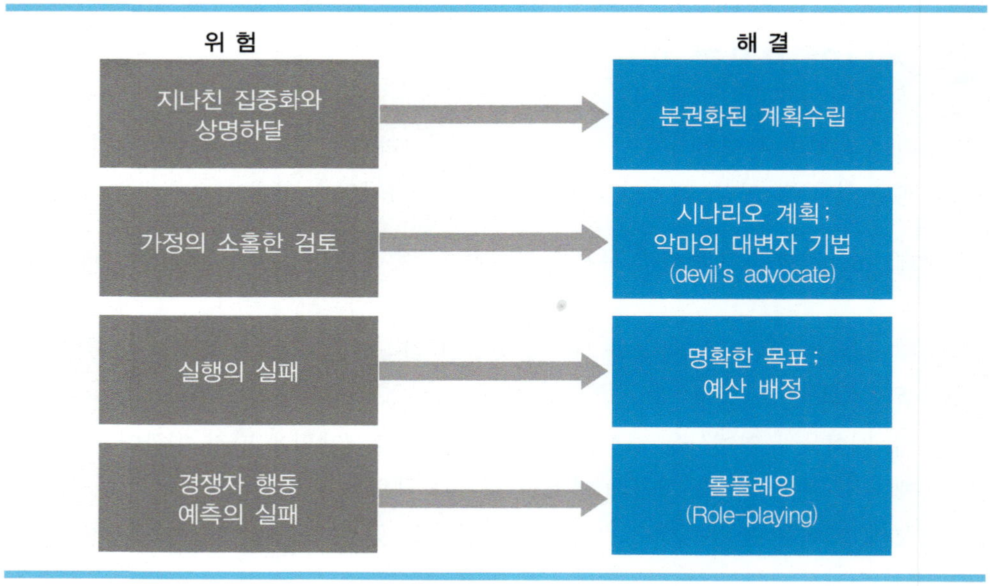

그림 5.5
계획수립과정의 개선

장으로 수정해서 발표했다.

// 계획의 위험

계획은 왜 원하는 결과를 만드는 데 실패하는가? AOL과 Time Warner의 합병계획과 같이 신중하게 만들어진 계획의 문제는 무엇인가? 경영자들이 계획을 할 때 빠질 수 있는 위험은 다음과 같은 것들이 있다.

지나친 집중화와 상명하달 계획과정이 지나치게 집중화되고 상명하달식인 경우가 있다. 그 결과 시장의 현실을 외면한 계획이 수립되게 된다. 이는 계획을 수립하는 경영자가 일상의 운영활동에서 너무 멀리 떨어져 있어서 시장과의 친밀한 관계에서 얻을 수 있는 지식이 결여된 경우 발생한다. 예를 들어, GE는 매우 집중화된 전략계획 프로세스로 유명했고, 한때는 GE의 가장 큰 강점으로 평가받기도 했다. 그러나 기업수준의 계획을 수립하는 경영자들은 사업부 또는 운영수준의 경영자들이 받아들이기 힘든 비현실적인 계획을 만들어내기도 했다. 한 번은 기업수준의 경영자들이 인구통계적 자료를 분석해서 가족의 규모가 줄어들 것을 알아냈고, 따라서 GE의 가전사업부에 소용량 냉장고를 만들 것을 지시했다. 이에 따라 GE의 가전사업부는 소용량 냉장고를 출시했지만 매출은 신통치 않았다. 그 이유는 가족의 수는 줄어들었지만, 집의 크기는 오히려 커졌고, 따라서 소비자들이 냉장고를 놓을 공간은 오히려 커졌기 때문이다. 또한 소비자들은 큰 냉장고에 필요한 음식들을 가득 채워 놓는 것을 좋아해서 큰 냉장고를 선호했다. GE의 기업수준 경영자들은 실제 사업과 너무 멀리 떨어져 있어서 고객의 선호를 계획에 반영하는 데 실패한 것이다.[26)]

사업과 운영에 관한 좋은 아이디어는 최고경영진의 전유물이 아니다. 좋은 아이디어는 조직의 하위부문에서도 창출될 수 있고, 많은 경우 실제로 창출되고 있다. 따라서 많은 경영학자들은 좋은 아이디어가 조직 내의 계층을 가리지 않고 나타날 수 있으므로, 위에서 모든 전략을 수립해서 아래로 내려주는 것보다는 하위 종업원들이 자신들이 생각하기에 바람직한 전략을 제안하고 주장하며 추진할 수 있는 기회를 제공할 수 있는 계획과정이 좀 더 바람직하다고 주장한다.[27)]

가정의 소홀한 검토 모든 계획은 미래에 대한 가정에 기반한다. 때에 따라서는 계획이 처음 수립될 때부터 그 기반이 되는 가정이 틀린 경우도 있다. 또는 처음 계획이 수립될 때의 가정은 맞았지만, 시간이 지남에 따라 예상치 못한 변화로 인해 가정이 더 이상 옳지 않을 수도 있다. 두 경우 모두에 있어서 그 결과는 계획이 더 이상 유효하지 않다는 것이고, 경영진이 이를 인식해서 적절한 시기에 적절한 방법으로 계획을 수정하지 않으면 계획은 원하는 결과를 창출하지 못한다는 것이다.[28)] 예를 들어, 1980년대 초반 OPEC의 감산정책으로 유가는 배럴당 35달러까지 치솟았다. Exxon과 같은 정유업체들은 유가가 지속적으로 상승하여 1980년대 중반에는 50달러에 이를 것이라는 가정하에 투자계획을 수립했다. Exxon의 경우 유가가 배럴당 30달러 이하에서는 수익성이 없는 유전을 적극적으로 개발하는 투자계획을 포함했다. 그러나 유가에 대한 가정은 틀린 것으로 판명됐다. 1980년대 중반이 되자 알래스카와 북해에서 새로운 원유공급자들이 등장함으로써 유가는 배럴당 15달러 이하로 곤두박질쳤다. 그 후 15년간 저유가시대는 지속되었고 Exxon의 투자는 소용없게 되었다. 그러나 아이러니하게도 2000년 초반 유가가 다시 오르기 시작하자 과거의 경험은 큰 문제를 낳게 되었다. Exxon 등 정유사들은 유가가 오르는데도 불구하고 공급을 확대하기 위한 유전개발투자에 소극적이었다. 1980년대의 유가변동양상이 2000년대에도 반복될 것이라는 가정으로 인해 지나치게 소극적으로 대응한 것이다.

실행의 실패 계획은 실제로 실행되지 않으면 아무 소용이 없다. 전략계획과정이 종료되고 전략계획이 수립되면, 그 보고서는 선반에 진열되어 먼지가 쌓여가지만, 아무도 다시는 열어보지 않는다는 우스갯소리가 있다.[29)] 계획이 실행되지 않는 하나의 이유는 실행이 어렵기 때문이다. 특히, 계획이 현재 사업이 수행되는 방식과 동떨어져 있거나 조직관행의 근본적인 변화를 요구할 때 실행되기 어렵다. 제17장 조직변화에서 살펴보겠지만, 경영자에게 가장 어려운 과업 중 하나가 바로 효과적으로 변화를 관리하는 것이다. 경영자들은 변화에 따른 큰 혼란 때문에 후퇴하기도 하고, 결국 계획된 변화는 일어나지 않게 된다. 몇 년 전 저자는 시영발전회사의 전략계획과정에 컨설턴트로서 참여한 적이 있다. 종업원들과 함께 열심히 노력한 결과 성공적으로 계획수립을 마칠 수 있었는데, 최고경영진도 원가절감과 서비스개선이 가능한 전략적 변화안에 매우 흡족해했다. 그러나 계획을 실제로 실행하려 하자, 종업원 노조의 강력한 반대시위가 일어났다. 종업원들은 직업의 안정성을 해친다고 생각했기 때문에 수립된 계획의 실행을 강력하게 거부했다. 노조는 시정부와 시장을 상대로 압력을 가했고, 시장은 인기가 떨어

© Streeter/Cartoon Stock.

질 것을 염려하여 그 회사의 CEO를 시정부의 관료출신으로 교체했다. 물론 신임 CEO는 변화안을 폐기하고 기존의 전략을 유지했다. 발전회사 경영진에 대한 시정부의 메시지는 간단했다. 즉, "분란을 일으키지 말라"는 것이다. 저자가 수립한 전략계획은 실행되지 못했고, 어딘가의 책장에 꽂혀 먼지만 쌓여가고 있을 것이다.

경쟁자 행동예측의 실패 계획은 경쟁자가 무엇을 하고 있는지를 고려하지 않아서 실패하기도 한다. 경쟁자가 없는 것처럼 계획을 수립하고, 경쟁자의 행동에 따라 투자의 가치가 어떤 영향을 받는지에 대해 고려하지 않은 채 투자계획을 수립한다. 이는 1990년대 후반과 2000년대 초반 많은 인터넷 회사들이 겪은 문제이기도 했다. AOL, Amazon, Yahoo!, eBay와 같은 초기 인터넷기업들의 성공에 따라 많은 수의 기업들이 인터넷사업에 뛰어들었다. 그 중 대부분의 기업들은 광고료를 주수입원으로 하는 사업모델을 가지고 있었다. 각 기업들은 운영에 필요한 광고수입을 얻을 수 있을 것으로 생각했다. 그러나 수많은 기업들이 광고를 획득하기 위해 경쟁함에 따라 그 중 많은 기업들은 기업운영에 필요한 충분한 광고수입을 얻지 못하고 결국 사업에 실패하게 되었다. 다른 경쟁자들이 무엇을 하고 있는지에 대해 좀 더 깊이 살펴보았다면 섣불리 무모한 투자계획을 세우지 않았을 것이고, 비극적인 결과는 예방할 수 있었을 것이다.

// 계획수립과정의 개선

계획의 함정에 빠지지 않기 위해서는 몇 단계를 거칠 필요가 있다. 과도하게 집중화된 상명하달식의 계획수립을 방지하기 위해서 경영자들은 계획수립 권한을 적절한 수준의 경영자에게 분권화하고, 계획수립과정에 폭넓은 조직구성원들을 포함시켜야 한다. 계획수립에 있어서 중요한 원칙은 계획실행에 책임을 지는 당사자들을 반드시 계획수립과정에도 참여시켜야 한다는 것이다. 예를 들어, 원가절감을 위해 생산과정을 어떻게 구조조정할 것인가에 대한 계획의 수립과정에는 생산부문의 경영자가 반드시 포함되어야 하고, 시장에서 기업제품의 포지셔닝을 수정하는 계획의 수립과정에는 마케팅부문의 경영자가 반드시 포함되어야 한다.

계획과정에 조직의 많은 구성원들을 포함시키기 위해 다양한 방법이 사용된다. 예를 들어, Google은 모든 종업원들이 20%의 시간을 직무 이외에 자신이 하고 싶은 일에 투자하도록 한다. 기업 전체 차원에서는 종업원 총근무시간의 10%를 새로운 프로젝트 구상에 사용하고 있다. 모든 새로운 프로젝트가 상용화되는 것은 아니다. 그러나 Google Maps, Google Mail, Google Earth, Google Books 등의 서비스는 이러한 과정을 통해 시작되었다.[30] GE에서는 하위경영자와 종업원들이 3일간 현업에서 벗어나 사업부의 성과를 높이기 위한 아이디어를 모색하는 '워크아웃프로그램(workout program)'이 시행되고 있다. 이 프로그램은 종업원들이 자신이 속한 부서의 계획을 실제로 수립해보도록 하는 것으로, GE의 성과를 향상시킨 많은 아이디어들이 이 프로그램을 통해 도출되었다.[31)]

경영자들은 계획이 비현실적인 가정에 기반하는 것을 방지하고 미래의 불확실성을 반영하기 위해 시나리오계획의 방법을 사용할 수 있다. 앞서 살펴본 바와 같이 시나리오 계획은 경영자들이 미래에 대한 각기 다른 가정하에서 어떻게 행동할 것인지를 생각하드록 한다. 시나리오계획의 가장 큰 장점은 계획이 미래에 대한 유일한 가정에 기반하지 않는다는 것이다. 또한 경영자들은 악마의 대변자 기법(devil's advocacy)을 사용할 수도 있다. 이는 계획과 그 기반이 되는 가정에 대해 도전해 봄으로써 계획이 가지고 있는 빈틈이나 빈약한 가정을 찾아내는 방법이다.[32)] 이러한 기법들을 넘어 최고경영자들은 예측하지 못한 사건으로 인해 더 이상 유효하지 않은 계획을 한 발짝 떨어져서 객관적으로 보고, 필요할 때 조직을 새로운 방향으로 이끌 수 있는 용기를 가지고 있어야 한다. 1995년 마이크로소프트는 예측하지 못한 HTML 기반의 월드 와이드 웹의 등장을 맞이하게 되었다. 이에 Bill Gates는 기존에 가지고 있던 독점적인 MSN 방식에 기반한 인터넷 전략을 과감하게 포기했다. 대신 HTML 언어를 마이크로소프트의 모든 제품에 적용함으로써 웹에서도 사용될 수 있도록 하였다.

계획이 실제로 실행되게 하기 위해서는 앞서 살펴본 계획과정의 각 단계를 끝까지 충실하게 밟아나가야 한다. 즉, 실행의 주체, 실행예산, 목표달성의 책임을 지는 경영자들을 명확히 하는 실행계획을 철저하게 세워야 한다. 계획은 명확한 목표와 연계되고, 운영예산이 적절히 배정되지 않으면 실행되기 어렵다는 것을 명심해야 한다. 불행하게도 많은 조직들에서 예산배정 및 성과측정과는 동떨어진 엉성한 계획들이 수립되고 있다.

마지막으로 경영자들은 그들의 계획에 따라 경쟁자들이 어떻게 대응할 것인지에 대해 고려해야 한다. 이를 위한 하나의 방법으로 '전략적 롤플레잉(strategic role-playing)'을 활용할 수 있다. 조직의 한 집단에게 경쟁사의 역할을 시키고, 조직의 계획에 대해 어떻게 대응할지를 모색해보게 하는 것이다. 전략적 롤플레잉은 마이크로소프트가 전략회의에서 일반적으로 사용하는 방식이다. 경쟁자의 역할을 맡은 집단에서 마이크로소프트를 이기기 위한 계획을 수립하도록 한다. 이를 통해 경쟁자들의 전략이 어떠할지와 마이크로소프트의 행동에 어떻게 대응할지에 대한 통찰력을 얻을 수 있다.

의사결정

앞서 살펴본 전략계획수립과정은 합리적 의사결정모형(rational decision-making model)의 한 예이다. 즉, 전략계획은 전략, 전술, 운영에 대한 중요한 의사결정을 하는 정규 프로세스이다. 일반적으로 의사결정은 경영자의 과업 중 매우 중요한 부분이다.

그림 5.6

합리적 의사결정모형

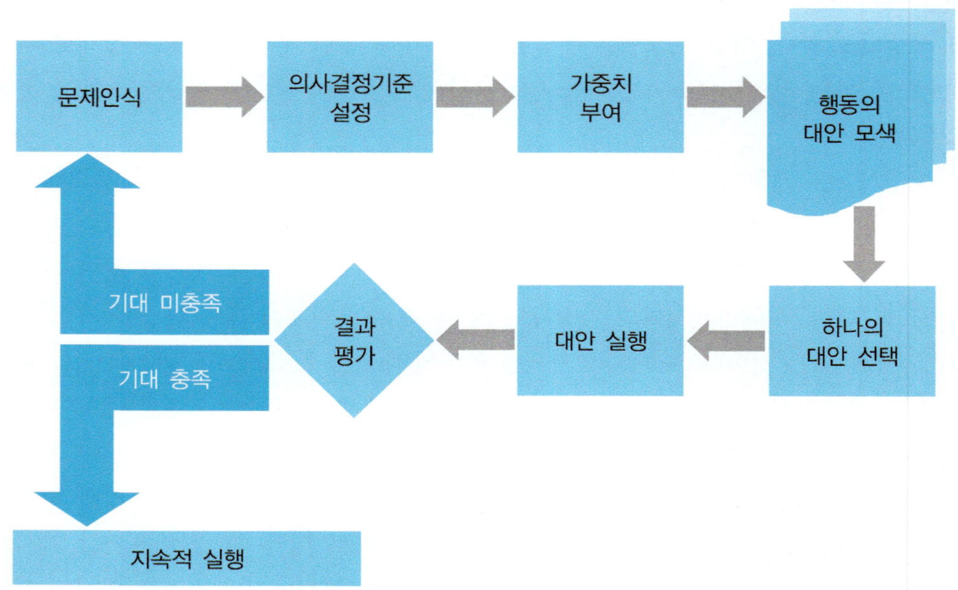

// 합리적 의사결정모형

합리적 의사결정모형은 [그림 5. 6]에서 보는 바와 같이 명확한 몇몇 단계를 가진다.

첫째, 경영자는 의사결정을 통해 해결하고자 하는 문제를 파악한다. 보통 원하는 상황과 현재의 상황이 차이가 날 때 문제가 대두되게 된다. 예를 들어, 한 조직이 수익과 성장에 대한 목표를 달성하지 못할 때 문제가 발생하게 된다.

둘째, 경영자는 추구해야 할 행동의 판단기준이 되는 의사결정기준을 설정한다. 예를 들어, 경영자가 영업용 자동차를 구매하고자 한다면, 의사결정기준은 원가, 연비, 신뢰성, 성능, 스타일, 엔진마력 등이 된다.

셋째, 중요성에 따라 의사결정기준에 가중치를 부여해야 한다. 가중치를 부여할 때는 조직의 전체적인 목표와 부합되도록 해야 한다. 만약 조직이 원가를 낮추기 위해 노력하고 있다면, 경영자들은 스타일이나 엔진마력보다는 연비에 큰 가중치를 둘 수 있다.

넷째, 경영자들은 행동의 대안들을 모색해야 한다. 일정기준을 충족시키는 다양한 회사의 다양한 자동차 모델을 모색하는 것이다.

다섯째, 경영자들은 각 대안을 가중치를 가진 의사결정기준에 따라 평가하여 하나의 대안을 선택해야 한다.

여섯째, 선택을 실제로 실행한다. 즉, 특정 모델의 자동차를 구매하는 것이다.

일곱째, 일정기간 후에 그 선택의 결과를 평가하고 의사결정이 성공적이었는지를 판단해야 한다. 그 결과가 기대에 미치지 못했다면 문제를 낳게 되고, 또 다른 의사결정 과정이 시작된다.

// 제한된 합리성과 만족

합리적 의사결정모형은 매우 논리적이지만 암묵적으로 의사결정자의 합리성(rationality)을 가정한다는 데 중요한 문제점이 있다. 인간의 합리성에 대한 가정은 노벨상 수상자인 사이몬(Herbert Simon)에 의해 강력한 도전을 받았다.[33] 사이몬에 의하면 사람은 컴퓨터처럼 합리적인 의사결정 기계가 아니다. 우리의 합리성은 인간이 가진 제한된 인지능력으로 인해 한계를 가진다. **제한된 합리성**(bounded rationality)이란 복잡한 문제를 규정하고, 문제해결에 필요한 정보를 획득하고 처리하며, 이를 바탕으로 문제를 합리적인 방법으로 해결하는 인간능력이 제한되어 있음을 의미한다.[34] 제한된 합리성으로 인해 우리는 합리적 의사결정모형에서 암묵적으로 가정하는 것과 같이 최적의 선택을 할 수 없게 된다. 대신 우리는 이론적인 극대의 성과가 아닌, 특정 성과의 만족할 만한 수준을 지향하며, 이를 달성했을 때 만족하게 된다. 예를 들어, 제한된 합리성을 주장하는 학자들은 경영자들이 실제로는 이론처럼 최대의 이윤을 추구하지 않고, 만족할 만한 수준의 이윤을 추구한다고 주장한다.

최적이 아닌 만족스러운 해법을 추구하게 되는 또 다른 이유는 최적의 해법을 찾기 위해 필요한 정보를 얻는 데는 비용이 발생하고, 때로는 문제해결을 위한 모든 정보를 얻을 수 없다는 데 있다. 예를 들어, 경쟁자로부터 시장점유율을 빼앗기 위한 최적의 전략을 도출하기 위해서는 다양한 정보가 필요하다. 먼저 고객의 선호에 대한 정보, 즉 고객이 가격, 품질, 스타일 등에 어떻게 반응할 것인가에 대한 정보가 있어야 한다. 경쟁자의 원가구조, 현재와 미래의 제품, 전략에 대한 정보도 필요하다. 뿐만 아니라 미래의 수요조건에 대한 정보도 필요할 것이다. 그러나 이러한 정보는 획득하는 데 많은 비용이 들기도 하고(고객 선호와 반응에 대한 정보), 기밀사항이기도 하며(경쟁자에 대한 정보), 예측 불가능(미래의 수요조건)하기도 하다. 따라서 경영자들은 제한된 양의 공개된 정보만을 수집하고, 이를 바탕으로 최적이 아닌 만족스러운 수준의 의사결정을 하게 된다.

// 의사결정 휴리스틱과 인지적 오류

인지심리학자들에 따르면 인간은 의사결정을 할 때 제한된 합리성으로 인해 **의사결정 휴리스틱**(decision heuristics)이나 경험에 입각한 간단한 법칙(rules of thumb)에 의존하게 된다. 의사결정 휴리스틱은 복잡성이 높고 예측가능성이 낮은 상황에서의 의사결정 시 유용하게 사용된다. 의사결정 휴리스틱의 한 예로는 **80-20 법칙**을 들 수 있다. 이 법칙은 80%의 결과는 20%의 원인 때문에 일어난다는 것으로 매우 다양하게 사용된다.[35] 일반적으로 기업에 있어서 매출의 80%는 제공하는 제품 중 20%에 의해 발생되거나 기업의 고객 중 20%에 의해 창출된다. 소프트웨어를 개발하는 경우 20%의 프로그래머가 80%의 프로그램 코드를 만들어낸다. 20%의 범죄자들이 80%의 범죄를 일으키고, 20%의 운전자가 80%의 자동차 사고를 일으킨다.[36] 경영자들은 이러한 80-20 법칙을 자원배분 의사결정에 활용하는데, 예를 들어, 판매와 서비스를 위한 노력을 매출의 80%를 창출해주는 20%의 고객에게 집중하기도 한다. 80-20 법칙이 실증에 의해 뒷

의사결정 휴리스틱
의사결정에 있어서의 간단한 법칙

80-20 법칙
80%의 결과는 20%의 원인에 의해 일어난다는 의사결정 휴리스틱

받침되는 경우도 있지만 모든 경우에 통용되는 것은 아니다. 그럼에도 불구하고 사람들은 이 법칙이 어디에나 적용되는 진실이라고 믿기도 하는데, 이럴 경우 문제가 발생할 수 있다.

인지적 오류
인간을 대상으로 한 실험실 또는 통제된 상황에서의 실험에서 반복적으로 발견되는, 우리 모두가 빠질 수 있는 의사결정의 오류

인지심리학자들은 위의 경우처럼 휴리스틱이 유용하기도 하지만 잘못 적용되면 의사결정과정이 심각하고 체계적인 오류에 빠질 수도 있다고 주장한다.[37] **인지적 오류**(cognitive bias)란 인간을 대상으로 한 실험실에서, 또는 통제된 상황에서의 실험에서 반복적으로 발견되는 우리 모두가 빠질 수 있는 의사결정의 오류를 말한다. 경영자들은 이러한 오류로 인해 좋은 정보를 가지고도 나쁜 의사결정을 내릴 수 있다.

사전가설오류
의사결정자가 변수 간 관계에 대해 사전에 강력한 믿음을 가지고 있을 때, 믿음이 맞지 않다는 증거가 발견됨에도 불구하고, 자신의 믿음을 바탕으로 의사결정을 내리는 경향

인지적 오류의 일반적인 유형으로 **사전가설오류**(prior hypothesis bias)를 들 수 있다. 사전가설오류란 의사결정자가 변수 간 관계에 대해 사전에 강력한 믿음을 가지고 있을 때, 믿음이 맞지 않다는 증거가 발견됨에도 불구하고, 자신의 믿음을 바탕으로 의사결정을 내리는 경향을 말한다. 더욱이 이들은 자신이 사전에 가진 믿음을 뒷받침하는 정보만을 찾아내어 의사결정에 활용하고, 그렇지 않은 정보는 무시해버리기도 한다. 예를 들어, 특정 전략이 효과적이라고 믿는 경영자는 그렇지 않다는 많은 증거는 무시해버리고, 그 전략만을 끈질기게 추구하기도 한다.

몰입상승의 오류
경영자가 한 프로젝트에 상당한 자원을 투자한 후, 그 프로젝트가 성공적이지 않다는 정보에도 불구하고 더욱 많은 자원을 투자하는 것

인지적 오류의 또 다른 유형으로 **몰입상승**(escalating commitment)**의 오류**가 있다. 몰입상승은 경영자가 한 프로젝트에 상당한 자원을 투자한 후, 그 프로젝트가 성공적이지 않다는 정보에도 불구하고 더욱 많은 자원을 투자하는 것을 말한다.[38] 이러한 경우 프로젝트를 포기하는 것이 좀 더 합리적인 의사결정일 것이다. 그러나 경영자들이 가진 프로젝트에 대한 개인적 책임감과 실패를 만회하겠다는 욕망이 이러한 비합리적인 의사결정을 낳게 된다.

단순유추에 의한 합리화 오류
복잡한 문제를 해결하기 위해 간단한 유추를 사용

대표적인 인지적 오류의 세 번째 유형으로 **단순유추에 의한 합리화**(reasoning by analogy) **오류**를 들 수 있다. 성급한 유추는 복잡한 문제를 단순한 비유를 통해 해결하는 상황에서 발생한다.

대표성 오류
작은 규모의 표본, 때로는 하나의 이례적인 일화를 전체로 일반화

네 번째로는 **대표성**(representativeness) **오류**의 문제를 들 수 있다. 대표성의 문제는 작은 규모의 표본, 때로는 하나의 이례적인 일화를 전체로 일반화하려는 경향을 말한다. 이러한 오류는 작은 표본을 바탕으로 일반화하는 것은 바람직하지 않다는 통계적 사고를 무시하는 것이다. 1990년대 후반 수많은 인터넷 기업들이 우후죽순처럼 생겨난 것은 성급한 유추와 대표성의 문제에 큰 원인이 있다고 할 수 있다. Amazon과 Yahoo!와 같은 초기 인터넷 기업들이 크게 성공하자, 많은 사람들이 작은 표본으로부터 성급하게 유추하여, 모든 인터넷 기업이 그들과 비슷한 성공을 이룰 수 있다고 생각했다. 투자자들도 마찬가지의 오류에 빠지게 되었고, 그 결과 수많은 기업들이 인터넷 사업에 뛰어들게 되었다. 그러나 이후 대부분 기업들의 실패는 유추가 성급했다는 것을 보여주었다. 즉, 몇몇 초기진입자의 표본이 이후 뛰어든 인터넷 기업들의 성공을 보장하지는 않는다는 것이다.

통제의 환상 오류
사건을 통제할 수 있는 개인의 능력을 과대평가하는 경향

또 다른 인지적 오류의 유형으로서 **통제의 환상**(illusion of control) **오류**는 사건을 통제할 수 있는 개인의 능력을 과대평가하는 경향을 말한다. 특히, 최고경영자 또는 높은

합병 후 Time Warner의 최고경영자인 Gerald Levin과 AOL의 최고경영자인 Steve Chase

위치의 경영자들이 이러한 오류에 쉽게 빠질 수 있다. 조직의 꼭대기까지 올라갔기 때문에 성공할 수 있다는 지나친 자신감을 가질 수 있다. Richard Roll 교수에 따르면 이러한 지나친 자신감은 기업인수에 있어서 경영자를 오만에 빠지게 한다.[39] 오만에 빠진 경영자들은 다른 기업을 인수함으로써 가치를 창출하는 자신의 능력을 과신하고, 따라서 기업인수에 지나치게 많은 비용을 지불하는 잘못된 의사결정을 내리게 된다. 인수비용을 마련하기 위해 과도하게 빌린 부채를 갚으면서 이윤을 창출하는 것은 사실상 불가능한 경우도 많다. 앞서 살펴본 AOL의 Time Warner 인수는 경영자의 오만을 잘 보여주는 사례이다.

가시성 오류(availability error) 또한 흔히 발견되는 인지적 오류로 결과를 얼마나 쉽게 상상할 수 있는가에 따라 결과가 발생할 확률을 추정하는 경향을 말한다. 예를 들어, 많은 사람들이 자동차 사고보다 항공기 사고를 두려워한다. 그러나 통계적으로 자동차 사고로 사망할 확률이 비행기 사고로 인해 사망할 확률보다 훨씬 크다. 사람들이 비행기 사고의 확률을 과대추정하는 이유는 비행기 사고로 인한 결과를 좀 더 쉽게 상상할 수 있고, 비행기 사고모습이 좀 더 생생하게 전달되기 때문이다. 경영자들은 가시성 오류로 인해 높은 성과를 가져다주는 프로젝트보다는 잘 보이는 결과를 가져다주는 프로젝트를 선호하게 된다.

가시성 오류
결과를 얼마나 쉽게 상상할 수 있는가(가시성)에 따라 결과가 발생할 확률을 추정하는 경향

마지막으로 문제나 의사결정을 구조화하는 방식과 관련된 **구조화의 오류**(framing bias)가 있다.[40] 아시아의 질병문제와 관련된 Tversky와 Kahneman의 질문은 이 오류의 전형적인 예이다.[41] 그들은 실험참가자들에게 아시아에서 600명이 사망할 것으로 예상

구조화의 오류
문제나 의사결정을 구조화되는 방식과 관련된 오류

되는 특이한 질병이 발생했고, 미국이 이에 대해 대책을 세우는 상황을 상상하도록 했다. 이러한 질병에 대한 대책으로 두 가지의 프로그램이 개발되었다. 참가자 중 한 집단에게는 각 프로그램의 결과를 다음과 같이 제시했다.

- 프로그램 A : 200명을 살릴 수 있다.
- 프로그램 B : 600명 모두를 살릴 확률은 1/3이고, 600명 모두 살리지 못할 확률은 2/3이다.

결과가 위와 같이 제시되자, 72%의 참가자들이 프로그램 A를 선호했다. 두 번째 참가자 집단에게는 다음과 같은 프로그램의 결과가 제시되었다.

- 프로그램 C : 400명이 죽을 것이다.
- 프로그램 D : 아무도 죽지 않을 확률은 1/3이고, 600명 모두가 죽을 확률은 2/3이다.

결과가 위와 같이 제시되자 참가자 중 78%가 프로그램 D를 선호했다. 그러나 프로그램 A와 C, 그리고 프로그램 B와 D의 결과는 동일하지 않은가! 따라서 어떻게 문제가 구조화되는가에 따라 선호가 바뀐 것이다.

잘못된 구조화는 기업을 어려움에 빠트릴 수 있다. 예를 들어, Britannica 백과사전은 자신의 사업이 출판업이라고 생각했다. 그러나 실제로는 지식과 정보사업이었고, 따라서 온라인화할 수 있는 사업이었다. 이 회사의 매출은 1989년 6억 2천만 달러로 최고를 기록한 후 CD-ROM과 인터넷에 기반한 Encarta와 같은 백과사전업체에게 급격히 시장점유율을 빼앗겼다. 거의 파산까지 직면하게 된 Britannica는 사업을 온라인화함으로써 살아남을 수 있었다. 그러나 온라인 백과사전 사업에서의 주도권은 이미 Wikipedia에게 넘어간 후였다.

// 전망이론

심리학자인 Daniel Kahneman과 Amos Tversky가 개발한 전망이론(prospect theory)은 간단한 휴리스틱으로부터 발생하는 인지적 오류가 어떻게 경영의사결정에 영향을 미치는지의 예를 보여주기 위해 자주 인용된다.[42] 전망이론은 사람들이 합리적 의사결정모형과는 다른 의사결정을 하는 것을 잘 설명해 준다. 이 이론에 따르면 사람들은 의사결정으로 인한 동일한 크기의 결과, 즉 이익과 손실에 각기 다른 자신만의 주관적인 가치를 부여한다(그림 5.7 참조). 어떤 행동의 결과로서의 잠재적 이익과 손실을 평가할 때, 사람들은 맨 처음 준거점(reference point) 또는 닻(anchor)을 먼저 설정한다. 보통의 경우 준거점은 현재의 상황이 된다. 따라서 현재 투하자본수익률(return on invested capital)이 10%라면 투하자본수익률에 영향을 미치는 의사결정에서 10%는 준거점이 된다. 그러나 앞서 구조화 오류에서 살펴본 바와 같이 준거점은 어떻게 문제가 제시되는가에 영향을 받는다. 전망이론에 따르면 의사결정자는 잠재적인 손실에 대해

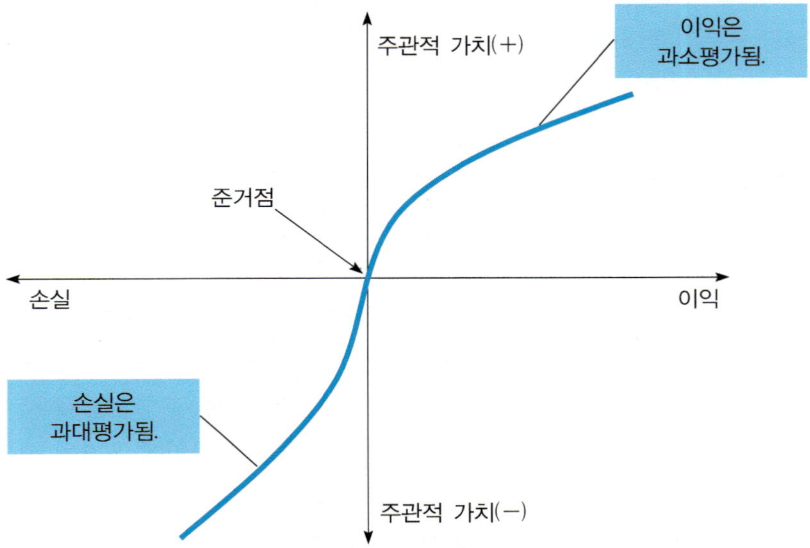

그림 5.7
전망이론

서는 과대평가하고, 잠재적인 이익에 대해서는 과소평가하는 경향이 있다. 잠재적으로 부정적인 결과를 일으키는 활동을 꺼리는 경향, 즉 손실회피적인 경향(loss averse)이 있다는 것이다.

만약 의사결정자가 과거에 상당한 손실을 경험했다면 그들은 그 부정적인 결과에 주관적인 높은 가치를 부여함으로써 괴로워한다. 이러한 경험은 준거점을 높이게 되고, 따라서 더욱 위험한 의사결정을 하게 된다. 다시 말해서, 손실회피성향의 의사결정자들은 과거의 손실을 메우기 위해 더 큰 위험을 선택한다. 역설적으로 손실회피성향의 사람들은 위험추구성향(risk seeking)을 가지게 되는 것이다. 이는 왜 게임을 하는 사람들이 점점 더 위험이 큰 곳에 돈을 걸게 되는지를 설명해 준다. 마찬가지로 상당한 돈을 잃은 주식투자자들은 손실을 만회하기 위해 위험이 높은 투기적인 주식에 투자하게 된다.[43] 이미 부도가 난 거대 에너지기업인 엔론을 살펴보자. 이 회사는 손실이 늘어나게 되자 회계조작과 불법적 거래를 통해 손실을 감추고 이익을 부풀리는 위험한 전략을 추구하게 되었다.[44] 앞서 살펴본 몰입상승의 오류도 전망이론을 통해 설명할 수 있다.[45]

// 집단사고

대부분의 의사결정은 집단 내에서 이루어지기 때문에, 의사결정이 이루어지는 집단의 상황은 오류가 의사결정과정에 영향을 미치게 될지를 결정하는 중요한 변수이다. 심리학자인 Irvin Janis는 많은 집단이 집단사고에 영향을 받고, 그 결과 나쁜 전략적 의사결정을 하게 된다고 주장한다.[46] **집단사고**(groupthink)는 의사결정자들의 한 집단이 의사결정에 기반이 되는 가정에 대한 의심 없이 어떤 행동을 결정하게 될 때 발생한다. 보통 집단은 한 사람 또는 한 정책을 구심점으로 협력하게 된다. 구심점이 되는 정책에

집단사고
의사결정자들의 한 집단이 의사결정에 기반이 되는 가정에 대한 의심 없이 어떤 행동을 결정하게 될 때 발생

도전하는 정보는 무시되고, 의사결정에 대해서는 사후 합리화가 진행되며, 그 정책에 도전하는 구성원은 쫓겨나게 된다. 집단의 미션이나 목표에 대한 집착은 어떠한 행동의 객관적인 평가에 의하기보다는 감정적인 평가에 기반하게 된다. 그 결과 의사결정의 질은 떨어지게 된다.

집단사고는 정교한 의사결정과정을 갖추었음에도 불구하고 왜 조직이 나쁜 결정을 내리게 되는지를 잘 설명해준다. Irvin Janis는 많은 역사적 재앙이 집단 내의 사람들(in-group members)에게 사회적 지지를 받는 정부지도자들에 의해 만들어진 잘못된 정책 때문이었다고 주장한다. 예를 들어, 미국 케네디 대통령의 참모집단은 집단사고에 빠져서, 여러 정보에 의하면 성공가능성이 없는데도 불구하고 1961년 쿠바의 Pigs만 침공을 결정했다. 이와 유사하게 미국의 존슨 행정부가 전쟁에 이기기 힘들다는 많은 정보를 무시하고 베트남에 병력을 계속 증가시킨 것이나, 북부지역에 폭격을 강화한 것은 전형적인 집단사고의 결과라고 할 수 있다. 특히, 참모집단에 속한 당시 국방부 장관인 맥나마라(Robert McNamara)가 정책에 대해 회의를 표현하자 곧바로 경질되기도 했다.[47)]

// 의사결정의 개선

제한된 합리성, 인지적 오류, 집단사고의 존재는 경영자의 의사결정이 객관적이고 현실적이며, 자료를 충분히 평가한 후 내려질 수 있도록 핵심적인 정보와 의사결정 메커니즘을 어떻게 연결할 것인가 하는 이슈의 중요성을 제기한다. 시나리오 계획법은 인지적 오류를 줄일 수 있는 유용한 방법일 수 있다. 이 접근법은 경영자들이 각기 다른 미래에 대한 가정이 주는 시사점을 깊이 생각하도록 한다. 따라서 경영자의 오만과 사전가설오류를 줄여줄 수 있다. 집단사고와 인지적 오류를 줄여줄 수 있는 또 다른 방법으로 악마의 대변자(devil's advocacy)와 변증법적 추론(dialectic inquiry)을 들 수 있다.[48)] **악마의 대변자**는 계획안과 계획안에 대한 비판적 분석을 만드는 것으로부터 시작된다. 의사결정집단의 한 구성원을 악마의 대변자로 지정한다. 이 구성원의 역할은 의사결정의 기반이 되는 가정에 도전하고 계획을 받아들일 수 없는 모든 이유를 찾아내는 것이다. 이러한 방법으로 의사결정자들은 계획이 가지고 있는 잠재적인 문제점에 대해 인식할 수 있다. **변증법적 추론**은 좀 더 복잡하다. 먼저 계획안(thesis)과 그럴듯하지만 상충되는 행동을 제안하는 대체적인 계획안(antithesis)을 만든다.[49)] 경영자들은 각 계획안을 주장하는 구성원들의 토론을 듣고 어떤 안이 높은 성과를 낼 수 있을지를 결정한다. 이러한 토론의 목적은 문제의 정의, 행동방향, 가정상의 여러 문제점이 드러나도록 하는 것이다. 그 결과 경영자들은 문제에 대한 새롭고 좀 더 철저한 개념을 가질 수 있고, 이를 바탕으로 최종 계획(synthesis)을 수립할 수 있다.

> **악마의 대변자**
> 계획과 계획에 대한 비판적 분석을 함께 만드는 것

> **변증법적 추론**
> 계획안(thesis)과 그럴듯하지만 상충되는 행동을 제안하는 대체적인 계획안(antithesis)을 만드는 것

인지적 오류를 줄이기 위한 또 다른 기법은 전망이론의 Daniel Kahneman이 주장한 외부적 관점이라는 것이다.[50)] **외부적 관점**(outside view)은 의사결정자가 과거 유사한 전략적 시도사례를 모아 참고사례군(reference class)을 만들고, 이러한 시도들이 성공했

> **외부적 관점**
> 과거 유사한 전략적 시도 사례를 모아 참고사례군을 만들고, 이러한 시도들이 성공했는지 실패했는지를 결정한 후 현재의 시도와 비교·평가하는 것

는지 실패했는지를 결정한다. 그리고 현재의 전략대안을 과거의 유사한 전략적 시도들과 비교·평가한다. Kahneman에 따르면 이 기법은 특히 통제의 환상, 성급한 유추, 대표성의 문제를 줄이는 데 도움이 된다. 예를 들어, 다른 기업 인수를 고려하는 경영자는 먼저 다른 기업에 의해 실행된 인수사례들을 수집한다. 이들이 성공했는지 실패했는지를 결정한 후, 현재의 인수안과 과거의 사례들을 객관적으로 비교하여 평가한다. 규모가 큰 표본을 바탕으로 한 이와 같은 현실성 검토를 거침으로써 경영자들은 지나친 낙관론에서 벗어날 수 있고, 보다 현실적인 평가와 계획을 도출해낼 수 있다.

마지막으로 경영자들은 처리해야 할 정보가 너무 많을 때, 제한된 합리성의 문제에 직면하게 되고, 간단한 의사결정 휴리스틱에 더욱 의존하게 된다.[51] 휴리스틱에 대한 의존을 줄이기 위해서는 일상적인 의사결정을 하위경영자에게 위임함으로써, 처리해야 할 정보를 줄이고 중요한 이슈에 좀 더 많은 시간을 투자해야 한다. 이에 대해서는 제8장에서 내부조직구조를 다룰 때 좀 더 깊이 살펴보도록 한다.

결 론 왜 중요한가?

왜 경영학을 배우는 학생들이 의사결정과 계획수립을 중요하게 생각해야 할까? 그 이유는 계획이 경영자들의 가장 핵심적인 활동이기 때문이다. 경영자들은 많은 시간과 에너지를 계획수립과 실행에 투자한다. 경영자가 계획을 잘 세우는 일은 매우 중요한데, 많은 연구에 따르면 좋은 계획은 조직의 성과를 높이는 반면, 나쁜 계획은 아예 계획이 없는 것만 못하다. 첫째, 계획이 없으면 조직은 방향을 상실하게 되고, 전략에 대한 합의도 도출할 수 없다. 둘째, 계획이 없으면 조직의 각 부문은 각기 다른 방향으로 나아가게 되고, 행동 간의 통일성이 떨어지게 되며, 각 부서는 일관성 없는 전략을 추진하게 된다. 셋째, 계획이 없으면 자원은 전략이나 예산과 상관없이 아무렇게나 배분될 것이다. 마지막으로 계획이 없으면 통제가 없는 조직이 될 것이다. 경영자들이 성과를 목표와 비교할 수 있게 함으로써 계획은 조직을 통제하는 데 중요한 역할을 한다.

동시에 계획의 한계도 명확히 알고 있어야 한다. 계획이 완벽한 전략을 보장하지는 않는다. 좋은 아이디어는 계획과 상관없이 나타날 수 있다. 조직에서 일어나는 많은 일들이 계획에 따른 것이라기보다는 예측하지 못한 상황의 변화에 대응하는 과정에서 일어난다. 그러나 이러한 대응이 극히 전술적인 미미한 행동이 아니라면 사후에 기업의 계획에 반영된다. 예를 들어, 마이크로소프트가 HTML에 기반한 월드 와이드 웹의 출현에 대비한 계획을 사전에 수립하지는 않았지만, 이 기술이 등장하자 새로운 현실을 반영한 계획을 빠르게 수립하여 대응했다. 따라서 계획이 좋은 아이디어를 창출하는 유일한 방법은 아니고, 예측되지 않은 상황의 변화로 인해 무력화되기도 하지만, 좋은 아이디어를 활용하고 예측하지 못한 상황의 변화에 대응하기 위해서는 통합되고 조직화된 일련의 행동이 필요하다.

뿐만 아니라 경영자가 실제로 수행하는 많은 업무는 의사결정과 관련 있다. 계획수립은 의사결정을 하는 정규화된 과정에 지나지 않는다. 우리가 살펴본 바와 같이 의사결정자는 제한된 합리성에 직면하게 되고, 복잡한 의사결정을 내리는 데 간단한 휴리스틱에 의존하기도 한다. 그러나 이러한 휴리스틱은 인지적 오류를 불러일으키기도 한다. 경영자가 인지적 오류에 빠지면 아무리 잘 만들어진 의사결정시스템도 바람직한 결과를 낳을 수 없을 것이다. 따라서 경영자들은 인지적 오류와 집단사고가 의사결정과정에 해를 입힐 가능성을 최소화하기 위해 고안된 기법을 사용해야 한다. 이러한 기법들에는 시나리오계획법, 악마의 대변자, 변증법적 추론, 외부적 관점(outside view) 등이 있다.

Management Challenges

1. "모든 것이 빠르게 변화하는 하이테크 산업에서 계획을 세우는 것은 불가능하다"는 주장에 대해 어떻게 생각하는가?
2. 많은 기업인수가 가치를 창출하는 데 실패하는 원인으로 어떤 의사결정 오류를 들 수 있는가? 이러한 오류를 줄이기 위해 경영자는 어떻게 해야 하는가?
3. 하위 경영자들은 회사의 전략계획수립과정에서 어떤 역할을 할 수 있는가? 만약 하위 경영자들이 전략수립과정에 필요한 정보를 제공하지 않으면 어떤 일이 발생할 것인가?
4. 계획수립은 어떻게 통제메커니즘으로서의 역할을 하는가?
5. 마이크로소프트의 미션은 다음과 같다. "마이크로소프트는 전 세계의 사람과 기업들이 그들의 잠재력을 최대한 실현시키도록 돕기 위해 일한다. 이것이 우리의 미션이다. 우리는 이러한 미션과 미션을 달성 가능하게 하는 가치를 바탕으로 모든 일을 수행한다." 마이크로소프트의 미션은 고객에 기반(customer-oriented)하고 있는가? 이러한 미션은 어떻게 제품개발 의사결정에 영향을 미칠 수 있는가?

Management Portfolio

한 기업을 선택하여 다음을 살펴보시오.

1. 해당 기업의 미션, 비전, 가치, 주요 목표에 대해 최대한 자세히 설명하시오.
2. 해당 기업의 미션, 비전, 가치, 주요 목표에 대해 평가하시오. 긍정적인 면은 무엇인가? 비판할 수 있는 부분은 없는가?
3. 해당 기업은 미션, 비전, 가치, 목표에 따라 행동하고 있는가? 자신의 생각과 그 근거를 제시하시오.
4. 지난 10여 년간 해당 기업의 경영자가 저지른 전략적 오류를 찾아보시오. 만약 발견했다면, 계획의 부재, 잘못된 계획수립, 의사결정 오류가 이러한 전략적 오류에 미친 영향은 무엇인가?

마 · 침 · 사 · 례 인터넷 사업의 부침

당시 세계 최대의 광케이블을 보유하고 있던 WorldCom의 수석연구원인 Michael O'Dell은 1997년 인터넷의 데이터 전송량이 100일마다 두 배로 늘어날 것이라고 주장했다. 이는 매년 1,000%가 넘는 성장률을 의미했다. 그는 광케이블이 충분하지 않고 가까운 미래에 수요가 공급을 월등히 초과할 것이라고 주장했다.

이러한 잠재적 기회에 들뜬 Level 3 Communications, 360 Networks, Global Crossing, Qwest Communications, WorldCom, Williams Communications Group, Genuity Inc., XO Communications 등 많은 기업들이 이 사업에 뛰어들었다. 이들 기업의 전략은 매우 유사했다. 막대한 자금을 끌어 모아 미국 전체, 더 나아가서 전 세계에 광케이블을 깔며 가격을 인하한 후 큰돈을 벌기를 기다리는 것이다. 이들 기업의 경영자들은 조만간 수요가 공급을 초과하게 되고, 선견지명을 가지고 네트워크를 구축한 자신들이 막대한 수익을 챙길 수 있을 것으로 믿었다. 이는 마치 골드러시와 같아서 처음으로 금광을 발견한 자가 대부분을 가져갈 것 같았다.

그러나 이들에게 실망스러운 목소리도 존재했다. 1998년 10월 AT&T Lab의 Andrew Odlyzko는 매년 1,000%가 넘는 성장률 전망의 가정을 비판하는 논문을 발표했다. 정밀한 분석을 통해 이보다 훨씬 낮은 경우 100%의 성장률을 예측한 것이다. 여전히 100%의 성장률이 큰 것은 사실이지만, 많은 기업들이 급격히 늘려놓은 광케이블 용량에는 턱없이 못 미치는 것이었다. 더욱이 Odlyzko는 현재의 케이블로도 데이터 전송량을 획기적으로 늘릴 수 있는 새로운 기술들이 개발되고 있어서 광케이블의 필요성은 크지 않을 것이라고 했다. 그러나 새로운 투자금은 광케이블사업에 지속적으로 몰렸고, 그의 말에 귀를 기울이는 사람은 많지 않았다. WorldCom은 2000년 9월까지도 1,000% 성장의 가정을 유지했다.

그러나 결과적으로 Odlyzko의 예측은 정확했다. 공급은 수요를 월등히 초과했고, 2002년까지 매설된 광케이블의 3%만이 실제로 사용되었다. 가격은 정체되었고 경영자들이 생각했던 급격한 수요증가는 일어나지 않았다. 네트워크를 구축하기 위해 빌려온 과도한 부채에 못 이겨 WorldCom, 360 Networks, XO Communications, Global Crossing가 차례로 파산하게 되었다. Level 3와 Qwest는 살아남았다. 그러나 그들의 주가는 90%나 폭락했고, 두 회사 모두 막대한 이자에 허덕이게 되었다.[52)]

토론문제

1. Level 3, Global Crossing, 360 Networks의 전략계획이 실패한 원인은 무엇인가?
2. 이들 기업을 경영하던 경영자들이나 이들 기업에 투자한 투자자들은 매우 영리하고 성공적인 개인들이다. 왜 이렇게 많은 영리한 사람들이 실수를 저질렀을까?
3. 1990년대 후반과 2000년대 초반 이 산업에서 구체적으로 어떤 의사결정 오류들을 발견할 수 있는가?
4. 당시 경영자들이 어떻게 했다면 이러한 비극적인 결과를 막을 수 있었을까?

※ 주석 | Endnotes

1. Sources: "Intel's Right Hand Turn," *The Economist,* May 14, 2005, p. 67; C. Edwards, "Getting Intel Back on the Inside Track," *BusinessWeek,* November 29, 2004, p. 39; C. Edwards, "Shaking Up Intel's Insides," *BusinessWeek,* January 31, 2005, p. 35; B. Snyder Bulik, "Intel's New Strategy Demands a New Partner," *Advertising Age,* March 14, 2005, pp. 4–5.
2. J. Hallinan, "3M's Next Chief Plans to Fortify Results with Discipline He Learned at GE Unit," *The Wall Street Journal,* December 6, 2000, p. B17; 3M Investor Meeting, September 30, 2003, archived at http://www.corporate-ir.net/ireye/ir_site.zhtml?ticker=MMM&script=2100.
3. W.T. Coombs, *Ongoing Crisis Communication: Planning, Managing, and Responding* (Thousand Oaks, CA: Sage Publications, 1999).
4. J. Greenwald, "September 11th Attacks Show Value of Planning for a Crisis," *Business Insurance,* January 7, 2002, p. 17.
5. Coombs. *Ongoing Crisis Communication: Planning, Managing, and Responding.*
6. H. Courtney, J. Kirkland, and P. Viguerie, "Strategy under Uncertainty," *Harvard Business Review* 75 (November–December 1997), pp. 66–79.
7. P.J.H. Schoemaker, "Multiple Scenario Development: Its Conceptual and Behavioral Foundation," *Strategic Management Journal* 14 (1993), pp. 193–213.
8. P. Schoemaker, P.J.H. van der Heijden, and A.J.M. Cornelius, "Integrating Scenarios into Strategic Planning at Royal Dutch Shell," *Planning Review* 20, no. 3 (1992), pp. 41–47; I. Wylie, "There Is No Alternative to…" *Fast Company,* July 2002, pp. 106–11.
9. "The Next Big Surprise: Scenario Planning," *The Economist,* October 13, 2001, p. 71.
10. K.R. Andrews, *The Concept of Corporate Strategy* (Homewood, IL: Dow Jones Irwin, 1971); H.I. Ansoff, *Corporate Strategy* (New York: McGraw-Hill, 1965); C.W. Hofer and D. Schendel, *Strategy Formulation: Analytical Concepts* (St. Paul, MN: West, 1978). Also see P.J. Brews and M.R. Hunt, "Learning to Plan and Planning to Learn," *Strategic Management Journal* 20 (1999), pp. 889–913; R.W. Grant, "Planning in a Turbulent Environment," *Strategic Management Journal* 24 (2003), pp. 491–517.
11. http://www.kodak.com/US/en/corp/careers/why/valuesmission.jhtml.
12. D.F. Abell, *Defining the Business: The Starting Point of Strategic Planning* (Englewood Cliffs, NJ: Prentice-Hall, 1980).
13. See G. Hamel and C.K. Prahalad, "Strategic Intent," *Harvard Business Review* (May–June 1989), p. 64.
14. J.C. Collins and J.I. Porras, "Building Your Company's Vision," *Harvard Business Review,* September–October 1996, pp. 65–77.
15. http://www.nucor.com/.
16. M.D. Richards, *Setting Strategic Goals and Objectives* (St. Paul, MN: West, 1986).
17. E.A. Locke, G.P. Latham, and M. Erez, "The Determinants of Goal Commitment," *Academy of Management Review* 13 (1988), pp. 23–39.
18. R.E. Hoskisson, M.A. Hitt, and C.W.L. Hill, "Managerial Incentives and Investment in R&D in Large Multiproduct Firms," *Organization Science* 3 (1993), pp. 325–41.
19. R.H. Hayes and W.J. Abernathy, "Managing Our Way to Economic Decline," *Harvard Business Review,* July–August 1980, pp. 67–77.
20. R.S. Kaplan and D.P. Norton, *The Strategy Focused Organization: How Balanced Scorecard Companies Thrive in the New Business Environment* (Boston: Harvard Business School Press, 2001).
21. Sources: A. Latour and C. Nuzum, "Verizon Profit Soars Fivefold on Wireless Growth," *The Wall Street Journal,* July 28, 2004, p. A3; S. Woolley, "Do You Fear Me Now?" *Forbes,* November 10, 2003, pp. 78–80; A.Z. Cuneo, "Call Verizon Victorious," *Advertising Age,* March 5, 2004, pp. 3–5.
22. C.C. Miller and L.B. Cardinal, "Strategic Planning and Firm Performance: A Synthesis of More Than Two Decades of Research," *Academy of Management Journal* 37 (1994), pp. 1649–65. Also see P.R. Rogers, A. Miller, and W.Q. Judge, "Using Information Processing Theory to Understand Planning/Performance Relationships in the Context of Strategy," *Strategic Management Journal* 20 (1999), pp. 567–77.
23. Brews and Hunt, "Learning to Plan and Planning to Learn."
24. H. Mintzberg, "Patterns in Strategy Formulation," *Management Science* 24 (1978), pp. 934–48.
25. C.J. Loomis, "AOL Time Warner's New Math," *Fortune,* February 4, 2002, pp. 98–103.
26. *GE's Two-Decade Transformation: Jack Welch's Leadership* (Harvard Business School Case 9-399-150, 1999).
27. For details, see R.A. Burgelman, "Intraorganizational Ecology of Strategy Making and Organizational Adaptation: Theory and Field Research," *Organization Science* 2 (1991), pp. 239–62; Mintzberg, "Patterns in Strategy Formulation"; S.L. Hart, "An Integrative Framework for Strategy Making Processes," *Academy of Management Review* 17 (1992), pp. 327–51; G. Hamel, "Strategy as Revolution," *Harvard Business Review* 74 (July–August 1996), pp. 69–83; Grant, "Planning in a Turbulent Environment."
28. This is the premise of those who advocate that complexity and chaos theory should be applied to strategic planning. See S. Brown and K.M. Eisenhardt, "The Art of Continuous Change: Linking Complexity Theory and Time Based Evolution in Relentlessly Shifting Organizations," *Administrative Science Quarterly* 29 (1997), pp. 1–34; and R. Stacey and D. Parker, *Chaos, Management, and Economics* (London: Institute for Economic Affairs, 1994). See also Courtney, Kirkland, and Viguerie, "Strategy under Uncertainty."
29. As a consultant, the author has come across this many times.
30. Q. Hardy, "Google Thinks Small," *Forbes,* November 14, 2005, pp. 198–202.
31. *GE's Two-Decade Transformation: Jack Welch's Leadership* (Harvard Business School Case 9-399-150, 1999).
32. D. Lovallo and D. Kahneman, "Delusions of Success: How Optimism Undermines Executives' Decisions," *Harvard Business Review* 81 (July 2003), pp. 56–67; J.S. Hammond, R.L. Keeny, and H. Raiffa, "The Hidden Traps in Decision Making," *Harvard Business Review* 76 (September–October 1998), pp. 25–34.
33. H. Simon, *Administrative Behavior* (New York: McGraw-Hill, 1957).
34. G. Girgenzer and R. Selten, *Bounded Rationality* (Cambridge, MA: MIT Press, 2001); D. Kahneman, "Maps of Bounded Rationality: Psychology for Behavioral Economics," *American Economic Review* 93 (2003), pp. 1449–75. Also see M.H. Bazerman, *Judgment in Managerial Decision Making,* 6th ed. (New York: Wiley, 2006).
35. R. Koch, *The 80–20 Principle* (New York, Doubleday, 1996).
36. Koch, *The 80–20 Principle.*
37. The original statement of this phenomenon was made by A. Tversky and D. Kahneman, "Judgment under Uncertainty: Heuristics and Biases," *Science* 185 (1974), pp. 1124–31. Also see Lovallo and Kahneman, "Delusions of Success: How Optimism Undermines Executives' Decisions"; Hammond, Keeny, and Raiffa, "The Hidden Traps in Decision Making"; and Bazerman, *Judgment in Managerial Decision Making.*
38. B.M. Staw, "The Escalation of Commitment to a Course of Action," *Academy of Management Review* 6 (1981), pp. 577–87.
39. R. Roll, "The Hubris Hypotheses of Corporate Takeovers," *Journal of Business* 59 (1986), pp. 197–216.
40. A. Tversky and D. Kahneman, "The Framing of Decisions and the Psychology of Choice," *Science* 211 (1981), pp. 453–58.
41. Tversky and Kahneman, "The Framing of Decisions and the Psychology of Choice."
42 D. Kahneman and A. Tversky, "Prospect Theory: An Analysis of Decision under Risk," *Econometrica,* 47 (1979), pp. 263–92.
43. M. Myagkov and C.R. Plott, "Exchange Economies and Loss Exposure: Experiments in Exploring Prospect Theory," *American Economic Review* 87 (1997), pp. 810–29.
44. B. McLean and P. Elkind, *The Smartest Guys in the Room* (New York: Penguin, 2003).
45. G. Whyte, "Escalating Commitment to a Course of Action: A Reinterpretation," *Academy of Management Review* 11 (1986), pp. 311–22.

46. I.L. Janis, *Victims of Groupthink,* 2nd ed. (Boston: Houghton Mifflin, 1982). For an alternative view, see S.R. Fuller and R.J. Aldag, "Organizational Tonypandy: Lessons from a Quarter Century of the Groupthink Phenomenon," *Organizational Behavior and Human Decision Processes* 73 (1998), pp. 163–84.

47. Fuller and Aldag, "Organizational Tonypandy: Lessons from a Quarter Century of the Groupthink Phenomenon."

48. See R.O. Mason, "A Dialectic Approach to Strategic Planning," *Management Science* 13 (1969), pp. 403–14; R.A. Cosier and J.C. Aplin, "A Critical View of Dialectic Inquiry in Strategic Planning," *Strategic Management Journal* 1 (1980), pp. 343–56; and I.I. Mintroff and R.O. Mason, "Structuring III—Structured Policy Issues: Further Explorations in a Methodology for Messy Problems," *Strategic Management Journal* 1 (1980), pp. 331–42.

49. Mason, "A Dialectic Approach," pp. 403–14.

50. Lovallo and Kahneman, "Delusions of Success: How Optimism Undermines Executives' Decisions."

51. C.W.L. Hill and R.E. Hoskisson, "Strategy and Structure in the Multiproduct Firm," *Academy of Management Review* 12 (1986), pp. 331–41.

52. Sources: Y.J. Dreazn, "Behind the Fiber Glut," *The Wall Street Journal,* September 26, 2002, p. B1; R. Blumenstein, "Overbuilt Web: How the Fiber Barons Plunged the Nation into a Telecom Glut," *The Wall Street Journal,* June 18, 2001, p. A1; D.K. Berman, "Level 3 Finds a Way to Fight Telecom Crash," *The Wall Street Journal,* November 19, 2002, p. C1; Level 3 10K reports, 2002 and 2003.

6

경영전략

STRATEGY

LEARNING OBJECTIVES

이 장을 학습한 후 여러분은

1 전략을 정의할 수 있다.
2 전략의 목적이 우월한 성과의 달성이라는 것을 설명할 수 있다.
3 경쟁우위가 무엇인지 설명할 수 있다.
4 사업부전략이 어떻게 경쟁우위를 창출하는지 설명할 수 있다.
5 운영전략이 어떻게 경쟁우위를 창출하는지 설명할 수 있다.
6 기업전략이 어떻게 경쟁우위를 창출하는지 설명할 수 있다.

높이 쌓을수록 싸게 팔 수 있다!
월마트는 셀프서비스와 간소화된 매장시설로 공산품을 싸게 판매할 수 있었다. 또한 재고비용을 낮추기 위해 재고관리를 철저히 하고 있다.

도입사례

월마트는 전 세계에서 가장 규모가 큰 기업이다. 1962년 샘 월튼(Sam Walton)이 설립한 이 대형 할인점은 전 세계적으로 5,000개가 넘는 점포와 3,000억 달러가 넘는 매출, 180만 명이 넘는 종업원을 가지고 있다. 월마트는 경쟁자인 타깃(Target)이나 케이마트(Kmart)보다 높은 이윤을 창출하고 있다. 그 이유는 월마트가 비용을 낮추는 전략을 추구함으로써 소비자에게는 낮은 가격을 제시하면서도 이윤을 확보할 수 있었기 때문이다.[1] 비용을 최대한 낮추기 위해 샘 월튼은 다양한 활동을 실행했다. 종업원을 줄여서 인건비를 절감하기 위해 철저하게 셀프서비스로 매장을 운영했고, 매장의 디자인도 최대한 간소화했다. 초기 대부분의 매장이 미국 남부의 작은 마을들에 위치하고 있어서 불편한 교통 때문에 공급자들로부터 낮은 원가에 납품을 받기가 어려웠다. 이에 샘 월튼은 물류센터를 직접 만들었다. 각 물류센터는 반경 300마일 이내의 매장들을 책임졌다. 현재 월마트는 공급자들에게 대량으로 구매하고 이를 자체 물류센터에 보관함으로써 공급자들로부터 매우 낮은 가격에 제품을 공급받고 있다.

또한 샘 월튼과 그 이후의 경영자들은 각 점포에서 어떤 제품이 판매되는지 실시간으로 확인할 수 있는 정보시스템을 구축했다. 제품에 붙어있는 바코드와 계산대의 바코드 스캐너를 모든 제품, 모든 계산대에 도입하고, 이를 중앙컴퓨터 시스템과 연결한 최초의 기업이 바로 월마트이다. 이와 같은 시스템을 통해 얻어진 정보는 월마트가 경쟁자보다 효과적인 재고관리를 할 수 있게 해주었다. 적은 재고만을 유지함으로써 재고를 보관하기 위해 필요한 공간과 재고에 관련된 여러 비용을 절감할 수 있었다.

전략(strategy)
경영자가 조직의 목적을 달성하기 위해 실행하는 활동

월마트의 사례는 전략이 어떻게 기업의 경쟁우위(competitive advantage)를 가져다주는지를 보여준다. 앞 장에서 우리는 경영자들이 특정 전략을 선택하는 데 필요한 계획수립의 과정에 대해 살펴보았다. 이 장에서는 실제로 경영자들이 가지고 있는 전략적 대안들에 대해서 살펴보고자 한다. **전략**(strategy)이란 경영자가 조직의 목적을 달성하기 위해 실행하는 활동이다. 월마트의 경우 철저하게 비용을 절감하는 전략을 실행하고 있다. 월마트의 비용절감에 대한 노력은 경쟁자와 효과적으로 경쟁하기 위해 기본이 되는 사업부수준의 전략 또는 사업부전략(business-level strategy)의 한 예이다. 그러나 월마트의 비용절감을 가능하게 한 전략의 대부분은 기업의 운영수준(operating level)에서 실행되었다. 즉, 사업부전략은 운영과 조직에 의해 실행되는 것이다. 월마트 경영자들에게 저원가전략을 추구하기로 결정하는 것은 쉬운 일이었다. 그러나 이와 같은 전략을 현실화시키기 위해 운영수준에서의 활동(운영전략)을 모색하고 실행하는 것은 훨씬 어려운 일이었다. 또한 앞으로 살펴볼 바와 같이 전략의 성공적 실행은 적합한 조직이 뒷받침될 때 가능하다.

비용절감을 위한 노력의 결과 1990년대 초반이 되자 월마트는 미국 내 최대 할인점이 되었다. 그러나 샘 월튼의 뒤를 이어 CEO에 오른 David Glass는 또 다른 문제에 직면하게 되었다. 미국 내에서 월마트의 추가적인 성장기회가 제한적이라는 것이다. 어떻게 하면 과거와 같은 성장을 지속할 수 있을까? 이러한 문제에 대해 David Glass는 두 가지 해법을 떠올렸다. 첫째는 기존의 공산품 위주의 판매에서 벗어나 과일, 야채 등과 같은 신선식품을 판매하기 위해 매장의 크기를 넓히는 것이었다. 월마트가 가진 뛰어난 배송 및 정보시스템을 활용하면 공산품뿐 아니라 신선식품의 판매에 있어서도 비용을 절감할 수 있을 것으로 생각했다. 둘째는 미국을 벗어나 해외로 확장하는 것이었다. 그 결과 2005년 월마트 매출의 26%는 신선식품이 차지하게 되었고, 17%는 미국을 제외한 해외 9개 나라에서 창출되었다.

월마트의 신선식품으로의 다각화와 국제적 확장은 모두 기업수준의 전략 또는 기업전략(corporate-level strategy)의 예이다. 기업전략은 어떤 사업 또는 어떤 국가시장(national market)에서 경쟁할 것인가를 결정하는 것이다. 1990년대 초반까지 월마트는 공산품유통이라는 사업과 미국이라는 국가시장에서 경쟁해왔다. 그 이후 신선식품유통이라는 사업과 멕시코, 독일, 영국을 포함한 9개의 추가적인 국가시장에 진입했다. 즉, 월마트는 다각화(diversification)와 국제적 확장(international expansion)이라는 기업전략을 추진한 것이다.

이 장에서 우리는 사업부전략과 기업전략에 대해 다룰 것이다. 우리는 경쟁자 대비 경쟁우위를 확보하기 위해 기업이 해야 할 것은 무엇인지에 대해 살펴보고, 경쟁우위가 어떻게 기업이 높은 성과를 달성하게 해주는지에 대해 논의해 볼 것이다. 먼저 기업의 높은 성과와 경쟁우위의 개념에 대해 살펴보고, 경영자들이 경쟁우위를 확보하기 위해 추구할 수 있는 전략적 대안에 대해 알아보자.

고성과와 경쟁우위

조직의 궁극적인 목표는 높은 성과를 창출하는 것이다. 특히, 영리기업에게 높은 성과는 명확한 의미를 가진다. 즉, 높은 성과는 높은 수익성을 창출하고 시간이 지남에 따라 수익을 증가시키는 것을 말한다(그림 6. 1).[2] 따라서 경영자의 핵심적인 역할은 수익성과 수익성장성으로 측정되는 성과를 높이기 위한 전략을 추구하는 것이다. 이는 말하기는 쉬우나 사실 실행하기는 매우 어려운 것이다. 가장 큰 이유는 기업이 희소한 자원을 확보하기 위해 경쟁자와 치열하게 경쟁해야 하기 때문이다. 월마트의 성공은 케이마트나 타깃과 같은 경쟁자보다 장기간에 걸쳐 뛰어났기 때문에 가능했다.

일반적으로 기업은 시장에서 경쟁자보다 뛰어날 때 높은 수익성과 견고한 수익의 성장을 달성할 수 있다. 한 기업이 경쟁자보다 우월할 때, 이 기업이 **경쟁우위**(competitive advantage)를 가진다고 말한다. 기본적으로 경쟁우위는 두 가지 원천에서 나온다. (1) 경쟁자보다 낮은 비용을 달성할 수 있는 능력과 (2) 제품을 경쟁자와 차별화하는 능력이다.[3] 사업부전략의 목표는 경쟁자보다 비용을 낮추거나 제품을 차별화하는 것이다.

경쟁우위
경쟁자보다 뛰어날 때 얻을 수 있는 우위

다른 조건이 동일할 때 한 기업이 비용을 경쟁자보다 낮춘다면 경쟁자에 앞설 수 있다. 경쟁자와 같은 가격을 제시하더라도 경쟁자보다 높은 수익을 창출할 수 있다. 또는 고객에게 경쟁자보다 낮은 가격을 제시해서, 시장점유율을 확보함으로써 경쟁자보다 빠르게 수익을 증가시킬 수 있다. 또한 이 둘을 동시에 추구할 수도 있다. 예를 들어, 델 컴퓨터는 낮은 비용구조로 인해 경쟁자에 대해 경쟁우위를 가진다. 델은 낮은 비용을 바탕으로 고객들에게 낮은 가격을 제시함으로써 시장점유율을 높였고, 경쟁자보다 빠른 수익의 증가를 달성했다. 동시에 대부분의 경쟁자가 손해 보는 가격대에서도 수익을 창출할 수 있었다.

한 기업이 디자인, 품질, 신뢰성, 애프터서비스 등의 속성에서 경쟁자와 자신의 제품

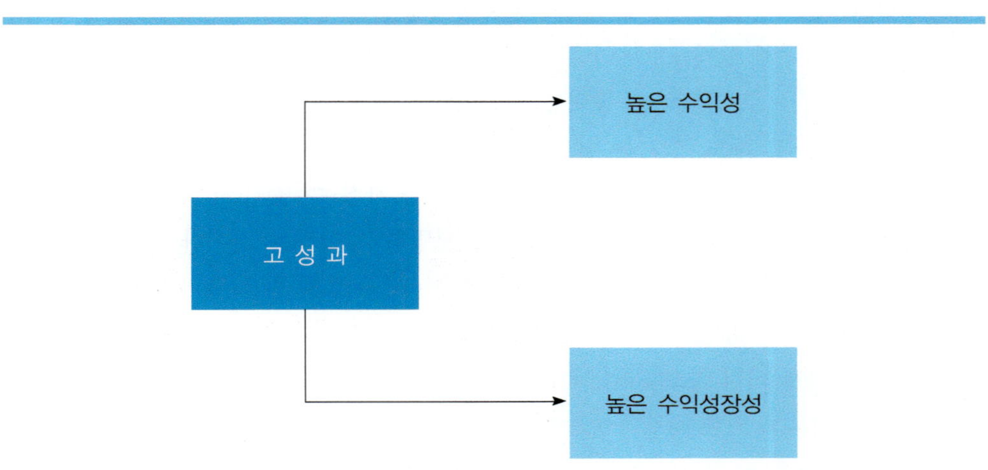

그림 6. 1
우월한 성과

월마트에서는 기대하지 마세요
Nordstrom의 구두 매장에서 점원이 고객에게 딱 맞는 신발을 골라주고 있다. 수준 높은 고객서비스는 이 회사가 자신을 경쟁자와 차별화하는 핵심적인 방법이다. 심지어 Nordstrom은 중요한 고객에게 '퍼스널 샤퍼(personal shopper)'라는 전담 직원을 배정하기도 한다. 반대로 월마트는 셀프서비스로 운영된다.

을 성공적으로 차별화할 수 있다면 경쟁자를 앞설 수 있다. 경쟁자보다 높은 가격을 받으면서도 일정규모의 매출을 올림으로써 높은 수익을 달성할 수 있다. 또는 경쟁자와 비슷한 가격에 좀 더 우월한 제품을 고객에게 제공함으로써 시장점유율을 높이고, 빠르게 수익을 증가시킬 수 있다. 또한 이 둘을 동시에 추구할 수도 있다. 예를 들어, 고급 백화점인 Nordstrom은 취급하는 제품을 고급제품으로 차별화하고 매장 내 서비스의 질을 높였다. 이러한 차별화를 통해 경쟁자보다 높은 수익을 확보하고, 경쟁자보다 빠르게 수익을 증가시킬 수 있었다.

차별적 역량
경쟁자가 가지고 있지 않은 독특한 강점

일반적으로 한 기업의 경쟁우위는 한 개 또는 몇 개의 차별역량에 원천을 둔다. **차별적 역량**(distinctive competency)은 경쟁자가 가지고 있지 않은 독특한 강점을 말한다(독특한 강점의 원천에 대해서는 제2장에서 살펴보았다). 델 컴퓨터의 경우 조립공장에 이틀 생산분량의 부품재고만을 가질 정도로, 전 세계에 흩어져 있는 부품공급자들을 인터넷을 활용하여 효과적으로 조정하는 데 독특한 강점을 가지고 있다. 퍼스널 컴퓨터 사업에서 부품재고는 비용을 높이는 주범이고, 대부분의 경쟁자들이 30일 생산분량의 부품을 재고로 가지고 있는 현실을 고려할 때, 델 컴퓨터가 가지고 있는 공급망관리에 있어서의 차별역량은 낮은 비용구조를 가지는 데 중요한 역할을 하고 있다.[4] 반대로 Nordstrom은 고객 서비스에 차별역량을 가지고 있다. 이 백화점의 점원들은 고객들이 그들을 돋보이게 할 수 있는 패션제품을 구매하도록 돕는 데 있어서 업계 최고를 자랑한다. 고객 서비스를 통한 차별화 우위를 바탕으로 심지어는 경쟁자들과 같은 제품에 대해서도 높은 가격을 받을 수 있게 되었다.

지속적 경쟁우위
차별역량을 경쟁자가 쉽게 모방할 수 없을 때 얻을 수 있는 우위

한 기업이 경쟁자보다 지속적으로 더 나은 성과를 낼 때, **지속적 경쟁우위**(sustainable competitive advantage)를 확보하고 있다고 말한다. 지속적 경쟁우위는 차별역량을 경쟁자가 쉽게 모방할 수 없을 때 발생한다.[5] 예를 들어, PC 산업에서 경쟁자들은 델 컴퓨터가 가지고 있는 공급망관리에 있어서의 차별역량을 쉽게 모방하지 못했다. 델의 강점은 웹사이트를 통해 고객들로부터 주문을 받고, 이러한 주문정보를 전 세계에 있는 공급자들과 실시간으로 공유하는 능력에 있다. HP와 같은 경쟁자들이 델과 같은 공급망관리를 도입한다고 해도, 델과는 달리 HP의 판매는 대부분 소매업자를 통해 이루어지기 때문에 한계를 가지게 된다. 실시간 판매정보를 가질 수 없기 때문에 이와 같은 정보를 바탕으로 구축되는 공급망관리 기술을 모방하기 어려운 것이다.

차별역량은 **모방장벽**(barrier to imitation)으로부터 보호를 받을 때, 경쟁자들이 모방하기 어려워진다. 모방장벽의 중요한 원천으로 지적재산권(특허, 상표권, 저작권 등)과 경쟁자 눈에 쉽게 띄지 않고 기업 내부에 깊이 박혀있는 프로세스를 들 수 있다.[6] 예를 들어, 모방장벽으로 인해 경쟁자들은 마이크로소프트의 Microsoft Office 제품을 모방할 수 없다. 이 제품을 구성하는 코드들은 지적재산권에 의해 보호되고 있고, 이를 복제하

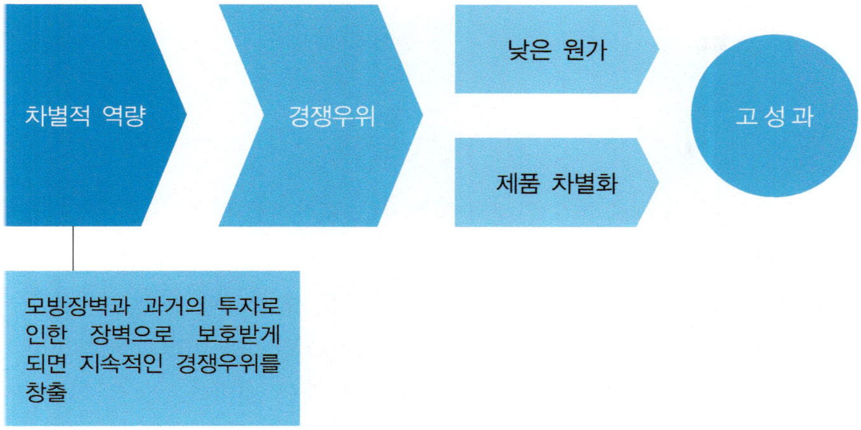

그림 6. 2
경쟁우위

는 것은 법을 위반하는 것이기 때문이다. 3M은 혁신에 있어서 차별역량을 가지고 있다. 이 회사는 최근 5년 이내에 출시된 다양한 제품으로부터 30% 이상의 매출을 올릴 정도로 혁신능력이 뛰어난 기업이다. 경쟁자들이 이러한 역량을 모방하기는 쉽지 않은데, 그 이유는 이러한 역량이 신제품 아이디어를 창출하고, 아이디어를 신제품출시로 빠르게 이어주는 조직 내의 프로세스에 기반하기 때문이다. 이러한 프로세스는 조직 내에 깊숙이 박혀 있고, 외부인의 눈에는 잘 보이지 않는다. 다시 말해서 3M과 같아지기 위해서 경쟁자들이 참고할 수 있는 설계도는 구매할 수도 없고 직접 그릴 수도 없다.

기업의 **과거투자의 장벽**(legacy constraint)은 경쟁자들이 차별역량을 모방하기 어렵게 하는 또 다른 요인이다. 과거투자의 장벽은 성공적인 경쟁자를 쉽게 모방하기 어려운 특정 사업방식에 대해 이루어진 과거의 투자로 인해 발생한다. 예를 들어, HP는 소매업자를 통해 컴퓨터를 판매하는 방식에 많은 투자를 해왔다. 이러한 과거투자의 장벽은 HP가 델 컴퓨터와 같은 직접판매방식으로의 발빠른 변화를 어렵게 한다. 왜냐하면 직접단매방식으로 바꾸기 위해서 오랜 기간 쌓아놓은 소매업자와의 긴밀한 관계를 포기해야 하기 때문이다. 그럼에도 불구하고 HP가 판매방식을 변화시킨다면 단기적으로 막대한 매출액의 손실을 감수해야 할 것이다.

과거투자의 제약
변경이 어렵고 성공적인 경쟁자를 모방하는 기업의 능력을 제한하는 특정 사업방식에 대해 이루어진 과거의 투자

요약하면, 높은 성과를 달성하기 위해서 기업은 경쟁우위를 확보해야 한다. 이러한 경쟁우위는 기업이 경쟁자보다 낮은 비용을 달성하거나 제품을 차별화할 수 있도록 해준다. 경쟁우위는 보통 하나 또는 몇 개의 차별역량에 기반을 두고 있다. 경쟁우위는 경쟁자가 쉽게 차별역량을 모방할 수 없을 때 오랜 시간 동안 지속이 가능하다. 모방장벽과 과거투자의 제약은 경쟁자가 차별역량을 모방하기 어렵게 하는 중요한 요인이다.

경영자들의 핵심적인 과제는 하나 또는 몇몇 활동에서 경쟁우위를 창출하는 차별역량을 구축하는 것이다. 더욱이 이러한 차별역량은 모방장벽과 과거투자의 장벽으로 인해 경쟁자가 쉽게 모방할 수 없는 것일수록 바람직하다. 왜냐하면 경쟁우위가 지속가능해지기 때문이다. 반대로 모방장벽과 과거투자의 장벽이 없는 경우, 경쟁자는 기업이 개발한 제품과 프로세스를 쉽게 모방할 것이고, 이러한 제품과 프로세스로부터의 경쟁

우위는 일시적이 될 것이다.

사업부전략

사업부전략
주어진 산업에서 어떻게 싸울 것인가를 결정하는 전략

지속적 경쟁우위를 창출하기 위해서 경영자는 효과적인 사업부전략을 개발해야 한다. **사업부전략**(business-level strategy)은 한 산업에서 경쟁자와 효과적으로 경쟁하기 위해 필요한 가장 기본적인 것이다. 사업부전략은 다음 세 가지에 대한 선택을 포함한다. (1) 경영자가 바람직하다고 생각하는 경쟁의 유형, (2) 산업을 어떻게 세분화할 것인가, (3) 세분화된 시장 중 어떤 것에 집중할 것인가에 대한 것이다.

// 경쟁유형: 원가우위 또는 차별화

사업부전략은 저원가와 차별화 중 하나를 선택하는 것으로부터 시작된다. 우리는 앞서 경쟁우위를 창출하는 두 가지의 각기 다른 방법에 대해서 살펴보았다. 경쟁전략에 대한 가장 유명한 저서를 쓴 하버드 대학의 마이클 포터(Michael Porter) 교수는 이러한 전략적 지향점을 '본원적 전략(generic strategies)'이라고 정의했다.[7)]

저원가전략
경영의 모든 관심과 에너지를 최대한의 비용절감에 집중하는 전략

저원가전략 **저원가전략**(low-cost strategy)은 고객에게 그들이 지불한 가격 대비 가치를 극대화하는 것으로 경영자의 관심과 에너지를 조직의 비용을 절감하는 데 집중하는 전략이다. Wal-Mart, Dell Computer, Southwest Airlines 등이 저원가전략을 추구하는 대표적인 기업들이다. 이들은 기본적인 제품과 서비스를 저렴한 가격에 제공하는 것에 초점을 맞추고, 최대한 효율적으로 제품과 서비스를 생산하기 위해 노력한다. 월마트의 매장은 최소의 기본적인 설비와 시설만으로 구성되어 있고, 고객들이 많은 것들을 스스로 해야 하는 대신, 제품에 대해 대폭 할인된 가격을 제시하고 있다. 경쟁자와는 달리 델은 막대한 연구개발비용을 최신, 최고 사양의 컴퓨터를 개발하는 데에 사용하지 않는다. 그 대신 델은 보통의 컴퓨터를 할인된 가격으로 판매하고 있다. Southwest Airlines은 기내 서비스를 최소화함으로써 비용을 낮추는 대신, 낮은 가격에 항공권을 판매하고 있다.

규모의 경제
큰 판매량으로부터 오는 원가상의 우위

저원가전략을 성공적으로 수행함으로써 고객에게는 경쟁자보다 낮은 가격을 제시하면서도 높은 수익을 얻을 수 있다. 더욱이 경쟁자보다 낮은 가격을 제시함으로써 시장점유율을 높일 수 있고, 높은 시장점유율은 **규모의 경제**(economies of scale) 달성을 가능하게 함으로써 추가적인 원가절감을 가능하게 한다. 따라서 원가우위전략을 성공적으로 수행하는 기업은 [그림 6. 3]과 같은 선순환을 창출할 수 있고, 시간이 지남에 따라 더욱더 강력한 원가우위를 가지게 된다.

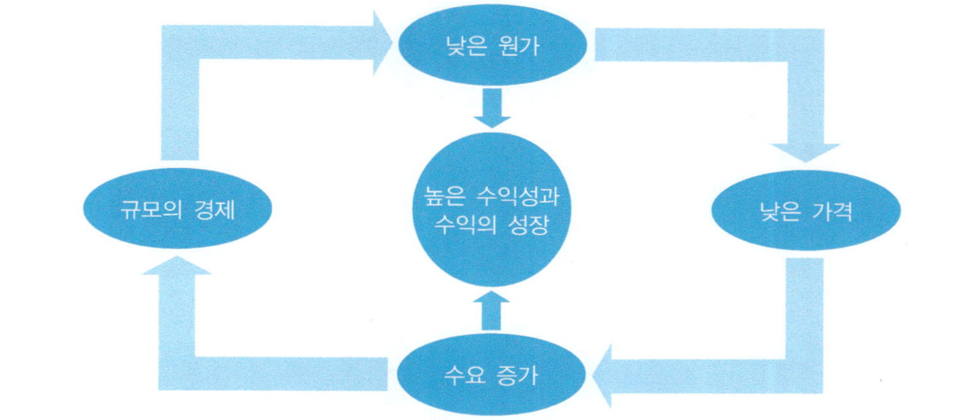

그림 6.3
저원가의 선순환

차별화전략
고객의 입장에서 기업이 제공하는 제품의 가치를 높이는 전략

차별화전략 **차별화전략**(differentiation strategy)은 고객의 입장에서 기업이 제공하는 제품의 가치를 높이는 것이다. 제품은 높은 신뢰성(reliability ; 낮은 고장률), 우수한 디자인, 우월한 기능과 성능, 판매시점 또는 판매 이후의 나은 서비스와 고객지원, 강력한 브랜드 등을 기반으로 차별화할 수 있다. Rolex 시계는 Timex에 비해 우월한 디자인, 기능, 성능, 신뢰성으로 차별화된다. Toyota의 자동차는 GM에 비해 우수한 신뢰성(Toyota의 신차는 GM보다 낮은 결함을 가지고 있다)으로 차별화된다. Nordstrom은 품질, 최적의 패션상품을 제안해 줄 수 있는 종업원들, 그리고 고급스러운 쇼핑 분위기에 있어 월마트와 차별화된다.

만약 고객이 경쟁자와는 차별화된 제품의 가치를 인정하면 차별화전략은 경쟁우위를 창출하고 더 많은 고객의 수요를 확보할 수 있을 것이다. 예를 들어, 스타벅스는 커피 음료의 높은 질, 바리스타들이 제공하는 빠르고 효율적이며 친근한 서비스, 매장 디자인을 통해 창출된 편안한 분위기, 강력한 브랜드이미지를 바탕으로 경쟁자와 차별화한다. 이러한 차별화를 통해 스타벅스는 커피음료 시장의 큰 부분을 차지할 수 있었다.

가격파괴 회장인 Michael Dell과 CEO인 Kevin Rollins는 끊임없는 원가절감 노력을 통해 델을 PC 산업에서 가장 수익성 높은 기업으로 만들었다. 2000년대 초반 델은 낮은 원가구조를 활용하여 경쟁자로부터 시장점유율을 빼앗아 오기 위한 가격전쟁에 돌입했다.

차별화전략의 추구에 있어서 경영자들이 고민해야 하는 과제는 어떻게 성공적인 차별화에서 오는 경쟁우위를 지속적으로 높은 수익과 수익의 성장으로 나타날 수 있게 하는가이다. 이 문제를 어렵게 만드는 가장 중요한 사실은 대부분의 경우 차별화는 공짜가 아니라는 것이다. 예를 들어, 스타벅스의 경우 고급의 커피를 구

그림 6.4

차별화와 우월한 성과

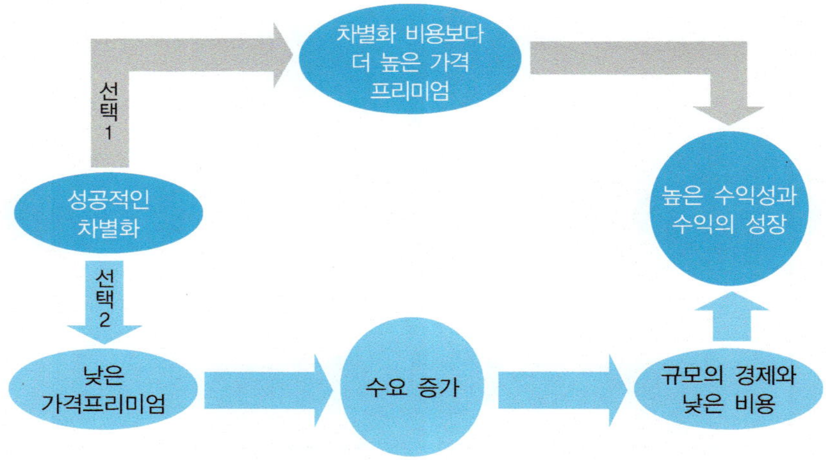

매하고, 볶고 갈고, 배합하는 데는 많은 비용이 소요된다. 이는 바리스타들을 교육하고 매장을 디자인하는 데도 마찬가지이다.

많은 기업들이 선택하는 대안은 제품의 차별화된 속성을 반영하여, 차별화를 위해 증가한 비용보다 높은 가격을 고객에게 제시하는 것이다. 이러한 대안은 차별화에 드는 비용의 증가보다 가격을 크게 증가시킴으로써 수익성을 높일 수 있다. 예를 들어, 고급 호텔을 가지고 있는 Four Seasons 체인은 호텔을 운영하는 데 많은 비용이 필요하다. 그러나 이 호텔은 그보다 큰 프리미엄을 고객에게 받음으로써 수익을 창출할 수 있다.

그러나 더욱 높은 수익성과 수익의 성장은 성공적인 차별화를 통한 수요의 증가로부터 올 수 있다. 수요의 증가를 통해 기업은 자산을 보다 효율적으로 사용할 수 있고, 따라서 규모의 경제에서 오는 낮은 원가를 동시에 실현할 수 있다. 이것이 경영자들이 선택할 수 있는 두 번째 대안이다. 성공적인 차별화 기업은 차별화에도 불구하고 가격을 일정수준으로 유지함으로써 더 많은 매출을 올리고, 결국 규모의 경제에서 오는 원가절감을 통해 수익성을 높이는 것이다(그림 6.4).[8)]

스타벅스는 성공적인 차별화를 통해 스타벅스 매장으로 찾아오는 고객의 수를 늘렸고, 이로써 각 매장에 필요한 종업원과 자본의 생산성을 높일 수 있었다. 따라서 각 매장은 많은 판매량에 따른 규모의 경제를 달성하고, 각 매장에서의 제품당(예컨대, 커피 1잔당) 평균원가를 낮출 수 있었다. 스타벅스의 매장이 6,000여 개인 것을 감안하면, 절감된 막대한 비용이 거대한 수익으로 전환되고 있음을 상상할 수 있다. 성공적 차별화로 늘어난 수요 때문에 각 매장의 매출이 높아지는 것뿐 아니라 새로운 매장의 수도 급격히 늘어나고 있기 때문에 수익의 성장은 더욱더 빨라진다.

// 시장세분화

시장은 각기 다른 유형의 소비자들로 나눌 수 있다. 부유한 소비자와 덜 부유한 소비자가 있고, 나이가 많은 소비자와 젊은 소비자도 있다. 유행에 민감한 소비자도 있고, TV를 전혀 보지 않는 소비자도 있다. 어떤 소비자는 지위를 상징하는 제품에 민감한 반면, 그렇지 않은 소비자도 있다. 이와 같이 시장은 소득, 인구통계, 선호, 취향 등 다양한 요인을 바탕으로 세분화될 수 있다. 기업들은 동일한 시장을 각기 다른 방식으로 세분화할 수 있고, 시장에 대한 다양한 접근을 모색할 수 있다. 의류소매시장의 경우를 살펴보자. 월마트와 같은 대형할인점의 의류코너는 기본적인 의류를 구매하고자 하는 가격에 민감한 저소득의 소비자들을 목표고객으로 한다. Chico는 패션의류를 구매하고자 하는 가격에 민감한, 중간 정도의 소득을 가진 중년의 여성을 목표고객으로 한다. Abercrombie & Fitch는 캐주얼 패션에 민감한 청소년들을 목표고객으로 한다. Brooks Brothers는 스타일이 세련된 정장을 구매하고자 하는 중간 이상의 소득을 가진 기업 경영자들을 목표고객으로 한다. Eddie Bauer는 스타일이 세련된 아웃도어 캐주얼을 찾는 중간 이상의 소득층을 목표고객으로 한다. 이들 기업의 시장에 대한 각기 다른 접근은 가격에 대한 민감도, 소득수준, 연령, 기호 등에 따른 각기 다른 시장세분화 방법을 보여준다.

시장을 세분화하는 유일한 최선의 방법은 존재하지 않는다. 그러나 경쟁우위의 관점에서 볼 때, 한 접근법이 다른 접근법에 비해 우월한 경우도 있다. 기본적으로 하나의 세분시장은 수익을 창출할 수 있을 정도로 충분한 수요를 가지고 있어야 한다. 예를 들어, 힙합스타일을 선호하는 중년층의 사무직 남성을 목표고객으로 하는 의류소매업체는 찾아보기 힘들다. 왜냐하면 세분시장의 잠재적 고객의 수요가 수익성을 보장할 정도로 크지 않기 때문이다.

기업은 경쟁자와는 다른 독특한 방식으로 시장을 세분화함으로써 가치를 창출할 수 있다. 코스트코는 창고형 할인매장으로 가격에 민감한 비교적 부유층의 소비자를 목표고객으로 한다. 보통 창고형 할인매장은 정상가격에 비해 크게 할인된 가격을 제시한다(즉, 저원가전략을 추구한다). 코스트코도 마찬가지이다. 하지만 코스트코의 제품은 매우 고가의 브랜드들이다. 예를 들어, 70달러짜리 폴로셔츠를 40달러에 판매하고, 40,000달러의 다이아몬드 목걸이를 25,000달러에 판매한다. 한 코스트코의 임원은 인터뷰에서 다음과 같이 이야기한다. "우리는 폴로셔츠를 크게 할인된 가격으로 판매합니다. 그러면 우리의 고객은 당장 그 가치를 알아보고, 제품을 낚아챕니다. 어떤 고객은 한 번에 10개를 구매하기도 하죠. 월마트가 우리와 같은 일을 한다면 고객들은 그 가치를 알아보지 못할 것이고, 월마트는 큰 매출을 올리기 힘들 것입니다."[9] 코스트코는 월마트와 다른 방식으로 시장을 세분화했기 때문에 월마트와는 다른 유형의 고객을 불러모을 수 있었다. 코스트코의 제품구성은 시장세분화에 대한 경영진의 의사결정을 반영한다.

코스트코의 사례를 일반화한다면, 독특하고 수익성 있는 방식으로 시장을 세분화하는 것은 지속적인 경쟁우위를 창출하는 좋은 시작점이 될 수 있다. 그러나 시장을 반드시 독특하게 세분화해야 하는 것은 아니다. Toyota는 시장을 소득과 연령에 따른 일반적인 방식으로 세분화했음에도 불구하고 경쟁우위를 창출·유지하고 있다. 시장세분화에 있어서 경영자들은 그들이 목표로 하는 고객이 누구인지, 목표고객들의 니즈가 무엇인지, 그리고 이러한 니즈를 충족시키기 위해 어떻게 사업을 해야 할지에 대해 명확한 생각을 가지고 있어야 한다.

// 목표시장의 결정

시장을 어떻게 세분화할지를 결정했다면 경영자들은 세분시장 중 어떤 시장을 목표로 할 것인지를 결정해야 한다. 어떤 기업은 여러 세분시장 중 한 개 또는 소수의 시장에만 초점을 맞춘다. 반면 다른 기업들은 많은 세분시장에 초점을 맞춘다. 자동차산업을 예로 들면, Toyota는 전체시장을 커버할 수 있는 다양한 브랜드를 가지고 있다. Scion은 구매력 수준이 낮고 처음 자동차를 구매하는 젊은 층을 목표고객으로 한다. Toyota 브랜드는 중간시장을, Lexus는 고급시장을 겨냥하고 있다. Toyota는 각 세분시장에서 차별화전략을 추구하고 있다. 즉, 각 세분시장에서 높은 신뢰성과 품질로서 경쟁자와 차별화하고 있다. 반면에 Porsche는 자동차산업에서 최고급시장만을 목표로 하고 있다. Porsche의 목표고객은 스피드와 힘, 최신기술의 스포츠카에 열망을 가진 매우 부유한 중년의 남성들이다. 이러한 세분시장에서 Porsche는 Toyota와는 다른 차원에서의 차별화전략을 수립·실행하고 있다. 기업이 한 개 또는 극히 제한된 수의 세분시장만을 목표로 할 때, 이러한 전략을 '**집중화전략**(focus strategy)'이라고 한다. 반대로 전체시장을 목표로 할 때는 '**광범위 시장전략**(broad market strategy)'이라고 한다.

집중화전략
제한된 수의 세분시장을 공략

광범위 시장전략
전체시장을 공략

// 시장세분화와 사업부전략

우리는 앞서 사업부전략에는 경쟁유형, 시장세분화, 목표시장 결정의 세 가지 차원이 있음을 살펴보았다. 이러한 세 가지 차원을 조합하면 한 산업에서 경쟁하는 다양한 방법을 도출할 수 있다. [그림 6. 5]는 경쟁유형과 목표시장의 두 차원에 따른 경쟁방법을 나타내고 있다.

광범위한 원가우위와 광범위한 차별화전략은 산업의 많은 세분시장을 목표로, 저원가 또는 차별화 중 하나를 추구하는 것이다. 집중화된 원가우위와 집중화된 차별화전략은 한 개 또는 제한된 수의 세분시장을 목표고객으로 그 세분시장의 경쟁자들에 비해 저원가 또는 차별화를 추구하는 것이다. 그러나 [그림 6. 5]는 사업부전략의 전체를 보여주지는 않는다. 많은 기업들이 독특한 방식으로 시장을 세분화하고 산업 내 경쟁자들과 전혀 다른 시장을 목표로 하고 있을 수 있다. 코스트코와 Dollar Tree는 유통업에서 공통적으로 집중화된 저원가전략을 추구하고 있지만, 두 기업은 매우 다른 공간에서 경쟁하고 있다. Dollar Tree의 모든 제품은 1달러 안팎이다. Dollar Tree는 저소득 소비자를 대상으로 소형 가정용품들을 크게 할인하여 판매하고 있다. 반대로 코스트코는 중간소득 이상의 가격에 민감한 소비자들을 대상으로 고급제품을 크게 할인하여 판매하고

세분시장의 수	저원가	차별화
많음	광범위한 원가우위 Wal-Mart Kmart	광범위한 차별화 Sears Macy's
적음	집중화된 원가우위 Costco Dollar Tree	집중화된 차별화 Abercrombie & Fitch Chico's Eddie Bauer

경쟁유형

그림 6. 5
사업부전략의 유형

있다. 코스트코의 고객들이 Dollar Tree에 가는 일은 매우 드물고, 반대의 경우도 마찬가지다.

// 저원가-차별화 효율곡선

앞서 저원가와 차별화는 경쟁우위를 확보하는 두 가지의 각기 다른 방법이라고 설명했다. 저원가를 추구하는 기업들은 원가를 최대한 절감하기 위해서 최선을 다하고, 차별화를 추구하는 기업들은 차별화를 달성하기 위해 높은 원가를 감수해야만 한다. 쉽게 말해서 어떤 기업도 월마트와 Nordstrom, Porsche와 기아, Rolex와 Timex가 동시에 될 수는 없다. 경영자는 경쟁우위를 창출하는 두 가지 방법 중 반드시 하나만을 선택해야 한다.

그러나 저원가와 차별화 간 선택에 대한 위의 논의는 현실을 지나치게 단순화한 면이 있다. 현실에서 많은 경영자들은 극도의 차별화와 극도의 저원가 사이의 연속선상에서 자신의 위치를 결정하는 것을 고민한다. 이를 이해하기 위해 효율곡선(efficiency frontier)으로 불리는 [그림 6. 6]을 살펴보자. 효율곡선은 개별 기업이 저원가와 차별화 사이에서 결정할 수 있는 모든 위치를 나타낸다.[10] 기업이 효율곡선상에 도달하기 위해서는 곡선 내의 기업들이 가지고 있지 않은 독특한 강점, 즉 차별역량을 가지고 있어야 하고, 이를 효율적으로 운영할 수 있어야 한다.

효율곡선이 위로 볼록한 모양을 가진 이유는 수확체감의 법칙(diminishing returns)을 나타낸다. 상당한 수준의 차별화를 이미 달성하고 있는 기업이 차별화 정도를 추가적으로 증가시키기 위해서는 낮은 수준의 차별화 기업이 추가적으로 차별화하는 데 드는 비용에 비해 매우 큰 원가를 포기해야 한다는 것이다. 반대로 한 기업이 이미 높은 수준의 저원가를 달성하고 있다면 이 기업이 추가적으로 원가를 낮추기 위해서는 매우 큰 수준의 차별화 정도를 포기해야 한다는 것이다.

[그림 6. 6]은 효율곡선을 미국의 의류소매업에 적용한 것이다. Nordstrom과 월마트는 곡선상에 위치하고 있고, 이는 이 두 조직이 차별역량을 가지고 있고, 이를 효율적으

그림 6.6
미국 의류소매업의 효율곡선

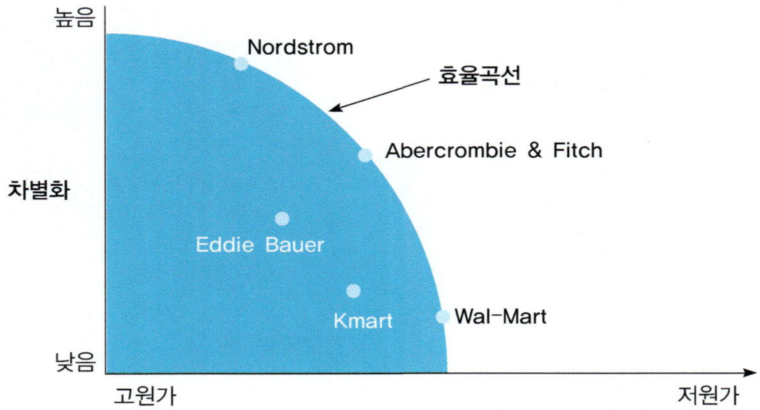

로 운영하고 있음을 의미한다. 그러나 이들은 각기 다른 전략적 위치(strategic position)를 점하고 있다. Nordstrom은 높은 차별화와 높은 원가(차별화전략)를, 월마트는 낮은 차별화와 낮은 원가(저원가전략)를 추구한다. 그러나 [그림 6.6]의 효율곡선상에 이 두 기업만 있는 것은 아니다. Abercrombie & Fitch는 월마트보다 고품질의 제품을 좀 더 고급스러운 매장에서 판매하지만 Nordstrom보다는 훨씬 저품질의 제품들을 취급한다. 따라서 월마트와 Nordstrom의 중간 정도에 위치한다. 이와 같은 중간위치는 이를 선호하는 충분한 크기의 수요를 가진 세분시장이 존재하기 때문에 가능하다.

보통 저원가와 차별화의 연속선상에서 중간의 위치는 이에 대한 충분한 수요가 있을 때 가능하다. 이때 경영자의 역할은 산업 내에서 이러한 위치의 존재가능성을 인식하고, 운영의 효율성을 최대한 높임으로써 기업이 효율곡선상에 위치하도록 하는 것이다. 가장 중요한 것은 효율곡선 위에 위치해야 경쟁우위를 가질 수 있으며, 이는 아무 기업이나 할 수 있는 것이 아니라는 것이다.

효율곡선상의 모든 위치가 똑같이 매력적인 것은 아니다. 곡선상의 많은 위치는 기업의 수익성을 보장할 정도로 큰 수요가 존재하지 않을 수 있다. 어떤 위치는 가격경쟁으로 인해 수익을 창출할 수 없을 정도로, 이미 너무 많은 경쟁자가 치열하게 경쟁하고 있을 수도 있다.

[그림 6.6]에서 Kmart는 곡선 내에 위치하고 있다. Kmart는 월마트와 같은 곡선상의 위치에 있으려고 노력하지만, 내부의 운영에 있어서 월마트보다 효율성이 낮다. 그 결과 Kmart는 2000년 파산보호신청을 하게 되었다. Eddie Bauer 또한 내부의 효율적 운영에서 경쟁자를 이기지 못했고, 그 결과 모기업이 파산보호신청을 하게 되었다.

가치혁신
경쟁자보다 높은 가치를 낮은 원가에 달성하도록 하는 혁신

가치혁신 한 산업의 효율곡선은 변화한다. 효율곡선은 기업의 성과를 높이기 위한 경영자들의 노력으로 끊임없이 밖으로 넓어지려는 압력을 받는다.[11] 효율곡선을 밖으로 밀어내는 데 성공한 기업들은 경쟁자보다 높은 수준의 차별화를 낮은 원가에 달성함으로써 고객에게 가치를 창출한다. 이와 같은 과정을 보통 **가치혁신**(value innovation)

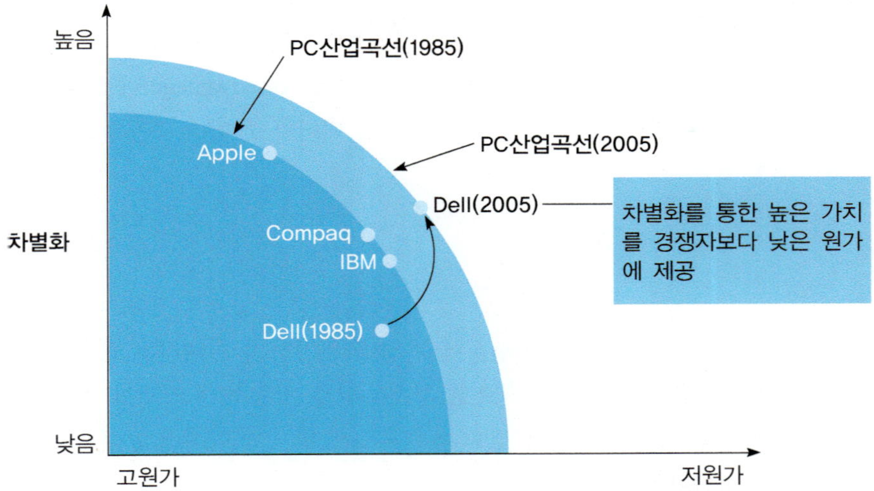

그림 6.7

가치혁신을 통한 효율곡선의 확장

이라고 한다.[12)] 델 컴퓨터는 PC산업에서 가치혁신을 달성한 기업이다. 1980년대 모든 기업들이 소매점을 통해 컴퓨터를 판매할 때, Michael Dell은 소비자에게 직접 판매하기 시작했다. 즉, 델 컴퓨터는 인터넷을 통해 판매한 최초의 기업이고, 1990년대 중반이 되면 모든 가정용 컴퓨터의 85%가 이와 같은 방식으로 판매되었다. 고객의 입장에서 보면 이러한 전략은 부품을 직접 선택해서 자신이 원하는 사양의 컴퓨터를 만들 수 있다는 장점을 가지고 있다. 따라서 델 컴퓨터는 직접판매를 통해 경쟁자와 차별화할 수 있었고, 고객에게 더 큰 가치를 제공해 줄 수 있었다.

PC의 직접판매방식은 델 컴퓨터의 원가를 절감하는 데 매우 중요한 의미를 가지고 있었다. 직접판매하기 때문에 주문생산이 가능해졌다. 경쟁자와는 달리 더 이상 유통망에 완제품 재고를 보관할 필요가 없었다. 더욱이 인터넷을 통해 주문정보를 실시간으로 공급자들에게 제공함에 따라 공급자들은 그들이 생산하는 부품의 수요를 실시간으로 알 수 있을 뿐 아니라, 미래의 수요를 예측할 수 있게 되었다. 따라서 공급자들은 이러한 정보를 바탕으로 스스로의 생산계획을 수립하여 델 컴퓨터가 필요한 만큼만 생산할 수 있게 되었고, 델 컴퓨터의 생산을 위해 적시에 부품을 공급할 수 있게 되었다. 델 컴퓨터의 궁극적인 목표는 효과적으로 재고를 정보로 대체함으로써 실제로 운송 중인 부품을 제외한 공급사슬의 모든 재고를 없애는 것이다. 그 결과 HP와 GateWay 등의 경쟁자들이 20~30일 생산분량의 부품을 재고로 가지고 있는 반면, 델 컴퓨터는 단 이틀 생산분량의 재고만을 보유하면 되었다. 매출의 75%가 부품비용이고 빠른 기술의 진보 때문에 1주일에 1%씩 부품의 가치가 떨어지는 PC산업에서, 이러한 전략은 델 컴퓨터가 경쟁우위를 확보하도록 하는 원천이 되었다. 온라인을 기반으로 한 판매와 공급자 관리를 통해 델 컴퓨터는 운영에 있어서 새로운 수준의 효율성에 도달할 수 있었다.

요약하면, 델 컴퓨터는 새로운 차별역량을 구축했고, 이를 통해 PC산업의 효율곡선을 밖으로 밀어내게 되었다. 즉, 델 컴퓨터는 경쟁자보다 낮은 가격에 높은 수준의 차별화(고객에게 맞춤형 제품판매)를 이룰 수 있게 된 것이다. 점점 더 많은 산업에서 경쟁의 양상이 PC산업과 비슷해지고 있다. 많은 기업들이 차별역량을 개발하여 효율곡선을 밖으로 밀어냄으로써 경쟁자들을 경쟁열위(competitive disadvantage)에 몰아넣고 있다. 이는 오늘날 경영자들의 점점 더 중요한 역할이 되어가고 있다.

사업부전략의 실행

앞서 우리는 한 산업에서 효율곡선상에 기업이 위치하기 위해서는 효율적인 운영이 필요함을 살펴보았다. 더욱이 장기적으로 경쟁우위를 지속하기 위해서 경영자는 운영의 효율성을 지속적으로 향상시킴으로써 효율곡선을 밖으로 밀어내고 경쟁자와의 끝없는 경쟁에서 앞서나가야 한다. 따라서 우리는 운영의 본질에 대해서 좀 더 알아보고, 어떻게 뛰어난 운영이 기업에게 원가를 낮추거나 차별화할 수 있는 차별역량을 가져다 주는지를 살펴볼 필요가 있다. 운영전략에 대해서는 제7장에서 좀 더 깊이 논의해 볼 것이다.

// 가치사슬의 구성

기업의 운영은 생산, 마케팅, 물류, 연구개발, 인적자원관리, 정보시스템, 기업 인프라스트럭처를 포함하는 개별적인 활동의 집합인 가치사슬(value chain)을 통해 살펴볼 수 있다. 기업의 활동은 주활동과 지원활동으로 나눌 수 있다(그림 6. 8).[13] 우리가 가치사슬이라고 부르는 이유는 각각의 활동이 최종제품의 가치를 증가시키기 때문이다. 기업의 활동은 내부조직의 아키텍처에 내재되어 있다. 조직의 아키텍처는 조직구조, 통제, 인센티브, 문화, 사람을 포함하고, 활동이 일어나는 상황으로서 작용한다.

주활동
제품의 설계·생산·배송, 마케팅, 사후 서비스 및 고객지원과 관련된 활동

주활동 **주활동**(primary activity)은 제품의 설계·생산·배송, 마케팅, 사후 서비스 및 고객지원과 관련된 활동이다. 일반적으로 주활동은 연구개발, 생산, 판매 및 마케팅, 고객

그림 6. 8
가치사슬

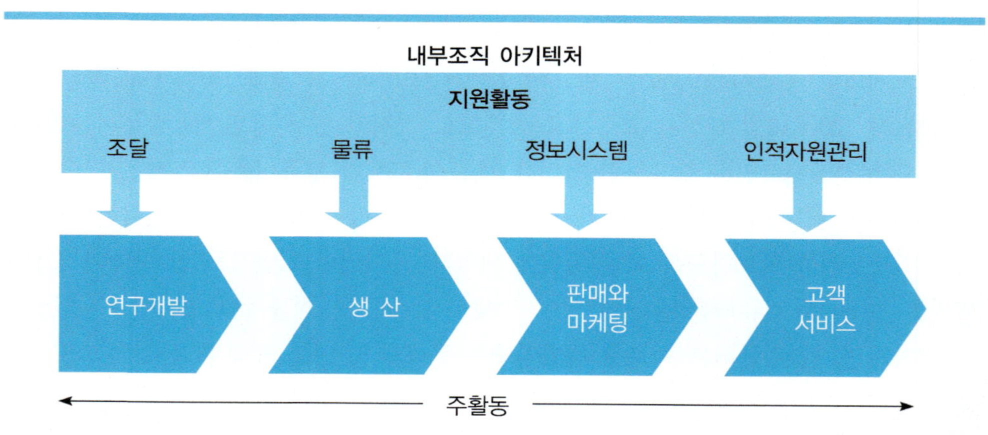

서비스의 네 가지 활동으로 나뉜다.

연구개발활동(research and development ; R&D)은 제품과 공정의 설계에 대한 것이다. 보통 연구개발은 제조기업에서 유형의 제품과 제조공정에 대한 것을 말하지만, 서비스기업에서도 연구개발은 이루어진다. 은행들은 새로운 금융상품을 개발하고, 이를 고객들에게 효과적으로 전달하기 위해서 서로 경쟁한다. 온라인 뱅킹이나 스마트카드 등은 최근 은행산업에서 개발한 신제품의 예이다. 연구개발은 뛰어난 설계를 통해 제품의 기능을 향상시킬 수 있고, 결국 자신의 제품을 경쟁자의 제품과 차별화할 수 있다. 뿐만 아니라 연구개발을 통해 제품의 생산공정을 보다 효율적으로 설계할 수 있고, 그 결과 원가를 절감할 수 있다. 두 가지 경우 모두에 있어서 연구개발활동은 기업이 경쟁우위를 창출하는 데 도움을 준다.

정지시간 무! Catapillar는 전 세계 어디로든지 24시간 내에 수리에 필요한 부품을 공급해줄 수 있다.

생산활동은 제품이나 서비스를 창출하는 것이다. 유형의 제품의 경우 보통 생산활동은 제조활동을 의미한다. 자동차의 경우 제조활동이 곧 생산활동인 것이다. 은행이나 의료와 같은 서비스에서 생산활등은 은행에서 고객에게 서비스가 전달될 때 일어난다. 은행의 경우 고객에게 대출이 결정될 때 생산이 일어나게 되는 것이다. 월마트와 같은 유통업체의 경우 생산활동은 제품의 구색을 결정하고, 매장에 진열하여, 고객이 선택하고, 계산대에서 대금을 지급할 때까지의 과정이다. 생산활동은 원가를 낮추거나 차별화 수준을 높임으로써 경쟁우위를 창출하는 데 도움을 준다.

판매와 마케팅은 다음의 방법으로 기업들이 원가를 낮추거나 차별화하는 데 도움을 준다.

첫째, 마케팅은 브랜드 포지셔닝과 광고를 통해 자사의 제품이 경쟁자의 제품과 어떻게 차별화되는지를 고객이 인식하도록 할 수 있다. 만약 고객이 기업의 제품에 대해 호의적인 감정을 가지고 있다면, 기업은 높은 가격을 받거나 판매량을 향상시킬 수 있다. 예를 들어, Ford는 성능 대비 낮은 가격의 Ford Expedition이라는 SUV를 생산한다. 동시에 10,000달러 높은 가격에 Lincoln Navigator를 판매하는데, 이 SUV는 Expedition과 같은 차체, 엔진, 차대, 디자인의 제품이다. 그러나 포드는 액세서리 등 약간의 미세한 변화와 함께 뛰어난 광고로 고객들이 Navigator를 고급 SUV로 인식하도록 하는 데 성공했다. 이러한 마케팅 전략은 Expedition과 Navigator를 차별화했으며, 그 결과 높은 가격을 받을 수 있었다.

둘째, 판매와 마케팅활동은 고객의 니즈를 찾아내서 연구개발활동에 전달함으로써 가치를 창출할 수 있다. 마케팅활동에서 얻은 고객의 니즈에 대한 정보를 바탕으로 연구개발활동은 이를 성공적으로 충족시켜주는 제품을 개발할 수 있다. 세계최대의 제약회사인 Pfizer의 경우, 마케팅부서에서 의료 니즈 분석을 바탕으로 개발 중인 신제품의 시장 크기를 평가하고, 이러한 평가에 따라 다양한 신제품에 대한 연구개발비의 배분이 이루어진다. 현재 Pfizer는 알츠하이머병 치료제 개발에 많은 연구개발비를 투자하고 있는데, 이는 알츠하이머병의 치료가 아직까지 충족되지 않은 매우 거대한 의료 니즈라는 마케팅부서의 판단에 따라 이루어졌다.

기업의 고객서비스 활동은 사후 서비스 및 지원을 고객들에게 제공하는 것이다. 이 활동은 고객의 문제를 해결해주고, 구매 후 고객을 지원함으로써 고객들이 제품을 경쟁자의 제품과 차별적으로 인식하도록 한다. 미국의 중장비 기업인 Caterpillar는 만약 자사의 제품이 고장을 일으키면, 전 세계 어디에 있건 24시간 내에 어떠한 부품도 도달할 수 있도록 함으로써 고객이 일손을 놓아야 하는 시간을 최소화하였다. 고객에게 고장시간은 매우 큰 비용을 유발하기 때문에 이와 같은 능력은 매우 가치 있는 것이었다. 고객서비스는 고객이 Caterpillar 제품의 가치를 높게 인식하도록 했고, 따라서 Caterpillar는 좀 더 높은 가격을 받을 수 있었다.

지원활동
주활동이 수행되는 데 필요한 여러 요소를 제공하는 활동

지원활동 가치사슬에서 **지원활동**(support activities)은 주활동이 수행되는 데 필요한 여러 요소를 제공한다. 지원활동은 주활동보다 더 중요하진 않더라도, 주활동 못지않게 경쟁우위를 창출하는 데 있어서 중요한 활동이다. 조달활동은 생산활동에 필요한 원료 및 부품을 구매하는 것이고, 유통업체의 경우 재판매를 위한 제품을 구매하는 활동을 말한다. 조달활동은 유리한 조건에 거래를 성사시키고, 때로는 강력한 협상력을 통해 생산요소의 구매원가를 낮춤으로써 원가를 절감하는 데 도움이 된다. 뿐만 아니라 높은 품질의 생산요소를 구매함으로써 최종제품의 차별화에 기여하기도 한다. 물류활동은 원재료, 부품, 완제품 등 물리적 형태를 가지고 있는 것들을 조달, 생산, 유통 등 가치사슬상 모든 활동에 걸쳐 이동시키는 활동이다. 물류활동을 얼마나 효율적으로 하는가는 기업의 원가에 중요한 영향을 미친다. 앞서 살펴본 바와 같이 월마트에서의 물류활동은 경쟁우위의 중요한 원천이다.

인적자원관리활동은 다양한 방법으로 경쟁우위 창출에 기여한다. 기업은 이 활동을 통해 가치사슬활동을 효과적으로 수행하는 데 필요한 기술을 가진 종업원들의 최적 조합을 가질 수 있다. 예를 들어, 월마트는 미국 외의 국가에서 매장과 물류관리자들을 현지인으로 채용한다. 왜냐하면 현지인들이 미국에서 파견된 경영자보다 현지인의 기호와 취향을 잘 알고 있다고 믿기 때문이다. 월마트는 이와 같은 활동을 통해 현지시장의 기호에 맞는 제품구색을 갖춤으로써 매출을 증대시킬 수 있었다. 뿐만 아니라 인적자원관리활동은 종업원을 적절하게 훈련시키고, 동기부여시키며, 보상함으로써 가치창출활동을 성공적으로 수행하도록 한다.

정보시스템관리활동은 재고관리, 매출추적, 가격설정, 제품판매, 고객서비스 등과 관련된 전자시스템을 관리하는 활동이다. 정보시스템은 인터넷과 같은 커뮤니케이션 수단과 결합되어 기업이 다른 가치창출활동을 효과적이고 효율적으로 관리하는 데 도움을 준다. 월마트의 경우, 최초로 각 매장의 판매현황을 중앙에서 실시간으로 추적할 수 있는 정보시스템을 구축함으로써 경쟁우위를 창출할 수 있었다. 판매를 실시간으로

추적함으로써 적절한 규모의 재고를 유지할 수 있었고, 따라서 재고비용을 줄일 수 있을 뿐 아니라, 과도한 재고를 처리하기 위해 가격을 낮추는 밀어내기식 세일을 할 필요가 없어졌다.

조직아키텍처 기업의 활동은 조직아키텍처(organization architecture)에 내재되어 있다. 조직아키텍처는 조직구조, 통제, 인센티브, 문화, 사람을 포함하고, 활동이 일어나는 상황으로서 작용한다. 전략은 조직아키텍처에 의해 실제로 실행된다. 조직아키텍처는 전략의 실행과 경쟁우위의 창출에 있어서 매우 중요하기 때문에 우리는 이 책의 Part 3에서 심도 있게 살펴보게 될 것이다. 따라서 이번 장에서는 간략하게 다루고 넘어가고자 한다.

기업이 경쟁우위를 획득하기 위해서는 운영활동이 성공적으로 이루어지고 전략이 계획대로 실행되어야 하는데, 이는 조직아키텍처의 뒷받침이 없이는 불가능하다. 예를 들어, 한 기업이 산업에서 저원가를 추구하고자 한다면, 조직 내 모든 이의 관심이 원가절감에 모아지도록 하는 조직아키텍처가 필요하다. 이를 위해 월마트는 본사와 각 매장과의 사이에 계층의 수가 적은 수평적 조직을 통해 운영활동을 전개하고 있다. 다른 경쟁자와는 달리 월마트는 지역본부를 가지고 있지 않다. 지역본부는 추가적인 비용만을 발생시킬 뿐이라고 생각했기 때문이다. 따라서 모든 미국 내의 매장을 알칸소주의 본사에서 관리한다. 또한 월마트는 원가절감을 최우선으로 하는 조직문화를 가지고 있다. 본사의 임원들이 지역매장으로 출장을 갈 경우, 비용절감을 위해 중저가 호텔에서 머무르고, 방은 여러 명이 공유하는 것이 월마트의 규범이다. 뿐만 아니라 임원들은 출장을 위해 지불된 비용을 상쇄할 만한 아이디어를 반드시 가지고 돌아와야 한다. 이러한 규범은 비용통제의 중요성을 강조하기 위해 만들어졌다. 이와 같이 월마트의 조직아키텍처(조직구조와 문화)는 원가를 최대한 낮추는 전략과 효율성 극대화에 맞춰진 운영활등을 잘 뒷받침하고 있다.

// 경쟁우위와 전략적 적합성

한 기업이 우월한 성과를 달성하기 위해 기업의 사업부전략은 기업이 속한 산업의 여건에 적합해야 한다(예를 들어, 전략적 선택은 산업 내의 충분한 수요가 뒷받침되어야 한다). 또한 운영활동은 전략을 뒷받침해야 하고, 조직아키텍처는 전략과 운영을 뒷받침해야 한다. 즉, 경쟁우위와 우월한 성과를 달성하기 위해서는 [그림 6. 9]에서 볼 수 있는 바와 같이 산업환경, 전략, 운영, 조직 각각이 모두 일관성, 즉 적합성을 가져야 한다. 뿐만 아니라 운영과 조직은 가치사슬의 하나 또는 몇몇 활동에 있어서의 차별역량을 기업에 제공해주어야 한다. 독특하고 가치 있는 역량이 없으면 경쟁자를 이길 수 없는 것이다.

이러한 전략적 적합성의 이슈는 사실 [그림 6. 9]에서 보는 것보다 훨씬 복잡하다. 기업은 전략적 선택을 통해 산업환경을 변화시킬 수 있다. 예를 들어, 산업 내 한 기업

그림 6.9
전략적 적합성

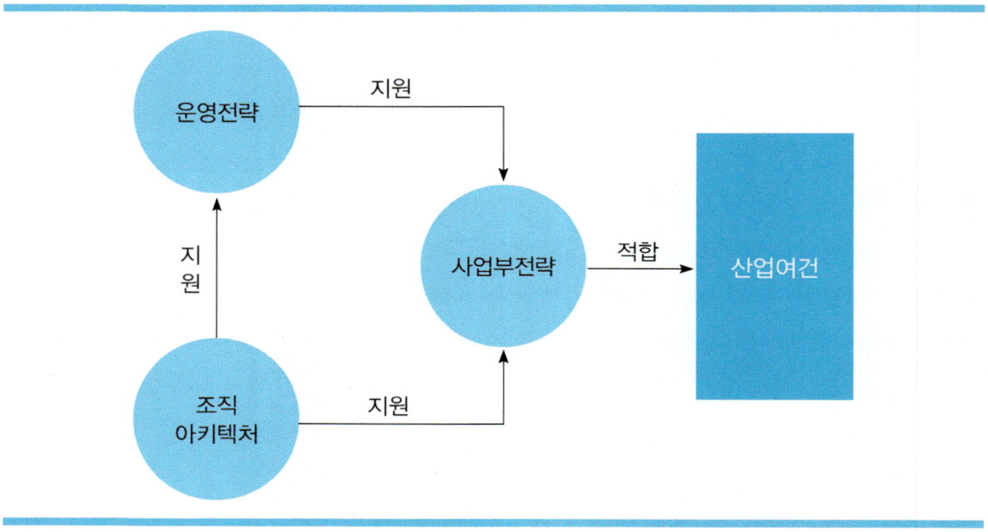

이 치열한 가격전쟁을 시작하면 산업환경은 점차 적대적으로 바뀔 것이고, 이러한 환경하에서는 새로운 전략이 필요할 수 있다. 반대로 전략적 선택을 통해 경영자는 경쟁을 약화시킴으로써 산업환경을 좀 더 우호적으로 만들 수도 있다. 경영자의 전략적 선택뿐 아니라 기술, 자율화와 같은 정부정책, 인구통계, 사회적 추세 등의 변화에 의한 산업환경의 변화는 특정 전략을 더 이상 유효하지 않도록 만들 수 있다. 이러한 경우, 기업은 새로운 환경과의 적합성을 유지하기 위해 전략, 운영, 조직을 변화시켜야 한다. 그러나 이와 같은 변화는 기업에 있어서 매우 어려운 도전일 수 있다. 우리는 변화의 관리에 대해 제17장에서 살펴볼 것이다.

경쟁전술

경쟁전술
경영자가 시장에서 경쟁자를 이기기 위해 취하는 행동

기업의 **경쟁전술**(competitive tactics)은 경영자가 시장에서 경쟁자를 이기기 위해 취하는 행동이다.[14] 사업전략이 경쟁우위의 원천에 대한 근본적이고 장기적인 의사결정인데 반해, 전술은 경쟁우위를 획득하기 위한 개별적이고 단기적인 의사결정이다. 전술은 가격과 제품에 관련된 의사결정을 포함한다.

// 전술적 가격결정

경영자들은 다양한 전술적 가격결정(tactical price decision)을 하게 된다. 시장점유율을 높이기 위한 가격전쟁도 하나의 예라고 할 수 있는데, 델 컴퓨터의 경우 자신이 가진 원가우위를 바탕으로 가격을 낮춤으로써, 경쟁자의 시장점유율을 빼앗기 위해 2000년과 2001년 이러한 행동을 실행하게 된다. 가격전쟁과 유사한 전술로 가격신호(price signaling)를 들 수 있다. 새로운 경쟁자가 시장에 진입할 때 가격을 대폭 낮춤으로써 경쟁자가 시장점유율을 높이기 위해서는 힘든 전쟁을 치러야 한다는 것을 미리 보여줌으로써 경쟁자를 위축시키는 것이다. Jet Blue와 같은 저가항공사가 American Airlines의 수익성 높은 노선으로 사업을 확대하자, American Airlines는 가격을 대폭 낮춤으로써 이에 대응했다. 새로운 경쟁자들이 확고한 발판을 마련하는 것을 저지함과 동시에, 시장점유율을 호락호락 내주지 않겠다는 신호를 보내기 위해서였다. 뿐만 아니라 미래의 경쟁자들이 쉽게 진입하지 못하게 하는 것이 American Airlines의 의도였다.

제품확장 슈퍼마켓에 가면 매우 다양한 시리얼을 볼 수 있다. 그러나 이 산업은 Kellogg, General Mills, Post, Quaker의 겨우 네 기업이 지배하고 있다. 각 회사는 다양한 브랜드를 출시해서 최대한의 진열대 공간을 차지함으로써 경쟁자를 견제하고 진입장벽을 구축하고 있다.

흔히 쓰이는 또 다른 전술적 가격결정으로 면도기와 면도날 가격결정(razor and razor blade pricing)이 있는데, 이러한 명칭이 붙게 된 이유는 면도기 기업인 Gillette에 의해 처음으로 사용되었기 때문이다. Gillette는 면도기가격을 낮게 설정하여 소비자들이 면도기를 많이 사용하도록 하고, 이와 동시에 높은 가격으로 설정된 면도날의 판매에서 수익의 큰 부분을 창출했다. 오늘날 HP도 잉크젯 프린터에서 Gillette와 동일한 전술을 사용하고 있다. HP는 프린터를 매우 낮은 가격에 판매하기 때문에(기종에 따라서는 100달러가 되지 않는 가격에 판매되기도 한다) 거의 수익을 창출하지 못한다. 그 대신 이 기업은 프린터에 사용되는 잉크 카트리지를 높은 가격으로 판매함으로써(흔히 30달러를 넘는다) 수익을 창출하고 있다. 소비자들은 한 번 프린터를 구매하면 높은 전환비용에 직면하게 된다. 즉, 다른 카트리지를 사용하려면 새로운 프린터를 구매해야 하는 것이다. 따라서 소비자들이 지속적으로 특정 카트리지를 구매할 수밖에 없기 때문에 이러한 전술이 가능하다.

// 전술적 제품결정

경영자들은 경쟁자보다 우위를 확보하기 위해 가격과 함께 다양한 전술적 제품결정(tactical product decision)을 할 수 있다. 먼저 세탁세제를 만드는 기업들이 많이 사용하고 있는 전술로 제품확장을 들 수 있다. 슈퍼마켓에 가면 다양한 브랜드의 세제가 진열되어 있는 것을 볼 수 있다. 그러나 이러한 다양한 브랜드의 세제 중 대부분을 만드는 회사는 Unilever와 Procter & Gamble이라는 두 기업에 불과하다. 이 두 기업은 분말세제, 액체세제, 색깔 있는 섬유용 세제, 섬유유연제가 함유된 세제 등 모든 소비자의 니즈를 반영하는 다양한 브랜드의 세제를 출시함으로써 슈퍼마켓의 진열대를 장악하고 있어 새로운 경쟁자의 진입을 저지하고 있다. 이와 같이 제품확장은 새로운 경쟁자의 진입을 막는 전술로서 훌륭한 역할을 해오고 있다. Unilever와 Procter & Gamble은 진입자의 위협을 낮춤으로써 높은 가격을 받을 수 있고, 따라서 높은 수익을 창출하고 있다. 시리얼을 만드는 기업들도 이와 유사한 전술을 구사하고 있다.

흔히 사용되는 또 다른 전술로 번들링(bundling)을 들 수 있다. 번들링은 관련된 제품을 하나의 세트로 묶고, 따로따로 구매할 때보다 약간 낮은 가격으로 판매하는 것이다. 이 전술은 한 번에 한 공급자로부터 제품을 구매하고자 하는 소비자들이 선호하고, 기업에게는 각 제품을 따로 판매할 때보다 훨씬 더 많은 수요를 가져다준다. 최근 케이블 방송회사인 Comcast가 이와 같은 전술을 실행하고 있다. Comcast는 케이블 방송뿐 아니라 케이블망을 활용한 초고속 인터넷, VOD, 장거리전화 서비스 등을 함께 제공하고 있다. Comcast는 이러한 서비스들을 묶음으로써, 하나의 서비스만을 제공하는 경쟁자들의 시장점유율을 빼앗을 수 있을 것으로 기대하고 있다.

기업전략

기업전략
산업과 국가시장의 결정 및 어떻게 산업이나 국가시장에 진입 또는 이들에서 퇴출할 것인가에 대한 전략

지금까지 우리는 사업부수준의 전략을 살펴보았다. 지금부터는 사업(business)과 국가시장(national market)의 결정과 관련된 기업전략 또는 **기업수준의 전략**(corporate level strategy)에 대해 알아보고자 한다. 경영자들은 사업과 관련하여 단일사업에 집중, 수직적 통합, 다각화의 세 가지 대안을 가지고 있다. 국가시장과 관련해서는 본국에 집중과 국제적 확장의 두 가지 대안을 가지고 있다. 또한 기업전략은 사업과 국가시장에 대한 결정뿐 아니라, 어떻게 새로운 사업 또는 새로운 시장으로 진입할 것인가에 대한 의사결정도 포함한다. 진입방법과 관련해서는 인수합병과 설립의 두 가지 대안이 있다. 경영자가 기업전략을 추진하는 목적은 앞서와 마찬가지로 수익성과 수익의 성장으로 측정되는 기업의 성과를 높이는 것이다.

// 단일사업에 집중

단일사업에 집중하는 것은 기업이 가지고 있는 모든 자원, 시간, 에너지를 한 사업에 투자하여 빠르게 성장하고 있을 때 효과적인 전략이다. 대부분의 기업은 초기에 한 가지 사업에서 출발한다. 사업이 급격히 성장할 때는 그 사업에만 집중하는 게 바람직하다. 그러나 기업들은 산업이 포화되거나 성장률이 정체되어서 핵심사업의 성장이 둔화되거나 감소할 때 다른 사업으로의 확장을 모색하게 된다.

이때 경영자들은 새로운 사업에 진출할 것인가 아니면 기존 사업으로부터 발생한 수익으로 주주에게 높은 배당을 할 것인가의 사이에서 고민하게 된다. 이는 2004년 마이크로소프트의 경영자들이 직면한 문제였다. 당시 이 기업은 매우 높은 수익을 창출하고 있었지만(2004년 중반까지 6,400만 달러의 현금을 보유하고 있었다) 퍼스널컴퓨터

산업이 성숙기에 접어들면서 주력인 소프트웨어사업의 성장성은 낮아지고 있었다. 당시 마이크로소프트의 경영자들은 이 막대한 현금을 배당할 것인지, 아니면 이 현금을 새로운 사업에 투자(예를 들면, Xbox를 통한 비디오게임사업 진입)해야 할지를 고민했다. 그러나 당시 경영진은 핵심사업인 소프트웨어사업 이외의 수익성 있는 신사업을 발견하지 못했고, 따라서 3,000만 달러를 특별배당의 형태로 주주에게 돌려주었다. 마이크로소프트는 막대한 현금을 사용할, 핵심사업 이외의 수익성 있는 신사업 기회를 찾지 못했고, 따라서 주주에게 투자의 성과를 함께 즐길 수 있도록 하겠다고 발표했다. 그러나 경영자들은 때에 따라서는 현재 활동과 인접한 활동을 수직적으로 통합함으로써, 새로운 사업에 진출함으로써, 또는 국제적으로 활동을 확장함으로써 기업의 전반적인 수익을 향상시킬 수 있는 기회를 추구하기도 한다.

// 수직적 통합

수직적 통합(vertical integration)은 핵심사업에 생산요소를 공급하는 사업(후방통합, backward integration) 또는 핵심사업에서 생산한 제품을 사용하는 사업으로 진출(전방통합, forward integration)하는 것이다. 공급사슬(supply chain)의 상류로 올라가는 후방통합의 예로는 델 컴퓨터가 자신의 컴퓨터에 들어가는 마이크로 칩 사업에 진출한 것을 들 수 있다(현재는 다른 공급자로부터 구매하고 있다). 공급사슬의 하류로 내려가는 전방통합의 예로 2001년 애플 컴퓨터가 Apple Store를 통해 컴퓨터 유통사업으로 진출한 것을 들 수 있다. Apple Store에서는 애플 컴퓨터뿐 아니라 다른 기업의 제품도 판매하고 있고, 2006년 현재 150개에 가까운 매장이 있다.

수직적 통합
핵심사업에 생산요소를 공급하는 사업(후방통합), 또는 핵심사업에서 생산한 제품을 사용하는 사업으로 진출(전방통합)하는 것

수직적 통합은 핵심사업에서의 경쟁적 지위를 향상시킬 수 있을 때 의의가 있다. 이를 위해서 수직적 통합은 핵심사업이 원가를 절감하거나 차별화 수준을 높이는 데 기여해야 한다. 예를 들어, 애플이 유통업에 진출함으로써 애플의 컴퓨터를 구매하고자 하는 소비자에게 다른 매장에 비해 더욱 높은 수준의 서비스를 제공할 수 있었다. 높은 수준의 서비스는 애플 컴퓨터의 차별화 수준을 높였고, 핵심사업에서의 경쟁적 지위를 강화시켰다.

수직적 통합 애플은 2001년 컴퓨터와 iPod을 포함한 자신의 제품을 판매할 매장을 개장했다. 이는 전방통합의 한 예이다.

하지만 후방통합을 실시한 많은 기업들은 처음 계획과는 달리, 경쟁우위를 저해하는 매우 고비용의 사업에 자신이 얽매어 있음을 발견하곤 한다. 가장 흔한 문제는 사내 공급자들은 안정적인 제품의 수요처를 가지고 있기 때문에 원가를 절감해야 할 인센티브가 낮다는 것이다. 따라서 시간이 지남에 따라 효율성은 떨어지고 수직적으로 통합된 사업은 기업에게 부담이 되기 시작한다. 예를 들어, GM은 최근까지 GM자동차에 쓰이는 많은 부품들을 직접 생산하는, 수직적 통합의 정도가 매우 높은 기업이었다. GM은 내부공급자의 강력한 노조로 인해 높은 인건비를

지불해야 했고, 부품의 원가에서 Toyota 등의 경쟁자들보다 훨씬 불리한 위치에 놓이게 되었다. GM은 경쟁우위에 심각한 문제가 발생함에 따라 이러한 상황을 개선하고자 1990년대 후반부터 사내부품공급 사업들을 매각해나가기 시작했다. 수직적 통합의 해체를 통해 독립적인 부품업체로부터 낮은 가격에 부품을 공급받을 수 있었고, 따라서 자동차의 원가를 절감할 수 있었다.

// 다각화

다각화
새로운 사업영역으로 진입하는 것

관련다각화
기존 가치사슬활동 중 몇몇 활동과의 유사성으로 인해 기존 사업과 관련성을 가지는 새로운 사업으로 진출하는 것

비관련다각화
기존 활동과 유사한 가치사슬활동을 가지고 있지 않은 새로운 사업으로 진출하는 것

다각화(diversification)는 새로운 사업영역으로 진입하는 것이다. 마이크로소프트가 Xbox를 통해 비디오게임사업에 진출하고, GE가 NBC를 인수함으로써 케이블 방송사업에 진출한 것이 대표적인 예이다. 마이크로소프트의 비디오게임 사업진출을 흔히 **관련다각화**(related diversification)라고 한다. 관련다각화는 기존 가치사슬활동 중 몇몇 활동과의 유사성으로 인해 기존 사업과 관련성을 가지는 새로운 사업으로 진출하는 것을 말한다. 비디오게임사업은 소프트웨어 기반의 사업이라고 할 수 있다. 따라서 마이크로소프트는 기존에 가지고 있는 소프트웨어 설계기술을 활용해서 Xbox의 운영체계와 콘텐츠인 비디오게임을 개발할 수 있었다. GE의 방송사업진출은 **비관련다각화**(unrelated diversification)의 예이다. 방송사업은 GE의 기존 활동과 유사한 가치사슬활동을 가지고 있지 않기 때문이다.[15)]

다각화가 성공적이기 위해서는 각각의 사업이 따로따로 수행될 때의 합보다 같이 수행됨으로써 더 높은 성과를 창출해야 한다.[16)] 추가적인 가치를 창출하지 못한다면 각기 다른 사업이 같은 기업의 지붕 밑에 있어야 할 이유는 없다고 할 수 있다.

핵심역량의 활용 다각화가 가치를 창출하는 한 가지 방법은 기존 사업에서 구축한 가치 있는 핵심역량(core competency)을 새로운 사업에 적용하는 것이다. 마이크로소프트는 가치가 매우 높은 기존의 소프트웨어 설계기술을 비디오게임사업에 활용했다. 기존사업의 경쟁우위를 확보해준 핵심역량을 활용해 새로운 사업에서도 경쟁우위를 창출하고자 한 것이다. 3M은 지난 수세기 동안 일관되게 이와 같은 방식을 사용함으로써 성공할 수 있었다. 3M은 사포를 만들 때 광물질을 단단하게 붙여놓기 위해 개발된 접착제와 관련된 기술을 활용하여 투명테이프, 의료용 테이프, 포스트잇 등의 새로운 사업에 진출했다.

범위의 경제
사업 간 자원을 공유함으로써 발생하는 원가절감

범위의 경제 다각화를 통해 사업의 성과를 향상시키는 또 다른 방법은 **범위의 경제**(economies of scope)를 창출하는 것이다. 범위의 경제는 사업 간 자원을 공유함으로써 발생하는 원가절감을 의미한다.[17)] 일반적으로 사업 간 자원을 공유하는 기업들은 공유를 하지 못하는 기업에 비해 자원에 대한 투자를 절감할 수 있다. 예를 들어, P&G는 일회용 기저귀와 종이타월 사업을 동시에 수행하고 있다. 이 두 종이 제품은 모두 분해되지 않으면서 최대한의 수분을 흡수해야 한다. 흡수성이라는 중요한 속성이 두 사업

간 동일하므로 P&G는 연구개발활동을 공유할 수 있다. 두 제품 모두 주로 슈퍼마켓을 통해 판매되므로 동일한 영업망을 공유할 수 있다. 반면 일회용 기저귀나 종이 타월 중 하나만을 생산하는 경쟁자들은 연구개발과 영업활동에 따로따로 많은 비용을 지불할 수밖에 없고, 따라서 P&G와 같은 비용절감을 달성하기 어렵다. 다른 조건이 동일하다면 P&G는 자원을 공유함으로써 경쟁자에 비해 낮은 비용과 높은 수익을 달성할 수 있는 것이다.

우월한 내부지배구조 마지막으로 다각화는 우월한 **내부지배구조**(internal governance)를 통해 높은 성과를 창출할 수 있다.[18] 우월한 지배구조란 다각화된 기업에서 각 사업의 성과를 향상시키는 최고경영진의 능력을 말한다. 최고경영진은 조직아키텍처를 통해 성과향상을 달성할 수 있다. 즉, 최고경영진은 각 사업의 경영자와 종업원들이 생산성을 향상시키도록 인센티브를 제공하고, 각 사업에 적합한 능력 있는 경영자를 선발하며, 각 사업의 경영자들이 사업의 문제를 진단하고 성과를 향상시킬 수 있는 개선방향을 도출하도록 도움을 줌과 동시에 압력을 가함으로써 성과를 높일 수 있는 것이다.

내부지배구조 역량
다각화된 기업에서 각 사업의 성과를 향상시키는 최고경영진의 능력

GE에서 오랜 기간 최고경영자를 지낸 Jack Welch는 내부지배구조의 대가로 불리는데, 그는 재임기간 동안 70%의 시간을 사람과 관련된 이슈에 투자했다. Jack Welch의 가장 큰 공헌은 최고의 경영자들을 선발한 후, 경영자들이 자기가 맡은 사업의 성과를 향상시키고 최선의 관행(best practice)을 사업부 간 공유하도록 하기 위해 때로는 자상한 도움을 주고 때로는 강력한 압력을 가한 것이라고 할 수 있다.

다각화의 실패 다각화가 기업의 수익성과 수익의 성장에 도움이 되기도 하지만, 반대의 경우도 빈번히 존재한다. 많은 경우 기업들은 3M이나 마이크로소프트의 게임사업 진출과는 달리 기존의 사업을 인수함으로써 다각화를 실행한다. 다른 기업의 M&A를 통한 다각화는 몇 가지 문제를 낳기도 한다.[19] 첫째, 많은 인수기업은 보통 과도한 인수비용(때로는 실제 가치를 초과하는 비용)을 지불한다. 둘째, 많은 인수기업들이 사업을 인수한 이후 독립적인 기업처럼 별도로 운영되도록 방치한다. 핵심역량을 활용하고, 범위의 경제를 창출하며, 우월한 지배구조를 적용하려는 노력을 하지 않는 것이다. 새로운 사업의 성과를 향상시키기 위한 노력 없이 성과가 향상되기를 바라는 것은 모순이다.

마지막으로 경영자들이 새롭게 인수한 사업의 성과향상을 위한 노력을 하더라도, 도처에서 예상치 못한 문제들이 어려움을 초래하기도 한다. 많은 경우 문제들은 두 조직의 조직아키텍처와 문화가 다르기 때문에 발생한다. 인수 후 인수된 기업의 많은 경영자와 종업원들이 회사를 떠나게 되는데 그 이유는 인수기업의 일처리방식이 마음에 들지 않기 때문이다.[20] 연구결과에 의하면 인수된 기업의 경영자들이 가지고 있는 역량과 사업에 대한 전문성을 잃게 되면 새로운 사업의 수익성도 낮아지는 결과를 초래한다고 한다.[21]

// 국제적 확장

국제적 확장(international expansion)은 기업의 성과를 향상시킬 수 있는 효과적인 방법 중 하나이다. 역사적으로 볼 때 경영자들은 보통 자국(home country)에서 충분한 기반을 다진 이후, 국제적 확장에 관심을 가지기 시작한다. 그러나 시장이 글로벌화됨에 따라 최근에는 국내 사업의 초기부터 해외 확장에 관심을 갖는 경영자가 많아지고 있고, 글로벌화된 중소기업도 흔하게 찾아볼 수 있다. 국제화의 원인은 앞서 제3장에서 살펴보았다. 국제적 확장을 통해 기업은 기업이 생산하는 제품의 시장을 확대함으로써 수익의 성장을 가속화할 수 있고, 증대된 생산량에서 오는 규모의 경제로 인해 원가절감과 수익향상을 달성할 수 있으며, 가장 효율적으로 수행할 수 있는 곳에 각 활동을 입지시켜서 입지우위(location advantage)를 달성함으로써 수익성을 향상시킬 수 있고, 각 국가의 지사 간 능력을 서로 이전함으로써, 즉 글로벌 학습을 통해 수익성을 향상시키고 수익의 성장을 가속화할 수 있다.

결 론 왜 중요한가?

모든 조직은 희소한 자원을 획득하고 성과목표를 달성하기 위해 경쟁자와 경쟁한다. 조직은 경쟁우위를 확보해야만 지속적으로 높은 성과를 창출할 수 있다. 경쟁우위는 우연히 만들어지지 않는다. 장기적으로 경쟁우위를 확보하고 지속하기 위해서 경영자는 전략을 수립하고 실행함으로써 자신의 제품과 시장의 경쟁여건 간의 적합성을 유지해야 한다. 기업, 사업부, 운영 수준의 전략이 잘못되면 기업의 성과는 악화되고, 기업은 쇠퇴하며, 경영자들은 직장과 승진기회를 잃게 되고, 평판에 오점을 남기게 될 것이다. 반대로 효과적인 전략을 수립하고 실행한 경영자들은 성공적인 경력을 쌓아나갈 수 있을 것이다.

전략의 수립과 실행은 최고경영자만의 역할이 아니다. 최고경영자가 전반적인 전략형성과정을 이끌게 되지만, 운영을 맡은 경영자에 의해 수립된 전략도 기업의 전략적 성공에 큰 영향을 미친다. 따라서 하위의 경영자들도 전략에 대한 명확한 이해를 가져야 하고, 경쟁우위를 창출하고 유지하는 과정에서 핵심적인 역할을 해야 한다는 것을 인식해야 한다.

앞서 살펴본 마이크로소프트 사례에서, 이 회사의 비디오게임사업 진출이 최고경영자인 Bill Gates나 Steve Balmer의 야심찬 비전에 의해 결정된 것은 아니었다. 네 명의 엔지니어와 그들의 관리자들은 근무시간 이외의 시간을 들여 주도적으로 Xbox의 시제품을 만들었고, 이후 최고경영진을 설득해 상용화에 필요한 기업의 지원을 이끌어냈다. 이러한 일들을 해내기 위해 경영자들은 자신의 위치와 상관없이 전략이 어떻게 되어야 하는가에 대한 생각을 가지고 있어야 한다. 이 장에서 배운 전략의 기본에 대한 이해 없이는 불가능한 것이다.

말단 경영자로 입사하더라도 자신이 전략수립의 소용돌이에 금새 빠지게 되는 것을 보고 놀라게 될 것이다. 마이크로소프트의 한 인턴사원은 입사하자마자 전략기획팀에 소속되어 최고경영진을 대상으로 경쟁전략을 발표하고 토론하는 자리에 함께 하게 되었다. "정말 빠르더군요. 저는 졸업도 하지 않았지만 불쑥불쑥 질문을 하는 Bill Gates에게 답변을 해야 했습니다. 토론이 끝나자 Bill Gates는 저희에게 전략을 바로 실행하라고 했어요."[22] 이 인턴사원이 토론에 참여하여 성공적으로 마칠 수 있었던 것은 전략이 무엇인지, 경쟁우위를 획득하고 지속하기 위해 무엇이 필요한지를 알고 있었고, 이를 효과적으로 표현할 수 있었기 때문이다. 경영자가 성공하기 위해 반드시 요구되는 능력이다.

Management Challenges

1. "전략의 유일한 목적은 기업의 수익성을 극대화하는 것이다"라는 주장에 동의하는가?
2. 항공산업에서 Jet Blue, Maxjet(www.maxjet.com), United Airlines의 사업부전략에 대해 설명하고 이 산업의 효율곡선에 각 기업을 위치시켜 보시오.
3. "전략의 성공은 10%의 영감과 90%의 노력에 의해 좌우된다." 본 장에서 학습한 내용을 바탕으로 이 문장의 뜻을 생각해보시오.
4. 보잉사(Boeing Corporation)의 홈페이지에 들어가서 조직의 다양한 활동들을 살펴본 후 다음의 질문에 답하시오.
   a. 보잉의 여객기사업의 사업부전략은 무엇인가?
   b. 여객기사업에서 진입장벽을 높이기 위한 보잉의 전술은 무엇인가?
   c. 보잉의 기업전략은 무엇인가? 기업 전체의 수익성 향상에 기업전략은 어떻게 기여할 수 있을까?
5. Toyota와 GM을 비교하시오. 어떤 기업이 자동차산업의 효율곡선상에 있고, 어떤 기업이 효율곡선 안에 있는가? 다음 중 무엇이 두 기업의 차이를 설명하는 데 가장 중요한가?
   a. 사업부전략
   b. 운영전략
   c. 기업전략
   d. 경쟁전술

Management Portfolio

한 기업을 선택하여 다음을 살펴보시오.

1. 해당 기업의 사업부전략은 무엇인가? (다양한 사업을 가진 기업인 경우 가장 비중이 큰 사업부의 전략을 설명하시오)
2. 해당 기업이 추구하는 효율곡선상의 위치를 표시하고, 현재의 위치와 다른지를 비교하시오. 만약 해당 기업이 현재 효율곡선의 내부에 위치하고 있다면 왜 그런지를 설명하시오. 효율곡선상에 위치한다면 어떻게 그 위치에 도달했는지를 설명하시오.
3. 해당 기업의 기업전략은 무엇인가? 그 전략이 추가적인 가치를 창출하고 수익성을 높일 것으로 생각하는가? 아니면 가치와 수익성을 떨어트릴 것으로 생각하는가? 왜 그렇게 생각하는가?

마·침·사·례 Google의 경쟁우위

구글의 주역들 Sergey Brin과 Larry Page는 온라인 사업에 있어 세계에서 가장 거대하고 수익성 높은 기업을 만들어냈다.

1996년 스탠포드 대학의 박사과정 학생이던 Sergey Brin과 Larry Page는 웹에 존재하는 수많은 정보 중에 어떻게 특정 주제와 관련된 유용한 정보만을 추려낼 수 있을까를 고민했다. 그 당시에도 몇몇 검색기술과 검색엔진이 있긴 했지만, 유용한 웹사이트와 사소한 것을 구분하지 못했기 때문에 마음에 들지 않았다. Brin과 Page는 웹페이지에서 단어를 찾고 그 결과를 나열해 줄 뿐 아니라, 단어가 어떻게, 어디에 사용되는가와 그 페이지에 링크된 다른 사이트의 수를 고려한 검색엔진을 개발하기로 마음먹었다. 가장 유용한 웹페이지를 검색결과의 가장 앞에 등장시키기 위한 것이었다.

두 사람이 개발한 알고리즘에 따른 최초의 검색엔진은 BackRub이라는 것이었다. 스탠포드 대학 컴퓨터공학과의 다른 학생들은 이 엔진에 열광했다. 그러던 중 스탠포드 대학 출신인 Yahoo!의 창업자 David Filo를 만났고, 그는 새로운 회사를 창업하라고 권유했다.

1998년 Google의 베타버전이 탄생했고 수개월간 매일 10,000건이 넘는 검색명령을 소화해냈다. 이 순간부터 눈부신 성장이 시작되었다. 2000년 12월이 되자 구글의 검색대상 웹페이지는 13억 개를 넘어섰고, 하루 6천만 건이 넘는 검색요청을 소화해냈다. 2004년이 되자 검색대상이 40억 개를 넘어섰고, 하루 검색건수는 3억 건을 넘게 되었다. 구글의 기술은 급속도로 확산되었고, Yahoo!와 AOL 같은 주요 포털업체에서 구글의 검색엔진기술을 사용하기 시작했다. 2003년 약 75%의 검색이 구글에 의해 이루어졌다는 통계도 있다. 그러나 구글이 1990년대 많은 인터넷업체들과 다른 가장 큰 점은 구글이 실제로 수익을 창출했다는 것이다. 2003년 구글은 9억 7천만 달러의 매출과 1억 달러의 순이익을 달성했다. 2004년에는 매출액 31억 9천만 달러, 순이익 3억 9천만 달러를 달성했다.

구글이 수익을 창출한 방법은 사용자들이 검색창에 넣는 특정 단어를 광고주에게 판매한 것이다. 특정 단어(예를 들면, 디지털카메라)에 대해 가장 높은 가격을 제시한 광고주가 스폰서링크의 맨 앞에 등장하도록 하였다. 구글은 검색결과와 스폰서링크를 분리하여 페이지에 보여주었다. 광고주들은 사용자가 실제로 링크를 클릭하면 비용을 지불하게 된다. 구글은 특정 단어에 대한 가격을 결정하기 위해 자동입찰프로세스를 활용했다. 이 시스템에서 1센트라도 높은 가격을 제시하면 스폰서 링크에서 다른 광고주보다 앞에 등장하게 된다.

2004년 8월 구글은 주식시장 상장을 통해 15억 달러가 넘는 자금을 조달했다. 구글은 확보된 막대한 현금으로 검색엔진사업의 주도권을 강화하려 하였다. 그러나 경쟁자들이 구글을 가만히 지켜보고만 있지는 않았다. 2003년 Yahoo!는 구글의 경쟁자인 Overture Services를 15억 달러에 인수했고, 2004년 자신의 사이트의 검색엔진을 Overture의 기술에 기반한 것으로 교체했다. 마이크로소프트도 Microsoft Office, Longhorn, Windows 등 자신의 소프트웨어에 내장하기 위해 검색엔진기술 개발을 시작했다.

토론문제

1. 구글이 추구하는 사업부전략은 무엇인가?
2. 고객과 광고주에게 구글이 창출하여 제공하는 가치는 무

엇인가? 이러한 가치는 수익성과 수익의 성장으로 측정되는 우월한 성과와 어떤 관련이 있는가?

3. 구글의 경쟁우위의 원천은 무엇인가? 경쟁자의 모방으로부터 얼마나 안전한가? 구글은 어떻게 경쟁자를 지속적으로 앞설 수 있을까?

4. 검색엔진 사업에서 Yahoo!와 마이크로소프트는 구글에게 경쟁우위를 가질 수 있는 자원과 능력을 가지고 있는가?[23)]

※ 주석 | Endnotes

1. Sources: "How Big Can It Grow?" *The Economist,* April 17, 2004, pp. 74–78; "Trial by Checkout," *The Economist,* June 26, 2004, pp. 74–76.
2. T. Copeland, T. Koller, and J. Murrin, *Valuation: Measuring and Managing the Value of Companies* (New York: Wiley, 2000).
3. M.E. Porter, *Competitive Advantage* (New York: Free Press, 1985); and M.E. Porter, *Competitive Strategy* (New York: Free Press, 1980).
4. S. Scherreik, "How Efficient Is That Company?" *BusinessWeek,* December 23, 2003, pp. 94–95.
5. B. Barney, "Company Resources and Sustained Competitive Advantage," *Journal of Management* 17 (1991), pp. 99–120.
6. R. Reed and R.J. DeFillippi, "Causal Ambiguity, Barriers to Imitation, and Sustainable Competitive Advantage," *Academy of Management Review* 15 (1990), pp. 88–102.
7. Porter, *Competitive Strategy.*
8. C.W.L. Hill, "Differentiation versus Low Cost or Differentiation and Low Cost: A Contingency Framework," *Academy of Management Review* 13 (1988), pp. 401–12.
9. This was a comment made by an executive MBA student of Charles Hill, who held a relatively senior position at Costco.
10. M.E. Porter, "What Is Strategy?" *Harvard Business Review,* February 1, 2000.
11. See W.C. Kim and R. Maugborgne, *Blue Ocean Strategy* (Boston: Harvard Business School Press, 2005).
12. Kim and Maugborgne, *Blue Ocean Strategy.*
13. Porter, *Competitive Advantage.*
14. Game theory is the tool most often used to think about the different tactics an enterprise can pursue. See A.K. Dixit and B.J. Nalebuff, *Thinking Strategically* (London: W.W. Norton, 1991). Also see A.M. Brandenburger and B.J. Nalebuff, "The Right Game: Using Game Theory to Shape Strategy," *Harvard Business Review,* July–August 1995, pp. 59–71; D.M. Kreps, *Game Theory and Economic Modeling* (Oxford: Oxford University Press, 1990).
15. The distinction between different types of diversification goes back to R.P. Rumelt, *Strategy, Structure, and Economic Performance* (Cambridge, MA: Harvard Business School Press, 1974).
16. C.W.L. Hill, "The Role of Headquarters in the Multidivisional Firm," in *Fundamental Issues in Strategy Research,* ed. R. Rumelt, D.J. Teece, and D. Schendel (Cambridge, MA: Harvard Business School Press, 1994), pp. 297–321.
17. D.J. Teece, "Economies of Scope and the Scope of the Enterprise," *Journal of Economic Behavior and Organization* 3 (1980), pp. 223–47. For recent empirical work on this topic, see C.H. St. John and J.S. Harrison, "Manufacturing-Based Relatedness, Synergy, and Coordination," *Strategic Management Journal* 20 (1999), pp. 129–45.
18. See, for example, Jones and Hill, "A Transaction Cost Analysis," *Strategic Management Journal* 9, (1988), pp. 159–72; Williamson, *Markets and Hierarchies* (New York: Free Press), pp. 132–75; and Hill, "The Role of Headquarters in the Multidivisional Firm."
19. One of the classic studies was by D.J. Ravenscraft and F.M. Scherer, *Mergers, Selloffs, and Economic Efficiency* (Washington, DC: Brookings Institution, 1987).
20. See J.P. Walsh, "Top Management Turnover Following Mergers and Acquisitions," *Strategic Management Journal* 9 (1988), pp. 173–83.
21. See A.A. Cannella and D.C. Hambrick, "Executive Departure and Acquisition Performance," *Strategic Management Journal* 14 (1993), pp. 137–52.
22. The intern was an MBA student of Charles Hill.
23. Sources: Google S1 form, filed with the SEC; "Spiders in the Web," *The Economist,* May 15, 2004, pp. 14–16; "The Weakness of Google," *The Economist,* May 1, 2004, pp. 67–68; B. Elgin, "Google's Success Is Spurring Competitors to Take Search Technology to the Next Level," *BusinessWeek,* May 17, 2004, pp. 46–47;. Google 10K form, 2004.

Memo

// PART 2
경영전략

7

운영관리
MANAGING OPERATIONS

LEARNING OBJECTIVES

이 장을 학습한 후 여러분은

1. 운영의 우위가 어떻게 경쟁우위를 창출하는지 설명할 수 있다.
2. 경영자들이 추구할 수 있는 여러 운영전략에 대해 설명할 수 있다.
3. 기업에서 운영의 역할에 대해 설명할 수 있다.
4. 생산시스템 설계, 자산활용 전략, 품질관리, 재고관리, 공급망 관리, 신제품 개발이 어떻게 조직의 효율성을 향상시키는지 설명할 수 있다.
5. 운영 프로세스를 개선하는 방법을 설명하고, 프로세스의 지속적인 개선이 어떻게 경쟁우위를 창출하는지를 설명할 수 있다.

의료산업의 식스 시그마. Mount Carmel Health는 식스 시그마와 같은 프로세스 개선 프로그램을 통해 운영의 효율성을 향상시킴으로써 의료산업의 리더가 되었다.

도입사례

미국 오하이오주에 있는 의료서비스 업체 Mount Carmel Health의 관리자들은 몇 년간 재무적 성과가 좋지 않자, 운영의 효율성을 향상시키기 위해 식스 시그마(six sigma) 프로그램을 도입하기로 결정했다. 이 가운데 첫 번째 프로젝트는 가장 일상적으로 의료서비스 업체들에게 발생하는 '적시에 정확하게 비용을 회수하는 문제'에 초점을 맞추었다. Mount Carmel Health는 건강보험으로부터 얻을 수 있는 잠재적 수익의 상당부분을 회수불능으로 처리하고 있었다. Mount Carmel Health는 이 사업에 대해 낮은 기대치를 가지고 있었기 때문에, 왜 많은 금액이 회수 불가능한지에 대해 단 한 번도 분석하지 않았다. 식스 시그마 프로젝트의 일환으로 실시된 면밀한 분석을 통해 보건당국이 대금을 지급하지 않는 것은 보건당국에 제출하는 리포트의 부정확한 자료입력에 기인한다는 점을 발견했다. 식스 시그마 팀은 만약 리포트가 정확하게 입력되었더라면 — 즉, 문서를 만드는 데 실수를 더 적게 했더라면 — 연간 수익이 약 30만 달러 더 증가할 것으로 예측했다. 그래서 이들은 자료를 입력하는 데 있어 실수비율을 줄이기 위한 향상된 프로세스를 고안해 냈다. 그 결과 순이익이 80만 달러나 늘어났다! 한 자료의 입력 프로세스를 개선하자 다른 프로세스도 함께 개선되었고, 그 결과 전체적인 회수율이 높아지게 되었다. 2004년까지 Mount Carmel Health는 400개가 넘는 식스 시그마 품질향상 프로젝트를 실행하고 있거나 완성했다. 2000년 7월 이 프로그램을 시작한 이래 7천 백만 달러의 비용을 줄인 것으로 보고 있다.[1)]

Mount Carmel Health의 사례는 효율적인 운영관리가 기업 성과에 미치는 영향을 잘 보여준다. 식스 시그마는 운영전략의 한 예이다. 앞 장에서 우리는 운영전략이 사업부 수준의 전략을 지원하고, 해당 기업이 속한 산업에서의 효율곡선(efficiency frontier)에 도달하기 위해 운영 차원에서 취하는 행동이라는 점을 배웠다. 이번 장에서 우리는 관리자들이 수행할 수 있는 다양한 운영전략에 대해 알아본다. **운영**(operation)은 조직의 제품과 서비스를 만들어내는 데 필요한 여러 활동들을 의미한다. **운영관리자들**(operations managers)의 전형적인 업무는 생산시스템 관리, 품질관리, 재고시스템 관리, 공급망관리 그리고 제품과 공정개발 등이다. 운영관리자들은 운영관리를 효과적이고 효율적으로 함으로써 운영비용을 낮추고 제품차별화의 수준을 높이며, 그로 인해 산업의 효율곡선에 도달하도록 하는 데 기여할 수 있다.

운영
제품과 서비스를 만들어내는 데 필요한 여러 활동

운영관리자들
운영을 관리하는 사람

앞으로 논의할 운영전략과 방법은 제조업뿐 아니라 서비스 기업에도 중요하다. 많은 사람들이 서비스 기업은 업종 고유의 특성을 가지고 있어서, 여러 운영관리 방법들이 맞지 않는다고 잘못 생각하고 있다. 세부사항과 강조하는 부분에 있어서 차이는 있을지 모르지만, 모든 기업은 그 기업의 제품이 물리적인 제품이든 서비스든 간에 기본적으로 동일한 이슈를 다루게 된다. 생산과정과 최종 제품의 질은 제조업과 서비스업 모두에서 중요한 이슈이다. 생산성 향상은 제조업과 서비스업 모두에게 중요한 사안이다. 제조업과 마찬가지로 서비스업에서도 생산시스템과 재고관리, 그리고 제품디자인 등을 결정해야 한다. 이 장에서는 제조기업과 서비스 기업에 우리가 논의한 기술이 어떻게 적용될지 예를 통해 살펴본다.

생산성과 효율성

생산성
일정수준의 투입물(input)로부터 얻어진 결과물(output)

앞 장에서 우리는 관리자들이 그들이 속한 산업에서 효율곡선에 도달하기 위해 노력하고, 이를 위해 운영의 효율성이 매우 중요함을 살펴보았다. 대부분의 기업에서 효율성(efficiency)을 결정하는 가장 중요한 요소는 노동과 자본의 생산성이다. **생산성**(productivity)은 일정수준의 투입물(input)로부터 얻어진 결과물(output)이라고 정의할 수 있다.

생산성 = 결과물 / 투입물

노동생산성
생산된 결과물을 노동투입량으로 나눈 것

노동생산성(productivity of labor)은 생산된 결과물을 종업원 숫자나 노동시간 등 노동투입량으로 나누어 측정된다. 예를 들어, 자동차회사의 관리자들은 종종 차를 만드는 데 필요한 노동시간을 측정한다. 2004년 도요타는 미국에 있는 조립라인에서 차 한 대를 만드는 데 20.6노동시간이 걸렸다. 이것을 GM의 23.6시간과 포드의 25.4시간, 다임러 크라이슬러의 26시간과 비교해 보자.[2] 결과적으로 우리는 도요타가 다른 라이벌 기업보다 더 높은 노동생산성을 가지고 있고 이로 인해 더 낮은 비용과 높은 수익을 창출하고 있다고 결론내릴 수 있다. 2004년 도요타의 수익은 이 세 기업의 수익을 모두 합한 것보다 컸다.

자본생산성(productivity of capital)은 보통 매출액을 사업에 투자된 총자금으로 나누어 측정된다. 보통 자본회전율(capital turnover)이라 부르는데, 이 수치는 투자된 1달러당 얼마만큼의 매출액이 발생하였는지를 말해준다.[3] 예를 들어, 2008년 월마트의 자본회전율은 4.16으로, 이는 월마트가 매장, 유통센터, 정보시스템, 재고 등에 투자한 1달러당 4.16달러의 매출액을 발생시켰다는 것을 의미한다. 경쟁자인 Target은 자본회전율이 1.86에 불과했고, 이는 Target이 월마트에 비해 자본생산성이 낮고, 결과적으로 아마도 더 높은 비용구조와 낮은 수익성을 갖고 있을 것임을 암시해준다. 실제로 월마트의 투하자본이익률(return on invested capital)은 14.5%로 Target의 11.5%보다 높았다.[4]

자본생산성
매출액을 사업에 투자된 총자금으로 나눈 것

노동생산성과 자본생산성은 효율성을 결정하는 주요 요인이며 결과적으로 기업의 비용구조를 결정하는 핵심적인 요소이다. 관리자들이 당면한 과제는 노동과 자본의 생산성을 향상하여, 비용을 낮추고 성과를 끌어올리는 것이다. 이는 사업부 수준의 전략이 저원가전략이든 차별화전략이든 상관없이 중요하다. 차별화전략을 추구하는 기업이라도 산업의 효율곡선에 도달하기 위해서는 가능한 효율적으로 조직을 운영해야 한다.

우리가 이 장의 나머지 부분에서 다룰 운영전략(operating strategy)은 노동과 자본의 생산성을 높이고, 결과적으로 기업의 경쟁우위를 향상시키는 방법들이다. 예를 들어, 식스 시그마와 같은 품질향상 프로그램은 불량품을 만드는 데 허비되는 노동시간을 줄임으로써 노동생산성을 높여준다. 또한 운영전략을 통해 재고를 효율적으로 관리함으로써 재고에 묶여 있는 자본의 양을 줄일 수 있고, 이로 인해 자본생산성을 높일 수 있다.

생산시스템의 설계

기업의 **생산시스템**(production system)은 업무흐름의 설계방식을 의미한다. 생산시스템은 제품의 속성과 소비자의 요구사항, 그리고 활용 가능한 생산기술에 따라 여러 다른 방식으로 설계될 수 있다. 전통적으로 생산시스템은 4가지, 즉 잡샵, 배치생산, 조립라인, 연속흐름으로 분류되어 왔다. 새롭게 등장한 생산기술이 이른바 대량맞춤화를 촉진하는 데 어떤 역할을 했는지에 대해 논의하기 전에 위에서 언급한 4가지 시스템 각각에 대해 살펴보고, 이들이 생산성과 비용 측면에서 어떻게 다른지에 대해 알아보고자 한다.

생산시스템
업무흐름의 설계방식

// 전통적인 생산시스템

잡샵 시스템(job shop system)은 각 제품이 개별적으로 주문되고, 특정 고객의 요구가 독특한 경우에 사용된다. 대다수의 작은 제조기업이 잡샵 기반으로 운영된다. 예를 들어, 캐비닛 제조업체의 경우 개인 가정에 맞춰 특수하게 디자인된 캐비닛을 생산할

잡샵 시스템
제품이 개별적으로 주문될 때 사용하는 생산시스템

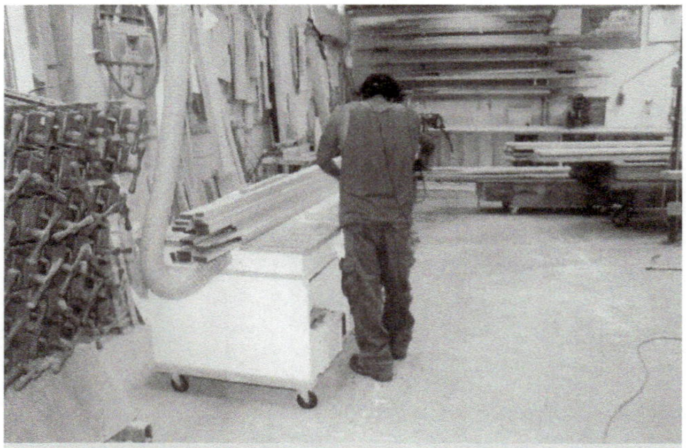

모든 제품은 독특하다. 고가의 캐비닛이 만들어지고 있는 이 업체는 잡샵 시스템을 통해 캐비닛을 만든다.

것이다. 서비스 기업도 잡샵 시스템을 사용할 수 있다. 예를 들어, 컨설팅 회사가 수행하는 각각의 작업은 고객의 요구에 따라 다르기 때문에 컨설팅회사는 각각의 고객에 대해 다른 서비스를 제공해야 한다. 최고급 레스토랑도 고객의 요구에 맞춰 개인에게 맞는 메뉴를 만들기 위해 잡샵 시스템을 사용한다.

배치생산시스템
고객이 작은 단위로 주문하는데, 그 각각의 주문내용이 다를 때 사용하는 생산시스템

배치생산시스템(batch production system)은 고객이 작은 단위로 주문하는데, 그 각각의 주문내용이 다를 때 사용된다. 예를 들어, 캐비닛 제조회사의 경우, 동일한 평면도를 사용해 1년에 100개의 집을 짓는 건축업자를 위해 작은 단위로 캐비닛을 생산할 수 있을 것이다. 캐비닛 제조업자들은 다른 주문에 맞춰 프로세스를 바꾸기 전에 특정 유형의 100개의 캐비닛을 만들게 된다.

조립라인 생산시스템
표준화된 제품을 대량생산하기 위해 사용하는 생산시스템

조립라인 생산시스템(assembly-line production system)은 표준화된 제품을 대량생산하기 위해 사용된다. 1920년대 모델 T를 생산하기 위해 포드(Henry Ford)가 처음으로 사용한 이 방식은 오늘날 널리 대중화되어 있다. 조립라인 생산시스템은 생산과정을 여러 단계로 나누고 끊임없이 움직이는 라인에서 종업원들이 특정 과업을 수행하도록 할당한다. 자동차 제조업자들은 특정 차량모델을 대량생산하기 위해 조립라인 생산시스템을 사용한다. 델은 PC를 대량생산하기 위해 조립라인 생산시스템을 사용한다. 식품제조업자들은 가공식품을 만들기 위해 조립라인 생산시스템을 사용하고, 서비스 기업 역시 조립라인 프로세스를 사용한다. 맥도널드는 빅맥을 만들기 위해 조립라인 생산방식을 사용하고, 의사들은 특정 시술(레이저 수술 등)을 하기 위해 이를 사용한다. 그리고 은행도 표준화된 방식으로 부동산담보대출 등의 서비스를 제공하기 위해 이 방식을 사용한다.

연속흐름 생산시스템
시스템으로부터 끊임없이 흘러나오는 표준화된 산출물을 지속적으로 생산하는 시스템

마지막으로 **연속흐름 생산시스템**(continuous flow production system)은 시스템으로부터 끊임없이 흘러나오는 표준화된 산출물을 지속적으로 생산한다. 석유정제산업이 가장 좋은 예이다. 기업들은 천연 그대로의 원유를 투입해서 휘발유와 다른 석유제품을 만들어내기 위해 연속적인 정제과정을 거친다. 연속흐름 생산시스템은 쉽게 멈출 수 없다. 이 시스템은 24시간 내내 운영되며 끊임없이 고도의 표준화된 제품을 생산해낸다.

// 생산시스템, 유연성, 비용

생산시스템은 산출물의 표준화 정도, 유연성, 비용에 따라 구별된다. 잡샵(job shop)과 배치시스템은 조립라인과 연속흐름 생산시스템에 비해 더 유연하다. 이들 시스템의 산출물이 표준화 정도가 낮기 때문이다. 그러나 이 두 시스템은 유연한 대신 높은 생산비용을 감수해야 한다. 일반적으로 잡샵과 배치시스템을 사용하는 기업은 고비용을 충당하기 위해 높은 가격을 책정할 것이다. 앞선 장에서 소개했던 내용을 생각해보면 잡

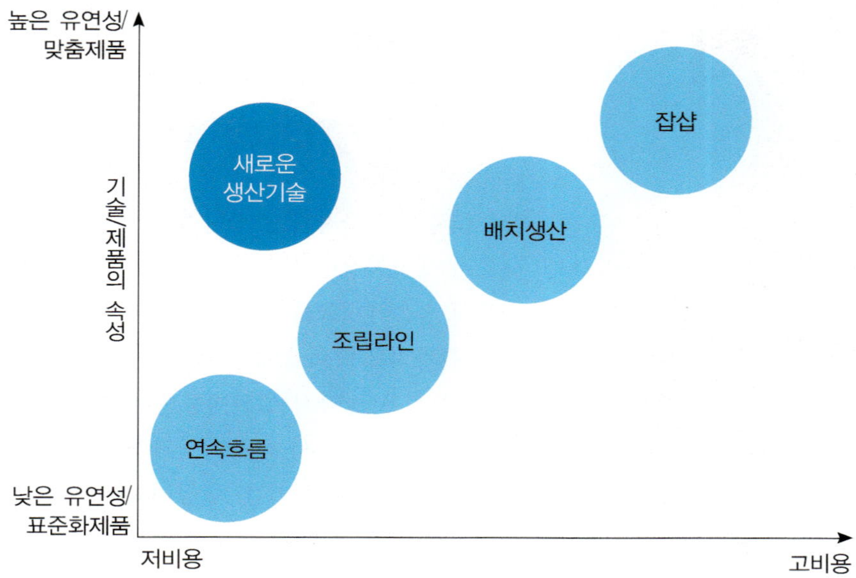

그림 7.1
생산시스템-유연성, 비용

샵과 배치시스템은 개별 고객의 욕구에 맞는 차별화된 제품을 생산하는 데 활용된다. 이런 시스템을 활용하는 기업은 차별화된 제품을 만들어내는 데 드는 비용을 충당하기 위해 높은 가격을 책정한다.

조립라인 생산시스템과 연속흐름 생산시스템은 표준화된 산출물을 대량생산하거나 지속적으로 생산한다. 이를 통해 규모의 경제를 달성하고 학습효과를 누림으로써 비용을 줄일 수 있다. **규모의 경제**(economies of scale)는 대량생산을 통한 비용 측면의 이득을 말한다. 규모의 경제의 가장 큰 원천은 제품을 대량생산하기 위해 운영하는 생산설비와 관련된 고정비용의 분산이다.

> **규모의 경제**
> 대량생산을 통한 비용 측면의 이득

Intel이 마이크로 프로세서를 대량생산하는 공장을 짓기 위해서는 50억 달러의 막대한 비용이 필요하지만, 이 고정비용을 1억 개의 마이크로 프로세서를 생산하여 분산시키면 한 단위당 비용은 급격히 감소할 것이다. 유사한 사례로 자동차회사는 특정 모델을 대량생산하는 조립라인을 운영하는 데 들어가는 고정비용을 5년간 생산되는 백만 개 차량으로 분산시켜 결과적으로 각 차량에 들어가는 비용을 낮출 수 있다.

규모의 경제의 또 다른 원천은 대량생산을 통한 분업과 전문화이다. 전문화는 생산성에 긍정적인 영향을 주는데, 전문화를 통해 노동자가 특정 과업을 수행하는 데 숙련된 기술을 가질 수 있기 때문이다. 이에 관한 고전적인 사례가 포드의 모델 T이다. 포드는 대량생산 조립라인 기술을 도입함으로써 고도화된 분업과 전문화를 달성할 수 있었고, 이는 노동자들의 생산성을 향상시켰다. 또한 포드는 차량을 개발하고 생산설비를 설치하는 데 들어가는 고정비를 많은 수의 제품에 분산할 수도 있었고, 그 결과 자동차 제작비용은 3,000달러에서 900달러 미만으로 떨어졌다(1958년).

학습효과(learning effect)는 경험을 통한 학습을 함으로써 생기는 비용절감을 말한다.

소비자들은 어떤 색상의 모델T라도 그들이 원하면 가질 수 있다. 그것이 검정색이기만 하면 말이다! 세계 최초의 조립라인인 포드의 모델T 조립라인이다. 1913년에 도입된 이 조립라인은 생산원가를 1/3로 낮췄다.

예를 들어, 근로자들은 어떤 업무를 가장 잘 수행할 수 있는 방법을 반복을 통하여 학습한다. 일반적으로 노동생산성은 시간이 지날수록 증대되며, 근로자가 특정 과업을 가장 효율적으로 수행하는 방법을 학습함에 따라 단위당 원가는 낮아진다.

학습효과는 근로자뿐만 아니라 관리자에게도 중요한데, 새로운 생산공장을 운영하는 관리자들도 시간이 지남에 따라 공장을 더 효율적으로 운영하는 방법을 학습하게 된다. 결과적으로 학습에 의해 노동생산성이 증대되고 관리의 효율성은 높아져 생산비용은 감소한다. 학습효과는 보잉의 조립라인에서 군용비행기가 처음으로 대량생산되던 제2차 세계대전 기간, 항공기 산업에서 처음으로 관찰되었다.[5] 특정 비행기 모델의 누적생산량이 두 배가 될 때마다 단위당 비용은 그 이전의 80%로 줄어들었다(네 번째 비행기는 두 번째 비행기를 조립하는 데 드는 비용의 80%가 들고, 8번째는 4번째의 80%가 드는 식이다). 그 이유는 시간이 지날수록 근로자들이 일을 더 똑똑하게 하는 방법을 찾아내며, 실수를 더 적게 하고, 시간을 덜 낭비하는데, 이 모든 것이 노동생산성을 향상시키기 때문이다.

학습효과
경험을 통한 학습을 함으로써 생기는 비용절감

학습효과는 제조업뿐만 아니라 서비스업에서도 역시 중요하다. 의료산업에서의 학습효과에 대한 유명한 사례에 따르면, 숙련된 의료진은 일반적인 외과수술을 할 때 더 낮은 사망률을 기록했는데, 이는 수술에 있어서도 학습효과가 적용된다는 것을 보여준다.[6] 이 연구의 저자는 이와 같은 결과를 고도의 전문화된 치료를 위한 3차 의료기관 건립주장에 대한 근거로 사용하기도 했다. 3차 의료기관이 심장수술과 같은 전문화된 외과수술을 반복적으로 수행하게 함으로써, 경험이 적어서 높은 사망률을 보이는 지역의 소규모 의료시설(2차 의료기관)을 대체해야 한다는 것이다.

또 다른 연구는 금융기관에서도 학습효과가 있다고 주장한다. 100명의 스태프들로 운영되는 문서처리부서에 대해 조사했는데, 스태프들이 프로세스에 대해 학습하면 할수록 문서처리시간이 더 빨라진다는 것을 발견했다. 이 연구는 문서처리 누적량이 두 배가 될 때마다 단위당 비용이 떨어진다는 결론을 내렸다.[7]

지금까지 살펴본 연구들은 조립라인 생산시스템, 연속흐름 생산시스템과 관련된 작업 프로세스 표준화가 높은 생산성과 낮은 비용으로 이어질 수 있다는 것을 의미한다. 실제로 Henry Ford가 자동차를 생산하는 데 그 유명한 조립라인기술을 적용한 것도 이 같은 이유 때문이다. 규모의 경제와 학습효과에 대해 이해함으로써 Henry Ford는 자동차 생산비용을 크게 낮출 수 있었다. 따라서 가격을 낮추고 시장을 확대할 수 있었으며 이를 통해 자동차 시장에서는 처음으로 대규모 시장을 창출할 수 있었다. Henry Ford는 대량생산과 제품표준화 사이의 관련성을 나타내는 유명한 말을 남겼다.

"소비자들은 어떤 색상의 모델 T라도 그들이 원하면 가질 수 있다. 그것이 검정색이기만 하면 말이다."

요약하면 기업은 조립라인 생산시스템과 연속흐름 생산시스템을 통해 비용과 가격을 낮출 수 있다. 그러나 제품다양성이 떨어진다는 단점이 있는데, 이는 차별화 수준이 떨어진다는 것을 의미한다. 때문에 이 같은 시스템들은 한 산업에서 차별화전략을 추구하기보다 저원가전략을 추진하는 조직에 적용되는 경우가 많다. 예를 들어, 맥도널드는 고도로 표준화된 패스트푸드 생산에 조립라인의 철학을 적용했다.

학습효과 현대식 항공기 조립라인. 학습효과는 항공기 제조업에서 매우 중요하다.

// 새로운 생산기술 : 대량맞춤화

지난 수십 년간, 제품맞춤화(product customization)와 높은 생산비용 사이의 비례적 관계를 깨뜨리기 위한 새로운 생산기술개발에 관심이 증대되어 왔다. 자동차회사들은 새로운 모델을 생산하기 위해 조립라인을 재편성하는 데에 많은 비용이 들기 때문에 가능하면 적은 수의 모델을 생산하는 것을 선호한다. 그러나 공장을 재편성하거나 기계장치들을 설치하는 데 드는 시간을 급격하게 줄일 수 있다면 어떨까? 그렇게 할 수 있다면 맞춤화된 제품을 경제적으로 대량생산할 수 있지 않을까?

자동차산업에서 이러한 생각은 도요타의 유능한 엔지니어인 오노 타이치(Ohno Taiichi)에 의해 실현되었다.[8] 1950년대 중반, 타이치는 자동차 몸체의 부분들을 소량생산하는 방법을 모색했다. 그때까지 자동차 몸체의 특정한 부분 — 예를 들어, 오른쪽 문짝 — 을 생산하기 위한 장비를 설치하는 데는 꼬박 하루가 걸렸다. 따라서 자동차회사들은 한 번에 20~30일치의 부품을 생산하여 그것이 필요할 때까지 저장해 놓는 것이 경제적이라고 판단했다. 하지만 타이치는 이것이 낭비라고 생각했다. 재고를 생산하기 위한 비용뿐만 아니라 재고를 저장하기 위한 창고도 지어야 하기 때문에 많은 비용이 소요됐다. 기계장치들이 빠르게 설치될 수만 있다면 기업들은 하루치의 재고만 생산하면 될 뿐이다. 재고유지비용은 하락할 것이며, 자본생산성도 좋아질 것이다. 따라서 도요타의 수익성도 향상될 것이다. 게다가 타이치는 기계장치 설치시간이 줄어든다면 도요타가 비용 측면에서의 불리함을 제거하고 더 다양한 종류의 자동차를 생산할 수 있다는 것을 알았다.

타이치와 그의 엔지니어 팀은 부품제조를 위한 기계설비의 선반들을 교체하는 데 걸리는 시간을 단축시키기 위한 수많은 기술들을 실험하기 시작했다. 롤러를 이용하여 선반을 각각의 위치에 넣었다 뺐다 할 수 있도록 하고, 간단한 기계조작을 통해 미세조정이 빠르게 이루어질 수 있게 하는 방법도 그 중의 하나였다.

이러한 기술은 상대적으로 배우기 쉬웠기 때문에, 타이치는 생산근로자에게 선반을

도요타의 영웅 Ohno Taiichi는 혁신적인 도요타의 린생산방식(lean production system)을 개발했다. 이 생산방식은 자동차 생산비용을 획기적으로 낮췄으며, 포드의 조립라인 이후 자동차산업에서 가장 위대한 진보로 평가된다.

스스로 바꾸도록 지시하였다. 이는 조직 내부의 전문인력에 대한 수요를 감소시켰고, 노동자가 선반이 바뀌기를 기다리며 허비하는 시간을 제거할 수 있었다. 결과적으로 이는 노동생산성의 향상을 가져왔다. 타이치는 수많은 시행착오를 통해서, 1962년까지 다른 부품생산을 위해 선반을 교체하는 데 드는 시간을 하루에서 15분으로 줄이는 데 성공했고, 1971년까지 3분 미만으로 감소시켰다. 이를 바탕으로 도요타는 즉각적인 수요에 대처하기 위한 제품만을 생산할 수 있었고 비용은 급격히 하락하였다.

궁극적으로 타이치는 **유연생산기술**(flexible production technology)을 개발하였다. 유연생산기술은 기업이 주어진 생산시스템하에서 원가 측면에서의 불리함 없이 더 넓은 범위의 최종제품을 생산할 수 있게 해주는 방법의 집합체이다.[9] 유연생산기술은 네 개에서 여섯 개의 기계들로 구성되어 컴퓨터로 통제하는 기계설비에서부터, 타이치와 그의 팀이 처음으로 개발한 도르래와 지레로 구성된 낮은 기술 수준의 장비에까지 적용된다.

유연생산기술
기업이 주어진 생산시스템하에서 원가 측면에서의 불리함 없이 더 넓은 범위의 최종제품을 생산할 수 있게 해주는 방법의 집합체

현재 자동차산업에 적용되고 있는 유연생산기술은 가장 발전된 형태로서 컴퓨터로 통제 가능하며 로봇 공학을 많이 사용하고 있다. 포드는 전 세계의 자동차 공장에 이 기술을 도입하고 있다. 그리고 2010년까지 생산라인의 75%를 유연생산라인으로 바꿀 계획을 가지고 있다. 포드의 계획이 성공한다면 유연생산공장에 대한 포드의 투자는 연간 약 20억 달러의 비용을 감소시킬 수 있을 것이다.[10] 비용을 절감할 수 있는 요소는 크게 두 가지가 있다. 첫째는 다른 모델을 생산하기 위하여 조립라인을 바꿀 때 생기는 생산라인 정지시간을 줄이는 것이고, 둘째는 제품을 작은 단위로 생산하여 재고유지비용을 낮추는 것이다. 포드는 시카고의 80년된 생산라인을 현대화하는 데 4억 달러를 투자했다. 이전에 그 공장에서는 오직 하나의 모델만 생산이 가능했으나, 현재는 두 개의 차대에서 8가지의 모델을 생산할 수 있게 되었다.

대량맞춤화
원가 측면에서 불리함 없이 고객 개인의 요구에 맞는 제품을 생산할 수 있는 능력

유연생산기술은 대량맞춤화를 가능하게 했다. **대량맞춤화**(mass customization)는 원가 측면에서 불리함 없이 고객 개인의 요구에 맞는 제품을 생산할 수 있는 능력이다.[11] 기업은 대량맞춤화를 통해서 더 높은 가격과 더 큰 수요를 창출할 수 있는 제품군을 가짐으로써 다른 기업과 차별화할 수 있으며, 재고유지비용을 감소시켜 대규모의 원가 절감효과를 얻을 수 있다.

대량맞춤화가 처음 시작된 산업은 제조업체와 소매업체 모두 이와 같은 접근방법을 실험 중인 의류산업이다. 수십년 전까지 재단사가 거의 모든 옷들을 개인의 요구에 맞춰서 만들었다(잡샵 시스템). 그 후 20세기에 들어와서 대량생산, 대규모 마케팅, 대량판매를 할 수 있게 되었다. 산업 내에서의 생산은 표준규격에 맞추어 적은 종류의 제품을 대량생산하는 방향으로 흘러갔다. 생산원가를 절감한 효과는 매우 컸지만, 소비자들의 욕구는 완전히 충족되지 않았다. 제품가격은 하락하였지만, 재단사가 옷을 만들어주

던 때처럼 자신에게 꼭맞는 옷을 구입하기 어려워졌다. 사람들의 체형과 신체 사이즈는 매우 다양하다. 하지만 셔츠는 S, M, L, XL의 4종류로 밖에 나오지 않는다. 현재와 같은 신체 사이즈 분류는 전체 인구의 3분의 1에만 해당된다고 알려져 있다. 그 나머지 사람들은 자신에게 꼭 맞지 않는 옷을 입고 있는 셈이다.

의류제조업체나 소매업체 모두 대량생산방식에 따른 약점을 가지고 있었다. 특히, 의류 소매업자들의 창고에는 잘 팔리지 않는 사이즈의 재고가 쌓여갔고, 이에 따른 막대한 비용을 감당하지 못해 재고를 폐기처분할 것인지 세일을 해야 할지를 놓고 고민해왔다. 이 고민을 해결하기 위해 의류소매업체들은 대량맞춤화 기술을 시도했는데, Lands' End가 성공한 회사 중의 하나이다.

Lands' End로부터 자신에게 맞는 옷을 구매하기 위해서 고객은 허리둘레, 길이 등에 대해 물어보는, 바지에 관한 15개의 문항과 셔츠에 관한 25개의 문항에 답을 하여 Lands' End의 웹사이트에 올려야 한다. 처음에 정보를 입력하기 위해서는 약 20분이 소요되지만, 그 후에는 Lands' End의 웹사이트에 저장된 정보로 빠르게 구매를 반복할 수 있다. 입력된 정보는 표준체형에 대한 방대한 데이터베이스와 비교·분석되고, 그 결과 고객에게 꼭 맞는 사이즈가 제시된다.

Lands' End는 컴퓨터에서 자동적으로 분석된 자료를 바탕으로, Lands' End와 계약을 맺은 미국 내의 5개의 공장 중에 하나 또는 그 밖의 공장에 주문을 하게 되며 거기서 재단과 재봉작업 후에 제작된 옷은 고객에게 직접 배달된다.

오늘날 맞춤화는 Lands' End의 거의 모든 종류의 옷에서 가능하다. 온라인을 통해서 물건을 구입하는 소비자들의 약 40%는 옷을 살 때 표준화된 옷이 아닌 맞춤옷을 선택한다. 비록 맞춤옷은 가격이 최소 20달러 이상 비싸고 도착하는 데도 3주에서 4주 정도가 소요되지만, 맞춤옷 사업은 빠르게 성장하여 Lands' End의 온라인사업 매출액 5억달러 중에서 많은 비중을 차지하고 있다. Lands' End는 맞춤옷의 이익마진이 기성복과 비슷하며, 재고비용의 감소로 인해서 추가적인 원가절감효과가 있다고 말한다. 게다가 맞춤옷을 구입한 소비자의 고객충성도는 매우 높아서, 기성복을 구입한 소비자보다 34% 높은 재구매율을 나타냈다.[12)]

// 업무흐름 최적화 : 프로세스 리엔지니어링과 프로세스 혁신

생산성을 향상시키는 하나의 중요한 방법은 생산시스템을 최적으로 구성한 상태에서 업무흐름(process)을 명확히 설정하는 것이다. 운영과정을 분석하고 재구축하는 것, 즉 프로세스 리엔지니어링은 생산성을 향상시키기 위해서 기업들이 일반적으로 사용하는 방법이다.[13)] 이 방법의 목표는 조직 내의 업무흐름을 분석하여 낮은 생산성의 원인을 찾고, 업무흐름을 더욱 효율적으로 하여 비용을 낮추는 데 있다.

대부분의 기업들이 업무흐름을 분석하기 위해 사용하는 기법을 모델셀(model cell)이라고 하는데, 조직 전체의 업무흐름을 축소해 놓은 것이다. 관리자는 이 기법을 통해서 최적의 업무흐름을 찾기 위한 다양한 실험을 수행할 수 있고 업무흐름 내의 결함을 제거할 수 있다. 조직 전체에서 새로운 프로세스가 무리 없이 작동하기 위해서는 완벽한 프로세스 설계가 필요하다.

리엔지니어링 작업에는 몇 가지 중요한 원칙이 있다.[14)]

첫 번째는 업무흐름을 향상시키기 위해서 연관성 있는 업무를 물리적으로 가까운 곳에 배치하는 것이다. 한 건강보험회사는 고객의 불편신고를 받는 종업원들이 이를 처리하는 종업원들과 다른 층을 사용하고 있어 고객의 불편신고사항에 대한 서류를 처리할 때 하루 이상이 걸린다는 것을 발견했다. 이 회사는 고객불편신고를 접수하는 사람과 처리하는 사람을 옆에 배치함으로써 업무흐름을 빠르게 할 수 있었다.

두 번째 원칙은 업무흐름에서 각 단계의 과업을 표준화하여 해당 업무담당직원이 부재 시에도 다른 직원이 업무를 쉽게 처리할 수 있게 하는 것이다.

세 번째 원칙은 업무흐름에 있어서 다음 단계로 진행하기 위해서 전 단계로 다시 돌아가는 루프백(loop back)을 제거하는 것이다. 루프백은 낮은 생산성의 주요 원인이다. 예를 들어, 제품개발과정에서 제품이 R&D과정을 거쳐 제조부문으로 넘어갔을 때, R&D에서 개발한 대로 생산한 제품이 경제적이지 않아서 R&D 과정으로 다시 돌려보내질 수 있다. 재설계과정은 시간과 돈을 매우 많이 낭비한다. 제품제조부서와 R&D 부서가 제품설계에서부터 함께 작업을 한다면 제품은 계획한 대로 생산될 수 있을 것이다.

네 번째 원칙은 각 작업순서마다 병목현상이나 비능률적인 업무처리가 일어나지 않게 업무의 강도를 균형 있게 배분하는 것이다.

다섯 번째 원칙은 비일상적이고 복잡한 업무를 일상적이며 단순한 업무와 분리하여 전문가에게 맡겨서, 복잡한 업무 때문에 일상적인 업무처리 흐름이 느려지지 않게 하는 것이다. 은행의 유일한 출납계원이 복잡한 거래업무를 처리하고 있는 동안, 간단한 업무를 위해 줄을 서서 오래 기다려본 사람이라면 이 원칙의 중요성을 이해할 것이다. 많은 은행들이 복잡한 업무는 출납계원이 아닌 서비스 전문요원이 처리하도록 함으로써 고객서비스 처리속도를 향상시키고 있다.

여섯 번째 원칙은 재구축된 운영과정의 효과를 모든 사람들이 알 수 있도록 향상된 결과를 공유하는 것이다.

이러한 원칙들을 적용시킴으로써 많은 기업들은 급격하게 업무처리속도를 향상시킬 수 있었다. 그 결과 생산성은 향상되고 비용은 감소하였다. 게다가 관리자들은 업무흐름을 분석함으로써 조직 전체의 업무흐름을 한 단계 향상시킬 수 있는 새로운 방법을 발견하기도 한다. 프로세스 혁신을 통해 기업은 효율성을 급격히 증대시킬 수 있는 것이다.

RFID 태그는 추적할 대상에 붙여진다.

예를 들어, 월마트의 재고관리를 살펴보자. 공급업자는 제품을 트럭에 실어 월마트 물류센터로 보낸다. 제품은 물류센터에 보관되었다가 필요할 때 각 월마트 매장으로 배송된다. 유통센터에서 이 과정은 6단계로 구성된다. 트럭에서 물건을 내리고, 휴대용 스캐너를 가지고 제품에 붙어 있는 바코드를 기록한 후에 유통센터에 제품을 보관한다. 이후 제품을 내보낼 때는 제품을 찾아 바코드를 인식한 다음에 트럭에 실어보낸다. 1990년대 초에 월마트는 제품을 싣는 트럭의 운행흐름을 조절하여 공급자로부터 물건

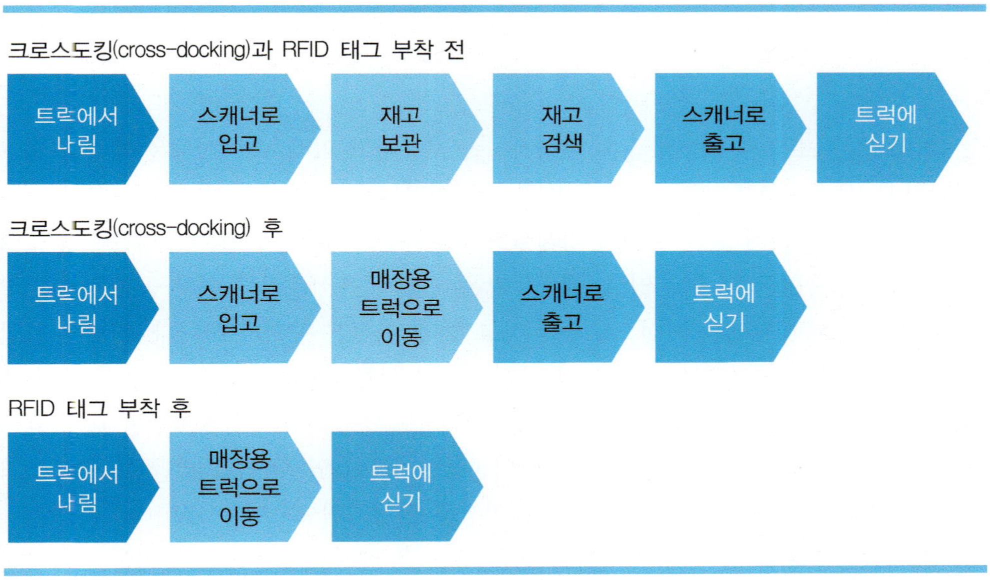

그림 7.2
월마트의 업무흐름 최적화

을 싣고 오는 트럭이 월마트 매장으로 물건을 배송하는 트럭이 떠나기 전에 도착하게 하여, 제품을 직접 월마트 매장용 트럭에 옮김으로써 제품수송과정 중의 한 단계를 줄일 수 있었다. 월마트가 개발한 이 기술을 크로스도킹(cross–docking)이라고 부른다. 크로스도킹은 제품을 저장했다가 다시 꺼내야 하는 번거로움을 제거하였다. 이와 같은 운영상의 개선은 노동생산성을 증가시키고 물류센터의 크기를 줄일 수 있게 해주어서(재고가 줄어 저장할 공간이 적게 필요하기 때문에) 재고 저장 및 유지를 위한 자금이 덜 필요하게 되었다. 또한 물류센터에서 제품이 저장되어 있는 시간이 줄어들고 빠르게 매장으로 이동하기 때문에 재고관리에 있어서도 효율성이 증대되었다. 모든 재고를 저장하지 않고 곧바로 매장으로 향하는 트럭에 실을 수는 없지만, 현재 월마트 재고의 40% 이상이 창고를 거치지 않고 바로 매장으로 향하고 있으며 잠재적으로 월마트의 원가구조를 개선시키고 있다.

2005년에 월마트는 재고관리과정에서 제품이 창고에 드나들 때 하는 바코드 스캔 작업을 제거하였다. 월마트는 제품공급업자에게 제품을 쌓은 선반에 RFID(radio frequency identification)를 부착할 것을 요구하였다. RFID는 전파신호를 내보내는데, 이것은 월마트 정보시스템 수신기에 의해 수신된다. RFID로 인해서 재고를 분류하는 작업이 사라지고, 사람이 직접 재고의 바코드를 인식할 필요가 없어졌기 때문에, 월마트의 노동생산성은 향상되었고 비용은 더욱 절감되었다.

월마트의 이와 같은 프로세스 혁신은 효율성을 극대화하였으며, 경쟁업체와 비교했을 때 지속 가능한 경쟁우위를 창출할 수 있게 해주었다. 많은 기업들은 월마트, 델, 사우스웨스트 에어라인, 도요타, 누코 스틸 등과 같은 기업들이 해당 산업에서 경쟁우위를 갖는 이유가 과거부터 지금까지 지속적으로 운영상의 혁신을 추구했기 때문이라는 것을 깨닫기 시작했다.

자산활용

거의 모든 조직은 상당히 많은 유형자산을 보유하고 있다. 소매업체는 매점과 재고 보관창고, 운송트럭을 가지고 있고, 병원은 병원건물을 보유하고 있다. 자동차 제조회사는 공장과 그 안에 있는 갖가지 기계설비를 보유하고 있다. 은행은 수많은 지점들이 차지하고 있는 땅을 가지고 있고, 레스토랑은 고객과 음식조리를 위한 공간을 가지고 있다. 항공사는 비행기를 자산으로 보유하고 있다. 자산은 공짜가 아니다. 기업은 자산을 소유하거나 빌리기 위해서 자금이 필요하다. **자산활용**(asset utilization)은 자산이 조직의 수익창출에 실제로 활용되는 정도를 말한다. 운영관리자가 유형자산을 더욱 효율적으로 활용할 수 있는 방법을 찾는다면 자본생산성을 높일 수 있을 뿐만 아니라, 조직의 원가구조를 개선하고 조직 전반의 수익성을 향상시킬 수 있을 것이다.

자산활용
자산이 조직의 수익창출에 실제로 활용되는 정도

레스토랑의 예를 생각해보자. 레스토랑의 주인은 레스토랑에 있는 테이블을 효과적으로 운용하여 그가 레스토랑에 투자한 돈에 비해서 더 많은 매출액을 올리고자 할 것이다. 테이블을 효과적으로 운용하는 방법은 테이블 회전율을 높이는 것이다. 레스토랑의 테이블 회전율이 1이라면 2나 3인 경우보다 매출액이 적을 것이다. 그렇다면 레스토랑 주인은 어떻게 테이블 회전율을 높일 수 있을까?

첫째, 레스토랑 주인은 예상되는 수요와 좌석의 수를 적절히 맞춰서 레스토랑이 수용할 수 있는 인원수를 최적화해야 한다. 인구가 적은 지역에서 너무 큰 레스토랑을 개업한다면 비용은 많이 들고 자산활용도와 자본생산성은 매우 낮아질 것이다.

둘째, 테이블과 좌석의 수가 적절하다면, 이들을 효율적으로 운영함으로써 자산활용을 증대시킬 수 있다. 이 사례에서 효율적 운영은 빠른 고객서비스와 깨끗한 테이블 관리를 말한다. 사람들이 테이블에서 서비스를 받기 위해 기다리는 시간과 새로운 손님을 받기 위해 테이블을 청소하기까지 버려지는 시간을 줄일 수 있다면 테이블 회전율을 더욱 높일 수 있을 것이다.

셋째, 예약을 통하여 시간을 관리하는 것이다. 손님들이 식사하는 데 걸리는 시간에 맞추어 예약을 받음으로써 다음 손님이 식당에 도착했을 때 기다리지 않고 서비스를 받을 수 있게 하는 것이다. 뉴욕의 몇몇 인기 있는 레스토랑은 테이블당 이용가능시간(보통 2시간 정도)을 미리 손님에게 통보함으로써 시간관리를 하고 있다. 뉴욕에 있는 화려한 레스토랑들은 식사준비 및 서비스, 테이블 청소, 예약에 관하여 시간관리를 효율적으로 함으로써 테이블 회전율을 3으로 높였고, 자산활용도와 자본생산성을 급격히 향상시켰다.

우리는 성공적인 자산활용의 또 다른 예를 항공산업에서 찾을 수 있다. 항공산업에서 자산운용을 함에 있어서 가장 중요한 것은 비행기를 자주 그리고 충분히 날게 하는 것이다(비행기가 땅에 있을 때는 돈이 생기지 않는다). 레스토랑의 경우와 마찬가지로 항공산업에서도 성공적인 자산활용은 수용능력과 스케줄의 최적화 및 효율적 운영을 통해 달성 가능하다. 항공사들은 특정 항로(예를 들어, 덴버부터 시애틀까지라고 하자.)

제한시간 15분! 비행기가 지상에 있을 때는 돈을 벌지 못한다. 사우스웨스트 항공사의 지상요원들은 15분 내에 비행기를 이륙할 수 있는 상태로 만든다. 이를 통해 생산성과 자산활용도를 높일 수 있다.

에 대한 수요와 승객수송능력을 맞추려고 노력한다(수용능력 최적화). 또한 항공사들은 수요를 맞추기 위해서 비행 스케줄을 관리하고(스케줄링 최적화), 지상요원의 훈련을 통해서 가능한 한 빨리 비행기가 이륙할 수 있게 하여(효율적 운영), 비행기가 지상에서 보내는 시간을 최소화하고자 노력한다. 이를 통해서 비행기가 운항되지 않는 시간을 줄일 수 있다. 예를 들어, 사우스웨스트 항공사의 지상요원들은 15분 안에 비행기가 이륙할 수 있게 만들어서 비행기가 땅이 아닌 하늘에 더 오래 머물게 만든다.

위 사례에서 알 수 있는 것처럼 자산활용도는 매우 밀접하게 연결된 세 가지 변수에 의해 영향을 받는다. 세 가지 변수는 용량최적화, 스케줄링 그리고 빠른 전환(효율적 운영)이다. 이 세 가지 변수는 서로 관련이 있다. 효과적인 시간관리는 어떤 사업이 요구하는 최대생산량 또는 최대수용량을 줄여줄 수 있다. 빠른 전환도 마찬가지이다. 관리자는 최대한 정확하게 수요를 예측하고 관리해야 하며, 예상되는 수요의 수준에 맞게 투자를 해야 한다. 또한 효과적으로 시간을 관리하고 전환시간을 최소화함으로써 일시에 요구되는 생산량이나 수용량의 수준을 감소시키려고 노력해야 한다. 운영관리자는 수요흐름을 예측하고 시간관리를 최적화하기 위해 복잡한 알고리즘을 사용한다. 제조업에서는 기계설비를 설치할 때, 기계설치시간을 줄임으로써 빠르게 전환할 수 있도록 유연성이 높은 기술을 사용한다.

생산량을 모두 처분하거나, 수용량을 모두 채우기 위해 가격을 변화시키는 것은 자주 쓰는 방법 중의 하나이다(그림 7.3 참조). 전산시스템을 통해서 주문을 받는 사업인 경우에 활용되는 실시간 가격결정모형(real-time pricing)은 수요와 공급을 일치시키는 최상의 가격을 설정할 수 있기 때문에 좋은 방법이라고 할 수 있다. 항공사들은 그들의 승객수용량을 완전히 채우기 위해서 분단위로 가격을 조정하는 방법을 사용한다.[15] 철도산업은 그들의 객차를 완전히 채우기 위해서 동태적인 가격결정 알고리즘을 사용한다. 델은 공장의 조립공정을 완전히 가동하기 위해서 동태적인 가격결정모형을 사용한다. 델은 공장이 최적생산능력을 유지하고 재고관리를 더 잘하기 위해서 특정 제품모델이나 부품에 대한 가격을 때로는 매일 바꾸기도 한다.

그림 7.3

자산활용도 향상

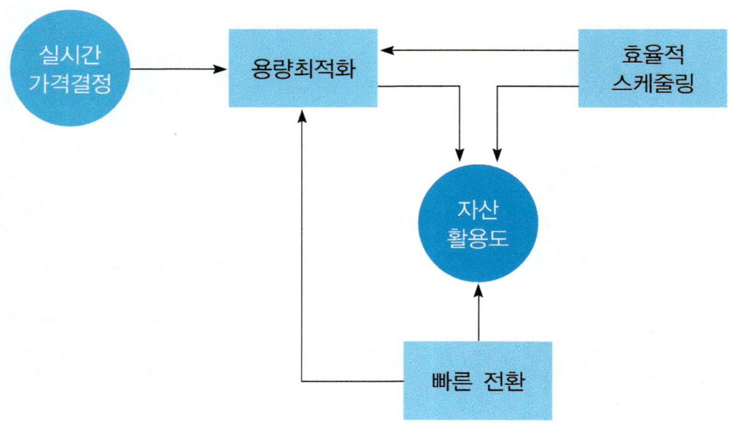

품질관리

품질에 있어서 가장 중요한 것은 제품에 대한 신뢰성이다. 제품이 고장이 나지 않고 원하는 목적을 지속적으로 잘 수행할 때, 우리는 신뢰성이 있다고 말한다. 품질관리(quality management)의 여러 기법들은 제품을 생산하고 서비스를 제공하는 과정에서 결함을 제거하여 더욱 신뢰성이 있는 최종제품을 생산하고자 고안되었다. 제품의 신뢰성을 높이는 것은 원가를 줄이는 데 있어서 핵심적인데, 그 이유는 다음과 같다. 첫째, 결함이 줄어든다면 나중에 폐기되거나 재가공해야 하는 제품에 투입될 원재료와 시간을 절약할 수 있다. 둘째, 제품이 광고와 같이 제대로 작동한다면 기업은 제품보증비용을 줄일 수 있다. 이와 같은 것들을 넘어서 회사의 제품이 소비자에게 경쟁사의 제품보다 신뢰성 있게 인식된다면, 차별화의 원천이 될 수 있고 더 높은 가격을 부과할 수 있으며 더 많은 수요를 확보할 수 있을 것이다. 제품의 좋은 품질에 대한 평판으로 인

그림 7.4

높은 신뢰성과 비용

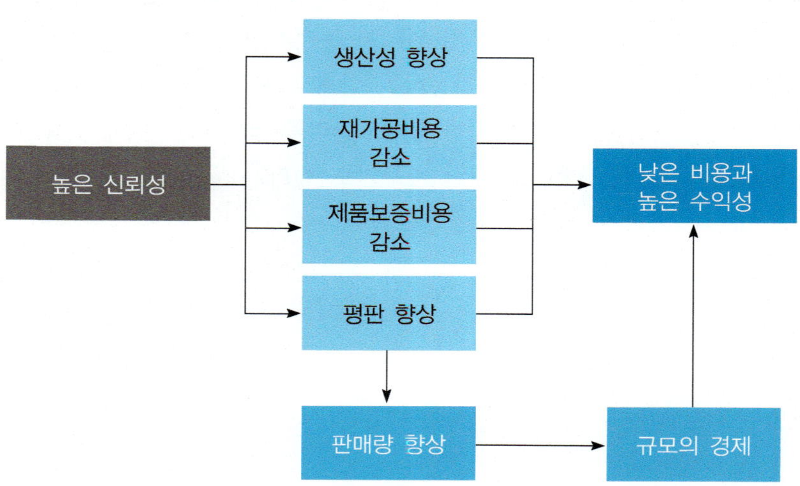

해서 수요가 증가한다면 회사는 원가를 절감할 수 있는 더 큰 규모의 경제를 실현할 수도 있다.

신뢰성을 바탕으로 한 제품의 품질은 경쟁우위의 원천이 될 수 있다. 예를 들어, 지난 30여 년 동안 세계 자동차산업에서 도요타의 눈부신 성장은 품질에 대한 좋은 평판에 기인한다. 우수한 품질은 전 차종에 걸쳐서 높은 가격을 책정하고 시장점유율을 높일 수 있게 해주는 지속적인 차별화의 원천이 되었다. 여러 조사들에 따르면 도요타는 여전히 자동차 품질평가에서 높은 순위를 차지하고 있다. 2004년에 출고 후 3년간 차량의 품질을 측정하는 J. D. Power의 차량안전도 조사에서 도요타는 100대의 차량당 207개의 문제가 발견되어서 산업평균인 269개와 현격한 차이를 보이며 품질순위 1위를 차지하였다. 또 차량판매 후 처음 90일 동안 보고되는 문제들을 측정하는 J. D. Power의 초기 품질조사에서도 도요타는 101을 기록하여 산업 평균인 119와 차이를 드러내며 1위를 차지하였다.[16)]

현재 관리자들이 제품의 신뢰성을 향상시키기 위하여 가장 많이 사용하는 방법이 식스 시그마(six sigma)이다. 식스 시그마는 1980년대와 1990년대 초반에 일본기업들이 사용하기 시작하여 그 이후에는 미국 기업에까지 널리 퍼진 전사적 품질관리(TQM)로부터 시작되었다.[17)] TQM(total quality management)의 개념은 미국의 경영 컨설턴트인 Edwards Deming, Joseph Juran, A.V. Feigenbaum에 의해 구체화되었다.[18)] 원래 이 컨설턴트들은 미국에서 환영받지 못했다. 그러나 일본의 관리자들은 그들의 아이디어에 환호했고, 심지어 Deming이 죽은 이후에는 제조업에서 우수한 성과를 낸 사람에게 수여하는 상을 Deming Award라고 지었다. 아래의 표는 Deming이 품질향상 프로그램의 단계로 제시한 것이다.

1930년 대 일본이 경제대국으로 부상함에 따라 서구기업들은 TQM 개념의 중요성을 깨닫기 시작하였다. 그 이후로 품질향상에 관한 기법들은 서구산업에 널리 퍼졌다. 앞에서 말한 식스 시그마는 오늘날 가장 널리 사용되는 기법이다. 시그마(σ)는 통계학

표 7.1

Deming의 품질개선 단계

Deming은 모든 품질향상 프로그램에 적용되어야 할 일련의 과정을 다음과 같이 서술했다.

1. 기업은 기업의 목적과 방향을 특징지을 수 있는 분명한 사업모델을 가지고 있어야 한다.
2. 실수, 결점 그리고 낮은 품질은 용납되어서는 안 되고 제거되어야 한다는 경영철학이 존재해야 한다.
3. 관리자에게 종업원들과 함께 일할 시간을 더 많이 부여하고 그들이 일을 능률적으로 수행하는 데 있어서 적합한 기술을 제공함으로써 관리감독의 질을 향상시켜야 한다.
4. 관리자 그룹은 종업원들이 문제를 보고하거나, 향상을 위한 제안을 하는 데 두려움을 느끼지 않는 환경을 조성해야 한다.
5. 과업수행 기준은 할당된 일의 양뿐만 아니라, 무결점 제품생산을 독려하기 위하여 품질에 관한 지침도 포함하여야 한다.
6. 관리자 그룹은 작업장에서 기술변화의 흐름을 따라갈 수 있게 종업원들을 훈련시켜야 할 책임이 있다.
7. 더 좋은 품질을 얻기 위해서는 조직구성원 모두의 헌신이 필요하다.

자들이 평균으로부터의 표준편차를 나타내기 위해 사용하는 그리스문자이다. 시그마의 숫자가 클수록 에러의 숫자는 작아진다. 식스 시그마를 통한 생산은 겨우 백만 개당 3.4개의 불량품을 가질 만큼 99.99966% 정확하다. 기업이 그렇게 낮은 불량률을 기록하는 것은 거의 불가능하지만, 식스 시그마 프로그램 바탕에 깔려 있는 생각은 그러한 목표를 향해 노력하는 것이 중요하다는 것이다.

식스 시그마 기법은 정의(define), 측정(measure), 분석(analyze), 향상(improve), 통제(control)의 앞 글자를 딴 DMAIC에 바탕을 두고 있다.[19] DMAIC에 따르면 처음에 문제를 정의하고 계량화한다. 그런 후에 문제를 명확히 하기 위해 측정 가능한 데이터를 수집한다. 다음으로 문제의 근본원인을 찾기 위해 다양한 분석도구를 사용한다. 근본원인에 대한 해결책을 찾아서 문제해결을 위해 실행한다. 마지막으로 문제의 재발을 막기 위해서 운영 중에도 지속적으로 통제 및 관리를 실시한다. 식스 시그마 프로젝트는 이를 위해 훈련된 전문가집단인 블랙벨트(black belt)라는 팀에 의해 수행된다. 프로젝트는 보통 세 달에서 여섯 달이 소요되며, 블랙벨트는 일 년에 네 개에서 여섯 개의 프로젝트를 수행한다. 식스 시그마의 강점은 기업의 문제를 구조화하고, 분석하고, 해결하는데 유용한 잘 짜여진 방법이라는 것이다.

식스 시그마는 논리적으로 문제를 해결하는 기법으로서 많은 측면에서 탐정업무와 비슷하다. 식스 시그마 분석은 특정 문제에 대한 의외의 근본원인을 찾아내기도 한다. 하나의 사례를 살펴보자. 한 제약회사가 만든 신약의 수요가 급격히 성장하였다. 그러나 제조라인은 낮은 수율을 보이고 있었다. 관리자집단은 공급업체의 질 낮은 원재료가 문제의 원인이라고 생각했다. 그러나 식스 시그마 분석은 문제의 진짜 원인을 밝혀냈다. 생산공장에서 여러 생산부서 간의 온도차이가 문제의 원인이었던 것이다. 전체 공장이 일정한 표준온도로 운영되도록 온도조절시스템을 조정하자, 수율은 60% 향상되었고 회사는 연 1,700만 달러를 절약할 수 있었다. 게다가 향상된 수율로 인하여 또 다른 생산공장 건설을 위한 500만 달러의 투자가 불필요해졌다.[20]

이와 같이 수많은 성공사례에도 불구하고 품질향상을 위한 여러 가지 기법들은 널리 사용되지 않는다. 미국품질협회(American Quality Foundation)가 실시한 연구에 따르면 미국기업 중에서 겨우 20%만이 품질수준을 조사한다. 반면에 일본기업은 70%가 품질수준을 조사한다.[21] Arthur D. Little이 수행한 또 다른 연구에 따르면, TQM을 수행한 500개의 미국기업 중에서 오직 36%만이 TQM이 기업경쟁력을 향상시켰다고 믿고 있다. 이러한 상황이 발생한 가장 큰 이유는 많은 기업들이 TQM의 개념을 완전히 이해하지 못한 채 실행하기 때문이다.[22] 그들은 빠른 결과를 기대하지만, 품질향상 프로그램을 실행하는 것은 오랜 기간의 지속적인 노력이 필요하다.

재고관리

재고(inventory)는 생산과정에 투입되는 원재료와 미래에 판매를 하기 위해 가지고 있는 최종제품으로 나눌 수 있다. 많은 기업들이 재고를 가지고 있지만, 그 중에서도 제조업체와 소매유통업체가 재고로 인해서 많은 원가부담을 진다. 제조업체에게 재고는 원재료, 재공품, 제품의 세 가지 형태가 있다. 자동차제조업체에게 재고는 자동차를 만들기 위해 부품공급업자로부터 구입한 부품, 자동차 조립라인 위에서 조립 중인 재공품, 그리고 조립된 최종제품(자동차 판매상의 창고에 쌓여 있는 제품까지 포함)을 말한다. 소매업자에게 재고는 창고나 상점의 선반 위에 쌓여 있는 팔리지 않은 제품을 말한다.

재고비용(inventory-driven cost)의 증감에 영향을 미치는 가장 결정적인 요소는 **재고유지비용**(inventory holding cost)이다. 이는 재고에 묶인 자본비용과 재고를 저장하기 위해 필요한 창고공간과 관련된 비용을 포함한다. 재고유지비용뿐 아니라 다양한 비용이 재고로 인해 발생한다. 예를 들어, PC산업에서 부품의 가격은 몇 달 내에 급격히 떨어질 수 있다. 한 제조업체가 너무 많은 메모리칩을 구입해서, 부품이 사용되기도 전에 가격이 구매가격의 40% 수준으로 하락한다면, 너무 일찍 많은 부품을 구입한 것 때문에 부품가격 하락비용이 발생할 것이다. 또한 제조업체가 특정 컴퓨터 모델을 너무 많이 생산해서 팔리지 않는 재고를 없애기 위해 가격을 인하한다면 가격인하비용이 발생한다. 너무 많이 생산하면 제품들이 모두 팔리지 않았기 때문에, 일부는 소매업체로부터 제조업체로 반송될 것이다(반송비용, return cost). 그리고 회사는 진부해져 더 이상 판매하기에 적합하지 않은 상품의 가치를 줄여야 할지도 모른다(진부화비용). 그러나 재고를 거의 가지고 있지 않아서 생기는 비용도 역시 존재한다. 부품이 부족하여 제품을 만들 수 없는 경우에는 재고부족비용이 발생한다. 재고부족비용은 사업을 수행할 수 없어서 생기는 기회비용(opportunity cost)이다.

> **재고유지비용**
> 재고에 묶인 자본비용과 재고를 저장하기 위해 필요한 창고공간과 관련된 비용

그러므로 재고유지비용, 부품가격 평가절하비용, 가격인하비용, 반송비용, 진부화비용, 재고부족비용은 기업의 재고비용을 결정하게 된다. 재고로 인하여 발생하는 비용의 실제 크기는 사업의 특성에 따라 다르나, 기업의 전체 비용구조에서 상당부분을 차지한다. 예를 들어, HP에 관한 연구에서 HP가 재고절감 프로그램을 실시하기 전에 모바일 컴퓨터 사업부문에서의 재고비용은 수익의 18.7%를 차지하였다(이 연구는 재고부족비용을 측정하지 않았다).[23]

따라서 관리자들은 조직이 유지해야 하는 재고의 양을 감소시키기 위한 전략을 수립하고 실행하는 데 상당한 관심을 쏟는다. 일례로 JIT(just in time)기법이 추구하는 목표는 재고가 생산과정에 적시에 투입될 수 있게 하거나 상점에 적시에 배치될 수 있게 하는 것이다. 이런 활동을 관리자가 잘 수행했는지 평가하는 지표는 재고회전율이다. **재고회전율**(inventory turnover)은 일반적으로 재고를 완전히 소진하는 데 걸리는 일수로 측정된다. 모든 사업 분야는 각기 다른 재고회전율을 나타낸다. 재고관리에서 가장 효

> just in time
> 생산과정에서 필요한 적시에 공급되는 재고

> **재고회전율**
> 재고를 완전히 소진하는 데 걸리는 일수

자산 또는 부채? 창고에 있는 재고는 매우 많은 비용을 낳는다. JIT 재고관리시스템은 재고를 줄임으로써 재고유지비용을 줄인다. 이 시스템의 궁극적인 목적은 사진과 같은 창고를 없애는 것이다.

율적인 소매업체인 월마트는 재고회전율이 45일이다. PC 산업에서 가장 높은 효율성을 보이고 있는 델은 이틀마다 재고를 모두 소진한다. 델에는 재고를 정보로 대체하자는 문구가 있다. 이 문구는 재고가 조립과정이나 운송과정에 있게 하여 델의 창고에는 재고가 쌓이지 않게 하자는 뜻을 함축하고 있다.

재고를 더욱 빨리 회전시킬 수 있다면 재고비용을 급격히 줄일 수 있을 것이다. 재고에 더 적은 자금이 묶일 것이며 재고를 저장하기 위한 공간이 덜 필요할 것이다. 재고가 더욱 빨리 회전할수록 수익성은 더욱 향상될 것이다. 실제로 월마트와 델이 경쟁우위를 확보하고 각자의 산업에서 최고의 효율성을 내는 가장 근본적인 이유는 우수한 재고관리능력 때문이라는 인식이 널리 퍼져있다. 그렇다면 관리자들은 어떻게 재고회전율을 높이고 재고비용을 줄일 수 있을까?

// 경제적 주문량과 설치시간

재고분석은 재고의 양을 얼마만큼 유지할 것인가에서부터 출발한다. EOQ(economic order quantity)로 불리며 널리 사용되는 경제적 주문량 방법은 관리자가 적정수준의 재고량을 유지할 수 있도록 도와준다. EOQ는 다음과 같이 정의된다.

$$\text{EOQ} = \sqrt{(2\times D\times FC)/(VC\times K)}$$

D = 연간 수요량
FC = 재고의 생산 또는 구입을 위한 고정비용
VC = 재고의 변동비용
K = 재고유지비용(변동비용 대비 비율)

자동차 조립공장의 관리자가 차체생산공장으로부터 자동차의 오른쪽 보조석 문짝을 얼마만큼 주문해야 할지 결정해야 한다고 가정해보자. 자동차는 연간 200,000대의 차량을 생산하기 때문에 연간 200,000개의 오른쪽 문짝이 필요하다. 차체생산공장에서 자동차 문짝을 생산하기 위하여 기계설비를 설치하는 데 드는 비용은 10,000달러이며 문짝 하나를 생산하는 데 50달러의 변동비용이 든다. 재고유지비용은 변동비용의 20% 수준이다. 그렇다면 EOQ는

$$\text{EOQ} = \sqrt{(2\times 200,000\times 10,000)/(50\times 0.20)} = 20,000$$

관리자는 이 알고리즘을 통해서 경제적 주문량은 20,000개임을 알 수 있다(다음의 표 7.2 참조). 공장은 연간 200,000개의 오른쪽 문짝을 사용하기 때문에 일 년에 10번

EOQ	연간수요	고정비용	변동비용	재고유지비율	재고회전율	재고유지비용
20,000개	200,000개	$10,000	$50	20%	36.5일	$100,000
15,492개	200,000개	$6,000	$50	20%	28.3일	$77,460
8,944개	200,000개	$2,000	$50	20%	16.3일	$44,721
6,325개	200,000개	$1,000	$50	20%	11.5일	$31,623
2,000개	200,000개	$100	$50	20%	3.7일	$10,000
632개	200,000개	$10	$50	20%	1.2일	$3,162

표 7. 2

고정비용에 따른 EOQ와 재고유지비용의 변화

주문을 해야 한다(200,000을 20,000으로 나누어 보라). 일년은 365일이기 때문에 36.5일마다 주문을 해야 한다(365를 10으로 나누어 보라). 다시 말해, 이와 같은 주문시스템하에서 재고회전율은 36.5일이다.

우리는 또한 알고리즘을 사용하여 재고유지비용을 계산할 수 있다. 유지비용(K)에 변동비용(VC)을 곱하고 EOQ를 반으로 나눈 값을 곱한다(재고는 일정한 비율로 감소하고 새로운 재고는 창고에 저장되어 있던 재고가 빠지자마자 입고되어 평균 재고는 EOQ의 절반 수준으로 유지된다고 가정한다). 그러므로 재고유지비용은 다음과 같다.

$$\begin{aligned} \text{재고유지비용} &= K\times VC\times \frac{1}{2}(EOQ) \\ &= 20\%\times \$50\times \frac{1}{2}(20{,}000\text{units}) \\ &= \$100{,}000 \end{aligned}$$

지금까지는 아무런 문제가 없다. 그러나 회사의 목표가 수익성을 극대화하는 것이라면 관리자는 재고유지비용으로 지출되는 100,000달러를 줄이고자 노력해야 한다. 이와 같은 문제는 유연생산기술을 개발하는 데 선구적인 역할을 한 오노 타이치가 직면했던 문제와 정확히 일치한다. 타이치는 제품을 생산하기 위해 기계설비를 설치하는 비용인 고정비용을 줄여서 문제를 해결하고자 하였다.

위의 표에서 볼 수 있는 것처럼 고정비용을 어떻게 설정하느냐에 따라 EOQ와 재고유지비용이 달라지며 그 효과는 상당히 크다. 예를 들어, 고정비용을 10,000달러에서 1,000달러로 줄일 수 있다면 EOQ는 6,325개까지 감소하며 재고유지비용은 31,623달러로 줄어든다. 앞서 언급했듯이 타이치와 그의 팀은 기계설비 설치시간을 하루에서 몇 분 단위로 감소시켰다. 그 결과, 재고회전율은 상승하였으며, 재고유지비용은 감소하였다. 표의 마지막 줄은 타이치가 유연생산기술을 통해서 달성한 성과와 매우 유사한 수치를 보여준다. 기계설비를 설치하는 데 드는 비용인 고정비용은 거의 사라졌으며(표에서는 겨우 10달러이다), EOQ의 크기는 약 하루만 재고로 쌓아도 될 수준으로 감소하였다. 그리고 유지비용은 극도로 적은 수준이 되었다(표에서는 3,162달러이다). 결과적으로 도요타의 수익성은 향상되었다.

// JIT 재고관리시스템

타이치는 설치시간을 줄이기 위해 유연생산시스템과 JIT(just-in-time) 생산방식을 개발해냈다. 부품제작을 위해 기계설비를 준비하는 과정에서 발생하는 고정비가 0에 가깝게 될 때, 아주 작은 단위로도 부품을 생산할 수 있고 생산라인 가동과 거의 동시에 생산을 개시할 수 있는, 즉 필요할 때마다(just-in time) 생산이 가능한 단계가 된다. 또한 타이치는 도요타의 생산라인 공정의 흐름과 맞추기 위해서 칸반(Kanban) 시스템이라 알려진 또 다른 프로세스 혁신을 개발해냈다. 칸반 시스템에서는 공정부품들이 칸반이라 불리는 전표가 붙여진 상자에 담겨 조립공정으로 옮겨지고 각각의 상자들은 해당 조립공정에 부품을 배달한 후 다시 제조공정의 전 단계로 되돌아간다. 제조공정에서는 부품상자가 돌아온 때를 기점으로 부품을 추가 제작하는 것이다.

처음에는 도요타 자동차 내부에서만 시행하던 JIT 생산방식이 이후 도요타의 거의 모든 부품업체로 확대 시행되었다. 도요타는 그들의 공급업체들이 유연생산공정기술과 칸반시스템을 적용할 수 있도록 적극 도왔고, 부품업체들은 공장을 도요타 조립공장 인근에 세움으로써 운송비용을 최대한 감소시켰다. 이러한 획기적인 부품업체와의 협력을 통해 도요타는 공급물류망 전체적으로 재고를 감소시켰고 이는 곧 획기적인 원가절감으로 이어졌다.

이후 도요타의 JIT 방식은 전 세계 많은 기업들의 벤치마킹 대상이 되었고 도요타는 일본에서뿐만 아니라 전 세계에 걸쳐있는 자사의 공급망에 JIT를 확대 시행했다. 또한 21세기형 칸반 시스템의 변형 중 하나로 델은 부품공급업체들과 부품주문에 관련된 정보를 인터넷으로 공유함으로써 생산일정을 최적화하고 재고량을 줄이며 생산속도를 높이고 있다.

델은 최첨단의 정보처리시스템을 자사의 축적된 유연생산기술에 적용하여 JIT 방식을 효과적으로 도입하였다. 재고관리에 있어 바코드 시스템과 인터넷을 통한 정보교환시스템을 도입함으로써 부품공급업체와 배송업체가 재고의 흐름을 효율적으로 관리하였고 이를 통해서 상당한 원가절감을 이룰 수 있었다.

JIT 시스템은 소매업체에게도 유용할 수 있다. 만약 JIT 시스템을 통해 재고량을 최소화시킬 수 있다면 이를 통해 절약된 공간과 노력을 제품판매에 더 집중할 수 있게 된다. 또한 재고량을 최소화시킬 경우 대량할인을 통한 재고품판매와 같은 불필요한 매출감소를 피할 수 있게 된다.

JIT 시스템을 도입함으로써 얻을 수 있는 또 다른 장점은 불량품의 생산과 거의 동시에 이를 찾아낼 수 있다는 점이다. 이러한 신속한 불량품 판별을 통해 제조업체는 불량의 원인을 쉽게 알아낼 수 있고 이를 통해 제품품질을 향상시킬 수 있게 된다.

> **완충재고**
> 예측할 수 없는 위기상황에 대비해 확보하고 있는 재고

반면, JIT 시스템의 가장 큰 단점은 완충재고를 없앤다는 점이다. **완충재고**(buffer stock)란 제조업체나 판매업체가 부품공급업체의 부도나 화재와 같이 예측할 수 없는 위기상황에 대비해 확보하고 있는 재고이다. 만약 완충재고가 없다면 뜻하지 않은 상황이 발생할 경우 부품이 조달되기 전까지 모든 생산공정이 가동을 멈출 수도 있다. 일반

적으로 제조업체들은 며칠간의 완충재고량을 상비하는데, 델과 같은 일부 기업들은 이러한 완충재고를 거의 준비하지 않는다. 이러한 경우, 위기가 발생했을 시 생산공정 전체가 혼란에 빠질 수도 있는데, 실제로 델은 2001년 9·11테러와 2003년 SARS 바이러스 발생 시 부품업체로부터 부품을 제때 공급받을 수 없었다. 전자의 경우에는 모든 공항과 항구가 폐쇄되어 큰 손해를 입었지만, 2003년에는 중국으로부터의 공급물류망을 재정비하고, 선박으로 운송되던 부품을 비행기로 운송함으로써 피해를 최소화할 수 있었다.

// 주문-생산방식과 재고관리

재고비용을 감소시키기 위한 마지막 방법은 사업방식을 생산-저장방식(build-to-stock business model)에서 주문-생산방식(build-to-order business model)으로 바꾸는 것이다. **생산-저장방식**은 제품에 대한 소비자의 수요를 미리 예측해서 유통망에 재고를 쌓아두는 방식이다. GM의 딜러들이 항상 일정량의 재고량을 갖고 있는 것과 컴퓨터 전문 판매점이 HP컴퓨터의 재고를 가지고 있는 것, 그리고 백화점이 리바이스 청바지의 재고분을 갖고 있는 것은 모두 이 회사들이 생산-저장방식을 적용하기 때문이다. 반면 **주문-생산방식**은 소비자의 주문이 있은 후에야 제품생산을 시작하는 방식이다. 인터넷을 통해 셔츠와 바지를 판매하는 Lands' End, 인터넷을 통해 컴퓨터를 판매하는 델, 그리고 보잉이 제품수주 후에 생산을 시작하는 주문-생산방식을 도입한 경우다.

> **생산-저장방식**
> 제품에 대한 소비자의 수요를 미리 예측해서 유통망에 재고를 쌓아두는 방식

> **주문-생산방식**
> 소비자의 주문이 있은 후에야 제품 생산을 시작하는 방식

주문-생산방식을 적용한 회사는 생산에 돌입하기 전에 판매량을 이미 알고 있기 때문에 적당량의 부품만을 주문할 수 있고, 또한 제품을 적정량만큼만 생산할 수 있게 되어 재고품 처리를 위한 가격할인이나 불필요한 재고비용을 피할 수 있게 된다. 또한 주문-생산방식을 통해서 기업은 수요예측이 빗나갔을 때 발생할 수 있는 여러 위험들을 원천적으로 봉쇄할 수 있다.

하지만 이러한 이점에도 불구하고 모든 기업들이 주문-생산방식을 적용하지 않는 이유가 있다.

첫째, 치약과 같이 대량생산시스템의 도입을 통한 원가절감이 중요한 제품의 경우에는 주문-생산방식에 적합한 생산시설을 갖추는 것보다 대량생산체제를 구축하는 것이 이득이다.

둘째, 소비자들은 치약을 필요할 때마다 업체에 주문하기보다는 슈퍼마켓에 진열되어 있는 제품을 구입하기를 선호한다.

셋째, 주문에서 생산에 착수하기까지는 어느 정도 시간이 필요하기 때문에 치약과 같은 생필품은 주문-생산방식보다는 생산-저장방식이 적합하다(치약을 받는 데 몇 주가 걸린다면, 좋아할 소비자가 있을까?).

넷째, 생산-저장방식에서 주문-생산방식으로 전환하는 데 적지 않은 시간과 노력이 필요할 수 있다. 예를 들어, HP는 델처럼 전체 사업모델을 주문-생산방식으로 가져가기를 원하겠지만, 현재 HP가 구축해놓은 광대한 판매업체들이 있기 때문에 하루아침에 전체 사업모델을 주문-생산방식으로 전환하기는 힘들다. 때문에 HP는 인터넷을 통한

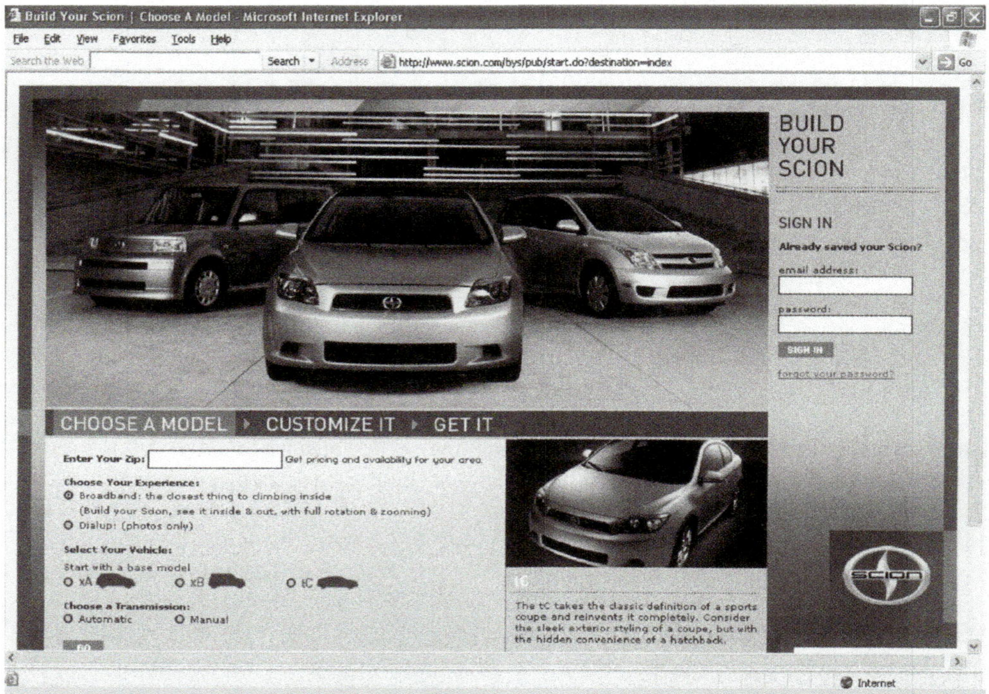

원하는 차를 직접 만드세요. 도요타는 주문-생산방식을 확대하고 있다.

컴퓨터 판매채널을 신설하는 등 점진적으로 주문-생산방식을 도입해 가고 있지만 아직까지 대부분의 PC판매는 전통적인 판매업체들을 통해 이루어진다.

HP와 같이 많은 제조업체들은 최소한 일정부분이라도 주문-생산방식을 도입하길 원하고 있다. 최근에 유연생산방식과 대량맞춤화 시스템이 널리 도입됨에 따라 주문-생산방식의 매력은 점점 더 높아지고 있다. 실제로 몇몇 자동차 제조업체들은 재고관리의 어려움을 극복하기 위해서 주문-생산방식을 도입하고 있다. 닛산은 주문-생산방식을 도입함으로써 차량 한 대당 $3,600의 원가절감을 이룰 수 있을 것이라 추산했고, BMW는 이미 현재 생산량의 60%를 주문-생산방식을 통해 제작하고 있지만 주문에서 인도까지 무려 두 달이나 소요되고 있다.[24] 도요타 역시 더 많은 양의 자동차를 주문-생산방식을 통해 제작하려 계획하고 있다. 2004년 말 기준으로 미국에서 판매되는 도요타 자동차의 약 11%가 주문-생산방식을 통해 제작된 것이고, 주문에서 실제 인도까지 평균적으로 겨우 14일이 소요된다.[25]

공급망관리와 정보시스템

기업의 **공급망**(supply chain)은 원료, 반제품, 완제품을 기업에 제공하는 수직적으로 연결된 공급자들의 망을 의미한다. 예를 들어, 월마트의 공급망에는 월마트가 매장에서 판매하는 모든 제품을 공급하는 업체들이 포함된다. 유사하게 델의 공급망에는 컴퓨터

완제품을 제조하기 위해 필요한 부품을 공급하는 모든 업체들이 포함되는 것이다.

공급망관리(supply chain management)의 핵심은 부품생산업체와 운송업체, 기업, 고객을 포함한 제품의 전반적인 흐름을 효율적으로 관리하여 재고량을 최소화하고 생산능력을 최대한 활용하는 것이다. 이를 위해서는 공급업체와 제조업체 간의 긴밀한 협력관계가 요구되는데, 도요타의 사례에서처럼 공급업체와 기업 간의 지리적 인접성도 협력관계를 증진시킬 수 있다. 하지만 글로벌화가 진전되어감에 따라 대부분의 기업활동이 전 세계에 걸쳐 일어나고 있어서 지리적 인접성은 실현 불가능한 목표가 되어가고 있다.

공급망
원료, 반제품, 완제품을 기업에 제공하는 수직적으로 연결된 공급자들의 망

게다가 많은 기업들이 더 낮은 생산원가 달성을 위해 중국, 말레이시아, 멕시코와 같이 생산원가가 낮은 국가들로 이동하고 있어서 최근 수십 년간 많은 기업들의 공급망은 전 세계에 널리 분포하게 되었다. 따라서 이러한 넓게 퍼져있는 공급망을 효율적으로 관리하는 것은 점점 더 어려워지고 있다.

다행히도 다국적기업들은 인터넷에 기반한 정보시스템(information system)을 통해 이처럼 널리 흩어진 공급망에 대한 통제가 가능해졌다. 예를 들어, 부품의 상세한 이동경로를 적은 비용으로 추적할 수 있게 되어 부품도착일자에 맞춘 생산일정 수립이 가능해졌다.

최근에는 부품조달, 제품생산, 제품운송의 과정을 조정하기 위해 전자문서교환(electronic data interchange : EDI) 시스템을 사용하는 경우가 늘고 있다. 전자문서교환 시스템은 기업과 공급업자, 배송업자, 때때로 델의 경우에서처럼 고객까지도 포함하는 광범위한 정보연결망을 통해 제품의 주문과 배송, 생산의 전과정을 실시간으로 공유한다. 이를 통해서 공급망 전체의 유연성과 대응속도를 향상시키고 공급업체, 운송업체, 구매업체 간의 불필요한 문서작업을 최소화할 수 있는 것이다.

기업들과 공급업체들은 인터넷이 지금처럼 널리 사용되기 전에는 EDI 시스템을 구축하기 위해 별도의 값비싼 프로그램을 구입해야 했다. 하지만 인터넷이 널리 퍼지고 웹을 기반으로 한 프로그램들이 다양해짐에 따라 소규모의 기업도 수요와 공급 간의 균형을 맞춰 재고감소와 생산성 향상을 누리기가 용이해졌다. 점점 더 많은 수의 기업이 이러한 시스템을 도입함에 따라 이 시스템을 도입하지 않은 기업은 경쟁에서 뒤쳐질 수도 있는 상황이 되어가고 있다.

제품개발과 생산성

획기적인 신제품의 개발과 이를 성공적으로 시장에 내놓는 것은 대다수 기업의 핵심과제이다. 특히, 제품의 진부화 속도가 빠른 산업에 속해 있는 기업들은 이러한 신제품 개발능력이 더더욱 중요하다. 예를 들어, 컴퓨터회사나 핸드폰제조업체, 가전업체는 시장점유율을 잃지 않기 위해서 계속적으로 새로운 기종을 내놓고 기존 자사제품을 개선해야 하며, 제약업체의 경우에는 특허권이 만료됨에 따라 기존의 제품을 대체할 수

있는 신약들을 계속적으로 내놓을 수 있어야 한다. 이러한 신제품 개발능력은 비단 제조업체에만 국한된 것이 아니다. 메릴린치(Merrill Lynch)가 1990년대 초반 기존의 증권거래계좌에 보통예금계좌의 성격을 결합해 CMA(cash management accounts)계좌를 개발한 것처럼 증권회사나 은행 같은 금융업체들도 새로운 제품을 출시함으로써 더 많은 고객을 유치할 수 있다. 새롭고 더 나은 신제품을 개발하는 것은 그들의 경쟁자와 어떻게 차별화하고 경쟁우위를 얻느냐와 직결되어 있는 것이다.

제17장에서는 신제품을 개발하는 일련의 과정에 대해 논의하고 이러한 신제품 개발과정을 효과적이고 효율적으로 관리하기 위한 기법들을 살펴볼 것이다. 이번 장에서는 생산성을 높이고 업계 최고수준의 효율성을 달성하기 위해서 제품제작이 용이하도록 디자인단계에서부터 고려할 필요가 있음을 강조하고자 한다.

제조를 고려한 디자인
디자인단계에서부터 제조하기 쉽게 제품을 설계함으로써 제조공정의 생산성 향상을 꾀하는 일종의 디자인 철학

제조를 고려한 디자인(design for manufacturing)이란 디자인단계에서부터 제조하기 쉽게 제품을 설계함으로써 제조공정의 생산성 향상을 꾀하는 일종의 디자인 철학을 의미한다. 예를 들어, 부품수를 줄임으로써 조립에 소요되는 시간을 획기적으로 줄일 수 있고 이를 통해 생산원가를 낮추고 생산성은 향상시킬 수 있다. TI(Texas Instruments)는 기존에 미 국방부에 공급하던 적외선 탐지장비를 새로 디자인해 부품개수를 47개에서 12개로 감소시켰고, 부품조립공정을 56개에서 13개로 감소시켰다. 또한 금속가공시간을 757분에서 219분으로 감소시켰고, 제품 한 개당 소요되는 조립시간을 129분에서 20분으로 단축시킴으로써 생산원가의 획기적인 절감을 이뤄낼 수 있었다. 또 다른 예로 도요타는 자사가 생산하는 자동차의 문짝을 부품업체와의 협의를 통해 새로 디자인함으로써 전체부품 수를 34개에서 5개로 줄였고 이를 통해 40%의 부품원가 감소와 75%의 조립시간 단축을 이루어냈다.[26)]

제조를 고려한 디자인은 이토록 원가절감에 커다란 영향을 미칠 수 있는데, 디자인을 효율적으로 개선하기 위해서는 기업의 제조부문과 R&D 부문이 제품설계단계에서부터 밀접하게 협력해야 한다. 두 파트 간의 협의를 통해 제품 디자인 시 생산용이성이 가장 중요한 고려요소가 되어야 하기 때문이다. 생산부문과 R&D부문 간의 효과적인 협력을 위해서 두 부문을 아우르는 다기능 팀제(cross-functional team)가 널리 도입되고 있는데 이러한 팀 구성과 관련된 이슈는 제17장에서 좀 더 자세히 다룰 것이다.

결 론 왜 중요한가?

앞서 보았듯이 운영관리는 기업의 가장 중요한 임무 중 하나이다. 효율적이고 숙련된 운영관리자들은 생산성을 향상시키고 원가절감을 이룰 수 있으며 기업이 경쟁자보다 한 발 앞서가는 데 도움을 줄 수 있다. 많은 기업들의 경쟁우위는 운영능력의 우위에 달려 있으며 이는 대부분 운영관리자들의 노력 여하에 달려 있는 것이다.

기업의 생산시스템을 설계하고, 유연생산기술을 도입하며, 프로세스 혁신을 이룸으로써 기업은 제조원가를 크게 절감할 수 있다. 또한 생산능력을 최적화하고 생산일정관리를 개선하며 전환시간을 줄임으로써 생산시설가동의 극대화를 이룰 수 있게 된다. 식스 시그마와 같은 품질개선방법과 여러 재고관리기법을 도입하며, 공급망관리를 효율화하고 제조를 고려한 디자인을 도입함으로써 추가적인 원가절감을 이룰 수 있다.

효과적인 운영관리는 기업의 차별화에도 도움이 된다. 유연생산기술의 발전을 통해 가능해진 대량맞춤화는 고객의 충성도와 재구매율을 높이는 데 기여할 수 있다. 소비자들은 제품이 그들이 원하는 것을 충족시켜 줄 때 다시 그 제품을 찾게 된다. 효율적인 재고관리는 기업으로 하여금 재고부족에서 벗어날 수 있게 함으로써 그들이 찾는 제품이 있을 것이라는 확신을 갖고 고객이 다시 찾아올 수 있도록 만든다. 마지막으로 제품신뢰도를 높이기 위한 식스 시그마와 같은 품질관리기법들은 품질개선을 통해 소비자만족도를 높여 경쟁제품과의 차별화를 이룰 수 있도록 돕는다.

결국 효과적인 운영관리는 경쟁우위 구축에서 핵심적인 사항이다. 또한 꾸준한 운영관리의 개선을 통해, 기업은 지속적으로 경쟁에서 앞서나가고 경쟁우위를 지켜나갈 수 있다.

Management Challenges

1. "재고는 효율의 가장 큰 적이다"라는 말에 대해 토론해보시오.
2. 슈퍼마켓 사업에서의 운영효율성과 관련된 핵심사항을 생각해보시오. 슈퍼마켓업계 최고 수준의 효율성(효율곡선)을 달성하기 위해서는 어떠한 운영전략들을 실행해야 하는가?
3. 철강업체, 항공업체, 컴퓨터 소프트웨어 개발업체에서의 원가절감에 유형자산의 효율적 활용이 차지하는 비중에 대해서 논의해보시오. 각 산업별로 그 중요도의 차이가 발생하는 주요 이유는 무엇인가?
4. 전 세계적으로 널리 퍼진 공급자망을 갖는 것의 장점과 위험에 대해 토의해보시오. 정보시스템은 어떻게 이러한 광범위한 공급자망의 장점을 강화시키고 위험을 줄일 수 있을까?
5. 주문-생산방식(build-to-order)은 자동차업체에 어떠한 영향을 미칠 수 있는가? 이러한 방식을 도입하기 위해서는 운영수준에서 어떠한 조치들이 취해져야 하는가?

Management Portfolio

한 기업을 선택하여 다음을 살펴보시오.

1. 해당 기업은 운영수준에서 효율성을 달성하고 있는가? 당신의 판단을 뒷받침하는 근거는 무엇인가? (다른 경쟁사와 비교해보시오)
2. 운영의 효율성을 높이기 위해서는 어떠한 방법들이 있을까? 어떠한 운영전략들이 추구되어야 하고, 이는 어떻게 기업의 경쟁력을 높일 수 있을까?
3. 제조기업이라면 주문-생산방식(build-to-order)을 도입할 수 있는가? 이 방식을 도입함으로써 얻게 되는 이점은 무엇인가? 그러한 방식의 도입을 위해서는 어떠한 조치들이 취해져야 하는가? (이미 주문-생산방식을 도입했다면, 그 이점과 어떻게 그 전략을 실행했는지에 대해 논의해보시오)
4. 서비스업체라면 그 기업은 고객들에게 표준화된 서비스를 공급하고 있는가, 아니면 맞춤화된 서비스를 제공하고 있는가? 맞춤화된 서비스를 제공함으로써 얻어질 수 있는 이점이 있는가? 맞춤화된 서비스를 제공하기 위해 운영 프로세스는 어떻게 변화되어야 하는가?

마·침·사·례 자동차산업의 생산성 향상

2004년 기준으로 미국의 3대 자동차 제조업체인 GM, 포드, 다임러 크라이슬러는 미국 국내시장에서 역대 최저수준인 58.6%의 점유율을 기록했다. 이들은 전통적으로 SUV에 강점을 가지고 있었다. 그러나 미국시장에서 SUV의 판매대수가 급감하고, 도요타, 혼다, 기아와 같은 업체들도 SUV 부문에 뛰어듦에 따라 미 3사는 더 큰 위험에 직면해 있다.

이러한 위협에 대해 3대 제조업체는 신제품 출시와 제조원가 절감을 통해 승용차 부분을 되살림으로써 대응하려 하고 있다. 전통적으로 승용차 부문의 신차개발에는 4년이란 시간과 10억 달러의 금액이 소요되었는데, 미 3사는 이 비용을 회수하기 위해 제품을 7년 동안 판매한 후에나 새로운 디자인을 개발하였다. 하지만 일본의 경쟁사들은 제품주기를 5년으로 앞당겼고 이를 통해 더 많은 매출을 올릴 수 있었다.

이러한 격차를 만회하기 위해서 미 3사는 많은 노력을 기울였는데 특히 포드의 경우에는 제품개발시간을 1990년대 말 이후 75%로 단축했고, 매년 10% 정도씩 시간을 단축하고 있다. 포드의 경우 현재 출시되는 제품의 1/3가량을 30개월 이내에 개발한다. 이러한 시간단축의 한 이유로 포드의 디자이너 간 유기적인 의사소통을 들 수 있다. 과거에 포드의 디자이너들은 서로 다른 팀에 근무하면서 부품과 플랫폼에 대한 정보를 공유하지 않았다. 지금은 서로 다른 팀들끼리 디자인 작업에 대한 의견을 교환하기 위해 자주 협력하곤 한다.

게다가 여러 차종에 대해 부품을 공유하면서 과거에 제조되었던 차들의 부품 중 상당수를 현재 개발 중인 차종에 사용할 수 있도록 디자인한다. 과거에 미국의 자동차제조업체들은 신 차종을 개발할 때 처음부터 끝까지 새로 만들려는 경향이 강했는데 이는 현재에는 비용이 많이 들고 소모적인 것으로 받아들여지고 있다. 예를 들어, GM에서는 이전 세대 차체와 40~60%의 부품을 공유함으로써 개발시간을 줄이고 원가를 절감하는 것이 목표가 되었다.

또 다른 중요한 차이점은 차 제조에 쓰이는 플랫폼 수를 줄이는 것이다. 이는 일본 자동차 제조업체들이 오랫동안 사용한 방법인데, 혼다는 Odyssey 미니밴과 Pilot, Acura MDX SUV를 같은 플랫폼으로 제조했고, 심지어 소형트럭까지도 같은 플랫폼을 공유했다. 현재 크라이슬러는 13개의 서로 다른 플랫폼을 사용하는데 앞으로 이 수를 4개까지 줄일 예정이고, 이러한 플랫폼 공유를 통해 제품개발예산을 420억 달러에서 300억 달러로 절감할 수 있을 것이라 기대하고 있다.

포드와 GM 역시 비슷한 계획을 세우고 있다. GM의 새로운 소형차인 Pontiac Solstice는 Saturn Coupe 등 2개의 다른 차종과 플랫폼을 공유할 것이고, 새로운 Chevy Silverado와 GMC Sierra 픽업을 개발하는 데 지금 있는 차종의 플랫폼을 최대한 공유해 제품개발비용을 절반가까이 낮출 수 있을 것이라 기대하고 있다. 앞으로 8년 동안 포드는 Mazda 6 세단의 플랫폼을 새로운 10개 제품에 이용할 것이라고 발표했다.

이러한 디자인 철학의 변화와 함께, 디트로이트 제조사들은 제조원가를 절감하고 몇몇의 서로 다른 자동차 모델을 같은 제조라인에서 만들 수 있도록 공장 재배치 작업에 착수했다. 이를 통해서 새로 출시되는 차의 손익분기점을 낮출 수 있을 것으로 기대하는데, 예를 들어 GM의 Solstice의 경우 25,000대의 연평균 예상판매량으로는 기존의 손익분기점을 맞출 수 없었으나 플랫폼과 부품공유, 유연생산기술을 도입함으로써 손익분기점을 획기적으로 낮출 수 있을 것으로 기대하고 있다.

하지만 이러한 노력들의 성패에 대해서는 의견이 분분하다. 지금까지 언급되었던 방법들은 개발시간과 관련비용을 낮출 수 있도록 할 것이지만 일본의 경쟁자들이 이미 몇 년 동안 적용해왔던 것들이다. 일부 비평가들은 미 3사가 추구하는 목표는 이동목표(moving target)이어서 이들이 이 목표를 달성했을 때에는 일본의 경쟁자들은 이미 이 차원을 훨씬 넘어선 경지를 추구하고 있을 것이라 우려한다.[27]

토론문제

1. 일본 자동차 제조업체의 낮은 개발비와 설치비용은 시장에서 어떻게 이점으로 작용할까?
2. 디트로이트 자동차 제조업체들이 제품개발시간과 설치비용을 낮추는 데 활용할 수 있는 기법은 무엇이 있을까? 만약 그들이 성공한다면, 이러한 조치들은 그들의 자동차 판매량과 손익분기점에 어떠한 영향을 미칠까? 이러한 개선이 미국 자동차 소비자들에게 이익이 될까? 만약 이익이 된다면 어떻게 될 것인가?
3. 일본 경쟁업체가 몇 년간 사용하던 기법들을 미국 업체들은 이제서야 도입하게 되었는데 왜 이토록 오랜 시간이 지난 후에야 경쟁업체의 방법을 도입하게 되었는가?
4. 만약 미국 자동차업체가 그들의 새로운 운영전략을 성공적으로 실행한다면, 이것이 곧 시장에서의 경쟁우위로 연결될 수 있을까?

※ 주석 | Endnotes

1. Sources: I.R. Lazarus and K. Butler, "The Promise of Six Sigma," *Managed Healthcare Executive,* October 2001, pp. 22–26; D. Scalise, "Six Sigma, the Quest for Quality," *Hospitals and Health Networks,* December 2001, pp. 41–44; S.F. Gale, "Building Frameworks for Six Sigma Success," *Workforce,* May 2003, pp. 64–69; J. Goedert, "Crunching Data: The Key to Six Sigma Success," *Health Data Management,* April 2004, pp. 44–48.
2. Data reported in J. Palmer, "Can Anyone Stop Toyota," *Barron's,* September 13, 2004, pp. 25–29.
3. T. Copeland, T. Koller, and J. Murrin, *Valuation: Measuring and Managing the Value of Companies* (New York: Wiley, 1996). Also see S.F. Jablonsky and N.P. Barsky, *The Manager's Guide to Financial Statement Analysis* (New York: Wiley, 2001).
4. Figures computed by the author from Value Line data.
5. A.A. Alchian, "Reliability of Progress Curves in Airframe Production," *Econometrica* 31 (1963), pp. 679–93.
6. H. Luft, J. Bunker, and A. Enthoven, "Should Operations Be Regionalized?" *New England Journal of Medicine* 301 (1979), pp. 1364–69.
7. S. Chambers and R. Johnston, "Experience Curves in Services," *International Journal of Operations and Production Management* 20 (2000), pp. 842–60.
8. M.A. Cusumano, *The Japanese Automobile Industry*; (Boston, MA: Harvard University Press, 1989); O. Taiichi, *Toyota Production System* (Cambridge, MA: Productivity Press, 1990; Japanese edition, 1978); J.P. Womack, D.T. Jones, and D. Roos, *The Machine That Changed the World* (New York: Macmillan, 1990).
9. See P. Nemetz and L. Fry, "Flexible Manufacturing Organizations: Implications for Strategy Formulation," *Academy of Management Review* 13 (1988), pp. 627–38; N. Greenwood, *Implementing Flexible Manufacturing Systems* (New York: Halstead Press, 1986); Womack, Jones, and Roos, *The Machine That Changed the World*; R. Parthasarthy and S.P. Seith, "The Impact of Flexible Automation on Business Strategy and Organizational Structure," *Academy of Management Review* 17 (1992), pp. 86–111; J.H. Gilmore and B.J. Pine II, "The Four Faces of Mass Customization," *Harvard Business Review*, January–February 1997, pp. 91–101.
10. J. Muller, "The Little Car That Could," *Forbes,* December 8, 2003, p. 82; "The Year of the Car," *The Economist,* January 3, 2004, p. 47.
11. B.J. Pine, *Mass Customization: The New Frontier in Business Competition* (Boston: Harvard Business School Press, 1993); S. Kotha, "Mass Customization: Implementing the Emerging Paradigm for Competitive Advantage," *Strategic Management Journal* 16 (1995), pp. 21–42; Gilmore and Pine, "The Four Faces of Mass Customization."
12. Sources: J. Schlosser, "Cashing In on the New World of Me," *Fortune,* December 13, 2004, pp. 244–49; V.S. Borland, "Global Technology in the Twenty-First Century," *Textile World*, January 2003, pp. 42–56; www.landsend.com.
13. M. Hammer, "Deep Change: How Operational Innovation Can Transform Your Company," *Harvard Business Review,* April 2004, pp. 84–94.
14. C.K. Swank, "The Lean Service Machine," *Harvard Business Review,* October 2003, pp. 123–32.
15. D. Bertsimas and S. de Boer, "Dynamic Pricing and Inventory Control for Multiple Products," *Journal of Revenue and Pricing Management*, January 2005, pp. 303–30.
16. J.D. Power press release, April 28, 2004, "Korean Branded Vehicles Overtake Europeans and Domestics in Initial Quality"; J.D. Power press release, June 29, 2004, "Toyota Motor Sales Capture Top Corporate Rankings in Vehicle Dependability."
17. See the articles published in the special issue of the *Academy of Management Review on Total Quality Management* 19, no. 3 (1994). The following article provides a good overview of many of the issues involved from an academic perspective: J.W. Dean and D.E. Bowen, "Management Theory and Total Quality," *Academy of Management Review* 19 (1994), pp. 392–418. Also see T.C. Powell, "Total Quality Management as Competitive Advantage," *Strategic Management Journal* 16 (1995), pp. 15–37.
18. For general background information, see "How to Build Quality," *Economist*, September 23, 1989, pp. 91–92; A. Gabor, *The Man Who Discovered Quality* (New York: Penguin, 1990); and P.B. Crosby, *Quality Is Free* (New York: Mentor, 1980).
19. M. Hammer, "Process Management and the Future of Six Sigma," *MIT Sloan Management Review,* Winter 2002, pp. 26–32.
20. Hammer, "Process Management and the Future of Six Sigma."
21. J. Bowles, "Is American Management Really Committed to Quality?" *Management Review,* April 1992, pp. 42–46.
22. O. Port and G. Smith, "Quality," *BusinessWeek,* November 30, 1992, pp. 66–75. See also "The Straining of Quality," *Economist,* January 14, 1995, pp. 55–56.
23. G. Callioni et al., "Inventory Driven Costs," *Harvard Business Review,* March 2005.
24. "Fighting Back (A Survey of the Car Industry)," *The Economist,* September 4, 2004, pp. 14–16.
25. R. Rosmarin, "Your Custom Car Is Ready at Toyota," *Business 2.0,* October 2004, pp. 150–51.
26. B. Bremner and C. Dawson, "Can Anything Stop Toyota?" *BusinessWeek,* November 17, 2003, pp. 114–17.
27. Sources: D. Welch and K. Kerwin, "Detroit Tries It the Japanese Way," *Business Week,* January 26, 2004, p. 76; A. Taylor, "Detroit Buffs Up," *Fortune,* February 9, 2004, pp. 90–94; Muller, "The Little Car That Could"; "The Year of the Car," *The Economist.*

Memo

// PART 3

조직아키텍처

8 조 직 화

ORGANIZING

LEARNING OBJECTIVES

이 장을 학습한 후 여러분은

1. 조직아키텍처가 무엇을 의미하는지 설명할 수 있다.
2. 집권화와 분권화의 장단점을 설명할 수 있다.
3. 수직과 수평조직의 찬반에 대하여 토론할 수 있다.
4. 회사 내에서 운영되는 상이한 구조의 종류를 개괄적으로 살펴보고 어떻게 전략이 구조를 결정하는가를 설명할 수 있다.
5. 회사 내에서 서로 다른 통합 메커니즘을 조정할 수 있는 관리자에 대하여 논의하고, 전략, 환경과 통합 메커니즘의 관계에 대하여 설명할 수 있다.

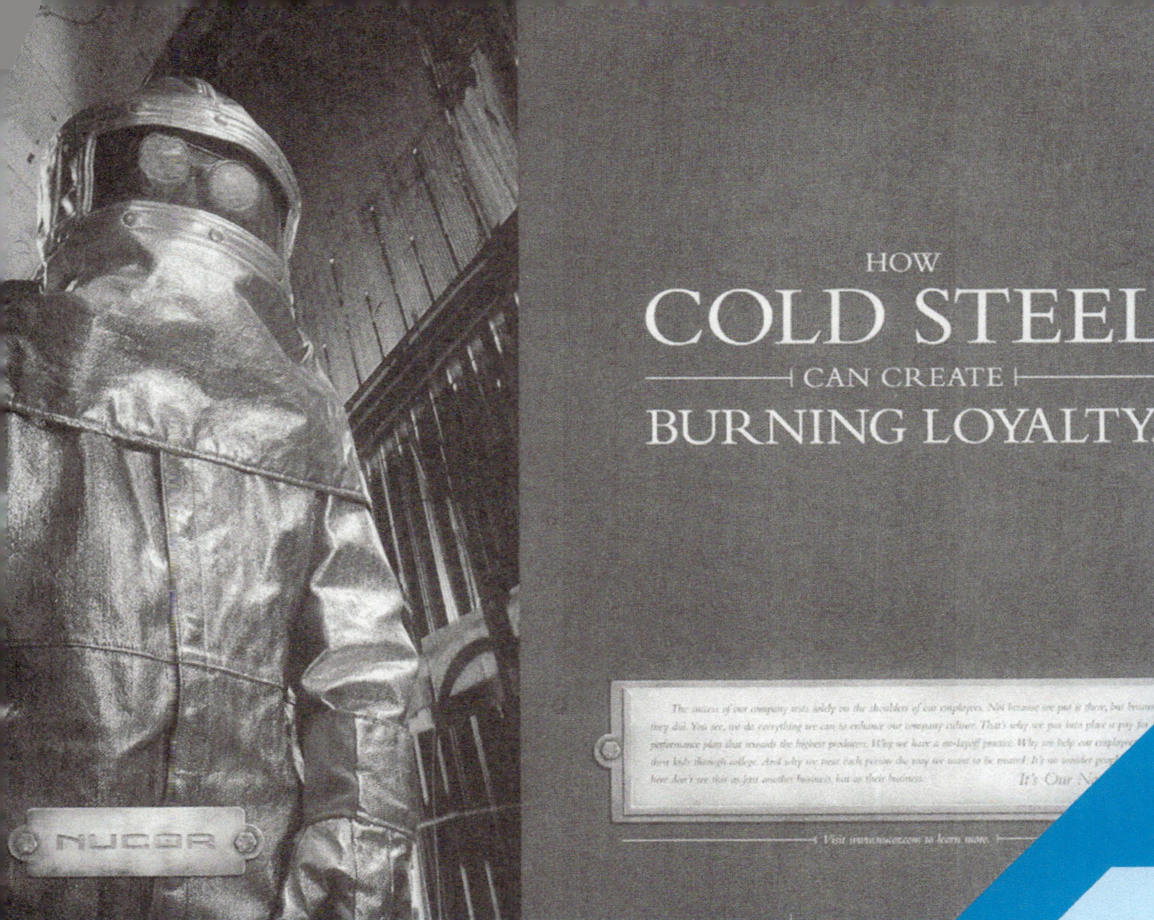

성과에 대한 보상이 우리의 핵심특성이다.
Nucor Steel의 경영자들은 회사의 경쟁우위가 수평적 · 분권화된 조직구조, 성과보상시스템, 조직문화 등에 기반하고 있다고 믿는다. 이러한 요인들이 조직아키텍처이다.

도입사례

강철과 강철제품을 생산하는 Nucor의 사례를 살펴보자. 수요의 축소, 과잉설비, 적절하지 않은 가격과 지속적 손실로 인하여 미국의 유망한 제강업자들이 파산하게 된 철강 산업 분야에서, Nucor는 30년이 넘도록 괄목할 만한 금전적 이익과 성장, 판매를 기록하였다. 또한 Nucor는 오늘날 미국에서 가장 큰 철강제조업체이며, 이 분야에서 가장 많은 이익을 실현하는 회사이기도 하다.

이러한 결과를 얻기 위해 어떤 방법을 사용하였을까? Nucor는 일찍부터 고철 재생기술과 더불어 강철 덩어리를 녹이기 위한 전기 아크로(electric arcfurnaces)를 사용하는 소규모 제철기술 분야에 투자하였다. Nucor는 이러한 분야에서 유일한 기업이었는데 그 이유는 다른 대부분의 제강기업들이 고철 재생기술만을 사용하였기 때문이다. 또한 Nucor의 특별한 점은 평면조직구조를 가졌으며, 의사결정이 가능한 최하위수준까지의 분권화 전통, 생산성 목표달성에 대해 보상하는 통제 및 인센티브 임금시스템, 이익공유에 의한 평등주의문화, 그리고 이러한 환경에서 성공할 능력을 기준으로 한 종업원 선발 등을 포함한 조직구조를 갖고 있다는 것이다. Nucor 조직구성의 이러한 요인들이 결합하여 매우 높은 종업원 생산성을 촉진하였으며, Nucor의 낮은 비용구조와 지원은 치열한 경쟁을 하는 동안에도 매우 높은 이익을 기록하게 해주었다.

제6장에서 이미 살펴본 전략은 회사의 조직아키텍처를 통해 실행되는데, 높은 성과를 위해서는 적절한 운영과 적절한 조직아키텍처에 의해 지지되는 전략이 필요하다. 제7장에서는 운영전략에 대해 살펴보았다. 우리는 다음 4개 장에서 조직에 관하여 알아볼 것이며, 또한 어떻게 관리자들이 성공적으로 회사의 전략을 이행하고, 그들의 산업분야에서 효율성이 극대화되도록 그들의 조직을 구성하는지에 대하여 논의할 것이다. Nucor는 현재 이러한 일들을 진행하는 회사이고, 저원가전략을 추구해 온 회사이다. Nucor의 관리자들은 회사의 전략이 그 역할을 할 수 있도록 하기 위해 낮은 원가와 생산성 향상을 지원해 온 조직아키텍처를 설계하였다. 이 장에서는 조직구조의 일반적 개념에 대하여 알아보고, 다음 장들에서는 통제와 인센티브 시스템, 조직문화, 그리고 특수한 조직구성 환경에서의 개발과 관리 팀들에 대하여 알아볼 것이다.

조직아키텍처

조직아키텍처
회사조직의 총칭으로 공식조직구조, 통제시스템, 인센티브 시스템, 조직문화, 구성원을 포괄함.

조직구조
회사에서 의사결정 책임의 위치, 조직의 공식적 하부단위, 그리고 하위단위 활동을 조정하는 통합기제 형성

통제
하위단위의 성과를 측정하고 관리자활동을 판단하기 위한 기제

인센티브
바람직한 근로자 행동을 격려하기 위한 수단

조직문화
조직구성원들 간에 공유된 가치와 전제

인적자본
조직의 근로자로 개별 구성원들을 채용, 보상, 동기부여, 유지하는 전략이 사용되고, 기능, 가치, 지향에 따라 구성원 유형을 구분할 수 있다.

조직아키텍처(organization architecture)는 회사의 조직을 총칭하는 것으로 공식적 조직구조, 통제시스템, 인센티브 시스템, 조직문화와 조직구성원을 포함하는 것으로 [그림 8. 1]에서 이러한 각각의 구성요소에 대하여 설명하고 있다.[1)]

조직구조(organization structure)는 다음의 세 가지 기준으로 구분된다. 첫째, 회사(집중화된 또는 분권화된)에서 의사결정에 대한 책임의 위치, 둘째, 기능적 부서, 제품별 부서, 그리고 전체적 운영부서와 같은 조직에서 하부단위의 공식적인 부서, 셋째, 하위부서(교차기능 팀과 같은)의 활동지원을 위한 통합 메커니즘의 확립 등이다.

통제(control)는 하위부서의 성과를 측정하고, 이러한 하부조직을 관리자들이 얼마나 잘 운영하는지 판단하는 매트릭스이며, 인센티브는 근로자의 바람직한 행동에 대한 격려를 위해 사용되는 제도이다. **인센티브**는 거의 성과 매트릭스에 의존하는데, 예를 들어, GE의 조명사업부 관리자의 인센티브는 조명사업부의 성과와 연결되어 있다. 통제와 인센티브에 대해서는 제9장에서 살펴본다.

조직문화(organization culture)는 조직의 근로자들 간에 공유되는 가치와 생각들을 의미하는데, 사회가 문화를 갖는 것과 마찬가지로, 조직 역시 문화를 갖는다. 조직은 공동과업을 수행하기 위해 모인 개인들의 사회로, 각 조직들은 그들 고유의 문화패턴과 거기에 따르는 하위문화를 가지고 있다.[2)] 회사를 어떻게 운영하느냐에 조직문화가 큰 영향을 미칠 수 있다는 이슈에 대해서는 제10장에서 살펴볼 것이다.

마지막으로, **구성원**(people)은 조직의 근로자를 의미할 뿐만 아니라, 이들의 기술, 가치, 지향 등과 같은 인적자본의 채용, 보상, 동기부여, 유지하는 전략도 포함한다.

[그림 8. 1]에서 화살표로 설명된 다양한 조직아키텍처의 요소들은 각각 독립적인 것이 아니다. 쉬운 예로 구성원에 관한 전략을 들 수 있다. 구성원에 관한 전략은 회사가 요구하는 잠재가치를 가진 사람을 선발하는 데 사용되어 조직의 문화에 강력한 영향을 줄 수 있으며, 조직아키텍처에서 구성원은 조직의 지배적 문화를 강화하는 데 사

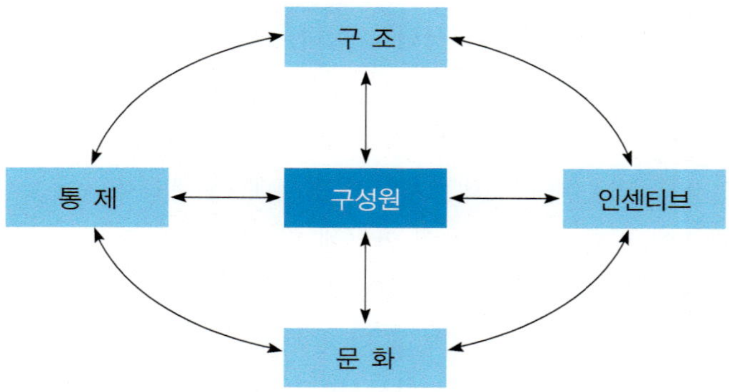

그림 8.1
조직아키텍처

용될 수 있다.

만약 한 기업이 경쟁우위와 성과의 극대화를 실현하려면, 그 기업은 다양한 구성요소들 간의 내부적 일관성을 매우 세심하게 유지해야 하며, 그 조직아키텍처는 회사의 전략과 운영에 부합되어야 한다. 설명을 위해 Nucor의 예로 돌아가 보자. Nucor는 10여 년 동안의 수요감소, 과잉설비, 그리고 가격경쟁이 지속되어온 침체된 산업분야에서 운영되었고, 지난 10여 년간 제강업자들은 파산으로 인해 사라졌지만, Nucor는 괄목할 만한 성과를 거두어 왔다. 1994년에서 2005년 사이에 판매수익은 29억 달러에서 127억 달러로 성장하였고, 주당이익은 1.3달러에서 8.26달러로 증가하였으며, 기업성장률은 평균 13.5%에 이른다. 어떻게 Nucor는 이렇게 부정적 환경에서도 이처럼 강력한 성과를 달성할 수 있었을까? 요약하면, Nucor는 저원가전략의 성공적 실행으로 그 산업분야에서 가장 낮은 제조원가를 실현했기 때문이다. 특히, 흥미로운 것은 어떻게 조직구성이 Nucor의 성공에 도움을 주었느냐는 것이다. Nucor는 고철 재생공장으로 강철조각을 녹이기 위해 전기 아크로를 사용했고, 25개의 제철설비를 각각 독립적 부서로 구성했다. 각 부서에는 오직 세 단계의 관리계층(총책임자, 부장, 그리고 주임)만이 존재하였고, 총책임자는 Nucor의 본부에 직접적으로 보고를 할 수 있다. 각 부서는 자율관리팀으로 조직화되었는데, 이 팀들은 20~30명 정도로 이루어져 있고 전체적인 작업과정을 책임지고 작업일정 수립과 생산과정 개선을 담당한다. 각 부서는 약 300명의 근로자가 근무한다. 이리하여 Nucor는 낮은 원가, 높은 수준의 분권화가 이루어지는 매우 수평적인 조직을 갖게 되었다.

통제의 관점에서 보면, 각 부서는 수익목표와 각 직무그룹의 생산목표를 할당받고, 사실상 분권화된 조직을 위해 부서관리자들과 직무그룹들은 전적으로 그들의 성과에 책임을 져야 한다. 이러한 점들이 책임과 통제를 비교적 쉽게 만들어 주며, 상위관리자들은 목표에 대한 성과를 감독하고, 단지 그 목표에 도달하지 못했을 때만 관여한다. 이러한 통제시스템은 적극적인 성과중심의 인센티브 보상시스템과 관계가 있다.

Nucor의 철학은 성과에 알맞은 보상을 하는 것으로, 직무그룹의 근로자들은 그들의 생산목표달성과 초과능력에 따라 주단위로 성과보너스를 지급받는다. 비록 Nucor의 기본급은 제철산업 평균보다 낮을지 몰라도, 근로자 기본급의 80~150%가 보너스로 지급되어, 실수령액은 업계 평균보다 상당히 높다. 그러나 근로자들의 임금이 높다 하여도, 근로자들이 보너스를 받기 위해서는 생산성 있게 직무를 수행해야 하기 때문에 Nucor의 비용과 지원이 절감되어 회사가 경쟁력을 가지게 된다. 부장들과 일반책임자들을 위해서도 이와 비슷한 인센티브제도가 있는데, 총책임자들의 보너스는 Nucor 전체 성과와 연관되어 있다. 결과적으로, 만약에 한 부서의 근로자들이 생산방식을 개선하는 방법을 찾아낸다면(그들의 인센티브가 이를 장려함), 그 부서의 비용을 절감하게 된다. 그러면 총체적 관리자는 이 방법을 다른 부서와 공유할 인센티브를 갖는데, 왜냐하면 이를 통해 Nucor 전체의 성과를 향상시키고 또한 총체적 관리자의 보너스 수준을 높일 수 있기 때문이다. 그러므로 보너스 시스템은 부서 간 정보를 공유하는 인센티브를 창출한다. Nucor의 성과보상시스템과 높은 수준의 분권화는 모두에게 해당되는 것은 아니다. Nucor의 관리자들은 독립심과 야망을 가진 사람들이 그 조직에서 최선을 다한다는 사실을 알게 되었고, 회사의 인사 전문가들은 이러한 특별한 이력을 가진 사람들을 선발하려 하였다.

Nucor의 문화는 비용의 최소화, 근로자들의 몰입, 그리고 평등정신에 중점을 두고 있으며, 이러한 조직의 문화는 이전의 최고경영자였던 Ken Iverson에 의해 널리 퍼지게 되었다. Iverson은 모든 직원들에게 비용절감이 중요하다는 사실을 강력하게 알리는 중요한 상징적 행동을 하였다. 그는 오래된 차를 직접 몰았고, 낮은 기본급(그의 대부분의 보상은 성과와 관계되어 있었음)을 받았으며, 직접 그의 전화로 직원들의 물음에 응답했고, 직접 지도하고, 여행할 때에는 저렴한 호텔에서 묵었으며, 가능하다면 택시를 타기보다는 걸어다녔다. 또한 이 회사에는 고위임원을 위한 주차공간이 따로 할당되어 있지 않으며, 그들을 위한 식당도 따로 없었다. Nucor는 'open book' 철학을 적용하여 모든 종업원이 그들의 직무그룹, 부서 그리고 회사에서의 노하우를 공유하도록 한다.

Nucor는 수요가 점점 감소하는 부정적 상황에서도 모든 종업원들의 오랜 기간 지속적인 조직에 대한 헌신을 얻게 되었고, 또한 회사는 근로자 어느 누구도 해고하지 않았다. 대신에 근로자들은 보다 적은 시간을 일하고, 관리자들은 그들의 기본급을 삭감하였다. 이러한 사실들에 의해 형성된 문화로 인해 근로자들은 비용절감의 중요성을 깨닫게 되고, 비용을 줄이는 동기부여를 제공하는 환경도 만들었는데, 이는 근로자들이 조직에 헌신했기 때문이다.

즉, Nucor의 수평적 분권화 조직구조는 간단하지만, 생산적인 방식(Nucor의 절감비용 구조)과 높은 생산성을 가져오는 작업 프로세스 개발 및 공유(그것으로 인해 그 산업에서 효율적으로 새로운 영역으로 나갈 수 있음)는 강력한 통제시스템, 적극적 성과보상시스템, 종업원 선발, 그리고 근로자들을 촉진하는 조직아키텍처를 만들어내는 조직문화를 갖게 되었다. 다시 말해서 조직아키텍처는 Nucor의 경쟁우위의 열쇠이다. Nucor의 예가 보여주듯이, 조직아키텍처는 효율적 운영과 효과적 전략실행 확립을 할 수 있게 하는 근간이 되는 것이다.

그러나 조직은 산업분야별로 다른 전략을 추진하는데, 예를 들어, Nordstrom과 같이 차별화(Nordstrom은 고급점포 내 고객서비스 제공)를 통해 경쟁을 하는 소매업자의 경우 조직아키텍처의 다른 유형이 필요할 것이다. 그러므로 관리자의 중요한 과업은 기업간 경쟁시장을 고려한 조직아키텍처를 설계하는 것이고, 이것은 기초적인 포지셔닝 전략이 달성되도록 한다. 따라서 이 프로세스는 올바른 조직아키텍처를 설계하는 것으로부터 시작한다.

구조설계: 수직적 분화

조직구조는 세 개의 차원으로 생각할 수 있다.

1. **수직적 분화**(vertical differentiation), 이것은 구조 내에서 의사결정책임의 위치(집권화와 분권화)와, 위계에서 계층의 수와 관련이 있다(조직구조가 수직적인지 또는 수평적인지).
2. **수평적 분화**(horizontal differentiation), 이것은 조직 하부단위들의 공식적인 구분과 관련이 있다.
3. **통합 메커니즘**(integrating mechanisms)의 확립, 이것은 조직 하부단위의 조정을 위한 메커니즘이다.

수직적 분화
구조 내에서 의사결정책임의 위치

수평적 분화
조직을 하부단위로 공식 구분

통합 메커니즘
하부단위 조정 기제

우리는 다음에서 이러한 차원들에 관해 논의할 것이다.

// 집권화와 분권화

회사의 수직적 분화는 위계에서 어느 곳에 의사결정권이 집중될 것인지를 결정한다.[3] 생산과 마케팅에 관한 결정은 집권화된 상위계급 관리자의 역할인가? 아니면 분권화된 하위계급 관리자의 역할인가? R&D분야의 의사결정책임은 어디에 있는가? 중요한 전략과 재무적인 결정은 운영부서로 넘어가는 것인가? 아니면 상위관리자들에게 집중되는 것인가?

집권화와 분권화에 대한 논의들을 살펴보면, **집권화**(centralization)는 의사결정 권한이 관리계급의 상위계층에 집중되어 있는 것이고, **분권화**(decentralization)는 낮은 계층 관리자 또는 다른 근로자들에게 의사결정 권한을 부여하는 것이다.

집권화
경영관리위계의 상층부에 의사결정 권한이 집중

분권화
의사결정 권한을 하위관리자나 다른 근로자에게 이양

집권화에 관한 논의 집권화에 관해 주요한 4가지 논의가 있다.

첫째, 집권화는 조정을 용이하게 할 수 있다. 가상의 어떤 제조회사가 존재한다고 한다면, 이 회사는 캘리포니아에서 부품을 생산하고 시애틀에서 마지막 조립을 하는 것에 대한 고려가 가능하다. 이러한 활동들은 부품조립공정의 유연한 흐름이 보장되도록 원만한 조정이 필요할 것이며, 회사의 본부에서 주요한 생산일정을 계획함으로써 가능할 것이다.

다른 예로, 마이크로소프트는 조직의 부서를 6개에서 3개로 축소하였는데, 그로 인하여 소수 상위관리자들에 의해 중요한 사안에 대한 의사결정, 보다 나은 조정이 가능하게 되었다. 마이크로소프트는 회사가 6개의 부서를 가지면 판매, 마케팅, 그리고 제품개발 성과가 혼란스러워지고, 대규모 집권화는 화합이 필요하다는 것을 느끼게 되었다.[4)]

둘째, 집권화는 조직목표에 부합하는 의사결정을 도와줄 수 있다. 하위계층 관리자가 분권화된 의사결정을 할 때, 이 관리자들의 의견은 상위관리자들의 목표와 일치하지 않는 의사결정일 수도 있지만, 중요한 의사결정의 집권화는 이러한 현상을 최소화할 수 있다. 예를 들어, 주요 전략적 의사결정은 종종 전체 조직을 같은 방향으로 이끌기 위해 집권화로 실행하는데, 이러한 관점에서 집권화는 조직을 통제하는 하나의 방법이 될 수 있는 것이다.

셋째, 집권화는 조직 내의 다양한 하부조직에서 중복되는 활동을 피하게 할 수 있다. 예를 들어, 많은 회사들은 그들의 R&D 기능을 한 곳 또는 두 곳으로 집중시키는데, 이와 유사하게 생산활동도 중복작업의 제거, 효율적 규모의 달성, 그리고 저비용을 위한 위치로 집중될 것이다. 구매결정 또한 마찬가지일 것이다. 예를 들어, 월마트는 Arkansas의 본부에서 집중적으로 모든 구매결정을 해왔는데, 이는 막대한 교섭력을 사용함으로써 본부의 구매관리자들이 그들의 상점에서 파는 상품의 가격을 낮게 조정할 수 있기 때문이다. 낮은 가격구조에서 소비자들이 구매경험을 갖게 되면, 회사의 시장점유율과 이익의 증가를 가져온다.

넷째, 개인 또는 관리 팀에 집중된 권한과 권력에 의한 집권화는 중요한 조직적 변화의 필요에 관한 정보를 상위관리자들에게 줄 수 있는데, 조직을 변화시키려는 회사는 회사를 위해 새로운 전략적 방향을 설정하고 조직구조를 재정비할 수 있는 중요한 개인이나 집단에게 권력과 권한을 집중화한다. 그러나 일단 새로운 전략과 구조가 결정되면, 의사결정의 대규모 분권화는 자연스럽게 진행된다. 달리 말하면, 조직의 변화 속에서 일시적인 의사결정권의 집권화는 종종 매우 중요한 단계가 되는 것이다.

분권화에 대한 논의 다음과 같이 5개의 분권화에 대한 주요한 논의가 있다.

첫째, 최고경영자에게 의사결정권한이 집중되어 있으면 그들에게 지나치게 부담이 될 수 있다. 집권화구조에서는 고위관리자가 처리해야 하는 정보의 양이 많아지는데, 지나치게 많은 정보는 결과적으로 관리자들이 제한된 합리성에 의해 의사결정을 강요받는 압박을 경험할 수도 있다.[5)]

제5장에서 논의하였듯이 관리자들의 업무부담이 클 때, 업무처리를 위해 너무 많은 정보를 가질 때, 제한된 합리성에 의해 강요되는 압박을 경험했을 때, 그리고 복잡한 의사결정을 내릴 때 단순한 경험적 지식에 의존할 때 인지적 오류가 발생할 가능성이 커진다.

분권화는 하위계층의 관리자들을 일상적인 일에 근무시킴으로써 상위관리자에게 보다 중요한 문제에 집중할 수 있는 시간을 주며, 상위관리자가 처리해야 하는 정보의

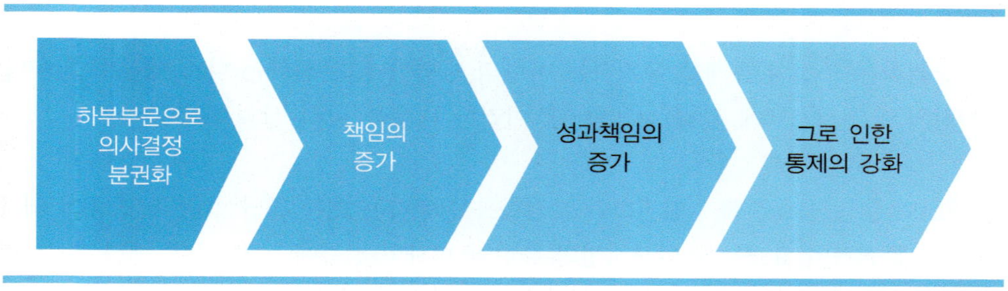

그림 8.2
분권화와 통제

양과 선입견을 줄여준다.

둘째, 동기부여 연구는 분권화를 지지하는데, 행동과학자들은 오랜 논의에서 사람들은 개인적 자유와 그들 직무의 통제에 관해 큰 권한을 가질 때 그들의 일을 기꺼이 더 할 의향이 있다고 하였다. 근로자 권한부여에 관한 이러한 생각은 만약 근로자들에게 그들의 직무에 대한 책임을 더 많이 주면 그들이 더 열심히 일할 것이라는 것으로, 이것은 생산성을 향상시키고 비용을 절감하게 한다는 것이다.

셋째, 분권화는 유연성 강화를 가능하게 하는데, 이로 인해 환경적 변화에 더욱 빠르게 대처할 수 있다. 의사결정을 할 때 각 계층의 동의가 필요한 집권화된 조직은 매우 느린 의사결정을 하게 되고, 회사가 빠른 환경변화에 적응하는 능력을 저하시킬 수 있기 때문에 경쟁상황에 놓인 회사에 손해를 끼칠 수 있다.[6] 관리자들은 조직 내의 하위계층에 분권화된 의사결정에 의해 일을 처리한다. 월마트의 경우 비록 대량구매에 의한 원가절감의 실현을 위해 구매분야의 의사결정은 집권화되어 있지만, 일상적인 가격과 재고에 관한 의사결정들은 지역적 특징을 감안하여 각 상점관리자들에게 분권화되어 있다. 이러한 분권화는 상점의 관리자들이 지역수요의 감소 또는 지역경쟁자의 영향 등과 같은 그들의 지역적 환경에서의 변화에 빠르게 반응할 수 있게 한다.

넷째, 분권화는 더 나은 의사결정을 가능하게 한다. 분권화된 구조에서 의사결정은 상위관리자들보다 더 나은 정보를 가진 개인들에 의하여 현장에서 이루어진다. 미국에서 세제사업을 하는 Procter & Gamble의 최고경영자는 독일 마케팅에 관련된 전문적 지식과 정보를 가지고 있지 않아, 마케팅 의사결정이 어려울 것이다. 대신에 이러한 의사결정 대신에 독일시장에 대해 더 잘 알고 있는 그 지역 마케팅 관리자들에 의한 분권화된 의사결정이 바람직하다.

다섯째, 분권화는 통제를 강화할 수 있다(그림 8.2 참조). 분권화는 조직 내에서 비교적 자율적이고, 자급자족하는 하부조직을 확립할 수 있다. **자율적인 하부조직**(autonomcus subunit)은 일상적인 작업이 순조롭게 진행되도록 하기 위해 모든 자원과 의사결정 권한을 가지고 있으며, 자율적인 하부조직의 관리자들은 하부조직의 성과에 대한 책임을 갖게 된다. 또한 낮은 성과를 내는 하위부서의 관리자들은 더 많은 의무를 갖게 되며, 더 많은 책임을 갖는다. 그러므로 가격과 재고에 대한 의사결정권한을 상점관리자에게 줌으로써 월마트의 상위관리자들은 각 지역의 상점성과에 대한 상점관리자들의 책임을 통제할 수 있고, 이것은 조직을 통제하는 상위관리자들의 역량을

자율적인 하부조직
일상적인 운영에 요구되는 모든 자원과 의사결정권을 보유한 단위

높일 수 있다.

집권화는 조직의 통제를 유지하는 하나의 방법이나, 분권화는 다소 다른 차원이다. 제9장의 통제시스템에 관해 논의할 때 이러한 내용을 다시 살펴보겠다.

집권화와 분권화의 선택 집권화와 분권화를 선택하는 데는 정답이 없다. 집중적 의사결정과 분권적인 요소들은 의사결정의 유형과 회사의 전략에 달려 있다. 예를 들어, 월마트는 구매의사결정에서 집권화되어 있지만, 가격과 재고에 관한 의사결정은 분권화되어 있다. 비슷한 예로 마이크로소프트는 윈도우 운영시스템에 관한 주요한 개발활동은 Redmond에 위치한 회사에서 실행되지만, 각 나라와 각 지역에서 사업하는 지역관리자들이 제품에 대한 마케팅과 판매에 대하여 책임지는 분권화된 조직이다.

비록 집중화와 분권화의 선택은 주변환경을 고려하여 선택되지만, 몇 가지 중요한 개념들은 도출해 낼 수 있다.

첫째, 전체적인 회사전략에 관한 의사결정, 주요한 재무적 지출, 재무적 목표들, 그리고 법률에 관한 이슈들은 대부분의 조직에서 상위계층이 관리하도록 집중화 되어 있으며, 생산, 마케팅, R&D, 인적자원관리와 같은 운영에 관한 의사결정은 회사의 전략과 외부환경의 상황에 따라 집중화되기도 하고 그렇지 않기도 한다.

둘째, 매우 중요한 요소인 대량생산에 의한 원가절감을 실현할 때, 고도의 집중화를 하는 경향이 있는데, 구매와 제조에 관한 의사결정은 중복의 배제와 원가 절감을 달성하기 위하여 종종 집중화되지만, 판매의사결정은 대량생산에 의한 원가절감에 대하여 크게 고려할 필요가 없기 때문에 분권화된 경향이 있다.

셋째, 지역 적응이 중요할 때에는 분권화가 일반적으로 유리하므로, 지역시장의 상황들이 상당히 차이가 있을 때는 마케팅과 판매에 관한 의사결정들은 지역 마케팅과 판매 관리자들에게 분권화된다. Unilever와 같은 많은 다국적기업들은 제조와 구매에 관한 집중적 의사결정으로 원가절감을 실현하고 있지만, 마케팅과 판매의사결정은 각각 다른 나라에서 그 지역 브랜드 매니저들에게 분권화되어 있다. 왜냐하면 각기 다른 상황을 가진 나라들에서의 경쟁과 지역 적응이 요구되기 때문이다.[7]

지역 적응 Unilever는 식료품의 포장과 마케팅에 관한 지역의 보조적 의사결정들은 분권화되어 있다.

넷째, 분권화는 높은 불확실성과 빠른 변화를 보이는 환경에서 유리한데, 새로운 기술이나 새로운 경쟁자의 등장과 같이 회사의 시장환경이 급속히 변하는 경쟁환경에서 집중화는 미래를 예측하기에 힘든 방법이다. 왜냐하면 이러한 환경적 변화는 의사결정을 느리게 만들고, 이는 회사에 손해를 입힐 수

늦대응의 결과 뉴올리언즈의 허리케인 카트리나의 희생자들이 물에 잠긴 집에서 후송되고 있다. FEMA의 카트리나에 대한 느린 대처는 국토안보국 부서 내에서의 자치권의 결핍으로 인한 결과였다.

있기 때문이다. 이것이 왜 많은 첨단기술회사들이 더욱 안정적이고 예측 가능한 환경에서 운영하는 회사들보다 높은 분권화 수준을 가지는 이유이다.[8] 예를 들어, 구글에서는 낮은 계층의 근로자들에게 새로운 사업 아이디어를 개발할 수 있도록 허락하고, 그러한 아이디어를 개발하기 위한 자금을 상위관리자에게 요구할 수 있는 권리가 주어진다. 그러나 자동차 산업과 같이 안정적이고 예측 가능한 환경의 회사운영에서는 전략수립 분권화는 어울리지 않는다.

집중화와 분권화의 잘못된 선택이 초래한 비용에 대한 예를 살펴보자. 연방 비상관리청은 2005년에 뉴올리언즈에서 허리케인 카트리나의 끔찍한 충격들에 대해 대응을 해야 했다. 허리케인은 뉴올리언즈의 상당부분을 지나갔고, 재해대책을 위한 연방 재난관리청(FEMA)은 집을 잃어버린 10만 명이 넘는 사람들을 돕는 일의 진행속도가 너무 느려 혹독한 비난을 받았다. 그리고 집을 잃은 1,000명이 넘는 사람들이 뉴올리언즈 슈퍼돔에 굶주리고 비위생적인 환경에 방치되어 있던 며칠 동안 FEMA는 어디서도 찾아볼 수 없었다. 이에 대한 이후의 조사결과에 의하면, FEMA의 늦대응이 하나의 이유였는데, FEMA는 2001년 9월 11일 이후 이전에 자율적이었던 조직이 국토안보국 한 부서의 직접적인 통제하에 위치하게 되어 FEMA의 공무원들은 그들이 구조작업을 시작하기 전에 그들의 상관과 이를 논의해야 한다고 굳게 믿었기 때문이다. 따라서 재해 초기 중요한 시기에서의 예산투입이 상당히 늦었고, 이는 아니나 다를까 구조노력의 효과성이 줄어들게 되었다.[9]

// 수직조직과 수평조직

수직조직
다수의 관리층을 가진 조직

수평조직
소수의 관리층을 가진 조직

수직적 분화의 두 번째 관점은 조직의 위계에서 계층 수와 관련된 내용이다. **수직조직**(tall hierarchies)은 많은 관리계층들이 있고, **수평조직**(flat hierarchies)은 몇 개의 계층만 존재한다(그림 8. 3 참조). 대부분의 회사들은 작은 규모로 시작하여 하나 또는 두 개의 계층만으로 위계를 구성하지만, 회사가 성장하면서 관리자들은 그들이 처리할 수 있는 정보의 양과 그들이 통제할 수 있는 권한에 한계가 있음을 알게 된다. 너무 빈약한 조직구조와 통제의 손실을 피하기 위하여 관리계급에 계층들을 추가하는 경향이 있는데, 선발하는 관리자들과 임원들이 이 의사결정의 권한을 갖게 된다. 다시 말해서 조직이 커질수록 수직적 경향을 보인다는 뜻이다. 게다가 조직이 성장함에 따라 생산라인을 확장하고, 유사활동으로 다각화하고, 수직적으로 통합하고, 새로운 지역이나 국가의 시장으로 확장하는 등 다양한 활동을 시작한다. 이러한 점들은 또한 많은 조정과 통제의 문제들을 만들어내고, 여기서 파생되는 문제들은 다시 관리계층에서 추가된 계층에 의해 해결된다.

예를 들어 살펴보자. 어떤 회사는 건설산업에서 사용하는 나무제품, 즉 문, 창문틀, 그리고 계단과 같은 제품을 생산하는 작은 공장이었다. 사실상 그 공장의 관리자는 한 명이었고 그 관리자가 또한 그 회사의 최고경영자이기도 했으며, 10명의 근로자들이 있었다. 이러한 경우에는 최고경영자가 근로자 관리, 생산계획, 영업, 장부정리, 나무판재 구매 등과 같은 다양한 기능관리를 수행한다. 그 회사는 곧 성공하여 사업이 성장하였으며, 최고경영자는 더 많은 근로자들을 고용하였고, 곧 그는 처리해야 하는 모든 과업들을 수행하기가 어려워졌다. 이때 그는 그를 도와줄 근로자들과 생산계획을 감독할 공장관리자, 사업확장을 위한 판매관리자와 3명의 영업사원, 장부관리를 위한 회계관리자, 그리고 나무판재구입을 위한 구매관리자를 고용하였고 이로 인해 최고경영자는 더욱 중요한 전략 이슈들에 대해 집중할 수 있었다. 사실상 최고경영자는 회사가 성장함에 따라 관리계층의 인력을 더 뽑은 것이다. 그 처리과정은 여기서 끝이 아니다.

이후 최고경영자는 나무제품과 관계있는 주택건설을 포함하여 벽돌제조업, 공사장비 대여회사와 같은 다른 사업에 진출하는 것을 결정하였고, 더 많은 사업들을 관리하기 위해 최고경영자는 다시 4개의 분야(나무제품 공장, 주택건축, 벽돌공장 그리고 장비 대여회사)를 신설하였다. 그리고 각 분야의 원활한 운영을 위해 그는 총괄책임자를 임명하고, 총책임자들이 그들의 사업분야에서 사람들을 관리하는 동안 최고경영자는 총책임자들을 관리하고 또한 그는 사업 전체에 걸친 이슈들에 집중하였다. 사실상 최고경영자는 관리계층에서 세 번째 인력을 추가한 것이며, 회사의 더 나은 성장과 변화관리를 위하여 그는 수직적 계층을 만들게 되었다.

이번 예가 설명하듯이, 위계에서 계층 수의 증가는 조직의 크기와 책임을 맡은 각각 다른 활동영역의 수에 의해 좌우되는데, 위계에 더 많은 계층을 추가하는 것은 관리자들이 너무 많은 일을 맡게 될 때 통제의 문제를 발생시키기 때문이다. 또한 얼마나 많은 계층을 둘 것인가 하는 문제는 부분적으로 관리자들이 효과적으로 다룰 수 있는

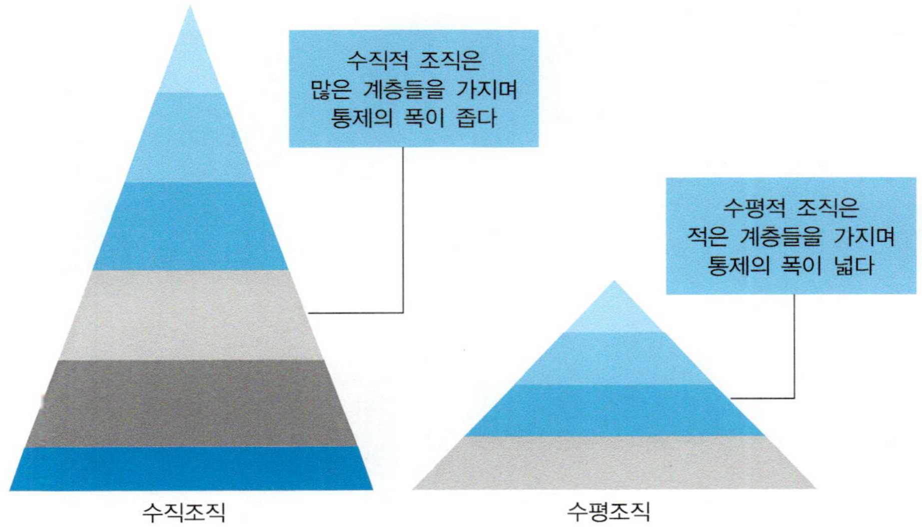

그림 8. 3
수직조직과 수평조직

통제의 폭에 의해 결정된다.

통제의 폭 **통제폭**(span of control)이란 관리자들이 가지는 직접 보고의 수를 말한다. 한때는 단지 여섯 명의 부하직원을 갖는 것이 최적의 통제폭이라고 여겨졌다.[10] 관리자에게 여섯 명의 부하직원보다 더 많은 인원이 할당되면 어떻게 될지 알 수 없게 되며, 우리는 그 관계들이 결코 단순하지 않다는 것에 대해 인지하고 있다.

통제폭
한 관리자가 가지는 직접 보고의 수

관리자가 다룰 수 있는 직접보고의 수는 감독대상작업의 성격, 부하직원성과의 가시성, 그리고 조직 내 분권화 정도에 달려 있다. 일반적으로 만약 부하직원에 의해 성취되는 직무가 일상적이거나, 만약 부하직원의 성과가 가시적이거나 측정하기에 쉽고, 부하직원이 스스로 할 수 있는 의사결정의 수가 많도록 권한을 부여받으면 관리자들은 넓은 통제의 범위에서 운영이 가능하다. 통제의 범위가 얼마나 넓어야 하는가에 관한 논의는 좀 더 필요하지만, 만약 환경이 적절하다면 훌륭한 관리자들은 20개의 직접 보고만큼의 효과가 있는 운영을 할 수 있을 것으로 보인다. 즉, 조직이 성장하고 더 많은 활동을 시작할 때 관리계층은 수직적으로 변하는 양상을 보인다.

얼마나 수직적인지는 실행 가능한 통제의 범위에 달려 있는데, 이것은 또한 직무의 특징, 하부조직성과의 가시성, 그리고 조직 내의 분권화의 범위에 달려 있다고 할 수 있다. 관리자들은 조직설계를 통하여 하부조직성과의 가시성과 분권화의 범위에 영향을 미칠 수 있으며, 그로 인해 조직규모와 관리계층의 변화의 영향을 제한할 수 있다(그림 8. 4 참조). 이것은 매우 중요한 사실로, 비록 수직적 계층은 그 구조 고유의 문제점이 있는 것은 사실이지만, 조직에 추가된 계층들이라 할지라도 높은 계층관리자들의 업무부담을 줄여주고, 통제손실을 감소시켜 주목할 만하다.

그림 8.4

위계에서 계층의 수

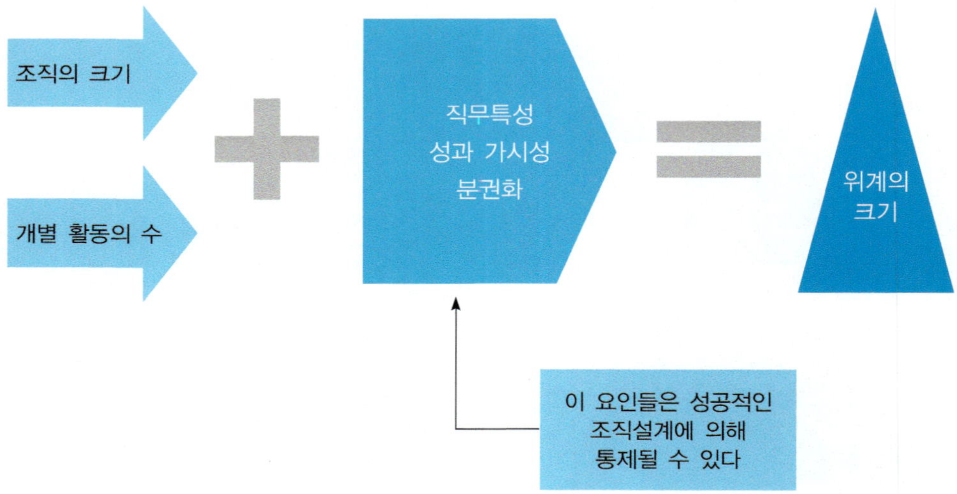

수직적 조직에서의 문제들 수직적 조직에서는 조직의 효율과 유효성을 떨어뜨리는 결과를 가져올 수 있는 몇 가지 문제들이 발생할 수 있다. 첫 번째, 위계에서 정보가 계층을 통과할 때 뜻밖에 왜곡된 정보를 얻는 경향이 있다.

이 현상은 '귓속말'게임을 해보았던 누구나 비슷하게 경험하는데, 이 게임참가자들은 원형으로 둘러앉아서 어떤 사람이 옆 사람에게 귓속말로 메시지를 전하면, 그 후 그 사람은 다시 그 옆 사람에게 그 메시지를 귓속말로 전하여 그 메시지가 동그랗게 앉은 사람들을 도는 것이다. 시간이 지난 후 사람들에 의해 전달된 메시지는 왜곡되고 의미가 변화하기 시작한다(이 게임은 메시지의 방향이 게임의 포인트가 되는 흥미로운 결과를 가진다). 사람들은 정보전달을 잘하지 못하는데, 사람은 정보전달을 할 때 데이터를 미화하거나 빠트려 정보를 왜곡되게 하는 것이다. 경영환경에서도 마찬가지로, 만약 수직적 조직에서 중요한 정보가 의사결정자에게 도달하기 전에 많은 계층을 통해 전해진다면, 그 정보는 처리과정에서 왜곡될 수 있고, 따라서 부정확한 정보에 기초한 의사결정은 곧 좋지 않은 성과를 가져올 것이다. 또한 상관에게 아첨하려 하거나 자기만의 의견을 고집하는 중간관리자들에 의해 고의적으로 왜곡되는 문제도 있다. 예를 들어, 부서의 관리자가 그 부서의 성과를 상위관리자들에게 미화시켜 나쁜 정보는 감추고 좋은 정보에 대해서는 과장하여 그들은 좋은 평가를 받게 될 것이며, 이로 인해 관리자는 더 많은 자원에 접근이 가능해지고, 성과 보너스를 받으며, 낮은 성과에 의한 제약에서 피할 수 있을 것이다. 다른 것들도 마찬가지로, 위계에서 더 많은 계층들은 고의적으로 왜곡된 정보를 전하는 사람들에게 더 많은 기회를 주게 될 것이다. 또한 대부분의 왜곡된 정보는 상위관리자들로 하여금 좋지 않은 성과를 가져올 수 있는 부정확한 정보에 기초하여 의사결정을 내리도록 할 것이다.

경제학자들은 개인들이 조직 내에서 고의적인 정보왜곡으로 인하여 얻게 되는 이익인 영향력 비용의 발생이 조직의 효율을 떨어뜨린다고 하였으며, 그들은 **영향력 비용**

(influence costs)이 낮은 생산성의 주요한 원인이 될 수 있다고 주장하였다.[11)]

수직적 조직의 세 번째 문제는 비용이 많이 든다는 것이다. 복합적 계층의 중간관리자들에 대한 급여와 혜택은 회사의 비용구조를 확대시키는 상당한 액수의 간접비를 추가하게 되며, 만약 이 혜택이 적당하지 않으면 회사를 경쟁에서 불리한 상황에 처하게 할 것이다.

영향력 비용
조직 내에서 사적인 이득을 위해 고의적으로 정보를 왜곡하여 발생하는 효율성 손실

마지막 수직적 조직의 문제는 본래의 상태만을 유지하려는 것이다.

변화에 관한 논의는 제17장에서 볼 수 있는 바와 같이, 조직은 본래부터 타성에 젖어 있어 변화하기 힘들다. 조직에서 타성적 경향이 나타나는 원인 중의 하나는 그들의 영역과 그들의 일을 보호하기 위해서이며, 관리자들이 현상유지를 원하기 때문이다. 수직적 조직에서는 더 많은 영역(권력과 영향의 중심)이 존재하며 그로 인해 변화에 반대하는 더 많은 주장들이 있다. 따라서 수직적 조직은 변화에 느린 경향이 있다.

계층간소화 계층간소화는 위계의 규모를 줄이는 것이다. 수직조직으로 인한 손해가 나타나자 많은 회사들은 경영계층의 규모를 제한하기 시작했으며, 지난 15년 동안 **계층간소화**를 통해 경영계층에서 계층의 수를 줄였고 이는 회사 성과상승을 위해 필요한 표준조건이 되었다. 계층간소화는 경기가 좋을 때, 회사들은 능력의 범위를 넘어 그들의 관리계층을 확장하려는 경향이 있다는 전제에 기반한다.[12)]

계층간소화
위계에서 계층의 수 감축

수직조직의 관료적 비효율성은 경쟁환경에서 더욱 심화되며, 이때에 관리자들은 조직의 계층간소화를 모색하게 된다. 계층간소화와 동시에 통제범위의 확대는 조직 내에서의 대규모 분권화 실행의 한 방법이며 이것은 조직의 효율성을 가져온다. 예를 들면, Jack Welch가 General Electronic에 재직하는 동안 기본적으로 계층간소화 실행을 위해 150,000명의 사람들을 해고하였고, 계층을 9개에서 5개로 줄임으로써 GE의 이익과 수입이 증가하였다. Welch는 그의 전임자의 재임기간 동안 GE의 상부비중이 너무 커졌다고 믿었고 이에 대한 대응전략의 핵심은 조직이 더욱 빠르게 움직이도록 변화해야 한다는 것으로, 이를 위해 계층간소화가 요구된다고 생각하였다. Welch는 GE 상위 15개의 사업에 관한 임원들을 포함하여 약 20명의 하급자들이 그에게 직접 보고하도록 하는 넓은 통제의 범위를 가졌고, 이와 비슷하게 Welch에 속한 GE의 의료시스템 사업분야의 책임자 Jeffery Immelt는 21개의 직접 보고를 받았다(Immelt는 Welch의 후임자).[13)]

계층간소화의 왕 General Electric의 최고경영자 Jack Welch가 재직했던 기간 동안 관리계급의 수를 9개에서 5개로 줄이고 광범위한 통제범위를 조직하였다.

그들의 조직구성의 설계가 바르게 되었다면, 규모가 큰 회사도 비교적 수평구조의 기능을 할 수 있음을 깨달음으로 인해 계층간소화가 추진되었던 것이다.

예를 들어, 미국에서 가장 큰 제강업체인 Nucor 역시 오직 4개의 계층만이 존재하는데, Nucor의 경우 자율적 자급자족 부서운영을 하는 낮은 계층관리자들에게 많은 의사결정에 대한 책임분권화를 필요로 하는 수평적 조직

을 완성하였다(Nucor의 경우, 개별적 제철분야). 만약 이 부서들이 어느 정도 거리를 두고 관리된다면, 상부의 관리는 단지 그 부서가 성과목표를 달성하지 못했을 때 그 하부조직의 운영에 관해 관리를 하면 되므로, 상위관리자들은 수평적 조직이 실현될 수 있는 넓은 통제의 범위에서 운영이 가능하다. 예를 들어, Nucor는 25개의 부서가 있는데, 각 부서의 총책임자는 최고경영자에게 직접 보고하며 이는 최고경영자가 매우 넓은 통제의 범위를 가졌다는 것을 의미한다(만약 다른 회사는 최고 운영책임자를 포함한다면 임원들은 아마도 30명에 가까울 것이다).

비록 성과달성이 수평적 구조로 변화하는 것과 관련되어 있다 할지라도, 계층간소화의 실행은 쉬운 일이 아니다. 그리고 만약 계층간소화에 관한 처리가 올바르게 이루어지지 않았다면 이는 관리자들에게 상당한 스트레스와 사기를 저하시키는 원인이 될 수 있다.[14] Jack Welch는 성공적인 계층간소화의 핵심은 빠른 이동(그러므로 관리자들이 불확실한 고용보장에 관한 우려를 제거해야 한다)과 새로운 구조에서 성공을 거둔 관리자들에 대한 보상과 승진이며, 그로 인하여 성공적인 관리방식이 나타나게 되었다.

구조설계 : 수평적 분화

앞서 보았던 것과 같이, 수직적 분화는 조직 내에서 의사결정 책임의 위치와 관련되어 있으며, 수평적 분화는 조직 내의 하부부서들을 어떻게 분할하는지와 관련되어 있다. 우리는 네 가지 유형(기능적, 다중사업부적, 지리적, 그리고 매트릭스)의 구조에 대해 살펴볼 것이다.

// 기능적 구조

기능적 구조
상이한 기능들이 상이한 과업에 집중하기 위하여 회사 내 노동력을 명백히 분화하는 구조

대부분의 회사들은 초기에는 형식적 구조를 가지지 않으며 단독 경영자 또는 개인들로 이루어진 작은 팀에 의해 운영되고, 그들이 성장하면서, 개인 또는 작은 팀을 운영하기 위한 경영상의 요구가 매우 커지게 된다. 이러한 시점에서 조직은 일반적으로 서로 다른 가치사슬을 가진 기능들을 분리하게 된다. 다시 말해서 조직구성에서 **기능적 구조**(functional structure)는 회사 내에서 근로의 명확한 차이, 즉 각기 다른 과업중심의 다른 기능들에 기인하는 것이다. 이러한 예로 생산기능, 연구기능, 마케팅기능, 판매기능 등이 있을 수 있다. 이러한 기능들은 대체로 최고경영자 또는 소규모 상위경영관리 팀과 같은 상위관리자에 의해 감독되는데, 각 기능들은 자력으로 운영될 수 있고, 종종 다시 하부조직으로 나뉘기도 한다.

기능의 수평적 분화는 대체로 비슷한 직무나 과정에 기초하는데, 예를 들어 도요타의 제조공장에서의 노동력은 팀으로 이루어져 있고, 각 팀들은 자동차에 들어가는 주요한 구성요소의 생산과 같은 개별적인 활동 또는 직무에 대한 책임을 지게 된다. Nucor의 경우도 마찬가지로 노동력은 팀으로 조직되고, 각 팀은 제철과정의 개별적 과정에

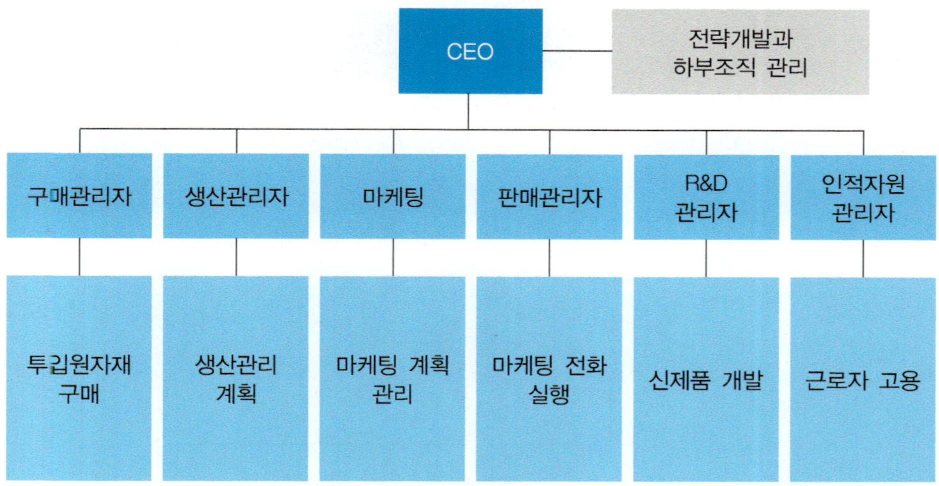

그림 8.5
일반적인 기능적 구조

대하여 책임을 진다. 이러한 팀들은 중요한 의사결정 책임을 가지며, 그들의 성과에 관한 책임이 있고, 그들의 임금과 보너스는 팀 내의 목표에 의하여 좌우된다.

기능적 구조는 사업의 개별 선상에서 활동과 개별 분야에 집중하므로, 회사에서 그 기능을 훌륭히 수행할 수 있지만 회사가 다른 사업영역이나 지역으로 확장할 때 문제가 발생할 수 있다. 우선 고려할 사항은 회사가 다른 사업분야에 확장할 때 일어나는 문제들이다. 예를 들어, 네덜란드의 다국적기업 Philips NV는 처음 전구를 만들었지만 가전제품(영상과 음향 장비), 전자산업(직접회로와 다른 전자부품들), 그리고 의료시스템(MRI촬영장치와 초음파 시스템)분야로 영역을 다양화하였다. 이러한 경우에는 기능적 구조가 적합하지 않을 수 있는데, 기능적 구조의 체제에서 다른 사업영역을 관리할 때의 조정과 통제의 문제가 생기기 때문이다.[15] 이는 각 개별 사업의 이익을 확인하기가 힘들어지고(사업영역에서 성과가 좋은지 나쁜지에 관한 평가) 사업의 활동들이 광범위한 기능들에 의해 산만해진다. 더욱이 개인이 아닌 관리팀은 각 사업의 성과에 대해 책임을 져야 하고 조직 내의 책임이 부족하여 좋지 않은 성과를 낳는 결과를 가져올 수 있다. 조정의 경우 생산과 마케팅과 같이 다른 기능에 사업이 추가되는 다른 활동, 즉 동시에 다른 사업을 관리하게 되면 효과적으로 사업을 운용하기 위한 기능들 간의 강력한 조정을 실행하기 어렵고, 여러 개의 사업영역의 가치창출활동을 관리하는 기능적 부서가 운영되기 힘들다.

// 사업부제 구조

1920년대 세계에서 가장 큰 회사인 General Motors의 최고경영자였던 Alfred Sloan이 처음 인식한 초창기 미국 경영에 관한 문제점들에 대해 논의해 보도록 하자.[16] Sloan이 경영한 GM은 여러 가지의 사업영역을 가지고 있었는데, 자동차 제조 외에도 트럭, 비행기 엔진, 그리고 냉장고를 만드는 몇 가지의 전혀 다른 종류를 가지고 있었

그림 8.6
사업부제 구조

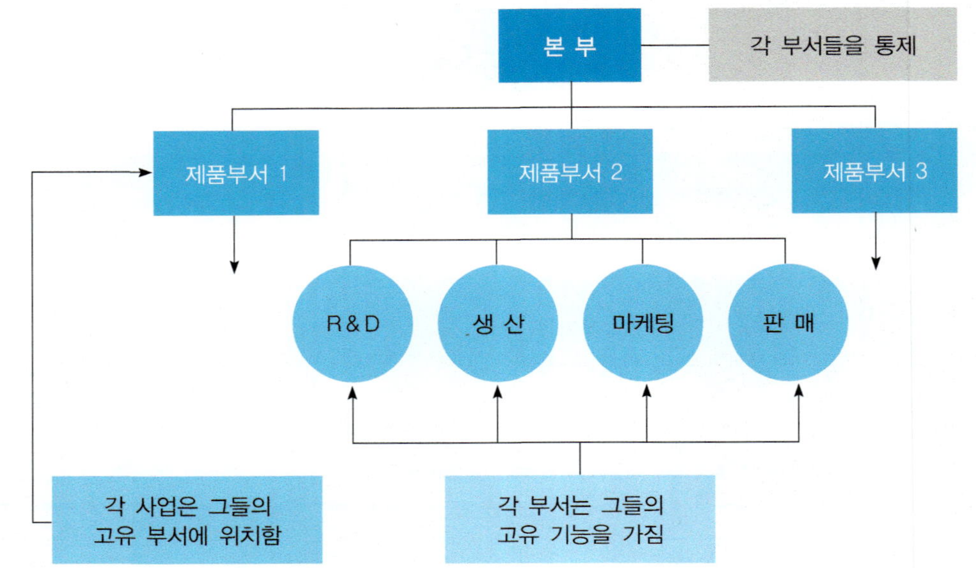

다. 그러나 이후에 기능적 구조의 틀에서 이러한 서로 다른 영역의 사업진행이 혼란스러워졌고, Sloan은 근본적으로 다른 구조가 필요함을 깨닫게 되었다. 다중 사업영역에서의 기업의 구조를 편성하는 기본적인 방법이 된 그의 해결책은 사업부제 구조를 채택하는 것이었다(그림 8.6 참조).

사업부제 구조
구별된 사업영역에서 각각이 책임을 지고 있는 상이한 사업부들로 회사가 분화된 구조

사업부제 구조(multidivisional structure)를 가진 회사는 서로 다른 제품에 따라 부서를 나누고 각 부서들은 그 나누어진 사업영역에 대한 책임이 있다. 따라서 Philips는 조명, 가전제품, 산업전자, 그리고 의료시스템 생산에 따라 부서를 만들었고, 각 부서는 광범위한 그들만의 고유기능들을 가진 자율적 단체로 독립적으로 운영되었다. 운영결정과 사업수준 전략의 책임은 대체로 각 부서들에 분권화되어 있으며, 이는 그들의 성과에 대한 책임과 연결된다. 본부는 회사의 전체적 전략개발(회사 전체수준의 전략), 다양한 부서의 통제, 부서 간의 자본배분, 각 부서 담당자들에 대한 감독과 교육, 그리고 부서 간의 가치 있는 기술의 전달 등의 책임을 진다. 제품별 부서들은 일반적으로 성과목표에 달성하는 동안 그들의 일일 운영은 독립적이며, 1년에 한 번씩 본부와 부서관리에 대하여 협의하지만 본부는 종종 그들의 전략을 통해 부서관리자들의 판단을 도울 것이다.

그로 인해 Jack Welch가 GE에 재임하는 동안 GE의 포트폴리오(이는 각 부서관리자들에게 분권화됨) 내의 다양한 사업에 대한 전략은 세우지 않았으며, 그는 단지 각 부서관리자들의 전략에 관한 생각들에 대해서 조사하였다. 게다가 Welch는 각 부서에 걸쳐 훌륭한 기술을 관리자들이 공유하게 하기 위한 많은 노력을 하였는데, 예를 들어, Welch는 GE에서 각 부서들의 성장원동력이 되는 6시그마 방법을 실행하였다(제7장 참조).

사업부제 구조의 가장 큰 이점 중 하나는 부서별 관리자들이 효율성에 집중할 수

있는 내부적 환경을 조성하는 것이다.[17] 각 부서는 자율적 자급자족집단이므로 그 성과는 뚜렷하게 높다. 높은 수준의 책임과 부서관리자들의 성과책임에 대한 의무는 낮은 성과에 대한 변명을 줄이고 능률향상에 집중하도록 동기부여하며 부서관리자들의 기본급, 보너스, 그리고 승진은 그 부서가 얼마나 잘 하느냐에 달려 있다.

또한 자본은 효과적인 상위관리자들의 의견에 따라 경쟁부서들에게 상위경영층에 의해 분배되고, 부서관리자들은 그 자본을 운용할 수 있으며, 그들의 사업성장으로 인한 자본의 증가를 바라고, 임금증가와 보너스, 부서관리자들의 인센티브 창출은 그들 통제하의 사업분야의 경쟁적 위치향상에 집중하게 한다.

구조 기술자 General Motors의 오랜 최고경영자 Alfred Sloan은 처음으로 사업부제 구조를 소개하였다. Sloan은 후에 유명한 자서전 *My Years at General Motors*에 그의 경영경험에 대하여 저술하였고, 아직도 널리 읽혀지고 있다. Bill Gates는 Sloan의 책이 지금까지의 경영 도서 중에 가장 중요한 책이라고 평가하였다.

다시 말해서 만약 본부가 너무 많은 성과 향상 압력을 부서책임자들에게 가한다면, 이는 최악의 경영성과를 가져오는 결과를 낳을 수 있다. 비록 이들이 단기적 성과상승을 위해 설비, 장비, 그리고 R&D에 필요한 투자를 제한하는 것이 장기적으로 기업의 경쟁적 위치에 손해를 입힌다 하더라도 이들의 활동에 이와 같은 일이 포함될 수 있다.[18] 이러한 가능성을 경계하기 위해서 본부관리자들은 각 부의 긴밀한 관계추구, 도달가능한 성과목표의 설정, 그리고 각 부서들이 단기간의 성과만을 추구하거나 장기적인 경쟁력을 훼손하지 않도록 정기적으로 각 부서들의 회계와 운영에 대한 감사를 실시하는 직원이 필요하다.

// 지역적 구조

지역적 구조
지역에 기초하여 회사를 상이한 단위로 구분하는 구조

대개 회사들은 처음 성장을 시작할 때는 다른 사업분야에 확장을 하지 않지만, 다양화를 통해 다른 지리적 지역(그들의 모국 내 또는 다른 나라의 시장으로)으로 확장하게 된다(최근 글로벌 경제에서 늘어나는 추세). 하나의 사업에 대해 여러 지역에서 활동하는 회사의 경우는 관리향상을 위한 구조적 해결방안은 **지역적 구조**(geographic structure)를 채택하는 것이다.

지역적 구조에서 조직의 중요 단위는 지리적 영역으로 자국 내외 또는 여러 국가와 같은 것이다. [그림 8. 7]은 몇몇 국제적 기업들의 지리적 구조의 기초에 대해 설명하고 있다.[19] 이런 조직구조의 회사는 지리적 영역으로 분할되고, 그 영역은 아마도 국가(만약 시장이 충분이 크다면) 또는 국가들의 그룹이 될 것이다. 각 영역의 부서는 자율적 경향이 있으며, 광범위한 자율적 독립체이고, 각각의 부서는 고유의 기능들을 갖추고 있다(고유의 생산, 마케팅, R&D, 그리고 인적자원 기능). 고유의 기능 운영 권한과 전략 결정은 각 영역에 분권화될 것이고, 본부는 전체적인 회사와 금전적 통제전략 방향에 대한 권한을 행사한다.

이 구조는 지역시장 상황에 반응하기 용이한데, 그 이유는 의사결정 책임이 분권화되어 있어 각 영역은 제품주문, 마케팅 전략, 그리고 지역조건에 따른 사업전략을 수립

그림 8.7

지역적 구조

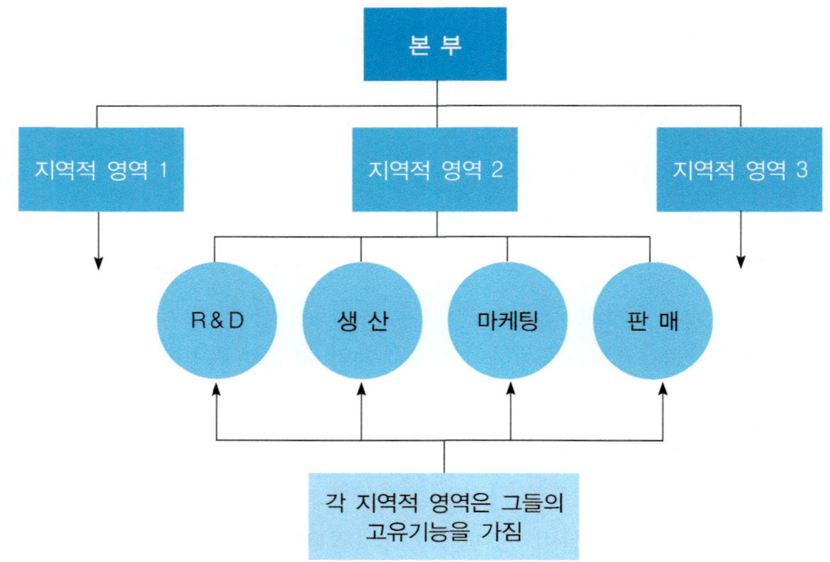

할 수 있기 때문이다. 제3장에서 보았듯이, 각국에 걸쳐 문화와 사업시스템에 중요한 차이가 존재하므로 이러한 접근은 호소력을 갖는다. 다시 말해서, 이 구조는 높은 수준의 자율적 조직으로의 분화를 촉진하며, 이는 영역들 간의 핵심기술 전달을 어렵게 한다. 또한 각 지리적 영역은 그 영역만의 생산을 하기 때문에 중복은 만약 그 회사가 하나의 유리한 지역으로부터 전 세계시장에 이르는 영역에서 활동한다면 이익을 얻을 수 있는 규모의 경제 실현을 억제하게 된다. 지역들에 걸친 기능들의 중복은 또한 그 회사가 가장 효율적으로 실행될 수 있는 곳에서 상이한 기능들을 설정하지 않는다는 것을 의미한다.[20)]

이러한 문제들을 해결하기 위해서 많은 국제적 기업들은 혼합형 지역적-기능적 구조로 운영되며, 이는 [그림 8. 8]의 설명과 같다. 이 구조는 R&D, 구매, 그리고 생산과 같은 기능들이 최적의 위치에 집중화되어 있으며, 전 세계는 지역마케팅과 판매를 위한 지역적 영역으로 나뉜다.

지역적 구조, 또는 혼합형 지역적-기능적 구조는 회사가 몇 가지 다른 사업을 운영하고 있을 때 지나치게 몸집이 커지게 된다. 이러한 환경에서 각 지역별 사업부는 스스로 몇 개의 제품부서로 나뉘어진다.

이 방법은 Unilever가 운영에 사용했던 구조로, 비록 이 구조는 나라마다 제품생산과 마케팅 전략을 설정할 수 있는 이점을 갖지만, 제조의 중복 실행이 제품의 단가를 높이는 문제를 가지고 있다. 1990년대 말 이 구조는 더 이상 유지할 수 없게 되었고, 2000년에 Unilever는 두 개의 세계적 제품부서를 설립하였다. 하나는 식품사업(포장음식)이고, 다른 하나는 생활용품(샴푸, 세제)사업이다. 부서책임자는 그들의 통제하에 있는 사업의 세계적인 수익성에 책임을 져야 했고, Unilever는 이러한 구조에서 몇 개의 제조공장들을 통합시키고, 가격에 유리한 위치에 이를 설립하였다. 이러한 공장들은 지

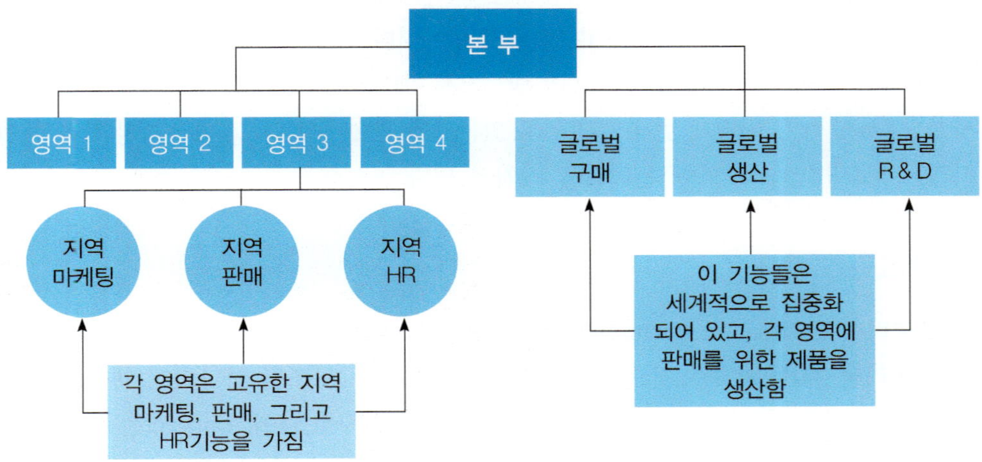

그림 8. 8

혼합형 지역적-기능적 구조

역 또는 글로벌 시장에 공헌하였으며, 회사는 규모의 경제 달성과 가격절감효과를 얻게 되었다.

R&D 역시 부서 수준에서 집중화되었으나 여전히 Unilever는 기호, 선호, 유통구조 등의 국가 간 차이에 맞추어 제품포장뿐만 아니라 판매와 마케팅 전략을 차별화해야 할 필요성을 느꼈다. 이러한 딜레마를 풀기 위해서 Unilever는 적절한 지역적 구조의 요소들은 유지하고, 각 지역적 영역의 책임자들은 그들의 통제를 받는 지역의 수익에 대한 책임을 유지하고, 국가 책임자들에게 그 지역 마케팅과 판매에 대한 책임을 주었다. [그림 8. 9]에서와 같이 Unilever의 2005년 구조는 사업부제 조직과 지역적 구조의

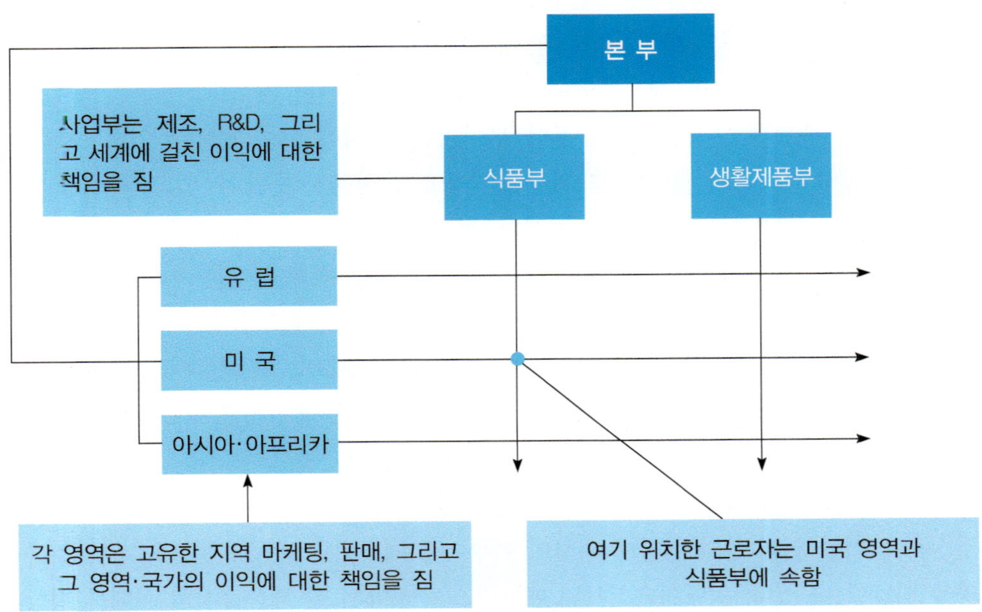

그림 8. 9

Unilever의 구조

최고의 장점을 유지하면서 서로 상충되는 조직의 요구를 해결하려고 시도하였다.[21] Unilever만 이러한 딜레마와 싸우고 있는 것은 아니다. 많은 다른 회사들도 마찬가지이다. 조직의 딜레마를 해결하는 하나의 방법으로 매트릭스 구조를 채택하였는데, 이는 사실상 Unilever가 어떻게 현재 운영되고 있는가에 관한 것이다. 그러나 우리가 다음에서 볼 매트릭스 구조 또한 문제점을 가지고 있다.

// 매트릭스 구조

매트릭스 구조
두 가지 중첩되는 위계를 가진 조직의 구조

매트릭스 구조(matrix structure)는 회사의 문제들을 하나의 구조적 설계로 모두 해결하기 어려울 때 채택되는 것으로 관리자들은 매트릭스 구조를 하나의 설계상에서 두 개의 다른 조직구성의 원리를 결합하는 데 사용한다. 예를 들어, Unilever는 부서들(제조시설의 통합과 규모의 경제 실현을 가능하게 하는)에 기초한 조직화와 지역적 영역(서로 다른 국가와 지역시장에 대응할 수 있는)에 기초한 조직화 모두 이득이 있음을 알았다. 회사의 고위관리자들은 이러한 양쪽 이득 모두를 실현하고자 원했기 때문에, 두 위계구조가 겹치는 매트릭스 구조를 채택하였다. 하나는 사업에 기초한 위계이고, 다른 하나는 영역에 기초한 위계이다. 또한 이것은 하위계층 관리자들이 두 명의 상관(부서와 각 지역에서)을 갖고 있다는 것을 의미한다.

Unilever와 같은 다양한 다국적기업들과 빠르게 변화하는 환경에 속한 첨단기술 관련 회사들은 매트릭스 구조를 채택한다.[22] 이러한 경우에 매트릭스 구조의 필요성은 상이한 기능들, 특히 연구개발, 생산, 마케팅 간의 긴밀한 조정을 요구하는 데에서 발생한다. 긴밀한 조정은 R&D가 효과적으로 생산될 수 있고 고객의 요구를 반영한 제품을 설계하기 위하여 필요하다. 효율적 생산과 고객요구충족은 성공적인 제품상업화 가능성을 증대시킨다. R&D, 생산, 그리고 마케팅 간의 엄격한 조정은 보다 신속한 제품개발을 가능하게 하여 경쟁자들을 제치고 회사에 이익을 가져올 수 있다.[23] [그림 8. 10]에서와 같이 근로자들은 회사 내의 두 개의 하위부서에 속하게 되었는데, 예를 들어, 관리자는 제조기능부서와 제품개발팀 두 단위의 일원이 될 것이다.

매트릭스 구조는 그림상으로는 좋아 보이지만, 현실에서는 다를 수 있다. 만약 이 구조가 적절히 관리되지 않으면 그 기능을 제대로 실현하지 못할 수 있고, 사실상 매트릭스가 불편하고 번잡해질 수 있는 것이다.[24] 또한 매트릭스는 많은 회의를 필요로 하지만 현실적으로 그렇게 하기는 힘들다. 이중위계구조는 위계의 다른 부분 간에 대립과 반복적인 권력갈등을 초래할 수 있다. 한 첨단기술회사의 예를 들면, 제조관리자는 최고의 부하직원들이 제품개발팀에 참여하는 것을 꺼리는데, 그 이유는 이로 인하여 그들의 기능적 업무가 방해를 받을 것이라고 느꼈기 때문이다. 결과적으로 그 제품개발팀은 그들이 예상했던 것만큼 좋은 기능을 수행하지 못했다.

설상가상으로 매트릭스 구조에서는 책임규명의 어려움도 늘어났다. 모든 주요 의사결정은 상이한 위계 간의 협상에 의하여 이루어질 때, 일이 잘못되면 한쪽이 항상 다른 쪽을 비난할 수 있다. 첨단기술회사의 매트릭스 구조에서 한 제품출시의 실패를 회상하

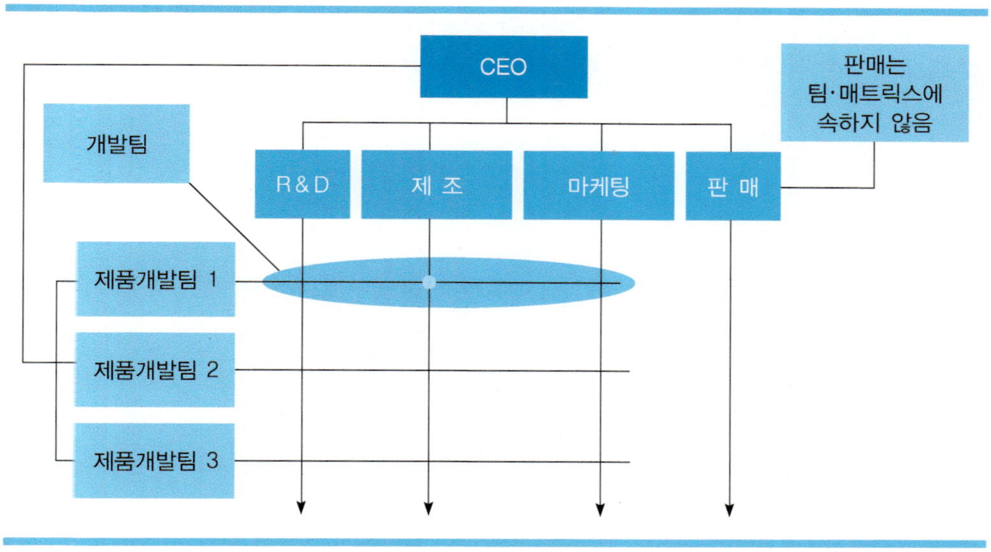

그림 8. 10
첨단기술회사에서의 매트릭스 구조

며 한 관리자가 이렇게 말했다. "엔지니어링(R&D)부서가 우리 개발팀에게 적절한 자원을 제공했더라면, 제품이 적시에 출시될 수 있었을 것이고, 성공적이었을 것입니다." 엔지니어링부서의 책임자는 그의 입장에서 이렇게 말했다. "우리는 그 팀이 성공하도록 돕기 위해서 우리가 할 수 있는 모든 것을 도왔습니다. 그러나 그 프로젝트가 잘 운영되지 않았습니다. 그들은 엔지니어링 기술에 관한 요구를 계속 변화시켰는데, 이는 매우 부정적인 결과를 낳았다." 이러한 비난들은 책임의 소재를 찾기 어렵게 하고, 대립을 심화시키며, 고위관리자의 조직통제력을 잃게 할 수 있다.

그러나 매트릭스 구조를 철저히 관리한다면 효과가 크다는 증거도 있다.[25] 무엇보다 책임의 명확한 구분이 매트릭스를 효과적으로 만들어 준다. 일반적으로 매트릭스의 한쪽에는 주요한 역할을 배분해야 하며 다른 쪽에는 지원의 역할을 배분해야 한다는 것이다. 첨단기술회사의 예를 들면 제품개발팀은 좋은 제품이 시장에 가능한 빨리 출시되도록 해야 하기 때문에 그 팀에게 주요 역할을 배분하는 것이 경쟁환경에서 성공의 열쇠이다.

Unilever와 같이 변화가 심한 다국적기업의 경우, 부서에 주요 역할을 배분하게 되는데, 그 이유는 그들은 제조가격과 제품개발에 대한 책임이 있기 때문이며, 그동안 지역적 영역은 지원역할을 하게 된다. 당연히 마찰이 발생했을 때를 위해 명확한 목표의 우선순위를 결정해야 하며, 그 목표는 무엇이 가장 중요한 것인지를 나타내는 데 도움이 될 것이다. Unilever의 경우를 예로 들면, 매트릭스에서 원가절감의 추진이 중요한 목표이다. 이 목표를 우선 달성하는 것이 매트릭스에서 부서위계와 지역위계 간의 갈등을 해결하는 의사결정규칙으로 활용된다.

어런 과정이 존재함에도 불구하고, 매트릭스 구조의 관리는 어렵다. 이러한 문제들로 볼 때 경영자들은 때때로 견고한 위계적 조정보다는 전사적 경영지식 네트워크나 공유문화와 비전에 기반한 유연적 매트릭스 구조를 만들었다. 또한 이와 같은 회사들

내에서 비공식 구조가 공식적 구조보다 더 중요한 역할을 하리라 생각된다. 이 이슈에 대해서는 다음 부분의 비공식적 통합 메커니즘 부분에서 논의할 것이다.

구조설계 : 통합 메커니즘

앞에서 회사가 그들의 하부단위를 어떻게 나누느냐에 관하여 설명하였고, 이제는 이 하부단위들의 조정에 대해 알아볼 필요가 있다.

조정을 실행하는 한 가지 방법으로 집권화를 통한 방법이 있는데, 만약 조정의 방법이 복잡하다면 집권화는 효과가 없을지도 모른다. 고위관리자들이 모든 조정에 대한 책임을 진다면 다양한 하부조직, 특히 하부조직들이 규모가 크거나, 여러 개이거나 지역적으로 분산되어 있다면, 그 부서들의 조정을 위해 요구되는 업무의 양에 의해 곧 쓰러지고 말 것이다. 이런 경우가 있을 때, 관리자들은 조정을 돕기 위해 공식적인, 그리고 비공식적인 통합 메커니즘을 지향하게 된다.

관리자들의 다양한 통합 메커니즘의 사용과 통합 메커니즘의 선택이 회사의 전략에 의해 어떻게 결정되는지에 대한 소개는 다음과 같다.

// 공식적 통합 메커니즘

하위부서의 조정을 위하여 사용되는 공식적 통합 메커니즘은 단순한 직접 접촉과 교류역할에서부터 팀이나 매트릭스 구조에 이르기까지 복잡성에서 차이를 보인다(그림 8. 11 참조). 일반적으로 하위부서 간의 조정 필요성이 증대할수록 공식적 통합 메커니즘은 더욱 복잡해진다.[26]

하위부서 관리자들 간의 직접 대면은 가장 단순한 통합 메커니즘으로, 다양한 하위부서들의 관리자들은 그들이 공통의 관계가 발생할 때에는 어느 때든 서로 직접대면한다. 그러나 만약 관리자들이 조정을 방해하는 상이한 지향을 갖게 된다면 직접접촉은 효과적이지 않다. 다양한 하위부서의 관리자들은 어느 정도 다른 견해를 가지게 되는데 그 이유는 서로 다른 직무를 가지기 때문이다.

예를 들어, 생산관리자들은 대체로 설비가동, 원가통제, 그리고 품질통제와 같은 생산문제들에 관해 관심을 두지만, 그에 반해 마케팅 관리자들은 가격, 판촉, 유통, 그리고 시장점유율과 같은 마케팅에 관한 문제들에 관해 관심을 갖는다. 이러한 차이점들은 관리자들 간의 의사소통을 방해할 수 있고, 이들은 '같은 언어로 말하는 것'이 아닐 수도 있다. 관리자들은 또한 하위부서들 간에 존중하지 않고, 협력과 조정을 달성하기 위해 필요한 의사소통을 저해하는 결과를 초래할 수 있는 '기능적 고립' 문제를 겪을 수 있다. 이런 이유들 때문에, 직접 접촉은 높은 수준의 통합을 필요로 할 때 하위부서 간의 조정을 달성하기에는 적합하지 않을 수 있다.

연락업무는 직접접촉보다 조금 더 복잡하다. 하위부서 간의 조정의 필요성이 증가

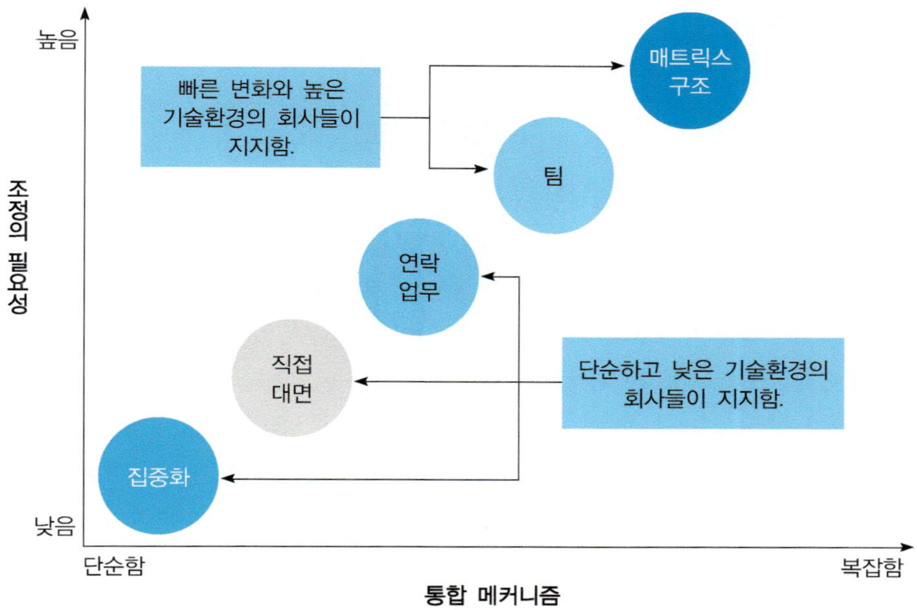

그림 8.11
통합 메커니즘

함에 따라, 통합은 다른 부서와 협력이 필요한 각 부서에서 사람을 선정함으로써 더욱 개선될 수 있다. 이러한 연락업무로 사람들은 지속적 관계를 정립할 수 있다. 이를 통해 조정의 장애문제를 약화시킬 수 있다.

조정의 필요성이 더 크다면, 회사들은 조정이 필요한 하위부서로부터 영입된 사람들로 구성된 임시적인 혹은 지속적인 팀을 사용한다. 팀들은 주로 제품개발을 위한 노력을 조정하지만, 그들은 운영 또는 전략의 어떠한 부분이든지 여러 하위부서들이 조정을 필요로 할 때 유용하게 사용될 수 있다. 제품개발팀은 일반적으로 R&D, 제품, 그리고 마케팅부서로부터 인력을 구성한다. 결과적으로 조정은 고객의 요구에 부응하고 합리적인 비용으로 제품개발을 할 수 있도록 해준다.

매우 높은 수준의 통합이 필요할 때, 회사는 모든 역할을 통합적 역할로 보는 매트릭스 구조를 만들 것이다. 이 구조는 하위부서들 간 최대한의 통합을 위해 설계된 것으로, 앞서 논의한 바와 같이 일반적인 매트릭스 조직은 첨단기술회사의 경우 기능부서들과 제품개발팀들에 기초한 구조를 포함하고, 또는 다각화된 다국적기업의 경우와 같이 사업부와 지리적 영역에 기초한다(그림 8.10 참조).

팀워크 이 교차기능 제품개발팀은 대형 화물트럭의 내부 장식설계를 수행한다. 교차기능 제품개발팀은 회사에서 제품혁신을 통한 경쟁에 널리 사용되어졌다. 이 팀들은 이런 일들을 성공적으로 달성하기 위한 가장 좋은 방법으로 서로 다른 기능들 간의 엄격한 조정을 들고 있다.

그러나 이미 논의한 것처럼 매트릭스 구조는 해결해야 하는 많은 문제를 야기하는 복잡한 상황에 빠질 수도 있다. 만약 매트릭스 구조가 잘 관리되지 못하면 오히려 바라던 협력의 성과보다 복잡성, 경직성, 분쟁의 심화를 가져올 수 있으므로 이러한 구조가 올바르게 작용하기 위해서는 어느 정도의 유연성과 비공식적 통합 메커니즘의 지원이 필요하다.[27)]

// 비공식적 통합 메커니즘 : 지식 네트워크

일반적으로 공식적 통합 메커니즘에 관련된 문제들과 매트릭스 구조와 관련된 문제들을 약화시키거나 회피하기 위한 시도로, 통합의 필요성이 높은 기업들은 비공식적 통합 메커니즘을 이용하게 된다. 비공식적 통합 메커니즘은 팀워크와 부서 간 협력에 가치를 두는 조직문화가 지원하는 지식 네트워크라 할 수 있다.[28)]

지식 네트워크
회사 내 관리자들 간 비공식적 접촉이나 광범위한 정보시스템에 기초하여 조직 내에서 정보를 전달하는 네트워크

지식 네트워크(knowledge network)는 조직의 정보를 교환을 위한 네트워크로 공식적인 조직구조에만 기초하는 것이 아니며, 회사의 관리자들 간의 비공식적 접촉과 광범위한 정보시스템에 기초한다.[29)] 네트워크의 가장 큰 장점은 회사 내에서의 지식의 흐름이 관료적이지 않을 수 있다는 것이다.[30)] 네트워크가 존재하기 위해 조직 내에서 서로 다른 위치에 있는 관리자들은 최소한 간접적으로라도 서로서로 연결되어야 한다. 예를 들어, [그림 8. 12]는 복잡한 다국적회사에서의 일곱 명의 관리자들 간의 네트워크 관계를 단순하게 보여준다.

A, B, C관리자는 모두 서로 개인적으로 아는 사이이고, 마찬가지로 D, E, F도 모두 아는 사이이다. 비록 관리자 B가 관리자 F를 개인적으로 모른다 할지라도, 그들은 공통으로 아는 사람들을 통해 연결되어 있다(관리자 C와 D). 그러므로 A관리자부터 F관리자까지가 전체 네트워크이다. 그러나 G관리자는 아니다.

관리자 B가 스페인의 마케팅관리자라고 하자. 그는 중요한 관리자 B가 관리자 C를 포함하여 모든 사람들과의 접촉에서 그의 문제를 언급하고, 혹시 누가 그 문제를 해결할 수 있는 사람을 알고 있는지 묻게 된다. 관리자 C는 관리자 D에게 묻고, 관리자 D는 관리자 F에게 말하면, 그는 관리자 B에게 해결방안을 알려줄 것이다. 유럽 고객을 위한 기술적 문제들을 해결할 방법을 필요로 한다. 미국에 위치한 R&D관리자 F는 관리자 B의 문제에 관한 해결방안을 가지고 있다. 관리자 B가 그의 문제를 그가 접촉하는 관

그림 8. 12
지식 네트워크

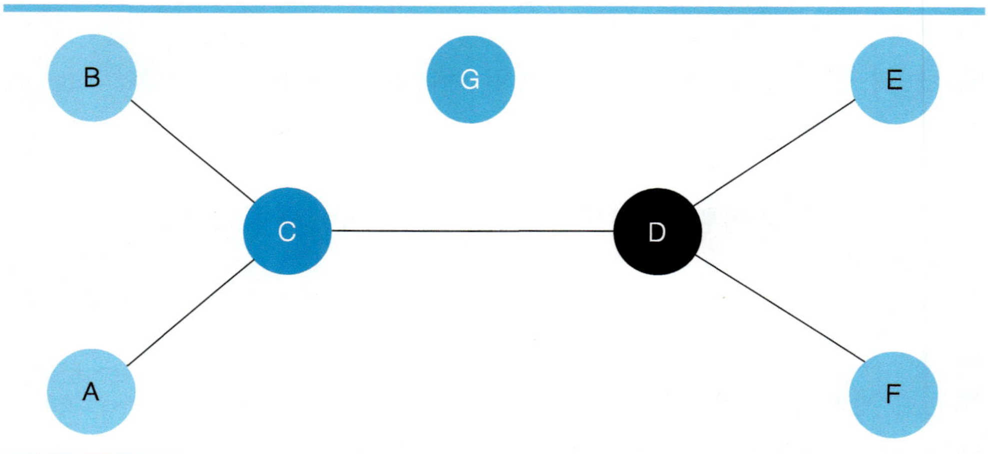

리자 C, 그리고 관리자 C를 포함한 모든 사람들에게 언급하고, 누가 관리자 F에게 이를 말해주고, 그런 다음 누가 해결방안을 알려주기 위해 관리자 B를 부를 것인가? 이러한 방식의 조정은 공식적 통합 메커니즘, 즉 팀 또는 매트릭스 구조에 의하는 것보다 비공식적인 네트워크를 이용하여 실현되었다.

네트워크가 효과적으로 기능하기 위해서는 가능한 한 많은 관리자들을 네트워크에 포함시켜야 한다. 예를 들어, 만약 관리자 G가 관리자 B와 비슷한 문제를 가지고 있다면, 그 문제를 해결하기 위한 비공식적 네트워크를 사용하지 못할 것이며, 그는 아마도 더욱 공식적인 메커니즘을 통해 도움을 요청해야 할 것이다. 물론 회사 전체적 지식 네트워크를 만드는 것은 어렵다. 비록 네트워크를 옹호하는 사람은 네트워크를 복잡한 조직을 서로 묶어주는 '접착제'와 같다고 이야기하지만, 어떻게 성공적으로 전체 회사의 네트워크를 형성하는지에 대해서는 명확하지 않다. 지식 네트워크를 설립하기 위한 방법에는 정보시스템, 경영개발 방침, 그리고 회의가 포함된다. 회사는 비공식적 지식 네트워크의 기초를 제공하기 위해 광범위한 컴퓨터와 통신정보시스템을 이용한다.[31] 전자우편, 화상회의, 대용량 데이터시스템, 그리고 웹 기반 검색엔진은 전체적으로 산만하게 산재되어 있는 관리자들이 서로서로를 더욱 쉽게 알 수 있게 해주고, 특정한 문제를 해결하기 위해 필요한 접촉상대를 알게 해주며, 조직 내에서의 가장 좋은 실적을 공표하고 공유하는 것을 더욱 쉽게 해준다. 예를 들어, 월마트의 경우 다른 나라에 위치해 있는 상점들 간에 상품화 계획전략에 관한 아이디어에 대해 의논하기 위해 인트라넷을 사용한다.

회사들은 또한 비공식적 네트워크 형성을 위해 경영개발 프로그램을 사용하는데, 이 방법은 관리자들을 다양한 하위부서에 정기적으로 순환하여 근무하게 함으로써 그들만의 비공식적 네트워크를 형성하고 하위부서의 관리자들과 함께 관리교육 프로그램을 받게 되어 서로 긴밀한 사이로 발전하게 하려는 것이다. 게다가 과학기반 회사들은 조직에서 서로 다른 부서의 사람들 간의 관계형성을 위해 내부회의를 한다. 3M에서 정기적인 학제 간 컨퍼런스는 정기적으로 서로 다른 사업부로부터 과학자들을 모아서 서로 이야기를 나누도록 한다. 회의를 통한 직접적 대화의 이익과는 별개로, 회의가 끝난 후 과학자들은 아이디어를 지속적으로 공유하게 되고, 이를 통해 조직 내의 지식의 흐름이 증가할 것이다. 3M에서는 지식순환의 결과로 탄생한 많은 제품 아이디어에 관한 이야기가 있다. 흔히 볼 수 있는 포스트-잇은 Art Fry가 발명한 것으로 그는 처음 3M의 다른 부서에 근무하는 동료인 스펜서 실버로부터 접착제에 관하여 배웠다. 스펜서 실버는 수년간 그의 접착제를 알리려고 3M을 돌아다녔다.[32]

Post-It Note Man Post-it 노트를 발명한 Art Fry는 처음 접착제에 관해 배운 것을 이후 Post-it 노트에 적용하였고 3M의 내부 지식 네트워크를 통해 공유하였다.

스스로에 의한 지식 네트워크는 하위부서 관리자들의 하위목표가 회사 전체적인 목표와 일치하지 않으면 조정이 충분히 달성되지 않을 수도 있다. 지식 네트워크가 올바로 기능하기(그리고 또한 공식적 매트릭스 구조가 기능하기 위해) 위해서 관리자들은 같은 목표를 가지도록 강력한 몰입을 공유해야 한다. 문제의 본질을 이해하기 위하여 관리자 B와 F의 사례를 다시 고려해 보자. 앞에서 보았듯이, 관리자 F는 네트워크를 통해 관리자 B에 관한 문제를 듣지만, 관리자 F가 관리자 B의 문제를 해결하는 데 꽤 오랜 시간이 요구될 것이다. 만약 이 일이 관리자 B의 하위목표와 다른 관리자 F의 정규과업으로부터 관리자 F를 전환시키는 것이라면, 관리자 F는 이 일을 기꺼이 수행하려 하지 않을 것이다. 그러므로 관리자 F는 관리자 B를 도우려 하지 않을 것이며, 관리자 B의 문제를 해결하기 위한 비공식적 네트워크는 실패한 것이다.

이러한 결점을 제거하기 위해서 조직관리자들은 상이한 하위부서들의 지향을 뛰어넘는 일반적인 기준과 가치를 정립해야만 한다.[33] 다시 말해서 회사는 팀워크와 조정을 활성화하는 강력한 조직문화를 가져야만 한다. 이러한 경우에 관리자는 자발적이어야 하며 그의 하위부서만을 고려하지 않아야 하는데 이러한 과정은 회사 전체의 이익을 가져다준다.

만약 관리자 B와 F가 같은 조직규범과 가치시스템을 가지고 있었다면, 그리고 이러한 조직규범과 가치가 개별적인 하위부서의 이해보다 회사 전체의 이해를 더 중요시한다면, 관리자 F는 기꺼이 관리자 B의 하위부서 문제해결을 위해 노력할 것이다. 우리는 제10장에서 강력한 조직문화를 촉진하기 위하여 관리자들이 할 수 있는 것을 다룰 것이다.

// 전략, 조정, 그리고 통합 메커니즘

모든 기업들은 그 하위부서들이 기능부서이든 사업부이든 아니면 지역부서이든 이들 간의 조정이 필요하다. 그러나 조정 필요성의 수준과 통합 메커니즘의 사용은 회사의 전략에 따라 변화하여 사용된다. 우선 하나의 사업에서 활동하는 기업들을 고려해 보자.

하나의 사업만 하는 기업이 제품혁신을 통한 경쟁을 하는 기업들보다 조정의 필요성이 더욱 크다.[34] 앞서 논의한 바와 같이 제품들이 적시에 개발되고, 효과적으로 제조되도록 설계되고, 그리고 소비자들의 욕구에 상응하는 새로운 제품들을 생산하기 위하여 조직의 R&D, 제조, 그리고 마케팅 기능부서들 간의 조정이 필요하다.

우리는 매트릭스 구조가 조정을 실행하는 하나의 방법임을 알고 있으며, 또 다른 일반적인 해결방안은 새로운 제품의 개발과 출시를 관리하는 일시적인 팀을 구성하는 것이다. 일단 새로운 제품이 출시되기 시작하면 그 팀은 해산하고, 근로자들은 그들의 이전 부서로 돌아가거나 다른 팀으로 옮긴다.

또한 회사가 불확실한 상황에 직면해 있고, 치열한 경쟁상황에서 살아남기 위해 신속하게 시장상황의 변화에 적응하는 것이 필요한데, 이를 위해 강도 높은 조정이 필요하다.[35] 이러한 경우에 회사의 서로 다른 기능부서들이 모두 똑같은 방향으로 이끌어져서 변화하는 환경에 대한 회사의 반응이 일관적이고 전체 조직을 끌어안을 필요가 있다. 임시적 팀들은 종종 조정의 효과를 얻기 위해 활용되는데, 예를 들어 1990년대 중반에 HTML이라고 알려진 컴퓨터 언어에 기초한 월드 와이드 웹은 소수의 관리자들에 의해 놀랄만한 속도를 자랑할 것이라고 예측되었다. WWW의 성장으로 Microsoft와 같은 컴퓨터 소프트웨어 회사들은 대대적인 환경변화에 직면하게 되었다. 이러한 회사들에서 관리자들은 그들의 전략을 전환해야 하고, 그들의 제품을 Web에서 사용가능하도록 해야 하고, 회사의 마케팅과 판매활동을 이러한 새로운 환경에서 경쟁하기 위해 배치해야 한다는 사실을 깨달았다. Microsoft는 회사 전체적으로 빠르게 WWW를 받아들였고, 모든 제품들이 곧 웹에 적용 가능해졌다. 이러한 변화는 윈도우즈, 오피스, MSN을 위한 소프트웨어 코드를 기반으로 일하는 상이한 소프트웨어 엔지니어링 그룹들 간의 긴밀한 조정을 요구하였다. 그래서 모든 제품들은 웹에서 실행될 뿐만 아니라 서로 손쉽게 연결되어 사용될 수 있었다. 마이크로소프트는 교차기능 팀의 구성으로 이를 달성하였다. 공식적 통합 메커니즘에 더하여, 변화가 심하고 기술수준이 높은 환경에 있는 회사들은 비공식적 지식 네트워크를 촉진하여 하위부서 간의 조정을 더욱 용이하게 할 것이다.

반대로 만약 회사가 약간의 변화 또는 변화가 없는 안정적인 환경에 처해 있다면, 그리고 만약 새로운 제품개발이 회사의 사업전략의 핵심이 아니라면, 기능부서들 간의 조정의 필요성은 낮을 것이다. 이러한 경우 회사는 직접 접촉 또는 단순한 연락체계와 같은 최소한의 통합 메커니즘의 기능부서를 운영할 것이다. 이러한 메커니즘은 같은 목표를 공유하고 회사 전체의 이익을 위한 서로의 협동을 위해 근로자들을 격려하는 강력한 문화와 더불어, 기능부서들 간의 조정을 실행하는 데 충분하다.

제품사업부로 구성된 다중사업제 기업에서 관리자들이 추구하는 다각화전략의 유형에 따라 조정 필요성은 달라진다.[36] 특히, 만약에 회사가 관련사업에 다각화를 하였고 제품사업부 간의 투입을 공유하여 규모의 경제를 실현하고자 한다면, 또는 제품사업부들 공통의 핵심역량을 개발하여 수익성을 개선하고자 한다면, 제품사업부들의 활동을 조정하는 통합 메커니즘이 필요할 것이다(제6장 다각화전략 참조). 연락체계, 임시적인 팀들, 영구적인 팀들은 모두 이러한 조정을 강화하는 데에 활용할 수 있다. 반면에 만약 최고경영자가 강력한 관리를 통한 수익증대에 가장 중점을 둔다면, 그리고 각 사업부는 공통적 핵심역량 투자나 규모의 경제실현에 관한 시도 없이 독립적으로 운영된다면, 회사는 사업부 간에 최소화된 통합 메커니즘이나 혹은 통합 메커니즘 없이 운영되는 편이 낫다.

결 론 왜 중요한가?

왜 관리자들이 그들 조직의 구조에 관해 고려해야 하는지에 관하여 많은 이유들이 있다.

구조는 조직에서 업무를 분할하는 방식이다. 구조는 조직 내에서 누가 과업에 책임이 있는지를 명확히 한다. 구조에서 비롯된 책임은 조직에서 중요한 통제의 수단이다. 예를 들어, 제품사업부의 책임자는 그 사업부의 성과에 대한 책임과 의무가 있는 것이다.

본사는 사업부의 목표설정, 성과에 대한 모니터링, 목표달성이나 초과달성에 대한 사업부 관리자 보상, 목표를 달성하지 못했을 경우 사업부 책임자에 대한 문책 등을 통해 통제를 수행할 것이다. 또한 기능부서(생산부서와 같은)의 책임자 또는 교차기능 팀장(제품개발팀과 같은)은 그 하위부서의 과업에 대한 책임을 지고, 통제는 각 부서가 목표에 얼마나 도달하였는가와 관계되어 이루어진다. 다시 말해 구조는 직무분할의 방법 이상의 의미를 갖는다고 할 수 있다. 이는 조직을 통제하는 관리자들에게 매우 중요한 수단이다. 올바른 구조 없이는 기업의 운영을 위한 효과적인 통제의 실행이 불가능할 것이다.

무엇보다도, 전략은 조직구조를 통해 부분적으로 실행된다. 만약 회사의 구조가 전략과 부합하지 않으면, 좋지 않은 성과를 가져올 수 있다. 기능적 구조로 운영되는 다각화기업은 아마도 성과가 좋지 않을 것이며, 빠른 환경변화에 교차기능 팀을 사용하지 않는 첨단기술회사도 마찬가지일 것이다. 구조는 반드시 높은 성과를 얻기 위해 전략과 부합한다. 만약 관리자들이 그들 회사의 성공적인 전략이행과 경쟁우위 유지를 원한다면 올바른 조직구조의 확립이 필요하다. 그러나 구조는 단지 조직아키텍처의 한 부분일 뿐이며, 구조는 성공적인 전략실행을 위해 통제시스템, 인센티브, 조직문화, 그리고 구성원들과 반드시 부합해야 한다. 다음의 몇 장에서 우리는 조직구성의 또 다른 요소들에 대하여 알아보게 될 것이다.

Management Challenges

1. 성공적인 조직은 그들의 관리위계에서 계층이 증가하는 경향을 보인다. 왜 이런 일이 일어난다고 생각하는가? 이것은 좋은 현상인가? 무엇이 위계의 성장을 제한할 수 있는가?
2. 구조, 분권화, 책임, 의무, 그리고 통제 간의 관계에 대하여 설명하시오.
3. 책임은 종종 매트릭스 조직 내에서 그 위치가 모호해진다, 왜 그런 것인가?
4. 규모가 크고 다각화된 기업은 어떤 환경에서 구매(a)와 인적자원 정책(b)에 관한 의사결정이 기업 본사에 집중되기를 원하는가?
5. Microsoft는 글로벌 기업임에도 불구하고, R&D 활동의 핵심을 레드몬드의 본사로 집중하였다. 왜 이렇게 했다고 생각하는가? 이러한 점에서 부작용을 찾을 수 있는가?

Management Portfolio

한 기업을 선택하여 다음을 살펴보시오.

1. 기업의 기본적인 조직구조에 대하여 설명하시오
2. 기업의 전략과 구조가 부합하는가? 만약 그렇다면 어떻게 부합하는지 설명하시오. 만약 그렇지 않다면 왜 그런지 설명하고, 전략과 구조의 부합을 위해 어떻게 변화하여야 하는지에 대한 요점을 제시하시오.
3. 조직이 수평 또는 수직적 관리위계를 가지고 있는가? 위계를 구성하는 계층의 수는 적당한가?
4. CEO의 통제범위가 무엇인가? 당신의 생각에 이 범위가 너무 좁은가? 너무 넓은가? 또는 적당한가?
5. 이 조직의 어떤 의사결정들이 본사(본부)에 집중되는가? 어떤 의사결정들이 하위부서에 분권화되었는가? 집권화와 분권화에 대한 접근이 의미가 있는가?

마 · 침 · 사 · 례 Dow Chemical

화학산업에서 주로 활동하는 소수의 기업들은 세계를 무대로 치열한 경쟁을 하는데, 미국의 Dow Chemical과 Du Pont, 영국의 ICI, 독일의 BASF, Hoechst AG, 그리고 Bayer가 그것이다. 화학제품의 국가 간 자유로운 이동을 제약하는 장벽은 1970년대에 대부분 사라졌다. 이는 대부분 화학제품의 생필품적 특성과 1980년대 초기 경기침체와 더불어 극심한 가격경쟁의 장기화를 가져왔다. 이러한 상황에서 회사가 경쟁에서 살아남는 길은 낮은 가격뿐이었다. Dow Chemical은 그러한 가격경쟁자들 사이에서 오랜 기간 선두주자로 존재하였다.

수년간 Dow사의 관리자는 '매트릭스' 조직의 이점에 대하여 주장해 왔다. Dow사의 조직 매트릭스는 3가지로 구성되어 있었는데, 기능(연구개발, 생산, 마케팅), 사업(에틸렌, 플라스틱, 제약), 그리고 지역(예를 들어, 스페인, 독일, 브라질)이 그것이다. 관리자들의 직무명칭은 모두 세 가지 요소를 통합(스페인의 플라스틱 마케팅 관리자)하였고, 대부분의 관리자들은 최소한 2명의 상관에게 보고하였다. 스페인의 플라스틱 마케팅 관리자는 아마도 국제적 플라스틱 사업부의 관리자와 스페인 지사를 운영하는 책임자에게 보고했을 것이다. 그 매트릭스의 목적은 Dow사가 지역시장의 필요와 회사목표 모두에 대해 발 빠르고 예민하게 운영되도록 만드는 것이었다. 그로 인해 플라스틱 사업부는 세계적으로 Dow사의 플라스틱 제품비용을 최소화하는 책임을 갖는 반면에, 스페인 지사는 어떻게 스페인 시장에서 플라스틱 제품을 잘 팔 수 있는지에 관한 방법을 결정한다.

처음 이러한 구조를 Dow에 적용했을 때 그 결과는 기대했던 것보다 좋지 않았다. 다중보고 채널이 혼란과 충돌을 가져왔기 때문이다. 많은 책임자들은 다루기 힘든 관료주의적 운영을 했다. 중복된 의무들은 권력다툼과 책임부재의 결과를 가져왔으며, 지역관리자들은 어떤 공장이 어디에 세워져야 하는지에 관한 사업영역을 간과하는 관리자들에 대해 반대하였다. 간단히 말해, 그 구조는 구실을 하지 못했다. 그러나 Dow사는 그 구조를 포기하지 않았고, 좀 더 유연해질 것인지 지켜보기로 결정했다.

매트릭스 구조를 유지하기로 한 Dow사의 결정은 이 회사가 제약산업에 뛰어들면서 활성화되었다. 이 회사는 제약사업이 대량으로 생산하는 화학사업과는 매우 다르다는 것을 깨달았다. 대량생산 화학사업에서는 생산분야에서 규모의 경제를 달성함으로써 막대한 이익이 발생하였다. 이는 핵심지역에 매우 큰 공장을 설립하는 것이 지역시장이나 세계시장에 도움이 됨을 의미한다. 그러나 제약분야에서는 의약품에 대한 규제와 마케팅 요구가 국가별로 매우 상이하여 규모의 경제실현을 통한 생산비용 절감보다 지역적 요구가 훨씬 더 중요하다. 높은 수준의 지역적 반응성은 필수적이다. Dow사는 제약사업이 화학분야의 운영방식과 같이 관리되면 결코 성공할 수 없다는 것을 깨달았다.

매트릭스 구조를 포기하는 대신에 Dow사는 단일 관리시스템의 범주 안에서 각 사업만의 고유한 점은 지키면서 서로 다른 사업들과의 더 나은 상호작용을 위해 좀 더 유연한 조직을 만들기로 하였다. 본부의 소규모 고위 경영팀은 각 사업부에 대한 우선권을 정립하도록 도왔다. 각 사업영역을 위한 우선권들이 정해진 후에 매트릭스의 세 가지 요소(기능, 사업, 지역) 중 하나가 의사결정에서 주요한 권한을 행사하게 되었다. 어떤 요소가 가장 중요한지는 의사결정의 유형, 회사가 경쟁하는 시장이나 지역에 따라 달라진다. 이러한 유연성은 모든 근로자들이 매트릭스의 다른 부분에서 무슨 일이 일어나고 있는지에 대한 이해를 필요로 했다. 비록 이러한 시스템이 혼란스러워 보일 수 있지만, Dow사는 수년간 이 유연시스템이 잘 기능한다고 주장하였고, 의사결정의 질적 수준 향상을 촉진한다고 믿었다.

그러나 Dow사는 1990년대 중반을 지나면서 회사의 실적이 만족스럽지 못한 제약산업에서 투자를 회수하고 다시 화학산업에 집중하였다. 1995년 Dow사는 회사전략을 반영한 변화를 결정하였는데, 글로벌 제품부서에 기초한 더욱 간결한 구조의 구성을 위하여 매트릭스 구조를 포기하기로 하였다. 매트릭스 구조는 치열한 경쟁환경에서 관리하기 매우 복잡하고 비용이 많이 들었기 때문이다. 특히, 경쟁우위가 저원가생산자에게 존재하는 생활필수 화학제품에 다시 집중하게 되면서 매트릭스 구조의 단점이 더욱 명확해졌다. 1999년 Dow의 최고경영자의 인터뷰는 다음과 같다.

"우리 조직은 매트릭스 구조와 팀작업에 의존했던 조직이었지만, 그 조직에는 누구도 책임자는 없었다. 성과가 좋을 때 우리는 누구에게 보상해야 하는지 알 수 없었고, 또한 성과가 좋지 않을 때 누구에게 책임을 물어야 하는지도 알 수 없었다. 그래서 우리는 글로벌 사업부 구조를 만들었고, 여러 관리계층들을 제거하였다. 나와 가장 낮은 근로자 간의 계층은 예전에 11단계였지만 지금은 5단계이다."[37)]

토론문제

1. 왜 Dow사는 매트릭스 구조를 도입하게 되었는가? 이 구조는 어떤 장점이 있는가?
2. 이 구조에서 나타는 문제점은 무엇인가? 어떻게 Dow사는 이 문제를 해결하였는가? Dow사의 해결방법이 효과가 있었다고 생각하는가?
3. 왜 Dow사는 1990년대 중반 다시 회사의 구조를 변화시켰는가? 이 시기에 Dow사가 달성하려 했던 것은 무엇이었는가? Dow가 활동하고 있는 산업과 그 경영전략을 고려해 볼 때에 현재의 구조는 타당하다고 생각하는가? 왜 그렇게 생각하는가?

※ 주석 | Endnotes

1. D. Naidler, M. Gerstein, and R. Shaw, *Organization Architecture* (San Francisco: Jossey-Bass, 1992).
2. G. Morgan, *Images of Organization* (Beverly Hills, CA: Sage Publications, 1986).
3. The material in this section draws on J. Child, *Organizations* (London: Harper & Row, 1984). Recent work addressing the issue includes J.R. Baum and S. Wally, "Strategic Decision Speed and Firm Performance," *Strategic Management Journal* 24 (2003), pp. 1107–20; and D.I. Jung and B.J. Avolio, "Effects of Leadership Style and Followers' Cultural Orientation on Performance in Groups and Individual Task Conditions," *Academy of Management Journal* 42 (1999), pp. 208–18.
4. J. McCarthy and E. Montalbano, "Microsoft Reshuffles the Deck," *InfoWorld* 27 (September 26, 2005), pp. 12–13.
5. This is a key tenet of the information processing view of organizations. See J. Galbraith, *Designing Complex Organizations* (Reading, MA: Addison-Wesley, 1972).
6. J Kim and R.M. Burton, "The Effects of Uncertainty and Decentralization on Project Team Performance," *Computational & Mathematical Organization Theory* 8 (2002), pp. 365–84.
7. J Birkinshaw, N. Hood, and S. Jonsson, "Building Firm Specific Advantages in Multinational Corporations: The Role of Subsidiary Initiatives," *Strategic Management Journal* 19 (1998), pp. 221–41.
8. E.M. Eisenhardt, "Making Fast Strategic Decisions in High Velocity Environments," *Academy of Management Journal* 32 (1989), pp. 543–75.
9. "When Government Fails—Katrina's Aftermath," *The Economist*, September 2005, p. 25.
10. G.P. Hattrup and B.H. Kleiner, "How to Establish a Proper Span of Control for Managers," *Industrial Management* 35 (1993), pp. 28–30.
11. The classic statement was made by P. Milgrom and J. Roberts, "Bargaining Costs, Influence Costs, and the Organization of Economic Activity," in *Perspectives in Positive Political Economy*, ed. J.E. Alt and K.A. Shepsle (Cambridge: Cambridge University Press, 1990). Also see R. Inderst, H.M. Muller, and K. Warneryd, "Influence Costs and Hierarchy," *Economics of Governance* 6 (2005), pp. 177–98.
12. C.R. Littler, R. Wiesner, and R. Dunford, "The Dynamics of Delayering," *Journal of Management Studies* 40 (2003), pp. 225–40.
13. J.A. Byrne, "Jack: A Close Look at How America's #1 Manager Runs GE," *BusinessWeek*, June 8, 1998, pp. 90–100. Also see GE's Two-Decade Transformation *(Harvard Business School* Case #9-399-150).
14. L. Worrall and C. Cooper, "Managers, Hierarchies, and Perceptions," *Journal of Managerial Psychology* 19 (2004), pp. 41–55.
15. A.D. Chandler, *Strategy and Structure: Chapters in the History of the Industrial Enterprise* (Cambridge, MA: MIT Press, 1962). Also see O.E. Williamson, *Markets and Hierarchies: Analysis and Anti-Trust Implications* (New York: Free Press, 1975).
16. A.P. Sloan, *My Years at General Motors* (New York: Bantum Books, 1996). This book was originally published in 1963.
17. C.W.L. Hill, M.A. Hitt, and R.E. Hoskisson, "Cooperative versus Competitive Structures in Related and Unrelated Firms," *Organization Science* 45 (1992), pp. 501–21; Williamson, *Markets and Hierarchies: Analysis and Anti-Trust Implications.*
18. C.W.L. Hill, M.A. Hitt, and R.E. Hoskisson, "Declining U.S. Competitiveness: Reflections on a Crisis," *Academy of Management Executive* 2 (1988), pp. 51–60.
19. J.M. Stopford and L.T. Wells, *Strategy and Structure of the Multinational Enterprise* (New York: Basic Books, 1972).
20. C.A. Bartlett and S. Ghoshal, *Managing across Borders* (Boston: Harvard Business School Press, 1989); S.M. Davis, "Managing and Organizing Multinational Corporations," in *Transnational Management*, ed. C.A. Bartlett and S. Ghoshal (Homewood, IL: Richard D. Irwin, 1992). Also see J. Wolf and W.G. Egelhoff, "A Reexamination and Extension of International Strategy–Structure Theory," *Strategic Management Journal* 23 (2002), pp. 181–89.
21. "Unilever's Restructuring Makes Us Like P&G," *Marketing Week*, February 24, 2005, pp. 8–9; Unilever's Q4 2004 Roadshow Presentation archived at http://www.unilever.com/resources/downloadlibrary.asp.
22. P.R Lawrence and J. Lorsch, *Organization and Environment* (Boston: Harvard University Press, 1967).
23. K.B. Clark and S.C. Wheelwright, *Managing New Product and Process Development* (New York: Free Press, 1993); M.A. Schilling and C.W.L. Hill, "Managing the New Product Development Process," *Academy of Management Executive* 12, no. 3 (August 1998), pp. 67–81; S.L. Brown and K.M. Eisenhardt, "Product Development: Past Research, Present Findings, and Future Directions," *Academy of Management Review* 20 (1995), pp. 343–78.
24. L.R. Burns, and D.R. Whorley, "Adoption and Abandonment of Matrix Management Programs: Effects of Organizational Characteristics and Interorganizational Networks," *Academy of Management Journal*, February 1993, pp. 106–38; C.A. Bartlett, and S. Ghoshal, "Matrix Management: Not a Structure, a Frame of Mind," *Harvard Business Review*, July–August 1990, pp. 138–45.
25. S. Thomas and L.S. D'Annunizo, "Challenges and Strategies of Matrix Organizations," *HR Human Resource Planning* 28 (2005), pp. 39–49.
26. See Galbraith, *Designing Complex Organizations*.
27. M. Goold and A. Campbell, "Structured Networks: Toward the Well-Designed Matrix," *Long Range Planning*, October 2003, pp. 427–60.
28. Bartlett and Ghoshal, *Managing across Borders;* F.V. Guterl, "Goodbye, Old Matrix," *Business Month*, February 1989, pp. 32–38; I. Bjorkman, W. Barner-Rasussen, and L. Li, "Managing Knowledge Transfer in MNCs: The Impact of Headquarters Control Mechanisms," *Journal of International Business* 35 (2004), pp. 443–60.
29. M.S. Granovetter, "The Strength of Weak Ties," *American Journal of Sociology* 78 (1973), pp. 1360–80.
30. A.K. Gupta and V.J. Govindarajan, "Knowledge Flows within Multinational Corporations," *Strategic Management Journal* 21, no. 4 (2000), pp. 473–96; V.J. Govindarajan and A.K.Gupta, *The Quest for Global Dominance* (San Francisco: Jossey-Bass, 2001); U. Andersson, M. Forsgren, and U. Holm, "The Strategic Impact of External Networks: Subsidiary Performance and Competence Development in the Multinational Corporation," *Strategic Management Journal* 23 (2002), pp. 979–96.
31. For examples, see W.H. Davidow and M.S. Malone, *The Virtual Corporation* (New York: Harper Collins, 1992).
32. 3M, *A Century of Innovation: The 3M Story* (3M, 2002). Available at http://www.3m.com/about3m/century/index.jhtml.
33. W.G. Ouchi, "Markets, Bureaucracies, and Clans," *Administrative Science Quarterly* 25 (1980), pp. 129–44.
34. D. Miller, "Relating Porter's Business Strategies to Environment and Structure," *Academy of Management Journal* 31 (1988), pp. 280–308.
35. Lawrence and Lorsch, *Organization and Environment.*
36. Hill, Hitt, and Hoskisson, "Cooperative versus Competitive Structures in Related and Unrelated Firms."
37. Sources: "Dow Draws Its Matrix Again, and Again, and Again," *The Economist*, August 5, 1989, pp. 55–56; Anonymous, "Dow Goes for Global Structure," *Chemical Marketing Reporter*, December 11, 1995, pp. 4–5; R.M. Hodgetts, "Dow Chemical CEO William Stavropoulos on Structure and Decision Making," *Academy of Management Executive* 13 (November 1999), pp. 29–35.

// **PART 3**

조직아키텍처

9

통제시스템

CONTROL SYSTEMS

LEARNING OBJECTIVES

이 장을 학습한 후 여러분은

1. 조직 통제시스템의 특징적 요소에 대하여 논의할 수 있다.
2. 조직에서 사용되는 여러 종류의 통제에 대해 설명할 수 있다.
3. 어떻게 상이한 통제방식이 조직의 전략과 구조에 부합되는지 설명할 수 있다.
4. 통제지표와 관련된 균형성과표의 특징에 대해 개관하고 왜 그것이 유용한지 설명할 수 있다.
5. 비공식적 혹은 이면경로에 의한 통제방법에 대해 논의할 수 있다.

재고에 대한 통제 시스템을 강화함으로써 Nordstrom은 재고회전율과 이윤을 증대시킬 수 있었다.

도입사례

2001년 최고급 백화점인 Nordstrom은 위기에 직면했다. 백화점 산업분야의 리더였음에도 불구하고 1999년부터 3년 동안 회사의 이윤이 35%나 감소했기 때문이다. 이 백화점의 문제는 고객이 찾지 않는 제품의 재고가 너무 많거나 고객이 원하는 제품의 재고가 부족한, 즉 재고 통제가 부실하게 이루어진 것이다. 인기 있는 아이템을 재고로 보유하지 못한 이 백화점은 높은 마진의 판매가 불가능했고, 이러한 문제를 해결하기 위해 이 백화점은 재고통제시스템을 개선하였다.

이 백화점은 재고가 실시간으로 순환되도록 정보기술에 거액을 투자하였다. 이것은 Nordstrom에서 무슨 제품이 팔리고 있으며 재주문 패턴은 어떠한지를 보여주는 전사적 공급자 연결을 구축하는 것이었다.

이 시스템의 목표는 필요한 만큼 재고가 배송되어 오직 고객이 요구하는 제품만 백화점에 쌓여 있도록 하는 것이었다. 이 프로그램의 성공을 측정하기 위하여 이 회사는 재고회전율과 판매공간의 평방피트당 평균재고, 이 두 가지 지표에 집중하였다. 2001년 이 백화점은 1년에 재고가 3.73회 회전하였고, 1년 동안 백화점의 평방피트당 평균재고가 60달러였다. 2004년에는 재고통제의 결과가 더욱 향상되었는데, 1년 동안 4.51번 재고가 회전하였고, 판매공간의 매 평방피트당 52.46달러의 재고를 가지게 되었다. 이러한 운영효과의 증대로 인해 2001년 1억 2천5백만 달러에서 2004년 4억 6백만 달러의 이윤증대를 가져왔다.[1]

관리자의 중요한 역할은 그들의 조직활동을 통제하는 것으로 제8장에서도 살펴보았듯이 통제는 기업의 조직구성에서 매우 중요한 부분이다. 통제는 조직이 효율적이고 의도한 전략과 일치하는 방법으로 운영되는지를 확인하기 위해 필요하다. 적절한 통제가 이루어지지 않으면 통제 실패로 조직의 성과가 나빠지게 될 것이다. 이는 2000년대 초반 Nordstrom의 사례에서 명백히 나타났다. 재고순환을 위한 알맞은 시스템의 부재로 Nordstrom은 그 백화점에 어떤 재고품이 있는지 관리하는 데 실패하였다. 이를 고비용 저수익으로 바꾸어 말할 수 있다. 이러한 문제를 해결하고 통제가 다시 가능하게 하기 위해서 Nordstrom은 재고통제시스템을 도입해야만 했다. 우리는 이번 장에서 통제시스템에 대하여 자세히 알아 볼 것이다. 먼저 기초적인 통제시스템에 대해 살펴보고 관리자들이 그들의 조직을 통제하는 다양한 방법에 대해 알아보자.

통제시스템

통제
개인과 하부단위의 활동을 관리자가 규제하는 과정

기준
조직이 지속적으로 유지해야 하는 성과 요구

조직 내부에서의 **통제**(control)는 관리자들이 개인과 부서의 활동에 대해 감독하는 프로세스라 할 수 있으며, 통제시스템은 조직의 목표와 기준에 부합한다.[2] 이 책의 초반부에서 살펴보았듯이, 목표는 조직이 실현하고자 희망하는 바람직한 미래상이다(제5장 참조). **기준**(standard)은 조직이 지속적으로 달성해야 할 성과요건이다. 관리자들이 근로자 개인과 부서의 활동을 감독할 수 있는 몇 가지의 방법들이 있는데, 이들은 조직의 목표와 기준에 부합되는 방법을 사용한다. 그러나 이들을 살펴보기 전에 전형적인 통제시스템의 기능에 대해 살펴볼 필요가 있다. [그림 9. 1]에 설명되어 있듯이, 이 시스템은 5개의 주요 요소가 있다. 목표와 기준의 설정, 성과측정, 목표와 기준에 대한 성과비교, 개선활동, 그리고 강화요인 제공이 그것이다.[3]

그림 9. 1
전형적인 통제시스템

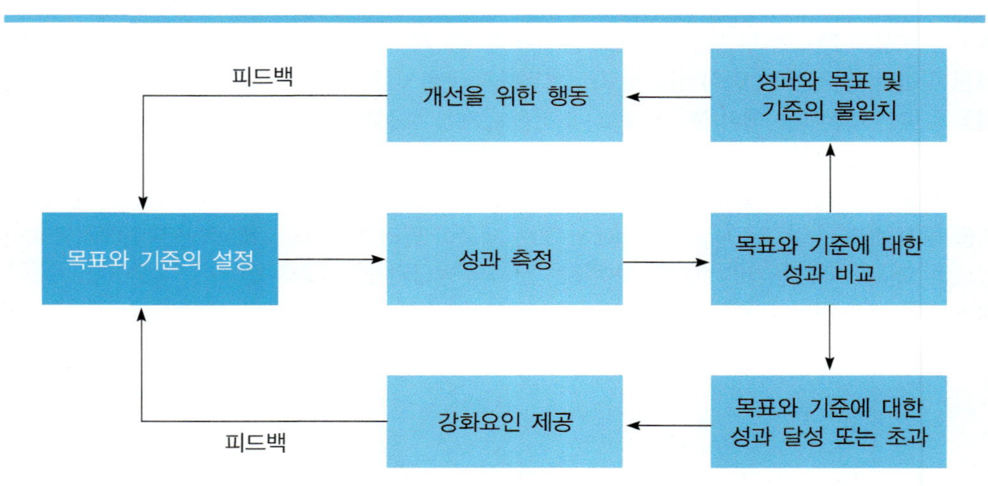

// 목표와 기준의 설정

대부분의 조직은 목표의 위계와 함께 운영된다. 특히, 기업의 경우를 살펴보면, 상위 계층의 주요한 목표들은 대부분 수익성과 이익 증대에 관한 것들이다(제6장 참조). 이러한 목표들은 일반적으로 조직 내부의 개인과 부서에 적용될 수 있도록 하위목표로 변환된다. **하위목표**(subgoal)는 그 조직의 주요 목표들을 달성하도록 돕는다. 주요 목표와 함께 하위목표는 정확하고 측정가능해야 하며, 중요한 이슈들을 반영하고, 도전적이지만 현실적이어야 하며, 특정한 기간을 설정한다.

하위목표
만약 달성된다면 조직의 주요 목표들이 달성 혹은 초과달성될 수 있는 목표

목표의 위계를 설명하기 위하여 Nordstrom이 도래하는 연도에 투자자본회전율(ROIC)을 15% 달성하겠다고 결정한 사례를 들어보자. 이것이 이 회사의 주요 수익률목표이다. 이것의 실행방법 중 하나는 매출에 필요한 자금을 줄이는 것인데 아마도 재고를 위한 자본을 줄이는 방법일 것이다. 그렇게 하기 위해서는 재고를 보다 빠르게 회전시키는 것이다. 이처럼 Nordstrom은 다음 연도에 재고회전율 5배 신장이라는 하위목표를 갖고 운영할 것이다. 만약 정확하며 측정가능하고 도전적이고 특정 기간 내에 성취해야 하는 이 하위목표가 달성되면, ROIC에 의해 측정될 회사의 수익률은 증가하게 될 것이다.

델 컴퓨터는 목표설정과 성과측정에 대하여 위계적 접근법을 채택한 기업의 좋은 사례이다. Michael Dell(마이클 델)에 의하여, 1990년대 중반 델의 성과를 끌어올리려는 노력의 일환으로 투자자본수익률을 측정함으로써 수익률을 끌어올리는 방안의 중요성에 대하여 모든 조직구성원에게 교육하는 전사적 접근법을 도입하였다. "우리는 특히 모든 구성원들이 사이클 타임을 줄이고, 낭비와 폐기물을 제거하고, 판매를 더 촉진하고, 정확하게 수요를 예측하고, 운영을 효율적으로 측정하고, 재고회전율을 증가시키고, 외상매출금을 효율적으로 징수하고 일처리를 처음부터 제대로 하는 방법에 대하여 설명하였다."[4] 델은 한 발짝 더 나아가 이런 항목들이 통제와 인센티브 보상시스템의 핵심과 관련되도록 하는 목표를 세웠다.

기준은 목적이 있다는 점에서 목표와 비슷하지만, 성취하기 위해 노력해야 하는 도전적 목표라기보다 일상적인 운영의 일부로 달성되어야 할 것으로 본다. 예를 들어, 하나의 조직은 벤더가 송장(invoice)제출 후 30일 이내에 지불해야 하고, 고객문의는 24시간 이내에 답변되어야 하고, 모든 종업원들은 공식적인 성과평가를 받고 해마다 기술된 피트백이 주어지고, 안전검사는 매 6개월마다 생산설비를 대상으로 수행해야 하는 것, 종업원들의 출장 중 2등석을 이용해야 한다는 기준에 의해 운영될 수 있는 것이다.

통제프로세스의 주요 요소는 올바른 목표, 하위목표, 그리고 기준을 설정하는 것이다. 관리자들은 목표와 기준을 조심스럽게 선택해야 할 필요가 있는데, 목표와 기준은 잘못된 행동을 일으킬 수 있기 때문이다. 격언 중에 "당신이 측정한 것을 얻는다"는 말이 있다. 만약 당신이 잘못된 목표와 기준을 선택했다면 당신은 잘못된 행동을 유발하게 될 것이다. 몇 년 전 한 직업소개소는 직원들에 대하여 평가하고 보상할 때 그들이 얼마나 많은 구직자들을 채용인터뷰에 보냈는가를 기초로 삼기로 결정하였다. 이러한

생산성 측정은 원하는 결과를 산출할 것처럼 보였고, 몇달 후 보다 많은 구직자들이 인터뷰를 받게 되었다. 그러나 얼마 후 구직자들의 수가 급격히 떨어지게 되었다. 관리자들이 이 문제를 조사했을 때 여러 유력한 고용주들이 그 직업소개소에서 추천된 사람들을 인터뷰하지 않고자 한다는 사실을 발견했다. 직업소개소 직원들은 채용인터뷰 숫자를 늘리려고 능력을 갖추지 못한 사람들을 인터뷰에 보낸 것이다. 이로 인하여 그 직업소개소는 평판이 나빠졌고 사업은 축소되었다. 이는 애초 경영진의 의도에 반대되는 결과이다. 그 후 관리자들은 실제로 채용된 사람이 몇 명인지 측정하는 방법으로 바꾸었다.

유사한 사례로는 대기업의 고객서비스 콜센터에서 찾아볼 수 있다. 콜센터 직원들의 생산성을 증가시키려는 시도로서 관리자들은 고객불만들을 5분 이내에 해결해야 한다는 기준을 만들었다. 이런 기준이 만들어지자 콜센터 직원들은 고객문제가 해결되든지 안 되든지 전화를 4분 58초에서 끊어버렸고, 이러한 행동은 서비스품질을 위한 기업의 노력에 손해를 입혔다.[5)]

목표를 선택할 때 또 다른 중요한 고려사항은 적합한 개인과 부서에게 올바른 목표를 배분하는 것이다. 전형적인 실수는 책임과 필요한 자원이 부족한 사람에게 목표를 할당하는 것이다. 전통적인 자동차 조립운영에서 예를 든다면, 품질목표는 제품이 조립라인에서 떠났을 때 최종적으로 자동차의 불량 여부를 체크하는 품질보증부서에 할당된다. 이것은 논리적으로 보일 수도 있지만 잘한 일은 아니다. 불량은 일반적으로 제조프로세스 초기에 발생하며, 품질보증부서는 제조프로세스를 개선할 수 없기 때문이다. 더불어, 실수를 범한 조립라인 근로자들에게는 품질목표를 주지 않았다. 오히려 생산결과목표량, 이를테면 자동차를 만드는 데 소요된 시간에 대해서만 평가하고, 그들의 품질을 측정하지 않았기 때문에 그들은 품질에 대한 어떠한 보상도 없으며, 불량률은 높아지게 된다. 이러한 문제는 자동차기업들이 제품품질을 위해 조립라인의 근로자들에게 책임을 물었을 경우에 해결될 수 있다.[6)]

Hammer It In! 미국의 자동차 제조회사들은 조립라인의 근로자들에게 제품품질과 관련된 목표를 주지 않으면 자동차를 만드는 동안 그 자동차의 품질에 대해서는 신경 쓰지 않는다는 것을 깨달았다. 고품질의 일본 제조업이 성공을 거두자 미국의 회사들은 제조라인의 근로자들에게 품질목표를 주도록 하였다.

// 성과측정

일단 주요 목표, 하위목표, 그리고 기준이 생성되면 성과는 명시된 규범에 의해 측정되어져야 하는데, 이는 쉽게 이루어지는 것이 아니다. 정보시스템은 필요한 자료를 수집하기 위하여 구축되어 있어야 하고, 그 자료는 사용가능한 형태로 가공되어 조직 내 적합한 사람들에게 전달되어야 한다. 또한 실제 결과를 요약한 보고서는 일별, 주별, 월별, 분기별 또는 연도별 표로 만들어질 수도 있다. 월마트를 예로 들면, 수익과 재고회전율과 같은 모든 점포의 중요한 성과를 측정하여 요약한 주별 보고서가 있다. 또한 점포매출과 같은 성과는 일별로 보고되었다. 이렇게 이해하기 쉽고 시의적절한 보고체계를 확립하는 것은 정보기술에 대한 상당한 투자를 요구한다. 그래서 Nordstrom이 재고회전율을 측정하려면 모든 상품들에 바코드가 있어야 하고, 이 바코드는 점포로 상품이 들어올 때 스캔되고 또 다시 상품이 소비자에게 팔렸을 때 또 다시 스캔된다. 그 데이터는 모든 Nordstrom 점포들의 재고를 추적하는 중앙컴퓨터로 옮겨지고, 재고데이터는 관리자와 공급업체에 전달된다. 이러한 시스템을 이룩하기 위해, Nordstrom사는 컴퓨터기술과 스캐너에 투자해야 했다.

정보시스템의 엄청난 발전은 지난 30년간 눈에 띄게 나타났으며, 관리자들은 표면적으로 그들이 처리해야 하는 엄청난 양의 정보를 갖게 되었다. 이것이 유리한 반면에, 양적 데이터를 과신할 위험도 존재한다. 데이터는 전체 상황을 말해주지 않는다. 관리자들이 사무실에서 벗어나 업장을 방문하고 숫자의 이면에 있는 측면을 보는 것이 필요하다. 예를 들면, 몇 년 동안 월마트의 자료에서는 개별 점포들이 수익목표를 달성한 것으로 나타났다. 그러나 2000년대 초에 월마트의 어떤 점포종업원들은 초과근로수당 없이 연장근로를 하도록 압력을 받았다는 여러 건의 고발을 하였다. 또한 어떤 점포관리자들은 조직의 가치와 법 모두를 명백히 위반하면서 회사의 제재를 받지 않고 성과목표를 달성하였다. 이러한 활동들은 단순히 양적 자료를 검토하여 발견하기는 힘들다.[7)]

// 목표와 기준에 대한 성과비교

통제프로세스에서의 다음 단계는 목표와 기준에 관한 실제 성과를 비교하는 것이다. 만약 성과가 목표 또는 기준과 같은 선상에 있다면 좋은 일이지만, 관리자들에게 보고된 성과가 조직의 가치와 일관되는지를 명확히 할 필요가 있다. 만약 보고된 성과가 목표와 기준에서 단기적으로 떨어진다면, 관리자들은 그 원인을 찾아낼 필요가 있으며, 이것은 전형적으로 보다 많은 정보를 수집할 것을 요구하는데, 그 대부분은 수많은 질적 자료로서 일대일 미팅의 방법으로 사실적 정보들을 수집하여 제공되어야 한다. 관리자들은 적절한 원인을 규명해야 하며 이로 인해 보다 많은 정보를 수집해야만 한다.

예를 들면, 오락게임기 사업에서 새로운 게임에 대한 매출은 유럽에서 목표를 초과하였지만 같은 기간 동안 미국에서의 매출목표가 상당히 뒤떨어지고 있다고 보고되었다.[8)] 이러한 현상들을 조사하기 위해 관리자들은 어떠한 현상이 변화하였는지 알아보고자 소매업자와 유통업자를 만났다. 미국의 유통업자들은 재무적인 어려움을 겪고 있었고, 회사에 알리지 않은 채 판매량을 감소시켰다. 즉, 소매업자들은 새로운 게임을 위한 판촉활동을 하지 않았다. 그러나 이와는 대조적으로 유럽의 주요 유통업자의 총괄적인 자세로 잠재적인 고객들이 그것을 구매하기 전에 게임을 할 수 있는 소매 디스플레이를 준비하였고 이러한 전략은 성공적이었다. 명백히 그 게임기는 소비자들에게 꼭 필요한 필수품은 아니었지만, 소비자들이게 한 번 더 게임을 하게 했고 그 게임기에 대한 이전의 많은 회의론자들은 열광적인 고객이 되었다. 게다가 추가적인 양적 자료들을 수집함으로써 관리자들은 목표로부터 문제점에 대한 원인을 찾아낼 수 있었다.

// 개선조치

목표와 기준의 변화는 관리자들의 개선조치를 요구한다. 실제성과가 쉽게 목표를 초과할 때, 개선조치에는 목표를 더욱 높게 잡는 것이 필요하다. 실제성과가 목표에 불충분할 때는 조사로서 나타난 원인이 무엇인지 알아보고 관리자들이 전략, 운영 또는 개인적인 부분을 어떻게 바꿔야 하는지를 결정하게 된다. Nordstrom이 3년 동안의 운영으로 수익목표를 달성하지 못한 이후로 위원회감독관들은 CEO를 해고하였고 불과 39살밖에 안 되는 가족 창업멤버인 Blake Nordstrom를 CEO로 교체하였다. Blake Nordstrom는 기업의 운영 효율성을 개선하려고 노력하였다. 첫 번째로 수행한 것은 점포를 방문하는 것이었고 어떠한 문제점이 일어나고 있는지를 해결하기 위해 종업원들과 이야기를 나누었다. 두 번째 그의 활동은 Nordstrom의 재고관리시스템을 개선하기 위해 또 다른 가족구성원인 Jame Nordstrom을 채용하였다.

급진적인 변화가 조직이 목표에 도달하지 못했을 때 항상 긍정적 영향을 주는 것은 아니다. 많은 연구를 통하여 그 원래의 목표가 너무 진취적인 것이었다고 나타나기도 한다. 또한 낮은 성과의 이유로 관리통제 밖의 영역인 시장상황의 변화도 한 요인이다. 그러한 사례에서 적자에 대한 반응은 목표를 낮게 조정하는 것이었다. 오락게임기업의 사례에서 살펴보면, 그러한 변동의 이유를 발견하고 이 회사는 미국 유통업자와의 관계를 끊었고 소규모의 판매팀을 채용하여 소매업자들을 찾게 하였다. 더불어 기업은 유럽에서 성공을 증명했던 전략을 채택하고 소매업자들이 잠재고객에게 게임을 할 수 있도록 한 디스플레이 준비를 활용하였고, 유럽 관리자들은 매출목표를 끌어올렸다.

창업 4세대 가족 경영자 Black Nordstrom은 몇 년간 회사의 성과 목표달성에 실패한 후 Nordstrom의 최고경영자 자리를 인수받았으며, 창업가족의 4대째 멤버인 그는 회사의 재고관리시스템을 개혁하기로 결심하였다.

// 강화요인 제공

만약 목표와 기준이 충족되거나 초과된다면 관리자들은 주로 그러한 반응들의 긍정적인 면을 강화할 필요가 있으며, 이는 업무우수, 보상, 초과지불, 보너스 또는 경력측면을 강화해주는 보상활동이 그 예가 될 수 있다. 긍정적인 강화(positive reinforcement)를 제공하는 것은 교정활동을 가져옴으로써 중요한 통제시스템의 기능을 갖게 된다. 행동과학자들은 긍정적 강화가 인정된 것들은 미래에도 지속적일 것이라는 주장을 펼쳐왔다.[9] 만약 긍정적 강화가 없다면 자신들이 저평가된 느낌을 가지게 될 것이고, 열심히 일하려 하지 않을 것이며, 그들이 더욱 잘 대우받을 수 있는 다른 고용 기회를 찾게 될 것이다.

통제방법

지금 우리는 어떻게 통제시스템이 기능하는지에 대해 명확히 알고 있으며, 기업의 관리자들이 조직의 목표와 기준에 의해 개인과 부서의 활동을 감독할 수 있는 또 다른 방법들에 대하여 생각해 볼 수 있다. 여기서 우리는 통제가 실현되는 6가지 주요 방법(개인적 통제, 관료적 통제, 결과통제, 문화적 통제, 인센티브를 통한 통제, 시장통제)들을 검토한다.[10)]

// 개인적 통제

개인적 통제(personal controls)는 개인적 접촉에 의한 통제와 하급자에 대한 직접적인 감독이다. 개인적 통제는 조직의 목표에 의해 구성된 방법을 사용한 개인에 대한 감독과 개인과 부서의 행동에 대한 직접적 감독을 통해 이루어진다. 개인적 통제는 매우 주관적인 것으로서 관리자들은 어떻게 직원들이 그들의 직무를 잘 수행하고 있는지 그들의 행동을 평가하고 관찰하는 것이다. 조직에서의 통제철학과 같이 소규모 회사에서의 개인적 통제는 몇몇 사람들에 대하여 직접적인 감독을 통해 실현되는 경향이 있다. 이러한 자연스러운 개인적 통제는 주요 관리자들의 권한과 파워의 집중화와 관련되어지는 경향이 있는데 주요 관리자들은 종종 소규모 회사의 오너이기도 하다. 개인적 통제는 이러한 주요 관리자가 종속적 개인충성을 명령하는 카리스마적인 특징을 가질 때 최적으로 운영된다.

> **개인적 통제**
> 조직의 목표와 일치하도록 개인과 하부단위들이 행동하는지를 개인적 조사와 직접적인 감독을 통해 확인하는 것

그러나 개인적 통제는 한계점을 갖고 있는데, 하나는 과도한 감독이 근로자의 의욕을 잃게 할 수 있으며, 종업원들은 통제되는 것에 불평이 있을 수도 있고 개인의 자유범위를 넘어서 상위관리자에게 충성을 해야만 하는 불만이 있을 수도 있다. 더불어 개인적 통제의 사적인 특성은 객관성 부족과 성과를 재검토하는 과정에서 절차적 공정성의 결핍을 초래할 수 있다. 직원들은 편애를 느낄 수도 있으며, 개인적인 선호와 비선호, 개별적인 특이성이 실제성과로서의 성과측면에서 보다 중요하다고 느낄 수도 있다. 개인적 통제는 또한 관리자가 직원들에 대한 직접감독에 대하여 주의를 요구하고 고려할 만한 시간을 투자해야 하기 때문에 회사 내의 또 다른 이슈들에 대하여 관심을 가질 여유를 갖지 못하게 하기도 한다.

그러나 개인적 통제의 실질적인 문제는 조직이 성장함으로써 복잡성이 증가하고 규모가 커지면서 개인 통제가 무너지기 시작한다는 것이다. 이런 현상이 일어날 때 핵심관리자들은 선택권이 없으나 만약 회사가 지속적으로 성장하고 있다면 계층 내의 분권화된 의사결정이 이루어진다. 이러한 현상에 대하여 다른 통제철학이 요구된다. 그러나

"내가 이거 봐도 될까요?"
근접 감독은 개인적 통제를 위해 필요하다.

심지어 대기업에서도 제한적 개인통제는 여전히 다른 통제방법들의 보조적 역할로서 유지되고 있다. 예를 들어, 성과를 모니터하기 위해 객관적 지표를 사용하면서 CEO는 부하의 활동을 감독하기 위해 개인적 통제를 사용한다. 이러한 관리자들은 그들 직원들의 행동에 영향을 주는 다른 통제기법을 사용함으로써 조직을 통해 개인적 통제를 사용할 수도 있다.

오랫동안 GE의 CEO이었던 잭 웰치는 주요 사업의 책임자들과 정기적으로 일대일 미팅을 가졌다.[11] 그는 이러한 미팅을 통해 관리자들의 전략과 구조, 재무성과에 대해 조사하고, 핵심가치의 중요성에 대해 부하직원들과 의사소통하였다. 그렇게 함으로써 잭 웰치는 관리자들의 개인적 통제를 활성화시켰고 그들이 좋아하는 전략에 대해서는 성과를 초과하는 결과를 가져오도록 하였다. 동시에 잭 웰치는 관리자와 그들의 직원들에게 자치권을 부여하고, 그들의 성과를 그들 통제하에 있는 단위의 성과와 같은 객관적인 측정치들을 통하여 조사하도록 하였다.

// 관료적 통제

독일의 사회학자인 막스 베버(Max Weber)는 관료적 통제의 특성을 처음으로 기술하였다.[12] 20세기 초 베버는 조직의 광범위한 경제적·사회적 활동의 문제들에 대해 어떻게 효과적이고 효율적으로 대처할 것인가에 대하여 논의하였다. 베버에 따르면, 관료주의는 위계적 관리시스템과 특화된 과업으로 노동력을 분업하는 것을 특징으로 하는 목표지향적 조직이다. 베버는 일반적으로 쓰인 규정들과 표준화된 절차에 의하여 이루어진 관료주의 내에서 통제를 발견하였다. 베버에 따르면 그러한 조직 내에서의 발전은 예정된 기준을 잘 실행할 수 있는 개별적 능력에 기초한다고 하였다.

관료적 통제
명문화된 규정과 절차의 공식시스템을 통해 통제

베버에 따르면, **관료적 통제**(bureaucratic controls)는 전형적으로 절차와 규정으로 쓰인 일반적인 시스템을 통해 통제하는 것이다.[13] 관료적 통제방법들은 주로 그렇게 할 수 있고 할 수 없는 단위가 무엇인지 기술하는 것에 의존하며, 즉 이것은 관료제적 기준에 의존하는 것을 의미한다. 워싱턴대학 예를 든다면 관료주의적 기준은 교수 구성원들이 일주일에 한 번 이상 외부업무를 수행할 수 없다는 내용을 상세히 기록한 것을 들 수 있다.

대부분 모든 대기업들은 관료적 통제를 사용한다. 유사한 사례로서 예산안의 통제와 자금지출에 대한 통제가 그것이다. 예산은 본질적으로 조직의 재무자원으로 할당되어지는 것이 규정되어 있으며, 부서는 얼마나 예산을 지출할 것인가 그리고 예산은 다양한 분야에 어떻게 할당되어야 할 것인가를 구체화한다.

조직에서의 고위관리자들은 하위부서를 통제하기 위해서 예산을 활용하는데, 예를

사회공학(Social Engineering) 미국에서 빠른 인종 통합을 위해 사용된 스쿨버스제도는 불행히도 많은 관료적 규제들로 인해 얘기치 않은 결과를 가져오게 되었다('white flight'의 사례).

들면 R&D예산은 어떻게 연구개발단위가 제품개발에 쓰여질 수 있는지를 상세히 기술할 수 있다. R&D관리자들은 만약 하나의 프로젝트에 너무 많은 예산이 소비된다면 그것은 최소한 다른 프로젝트에 대한 소비가 적어질 것이라는 것을 알고 있기 때문에 상위관리자들은 그 부서가 할당된 예산의 범위 내에서 지출할 수 있도록 그들의 행동을 수정한다. 대부분 예산은 본사와 단위관리자 간의 협상에 의해 설정되는데 본사관리자들은 그들의 예산을 조정함으로써 필요 없는 부분이 성장하는 것을 제한하고 명확한 기본단위의 성장을 장려할 수 있다.

비슷하게 자금을 지출하는 규정을 초과하는 부분에 대해서는 고위관리자들을 통해 지출될 수 있는데, 즉 고위관리자에 의해서 자금지출이 승인될 수 있는 것이다(예산은 본사의 주어진 기간 동안 지출할 수 있는 기본단위의 총금액을 규정하고 어디에서 어떻게 돈이 쓰이는가에 대해서 본사는 자금지출규정에 의해 추가적인 통제를 한다). 본사는 자금의 지출요구가 기업목표와 일치하기를 기대하며 목표를 벗어나는 것에 대해서는 승인하지 않고자 한다.

비록 관료제의 의미는 종종 부정적인 함축적 의미를 갖고 있을지라도, 사실상 관료통제방법은 조직에서 유용할 수 있다. 이는 관리자에게 절차와 일반적인 규정의 제약 내에서 의사결정에 대한 권한을 분산시킨다.

그러나 관료적 규정은 여러 가지 문제를 야기할 수 있는데, 과다한 일상적 규정과 절차는 경직적이고, 특정 상황에서 유연한 방법으로 응대하고자 하는 개별 단위의 능력을 제한하게 할 수도 있다. 이것은 성과로 평가되는 것에 대해 까다로울 수 있고 개별 재량권을 추구하는 사람들의 동기를 무너뜨릴 수 있다. 이를테면 관료적 통제방법의 확장은 조직이 직면하고 있는 다이내믹한 부분에 잘 적용되지 않으며, 빠르게 변화하는 환경이나 자율권을 갖는 숙련된 개개인들을 고용하는 조직들에게도 잘 적용되지 않는다.

개별 단위의 성과측정을 위해 모니터링하는 비용도 관료적 규정을 따르는데, 폭넓은 규정과 기준들을 설립함으로써 얻는 이익보다 초과될 수 있다. 관료적 기준은 또한 사람들이 불합리하다고 생각하는 규정에서 여러 방법들을 찾아내기 위해 노력한다면 의도하지 않는 결과를 초래할 수 있다. 한 사례로 미국에서의 무리한 통학버스 운영을 들 수 있다. 1970년대 미국 전역에 있는 학교에서는 다양한 인종통합을 위하여 그들의 인접한 이웃들과 어린아이에게 통학버스제도를 시행하였다. 이러한 좋은 목적의 관료적 규정은 인종차별 사회에서 빠른 인종통합을 하기 위해 고안되었지만 불행하게도 그 규정은 의도되지 않은 결과로 나타났다.

모든 인종의 부모들은 그들의 자녀들이 집에서 멀리 떨어진 학교로 통학하는 것을 반대하였다. 통학버스가 운행하는 많은 도시의 백인 가족과 자녀들은 버스운행이 실시되지 않는 교외로 피하거나 시내에 있는 값비싼 사립학교에 보냈다. 그 결과 인종통합에 기여하기보다 그 반대효과를 가져왔다. 예를 들면, 시애틀에 있는 도시 내 학교에서의 백인 학생들의 수가 20년에 걸쳐 60%에서 41%로 떨어졌다.[14] 1990년대 대부분의 학교는 통학버스 운행을 중단하였다.

// 결과통제

결과통제
하부단위와 개인을 위한 목표를 설정하고 목표 대비 성과를 모니터링

결과통제(output controls)는 관리자가 스스로 완벽하게 할 수 있는 업무로서 그 업무는 측정할 수 있는 결과물을 가져오는 것이기도 하며, 기준을 통해 가시적으로 이룰 수 있는 것에 대한 통제를 의미한다.[15] 예를 들어, 전체적으로 자동차제조공장에서의 업적은 차를 만드는 데 요구되는 근로시간의 수(생산성 측정)에 의해 측정될 수 있으며 공장에서 생산된 100대의 차량(품질측정)의 결점 수로 측정될 수 있다. 유사하게 Nordstrom은 매년 재고회전율에 따른 재고관리를 위해 단위별로 전반적인 업적을 측정하였고, FedEx는 오전 10시 30분 전에 배송된 화물의 비율에 따라서 고속배송네트워크에서 지역정류장 각각의 성과를 측정한다. GE나 3M과 같은 다중사업기업에서 고위관리자는 수익성장과 부서별 수익성을 갖는 생산부서의 결과물로 성과를 측정하였다.

직무가 확실히 규정될 수 있을 때, 결과통제는 단위별 목표나 개별적 성취를 위한 목표이며 성과는 그러한 목표에 관하여 모니터링하는 것이다. 단위별 관리자의 성과는 이후의 목표를 성취하는 그 단위의 능력에 따라 판단된다.[16] 만약 목표를 충족하거나 초과한다면 단위관리자들은 보상을 받게 될 것이다. 반대로 목표가 충족되지 않으면, 고위관리자들은 일반적으로 원인을 찾기 위해 개입하여 적절한 수정조치를 취한다. 그러므로 전통적인 통제시스템에서 통제라는 것은 목표와 실질적인 성과를 비교하면서 강화활동을 하고 수정조치를 취하기 위한 선택적 개입을 통해 이루어진다. 목

표는 기업에서 그들의 역할을 고려하여 단위부서들에게 할당하는데, 독립적인 생산부서는 전형적으로 수익성장과 수익성을 목표로 삼는다. 기능부서들에게는 보다 부분적인 활동과 관련된 목표를 부여하고, 구체적으로 R&D부서는 상품개발목표가 주어질 것이며, 생산부서는 품질목표와 생산성목표를, 마케팅부서에는 시장점유율 목표가 주어지게 될 것이다.

예산으로서 결과목표는 일반적으로 본사에서 고위관리자들과 단위관리자들 간의 협상을 통해 만들어진다. 일반적으로 본사에서는 그들이 도전받고 있는 과제를 목표로 설정하려고 노력하지만 현실적으로 단위관리자들은 운영상 개선할 수 있는 방법들을 조사하는 데 중점을 두게 된다. 그리하여 단위관리자들은 역기능적인 행동으로 분류될 것이라는 사실에 압박을 받게 될 것이다. 결과관리는 그들의 목표들을 충족시키는 한 단위관리자들은 고려할 만한 자율권을 부여받는 방식으로 '예외에 따른 경영(management by exception)'의 시스템을 촉진한다. 만약 한 부서가 그 부서의 목표를 위해 노력하는 데 실패한다면, 본사 관리자들은 문제에 대해 적절한 요구를 할 것이다. 만약 만족할 만한 답변을 받지 못하면 그들은 효율적으로 개선할 수 있는 방법을 조사하고 관리자들을 재배치하는 등의 개입을 하게 된다.

결과통제의 큰 장점은 개인적 통제나 관료적 통제보다 분권화를 용이하게 하고, 부서 내 개별 관리자에게 훨씬 큰 자율성을 부여한다는 것이다. 이러한 자율권은 상부에서 승인된 작업환경보다 그들이 직면한 특정한 환경에 대해 스스로 대처할 수 있는 작업환경을 만들어 준다. 따라서 결과통제는 부서가 위치한 시장에서 변화에 빠르게 대응해야만 할 때 유용하게 사용될 수 있게 된다. 결과통제는 개인적 통제나 관료적 통제보다 덜 광범위하게 모니터링한다. 고위관리자들은 관련된 목표에 관한 실제성과를 비교하거나 선택적으로 개입하는 방식을 택한다. 결과통제는 고위관리자들에게 부과된 작업부하를 줄이고 그들에게 보다 폭넓게 관리하도록 허락하며 보다 다양한 조직에 대한 관심과 관리가 용이하도록 한다. 따라서 다양한 제품을 생산하고 다국적인 수많은 기업들은 그들의 다양한 제품사업부와 외국지사들을 결과통제에 의해 관리한다.

개인적 통제와 관료적 통제처럼 결과통제는 다음과 같은 한계점이 있다.

첫째, 우리가 통제시스템에 대해 논의했을 때 먼저 언급한 바와 같이, 고위관리자들은 부서관리자들이 조직의 가치와 일관되는 방법으로 목표를 이룩하도록 하는 수치를 보여줄 필요가 있다.

둘째, 앞서 언급한 바와 같이 관리자들은 역기능적 행동을 장려하지 않도록 측정하는 올바른 결과기준을 선택할 필요가 있다.

셋째, 결과통제는 부서 간의 내부의존성이 있기 때문에 항상 효과적인 것은 아니며, 부서별 성과는 다른 부서들과의 협력을 기반으로 하기 때문에 모호할 수 있다.[17]

이러한 문제를 설명하기 위해 PDN기업의 사례를 살펴보자. PDN사는 종이타월, 일회용 기저귀, 냅킨을 만드는 세 개 사업부서들을 갖고 있다(그림 9. 2 참조). 초기 본사는 독립적인 제품사업부에 각각의 제품을 배치하고 각각의 고유기능 그리고 수익목표를 각각의 부서에 할당하였다. 이러한 관점에서 결과통제는 잘 되었지만, 세 부서 모두

그림 9.2A
PDA Inc. 조직화 이전

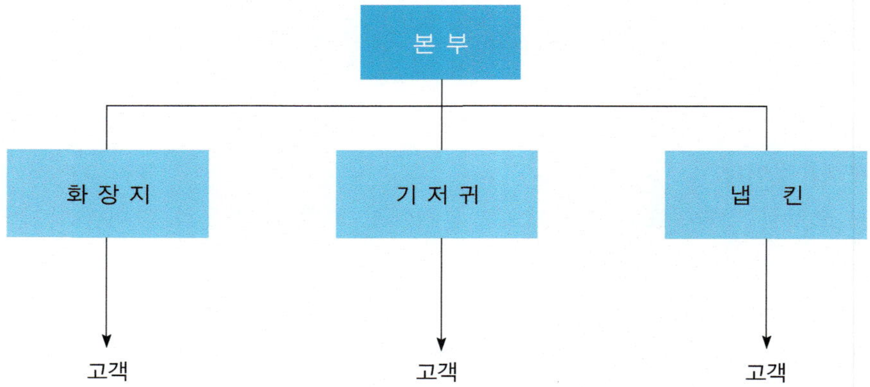

각각의 제품을 같은 고객과 같은 슈퍼마켓에 판매하였다. 이 고객들이 같은 회사로부터 상이한 세 판매담당자를 상대하고자 하지 않아서 판매책을 일원화하라고 요구한다고 하자. PDN사의 대응은 네 번째 사업부를 만들어서 슈퍼마켓에 세 가지 제품을 마케팅하고 판매하는 일을 맡기는 것이다. 세 제품사업부들은 여전히 수익적인 목표를 할당받았지만 마케팅과 매출부서는 매출성장을 기반으로 평가된다. 이 모든 것은 합당한 것처럼 보이지만, 만약 일회용 기저귀사업이 연간 수익성목표를 달성하는 데에 실패한다면 어떠한 일이 일어날지를 고려해 보자. 마케팅부서가 기저귀 판매의 매출목표를 달성하지 못했다. 최고경영자는 왜 이러한 일이 벌어졌는지 기저귀 부서의 관리자에게 물어볼 것이다. 그는 "그것은 우리의 잘못이 아니다. 즉, 우리 부서는 잘 수행했는데 마케팅 부서에서 일을 망쳤다. 나는 그들에게 좋은 상품을 주었지만 그들은 그것을 잘 팔지 못했다" 그 다음으로 최고경영자는 문제가 무엇인지를 마케팅 부서의 관리자에게 물을 것이다. 그는 "우리들은 기대보다 더 잘하고 있지만 기저귀 부서가 서투르다. 기저귀 제품사업부는 원가가 너무 많이 나가는 낮은 품질의 제품을 생산했기 때문에 판매목표를 달성하지 못하였다"고 말한다.

성과모호성
원인과 결과 연결의 모호함이 발생한 상황

기저귀 부서와 마케팅부서 간의 상호의존성은 성과모호성을 만들어냈다. **성과모호성**(performance ambiguity)은 낮은(높은) 성과의 원인을 규명하기 어려울 때 일어나는데, 그것은 원인과 결과 간의 연결이 애매할 때이다. 성과모호성은 고위관리자가 단순히 명확한 결과통제에 의존하는 방식으로 부서를 효과적으로 통제할 수 없다는 것을 의미한다. 그들은 낮은 또는 높은 성과를 일으키는 실질적인 원인을 발견해야만 한다. 이 사례에서 두 부서 간의 모순된 진술상황에서 최고경영자는 낮은 성과의 실질적 원인을 알아보기 위하여 정보를 모아서 회계감사를 하게 된다.

이것은 합리적인 것 같으나, 그렇게 함으로써 조직관리비용이 증가하게 된다. 그래서 일반적으로 조직 내 부서 간 상호의존성은 결과통제의 해석을 더욱 어렵게 하는 성과모호성을 일으킨다. 이러한 모호성을 해결하는 것은 보다 많은 정보를 수집할 것을 관리자들에게 요구하고, 이것은 결과통제와 관련된 모니터링 비용을 증가시킨다. 또한

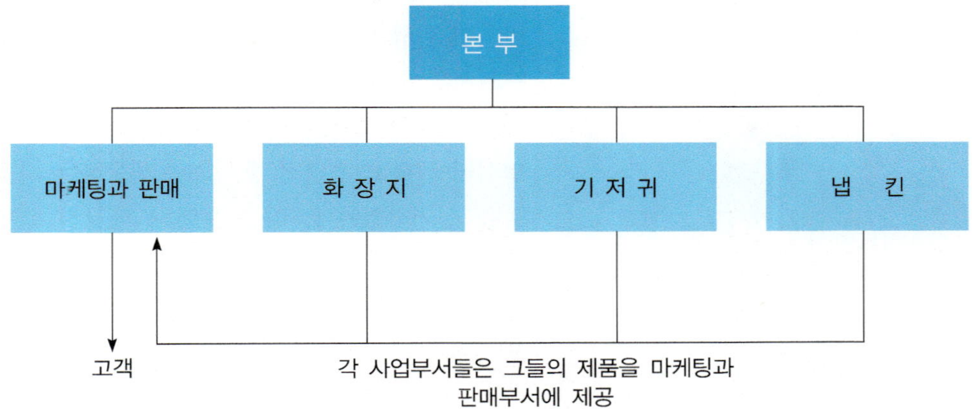

그림 9.2B
PDA Inc. 조직화 이후

이는 관리자들에게 정보수집의 부담을 많이 주게 될 것이며 제한된 합리성의 제약에 갇히고 의사결정을 할 때 단순한 접근법에 의존하여 결국 인지적 편견에 이를 수 있다(제5장 참조).

// 문화적 통제

앞서 말했듯이 조직의 문화는 종업원들 사이에서 공유되는 가치와 가정들로 구성되어 있다. **문화적 통제**(cultural control)는 사회화된 종업원의 행동통제를 포함하는데, 종업원들은 조직의 가치와 가정을 내부화하고 그것과 일관된 방식으로 행동한다. 어떠한 사건이 발생하였을 때 종업원은 **자기통제**(self-control) 속에 몰두하는 경향이 있다. — 그들은 조직의 목표와 조화되고자 하는 행동을 통제한다. 강력한 조직문화를 지닌 기업들은 대부분의 종업원들에 의해 그 가치와 전제가 인정을 받고, 또한 자기통제가 매우 광범위하게 실행되며, 개인적 통제나 관료적 통제와 같은 다른 통제시스템의 필요성을 줄인다.

문화통제
근로자 사회화를 통해 행동을 규제하여 조직의 가치와 전제를 내재화하고 이에 따라 행동하도록 함.

자기통제
근로자 스스로 자신의 행위를 규제하여 조직목표와 일치시킴

그리고 자기통제를 장려함으로써 문화적 통제는 조직관리와 연관된 모니터링 비용을 감소시킨다. 지난 장에서 우리는 강력한 조직문화를 가진 철강제조업인 Nucor사에 대하여 다루었는데, Nucor는 조직 내부에서의 행동을 조절하기 위해 문화적 통제를 활용한다고 말할 수 있었다.

Nucor만이 문화적 통제를 활용하지는 않았다. 예를 들어, 회사 창립자인 빌 게이츠에 의해 마련된 매우 강한 문화를 지닌 마이크로소프트도 마찬가지이다. 빌게이츠는 항상 기술적 명석함, 경쟁력, 장시간 근무 동의 등 스스로 하고 있는 것들에 매우 중요한 가치를 두었다. 빌게이츠와 발머는 이러한 특성을 지닌 사람들을 고용하였다. 결과적으로 오늘날의 마이크로소프트는 기술적·경쟁적으로 높은 가치를 지니는 회사로 기억된다. 또한 사람들은 오랜 시간 일을 한다. 이는 어떠한 관료적인 룰도 그들에게 그렇게 하라고 요구하지 않고 감독자들도 명확하게 그들에게 그렇게 하기를 요구하지는 않지

Grrrrrr..Let Me at Them!
마이크로소프트의 최고경영자는 강한 운영, 경쟁환경에 대하여 강조하였는데, 그 이유는 이러한 조직의 문화를 통해 사회화되기 때문이며 이러한 점 때문에 회사에서는 경쟁심을 촉진하기 위한 통제를 따로 실시할 필요가 없었다.

만, 새로운 종업원들은 그들의 동료들에 의해 만들어진 규범으로 사회화가 된다. 마이크로소프트사의 문화통제는 관료적이고 개인적인 통제들에 대한 요구를 줄였다. 마이크로소프트는 열심히 일하고 경쟁적 방식으로 행동하는 사람들을 신뢰하였는데, 이는 문화의 파급적 측면 때문이다.

비록 문화적 통제가 다른 통제들의 필요성을 낮출 수 있고 모니터링 비용을 줄일 수 있지만, 그것은 어느 경우에나 유리한 것은 아니다. 문화적 통제는 역기능적 측면도 갖고 있는데, 마이크로소프트 문화의 경쟁적 측면은 1990년대 비난을 받았던 MS의 독점금지법안 위배에 기여한 부작용도 낳았다.

게다가 마이크로소프트의 장시간 근로문화는 부정적 측면을 갖는다. 수많은 좋은 종업원들은 탈진해서 기업을 떠났다. 회사는 이 사실을 인식하게 되었다. 노동력이 고령화되고 가족을 갖게 되면서 회사는 근로시간보다 성과가 더 중요함을 강조하였다. 그러나 문화는 변화가 어려운 특성을 가지기 때문에 문제가 있다. 만약 문화적 통제가 변화되어야 한다 하더라도, 실제 그렇게 하는 것은 쉬운 일이 아닐 것이다.

// 인센티브를 통한 통제

인센티브
적절한 근로자 행동을 장려하고 보상하는 도구

인센티브는 종업원의 적합한 행동에 대한 보상이고 또한 이를 촉진하는 데에 유용한 도구이다. 수많은 종업원들은 연말 보너스를 받는 형태로 인센티브를 받는데, 인센티브는 보통 결과통제에 사용되는 성과지표로 결정된다. 예를 들어, 수익성 관련 목표는 생산부서와 같은 하위부서의 성과를 측정하기 위해 설정된다. 업무를 하는 종업원들이 그들의 목표를 초과하도록 올바른 인센티브를 만들려면 그러한 목표초과에 대한 수익을 공유해야 한다. 만약 하위부서 투자자금의 회전율이 15%라는 목표가 설정되었고 실제 20%의 회전율을 달성했다면, 부서근로자들은 보너스와 같은 형태로 15% 목표를 초과한 수익에서 분배를 받게 된다.

기본적인 아이디어는 종업원들에게 인센티브를 주어서 다른 통제 메커니즘의 필요성을 줄이는 것이다. 인센티브를 통한 관리는 종업원들의 자기관리를 강화하도록 설계된다. 종업원들은 인센티브에 기초한 보상수준을 극대화하기 위하여 조직의 목표와 일관되도록 스스로의 행동을 규제한다.

인센티브의 형태는 종업원들과 그들의 업무에 따라 다양한데, 공장 업무현장에서의 인센티브는 아마도 고위관리자들을 위한 것과는 다를 것이다. 인센티브는 수행된 작업의 형태와 조화를 이루어야만 하는데, 제조공장 현장에서의 종업원들은 20~30명으로 구성된 팀으로 나누어져 있고 그들은 생산품질과 결과물로서 보너스를 지불받으며, 이와 대조적으로 고위관리자들은 전체적 운영의 결과와 연관된 수치에 따라서 보상을 부여받는다. 기본적인 원리는 인센티브계획을 개별적인 종업원들이 통제할 수 있는 결과 목표와 연관시키는 것이다. 공장 현장에 있는 개별 종업원들은 전체적인 운영의 성과에는 영향을 미칠 수 없지만, 그들은 팀의 성과에 영향을 미칠 수 있으므로 인센티브는 팀 수준 성과와 결부되어 지급된다.

팀의 성과에 개인의 인센티브가 연동되어 있을 때 근로자들은 그들의 팀 동료 간의 협력을 고취시킴으로써 그들의 인센티브를 증가시키기도 한다.

육아 인센티브 근로자들에게 제공되는 회사 내 탁아시설 운영을 통한 인센티브의 제공은 근로자들이 아이를 얻은 후에도 회사에서 계속 근무할 수 있게 하였다. Abbott Labs와 마이크로 소프트 등의 회사는 이러한 인센티브를 근로자들에게 제공하였다.

동료통제(peer control)는 종업원들이 조직의 기대를 충족시키거나 초과하기 위하여 그들의 팀이나 작업집단의 동료에게 압력을 가할 때 발생한다.[18] 만약 20명으로 구성된 팀의 인센티브가 팀 성과와 관련되어 있다면 팀 구성원들은 팀의 작업속도를 좀 더 빠르게 하고 구성원들이 팀의 성과에 동등한 기여를 할 수 있도록 태만한 동료에게 팀 내에서 압력을 가할 수 있다. 강한 동료통제는 팀의 직접적 감독의 필요성을 줄이고 수평적인 조직으로 변신을 촉진한다.

동료통제
조직의 기대 수준 혹은 그 이상을 달성하고자 팀이나 작업집단 내의 동료에게 압력을 행사하는 것

요약하면, 인센티브는 결과통제를 보강할 수 있는 것으로서 자기관리를 실행하는 종업원들을 장려하고 동료통제를 증가시키고 다른 통제 메커니즘의 필요성을 낮춘다. 다른 통제방법들처럼 인센티브를 통한 통제 또한 한계가 있다. 인센티브는 전형적으로 결과통제에 사용한 수치와 연관되어 있기 때문에 그 점수가 여기서 적용된다. 특히, 관리자들은 인센티브가 역기능적인 행동이나 의도하지 않은 결과를 낳게 되는 성과지표와 연관되는 것이 아니라는 것을 확실하게 할 필요가 있다.

게다가 인센티브 시스템은 때때로 남용되기도 한다. 고위관리자들은 목표를 낮게 설정하여 조직의 성과개선과 무관하게 보너스를 받게 된다. 2004년에 블록버스터사의 영업수익이 50% 감소하고 주가는 47% 감소하였을 때 CEO는 5,680만 달러를 연봉으로 받았다. 이러한 결과는 부분적으로 이사회가 그들이 소유한 430만 주의 스톡옵션을 160만 주의 주식으로 대체하면서 발생하였다. 이러한 인센티브는 평범하거나 좋지 않은 성과에도 불구하고 고위관리자에게 보상을 지급하는 것이다. 인센티브제가 확산되면서 미국 공기업 CEO의 소득은 일반근로자들의 소득과 비교하여 1980년 42배에서 2004년 400배로 증가되었다. 이러한 수치를 볼 때, 고위관리자들은 인센티브제를 남용하여 이익을 챙기고 근로자와 주주를 희생시키고 큰 보상을 챙긴다고 할 수 있다.[19]

// 시장통제

시장통제
자본과 같이 가치 있는 자원을 위한 내부시장을 구축하여 회사 내 개인과 하부단위의 행동을 규제하는 것

시장통제(market control)는 자본과 같은 가치 있는 자원들을 위한 내부시장을 설정하여 개인과 부서의 행동을 통제하는 것이다.[20] 시장통제는 보통 상이한 제품부서로 구성된 다각화된 기업들 내에서 발견된다. 이때에 본사는 내부투자은행처럼 활동하면서, 미래성과와 관련된 평가를 기초로 상이한 제품부서들에게 자금을 할당한다. 이러한 내부시장에서 모든 부서들에 의해 운용되는 현금은 본사의 소유물로서 인정된다. 부서들은 본사에서 통제하는 자금자원을 유치하기 위해 서로 경쟁해야 한다.

각 부서들은 그 부서의 성장을 위한 자금이 필요하기 때문에, 조직 내 부서 간의 내부경쟁은 그들 단위의 효율성을 개선하기 위한 방법들을 찾도록 할 것이다. 내부자금시장으로 설립된 세계 최초의 기업 중 하나는 일본 전자 제조업체 Matsushita이었으며(Panasonic 브랜드 이름으로 잘 알려진), 1930년대 이러한 체계를 도입하였다.[21] 어떤 회사에서는 부서들이 신제품 개발과 판매를 위해 내부 부서끼리 경쟁하였다. Matushita는 상이한 부서들이 유사한 신제품을 개발하도록 하는 오랜 역사를 가지고 있다. 상용화 프로세스로서 제품을 판매하고 생산하기 위한 전반적인 책임을 해당 부서에 할당하였다. 비록 어떤 사람들은 신제품 개발의 중복을 낭비적인 것으로서 볼 수도 있으나 Matsushita의 전설적인 창립자, Konosuke Matsushita는 기술 상용화를 위해 내부시장을 확립하는 것이 부서책임자들로 하여금 제품개발을 효율성 있게 진행하도록 한다고 믿었다. 이와 유사하게 한국의 전자업체인 삼성의 고위관리자들은 종종 메모리 칩과 같은 신제품 개발을 위해 상이한 부서에 두 개의 팀을 조직하였다. 제품개발 프로세스를 가속화하는 팀 간의 내부경쟁을 이용하고, 내부경쟁에서 승리한 팀은 인정과 보상을 얻는다. 보너스와 상당한 칭찬을 얻어 승리하는 팀으로 만드는 것이다.[22]

산업 사무라이 Panasonic으로 매우 잘 알려진 일본의 Matsushita의 창업자인 Konosuke Matsushita는 신제품을 개발하고 자본을 유치하기 위해 부서 간 내부경쟁을 강화하는 것은 부서관리자가 부서를 효율적으로 운용하는 인센티브를 제공하게 된다고 믿었다.

시장통제의 중요한 문제는 공동의 이득을 위하여 부서 간 협력을 어렵게 만들 수 있다는 점이다.[23] 만약 두 부서가 서로 신제품 개발이나 한정된 자금확보 때문에 경쟁하고 있다면 그들은 기술적인 노하우를 공유하는 것을 싫어할 것이며, 아마도 전체적으로 기업에 손실을 주게 될 수도 있다. 삼성과 같은 기업들은 이러한 문제들을 다루기 위해 조정자 역할을 두거나 또는 핵심인력에게 부서 간 기술적 노하우 공유의 책임을 부여하는 등 통합기제를 활용한다.

// 요 약

관리자들은 그들 조직 내에서의 단위와 개별 행동을 규제하기 위한 6가지 다른 방법(개인적 통제, 관료적 통제, 결과통제, 문화적 통제, 인센티브 통제, 시장통제)들을 사용할 수 있다. 실질적으로 몇몇의 관리자들은 하나의 관리방법에 의존하기도 하지만, 대부분의 조직은 통제를 위한 방법들을 혼합해 사용하기도 한다. 개인통제는 직접보고의 관계를 관리하는 데 유용할 수도 있고, 관료통제는 종종 자금지출과 예산을 위한 기준을 마련하는 데 유용하며, 결과통제는 측정가능한 산출물을 생산하는 독립적인 단위에 유용하며, 그리고 인센티브는 결과통제에 사용된 수치와 연관된다. 문화통제와 인센티브 통제는 조직의 목표와 일관성이 있는 방식으로 종업원들의 행동을 이끌어 낼 수 있으며, 시장통제는 다각화된 기업 내에서 경쟁하는 부서들 간의 자금자원들을 할당하는 데 유용하다. 각각의 관리방법은 장점과 단점을 갖고 있다. 우리가 다음에서 보게 되듯이, 상이한 방법 중 하나를 선택하는 것은 지배적인 환경을 평가하는 관점에서 이루어져야 한다.

통제와 전략 및 구조의 조화

비록 대부분의 조직은 현재 이 교재에서 다룬 통제의 방법을 사용하지만, 조직의 규모, 전략, 구조에 따라 통제방법의 혼합이 이루어지는 경향을 보이고 있다. 조직이 성장함에 따라 그들은 개인적 통제를 줄이고 그 외 다른 방법을 신뢰하는 경향이 있는데, 이러한 일반화를 넘어, 우리는 기업의 전략과 구조에 의해 어떻게 통제가 변화하는지를 고려해야 할 필요가 있다. 첫 번째로 단일사업 회사의 통제와 복수사업 회사의 통제의 차이점에 대해 알아볼 것이다.

// 단일사업에서의 통제

지난 장에서 우리는 단일사업 회사의 조직구조는 회사가 추구하는 전략과 회사가 기반을 둔 환경이 밀접한 관계가 있음을 확인하였다. 특히, 제품혁신이 거의 없는 안정적 환경에서 기능적 구조와 직접적 접촉 및 조정자 역할과 같은 단순한 통합 메커니즘을 이용하여 회사는 각 기능부서들 간의 협력을 달성하고자 한다. 반대로 동태적이고 예측이 힘든 환경의 회사들, 다시 말해 급격한 기술의 변화가 일어나는 환경에 있는 회사들은 임시적 또는 영구적인 교차기능팀 또는 매트릭스 구조와 같이 더욱 복잡한 통합 메커니즘을 이용하여 기능구조들을 운영하는 경향이 있다. 어떻게 관리자들의 통제가 그 회사에 따라 변화되어 사용될까?

낮은 수준의 통합이 이루어지는 기능적 구조 첫 번째로 고려할 것은 직접접촉과 조정자 역할 이외에 회사의 기능적 구조와 기능들 간의 통합 메커니즘이 없는 경우이다.

이 회사는 안정적 환경에 속해 있으며, 그러므로 통합의 필요가 적은데, 이러한 회사 내부를 살펴보면, 예산에 대한 관료적 통제는 각 기능들에 대한 금전적 자본의 배분과 통제에 사용된다. 결과통제는 각 가능들의 성과가 얼마나 잘 나타났는지를 평가하게 되며, 각기 다른 기능들은 다른 결과목표를 할당받게 되는데, 이는 그들 직무의 특수성에 기인한다. 구매기능부서는 판매에서 구매가격의 비율에 기초하여 설정된 결과목표가 할당될 것이고, 제조기능부서는 각 근로자들의 결과와 1,000개의 제품당 불량제품의 수와 같은 생산성과 품질에 기초한 결과목표가 할당될 것이다.

또한 기획부서는 재고회전율이 결과목표가 될 것이고, 마케팅과 판매부서는 판매성장과 시장점유율이 목표가 될 것이다. 마지막으로 서비스 부서는 고객의 문제를 해결하는 시간을 측정하여 목표가 결정될 것이다. 각 부서들에게 이러한 목표들을 할당하는 것은 회사 전체적 성과의 향상을 가져올 것이며, 회사의 이익도 늘어날 것이다. 결과의 통제는 또한 각 기능부서의 하위계층에도 영향을 준다. 그러므로 제조 프로세스는 직무별로 분할될 것이며 이들 각각의 결과가 측정되며 근로자들의 팀이 형성될 것이고, 각각 구분된 직무에 대한 자격을 주게 될 것이다. 각 팀은 또한 결과목표를 할당받게 될 것이다. 기능들이 팀에 배분되고 결과통제가 각 팀에 적용되면, 조직 내 분권화를 촉진할 것이며, 통제의 범위를 넓히고(왜냐하면 이는 각 팀들의 결과를 관찰함으로써 통제가 쉽기 때문), 평면적 조직구조를 갖게 할 것이다.

이러한 구조에서 CEO는 각 기능의 책임자들을 통제할 것이고, 기능책임자들 또한 기능 내부의 부서와 팀들에 대해 통제를 행사할 것이다. 조직구조에서는 또한 어느 수준의 개인적 통제도 이루어지는데, CEO는 기능부서 책임자들의 행동에 영향을 주는 개인적 감독을 실시하며, 또한 기능부서의 책임자들도 마찬가지로 그들의 하급자들에게 개인적 통제를 실시할 것이다. 인센티브는 결과목표와 연관되어 있을 것이다. 그러므로 제조부서 책임자의 인센티브는 미리 설정된 생산성과 품질에 대한 목표와 관계가 있으며, 물류부서 책임자의 인센티브는 재고회전율의 증가와 연결되어 있을 것이다. 인센티브는 또한 조직의 하위수준까지 영향을 미치는데 기능 내 팀의 구성원들은 그들의 팀이 목표에 도달하거나 초과한 능력에 기초하여 보상을 받게 된다. 관리자들(그리고 모든 근로자들)을 위한 인센티브의 일부는 또한 조직의 협동과 지식공유를 촉진하기 위하여 회사의 전체적 성과와도 연관이 있을 것이다.

마지막으로, 기업에서는 강력한 문화적 통제의 방법도 사용하는데, 이는 개인적 통제와 관료적 통제의 필요성을 줄여줄 것이다. 개인들은 보편적인 문화를 수용하기 때문에 요구되는 양식에 따라 행동하리라고 기대된다. 그러므로 문화적 통제는 아마도 평면조직구조와 통제의 범위 확대와 함께 시행될 것이고, 일반적으로 결과통제와 인센티브의 효과성을 증대시킬 것이다.

높은 수준의 통합이 이루어지는 기능적 구조 높은 수준의 통합이 이루어지는 조직의 관리자들은 더욱 복잡한 통제문제를 갖게 되는데, 만약 그 회사가 매트릭스 구조를 가지고 있다면 더욱 심각하다. 지난 장에서 살펴보았듯이, 제품개발에서 경쟁의 중심에 있는 동태적 환경에 기초한 회사들이 이에 해당된다.

관료적 통제가 이루어지는 기업에서는 예산의 통제방법이 다시 사용될 것이고, 결과통제는 서로 다른 기능들과 교차기능적 제품개발팀 모두에게 영향을 줄 것이므로 그 팀은 아마도 제품개발기간, 새로운 제품의 생산원가, 그리고 특징적 제품의 개발 모두를 고려한 결과목표를 할당받을 것이다. 기능관리자들을 위한 인센티브 통제는 그들의 기능에 관련된 결과목표와 관련되어 있을 것이고, 이 결과목표는 제품개발팀의 구성원들에 의존하므로, 인센티브는 팀의 성과에 의해 좌우된다. 이러한 목표배분에서 문제가 발생하는데, 제품개발팀은 제조, 마케팅, 그리고 R&D 부서로부터 사람들과 정보를 포함한 다양한 기능부서들의 지원을 받아야 하기 때문이다. 결과적으로 제품개발팀의 성과를 평가하는 복잡한 결과 통제 프로세스의 사용은 그 성과가 어디에 위치해 있는지 파악하기 애매한 상황이 된다.

제품개발팀이 결과목표에 도달하지 못하는 것은 아마도 그 팀 구성원들의 낮은 성과 때문이겠지만, 이는 또한 그 팀을 지원해주는 기능적 구성원들의 실패일 수 있다. 성과의 원인을 규명하기 위해 상위 관리자들은 더 많은 정보(주요한 내용보다 더 많은)를 필요로 하게 되는데 이는 더 많은 시간과 에너지를 요구하게 되며, 다른 중요한 이슈들로부터 그들의 관심을 오로지 통제분야에만 한정시키고, 조직의 모니터링과 통제비용의 증가를 가져온다. 다른 조건이 동일하다면, 이는 상위관리자가 운영할 수 있는 통제의 범위를 감소시킨다. 이는 수직적 계층구조를 필요로 하게 된다.

극단적 인센티브 Yahoo의 최고경영자 Terry Semel은 그의 연봉을 1년에 1달러로 깎았고, 그의 모든 보상은 Yahoo의 주식가격에 의하여 결정되었다.

성과모호성은 통제문제에 관한 보다 나은 해결책이 있는지에 관한 문제의식을 제고한다. 첫째 단계는 모든 핵심구성원의 인센티브 효과를 확인하는 것이다. 이를 위한 기초적인 방법은 조직성과의 상위 수준의 인센티브부터 조정하는 것이다. 따라서 기능부서 책임자는 해당 부서의 성과에 대한 보상과 함께 조직 전체의 성과에 대해 보상을 얻는다. 제품개발팀의 성공이 회사 성과를 개선한다면, 이것은 기능부서 책임자들에게 제품개발팀이 적절한 지원을 받도록 하는 인센티브를 제공한다. 게다가 강력한 문화적 통제는 상호 간의 이익을 위한 기능부서와 팀 간의 협력의 중요성을 강조하는 회사 전체적인 기준과 가치의 확립에 도움을 준다.

// 다각화된 회사에서의 통제

앞의 장에서 우리는 다각화된 기업은 어떻게 제품부서에 기초한 구조로 조직화하는지에 대하여 논의하였다. 전통적인 사업부제 구조에서 각 사업은 그들 사업부가 자급자족하는 고유한 지위를 가지게 된다. 본부의 역할은 사업부들을 통제하고, 기업의 전략 방향을 결정하고, 기업의 경제적 성과를 극대화하기 위해 각 사업부들에게 자본을 배분하게 된다. 제6장에서 다각화된 회사들은 그들 부서의 성과향상을 위해 시도하는 세 가지 방법이 있었다. 부서를 아우르는 핵심역량 활용, 범위의 경제실현을 위한 부서들 간의 자원공유, 그리고 내부적 지배구조 개선이 그것이다.

낮은 통합수준의 다각화된 회사에서의 통제 회사에서는 우수한 내부적 관리를 통한 성과향상에 주로 관심을 기울이며, 부서 간 통합의 필요성은 낮다. 이러한 회사들은 부서의 정보공유 또는 핵심역량의 활용을 시도하지 않기 때문에 서로 다른 부서들의 활동을 돕기 위한 교차기능적 팀과 같이 복잡한 통합 메커니즘이 필요가 없다. 따라서 이러한 기업에서는 상위본부에서 일반적으로 네 가지 주요한 방법으로 부서들을 통제한다.[24)]

첫 번째로, 각 부서의 재무적 예산과 자본의 사용을 감독하는 관료적 통제이다. 일반적으로 각 부서는 그들의 다음 연도 예산을 본부에 의해 인정받아야 하며, 현재의 자본의 초과지출도 본부에 의해 승인받아야 한다. 예를 들어, 부서에서 그들의 예산에서 $50,000가 초과하는 건에 대해서는 본부의 승인을 반드시 거쳐야 한다.

두 번째로, 본부는 측정가능한 재무적 기준, 즉 수익성, 수익성장, 그리고 각 부서들의 현금흐름 등을 기준으로 한 결과목표를 할당하는 통제를 실시할 것이다. 일반적으로 다음 연도를 위한 목표들은 본부에서 부서들의 책임자와 상위관리자들의 회의를 통해 정해지지만, 각 부서들이 그들의 목표를 달성하기 위한 노력을 하는 동안에 본부 상위관리자들은 그것에 대한 운영에서 한 발 떨어져 있다. 그러나 만약 목표에서 성과가 뒤처지면 상위관리자들은 일반적으로 왜 그런 일이 일어났는지에 대한 심사를 하고, 만약 필요하다면 전략 또는 구성원들의 변화를 통한 해결방안을 시도한다.

세 번째로, 그들 부서의 재무적 성과와 관련하여 부서관리자들에게 인센티브를 제공하는 통제방법을 사용할 것이다. 그러므로 보너스를 받기 위해서 부서관리자들은 이전에 회의를 통해 결정된 성과를 달성하거나 혹은 초과해야 할 것이다. 또한 부서관리자들은 그 해의 성과목표에 대해 '낮다'고 이야기하지 않는데, 이는 그들이 보너스를 더욱 쉽게 받기 위함이며, 본부에서는 일반적으로 그들의 경쟁상대인 제품부서를 벤치마킹하는데, 이는 그 사업의 동향을 주시하기 위해서이고, 이러한 정보는 도전적이지만 성공가능한 성과목표를 설정하는 데 사용된다.

네 번째로, 각 부서들 간 중요 자원을 배분하기 위해 시장통제를 사용할 것이다.[25)] 앞에서 언급하였듯이, 분권화기업에서 제품부서별로 얻어지는 현금은 보통 본사에 귀속되는 것으로 보는데, 이는 서로 다른 부서들 간에 경쟁적인 현금요구를 조정하고 배정하는 내부투자은행으로서 기능을 수행하는데, 부서들 간에 자본의 형성을 위한 경쟁은 부서들의 관리자들을 위한 인센티브보다 그들의 운영을 효율적이고 효과적으로 만든다. 게다가 Matsushita의 경우 본부는 부서들 간의 새로운 제품에 대한 개발과 상업화의 권리를 배분하는 시장통제를 사용한다.

각 부서들은 단일사업을 하는 단위를 기초로 하여 통제시스템을 사용할 것이다. 본부관리자들은 또한 부서별 책임자의 행동에 영향을 미치는 개인적 통제 역시 사용할 것이며, 특히 최고경영자는 부서별 책임자들을 직접 만남으로써 그들에 대한 통제를 실행하고 운영에 관한 양질의 정보를 수집하게 된다.

높은 통합수준의 다각화된 회사에서의 통제 훌륭한 지배구조 개선을 통한 성과향상뿐만 아니라 제품부서에 걸친 핵심역량을 활용하고, 범위의 경제를 달성하려는 다각화된 회사에서의 통제문제는 더욱 복잡하다. 3M이 이러한 기업의 예라고 할 수 있는데, 3M은 다중제품부서를 가진 다각화된 기업이다. 이 회사는 여러 부서에 걸친 핵심기술을 개발하기 위하여 많은 노력을 기울였다(제8장에서 보았듯이 회사가 이렇게 하는 이유는 내부적 지식 네트워크의 확립을 위한 한 방법이기 때문임). 게다가 회사는 범위의 경제를 달성하려 하였는데, 특히 여러 3M 부서에서 나온 제품을 판매하는 마케팅과 판매그룹의 마케팅, 판매, 유통영역에서 더욱 그러하였다. 이러한 관점에서 3M은 PDN Inc와 어느 정도 비슷한 조직구조를 가지고 있다고 할 수 있으며(그림 9. 2B 참조), 일반적으로 말하면 사업부제 기업이 범위의 경제와 전 부서들에 걸친 핵심역량 강화를 통하여 성과향상을 시도한다면, 이는 부서 간의 높은 통합수준을 필요로 한다. 앞서 논의한 바와 같이 최고경영자들은 이러한 조직에서 일련의 표준적인 통제메커니즘을 사용한다. 그러나 최고경영자들은 부서 간의 협력과 통합이 없는 사업부제 회사에서 두 가지 통제문제를 해결해야 한다.

첫 번째로, 서로 얻을 수 있는 상호 이익을 위해 각 부서들을 통합하게 하는 통제메커니즘을 찾아야 한다. 두 번째로, 부서들이 매우 긴밀하게 연결되어 있는, 즉 자본과 성과결과를 공유할 때 성과측정의 모호성 발생을 통제하는 것이 필요하다. 이 두 가지 문제를 해결하는 방안은 본질적으로 기능들 간 높은 수준의 통합이 이루어지는 단일사업회사의 경우와 비슷한데, 특히 회사는 높은 성과와 관계된 부서관리자를 위한 인센티브 통제를 실시하는 것이 필요하다. — 이런 경우는 전체 회사의 성과와 관련 있다.

회사의 전체적 성과향상을 위해서는 부서 간 협력을 필요로 하는데, 인센티브를 통한 통제는 이러한 협력을 더욱 촉진하며 강력한 문화적 통제는 상호 이익을 위한 부서들 간의 협력의 중요성을 강조하는 가치와 규범을 생성할 수 있다. 예를 들어, 3M의 경우, 각 부서들에 속한 제품이라 할지라도 이러한 제품들의 기초적인 기술은 전체 회사에 속하는 것인데, 이러한 전체 회사와 공유하는 문화적 규범이 오랜 시간 동안 존재하고 있다. 예를 들면 수술용 테이프 사업은 사무용품 사업분야에 의해 개발된 접착기술을 사용할 수 있는 것이다. 통제의 문제들에 대한 이런 해결방안이 존재함에도 불구하고 부서 간 매우 긴밀히 통합된 회사의 상위관리자들은 덜 복잡한 사업부제 회사의 상위관리자들보다 더 큰 성과모호성의 문제들에 직면해야만 한다. 다양한 제품부서들 간의 통합이란 상위관리자들이 각 부서에 대한 성과를 단지 목표에 대한 결과치를 관찰하여 판단하기는 매우 어렵다는 것을 의미한다. 성과와 적절한 통제의 달성에 대한 실제의 정보를 얻기 위해서는 각 부서들의 운영을 감시하는 데 더 많은 시간을 투자해야 하고, 양질의 성과정보를 얻기 위해서 부서관리자들과 더욱 많은 대화를 해야 한다.

다른 조건들이 동일할 때에, 이는 그들이 효과적으로 다룰 수 있는 통제의 범위를 제한하고, 회사의 범위도 제한한다.[26)]

통제지표의 선택: 균형성과표

관리자들이 직면한 중요한 이슈, 특히 성과와 인센티브 통제에 관해서 가장 중요한 것은 회사의 통제시스템으로 어떤 통제지표를 사용할 것인가이다. 전통적으로 많은 회사들은 수익성, 수입향상, 현금흐름 등과 같은 재무적 지표와 관계있는 것들을 사용했으며, 이러한 지표들은 기업에서 매우 중요하며 항상 사용되고 있다. 그러나 몇몇 전문가들은 조직을 통제하는 데 있어 한정적인 재무적 지표의 남용으로 인해 부정적 결과를 가져올 수 있다고 주장한다.[27)] 특히, 이와 같은 시도는 관리자들이 현재의 재무적 성과의 향상을 위해 장기적 경쟁력과 수익을 감소시키고 단기수익을 올리는 행동을 할 수 있다. 예를 들어, 이러한 접근에서 비롯한 문제들은 장비와 제품에 대한 투자의 결핍으로 회사에 중대한 손해를 입힐 수 있으며, 이런 문제해결방안의 하나로 사용되는 것이 균형성과표이다.

균형성과표
관리자들이 성과를 추구하고 조직을 통제하기 위해 상이한 재무 및 운영지표를 활용하는 통제접근법

균형성과표(balanced scorecard)를 개발한 Robert Kaplan과 David Norton은 조직의 성과향상과 통제를 위한 각기 다른 재무적·운영적 지표들을 사용하도록 제안하였다.[28)] 또한 전통적인 재무적 측정방법은 재무적 시각에 의존하게 만들기 때문에 관리자들에게 어떻게 소비자들이 조직을 생각할지에 관한 지표들을 사용하도록 제안하였으며(소비자 관점), 조직의 어떤 기능이 가장 앞서가야 하는지(운영적 관점), 그리고 조직이 프로세스를 개선하고 학습하는 능력(혁신적 관점)에 대한 지표들을 사용하도록 제안하였다.

회사의 전략에 의존했던 기업들이 자연적으로 그들의 생산 프로세스와 다양한 관점이 기초가 되는 산업분야에서 이러한 관점들을 이용한 명확한 지표들을 사용하도록 변화할 것이다. 분명 Wal-Mart 또는 Costco와 같은 소매회사에서는 Microsoft와 같은 소프트웨어 회사 또는 General Motors와 같은 제조회사와는 다른 운영적 측정을 할 것이다. 관리자들이 사용하는 지표의 예로써, 저자가 자문을 하였던 첨단기술의 의료 장비 회사에서 사용되는 균형성과표에 의한 평가에 대하여 [그림 9. 3]에 요약되어 있다. 이 회사는 고객의 주문에 신속히 대응하여(많은 경쟁회사들은 오랜 기간 재고를 비축했다) 경쟁자들과는 차별화되기를 원했으며, 사후 관리서비스와 지원을 제공함으로써 그 산업의 리더가 되길 원했고, 그리하여 이 회사는 소비자의 관점에 서서 주문에서 배달까지 시간을 측정하고 고객 서비스 문제를 해결하는 시간을 고려하게 되었다. 고객 관점의 전략목표는 의료장비의 고품질제조에 효과적으로 작용했으며 관리자들은 제조분야에서 효과적 운영을 위해 부서의 원가, 투자전환, 불량률 등이 포함된 운영지표들도 선택하게 되었다.

또한 혁신적 관점의 지표들은 급속한 기술의 변화와 새로운 제품개발이 장기적 성

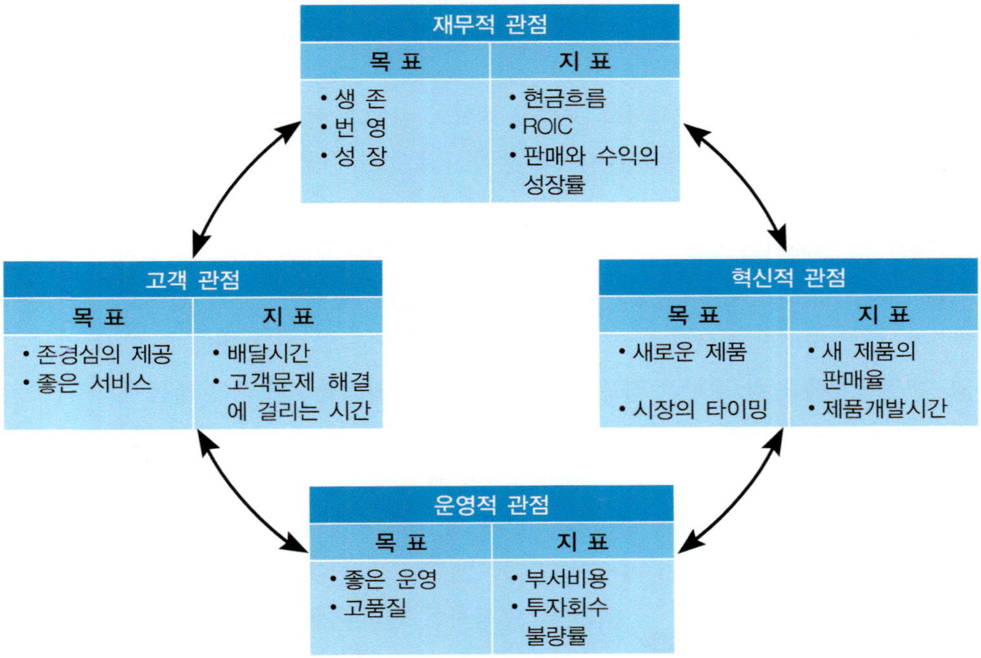

그림 9.3
균형성과표

공에 중요한 역할을 하는 회사들에게 사용된다. 이 관점에서 관리자들은 지난 3년 동안 도입된 신제품의 매출액 비중과 새로운 제품을 개발하는 데에 소요되는 시간으로 성공을 가늠한다. 재무적 관점에서 그 회사는 경쟁에서 살아남고, 사업이 번창하고 성장하기 위해 적절한 재무적 지표들을 선택하였는데, 이는 현금흐름의 측정, 수익성 측정(자본 또는 ROIC 투자에 대한 이익), 그리고 성장률의 측정을 포함하고 있다.

Kaplan과 Norton의 주장에 의하면 균형성과표는 비행기 조종실의 수많은 눈금판의 지표들과 비슷하다고 하였다. 이는 관리자들에게 신속하지만 포괄적인 관점을 제공하여 재무적 측정을 운영적, 소비자 지향적 혁신측정과 균형 있게 바라보도록 한다. 그리고 이는 또한 단지 재무적 측정에 의존하는 것보다 더욱 사업을 건강하게 하는 더 나은 관점을 갖게 하였다. 균형성과표의 실행을 위해서는 관리자들이 조직에서 어느 개인 그리고 어느 부서가 어떤 지표의 달성에 책임을 지는지 확인해야 한다. 또한 결과통제와 인센티브를 균형성과표와 연계시켜야 한다. 이에 따라 제조분야 관리자들에게 부서운영원가, 투자환수, 그리고 목표불량률에 대한 책임이 주어지며 이는 [그림 9. 3]에 자세히 나와 있다. 또한 이들은 운송시간과 관계된 목표의 책임도 주어지는데 이 부분 역시 제조의 통제분야에 포함되기 때문이다. 고객 서비스 관리자들은 고객 서비스에 관한 문제를 해결하는 데 걸리는 시간에 관계된 목표에 대한 책임을 져야 하며, 마케팅, 제조, 그리고 R&D 관리자들은 제품개발시간을 줄이는 목표에 대한 책임은 공유해야 하는데, 그 이유는 이 세 가지 기능 모두 제품이 빠른 시간 안에 개발되도록 긴밀하게 협조해야 하기 때문이다.

이면경로를 통한 통제방법

이면경로
중요한 정보수집이 가능한 관리자들을 통한 비공식 경로

이번 장에서는 조직 내에서의 공식적 보고의 실행과 관련된 통제의 방법에 대하여 논의하였는데, 이러한 공식적인 시스템에 부가적으로 관리자들은 이면경로를 통한 방법으로 어떻게 조직이 성과를 낼 수 있는지에 대한 또 다른 관점에 대한 양질의 정보를 추가적으로 수집한다. 이는 공식적 경로를 통한 정보에 더 많은 정보를 더해주고, 광범위한 통제를 가능하게 하며, **이면경로**(back channel)는 중요한 정보수집이 가능한 관리자들을 통한 비공식 경로이다. 이면경로 생성을 위해 관리자들은 어떻게 조직이 성과를 낼 수 있을지에 관한 정확한 정보를 주는 협력 네트워크를 개발해야 하는데, 초기 스타벅스의 예를 들어보면, Jim Donald 사장은 매일 아침 5개에서 10개의 매장을 돌면서 관리자들과 근로자들에게 그들의 성과를 어떻게 향상시킬 수 있을까에 대하여 대화했고, Donald는 또한 매일 아침 출근하는 길에 그 지역 스타벅스에 들러 그의 모닝커피를 구입했다. 이로 인해 그는 그 매장의 근로자 개개인을 잘 알게 되었는데, 성과에 도움이 되는 비공식적인 협력관계들을 찾을 수 있었다.[29)]

사진 속에 헬리 데이비슨 오토바이를 타고 있는 Southwest Airline의 카리스마 넘치는 창시자 Herb Kelleher는 회사의 요리 축제를 즐기고 있는 중이다. 이러한 이벤트는 조직문화 구축에 영향을 준다.

관리자들은 종종 그들의 회사에서 손님을 가장하여 그들의 제품을 구매하는데 이는 근로자들이 얼마나 중요한 고객에게 잘 응대하는지 보기 위해서이다. 또한 상위관리자 몇몇은 하위 계층근로자들과 함께 같은 위치에서 일하기도 하는데 그들과의 협력 네트워크 구축을 위해서이고, 그 계층에서 어떻게 조직이 성과를 내는지에 대한 이해를 하기 위해서이다. Southwest Airlines의 카리스마적 창시자이며 공식적 최고경영자인 Herb Kelleher는 종종 그 회사 비행기에서 간식을 제공하고 손님들과 대화하면서 승무원들을 돕는데, Southwest Airlines을 자주 이용하는 한 사람은 10년 동안 그의 옆자리에 앉은 Kelleher를 3번이나 봤다고 얘기했다. Kelleher는 그 사람과 다른 주위 사람들에게 Southwest Airlines가 많은 지역에서 어떻게 서비스했는지 물어봄으로써 사람들의 경향과 현장의 불일치성을 찾았다.[30)]

결 론 왜 중요한가?

이 장에 있는 관리자 요소의 중요성은 매우 크다고 하겠다. 그 이유는 통제는 관리의 기초적인 직무이기 때문이다. 조직은 적절한 시기에서 충분한 통제시스템 없이는 목표로부터 멀어질 수 있으며, 만족스러운 성과를 얻지 못할 것이며, 적절한 통제가 이루어지지 않으면 조직의 실제 운영이 얼마나 잘되고 있는지 알 수 없고, 어떤 것이 효율적이고 그렇지 않은지 알 수 없다. 또한 근로자들이 중요한 기준을 잘 지키지 않을 수도 있다.

그리고 이를 위하여 관리자들이 오래된 통제시스템을 단지 도입만 하는 것으로는 충분하지 않으며 적소에 적절한 통제시스템을 도입하는 것이 중요하다. 이번 장에서 보았듯이, 잘못된 시스템은 돌발적인 상황을 만들 수 있다. 너무 과도한 관료성으로 근로자의 독창성을 무시하고, 협력의 필요성을 간과하는 비기능적 행동들이 유발될 수 있다.

관리자들은 매우 많은 종류의 지표와 통제방법을 선택할 수 있는데 가장 좋은 선택은 회사의 전략과 그 조직의 구조에 의한 선택일 것이며, 전략, 구조, 그리고 통제는 반드시 부합되어야 한다. 안정적인 환경에서의 사업운영과 매우 변화가 심한 동태적 환경에서의 사업운영은 매우 다른 통제시스템을 요구한다. 어떤 방법이 가장 좋은지, 그리고 조직의 성과를 판단하기 위하여 어떤 지표를 사용해야 하는지에 대한 결정은 경영의 가장 모험적인 직무 중 하나이며 또한 가장 중요한 일 중의 하나이기도 하다.

Management Challenges

1. 서두에 제시했듯이, "관료적 통제시스템이 동기부여를 저하시키고, 비용의 효과를 저하시킨다"는 주장에 당신은 동의하는가?
2. 왜 조직에서 두 개의 부서가 공통의 목표달성을 위해 협력하면 성과모호성 문제가 발생하게 되는가? 관리자들은 이러한 문제를 해결하기 위해 무엇을 할 수 있는가?
3. 조직 내부에서 사용하는 시장통제의 이익에는 무엇이 있는가? 잠재적 비용은 무엇인가? 당신은 언제 시장통제가 적합하다고 생각하는가?
4. 왜 이면경로개발에 대하여 관리자들에게 보너스를 주는 것이 통제방법이 되는가? 이러한 방법의 약점을 발견할 수 있는가?
5. 영국에서 꽤 오랜 시간 동안 국립건강서비스는 치과의사들에게 그들이 치료에서 사용한 치료에 필요한 재료에 대한 비용만을 부담하도록 했다. 무엇이 이 시스템의 예기치 못한 문제점이 될 수 있을 것인가? 당신은 지금의 시스템보다 더 나은 것을 생각할 수 있는가?

Management Portfolio

한 기업을 선택하여 다음을 살펴보시오.

1. 상위관리자들이 조직통제에 사용하는 주요한 방법에 대하여 모두 조사한다.

2. 통제방법들은 조직구조와 전략에 어떻게 도움을 주는가?

3. 조직을 위한 통제방법의 변화를 추구할 수 있는가? 만약 할 수 있다면 무엇을 제안하겠는가?

마·침·사·례 Lincoln Electric

Lincoln Electric은 용접장비에 대한 글로벌 시장에서 선두를 달리는 회사 중의 하나로, 이는 소비자들이 가격에 매우 민감한 가격경쟁사업이다. Lincoln의 성공은 매우 높은 수준의 근로자 생산성에 기초하고 있는데, 이 회사의 생산성은 강력한 조직문화와 일한 만큼 돈을 받는 것에 기초하는 인센티브 스키마에 기인한다.

Lincoln 조직문화의 역사를 살펴보면, 1907년 그가 합류하기 몇 년 전 회사를 설립한 형 James Lincoln 시대로 돌아간다. Lincoln은 근로자 개인의 능력을 존중하고 그들의 능력을 믿었고, 올바로 동기부여하며, 평범한 사람들이 괄목할 만한 성과를 달성할 수 있도록 하였다. 그는 개인의 노력에 따른 보상이 이루어지는 능력위주 회사의 중요성을 강조하였다. Lincoln은 근로자와 관리자 간의 의사소통을 위한 장애를 없애는 강력한 열린 평등주의 방침을 실천하였다. 또한 그는 회사의 모든 근로자들을 평등하게 대하였는데, 그 예로 모든 사원들이 같은 식당에서 식사를 했고, 또한 관리자들만을 위한 주차공간은 존재하지 않았던 것 등이 그 예이다.

그는 또한 제품에 의해 얻어진 수익은 낮은 가격의 형태로 소비자와 공유하였고, 근로자에 대한 높은 임금의 원칙을 세웠으며, 주주들에게는 높은 수익률 분배의 원칙을 세우고 실천했다. James Lincoln의 신념에서 비롯한 조직문화는 회사의 인센티브 시스템에 의해 더욱 강화되었는데, 생산근로자들은 기본급은 없었지만 그들의 생산량에 따라 임금을 받았다. 회사 내부의 성과에 대한 보상의 금액은 그들이 공장에서 근무하면서 받은 평균임금과 맞먹는 임금을 지급했다. 근로자들은 그들이 생산한 결과물의 품질에 대한 책임을 졌고 품질의 결함이 있을 경우 그것을 수정하고 또한 불량제품은 그

생산성 극대화 근로자들! Lincoln Electric의 근로자 보수는 생산성 목표와 밀접하게 연관되어 있다. 이 회사의 인센티브 시스템은 매우 성공적이어서, 회사는 해당 업종에서 최저 비용구조로 최고 생산성수준을 갖고 있다.

들의 성과계산에도 영향을 주었다. 1934년 이후로는 생산근로자들은 일 년에 두 번 그들의 공식적 평가에 기초한 보너스를 지급받아 왔다.

이 평가들은 목표기준(근로자의 근로수준과 결과물의 질과 같은), 주관적 기준(근로자들의 협동에 대한 태도와 차별성과 같은)에 기초하여 이루어졌고, 이 시스템은 Lincoln의 근로자들을 더욱 열심히 일하도록 인센티브를 제공하게 하였고 생산성 향상에 도움을 주는 혁신을 통해 근로자들의 임금수준에 영향을 주게 되었다. Lincoln의 공장근로자들은 평균제조임금을 약 50% 초과하는 임금을 받을 수 있게 되었고, 또한 실적이 좋은 연도에는 추가로 보너스를 받을 수 있었고, 근로자들에게 높은 임금을 제공함에도 불구하고 근로자들의 생산성이 높음으로 인해 그들의 경쟁사보다 더 낮은 원가구조를 가질 수 있었다.[31]

토론문제

1. 어떤 종류의 통제시스템이 Lincoln Electric의 근로자들에게 높은 생산성을 갖도록 하였는가?
2. 성과에 의한 보상에 기초한 인센티브 제공 시스템의 예기치 못한 결과에 대해 생각해 볼 수 있는가? 어떻게 Lincoln은 이러한 불확실성에 대처하였는가?
3. Lincoln의 통제시스템이 회사의 전략과 어떻게 부합되었는가?

※ 주석 | Endnotes

1. J. Batsell, "Cost Cutting, Inventory Control Help Boost Nordstrom's Quarterly Profit," *Knight Ridder Tribune News*, February 22, 2002, p. 1; Nordstrom's 2004 10K statement.
2. J. Child, *Organization: A Guide to Problems and Practice* (Harper & Row: London, 1984).
3. S.G. Green and M.A. Welsh, "Cybernetics and Dependence: Reframing the Control Concept," *Academy of Management Review* 13, no. 2 (1988), pp. 287–301.
4. M. Dell, *Direct from Dell: Strategies That Revolutionized an Industry* (New York: Harper Collins, 1999), p. 135.
5. A. Neely et al., "Dysfunctional Performance through Dysfunctional Measures," *Cost Management* 17, no. 5 (2003), pp. 41-46.
6. J.P. Womack, D.T. Jones, and D. Roos, *The Machine That Changed the World* (New York: Macmillan, 1990).
7. C.R. Gentry, "Off the Clock," *Chain Store Age*, February 2003, pp. 33–36.
8. The author serves on the advisory board of the company.
9. For a recent summary, see D.M. Wiegand and E.S. Geller, "Connecting Positive Psychology and Organization Behavior Management," *Journal of Organization Behavior Management* 24, no. 12 (2004–2005), pp. 3–20.
10. See J. Child, "Strategies of Control and Organization Behavior," *Administrative Science Quarterly* 18 (1973), pp. 1–17; K. Eisenhardt, "Control: Organizational and Economic Approaches," *Management Science* 31 (1985), pp. 134–49; S.A. Snell, "Control Theory in Human Resource Management," *Academy of Management Review* 35 (1992), pp. 292–328; W.G. Ouchi, "The Transmission of Control through Organizational Hierarchy," *Administrative Science Quarterly* 21 (1978), pp. 173–92.
11. J. Welsh and J. Byrne, *Jack: Straight from the Gut* (Warner Books: New York, 2001).
12. M. Weber, *Economy and Society,* trans. and ed. G. Roth and C. Wittich (New York: Bedminster Press, 1968/1921).
13. Child, *Organization: A Guide to Problems and Practice.*
14. R. Teichroeb, "End to Forced Busing Creates New Problems for Seattle's Schools," *Seattle Post Intelligencer*, June 3, 1999, Web edition.
15. Child, *Organization: A Guide to Problems and Practice.*
16. C.W.L. Hill, M.E. Hitt, and R.E. Hoskisson, "Cooperative versus Competitive Structures in Related and Unrelated Diversified Firms," *Organization Science* 3 (1992), pp. 501–21.
17. J.D. Thompson, *Organizations in Action* (New York: McGraw-Hill, 1967).
18. Peer control has long been argued to be a characteristic of many Japanese organizations. See M. Aoki, *Information, Incentives, and Bargaining in the Japanese Economy* (Cambridge: Cambridge University Press, 1988).
19. L. Lavelle, "A Payday for Performance," *BusinessWeek*, April 18, 2005, pp. 78–81.
20. O.E. Wiliamson, *The Economic Institutions of Capitalism* (New York: Free Press, 1985).
21. C. Bartlett, *Philips versus Matsushita: A New Century, a New Round.* (Harvard Business School Case # 9-302-049, 2005).
22. L. Kim, "The Dynamics of Samsung's Technological Learning in Semiconductors," *California Management Review* 39, no. 3 (1997), pp. 86–101.
23. Hill, Hitt, and Hoskisson, "Cooperative versus Competitive Structures in Related and Unrelated Diversified Firms."
24. Hill, Hitt, and Hoskisson, "Cooperative versus Competitive Structures in Related and Unrelated Diversified Firms."
25. C.W.L. Hill, "The Role of Corporate Headquarters in the Multidivisional Firm," in *Fundamental Issues in Strategy Research*, ed. R. Rumelt, D.J.Teece, and D. Schendel (Cambridge, MA: Harvard Business School Press, 1994), pp. 297–321.
26. C.W.L. Hill and R.E. Hoskisson, "Strategy and Structure in the Multiproduct Firm," *Academy of Management Review* 12 (1988), pp. 331–41.
27. C.W.L. Hill, M.A. Hitt, and R.E. Hoskisson, "Declining U.S. Competitiveness: Reflections on Crisis," *Academy of Management Executive* 2 (1988), pp. 51–60.
28. R.S. Kaplan and D.P. Norton, *The Balanced Scorecard: Translating Strategy into Action* (Boston: Harvard Business School Press, 1996).
29. Comments were made by Jim Donald at a presentation to University of Washington MBA students.
30. B. McConnell and J. Huba, *Creating Customer Evangelists* (Chicago: Dearborn Trade Publishing, 2003).
31. Sources: J. O'Connell, *Lincoln Electric: Venturing Abroad* (Harvard Business School Case # 9-398-095, April 1998); and www.lincolnelectric.com.

Memo

10

// PART 3

조직아키텍처

조직문화

ORGANIZATIONAL CULTURE

LEARNING OBJECTIVES

이 장을 학습한 후 여러분은

1. 조직문화의 구성요소를 설명할 수 있다.
2. 조직 하위문화의 중요성에 대해서 논의할 수 있다.
3. 기업문화에 대한 심화학습을 통해 4가지 범주의 인공물들을 설명할 수 있다.
4. 문화의 강도가 기업의 성과를 개선하는 상황에 대해서 논의할 수 있다.
5. 조직의 문화를 변화시키고 강화시키는 4가지 전략을 설명할 수 있다.
6. 인수·합병 시 조직의 문화를 통합하기 위한 4가지 전략을 비교할 수 있다.

닷컴 버블이 붕괴되었을 때, 델의 매출과 주가가 하락하였으며, CEO인 롤린스(사진 오른쪽은 창업자인 마이클 델)는 델의 미래를 위해서 기업문화를 변화시킬 필요가 있음을 알게 되었다.

도입사례

몇 년 전 닷컴 버블이 사라졌을 때, 델(Dell Inc.)의 매출이 감소하였고, 주가는 급락했다. 이것은 델이 재무성과에 지나치게 집착했기 때문이었다. 델의 CEO인 롤린스(Kevin Rollins)는 "닷컴 붐 상황에서 많은 사람들은 부를 축적했고, 우리는 주가에 집착하는 기업문화를 갖게 되었다"고 하였다. 심지어 종업원들은 주식시세표를 화면보호기로 사용했다. 그러나 주가가 급락하자 도덕성도 함께 떨어졌다. 내부설문조사 결과 50% 이상의 종업원이 이직의사가 있는 것으로 나타났다.

이처럼 종업원들의 기업에 대한 충성도가 약해진 이유는 주가에 초점을 둔 성과주의 문화 때문만은 아니다. 이것은 의사결정과정에서 종업원의 복지보다는 작업 효율성과 기업의 성공만을 강조하는 델의 문화 때문일 수도 있다. 델의 마케팅 본부장인 조지(Michael George)는 "기업의 성과를 달성하기 위하여 종업원들이 많은 기여를 하였지만, 그 과정에서 많은 것을 잃게 되었기 때문에 종업원들은 더 이상 동료들과 협력하지 않으려 한다"고 말하고 있다. 또 다른 문제는 성과주의 문화를 가진 기업의 도덕적 문제이다. 엔론(Enron)은 주가에 대한 지나친 집착으로 분식회계를 저질렀고, 그 결과 파산에 이르렀다. 롤린스는 델을 위기에서 탈출시키기를 원했다.

롤린스는 델의 문화를 바꾸어야 한다고 확신했지만, 조직문화를 변화시키는 것이 가능할까? 만약 조직문화를 변화시킬 수 있다면, 롤린스와 경영자들은 현재의 문화를 어떻게 바꿀 것인가? 종업원들을 이끌 수 있는 새로운 문화는 어떤 것인가에 대해 생각해 보아야 할 것이다.

최근 델뿐만 아니라 다른 기업의 경영자들도 조직문화에 관심을 가지고 있다. 본 장에서는 델의 경영자들에게 직면한 문제들을 통하여 조직문화의 의미와 관리방법을 살펴본다. 먼저, 조직문화의 개념을 설명하고, 문화의 구성요소, 그리고 조직의 성공을 위한 조직문화의 중요성을 살펴볼 것이다. 이어서 조직문화의 구성내용과 강도가 바뀔 수 있는지에 대해서 논의하고, 만약 변화가 가능하다면 경영자들이 원하는 방향으로 조직문화를 변화시킬 수 있는 방법에는 어떤 것들이 있는지를 논의한다. 본 장의 마지막 부분에서는 기업을 인수·합병할 때 발생할 수 있는 문화 이슈들을 검토할 것이다.[1)]

조직문화의 개념

조직문화
조직 내에 공유된 가치와 가정

조직문화의 개념이 알려진 지는 오래되었지만, 1980년대에 와서 비로소 학계의 주목을 받기 시작하였다. 특히, 경영자들이 조직문화에 대해 관심을 가지게 된 것은 비교적 최근의 일이다. 델의 경영자인 롤린스(Kevin Rollins)와 델(Michael Dell)의 사례에서 확인해 볼 수 있다.[2)] 우리가 이야기하고 있는 조직문화는 무엇을 의미하는가? 제2장에서 논의한 것처럼, **조직문화**(organizational culture)는 조직 내에 공유된 가치와 가정으로 구성되어 있다. 조직문화는 조직 내 구성원들을 '올바른 방향'으로 인도하며, 경영자와 종업원들의 행동과 의사결정의 기준이 된다. 이처럼 조직문화는 공유된 가치와 가정의 두

그림 10. 1
조직문화, 가정, 가치, 인공물

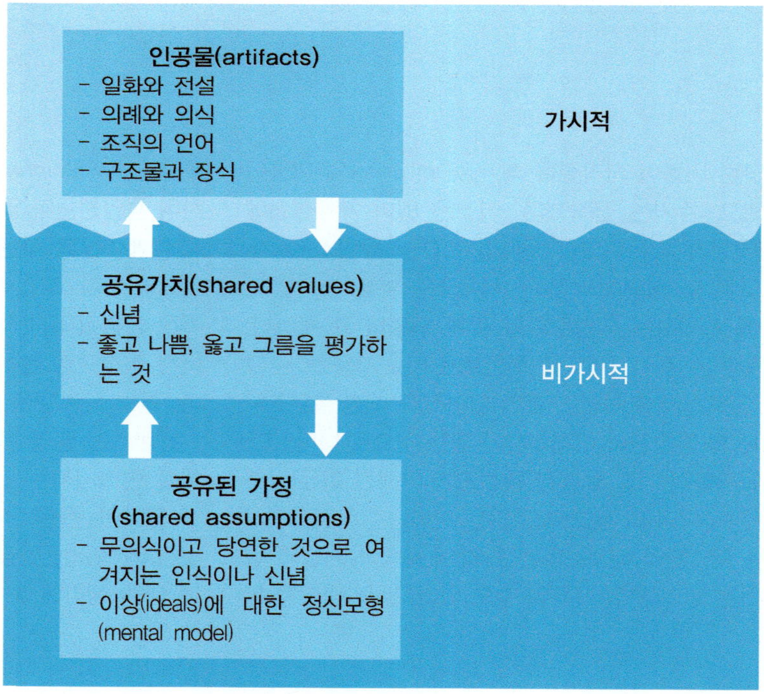

자료 : E. H. Schein, *Organizational Culture and Leadership: A Dynamic View* (San Francisco: Jossey-bass, 1985).

가지 요소로 구성되어 있다. [그림 10. 1]에서는 이러한 가치들 간의 관련성과 앞으로 논의할 인공물들과 어떻게 연결되어 있는지 설명하고 있다.

// 공유가치

제1장에서 소개된 바와 같이 가치는 의사결정의 기준이 되며, 목표달성을 위한 과정이나 행동의 지침이 되는 안정적인 신념을 의미한다.[3] 이것은 행동의 옳고 그름을 판단하는 기준이며, 무엇을 '해야만' 하는지를 알려준다. 또한 동기부여, 의사결정, 종업원 행동의 도덕적인 잣대로서의 역할을 한다(표 10. 1 참조). 모든 사람은 집단의 일원으로서 집단 내 다른 사람과 유사한 가치를 지니고 있으며, 한편으로는 자신만의 가치체계를 가지고 있다.[4] 어떤 사람들은 안정과 전통에 가치를 두고 있고, 다른 사람들은 열정과 도전에 더 많은 가치를 두고 있다.

안정, 전통, 열정, 도전 등의 다양한 가치들은 개인 내부에 존재하는 것이다.[5] 그러나 개인뿐 아니라 조직 차원에서 공유된 가치(shared values)의 형태로 조직문화에 반영되기도 한다. 공유된 가치는 조직이나 같은 작업장 내의 사람들이 공통적으로 지니고 있고 가치계층 중 최고위에 있는 가치이다. 델의 종업원들은 사업의 성공을 가장 중시하고 있었다. 이것은 안정과 전통보다는 성과와 목표달성을 더 중시한다는 것을 의미한다.

최근에 기업의 리더들이 회사의 공유가치를 선정하고 공표하는 것이 하나의 유행이 되고 있다. 온라인 검색회사인 야후(Yahoo)의 경우도 예외가 아니다. 야후는 회사 웹사이트에 야후를 움직이게 하는 DNA로 우수함, 혁신, 고객 밀착, 팀워크, 공동체, 즐거움의 6가지 가치를 제시하고 있다. 과연 이러한 가치들이 야후의 문화를 진정으로 대표하는가? 사실 기업에서 표방하는 가치와 실제가치가 일치하지 않을 수도 있다.[6]

경영자들은 그들이 표방하는 가치(espoused values)와 실제가치(enacted value)를 명확하게 구분할 필요가 있다. 표방하는 가치는 그들이 적용하고 있다고 '말하는' 것인데,

표 10. 1

기업문화는 어느 정도 중요한가?

1위 : 포천(Fortune)지가 1,000명의 임원을 대상으로 조사한 결과, 구직자의 질문사항 중 종업원 복지와 관련된 기업문화의 중요성

1위 : 엑스큐넷(ExecuNet)이 미국 내 147명의 임원을 대상으로 조사한 결과, 회사를 옮기려는 이유 중 조직문화의 중요성

2위 : 1,000명의 관리자를 대상으로 한 조사에서 대졸신입사원 채용기준 중 '회사문화와의 적합도'의 중요성(1위는 관련 경험)

3위 : MBA 졸업생들이 최종적으로 입사 여부를 결정할 때 영향을 미치는 요소 중 기업문화의 중요성(1, 2번째 요소는 급여와 도전적인 역할)

36% : 핀란드 대학생 중 강한 문화를 가진 경영자가 최고의 경영자라고 응답한 비율

36% : 기업문화를 복리후생 중의 하나라고 응답한 비율

자료 "As Employment Market Improves," ExecuNet press release, December 1, 2005; "More Jobs and Higher Salaries," CareerBuilder press release, April 5, 2006; Universum Communications, American MBA Survey, 2005; Universum Communications, Graduate Survey, Finnish Edition, 2005; Robert Half International, Office of the Future 2005 study.

많은 경우에 실제 적용하고 있지는 않지만 사용하고 있는 것으로 생각하고 있다. 대체로 표방하는 가치는 사회적으로 바람직한 것인데, 이를 통하여 기업에 대한 긍정적인 이미지를 만들어내고 있다. 예를 들면, 세계적 기업들은 모든 종업원들이 회사를 출입할 때 엄격한 검색을 받고 있음에도 불구하고 그들의 문화적 가치를 '신뢰'라고 주장하며 많은 상징물을 만들어 놓고 있다. 더구나 대부분의 경영자들은 조직 내 모든 종업원들이 이러한 가치를 받아들이기를 기대하지도 않으면서 이러한 가치를 표방하기도 한다. 반면, 실제가치는 종업원들이 행동하고 의사결정하는 데 실질적인 기준으로 작용하는 가치를 의미한다. 이러한 실제가치는 종업원들의 행동을 관찰할 때 분명하게 드러난다. 조직문화는 표방하는 가치가 아니라 실제가치에 의해 정의된다.

// 공유된 가정

조직문화의 가장 깊은 곳에 있는 요소는 사람들의 머릿속에 있는 공유된 가정(shared assumptions)이다. 가정은 과거부터 존재하고 있는 무의식적인 신념과 의식체계이기 때문에 미래의 기회와 문제에 대해 생각하고 행동하는 데도 적용될 것이다. 이러한 가정은 마음속 깊은 곳에 있고, 회사를 위해 좋은 것으로만 인식되고 있어 그에 대해 의심하거나 문제제기를 하는 사람은 거의 없다. 수십 년 동안 가정은 HP(Hewlett-Packard) 문화 속에 깊이 뿌리박혀 있었기 때문에 누구도 가정에 대해서 의문을 제기하지 않았다. HP의 문화 중 'HP Way'의 핵심은 혁신, 종업원 복지, 동료 간의 팀워크였고, HP Way는 실리콘 밸리에 있는 기업들에게는 기업문화의 모델이 되었다.

최근까지 P&G는 고립된 은둔주의와 계급문화를 통해서 유지되었다. 종업원들은 내부승진문화에 대해 불만이 없었으며, 상당히 성공적으로 운영되고 있었다. 하지만 P&G의 시장점유율이 경쟁자에 의해 위협당했을 때, 한 CEO가 이러한 문화를 바꾸려고 노력하였지만 2년 만에 교체되고 말았다. 현재의 CEO인 라플리(A. G. Lafley)는 신중한 자세로 급증하는 경쟁자의 위협을 활용하여 P&G의 문화를 바꾸는 데 성과를 거두고 있다.

본 장의 처음에 제시된 사례는 강력한 조직문화가 무의식적인 가정의 차원에서 어떻게 작용하는지를 보여주고 있다. 델의 '승리'에 대한 집착은 델을 성공시켜왔기 때문에, 그에 대해 의심하는 사람은 없었다. 심지어 델의 경영진이 성공지향적 문화가 주가에 집착하도록 만들었다는 사실을 깨달았을 때에도 델에 깊이 뿌리박힌 성과주의 문화를 바꾸려하지 않았다. 델의 인사담당 부사장인 맥키논(Paul McKinnon)은 "질적인 측면의 문화가 없었던 것은 아니었다. 그러나 성과지향, 비용절감, 신속성을 강조하는 문화가 더 강했던 것이다. 그리고 우리는 단지 더 좋은 성과를 달성하기를 원했을 뿐이다, 더 이상 무엇이 델에서 새로운 문화가 될 것인가?"라고 말하고 있다.[7]

조직문화 중 가장 깊은 곳에 있는 공유된 가정은 변화시키기에 가장 어려운 요소이다. P&G(Procter & Gamble)의 기업문화를 생각해 보자. 몇 년 전까지 소비재시장을 지배하였던 P&G에 근무하는 종업원들은 고립된 은둔주의와 위계문화 속에서 지내왔다. 최고경영진은 내부승진을 통해 임명되었고, 어느 누구도 외부에서 경영진이 영입될 것이라고 생각하지 않았다. P&G를 떠나는 모든 사람은 반역자로 간주되었고, 회사로 다시 돌아올 수 없었다. 회사에 입사하는 사람들은 빠르게 P&G화되었는데, 그들은 P&G 문화를 받아들이게 되었으며, 그렇지 못한 경우 회사를 떠나게 되었다. P&G의 문화는 오랫동안 성공적으로 유지되었기 때문에 그에 대해 의문을 갖는 것은 어리석은 일이었다. 이러한 문화는 1990년대 고객을 중시하는 문화를 가진 경쟁자에 의해서 시장점유율이 떨어질 때까지 변하지 않은 채로 남아 있었다. 당시 P&G의 최고경영자는 조직 내에 반역자가 있으면 좋겠다는 표현까지 써가며 P&G의 문화를 바꾸려고 노력하였다. 2년간 문화변화를 추진한 후 CEO는 교체되었다. 후임자인 라플리(A. G. Lafley)는 과거의 P&G의 문화에 문제가 있다는 것을 인식할 수 있도록 신중하고도 용의주도한 방법을 동원하여 좋은 성과를 거두었다.[8)]

// 조직문화의 구성요소

가치와 가정의 상대적인 중요성에 따라 조직문화의 차이가 나타난다. SAS 연구소에서 몇 시간 있어보면, 여러분은 세계에서 가장 큰 개인용 소프트웨어 회사가 지구상에서 가장 종업원 친화적인 문화를 지닌 기업 중의 하나라는 것을 알게 될 것이다. 캘리포니아주 북부의 200에이커에 달하는 광활한 부지에 위치한 SAS는 무료 질병관리, 무제한 병가, 주간보육 프로그램, 스키 여행, 개인 트레이너, 고급 식당, 태극사상 학습 등의 종업원 복지제도를 운영하고 있다.[9)] 반대로 Wal-Mart 본사를 방문해 보면, 소름끼칠 정도로 절약과 효율성을 강조하고 있음을 알게 될 것이다. 방문객들은 자신들이 마시는 음료와 커피에도 돈을 지불해야 한다. 종업원들은 값싸고 오래된 책상에 앉아 자신들의 작업과정뿐 아니라 공급자의 비용절감과 효율향상을 위한 방법을 만들어내고 있다.[10)]

기업문화에는 얼마나 많은 요소가 포함되는가? 연구자와 컨설턴트들은 조직문화를 몇 가지 범주로 분류하려는 시도를 해왔다. 어떤 모델은 7개의 기업문화(집중, 결과중심, 사람중심, 팀중심, 공격형, 안정형, 혁신·위험감수)가 있다고 하였다. 다른 조직문화 모델은 네 쌍의 대립적 가치로 구성되어 있다. 규제지향문화－혁신문화, 내부집중문화－외브집중문화, 통제문화－자율문화, 목표지향문화－과정지향문화 각각이 반대의 개념으르 쌍을 이루고 있다.[11)]

관리자들은 현재의 문화 특성과 미래의 발전방향을 간명하게 파악할 수 있기 때문에 이러한 조직문화모델을 선호한다. 그러나 이 모형들이 조직가치를 이용하여 기업들을 분류할 수는 있지만, 조직의 다양한 문화가치를 지나치게 단순화시킨다는 점에서 한계가 있다. 실제로 개인의 가치가 다양한 것처럼 조직의 가치도 매우 다양하다. 그러므로 경영자들은 손쉽고 간단하게 범주화된 틀 속에 다양한 조직문화를 분류할 경우에 신중을 기할 필요가 있을 것이다.

// 하위문화

조직문화를 논의할 때, 조직 내 사람들에 의해서 광범위하게 공유된 가치와 가정이라는 지배문화(dominant cultures)를 먼저 이야기한다. 그러나 조직 내에는 사업부, 지리적인 위치, 작업집단에 따라 다양한 하위문화(subcultures)가 존재할 수 있다.[12] 어떤 하위문화는 전체 조직문화와 유사한 가정, 가치, 신념을 가지고 있어 지배적인 문화를 강화한다. 그러나 델의 일부 팀이나 부서에서는 성공보다 고객서비스를 더욱 중요하게 생각한다.

조직의 핵심가치에 정면으로 반대하는 하위문화를 반문화(countercultures)라고 한다. P&G 내부의 일부 작은 팀이나 작업집단은 P&G의 지배적인 가치인 사교적인 위계문화와 달리, 그들만의 창의적이고 혁신적인 문화를 만들기도 한다. 그러나 이러한 하위문화가 회사 전체의 문화와 큰 차이가 없을 경우에는 용납되기도 한다.

하위문화 중 특히 반문화는 종업원 간의 갈등과 의견불일치를 초래하지만, 두 가지 측면에서 순기능을 할 수 있다. 우선, 반문화를 추구하는 구성원들은 지배적인 질서에 대한 감시와 비판을 통해 기업활동이 도덕적 기준을 준수하도록 한다. 하위문화는 구성원들이 건설적인 비판과 창의적인 생각을 할 수 있도록 한다. 반문화는 종업원들이 하나의 가치에 맹목적으로 순응하는 것을 예방하며, 기업이 사회의 도덕적 기준을 지키도록 한다. 하위문화(특히, 반문화)의 두 번째 기능은 고객, 공급자, 사회 등의 다양한 이해관계자의 요구와 기업의 이해를 조정하는 역할을 한다.[13] 기업은 환경변화에 따라 기업의 가치를 바꿀 필요가 있다. 그러나 하위문화를 억압한다면 환경변화에 적합한 가치를 발견하고 채택하는 데 더 많은 시간이 소요될 수 있다.

조직문화의 파악

인공물
관찰가능한 조직문화의 상징물

조직의 공유된 가치와 가정을 직접적으로 볼 수 없지만, [그림 10. 1]에서 보는 바와 같이 **인공물**(artifacts)을 통해 조직문화를 해석할 수 있다. 인공물은 고객접견방식, 건물배치, 종업원 보상방법과 같은 관찰가능한 상징물을 의미한다.[14] 일부 전문가들은 인공물이 기업문화의 핵심이라고 말하고 있고, 다른 학자들은 이러한 인공물을 문화의 상징이나 지표로 생각한다. 어떤 견해를 따르더라도 인공물이 기업의 문화에 대한 중요한 정보를 제공해 준다는 것은 분명한 사실이다. 조직문화를 파악하는 것은 인류학적 조사방법과 유사하다. 작업장에서의 행동관찰, 일상대화에서 독특한 언어분석, 문서연구, 기업에서 전해오는 일화에 대한 직원과의 인터뷰 등을 통하여 문화를 파악한다.

메이요 병원(Mayo clinic)에서는 인공물을 통해 조직문화를 파악하는 것이 중요하다는 것을 알고 있었다. 미네소타주 로체스터에 소재한 원래의 병원에서는 탄탄한 조직문화를 가지고 있었지만, 플로리다와 애리조나로 확장하는 과정에서 원래의 문화를 유지하는 데 어려움을 겪게 되었다. 애리조나의 메이요 병원 인사담당 임원인 맥클래스

(Matt McElrath)는 "우리의 문화를 잃어버리지 않기 위해서 부단히 노력하였고, 우리의 문화유산을 유지할 수 있는 방법을 찾기 시작하였다"고 설명했다. 메이요 병원은 메이요의 문화를 파악하고, 새로운 2개 지역에 기존의 문화를 확산시키기 위해 인류학자인 캐틀린(Linda Catlin)을 참여시켰다. 캐틀린은 종업원들을 그림자처럼 따라다니고, 환자로 위장하여 대기실에서 일어나는 일을 관찰했다. 많은 직원과 인터뷰하였고, 내과의사의 회진에 참석하였으며, 심지어는 수술과정도 관찰하였다. 6주간의 문화조사가 끝난 후 그녀는 메이요의 문화와 2개의 다른 병원의 문화의 차이점에 대한 보고서를 제출했다. 메이요 병원의 3개 지역에 있는 모든 신임 내과의사들이 메이요 병원의 역사와 가치를 알기 위하여 로체스터에서 실시되는 오리엔테이션에 참석할 것을 의무화하는 것을 포함하는 캐틀린의 11개 권고사항 모두가 채택되었다.[15)]

메이요 병원(Mayo Clinic)의 문화여행
메이요 병원에서는 조직의 문화를 파악하고 본부의 문화를 다른 지역에 전파하기 위하여 인류학자를 참여시켰다. 인류학자는 6주 동안 종업원을 그림자처럼 따라다니며 관찰하였고, 환자로 위장하여 대기실에서 일어나는 일을 조사하였다.

롤린스는 델의 문화가 잘못되었다고 결론 내렸을 때, 인류학적인 조사방법을 사용하지는 않았지만, 문화의 구성요소를 규명하기 위해 인공물을 분석하였다. 롤린스는 다른 기업의 사람들보다 델의 종업원들이 기업의 주가에 대해서 더 많이 이야기한다는 사실을 알게 되었다. 또한 많은 종업원들이 주식시세표를 모니터의 화면보호기로 사용하고 있음을 발견했다. 그리고 롤린스는 델의 주가가 주당 58달러에서 16달러로 곤두박질쳤을 때, 비도덕적 행동과 의도적인 이직이 발생하는 것을 목격하게 되었다.

이러한 최초 진단 후에 델에서는 컨설팅기관에 의뢰하여 기업문화를 체계적으로 분석하였다.[16)] 회사의 모든 종업원을 대상으로 실시한 설문조사 등을 통하여 델의 문화는 '승리'와 '관리의 우수함(효율성과 속도)'에 가치를 두고 있다는 사실을 확인하였다. 이러한 조사결과를 통해 성장과 효율성을 추구하는 델의 문화가 종업원 행복을 해칠 수 있다는 롤린스의 우려를 확인할 수 있었다. 델의 마케팅담당 임원인 조지(Michael George)는 "설문결과에 의하면 판매실적이 우수한 종업원은 팀의 다른 구성원들의 감정을 상하게 하더라도 관례에 따라 보상받고 승진하였으며, 신입사원은 선임자로부터 지원도 없이 가장 어려운 지역으로 던져진다고 불만을 표시했다"고 당시를 회상하고 있다.

일부 조직문화 전문가들은 문화의 깊이가 워낙 깊고, 가치가 다양하여 설문조사만으로는 조직의 문화를 정확하게 파악할 수 없다는 점을 지적하여 왔다. 전문가들은 설문조사뿐 아니라 인공물을 평가하는 정교한 방법을 함께 사용할 것을 권하고 있다.[17)] 인공물에는 기업의 일화, 전설, 의례, 의식, 언어, 구조물과 상징물들이 포함된다.

// 조직의 일화와 전설

수년 전 사우스웨스트 항공사(Southwest Airlines)는 '오직 즐거운 비행(Just Plane Smart)'이라는 광고문구를 사용하였다. 댈러스에 위치한 이 항공사는 자신도 모르게 사우스 캐롤라이나 그린스빌에 있는 항공서비스 및 유지보수 기업인 스티븐스 항공의 '즐거운 비행(Plane Smart)'이라는 슬로건을 침해하게 되었다. 스티븐스 항공의 CEO인 헤월드(Kurt Herwald)와 사우스웨스트 항공의 켈러허(Herb Kellerher)는 이 문제를 법정 공방을 통해 해결하기보다는 두 회사의 대표가 댈러스의 황폐한 레슬링 경기장에서 팔씨름으로 결정하기로 합의하였다. 관중들은 즐거운 기분으로 켈러허의 'Smokin'팀과 헤월드의 'Kursey'팀이 겨루는 '댈러스의 원한'이라는 팔씨름 이벤트를 관람하였다. 켈러허가 마지막 경기에서 헤월드에게 졌을 때, 그는 들것에 실려나가는 익살을 부리며 "나의 패배는 추운 날씨와 비행의 긴장 때문"이라고 너스레를 떨었다. 물론 이후에 스티븐스 항공은 사우스웨스트 항공사가 그들의 광고문안을 계속 사용할 수 있도록 허락하였고, 두 회사는 이벤트를 통해서 얻은 수익을 자선단체에 기부하였다.[18)]

'댈러스의 원한'은 사우스웨스트 항공사의 종업원들에게는 기억에 남는 전설이 되었다. 이 일화는 사업은 즐거운 마음으로 해야 한다는 핵심가치를 전달하기 위한 것이다. 기업에서 전해오는 과거의 사건에 대한 일화와 전설은 기업에서 해야 할 일과 하지 말아야 할 일을 구분하는 기준이 된다. 또한 이러한 일화와 전설은 기업이 바라는 점, 개인의 성과기준, 이상적인 행동과 의사결정의 기준을 제시해 준다.

그렇지만 모든 이야기와 전설이 긍정적인 것만은 아니다. 어떤 경우에는 지배적인 기업 문화에서 무엇이 잘못된 것인지를 나타내는 수단이 되기도 한다. GM은 강력한 위계구조를 지닌 문화로 알려져 있었다. 위계적 문화는 종업원들에게 상사의 지위와 권위에 존경을 표시할 것을 요구했다. 이러한 지배적인 문화를 거부하는 사람들은 GM의 종업원들이 경영자를 맞이하기 위해서 공항에 나가는 것에 대해 불만을 토로하고 있었다. 경영자의 지위는 경영자를 배웅하기 위해 공항에 나가는 자동차의 수로 상징화되었지만, 불만을 가진 직원들은 이러한 관행이 회사의 이해관계자들보다는 GM의 리더들을 접대하는 데 시간을 낭비하는 나쁜 사례 중의 하나로 활용하고 있었다.[19)]

일화는 문화를 의인화하고, 사람들이 기억하기 쉬운 교훈을 포함하고 있기 때문에 중요한 인공물 중의 하나가 된다. 일화에는 실존 인물이 등장하며, 사실에 근거하고, 조직 전체의 종업원들에게 기억되기 때문에 기업문화를 전달하는 데 큰 효과를 나타내게 된다.[20)]

// 의례와 의식

의례
조직문화를 각색한 일상적인 조직 생활의 정형화된 관습

의례(rituals)는 조직문화를 각색한 일상적인 조직생활의 정형화된 관습이다. 의례에는 고객접견방법, 상사가 부하를 방문하는 횟수, 종업원 상호 간의 의사소통방식, 점심을 먹는 시간 등이 포함된다. BMW는 빠른 속도의 문화로 잘 알려져 있다. 이것은 글자 그대로 종업원들이 자동차 공장을 얼마나 빨리 걸어다녀야 하는지를 명백하게 나타낸다. BMW의 경영자인 판케(Helmut Panke)는 BMW의 공장을 방문해보면 BMW의 직원들이 다른 회사사람들보다 훨씬 빠르게 움직이고 있는 것을 발견할 것이라고 하였다.[21) **의식**(ceremonies)은 의례보다는 더 공식화된 인공물이다. 의식은 종업원에 대한 공식적인 시상, 신제품의 출시, 계약체결 등을 축하하기 위한 각종 행사를 진행하기 위한 계획된 행동을 의미한다.

의식
각종 행사를 진행하는 방식과 절차

// 조직의 언어

작업장의 언어는 기업문화의 많은 부분을 나타낸다. 문화를 상징하는 언어에는 동료를 호칭하는 방식, 고객을 묘사하는 방식, 이해관계자들을 맞이하는 방식 등이 포함된다. 컨테이너 스토어(The Container Store)의 종업원들은 서로를 칭찬할 때 '검비(Gumby) 인형 같은'이라는 표현을 쓴다(본사에는 사람크기의 검비 인형이 전시되어 있다).[22) 이는 녹색 장난감과 같이 유연해야 한다는 것을 의미하는데, 종업원들은 규정된 직무 이외에도 고객이나 다른 종업원들을 돕고 있다는 것을 의미한다. 또한 언어는 하위문화의 가치를 나타낼 때 사용된다. 예를 들면, 월풀(Whirlpool)의 컨설턴트는 설비회사인 월풀의 종업원들이 '파워포인트 문화'에 대해 이야기하는 것을 듣게 되는데, 마이크로소프트(Microsoft)의 소프트웨어의 이름인 이 문구에는 월풀의 상명하복식 단방향 의사소통을 상징하는 위계적 문화에 대한 비판이 포함되어 있다.[23)]

// 구조물과 장식

건물의 크기, 외부 모양, 위치, 연령은 팀워크, 친환경성, 유연성 등의 가치들을 표현할 수 있다. 오클리(Oakley Inc.)의 '행성모형의 본사' 사례를 살펴보자. 최첨단 광학 및 의류제조업체인 오클리는 캘리포니아주에 그들의 비밀스럽고 보호적인 문화를 나타내기 위하여 초대형 볼트를 장식하고 금속벽으로 둘러싸인 돔형 건물을 건립하였다.

오클리의 요새 문화
캘리포니아에 위치한 오클리 사의 벙커와 같은 본사건물은 보안을 중시하는 문화를 상징적으로 나타내고 있다. 이 회사에서는 세계 각국에 기초설계에서 응용제품에 이르기까지 545개의 특허를 보유하고 있다.

B-52 폭격기에서 떼어낸 의자로 대기실을 꾸몄고, 중무장한 안내원이 근무하는 안내데스크 뒤에는 실제 크기의 어뢰가 장식되어 있다. 이런 모양의 건물을 통해 종업원들에게 항상 전쟁 중에 있다고 느끼게 한다. 오클리의 경영자는 "우리는 항상 요새에 있다고 생각하며, 우리가 만드는 것이 황금이라면, 종업원들은 그것을 지키기 위해서는 어떤 일이라도 해야 하며, 우리는 그들을 보호할 것"이라고 말한다.[24]

건물만으로는 문화의 모든 것을 설명할 수는 없고, 건물 내부의 여러 가지 물건들이 보충설명해 줄 수 있다. 책상, 의자, 사무실, 벽에 걸린 장식들이 문화의 의미를 전달할 수 있는 물건이 된다. 비록 이런 인공물이 개별적으로는 많은 것을 표현하지는 못할지라도 각 요소들이 결합되면, 기업의 문화를 충분히 설명할 수 있게 된다.

맨해튼의 정육점 거리에 있는 CCA(Chandler Chicco Agency's, 역자주 : 광고대행사) 건물을 생각해 보자. 이 회사의 사무실은 칸막이가 없고 지위에 따른 차이가 없도록 설계되어 있다. 책상은 오래된 직원과 신입직원이 비슷한 크기의 공간을 가지도록 배치되어 있다. 이러한 인공물들은 CCA가 평등주의와 검소한 문화를 가지고 있음을 보여준다.[25]

조직문화의 중요성

델뿐만 아니라 다른 기업의 경영자들이 왜 그들의 문화에 관여하는가? 문화 때문에 기업 간의 차이가 발생하는가? 이것에 대한 답변은 한 마디로 '그렇다'이다. 강한 문화를 가진 기업들은 특정한 상황에서 성공할 가능성이 높다는 연구결과가 제시되고 있다.[26] 조직문화가 기업 자산과 종업원 복지에 영향을 미치는 과정은 상당히 복잡하다.

조직문화의 영향력은 문화의 강도에 따라 달라진다. **문화의 강도**(strength)는 기업의 지배적인 가치와 가정을 종업원들이 얼마나 광범위하고 깊이있게 보유하고 있는가를 의미한다. 강한 조직문화를 가진 기업에서는 하위조직에 속하더라도 모든 구성원들이 조직의 지배적인 가치에 대해 공감대를 형성하고 있으며, 또한 이러한 가치들이 인공물을 통해서 제도화되면 바꾸기가 매우 힘들다. 또한 강한 문화는 장기간 지속되는 경향이 있다. 어떤 경우에는 기업의 창업자에 의해서 만들어진 신념과 가치가 계속 유지되기도 한다. 반대로 지배적인 가치가 단기적이고 조직의 상위계층의 소수에 의해서만 공유될 때에는 기업은 약한 문화를 갖게 된다. 강력한 기업문화는 다음과 같은 3가지 중요한 기능을 수행함으로써 기업의 성공 가능성을 증가시킨다.

1. **통제시스템**(control system) : 제2장에서 우리는 조직문화가 관리자와 종업원이 할 수 있는 것과 할 수 없는 것에 대해 영향을 미친다는 것을 간략하게 언급하였다. 또한 제9장에서 문화는 의사결정과 행동에 영향을 미치는 사회적 통제시스템의 형태로 존재한다는 사실을 강조한 바 있다.[27] 통제시스템의 하나인 문화는 침투력이 강하며 무의식적으로 작동한다. 따라서 문화는 구성원들을 조직이 원하는

방향으로 움직이게 하는 자동항법장치로 생각해도 될 것이다.

2. **사회적 접착제**(social glue) : 조직문화는 사람들을 서로 연결하고, 사람들이 조직의 일부분이라고 생각하게 만드는 '사회적 접착제'이다.[28] 종업원들은 사회적 정체성에 대한 욕구를 충족시키기 위해 조직의 지배적 문화를 자신의 것으로 내면화한다. 이러한 사회적 접착제는 신입직원을 유인하고, 고성과자를 유지하기 위한 수단으로 그 중요성이 커지고 있다.
3. **의미형성**(sense making) : 조직문화는 의미형성과정을 지원한다.[29] 조직문화는 종업원들에게 기업 내에서 어떠한 일이 일어나야 하고, 또 왜 그런 일이 발생하게 되는지를 이해하게 한다. 종업원들은 조직문화를 통해서 조직이 기대하는 바를 이해하고, 다른 사람과 상호작용하는 방식을 배우게 된다.

// 조직문화의 강도와 적합성

앞에서 강한 문화는 기업의 성공에 영향을 미칠 수 있다고 하였지만, 연구결과에 의하면 문화의 강도와 기업성과의 관계는 그리 강하지 않은 것으로 나타나고 있다.[30] 그 관계가 왜 약한 것일까?

첫 번째 이유는 문화의 구성요소가 조직환경과 적합할 때에만 강한 문화가 조직성과를 증가시키기 때문이다(그림 10. 2 참조). 몇 페이지 앞으로 돌아가서 문화는 구성원이 생각하는 가치와 가정의 상대적 순서를 의미한다는 것을 상기해 보자. 문화적 가치의 상대적 순서가 기업환경과 일치하지 않을 때에는 문제가 발생한다. 문화와 환경 간에 적합성이 부족할 때에는 종업원들은 기업의 최우선 관심사와는 다른 방식으로 행동하고 결정하게 된다. 이럴 경우에 강한 문화는 많은 종업원들에게 잘못된 가치와 가정에 따라 움직이게 만들기 때문에 오히려 더 큰 위험을 유발할 수도 있다.

기업의 문화가 외부환경과 일치하지 않아 실패하는 기업들의 예는 쉽게 찾아볼 수 있다. 미국에서 Wal-Mart 다음의 두 번째 큰 소매업체인 홈디포(Home Depot)의 경우를 보자. 홈디포는 열정을 가지고 고객을 대하며, 관료주의를 배척하는 '기업가정신으로 똘똘 뭉친 용기있는' 문화를 통해서 성장하였다. 그러나 경쟁이 심화되자 홈디포의 자유분방한 문화는 오히려 걸림돌이 되기 시작했다. 당시 홈디포는 본사보다는 지사

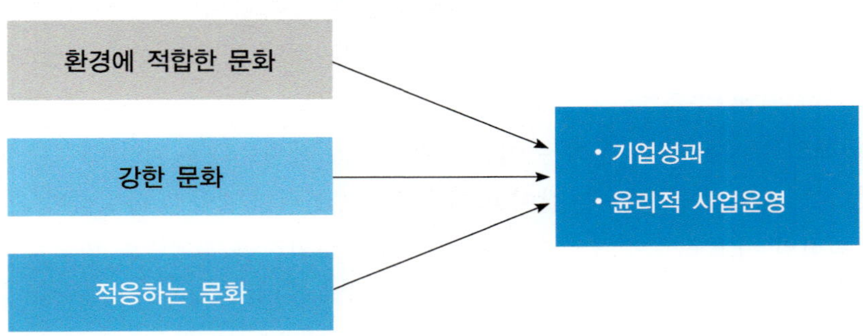

그림 10. 2

조직문화와 성과

중심의 비효율적인 방식으로 운영되고 있었다. 회사 차원에서의 단일계약이 구매력을 향상시킬 수 있음에도 불구하고, 지역별로 다양한 공급계약이 맺어져 있었다. 회사에서는 불필요한 경비를 절감하기 위하여 조직과 효율성을 강조하는 문화가 필요하였다. 이러한 개혁은 GE 출신의 경영자인 나델리(Robert L. Nardelli)에 의해 주도되었다. 지난 5년간 나델리는 GE와 유사한 효율성 지향, 성과중심 문화를 도입하였다. 나델리는 강력한 저항에 부딪혔지만 홈디포는 변화하고 있다. 홈디포의 공동창업자인 랑곤(Ken Langone)은 "그가 회사를 구했다"고 이야기하고 있다.[31)]

이 장의 첫 번째 사례에서 살펴본 바와 같이 주가를 중시하는 델의 문화가 주가가 하락할 때는 종업원의 도덕성을 해치고 성과를 저하시키기도 하였다. 델의 기업규모가 2배로 되었지만, 성과지향적 문화로는 종업원의 충성심 약화와 우수인재의 이직이라는 문제를 해결하지 못하였다. 비록 지금까지의 문화가 델의 성과를 달성하는 데에는 효과적이었지만 수정의 필요성이 생기게 된 것이다.

롤린스는 델의 문화도 델의 생산모형처럼 잘 정리되고, 강해지기를 원한다고 하였다. 그래서 '델의 정신'이라는 개념을 도입하였다. 또한 종업원들이 '델의 정신'을 충실하게 이행하고 회사에 몰입하게 하는 '좋은 직장'이 되기 위해 무엇이 필요한지를 조사하였다. 조직문화 진단과 함께 종업원의 피드백을 통하여 고객지향, 팀지향, 정직한 관계, 세계시민정신, 성공에 대한 열정의 5가지 가치를 설정하였다. 롤린스는 이러한 문화는 지금도 부분적으로 존재하고, 부분적으로는 회사가 열망하는 목표라고 이야기하고 있다. 롤린스는 '직원들이 믿는 것이 바로 그것이고, 회사가 믿는 것 또한 그것이며, 종업원들이 델의 일원임이 자랑스러워하는 이유도 바로 그것 때문'이라고 말하기를 원한다고 하였다.[32)]

기업에 대한 찬양과 다양성에 대한 억압 강한 문화가 항상 효과적이지 못한 두 번째 이유는 문화가 종업원들을 회사가 정해놓은 사고체계 속에 구속시켜, 새롭거나 독특한 문제에 관심을 가지지 못하게 한다는 것이다. 따라서 강한 문화는 의사결정자들로 하여금 기업이 환경변화를 따라가지 못하고 있다는 사실을 알아차리지 못하도록 한다는 것이다. 파산한 많은 철강회사들이 이미 이런 문제를 경험한 바 있다. 지금은 파산한 철강회사인 미탈(Arcelor Mittal)에서 30년간 근무한 부사장인 맹 3세(John Mang III)는 "미탈은 문화는 백 년 동안 지속된 단단한 문화였으며, 나를 포함한 모든 사람들이 동일한 문화 속에서 성장하였고 다른 것은 볼 수가 없었다. 미탈의 문화는 회사 내부만의 문화였고 모두가 장밋빛 미래에 대해 낙관적인 생각만 하고 있었다"고 말하고 있다.[33)]

세 번째의 문제는 강한 문화는 이견을 제시하는 하위문화를 억압하려는 경향이 있다는 것이다. 앞서 언급한 바와 같이 하위문화는 건설적인 갈등을 유발하며, 이러한 갈등은 창의적인 사고를 촉진하고 지배문화에 대한 도덕적인 경계병의 역할을 할 수 있다. 장기적으로 볼 때, 이러한 하위문화는 환경변화에 따라 지배적인 문화가 될 수도 있는데 하위문화를 억제하는 강한 문화는 이러한 장점을 없애버리게 된다.

// 적응문화

홈디포의 문화 재정렬 홈디포는 자유롭고 기업가적인 문화를 통하여 소매업 역사상 가장 급속하게 성장한 기업이었다. 그러나 비용과 성과중심의 경쟁이 격화되면서 이러한 문화는 오히려 걸림돌이 되었다. 홈디포에서는 환경변화에 적합한 조직문화를 구축하기 위해 GE 출신의 나델리를 CEO로 영입하였다.

이제 우리는 강한 조직문화는 조직의 환경과 일치할 때보다 효과적임을 알게 되었다. 또한 문화가 강하면 종업원들이 다른 대안이나 관점을 가지지 못하게 되고, 다양한 하위문화를 억압하게 된다는 사실도 알게 되었다. 일부 연구에서는 적응문화를 가질수록 조직의 성공가능성이 높다는 결과가 나타났다.[34] **적응문화**(adaptive culture)는 종업원들이 고객이나 다른 이해관계자들의 욕구변화에 초점을 두고, 이러한 변화에 보조를 맞추려고 할 때 나타난다. 적응문화는 기업 외부에 초점을 둠과 동시에, 종업원들에게는 조직의 성과에 책임을 져야 한다는 것을 강조한다. 그 결과 종업원들은 매우 적극적이고 신속하게 반응하며, 기회가 올 때까지 기다리기보다는 기회를 찾으려고 노력한다.

적응문화
적응적 문화에서는 고객들과 이해관계자들의 욕구변화를 중시하며, 이러한 외부의 변화에 주도적으로 대응할 수 있도록 지원한다.

조직문화 전문가들이 주장한 적응적 문화와 관련된 내용은 다음과 같이 요약된다.[35] 첫째, 가장 중요한 것은 적응문화가 외부에 초점을 둔다는 것이다. 종업원들은 급변하는 환경변화에 적응하기 위해 변화를 필요 불가결한 것이라는 생각을 가지게 된다. 둘째, 적응적 문화에서는 종업원들이 조직목표뿐 아니라 과정에도 동일한 관심을 가지고 있다. 그들은 외부의 이해관계자를 위하여 내부과정(생산, 고객서비스 등)을 지속적으로 개선시키려 한다. 셋째, 적응문화 내에 있는 종업원들은 주인의식이 매우 강하다. 그들은 조직의 성과에 대한 책임감을 가지고 있다. 다시 말하면, '그것은 나의 일이 아닌 우리의 일'이라고 믿고 있다. 넷째, 적응문화는 혁신적이며 신속하다. 종업원들은 기회가 오기를 기다리기보다는 찾아 나선다.

// 조직문화와 기업윤리

조직문화는 작업현장뿐만 아니라 조직의 윤리적 행동에도 영향을 미친다. 이는 올바른 행동이란 올바른 가치에 기반을 두고 있다는 측면에서 보면 너무나 당연한 것이다. 조직의 지배적 문화에 윤리적 가치를 강조함으로써 종업원에게 행동의 지침을 제시해 준다. 델의 경영자들은 '델의 정신'을 통해 이러한 사실을 확인할 수 있었다. 최고경영자 롤린스는 종업원들이 이익과 주가에 대하여 지나치게 집착할 때에는 비윤리적으로 행동할 가능성이 높다는 사실을 알고 있었다. 엔론과 월드컴은 윤리적 측면을 간과한 채, 주가만을 지나치게 강조하다 파산하게 된 것이다.

그래서 델의 새로운 가치에는 윤리적 행동에 대한 내용을 분명하게 표현하고 있다. '올바른 관계(direct relationship)'라는 가치에는 '거래를 하거나 기업활동의 모든 과정에 윤리적으로 행동할 것', '국제적 시민정신'에는 '세계시장에서 책임감을 가지고 참여할 것', '승리에 대한 열정'에는 '정직한 승리'를 강조하고 있다. 이러한 모든 원칙은 회사

씨티은행의 문화가 도덕적 경계를 없애버리다.
씨티은행의 일본지점은 6년 만에 세계의 어떤 지점보다도 우수한 10배의 성장을 이룩하였다. 그러나 불행하게도 이러한 실적의 뒤에는 비윤리적 거래가 있었다. 씨티은행의 CEO인 프린스(Charles Prince)는 그의 동료와 함께 불법행위에 대해 사과하고, 씨티그룹의 문화가 지나치게 실적만을 강조하고 있음을 인정하였다.

의 '높은 수준의 기준'이라는 행동규정과 연결되어 있다.[36)]

불행하게도 기업의 비윤리적 행동들이 신문의 헤드라인을 장식하고 있다. 일본에 있는 씨티은행의 비윤리적 행동도 하나의 사례가 된다. 일본 내 씨티은행 지점들은 6년 만에 10배의 성장을 이룩하였고 전 세계의 모든 지점보다 우수한 성과를 달성하였다. 그러나 최근 일본의 금융감독 당국은 일본 내 씨티은행의 문화가 '법망을 교묘히 빠져나가는 판매시스템'을 지원한 것으로 결론내렸다. 금융감독 당국은 씨티은행에서 고객에게 수수료를 부당청구하였고, 심지어는 주가를 올리기 위해 이익을 조작한 것까지 총 83개의 불법행위를 적발하였다. 그 결과 씨티그룹의 일본 내 일부 지점에 대해 폐쇄명령을 내렸다. 씨티그룹의 CEO인 프린스(Charles Prince)는 "성과달성과 숫자에만 관심을 가지고, 그것만을 위해 일했다"며 자신들의 잘못을 시인했다. 프린스는 동경과 뉴욕의 일부 임원을 해고하였고, 씨티은행의 문화를 바꾸는 일을 진행하고 있다.[37)]

조직문화의 변화와 강화방법

경영자들이 조직의 문화를 변화시킬 수 있는가? 물론 그렇다. 그렇지만 쉽지는 않다. 짧은 시간에 문화가 변하기는 매우 어려우며, 때로는 문화가 문화변화를 시도하는 경영자를 바꾸기도 한다. 문화는 조직구성원의 마음속 깊은 곳에 자리잡고 있다는 사실을 기억해야 할 것이다. 종업원들은 자신이 옳다고 믿고 있는 것에 대해 의심하지 않는다. 조직문화의 공유된 가정은 매우 견고한 것이어서 종업원들은 공유된 가정을 행동이나 의사결정을 위한 당연한 기준으로 여기게 된다. 만일 외부인이 자신의 문화에 근거한 행동과 의사결정방식에 의문을 제기할 경우 외부인들에게 강하게 대항하기도 한다.

많은 경영자들이 조직문화의 변화를 시도하려다 오히려 자기들이 회사로부터 쫓겨났다. 이 장의 첫머리에서 비타협적이고, 'P&G화'된 종업원들은 단기간 내에 강제적으로 변화시키려고 노력하다 2년 만에 쫓겨난 P&G의 한 CEO의 사례를 살펴본 바 있다.[38)] HP의 전임회장인 피오리나(Carly Fiorina)도 비슷한 경우이다. 'HP Way'로 알려진 HP의 전설적인 문화는 혁신, 종업원 복지, 동료 간의 팀워크를 강조하여왔으며, 그 문화는 실리콘 밸리의 회사들에게 조직문화의 모델이 되었다. 그러나 HP는 고객의 요구에 민첩하고 효과적으로 반응한 델과 컴팩 같은 경쟁자에게 밀리기 시작했다. HP의 자체진단 결과 HP의 초기 문화가 변질되고 있던 것으로 밝혀졌다. 피오리나는 HP의

CEO가 되자마자 "HP Way는 성과에 근거한 승진보다는 점잖은 관료주의로 왜곡되고 잘못 해석되고 있다"고 지적하였다.

HP 최초의 외부영입 CEO인 피오리나의 첫 번째 임무는 회사가 장기적으로 경쟁력을 가지기 위해 HP Way를 바꾸는 것이었다. 그녀는 1939년 HP의 공동창업자인 휴렛(William Hewlett)과 패커드(David Packard)가 회사를 시작한 팔로 알토의 창고를 상징하는 '창고의 규칙'을 만들어냈다. 피오리나는 고객중심의 보너스 시스템에 성과지향의 가치를 접목시켰다. 이러한 노력의 일환으로 가장 공격적이고 급속하게 성장하고 있던 경쟁자인 컴팩(Compaq)을 인수하였다. 이후에 HP의 임원이 된 컴팩 출신의 한 임원은 두 회사 간 합병의 주목적은 컴팩의 속도와 민첩성이라는 DNA를 HP Way에 접목하는 것이었다고 설명하고 있다.

HP의 컴팩 인수는 HP의 문화에 상당한 영향을 미쳤지만 그 대가도 만만치 않았다. 설립자 가족출신의 이사들은 이러한 문화적 변화를 거부하였고, HP는 미국 내 일하기 좋은 10대 기업에서 탈락하였으며, 현재는 100대 기업에도 포함되지 못하고 있다. 그리고 피오리나는 CEO직에서 물러나게 되었다. 표면적으로는 HP의 이사회에서 피오리나가 회사의 수익목표를 달성하지 못했기 때문이라고 하였지만, 실제로는 피오리나가 필요 이상으로 과도한 문화적 변화를 시도한 결과 종업원의 충성심과 생산성에 타격을 입히고 궁극적으로는 수익성의 저하를 가져왔기 때문이라는 견해도 있다. 피오리나가 해고된 이후 HP 임원출신의 퀀텀의 현 CEO인 벨루조(Richard E. Belluzzo)는 "HP의 힘은 HP의 문화와 사람들에 있는데, 현재는 HP Way 중 아주 작은 부분만이 제대로 작동되고 있다"고 하였다.

여기서 배울 점은 조직의 문화를 변화시키는 것은 때로는 경영자에게는 커다란 시련이 될 수 있다는 것이다. 동시에 조직의 문화는 조직의 성공에 결정적인 영향을 미칠 수도 있다. 그렇다면 경영자는 어떤 방법으로 조직의 문화를 변화시키고 강화시켜야 할 것인가? 다음의 [그림 10.3]에서 성공적인 결과를 보였던 네 가지의 전략을 제시할 것이다. 이 그림에서 제시된 전략이 모든 성공전략을 포함할 수는 없지만, 적어도 특정 상황에서는 좋은 성과를 냈던 것은 분명한 사실이다.

// 창업자와 리더의 행동

조직의 문화는 창업자와 리더에서부터 출발한다. 창업자들은 중요한 것과 우선순위가 낮은 것을 구분할 줄 안다. 많은 경우에 리더들은 비전을 제시하고 추종자들에게는 역할모형이 되기도 한다. 회사의 문화에는 창업자의 개성이 반영되어 있으며, 수십년 동안 회사의 문화 속에 남아 있기도 한다. 창업자인 마이클 델이 매우 성취지향적인 사람이었기 때문에 델 컴퓨터의 문화는 성과를 강조하는 특성을 지니고 있다. 반면 창업자들이 매우 사교적이고 인정 많은 사람들이었기 때문에 HP Way에서는 동료애와 종업원의 복지를 강조하고 있다.

창업자들이 조직의 문화를 구축하지만, 어떤 경우에는 그들과 후계자들이 문화를

그림 10.3

조직문화의 변화와 강화를 위한 전략

창업자와 리더의 행동
- 기억에 남을 만한 이벤트를 통하여 새로운 문화를 구축하라.
- 실제 행동과 의사결정을 통해 새로운 문화 모형을 만들어라.

문화에 적합한 보상시스템
- 기업의 문화와 일치하는 행동을 하는 종업원을 보상하라.
- 종업원들이 조직의 문화를 이해할 수 있도록 지원하는 관리자를 보상하라.

조직문화의 변화와 강화

종업원 선발과 사회화
- 조직의 문화와 일치하는 가치를 가진 종업원을 선발하라.
- 신입직원에게 회사의 문화에 대한 정보를 제공하고 교육하라.

인공물의 정렬
- 조직의 문화와 일치하는 일화들을 공유하라.
- 조직의 문화를 증명하는 목표달성이나 기념비적 사건에 대해서는 축하의식을 거행하라.
- 문화를 반영할 수 있는 건물에 입주하라.

변화시키기도 한다. 중국 국영 가전업체인 하이얼 그룹의 장뤼민(Zhang Ruimin)이 하이얼의 기업문화를 변화시킨 사례는 하나의 전설이 되고 있다. 장뤼민은 20년 전 CEO로 취임한 후 하이얼 그룹의 칭다오 공장에서 생산한 제품의 낮은 품질에 화가 나서, 종업원들이 보는 앞에서 커다란 해머로 세탁기 몇 대를 산산조각 내버렸다. 이러한 장뤼민의 행동은 급격한 변화의 필요성, 품질과 성과를 강조하는 문화를 상징적으로 나타낸 것이었다. 오늘날 하이얼은 효율성의 대표적 모델이 되고 있다. 칭다오의 전시관을 방문하면 하이얼의 문화변화를 상징하는 장뤼민의 해머를 볼 수 있다.[39)]

새로운 문화를 만들기 위한 망치질

20년 전 하이얼의 CEO로 부임한 장뤼민은 칭다오 공장에서 생산된 제품의 품질에 화가나 종업원들이 보는 앞에서 커다란 해머로 세탁기 몇 대를 박살내버렸다. 이러한 장뤼민의 행동은 품질과 성과를 중시하는 새로운 문화가 필요하다는 것을 상징적으로 나타낸 것이었다. 현재 하이얼은 현대적인 효율성이 표본이 되고 있다.

장뤼민의 행동은 조직의 문화변화에서 리더가 중요한 역할을 할 수 있다는 것을 보여주고 있다. 문화변화의 필요성을 전달하는 방법은 해머로 물건을 파괴하는 것 이외에도 여러 가지가 있다. 예를 들면, 1990년대 초 루 거스너가 IBM의 회생을 위해 CEO로 영입되었을 때, 출근 첫날 파란색 셔츠를 입고 나타났다. 외부에서 영입된 CEO가 푸른색 셔츠를 입었다는 것이 상징하는 바는 무엇인가? IBM의 모든 남자직원은 단정한 흰색 셔츠를 입고 있었다(수십 년 동안 IBM의 창업자인 토마스 왓슨은 흰색 셔츠 이외의 옷을 허락하지 않았다). 루 거스너의 푸른색 셔츠는 우연이나 실수가 아니었다. 그것은 기술을 중시하는 회사의 추종적인(아무 생각 없이 규칙을 따르는) 관료적 문화를 깨겠다는 의도된 신호였다. 그 메시지는 너무나 강력한 것이었는데, IBM 직원들은 성스러운 IBM에서 새로운 CEO가 감히 어떻게 푸른색 셔츠를 입을 수 있는가를 두고 수주일 동안 난리법석을 떨었다. 루 거스너가 취임한 3개월 후 IBM 직원들은 어디서나 푸른 셔츠를 입고 있었고, 루 거스너는 오히려 반대로 흰색 셔츠를 입기도 하였다. 또한 그는 IBM 직원들에게 셔츠색으로 직원들을 평가하지 않을 것임을 분명히 하였다. 그 대신 상황에 맞게 적절한 색을 골라 입도록 하였고, 보상의 기준은 성과가 될 것임을 천명하였다.[40)]

리더의 상징적 언어와 행동은 하이얼의 장뤼민의 망치와 같은 이벤트에 의해 강조되기도 하며 회의방식, 경영자의 사무실 위치, 경영자와 만나는 사람, 접견시간 등의 일상적인 생활에서도 찾아볼 수 있다. 종업원들은 경영자들이 문화변화를 얼마나 중요하게 생각하는지, 그리고 어떻게 문화가 행동으로 나타나는지를 확인하기 위하여 최고경영자뿐 아니라 모든 계층의 관리자들을 지켜보고 있다. 따라서 경영자들의 말과 행동이 조직의 문화와 일치할 때 구성원들이 조직의 문화를 따를 가능성이 더 높아진다.[41)]

델의 창업자 마이클 델과 CEO인 롤린스는 델의 문화를 재구축하기 위하여 상징적 이벤트를 활용하였다. 다면평가 결과 마이클 델은 개인적이며 감정이 메말라 있는 것으로 나타났으며, 롤린스는 독재적이고 적대적인 경쟁상대로 인식되고 있었다. 그러나 델과 롤린스는 임원들 앞에서 다면평가 결과를 솔직하게 발표하였다. 델은 매우 부끄러워하며, 보다 개방적이고 동료애 넘치는 회사로 만들기 위해 노력하겠다고 하였다. 델은 이러한 자기고백을 영상에 담아 전 세계 수천 명의 관리자에게 보여주었다. 후에 롤린스는 "사실 기분은 좋지 않았지만 우리의 실패를 인정하고 회사를 발전시키기 위해서는 우리의 사례가 필요했으며, 우리는 그 일을 했다"고 회상했다.[42)]

// 인공물의 정렬

인공물은 기업문화의 눈에 보이는 것 이상의 의미를 가지는데, 인공물은 기업의 문화를 지속시키는 역할도 한다. 따라서 인공물을 변화시키거나 새로운 것을 창출함으로써 경영자는 조직의 문화를 조정할 수 있다. 일화나 전설은 조직의 문화를 바꾸는 데 도움을 줄 수 있는 하나의 인공물이 될 수 있을 것이다. 리더들은 나중에 일화로 남을 수 있는 기억에 남을 만한 이벤트를 만드는 데 큰 역할을 할 수 있다. 앞서 본 바와 같이 델과 롤린스가 자신들의 단점을 인정하고 그들의 스타일을 바꾸려는 목표를 제시한 것은 좋은 사례가 될 것이다. 이러한 이벤트는 단지 리더들이 새로운 문화를 중시한다는 것 이상의 효과가 있다. 델과 롤린스가 주최한 이벤트는 전 세계의 델의 종업원들에게는 하나의 일화가 되었을 뿐 아니라, 새로 회사에 들어오는 사람에게도 전달되었다. 리더와 경영자는 자신의 이야기뿐 아니라, 회사의 문화와 일치하는 종업원의 경험을 찾아내고 전파하는 역할을 한다.

의례와 의식은 새로운 문화를 확산시키기 위해 변경되기도 한다. 만일 경영자가 개방적 의사소통을 강조하는 문화를 확산시키고자 한다면, 사무실의 방문을 열어 놓거나, 개방된 공간으로 집무실을 옮겨야 할 것이다. 관료제를 타파하기 위해 경영자들은 종업원들이 보는 앞에서 산더미 같은 업무 매뉴얼을 태워버리는 이벤트를 개최하기도 한다. 일부 회사는 성과지향적 문화를 만들기 위해 독특한 행사를 개최하기도 한다. 예를 들면, 미국 보험사인 브라운 앤 브라운(Brown & Brown Inc.,)에서는 연례 실적보고회의에서 실적 부진자들을 자극하는 행사를 개최한다. 장송곡이 울려퍼지는 가운데 실적이 부진한 관리자는 중세복장의 사형집행인에 의해 연단으로 끌려 나온다. 그 관리자는 1,000여 명의 세일즈맨이 보는 앞에서 목표를 달성하지 못한 이유를 설명해야 한다. 브라운 앤 브라운의 CEO는 "약간 가혹해 보이지만 그것이 우리 회사의 문화이며, 세상은 따뜻하고 아늑한 곳이 아니다"라고 말하고 있다.[43]

앞서 건물과 장식물이 조직문화의 인공물 중의 하나임을 언급한 바 있다. 리더들은 회사의 문화에 맞추기 위해 본사 건물을 옮기기도 한다. 선창가에 저층의 학교식 건물로 본사를 옮긴 국립호주은행(NAB: National Australia Bank)의 National@Dockland의 사례를 살펴보자. 개방형 건물과 화려한 장식은 과거 NAB가 지니고 있던 폐쇄된 관료주의 문화와는 반대되는 개방적이고 평등하며 창의적인 문화를 가지고 있음을 보여주고 있다. 이러한 선창가 건물 프로젝트는 NAB가 몇 년 전 인수한 금융서비스 회사인 MLC가 시드니의 화려한 건물로 이사한 후에 조직문화가 바뀌었다는 점에 착안한 것이었다.[44]

// 문화에 적합한 보상시스템 도입

보상시스템은 조직문화를 관리하는 데 큰 영향을 미치기 때문에, 문화변화 전략에 포함될 수 있다.[45] 나델리는 홈디포의 문화를 바꾸기 위한 첫 번째 단계로 정확한 성과측정시스템을 도입하였고, 관리자들에게 일주일 단위로 성과목표를 부과하였다. 기준이 애매한 주관적 성과평가는 객관적 사실에 근거한 평가로 대체되었고, 이 기준에 따라 점포관리자를 평가하였으며 실적이 부진한 관리자는 퇴출되었다. 또한 나델리는 분기별로 사업평가회의를 개최하였는데, 이 회의에서는 수익, 이윤, 재고회전율, 현금흐름 등의 객관적 지표를 점포와 지역별로 비교분석하였다. 이러한 모든 행동은 홈디포의 성과지향적, 중앙집권적, 체계적 문화를 강화시키는 역할을 하였다.[46]

롤린스와 마이클 델도 델 컴퓨터의 문화를 바꾸기 위해 비슷한 전략을 사용하였다. 나델리가 성과지향적 문화를 강화하기 위해 성과중심의 보상시스템을 도입한 반면, 델은 일하기 좋은 회사를 만든 관리자를 보상하는 시스템을 도입하였다. 델 컴퓨터에서는 관리자 보너스의 절반은 매출목표의 달성 여부에 따라 지급하고, 나머지 절반은 분기별로 실시되는 부하에 의한 상사평가 결과를 기준으로 지급하였다. "제도시행 초기 몇 년간은 매우 어려웠다. 왜냐하면 매출성과에서 최고의 성과를 올린 관리자들이 부서원에 의한 평가점수가 낮을 경우 보너스의 많은 부분을 받지 못했지만, 지금은 관리자 능력에 대한 부하의 투표결과에 따라 급여를 지급한다"고 롤린스는 설명하고 있다.[47]

// 종업원 선발과 사회화

브리스톨-메이어스(Bristol-Meyers)에 근무하는 사람들은 외부에서 영입된 임원이 내부에서 승진한 사람보다 성과가 좋지 못하다는 것을 잘 알고 있다. 영입된 후 몇 년 내에 많은 사람이 회사를 그만두거나 해고당했다. 경영자들은 이 문제를 면밀하게 분석한 후 다음과 같은 결론에 도달했다. "우리 회사에 들어왔다가 나간 사람들은 우리의 문화에 불편해 하거나 우리 회사의 핵심적인 가치체계 영역에서 벗어난 사람들"이라고 브리스톨-메이어스의 한 임원이 말했다. 이러한 발견을 기초로 브리스톨-메이어스의 문화를 진단한 결과 브리스톨-메이어스의 문화는 팀지향적, 연구개발지향적인 것으로 나타났다. 현재는 지원자들의 가치가 회사의 가치와 일치하는지를 엄격하게 평가하고 있다.[48)]

브리스톨-메이어스 이외에도 많은 조직들에서 그들의 문화와 유사한 가치와 가정을 지닌 사람들을 채용함으로써 기업문화를 강화시키거나 변화시키고 있다. 그 기업들은 개인의 가치와 조직의 가치가 일치할 때 개인이 조직의 문화를 더 쉽게 받아들인다는 것을 잘 알고 있다. 개인-조직 간 가치의 적합성이 높을 경우 개인이 조직에 쉽게 적응할 수 있고 조직에 대한 충성심이나 직무만족도가 높아질 가능성이 커지게 된다.[49)] 나델리는 홈디포의 문화를 바꾸는 과정에서 성과중심의 문화에 익숙해 있던 GE 출신 관리자들의 도움을 받았다. 또한 나델리는 군대의 인사담당자도 고용하였는데, 군출신의 관리자들은 보다 구조화되고 체계적인 방식으로 조직을 관리하는 데 도움이 될 것으로 생각했기 때문이다.

한편, 구직자들은 채용과정에서 회사의 문화에 관심을 가진다. 그들은 직무나 작업시간뿐 아니라 회사가 지향하는 가치에 대해 편안함을 느끼기를 원한다. 따라서 구직자들은 입사를 희망하는 회사의 지배적 문화를 분석하기 위하여 회사의 문화를 나타내는 인공물을 살펴보고, 그 회사의 가치가 자신의 가치와 일치하는지 여부를 판단하게 된다.

회사에서는 기업가치와 유사한 가치를 지닌 사람을 선발할 뿐만 아니라, **조직사회화**(organizational socialization) 과정을 통하여 조직문화를 유지시킨다. 조직사회화란 조직 내에서 필요한 가치, 기대되는 행동, 지식을 배우는 과정이다.[50)] 만일 조직의 지배적 가치가 잘 전달된다면 신입직원들이 회사의 가치를 신속하고 심도있게 내면화시킬 가능성이 커진다.

조직사회화
조직에서 개인들의 역할수행에 필요한 가치, 행동, 지식을 배워가는 과정

선발과 조직사회화는 델이 문화를 변화시킬 때 관심을 가졌어야 할 핵심적인 이슈였다. 주가가 하늘을 치솟던 1990년대 말 델의 경영자들은 금전적 수입에 가치를 두던 사람들에게 델은 매우 매력적인 직장이라는 것을 알고 있었다. 그러나 닷컴 붐의 부정적 측면은 부자가 될 수 있다고 생각하는 사람들을 회사로 끌어들이기는 하였지만, 어느 날 갑자기 그들이 부자가 될 수 없다고 느꼈을 때는 내가 여기서 무엇을 하고 있는가라고 생각할 수 있다는 것이다.[51)] 오늘날 델에서는 지원자들의 가치가 회사가치와 일치하는지 확인하기 위해 면접과 시험을 엄격하게 실시하고 있다.

델 컴퓨터에서는 지원자가 최종적으로 입사 여부를 결정하기 전에 델의 문화에 대해 알려주는 과정을 거친다. 예를 들면, 노스캐롤라이나의 윈스톤-살렘 컴퓨터 공장에 지원한 사람들을 회사의 정보공개 프로그램에 초대하여 자신이 맡게 될 직무에 대해 교육한다. "우리는 지원자에게 직무내용을 설명해주고, 델의 정신에 대해 토론한다. 이 과정이 끝난 후 입사원서를 작성하도록 하는데, 이러한 과정은 지원자와 회사

가 서로의 관심사를 확인해 볼 수 있는 기회가 될 것"이라고 델의 인사담당 임원이 말하고 있다.[52)]

인수·합병 과정에서 조직문화의 관리

경영자는 조직문화의 변화와 강화과정뿐 아니라 인수·합병 과정에서도 조직문화에 관심을 가질 필요가 있다. 인수·합병 과정에서 문화충돌로 인하여 결합이 어려워지거나 합병이 실패로 돌아가는 사례가 많이 있다. 연구결과에 의하면 인수·합병의 60~75%가 기대한 만큼의 성과를 보이지 못하고 있다. 인수·합병 과정에서 경영자들은 재무적 측면, 마케팅이나 물류 등에는 관심을 가지지만 서로의 조직문화는 엄격하게 평가하지 않고 있다.[53)]

AOL과 타임워너 간의 결합은 가장 대표적인 사례가 될 것이다. 이론적으로 볼 때, 인터넷 서비스 분야에서의 AOL의 지배력과 전통 매체분야의 타임워너의 지식과 자산을 결합하면 큰 성과를 낼 것으로 기대할 수 있다. 그러나 두 문화의 결합은 물과 기름의 관계였다. AOL의 문화는 젊음, 높은 이상, 신속한 결정을 중요하게 생각한다. 사람들은 스톡옵션을 통해 보상받았다. 반대로 타임워너는 전통적 방식인 위계적이고 체계적인 문화를 가지고 있었다. 임원들은 나이가 많았고, 푸짐한 퇴직보상 패키지가 제공되고 있었다.[54)]

문화감사
두 개의 문화를 분석하고, 문화충돌이 일어날 가능성이 있는지를 확인한다.

조직의 리더들은 문화적 충돌을 예방하기 위하여 합병을 위한 사전조사과정에서 두 문화를 엄격하게 평가해야 할 것이다.[55)] 이러한 **문화감사**(bicultural audit)를 통하여 두 기업의 문화를 분석하고 문화적 충돌이 일어날 가능성을 확인하게 된다. 문화감사는 결합하려는 두 회사의 문화적 차이를 확인하는 데에서부터 시작된다. 다음으로 두 문화의 차이가 갈등을 유발할 수 있는지, 어떤 문화적 가치가 결합될 조직의 문화를 형성하는 데 적용될 수 있는지를 판단하게 된다. 마지막 단계에는 두 조직의 문화를 연결시키기 위한 전략과 실행계획을 수립하게 된다.

// 다양한 문화를 결합하기 위한 전략

때로는 두 개의 문화에 대한 감사결과 두 개의 문화가 효과적으로 결합될 수 없다는 이유로 인수·합병 논의가 중단되기도 한다. 그러나 두 문화가 다르더라도 적절한 합병전략을 적용할 경우 두 개의 회사를 하나의 형태로 만들어낼 수 있다. 다른 문화를 결합시킬 수 있는 전략은 동화(assimilation), 박탈(deculturation), 통합(integration), 분리(separation)의 4가지로 구분된다.[56)]

동 화 동화전략은 피합병회사의 종업원들이 합병회사의 문화를 기꺼이 받아들일 준비가 되어 있는 경우에 적합하다. 이러한 전략은 피합병회사의 문화가 약하고, 문제가

표 10.2

차이가 나는 조직문화를 결합하기 위한 전략

합병전략	정 의	적 용 조 건
동 화 (assimilation)	피합병회사가 합병회사의 문화를 받아들임	피합병회사의 문화가 약할 때
박 탈 (deculturation)	피합병회사에 합병회사의 문화를 강제적으로 도입	피합병회사의 문화가 제대로 작동하지 않지만, 그 사실을 종업원들이 인식하지 못하고 있을 때
통 합 (integration)	두 개 이상의 문화를 결합하여 새로운 문화를 창출	기존의 문화를 개선시킬 수 있을 때
분 리 (separation)	문화와 관행들이 교환되지 않고 각자의 문화가 독립적으로 존재	두 기업이 속한 산업이 다르고, 각각의 문화가 자기가 속한 산업에서 성공적으로 작동하고 있을 때

있는 반면, 합병회사의 문화가 강하고 외부환경변화에 적절하게 대응할 때 적용할 수 있는 전략으로 문화충돌이 발생할 가능성이 낮다. Blackberry 무선기기를 생산하는 RIM(Research in Motion)은 창업초기 단계의 작은 회사만 합병하였는데, 이 과정에서 동화전략을 사용하고 있다. RIM의 공동 CEO인 밸실리(Jim Balsillie)는 작은 규모의 회사를 인수할 때에는 문화적 결합으로 인한 문제가 발생하지 않기 때문에 RIM의 문화에 쉽게 동화된다고 하였다.[57)]

박 탈 박탈전략은 거의 적용되지 않는다. 박탈전략은 합병회사가 피합병회사에 합병회사의 문화와 제도 등을 강제적으로 주입하는 것이다. 합병회사는 피합병회사의 인공물이나 보상시스템을 완전히 없애버린다. 박탈전략은 피합병회사의 문화가 제대로 작동되지 않음에도 불구하고, 종업원들이 그 사실을 인식하지 못할 때 적용된다. 그러나 박탈전략을 사용할 때, 피합병회사의 종업원들이 문화적 침략에 강하게 저항할 경우 인수·합병 자체가 지연될 수도 있기 때문에 적용하기가 쉽지 않다.

통 합 기존 문화들의 강점을 유지하면서 새로운 통합문화를 만들어 내는 전략이다. 그러나 기존의 문화를 유지하려는 힘이 강할 경우 이 전략은 매우 느리게 진행된다. 통합은 피합병회사의 문화가 약하거나 복잡한 가치체계를 가지고 있을 때에 고려해 볼 수 있는 전략이다. 특히, 종업원들이 현재의 문화가 비효율적이며 새로운 가치가 필요하다고 생각할 경우에는 통합이 가장 효율적인 전략이 될 수 있다.

통합전략은 록히드 마틴의 사례에서 살펴볼 수 있다. 우주항공회사인 록히드 마틴은 1990년대 중반 16개 회사를 합병하였다. 몇몇 회사는 비윤리적 구매계약으로 고발된 경험이 있었다. 문화를 통합하는 과정에서 최고경영층은 통합하는 회사가 윤리적 행동을 강조하고 있음을 강조했다. 이를 위하여 정직, 신의성실, 존경, 신뢰, 책임과 시민정신을 회사의 문화와 윤리기준을 나타내는 핵심가치로 채택하였다.[58)]

문화적 분리를 통합 결합
시스코 시스템은 소규모의 기업들을 합병하면서, 소규모 기업들의 문화를 시스코의 문화에 동화되도록 하였다. 그러나 링크시스가 속한 가정무선 네트워크 시장에서는 비용효율성이 매우 중요하였기 때문에 링크시스에 대해서는 분리전략을 적용하였다.

분 리 분리전략은 합병회사가 피합병회사의 문화를 현재 상태로 유지하며, 합병회사와 피합병회사 간 문화와 관행의 교환을 최소화하는 것이다. 분리전략은 합병회사와 피합병회사가 소속된 산업이나 국가의 문화가 다른 경우에 사용할 수 있다. 그러나 일반적으로 합병회사의 경영자는 피합병회사를 간섭하려는 경향이 있기 때문에 분리전략은 오래 지속되지는 않는다. 한 조사에 의하면, 합병회사가 피합병회사를 독립적인 문화단위로 지속시키는 경우는 15%에 불과한 것으로 나타났다.[59)]

분리전략에 관한 가장 최근의 예는 시스코 시스템이 링크시스(Linksys)를 인수한 과정에서 찾아볼 수 있다. 시스코 시스템은 지난 20년간 90여 개의 회사를 인수하였는데, 인수한 대부분의 기업들은 시스코의 제품과 동일한 시장에서 경쟁하고 있었던 창업초기 단계의 개인소유 기업들이었다. 대부분의 경우에 시스코는 작은 기업들의 문화를 시스코의 문화에 동화시켰다. 그러나 가정무선 네트워크 회사인 링크시스는 예외적이었다. 링크시스는 종업원이 400명이나 되었고, 기업의 역사도 시스코보다 조금 짧은 회사였다. 더욱이 링크시스는 시스코와 달리 대량의 소매유통방식과 비용절감을 통해 효율성을 추구하는 사업전략을 구사하고 있었다. 이처럼 두 회사의 성격이 달랐기 때문에 링크시스는 시스코와는 별개로 분리되어 운영되었다. 시스코의 경영진은 링크시스가 자신들의 문화를 계속 유지할 수 있도록 하였고, 시스코의 문화나 리더가 링크시스를 간섭하지 못하도록 감시전담 조직을 신설하였다. 이러한 분리전략은 아직도 잘 작동되고 있다. 비록 링크시스의 주인인 시스코가 고급 네트워크 사업을 하고 있지만, 링크시스는 저비용의 시장에서 여전히 강한 경쟁력을 가지고 있다.[60)]

결 론 왜 중요한가?

경영자에게 조직문화가 왜 중요한가? 경영이란 목표를 달성해 내는 것이고, 문화는 조직의 목표달성을 위하여 종업원의 행동을 유도하는 하나의 통제시스템이기 때문이다. 경영자들이 자신의 일을 잘 수행하기 위해서는 회사의 지배적 가치와 가정이 무엇인지를 이해해야 하며, 문화가 전략이나 환경과 일치하지 않을 경우에는 문화를 바꾸어야 한다. 문화를 이해하기 위해서는 인류학자처럼 행동할 필요가 있다. 즉, 문화를 나타내는 상징물들을 세심하게 살펴보아야 한다. 상징물에는 종업원들의 인사법, 건물모양, 역사적 사건, 이벤트를 실시하는 방법, 임원 사무실의 위치, 종업원들이 이야기하는 회사의 역사 등이 포함된다.

조직의 문화를 읽어내는 것은 쉬운 일이 아니다. 특히, 오랫동안 근무한 경영자들에게는 더욱 어려운 일이다. 그러나 더 어려운 일은 조직의 문화를 변화시키는 것이다. 문화적 가치나 기본 가정은 종업원들에게 깊이 각인되어 있기 때문에, 종업원들은 조직의 가치와 가정을 당연하게 여기며, 자신이 몸담고 있는 조직의 문화에 대해 다시 생각해보거나 의문을 가지지 않는다. 그러나 조직문화를 변화시킬 때에는 종업원들에게 그들의 문화에 대해 신중하게 생각하거나 기존의 문화에 대해 의구심을 가지는 것뿐 아니라, 심지어는 그들이 가지고 있는 가치나 가정을 포기할 것을 요구하게 된다.

문화적 충돌이 인수·합병을 실패하게 만드는 요인 중의 하나이기 때문에 인수·합병 과정에서 경영자들은 조직의 문화에 주의를 기울여야 할 것이다. 합병을 주도하는 경영자들이 문화를 변화시키고자 할 때에는 합병회사와 피합병회사의 문화를 정확하게 이해하고, 나아가서 두 기업의 전략과 환경이 비슷한지를 확인한 후, 적절한 문화합병 전략을 선택해야 할 것이다. 이상의 논의를 종합해 보면 조직문화는 레이더 스크린에서 사라질 수도 있지만, 조직에서는 매우 강력한 힘을 가지고 있다는 결론에 도달하게 된다.

Management Challenges

1. 강한 조직문화를 가진 잘 알려진 회사를 찾아보자. 그 문화의 구성요소가 조직을 위해 효과적으로 작동하고 있는가? 기존의 조직문화로 대응할 수 없는 외부의 환경변화는 무엇인가?
2. 어떤 사람들은 가장 효율적인 조직은 강한 문화를 가지고 있다고 주장한다. '강한' 조직문화는 무엇을 의미하는가? 강한 조직문화의 문제점은 무엇인가?
3. 현재 근무하고 있는 직장 또는 과거에 근무한 직장에서 아래에 제시하는 인공물 중 2개 이상을 확인해 보시오.
   (c) 조직의 일화와 전설 (b) 의례와 의식 (c) 언어 (d) 구조물과 장식
4. A사가 다른 산업의 B사를 합병하려고 계획 중이다. A사의 문화는 혁신적이고 속도가 빠른 반면, B사는 느리고, 신중하며, 합의에 의한 의사결정을 중요하게 여긴다. A사가 B사를 합병할 때 문화적 충격을 최소화하기 위해서는 어떤 합병전략이 적절하겠는가? 그 이유는 무엇인가?
5. 여러분이 시정부의 고위관료로부터 팀워크와 협동을 강조하는 새로운 문화를 정착시켜 달라는 요청을 받았다고 가정해 보자. 고위관료들은 새로운 가치를 지지하고 있고, 또한 그 조직의 모든 사람이 그 가치를 따라주기를 바라고 있다. 이러한 문화적 가치를 강화시킬 수 있는 네 가지 형태의 행동을 제시해 보시오.

Management Portfolio

한 기업을 선택하여 다음을 살펴보시오.

1. 그 조직의 문화를 확인하기 위하여 웹사이트를 방문해 보자. 그 회사의 가치가 얼마나 오랫동안 지속되었는지, 어떻게 만들어졌는지 설명되어 있는가? 이러한 가치가 누구를 위한 것인가? 미래의 종업원인가? 고객인가?
2. 인터넷이나 출판물을 검색하여 회사의 연차보고서를 검토해 보고, 회사에 대한 최근 뉴스를 찾아보자. 검색된 자료들이 회사에서 '표방하는' 가치와 일치하는가 아니면 상반되는가?

마·침·사·례 슈왑(Schwab)의 U.S. Trust 인수

닷컴 붐이 절정에 달했을 때 샌프란시스코에 있는 찰스 슈왑(Charles Schwab & Co.)의 최고경영자인 포트룩(David Pottruck)은 할인주식중개업으로부터 개인별 종합서비스로 사업형태를 변경하면 그들의 투자자들이 더 많은 수익을 얻을 수 있을 것으로 생각하였다. 그래서 슈왑은 10만 달러 이상을 투자한 사람들만을 고객으로 유치하는 뉴욕의 U.S. Trust를 높은 가격에 인수하였다. U.S. Trust 인수 후 슈왑의 고객 중 돈이 많은 사람들은 개인화된 서비스를 제공받기 위하여 U.S. Trust로 계좌를 옮기려고 하였다.

인수협상이 진행되는 동안 U.S. Trust의 경영진은 두 회사의 문화적 차이에 대해 우려를 표시하였다. 슈왑은 신속한 변화, 근검절약, 비용절감, 절차의 효율성, 평등주의를 중시하는 문화를 가지고 있었다. 슈왑의 직원들은 자신들이 인터넷 거래를 통해 비용을 절감하고, 수만 명의 사람들에게 선택권을 부여하는 융통성 있는 사람들이라고 생각하고 있었다. 이와는 대조적으로 U.S. Trust는 신기술의 도입이 매우 느리며, 기존 고객의 추천을 통해 새로운 고객을 받아들이는 폐쇄된 클럽식으로 운영되고 있었다. 고객들은 호화스러운 사무실에서 거액의 보너스를 받는 '재산형성 전문가'인 종업원에게 서비스를 받는다는 사실에 만족을 느끼는 사람들이었다.

슈왑은 두 회사 간의 문화적 차이를 인정하고, U.S. Trust를 독립된 실체로 남겨두는 데 동의하였다. 그러나 이러한 분리전략은 오래가지 못했다. 1년도 채 되지 않아 슈왑은 U.S. Trust의 과다한 보너스를 삭감하였으며, U.S. trust 직원들의 연봉을 슈왑의 재무성과와 연계시켰다. U.S. Trust의 경영진에게는 경비절감과 공격적인 목표를 세우도록 압력이 가해졌다. 또한 슈왑은 U.S. Trust의 종업원들이 슈왑의 문화에 동화되도록 하기 위하여 수백 명의 U.S. Trust 종업원들을 보드게임에 참가시켰다. 보드게임에서 U.S. Trust의 종업원들은 그들의 비싼 옷 위에 작업복을 겹쳐 입고 투자자의 역할을 하였는데, 보드게임에 참가한 슈왑의 직원들은 이러한 행동이 그들의 품위를 떨어뜨린다고 불평하였다.

합병 직후에 가진 회의에서 U.S. Trust의 경영자들은 슈왑에서 '손님(Customer)'이라는 용어를 자주 사용하는 것을 보고 충격을 받았다. U.S. Trust의 경영자들은 슈왑의 경영자들에게 U.S. Trust에서는 '고객(Client)'이라는 용어를 쓴다는 것을 강조하였다. 이 말의 의미는 슈왑과는 달리 U.S. Trust의 종업원들은 고객 개개인과 장기적이며, 친밀한 관계를 유지한다는 것이다. U.S. Trust의 직원들은 비록 다른 고객으로부터 추천받았고, 돈은 많지만, 작업복 차림으로 방문한 사람들은 고객으로 받아들이지 않았다. 슈왑의 이사 중 한 사람은 문화적 충돌에 대해 "U.S. Trust의 일부 간부들이 슈왑의 추천을 받은 고객조차 거부하는 것으로 보고 매우 놀랐다"고 이야기하였다.

U.S. Trust의 비타협적 태도 때문에 사태가 점점 심각해지자, 슈왑의 CEO인 포트룩은 슈왑의 임원인 웨버(Alan Weber)를 U.S. Trust의 CEO에 임명하였다. 웨버는 슈왑이 U.S. Trust의 본질을 변화시키려는 시도를 하지 않았기 때문에 문화적 충돌은 일어나지 않았다고 하였으나, U.S. Trust의 300명 이상의 재산전문가(Wealth Adviser)들이 주요 고객을 데리고 경쟁사로 이직하였다. 또한 슈왑의 고객들은 그들의 재산이 늘어나더라도 여전히 낮은 비용으로 거래하기를 원했기 때문에 포트룩의 전략도 효과가 없었다.

U.S. Trust를 인수한 3년 후 포트룩은 합병실패를 이유로 CEO자리에서 물러났다. 일부 평론가들은 U.S. Trust의 현재가치가 합병 전에 비해 절반도 되지 않는다고 말하고 있다. 한 재무전문가는 "여기 두 개의 일등급 회사가 있다. 그러나 두 회사의 구조적·문화적 차이 때문에 기대한 만큼의 성과를 거두지 못하고 있다."고 말하고 있다.[61)]

토론문제

1. 두 회사의 문화를 분석해 보자. 두 회사가 중시하던 가치는 무엇이었는가? 이러한 가치를 반영하는 인공물은 무엇인가? 두 회사의 문화가 각자의 환경에서 적절했던(또

는 적절하지 않았던) 이유를 설명하시오.

2. 슈왑이 U.S. Trust를 합병할 때 적용했던 합병전략은 무엇인가? 당시의 상황에서 최상의 전략이었는가? 왜 그런가, 또는 왜 그렇지 않은가? 만약 그렇지 않다면 그 상황에 적합한 다른 합병전략과 그 근거를 제시하시오.

※ 주석 | Endnotes

1. "Ringing in the Changes at Dell," *New Zealand Management,* October 2004, p. 11; "On the Record: Kevin Rollins," *San Francisco Chronicle,* July 18, 2004, p. J1; L.M. Fisher, "How Dell Got Soul," strategy+business 2004, pp. 1–14; A. Schatz, "Dell Reboots Morale of Its Workers," *Austin American-Statesman,* February 16, 2004, p. E1.
2. A. Williams, P. Dobson, and M. Walters, *Changing Culture: New Organizational Approaches* (London: Institute of Personnel Management, 1989); E.H. Schein, "What Is Culture?" in *Reframing Organizational Culture,* ed. P.J. Frost et al. (Newbury Park, CA: Sage, 1991), pp. 243–53.
3. B.M. Meglino and E.C. Ravlin, "Individual Values in Organizations: Concepts, Controversies, and Research," *Journal of Management* 24, no. 3 (1998), pp. 351–89; B.R. Agle and C.B. Caldwell, "Understanding Research on Values in Business," *Business and Society* 38, no. 3 (September 1999), pp. 326–87; S. Hitlin and J.A. Pilavin, "Values: Reviving a Dormant Concept," *Annual Review of Sociology* 30 (2004), pp. 359–93.
4. N.M. Ashkanasy, "The Case for Culture," in *Debating Organization,* ed. R. Westwood and S. Clegg (Malden, MA: Blackwell, 2003), pp. 300–10.
5. B. Kabanoff and J. Daly, "Espoused Values in Organisations," *Australian Journal of Management* 27, special issue (2002), pp. 89–104; P. Babcock, "Is Your Company Two-Faced?" *HRMagazine,* January 2004, pp. 42–47.
6. Edgar Schein's original model suggested that organizational culture consists of espoused values. But others have subsequently pointed out that enacted values are a more logical part of culture because enacted values are consistent with other elements of the model—namely shared assumptions on one side and artifacts on the other. See D. Denison, "Organizational Culture: Can It Be a Key Lever for Driving Organizational Change?" in *International Handbook of Culture and Climate,* ed. C. Cooper, S. Cartwright, and P.C. Earley (New York: John Wiley & Sons, 2000).
7. Fisher, "How Dell Got Soul," p. 6.
8. T. Parker-Pope, "New CEO Preaches Rebellion for P&G's 'Cult,'" *The Wall Street Journal,* December 11, 1998; K. Brooker and J. Schlosser, "The Un-CEO," *Fortune,* September 16, 2002, pp. 88–93.
9. M. Fan, "Cary, N.C., Software Firm Posts Steady Growth without IPO," *San Jose Mercury News,* July 29, 2001; B. Darrow, "James Goodnight, Founder and CEO, SAS Institute," *Computer Reseller News,* December 12, 2005, p. 23.
10. A. D'Innocenzio, "Wal-Mart's Town Becomes New Address for Corporate America," *Associated Press,* September 19, 2003; J. Useem, "One Nation under Wal-Mart," *Fortune,* March 3, 2003, pp. 65–78.
11. J.J. van Muijen, "Organizational Culture," in *A Handbook of Work and Organizational Psychology: Organizational Psychology,* 2nd ed., ed. P.J.D. Drenth, H. Thierry, and C.J. de Wolff (East Sussex, UK: Psychology Press, 1998), pp. 113–32.
12. J.S. Ott, *The Organizational Culture Perspective* (Pacific Grove, CA: Brooks/Cole, 1989), pp. 45-47; S. Sackmann, "Culture and Subcultures: An Analysis of Organizational Knowledge," *Administrative Science Quarterly* 37 (1992), pp. 140–61.
13. A. Sinclair, "Approaches to Organizational Culture and Ethics," *Journal of Business Ethics* 12 (1993); A. Boisnier and J. Chatman, "The Role of Subcultures in Agile Organizations," in *Leading and Managing People in Dynamic Organizations,* ed. R. Petersen and E. Mannix (Mahwah, NJ: Lawrence Erlbaum Associates, 2003), pp. 87–112.
14. Ott, *The Organizational Culture Perspective,* Chapter 2; J.S. Pederson and J.S. Sorensen, *Organizational Cultures in Theory and Practice* (Aldershot, England: Gower, 1989), pp. 27–29; M.O. Jones, *Studying Organizational Symbolism: What, How, Why?* (Thousand Oaks, CA: Sage, 1996).
15. M. Doehrman, "Anthropologists-Deep in the Corporate Bush," *Daily Record* (Kansas City, MO), July 19, 2005, p. 1.
16. Fisher, "How Dell Got Soul," pp. 9–10.
17. E.H. Schein, "Organizational Culture," *American Psychologist,* February 1990, pp. 109-19; A. Furnham and B. Gunter, "Corporate Culture: Definition, Diagnosis, and Change," *International Review of Industrial and Organizational Psychology* 8 (1993), pp. 233-61; E.H. Schein, *The Corporate Culture Survival Guide* (San Francisco: Jossey-Bass, 1999), Chapter 4; J. Martin, *Organizational Culture: Mapping the Terrain* (Thousand Oaks, CA: Sage, 2002), Chapter 7.
18. K. Frieberg and J. Frieberg, *Nuts!* (New York: Bantam Doubleday Dell, 1998).
19. J.Z. DeLorean, *On a Clear Day You Can See General Motors* (Grosse Pointe, MI: Wright Enterprises, 1979).
20. A.L. Wilkins, "Organizational Stories as Symbols Which Control the Organization," in *Organizational Symbolism,* ed. L.R. Pondy et al. (Greenwich, CT: JAI Press, 1984), pp. 81–92; R. Zemke, "Storytelling: Back to a Basic," *Training* 27 (March 1990), pp. 44–50; J.C. Meyer, "Tell Me a Story: Eliciting Organizational Values from Narratives," *Communication Quarterly* 43 (1995), pp. 210–24; W. Swap et al., "Using Mentoring and Storytelling to Transfer Knowledge in the Workplace," *Journal of Management Information Systems* 18 (Summer 2001), pp. 95–114.
21. "The Ultimate Chairman," *Business Times Singapore,* September 3, 2005.
22. D. Roth, "My Job at The Container Store," *Fortune,* January 10, 2000, pp. 74–78.
23. R.E. Quinn and N.T. Snyder, "Advance Change Theory: Culture Change at Whirlpool Corporation," in *The Leader's Change Handbook,* ed. J.A. Conger, G.M. Spreitzer, and E.E. Lawler III (San Francisco: Jossey-Bass, 1999), pp. 162–93.
24. P. Roberts, "The Empire Strikes Back," *Fast Company,* no. 22 (February–March 1999), pp. 122–31. Some details are also found at www.oakley.com and americahurrah.com/Oakley/Entry.htm.
25. B. Herskovits, "Chandler and Chicco Thrive on Their Differences," *PR Week* (U.S.), July 11, 2005, p. 11.
26. T.E. Deal and A.A. Kennedy, *Corporate Cultures* (Reading, MA: Addison-Wesley, 1982); J.B. Barney, "Organizational Culture: Can It Be a Source of Sustained Competitive Advantage?" *Academy of Management Review* 11 (1986), pp. 656–65; C. Siehl and J. Martin, "Organizational Culture: A Key to Financial Performance?" in *Organizational Climate and Culture,* ed. B. Schneider (San Francisco: Jossey-Bass, 1990), pp. 241-81; C.P.M. Wilderom, U. Glunk, and R. Maslowski, "Organizational Culture as a Predictor of Organizational Performance," in *Handbook of Organizational Culture and Climate,* ed. N.M. Ashkanasy, C.P.M. Wilderom, and M.F. Peterson (Thousand Oaks, CA: Sage, 2000), pp. 193–210; A. Carmeli and A. Tishler, "The Relationships between Intangible Organizational Elements and Organizational Performance," *Strategic Management Journal* 25 (2004), pp. 1257–78.
27. C.A. O'Reilly and J.A. Chatman, "Culture as Social Control: Corporations, Cults, and Commitment," *Research in Organizational Behavior* 18 (1996), pp. 157-200; J.C. Helms Mills and A.J. Mills, "Rules, Sensemaking, Formative Contexts, and Discourse in the Gendering of Organizational Culture," *in International Handbook of Organizational Climate and Culture,* ed. N. Ashkanasy, C. Wilderom, and M. Peterson (Thousand Oaks, CA: Sage, 2000), pp. 55–70; J.A. Chatman and S.E. Cha, "Leading by Leveraging Culture," *California Management Review* 45 (Summer 2003), pp. 20–34.
28. M. Alvesson, *Understanding Organizational Culture* (London: Sage, 2002), Chapter 2.
29. M.R. Louis, "Surprise and Sensemaking: What Newcomers Experience in Entering Unfamiliar Organizational Settings," *Administrative Science Quarterly 25* (1980), pp. 226–51; S.G. Harris, "Organizational Culture and Individual Sensemaking: A Schema-Based Perspective," *Organization Science* 5 (1994), pp. 309–21.
30. D.R. Denison, *Corporate Culture and Organizational Effectiveness* (New York: Wiley, 1990); G.G. Gordon and N. DiTomasco, "Predicting Corporate Performance from Organizational Culture," *Journal of Management Studies* 29 (1992), pp. 783–98; J.P. Kotter and J.L. Heskett, *Corporate Culture and Performance* (New York: Free Press, 1992).
31. D. Howell, "Nardelli Nears Five-Year Mark with Riveting Record," *DSN Retailing Today,* May 9, 2005, pp. 1, 38; R. Charan, "Home Depot's Blueprint for Culture Change," *Harvard Business Review,* April 2006, pp. 61-70; R. DeGross, "Five Years of Change: Home Depot's Results Mixed under Nardelli," *Atlanta Journal-Constitution,* January 1, 2006, p. F1.
32. L. Tischler, "Can Kevin Rollins Find the Soul of Dell?" *Fast Company,* November 2002, pp. 110–14; K. James, "Finding Dell's Soul," *Business Times Singapore,* October 9, 2004; "Soul of Dell" (Dell Inc., 2006), www.dell.com (accessed January 25, 2006).
33. A. Holeck, "Griffith, Ind., Native Takes Over as Steel Plant Manager," *The Times* (Munster, IN), May 24, 2003.

34. Kotter and Heskett, *Corporate Culture and Performance*; D.R. Denison and A.K. Mishra, "Toward a Theory of Organizational Culture and Effectiveness," *Organization Science* 6, no. 2 (March–April 1995), pp. 204–23; J.P. Kotter, "Cultures and Coalitions," *Executive Excellence* 15 (March 1998), pp. 14–15.

35. The features of adaptive cultures are described in W.F. Joyce, *Megachange: How Today's Leading Companies Have Transformed Their Workforces* (New York: Free Press, 1999).

36. A. Maitland and K. Rollins, "The Two-in-a-Box World of Dell," *Financial Times* (London), March 20, 2003, p. 14.

37. "Japanese Officials Order Citibank to Halt Some Operations," *Dow Jones Business News,* September 17, 2004; "Citigroup CEO Prince Holds Press Conference in Japan," *Business Wire* (Tokyo), October 25, 2004; A. Morse, "Citigroup Extends Apology to Japan," *The Wall Street Journal,* October 26, 2004, p. A3; M. Pacelle, M. Fackler, and A. Morse, "Mission Control," *The Wall Street Journal,* December 22, 2004, p. A1.

38. B. Pimentel, "Losing Their Way?" *San Francisco Chronicle,* September 6, 2001; P. Burrows, *Backfire: Carly Fiorina's High-Stakes Battle for the Soul of Hewlett-Packard* (New York: John Wiley & Sons, 2003); C. Swett, "HP Seems to Have Digested Compaq," *Sacramento Bee* (California), May 13, 2003, p. D1; P. Burrows, "The HP Way out of a Morass," *BusinessWeek Online,* February 14, 2005; D. Gillmor, "Getting Back the HP Way," *Computerworld,* March 7, 2005, pp. 24–25.

39. "Emerging Market Corporates," *The Banker,* July 1, 2003; G. Chellam, "Haier Story a Smash-Hit," *New Zealand Herald,* September 20, 2003; D.J. Lynch, "CEO Pushes China's Haier as Global Brand," *USA Today,* January 3, 2003, p. 1B.

40. "Big Blue Is Finally Living Up to Its Name," *Charleston Daily Mail,* February 9, 1995, p. 5H.

41. E.H. Schein, "The Role of the Founder in Creating Organizational Culture," *Organizational Dynamics* 12, no. 1 (Summer 1983), pp. 13–28.

42. A. Park and P. Burrows, "What You Don't Know about Dell," *BusinessWeek,* November 3, 2003, p. 76; James, "Finding Dell's Soul," p. 6.

43. M. Cooke, "Humiliation as Motivator?" *Meetings & Conventions* 36 (July 2001), p. 26; G. Groeller, "Eat or Be Eaten Ethic Boosts Bottom Line," *Orlando Sentinel,* April 30, 2001, p. 16.

44. J. Hewett, "Office Politics," *Australian Financial Review,* September 27, 2003, p. 29.

45. J. Kerr and J.W. Slocum Jr., "Managing Corporate Culture through Reward Systems," *Academy of Management Executive* 1 (May 1987), pp. 99–107; K.R. Thompson and F. Luthans, "Organizational Culture: A Behavioral Perspective," in *Organizational Climate and Culture,* ed. B. Schneider (San Francisco: Jossey-Bass, 1990), pp. 319–44.

46. Howell, "Nardelli Nears Five-Year Mark with Riveting Record"; Charan, "Home Depot's Blueprint for Culture Change"; DeGross, "Five Years of Change: Home Depot's Results Mixed under Nardelli"; B. Grow, D. Brady, and M. Arndt, "Renovating Home Depot," *BusinessWeek,* March 6, 2006, pp. 50–57.

47. "On the Record: Kevin Rollins"; Fisher, "How Dell Got Soul."

48. C. Daniels, "Does This Man Need a Shrink?" *Fortune,* February 5, 2001, pp. 205–8.

49. Chatman and Cha, "Leading by Leveraging Culture"; A.E.M. Van Vianen, "Person-Organization Fit: The Match between Newcomers' and Recruiters' Preferences for Organizational Cultures," *Personnel Psychology* 53 (Spring 2000), pp. 113-49; C.A. O'Reilly III, J. Chatman, and D.F. Caldwell, "People and Organizational Culture: A Profile Comparison Approach to Assessing Person-Organization Fit," *Academy of Management Journal* 34 (1991), pp. 487–516.

50. J. Van Maanen, "Breaking In: Socialization to Work," in *Handbook of Work, Organization, and Society,* ed. R. Dubin (Chicago: Rand McNally, 1976).

51. Fisher, "How Dell Got Soul," p. 6.

52. R. Craver, "Dell Thinning Out List of Job Candidates," *Winston-Salem Journal,* April 23, 2005.

53. Schein, *The Corporate Culture Survival Guide,* Chapter 8; M.L. Marks, "Mixed Signals," *Across the Board,* May 2000, pp. 21-26; J.P. Daly, R.W. Pouder, and B. Kabanoff, "The Effects of Initial Differences in Firms' Espoused Values on Their Postmerger Performance," *Journal of Applied Behavioral Science* 40, no. 3 (September 2004, pp. 323–43). The merger failure rates are cited in G. Costa, "More to Mergers Than Just Doing the Deal," *Sydney Morning Herald,* January 8, 2004; J. Kirby, "The Trouble with Mergers," *Canadian Business,* February 16–29, 2004, p. 64.

54. A. Klein, "A Merger Taken AO-Ill," *Washington Post,* October 21, 2002, p. E1; A. Klein, *Stealing Time: Steve Case, Jerry Levin, and the Collapse of AOL Time Warner* (New York: Simon & Shuster, 2003).

55. C.A. Schorg, C.A. Raiborn, and M.F. Massoud, "Using a 'Cultural Audit' to Pick M&A Winners," *Journal of Corporate Accounting & Finance,* May–June 2004, pp. 47-55.

56. A.R. Malekazedeh and A. Nahavandi, "Making Mergers Work by Managing Cultures," *Journal of Business Strategy,* May–June 1990, pp. 55–57; K.W. Smith, "A Brand-New Culture for the Merged Firm," *Mergers and Acquisitions* 35 (June 2000), pp. 45–50.

57. T. Hamilton, "RIM on a Roll," *Toronto Star,* February 22, 2004, p. C01.

58. J. Davidson, "The Business of Ethics," *Working Woman,* February 1998, pp. 68–71.

59. Hewitt Associates, "Mergers and Acquisitions May Be Driven by Business Strategy—but Often Stumble over People and Culture Issues," PR Newswire news release (Lincolnshire, IL: August 3, 1998).

60. I. Mount, "Be Fast Be Frugal Be Right," *Inc* 26, no. 1 (January 2004), pp. 64–70; S. Anthony and C. Christensen, "Mind over Merger," *Optimize,* February 2005, pp. 22–27.

61. F. Vogelstein and E. Florian, "Can Schwab Get Its Mojo Back?" *Fortune,* September 17, 2001, p. 93; B. Morris, "When Bad Things Happen to Good Companies," *Fortune,* December 8, 2003, 78; S. Craig and K. Brown, "Schwab Ousts Pottruck as CEO," *The Wall Street Journal,* July 21, 2004, p. A1; R. Frank, "U.S. Trust Feels Effects of Switch," *The Wall Street Journal,* July 21, 2004, p. A8; R. Frank and S. Craig, "White-Shoe Shuffle," *The Wall Street Journal,* September 15, 2004, p. A1; C. Harrington, "Made in Heaven? Watching the Watchovia-Tanager Union," *Accounting Today,* December 20, 2004, p. 18; J. Kador, "Cultures in Conflict," *Registered Rep.,* October 2004, p. 43.

11

// PART 3

조직아키텍처

고성과 팀의 개발

DEVELOPING HIGH-PERFORMANCE TEAMS

LEARNING OBJECTIVES

이 장을 학습한 후 여러분은

1. 팀을 정의하고 팀의 장점과 한계를 제시할 수 있다.
2. 자율작업팀의 성공요인을 제시할 수 있다.
3. 팀유효성의 모형을 제시할 수 있다.
4. 팀의 과업과 구성 그리고 규모가 팀 유효성에 미치는 영향을 설명할 수 있다.
5. 팀 개발의 5단계를 기술할 수 있다.
6. 팀 규범을 형성하는 3개의 요인을 확인할 수 있다.
7. 팀 응집성에 영향을 미치는 6가지 요소를 열거할 수 있다.
8. 팀 내부에 있어서 신뢰의 3수준을 요약할 수 있다.
9. 팀 내부갈등의 원인과 구조적 해결책을 분석할 수 있다.

홀푸드는 고객과 종업원의 욕구를 보다 효과적으로 충족시키기 위해 팀을 활용한다.

도입사례

존 멕케이(John MacKay)가 1980년에 홀푸드마켓(Whole Food Market)을 공동으로 설립했을 때 그는 당시 유명세를 타던 일본의 경영서적에서 중요한 교훈을 얻었다. 그 교훈은 '성공하는 기업은 개인보다 팀을 중시한다'는 것이었다. 텍사스의 오스틴에서 19명이 일하는 작은 슈퍼마켓에서 시작해서 3개 국가에 걸친 181개 점포에서 4만 명을 고용하는 대기업으로 성장한 홀푸드는 철저하게 팀에 기반한 조직이다.

홀푸드의 모든 점포는 출납팀이나 해산물팀과 같은 대략 10개 정도의 팀들로 구성되어 있다. 팀원들은 관리자의 간섭을 거의 받지 않고 스스로 업무관련 의사결정을 내리는 자율작업팀이다. 각 팀은 팀별 재고와 생산성 그리고 영업이익 관리에 대한 책임을 지고 있다. 팀원들은 제품구매에 대한 결정도 내리는데, 이와 같은 구매결정은 중앙집권적으로 내려지는 대부분의 식료품 체인들과는 완전히 다르다.

각 팀은 팀원들의 선발도 결정한다. 대략 30일에서 45일 정도 같이 일을 해본 이후 팀원들은 계약직 신분의 신입사원을 정규직 팀원으로 받아들일지 여부를 투표로 결정한다. 최소 2/3 이상이 찬성해야 정규직 팀원이 된다. 팀원들의 보너스가 팀의 성과에 의해서 결정되기 때문에 팀원들은 신입팀원을 매우 신중하게 선발한다. 회사는 4주마다 각 팀의 목표달성과 비용절감을 평가한다. 만일 팀이 효과적인 업무방식을 개발하여 비용을 절감하면 그 상당액은 팀 보너스로 해당 팀원들에게 배분된다. 팀 보너스는 월급과 함께 지급하는데 팀원들은 수백 달러씩 보너스를 받을 수도 있다.[1)]

소매업계의 성공담이자 미국에서 가장 일하기 좋은 직장 중의 하나인 홀푸드마켓의 성공요인 중의 하나는 팀 중심의 조직운영이다. 다양한 산업에서 많은 기업들이 팀 중심의 조직을 채택하였다. 다수의 은행들과 중개업체들이 복잡한 고객의 욕구를 충족시키기 위해 팀을 채택하였다. 인조섬유와 폴리에스테르 폴리머를 생산하는 남아프리카의 SANS 파이버는 낭비를 절감하고 제조 흐름을 효율화하며 재고를 최소화하고 고객의 욕구를 충족시키기 위해 팀을 채택하였다. 인터내셔널 스틸 그룹(ISG)의 클리블랜드 공장은 파산 직전 재기하여 수익을 내게 되었는데 그 이유 중의 하나는 팀의 채택이었다. 팀원들은 다른 부서의 팀원들과도 임무를 공유하고 서로 도움을 주었다. ISG 임원인 존 망(John Mang) 3세는 다음과 같이 말하고 있다. "성공요인은 과거와 같이 개인별 자신만의 직무가 아니라 팀이었다."[2)]

팀
상호작용하고 상호 영향을 미치는 사람들의 집단이다. 팀원들은 조직목표와 연계된 공동의 목표달성에 함께 책임을 진다. 팀원들은 자신의 팀을 조직의 독자적인 단위로 인식한다.

팀(teams)은 상호작용하고 상호영향을 미치는 사람들의 집단이다. 팀원들은 조직목표와 연계된 공동의 목표달성에 함께 책임을 진다.[3)] 팀원들은 자신의 팀을 조직의 독자적인 단위로 인식한다. 팀에 대한 이 정의는 중요한 의미를 담고 있다. 첫째, 모든 팀은 제품의 조립이나 서비스 제공 제조설비의 설계나 의사결정 등과 같은 특정한 목표를 달성하기 위해 존재한다. 둘째, 팀원들은 상호의존성과 공동목표달성을 위한 협력의 필요성 때문에 결속된다. 모든 팀은 팀원들이 공동목표를 조정하고 공유할 수 있도록 일정한 커뮤니케이션을 필요로 한다. 셋째, 특정 팀원들이 더 활동적이거나 목표와 관련해서 더 중요하기는 하지만 팀원들은 각자 서로에게 영향을 미친다. 마지막으로 팀은 팀원들이 팀에 소속되어 있다고 느낄 때 존재하게 된다.

이 장에서는 왜 조직이 팀에 의존하게 되는지, 왜 사람들은 조직생활을 하면서 비공식집단에 가입하는지, 그리고 팀의 장점과 단점에 대해 살펴본다. 이어서 자율작업팀이나 가상팀과 같은 팀의 유형을 검토한다. 팀 유효성 파트에는 팀과 조직의 환경, 팀 설계, 팀 프로세스와 팀 발달, 팀의 규범과 역할 그리고 응집성과 신뢰가 포함되어 있다. 이어서 팀 내 갈등의 원인을 확인하고 갈등관리방안들을 논의한다.

왜 팀인가?

제1장에서 우리는 로즈마리 브라보(Rose Marie Bravo)가 어떻게 런던의 패션회사인 버버리(Burberry)의 혁신을 도모했는지를 살펴보았다. 삭스 피프스 에비뉴(Saks Fifth Avenue)회사의 전임 회장이기도 하였던 브라보에게 버버리 혁신의 성공이유를 묻자 그는 개인이 아닌 팀이 회사 성공의 요체였고, 경영자의 임무는 팀의 파워를 잘 활용하는 것이라고 답변하였다. 브라보의 답변을 인용하면 다음과 같다. "사람들은 팀의 질(quality)을 간과하고 있다. 한 사람이나 두 사람이 아닌 집단의 모든 사람들, 즉 목표달성을 위해 단단하게 뭉쳐진 팀이 성공을 낳는다."[4)]

브라보의 말처럼 팀이 중요하다는 사실은 최근 인적자원관리 전문가들의 서베이에서도 확인된다. 서베이의 주요 결론은 "팀은 최근 기업경영의 핵심요소이다"로 요약된

표 11. 1

팀 작업: 주요 통계

80	: 지난 5년간의 조사결과를 평균하면 북미지역 유명제조업체들의 생산직 근로자의 약 80%가 자율작업팀에서 일한다.
11.5	: 위 자율작업팀은 평균 11.5명의 팀원들로 구성되어 있다.
86	: 캐나다 임원들의 86%가 팀이 조직의 성공을 위한 핵심적인 요소라고 보고 있다.
31	: 캐나다 임원들의 31%가 자기 회사의 팀 작업이 매우 효율적이라고 평가하였다.
25	: 영국 기업의 25%가 팀 보너스나 팀 인센티브 제도를 갖고 있다.

자료 : "Canadian Businesses Failing to Meet the Information Sharing Needs of Employees", Microsoft Canada press release, October 21, 2003 ; Personnel & Development, Reward Management 2006 Survey; T. Purdum, "Teaming, Take 2", *Industry Week*, May 2005, 41~44.

다. <표 11. 1>은 팀 작업의 중요성과 관련해서 몇 가지 흥미 있는 통계를 제공한다. 왜 기업들이 팀을 중요하게 여기는가? 이 질문에 대한 해답은 1940년대 영국의 탄광 연구와 1970년대 일본의 경제적 성공으로까지 거슬러 올라간다.[5] 초기의 이러한 연구들과 그 이후의 방대한 연구들의 결론은 다음과 같다. 적절한 조건만 갖추어진다면 개인에 비해 팀이 더 나은 의사결정과 제품 및 서비스의 개선 그리고 직원들의 열정을 더 높일 수 있다.[6]

적절한 조건이 갖추어지면 개인보다 팀이 문제의 확인과 대안의 개발 및 선택을 보다 더 성공적으로 수행할 수 있다. 팀원들은 신속하게 정보를 교환하고 과업을 조정할 수 있지만 감독이 통솔하는 전통적인 작업집단에서는 정보공유가 느리고 과업조정의 실패가 많이 발생한다. 팀은 개별 스타 직원보다 고객에게 보다 많은 지식과 전문성을 제공함으로써 고객만족을 더 높인다.

셀레스티카(Celestica)회사의 멕시코 몬테레이 공장의 팀 작업경험을 살펴보자.[7] 전자장비를 제조하는 이 공장은 5명의 핵심 근로자로 이루어진 팀(lean team)을 구성하였고, 팀원들은 시간과 공간 그리고 동작을 줄이는 린생산기법들을 배웠다. 이러한 린 생산기법들은 제7장에서 학습했던 품질경영과 연결되어 있다. 위의 팀원들은 부가가치를 낳지 않는 군더더기 활동을 확인하고 제거하기 위해 일선작업자들과 브레인스토밍을 가졌다. 다른 팀은 소규모 배치생산에 맞게끔 생산라인을 개조하기 위해 구성되었다. 이 팀은 생산의 전체 공정을 비디오로 촬영하였고 공정의 각 단계별 소요시간을 측정하였다. 당사 고객만족팀 이사인 크리스티 미첼(Christy Mitchell)은 당시를 다음과 같이 회상한다. "우리는 각 공정에서 어떤 도구를 사용하는지를 관찰하였다. 우리는 설계도를 보고 한 단계에서 다음 단계로 넘어갈 때 소요되는 시간을 관찰하였다."

팀 활동에 따른 혁신으로 몬테레이 공장은 리드타임을 1주일에서 2일 이내로, 생산준비교체시간을 4시간에서 30분으로, 작업자들이 걷는 거리를 1,173피트에서 358피트로 단축하였고 폐기부산물을 66% 감소시켰다. 그 결과 신고상(Shingo Prize)을 수상하였다.[역자주] 셀레스티카 회사는 그 이후 몬테레이 공장의 팀 혁신경험을 전 세계 다른 공장들로 전파하였다. 수십 개의 생산팀들에 의해 수백 건의 강도 높은 개선활동들이 추진되었고 대략 연간 2억 달러가량의 비용을 절감하였다.

역자주 신고상(Shingo Prize)은 미국에서 활동한 일본의 개선 컨설턴트 시게오 신고(新鄕重夫)의 이름을 딴 상으로 1988년에 제정되었으며, 매년 유타 주립대학이 북미지역 우수 제조업체를 선정하여 수상하고 있다.

표 11.2
공식적 팀의 유형

팀 유형	특 성
부서팀	종업원들은 유사하거나 보완적인 기능을 갖고 동일 직능단위에 소속되어 있다. 보통 다른 부서 사람들과 작업을 하기 때문에 과업의 상호의존성이 매우 적다.
생산·서비스·리더십 팀	대개 다기능화된 팀원들이 공동으로 제품이나 서비스를 생산하거나 의사결정을 내린다. 이 팀들은 대개 조립라인과 유사한 상호의존성을 갖지만 리더십 팀은 강한 교호적 상호의존성을 갖는다.
자율작업팀	생산·서비스 팀과 유사하지만 다음과 같은 점이 다르다. 첫째, 전체 제품을 생산하거나 다른 작업단위와 상호의존성이 낮은 중간제품을 생산한다. 둘째, 매우 높은 자율성을 갖는다(대개 감독 없이 투입, 흐름, 산출을 자율적으로 통제한다).
자문팀	위원회나 자문회의 노사협의회나 패널진과 같이 의사결정자에게 자문을 제공한다. 임시조직일 수도 있지만 상설조직인 경우들도 많다. 구성원 로테이션이 잦은 경우도 많다.
태스크포스(프로젝트)팀	문제해결이나 제품 또는 서비스 개발을 위해 다기능화된 팀원들로 구성되는 일시적인 조직이다.
스컹크웍스[역자주]	다기능화된 팀원들로 구성되며, 흔히 본 조직과는 별도로 설립되므로 기존조직의 영향으로부터 매우 자유롭다. 제품이나 서비스 개발을 위해 인재와 자원을 모집하는 혁신적 팀 리더(혁신 챔피언)가 주도하는 경우가 많다.
가상팀	공간과 시간 그리고 조직의 경계를 넘어 구성되고 작동하며 정보기술로 연계되어 있다. 일시적 태스크포스 팀일 수도 있고 상설 팀일 수도 있다.

역자주 스컹크웍스(Skunk-works)는 1943년 록히드사에서 만들어진 용어로서 대기업에서 과학적 연구나 신제품개발을 담당하는 소규모 실험실이나 부서를 지칭한다. 스컹크웍스는 매우 높은 자율성을 갖고 기존 위계조직의 영향을 거의 받지 않으면서 개발이나 비밀 프로젝트를 수행한다.

둘째, 감독이 아닌 팀이 개별 팀원들에게 과업을 할당한다. 즉, 상급자의 간섭이 없거나 거의 없는 가운데 팀이 업무활동을 계획하고 조직하고 통제한다. 할리데이비슨의 미주리주 캔자스시티 조립공장은 극단적인 자율작업팀을 채택하였기 때문에 아예 감독자가 없다. 대신에 8~15명으로 구성된 자율작업팀이 합의에 의해 대부분의 일상적인 의사결정을 내리고 있다. 팀들과 경영진을 대표하는 상위집단이 전체 공장과 관련된 의사결정을 내린다. 할리데이비슨 캔자스시티의 공장장이자 부사장인 칼 에벌(Karl Eberle)은 다음과 같이 말한다. "근로자들을 임파워먼트시키기 위한 시도들은 많았지만, 근로자들로 하여금 공장을 운영하도록 한 사례는 거의 없었다. 우리는 바로 이것을 채택했던 것이다."[16]

셋째, 자율작업팀은 대부분의 투입, 흐름 그리고 산출을 관리한다. 예를 들어, 홀푸드의 경우 일부 자율작업팀은 공급업자와 직접 접촉하고, 모든 팀은 팀의 업무프로세스에 책임을 지고 고객을 직접 상대한다.

넷째, 자율작업팀은 만일 업무흐름에 문제가 생기면 책임을 지고 해결한다. 즉, 각 팀이 품질이나 배송관련 문제들을 해결한다.

다섯째, 자율작업팀은 팀 단위로 평가를 받고 팀 보너스를 받는다. 이것은 개인이 아니라 팀이 성과에 책임이 있다는 사실을 인정하고 확신시키는 과정이기도 하다. 물론 팀원들은 개인별로도 평가와 이에 따른 보상도 받는다.

서베이에 의하면 미국의 경우 중규모 이상 기업들의 1/3에서 2/3 정도가 자율작업팀을 활용하고, 거의 대부분의 우량제조업체들은 모두 자율작업팀을 활용하고 있다.[17] 이러한 보급추세는 자율작업팀이 생산성과 직무만족을 동시에 높인다는 연구결과와 맥락을 같이 한다. 한 연구에 의하면 자동차 딜러 서비스업체 중 자율작업팀을 도입한 업체는 그렇지 않은 업체보다 수익성이 훨씬 더 높았다. 또 다른 연구에 의하면 독일의 한 시에서 거리 청소부 자율작업팀을 도입한 이후 단기 및 장기 모두에 걸쳐 고객만족이 증가하였다.[18]

모터사이클팀 미주리주 캔자스시티 근교에서 톨그래스프레리로 둘러싸여 있는 할리데이비슨 조립공장은 자율작업팀의 대표적인 예를 보여준다. 이 공장에는 사실상 일선감독이 없다. 대신에 8~15명으로 구성된 자율작업팀원들이 합의에 의해 대부분의 일상적인 결정을 내린다. 공장 전반에 걸친 의사결정은 팀들과 관리자를 대표하는 상위집단이 내린다.
* 역주 : **톨그래스프레리**(tall grass prairie)—북미 초원의 일종

자율작업팀의 성공요인 자율작업팀이 그렇게 성공적이라면 왜 모든 기업들이 이를 도입하지 않는가? 자율작업팀은 대부분의 조직에서 부가가치를 증대시킬 것이지만 이것을 도입하는 것은 쉽지 않다. 그리고 뒤에서 설명하는 팀 다이나믹스의 관리만이 아니라 경영자는 다음의 사항들에 주의할 필요가 있다.[19]

1. **완결적 업무프로세스에 대한 책임** : 자율작업팀은 전체 제품을 생산하거나 서비스를 제공하는 경우, 달리 말하면 전체 업무프로세스를 수행할 때 최적의 효과를 얻을 수 있다. 예를 들어, 홀푸드의 해산물 팀은 주문과 준비 그리고 서빙까지 모든 프로세스에 대해서 책임을 진다. 홀푸드는 각 팀들이 충분히 상호 독립성을 유지하도록 함으로써 다른 팀의 개입이나 간섭없이 각 팀이 업무프로세스나 업무내용을 변경할 수 있도록 하고 있다. 그리고 팀원들에게는 공통 목표달성을 위한 상호의존성과 응집성의 의미를 부여하고 있다.[20]

2. **충분한 자율성** : 자율작업팀은 업무의 조직과 조정에 있어서 경영자로부터의 충분한 자유를 지녀야 한다. 자율성이 보장되어야 자율작업팀은 고객과 이해관계자들의 요구에 신속하게 대응할 수 있고 임파워먼트를 통해 팀원들을 동기부여시킬 수 있다. 다수의 고성과 팀들이 경영자들이 자신들의 권력을 종업원들에게 양도하기를 꺼렸거나 종업원들이 자신들의 증대된 책임감을 달갑게 여기지 않았기 때문에 실패하고 말았다.

3. **팀 다이나믹스에 대한 기술적 지원** : 팀원 간 조정과 커뮤니케이션을 돕고 직무충실화를 증진시키는 방향으로 기술을 활용할 때 자율작업팀은 성공적으로 작동하게 된다.[21] 경영자는 종업원 집단을 '팀'으로 부르지만 흔히 설비배치나 조립라인의 구조 그리고 다른 기술들은 종업원들을 개별적으로 고립시킨다. 예를 들어, 자동차 조립업체들은 한 조립라인의 종업원 집단을 '팀'으로 부르지만 조립라인의 양극단에 있는 동료 종업원들을 볼 수 없기 때문에 효과적인 팀 다이나믹스가 작동할 수 없다.

// 가상팀

프라이스워터하우스쿠퍼스(PwC)는 미국의 70개 사무실에서 190명의 훈련전문가들을 고용하고 있다. 이 전문가들은 종업원 개발서비스를 제공하는 더 많은 컨설턴트 및 학자들과 함께 신규 프로젝트 수행을 위한 가상팀을 형성한다. 뉴저지주 플로함 파크에 있는 프라이스워터하우스쿠퍼스의 학습 매니저인 피터 니콜라스(Peter Nicolas)는 "가상팀은 우리들에게는 일상이다"라고 말한다.[22)]

가상팀
팀원들이 과업수행을 위한 정보기술로 상호 연결되어 있으면서 공간과 시간 그리고 조직의 경계를 넘나들면서 활동하는 팀이다.

프라이스워터하우스쿠퍼스는 **가상팀**(virtual teams)을 통해 인적자본을 최적으로 활용하고 있다. 가상팀은 팀원들이 과업수행을 위한 정보기술로 상호 연결되어 있으면서 공간과 시간 그리고 조직의 경계를 넘나들면서 활동하는 팀이다.[23)] 가상팀은 두 가지 점에서 전통적인 팀과는 다르다. 첫째, 동일한 물리적 공간에서 일하지 않는다. 둘째, 따라서 커뮤니케이션과 활동조정은 면대면 상호작용이 아니라 주로 정보기술을 통해서 이루어진다.

가상팀은 지난 10년간 발생했던 가장 중요한 조직의 발전 중 하나이다. 제약회사인 노바티스(Novartis)의 학습책임자인 프랭크 왈트만(Frank Waltman)은 "가상팀은 지금은 현실이다"라고 말한다. 가상팀이 확산된 이유 중의 하나는 인터넷, 인트라넷, 인스턴트 메시징(instant messaging), 가상 화이트보드, 그리고 여타 기술들이 원거리에서의 커뮤니케이션과 조정을 용이하게 만들었다는 것이다.[24)] 가상팀이 확산된 두 번째 이유는 생산기반으로부터 지식기반으로의 노동의 변화이다. 공간적으로 떨어져 있으면 함께 제품을 만드는 것은 불가능하지만 의사결정을 하거나 아이디어를 짜내는 것은 가능하다. 정보기술로 인해 소프트웨어 코드나 제품개발계획 그리고 전략적 의사결정을 위한 아이디어와 같은 지식작업을 교환하는 것이 가능해졌다.

정보기술과 지식기반 노동이 가상팀을 가능하게 했다면, 지식경영과 세계화는 가상팀에 대한 수요를 증진시킨 요인이다. 가상팀은 공간상의 문제로 직접적인 협력이 제약을 받을 때 지식공유와 활용을 촉진시키기 때문에 지식경영의 자연스러운 한 부분을 차지한다. 세계화로 인해 종업원들이 전 세계에 흩어지기 때문에 가상팀의 필요성은 점점 더 증가한다. 글로벌 기업들은 인적자본을 최적으로 활용하기 위해 가상팀을 활용한다.[25)]

인밴시스(Invensys PLC)가 가상팀의 적절한 사례이다. 몇 년 전 영국의 프로세스 및 컨트롤 엔지니어링 기업은 몇 개국에 사무실을 갖고 있는 기업들을 합병함으로써 글로벌 리더가 되었다. 회사는 여러 나라에 흩어져 있는 인재들을 활용하기 위해 직원들이 비행기로 이동하지 않고도 프로젝트에 참여할 수 있는 정보기술을 도입하였다. 캘리포니아의 레이크 포리스트에 있는 인밴시스의 프로세스 시뮬레이션 단위관리자인 죠 에이어스(Joe Ayers)는 "우리의 개발프로젝트는 가상 모드에서 이루어지는데 프로젝트의 필요에 따라 다양한 지역에 있는 사람들을 가상공간으로 모은다." "시차가 다른 지역에 있는 3명의 개발자를 활용하는 것이 흔한 일이다."라고 설명한다.[26)]

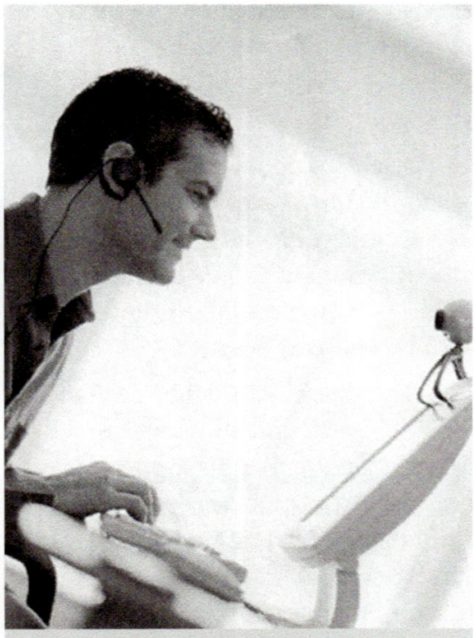

24시간 가상팀 서비스 인밴시스는 몇 개국에 사무실을 두고 있는 프로세스와 컨트롤 엔지니어링의 글로벌 리더기업이다. 회사는 내부 인재를 최대한 활용하기 위해 가상공간에서 직원들이 동시에 특정 프로젝트에 참여할 수 있는 정보기술을 도입하였다.

가상팀의 성공요인 가상팀은 전통적인 팀이 갖는 문제점과 더불어 시간과 공간의 문제를 안고 있다. 정보기술은 가상팀이 만들어지고 효과적으로 작동할 수 있도록 도와주지만 지금까지 어떤 기술도 공간적 거리의 문제를 완전히 해결하지는 못했다. 다행히 경영연구자들이 가상팀에 지대한 관심을 가졌고, 이들은 가상팀의 유효성을 높일 수 있는 방안들을 제시했는데, 가장 명확한 방안 3가지를 요약하면 다음과 같다.[27]

- **가상팀 역량**: 가상팀원들에게는 전통적 팀에 요구되는 이상의 역량들이 필요하다. 이들은 정보기술을 사용하여 쉽게 커뮤니케이션 할 수 있는 능력을 지녀야 하고, 감독이나 동료가 옆이 없더라도 자신들의 행위를 동기부여하고 리드할 수 있는 강한 셀프리더십을 보유해야 하며, 이메일이나 다른 제한된 커뮤니케이션 매체를 통해서도 팀원들의 느낌을 알아챌 수 있는 감성지능을 갖추어야 한다. 자신이 소속된 가상팀원들이 전 세계 6개 이상의 지역에 흩어져 있는 피앤지(P&G)의 임원 카림 라닥(Karim Ladak)은 다음과 같이 말한다. "전화통화를 할 경우 나는 매우 조심스럽게 듣는다. 숨을 죽이고 듣는 데도 무언가를 놓쳐버렸다는 것을 깨닫는다."[28]

- **유연한 정보기술**: 기업 경영자는 가상팀이 자신들의 필요에 맞게 기술을 채택하도록 하기보다는 기술을 강요하고 있다는 연구결과들이 있다. 가장 이상적인 상황은 가상팀이 다양한 커뮤니케이션 수단들(이메일, 가상 화이트보드, 화상회의 등)을 갖고 프로젝트의 성격별로 중요성에 따라 선택해서 사용할 수 있는 경우이다.

- **대면 상호작용**: 가끔씩 대면 상호작용도 필요하다. 이것은 가상팀의 개념과 맞지 않는 것처럼 보일지 모르지만 지금까지 어떤 기술도 면대면 상호작용을 통한 결속과 상호 이해를 대체하지 못했다는 점을 감안할 필요가 있다. 대면 상호작용은 가상팀이 결성될 때 매우 유용하다. 최근 IBM이 쉘(Shell)사의 의뢰를 받아 전자고객접근시스템을 개발하기 위해 가상팀을 결성했을 때 두 회사의 종업원들이 팀 개발프로세스의 일환으로 대면회합을 가졌던 것은 좋은 예이다. 그리고 두 회사는 가상팀원들이 최소한 6주에 한 번 정도는 대면회합을 가져야 한다는 규칙도 제정하였다. 프로젝트의 아이비엠 측 공동 매니저인 하퉁(Sharon Hartung)은 다음과 같이 말한다. "이런 규칙이 없으면 5주에서 6주 정도가 지나면 가상팀원들 간 커뮤니케이션이 단절되는 것을 발견하게 될 것이다."[29]

그림 11. 1

미국 제조업체에서 팀은 얼마나 효과적인가?

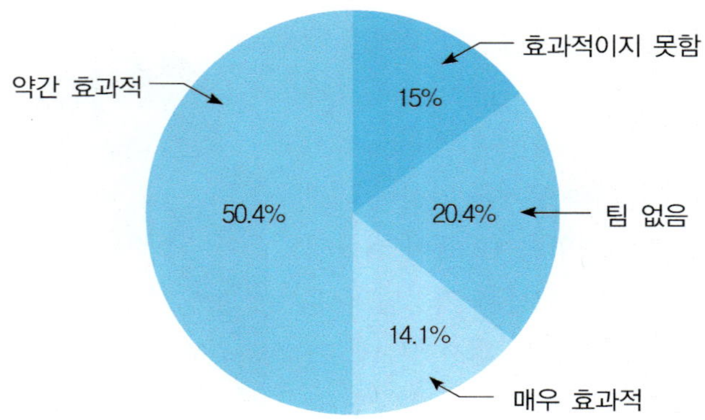

자료 : 2004 Industry Week/MPI Census of Manufactures survey, cited in T. Purdum, 'Teaming, Take 2', *Industry Week*, May 2005, 41-44.

팀 유효성 모형

대부분의 미국 제조업체들은 근로자를 생산팀으로 조직하지만, 최근의 서베이에서 밝혀진 바와 같이 팀의 효과성에 대해서는 회의적인 태도들이 많다(그림 11. 1 참조). 왜 어떤 팀은 효과적인 반면, 다른 팀은 그렇지 않을까? 조직연구자들은 이 문제를 오랫동안 연구해왔는데, 이러한 연구결과들을 종합하면 [그림 11. 2]와 같은 팀 유효성 모형으로 요약할 수 있다.[30] 팀 유효성 모형에 대해서는 아래에서 더 자세하게 살펴보기로 한다.

그림 11. 2

팀 유효성 모형

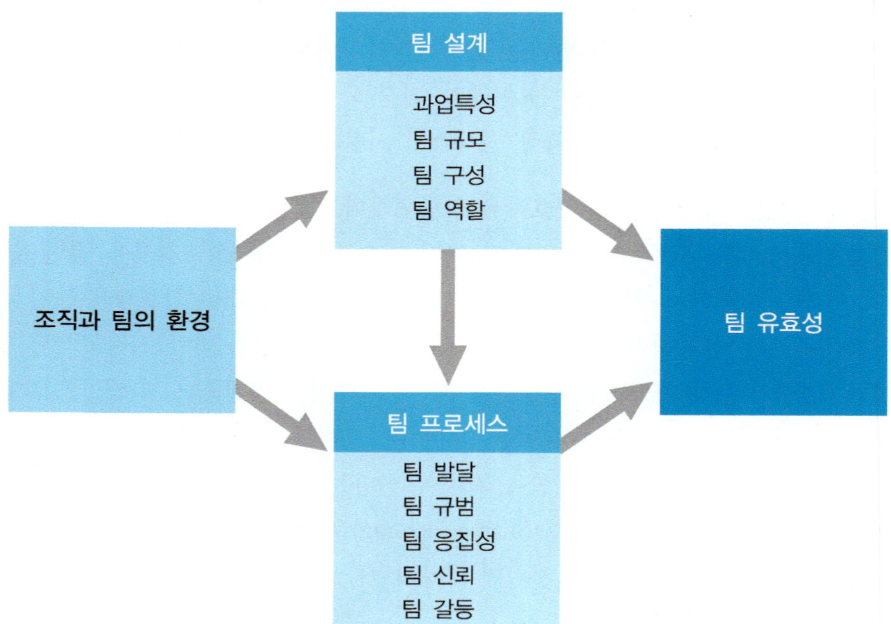

우선 팀 유효성을 먼저 정의해 보자. **팀 유효성**(team effectiveness)이란 팀이 조직과 팀원 그리고 팀의 존재에 미치는 영향을 말한다.[31] 첫째, 팀이 속해 있는 조직이나 다른 시스템과 팀을 연결시켜주는 것이 팀 목표인데, 효과적인 팀은 팀 목표를 잘 달성한다. 둘째, 팀 유효성이 높다는 것은 팀원들의 만족과 행복이 높다는 것을 의미한다. 사람들은 자신의 욕구를 충족시키기 위해 집단에 가입하기 때문에, 그 욕구충족의 정도는 집단유효성 척도 중의 하나가 된다. 셋째, 팀 유효성이 높다는 것은 팀의 생존능력이나 가능성이 높다는 것을 의미한다. 팀이 생존하기 위해서는 특히 팀이 격동기에 처해 있을 때 팀원들의 몰입을 유지해야 한다. 만일 팀원들의 몰입을 유지하지 못하면 사람들이 떠나고 팀은 해체된다. 팀의 생존능력은 팀이 활동하고 있는 곳에서 우호적인 환경을 창출하고 충분한 자원을 획득할 수 있는 경우에 높아진다.

메드라드사의 U자형 팀 메드라드사는 직선형의 조립라인 대신에 구성원들이 서로 가까이에서 작업을 할 수 있는 U자형의 셀을 도입하였다. 이 새로운 배치는 팀원들이 서로 마주보면서 도움을 줄 수 있게 함으로써 팀 성과를 높였다.

팀 유효성
팀이 조직과 팀원 그리고 팀의 존재에 미치는 영향을 말한다.

조직 및 팀의 환경은 팀의 경계 밖에 있으면서 팀에 영향을 미치는 모든 것을 의미한다. 팀원들은 팀 성과에 따른 보상이 있을 때 협동작업을 더 효과적으로 수행한다. 커뮤니케이션은 팀의 유효성에 영향을 미칠 수 있다. 특히, 업무조정을 위해 정보기술에 의존하는 정도가 높은 가상팀의 경우에 더욱 그러하다. 조직구조도 중요한 환경요인이다. 앞서 언급한 것처럼 팀은 근로자들이 업무 프로세스에 따라 조직되어 있을 때 활성화된다. 왜냐하면 이러한 경우에 팀원들 간에 상호작용이 증가하기 때문이다. 팀원들은 팀의 효율성과 유연성에 신경을 집중하기 때문에 전략적 방향성을 제공하는 경영자의 역할도 매우 중요하다.[32]

이러한 조건들 이외에도 팀 작업공간의 물리적 배치도 중요하다. 펜실베이니아의 인디아놀라에 있는 의료기기 제조업체인 매드라드(Medrad, Inc)사는 직선형의 조립라인을 몇 개의 U자형 셀들로 변경하였다. 그 결과 U자형의 셀에서는 팀원들이 서로를 보다 더 잘 관찰하고 서로 도와줄 수 있어서 팀의 성과가 개선된다는 사실을 발견하였다.[33]

팀 설계 특성

팀과 정합성을 갖는 환경조건을 정비함과 동시에 경영자는 과업특성, 팀의 규모와 구성 그리고 팀 역할과 같은 팀 자체를 매우 주의 깊게 설계해야 한다.

// 과업특성

전문가들을 여전히 팀에 가장 적합한 과업유형을 이해하고자 노력하고 있다. 혹자들은 과업이 잘 구조화되어 있어야 사람들 간 업무를 조정하기 쉽기 때문에 팀도 보다 더 효과적으로 된다고 말한다. 다른 연구자들은 복잡한 과업이 사람들이 팀으로 뭉쳐 일할 동기를 부여하기 때문에 팀은 복잡한 과업에서 보다 효과적이라고 본다.[34] 과업의 구조화와 복잡성이 반대되는 개념은 아니지만 잘 구조화되어 있으면서 복잡한 과업은 찾아보기 힘든 것도 사실이다.

과업의 상호의존성
개인별 과업을 수행하기 위해 필요한 투입물을 공유해야 하거나, 과업을 수행하는 도중에 상호작용의 필요성이 높거나, 보상이 다른 사람의 성과에 의해서 결정되는 정도가 커질수록 높아진다.

팀과 관련해서 가장 중요한 과업특성은 과업의 상호의존성이다. **과업의 상호의존성**(task interdependence)은 개인별 과업을 수행하기 위해 필요한 투입물을 공유해야 하거나, 과업을 수행하는 도중에 상호작용의 필요성이 높거나, 보상이 다른 사람의 성과에 의해서 결정되는 정도가 커질수록 높아진다. 과업의 상호의존성이 높을수록 개인별 작업보다 팀이 더 필요해진다. 과업의 상호의존성이 높은 경우에 종업원들을 팀에서 일하기를 원하고 또 팀 작업에 만족한다. 물론 팀원들이 동일한 제품을 조립하거나 같은 고객에게 서비스를 제공하는 등 공동의 목표가 있어야 하는 것은 당연한 조건이다.[35]

// 팀 규모

팀 규모는 팀의 효과성을 결정하는 중요한 요인이다. 검증되지는 않았지만 널리 공유되고 있는 규칙은 팀의 최적 규모는 5명에서 7명 이내라고 한다. 팀의 최적 규모는 몇 가지 조건에 따라 달라진다. 대규모 팀은 팀원 간 역할을 조정하고 차이를 해결하는 데 시간과 노력을 많이 필요로 하기 때문에 덜 효과적이다. 극단적인 예는 뉴욕시 콜럼버스 서클에 있는 홀푸드의 140명으로 구성된 출납팀이다. 이 규모의 팀에서는 조정이 불가능하고 팀원들은 응집성을 느끼지 못하게 된다. 그래서 홀푸드는 이를 12개 정도의 하위 팀으로 분할하였다. 모든 출납원들은 한 달에 한 번씩만 만나서 생산 이슈를 논의하고, 매일매일의 업무는 소규모의 하위팀에서 이루어진다.[36]

많은 기업들이 큰 팀을 분할할 필요성을 느끼지만 팀의 규모가 너무 적어도 문제가 된다. 일반적인 규칙은 다음과 같다. 팀은 과업수행에 필요한 역량과 관점을 갖출 만큼 커야 하지만, 효과적인 조정과 팀원들의 의미 있는 참여를 유지할 만큼 작아야 한다.

// 팀 구성

휴렛패커드는 신입사원을 채용할 때 기능이나 지식수준이 아니라 팀 작업에 적합한지 여부를 관찰한다. 이 회사의 사업개발 매니저인 아베이(Bill Avey)는 다음과 같이 말한다. "응모자들은 자신들이 다른 사람과 함께 일을 잘할 수 있다는 것을 우리들에게 증명해야 한다. 우리는 서로 다른 견해를 존중하는 사람들 찾고 있다." 그에 의하면 휴렛패커드의 채용담당자들은 응모자들에게 문제해결을 위해 집단으로 활동했던 때와 관련된 질문도 하는데, "성공적인 응모자들은 자신들이 팀 내에서 어떻게 차이를 공개적으로 드러내면서 팀 차원에서 해결했는지를 잘 설명한다"고 한다.[37]

휴렛패커드는 강한 팀 지향성을 갖고 있어서 팀 작업에 적합한 역량과 동기를 갖춘 신입사원을 신중하게 채용한다. 홀푸드도 함께 일할 수 있는 직원을 신중하게 선발한다. 제11장의 도입사례에서 설명했듯이 경영자가 아니라 팀원들이 신입 팀원을 선발한다. 팀원들이 신입 팀원을 선발하는 이유는 팀은 혼자가 아니라 함께 일하려 하고 팀의 행동규칙을 준수하며 팀의 목표를 존중하는 사람을 필요로 하기 때문이다. 좋은 팀원은 협동작업만인 아니라 팀 과업을 수행하는 데 필요한 기능과 지식도 갖추어야 한다. 연구에 의하면 고성과 팀원들은 보다 더 협력적이고 다른 사람들의 욕구와 견해를 더 잘 감안하는 것으로 나타났다.[38]

팀 구성의 또 다른 중요한 차원은 다양성이다.[39] 혁신적인 해결책이 필요한 복잡한 문제가 걸려 있는 경우 다양한 기능과 지식 그리고 견해를 가진 팀이 더 효과적이다. 왜냐하면 상이한 배경을 가진 사람들은 동일한 문제나 기회를 상이한 관점에서 바라보고, 배경이 상이한 만큼 지식의 토대가 넓으며, 다른 부서나 고객 등과 같은 팀의 이해관계자들을 보다 잘 대변할 수 있기 때문이다. 그러나 다양성이 높은 팀이 고성과 팀이 되기까지는 시간이 많이 걸리고 자칫 팀원들을 분열시킬 수 있는 갈등을 많이 겪을 수도 있다. 따라서 만일 다양한 지식이 필요하지 않거나 팀 개발을 위한 시간이 없는 경우에는 동질성이 높은 팀원들로 팀을 구성하는 것이 더 나을 수도 있다.

// 팀 역할

모든 팀과 비공식집단은 팀의 과업수행 및 원활한 작동을 위한 다양한 역할들을 갖고 있다. **역할**(role)이란 팀이나 조직에서 사람들이 갖는 직위에 대해 기대되는 일련의

표 11.3
벨빈의 팀 역할

역할 명칭	공 헌	약 점
창조자	창의적, 상상력 풍부, 교조적이지 않음: 어려운 문제해결	세부사항 무시: 너무 몰입해서 효과적 의사소통이 곤란
자원 탐색가	외향적, 정열적, 소통을 잘함: 기회를 탐색하고 관계를 개발	과도한 낙관주의: 초기의 열정이 식으면 흥미 상실
조정자	성숙, 자신감, 유능한 사회자: 목표 명확화, 의사결정촉진 및 권한이양	조작적으로 비칠 수 있음 : 사적인 업무의 권한이양
추진자	도전적, 역동적, 강한 압박: 장애물 극복 의지와 용기	타인을 화나게 함: 타인의 감정을 상하게 함.
감독·평가자	냉정, 전략적, 분별력: 모든 옵션을 고려: 정확한 판단	타인에 영감을 주는 동기와 능력 결핍 : 지나치게 비판적
팀워커	협력적, 온순, 지각력 있고 수완이 좋음: 경청, 형성, 갈등회피, 분란 해소	위기상황에서 우유부단: 귀가 얇을 수 있음.
실행자	규율준수, 신뢰성 있음, 보수적, 효율적: 생각을 행동으로 옮김.	약간 경직적: 새로운 가능성에 대한 반응 느림.
완결자	근면, 양심적, 염려 : 실수와 실책을 찾아냄: 납기 준수	기우의 경향: 권한위임을 꺼림 : 지나치게 세심
스페셜리스트	일로 매진, 스스로 시작하고 열중: 희소한 지식과 기능을 제공	협소한 영역에서만 공헌 : 기술적 측면만 고려: 숲을 놓침.

자료: R. M. Belbin, *Teams Roles at Work* [Oxford, UK: Butterworth-Heinemann, 1993] : www.belbin.com. Reprinted with permission from Belbin Associates.

역할
팀이나 조직에서 사람들이 갖는 직위에 대해 기대되는 일련의 행위들을 말한다.

행위들을 말한다.[40] 어떤 역할들은 팀이 그 목표를 달성하도록 하는 한편 다른 역할들은 관계를 유지함으로써 팀이 생존하고 팀원들이 욕구를 충족하도록 한다. 다수의 팀 역할들이 개인들에게 공식적으로 할당되지만, 팀원들의 인성이나 가치 그리고 전문성에 따라 비공식적으로 역할을 담당하기도 한다. 이러한 역할선호는 뒤에서 살펴볼 팀 발달 단계 중 대개 격동기에 해결된다. 그러나 역동적인 환경 속에서는 팀원들은 필요시 일시적이지만 다양한 역할을 요구받기도 한다.[41]

가장 유명한 팀 역할모형은 <표 11. 3>[42]의 벨빈(R. M. Belbin)의 팀 역할이론이다. 이 모형은 인성특성과 관련된 9가지 팀 역할을 확인하고 있다. 어쩔 수 없이 차선의 역할에 적응하는 경우도 있지만 사람들이 본원적으로 선호하는 역할이 있다. 벨빈의 모형은 팀이 효과적으로 작동하기 위해서는 9개 역할이 모두 있어야 한다는 것이다. 그리고 팀 프로젝트나 활동의 단계별로 특정 역할이 다른 역할을 지배할 수도 있다. 예를 들어, 팀이 자신의 욕구를 확인하는 경우에는 형성자와 조정자가 중요하지만, 팀 프로젝트를 실행하는 단계에서는 완수자와 실행자가 핵심인물이 된다.

팀 프로세스

우리는 지금까지 팀 유효성의 두 가지 구성요소를 다루었다. 조직 및 팀의 환경과 팀 설계가 그것이다. 팀 유효성의 세 번째 구성요소는 팀 프로세스이다. 팀 프로세스에는 팀 발달, 팀 규범, 팀 응집성, 팀 신뢰, 그리고 갈등관리가 있다. 이것들은 시간의 흐름에 따라 형성되고 재형성되는 진화 역학을 보여주는 것들이기도 하다.

// 팀 발달

몇 년 전 전국 수송안전위원회(NTSB)가 어떤 상황에서 비행기 조종실 승무원이 사고나 사고와 관련된 문제를 낳는지를 연구한 결과 놀라운 사실을 발견하였다. 전체 사고의 73%는 승무원의 근무 첫날에 발생하였고 44%는 첫 비행에서 발생하였다. 미항공우주국(NASA)도 수일간의 비행을 마친 파일럿의 피로도를 조사하였다. 당연한 사실이겠지만 비행 시뮬레이션에서 피로도가 높은 파일럿은 실수가 많았다. 그러나 연구자들이 예상하지 못한 연구결과가 나왔다. 즉, 피로도는 높지만 과거에 함께 일을 한 경험이 있는 파일럿이 푹 쉬었지만 그런 경험이 없는 파일럿보다 실수가 적었던 것이다.[43]

수송안전위원회와 항공우주국의 실험결과는 팀이 효과적으로 작동하기 위해서는 팀원들의 몇 가지 이슈를 해결해야 하고 팀 발달의 몇 단계를 거쳐야 한다는 사실을 밝혀주었다. 팀원들은 서로를 알아야 하고, 각자의 역할을 이해해야 하며, 적합한 행동과 그렇지 않은 행동을 분별해야 하며, 자신들의 업무나 사회적 활동을 어떻게 조정할 것인가를 배워야 한다. 팀원들이 함께 한 기간이 길수록 공유 인식모형과 상호 이해 그리고 업무수행을 위한 효과적인 실행 루틴(routines)을 더 잘 개발하게 된다. [그림 11.

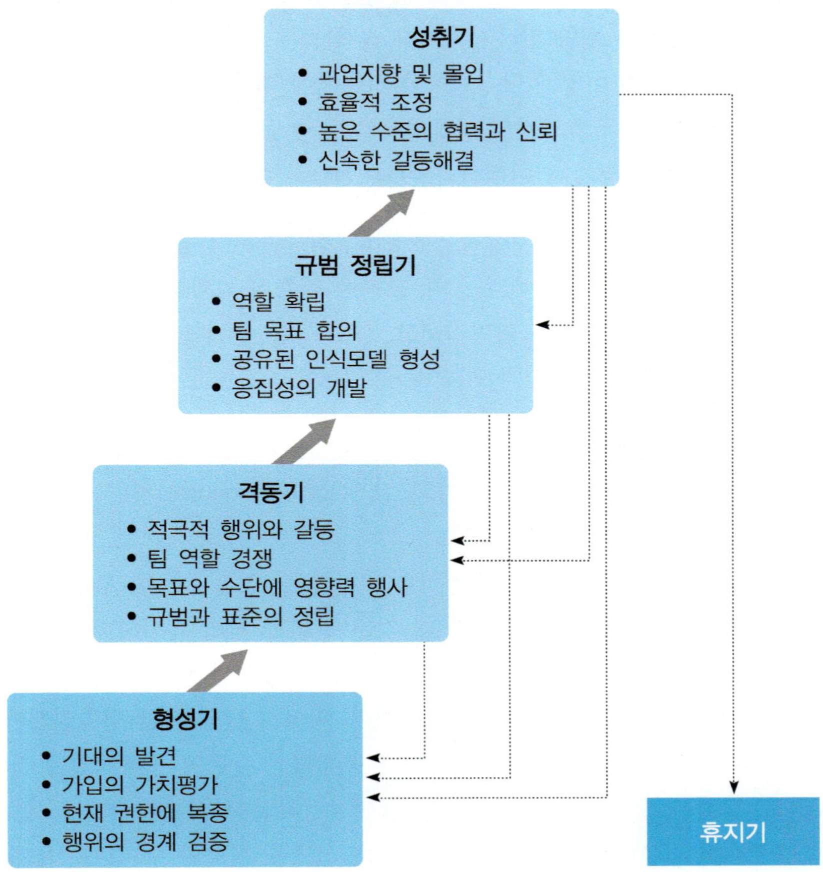

그림 11.3
팀 발달단계

3]의 팀발달 5단계 모형은 팀이 형성, 격동, 규범정립기, 성과를 달성하는 성취기 그리고 휴지기로 전개되는 과정을 보여준다.[44] 이 모형에서 얼핏보면 팀은 순서대로 발달단계를 거치는 것처럼 보이지만, 새로운 팀원이 들어오거나 팀의 성숙을 저해하는 조건의 변화가 있으면 점선과 같이 이전단계로 추락할 수도 있다는 것을 보여준다.

1. **형성기**: 팀 발달의 첫 단계는 팀원들이 안면을 익히고 팀원으로 남을 때의 비용과 편익을 계산하는 시험과 오리엔테이션의 기간이다. 사람들은 이 기간 동안에는 공손한 것처럼 보이고, 초기 규칙과 상호작용 틀을 설정한 공식 및 비공식 리더의 권한에 복종하려고 한다. 구성원들은 자신들에게 무엇이 기대되며 또한 이를 어떻게 달성할지에 대해서 고민한다.

2. **격동기**: 이 시기는 팀원들이 보다 적극적으로 되고 팀 역할에 대한 경쟁을 하면서 대인 간 갈등이 고조되는 시기이다. 팀의 목표 및 이를 달성하기 위한 수단에 영향력을 행사하기 위해 연합이 형성되기도 한다. 팀원들은 적절한 행위와 성과표준을 정립하기 위해 노력한다. 팀 발달단계에서 위험한 시기이다. 특히, 리더가 독재적이고 갈등관리기술이 부족하면 팀은 매우 취약해질 수 있다.

3. **규범정립기** : 이 시기에는 집단의 목표에 대한 합의가 이루어지고 역할이 정립되어 처음으로 팀 응집성이 개발되는 시기이다. 팀원들은 상대적으로 유사한 인식모델을 개발하여 팀의 목표가 어떻게 달성되어야 하는지에 대한 공유된 기대와 전제를 갖게 된다. 팀원들은 보다 더 효과적인 상호작용을 돕는 팀 기반의 공유 인식모델을 개발하여 다음 단계인 성취기로 이행한다.[45)]

4. **성취기** : 이 시기에 팀은 과업지향적으로 된다. 팀원들은 갈등을 보다 효율적으로 조정하고 해결하는 방식을 학습해 왔으며, 조정은 더욱더 효과적으로 이루어지게 된다. 고성과 팀에서 팀원들은 매우 협력적이고, 상호 높은 신뢰를 가지며, 집단목표에 몰입하고 팀과 자신들을 동일시하게 된다.

5. **휴지기** : 대부분의 작업 팀과 비공식집단은 결국은 해체된다. 팀이 해체단계에 이르면 구성원들은 과업지향을 벗어나 사회-감정(socio-emotional)지향적으로 된다.

팀 발달모형은 팀이 어떻게 전개되는지를 고찰할 수 있는 유용한 모형이다. 팀 발달모형은 학생들이 팀 프로젝트를 수행할 때 겪는 경험과 거의 유사하다는 사실이 최근의 연구들에서 밝혀졌다.[46)] 팀 프로젝트에서 당신이 겪은 경험은 아마도 다음과 같을 것이다. 초기에는 공손함과 불확실성을 경험했고, 이어서 팀원들 간 역할경쟁이나 과제 수행방식에 대해 논쟁을 벌이면서 미묘하거나 공개적인 갈등이 증폭되었을 것이다. 어떤 프로젝트 팀들은 오랫동안 생존하면서 규범정립기와 성취기를 겪기도 한다.

블루 엔젤스(Blue Angels)의 훈련에도 팀 발달모형을 적용할 수 있다. 미 해군의 에어쇼 팀은 거의 완벽한 타이밍과 완벽한 조작을 요구하는데, 이를 위해서는 성취기 단계의 팀 발단단계가 필요하다. 능숙한 파일럿들이지만 최고도의 팀 발달단계에 도달하기 위해 팀을 이루어 장시간 연습을 한다. 처음 연습 때는 F/A-18A 호넷 비행기들 간에 상당한 거리를 두지만 점차 거리를 좁혀가기 시작해서 10주간의 연습이 끝날 때에는 비행기간 거리가 18인치까지 접근하기도 한다. 팀 개발은 연습 이후 솔직한 토론을 통해서 더 촉진된다. 2호기를 몰았던 사코만도(John Saccomando) 소령은 다음과 같이 말한다. "나는 선두 비행기가 언제 무엇을 하려는지를 정확히 알았다. 이런 확신이 들기까지는 시간이 많이 걸린다. 연습 후 토론은 문을 닫고 이른 바 계급장을 떼고 이루어진다." 팀 리더인 폴리(Stephen R. Foley) 중령은 블루 엔젤스의 안전과 성공은 팀 개발 프로세스에 달려 있다고 강조하면서 다음과 같이 말한다. "여기에서는 팀 개념이 전부이다."[48)]

스카이-하이팀 개발 블루 엔젤스의 목표는 팀 발달의 성취기에 도달하는 것이 아니다. 미해군의 에어쇼 팀은 거의 완벽한 비행운전 타이밍을 요구한다. 아무리 숙달된 파일럿도 최상의 팀개발에 도달하기 위해 장기간의 훈련을 필요로 한다.[47)]

팀 발달모형이 유용하지만 완벽한 것은 아니다. 예를 들어, 어떤 팀을 특정 단계에 매우 오랫동안 머무를 수도 있다. 그리고 팀 발달은 단계가 아니라 연속적으로 이루어질 수도 있다. 팀원들이 바뀌고 상황이 변하게 되면 팀은 이전단계로 회귀할 수도 있는 것이다.

팀 빌딩을 통한 팀 발달촉진 델라웨어의 밀턴에 있는 밀턴 초등학교를 개교하기 이전에 교장 선생님인 바움가드너(Sheila Baumgardner)는 교사와 직원들을 대상으로 메릴랜드의 밀러스바일에 있는 알링턴 에코(Arlington Echo) 연수센터에서 3일간의 팀 빌딩을 실시하였다. 숲을 함께 거닐고 식사를 함께 하면서 교직원들은 학교지원 프로그램을 개발하는 데 시간을 쏟았다. 바움가드너 교장은 다음과 같이 회고한다. "팀 작업 스킬을 개발하기 위해 모든 교직원을 동원했습니다. 주요한 목적은 커뮤니케이션을 촉진시키기 위해 팀 작업 스킬을 함양하는 것이었습니다."[49)]

바움가드너 교장은 팀 빌딩을 통해 팀 발달 프로세스를 촉진시켰다. **팀 빌딩**(team building)이란 작업 팀의 발달과 기능을 개선하기 위해 설계된 공식적 활동을 지칭한다.[50)] 어떤 팀 빌딩 활동들은 팀 규범이나 팀 응집성과 같은 다른 팀 프로세스들을 개선하기도 한다. 팀 빌딩은 밀턴 초등학교와 같은 신생조직에서 가끔 활용한다. 왜냐하면 신생조직의 경우 팀이 초기 발달단계에 처해 있기 때문이다. 그런데 기존 팀들 중에서도 초기 발달단계로 퇴행하는 경우들이 많다. 팀 빌딩은 팀원들의 이직률이 높거나 각자의 역할과 팀 목표를 상실한 경우에 큰 효과를 거둘 수 있다.

팀 빌딩
작업 팀의 발달과 기능을 개선하기 위해 설계된 공식적 활동을 지칭한다.

팀 빌딩 프로그램들은 팀의 성과목표를 명확히 하고 목표성취를 위한 동기를 제고하며 팀의 목표달성에 대한 체계적인 피드백 메커니즘을 설계한다. 그리고 팀원 스스로가 지각하는 자신들의 역할과 다른 팀원들에 대한 역할기대를 명확히 함으로써 팀 역할을 명확히 하기도 한다. 야외 팀 활동이나 페인트 볼 전쟁 그리고 장애물 통과 등은 신뢰를 증진시키고 인간관계를 돈독하게 하기 위해 실시하는 유명한 팀 빌딩기법들이다. 도일에 있는 커뮤니케이션 컨설팅회사의 파트너인 안트베르페스(Jan Antwerpes)는 다음과 같이 설명한다. "당신이 10m를 올라가게 하기 위해 두 사람이 줄을 잡고 있으면 그것이 팀 빌딩이다."[51)]

// 팀 규범

어떤 사무실에서는 궂은 날씨나 감기증상이 있으면 결근을 하는 반면, 다른 사무실은 아프거나 궂은 날씨에는 아예 출근하지 말라는 지시를 내린다. 이러한 차이는 규범 때문에 발생한다. **규범**(norms)이란 집단구성원들의 행동을 규제하기 위해 집단이 설정하는 비공식적인 규칙이나 공유기대를 말한다. 규범은 개인적인 생각이나 느낌이 아니라 행동에만 적용되며 팀에 중요한 영향을 미치는 행위들만 규제한다.[52)]

규범
집단구성원들의 행동을 규제하기 위해 집단이 설정하는 비공식적인 규칙이나 공유기대를 말한다.

규범은 팀원들이 고객을 어떻게 대할 것인가, 자원을 어떻게 공유할 것인가, 결근을 할 것인가, 그리고 여타 조직생활에서 중요한 행위들을 규제한다. 규범들에는 조직목표 달성을 지원하는 것도 있고 반대로 조직목표와 갈등적인 것들도 있다. 예를 들어, 어떤 연구에 의하면 종업원의 결근은 그 사람의 건강이나 직무불만족이 아니라 결근에 대한

규범의 영향을 받는 것으로 나타났다.[53)]

종업원들이 규범에 동조하는 이유 중의 하나는 동료압력(peer pressure)이다. 우리가 회의에 늦거나 빈정대는 투의 논평을 하거나 우리가 완수해야 할 프로젝트의 납기를 어기면 동료들은 눈살을 찌푸린다. 규범은 상사들의 칭찬이나 귀중한 자원에의 접근이나 다른 보상들에 의해서 직접적으로 강화되기도 한다. 그러나 대부분의 팀원들은 직접적인 벌이나 강화가 없어도 팀과 자신을 동일시하기 때문에 지배적인 팀 규범에 동조한다.[54)]

팀 규범은 어떻게 발달하는가 팀 규범은 팀이 형성되자마자 생겨난다. 왜냐하면 팀원들은 각자 다른 사람들이 어떻게 행동할지를 예측할 필요가 있기 때문이다. 최초로 어떻게 인사를 하고 첫 회의에서 자리배치를 어떻게 했는지 등의 사소한 사건들이 이후에는 변경하기 힘든 규범으로 정립되는 경우들도 많다. 이메일을 받으면 신속하게 답장을 보낸다는 것과 같이 팀원들에게 보다 효율적인 것으로 받아들여지는 행동들이 팀 규범으로 정립되는 경우들도 있다. 특히, 팀의 역사에 있어서 결정적인 사건들은 규범을 형성하거나 이전에는 모호했던 바를 명확히 하는 계기가 된다. 마지막으로 팀원들의 과거 경험이나 가치도 팀 규범에 영향을 미친다. 예를 들어, 팀원들이 가정과 직장의 양립을 중시하면 장시간 노동이나 과중한 업무부담과는 상반되는 규범이 발달하기 쉽다.[55)]

회합이 팀규범을 강화한다. 뉴욕의 화이트 플레인스(White Plains)에 있는 컨테이너 스토어에서는 사진 속 인물인 스캇 뷸러가 오늘의 판매 목표를 발표하면서 아침 회의를 시작하고 있다. 그는 직원들에게 가게의 비전과 오늘의 제품 팁에 대해서 질문한다. 컨테이너 스토어는 직원 교육과 회사규범을 내재화하기 위해 회합을 제도화하였다.

역기능적인 팀 규범의 예방 팀의 규범은 깊게 뿌리를 내리기 때문에, 조직의 성공이나 종업원 복지를 저해하는 규범을 피하는 최상의 방법은 팀이 처음 형성될 때 바람직한 규범을 확립하는 것이다. 팀원들의 가치가 규범형성에 영향을 미치기 때문에 적합한 가치를 지닌 사람을 선발하는 것이 하나의 전략이다. 만일 경영자가 팀이 강한 안전규범을 갖기를 원한다면 안전을 중시하는 사람들을 우선 선발해야 한다. 다른 전략은 팀이 형성되는 시기에 바람직한 규범을 명시적으로 언급하는 것이다. 예를 들어, 포시즌 호텔 & 리조트가 새 호텔을 열 때 다른 포시즌 호텔에서 차출한 35명으로 구성된 태스크포스를 구성한다. 이 태스크포스는 신입사원을 훈련시키고 이들의 행동과 의사결정이 포시즌 방식에 부합되는지를 관찰하여 명실상부한 '포시즌' 맨들을 만들어 나간다. 이 태스크포스에서 활동했던 포시즌의 한 관리자는 "태스크포스는 신규 호텔에서 규범형성에 도움이 된다"고 진술한다.[56)]

지금까지는 신생 팀에 대한 설명이었다. 그런데 기존의 팀에서 바람직한 규범을 유지하기 위해서 경영자는 어떻게 해야 하는가? 컨테이너 스토어가 다년간 실행해왔듯이 팀 규범에 대해서 자주 토론하는 것이 하나의 방법이다. 일과 전후에 직원들은 함께 모여 그날의 매출목표나 가게의 비전을 재음미하고 비전과 관련된 이슈들을 토론한다. 이런 회합은 신입사원을 교육시키고, 팀 환경을 창출하며, 기업이 확립하고자 했던 규범을 강화하기 위해서 도입되었다. 이에 대해서 분(Garrett Boone)은 다음과 같이 말한다. "그 정신은 사람들을 공동운명체로 만드는 것이다."[57]

팀 단위의 보상시스템은 바람직한 규범을 강화하고 반생산적인 규범을 약화시킨다. 그러나 한 고전적인 연구에 의하면 파자마 공장의 근로자들은 시간당 100개를 생산해서 더 많은 보상을 받을 수도 있었지만 집단의 규범인 시간당 50개만 생산하였다. 팀이 해체되고 개인별 작업이 시작된 이후에야 고성과자들이 시간당 100개를 생산하기 시작하였다.[58] 마지막으로 역기능적인 규범이 이미 뿌리를 내리고 있고 앞에서 언급한 방법들이 효과가 없을 때는 팀을 해체하고 보다 우호적인 규범을 갖춘 사람들로 대체하는 것이 바람직할 수도 있다. 새로운 팀이 생성될 때 바람직한 규범을 낳을 수 있는 사람들을 선발함으로써 성취 지향적 규범을 형성할 기회를 놓치지 않아야 할 것이다.

// 팀 응집성

팀 응집성이란 사람들이 팀에 대해 갖는 매력 및 팀원으로 남아 있으려는 동기의 정도를 말한다.[59] **팀 응집성**(team cohesiveness)은 팀의 성공에 매우 중요한 요소이다. 팀이 개인적인 목표달성에 도움이 되고, 친교나 지위욕구를 충족시켜 주며, 위기나 곤경에 처할 경우 다른 사람들의 지원을 제공할 경우에 사람들은 팀에 대해 응집성을 느낀다. 응집성은 팀 잔류 여부에 대한 계산이 아니라 감정적인 체험이다. 팀원들이 팀을 자신들의 사회적 정체성의 일부로 여길 때 팀 응집성이 존재하게 된다. 응집성은 집단을 뭉치게 하고 구성원들이 자신들의 의무를 수행하게끔 하는 접착제나 단결심이다. 몇 가지 요인들이 팀 응집성에 영향을 미친다. 구성원 유사성, 팀 규모, 팀원 간 상호작용, 진입장벽, 팀의 성공, 외부의 경쟁과 도전 등이 그것들이다. 이러한 요인들은 팀에 대한 일체감과 팀이 개인적 욕구달성에 도움이 될 것이라는 신념을 반영한다.

팀 응집성
사람들이 팀에 대해 갖는 매력 및 팀원으로 남아 있으려는 동기의 정도를 말한다.

구성원 유사성 우리는 제11장의 앞부분에서 팀 다양성은 갈등과 팀의 분열 그리고 구성원의 이탈을 촉진할 수 있다는 점을 검토하였다. 이질성이 높은 팀이 동질적인 팀보다 응집성이 낮지만 모든 다양성이 응집성을 낮추는 것은 아니다. 예를 들어, 서로 다른 직무경험을 가진 사람들은 동일한 직무경험을 가진 사람들만큼 응집성이 높을 수 있다.[60]

팀 규모 소규모 팀은 목표에 대한 합의도출과 업무 조정이 용이하기 때문에 응집성이 높은 경향이 있다. 그러나 규모가 작은 팀이 항상 응집성이 높은 것은 아니다. 소규모 팀은 업무수행에 필요한 인력이 부족할 경우 응집성이 낮아진다. 따라서 팀 응집성은 팀 과업을 수행하기에 충

강력한 응집성 캐나다 노바스코티아의 브릿지워터에 있는 라이트하우스 출판사 직원들은 격렬한 경쟁에서 승리하고 있는 매우 응집력이 높은 팀이다. 그들은 수많은 조직 내부의 도전도 극복하였다. 인쇄기가 고장이 났을 때도 주간지인 브릿지워터뷸리틴을 정시에 출간하였다. 사장인 린 해니거(Lynn Hennigar)는 "라이트하우스는 다재다능하고 헌신적인 종업원 팀 때문에 성공한다. 팀이 변화를 만들어낸다"라고 말했다.

분한 최소한의 인력으로 구성될 때 가장 높아진다.

팀원 간 상호작용 팀원 간 상호작용이 정기적으로 이루어질 때 팀의 응집성이 높아진다. 팀원 간 상호작용은 과업의 상호의존성이 높고 동일한 물리적 공간에서 일할 때 높아진다.

진입장벽 팀원의 자격이 제한될 때 팀 응집성이 높아진다. 엘리트들로 구성될수록 팀원들의 위신이 높아지고 멤버십에 대한 가치가 높아진다. 기존 팀원들은 신규 팀원들이 시험을 통과하면 자신들의 유사한 경험을 떠 올리면서 적극적으로 환영하고 지원하게 된다.[61)]

팀의 성공 사람들은 개인적인 목표를 성취시켜주는 팀에 강한 연계성을 느끼기 때문에 팀이 성공할수록 응집성도 높아진다. 그리고 개인들은 실패하는 팀보다 성공적인 팀과 자신을 동일시하려는 경향이 강하다.

외부의 경쟁과 도전 외부의 경쟁에 부딪히거나 가치 있는 도전적 목표가 있으면 팀원들의 팀 응집성이 높아진다. 이러한 조건에서 종업원들은 외부의 도전이나 위협을 극복하는 팀의 능력을 소중하게 여기고, 사회적 지원으로서의 멤버십도 가치 있게 여긴다. 그러나 심각한 외부의 위협이 팀의 기능을 저해할 경우에는 팀 응집성을 감소시킬 수도 있다.[62)] 예를 들어, 라이트하우스 출판사(Lighthouse Publishing)는 격심한 경쟁 속에서도 성공적이기 때문에 응집성이 높은 팀을 보유하고 있다. 캐나다의 노바스코티아의 브릿지워터 소재 소규모 신문출판사 사장인 해니거(Lynn Hennigar)는 다음과 같이 말한다. "라이트하우스 직원들은 격심한 경쟁과 기업인수 속에서도 우리들의 독립을 지켜왔다." 기계가 고장이 났을 때 직원들이 단합해서 문제를 해결하고 신문을 발행했던 경험과 같은 조직 내부의 도전도 응집성을 강화시킨다. 이러한 응집성은 라이트하우스가 12개 이상의 상을 받고 당사의 주간지인 브릿지워터뷸리틴(Bridgewater Bulletin)이 캐나다에서 최우수 5위 신문의 하나로 선정되는 데 기여했다.[63)]

팀 응집성의 결과 어떤 팀이라도 최소한의 응집성은 있어야 존재할 수 있다. 응집성이 높은 팀에 소속된 사람들은 팀원으로 남아 있으려는 동기가 높고 팀의 목표달성을 위해 열심히 노력한다. 응집성이 낮은 팀에 비해 응집성이 높은 팀의 팀원들은 함께 하는 시간을 많이 갖고, 정보를 자주 교환하며, 서로에 대해 더욱더 만족하며, 상대편이 어려움에 처하면 인간적인 도움을 더 잘 제공한다.[64)]

응집성이 높은 팀의 팀원들은 서로의 욕구에 대해 더 민감하고 좋은 인간관계를 형성하여 역기능적인 갈등을 줄인다. 일단 갈등이 발생할 경우에는 신속하고 효과적으로 해결한다. 예를 들어, 응집성이 높은 어느 아이스하키 팀은 서로의 차이를 협력해서 해결하려는 '건설적'인 갈등에 매달렸던 반면, 응집성이 낮은 팀은 보다 공격적인 갈등에

매달렸다.[65]

협력이 잘 이루어지고 팀 규범이 조직의 가치나 목표와 부합되며 규범에의 동조가 높으면 응집성이 높은 집단이 낮은 집단에 비해 성과가 높다. 응집성은 집단의 규범 수준으로 업무를 수행하게끔 동기를 부여하기 때문에, 결근이나 비윤리적 행동을 조장하는 등 팀의 규범이 조직의 성공과 배치될 경우에 높은 응집성은 오히려 팀 성과를 떨어뜨린다.[66]

// 팀 신뢰

팀원 간의 관계를 포함해서 모든 관계는 어느 정도의 신뢰가 있기 때문에 가능해진다.[67] **신뢰**(trust)는 상대편 행위나 의도에 대한 호의적인 기대에 근거해서 상대편에 대한 취약성을 기꺼이 수용하려는 의도로 구성된 심리적 상태를 말한다. 높은 수준의 신뢰는 상대편이 당신을 위험한 상황에 처하게 할 수 있는 상황임에도 불구하고 상대편이 그렇게 행동하지 않을 것이라고 믿는 경우에 발생한다. 신뢰는 다른 팀원과의 관계에 대한 신념과 느낌을 모두 포함한다.[68] 환언하면 사람들은 믿을 만하다는 것을 논리적으로도 평가하고 느끼기도 한다. 신뢰는 신뢰의 토대라는 관점에서도 이해할 수 있다. 신뢰의 토대에는 [그림 11.4]와 같이 계산, 지식, 그리고 동일화가 있다.

> **신뢰**
> 상대편 행위나 의도에 대한 호의적인 기대에 근거해서 상대편에 대한 취약성을 기꺼이 수용하려는 의도로 구성된 심리적 상태를 말한다.

계산적 신뢰는 상대편이 적절한 기대를 벗어나는 행동을 할 경우에는 제재를 받기 때문에 적절하게 행동할 것이라는 논리적 계산을 말한다. 각자는 상대편이 벌을 피하기 위해서 약속을 지킬 것이라고 믿는다. 팀 프로젝트에서 학생들은 팀원들이 각자가 맡은 파트를 완성해올 것이라는 최소한의 계산적 신뢰를 갖는다. 왜냐하면 그렇지 않을 경우 강사가 해당 학생에게 F학점을 줄 것이기 때문이다.

지식적 신뢰의 근거는 다른 팀원들의 행위에 대한 예측 가능성이다. 우리가 상대편을 더 잘 이해하고 향후 무엇을 할 것인지를 예측할 수 있을수록 우리는 일정수준까지는 상대편을 더 많이 신뢰하게 된다. 우리가 상대편과 의견이 맞지 않더라도 상대편 행동의 일관성은 우리에게 일정 정도의 신뢰를 준다.[69] 지식적 신뢰는 상대편의 능력이나 역량에 대한 확신을 지칭하기도 한다. 예를 들어, 병원의 의사를 믿듯이 사람들은 지식이나 전문성에 기반하여 상대편을 신뢰한다.[70]

동일화 신뢰는 팀원 간 상호 이해와 감정적 연대에 근거한 신뢰의 가장 높은 토대이다. 동일화는 팀원들이 서로 동일하게 생각하고 느끼고 행동하는 경우에 발생한다. 고성과 팀은 공유가치와 공유 인식모델을 갖기 때문에 동일화 신뢰를 낳는다. 동일화 신뢰는 사회적 정체성(social identity)이론과 연관되어 있다. 즉, 개인이 팀의 멤버십으로 자신을 정의할수록 팀을 더 신뢰한다는 것이다.[71]

팀 신뢰의 위계 이러한 신뢰의 세 가지 토대에는 위계가 있다. 계산적 신뢰는 잠재적 신뢰수준이 가장 낮으며 기대의 위반에 의해서 쉽게 파괴된다. 계산적 신뢰는 억제에 의존하기 때문에 그 자체만으로는 팀의 관계를 유지할 수 없다. 상대편의 위반에 처벌

그림 11.4

팀 내 신뢰의 세 가지 토대

잠재적 신뢰수준	신뢰의 유형	특 징
높음	동일화 신뢰	• 공유 인식모델 및 가치에 기반 • 개인의 팀에 대한 일체화의 정도에 따라 증가
	지식적 신뢰	• 예측 가능성과 역량에 기반 • 꽤 강력함
낮음	계산적 신뢰	• 억제(deterrence)에 기반 • 처벌에 기반하고 있기 때문에 불안정하고 제한적임

의 위협으로만 대처하는 관계는 강해질 수가 없다. 지식적 신뢰는 좀 더 높은 잠재적 신뢰수준을 제공하며 시간의 경과에 따라 형성되기 때문에 좀 더 안정적이다. 가령 가상팀의 다른 팀원이 과거에는 시간일정에 따라 맡은 바 과업을 제출했는데 이번에는 늦게 제출한 경우 지식적 신뢰는 약간의 손상은 입지만 파괴되지는 않았다. 지식적 신뢰를 통해 납기지연은 과거 상대편의 행동과는 다른 예외적인 상황이라는 것을 알기 때문이다.

동일화 신뢰는 가장 높은 잠재적 신뢰수준을 제공하며 나머지 두 가지 신뢰의 토대보다 훨씬 강력하다. 개인의 자아 이미지의 일부는 팀 멤버십에 기반하고 있고, 개인들은 팀과 자신의 가치가 겹친다고 믿기 때문에 다른 팀원들의 사소한 실수는 쉽게 용서된다. 동일화 신뢰의 위반은 자아 이미지를 손상시키기 때문에 사람들은 그 위반을 용납하지 않으려 한다.

팀 신뢰의 역동성 팀원들이 처음 팀에 가입할 때 낮은 수준의 신뢰를 형성한다는 생각은 흔히 범하기 쉬운 오해이다. 연구들에 의하면 사람들이 가상팀이나 전통적인 팀에 가입할 경우에 새로운 동료에 대해서 중간 또는 높은 수준의 신뢰를 갖는 것으로 알려져 있다. 빠른 신뢰(swift trust)로 불리는 이러한 초기의 높은 신뢰수준은 왜 발생하는가에 대해서 연구자들은 지식적 신뢰와 동일화 신뢰로서 설명한다. 즉, 대체로 사람들은 자신의 동료들이 적절한 역량을 갖고 있고(지식적 신뢰), 사람들은 팀에 대한 어느 정도의 사회적 정체성(동일화 신뢰)을 갖고 있기 때문이라는 것이다. 심지어 이방인과 함께 일을 할 경우에도 대부분의 사람들은 어느 정도의 신뢰를 보인다. 왜냐하면 이런 행동이 나는 '좋은 사람'이라는 우리의 자아 이미지와 부합하기 때문이다.[72)]

그러나 새로운 관계에서 신뢰는 깨지기 쉽다. 왜냐하면 그 신뢰는 경험이 아니라 전제에 기반하기 때문이다. 최근의 한 연구에 의하면 시간이 흐름에 따라 신뢰는 감소한다고 한다. 즉, 시간이 경과함에 따라 신뢰의 위반을 더 많이 경험하게 되고 따라서 신뢰의 수준도 점차 저하된다는 것이다. 동일화 신뢰를 갖고 팀에 가입한 사람들은 지식적 신뢰나 계산적 신뢰의 수준으로 신뢰수준이 쇠퇴할 수도 있다. 가상팀에서는 팀원 간 신뢰유지를 위해서는 커뮤니케이션이 매우 중요하기 때문에 신뢰의 쇠퇴는 특히 문제가 된다. 그리고 신뢰수준이 쇠퇴함에 따라 팀원 상호 간에 대한 협력과 관용도 감소하기 때문에 팀과 조직의 유효성을 저하시키게 된다.[73)]

팀 갈등관리

몇 년 전 암스트롱(Armstrong Worldwide, Inc.)사는 새로운 클라이언트-서버 네트워크(client-server network)를 설치하기 위해 정보시스템 직원들과 외부 컨설턴트들을 한자리에 모았다. 얼마 지나지 않아 몇 가지 의견충돌로 분위기가 후끈 달아올랐다.

첫째, 외부 컨설턴트들은 월요일부터 목요일까지 하루 12시간씩 일하고 금요일에는 비행기로 집에 가기를 희망했지만, 회사의 직원들은 집이 근처에 있기 때문에 기존의 방식대로 일할 것을 고집했다.

둘째, 누가 책임자인가에 대해서도 의견이 일치하지 않았다. 회사의 임원들은 컨설턴트가 프로젝트를 책임져야 한다고 결정했지만, 이렇게 되면 회사의 직원들은 컨설턴트들이 제공하는 시스템을 채택할 수밖에 없다는 문제점을 낳았다.

셋째, 새로운 정보시스템으로 인해 내부 직원들은 외부 컨설턴트에게 자신들의 일자리를 잃을지도 모른다는 우려에 기인한 긴장이었다. 암스트롱사의 정보시스템 개발 매니저는 "이러한 갈등들은 커다란 스트레스를 야기했고 이로 인해 다수의 사람들이 회사를 떠났다"고 회고했다.[74)]

암스트롱사의 클라이언트-서버 네트워크 설치 팀은 역기능적인 갈등의 고통과 그 후유증을 경험하였다. **갈등**(conflict)은 한 당사자가 상대편과 자신의 이익이 상충되거나 상대편으로 인해 자신의 이익이 침해된다고 지각하는 과정을 의미한다.[75)] 암스트롱 정보시스템의 직원들은 외부 컨설턴트들(따라서 회사 경영진과도)과 갈등을 경험하였다. 왜냐하면 근무시간, 장기적인 기술에 대한 책임, 그리고 고용안정과 관련해서 외부 컨설턴트들과 자신들의 이해가 대립된다고 믿었기 때문이다. 갈등은 지각이기 때문에 관찰가능한 불일치가 발생하기 훨씬 이전부터 발생할 수 있다는 점에 유의할 필요가 있다. 경영자는 역기능적인 행위로 이어질 수 있는 갈등지각의 미묘한 징후들을 세심하게 포착할 필요가 있다.[76)]

갈등
한 당사자가 상대편과 자신의 이익이 상충되거나 상대편으로 인해 자신의 이익이 침해된다고 지각하는 과정을 의미한다.

// 과업갈등과 관계갈등

수십 년 전 경영전문가들은 갈등은 나쁘기 때문에 유능한 경영자는 갈등을 사전에 예방해야 한다고 경고했다. 그들의 갈등은 암스트롱사가 겪었던 것과 같이 스트레스, 이직, 정보공유의 방해, 비생산적 행위의 증가와 같은 부정적인 결과들을 낳는다는 것을 관찰하였다. 갈등의 강도가 높을수록 팀성과와 만족은 더 낮아진다. 그러나 최근의

미국 프로아이스하키리그 갈등 다루기 지난 15년간 미국프로아이스하키협회를 맡았던 Bob Goodenow(사진의 왼쪽)는 하키의 다스 베이더(Darth Vader)로 불렸다. 그의 옹고집 스타일은 선수들 처우개선에는 도움이 되었지만 구단주와의 갈등을 낳았다. 그는 1년간의 프로아이스하키리그 파업 이후에 Ted Saskin(사진의 오른편)으로 교체되었다. Ted Saskin은 갈등에 대해서 보다 회유적이고 과업지향적인 접근을 취했다.

경영서적들은 갈등은 어느 정도까지는 유용하다는 견해를 채택하고 있다. 이들은 적절한 갈등수준에서 성과가 가장 높다는 갈등수준과 성과 간의 'U형'의 관계를 제시한다. 최근의 이러한 견해는 적정수준의 갈등은 팀원들로 하여금 보다 철저하게 논쟁하고 문제와 기회를 분석할 동기를 부여한다는 증거에 기반하고 있다. 갈등에 의해 야기된 논쟁은 새로운 아이디어를 낳고, 사안에 대한 개인들의 이해도를 증진시키며, 그 결과보다 나은 의사결정을 낳고 팀 성과도 개선된다는 것이다. 이러한 효과는 특히 과업의 모호성이 높은 경우에 더 커진다.

불행하게도 적절한 갈등은 유용하다는 충고가 반드시 옳은 것은 아니다. 갈등이 팀 유효성에 미치는 효과를 이해하기 위해 과업갈등과 관계갈등을 구분할 필요가 있다. 건설적 갈등으로도 지칭되는 과업갈등은 구성원들의 갈등이 서로가 아니라 과업이나 문제에 있다고 지각할 때 발생한다. 반면 관계갈등은 팀원들이 차이를 자부심이나 자원을 위협하는 개인적인 공격으로 지각할 때 발생한다. 이 경우 갈등관계에 있는 당사자는 상대편들(태도, 편견, 의사결정 등)을 갈등의 원천으로 본다.

미국 프로아이스하키리그(National Hockey League) 선수연맹의 전·현임 회장인 Bob Goodenow와 사스킨(Ted Saskin)의 상이한 갈등관을 살펴보자. Goodenow는 15년간 비타협적인 접근을 취했는데 선수들에게는 좋았지만 연맹 측(NHL)과 관계갈등을 야기시켰다. 이러한 관계갈등이 한 원인이 되어 몇 년 전에 전체 하키 시즌이 취소되었다. 연맹 측이 시즌을 취소시켰을 때도 Goodenow는 말조심을 하지 않았고 "선수들은 협상파트너를 잃었다"고 말했다. 선수들이 연맹 측의 팀 연봉 상한선을 받아들이자 Goodenow은 사퇴하고 후임으로 사스킨이 임명되었다. 그는 갈등에 대해 보다 과업지향적인 태도를 취했는데 취임 첫날에 다음과 같이 말하였다. "우리는 앞으로 연맹 측과 보다 더 협력해야 한다." 프로아이스하키리그 이사회 회장인 호치키스(Harley Hotchkis)는 사스킨의 차이 해결에 대한 접근법이 아이스하키의 미래를 위해 유용하다고 생각하였다. 그는 다음과 같이 말하였다. "나는 Goodenow에 대한 험담은 하지 않겠다. 어떤 비즈니스를 하든 앞으로 나아가기 위해서는 협력정신이 필요한데, 내 생각에는 사스킨이 모범을 보인 것 같다."[77]

관계갈등의 최소화 적정수준의 갈등이 좋다는 충고는 관계갈등은 낮은 수준을 유지하면서 과업갈등은 최적수준까지 증가할 수 있다는 전제를 갖고 있다. 그러나 사정은 단순하지 않다. 팀원들이 과업갈등을 겪지 않아도 관계갈등이 증가할 수 있다. 어떤 경우에는 관계갈등은 없지만 높은 수준의 과업갈등을 겪을 수 있다. 경영자에 대한 최선의 충고는 과업갈등을 권장하되 관계갈등을 억제하기 위해 다음과 같은 네 가지 전략을 적용하라는 것이다.

- **감성지능**: 팀원들이 높은 수준의 감성지능을 갖고 있는 경우 관계갈등이 발생하지 않거나 높은 수준으로 상승하지 않는다. 팀원들이 자신과 상대편의 감정을 잘 인식하고 자신과 타인의 감정을 잘 관리할 수 있는 경우에 감성지능이 높다고 한다. 감성지능이 높은 팀원은 논쟁 중 감정절제를 잘할 수 있기 때문에 대인 간 적대감의 고조를 예방할 수 있다.

- **응집성 있는 팀**: 응집성이 높은 팀에서는 관계갈등이 억제될 수 있다. 팀원들이 함께 한 시간이 길수록 서로를 보다 잘 알게 되고 상호신뢰가 축적되며 상대편의 감정표출에 대한 관용 정도도 높아진다. 팀 응집성이 높은 경우 팀원들은 팀에 잔류하려는 의지가 높기 때문에 감정적으로 격한 논쟁에서도 관계갈등의 증폭을 피하려 한다.

- **지원적인 팀 규범**: 다양한 팀 규범들이 건설적인 논쟁 중에 관계갈등을 억제할 수 있다. 공개성을 권장하는 팀 규범이 있는 경우 팀원들은 의견불일치가 발생해도 감정적인 대응 대신에 진솔한 대화를 이끌어 가는 법을 더욱더 잘 학습하게 된다. 다른 규범들도 팀원들이 동료들에게 부정적인 감정을 표출하는 것을 막아준다.

- **문제해결적 갈등해결 스타일**: 건설적 논쟁 중에 관계갈등이 발생할 것인지 아닌지는 어느 정도는 참여자들의 대인 간 갈등해결 스타일에 달려 있다. 특히, 문제해결적 갈등해결 스타일을 가진 팀원들은 독단성이 높은 스타일에 비해 상대편의 감정을 자극하는 경우가 적다. 대인 간 갈등해결 스타일에 대해서는 아래에서 살펴보기로 한다.

// 대인 간 갈등관리 스타일

팀원들은 가끔 상대편을 경쟁자로 인식하는 승자 독식적(winner-take-all) 태도로 갈등에 접근하기도 하고, 창의적인 문제해결을 통해 모든 사람들이 다 만족하는 방식으로 갈등을 해결하려고도 한다. 갈등에 대한 문헌들은 독단성과 협력성의 배합에 따라 다섯 가지의 대인 간 갈등관리 스타일을 제시하고 있다(그림 11.5 참조).[78] 모든 상황에 맞는 최선의 스타일은 없지만, 앞서 언급한 바와 같이 특정 스타일은 관계갈등을 줄이는 효과가 있다.

- **문제해결**: 양 당사자 서로에게 이익이 되는 해결책을 찾기 위해 노력한다. 양 당사자는 모두에게 이익이 되는 해결책 발굴을 위해 협력해야 하므로 정보공유가 이 스타일의 중요한 특징이다. 관계갈등을 줄이므로 흔히 선호되고 있지만, 양 당사자 간 신뢰가 부족하거나 이해관계가 완전히 대립될 때는 효과가 없다.

- **회피**: 갈등상황을 숨기거나 회피하는 것을 말한다. 양 당사자가 별로 관심을 갖지 않을 때 유용하다. 예를 들어, 어떤 근로자들이 특정 근로자와의 상호작용을 최소화

그림 11.5
대인 간 갈등관리 스타일

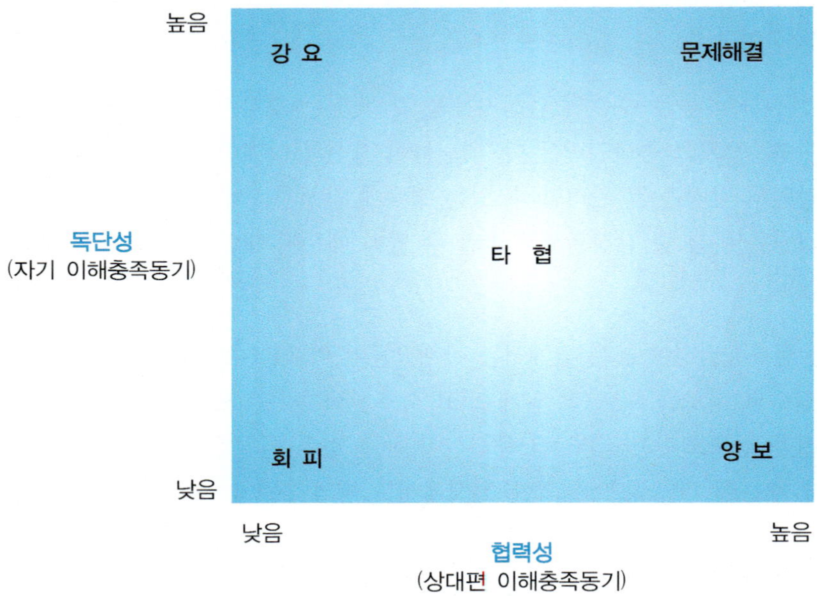

자료 : Adapted from C.K.W. de Dreu, A. Evers, B. Beersma, E. S. Kluwer, and A. Nauta, "A Theory-Based Measure of Conflict-Management Strategies in the Workplace,", *Journal of Organizational Behavior* 22(2001), pp. 645-668. For earlier variations of this model, see T. L. Ruble and K. Thomas, "Support for a Two-Dimensional Model of Conflict Behavior", *Organizational Behavior and Human Performance* 16(1976), p. 145.

하기 위해 작업영역이나 과업을 재정비하는 것이 여기에 해당된다.[79] 이 스타일은 문제가 이미 관계갈등을 야기했지만 다툴만한 가치가 없는 이슈일 경우에 가장 효과적이다.

- **강요** : 다른 사람의 양보를 요구하는 스타일이다. 이 스타일은 일방적인 설득기술을 필요로 한다. 이 스타일은 관계갈등을 야기할 위험이 크지만 신속한 해결이 필요한 분쟁이거나 상대편의 요구가 비윤리적일 경우에 필요할 수도 있다.
- **양보** : 상대편이 원하는 대로 해주는 스타일이다. 이 스타일은 상대편이 막강한 권력을 갖고 있거나 상대편에게는 중요하지만 내게는 중요하지 않는 이슈일 경우에 필요하다. 그러나 양보는 상대편으로 하여금 분쟁에서 쉽게 이길 수 있다는 기대수준을 높여 장기적으로는 갈등을 증진시키는 효과도 있다.
- **타협** : 양측 이해관계의 중간접점을 적극적으로 모색하는 스타일이다. 이 스타일은 문제해결을 통한 상호이익을 실현할 수 없는 상황이거나, 양측의 권력이 비슷하거나, 양측 모두 신속한 해결이 필요한 경우에 효과적이다. 그러나 타협은 문제해결과 같은 창의적 해결방안의 가능성을 간과한다는 것을 의미한다.

// 팀 갈등에 대한 구조적 해결

지금까지 우리는 팀 갈등의 대인적 측면을 살펴보았다. 그러나 갈등이 증폭되거나 해결의 전망 없이 지속될 경우에 경영자는 갈등의 구조적 원인을 확인하고 이에 대한 해결책을 제시해야 한다.

첫째로 가장 흔한 갈등의 구조적 원인은 상충되는 목표이다. 암스트롱사의 내부직원들과 외부 컨설턴트 사이에 업무시간에 대한 선호가 달랐던 것은 그 좋은 예이다. 목표불일치에 대한 해결책을 찾기는 쉽지 않다. 하나의 방안은 양측에 상위목표를 강조하는 것이다. **상위목표**(superordinate goals)란 양 당사자의 공동목표이면서 양측 간에 갈등을 야기하는 개별 목표들보다 더 중요한 목표를 말한다. 상위목표에 대한 전념이 증가하면 양측에 갈등을 야기시킨 하위목표들의 중요성이 낮아지므로 갈등도 감소한다.

상위목표
양 당사자의 공동목표이면서 양측 간에 갈등을 야기하는 개별 목표들보다 더 중요한 목표를 말한다.

갈등의 두 번째 원인은 팀원들 간의 상이한 신념, 배경, 가치관이다. 가치는 동기와 선호를 형성하기 때문에 가치가 다른 사람들은 서로 다른 대안을 선호하고 상이한 동기를 갖는다. 그런데 앞서 우리는 이러한 다양성은 팀 유효성을 증진시키기 때문에 다양성을 줄이는 것이 갈등해결을 위한 최선책은 아니다. 그 대신에 경영자들은 서로의 차이에 대한 팀원들 간 이해를 높이는 방안, 즉 팀원들 간 공감을 증진시키는 방안을 모색할 필요가 있다.

과업의 상호의존성은 갈등의 세 번째 중요한 원인이다. 당신의 과업이 다른 사람의 과업과 강하게 연계될수록 당신의 행동이 상대편의 목표에 영향을 더 미치게 된다. 팀의 정의상 과업의 상호의존성이 높은 집단이므로 이로 인한 갈등의 여지는 편재한다고 보아야 한다. 만일 갈등을 감당할 수 없는 지경에 도달하게 되면 경영자는 과업의 상호의존성을 줄이는 방안을 모색해야 한다. 예를 들어, 두 사람이 동일한 고객에게 서비스를 제공하는 대신 각자가 각각의 고객에게 서비스를 제공하게 하여 갈등을 줄인다.

마지막으로 갈등은 규칙과 책임의 모호성으로 인해 발생한다. 암스트롱사의 사례에서 내부 직원들과 외부 컨설턴트들은 작업시간과 (초기의) 리더십 책임에 대한 명확한 지침이 없었기 때문에 갈등의 증폭을 낳았다. 따라서 회사의 임원진이 책임선을 명확히 함으로써 갈등을 줄이려고 하였던 것이다. 그리고 향후 분쟁이 발생할 경우 새로운 규칙을 제정하기 위해 자문단을 구성하였던 것이다.

결 론 왜 중요한가?

팀 관리가 왜 중요한가? 해답은 다음과 같다. 팀은 고객서비스를 높이고 창의적인 아이디어를 더 많이 산출하며 높은 성과를 내려는 팀원들의 열의를 북돋운다. 적절한 조건이 갖추어진다면 팀 작업을 통해 팀원들은 소속욕구를 충족시킨다. 경영자들은 어떤 조건에서 팀이 효과적으로 작동하고, 어떤 조건에서 팀이 생산비용을 높이고 팀과 관련된 사람들을 괴롭히는지를 잘 알아야 한다.

경영자의 지원이 없으면 팀이 제대로 작동하지 않기 때문에 팀 관리가 중요하다. 경영자의 지침이나 개입이 없어도 팀이 저절로 효과적으로 작동할 것이라는 잘못된 전제 때문에 성공하는 팀만큼 실패하는 팀도 많다. 이 장에서 학습한 바와 같이 팀은 적절한 조건 및 적합한 팀 특성을 구비해야 효과적으로 작동한다. 팀의 성과 잠재력을 현실화하기 위해서는 그만큼 유능한 경영자가 필요한 것이다.

고성과 팀이 스스로 업무프로세스를 관리하기도 하지만 경영자는 늘 이런 과정을 촉진하고 건설적인 피드백을 제공해야 한다. 예를 들어, 최고의 고성과 팀에 있어서도 동료 팀원의 문제점을 교정하는 것은 꺼림칙한 일이기 때문에 이런 경우에 경영자의 지원은 매우 효과적이다. 경영자는 때때로 언제 강도 높은 팀 빌딩이 필요한지 또는 폭발 직전의 갈등이 팀의 성과와 팀워크를 저해하고 있는지를 앞장서 지적할 필요도 있다. 고성과 팀은 일상적인 의사결정에 있어서는 경영자에 의존하지 않지만 팀이 작동하기에 적합한 조건을 유지하고 방향을 잃지 않도록 하는 데 있어서는 경영자의 도움을 필요로 한다.

Management Challenges

1. 이 장에서 자율작업팀의 세 가지 성공요인을 살펴보았다. 왜 이러한 요인들이 자율작업팀의 유효성에 영향을 미치는지를 설명하시오.

2. 강사가 귀하를 아일랜드와 브라질 그리고 인도에서 동일한 과목을 수강하는 세 명의 학생과 함께 팀을 이루어 팀 프로젝트를 수행하라고 하였다고 가정하자. 모든 학생들은 영어를 사용하고 과목에 대한 전문지식도 비슷하다고 가정하자. 귀하의 가상팀이 부딪히게 될 문제점을 귀하 학교 학생들로 구성된 프로젝트 팀과 비교해서 설명하시오.

3. 다양성은 팀 역동성과 관련해서 양날의 칼이다. 다양성의 장점과 단점을 비교해서 설명하시오.

4. 귀하는 소매 고객용 인터넷 뱅킹 시스템을 개선하기 위해 여러 부서 사람들로 구성된 태스크포스 팀을 이끌고 있다고 가정하자. 팀은 마케팅, 정보, 회계, 고객서비스부서의 대표들로 구성되어 있고, 모두 3개월간 근무지에서 멀리 떨어진 본사에서 활동한다고 가정하자. 팀의 발달단계별로 관찰하게 될 팀원들의 행위를 기술하시오.

5. 어떤 기업들은 팀 빌딩의 일환으로 자원봉사를 활용한다. 직원들은 집단을 이루어 하루 동안 공동체 프로젝트를 수행한다. 이러한 자원봉사가 어떻게 효과적인 팀 빌딩 활동이 될 수 있는가?

6. 미우주항공국의 우주정거장 프로그램에 있어서 팀 응집성이 팀원들의 성과를 어느 정도 개선할 수 있는가?
7. 크리에이티브 토이즈(Creative Toys, Inc.)사의 회장은 일본기업에 있어서 협력에 대한 글을 읽고 이러한 철학을 자기 회사에 도입하기를 원한다. 목표는 모든 갈등을 피해서 직원 간에 협력하고 서로 더 행복해지게 하는 것이다. 회장의 정책에 있어서 장점과 문제점을 지적하시오.

Management Portfolio

한 기업을 선택하여 다음을 살펴보시오.

1. 여러분이 연구대상으로 설정한 조직에 대해서 제8장에서 기술한 조직구조를 다시 살펴보시오. 그 조직구조는 어느 정도 직원들을 팀으로 조직하는가?
2. 이 조직은 직원들을 자율작업팀으로 조직하는가? 그 팀들의 구조와 책임을 기술하시오.
3. 가상팀은 특정 산업이나 기업에서 흔히 발견된다. 여러분의 연구대상 조직은 어느 영역에서 어느 정도 가상팀에 의존하는가? 그리고 왜 가상팀이 조직의 특정 영역에서 존재하는가?
4. 이 조직에서 드러난 갈등은 무엇인가? 갈등의 원인은 무엇이며 여러분은 이를 어떻게 해결할 것인가?

마・침・사・례 선박산업의 회계팀

지난 5년간 나는 영리회계와 감사를 담당하는 보스톤에 소재한 한 중견기업인 머케이, 샌드슨, 스미스 어소시에이트(McKay, Sanderson, Smith Associates)에 근무했다. 소규모 어선에서부터 대규모 선박회사까지 선박회사 회계가 내 전공이다.

약 18개월 이전에 머케이, 샌드슨, 스미스 어소시에이트는 두 개의 회계회사로 구성된 대기업에 합병되었다. 이 두 기업은 마이애미, 시애틀, 배턴 루즈, 로스앤젤레스에 사무실을 두고 있었다. 이 두 기업은 머케이보다 훨씬 컸지만, 3개 회사는 사무실을 한 지역으로 모으지 않기로 합의하였다. 대신에 이 새로운 기업(골드버그, 조, 머케이 어소시에이트으로 지칭)은 전국에 흩어져 있는 '집합적 지식의 시너지 효과를 창출'하기 위해 팀을 활용하기로 하였다(인용문은 합병 후 매니징 파트너의 말 인용).

나는 1년 전에 합병의 영향을 받았다. 나의 상사(합병회사의 부사장이자 시니어 파트너)는 내가 두 회사 출신의 세 사람과 신규 선박 회계팀에서 일하게 될 것이라고 통보하였다. 나머지 팀원들은 마이애미의 앨리어스, 시애틀의 수잔, 그리고 로스앤젤래스의 브래드였다. 나는 뉴욕시의 한 회의에서 앨리어스를 잠깐 만난 적은 있었지만 나머지 두 사람은 선박회계 회사 직원이라는 정도만 알았지 만난 적이 없었다.

초기 선박 회계팀의 활동은 신규계약과 후보 고객에 대해 이메일을 주고받는 정도였다. 이후에 우리는 월별로 회계장부와 이슈들을 공동으로 보고하라는 지시를 받았다. 이전에 나는 나의 고객과 관련된 활동들만 매월 보고하였다. 나머지 세 사람과 매월 공동리포트를 제작하는 데는 시간이 많이 걸렸다. 특히, 회사마다 상이한 회계 관행이 해결되어야 할 문제였다. 월별보고서 스타일에 합의하기까지 수많은 이메일과 몇 번의 전화통화가 필요했다.

이 괴로운 과정을 거치면서 최소한 내게는 팀 작업이 편익보다는 비용이 더 많이 드는 것처럼 보였다. 게다가 로스앤젤레스에 있는 브래드는 우리와 소통도 거의 없었다. 그는 이메일에 거의 답하지 않았고, 대신에 전화의 음성메시지를 가끔씩 이용했다. 브래드는 로스앤젤레스에 오전 9시 30분에 출근했는데(지각도 잦았다) 보스톤의 경우 오후 초입경이다. 나는 방과 후 애들을 스포츠와 음악 과외에 태워주기 위해 오전 7시 30분부터 오후 3시 30분까지 플랙시 타임을 이용하고 있었다. 따라서 브래드와 내가 정보를 공유할 수 있는 시간은 3시간이었다.

선박 회계팀의 가장 큰 골칫거리는 2주 전에 회사가 4명의 팀원들에게 신규 고객모집전략을 개발하라고 지시했을 때 발생하였다. 이 전략개발은 번잡한 일이었다. 우리는 다양한 접근법들에 대한 우리들의 의견을 나누었고 새로운 계획에 합의했으며 공동으로 보고서를 제출하였다. 나는 대부분의 시간을 이메일과 팀이 없을 때는 아무도 사용하지 않았던 회의 전화(conference call)에 소비했다.

수잔과 브래드는 전략계획과 관련된 미묘한 사안에 대한 그들의 견해를 이메일로 나누다가 두 세 차례 서로 오해를 하기도 하였다. 이러한 오해가 발생하면 우리 모두가 함께하는 회의 전화가 필요했다. 기본적인 사항을 제외하면 핵심 이슈는 차치하더라도 우리는 서로를 이해할 수 없었다. 내가 내린 결론은 나는 브래드와 같이 근무하지 못하겠다는 것이다(다행히 그는 미국의 반대편에서 근무한다!). 앨리어스와 나는 대부분의 사안에 대해 의견을 같이 하지만 팀 전체로 보면 공유된 비전이나 공동의 전략형성이 불가능하였다. 나머지 세 사람의 느낌은 모르지만, 나는 원거리 팀을 벗어나서 생활하면 매우 행복할 것이라는 생각만 든다.

토론문제

1. 여기에서 어떤 유형의 팀이 결성되었는가? 귀하의 생각에 그 팀은 필요했는가?
2. 팀 유효성 모형을 이용하여 이 팀의 환경, 설계, 프로세스의 강점과 약점을 분석하시오.
3. 만일 위 네 사람이 계속해서 팀 작업을 수행해야 한다면, 팀 유효성을 제고하기 위한 방안을 제시하시오.

❋ 주석 | Endnotes

1. C. Fishman, "The Anarchist's Cookbook," *Fast Company*, July 2004, p. 70; J. Mackay, "Open Book Company," *Newsweek*, November 28, 2005, p. 42; A. Kimball-Stanley, "Bucking the Trend in Benefits," *Providence Journal* (Rhode Island), May 14, 2006, p. H01; K. Zimbalist, "Green Giant," *Time*, April 24, 2006, p. 24.
2. E. Hart, "Manager of the Year: John Mang," *Iron & Steelmaker*, June 2003, pp. 5–7; P. Haw, "Learning from Lean Principles," *Business Day*, July 7, 2003, p. 7.
3. M.E. Shaw, Group Dynamics, 3rd ed. (New York: McGraw-Hill, 1981), p. 8; S.A. Mohrman, S.G. Cohen, and A.M. Mohrman Jr., *Designing Team-Based Organizations: New Forms for Knowledge Work* (San Francisco: Jossey-Bass, 1995), pp. 39–40; E. Sundstrom, "The Challenges of Supporting Work Team Effectiveness," in *Supporting Work Team Effectiveness*, ed. E. Sundstrom and associates (San Francisco: Jossey-Bass, 1999), pp. 6–9.
4. S. Beatty, "Bass Talk: Plotting Plaid's Future," *The Wall Street Journal*, September 9, 2004, p. B1.
5. M. Moldaschl and W. Weber, "The 'Three Waves' of Industrial Group Work: Historical Reflections on Current Research on Group Work," *Human Relations* 51 (March 1998), pp. 347–88. The survey quotation is found in J.N. Choi, "External Activities and Team Effectiveness: Review and Theoretical Development," *Small Group Research* 33 (April 2002), pp. 181–208. Several popular books in the 1980s encouraged teamwork based on the Japanese economic miracle. These books included W. Ouchi, *Theory Z: How American Management Can Meet the Japanese Challenge* (Reading, MA: Addison-Wesley, 1981); and R.T. Pascale and A.G. Athos, *Art of Japanese Management* (New York: Simon and Schuster, 1982).
6. C.R. Emery and L.D. Fredenhall, "The Effect of Teams on Firm Profitability and Customer Satisfaction," *Journal of Service Research* 4 (February 2002), pp. 217–29; G.S. Van der Vegt and O. Janssen, "Joint Impact of Interdependence and Group Diversity on Innovation," *Journal of Management* 29 (2003), pp. 729–51.
7. B. Jorgensen, "Look before You Leap," *Electronic Business* 30, no. 12 (2004), pp. 35–36; J. Baljko, "The Lean Journey," *Electronics Supply & Manufacturing*, June 2005; C. Mitchell and M. Moreno, "Lean Manufacturing—a Case Study," *Surface Mount Technology Magazine*, May 2005, pp. 59–61.
8. R.A. Guzzo and M.W. Dickson, "Teams in Organizations: Recent Research on Performance and Effectiveness," *Annual Review of Psychology* 47 (1996), pp. 307–38; D.A. Nadler, "From Ritual to Real Work: The Board as a Team," *Directors and Boards* 22 (Summer 1998), pp. 28–31; L.R. Offerman and R.K. Spiros, "The Science and Practice of Team Development: Improving the Link," *Academy of Management* Journal 44 (April 2001), pp. 376–92.
9. B.D. Pierce and R. White, "The Evolution of Social Structure: Why Biology Matters," *Academy of Management Review* 24 (October 1999), pp. 843–53; M.A. Hogg et al., "The Social Identity Perspective: Intergroup Relations, Self-Conception, and Small Groups," *Small Group Research* 35, no. 3 (June 2004), pp. 246–76; J.R. Spoor and J.R. Kelly, "The Evolutionary Significance of Affect in Groups: Communication and Group Bonding," *Group Processes & Intergroup Relations* 7, no. 4 (2004), pp. 398–412; M. Van Vugt and C.M. Hart, "Social Identity as Social Glue: The Origins of Group Loyalty," *Journal of Personality and Social Psychology* 86, no. 4 (2004), pp. 585–98.
10. "The Trouble with Teams," *Economist*, January 14, 1995, p. 6; H. Robbins and M. Finley, *Why Teams Don't Work* (Princeton, NJ: Peterson's/Pacesetters, 1995), Chapter 20; E.A. Locke et al., "The Importance of the Individual in an Age of Groupism," in *Groups at Work: Theory and Research*, ed. M.E. Turner (Mahwah, NJ: Lawrence Erbaum Associates, 2001), pp. 501–28; N.J. Allen and T.D. Hecht, "The 'Romance of Teams': Toward an Understanding of Its Psychological Underpinnings and Implications," *Journal of Occupational and Organizational Psychology* 77 (2004), pp. 439–61.
11. I.D. Steiner, *Group Process and Productivity* (New York: Academic Press, 1972); N.L. Kerr and S.R. Tindale, "Group Performance and Decision Making," *Annual Review of Psychology* 55 (2004), pp. 623–55.
12. R. Cross, "Looking before You Leap: Assessing the Jump to Teams in Knowledge-Based Work," *Business Horizons*, September 2000; Q.R. Skrabec Jr., "The Myth of Teams," *Industrial Management*, September–October 2002, pp. 25–27.
13. S.J. Karau and K.D. Williams, "Social Loafing: A Meta-Analytic Review and Theoretical Integration," *Journal of Personality and Social Psychology* 65 (1993), pp. 681–706; R.C. Liden et al., "Social Loafing: A Field Investigation," *Journal of Management* 30 (2004), pp. 285–304.
14. M. Erez and A. Somech, "Is Group Productivity Loss the Rule or the Exception? Effects of Culture and Group-Based Motivation," *Academy of Management Journal* 39 (1996), pp. 1513–37; Kerr and Tindale, "Group Performance and Decision Making."
15. S.A. Mohrman, S.G. Cohen, and J. Mohrman, A.M., *Designing Team-Based Organizations: New Forms for Knowledge Work* (San Francisco: Jossey-Bass, 1995); D.E. Yeatts and C. Hyten, *High-Performing Self-Managed Work Teams: A Comparison of Theory and Practice* (Thousand Oaks, CA: Sage, 1998); E.E. Lawler, *Organizing for High Performance* (San Francisco: Jossey-Bass, 2001); R.J. Torraco, "Work Design Theory: A Review and Critique with Implications for Human Resource Development," *Human Resource Development Quarterly* 16, no. 1 (Spring 2005), pp. 85–109.
16. C. Eberting, "The Harley Mystique Comes to Kansas City," *Kansas City Star*, January 6, 1998, p. A1; D. Fields, "Harley Teams Shoot for Better Bike," *Akron Beacon Journal*, June 15, 1998; J. Singer and S. Duvall, "High-Performance Partnering by Self-Managed Teams in Manufacturing," *Engineering Management Journal* 12 (December 2000), pp. 9–15; P.A. Chansler, P.M. Swamidass, and C. Cammann, "Self-Managing Work Teams: An Empirical Study of Group Cohesiveness in 'Natural Work Groups' at a Harley-Davidson Motor Company Plant," *Small Group Research* 34 (February 2003), pp. 101–20.
17. P. Panchak, "Production Workers Can Be Your Competitive Edge," *Industry Week*, October 2004, p. 11; S.K. Muthusamy, J.V. Wheeler, and B.L. Simmons, "Self-Managing Work Teams: Enhancing Organizational Innovativeness," *Organization Development Journal* 23, no. 3 (Fall 2005), pp. 53–66.
18. C.R. Emery and L.D. Fredendall, "The Effect of Teams on Firm Profitability and Customer Satisfaction," *Journal of Service Research* 4 (February 2002), pp. 217–29; A. Krause and H. Dunckel, "Work Design and Customer Satisfaction: Effects of the Implementation of Semi-Autonomous Group Work on Customer Satisfaction Considering Employee Satisfaction and Group Performance (translated abstract)," *Zeitschrift fur Arbeits-und Organisationspsychologie* 47, no. 4 (2003), pp. 182–93; H. van Mierlo et al., "Self-Managing Teamwork and Psychological Well-Being: Review of a Multilevel Research Domain," *Group & Organization Management* 30, no. 2 (April 2005), pp. 211–35.
19. M. Moldaschl and W.G. Weber, "The 'Three Waves' of Industrial Group Work: Historical Reflections on Current Research on Group Work," *Human Relations* 51 (March 1998), pp. 259–87; W. Niepce and E. Molleman, "Work Design Issues in Lean Production from Sociotechnical System Perspective: Neo-Taylorism or the Next Step in Sociotechnical Design?" *Human Relations* 51, no. 3 (March 1998), pp. 259–87.
20. E. Ulich and W.G. Weber, "Dimensions, Criteria, and Evaluation of Work Group Autonomy," in *Handbook of Work Group Psychology*, ed. M.A. West (Chichester, UK: John Wiley and Sons, 1996), pp. 247–82.
21. K.P. Carson and G.L. Stewart, "Job Analysis and the Sociotechnical Approach to Quality: A Critical Examination," *Journal of Quality Management* 1 (1996), pp. 49–65; C.C. Manz and G.L. Stewart, "Attaining Flexible Stability by Integrating Total Quality Management and Socio-Technical Systems Theory," *Organization Science* 8 (1997), pp. 59–70.
22. J. Gordon, "Do Your Virtual Teams Deliver Only Virtual Performance?" *Training*, June 2005, pp. 20–24.
23. J. Lipnack and J. Stamps, *Virtual Teams: People Working across Boundaries with Technology* (New York: John Wiley and Sons, 2001); B.S. Bell and W.J. Kozlowski, "A Typology of Virtual Teams: Implications for Effective Leadership," *Group & Organization Management* 27 (March 2002), pp. 14–49; G. Hertel, S. Geister, and U. Konradt, "Managing Virtual Teams: A Review of Current Empirical Research," *Human Resource Management Review* 15 (2005), pp. 69–95.
24. G. Gilder, *Telecosm: How Infinite Bandwidth Will Revolutionize Our World* (New York: Free Press, 2001); L.L. Martins, L.L. Gilson, and M.T. Maynard, "Virtual Teams: What Do We Know and Where Do We Go from Here?" *Journal of Management* 30, no. 6 (2004), pp. 805–35. The Novartis quotation is from S. Murray, "Pros and Cons of Technology: The Corporate Agenda: Managing Virtual Teams," *Financial Times* (London), May 27, 2002, p. 6.
25. J.S. Lureya and M.S. Raisinghani, "An Empirical Study of Best Practices in Virtual Teams," *Information & Management* 38 (2001), pp. 523–44; Y.L. Doz, J.F.P. Santos, and P.J. Williamson, "The Metanational Advantage," *Optimize*, May 2002, p. 45ff.

26. D. Robb, "Global Workgroups," *Computerworld*, August 15, 2005, pp. 37–38.

27. D. Robey, H.M. Khoo, and C. Powers, "Situated Learning in Cross-Functional Virtual Teams," *Technical Communication*, February 2000, pp. 51–66; Martins, Gilson, and Maynard, "Virtual Teams"; Hertel, Geister, and Konradt, "Managing Virtual Teams."

28. S. Prashad, "Building Trust Tricky for 'Virtual' Teams," *Toronto Star*, October 23, 2003, p. K06.

29. G.Buckler, "Staking One for the Team," *Computing Canada*, October 22, 2004, p. 16.

30. M.A. West, C.S. Borrill, and K.L. Unsworth, "Team Effectiveness in Organizations," *International Review of Industrial and Organizational Psychology* 13 (1998), pp. 1–48; R. Forrester and A.B. Drexler, "A Model for Team-Based Organization Performance," *Academy of Management Executive* 13 (August 1999), pp. 36–49; J.E. McGrath, H. Arrow, and J.L. Berdahl, "The Study of Groups: Past, Present, and Future," *Personality & Social Psychology Review* 4, no. 1 (2000), pp. 95–105; M.A. Marks, J.E. Mathieu, and S.J. Zaccaro, "A Temporally Based Framework and Taxonomy of Team Processes," *Academy of Management Review* 26, no. 3 (July 2001), pp. 356–76.

31. G.P. Shea and R.A. Guzzo, "Group Effectiveness: What Really Matters?" *Sloan Management Review* 27 (1987), pp. 33–46; J.R. Hackman et al., "Team Effectiveness in Theory and in Practice," in *Industrial and Organizational Psychology: Linking Theory with Practice*, ed. C.L. Cooper and E.A. Locke (Oxford, UK: Blackwell, 2000), pp. 109–29.

32. These and other environmental conditions for effective teams are discussed in R. Wageman, "Case Study: Critical Success Factors for Creating Superb Self-Managing Teams at Xerox," *Compensation and Benefits Review* 29 (September–October 1997), pp. 31–41; Sundstrom, "The Challenges of Supporting Work Team Effectiveness"; Choi, "External Activities and Team Effectiveness: Review and Theoretical Development"; T.L. Doolen, M.E. Hacker, and E.M. Van Aken, "The Impact of Organizational Context on Work Team Effectiveness: A Study of Production Teams," *IEEE Transactions on Engineering Management* 50, no. 3 (August 2003), pp. 285–96; S.D. Dionne et al., "Transformational Leadership and Team Performance," *Journal of Organizational Change Management* 17, no. 2 (2004), pp. 177–93.

33. L. Adams, "Medrad Works and Wins as a Team," *Quality Magazine*, October 2004, p. 42; "Lean Manufacturing Increases Productivity, Decreases Cycle Time," *Industrial Equipment News*, October 2005.

34. M.A. Campion, E.M. Papper, and G.J. Medsker, "Relations between Work Team Characteristics and Effectiveness: A Replication and Extension," *Personnel Psychology* 49 (1996), pp. 429–52; D.C. Man and S.S.K. Lam, "The Effects of Job Complexity and Autonomy on Cohesiveness in Collectivistic and Individualistic Work Groups: A Cross-Cultural Analysis," *Journal of Organizational Behavior* 24 (2003), pp. 979–1001.

35. R. Wageman, "Interdependence and Group Effectiveness," *Administrative Science Quarterly* 40 (1995), pp. 145–80; G.S. Van der Vegt, J.M. Emans, and E. Van de Vliert, "Patterns of Interdependence in Work Teams: A Two-Level Investigation of the Relations with Job and Team Satisfaction," *Personnel Psychology* 54 (Spring 2001), pp. 51–69; R. Wageman, "The Meaning of Interdependence," in *Groups at Work: Theory and Research*, ed. M.E. Turner (Mahwah, NJ: Lawrence Erlbaum Associates, 2001), pp. 197–217.

36. Fishman, "The Anarchist's Cookbook."

37. S.E. Nedleman, "Recruiters Reveal Their Top Interview Questions," *Financial News Online*, February 16, 2005.

38. M.R. Barrick et al., "Relating Member Ability and Personality to Work-Team Processes and Team Effectiveness," *Journal of Applied Psychology* 83 (1998), pp. 377–91; S. Sonnentag, "Excellent Performance: The Role of Communication and Cooperation Processes," *Applied Psychology: An International Review* 49 (2000), pp. 483–97.

39. D. van Knippenberg, C.K.W. De Dreu, and A.C. Homan, "Work Group Diversity and Group Performance: An Integrative Model and Research Agenda," *Journal of Applied Psychology* 89, no. 6 (2004), pp. 1008–22; D.C. Lau and J.K. Murnighan, "Interactions within Groups and Subgroups: The Effects of Demographic Faultlines," *Academy of Management Journal* 48, no. 4 (August 2005), pp. 645–59.

40. A.P. Hare, "Types of Roles in Small Groups: A Bit of History and a Current Perspective," *Small Group Research* 25 (1994), pp. 443–48.

41. S.H.N. Leung, J.W.K. Chan, and W.B. Lee, "The Dynamic Team Role Behavior: The Approaches of Investigation," *Team Performance Management* 9 (2003), pp. 84–90.

42. R.M. Belbin, *Team Roles at Work* (Oxford, UK: Butterworth-Heinemann, 1993).

43. The NTSB and NASA studies are summarized in J.R. Hackman, "New Rules for Team Building," *Optimize*, July 2002, pp. 50–62.

44. B.W. Tuckman and M.A.C. Jensen, "Stages of Small-Group Development Revisited," *Group and Organization Studies* 2 (1977), pp. 419–42; B.W. Tuckman, "Developmental Sequence in Small Groups," *Group Facilitation*, Spring 2001, pp. 66–81.

45. J.E. Mathieu and G.F. Goodwin, "The Influence of Shared Mental Models on Team Process and Performance," *Journal of Applied Psychology* 85 (April 2000), pp. 273–84; J. Langan-Fox and J. Anglim, "Mental Models, Team Mental Models, and Performance: Process, Development, and Future Directions," *Human Factors and Ergonomics in Manufacturing* 14, no. 4 (2004), pp. 331–52.

46. D.L. Miller, "The Stages of Group Development: A Retrospective Study of Dynamic Team Processes," *Canadian Journal of Administrative Sciences* 20, no. 2 (2003), pp. 121–34.

47. Scott, "Blue Angels."

48. W.B. Scott, "Blue Angels," *Aviation Week & Space Technology*, March 21, 2005, pp. 50–57.

49. A.G. Dawson, "Administrators Settle into New Digs," *Delaware Coast Press*, July 16, 2003.

50. W.G. Dyer, *Team Building: Current Issues and New Alternatives*, 3rd ed. (Reading, MA: Addison-Wesley, 1995); C.A. Beatty and B.A. Barker, *Building Smart Teams: Roadmap to High Performance* (Thousand Oaks, CA: Sage Publications, 2004).

51. "German Businesswoman Demands End to Fun at Work," *Reuters*, July 9, 2003.

52. D.C. Feldman, "The Development and Enforcement of Group Norms," *Academy of Management Review* 9 (1984), pp. 47–53; E. Fehr and U. Fischbacher, "Social Norms and Human Cooperation," *Trends in Cognitive Sciences* 8, no. 4 (2004), pp. 185–90.

53. G. Johns, "Absenteeism Estimates by Employees and Managers: Divergent Perspectives and Self-Serving Perceptions," *Journal of Applied Psychology* 79 (1994), pp. 229–39.

54. N. Ellemers and F. Rink, "Identity in Work Groups: The Beneficial and Detrimental Consequences of Multiple Identities and Group Norms for Collaboration and Group Performance," *Advances in Group Processes* 22 (2005), pp. 1–41.

55. J.J. Dose and R.J. Klimoski, "The Diversity of Diversity: Work Values Effects on Formative Team Processes," *Human Resource Management Review* 9, no. 1 (Spring 1999), pp. 83–108.

56. R. Hallowell, D. Bowen, and C.-I. Knoop, "Four Seasons Goes to Paris," *Academy of Management Executive* 16, no. 4 (November 2002), pp. 7–24.

57. L. Grant, "Container Store's Workers Huddle Up to Help You Out," *USA Today*, April 30, 2002, p. B1; S.F. Gale, "Swanky Dinners, Trips, and Everyday Praise Are Part of the Container Store's Culture," *Workforce Management*, August 2003, pp. 80–82.

58. L. Coch and J. French, J.R.P., "Overcoming Resistance to Change," *Human Relations* 1 (1948), pp. 512–32.

59. C.R. Evans and K.L. Dion, "Group Cohesion and Performance: A Meta-Analysis," *Small Group Research* 22 (1991), pp. 175–86; B. Mullen and C. Copper, "The Relation between Group Cohesiveness and Performance: An Integration," *Psychological Bulletin* 115 (1994), pp. 210–27; A.V. Carron et al., "Cohesion and Performance in Sport: A Meta-Analysis," *Journal of Sport and Exercise Psychology* 24 (2002), pp. 168–88; D.J. Beal et al., "Cohesion and Performance in Groups: A Meta-Analytic Clarification of Construct Relations," *Journal of Applied Psychology* 88, no. 6 (2003), pp. 989–1004.

60. S.S. Webber and L.M. Donahue, "Impact of Highly and Less Job-Related Diversity on Work Group Cohesion and Performance: A Meta-Analysis," *Journal of Management* 27, no. 2 (2001), pp. 141–62.

61. E. Aronson and J. Mills, "The Effects of Severity of Initiation on Liking for a Group," *Journal of Abnormal and Social Psychology* 59 (1959), pp. 177–81; H.F.M. Lodewijkx, M. Van Zomeren, and J. Syroit, "The Anticipation of a Severe Initiation-Gender Differences in Effects on Affiliation Tendency and Group Attraction," *Small Group Research* 36, no. 2 (April 2005), pp. 237–62.

62. M. Rempel and R.J. Fisher, "Perceived Threat, Cohesion, and Group Problem Solving in Intergroup Conflict," *International Journal of Conflict Management* 8 (1997), pp. 216–34; M.E. Turner and T. Horvitz, "The Dilemma of Threat: Group Effectiveness and Ineffectiveness under Adversity," in *Groups at Work: Theory and Research*, ed. M.E. Turner (Mahwah, NJ: Lawrence Erlbaum Associates, 2001), pp. 445–70.

63. F. Piccolo, "Brownie Points," *Atlantic Business,* October–November 2004, p. 22.

64. W. Piper et al., "Cohesion as a Basic Bond in Groups," *Human Relations* 36 (1983), pp. 93–108; C.A. O'Reilly, D.E. Caldwell, and W.P. Barnett, "Work Group Demography, Social Integration, and Turnover," *Administrative Science Quarterly* 34 (1989), pp. 21–37.

65. P. Sullivan, J. and D.L. Feltz, "The Relationship between Intrateam Conflict and Cohesion within Hockey Teams," *Small Group Research* 32 (June 2001), pp. 34–55.

66. C. Langfred, "Is Group Cohesiveness a Double-Edged Sword? An Investigation of the Effects of Cohesiveness on Performance," *Small Group Research* 29 (1998), pp. 124–43; K.L. Gammage, A.V. Carron, and P.A. Estabrooks, "Team Cohesion and Individual Productivity: The Influence of the Norm for Productivity and the Identifiability of Individual Effort," *Small Group Research* 32 (February 2001), pp. 3–18.

67. S.L. Robinson, "Trust and Breach of the Psychological Contract," *Administrative Science Quarterly* 41 (1996), pp. 574–99; D.M. Rousseau et al., "Not So Different after All: A Cross-Discipline View of Trust," *Academy of Management Review* 23 (1998), pp. 393–404; D.L. Duarte and N.T. Snyder, *Mastering Virtual Teams: Strategies, Tools, and Techniques That Succeed,* 2nd ed. (San Francisco: Jossey-Bass, 2000), pp. 139–55.

68. D.J. McAllister, "Affect- and Cognition-Based Trust as Foundations for Interpersonal Cooperation in Organizations," *Academy of Management Journal* 38, no. 1 (February 1995), pp. 24–59; M. Williams, "In Whom We Trust: Group Membership as an Affective Context for Trust Development," *Academy of Management Review* 26, no. 3 (July 2001), pp. 377–96.

69. O.E. Williamson, "Calculativeness, Trust, and Economic Organization," *Journal of Law and Economics* 36, no. 1 (1993), pp. 453–86.

70. E.M. Whitener et al., "Managers as Initiators of Trust: An Exchange Relationship Framework for Understanding Managerial Trustworthy Behavior," *Academy of Management Review* 23 (July 1998), pp. 513–30; J.M. Kouzes and B.Z. Posner, *The Leadership Challenge,* 3rd ed. (San Francisco: Jossey-Bass, 2002), Chapter 2; T. Simons, "Behavioral Integrity: The Perceived Alignment between Managers' Words and Deeds as a Research Focus," *Organization Science* 13, no. 1 (January–February 2002), pp. 18–35.

71. Hogg et al., "The Social Identity Perspective."

72. S.L. Jarvenpaa and D.E. Leidner, "Communication and Trust in Global Virtual Teams," *Organization Science* 10 (1999), pp. 791–815; M.M. Pillutla, D. Malhotra, and J. Keith Murnighan, "Attributions of Trust and the Calculus of Reciprocity," *Journal of Experimental Social Psychology* 39, no. 5 (2003), pp. 448–55.

73. K.T. Dirks and D.L. Ferrin, "The Role of Trust in Organizations," *Organization Science* 12, no. 4 (July–August 2004), pp. 450–67.

74. E. Horwitt, "Knowledge, Knowledge, Who's Got the Knowledge," *Computerworld,* April 8, 1996, pp. 80–84.

75. J.A. Wall and R.R. Callister, "Conflict and Its Management," *Journal of Management* 21 (1995), pp. 515–58; M.A. Rahim, "Toward a Theory of Managing Organizational Conflict," *International Journal of Conflict Management* 13, no. 3 (2002), pp. 206–35.

76. "The NHL Cancels the Season," *CBC Sports Online*, February 16, 2004; D. Cox, "Goodenow's Downfall," *Toronto Star,* July 29, 2005, p. A1; A. Maki, "NHLPA's New Leader Is a Peacemaker, Not a Warrior," *Globe & Mail*, July 29, 2005, p. S1; M. Spector, "Players: He Is Your Father," *National Post,* July 29, 2005, p. B8.

77. J. Yang and K.W. Mossholder, "Decoupling Task and Relationship Conflict: The Role of Intergroup Emotional Processing," *Journal of Organizational Behavior* 25 (2004), pp. 589–605.

78. C.K.W. De Dreu et al., "A Theory-Based Measure of Conflict Management Strategies in the Workplace," *Journal of Organizational Behavior* 22 (2001), pp. 645–68.

79. K. Jelin, "A Multimethod Examination of the Benefits and Detriments of Intragroup Conflict," *Administrative Science Quarterly* 40 (1995), pp. 245–82.

12

// PART 4

리더십과 동기부여

동기부여와 성과보상

MOTIVATING AND REWARDING EMPLOYEE PERFORMANCE

LEARNING OBJECTIVES

이 장을 학습한 후 여러분은

1 MARS 모델을 도표로 나타내고 요약할 수 있다.

2 4가지 동기요인 이론을 설명하고 이러한 요인들이 어떻게 동기와 행동에 영향을 미치는지 설명할 수 있다.

3 효과적인 목표설정과 피드백의 특성을 설명할 수 있다.

4 기대이론 모델을 도표로 나타내고 직원 동기부여를 위한 실제적인 영향을 토의할 수 있다.

5 4가지 보상목표의 장점과 단점을 토의할 수 있다.

6 직원성과를 더 정확히 측정하는 방법을 토의할 수 있다.

7 어떻게 사람들이 불공정의 감정을 줄이려고 노력하는가를 포함한 공정성이론 모델을 요약할 수 있다.

8 직무설계의 직무특성모델을 도표로 나타낼 수 있다.

9 임파워먼트를 정의하고 임파워먼트를 지지하기 위한 전략을 확인할 수 있다.

ACUITY는 종업원들을 지원하고 동기부여시키는 작업환경을 조성함으로써, 그리고 그들의 성과를 보상과 연계시킴으로써 매우 동기부여된 인적자원을 개발할 수 있었다.

도입사례

10년 전에 ACUITY(Heritage Mutual로 알려진)는 직원들에게 영감을 주는 회사가 아니었다. 차임벨소리는 주중의 고정된 시작과 끝 시간에 신호를 보냈다. 휴식 또한 고정되었고 제한적이었다. 위스콘신의 쉐보이간(Sheboygan, Wisconsin) 경영자들, 재산과 재해보험업자는 직원들이 근무중에 음식을 먹거나 마시는 것을 금지하고 그들의 책상에 사진을 놓거나 다른 개인적 물건을 놓는 것을 못하게 했다.

일상적인 감사를 통해 직원들이 이러한 엄격하게 관리된 업무를 따르도록 했다. CEO는 회사의 비즈니스 전략을 혼자 계획했기 때문에 관리자들 또한 많은 자유를 가지지 못했다. 보상시스템은 똑같이 실망시키고 있었다. 감독자들은 직원들을 평가하기 위해 주관적인 시스템을 사용했다. 그리고 그러한 결과는 직원들이 받는 임금에 거의 아무런 영향을 미치지 않았다. 이러한 때 수석경영자로 회사에 들어갔던 벤 잘즈맨(Ben Salzmann)은 "회사는 매우 경직적이었고, 비우호적 환경에 처해 있었다."라고 말했다.

그 당시 잘즈맨은 CEO로 승진했고, ACUITY는 깊은 어려움에 빠졌다. 종업원당 수입은 산업평균보다 낮았다. 종업원 이직은 몇 해 동안 25퍼센트가 넘었고, 비용은 연간 천만 달러가 넘었다. 그러나 가장 큰 걱정은 ACUITY가 보험 프리미엄에서 달러당 17센트를 잃고 있는 것이었다.

이 손실의 일부는 투자수익을 통해 회복될 수 있다. 그러나 10센트 손실보다 더 큰 것은 곧 파산을 맞이할 수 있다는 것이다. 잘즈맨과 그의 새로운 경영 팀은 ACUITY를 생존하도록 하는 문제를 해결해야만 했다. 어떻게 그들은 직원들이 동기부여되어 직무를 더 잘 수행할 수 있고 더 나은 성과를 달성할 수 있게 만들 수 있을까?[1)]

직원몰입
직원들의 감정적 그리고 지각적(합리적) 동기부여, 직무를 수행하기 위한 자신의 인식된 능력, 조직의 비전에 대한 명확한 이해와 자신의 구체적인 역할, 그리고 과업을 끝마치기 위해 자신에게 자원이 제공되어 왔다는 믿음

몇 년 전에 ACUITY의 문제들은 심각했다. 그러나 대부분 회사들은 **직원몰입**(employee engagement)의 부족으로 인해 어느 정도 어려움을 겪는다. 직원몰입은 직원들의 감정적인 그리고 지각적(이성적) 동기부여, 직무를 수행하기 위한 자신의 인식된 능력, 조직의 비전에 대한 그들의 명확한 이해와 자신의 구체적인 역할 그리고 과업을 끝마치기 위해 자신에게 자원이 제공되어 왔다는 믿음을 의미한다. 두 가지 독립적인 컨설턴트 보고서는 미국 직원의 4분이 1 이하가 직원몰입도가 높은 반면, 대략 60퍼센트는 그들이 일(에너지와 열정은 아니지만 시간을 소비한)에서 유리되어 있다고 추정한다. 그리고 대략적으로 5분의 1은 '능동적으로 유리'되어 있으며 그들은 파괴적인 행동을 통해 일로부터 자신들을 분리시킨다는 의미이다.[2)]

직원몰입은 전 세계 경영자들 사이에서 이슈가 되고 있다. 왜냐하면 그것은 직원성과에 공헌하는 4가지 주요 요인을 포함하고 있기 때문이다. 영국의 유통업체 Marks & Spencer는 직원몰입도 수준이 1퍼센트 증가하면 평방피트당 판매액이 2.9퍼센트 증가한다고 주장한다. Verizon은 직원몰입도의 1퍼센트 향상은 전자통신회사의 고객만족도를 0.5퍼센트 향상시킨다고 추정한다. 다른 연구에 의하면 200명이 있는 회사의 직원몰입도가 5퍼센트 증가하면 평균적으로 24만 달러까지 직원 이직비용을 줄이고, 30만 달러까지 수익을 증가시킨다. "진정한 직원몰입은 세계 최고수준의 운영에 중요한 핵심이다."라고 테네시 잭슨에 있는 Owens Corning의 공장 경영자 Mark Baroni는 말한다.[3)]

그러면 어떻게 경영자들이 직원몰입을 증가시킬 수 있을까? 경영자들은 직원들이 몰입을 크게 느끼도록 할 수 있을 뿐만 아니라 이로 인해 나타나는 행동과 성과의 차이를 크게 만들 수도 있다. 효과적인 경영자들은 직원들을 동기부여시키는 것이 무엇인지 파악하고, 직원의 욕구와 과업을 결합시킨다. 그들은 아직 이루지 못한 도전적인 목표, 건설적이고 도움이 되는 피드백을 제공한다. 그들은 직원성과에 따라 보상과 인정을 제공하고 보상들이 공정하게 이루어졌는지 확인한다. 경영자들은 또한 직원들이 일 그 자체로부터 성취감을 경험하도록 직무를 설계한다.

ACUITY의 벤 잘즈맨과 다른 경영자들은 이러한 전략을 적용하여 회사가 더 이상 파산의 위험이 없도록 만들었다. 이로 인해 생산성(종업원당 수익)은 두 배가 되었고, 산업에서 가장 효율적으로 운영하는 회사 중 하나로 만들었다. 보험료에서 받는 매 달러당 17센트를 잃기보다는 ACUITY는 이제 투자수익을 제외하고도 10센트를 더 번다. 직원몰입 수준은 치솟았고, 반면에 이직률은 연간 25퍼센트 이상에서 2퍼센트로 급감했다. 오늘날 ACUITY는 단지 생존자가 아니라, 그것은 가장 좋은 성과를 거두고 있는 보험회사 중 하나로서, 그리고 미국에서 일하기 가장 좋은 장소로서 롤 모델이 되고 있다. 이 장에서 우리는 그들이 어떻게 이러한 결과를 이룩했는지 살펴볼 것이다.

개인의 행동과 결과에 대한 MARS 모델

경영학 용어들은 유행을 타지만, 직원몰입은 오래 지속되기 어렵다. 왜 그럴까? 왜냐하면 직원몰입의 정의는 직원의 자발적인 행동과 그 결과에 직접적으로 영향을 미치는 동기부여, 능력, 역할이해 그리고 상황적인 요소들로 구성되기 때문이다. 행동과 성과의 이 4가지 중요한 요인은 [그림 12. 1]에서 나오는 **MARS 모델**(MARS model)로 나타낼 수 있다.[4]

MARS 모델
종업원의 자발적인 행동과 그 결과로 나타나는 성과에 영향을 미치는 네 가지 요인을 설명하는 모델(동기부여, 능력, 역할인식, 상황요인)

// 동기부여

동기부여(Motivation)는 개인의 자발적 행동의 방향, 강도, 지속성에 영향을 미치는 내부의 힘을 가리킨다.[5] 방향은 사람들이 자신의 노력을 어디에 개입할 것인가를 의미한다. 노력의 방향은 사람들이 그들의 노력을 어디에 두는가에 대한 선택을 한다는 사실을 반영한다. 바꾸어 말하면, 동기부여는 임의가 아니고 목표지향적이다. 사람들은 제 시각에 일터에 도착하고, 몇 시간 빠르게 프로젝트를 끝마치고 또는 많은 다른 목표에 겨냥하도록 동기부여된다. 강도라고 불리는 두 번째 동기부여의 요소는 목표에 할당된 노력의 양이다. 예를 들면 두 고용자들은 몇 시간 빠르게 그들의 프로젝트를 끝마치도록 동기부여되었는데, 그들 중의 한 명은 이 목표를 이루기 위해 4배나 더 충분한 노력을 하였다. 바꾸어 말하면, 강도는 과업을 끝내기 위해 자신을 얼마나 많이 집중해서 투입하는가이다.

동기부여
개인의 자발적 행동의 방향과 강도, 그리고 지속성에 영향을 미치는 내적 요인

마지막으로 동기부여는 다양한 수준의 지속성을 포함한다. 즉, 특정한 양의 시간에 대한 지속적인 노력이다. 직원들은 목표에 도달하거나 사전에 포기하기 전까지 자신의

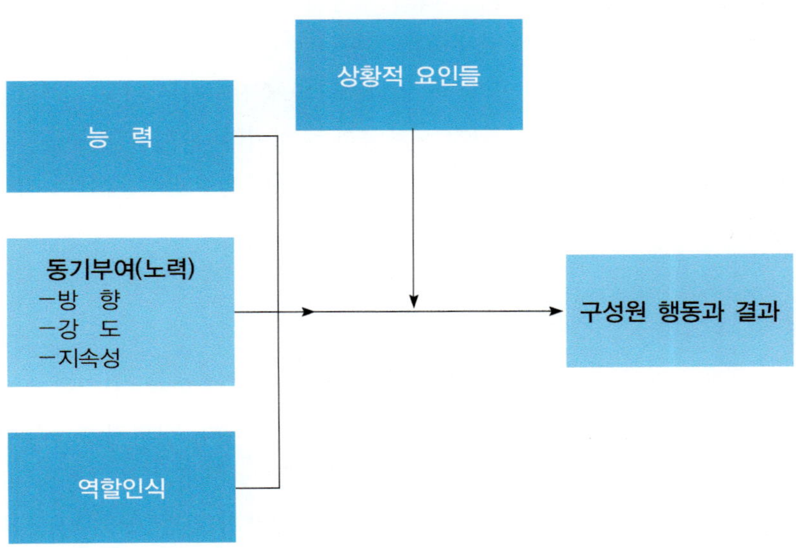

그림 12. 1
개인의 행동과 결과의 MARS 모델

노력을 지속한다. 동기부여의 세 가지 요소를 기억하는 것을 돕기 위해서 자동차를 운전하는 당신을 생각해보자. 방향은 당신이 어디로 자동차를 운전하는지를 가리킨다. 강도는 당신이 얼마나 강하게 가속페달을 밟는가이다. 그리고 지속성은 목적지를 향하여 당신이 얼마나 오래 운전하는가를 의미한다.

// 능 력

능력은 과업을 성공적으로 완수하기 위해 필요로 하는 타고난 적성과 학습된 능력으로 이루어진다. 조직에서 과업을 수행하기 위해서는 적절한 지식과 기술을 필요로 하기 때문에 직원채용 시 능력은 중요한 고려사항이다. 능력은 또한 직원이 성장하는 데 있어서도 중요한 요소이다. 부족한 기술을 파악함으로써 경영자들은 직원성과를 향상시키기 위해서 어떤 훈련을 필요로 하는지 결정할 수 있다. 자격이 있는 지원자를 채용하는 것과 직원을 훈련시키는 것뿐만 아니라, 요구되는 능력을 배우고, 경영자들은 직무를 재설계함으로써 성과를 향상시킬 수 있다. 댈러스에 있는 AT&T의 고객 서비스 부서는 많은 직원들이 증가하는 다양한 제품(케이블, 인터넷, HDTV, 홈 씨어터 등)에 의해 압도되었다는 것을 알았을 때 이 접근을 택했다. "우리의 직원들은 단지 '도와주세요! 이것은 너무 복잡해요. — 우리는 세 가지 제품에 대해서만 훈련받았어요. 그리고 우리는 도움이 필요해요!'"라고 AT&T 관리자는 당시 종업원들의 불만을 회상했다. 그 회사의 해결법은 직무를 재설계하는 것이었다. 그래서 직원들은 비디오 케이블 같은 제품 지식의 한 영역으로 시작한다. 그리고 그 다음에는 첫 번째 제품이 숙련되었을 때, 두 번째 지식영역으로 진행한다.[6)]

// 역할인식

자신의 직무에 몰입하는 직원들은 과업을 수행하는 데 필요한 동기부여와 역량을 가지고 있을 뿐만 아니라 자신에게 부여된 구체적인 과업, 그 과업의 상대적 중요성, 그리고 그 과업을 달성하기 위해 요구되는 행동들을 잘 이해하고 있다. 바꾸어 말하면 그들은 명확한 역할인식을 하고 있다. 이 역할인식을 증진시키는 가장 기본적인 방법은 직원에게 직무기술서와 계속적인 코칭을 제공하는 것이다. 또한 직원들은 지속적으로 함께 근무하면서, 또 자주 의미 있는 성과피드백을 제공받으면서 자신의 역할에 대한 인식을 명확히 한다.

// 상황적 요인들

높은 수준의 동기부여와 능력 그리고 명백한 역할인식과 함께, 사람들은 상황이 그들의 과업목표를 지원한다면 업무를 보다 잘 수행할 것이다. 상황적 요인들은 직원의 행동과 성과를 억제하고 촉진시키는 직접적인 통제를 넘어서는 조건들을 포함한다.[7)] 소비자선호와 경제적 조건과 같은 상황적 특성들은 외부의 환경으로부터 유래되어, 결과적으로 직원과 조직의 통제를 벗어나 있는 것이다. 그러나 시간, 사람, 예산 그리고 물리적 작업시설들과 같은 상황적 요인들은 조직의 다른 사람들에 의해 통제된다. 회사 리더들은 직원들이 그들의 성과잠재력을 충분히 달성할 수 있도록 이러한 조건들을 주의 깊게 조절할 필요가 있다.

워싱턴 메트로의 탈선
워싱턴 D.C. 내 메트로 운영기관을 괴롭혀왔던 문제는 일련의 열차탈선이었다. 사고조사보고서에 의하면 열차탈선의 원인 중의 하나는 선로유지부서의 직원들과 관련이 있었다. 즉, 이들은 굴곡이 심한 선로를 매끄럽게 유지하는 작업을 하지 못했고 어느 누구도 이러한 과업이 자신들의 일임을 파악하지 못하고 있었다.

// 직원 태만을 진단하기 위해 MARS 사용

MARS 모델은 직원행동과 성과에 대한 대부분의 문제해결을 위한 출발점이 되는 유용한 진단도구이다. 워싱턴 D.C 안의 대도시권 통행 공공 사업기관을 괴롭혀왔던 최근의 열차탈선(20개월 동안 8회 탈선)을 생각해보자.[8)]

사고조사에서 확인된 한 가지 문제는 급격한 커브 주위의 선로가 매끄럽지 않았다는 것이다. 그래서 바퀴가 레일로 올랐고 선로 밖으로 튀어나갔다. 선로유지부서는 매년 몇 번씩 이 굴곡 주위 선로를 매끄럽게 하도록 지시받았다. 그러나 또 다른 탈선이 1년이 지나기 전에 발생했다. 왜냐하면 선로유지부서의 중요 관리자들이 최초의 지시를 받은 직후 바로 은퇴했거나 또는 전근했기 때문이다. 그리고 누구도 그것이 그들의 직무였는지 알지 못했다. 이 상황에서 선로유지부서의 직원들은 기술력이 있고 합리적으로 동기부여되어 있었으며, 그 작업을 수행하기 위한 시간과 도구도 보유하고 있었다. 그러나 그들은 잘못된 역할 인식을 경험했다. 그들은 선로를 매끄럽게 하는 것이 자신들의 직무의 한 부분인 것을 알지 못한 것이었다.

두 번째 문제는 메트로(Metro)의 선로점검자들과 관련되었다. 이들은 매주 두 번씩 전체 선로시스템의 안정성을 체크한다. 내부감사에 의하면 이러한 점검자들의 다수가 불안전한 선로를 찾아내는 데 실패했다고 지적했다. 왜냐하면 그들은 충분한 훈련이 부족했고, 문제부분을 충분히 검사하기에 너무 많은 선로를 담당했기 때문이다(매일 8마일). 또한 많은 선로점검자들이 자신의 일에 무감각했다. 아마 매주 같은 선로를 보행하는 반복적인 업무라는 점과 그들의 일이 눈에 띄지 않는다는 사실로 인해 작업자들은 자신의 업무를 태만히 했을 가능성이 컸다. 이 정보는 많은 선로 점검자들이 MARS 모델에서 4가지 요소들 중 3가지에 나쁜 점수를 받는다는 것을 보여준다(그리고 결과적으로 낮은 몰입점수를 가질 것이다). 그들은 동기부여와 충분한 자원(매일 검사해야 할 너무 많은 선로)이 부족하다. 그리고 그들의 다수는 선로의 문제점을 발견할 수 있는 능력이 부족하다. 기껏해야 그들은 자신들이 수행해야 할 직무가 무엇인지 정도만 알고 있다(높은 직무이해).

그림 12.2
직원 동기부여의 세 부분

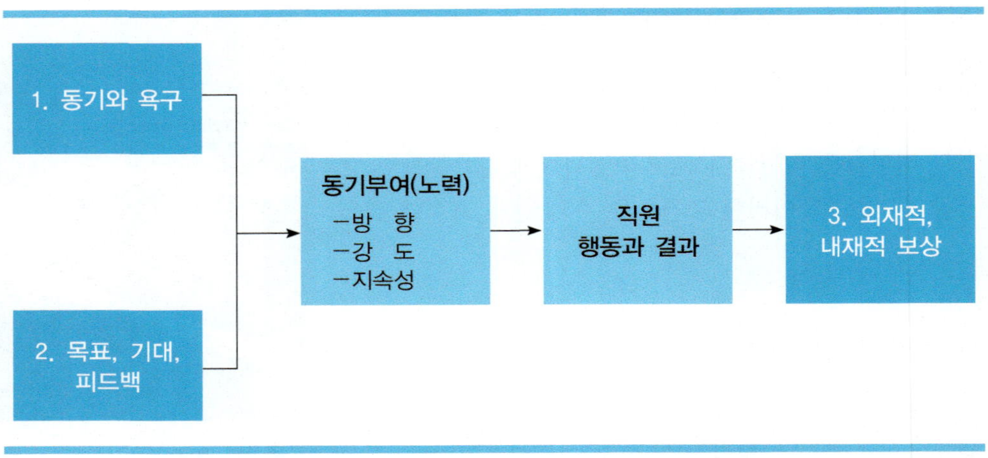

직원 동기부여 : 세 가지 부분의 프로세스

전반적으로 MARS 모델은 직원성과와 관련된 문제들의 주요 원인과 직원들이 왜 그들이 업무에서 유리됨을 느끼는지 이유를 해결하기 위한 훌륭한 진단도구를 제공한다. 그러나 MARS는 프로세스에서 단지 첫 번째 단계이다. 경영자들은 4가지 요소 각각을 더 깊이 탐구해 볼 필요가 있다.

어떻게 경영자들이 직원들을 잘 동기부여할 수 있을까? 최근 13,000명의 직원조사에 따르면, 그들 중의 단지 40퍼센트만이 경영이 실제로 종업원들을 동기부여할 수 있다고 응답했다.[9] 사람들을 동기부여시키는 것은 금전적 유인을 제공하는 것처럼 간단하지 않다(비록 몇몇의 회사들은 동기부여전략으로 사용하지만). 대신 경영자들은 [그림 12.2]와 같이 세 가지 주요 부분으로 구성된 프로세스로서 직원 동기부여의 역동성을 이해할 필요가 있다. 첫 번째 부분은 직원의 동기와 욕구를 이해하는 것을 포함한다. 바꾸어 말하면 무엇이 사람들에게 힘을 주는지 발견한다. 두 번째 부분은 직원들의 노력 방향을 결정짓는 목표, 기대, 그리고 피드백과 관련된 프로세스이다. 세 번째 동기부여 프로세스의 부분은 직원 동기와 욕구를 충족시키고 조직의 목표와 일관성 있는 행동을 강화하기 위한 외재적 그리고 내재적 보상에 대한 설계이다.

Part 1 : 동기와 욕구를 통해 동기부여

동기
특정한 목표를 추구하거나 내적 안정성을 유지하려는 본능적인 성향

동기부여는 궁극적으로 직원 자신의 동기와 욕구에 의해 시작한다. **동기**(drives)는 특정한 목표를 추구하거나 내적 안정성을 유지하려는 본능적인 성향이다. 동기는 뇌 속에 원래 내장되어 있다(모든 사람은 똑같은 동기를 가지고 있다).[10] 그리고 이러한 동기들은 대부분 생물종이 생존할 수 있도록 하기 위해 존재하는 것 같다. **욕구**(needs)는 대부분 의식하고 있는 결핍으로서, 개인은 이러한 결핍을 충족시키기 위한 행위를 하고

자 한다. 대부분의 경우에 있어 사람들은 자신의 욕구는 인식하고 있지만, 동기는 감정이나 행동을 일으키는 직접적인 표면적 이유보다 더 깊은 곳에서 작동한다. 욕구는 우리의 선천적인 동기에 의해 나타나지만, 그것들은 또한 문화나 교육과 같은 사회적 요인을 통해 강해지거나 약해진다. 우리는 가장 유명한 동기부여이론인 매슬로우(Maslow)의 욕구단계를 소개한 이후, 어떻게 욕구와 동기가 서로 관련이 있는지 찾아낼 것이다.

욕구
대부분 의식하고 있는 결핍으로서, 개인은 이러한 결핍을 충족시키기 위한 행위를 하고자 한다.

// 매슬로우의 욕구단계이론

매슬로우의 욕구단계이론(Maslow's needs hierarchy theory)은 아마도 거의 모든 사람들이 들어봤던 교과서 속의 한 이론이다. 1940년대 심리학자 아브라함 매슬로우에 의해 개발된 이 모델은 마케팅 제품에서부터 감옥 입소자의 사회적응까지 거의 모든 인간연구에 적용되어 왔다. 그러나 그 이론을 지지하는 연구결과들이 드물다는 것을 고려해볼 때, 이러한 인기는 매우 특이하다. 그러면 왜 우리는 당신에게 매슬로우의 이론을 소개할까? 첫째, 그 모델의 요소들은 직원들을 동기부여시키는 데 있어 주목할 만한 가치가 있다. 둘째, 당신이 만나는 대부분 경영자들은 매슬로우의 모델을 언급할 것이므로 당신은 그 이론에 대해 알 필요가 있고, 또 당신의 동료가 그것에 대해 잘못 알고 있을 때 개념을 고쳐줄 수 있다.

매슬로우의 욕구단계이론
사람들의 욕구가 계층화되어 있다는 동기부여이론으로, 하위단계의 욕구가 충족되면 상위욕구를 충족시키기 위해 동기부여된다는 이론

매슬로우의 욕구단계는 [그림 12. 3]에서 보여주는 단계에서 여러 가지 다른 욕구들을 5가지의 기본 계층배열로 조직한다.[11] 생리적 욕구(음식, 공기, 물, 휴식처와 같은)는 단계의 아랫부분에 있다. 다음은 안전의 욕구로 안전의 필요와 안정적인 환경 그리고 고통, 위협 또는 아픔의 부재 등이다. 소속 욕구는 사랑, 감정 그리고 다른 사람들과 상호작용에 대한 욕구를 포함한다. 존경은 인식과 다른 사람들로부터 존경을 통해서 사

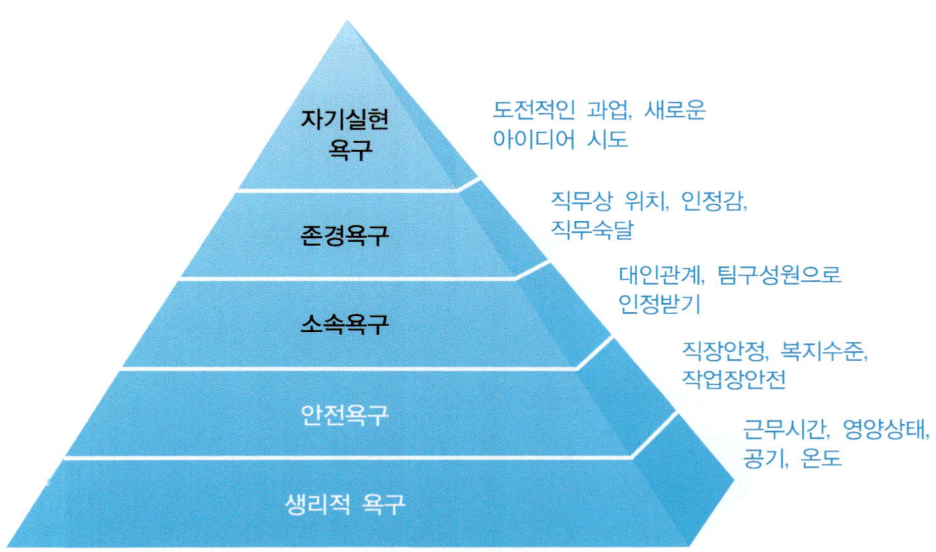

그림 12. 3
매슬로우의 욕구단계

자기실현
개인의 가능한 잠재력을 실현시키고자 하는 욕구

회적 존경뿐만 아니라 개인적 업적을 통한 자부심을 포함한다. 가장 상위단계는 **자기실현**(self-actualization)이다. 이것은 한 사람의 가능성과 잠재력이 실현되었다는 의미로서 자기실현의 욕구를 나타낸다. 이 5가지에 덧붙여, 매슬로우는 이 모델에 적합하지 않은 두 가지 욕구로 지적 욕구와 심미적 욕구를 설명한다.

욕구단계설은 사람들이 동시에 여러 가지 욕구에 의해 동기부여된다고 말한다. 그러나 가장 강한 원천은 가장 낮은 단계의 불만족욕구이다. 사람이 하위단계에 만족하고 나면, 다음은 그보다 상위단계의 욕구가 주요 동기부여요인이 된다. 생리적 욕구는 첫 번째로 가장 중요하고 사람들은 그것들을 첫 번째로 만족시키기 위해 동기부여된다. 그것들이 만족된 이후에 안전욕구가 가장 강한 동기부여되는 요인으로 등장한다. 안전욕구가 만족된 이후에는 소속욕구가 가장 중요해진다. 그리고 존경의 욕구도 마찬가지이다. 이 욕구충족 프로세스의 예외가 자기실현이다. 사람들이 자기실현을 경험할 때 그들은 만족을 작게 느끼기보다는 크게 느끼기를 원한다. 그래서 충족되지 않았을 때 활성화되기 때문에 아래 4가지 그룹은 부족욕구인 반면에, 충족됐을 때도 발전을 계속하기 때문에 자기실현욕구는 성장욕구로 알려져 있다.

매슬로우 이론의 한계 우리가 앞서 언급한 것처럼 매슬로우의 욕구단계설의 정확성은 그것의 인기에 미치지 못한다.[12] 욕구의 5가지 계층은 대부분 경영자들에게 그럴듯하게 기억하기 좋은 리스트를 제공한다. 그러나 많은 다른 연구들에 의하면 이 욕구들이 모든 욕구를 포함하지 못한다는 것을 발견했다. 이론은 욕구의 우선순위가 몇 달 또는 몇 년 동안 바뀐다고 가정한다. 반면에 특정한 욕구의 중요성은 상황에 따라 더 빠르게 변화하기도 한다. 그러나 매슬로우의 욕구단계설의 가장 심각한 한계는 모든 사람들이 같은 욕구단계를 가진다는 가정이다. 연구는 이것이 잘못된 가정이라는 것을 밝혀왔다. 사람들은 실제로 그들의 개인적 가치에 따라 다른 욕구계층을 가진다. 욕구는 타고난 동기로부터 생산된 결핍을 의식하는 것이지만 학습 그리고 문화와 어린 시절 훈련과 같은 사회적 요인을 통해 강화하거나 약화된다. 그 결과 어떤 사람들은 소속욕구를 가장 꼭대기에 놓고, 다른 사람들은 지위를 가장 중요한 것으로 본다. 게다가 많은 연구들은 한 문화에서 일반적인 욕구단계는 다른 문화에서의 욕구단계와 다르다는 것을 지적해왔다.[13]

매슬로우 이론의 경영적 시사점 매슬로우 모델의 실증연구는 실패했지만 우리는 매슬로우 이론의 시사점뿐만 아니라 직원욕구에 대한 이후 연구로부터 다음과 같은 유용한 사실을 확인할 수 있다.

1. 직원은 시간대별로 다양한 욕구를 가진다.

모든 사람들은 욕구의 단계를 가지고 있지만 개인마다 욕구의 단계는 서로 다르다. 실무에의 시사점은 사람들이 상이한 시간에 상이한 것들에 가치를 둔다는 것이다. 한 직원은 휴식을 선호하는 반면, 또 다른 사람은 더 많은 임금을 선호한다. 경영자들은 직원의 욕구를 주의 깊게 이해할 필요가 있고, 보상과 다른 성과 결과물을 그에 상응하게 맞출 필요가 있다.

2. 직원은 단지 한 가지 지배적인 욕구를 가지는 것이 아니라, 여러 가지 상호의존적인 욕구를 가진다.

매슬로우의 가장 중요한 발견 중 하나는 욕구가 개별적이 아니라 전체적으로 이해해야 한다고 강조한 것이다. 그러므로 경영자들은 직원들이 단지 하나의 욕구가 아니라 욕구들의 집합에 의해 동기부여된다는 것을 기억해야 한다. 그래서 경영자는 하나의 욕구관점에서 각 사람을 극단적으로 단순화하기보다 전체의 사람으로 생각해야 한다(예를 들면, 줄리(Julie)는 사회적 환경을 원하고, 리암(Liam)은 지위 출세주의자라고 단정지어서는 안 된다).

3. 어떤 점에서 대부분 직원들은 그들의 최고의 잠재력을 이룩하기 원한다(자기실현).

그의 경력을 통해 매슬로우는 사람들이 자연적으로 그들의 잠재력에 도달하기 위해 동기부여된다고 강조했다. 그리고 조직과 사회는 사람들이 이 동기부여를 계속하고 발전하도록 돕기 위해 구조화될 필요가 있다.[14] 여기서 시사점은 경영자들이 매슬로우의 관리비전을 위해 노력해야 한다는 것이다. 왜냐하면 가장 강력하고 지속적인 동기부여는 직원이 자기실현을 위해 욕구를 채우려고 노력할 때 일어나는 경향이 있다.

4. 직원 욕구는 가치와 규범에 의해 영향받는다.

매슬로우는 상위단계의 욕구가 규범이나 가치에 의해 어느 정도 영향을 받는다고 인식한 최초의 동기부여 이론가 중의 한 사람이다. 경영자들은 지속적으로 이러한 규범과 가치를 새로운 모양으로 만듦으로써 직원 동기부여와 노력을 조절할 수 있다. 예를 들면, 성과지향적인 팀 규범을 더 많이 격려함으로써, 경영자들은 팀 구성원의 자기실현 욕구를 강하게 할 수 있다.

벤 잘즈맨과 그의 경영팀은 이러한 원리에 입각한 조치들을 취해 ACUITY를 고성과 조직으로 변모시켰다. 이번 장의 도입사례에서 억압적인 한 조직을 설명했다. 잘즈맨의 팀은 시간을 알리는 차임벨을 없앴다. 직무공유와 유연한 업무 스케줄을 도입, 음식과 음료를 허락, 캐주얼 옷차림 코드를 장려, 금요일 오후는 휴무, 체육시설 설치, 보강된 회사 연금계획, 엄마들을 위한 양육실 추가, 때때로 점심시간 엔터테인먼트(Buddy Holly 놀이를 포함한)를 도입했다. 그리고 모든 800명 직원과 함께 타운홀미팅(town hall meeting)을 통해 의사소통을 증진시켰다. 그들은 또한 더 많은 책임위임을 함으로써 사람들이 자기실현을 하도록 하는 작업환경을 만들었다. 예를 들면, 직원들을 대표하는 여러 위원회들을 만들어 회사의 경영을 검토하게 하고 개선안을 내도록 했다. 매슬로우는 아마도 ACUITY가 발전된 경영의 모델이라고 말했을 것이다.

// 학습된 욕구이론

수십 년 전 심리학자 데이비드 맥클랜드(David McClelland)는 욕구의 강도가 개인적 가치와 사회적 영향력(문화, 규범 등)에 의해 강해지거나 약해져야 한다는 매슬로우의 생각을 확장했다. 특히, 맥클랜드는 욕구의 강도가 어린 시절 학습, 부모님의 스타일 그리고 사회적 규범을 통해서 강화된다고 주장했다. 그는 성취, 권력 그리고 친화의 세 가지 학습된 욕구에 주의를 기울였다.15)

- **성취욕구(nAch)** : 성취에 대해 강한 욕구를 가진 사람들은 그들 자신의 노력을 통해서 꽤 도전적인 목표를 이루기를 원한다. 그들은 팀에서 일하는 것보다 혼자 일하는 것을 선호한다. 그리고 그들은 적당한 정도의 위험이 있는 과업들을 선택한다(너무 쉽거나 완수하기 불가능하지 않은 것). 높은 성취욕구를 가진 사람들은 또한 그들의 성공에 명확한 피드백과 인식을 원한다. 성공적인 기업가들은 높은 성취욕구를 가지고 있는 경향이 있다.

- **친화욕구(nAff)** : 친화에 대한 욕구는 다른 사람들로부터 인정을 얻고, 그들의 소망과 기대에 순응하고, 갈등과 직면을 피하기를 원하는 욕구를 의미한다. 강한 친화욕구를 가진 사람들은 그들 자신의 호의적인 이미지 설계에 노력하고 다른 사람들을 능동적으로 지원하는 경향이 있다. 그리고 작업장 갈등을 매끄럽게 하려고 시도한다. 경영자들은 그들의 선택과 행동이 개인적인 인정욕구에 의해 왜곡되지 않기 위하여 상대적으로 낮은 친화욕구를 가져야 한다.

- **권력욕구(nPow)** : 권력에 대해 높은 욕구를 가진 사람들은 다른 사람들 위에서 통제 행사를 하기 원하고 자신들의 리더십 지위를 유지하는 것을 중요시한다. 개인적인 이익을 올리기 위해 자신의 권력을 사용하는 사람들은 사유화된 권력을 가지게 된다. 다른 사람들은 주로 사회적인 권력에 높은 욕구를 가지고 있다. 왜냐하면 그들은 권력을 다른 사람들을 돕는 수단이 되기를 원하기 때문이다. 효과적인 리더들은 사유화된 권력보다 사회적인 권력에 더 강한 욕구를 가지고 있다.

맥클랜드는 그들의 성취욕구를 증진시키기 위해 참가자들을 가르쳤던 훈련프로그램을 발전시켰다. 훈련받는 사람들은 성취지향적인 이야기들을 쓰는 것을 연습했고, 비즈니스 게임에서 성취지향적인 행동에 참가했다. 그들은 또한 다음 2년 동안의 상세한 성취계획을 완성했고 그들의 새로 형성된 성취동기부여 스타일을 유지하기 위해 다른 훈련자와 함께 준거집단을 형성했다.16) 어떤 회사들은 성취욕구를 강하게 하기 위한 작업환경을 만든다. General Electric(GE)을 생각해 보자. GE그룹은 비행기 엔진 제조에서 텔레비전 프로그래밍까지 많은 사업을 운영한다. CEO 잭 웰치(Jack Welch) 하에 (그리고 현재 CEO Jeffrey Immelt 하에) GE 경영자들은 실제에 근거한 매출액에 따라 보상받았다. 그들은 주간 그리고 월간 결과에 따라 희비가 엇갈린다. 더 좋은 성과결과를 위해 힘쓰는 사람들을 위한 공간을 만들기 위해 일상적으로 하위 10퍼센트의 경영자들

은 도태된다.[17]

맥클랜드의 학습된 욕구이론은 사람의 욕구가 경험과 사회적 영향으로 강해지거나 약해질 수 있다는 점을 반복해서 지적한다. 여기에서의 교훈은 경영자들이 성취, 권력 그리고 친화를 위한 직원욕구를 강화하거나 약하게 할 수 있다는 점이다. 성취지향 문화를 지원하고, 성취지향적인 사람을 보상하고, 강한 성취지향 교육으로 성장한 지원자를 채용하는 것을 예로 들 수 있다.

GE : 성취의 영토
20년 이상 GE는 성취욕구를 고취시키는 기업이었다. GE는 실제업적에 근거하여 주간 또는 월간 단위로 경영자의 성과를 엄격하게 모니터링한다. 막대한 칭찬과 금전적 보상이 최고성과 달성자에게 제공되는 반면, 하위 10%에 해당되는 저성과자는 개선이 되지 않을 경우 퇴출된다.

// 4가지 욕구이론

동기부여 전문가들은 대개 욕구단계이론에 관심을 덜 가져왔다. 그러나 최근 뇌 연구에서 밝혀진 새로운 사실 때문에 연구자들은 타고난 욕구의 역할과 어떻게 그러한 욕구들이 사회적 영향력을 통해 인간욕구를 형성하는지에 주목하게 되었다. 최근 하버드 비즈니스 스쿨의 교수 폴 로렌스(Paul Lawrence)와 니틴 노리아(Nitin Nohria)에 의해 소개된 **4가지 욕구이론**(Four-drive theory)은 이러한 뇌 연구결과를 반영하고 있다.[18] 욕구는 특정한 목표를 찾거나 내부의 안정을 유지하도록 본능적이거나 타고난 경향이라고 앞서 설명한 바 있다. 뇌 연구결과에 근거해서 로렌스와 노리아는 모든 사람에게 적용되는 것처럼 보이는 4가지 동기를 규명했다.

4가지 욕구이론
성취, 소속, 학습, 방어와 같이 타고난 욕구에 기초한 동기부여이론. 이 4가지 욕구는 정서와 합리성 둘 다에 영향을 미친다.

- **성취욕구 :** 이것은 개인의 목적과 경험을 추구하고, 취하고, 통제하고 유지하려는 욕구이다. 성취욕구는 기본적인 음식과 물의 범위를 넘어서 확장된다. 그것은 사회에서 상대적인 지위와 인정욕구를 포함한다. 이와 같이 그것은 경쟁의 토대이고 존경에 대한 욕구의 기초이다.

- **소속욕구 :** 이것은 사회적 관계를 형성하고 다른 사람들과 상호 보살펴주려는 마음을 발전시키는 욕구이다. 사람들은 어떤 특별한 환경 또는 마음속의 동기 없이도 관계를 형성하고 유지하는 데 상당한 시간과 노력을 투자한다.[19] 소속욕구는 사람들을 협력하게 하고 결과적으로 조직의 성공과 사회의 발전에서 중요한 구성요소가 된다.

- **학습욕구 :** 이것은 우리의 호기심을 만족시키고, 우리 자신들과 우리 주위에 환경을 알고 이해하려는 욕구이다. 상호 모순되거나 또는 우리의 현재 지식으로 이해할 수 없는 어떤 현상을 관찰하게 되면, 사람들은 긴장하게 되는데 그러한 긴장은 부족한 지식의 갭을 메우도록 자극한다. 학습욕구는 앞에서 설명한 자아실현 욕구와 관련이 있다.

- **방어욕구 :** 이 욕구는 개인적 위험에 직면했을 때 '싸우거나 도망치거나' 하는 반응을

그림 12. 4

동기부여의 4가지 욕구이론

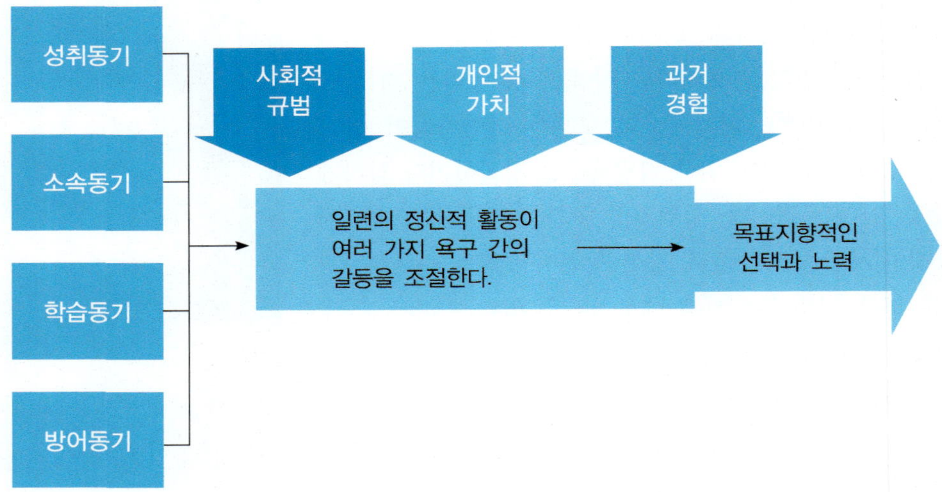

자료 : Based on information in P. R. Lawrence and N. Nohria, *Driven: How Human Nature Shapes Our Choices* (San Francisco: Jossey-Bass, 2002).

일으킨다. 방어욕구는 육체적인 보호의 범위를 넘는다. 그것은 우리의 관계, 우리의 성취 그리고 우리의 신념 시스템을 방어하는 것을 포함한다. 방어욕구는 항상 반응적이다. 그것은 위협에 의해 유발된다. 대조적으로 다른 세 가지 욕구들은 항상 주도적이다. 우리는 우리의 성취, 관계 그리고 지식을 향상시키도록 능동적으로 노력한다.

4가지 욕구 모두는 진화를 통해 우리의 뇌에 고정되어 있다. 그것들은 상호 독립적이다. 하나의 욕구는 다른 욕구에 비해 본래부터 열등하거나 우월하지 않다. 4가지 욕구이론은 이러한 4가지 욕구들이 하나의 완전한 집합—다른 어떤 타고난 욕구도 그 모델로부터 제외될 수 없다—이라고 설명한다. 또 다른 중요한 특징은 방어욕구를 제외한 모든 욕구는 주도적이다. 우리는 정기적으로 그것들을 충족시키려고 노력한다는 의미이다. 그래서 하나의 욕구가 채워진다는 의미는 기껏해야 일시적인 것이다.

이러한 4가지 욕구들은 우리를 동기부여할 수 있을까? 기본적으로 우리의 뇌는 감각을 통해 받아들인 정보를 빠르게 평가하고, 거기에 대한 감정을 부여하기 위해 이러한 4가지 욕구들을 사용한다. 당신의 상사가 승진되었고 외부사람이 그 빈자리를 채우기 위해 채용되었다는 것을 당신이 알았다고 가정해보자. 이러한 종류의 사건은 근심과 호기심의 감정을 동시에 일으킬 것이다. 방어욕구는 새로운 경영자가 어떻게 당신의 편안한 업무 일상에 영향을 미칠까에 대해 근심을 야기하는 반면에, 학습욕구는 새로운 상사가 어떻게 생겼고 어떻게 행동하는지에 대해 호기심을 일으킨다. 여기에서 중요한 점은 4가지 타고난 욕구들이 각 상황에서 어떤 감정을 유발시키는지를 결정한다.

4가지 욕구이론은 그들이 생산하는 욕구와 감정이 우리의 동기부여 또는 행동을 즉각적으로 결정하는 것이 아니라고 설명한다. 예를 들면, [그림 12. 4]에서 설명하는 것과 같이 욕구에 의해 야기된 감정적 신호를 분류하고 또 대응하기 위해 우리는 의식적으로 정신적 활동(mental skill)을 하게 된다. 이 정신적 활동은 최고의 행동경로를 결정하기 위해 사회적 규범, 개인적 가치 그리고 과거경험에 의존한다.[20] 예를 들면, 당신은 당신의 새로운 상사에 대해 호기심이 있을지 모른다. 그러나 사회적 규범이 당신이 참견하기 좋아하는 것을 막을 수 있다. 당신은 또한 새로운 상사가 만들게 될 변화에 대해 걱정을 할 것이다. 당신의 과거 경험은 그 위협을 준비하기 위한 구체적인 단계를 취하도록 당신을 동기부여할 것이다.

4가지 욕구이론의 경영적 시사점 로렌스와 노리아는 경영자들에게 4가지 욕구이론을 적용한 조언을 따르라는 충고를 한다. : **종업원 개인의 일과 일터에서 4가지 욕구를 충족시킬 수 있다는 확신을 심어주라.**[21] 여기에는 실제로 두 가지 중요한 충고가 있다. 첫 번째는 모든 사람은 일터 안에서 4가지 욕구를 정기적으로 충족시킬 필요가 있고, 높은 동기부여를 가진 직원들을 보유한 기업은 직원들에게 충분한 보상과 학습의 기회, 사회 상호작용 등을 제공한다.

ACUITY는 첫 번째 추천을 적용함으로써 높은 동기부여를 가진 작업장을 제공했다. 특히 종업원 몰입을 통해 사회 상호작용, 훈련프로그램, 그리고 학습의 기회를 증가시켰고 이익과 성장의 증가를 통하여 해고의 위험을 최소화하고 과업수행 보상시스템을 도입했다.

4가지 욕구이론의 두 번째 충고는 4가지 욕구가 균형을 이루어야 한다는 것이다. 조직은 다른 욕구들을 희생시키면서까지 하나의 욕구에 너무 많은 충족기회를 제공해서는 안 된다. 이 조언은 4가지 욕구가 서로서로 균형이 맞아야 한다는 것을 말한다. 소속욕구 없이 성취욕구만 추구하게 하는 조직은 결국 조직의 정치와 역기능적인 갈등으로부터 어려움을 겪을지도 모른다. 조직에서 변화와 새로운 일은 학습욕구를 야기할 것이다. 하지만 너무 많은 변화들은 직원들을 자기 영역만 고집하도록 만들고 변화에 저항하는 방어욕구를 유발할 수 있다. 극단적인 수준으로 방어욕구를 유발시키는 일터에서는 효과적인 의사결정을 위해 요구되는 다양성과 건설적인 토론이 훼손될 수 있다.

소니의 최근 재난들은 4가지 모든 욕구들이 균형을 이루지 못했을 때 일어난 문제들을 보여준다. 워크맨과 플레이스테이션 혁신으로 10년 전 세계 전자제품을 이끌었던 일본 회사는 이제 경쟁자들을 따라 가는 데 고생하고 있다. 현재의 어려움의 한 가지 이유는 엔지니어들이 함께 일하기보다는 서로를 이기도록 독려하는 소니의 극한 경쟁문화였다. 이 경쟁문화는 직원들의 성취욕구를 육성했지만, 소속욕구의 결핍으로 인해 내분과 정보독점을 가져왔다.

소니의 내부 경쟁
10년 전만 하더라도 소니는 워크맨과 플레이스테이션으로 인해 전자업계를 이끌었지만, 현재는 경쟁사들을 따라잡기 위해 고군분투하고 있다. 이런 상황이 된 중요한 이유는 소니의 지나친 경쟁문화 때문이다. 즉, 소니의 직원들은 동료들과 함께 일하기보다는 각자가 더 나은 성과를 얻도록 동기부여받았다. 이러한 경쟁적 문화는 직원들의 성취욕구를 육성했지만 소속(연대)욕구의 결핍으로 인해 내부경쟁과 정보독점을 가져오게 되었다.

예를 들어, 소니 내부의 경쟁으로 인해 Apple's iPod과 iTunes 음악 웹사이트에 대응하는 회사의 디지털 음악 플레이어와 온라인 음악 서비스의 출시가 지연되었다.[22] 전체적으로 4가지 욕구이론은 욕구를 최대화시키는 방법뿐만 아니라 직원의 욕구를 이해할 수 있는 잠재적인 가치를 제공한다.

Part 2 : 목표, 기대감 그리고 피드백을 통한 동기부여

4가지 욕구이론, 학습된 욕구이론, 매슬로우의 연구는 모두 경영자가 직원 노력의 강도와 지속성을 조정하고 이해하는 데 전체적으로 도움이 된다. 경영자가 직원들의 욕구와 조직목표 달성에 필요한 유인책을 이해하고 일치시킬 수 있을 때 직원들은 오랫동안 강한 동기부여를 가질 수 있다. 그러나 욕구는 단지 동기부여 퍼즐의 첫 번째 조각에 해당될 뿐이다. 두 번째 부분은 목표, 기대감, 피드백을 통한 종업원 노력의 방향성을 포함한다. 이 동기부여의 측면은 기대이론뿐만 아니라 목표설정과 피드백을 통해 잘 이해될 수 있다.

// 목표설정과 피드백

이번 장의 시작부분에서 소개한 보험회사 ACUITY는 새로운 성과평가 시스템을 도입함으로써 직원들의 동기를 극적으로 개선시켰다. 이 시스템은 상사와 부하가 함께 6개월 또는 1년 후의 목표를 구체적이면서 달성가능하게 결정하는 것이었다. 게다가 CEO 벤 잘즈맨의 리더십 하의 ACUITY는 측정가능한 결과를 강조했다. 그 회사는 모든 주요 요소를 결합한 비율(프리미엄 획득에 대한 청구와 비용에 관한 비율), 초과성장비율, 프리미엄 성장비율, 직원 이직률, 지사마다의 평균 프리미엄 등을 상세히 조사해서 목표를 설정했다.

목표설정
성과목표를 설정함으로써 종업원들 자신의 역할을 명확히 인식하고 동기부여시키는 프로세스

ACUITY는 목표설정을 통해 직원 동기부여를 향상시켰다. **목표설정**은 성과목표를 설정함으로써 직원들을 동기부여하고 그들의 역할인식을 분명하게 하는 프로세스이다. 목표는 조직 또는 사람이 실현하려고 하는 바람직한 미래의 상태이다. 목표를 설정하는 것은 역할인식을 제고시키고 따라서 직원 노력의 방향을 명확히 한다. 효과적으로 수행했을 때, 목표설정은 또한 노력의 강도와 지속성을 증가시킬 수 있다. 이러한 높은 수준의 동기부여는 개인 목표의 기대수준을 증가시킴으로써 성취할 수 있다.

최근 Akamai와 합병된 Speedera Networks의 경우를 고려해보자. CEO Ajit Gupta는 캘리포니아 산타클라라, 인도 뱅갈로에 있는 120명의 모든 직원에게 공지했다. "만약 우리가 다음 분기에 대한 경영목표를 달성한다면, 우리는 5월에 모두 바닷가에 있을 것이다." Speedera는 하와이안 리조트에서 4일 동안의 가족구성원들 비용과 배우자 비용의 50%를 포함해서 직원들의 비용까지 다 부담할 것이다. 모든 인터넷 애플리케이션 회사들은 높은 수익 성장이라는 회사 목표를 향해 열광적으로 일했다. 그들의 동기부여

는 하와이안 여행을 지속적으로 상기시켜주는 사람과 함께 더 추진된다. "그 사무실은 열대지방 섬과 같은 곳으로 변했다"고 Gupta가 말했다. 직원들은 또한 리조트와 그곳 명소의 사진과 함께 우편과 소책자를 받는다. 사람들의 기쁨 대부분은 회사가 목표를 성취하는 것이다. 그리고 여러 나라에서 온 Speedera 직원들은 하와이 해변에서의 잊지 못할 유대 경험을 갖게 된다.[23]

Speedera Networks의 최고경영자 Ajit Gupta는 캘리포니아 산타클라라와 인도 뱅갈로에 있는 직원 120명에게 공지했다. "만약 우리가 다음 분기에 대한 경영목표를 달성한다면, 5월에 우리 모두는 하와이 해변가에 있게 될 것이다." 직원들 모두는 하와이 여행에 대한 기대로 동기부여받았다.

목표설정은 조직의 전략적 계획과 개인별 동기부여 간에 중요한 연계성을 제공한다. 제5장에서는 전략적 계획이 어떻게 하부목표, 책임감, 스케줄 그리고 예산을 포함한 구체적인 실행계획으로 전환되는지에 대해 설명하고 있다. 이러한 계획은 개별 작업단위로 구성된다. 관리자는 단위별 실행(action)계획을 개인과 팀의 목표달성을 위한 구체적인 목표로 변환시킨다.

실행계획을 개인과 팀의 목표로 변환하는 것은 "최선을 다해라"라는 말의 그 이상을 포함한다.[24] 제5장에서 다루었듯이 목표는 정확하고 측정가능해야 한다. 즉, "다음 6개월 동안 7퍼센트까지 스크랩 비율 감소"와 같이 그들은 구체적이면서 상대적으로 짧은 시간에서의 변화 수준을 명확히 해야 한다. 정확한 목표는 그들이 성취해야 할 구체적인 시간을 제시해준다는 것에 주목하라. 둘째, 경영자는 각 직원들 또는 팀을 위해 가장 중요한 순으로 목표의 수를 제한해야 한다. 셋째, 목표는 도전적이면서도 달성가능해야 한다. 이것의 균형을 맞추는 것은 어려울 수 있다. 도전적인 목표는 오랜 시간, 보다 많은 노력을 쏟도록 동기부여한다. 또한 목표를 이루었을 때 성취감을 만끽할 수 있게 한다.[25] 그러나 직원들은 이 목표달성에 몰입해야 한다. 사람들은 목표가 지나치게 높으면 동기부여가 덜 될 수 있다.

마지막으로 목표는 직원들이 행동의 결과에 대해 피드백을 받지 않는다면 그 가치가 떨어진다.[26] 피드백은 사람들이 목표를 달성했는지 혹은 목표를 향해 적절하게 노력하고 있는가를 일깨워준다. 또한 피드백은 동기부여에 있어 필수적 요소이다. 왜냐하면 자아실현과 성취욕구는 목표달성에 대한 지식에 달려 있기 때문이다.

효과적인 목표와 같이 피드백은 정확하고 측정가능할 때 최상으로 작용한다. 또한 피드백은 시기적절해야 한다. 즉 직원들이 행위와 결과 사이에 명확한 관계를 알 수 있도록 행동이나 결과가 발생한 이후 가능한 빠른 시간 내에 피드백이 있어야 한다. 피드백은 또한 충분히 자주 일어나야 한다. 신입사원에게는 학습에 도움이 될 정도로 잦은 피드백을 요한다. 어떤 직업은(이사와 같은 것) 보다 적은 횟수의 피드백을 필요로 한다. 왜냐하면 그들의 행동결과는 소위 계산원의 직업보다 가시화하는 데 시간이 훨씬 더 들기 때문이다. 마지막으로 피드백은 이해관계가 없는 사람 또는 신뢰할 만한 모니터링 장치를 활용해서 신뢰성을 갖추어야 한다.

어떤 기업은 집행계기판(직원들의 컴퓨터스크린에 실시간으로 보여주는 것)과 같은 것을 통해 성공적으로 피드백 과정을 향상시켰다. 마이크로소프트사의 거의 50% 직원들은 프로젝트 기한, 판매 그리고 다른 수치들을 모니터하기 위해 계기판을 사용한다. 마이크로소프트 CEO인 스티브 발머(Steve Ballmer)는 정기적으로 일곱 명의 사업 리더와 함께 일대일 미팅에서 계기판 결과를 검토한다. "발머를 만나러 갈 때마다 나는 나의 계기판을 가져간다."라고 MS오피스 부서를 이끌고 있는 Jaff Raikes는 말한다. MS사의 최고정보관리자인 Shaygan은 또한 사무실 벽에 있는 큰 플라즈마 스크린이 부착된 계기판에 의해 즉각적인 피드백이 제공되는 것에 감사해 한다. 소위 'Shaygan의 벽'이라 불리는 이 스크린은 녹색, 노랑, 또는 붉은 빛이 도는 마을 주변에 100개 이상의 네트워크 시스템의 위치를 나타낸다. 스크린의 다른 부분은 판매, 보이스 포탈 볼륨, 콜센터 결과 그리고 다른 사업관련 수치를 나타낸다.[27)]

목표설정은 신뢰할 수 있는 경영이론 중의 하나이다.[28)] 목표설정과 함께 피드백은 직원들의 동기부여와 성과를 향상시킨다는 좋은 평판을 받고 있다. 동시에 경영자는 때때로 목표를 실행하기 위해 어려움을 겪을 수 있다.[29)] 한 가지 염려가 되는 것은 목표를 설정할 때 측정이 어려운 직무성과 측면은 무시하는 반면, 측정가능한 성과지표의 한 부분인 직원에 초점을 맞추는 경향이다. 두 번째 문제는 목표가 재무보상과 얽혀있을 때, 직원들은 쉬운 목표를 설정하도록 동기부여받는다. 그래서 그들은 높은 수준의 보너스 또는 임금을 받을 가능성이 있다.

// 동기부여의 기대이론

기대이론
사람들이 바라는 산출물을 이끌어 낼 수 있다고 믿는 행동을 하기 위해 노력한다는 아이디어를 전제로 한 동기부여이론

목표설정과 피드백이 동기부여를 위한 강력한 수단임에도 불구하고 실제로 직원들이 왜 동기부여가 되는지는 설명하지 않는다. 동기부여의 기대이론은 이렇게 놓친 부분을 설명한다. **기대이론**은 사람들이 바라는 산출물을 이끌어낼 수 있다고 믿는 행동을 하기 위해 노력한다는 아이디어를 전제로 한다.[30)] [그림 12. 5]에서 보여주듯이 개인의 노력 수준은 세 가지 요인에 달려 있다. 노력-성과(effort-performance) 기대, 성과-산출물(performance-outcome) 기대, 그리고 산출물의 유의도(output valences) 등이다. 직원의 동기부여는 기대이론모델의 세 가지 모든 요인에 영향을 받는다. 만약 어느 한 요인이라도 약해진다면 동기부여도 약해진다.

- **E-to-P expectancy :** 이것은 자신의 노력이 특정 성과수준을 가져올 수 있다는 개인의 기대를 가리킨다. 어떤 상황에서 직원들은 그들이 업무를 반드시 달성할 수 있다고 믿는다. 또 어떤 상황에서는 그들은 보다 높은 수준의 노력으로도 바라는 성과단계를 이끌어내지 못할 것이라고 기대하기도 한다. 이러한 기대에 대한 확률은 0에서 1까지이다.

- **P-to-O expectancy :** 이것은 특정한 행동이나 성과수준이 특정한 산출물을 이끌어 낼 수 있다는 가능성에 대한 기대를 가리킨다. 직원들은 특정한 성과수준을 달성했을 때, 그 결과로 자신에게 주어질 산출물을 전혀 기대할 수 없을 수도 있고 100% 주어

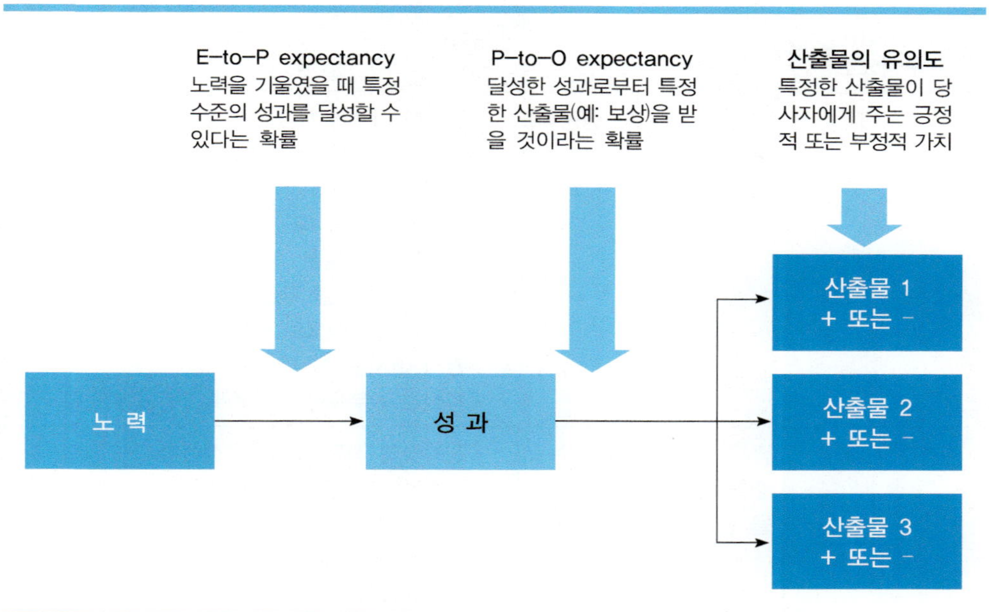

그림 12.5
동기부여의 기대이론

지는 것으로 기대할 수도 있다. 따라서 이러한 기대에 대한 확률은 0에서 1까지이다.

- **산출물의 유의도 :** 유의도는 개인이 산출물에 대해 느낄 것으로 예상되는 만족감 또는 불만족감을 말한다. 부정적인 것에서 긍정적인 것까지 범위가 있다. 산출물의 유의도는 산출물이 주는 예상되는 만족감을 말한다.[31] 산출물은 당사자의 가치와 일치되거나 욕구를 충족시켜 줄 때 긍정적인 유의도 값을 갖게 되고, 반대의 경우에는 부정적인 유의도 값을 갖게 된다. 이론적으로 유의도 값은 $-\infty$에서 $+\infty$까지이다.[32]

기대이론에 대한 경영적 시사점 기대이론의 매력적인 특징 중의 하나가 경영자들이 기대이론 모델의 3가지 각각의 구성요소를 통해서 직원들에게 동기부여를 시킬 수 있는 여러 가지 방법을 확인할 수 있다는 것이다.[33] E-to-P 기대이론은 직원 자신이 직무를 완벽하게 완성할 수 있다는 개인의 믿음에 의해 영향을 받는다. 몇몇의 회사들은 직원이 요구된 성과의 수준에 도달하기 위한 필수적인 역량, 명백한 역할인식, 그리고 필수적인 자원을 가지고 있다고 확신시켜 줌으로써 이러한 의욕적인 태도를 증가시킬 것이라고 생각한다. 직원들이 요구된 과업에 대한 정확한 의사소통과 그들의 능력을 기초로 한 직무를 접목시키는 것이 이 과정에서 중요한 부분이다. 유사하게 E-to-P 기대이론은 학습될 수 있다. 그러면 행동모델링과 보조적인 피드백(긍정적 강화)은 일반적으로 직원의 자신감을 강화시킨다.[34]

P-to-O 기대를 향상시키기 위한 명백한 방법들은 정확하게 직원의 성과를 측정하고 높은 성과를 가지는 직원들에게 더 가치 있는 보상을 제공하는 것이다. 이번 장 도입사례에서 제시된 ACUITY는 더 객관적인 성과평가시스템을 도입하고, 보상을 개인과 팀의 성과에 밀접하게 연결시킴으로써 이러한 조언을 따랐다. P-to-O 기대는 인식

표 12. 1

기대이론에 대한 경영적 시사점

기대이론 구성요소	목 표	경영적 시사점
E→P기대	직원이 직무를 성공적으로 수행할 수 있다는 스스로의 신념을 증가시킨다.	• 필요한 기술과 지식을 보유한 사람을 선택한다. • 필요한 훈련을 제공하고 직무요건을 명백하게 한다. • 충분한 시간과 자원을 제공한다. • 직원이 직무들을 숙달할 때까지 더 간단하고 더 적은 직무를 할당한다. • 과업을 성공적으로 수행시킨 유사한 형태의 직원의 예시를 제공한다. • 자신감이 부족한 직원에게 코칭을 받도록 한다.
P→O 기대	좋은 성과가 가치 있는 산출물을 가져온다는 신념을 증가시킨다.	• 정확하게 직무성과를 측정한다. • 산출물이 성공적인 성과로부터 기인할 수 있도록 명백하게 설명한다. • 직원들의 보상이 과거의 성과에 어떻게 연결되는지 설명한다. • 직원들의 훌륭한 성과가 높은 보상으로 이어지는 예시를 제공한다.
산출물의 유의도	바람직한 성과로부터 기인하는 산출물의 기대가치를 증가시킨다.	• 직원들이 가치있게 생각하는 보상을 제공한다. • 개인의 선호를 고려한 보상을 지급한다.

이다. 그래서 직원들은 높은 성과가 높은 보상으로 이어질 것이라고 믿어야 한다. 성과에 기초한 보상시스템을 가지는 것이 중요하고 이러한 사실은 구성원들에게 전달되어야 한다. 보상이 제공될 때, 직원들은 어떻게 그들의 보상이 과거의 성과에 따라 결정되는지를 이해해야 한다. 일반적으로 회사들은 예시, 일화, 공식적인 형식으로 성과에 기초한 보상시스템의 존재를 정기적으로 전달할 필요가 있다.

마지막으로, 성과에 대한 산출물이 직원에 의해서 높게 평가될 때 업무를 위한 노력에 영향을 미친다. 산출물의 가치를 향상하기 위해서 경영자는 개인의 기호에 맞춰 보상할 필요가 있다. 그래서 좋은 성과를 가진 직원은 자신이 보다 가치있는 보상의 종류를 선택할 수 있는 선택권을 가진다.

Part 3: 외재적, 내재적 보상을 통한 동기부여 관리

외재적 보상
개인의 행위나 결과에 의해 다른 사람(조직)으로부터 제공받는 가치있는 어떤 것

동기부여 퍼즐의 세 번째 부분은 직원이 그들의 노력과 성과로부터 받거나 경험하는 것을 들 수 있다. 이러한 산출물은 일반적으로 2가지 유형으로 나뉜다. 즉, 외재적 보상과 내재적 보상이다. **외재적 보상**은 개인의 행위나 결과에 의해 다른 사람(조직)으로부터 제공받는 가치있는 어떤 것이다. 외재적 보상은 임금, 성과 보너스, 칭찬 또는

다른 형태의 인정을 포함한다. 반면에 **내재적 보상**은 개인의 행위나 결과에 의해 직접적이면서 자연스럽게 발생하는 긍정적인 정서적 경험을 말한다. 이것은 새로운 과업을 학습할 때 느끼는 기쁨, 직무를 잘 수행했을 때 느끼는 성취감, 그리고 직무가 자연스럽게 잘 수행되었을 때의 흐름과 업무시간에 대한 느낌을 포함한다. 이러한 감정은 과업을 수행하는 과정에서 자연스럽게 발생한 것임을 알아두자.

내재적 보상
개인의 행위나 결과에 의해 직접적이면서 자연스럽게 발생하는 긍정적인 정서적 경험

외재적 보상을 통한 직원의 동기부여

외재적 보상은 다양한 형태를 갖지만 급여와 부가급은 명백하게 가장 중요하다. 사실상 급여와 부가급은 고용관계에서 가장 중요한 것으로 여겨진다.[35] 이것이 중요한 이유는 급여가 고용관계에서 교환의 형식 그 이상이기 때문이다. 급여는 또한 지위, 성취, 자존감 그리고 파워를 나타낸다. 금전적인 보상의 4가지 기준은 멤버십과 연공, 직무지위, 역량, 그리고 과업성과 등이다.

// 멤버십과 연공에 기초한 보상

멤버십과 연공에 기초한 보상은 대부분의 급여에서 가장 큰 부분을 의미한다. 회사식당에서 무료 또는 할인된 식사와 같은 부가급들은 모든 사람들에게 동일하게 주어진다. 반면에 어떤 것들은 근속연수에 따라 증가한다. 많은 아시아의 회사들은 '13개월째' 보너스를 제공하며, 모든 직원들은 매년 당연히 받을 것이라고 기대한다. 이러한 멤버십과 연공에 기초한 보상은 잠재적으로 직무지원자(특히, 수입예측을 희망하는 사람들)들을 유인하고 이직률을 줄인다. 그러나 이 방법은 직접적으로 직무성과에 대한 동기부여를 제공하지 않는다. 반대로 이 방법은 능력에 적합한 더 나은 직무를 수행하지 못한 결과로 야기되는 낮은 성과에 대해 낙담시킨다.

// 직무지위에 기초한 보상

거의 모든 조직은 직원들이 담당하고 있는 직무의 지위에 따라 상이하게 보상한다. 직무평가(Job evaluation)는 일반적으로 각 직무의 가치나 상대적 위치를 평가하기 위해 사용된다. 더 높은 임금에 해당되는 직무는 더 많은 기술과 노력을 필요로 하고, 더 많은 책임을 지게 될 것이다.[36] 직무평가를 하지 않는 조직들은 다른 회사들이 특정 직무에 지불하는 것을 참조해서 직무지위를 간접적으로 보상한다. 선임 엔지니어는 전형적으로 구매사원보다 더 많이 번다. 왜냐하면 엔지니어에 의해 수행되는 업무는 조직에 더 가치가 있기 때문이다. 그것은 더 많은 가치(직무평가시스템 또는 임금조사에 의해 계산된)를 가지고 있다. 그래서 그 직무의 직원들은 조직에서 더 많은 지위 보상기반을 받는다. 어떤 더 높은 직무지위의 사람들은 또한 더 큰 사무실, 회사가 지불한 자동차, 그리고 고급식당 등을 보상받는다.

일본기업의 연공급과 자녀 보너스
제2차 세계대전 이후 대부분의 일본 대기업들은 연령이나 연공에 따라 종업원들의 급여를 인상시켰다. 그러나 1990년대 어려운 시기를 맞이해서 많은 기업들이 종업원의 기여도에 따라 연간 급여를 인상시키는 성과주의 급여시스템을 도입했다.
하지만 상당한 기업들이 그 결과에 만족하지 못했다. 종업원들이 매년 성과에 따른 변동급여로 인해 심한 스트레스를 받았기 때문이다.
Tokai Rubber Industries 회사는 최근 연령에 기초한 보너스 임금시스템을 다시 도입했다. 즉, 기대만큼 성과를 달성하지 못했을지라도 연령에 따라 급여를 인상시켰다.
또 어떤 기업들은 종업원들의 자녀가 태어날 때마다 많은 보너스를 지급하기도 한다. 예를 들어, 오사카에 있는 Daiwa House Industry 회사 종업원들은 아이를 출산할 때마다 9천 달러씩 지급받는다.[38)]

직무지위에 기초한 보상은 직원이 공정하다고 믿는 보상시스템이다. 또한 이러한 보상은 승진을 위한 경쟁으로 직원을 동기부여한다. 이러한 보상들은 또한 지위 성격을 강화하지만, X세대와 Y세대 직원들은 더 많은 평등주의 일터를 기대한다. 게다가 지위체제의 임금은 직원들을 잠재적으로 서로 경쟁시키고 직무의무와 필요자원을 과장함으로써 그들 자신의 직무가치를 높이도록 유도한다.[37)]

// 역량기반의 보상

많은 회사들은 지위 기반의 보상에서 역량 보상시스템으로 바꾸어왔다. 영국의 국립건강서비스(National Health Service)가 최근의 한 사례이다. NHS의 모든 직무는 필요로 하는 능력과 지식의 관점에서 설명된다. 직원들은 그들의 직무기술과 지식요건을 얼마나 잘 충족시키는가를 기반으로 넓은 임금 밴드(그 직무에 대한 가장 낮은 것에서 가장 높은 것까지의 범위)를 통해 연간 급여인상을 받는다.[39)] 기술기반의 임금은 직원의 숙달된 기술 모듈 수, 즉 그들이 수행할 수 있는 직무의 수로 보상받게 되는데, 이는 역량기반 보상의 한 사례이다. 예를 들면, 캔자스 올라테에 있는 Marley Cooling Tower 회사는 생산에 필요한 약 30가지 기술 모듈들(특정한 직무에 요구되는 기술들)을 가지고 있다. 직원들은 작업가능한 한 가지 직무에 대해 기본급을 받지만 다른 기술 모듈들을 배울 때는 더 많이 번다. 같은 직무를 수행하는 두 종업원이라 하더라도 얼마나 많은 기술 모듈들을 습득했는지에 따라 다른 임금을 받는다. 30가지의 모든 모듈을 마스터한 사람은 그들이 생산분야에서 어떤 직무도 수행할 수 있기 때문에 거의 3배 정도의 기본급을 번다.[40)]

역량기반의 보상은 다양한 기술을 배워서 다양한 직무를 수행하도록 직원을 동기부여함으로써 노동력 유연성을 증가시킨다. 다양한 기술을 가진 직원들은 업무 프로세스를 더 쉽게 이해하고 그것을 어떻게 증진시키는지 알기 때문에 제품 또는 서비스의 질은 향상하는 경향이 있다. 역량기반의 보상은 또한 그들을 계속 고용시키도록 하는 기술을 지속적으로 배우는 직원을 보상한다. 한 가지 잠재적인 문제는 특히 개인적 특성 또는 개인적 가치를 설명할 때 역량을 측정하는 것이 주관적이 될 수 있다.

기술기반의 임금시스템은 구체적인 기술들을 측정하기 때문에 대개 더 객관적이다. 그러나 이 시스템은 직원이 새로운 과업을 배우는 데 더 많은 시간을 들이기 때문에 비용이 많이 소요된다.[41)]

// 성과기반의 보상

성과기반의 보상은 기원전 20세기 바빌로니아 시대부터 존재해왔다. 그러나 이 제도의 확산은 지난 수십 년 동안 극적으로 증가해왔다.[42] 부동산 중개인과 영업직 종사자들은 전형적으로 판매량에 따라 그들의 임금이 증가하는 수수료를 받는다. **단순성과급시스템**(piece rate systems)은 직원들이 생산한 단위의 수에 따라 보상한다. 예를 들면, 애리조나의 Eurofresh 농작물 노동자들은 채집한 토마토의 양에 의해 임금을 얻는다. 댈러스의 The Lawn Mowgul 잔디보호 직원은 자른 잔디의 양에 따라 성과급형태로 번다.[43] 많은 직원들은 **성과평가**(performance appraisal)에 따라 임금증가 또는 보너스를 받는다. 우리가 나중에 더 자세히 설명할 성과평가는 직원의 성과를 평가하는 시스템적인 프로세스이다.

> **단순성과급**
> 생산 단위 숫자에 기초해 보상하는 시스템

> **성과평가**
> 직원의 성과를 평가하는 체계적인 과정

직원들은 개인적 성과보다 팀성과에 의해 결정된 임금액이 전체 급여에서 차지하는 비중이 점점 더 커지고 있다. 호주 시드니에 있는 기업 소프트웨어 컨설팅회사 Forward Media가 한 가지 예이다. "우리는 개인적인 인센티브 프로그램 실패를 보아왔다."라고 그의 아내와 회사를 공동설립하여 수십 명의 사람들을 고용하고 있는 James Ward는 말한다. "우리는 각 팀별로 집단 수입목표를 설정했다. 그 다음에 각 팀이 달성한 수익에 따라 사람들에게 보너스를 준다."[44]

팀의 매출이나 이익으로부터 보너스를 계산하는 것과 달리 **gainsharing 계획**은 비용절감과 생산성 향상에 따라 보너스를 수여한다. John Deere는 몇 년 전에 gainsharing으로 변환시켰다. 왜냐하면 이전에 실시한 개인 인센티브제도는 고도의 상호의존적 직무를 수행하는 직원들조차도 협력이나 조정활동을 하지 않도록 조장했기 때문이다.[45] John Deere가 배워온 것처럼 gainsharing 계획은 팀 역동성, 지식공유 그리고 임금만족을 향상시키는 경향이 있다. 비용감소와 노동 효율성의 정도는 팀의 재량권 내에 있기 때문에 그것들은 또한 노력과 성과 사이에 합리적인 강한 결합을 만들어낸다.

> **gainsharing 계획**
> 작업과정에서 비용을 절감하거나 노동효율성을 증가시킨 대가로 팀 구성원에게 보너스를 지급하는 보상시스템

조직적 수준의 보상(Organizational Rewards) 개인이나 팀 기반 보상에 따라 많은 회사들은 직원을 동기부여하기 위해 조직적 수준의 보상에 의존한다. **이윤분배 계획**(Profit-sharing plans)은 직전 연도의 이익 수준으로부터 보너스를 계산한다. 인디애나에 있는 ISG 직원들은 제강업자(Mittel 그룹의 부분) 이익의 4분의 1을 보너스로 받는다. 이 이윤분배제도는 노동조합원들에게 한정되어 있지만 ISG의 경영자들은 회사로부터 확정된 만료날짜까지 이미 결정된 가격으로 주식을 구매할 수 있는 권리인 **스톡옵션**(Stock option)을 받는다. 만약 주식이 예정된 가격보다 오르면, 직원들은 주식을 시가보다 싸게 살 수 있고 뜻밖의 횡재를 얻을 수 있다. 한 ISG 선임경영자는 주당 2.76달러에 주식을 사는 옵션을 가졌다. 그 경영자는 주식이 30달러까지 올랐을 때 옵션권리를 행사했고 결과로 그 해 풍부한 보너스를 얻었다.[46]

> **이윤분배 계획**
> 기업의 이익을 근거로 해서 종업원들에게 보너스를 지급하는 시스템

> **스톡옵션**
> 미래에 정해진 가격으로 주식을 구입할 수 있는 권리를 부여하는 보상시스템

직원주식소유계획(Employee stock ownership plans ; ESOPs)은 직원에게 대개 할인된 가격 또는 무이자 대출로 회사주식을 사도록 격려한다. 직원들은 그 결과로 투자배당금

직원주식소유계획(ESOPs)
종업원이 회사주식을 구입하도록 지원하는 보상시스템

균형성과표(BSC)
재무적, 고객적, 내부 프로세스적, 종업원 관점으로 구성된 성과에 따라 보너스를 지급하는 보상시스템

과 시장평가를 통해 보상받는다. 대략 미국 민간기업 종사인력의 약 10퍼센트가 ESOP에 참여한다. Sears Roebuck과 UPS는 직원들에게 주식을 분배한 최초 회사들 중의 두 곳이다.

네 번째 조직수준의 보상전략은 제7장에서 간략하게 설명한 **균형성과표**(BSC)이다. BSC는 직원 요소들뿐만 아니라 재정, 고객 그리고 내부 프로세스를 통합해 성과를 제고시키기 위한 평가로 사람들(전형적으로 경영진)을 보상하는 목표지향적 성과측정시스템이다. 이러한 네 가지 차원의 성과지표가 더 좋을수록 더 큰 보너스를 받는다. 예를 들면, KT(이전의 한국통신)는 이전 정부소유의 전화회사를 민영화 이후에 더 경쟁적인 사업으로 바꾸기 위해 BSC를 도입했다. "BSC는 우리 직원들을 명확한 방향과 균형잡힌 관점으로 유도했다."고 KT의 부사장 송용한 씨가 말한다. "모든 직원을 BSC 주위로 모음으로써, 우리는 성과지향의 조직문화에 집중할 수 있었다."[47]

조직적 수준의 보상은 얼마나 효과적일까? ESOP, 스톡옵션 그리고 균형성과표는 직원들이 조직의 성공과 자신의 성공을 일치시키는 '주인 문화'를 만드는 경향이 있다. 균형성과표는 조직성과를 측정하는 몇 개의 특정한 성과지표에 보상을 집중할 수 있는 장점이 있다. 그러나 그것들은 보다 더 주관적이기 때문에 효과적으로 이행되기 위해서 특정한 기업문화를 필요로 한다. 이익분배는 주인의식 문화를 덜 만드는 경향이 있다. 그러나 그것은 회사의 이익과 직원보상을 자동적으로 조절하는 장점을 가지고 있다. 그 때문에 정리해고 또는 경기침체기 동안에 임금삭감 협상의 필요가 줄어든다.[48] ESOPs, 스톡옵션 그리고 이익분배(균형성과표는 다소 덜하다)의 주요 문제는 직원들이 종종 개인의 노력과 회사의 수익 또는 회사 주식의 가치 사이에서 약한 연결을 느낀다는 것이다. 심지어 작은 회사에서도 회사의 주식가격 또는 수익성은 경제적 조건, 경쟁 그리고 다른 요인들에 의해 영향을 받지 직원의 통제하에 있는 것이 아니다. 이 낮은 개인적 성과와 보상 간의 기대감은 직원 동기부여를 약화시킨다.

// 비금전적인 보상

모든 외재적 보상이 직원에게 돈을 주는 것을 포함하는 것은 아니다. 사실 많은 회사들이 가장 가치 있고 효과적인 외재적 보상이 많은 돈을 쓰는 것이 절대 아니라는 것을 깨닫고 있다. 캘리포니아 San Jose의 Meriwest Credit의 CEO인 Christopher Owen는 "직원의 5~10%는 돈 때문에 회사를 떠난다"고 설명한다. "대부분은 자신들이 인정받고 있다는 것을 느끼지 못하기 때문에 떠난다." 워싱턴과 오레곤의 한 스포츠 유통업체 G. I. Joe의 부사장 Ed Ariniello는 직무를 잘 수행한 직원들을 칭찬하는 기회를 찾기 위해 그의 방법을 활용한다. "나는 뒤에 있는 사람들을 격려해주기 위해 많이 걷는다." 라고 Ariniello는 말한다. "나와 다른 경영자들이 그렇게 할 때 그 직원들은 자신이 중요하다는 것을 느낀다."[49]

인식의 도전은 직원들이 하고 있는 비범한 것을 찾는 것이다. Keyspan 회사의 회장 Bob Catell은 New England 가스 공익사업에서 '이름 없는 영웅'의 리스트에 대해 관리

자들에게 정기적으로 물어봄으로써 이것을 해결한다. 그는 매주 직원들에게 전화를 걸고, 자신이 회장이라는 것을 확신시키는 데 처음 몇 분의 시간을 보낸다. 대략 3분의 1의 큰 미국 회사들은 직원들을 동기부여하는 데 동료 인정을 활용한다. 이 중의 한 회사가 KFC, Taco Bell, Pizza Hut의 모회사인 Yum! Brand사이다. Yum! 관리자들은 동료들을 직접 보상하기 위해 'Champs'카드를 사용하는 시스템을 도입했다. 이 카드는 KFC의 가치를 나타내는 머리글자로 구성된 것이다.50)

Yum!의 동료 인정
Yum! Brands사는 동료 인정 프로그램을 활용하여 직원들을 동기부여시켰다. 이 프로그램은 Champs카드를 사용하여 동료에게 보상하는 것인데, Champs는 Yum!의 소유회사인 KFC의 6가지 가치를 나타내는 머리글자를 의미한다. 이 카드는 회사가치에 부합하는 행위를 하는 동료에게 제공하여, 동료의 이름이 그림에 장식되도록 한다.

// 성과평가 개선

많은 외재적 보상들, 특히 개인 수준의 성과기반 보상은 여러 측면에서 문제점이 야기되었다. 즉, 창의성을 떨어뜨리고, 직원과 관리자의 거리를 멀게 하고, 일 그 자체의 중요성을 덜 느기도록 한다. 그리고 안 좋은 성과의 진짜 원인을 무시하는 잘못된 대안을 선택한다. 그러나 이러한 문제들은 특정한 상황하에서 제기되고 있기는 하지만 우리가 성과기반 보상을 금지해야 한다는 적절한 의미는 아니다. 오히려 전 세계에 높은 성과를 나타내는 기업들은 성과에 더 많이 보상하고 있다.51)

보상시스템들은 대부분 직원을 동기부여하지만, 단지 이 시스템이 더 높은 성과에 더 높은 보상을 할 때 그러하다. 불행하게도 이 단순한 이론은 대개 적용하기 힘든 것처럼 보인다. 최근 대규모의 조사에서 말레이시아인 직원의 절반 미만의 응답자만 회사가 더 높은 성과에 보상하고 저성과자에 대한 적절한 관리를 한다고 믿었다. 미국통신회사에 대한 Gallup의 조사에 의하면, 5,000명의 고객서비스 직원을 평가한 관리자의 점수와 고객이 평가한 점수와는 상관관계가 없었다는 것이다. Gallup의 연구책임자는 "관리자의 평가행위는 고객과 무관한 것이었다"라고 결론지었다.52)

어떻게 경영자들은 직원성과를 보다 정확하게 평가할 수 있을까? 비록 평가는 항상 어느 정도의 주관성을 가질지도 모르지만, 이 문제를 최소화하고 또는 같이 그것을 회복시키는 방법들이 있다.

1. **보다 객관적인 성과지표를 사용하라.** 가장 좋은 방법 중의 하나는 성과평가보다는 직원성과에 대한 보다 객관적인 지표를 사용하는 것이다. 어떤 기업들은 전통적인 평가에서 탈피해 직원들의 시간당 생산량과 같은 아웃풋의 측정을 사용한다. 객관적인 평가는 팀이나 조직수준에서도 적용할 수 있는데, 개인에게는 고정급을 지급하고, 팀 성과나 조직이윤에 따라 추가적으로 보너스를 지급하는 것이다.

2. **성과정보의 다양한 원천을 사용하라.** 성과평가의 정확성을 향상시키기 위한 인기

360도 피드백
직원(피평가자)을 둘러싸고 있는 모든 관련계층으로부터 성과평가 정보를 제공받는 것

있는 방법은 **360도 피드백**이다. 이 프로세스는 부하, 상사, 동료, 다른 부서의 사람들(내부고객) 그리고 때로는 외부고객을 포함한 직원 주위의 모든 관계자층으로부터 정보를 획득한다. 연구에 의하면 360도 피드백이 상사 혼자 피드백하는 것보다 더 완벽하고 정확한 정보를 제공하는 경향이 있다고 주장한다. 이것은 특히 감독자가 일 년 내내 직원의 행동 또는 성과를 관찰할 수 없을 때 유용하다. 하위직원들 또한 그들이 그들 상사의 성과에 관해 상향적 피드백을 제공할 때 더 큰 공정성과 열린 의사소통을 느낀다. 360도 피드백의 부정적인 면은 시간낭비, 갈등과 모호한 정보를 만들어낼 수도 있다는 것이다. 그리고 직원들이 그들을 평가할 사람들에게 아첨하는 것과 같은 유인을 제공할 수도 있다.[53)]

3. **업적평가 훈련을 하라.** 성과평가의 정확성은 경영자가 다양한 형태의 훈련을 받을 때 어느 정도 향상될 수 있다.[54)] 평가자 오류 훈련은 이러한 문제들에 대한 인식을 높이고 또 그것을 피하도록 평가자를 격려함으로써 지각상의 오류를 줄이려는 시도이다.

직원의 성과평가방법이 객관적일수록 성과–보상 간의 기대가 강해질 것이다. 따라서 직원의 동기부여도 증가할 것이다. 보다 객관적인 보상은 또한 중요한 다른 한 가지 이슈를 설명해준다. 즉, 직원들이 얼마나 공정하게 보상받는다고 믿는가 하는 것이다. 외재적 보상의 마지막 주제인 공정성이론을 살펴보자.

// 직원들을 공정하게 보상

패티 앤더슨(Patti Anderson)은 보잉사의 엔지니어 집안의 일원이다. 그래서 그녀는 워싱턴의 렌턴에 있는 항공우주회사의 업무용 비행기 부서에서 제조업 엔지니어로서 일하는 것을 자랑스러워했다. 그러나 그 자부심은 그녀가 보잉에서 같은 작업을 수행하면서 그녀의 남성가족들이 더 많이 번다는 것을 발견했을 때 사라졌다. "나의 남편, 형제 그리고 아버지 또한 나와 같은 직무를 수행했다. 그러나 그들은 나보다 더 많은 돈을 받았고 지속적으로 나보다 더 높은 급여인상이 이루어졌다."라고 법률보고서에서 앤더슨은 말했다. "나는 이 내용을 그들의 급여 영수증을 보았기 때문에 알고 있다."[55)]

공정성 이론
자원의 분배와 교환에서 사람들이 공정성을 어떻게 지각하는가를 설명하는 이론

패티 앤더슨의 감정은 **공정성 이론**(equity theory)에 의해 설명된다. 공정성 이론은 공정성 또는 불공정성의 감정은 직원이 그들의 자신의 산출/투입 비율과 다른 사람의 산출/투입을 비교할 때 일어난다고 말한다.[56)] 산출/투입의 비율은 교환관계에서 당신이 받은 산출의 가치를 당신이 제공한 투입의 가치로 나눈 것이다. 앤더슨은 아마도 투입으로서 그녀의 기술과 책임감의 수준을 포함했을 것이다. 다른 투입은 경험, 지위, 성과, 개인적 평판 그리고 일한 시간의 양을 포함한다. 산출은 직원이 투입에 대한 교환에서 조직으로부터 받은 것이다. 앤더슨에게 주요 산출은 급여와 임금 인상이다. 약간의 다른 산출은 승진, 인정 또는 창문이 있는 사무실이 될지도 모른다.

공정성 이론은 우리의 산출/투입 비율을 다른 사람의 것과 비교한다고 주장한다.[57] 패티 앤더슨은 그녀의 비교대상인 남성이 자신과 유사한 정도의 기여를 하였음에도 불구하고 자신보다 높은 보상을 받았기 때문에 과소보상 불공정을 느꼈다. 앤더슨은 만약에 그녀가 같은 작업을 수행하는 것에 대해 같은 보상을 받았다면 아마도 공정성을 느꼈을 것이다. 한편, 과다보상 불공정성은 같은 투입(기술, 노력과 같은)에 다른 사람보다 더 많이 받는 것을 깨달았을 때 또는 그들이 더 적은 투입(당신보다 훨씬 더 많은 기술과 재능이 있는 누군가와 같은 임금을 얻는 것과 같은)을 제공했음에도 불구하고 비슷한 산출을 받을 때 일어난다.[58]

임금차이를 조심하라.
Costco의 최고경영자 Jim Sinegal은 경영자와 종업원 간의 임금차이가 통제를 벗어날 정도로 벌어졌으며, 이것은 장기적으로 동기부여에 문제를 가져올 것이라고 생각한다.

경영자와 직원 임금비율 관찰 지난 수십 년 동안 많은 직원들은 그들과 최고경영자들 사이에 큰 임금차이 때문에 불공정성의 감정을 경험해왔다.[59] 회사 경영자의 공정한 임금 수준은 무엇인가? Plato(그리스 철학자)는 공동체에서 누구도 가장 낮은 노동자의 5배보다 더 많이 벌어서는 안 된다고 말했다. 1970년대 경영의 대가 Peter Drucker는 가장 낮은 노동자 수입의 20배가 합리적이고 주장했다. 지금 J.P Morgan Chase라고 불리는 금융 거대기업을 1800년대에 창립한 John Pierpont Morgan은 또한 CEO가 평균적인 노동자의 임금보다 20배 넘게 벌어서는 안 된다고 경고했다. 급여, 보너스 그리고 지난 몇 년간의 각 스톡옵션으로 1,500만 달러에서 2,000만 달러를 받는 현재 J.P Morgan Chase의 CEO인 William B. Harrison Jr.도 그 충고를 멈추지 않았다. 이 보상수준은 미국의 평균 고용자의 임금보다 700배 더 많은 것이다.

Costco 할인점의 최고관리자 Jim Sinegal은 이렇게 큰 임금격차는 심각하게 불공정하고 장기적으로 근로자에게 동기부여문제를 야기할 수 있다고 생각했다. "플로어에서 일하는 일반적인 사람보다 100배 또는 200배 또는 300배 더 많이 버는 개인은 옳지 않다."라고 워싱턴에 Issaquah 회사를 공동설립한 Sinegal은 말했다. Costco는 미국에서 가장 큰 유통업체 중 하나이고 종업원들은 그 산업에서 가장 높은 임금을 받지만, Sinegal은 연봉과 보너스로 55,000달러를 가지는 가장 낮은 임금을 받는 경영자 중 한 명이다.[60]

직원들은 불공정성 감정을 어떻게 바로 잡을까? 직원들이 불공정하게 보상받았다고 느낄 때 무슨 일이 일어날까? 그들은 그러한 불공성을 감소시키도록 유도하는 정서적 긴장을 경험한다. 사람들이 불공성의 감정을 줄이기 위해 노력하는 가장 보편적인 방법들이 있다.[61]

- **투입의 변화 :** 직원은 더 낮은 수준으로 일을 하거나 과다한 보상을 받는 그(녀)가 더 많은 작업의 몫을 하도록 교묘하게 요청한다.
- **산출의 변화 :** 직원은 임금인상을 요구하거나 회사 자원의 독단적인 사용을 함

"O.K., if you can't see your way to giving me a pay raise, how about giving Parkerson a pay cut?"

으로써 그들의 산출을 증가시킨다. 그들은 상사에게 동료에 대한 지나친 대우를 멈추라고 요청함으로써 동료의 산출을 감소시키려고 한다.

- **지각의 변화 :** 때로는 직원들은 동료가 실제로 더 많이 일한다고 믿거나, 또는 그(녀)가 받는 더 높은 산출(아마도 더 좋은 사무실)은 실제로 훨씬 더 나은 것이 아니라고 믿음으로써 불공성의 감정을 털어낸다.
- **상황 벗어나기 :** 직원들은 불공정한 상황으로부터 자신을 이동시키는 몇 가지 방법을 가지고 있다. 그들은 직장을 그만두거나, 보상이 더 공정하게 분배되는 다른 곳으로 이직할 수 있다. 사무실에서 떠나지 못하는 사람들은 동료가 있는 사무실에서 벗어나거나, 비근로시간을 더 가지거나 또는 자신의 일을 심리적으로 멀리한다(그들의 삶에서 덜 중요하게 만든다).

보상과정을 공정하게 관리 공정성이론은 다양한 상황에서 임금이나 다른 보상에 대한 공정성 지각을 설명하는 데 좋다. 특히, 직원들의 욕구를 경영자가 알고 있거나, 직원들이 의사결정에 불공정성을 느낄 때 불만을 제기할 수 있도록 커뮤니케이션 채널을 가지고 있을 때 그러하다. 그러나 경영자들은 또한 보상분배의 프로세스에서 공정성에 주의를 기울여야 한다.[62] 이 프로세스는 가치 있는 자원들(임금과 선호하는 사무실 공간)이 어떻게 결정되는지의 메커니즘과 이 프로세스에서 직원들이 어떻게 대우받는지를 포함한다.

경영자들이 보상과 자원의 분배 프로세스에서 어떻게 공정성을 향상시키는가?[63] 한 가지 좋은 방법은 이 프로세스에서 직원들에게 자신의 의견을 표현할 수 있도록 해주는 것이다. 이 프로세스는 누구에게 자원을 할당할지에 대해 직원들이 의견을 제시하도록 격려한다. 경영자들은 또한 편견이 없어야 하고, 완벽하고 정확한 정보에 의존하고, 일관성 있게 현재의 정책을 적용하고, 자원할당 결정에 의해 영향을 받는 사람들의 다양한 의견을 듣는 것을 필요로 한다. 직원들 또한 상사의 결정권한에 의견을 개진할 권리를 가진다면 그 결정이 공정하다고 느낄 것이다.

외재적 보상은 중요하다. 그러나 그것들은 직원 동기부여의 유일한 것이 아니다. "고성과자들은 돈을 위해 일하지 않는다."라고 Oakdale의 CEO인 William Monahan은 경고한다. Xerox 연구센터 감독자인 Rafik O. Loutfy는 "좋은 사람들은 도전적인 직무를 수행하기 원하고, 더 많은 책임과 권한을 얻을 수 있는 미래를 보기 원한다."라는 이 판단에 동의한다. "우리의 최고 스타들은 영향력(그것은 가장 중요한 것)을 만들기를 원한다"고 말한다. 자신들이 공헌을 하고 있고 일상과 다른 차이를 만들어내고 있다는 느낌이 그들을 매우 동기부여시킨다.[64] 즉, Imation, Xerox와 같은 여러 회사들은 흥미 있고 도전적인 직무를 설계함으로써 종업원들을 동기부여시킨다.

내재적 보상을 통한 직원들의 동기부여

20세기 전반기 동안 실무전문가와 학자들은 일을 잘게 쪼개어 종업원이 하나의 직무를 수행하는 데 1분이 되지 않도록 하는 데 많은 시간을 보냈다. 이러한 상황에서 미국의 크라이슬러 조립라인 직원들은 한 직무사이클이 종결되는데 64.5초가 소요된다. 이것은 시간당 약 58번의 동일한 과업들을 반복하고, 식사 휴식을 갖기 전에 약 230번을 반복한다는 의미이다.[65)]

왜 회사들은 업무를 그러한 작은 조각들로 나누는가? 한 가지 이유는 작업자가 소수의 과업만을 수행하기 때문에 활동을 변화하는 데 더 적은 시간이 소요되기 때문이다. 그들은 또한 할당된 업무를 완수하는 데 더 적은 육체적 그리고 정신적 기술을 필요로 한다. 따라서 필요한 훈련에 소요되는 시간과 자원이 덜 든다. 세 번째 이유는 직원들이 짧은 업무순환을 더 자주 실행하기 때문에 직무를 빠르게 숙달한다. 업무 효율성이 증가하는 네 번째 이유는 특정한 적성이나 기술을 가진 직원들을 가장 적합한 직무에 정확하게 매치시킬 수 있기 때문이다.[66)]

직무를 좁게 설계해 순환시간을 짧게 한 것은 어느 정도 장점이 있다. 그러나 이 직무설계전략은 궁극적으로 실패할 수 있다. 왜냐하면 그것은 또 다른 중요한 요인을 무시했기 때문이다. 즉, 지루한 직무들은 동기부여되지 않는다. 비록 전문화는 직원능력을 향상시킬지 모르지만, 이 장의 초기에 설명했던 MARS 모델은 직원들은 또한 그들의 직무를 효과적으로 수행하기 위해 충분한 동기부여를 가져야만 한다고 지적한다. 따라서 경영자는 보다 많은 내재적 보상을 제공하는 직무설계를 할 필요가 있다. 이것은 앞서 언급했듯이, 개인의 행위나 결과로부터 직접적으로 그리고 자연스럽게 유도되는 긍정적인 감정이다.

// 직무특성모델

직무특성모델
직무의 동기부여적 속성과 그 결과로 나타내는 작업자와 조직의 특성을 결합한 직무설계모델

직무특성모델은 직무 그 자체를 통해 어떻게 직원 동기부여를 증진시키는지 이해하는 데 유용한 틀이다.[67)] 직무특성이론에 따르면, 모든 직무는 [그림 12. 6]에서 보여주는 5가지 핵심직무 차원을 어느 정도 가지고 있다.

- **기술다양성** : 기술다양성은 다양한 작업활동들을 완수하기 위해 상이한 기술과 재능의 사용을 말한다. 예를 들면, 보통 고객만을 상대하는 판매원들에게 재고품 정리와 상점 앞의 전시물을 바꾸는 추가적인 업무를 할당할 수 있다.
- **과업정체성** : 과업정체성은 단지 회로소자에서 납땜하는 것이라기보다 하나의 컴퓨터 전체 모뎀을 조립하는 것과 같이 직무가 하나의 전체 또는 확인할 수 있는 일의 단위를 요구하는 정도이다.
- **과업중요성** : 과업중요성은 직무가 조직과 사회에 영향을 미치는 정도이다.

그림 12.6
직무특성모델

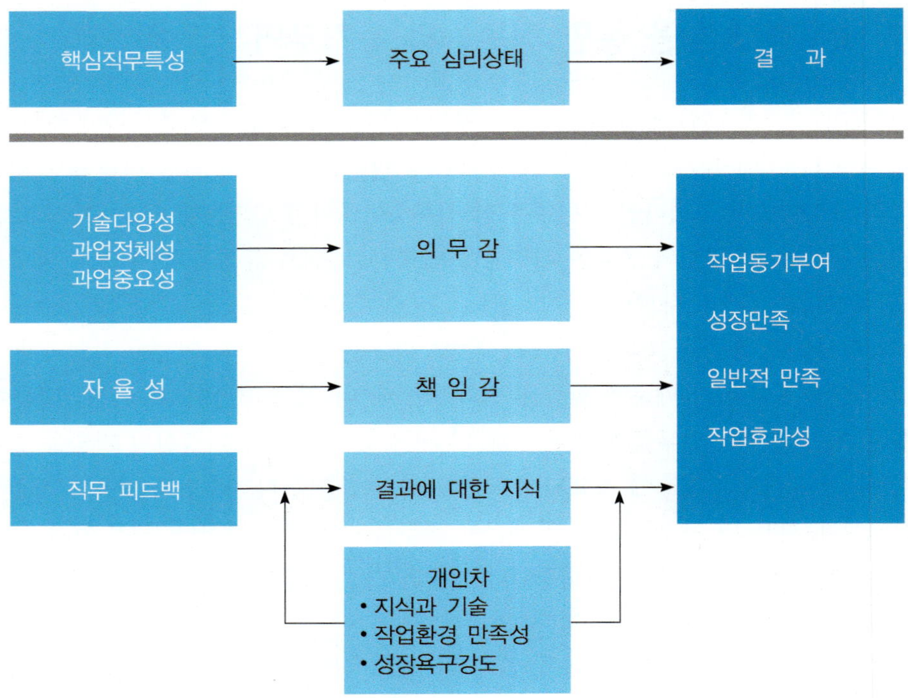

- **자율성 :** 높은 수준의 자율성을 가진 직무는 자유, 독립성, 작업계획의 재량권, 그리고 일을 끝내는 데 사용되는 절차의 결정권을 제공한다. 자율적인 직무는 직원들이 감독자나 절차 매뉴얼로부터 상세한 지시에 의존하기보다는 그들 자신이 결정을 한다.
- **직무 피드백 :** 직무 피드백은 직원이 직무 그 자체로부터의 직접적 지각의 정보를 기반으로 그들이 얼마나 잘하고 있는지 알 수 있는 정도이다. 비행기 조종사들은 그들의 비행기를 얼마나 부드럽게 착륙하는지 느낄 수 있다. 도로 노동자는 포장 재료와 아스파트가 얼마나 잘 준비되었는지 볼 수 있다.

처음 세 가지 핵심차원(기술다양성, 과업정체성 그리고 과업중요성)은 의미감의 경험(자신의 일이 가치 있고 중요하다는 신념)이라고 부르는 심리적 상태에 대해 영향을 미친다. 자율성은 책임감을 경험(자신의 노력 결과에 대해 개인적으로 책임을 느끼는 감정)하는 느낌에 직접적으로 기여한다. 세 번째 중요한 심리적 상태인 결과에 대한 지식은 직무 피드백으로부터 나온다.

직무특성모델은 직무설계를 통해 동기부여가 되려면 직원들이 더 도전적인 일을 능숙하게 하기 위해 필요로 하는 기술과 노력을 가지고 있을 때만 증가한다고 설명한다. 그렇지 않으면 직무설계는 스트레스를 증가시키고 직무성과를 줄이는 경향이 있다. 이 모델은 또한 직원들이 작업환경(작업조건, 직무안정성)에 불만족하거나 낮은 성장욕구를 가질 때 더 동기부여되지 않을 것이라고 주장한다. 그러나 다양한 연구들은 직원들이 그들의 직무환경에 어떻게 느끼는지 또는 성장욕구 세기에 얼마나 높고 낮은지에 상관없이 직무설계에 의해 동기부여될 수 있다고 주장한다.[68]

// 직무충실화를 통해 직원들을 동기부여하는 것

직무특성모델은 매일 상이한 직무를 수행하도록 직원을 순환시키거나 한 가지 직무에 더 많은 과업들을 추가시키는 것 등으로 직원 동기부여를 증진시키는 많은 방법을 제시하고 있다. 그러나 전문가들은 가장 효과적인 전략은 **직무충실화**(job enrichment) — 자신의 일에 대한 업무일정, 조정, 계획의 책임을 부여하는 것 — 라는 것에 동의한다.[69] 직무충실화를 제고시키는 한 가지 방법은 고도의 상호의존적 과업들을 하나의 직구로 통합시키는 것이다. 자연스러운 작업단위를 형성시킴으로써 직원들은 식별할 수 있는 일의 집합체에 대해 더 강한 책임감을 느끼게 된다. 그들은 주인의식을 느끼게 되어 직무의 질을 향상시키는 경향이 있다. 자연스러운 작업단위를 형성하는 것은 과업정체성과 과업중요성을 증가시킨다. 왜냐하면 직원은 완전한 제품 또는 서비스를 생산하고 어떻게 그들의 과업이 다른 이들에게 영향을 미치는지 더 쉽게 볼 수 있기 때문이다.

직무충실화
직원들에게 자신의 일을 계획하고 조정하고 일정을 수립하는 데 있어 보다 많은 책임을 부여하는 직무설계방법

두 번째 직무충실화전략은 고객관계 수립이라고 부르기도 하는데, 중개자로 감독자를 이용하기보다는 직원들이 고객과 직접적인 접촉을 하도록 한다. 직접적으로 특정 고객들을 담당함으로써 직원들은 더 많은 정보를 가지게 되고 그러한 고객들에게 영향을 미치는 결정을 할 수 있다.[70] 고객관계 수립은 또한 직원들이 자신의 일이 고객들에게 어떤 영향을 미치는지를 볼 수 있기 때문에 과업중요성을 증가시킨다.

자연스러운 과업그룹 형성과 고객관계 수립은 직무를 충실하게 하는 일반적인 방법이다. 그러나 직무충실화 철학의 중심은 직원들에게 그들의 일에 관해 더 많은 자율성을 주는 것이다. 이러한 기본적인 생각은 **임파워먼트**(empowerment)라고 알려진 유명한 개념의 핵심이다.

임파워먼트
자기결정, 의미감, 효능감, 조직에서 개인역할의 영향이라는 네 가지 차원으로 대표되는 심리적 개념

// 임파워먼트를 통해 직원들을 동기부여하는 것

이 장의 도입사례는 위스콘신 보험회사 ACUITY의 놀라운 변화와 직원 동기부여의 증가를 설명한다. 동기부여가 증가된 한 가지 이유는 엄격한 통제시스템이 제거되었고, 직원들이 회사의 전략과 운영방향에 영향을 미치는 의사결정에 적극적으로 참여하도록 변화되었기 때문이다. 특히, 일선직원들과 중간관리자들은 기술, 고객 서비스, 투자, 노사관계 그리고 대부분 다른 이슈에 대한 방향을 설정하는 위원회에 순환하면서 참여했다. 이 위원회는 최고경영자가 전적으로 지원하는 기구였다. 한 직원이 최근 언급한 것처럼 ACUITY는 그들의 직원들을 존경으로 대우하고 또한 직원들을 임파워시켰다.[71]

ACUITY는 직원들이 임파워되는 작업환경을 만들었다. 임파워먼트는 조직에서 자

Semco사의 임파워먼트
많은 경영자들이 부하들에게 임파워시키고 있다고 말하지만, Semco사의 직원들이 경험하는 정도의 임파워먼트에 도달한 회사는 드물다. "직원들이 원하는 것을 원할 때와 원하는 방법으로 하도록 조직이 허용할 수 있을까?"라고 브라질 상파울로에 있는 제조와 서비스 기업군의 CEO인 Ricardo Semler는 질문한다. 이 답은 예스인 것 같다. 6~10명의 소규모 작업집단에 소속된 Semco 직원들은 6개월마다 자신들의 목표를 설정하고, 함께 일할 동료를 고용하고, 예산을 수립하며, 급여를 결정하고, 근무시간을 결정하고 심지어 자신들의 상사를 선택하기도 한다.[74)]

기결정, 의미성, 효능감 그리고 개인 역할의 영향력의 4가지에 의해 나타나는 심리적인 개념이다.[72)]

- **자기결정 :** 임파워된 직원들은 그들이 자유, 독립성 그리고 그들의 작업활동에 대한 재량권을 가지고 있다고 느낀다.
- **의미성 :** 임파워된 직원들은 자신의 일을 소중히 여기고 자신이 중요한 일을 수행한다고 믿는다.
- **효능감 :** 임파워된 사람들은 자신의 일을 잘 수행할 수 있는 능력을 가지고 있다고 확신하고, 새로운 도전과 함께 성장할 수 있는 능력을 가지고 있다고 확신한다.
- **영향력 :** 임파워된 직원들은 그들 자신을 조직의 능동적인 참가자로 본다. 즉, 그들의 결정과 행동은 회사의 성공에 영향을 준다.

회사의 리더들이 부하들을 임파워시키고 있다고 말하는 것을 들을 기회가 있을 것이다. 이러한 리더들의 말이 진짜 의미하는 것은 그들이 임파워먼트를 지원하기 위해 작업환경을 변화시킨다는 것이다. 자기결정에 대한 신념을 만들기 위해서는 직원들이 최소한의 관료주의 통제하에서 높은 자율성을 가지고 직무에서 일해야 한다. 의미성을 유지하기 위해서는 직무들은 높은 수준의 과업정체성과 과업중요성을 가져야 한다. 그리고 자신감을 유지하기 위해서는 직무가 충분한 피드백을 제공해야 한다.[73)]

직원들은 또한 정보와 다른 자원에 쉽게 접근할 수 있고, 직원학습이 가치있게 평가되고 타당한 실수가 학습과정의 자연적인 부분으로 여겨지는 조직에서 더 많은 임파워먼트를 경험한다. 나아가 임파워먼트는 직원을 믿고 임파워먼트가 야기할 수 있는 위험을 기꺼이 감수하는 회사의 리더들을 필요로 한다.[75)]

결 론 왜 중요한가?

직원의 행동과 성과에 대한 4가지 기초가 있다. 그리고 동기부여는 거의 틀림없이 매일 경영자들에게 가장 중요한 것이다. 두 가지 요인인 능력과 상황적 요인은 단기적으로 상당히 안정적이다. 세 번째 요인인 역할지각은 전형적으로 목표설정 내에서 관리되고 동기부여적인 프랙티스와 관련된다. 바꾸어 말하면, 직원 관여와 성과가 극대화되어야 할 때 동기부여는 결정적이고 경영자들이 고려하는 주요 요인이다.

동기부여된 그리고 헌신하는 노동력에 대한 탐색은 쉽지 않았다. 또한 동기부여되고 헌신적인 직원을 만드는 것도 쉽지 않다. 한 대규모 조사에 의하면, 약 92%의 경영자들이 동기부여된 직원을 확보·유지하기가 어려워진다고 응답했다. 이러한 원인으로는 세 가지 정도의 요인이 있다.

첫째, 국제화, 정보기술, 리스트럭처링 그리고 다른 변화들이 극적으로 고용관계를 바꿨다. 이러한 변화들은 최소 수준 이상으로 직원들에게 활력을 불어넣는 데 필요한 신뢰나 몰입수준을 훼손시킨다. 아마도 이것은 왜 대략적으로 미국 노동력의 5분의 1이 직무에서 떠나고 은퇴했는지를 설명한다.[76)]

둘째, 과거 수십 년 동안 회사들은 전형적으로 직원행동과 성과를 근접 모니터하기 위해 감독자들에게 의존했다. 비록 헌신과 신뢰는 낮았지만, 직원들은 상사가 자신들을 긴밀하게 관찰하는 것과 함께 직무를 수행했다. 그러나 대부분 회사들은 조직구조를 수평화하고 관리계층을 제거함으로써 비용을 감소해왔다. 관리자들은 이제 더 많은 직원들을 관리해야 하고, 따라서 꾸물거리는 사람들을 찾아내기가 어렵다. 오늘날의 교육받은 노동력은 '지휘와 통제' 경영방식을 싫어하기 때문에 이것은 오히려 낫다고도 단순히 말할 수 있다. 대부분 사람들은 동기부여된 느낌을 좋아하지만, 이것은 올바른 조건들을 필요로 한다. 따라서 경영자들은 직원을 동기부여하기 위해 보다 현대적인 방법을 찾는 것이 필요하다.

셋째, 새로운 세대의 근로자들이 작업장에 대한 상이한 기대를 하고 있다는 것이다. 몇 년 전에는 다양한 연구자들이 X세대와 Y세대 고용자들을 게으름뱅이, 빈정대는 사람, 우는 소리하는 사람 그리고 불평가로 비난했다. 이제는 문제가 그들의 동기부여적인 가능성의 부족이 아니라는 것을 안다. 그것은 경영자들이 그들을 어떻게 동기부여하는지 몰랐기 때문이다. 많은 회사들이 여전히 이것을 모르는 것처럼 보인다. 한 보고서에 따르면, 25~34세 근로자의 40%가 가끔 또는 자주 동기의 저하를 느낀다고 한다. 이 수치는 35~44세 근로자의 30%와 45~54세 근로자의 18%가 느끼는 동기의 저하보다 훨씬 크다.[77)]

이 장은 직원 동기부여의 세 가지 기초를 설명했다. (1) 개인적인 동기와 욕구, (2) 목표, 기대감과 피드백, 그리고 (3) 외재적 그리고 내재적 보상이다. 경영자들은 이 과정에서 중요한 역할을 한다. 그들은 실제로 무엇이 직원을 유인하는지 발견해야 하고, 사람들은 복잡한 욕구를 가지고 있다는 것을 인식해야 한다. 그 다음에 그들은 달성할 수 있는 목표를 설정하고, 기대감을 명확히 하고, 건설적인 피드백을 제공함으로써 그러한 동기와 욕구로부터 노력을 유도해 내야 한다. 마지막으로 경영자들은 재정적 보상을 설계하고, 공식적 그리고 비공식적 인정을 해주고, 자연스러운 내재적 보상이 가능한 직무설계를 책임져야 한다.

Management Challenges

1. 보험회사의 직원 결근율은 높은 수준이다. 이들 회사의 CEO는 직원들이 다르게 이야기하지만 실제로 질병휴가를 오용하고 있다고 믿고 있다. MARS 모델을 사용하여 결근율이 높은 이유와 줄일 수 있는 방안에 대해 논의해 보시오.
2. 경영에서 가장 오래된 의문 중의 하나가 '돈'이 직원들을 동기부여시킬 수 있는가 하는 것이다. Maslow의 욕구단계이론에 의거해 이 질문에 대답해 보시오.
3. McClelland에 의하면 어떤 욕구들은 학습되는 것이고, 또 최소한 학습을 통해 강화될 수 있다고 한다. 영업관리자가 직원들의 영업력을 제고시키기 위해 성취욕구, 친교욕구, 파워욕구를 어떻게 활용할 수 있는지 논의해 보시오.
4. 이 장에서는 기대이론의 세 가지 요인들을 변화시킴으로써 직원들의 동기부여를 제고시키는 방법을 설명하고 있다. 당신이 이번 수업의 지도교수라고 가정하고, 학생들이 과제를 잘 수행하고 예습을 할 수 있도록 어떻게 동기부여시킬 수 있는지 논의해 보시오.
5. 최근에 당신에게 일어난 일이나 수행했던 자발적 과제들을 생각해 보자. 당신이 그 일이나 과제를 잘 수행하도록 당신의 상사는 목표설정이나 피드백과 같은 방법들을 사용했는가? 당신이 처한 상황에서 목표설정이나 피드백이 보다 효과적으로 활용되었는지 논의해 보시오.
6. 몇몇 서비스 직원 대표자들은 직장 경험이 없는 새로 고용된 대표자가 연간 3,000달러의 급여를 받게 된 것에 화가 났다. 이 급여수준은 일반적인 초임의 수준을 초과하는 것이었기 때문이다. 그 부서의 관리자는 새로 고용된 대표자가 일반적인 급여수준을 받아들이지 않았기 때문에 인상된 급여를 지급하게 되었다고 설명했다. 다섯 명의 기존 서비스 직원 대표자들은 처음에는 일반적인 초임수준에서 출발했지만, 현재는 모두 신규 채용자보다 15,000달러 이상 더 높은 최고 수준의 급여를 받고 있는 상황이다. 공정성 이론을 활용하여 왜 다섯 명의 대표자들이 불공정성을 느끼게 되었는지를 논의해 보시오.

Management Portfolio

조직을 위해 다음의 내용들을 따라야 한다.

1. 직원들을 동기부여시키고 지원하기 위해 회사가 할 수 있는 프랙티스들을 찾아보라(웹사이트, 뉴스, 리포트 등). 회사들은 네 가지 욕구들을 각각 충분히 지원하고 있는가? 조직들은 네 가지 욕구들을 균형있게 유지하고 있는 것처럼 보이는지 당신의 견해를 말해보시오.
2. 제5장에 나오는 조직의 미션, 비전, 목표를 살펴보라. 이제 이 조직이 (a) 생산 및 서비스 직무와 (b) 영업 및 지원 직무의 종업원들에게 할당할 것 같은 성과목표에 대해 기술해 보시오.
3. 조직은 멤버십/연공, 직무지위, 역량, 성과라는 네 가지 형태의 보상을 다양하게 강조한다. 이 조직에 대한 당신의 조사를 기초로 했을 때, 어떤 종류의 유형이 가장 강조되어야 할까? 또 어떤 종류의 보상이 가장 덜 강조되어야 할까?

4. 이 조직은 동일 산업의 다른 조직들과 비교했을때, 상대적으로 종업원들에게 임파워먼트를 부여하고 있다고 생각하는가? 그 이유는 무엇인가?

마·침·사·례 버디스낵회사

Buddy's snack company는 로키산맥에 위치한 가족소유 기업이다. 1951년 Buddy Forest는 집에서 만든 감자칩을 트럭에서 판매하면서 사업을 시작했다. 현재는 3,600만 달러의 매출을 올리는 스낵기업으로 성장했으며, Frito-Lay 등의 경쟁기업에게 빼앗긴 시장점유율을 되찾기 위해 노력하고 있다. 1980년대 초반 Buddy는 자신의 사업을 아들인 Buddy Jr.에게 물려주었다. Buddy Jr.는 현재 자신의 아들인 Mark에게 경영수업을 시키고 있다.

6개월 전에 Mark는 Buddy의 스낵회사에 영업사원으로 들어갔으며, 4개월 후에 영업관리자로 빠른 승진을 했다. Mark는 최근 지역대학에서 마케팅으로 MBA를 취득했으며, Buddy Jr.는 그가 기업을 위해 전략을 실행할 것을 기대했다. Mark의 최초 전략 중의 하나는 새로운 영업 성과평가시스템을 도입하는 것이었다. 이 방법의 한 부분으로 평균 이하의 성과를 달성한 영업직원은 자신의 상사에게 코칭교육을 강제로 받도록 했다. Mark Forest는 이러한 코칭프로그램이 직원들을 동기부여시켜 매출을 늘릴 것이라고 기대했다. 이 사례는 낮은 성과를 달성한 직원들이 코칭 프로그램에 강제 참여하도록 한 것에 대해 영업사원이 보이는 반응을 설명하고 있다.

LYNDA LEWIS

Lynda는 자신의 직업윤리를 자부심으로 가지고 있는 부지런한 근로자이다. 그녀는 교육자료들을 읽고 판매기법들을 배우는 데 많은 시간을 투입했으며, 자기 시간을 추가로 투입해서 교육용 비디오를 보고 최고 영업사원의 요구에 맞추어 근무해 왔다. Lynda는 유쾌한 태도를 가지고 있으며, 기업에 150% 기여하는 팀플레이어였다. 영업성과 평가를 받았던 지난 기간은 경제불황 때문에 어려운 시기였지만, 그녀는 회사를 위해 최선을 다해 근무했다. Lynda는 지난 평가기간에 목표치를 달성하지 못한 이유가 자신의 노력부족이 아니라 경제불황으로 인해 운이 좋지 않았기 때문이라고 생각하고 있었다. 다음 평가시기에는 성과가 달라질 것이라고 기대하고 있다.

Lynda는 자신을 코칭 프로그램에 참석토록 한 Mark의 조치에 화가 났는데, 최근 3년간 자신의 목표실적을 달성하지 못한 것은 이번이 처음이었기 때문이다. 또한 Lynda는 성공을 위해 필요한 것들을 무엇이든지 할 용의가 있지만, 코칭교육이 토요일에 이루어진다는 것에 대해 걱정을 하였다. 도대체 Mark는 Lynda가 세 명의 아이들을 혼자서 키우고 있고 주말이 그녀의 가족들에게 얼마나 중요한지 모른단 말인가? Lynda는 조직에 헌신적인 직원이기 때문에, 어느 정도 자신의 가족들 스케줄을 재조정할 것이다.

Lynda는 이제 자신의 노력을 Mark가 어떻게 인식하고 있는지가 매우 걱정스러워졌다. 결국 그녀는 이번 평가기간에 목표량을 초과달성했지만, 그녀의 노력에 대한 감사나 칭찬을 받지는 못했다. 이러한 경험들로 인해 Lynda는 동기부여되지 못했고, 회사 내 자신의 미래에 대해 회의를 품게 되었다.

MICHAEL BENJAMIN

Michael은 영업근무를 좋아하지는 않지만, Buddy's Snack Company에 입사하게 되어서 매우 행복했다. Michael이 영업직을 받아들인 이유는 열심히 일하지 않아도 되고 하루 중 많은 시간을 자유롭게 보낼 수 있다고 생각했기 때문이다. Michael도 코칭교육에 보내졌는데, 고객들의 평가(고객만족도)가 나빴기 때문이었다. Michael은 고객들에게 진부한 프레젠테이션 자료를 보내는 경향이 있으며, 또한 고객들의 욕구를 주의깊게 듣지 않았다. 결과적으로 그는 새로운 판매주문서에 많은 오류를 범했고, 물품선적이 지체되었으며 회사에 손실을 끼쳤다. Michael은 그의 대부분의 고객들이 많은 돈을 쓰지 않았기 때문에 실제로 주의를 기울이지 않았으며, 그가 해야 하는 일의 가치를 느끼지 못했다.

최근 기업의 보상구조에서 변화가 있었다. 큰 커미션을 얻을 수 있는 대형매장에 판매하는 것 대신에, 작은 양을 파는 편의점으로 초점이 옮겨졌다. 즉, 동일한 금액의 돈을 벌기 위해 Michael은 두 번의 판매를 해야만 했다. Michael은 이러한 보상구조의 변화가 공정하다고 생각하지 않았으며, 코칭교육이 시간낭비라고 보았다. 그는 영업팀의 다른 구성원들은 좋은 리더와 잘 알고 있고, 그 때문에 그들의 성과가 좋다고 믿고 있었다. Michael은 사무실의 다른 구성원들과 함께 하지 못했고, 다른 이의 성공이나 승진은 열심히 일한 대가가 아니라 회사의 누군가를 알고 있기 때문이라고 생각했다. 그는 자신의 일에 아무리 많은 노력을 투입한다 하더라도 정당한 보상을 받지 못할 것이라고 느꼈다.

KYLE SHERBO

Kyle는 과거 5년 중에서 3년 동안 최고의 영업사원이었으며, 영업관리자로 승진할 것을 기대하고 있었다. Mark가 회사에 들어왔을 때, Kyle은 Buddy Jr.를 가까이서 보좌하면서 Mark가 사업의 모든 측면들을 배우는 데 도움을 주었다. Kyle는 Buddy Jr.와의 밀접한 관계로 인해 선망의 대상인 영업관리자로 승진하게 될 것을 확신하고 있었다. 그러나 자신의 것이었다고 생각했던 영업관리자로 Mark가 승진하자 망연자실했다.

지난 평가기간에 Kyle의 근무습관은 눈에 띌 정도로 변했다. 약속시간에 늦거나 아니면 약속 자체를 잊어버렸고, 전화도 받지 않았으며 지시도 따르지 않았다. 그의 영업성과는 극단적으로 떨어져 소득도 형편없게 되었다. Kyle는 수년간 Buddy Jr.와 회사에 헌신하고 강력한 충성을 보여주었지만, 이제는 다른 일자리를 찾아보고 있다. Buddy's Snack은 지방에 위치하고 있어서 Kyle가 새로운 일을 찾는 데 제약이 많았다. 그러나 그는 더 큰 도시에 있는 경쟁업체로부터 영업관리자로 채용을 의뢰받았지만, 그의 아내는 반대를 했다. 왜냐하면 가족들을 두고 갈 수는 없었기 때문이었다. Kyle는 자신의 현재 위치에 대해 비통해하고 분개했으며, Mark가 주도하고 있는 코칭교육에도 참가해야 했다.

토론문제

1. 기대이론, 동기부여이론, 공정성이론을 적용해서 세 가지 사례의 주인공들의 동기부여수준을 설명하시오.
2. 네 가지 욕구이론을 활용하여 사례 주인공들의 동기부여와 코칭교육을 설명하시오.

❋ 주석 | Endnotes

1. S. Prestegard, "From Heritage to Acuity," *Marketplace Magazine*, March 27, 2001, p. 14; M. Muckian, "Irreverent Heritage," *The Business Journal* (Milwaukee), March 14, 2003, p. A25; R. Romell, "Sharp Focus on Employee Satisfaction Pays Off for ACUITY," *Milwaukee Journal Sentinel*, June 29, 2004, p. 3D; J. Signer, "A Cultural Revolution Transforms ACUITY as an Employer and a Business Partner," *Journal of Organizational Excellence*, Spring 2005, pp. 17–28.
2. "Gallup Study: Feeling Good Matters in the Workplace," *Gallup Management Journal*, January 12, 2006; "Employee Engagement Levels Are Focus of Global Towers Perrin Study," *Tower Perrin Monitor*, January 2006.
3. D. Ulrich and N. Smallwood, *Why the Bottom Line Isn't* (Hoboken, NJ: John Wiley & Sons, 2003), p. 11; "Owens Corning Makes Smart Investments in Employee Training," *The Resource* (Newsletter of Jackson State's Division of Economic and Community Development), Fall 2004, p. 1; P. Kershaw, "Happy Days," *Sydney Morning Herald*, August 23, 2005, p. 6; K. Ockenden, "Inside Story," *Utility Week*, January 28, 2005, p. 26.
4. Also notice that the outcomes of the MARS model are "behavior and results," resulting in the even more memorable acronym MARS BAR. The MARS model is developed from models and writing by several sources, including E.E. Lawler III and L.W. Porter, "Antecedent Attitudes of Effective Managerial Performance," *Organizational Behavior and Human Performance* 2, no. 2 (1967), pp. 122–42; K.F. Kane, "Special Issue: Situational Constraints and Work Performance," *Human Resource Management Review* 3 (Summer 1993), pp. 83–175.
5. C.C. Pinder, *Work Motivation in Organizational Behavior* (Upper Saddle River, NJ: Prentice-Hall, 1998); G.P. Latham and C.C. Pinder, "Work Motivation Theory and Research at the Dawn of the Twenty-First Century," *Annual Review of Psychology* 56 (2005), pp. 485–516.
6. S. Brady, "Deep in the Heart of AT&T Dallas," *Cable World*, October 7, 2002, p. 37.
7. Kane, "Special Issue: Situational Constraints and Work Performance"; S.B. Bacharach and P. Bamberger, "Beyond Situational Constraints: Job Resources Inadequacy and Individual Performance at Work," *Human Resource Management Review* 5, no. 2 (1995), pp. 79-102; G. Johns, "Commentary: In Praise of Context," *Journal of Organizational Behavior* 22 (2001), pp. 31–42.
8. J. Becker and L. Layton, "Safety Warnings Often Ignored at Metro," *Washington Post*, June 6, 2005, p. A01.
9. "Workers' Attitudes toward Leaders Rebounded Strongly between 2002 and 2004, Watson Wyatt Survey Finds," PRNewswire news release (Washington: December 14, 2004).
10. T.V. Sewards and M.A. Sewards, "Fear and Power–Dominance Drive Motivation: Neural Representations and Pathways Mediating Sensory and Mnemonic Inputs, and Outputs to Premotor Structures," *Neuroscience and Biobehavioral Reviews* 26 (2002), pp. 553-79; K.C. Berridge, "Motivation Concepts in Behavioral Neuroscience," *Physiology & Behavior* 81, no. 2 (2004), pp. 179–209.
11. A.H. Maslow, "A Theory of Human Motivation," *Psychological Review* 50 (1943), pp. 370–96; A.H. Maslow, *Motivation and Personality* (New York: Harper & Row, 1954).
12. D.T. Hall and K.E. Nougaim, "An Examination of Maslow's Need Hierarchy in an Organizational Setting," *Organizational Behavior and Human Performance* 3, no. 1 (1968), p. 12; M.A. Wahba and L.G. Bridwell, "Maslow Reconsidered: A Review of Research on the Need Hierarchy Theory," *Organizational Behavior and Human Performance* 15 (1976), pp. 212-40; E.L. Betz, "Two Tests of Maslow's Theory of Need Fulfillment," *Journal of Vocational Behavior* 24, no. 2 (1984), pp. 204–20; P.A. Corning, "Biological Adaptation in Human Societies: A 'Basic Needs' Approach," *Journal of Bioeconomics* 2, no. 1 (2000), pp. 41–86.
13. S. Oishi et al., "Cross-Cultural Variations in Predictors of Life Satisfaction: Perspectives from Needs and Values," *Personality and Social Psychological Bulletin* 25, no. 8 (August 1999), pp. 980–90; J. Kickul, S.W. Lester, and E. Belgio, "Attitudinal and Behavioral Outcomes of Psychological Breach: A Cross Cultural Comparison of the United States and Hong Kong Chinese," *International Journal of Cross Cultural Management* 4, no. 2 (2004), pp. 229–52.
14. F.J. Lowry, *The Journals of A.H. Maslow* (Monterey, CA: Brooks/Cole, 1979); A.H. Maslow, *Maslow on Management* (New York: John Wiley & Sons, 1998).
15. D.C. McClelland, *The Achieving Society* (New York: Van Nostrand Reinhold, 1961); D.C. McClelland and D.H. Burnham, "Power Is the Great Motivator," *Harvard Business Review* 73 (January–February 1995), pp. 126–39; D. Vredenburgh and Y. Brender, "The Hierarchical Abuse of Power in Work Organizations," *Journal of Business Ethics* 17 (September 1998), pp. 1337–47; S. Shane, E.A. Locke, and C.J. Collins, "Entrepreneurial Motivation," *Human Resource Management Review* 13, no. 2 (2003), pp. 257–79.
16. D. Miron and D.C. McClelland, "The Impact of Achievement Motivation Training on Small Business," *California Management Review* 21 (1979), pp. 13–28.
17. D. Brady, "Will Jeff Immelt's New Push Pay Off for GE?" *BusinessWeek*, October 13, 2003, pp. 94-97; B. Morris, "The GE Mystique," Fortune, March 6, 2006, pp. 98–102.
18. P.R. Lawrence and N. Nohria, *Driven: How Human Nature Shapes Our Choices* (San Francisco: Jossey-Bass, 2002).
19. R.E. Baumeister and M.R. Leary, "The Need to Belong: Desire for Interpersonal Attachments as a Fundamental Human Motivation," *Psychological Bulletin* 117 (1995), pp. 497–529.
20. Lawrence and Nohria, *Driven*, pp. 145–47.
21. Lawrence and Nohria, *Driven*, Chapter 11.
22. P. Dvorak, "Out of Tune," *The Wall Street Journal*, June 29, 2005, p. A1.
23. A. Prayag, "All Work and More Play," *Business Line* (The Hindu), June 13, 2005, p. 4; S. Rajagopalan, "Bangalore to Hawaii, an All-Paid Holiday," *Hindustan Times*, May 7, 2005; J.A. Singh, "Hola for Success!" *Business Standard* (India), June 4, 2005.
24. G.P. Latham, "Goal Setting: A Five-Step Approach to Behavior Change," *Organizational Dynamics* 32, no. 3 (2003), pp. 309–18; E.A. Locke and G.P. Latham, *A Theory of Goal Setting and Task Performance* (Englewood Cliffs, NJ: Prentice-Hall, 1990).
25. A. Li and A.B. Butler, "The Effects of Participation in Goal Setting and Goal Rationales on Goal Commitment: An Exploration of Justice Mediators," *Journal of Business and Psychology* 19, no. 1 (Fall 2004), pp. 37–51.
26. M. London, E.M. Mone, and J.C. Scott, "Performance Management and Assessment: Methods for Improved Rater Accuracy and Employee Goal Setting," *Human Resource Management* 43, no. 4 (Winter 2004), pp. 319–36; Latham and Pinder, "Work Motivation Theory and Research at the Dawn of the Twenty-First Century."
27. A. Dragoon, "Sleepless in Manhattan," *CIO*, April 2005, p. 1; S.E. Ante, "Giving the Boss the Big Picture," *BusinessWeek*, February 13, 2006, p. 48.
28. J.B. Miner, "The Rated Importance, Scientific Validity, and Practical Usefulness of Organizational Behavior Theories: A Quantitative Review," *Academy of Management Learning and Education* 2, no. 3 (2003), pp. 250–68. Also see C.C. Pinder, *Work Motivation in Organizational Behavior* (Upper Saddle River, NJ: Prentice-Hall, 1997), p. 384.
29. P.M. Wright, "Goal Setting and Monetary Incentives: Motivational Tools That Can Work Too Well," *Compensation and Benefits Review* 26 (May–June 1994), pp. 41-49; E.A. Locke and G.P. Latham, "Building a Practically Useful Theory of Goal Setting and Task Motivation: A 35-Year Odyssey," *American Psychologist* 57, no. 9 (2002), pp. 705–17.
30. Expectancy theory of motivation in work settings originated in V.H. Vroom, *Work and Motivation* (New York: Wiley, 1964). The version of expectancy theory presented here was developed by Edward Lawler. Lawler's model provides a clearer presentation of the model's three components. P-to-O expectancy is similar to "instrumentality" in Vroom's original expectancy theory model. The difference is that instrumentality is a correlation, whereas P-to-O expectancy is a probability. See J.P. Campbell et al., *Managerial Behavior, Performance, and Effectiveness* (New York: McGraw-Hill, 1970); E.E. Lawler III, *Motivation in Work Organizations* (Monterey, CA: Brooks-Cole, 1973); D.A. Nadler and E.E. Lawler, "Motivation: A Diagnostic Approach," in *Perspectives on Behavior in Organizations*, 2nd, ed., ed. J.R. Hackman, E.E. Lawler III, and L.W. Porter (New York: McGraw-Hill, 1983), pp. 67–78.
31. M. Zeelenberg et al., "Emotional Reactions to the Outcomes of Decisions: The Role of Counterfactual Thought in the Experience of Regret and Disappointment," *Organizational Behavior and Human Decision Processes* 75, no. 2 (1998), pp. 117–41; B.A. Mellers, "Choice and the Relative Pleasure of Consequences," *Psychological Bulletin* 126, no. 6 (November 2000), pp. 910–24; R.P. Bagozzi,

U.M. Dholakia, and S. Basuroy, "How Effortful Decisions Get Enacted: The Motivating Role of Decision Processes, Desires, and Anticipated Emotions," *Journal of Behavioral Decision Making* 16, no. 4 (October 2003), pp. 273–95.

32. Signer, "A Cultural Revolution Transforms ACUITY as an Employer and a Business Partner," p. 21.
33. Nadler and Lawler, "Motivation: A Diagnostic Approach."
34. T. Janz, "Manipulating Subjective Expectancy through Feedback: A Laboratory Study of the Expectancy-Performance Relationship," *Journal of Applied Psychology* 67 (1982), pp. 480–85; K.A. Karl, A.M. O' Leary-Kelly, and J.J. Martoccio, "The Impact of Feedback and Self-Efficacy on Performance in Training," *Journal of Organizational Behavior* 14 (1993), pp. 379–94; R.G. Lord, P.J. Hanges, and E.G. Godfrey, "Integrating Neural Networks into Decision-Making and Motivational Theory: Rethinking Vie Theory," *Canadian Psychology* 44, no. 1 (2003), pp. 21–38.
35. H. Das, "The Four Faces of Pay: An Investigation into How Canadian Managers View Pay," *International Journal of Commerce & Management* 12 (2002), pp. 18–40. For recent ratings of the importance of pay and benefits, see P. Babcock, "Find What Workers Want," *HRMagazine*, April 2005, pp. 50–56.
36. G.T. Milkovich, J.M. Newman, and C. Milkovich, *Compensation* (Burr Ridge, IL: McGraw-Hill/Irwin, 2002), Chapter 5. For a history of job evaluation, see D.M. Figart, "Equal Pay for Equal Work: The Role of Job Evaluation in an Evolving Social Norm," *Journal of Economic Issues* 34 (March 2000), pp. 1–19.
37. E.E. Lawler III, *Rewarding Excellence: Pay Strategies for the New Economy* (San Francisco: Jossey-Bass, 2000), pp. 30–35, 109–19; R. McNabb and K. Whitfield, "Job Evaluation and High Performance Work Practices: Compatible or Conflictual?" *Journal of Management Studies* 38 (March 2001), pp. 293–312.
38. "Seniority Pay System Seeing Revival," *Kyodo News* (Tokyo), March 29, 2004; "More Firms Offering Childbirth Allowances," *Daily Yomiuri* (Tokyo), September 29, 2005, p. 4.
39. "Changing Times in the NHS," *Personnel Today,* December 7, 2004, p. 9.
40. C.T. Crumpley, "Skill-Based Pay Replaces Traditional Ranking," *Kansas City Star,* June 30, 1997, p. B6.
41. E.E. Lawler III, "From Job-Based to Competency-Based Organizations," *Journal of Organizational Behavior* 15 (1994), pp. 3–15; R.L. Heneman, G.E. Ledford Jr., and M.T. Gresham, "The Changing Nature of Work and Its Effects on Compensation Design and Delivery," in *Compensation in Organizations: Current Research and Practice,* ed. S. Rynes and B. Gerhart (San Francisco: Jossey-Bass, 2000), pp. 195–240; B. Murray and B. Gerhart, "Skill-Based Pay and Skill Seeking," *Human Resource Management Review* 10 (August 2000), pp. 271–87; R.J. Long, "Paying for Knowledge: Does It Pay?" *Canadian HR Reporter,* March 28, 2005, pp. 12–13; J.D. Shaw et al., "Success and Survival of Skill-Based Pay Plans," *Journal of Management* 31, no. 1 (February 2005), pp. 28–49.
42. E.B. Peach and D.A. Wren, "Pay for Performance from Antiquity to the 1950s," *Journal of Organizational Behavior Management* (1992), pp. 5–26.
43. J.J. Higuera, "Willcox, Ariz., Greenhouse Tomato Grower, Union Reach Contract Deals," *Arizona Daily Star,* November 21, 2002; L. Spiers, "Piece by Piecemeal," *Lawn & Landscape Magazine,* August 5, 2003.
44. K. Walters, "Dream Team," *Business Review Weekly,* October 13, 2005, p. 92.
45. G.B. Sprinkle and M.G. Williamson, "The Evolution from Taylorism to Employee Gainsharing: A Case Study Examining John Deere's Continuous Improvement Pay Plan," *Issues in Accounting Education* 19, no. 4 (November 2004), pp. 487–503.
46. A. Holecek, "ISG Shares Success—with Everyone," *NWI Times* (Indiana), August 14, 2004.
47. "KT Seeks New Growth Engines," *Korea Herald,* March 2, 2004.
48. J. Chelius and R.S. Smith, "Profit Sharing and Employment Stability," *Industrial and Labor Relations Review* 43 (1990), pp. 256s–73s; S.H. Wagner, C.P. Parkers, and N.D. Christiansen, "Employees That Think and Act Like Owners: Effects of Ownership Beliefs and Behaviors on Organizational Effectiveness," *Personnel Psychology* 56, no. 4 (Winter 2003), pp. 847–71; G. Ledford, M. Lucy, and P. Leblanc, "The Effects of Stock Ownership on Employee Attitudes and Behavior: Evidence from the Rewards at Work Studies," *Perspectives* (Sibson), January 2004; P. Andon, J. Baxter, and H. Mahama, "The Balanced Scorecard: Slogans, Seduction, and State of Play," *Australian Accounting Review* 15, no. 1 (March 2005), pp. 29–38.
49. D. Hopewell, "Credit Union Keeps Productivity up with Friendly Competition," *Silicon Valley/San Jose Business Journal,* December 16, 2002; T.J. Ryan, "Just Rewards," *Sporting Goods Business,* June 2005.
50. D. Creelman, "Interview: Bob Catell & Kenny Moore," *HR.com,* February 2005; E. White, "Praise from Peers Goes a Long Way," *The Wall Street Journal,* December 19, 2005, p. B3.
51. J. Pfeffer, *The Human Equation* (Boston: Harvard Business School Press, 1998); B.N. Pfau and I.T. Kay, *The Human Capital Edge* (New York: McGraw-Hill, 2002). The problems with performance-based pay are discussed in W.C. Hammer, "How to Ruin Motivation with Pay," *Compensation Review* 7, no. 3 (1975), pp 17–27; A. Kohn, *Punished by Rewards* (Boston: Houghton Mifflin, 1993); M. O'Donnell and J. O' Brian, "Performance-Based Pay in the Australian Public Service," *Review of Public Personnel Administration* 20 (Spring 2000), pp. 20–34; M. Beer and M.D. Cannon, "Promise and Peril of Implementing Pay-for-Performance," *Human Resource Management* 43, no. 1 (Spring 2004), pp. 3–48.
52. M. Buckingham and D.O. Clifton, *Now, Discover Your Strengths* (New York: Free Press, 2001); Watson Wyatt, "WorkMalaysia" (Kuala Lumpur: Watson Wyatt, 2004), http://www.watsonwyatt.com/asia-pacific/research/workasia/workmy_keyfindings.asp (accessed December 2, 2005).
53. W.W. Tornow and M. London, *Maximizing the Value of 360-Degree Feedback: A Process for Successful Individual and Organizational Development* (San Francisco: Jossey-Bass, 1998); M.A. Peiperl, "Getting 360 Degree Feedback Right," *Harvard Business Review* 79 (January 2001), pp. 142–47; L.E. Atwater, D.A. Waldman, and J.F. Brett, "Understanding and Optimizing Multisource Feedback," *Human Resource Management Journal* 41 (Summer 2002), pp. 193–208; "Perils & Payoffs of Multi-Rater Feedback Programs," *Pay for Performance Report,* May 2003, p. 1; J.W. Smither, M. London, and R.R. Reilly, "Does Performance Improve Following Multisource Feedback? A Theoretical Model, Meta-Analysis, and Review of Empirical Findings," *Personnel Psychology* 58, no. 1 (2005), pp. 33–66.
54. H.J. Bernardin, C.L. Tyler, and D.S. Wiese, "A Reconsideration of Strategies for Rater Training," in *Research in Personnel and Human Resources Management* (Stamford, CT: JAI Press, 2001), pp. 221-74; D.J. Schleicher et al., "A New Frame for Frame-of-Reference Training: Enhancing the Construct Validity of Assessment Centers," *Journal of Applied Psychology* 87, no. 4 (2002), pp. 735–46.
55. "Boeing Settles Sex Discrimination Suit for up to $73m," *Puget Sound Business Journal,* July 16, 2004; S. Holmes, "A New Black Eye for Boeing?" *BusinessWeek,* April 26, 2004, p. 90; S. Holt, "Boeing Gender-Bias Lawsuit Brings Women's Buried Stories to Surface," *Knight Ridder/Tribune Business* News, July 6, 2004; S. Holt and D. Bowermaster, "Rare Trial Nears: 28,000 Women Accuse Boeing of Gender Bias," *The Seattle Times,* May 14, 2004, p. A1.
56. J.S. Adams, "Toward an Understanding of Inequity," *Journal of Abnormal and Social Psychology* 67 (1963), pp. 422–36; R.T. Mowday, "Equity Theory Predictions of Behavior in Organizations," in *Motivation and Work Behavior,* 5th ed., ed. L.W. Porter and R.M. Steers (New York: McGraw-Hill, 1991), pp. 111–31; R.G. Cropanzano, J. Greenberg, "Progress in Organizational Justice: Tunneling through the Maze," in *International Review of Industrial and Organizational Psychology,* ed. C.L. Cooper and I.T. Robertson (New York: Wiley, 1997), pp. 317–72; L.A. Powell, "Justice Judgments as Complex Psychocultural Constructions: An Equity-Based Heuristic for Mapping Two- and Three-Dimensional Fairness Representations in Perceptual Space," *Journal of Cross-Cultural Psychology* 36, no. 1 (January 2005), pp. 48–73.
57. C.T. Kulik and M.L. Ambrose, "Personal and Situational Determinants of Referent Choice," *Academy of Management Review* 17 (1992), pp. 212–37; G. Blau, "Testing the Effect of Level and Importance of Pay Referents on Pay Level Satisfaction," *Human Relations* 47 (1994), pp. 1251–68.
58. T.P. Summers and A.S. DeNisi, "In Search of Adams' Other: Reexamination of Referents Used in the Evaluation of Pay," *Human Relations* 43 (1990), pp. 497-511.
59. G.S. Crystal, I*n Search of Excess: The Overcompensation of American Executives* (New York: W.W. Norton & Co., 1991).
60. B. Murphy, "Rising Fortunes," *Milwaukee Journal Sentinel,* October 10, 2004, p. 1; S. Greenhouse, "How Costco Became the Anti-Wal-Mart," T*he New York Times,* July 17, 2005, p. BU1.
61. Y. Cohen-Charash and P.E. Spector, "The Role of Justice in Organizations: A Meta-Analysis," *Organizational Behavior and Human Decision Processes* 86 (November 2001), pp. 278–321.
62. Cohen-Charash and Spector, "The Role of Justice in Organizations: A Meta-Analysis"; J.A. Colquitt et al., "Justice at the Millennium: A Meta-Analytic Review of 25 Years of Organizational Justice Research," *Journal of Applied Psychology* 86 (2001), pp. 425–45.

63. J. Greenberg and E.A. Lind, "The Pursuit of Organizational Justice: From Conceptualization to Implication to Application," in *Industrial and Organizational Psychology: Linking Theory with Practice,* ed. C.L. Cooper and E.A. Locke (London: Blackwell, 2000), pp. 72–108. For recent studies of voice and injustice, see K. Roberts and K.S. Markel, "Claiming in the Name of Fairness: Organizational Justice and the Decision to File for Workplace Injury Compensation," *Journal of Occupational Health Psychology* 6 (October 2001), pp. 332–47; J.B. Olson-Buchanan and W.R. Boswell, "The Role of Employee Loyalty and Formality in Voicing Discontent," *Journal of Applied Psychology* 87, no. 6 (2002), pp. 1167–74.

64. "Strong Leaders Make Great Workplaces," *CityBusiness,* August 28, 2000; P.M. Perry, "Holding Your Top Talent," *Research Technology Management* 44 (May 2001), pp. 26–30.

65. P. Siekman, "This Is Not a BMW Plant," *Fortune,* April 18, 2005, p. 208.

66. H. Fayol, *General and Industrial Management,* trans. C. Storrs (London: Pitman, 1949); Lawler III, *Motivation in Work Organizations,* Chapter 7.

67. J.R. Hackman and G. Oldham, *Work Redesign* (Reading, MA: Addison-Wesley, 1980).

68. J.E. Champoux, "A Multivariate Test of the Job Characteristics Theory of Work Motivation," *Journal of Organizational Behavior* 12, no. 5 (September 1991), pp. 431–46; R.B. Tiegs, L.E. Tetrick, and Y. Fried, "Growth Need Strength and Context Satisfactions as Moderators of the Relations of the Job Characteristics Model," *Journal of Management* 18, no. 3 (September 1992), pp. 575–93.

69. J.R. Hackman et al., "A New Strategy for Job Enrichment," *California Management Review* 17, no. 4 (1975), pp. 57–71; R.W. Griffin, *Task Design: An Integrative Approach* (Glenview, IL: Scott Foresman, 1982).

70. Hackman and Oldham, *Work Redesign,* pp. 137-38.

71. Signer, "A Cultural Revolution Transforms ACUITY as an Employer and a Business Partner."

72. This definition is based mostly on G.M. Spreitzer and R.E. Quinn, *"A Company of Leaders: Five Disciplines for Unleashing the Power in Your Workforce"* (2001). However, most elements of this definition appear in other discussions of empowerment. See, for example, R. Forrester, "Empowerment: Rejuvenating a Potent Idea," *Academy of Management Executive* 14 (August 2000), pp. 67–80; W.A. Randolph, "Re-thinking Empowerment: Why Is It So Hard to Achieve?" *Organizational Dynamics* 29 (November 2000), pp. 94–107; S.T. Menon, "Employee Empowerment: An Integrative Psychological Approach," *Applied Psychology: An International Review* 50 (2001), pp. 153–80.

73. B.J. Niehoff et al., "The Influence of Empowerment and Job Enrichment on Employee Loyalty in a Downsizing Environment," *Group and Organization Management* 26 (March 2001), pp. 93–113; J. Yoon, "The Role of Structure and Motivation for Workplace Empowerment: The Case of Korean Employees," *Social Psychology Quarterly* 64 (June 2001), pp. 195–206; T.D. Wall, J.L. Cordery, and C.W. Clegg, "Empowerment, Performance, and Operational Uncertainty: A Theoretical Integration," *Applied Psychology: An International Review* 51 (2002), pp. 146–69.

74. S. Caulkin, "Who's in Charge Here?" *The Observer* (London), April 27, 2003, p. 9; D. Gardner, "A Boss Who's Crazy about His Workers," *Sunday Herald* (Glasgow, Scotland), April 13, 2003, p. 6; S. Moss, "Portrait: 'Idleness Is Good,'" *The Guardian* (London), April 17, 2003, p. 8; R. Semler, *The Seven-Day Weekend* (London: Century, 2003); "Ricardo Semler Set Them Free," *CIO Insight,* April 2004, p. 30.

75. G.M. Spreitzer, "Social Structural Characteristics of Psychological Empowerment," *Academy of Management Journal* 39 (April 1996), pp. 483–504; J. Godard, "High Performance and the Transformation of Work? The Implications of Alternative Work Practices for the Experience and Outcomes of Work," *Industrial & Labor Relations Review* 54 (July 2001), pp. 776–805; P.A. Miller, P. Goddard, and H.K. Spence Laschinger, "Evaluating Physical Therapists' Perception of Empowerment Using Kanter's Theory of Structural Power in Organizations," *Physical Therapy* 81 (December 2001), pp. 1880–88.

76. Business Wire, "Towers Perrin Study Finds, Despite Layoffs and Slow Economy, a New, More Complex Power Game Is Emerging between Employers and Employees," news release (New York: August 30, 2001); Towers Perrin, *Working Today: Understanding What Drives Employee Engagement* (Stamford, CT: 2003).

77. C. Lachnit, "The Young and the Dispirited," *Workforce* 81 (August 2002), p. 18; S.H. Applebaum, M. Serena, and B.T. Shapiro, "Generation X and the Boomers: Organizational Myths and Literary Realities," *Management Research News* 27, no. 11/12 (2004), pp. 1–28. Motivation and needs across generations are also discussed in R. Zemke and B. Filipczak, *Generations at Work: Managing the Clash of Veterans, Boomers, Xers, and Nexters in Your Workplace* (New York: AMACOM, 2000).

13

종업원의 태도와 행복의 관리

MANAGING EMPLOYEE ATTITUDES AND WELL-BEING

LEARNING OBJECTIVES

이 장을 학습한 후 여러분은

1. 종업원의 행동에 대한 감정과 태도의 효과를 기술할 수 있다.
2. 종업원이 직무불만족에 반응하는 네 가지 방식을 구분할 수 있다.
3. 직무만족이 어떻게 고객서비스와 만족에 연관되는가를 설명할 수 있다.
4. 종업원 행동에 미치는 효과를 포함하여, 지속적 몰입과 조직몰입을 구분할 수 있다.
5. 조직몰입을 강화하는 방법을 논의할 수 있다.
6. 스트레스의 경험과 이로 인한 결과를 기술할 수 있다.
7. 직장에서 스트레스의 세 가지 공통원천을 요약할 수 있다.
8. 직무관련 스트레스를 관리하는 다섯 가지 방법을 열거할 수 있다.
9. 종업원의 일-생활 균형을 개선하는 데 있어서 관리자들이 어떻게 도울 수 있는가를 논의할 수 있다.
10. "Big Five" 성격 차원을 구분할 수 있다.
11. 성격이 감정과 행복, 직무성과, 경력만족에 어떤 영향을 미치는가를 설명할 수 있다.

'재미있는 직장' 등 여러 회사가치를 실천하며 살고 있는 뉴욕주 시라큐스의 씨엑스텍(CXtec) 종업원들

도입사례

뉴욕주 시라큐스의 씨엑스텍(CXtec) 사무실로 들어가면 여러분들은 종업원들이 생일파티를 하고 있다고 생각할지 모른다. 일을 잘했다고 회사가 종업원을 칭찬하는 작은 상징인 헬륨이 채워진 형형색색의 풍선두음들이 칸막이 주변에 떠있다. 컴퓨터 네트워킹설비 회사의 300여 명의 종업원들은 휴게실에서 당구, 테이블축구, 에어하키 등을 즐긴다. 좀 더 놀기를 원한다면, 회사는 사무실에서의 모형골프대회를 후원하거나 건물 주위를 도는 세발자전거대회를 열거나, ('아메리칸 아이돌'이라는 유명 TV 프로그램을 흉내낸) '씨엑스텍 아이돌' 선발대회를 개최한다. 물론 이 모든 것들은 그 회사가 표방하는 가치와 부합한다. 씨엑스텍의 종업원 및 지역관계 담당이사인 폴라 밀러(Paula Miller)는 "일(work)이 재미(fun)라는 점은 우리 회사 핵심가치의 한 부분"이라고 설명한다.

직장에서의 재미(fun at work)라는 말은 마치 모순어법처럼 들릴 수 있다. 그러나 가치있는 인재를 유치하고 동기부여하기 위해서 기업들은 일터에서 긍정적인 감정들을 만들어내는 창조적인 방법들을 찾고 있다. 또한 일하기 가장 좋은 기업으로 인정받기 위한 경쟁을 벌이고 있다. 예를 들어, 씨엑스텍은 미국 내 50대 일하기 좋은 기업 중 하나로 평가받고 있다. 종업원에게 믿을 수 없을 정도로 높은 수준의 자율성(공식적으로 상사가 없음)을 허용하기 때문에, 직물(고어텍스), 전자제품, 산업 및 의료제품들을 제조하는 W. L. Gore & Associates는 미국 5대 일하기 좋은 기업의 하나이며, 지난 3년 동안 영국에서도 유사한 명단의 첫 번째 자리를 지켜왔다. 상하이, 홍콩, 쿠알라룸푸르에서의 리츠칼튼 호텔(Ritz-Carlton Hotel)은 종업원의 성취를 인정하고, 지속적인 경력개발을 제공하기 때문에 아시아의 8대 좋은 기업주 명단에서도 상위를 차지하여 왔다. 뱅쿠버시 저축신용금고는 종업원의 스트레스 관리를 돕고, 기업의 사회적 책임(corporate social responsibility, CSR)의 역할모델이라는 점에서 캐나다에서 가장 일하기 좋은 기업들 중 하나이다. 프레토리아 포틀랜드 시멘트(Pretoria Portland Cement)는 기업의 보다 분명한 미래 비전을 개발하였고, 그 비전 달성을 위해 종업원에게 보다 많은 책임을 부여했기 때문에 남아프리카 공화국에서 최고의 일하기 좋은 기업이 되었다. 덴마크의 공구제조업체인 우니메르코(Unimerco)는 매일의 수익을 300명의 종업원주주(employee-owner)에게 배분하는 등의 이유로 유럽에서 가장 일하기 좋은 기업 중의 하나이다. "나는 매일 아침 일하러 오는 것을 고대하며, 매일 행복하게 집으로 향한다"라고 우니메르코의 한 종업원은 말한다. "이런 게 당신이 상상하는 가장 좋은 삶이 아닌가요?"

웨그만스 식료품시장(Wegmans Food Market)은 관리자들이 종업원을 최고의 우선순위로 간주하여 대우하기 때문에 미국에서 가장 좋은 기업 중의 하나로 꾸준히 평가받는다. 뉴욕주 로체스터의 웨그만스(Wegmans) 점포에서 고객서비스 업무를 담당하는 케이티 서덜드(Katie Southard)는 "당신은 회사의 일부분을 넘어, 가족의 일부이다"라고 말한다. "당신은 점포에 있는 350명 중 그냥 하나가 아니라 개인으로서 대우받는다." 또한 웨그만스는 가장 높은 수준의 고객충성도와 업계에서 가장 낮은 종업원 이직률을 향유하고 있다. 버팔로에 있는 웨그만스에서 일하는 브랜다 히달고(Brenda Hidalgo)는 자신의 경험을 다음과 같이 요약한다. "당신이 아침에 일어나서 '아, 또 일하러 가야 되나'라고 말하는 그런 곳에서 일하기도 했어요. 그러나 이제는 일하러 가는 것이 좋아요."[1)]

앞서 제12장에서 관리자가 어떻게 인력충원, 교육훈련, 동기부여 제도 등을 통해 고성과 인력을 창조하는가를 검토하였다. 이 경영자의 전략들은 조직목표에 대단히 몰입하고, 고도로 숙련된 인력을 창조할 수 있다. 제12장에서 논의된 주제들은 종업원의 동기부여와 직결되며, 이 장이 종업원의 태도와 행복에도 적용되지만, 이것이 가장 중요한 것은 아니다.

대조적으로, 이번 장은 종업원의 감정, 태도, 그리고 행복을 향상시키는 것을 목표로 하는 관리제도를 살핀다. 이러한 것들은 CXtec, W. L. Gore & Associates, Ritz-Carlton, Vancouver City Savings Credit Union, Pretoria Portland Cement, Unimerco, Wegmans와 자신의 나라 혹은 지역에서 가장 좋은 기업주가 되고자 하는 많은 기업들을 돕는 관리적 활동이다. 이번 장은 일터에서의 감정과 태도의 역할을 기술하고, 가장 흔히 연구되는 두 가지 태도인 직무만족(job satisfaction)과 조직몰입(organizational commitment)을 개괄하는 것으로 시작된다. 다음에는 일터에서의 스트레스의 중요성과 역기능적인 스트레스를 최소화하는 구체적인 전략을 탐색한다.

이 주제들 각각은 종업원의 태도와 행복을 목표로 상정한다. 이 주제들과 관련된 제도들은 또한 간접적으로 종업원의 관여, 성과, 이직, 그리고 다른 성과관련 결과에 영향을 미친다. 예를 들면, 뱅쿠버시 저축신용금고는 해야 할 옳은 일이기 때문에 종업원을 잘 대우하지만, 최고경영자인 데이비드 모와트(David Mowat)는 종업원 우선 철학(people-first philosophy)이 또한 '비즈니스 상황에도 중추적'이라고 지적한다. 만일 종업원의 태도와 행복이 조직의 손익에 영향을 미치지 않는다고 하더라도, 여전히 경영에서의 관심사일 수 있을까? 뱅쿠버시 저축신용금고의 경우 그 대답은 아마도 예스일 것이다. 그러나 많은 기업들은 이 기업의 손익에 긍정적인 영향을 미치는 이 간접적인 조직적 효과 때문에 종업원들을 잘 대우하고 있다.

직장에서의 감정

감정
사물, 사람, 또는 사건에 대해 경험한 생리적, 행위적, 심리적 에피소드로서 그 무언가에 대한 수용성을 낳음.

감정은 우리가 직장에서 하는 거의 모든 것에 중요한 영향을 미친다.[2] 이는 한 십년 전의 경영학 연구나 교과서에서는 거의 발견하기 힘들 정도로 강한 주장이다. 경영학 역사상 거의 대부분에서 사람의 생각과 행동은 주로 인지(cognition)라고 불리는 의식적인 이성(conscious reasoning)에 의해 지배된다고 가정하였다. 그러나 신경과학의 혁신적인 발견은 우리의 지각(perception), 태도, 결정, 행위는 인지와 감정 둘 다에 의해 영향을 받으며, 흔히 후자가 보다 중요하다는 것을 알려주었다. 감정의 역할을 무시하면, 직장에서 인간의 행위를 이해하는 능력을 제한하게 된다. 오늘날 경영학, 마케팅, 경제학, 그리고 여러 다른 사회과학에서의 전문가들은 감정을 연구와 이론에서의 중요한 부분으로 파악하고 있다.[3]

그렇다면 감정이란 무엇인가? **감정**(emotions)은 사물, 사람 또는 사건에 대해 경험한 생리적, 행위적, 심리적 에피소드로서 그 무언가에 대한 수용성(a state of readiness)을 낳는다.[4] 일반적으로 금방 가라앉거나 몇 분간만 지속되는 흔들림에서 발생하는 간단한 사건들이다. 감정은 어떤 사람이나 사물과 직결된다. 예를 들어, 과업, 고객 또는 사용 중인 소프트웨어 등에 대한 행복, 두려움, 분노, 그리고 다른 감정적 에피소드를 우리는 경험한다. 이 감정들은 특별한 어떤 것에 직결되지 않는 덜 강한 감정적인 상태인 분위기(moods)와는 비교된다. 감정이란 어떻게 우리의 신체가 환경에 반응하는가를 조절하는 경험이다. 우리가 행복하거나 따분해 할 때, 우리의 혈압, 심장박동수, 안면근육, 목소리 톤, 그리고 다른 특징들이 변한다. 이러한 신체적 변화는 감정이 우리를 특정한 수용성의 상태에 위치시킨다는 사실과 관련된다. 대부분의 감정은 무의식적으로 경험되지만, 강한 감정은 우리의 생존과 행복에 영향을 미칠 수 있는 사건을 우리가 의식적으로 자각하도록 만든다.[5]

"바이오센서, 내가 불만스러울 때를 전 회사가 즉시 안다."
© Ted Goff

// 감정, 태도, 그리고 행위

감정은 우리의 생각과 행위에 영향을 미친다. 그러나 이런 영향이 어떻게 작동하는가를 이해하기 위해서는 태도를 알 필요가 있다. **태도**(attitudes)는 사람, 사물, 사건에 대한 믿음, 평가된 감정, 행위 의도의 집합이다. 다른 말로, 감정은 흔히 우리의 자각 없이 사건으로서 기능하는 데 반해,[6] 태도는 의식적인 논리적 추론과 연관된다. 누군가 또는 무엇에 대한 우리의 태도는 시간적으로 보다 안정적인 반면, 대부분의 감정에 대해서 우리는 일시적으로 경험한다.

태도
개인과 사물 혹은 사건에 대한 믿음, 평가된 느낌, 행위적 의도의 집합

태도는 믿음, 느낌, 그리고 행위 의도의 세 구성요소를 포함한다. 예시를 통해 각각을 살펴보자.

- **믿음(Beliefs)** : 믿음은 태도 대상에 대한 지각을 확립한다. — 당신이 참이라고 믿는 것. 예를 들어, 합병은 합병된 기업 종업원의 직무안정성을 감소시킨다고 당신이 믿을 수 있다. 혹은 합병이 세계화시대에 기업의 경쟁력을 향상시킨다고 믿을 수 있다. 이러한 믿음은 당신이 과거의 경험과 다른 방식의 학습을 통해 얻은 지각된 사실이다.
- **느낌(Feelings)** : 느낌은 태도 대상에 대한 당신의 긍정적 또는 부정적 평가를 대변한다. 일부 사람들은 합병을 좋은 것이라고 생각하는 데 반해 다른 사람들은 나쁜 것으로 생각한다. 합병에 대한 당신의 좋고 싫음의 태도는 대상에 대해 당신이 평가한 느낌을 대변한다.
- **행위 의도(Behavioral intention)** : 이는 태도 대상에 관해서 특정 행위에 연관된 당신의 동기부여를 대변한다. 당신은 합병기간 동안 회사에 머무르기보다 퇴사할 것을 계획할 수 있다. 대안적으로, 당신은 이 합병이 좋은 결정이었다고 말하는 회사 최고경영자에게 이메일을 보내고자 할 수도 있다.

그림 13. 1

감정, 태도, 행위의 모형

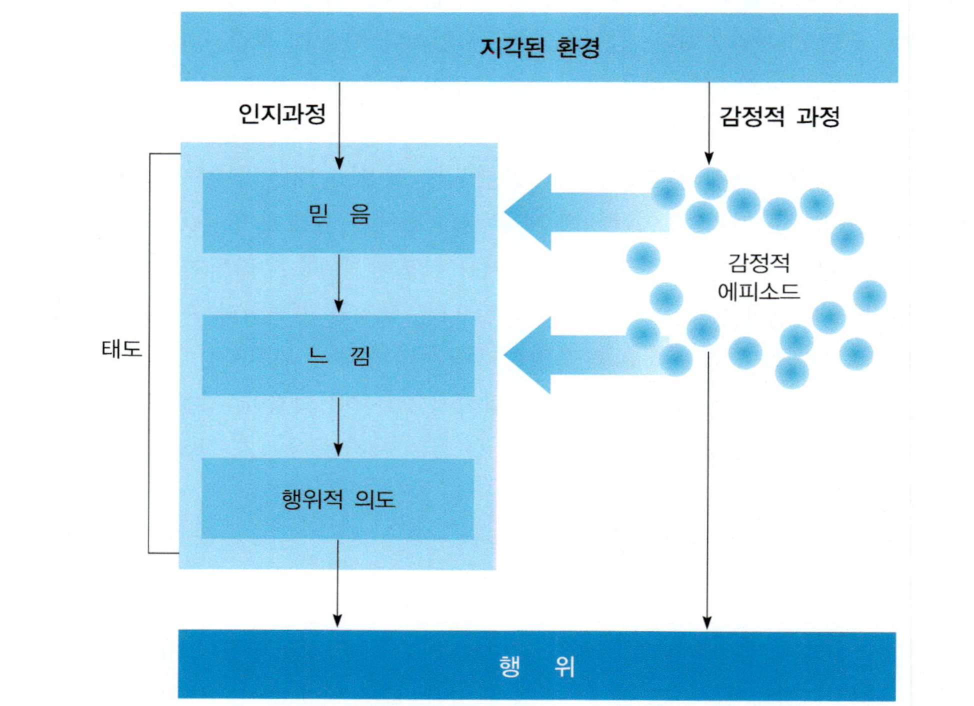

이제 감정과 태도는 관리자에게 서로 어떻게 연관되고 또 행위에 연결되는가라는, 중요한 문제에 도달했다. [그림 13. 1]에서 보이는 이 과정은 인지와 감정에 연결되는 상호 연관된 두 개의 활동을 지닌다. 인지의 측면에서, 누군가 또는 합병과 같은 무언가에 관한 당신의 느낌은 그 사람이나 사건에 대한 당신의 믿음에 의해 구체화된다. 합병이 경력개발을 위협하고, 항상 조직의 경쟁력 향상을 저해한다고 믿으면, 합병에 대한 부정적인 느낌을 갖게 될 가능성이 높다. 느낌은 곧바로 행위적 의도에 영향을 미친다.[7] 합병을 싫어한다면 당신은 최근에 발표된 합병에 대해 상급경영진에게 불만을 제기하거나 회사를 그만둘 생각을 하기 쉽다. 퇴사하는가, 불만을 제기하는가는 당신의 성격, 현재의 상황, 그리고 과거에 당신에게 작용했던 것 등에 의해서 좌우된다.

마지막으로, 행위적 의도는 개인의 행위를 예측하는 데 있어, 느낌이나 믿음보다 낫다. 그래도 실제 행위는 MARS 모형에서의 세 가지 요소(능력, 역할 지각, 상황적 요인)에 의해 역시 유발되는 반면, 행위적 의도는 행동하려는 동기부여만을 대변하기 때문에, 행위적 의도는 행위를 완벽하게 예측하지 못한다. 당신은 발표된 합병에 대한 불만을 경영층에게 이메일로 보낼 계획을 세울 수 있다. 그러나 과도한 업무로 인해 이 계획을 실행할 수 없을 수 있다. 당신은 합병에 반발해서 사표제출을 생각할 수 있으나, 더 좋은 자리를 찾지 못해서 그냥 머무르는 것으로 끝날 수도 있다.

감정이 태도와 행위에 어떻게 영향을 미치나 지금까지 태도가 행위를 어떻게 예측하는가에 대한 인지적인 설명을 하였으므로, [그림 13. 1]의 오른쪽(어떻게 감정이 우리의 태도와 행위에 영향을 미치는가를 보여주는)을 살펴보자. 우리가 의식적으로 생각하지 않더라도 우리의 감각을 통해 수용될 때, 우리는 자동적으로 감정을 후속 정보와 결부시킨다.[8] 이는 계산된 느낌이 아니라 단편적인 감각적 정보의 조각에 기초하는 자동적이고 무의식적인 감정적 반응이다.

이전의 예로 돌아가면 귀하의 회사가 경쟁사와 합병을 하려는 것에 대해 흥분, 걱정, 초조함 또는 행복감 등을 경험할 수 있다. [그림 13. 1]의 오른쪽 큰 점들은 합병발표, 합병에 대한 후속생각, 합병에 대한 동료들과의 대화 등에 의해 촉발된 여러 감정적 에피소드를 의미한다. 이 감정들은 함께 뒤엉키면서 우리의 의식적인 느낌을 형성하는 논리적인 추론과정으로 전달된다. 제안된 합병이 좋은 것인지, 나쁜 것인지를 논리적으로 판단하는 동안, 당신의 감정은 이미 의견을 형성하며, 다시 당신의 생각을 뒤흔든다.[9] 합병을 생각할 때마다 흥분, 환호, 편안함, 그리고 다른 긍정적인 감정들을 경험한다면, 이 긍정적인 감정의 에피소드들은 당신이 합병을 우호적으로 평가하도록 만들 것이다.[10]

직장에서 태도에 대한 감정의 효과는 경영층에게 중요한 시사점을 지닌다. 종업원이 직무를 수행할 때, 회사와 상사, 일 그 자체와 동료들에 대한 자신의 장기적 느낌을 형성하는 다양한 감정들을 경험한다. 긍정적인 감정이 많을수록, 이 감정의 대상을 향한 긍정적인 태도를 형성할 것이다. 따라서 경영의 중요한 역할은 가능한 많은 긍정적인 감정을 창조하는 것이며, 부정적인 감정의 발생을 최소화하는 것이다.

이번 장의 시작은 CXtec와 같은 많은 회사들은 매일 긍정적인 감정의 에피소드를 종업원이 경험하도록 하기 위해 얼마나 일에 보다 많은 재미를 주입하려고 하는가를 보여주었다. 유비쿼터스 탐색엔진을 만든 구글은 또 다른 좋은 예이다. 캘리포니아 마운틴뷰에 있는 구글플렉스(본사)는 "20대를 위한 놀이터와 유사하다"고 어느 관찰자는 말한다. 빌딩은 용암모양의 램프, 운동용 공, 안락소파, 테이블축구, 당구, 헬스장, 비디오게임, 무료 고급식사 제공 레스토랑, 소규모 수영장 등을 갖추고 있다. 비치발리볼 경기가 마당에서 열리고, 롤러하키 경기가 주차장에서 진행된다. 구글의 임원들은 구글플렉스에서 잠을 자며 회사를 아예 자기 집으로 삼는 것은 건물관리 규정에 위반된다는 것을 일부 종업원들에게 환기시켜야 했다.[11]

긍정적인 감정운동의 대표적인 예는 생선을 주위로 던지며, 고객들과 농담하는 등 일에 재미를 불어넣기로 결정하여 적자에 허덕이는 사양산업을 전 세계적으로 유명한 관광지로 탈바꿈시킨 시애틀의 Pike Place Fish Market이라고 할 수 있다. 이 극적 전환은 네 개의 Fish! 원칙에서 나왔다. 놀자, 고객을 즐겁게 만들자, 그곳에 있어라, 그리고 당신의 태도를 정하라. 즐거운 직장을 만들기 위해서 종업원은 생선장수가 생선을 던지는 등 어떻게 놀아야 되는지를 배울 필요가 있으며, 스스로 일하는 것을 즐길 수 있는 다른 방법을 찾아야 한다. '고객을 즐겁게 만들자'는 고객과 동료직원을 끌어들이는 것을 의미하며, 이를 통해 긍정적인 경험을 할 수 있다. '그곳에 있어라'는 종업원이 집중

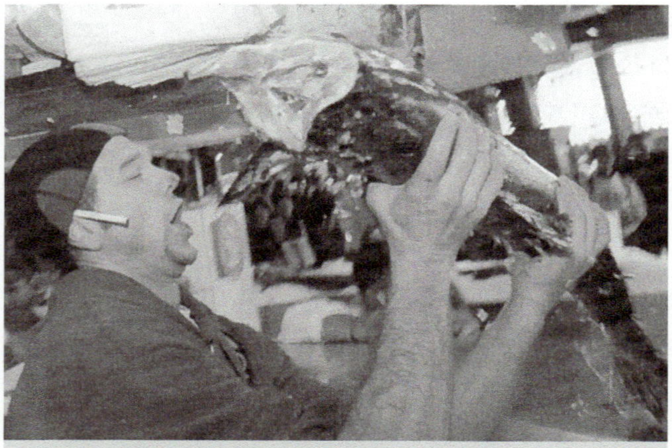

긍정적 감정의 생선시장 시애틀의 Pike Place Fish Market은 일에 재미를 불어넣기로 결정하여, 적자에 허덕이고 사기가 바닥에 떨어져 있던 사양산업을 전 세계적으로 유명한 관광지로 탈바꿈시켰다. 긍정적인 감정을 통한 이러한 전환은 전 세계의 회사들이 놀자, 고객을 즐겁게 하라, 그곳에 있어라, 그리고 당신의 태도를 정하라의 네 가지 Fish! 원칙을 따를 정도로 성공적이었다.

할 것을 요구하며, 적극적으로 재미를 찾을 것을 요구한다. '당신의 태도를 정하라'는 모든 사람은 일하면서 어떻게 느낄까를 결정할 권리가 있음을 뜻한다. 환경이 신체적인 불쾌함을 유발할 수 있으나 이 Fish! 원칙은 환경이 어떻게 종업원의 감정, 태도, 행위에 영향을 미칠 것인가를 종업원이 궁극적으로 정한다는 점을 의미한다.[12)]

// 인지부조화

지금까지 감정과 태도가 어떻게 행위에 영향을 미치는가를 설명하였으나, 아직 반대의 과정이 발생하는 상황이 남아 있다. 일관되지 않을 때, 개인의 행동은 간혹 자신의 태도에 영향을 미친다. 이 불일치는 잠재적으로 **인지부조화**(cognitive dissonance)라고 불리는 불편한 긴장을 낳는다. 인지부조화는 행위와 보다 일치하게끔 사람들이 자신의 태도를 바꾸도록 동기부여한다.[13)] 모든 이들은 때때로 어느 정도의 인지부조화를 경험한다. 당신은 부하직원에게 정시에 출근하도록 주의를 주지만 이후에 당신조차도 며칠은 직장에 지각을 한다. 당신은 자녀들에게 수업 전에 수업자료를 읽도록 가르치지만, 정작 당신은 중요한 회의 직전에 자료를 복사하느라 부산을 떤다.

인지부조화
행위가 우리의 태도와 일치하지 않을 때 경험하는 불편한 긴장

사람들이 인지부조화의 긴장을 경험하는 정도는 얼마나 많은 행위가 공개되는가, 중요한가, 그리고 자발적인가에 달려 있다.[14)] 첫 번째로 불일치하는 행위를 아무도 눈치 채지 못한다면 긴장은 훨씬 덜할 것이다. 예를 들어, 당신이 야단쳤던 종업원이 지각하는 당신을 보게 될 때, 부조화는 강해지며, 아무도 안 본다면 부조화를 경험할 가능성은 줄어든다. 태도와 행위의 중요성은 두 번째 요소이다. 회사에서 지각이 사소한 실수로 간주된다면 지각한 것을 걸려도 불편함을 느끼지 않을 수 있다. 세 번째 요소는 행위를 얼마나 통제할 수 있는가이다. 지각이 특별한 교통체증처럼 당신의 통제범위 밖의 요인으로 인한 경우보다 당신이 피할 수도 있는 경우라면 부조화를 더 경험할 가능성이 높다.

사람들이 인지부조화를 경험할 때 초래되는 긴장은 사람들로 하여금 태도와 행위를 재정렬하도록 동기부여한다. 행위는 이미 발생했기 때문에 (그리고 그것이 공개되고, 부정될 수 없으므로) 부조화를 줄이는 가장 일반적인 방법은 태도를 바꾸는 것이다. 우리의 예에서 당신이 지각했음을 종업원이 안다면 당신은 정시출근의 중요성에 대한 자신의 태도를 바꿀지 모르며 정시출근에 대한 당신의 새로운 태도는 종업원에게 정시출근의 중요성을 이전보다 덜 강조하는 방향으로 귀결될 수 있다.

지금까지 감정과 직무태도의 관련성을 설명하였으므로, 직무만족과 조직몰입이라는 가장 중요한 두 가지 직무태도를 살펴보기로 하자.

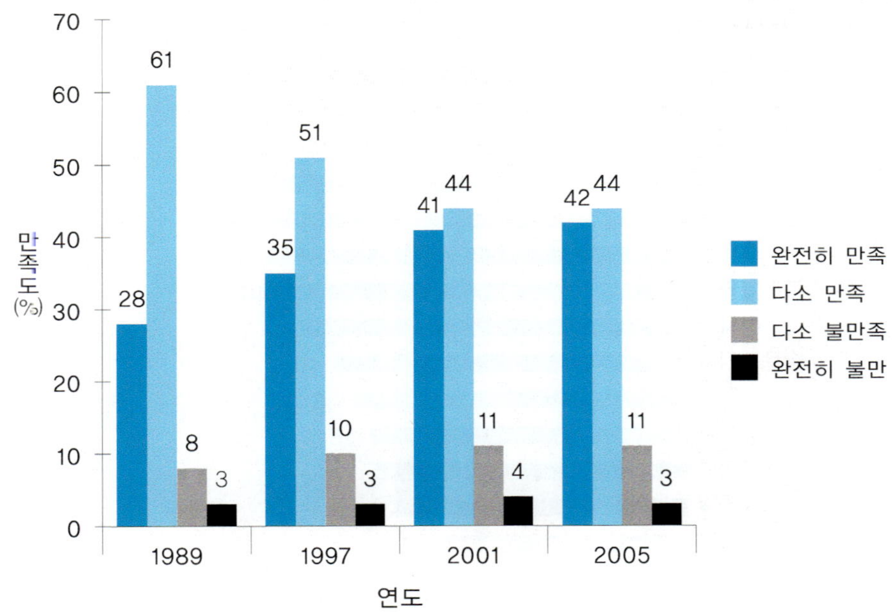

그림 13. 2a

모두가 만족하는가?
이 도표는 1989년부터 2005년까지 자신의 일에 어느 정도 혹은 매우 만족한다고 응답한 미국인의 비율을 보여준다.

자료 : Gallup Organization news releases, various years.

직무만족

직무만족(Job Satisfaction)은 자신의 직무와 직무상황에 대한 개인의 평가이며, 경영학에서 가장 많이 연구된 태도일 것이다.[15] 지각된 직무특성, 직무환경, 그리고 직무에서의 감정적 경험에 대한 평가이다. 만족한 종업원은 자신의 관찰과 감정적 경험에 기초하여 자신의 직무를 우호적으로 평가하게 된다. 직무만족은 실제로 직무와 직무환경의 다양한 측면에 대한 태도의 집합이다. 예를 들어, 당신이 직장동료를 좋아하지만 업무부담에 대해서는 덜 만족할 수 있다.

직무만족
자신의 직무와 과업환경에 대한 개인의 평가

어떻게 종업원들이 직무에 만족할 수 있나? 설문조사에 따르면 미국인의 85% 이상이 일에 만족한다고 한다. 아울러 도표는 지난 20년간 수치가 놀랄 정도로 일관됨을 보여준다(그림 13. 2a 참조). 사실, '완전히 만족한다'고 응답한 미국인의 비율은 수년 동안 증가하였다. 세계적으로는 덴마크와 인도 종업원은 일터에서 가장 행복한 사람들로 보인다. 대부분의 연구에서 미국인은 직무만족과 관련하여 상위 25%에 위치하고 있다. 대조적으로 직무만족은 중국, 한국, 일본의 종업원들에게서 상당히 낮은 것으로 보인다.[16]

// 직무만족과 직무행위

경쟁이 치열한 패션산업에서 스위스 기업인 Hugo Boss Industries는 인상적인 브랜드 이미지와 시장점유율(일부시장에서 정장부문 30%)을 과시하고 있다. 이 기업의 성

그림 13. 2b

모두가 만족하는가?(계속)

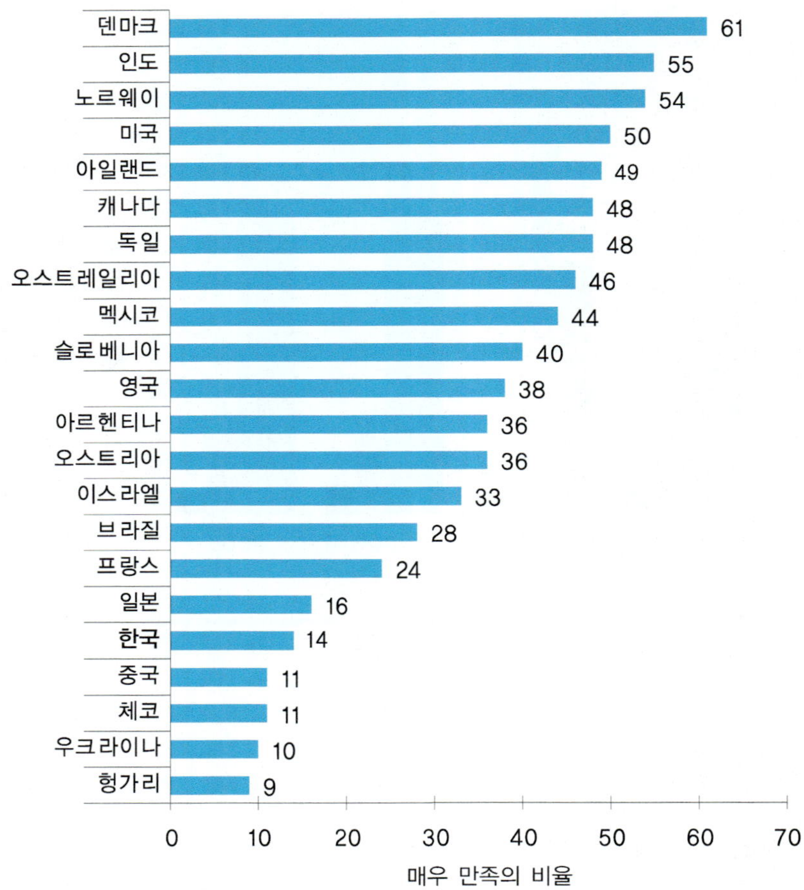

자료 : 2000년도 중반 39개국 9,300명의 종업원 대상 Ipsos-Reid 설문조사 기초. 2001년 1월 8일 "Ipsos-Reid 글로벌 설문조사는 전 세계 종업원 만족에서의 주요 차이를 발견하다"라는 Ipsos-Reid 뉴스 자료. 높은 점수를 보인 나라의 전부를 포함하여 이 표에서는 22개국의 표본을 보여줌.

공은 자본수익률이나 다른 객관적 수치에만 기초하지 않고, 종업원의 만족과 같은 주관적 숫자까지 반영하여 관리자를 보상하는 성과급제도에 어느 정도 기인한다.[17] 태도와 행복이 종업원의 행위에 어느 정도 영향을 미치기 때문에 Hugo Boss와 많은 다른 기업은 종업원의 사기를 면밀하게 주시하고, 높은 사기를 유지하는 종업원에게 보상한다. 직무불만족의 결과를 이해하는 데 유용한 틀이 **이직-발언-충성-태만(EVLN) 모형**이다. 이름이 시사하듯이, EVLN 모형은 종업원이 불만족에 반응하는 네 가지 방식을 구분한다.[18]

> **이직-발언-충성-태만(EVLN) 모형**
> 직무불만족 결과를 설명하는 모형

- **이직**(Exit)은 다른 조직단위로 옮기면서 조직을 떠나거나 혹은 적어도 이러한 이직을 시도하는 것을 의미한다. 종업원 이직은 직무불만족의 잘 알려진 결과이며, 특히 다른 곳의 보다 좋은 직무기회를 가진 종업원에게 해당된다. 반대로, 높은 직무만족을 보이는 종업원을 보유한 기업은 산업에서 가장 낮은 이직률을 보이곤 한다. 예를 든다면, 다른 곳에서 일하는 것을 생각해 보았느냐는 질문을 받을 때, 뱅쿠버시 저축신

용금고 회계관리자인 Lara Victoria는 "아니요, 날 밀어내야 할 걸요. 여기에서의 일분일초는 소중합니다"[19]라고 곧바로 대답했다. 관리자들이 종업원을 불공정하게 대우한다고 믿을 때와 같은 특정 '충격적 사건'으로 인해 이직은 항상 발생한다고 관리자들은 말한다.[20] 이러한 충격적 사건은 종업원으로 하여금 고용의 대안을 생각하고 탐색하게 만드는 강한 감정을 생산한다.

- **발언**(Voice)은 불만족한 상황을 탈출하기보다는 변화시키려는 일체의 시도를 의미한다. 발언은 경영층이 상황을 개선시킬 수 있는 방법을 제안하는 등의 건설적인 대응이거나 공식적인 고충제기 등의 보다 대립적인 것일 수도 있다.[21] 극단적으로는 일부 종업원들이 관심을 끌기 위해서, 그리고 조직에서의 변화를 강제하기 위해 생산적이지 않은 행위를 할 수도 있다.
- **충성**(Loyalty)은 다른 방식들로 설명되어 왔다. 가장 일반적인 생각은 '충성파'는 문제가 스스로 해결되거나 다른 사람이 해결하도록 인내심을 갖고 기다리는 것(일부는 "침묵 속에서 고통받는다"고 말한다)으로 불만족에 반응하는 종업원들이다.[22]
- **태만**(Neglect)은 일에 대한 노력을 줄이거나, 품질에 관심을 덜 쏟고, 결근 혹은 지각을 늘리는 등의 행위를 포함한다. 이는 일반적으로 조직에 부정적인 결과를 낳는 수동적인 행동이라고 간주된다.

네 가지 EVLN 모형에서의 대안 중에서 종업원들은 어떤 것을 사용하는가? 이는 개인과 상황에 따라 달라진다. 언급했듯이 사람의 느낌은 자신의 과거경험과 개인의 선호도에 기초하여 상이한 행위의도로 바뀐다. 아울러 이직, 발언 또는 다른 반응을 사용하려는 의도는 상황에 좌우된다. 외부노동시장 상황이 나쁘면 이직 가능성은 감소할 것이다. 그리고 이직보다는 발언을 택할 가능성이 높아진다. 직무불만족에 대한 반응은 개인의 가치와 성격에 따라서도 달라질 것이다.[23]

// 직무만족과 성과

비즈니스 세계에서 가장 오래된 믿음 중의 하나는 '행복한 근로자가 생산성이 높은 근로자'라는 말이다. 한때 경영전문가들은 이러한 표현이 부정확하다고 말한 바 있다. 보다 나은 연구방법에 기초하여 연구자들은 행복한 근로자가 실제로 보다 생산성이 높으나, 어느 정도까지만 그렇다고 결론내리고 있다.[24] 직무만족과 성과 사이의 상관관계가 왜 강하지 않는가에 대한 몇 가지 이유가 존재한다.[25]

하나의 주장은 직무만족과 같은 일반적 태도는 특정 행위를 잘 예측하지 못한다는 것이다. EVLN 모형에서 배웠듯이, 직무불만족은 다양한 결과로 이어질 수 있어 직무성과를 낮추게 된다(태만). 일부 종업원들이 불평하거나(발언), 다른 일자리를 찾아보거나(이직), 인내심을 갖고 문제해결을 기다리는(충성) 동안 계속 열심히 일하는 종업원들도 존재한다.

두 번째 설명은 직무만족이 성과에 영향을 미치는 것이 아니라 직무성과가 직무만족으로 이어진다는 것이다. 그러나 이는 성과가 가치있는 보상과 연결될 때만 해당된다. 고성과 작업자의 경우 보다 많은 보상을 받고, 낮은 보상을 받는 저성과자에 비해 만족도도 높게 된다. 많은 조직에서 고성과자를 보상하지 않기 때문에 직무만족과 성과 사이의 연결은 더 강하지 않다.

세 번째 설명은 직무만족이 종업원의 동기부여에 영향을 미칠 수 있으나 (조립라인 업무처럼) 직무의 결과에 대한 종업원의 통제권이 전혀 없는 경우 직무성과에 대한 영향은 거의 없다. 이는 직무수행에서 보다 많은 자유가 있는 복잡한 직무에서 왜 직무만족과 성과의 관계가 가장 강하게 나타나는가를 설명한다.

// 직무만족과 고객만족

아웃백 스테이크하우스(Outback Steakhouse)는 경쟁이 치열한 미국 레스토랑 산업에서 경이적인 성공을 거두었다. 1988년 아웃백의 네 동업자가 호주풍의 편안한 라이프 스타일 이미지를 설정하여 플로리다의 템파에서 레스토랑을 개업하였다. 오늘날 미국과 캐나다에서 1,100개의 레스토랑에서 65,000명의 종업원이 일하고 있다. 호주스타일이 성공의 시작이었지만 설립자인 Chris Sullivan은 종업원의 자질이 중요한 성공요인이라고 말한다. 구체적으로 회사는 활력이 넘치는 종업원을 채용하였고, 그들이 회사에 머무르면서 뛰어난 서비스를 제공하도록 격려하는 문화를 창조하였다. 이 서비스는 고객을 행복하게 만들었으며, 이는 고객이 다시 돌아오고, 고객이 아웃백을 친구들에게 추천하도록 만들었다. 이러한 고객만족의 결과는 보다 높은 매출과 이익증진이다.[26]

아웃백 스테이크하우스는 종업원이 행복할 때 고객이 더 행복할 수 있다고 경영자들이 믿는 많은 기업 중의 하나이다. 덴버의 Pinnacol Insurance의 CEO인 Gary Pon은 "나는 오래 전에 종업원의 만족과 고객 서비스 간의 높은 상관관계가 있다는 것을 깨달았다."고 말한다. "행복하고 잘 동기부여된 인력을 갖고 시작하면, 행복한 고객을 갖게 될 가능성이 훨씬 높아진다는 것은 내게 당연한 상식이다"라고 말하는 버진그룹(Virgin Group) 설립자인 Richard Branson 역시 이 견해에 공감한다. Wegmans의 관리자들도 행복한 종업원이 보다 좋은 고객 서비스를 제공한다고 확신하며, 로체스터에 기반을 둔 야채 체인의 모토는 '종업원이 첫 번째, 고객이 두 번째'이다.[27]

아웃백 레스토랑에서의 지글지글(Sizzling) 만족
아웃백 레스토랑의 경이적인 성공은 행복한 종업원이 행복한 고객을 낳고, 행복한 고객이 행복한 주주를 낳는다는 종업원-고객-이익 사슬모형에 기초한다. "아웃백의 성공이론은 당신이 적합한 사람을 채용하고, 그들을 돌봐주어야 한다는 것이다"라고 설립자인 Chris Sullivan과 세 동료가 최근 신문기사에서 설명하였다.

경영학 연구는 직무만족이 고객만족을 향상시킨다는 것에 일반적으로 동의한다.[28] 몇 년

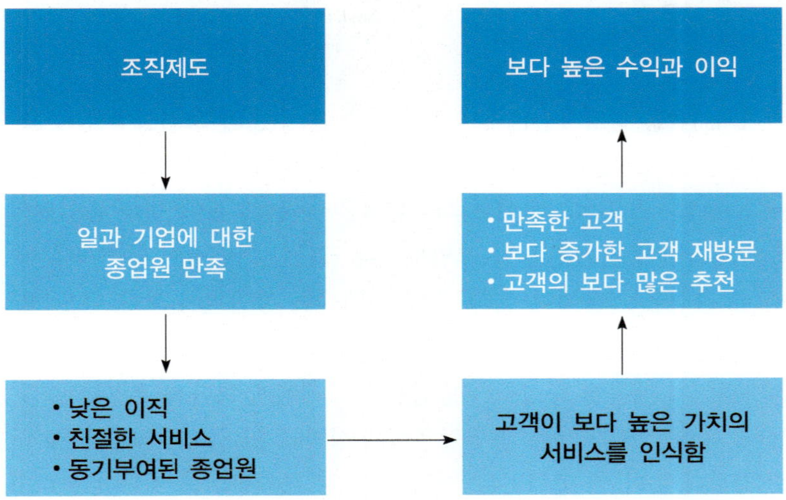

그림 13.3

종업원-고객-이익 사슬모형

전, Sears Roebuck & Co는 대형소매점 직무만족 설문조사 결과에서 5점의 종업원 직무 만족도 향상은 고객만족을 1.3점 개선시키고, 이는 다시 0.5%의 수익성 개선을 유발한다고 계산하였다. 마케팅 전문가들은 종업원 만족이 고객만족과 수익성으로 어떻게 전환되는가를 보여주는 '종업원-고객-이익 사슬' 모형을 개발한 바 있다(그림 13.3 참조).

왜 행복한 종업원이 행복한 고객으로 귀결되는가에 대한 세 가지 설명이 있다. 첫 번째, 이미 언급했듯이 직무만족은 종업원 성과, 특히 친절한 서비스를 제공하는 보다 높은 동기부여와 연관된다. 이는 보다 효과적으로 고객을 대접하려는 노력을 포함한다. 두 번째, 직무와 근로조건에 만족할 때 종업원은 항상 보다 긍정적인 기분을 갖게 된다. 기분 좋은 종업원은 고객들이 훌륭하다고 느끼는 서비스를 자발적으로 제공한다. 세 번째, 직무에 보다 만족하는 종업원은 이직할 가능성이 낮아지고, 따라서 고객을 더 잘 응대할 보다 나은 지식과 능력을 갖게 된다. 낮은 이직률은 역시 고객에게 보다 일관성 있는 서비스를 제공한다. 고객은 조직 전체가 아니라 특정 종업원과 관계를 맺게 되므로 낮은 이직률을 유지하면 고객의 충성도를 확보할 수 있다는 일부 증거도 있다.[29]

이 주제를 마치기 전에, 직무만족이 직무행위와 고객만족을 개선하는 것 이상이라는 점을 기억할 필요가 있다. 직무만족은 지역에서 기업의 명성에 영향을 미치는 윤리적인 사안이기도 하다. 사람들은 자신의 많은 시간을 조직에서 일하는 데 사용하며, 많은 사회는 이제 기업이 보다 안전하고, 유쾌한 근무환경을 제공하기를 기대한다. 여러 나라의 종업원은 실제로 일하기에 가장 좋은 기업의 평가결과를 꼼꼼하게 주시한다. 이는 종업원 만족이 사용자에게 중요한 평판일 수 있다는 신호이다. 이 사실은 종업원의 직무만족이 낮은 기업의 경우에 명백하다. 기업은 이 상황을 숨기려고 노력하고, 종업원의 사기문제가 공개될 때, 기업 리더들은 항상 종업원의 태도를 신속하게 개선하고자 한다.

조직몰입

조직몰입
특정 조직에 대한 종업원의 정서적 애착, 동일시, 관여

직무만족과 함께, 경영자들은 종업원들이 높은 수준의 조직몰입을 갖고 있는지 확인할 필요가 있다. **조직몰입**(Organizational Commitment)은 특정 조직에 대한 종업원의 정서적 애착, 동일시, 그리고 관여를 의미한다.30) 이는 조직에 대한 종업원의 자부심과 충성이다. 충성스런 종업원은 일을 그만두거나 결근할 가능성이 낮기 때문에, 경영자들은 이 태도에 관심을 기울여야 한다. 또한 장기근속 종업원이 보다 나은 직무 관련 지식을 보유하여 보다 나은 고객 서비스를 제공하고, 고객도 같은 종업원과 관계맺기를 선호하기 마련이기 때문에 충성스런 종업원은 고객에게 보다 좋은 서비스를 제공할 가능성이 높다. 몰입 정도가 높은 종업원은 직무성과에 있어서 우월할 뿐 아니라 동기부여의 수준이 보다 높다.31) 종업원은 '상당히 높은' 조직몰입을 지녀야 한다고 권고하였음을 상기해야 한다. 매우 높은 충성도를 지닌 종업원은 순응 정도가 높아서 창의성의 부족으로 귀결될 가능성이 있다. 조직을 보호하기 위해 법을 위반하는 헌신적인 종업원의 예들이 있다. 그러나 대부분의 조직은 충성도가 높은 종업원이 많아서라기보다 없어서 어려움을 겪고 있다.

// 지속적 몰입을 유의하라!

지속적 몰입
이직의 비용이 높기 때문에 종업원이 회사에 머물러 있는 상황에서 종업원이 회사에 대해 갖는 이해타산적인 애착

조직몰입은 **지속적 몰입**(continuance commitment)과는 다른 개념이다. 지속적 몰입이 이해타산적인 애착이라면 조직몰입은 조직에 대한 감정적 유대이다.32) 비용이 높아 이직하지 못해서 머물러 있을 뿐 자신이 속한 조직에 특별한 심리적 동일시를 느끼지 못할 때 종업원들은 높은 지속적 몰입을 갖게 된다. 즉, 계속 근무할 때의 가치(흔히 재무적 가치)가 다른 곳에서 일하는 가치보다 높기 때문에 머무는 것을 선택한다. "이곳이 지긋지긋하지만, 그만 둘 수도 없어!"라고 누가 말할 때 계산적인 몰입의 수준이 높다고 말할 수 있다. 회사에 대한 기피는 종업원이 그 공동체에 오랜 기간 머물러서이거나, 이직하면 상당량의 보너스를 받지 못하기 때문일 수 있다.33)

역자주 Smith Barney's golden handcuffs 성공적 기업인수를 위해 피인수기업의 주요 임원이나 전문인력에게 장기근속 약속의 대가로 지급하는 급여상의 인센티브

안타깝게도 경영자들은 조직몰입과 지속적 몰입을 혼동하는 경향이 있다. 경영자들은 저이자 대출, 스톡옵션, 미래지급이 약정된 이연보너스 또는 '**황금수갑**(golden handcuffs)' 등을 사용하여 종업원을 금전적으로 회사에 묶어두려고 한다. 한 예로 월스트리트(Wall Street)의 여러 주식중개회사들은 매년 이직률이 종업원의 10% 미만이라고 자랑하지만 실제 이유 중의 하나는 대부분의 종업원이 받는 성과보너스가 최소 2년 이상 지급이 유보되는 이연보상제도(deferred compensation scheme)이기 때문이다. 제임스 맥카시(James McCarthy)는 스미스 바니(Smith Barney, 현재 Citigroup에 합병된 증권회사)[역자주]에서 중개업자로 일하면서 번 287,000달러를 찾기 위해 싸우고 있으나 회사는 그가 퇴사했기 때문에 지급의무가 없다고 말하고 있다.34)

금전적인 인센티브가 이직률을 줄일 수는 있으나 동시에 종업원의 충성이 아닌 지

속적인 몰입을 증가시킬 수 있다. 연구에 따르면 지속적 몰입이 높은 종업원은 성과를 낮추며, 조직시민행동을 할 가능성도 줄어든다. 더욱이 조직몰입이 높은 종업원은 노사관계가 좋지 않을 때에도 건설적인 문제해결에 주력하는 반면,[35] 노조화된 기업에서 지속적 몰입이 높은 종업원은 공식적으로 고충을 제기할 가능성이 보다 높다. 종업원과 조직 간의 금전적인 연결이 어느 정도는 필요하겠지만, 금전적인 차원에서 종업원을 회사와 연결시키려는 노력(지속적 몰입)을 뛰어넘어 종업원의 마음(조직몰입)을 사로잡기 위한 노력을 회사는 기울여야 한다.

// 조직몰입의 구축

조직충성(organizational loyalty)을 구축하는 방법은 여러 가지가 있으나 다음의 목록은 연구문헌에서 빈도가 높은 방법들이다.

- **정의와 지원**(Justice and support) : 종업원에 대한 의무를 준수하고 공정성, 예의, 관용, 청렴과 같은 인도주의적 가치를 따르는 조직에서 종업원 충성은 더욱 높다. 관리자들이 보상 및 기타 자원배분과 같은 의사결정상황에서 공정성에 보다 주의를 기울여야 한다는 제12장에서의 권고사항과 연관된다. 종업원이 조직에서 정의를 보다 많이 느낄수록, 조직에 대한 종업원의 충성은 높아진다. 유사한 맥락에서, 종업원의 복지와 행복을 지원하는 조직은 반대급부로 조직에 대한 종업원의 충성을 얻게 될 것이다.[36]
- **공유가치**(Shared Values) : 조직몰입의 정의는 한 개인이 자신과 조직을 얼마나 동일시하는가를 뜻한다. 제10장에서 논의된 조직의 지배적인 가치와 자신의 가치가 조화를 이룬다고 믿을 때 동일시는 가장 높다. 가치의 적합성은 종업원이 보다 편안하게 조직의 결정을 받아들이게 한다.[37]
- **신뢰**(Trust) : 제11장에서 **신뢰**, 즉 타인의 의도나 행위에 대한 긍정적 기대에 기초하여 취약성을 받아들이려는 심리상태를 설명한 바 있다.[38] 신뢰는 다른 사람이나 집단에 대한 믿음을 뜻한다. 신뢰는 또한 호혜적 행동으로서 신뢰하기 위해 자신이 먼저 신뢰를 보여야 한다. 리더를 신뢰할 때만 종업원은 회사와 자신을 동일시하고 회사를 위해 일해야 한다는 의무감을 갖는다. 이러한 내용은 왜 정리해고가 종업원의 충성에 크나큰 충격을 주는지를 설명한다. 회사가 종업원 고용을 불안하게 만든다면, 이는 회사와 고용관계에 대한 종업원의 신뢰를 떨어뜨리는 결과를 초래할 것이다.[39]

> **신뢰**
> 타인의 의도나 행위에 대한 긍정적 기대에 기초하여 취약성을 받아들이려는 심리상태

- **조직에 대한 이해**(Organnizational Comprehension) : 조직몰입은 자신을 회사와 동일시하는 것이며, 이런 태도는 종업원이 회사의 과거, 현재 및 미래를 포함하여 회사를 이해할 때 강화된다. 충성은 회사 내 다른 동료들과 상호작용하는 기회가 증가함에 따라 증가할 뿐 아니라, 회사의 리더로부터, 그리고 회사의 리더와의 개방적이고 신속한 의사소통이 늘어남에 따라 증가한다. 제16장에서 조직 내 의사소통전략을 논의

하게 될 것이다.[40)]

- **종업원 관여**(Employee involvement) : 종업원들은 회사의 미래에 영향을 미치는 의사결정에 자신이 기여할 때 스스로가 조직의 일부라고 느끼게 된다. 권한을 허용하는 것이 자신들에 대한 조직의 신뢰를 보여준다는 점에서 이 종업원 관여는 종업원의 충성도를 높이게 된다.

조직몰입과 직무만족은 직장에서의 태도 중 가장 많이 연구되고 논의되는 두 가지 개념이다. 각각은 직장과 조직과의 관계에 관한 정서적인 에피소드와 인지적 판단과 연관된다. 정서는 또한 최근 모든 이들의 마음에 있는 다른 개념인 스트레스에 대해서도 중요한 역할을 한다. 직무관련 스트레스의 관리는 종업원 행복관리의 핵심이다. 이하에서는 스트레스의 프로세스, 원인, 그리고 가장 중요하게 어떻게 스트레스를 관리하여 종업원의 행복을 높일 수 있는가를 살펴볼 것이다.

직무관련 스트레스와 이의 관리

스트레스
도전적이거나 개인의 행복을 위협하는 것으로 인식되는 상황에 대한 적응적 반응

상사가 '24시간 영업'이라고 쓰인 커다란 네온사인을 매다는 순간, Joe Straififf는 그의 여가생활이 위기에 처하게 되었음을 깨달았다. 전직 Electronic Arts(EA) 소프트웨어 개발자 역시 주말에 보자는 상사의 이메일을 자주 받는다. "그렇게 오래 일하면서 제정신을 유지할 수 없어요"라고 Straitiff는 말한다. "너무 심해요" Straitiff의 불평은 과장이 아니었다. EA의 LA지사에서 일하기 시작한 지 이틀 후에 비디오 프로그래머 Leaner Hasty는 '반지의 제왕 : 중간계 전투' 작업의 '막판 눈코 뜰 새 없는 시기'로 돌입했다. 팀 전체는 곧 매주 7일 모두, 매일 13시간씩 근무했다. Hasty의 약혼녀인 Erin Hoffman은 화가 나서 이 암울한 상황을 비난하는 장문의 글을 써서 인터넷에 올렸다. "내 사랑은 밤늦게 귀가해서 사라지지 않는 두통과 만성복통을 호소합니다." 이틀 동안 그녀는 EA 및 다른 비디오게임회사의 사람들로부터 무려 1,000건이 넘는 격려 메시지를 받기도 했다. 이 사건은 EA에 대해 초과근무수당의 지급을 요구하는 여러 건의 소송으로 이어졌다.[41)]

전자 스트레스(electronic stress)
전 세계에서 가장 큰 독립 비디오게임업체인 Electronic Arts(EA)는 신제품 출시 전 몇 달 동안 종업원의 장시간 근로를 줄여야 하는 상황에 놓여 있다. EA는 초과근무수당의 지급을 요구하는 그래픽아티스트들이 제기한 두 건의 소송을 합의로 마무리한 바 있다. Leaner Hasty의 약혼녀인 Erin Hoffman은 장시간 근로와 관련된 암울한 상황에 관한 장문의 비난글을 써서 인터넷에 올린 바 있다. 이틀 동안 그녀는 EA 및 다른 비디오게임회사의 사람들로부터 무려 1,000건이 넘는 격려 메시지를 받기도 했다.

EA와 다른 많은 조직에 근무하는 종업원들은 직무관련 **스트레스**(stress)를 겪는다. 스트레스는 도전적이거나 개인의 행복을 위협하는 것으로 인식되는 상황에 대한 적응적 반응이다.[42)] 스트레스 반응은 우리가 '싸우거나 도망치거나(fight or flight)', 즉 위협으로부터 보호하거나,

표 13. 1

스트레스로 지친 종업원들로 가득 찬 세상

- 미국인의 44%는 자주 또는 매우 과로한다고 말하며, 미국인의 26%는 지난 달에 과로를 경험하였다고 말한다.
- 80%의 미국인은 일과 관련된 지나친 스트레스를 느낀다. 미국인의 거의 절반이 스트레스에 대한 대처가 필요하다고 응답한다.
- 대략 1/4의 영국인은 '매우 또는 극심한 스트레스를 겪는다'
- 4,700명의 아시아인을 대상으로 하는 설문조사 결과 1/3이 과거에 비해 스트레스를 더 겪고 있으며, 스트레스는 대만에서 가장 높고, 태국에서 가장 낮은 것으로 나타났다.
- 모든 직종의 호주 종업원 중 53%는 스트레스를 느끼고, 1/5은 일에 지쳤다고 말한다.
- '매일 직장생활에서 심한 걱정, 불안, 또는 직무 스트레스'를 느낀다고 응답한 일본 종업원의 비율이 1982년 51%에서 최근 인구의 2/3으로 증가했다.

자료 : T. Haratani, "Job Stress Trends in Japan," in *Job Stress Trends in East Asia*(Proceedings of the First East Asia Job Stress Meeting), ed. A. Tsutsumi(Tokyo: Waseda Univ. January 8, 2000), pp. 4-10; Canadian Mental Health Assoiciation, *The 2001 Canadian Mental Health Survey*(Toronto: Canadian Mental Health Assoiciation, 2001); "New Survey: Americans Stressed More Than Ever," *PR Newswire*, June 26, 2003; "Hong Kong Peoples Still Most Stressed in Asia—Survey," *Reuters News*, November 2, 2004; E. Galinsky et al., *Overwork in America: When the Way We Work Becomes Too Much*(New York: Families and Work Institute, March 2005); M. Mandel, "The Real Reasons You're Working So Hard... and What You Can do About It," *BusinessWeek*, October 3, 2005, p. 60; *Mind, Stress and Mental Health in the Workplace*(London: Mind, May 2005); D. Passmore, "We're All Sick of Work," *Sunday Mail*(Brisbane), November 27, 2005, p. 45.

위협으로부터 도피하기 위한 생리적 변화를 낳는 복잡한 감정이다. 구체적으로 심작박동수가 증가하고 땀을 흘리고, 근육이 경직되고, 호흡이 빨라진다. 뇌로 보다 많은 피가 공급되고, 아드레날린과 일부 호르몬이 분비되고, 포도당과 지방산이 분비되면서 우리 몸에 에너지를 공급하고, 우리 감각이 날카롭도록 신체를 작동시키고, 면역체계가 잘 작동하도록 자원을 사용한다.

흔히 스트레스를 부정적인 경험이라고 말한다. 이는 디스트레스, 즉 정상적인 작동으로부터의 생리적·심리적·행위적 일탈이다. 하지만 유스트레스라고 불리는 어느 정도의 스트레스 수준은 사람들의 목표달성, 환경변화 적응, 생애목표의 성취 등을 돕기 때문에 삶에 필요한 부분이기도 하다.[43] 여기서는 여러 사회에서 만성적인 문제로 대두되는 디스트레스의 원인과 관리에 초점을 두기로 한다. <표 13. 1>은 전 세계 직무관련 스트레스의 정도를 보여준다.

// 일반적 적응증후군

스트레스 경험은 [그림 13. 4]에서 나타나듯이 세 단계를 거쳐 나타나는 **일반적 적응증후군**(general adaptation syndrome)이라고 불리는 생리적 반응이다.[44] 첫 번째 경고반응(alarm reaction) 단계는 막 인식된 어떤 위협이나 도전이 생리적인 스트레스 반응을 유발할 때 발생한다. 그 스트레스에 대한 준비가 미처 이루어지지 않아서 처음에는 우리의 에너지 수준과 대처능력이 감소한다. 두 번째 저항(resistance) 단계에서는 스트레스의 원천을 극복 또는 제거하기 위해 필요한 보다 많은 에너지와 대처능력 향상을 위

일반적 적응증후군
경고반응단계, 저항단계, 그리고 소진단계로 구성되는 스트레스 경험 모형

그림 13.4

일반적 적응증후군

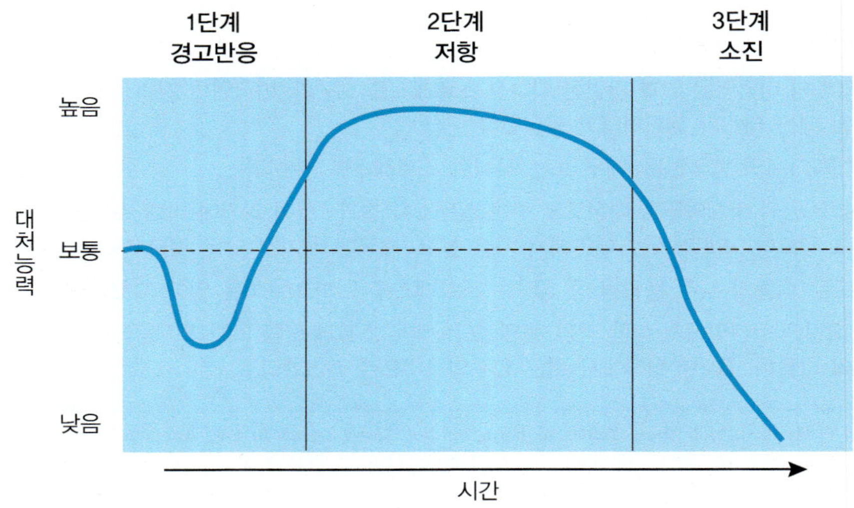

자료 : Adapted from H. Selye, *The Stress of Life*(New York: McGraw-Hill, 1956).

한 생화학적·심리적·행위적 메커니즘을 작동시킨다. 스트레스의 원천에 에너지를 집중하기 위해, 우리 몸은 이 단계에서 면역시스템으로 할당되는 자원의 양을 감소시킨다. 이러한 변화는 지속적인 스트레스를 경험할 때 왜 감기나 다른 병에 쉽게 걸리는가를 설명해준다.

저항능력이 제한되어 있는 가운데, 스트레스가 지속되면 결국 세 번째 소진(exhaustion)의 단계로 진입한다. 우리 대부분은 완전히 소진되기 전에 스트레스의 원천을 제거하거나 스스로를 스트레스 원천으로부터 차단하는 능력을 지니고 있다. 하지만 자주 소진에 도달하는 사람들은 장기적으로 생리적·심리적 손상을 입을 가능성이 커진다.[45]

// 디스트레스의 결과

스트레스는 인체에 손상을 미친다.[46] 스트레스 반응으로 인한 근육경직으로 인해 많은 사람들은 근육통이나 다른 어려움을 겪는다. 연구에 따르면 스트레스가 높을 경우 심장발작이나 심근경색을 포함한 심장계통의 질병을 유발하기 쉽다. 또한 직무불만족, 사기저하, 우울증, 조직몰입 감소 등의 여러 심리적인 결과를 낳는다. 더 나아가 직무성과 저하, 잘못된 의사결정, 보다 많은 산업재해나 공격적 행위 등 여러 행위적 결과물도 심한 스트레스와 연관된다. 많은 사람들은 '싸우거나 도망치거나' 방식을 통해 스트레스에 대응하는데, 무단결근의 증가는 '도망치거나' 방식을 택할 때 나타난다.[47]

// 스트레스 요인 : 스트레스의 원천

일반적 적응증후군은 스트레스의 경험을 설명한다. 하지만 직무관련 스트레스를 관리하기 위해서는 스트레스의 원인을 이해해야 한다. **스트레스 원인**(stressors)은 사람에게 신체적·정서적 반응을 유발하는 환경적 조건을 포함한다.[48] 사람들은 일하면서 수많은 스트레스 원인들에 직면한다. 여기서는 가장 빈발하는 세 가지 스트레스 원인인 희롱 및 무례한 행위, 과다한 업무량, 직무통제의 결여를 살펴본다.

스트레스 요인
사람에게 신체적·정서적 반응을 유발하는 환경적 조건

희롱 및 무례한 행위 거의 7년 동안 Devander Naidu는 상사로부터 우리 대부분이 평생 경험하는 정도보다 많은 학대를 당했다. Fox Network사를 소유한 News사의 호주 계열사에서 근무하는 보안 및 화재방지 부책임자인 그는 직속상사의 지속적인 언어학대, 인종과 관련된 조롱(그는 인도-피지계이다), 신체적 폭력의 위협, 욕설, 그의 부인에 대한 모욕, 외설행위에 끊임없이 시달렸다. 또한 상사는 근무시간 동안 Naidu로 하여금 자신의 집짓는 일을 돕도록 강요하였다. Naidu는 실제로 자신을 고용한 보안회사인 Group 4 Securitas에 이 사실을 알렸으나, Group 4의 관리자는 News회사와의 계약해지를 두려워한 나머지 아무런 조치도 취하지 않았다. 시간이 가면서 Naidu는 정신적 학대로 인한 심각한 우울증과 외상 후 스트레스 장애를 겪게 되었다. News회사의 자체 내부조사를 통해 충분한 증거가 발견되자 그 상사는 파면되었다(그 상사가 여직원들을 성적으로 희롱했다는 주장을 회사가 조사하면서야 Naidu의 상황은 알려졌다). 나중에 Naidu는 News회사와 Group 4를 상대로 두 회사가 상사의 희롱을 중단시키지 못했다고 소송을 제기하였으며 결국 승소하여 보상을 받았다.[49]

Devander Naidu는 극심하고 지속적인 **정신적 희롱**(psychological harassment)을 겪었다. 정신적 희롱은 종업원의 자존심이나 심리적·신체적인 완전함에 영향을 미치고 종업원의 직무환경을 유해하게 만드는 반복적이고 적대적인, 또는 원치 않는 행위, 언어표현, 행동, 또는 몸짓을 포함한다. 이는 위협과 따돌림에서부터 미묘하지만 지속적인 무례한 행동까지의 넓은 행동을 포괄한다.[50]

정신적 희롱
종업원의 자존심이나 심리적·신체적인 완전함에 영향을 미치고 종업원의 직무환경을 유해하게 만드는 반복적이고 적대적인, 또는 원치 않는 행위, 언어표현, 행동 또는 몸짓

안타깝게도 어느 정도의 정신적 희롱은 거의 모든 일터에서 존재하며, 그 중 많은 부분은 관리자에 의해 발생한다. 한 연구에 따르면, 미시간주 연방법원 종업원의 40%가 지난 5년 동안 직장에서 무례한 행동을 경험했다. 두 종류의 대규모 설문조사결과에 의하면, 유럽 종업원의 9%와 영국 근로자의 거의 20%가 지난 12개월 동안 직장 내 따돌림을 경험하였다. 호주 조사에 참여한 1,800명의 변호사 중 절반 이상이 일과 관련해서 따돌림을 당하거나 위협을 받았다고 응답했다. 직장에서의 정신적 희롱은 일부 유럽 정부들이 공식적으로 금지시킬 정도로 문제가 되고 있다. 최근 캐나다 퀘벡주는 북미 최초로 직장 내 반희롱법안을 통과시켰고 첫해에만 2,500건 이상의 위반사례가 접수되었다.[51]

성적 희롱(sexual harrassment)은 (대상자 또는 피해자가) 원치 않는 성적 의미를 지닌 행위를 포함하는 희롱의 한 유형으로서 직무환경에 유해한 영향을 미치거나 역기능적인 직무관련 결과로 이어진다. 대가성이라고 불리는 성적 희롱의 한 유형은 개인의 고용이나 직무성과가 원치 않는 성적 상황(예를 들어, 남성 상사가 자신의 성적 제안을 여성이 받아들이지 않을 경우 해고하겠다고 위협하는 경우)에 대한 조건부인 경우를 포함한다. 더 흔한 두 번째 형태는 적대적 직무환경이라고 불리는데, 이는 개인의 업무

성적 희롱
(대상자 또는 피해자가) 원치 않는 성적 특징을 지닌 행위를 포함하는 희롱의 한 유형으로서 직무환경에 유해한 영향을 미치거나 역기능적인 직무관련 결과로 이어짐.

과로사, 일본에 경종을 울리다 전체 아시아에서 전문가직종은 영예의 훈장인 것처럼 장시간 일을 한다. 일부에게 장시간 근로는 사람의 수명을 줄이는 영예이다. 일본 정부에 따르면 매월 80시간 이상 초과근무를 하는 종업원들은 과로사의 위험이 현저히 높다. 과로사는 또한 중국과 대만에서도 심각한 문제가 되고 있다.

수행을 방해하고, 위협적이고 적대적이거나 불쾌한 직무환경을 유발하는 성적 행동을 포함한다. 적대적 직무환경과 성적 희롱의 구성요소가 무엇인가를 해석할 때 여성보다 남성이 보다 협소하게 해석하기 때문에 성적 희롱의 정의는 복잡한 문제(대인관계 스트레스)로 이어진다.[52] 피해자가 성적 의혹을 제기한 이후 성적 희롱은 간혹 정신적 희롱으로 악화되기도 한다.

업무량 반 세기 전 사회과학자들은 2030년쯤에는 종업원들이 기술발전으로 인해 주당 15시간만 일하는 기쁨을 누릴 것이라고 예측한 바 있다. 현재까지 이 예측은 사실이 아니다. 미국인들은 합리적으로 대처 가능한 수준의 시간과 양을 초과해서 일하는 과중한 업무부담을 겪는다. 가정과 일 연구소에서 실시한 조사에 따르면 미국인의 44%가 과로라고 응답하고, 28% 이상이 이러한 과로가 지난 3년 동안 지속되었다고 한다. 과로 종업원은 부모나 배우자 등의 일 이외의 역할을 잘 수행할 시간이 부족하므로 과중한 업무부담은 일-가정 갈등의 주요한 원인이다.[53]

왜 종업원들은 그렇게 장시간 근무를 하는가? 이에 대해 기술과 글로벌화의 복합적 효과라는 설명이 있다. "이 산업의 모든 종사자들은 이메일, 무선전화, 그리고 글로벌화 때문에 더 열심히 일한다."라고 35개 국가에 사무소를 두고 있는 캘리포니아 소재 컨설팅회사 머큐리 인터렉티브(Mercury Interactive)의 마케팅 책임자 크리스토퍼 록히드는 말한다. "주말에도 쉴 수 없어요." 최근 연구에 의하면 두 번째 원인은 많은 사람들이 소비주의에 빠졌기 때문이다. 사람들은 보다 많은 제품과 서비스를 원하고 이는 보다 많은 소득을 필요로 하고 장시간 근로로 이어진다. '이상적인 근로자 규범'이라고 불리는 세 번째 원인은 전문직종 종사자들은 자신과 타인들이 보다 많은 시간을 일할 것이라고 예상한다는 점이다. 많은 사람들에게 정상적인 근무시간을 훨씬 초과하는 과로는 타인보다 훨씬 우월한 능력을 뜻하는 영예의 상징이다.

이상적인 근로자의 규범은 일본, 한국, 중국과 다른 아시아 국가에서 특히 두드러지며, 이 규범은 과로로 인한 사망을 의미하는 과로사 발생을 증가시킨다.[54] 일본 정부는 매년 100에서 200건의 과로사를 보고하지만 이 숫자는 유가족이 보상을 받은 경우만이다. 전문가들은 일본에서의 과로사가 10,000건에 가까울 것이며, 백만 명 가까운 사무직 종업원들이 과로사의 위험에 처해있다고 말한다. 일본 정부에 따르면 매달 80시간 이상의 초과근무를 하는 종업원은 과로사의 위험이 특히 높다. 현재 일본 남성근로자의 20% 이상이 매월 80시간 이상의 초과근무 수준을 넘어서고 있다.[55]

낮은 과업통제 자카르타의 임원 전용 운전사인 에디에게 교통체증은 인도네시아 최대도시에서 피할 수 없는 생활방식이다. "자카르타는 교통지옥"이라고 그는 말한다. "도시의 모든 도로는 차량으로 가득하다. 매일 이 고통을 피하는 것은 불가능하다." 교통체증으로 인해 예약시간에 늦을 때 스트레스는 더 심하다고 에디의 상사는 말한다.

"TV로 축구를 보거나 가족과 대화를 해도 이 스트레스는 없어지지 않는다. 나를 미치게 한다."[56)]

에디와 많은 다른 사람들은 과업통제의 결여로 인한 스트레스를 경험한다. 기계속도에 맞춰 일을 하거나 직무가 감시장치와 연관되거나, 직무 스케줄이 타인에 의해 통제될 때 낮은 과업통제가 발생한다. 컴퓨터, 무선전화, 그 밖의 다른 기술 역시 시간과 사생활에 대한 사람들의 통제능력을 제한하여 스트레스를 증가시킨다.[57)]

낮은 과업통제가 스트레스 요인인 정도는 종업원이 담당하는 책임의 정도와 비례한다. 조립라인 근로자는 과업통제가 거의 없지만 책임의 수준이 낮으면 그들의 스트레스 역시 낮은 편이다. 반대로, 운동종목 코치는 경기장에서 벌어질 일에 대한 통제는 낮지만(낮은 과업통제), 이겨야 한다는 심리적 압박은 대단하다(높은 책임). 유사하게 자카르타의 운전사인 에디는 자신의 고용주를 정시에 목적지로 갈 수 있도록 하는 심리적 압박(높은 책임)에 시달리지만 교통체증에 대한 통제는 거의 없다(낮은 과업통제).

// 직무관련 스트레스의 관리

어느 정도의 스트레스는 바람직하다. 그러나 대부분의 관리자들은 부하직원들의 스트레스를 어떻게 최소화하는가를 이해해야 한다. 대부분의 스트레스 관리전략은 <표 13. 2>에 요약된 대로 스트레스 요인과의 분리, 스트레스 인식의 변화, 스트레스 결과의 통제, 사회적 지원 활용 그리고 스트레스 요인의 제거 등 다섯 개 범주로 구분된다.

스트레스 요인으로부터의 탈출 직장 내 스트레스를 최소화하는 전략 중의 하나는 영구적으로 또는 일시적으로 종업원과 스트레스 요인을 분리하는 것이다. 영구적인 분리는 종업원이 자신의 능력과 가치에 더 잘맞는 일에 배치될 때 발생한다. 스트레스 요인

표 13. 2
직무관련 스트레스 관리제도

스트레스 관리전략	설 명	예
스트레스 요인과의 분리	스트레스 원천과 일시적으로 거리를 두기	근무 중 휴식, 휴일, 휴가, 안식년
스트레스에 대한 인식의 변화	스트레스와 스트레스 원천에 대한 대처능력에 대한 종업원의 믿음 향상	종업원 자신감 향상, 기분전환용 유머의 사용
스트레스 결과 통제	스트레스 효과에 저항하는 생리적 능력의 향상	긴장완화와 명상기법, 건강 프로그램
사회적 지원의 활용	동료, 친구, 관리자 및 다른 이들로부터의 심리적 지원과 정보관련 지원	지원적 리더십, 사회적 상호작용, 지원집단 형성
스트레스 요인의 제거	작업환경과 스트레스 원천의 분리 또는 종업원을 보다 적합한 직무로 이동시킴	종업원 직무재배치, 소음이나 유해 작업환경 또는 희롱의 감소

스트레스 해소용 노래방 클리블랜드에 있는 광고회사인 Liggett-Strashower의 종업원들은 일과 관련된 스트레스로부터 벗어나기 위해 멀리 갈 필요가 없다. 볼링, 선(禪), 그리고 종업원들이 스트레스를 날려버릴 수 있는 노래방 등 휴식과 활력을 취하도록 특별히 만들어진 세 가지 종류의 방이 있다.

과의 일시적인 분리는 잠시 동안 개인이 스트레스 요인과 거리를 두는 것과 관련된다. 일부 회사는 종업원의 스트레스 관리를 돕기 위해 심지어 근무지 일시 철수조치를 설정하고 있다. 온라인 마케팅 회사인 Brann Baltimore는 파란색 벽과 전등, 거품이 나오는 기둥 등이 완비된 수족관 방을 만들었다. 볼티모어의 국립수족관을 조망할 수 있는 그 방에는 종업원들이 맨발을 담글 수 있는 모래상자도 있다. Liggett-Strashower의 종업원들이 일로 인한 스트레스로부터 벗어나 짧은 휴식이 필요할 때, 휴식과 활력을 취할 수 있게 특별히 만들어진 세 가지 방 중의 하나로 들어간다. 그 회사 사람들은 볼링룸에서 볼링 핀을 쓰러뜨리거나, 조용하게 명상을 할 수 있는 선(禪) 룸에 들어갈 수 있다. 세 번째의 선택은 노래를 부를 수 있는 노래방이다. "스트레스가 심할수록, 노래방의 노래가 이어집니다."라고 그 회사의 예술감독인 Kristen Flynn은 말한다.[58)]

일시적인 휴가와 휴식을 제공하는 것은 만성적인 스트레스로부터 벗어나게 해준다. 경찰과 응급분야에서 여가가 작업과 관련한 스트레스에 대처하는 고용인의 능력을 현저하게 향상시킨다는 연구도 있다. 맥도날드와 회계기업 KPMG를 포함한 몇몇 기업의 고용주들이 유급휴가를 제공하고 있다. 오레곤 포틀랜드에 있는 법률회사 Ball Janik는 5년마다 4개월의 충분한 유급휴가를 제공한다.[59)]

스트레스에 대한 인식변화 흔히 종업원들은 자신감이나 낙관주의의 정도가 다르기 때문에 같은 환경에서도 스트레스를 다르게 느낀다. 그래서 기업의 경영진들은 종업원들이 일을 심리적 위협으로 느끼지 않도록 종업원의 자신감과 자존감을 높이는 방법을 숙지해야 한다. 회계사에 대한 최근의 연구에 따르면, 개인적인 목표의 설정과 자기강화(self-reinforcement)는 일을 새롭게 시작할 때 느끼는 스트레스를 줄여준다.[60] 유머는 상황으로 인한 심리적 부담을 줄여서 사람들의 낙관주의를 높이고, 긍정적인 감정을 갖게 만든다.

스트레스 결과의 통제 직장에서의 스트레스에 대처하기 위해서는 스트레스의 결과를 통제하는 것도 연관된다. 이런 목적으로 많은 회사는 종업원들이 체력을 단련할 수 있는 피트니스 센터를 운영하고 있다. 신체적인 운동은 사람들의 호흡, 심장박동수, 근육 긴장과 위 산성도 등의 조절을 도와서 스트레스의 심리적인 피해를 줄여준다고 연구 결과는 밝히고 있다.[61] 스트레스의 심리적인 결과를 통제하는 다른 방안은 휴식과 명상이다. 예를 들어, 제약회사인 AstraZeneca의 종업원들은 부서 회의시간이나 커피 휴식시간에 기공체조라고 알려진 명상을 한다. 기공이나 다른 명상은 불안감을 가라앉히고, 혈압과 근육 긴장을 낮추고, 호흡과 심장박동을 조절한다는 것이 연구에 의해 밝혀졌다.[62] 피트니스나 명상과 휴식뿐 아니라 많은 회사들은 보다 폭넓은 건강관리 프로그램을 찾고 있다. 이런 프로그램은 영양섭취, 피트니스, 규칙적인 수면과 다른 좋은 건강 습관을 종업원에게 교육시키고 돕는다.

여러 대기업은 종업원의 개인적·조직적 스트레스 극복을 돕고 보다 효과적인 대처 방법을 채택하도록 하는 **종업원 지원 프로그램**(employee assistance program, EAPs)을 제공한다. 대부분의 종업원 지원 프로그램은 종업원들이 일과 관련되거나 개인적인 문제를 해결하도록 돕는 폭넓은 프로그램들로 구성된다. 산업이나 업종에 따라 다르지만, 가족 프로그램은 종업원 지원 프로그램의 가장 큰 비중을 차지한다. 이 장의 앞에서 언급된 뱅쿠버시 저축신용금고는 강도를 당한 종업원의 스트레스 상담 프로그램을 제공하여 미국심리협회부터 상을 받기도 하였다.[63] 심리상담을 통해 종업원들이 스트레스 요인을 이해하고 스트레스 관리기법을 습득하고, 이 기법을 익힐 수 있으므로, 종업원 지원 프로그램은 가장 효과적인 스트레스 관리 방법 중의 하나이다.[64]

종업원 지원 프로그램(EAPs)
종업원이 개인적·조직적 스트레스 요인을 극복하고 보다 효과적인 대처방법을 선택하도록 돕는 심리상담 서비스

사회적 지원의 활용 동료, 상사, 가족, 친구 등으로부터의 사회적 지원은 보다 효과적인 스트레스 관리방법의 하나이다. 사회적 지원은 타인과의 대인관계 거래를 뜻하며 스트레스 경험을 완화하기 위한 정서적 지원이나 정보제공을 포함한다. 사회적 지원을 구하는 것은 스트레스에 대한 '도움되기와 친구되기' 반응이라고 불린다. 연구에 따르면, 여성들은 앞서 설명했던 '싸우거나 도망치거나'의 방법 대신 이 방식을 더 많이 택한다.[65]

사회적 지원은 최소한 세 가지 방식으로 스트레스를 감소시킨다.[66] 첫 번째, 종업원 자신이 가치있고 훌륭한 존재라는 인식을 높인다. 이는 다시 스트레스 요인에 대처하는 자신감과 자존감을 높여서 빠르게 회복하게 만든다. 두 번째, 종업원들이 스트레스 요인을 해석하고 충분히 이해하고 자신을 그 요인으로부터 분리하는 데 필요한 정보를 사회적 지원이 제공한다. 일례로 직장동료가 까다로운 고객을 대하는 법을 알려준다면, 사회적 지원은 신입사원의 스트레스를 줄일 수 있다. 마지막으로, 다른 사람으로부터의

정서적인 지원은 스트레스 요인을 완화시키는 데 직접 기여할 수 있다. 이는 '동병상련'이라고 볼 수 있다. 사람들은 위협적인 상황에 직면했을 때 다른 사람으로부터의 도움을 찾고 이 도움으로부터 혜택을 입는다.[67]

사회적 지원은 친교와 우정을 통해 스트레스에 대처하는 중요한 방법이다. 이는 다른 사람들이 도움을 별로 필요로 하지 않을 때 돕는 것을 포함한다. 관리자들은 가족뿐 아니라 종업원들 사이의 사회적 상호작용 기회를 제공하여 사회적 지원을 강화할 수 있다. 관리자들은 또한 종업원이 스트레스가 심한 조건에서 일하고 사회적 지원을 필요로 할 때 지원적인 리더십 스타일을 실천할 필요가 있다. 보다 경험이 풍부한 종업원과의 멘토링관계 역시 젊은 종업원들이 일과 관련된 스트레스에 잘 대처하는데 도움이 된다.

스트레스 요인의 제거 지금까지 설명된 스트레스 관리전략은 종업원이 '스트레스에 대한 적응'에 초점을 맞추었으나 스트레스의 근본적인 원인을 해결할 수 없다. 이런 이유로 일부 전문가들은 회사가 스트레스를 효과적으로 관리할 수 있는 유일한 방법은 불필요한 긴장과 직무탈진(job burnout)을 유발하는 스트레스 요인을 제거하는 것이라고 주장한다. 스트레스 요인의 제거는 항상 스트레스가 높은 영역을 식별하고 주원인을 결정하는 것으로부터 시작된다. 관리자들이 종업원에게 자신들의 일과 직무환경에 대한 보다 많은 통제권을 제공하면 스트레스를 줄일 수 있다. 관리자들은 또한 종업원들이 분명히 자신의 능력에 맞는 자리에 배치되도록 해야 한다.

> **일-생활 균형**
> 일과 일 이외의 생활 사이의 갈등이 최소화되는 상태

소음과 안전의 위험은 스트레스를 유발하므로 작업환경을 개선하는 것도 일터에서의 스트레스를 최소화하는 오래된 방법이다. 신중하게 종업원을 선발하고 종업원의 행동에 대한 분명한 지침을 만들고 이 지침을 준수하지 못하는 사람에게 피드백을 해준다면 일터에서의 괴롭힘은 최소화될 수 있다.[68] 마지막으로 관리자들은 일과 일 이외의 생활 사이의 갈등을 최소화하는 것을 의미하는, 좀 더 나은 **일-생활 균형**(work-life balance)을 제공하는 방법을 찾아야 한다. 일-생활 균형은 중요하므로 다음 절에서 보다 상세하게 살펴보기로 하자.

// 일-생활 균형

최근 관리자들이 직면하는 주요한 사안 중의 하나는 종업원들의 일-생활 균형을 개선하는 직무환경을 어떻게 조성할 것인가이다. 몇 십년 전에는 일-생활 균형이 거의 거론되지 않았다. 대부분의 종업원들은 기업의 승진 사다리를 오르기 위해서는 장시간 근무를 해야 한다고 가정했다. 상사에게 자신의 일 이외의 가정사에 대한 배려를 부탁하는 것은 거의 배신의 상징이었다.[69] 그러나 맞벌이 가정, 지난 10년간 근무시간의 증가, X세대·Y세대의 기대는 일-생활 균형을 현재 고용관계에서의 의무조항으로 만들었다. 사실, 일-생활 균형은 구직자들이 일자리를 결정할 때 가장 중요한 고려사항 중 하나이며 일을 통한 경력 성공의 여러 지표 중에서 급여나 직무책임, 기타 요인들보다

훨씬 중요한 지표로 간주된다.[70]

관리자들은 여러 방법으로 일-생활 균형을 지원할 수 있다. 우선, 종업원들이 개인의 필요와 선호에 맞게 근무시작 시간을 결정하도록 하는 유연한 근무시간제를 제공할 수 있다. Best Buy는 이 제도를 통해 놀라운 결과를 경험했다. 얼마 전까지지도 (그리고 일부 부서의 경우는 어느 정도 지금도) Best Buy에서는 종업원들이 장시간 일해야 하는 24/7 문화(하루 24시간, 일주일에 7일 근무)가 있었다. 한 관리자는 아침 일찍 전등을 켜고 밤 늦게 끄는 종업원 한 명에게 상을 주었다. Darrell Owens는 촉박하게 끝내야 하는 보고서를 쓰기 위해 3일 연속 회사에 머무르던 때를 회상한다. Best Buy 고참인 그는 보너스를 받았고 휴가도 받았으나 그의 직장경력은 병원에서 끝나고 말았다. 오늘날 Best Buy는 결과지향적인 근무환경(results-oriented work environment, ROWE)이라고 불리는 유연한 근무제도를 시행하고 있다. 종업원들은 자신이 원하는 시간에 원하는 장소에서 일을 한다. 종업원들은 일찍 또는 늦게 직장에 도착할 수 있고 아이들에게 운전을 해주기 위해 잠시 집에 들를 수 있고, 휴대전화나 이메일로 일을 재개할 수 있다. 종업원들은 자신이 회사에 근무하는지의 여부, 휴대폰이나 이메일로 연락 가능한지의 여부 등을 부서 내 알림판에 표시한다. 결과지향적인 근무환경(results-oriented work environment, ROWE) 정책은 종업원의 이직률은 낮추고, 사기와 팀 성과를 향상시키고, 일-생활 균형을 제고하는 등의 성과를 낳았다.[71]

Best Buy가 근무시간을 조정하다
얼마 전까지지도 (그리고 일부 부서의 경우는 어느 정도 지금도) Best Buy에서는 종업원들이 장시간 일해야 하는 24/7 문화(하루 24시간, 일주일에 7일 근무)가 있었다. 미네아폴리스로부터 시작된 이 전자제품 체인점은 오늘날 일을 완수할 수 있는 한 일찍 출근하든지, 늦게 출근하든지 선택할 수 있는 자유를 종업원에게 허용하는 제도를 시행하고 있다. 이러한 변화는 개인성과와 팀 성과, 그리고 일-생활 균형을 향상시켰다.

일자리 공유(job sharing)는 하나의 일자리가 두 사람에게 나누어진다는 점에서 또 다른 일-생활 균형 제도의 하나이다. 일반적으로는 두 종업원은 일을 조율하기 위해서 주별 스케줄상에서 근무시간을 일부 중첩되도록 하지만 대부분은 다른 시간대에 일을 한다.[72] 또 다른 전략은 여성출산휴가, 남성육아휴가, 개인휴가 등을 제공하여 가정사를 처리하고 연로한 부모를 돌보거나 개인적인 일을 처리하도록 하는 것이다. 미국의 가족 및 의료휴가법은 종업원들에게 출산과 신생아 육아를 위해서 매년 최고 12주까지의 무급휴가를 허용한다. 그러나 거의 모든 다른 선진국은 사용자들에게 종업원을 위한 유급출산휴가를 의무화하고 있다.[73] 볼보는 40주의 유급출산휴가를 제공하는 미국에서 가장 관대한 회사 중의 하나이다.

재택근무 유연근무시간제, 일자리 공유, 그리고 개인휴가 이외에도 기업들은 재택근무(teleworking)를 통해 종업원들이 보다 나은 일-생활 균형을 실현하도록 돕는다. 재택근무는 종업원들이 회사가 아닌 집이나 다른 장소에서 회사와 컴퓨터로 연결하여 일하는 것이다. Karen Dunn Kelley가 매일 출근하는 것을 생각해보자. 그녀는 학교에 다니는 아이들을 버스에 태우고 생후 19개월 된 아들을 보모에게 맡기기 전에 아침을 먹이고 회사까지 걷는다. Kelly는 휴스턴에 근거지를 둔 AIM 경영그룹사의 임원이고 그녀가 총괄하는 40명의 스탭과 750억 달러의 자산을 관리하며 본사는 피츠버그에 위치해

있다.[74]

미국 종업원의 25% 이상이 자신을 재택근무자라고 생각하며, 20% 이상이 매월 최소한 하루 이상을 집에서 일한다. 캐나다 종업원의 약 10%, 일본 종업원의 약 6%가 재택근무를 한다. 일본 정부는 교통체증을 줄이기 위해 이 비율을 2020년까지 20%로 높이길 원하고 있다.[75] 일부 연구에 따르면 재택근무는 보다 나은 일-생활 균형을 통해 종업원의 스트레스를 줄일 수 있으며, 사무실까지의 출근에 따른 시간낭비를 줄일 수 있다. 조건이 맞다면 재택근무는 생산성과 직무만족을 높일 수도 있다. Nortel Network는 영국 종업원의 71%가 재택근무를 통해 보다 권한위임을 받은 것으로 느낀다고 보고한다. 재택근무는 사무실 공간에 드는 비용을 줄이고 공해와 교통체증을 감소시켜 환경도 개선한다고 지적된다.[76]

재택근무의 이러한 잠재적인 효과에 상반되게 재택근무자는 현실적이고 잠재적인 어려움에도 직면한다.[77] 재택근무가 일-생활 균형을 향상시키기 위해 도입되지만 종업원들이 재택근무에 필요한 충분한 공간과 자원을 확보하지 못한다면 가족관계가 개선되기보다 악화될 수도 있다. 재택근무가 장시간 근무하는 사람들의 수를 늘리고 가족과의 시간을 빼앗고 정상 근무시간 이후의 심리적 부담을 높일 수 있다고 일부 연구는 보고하고 있다. 충족되지 못한 사회적 욕구는 특히 사무실을 자주 방문하지 못하는 재택근무자들의 흔한 불만 중 하나이다. 재택근무의 결론은 일-생활 균형을 개선시킬 잠재력이 있으나 이 균형이 실제로 현실이 되기 위해서는 아직 경영진의 지원이 필요하다는 점이다.

태도와 행복에 대한 성격의 효과

성격
개인의 행동성향을 설명하는 상대적으로 안정적인 행위패턴이자 일관성 있는 내면상태

종업원들이 직장에서 보다 즐거운 기분을 갖도록 경영자들이 만들 수 있음을 지금까지 강조했다. 하지만 종업원의 태도와 행복은 어느 정도는 종업원의 성격에 의해 영향을 받기도 한다. **성격**(personality)은 개인의 행동성향을 설명하는 상대적으로 안정적인 행위패턴이자 일관성 있는 내면상태를 의미한다. 우리는 모든 상황에서의 개인행동이 성격분석과 완벽하게 일치하지 않기 때문에 성격이 행동성향을 설명한다고 말한다. 성격은 추상적인 개념이어서, 어떤 구직지원자가 채용되어야 할 것인가에 대한 최적의 정보가 되지는 못한다. 성격이 어떻게 태도 및 행복과 연결되는가를 이해하기 위해서는 우선 성격특성의 5가지 구분을 알 필요가 있다.

// 빅-파이브 성격 차원

플라톤의 시대 이래로 전문가들은 성격특성의 목록을 작성하는 노력을 기울여왔다. 한 가지 접근법은 Roget's Thesaurus와 Webster's Dictionary에서의 성격특성을 설명하는 수천 가지 단어를 목록화하는 것이다. 정교한 수학기법을 사용하여 이 단어는 수십 가

표 13. 3
빅 파이브 성격 차원

빅 파이브 차원	이 차원에서 높은 점수를 보이는 사람들은 다음의 특징을 지닌다.
성실성 (Conscientiousness)	조심성 있는, 신뢰할 수 있는, 자제력이 있는
호감도 (Agreeableness)	예의 바른, 성격이 좋은, 감정이입의, 정이 많은
신경증 (Neuroticism)	걱정하는, 적대적인, 우울한
경험에 대한 개방성 (Openness to experience)	예민한, 유연한, 창조적인, 호기심 있는
외향성 (Extroversion)	사교적이고, 말하기 좋아하는, 사회성 있는, 자기주장이 강한

지의 범주로 묶여지고 다시 **빅 파이브 성격 차원**(Big Five Personality Dimensions)[78]으로 알려진 5개의 추상적인 성격범주로 좁혀졌다. 각 차원의 영어 앞 글자를 딴 CANOE로 알려진, 이 다섯 가지의 차원은 <표 13. 3>과 아래에서 설명된다.

빅 파이브 성격 차원
대부분의 성격 특징을 대표하는 5가지(CANOE) 추상적인 차원으로서 성실성, 호감도, 신경증, 경험에 대한 개방성, 외향성이다.

- **성실성(Conscientiousness)** : 이 차원은 조심성 있는, 신뢰할 수 있는, 자제력이 있는 사람을 가리킨다. 일부 학자들은 이 차원이 성취의지를 포함한다고 주장한다. 낮은 성실성을 지닌 사람들은 부주의하고 꼼꼼하지 않으며 비체계적이고 무책임하기 쉽다.
- **호감도(Agreeableness)** : 이 차원은 예의 바른, 성격이 좋은, 감정이입의, 정이 많은 특징을 포함한다. 일부 학자들은 이 차원을 '친절한 순응(friendly compliance)'이라고 이름을 붙였고, 이에 반대되는 개념은 '적대적인 불응(hostile incompliance)'이다. 낮은 호감도를 가진 사람들은 비협조적이고 성미가 급하고 쉽게 화를 내는 경향이 있다.
- **신경증(Neuroticism)** : 불안감과 적대감, 우울증, 그리고 자아의식이 강한 사람들의 특징이다. 반대로 신경증이 낮은 사람들(정서적 안정성이 높은 사람들)은 정적이고 안전을 선호하고 조용하다.
- **경험에 대한 개방성(Openness to experience)** : 이 범주는 학자들 사이에서 가장 동의 정도가 낮은 복잡한 차원이다. 일반적으로 예민하고 유연하고 창의적이고 호기심이 많은 사람들을 의미한다. 이 차원에서의 점수가 낮은 사람들은 변화에 저항하기 쉽고, 새로운 생각에 덜 개방적이며, 자신의 방법에 고정되는 경향이 강하다.
- **외향성(Extroversion)** : 사교적이고 말하기 좋아하며 사회성 있고 자기주장이 강한 사람들의 특징이다. 반대는 내향성(introversion)으로서 조용하고 수줍음이 많고, 조심스러운 사람들을 가리킨다. 내향성이 강한 사람들은 사회적 능력이 부족한 경우가 많다. 그들은 사회적인 사건보다는 아이디어나 생각에 관심을 보다 더 기울이는 경향이 있다. 외향적인 사람들이 혼자 있는 것을 싫어하는 데 반해 그들은 혼자 있을 때 편안함을 느낀다.

// 감정과 태도에 대한 성격의 효과

일부 사람들은 어떤 것에 대해서도 거의 행복해 하지 않는 반면, 일부 어떤 사람들은 대부분의 시간에 행복해 한다는 것을 아는가? 사람들의 감정은 일터에서의 경험에 의해서만 영향을 받는 것이 아니라 어느 정도는 자신의 성격에 의해서 영향을 받는다.[79] 일부 사람들은 긍정적인 감정을 경험하는 선천적인 경향을 지니고 있다. 이 사람들은 사교적이고, 말하기 좋아하며, 사회성 있고, 자기주장이 강한 사람들로서 높은 외향성을 지니고 있다. 그들은 또한 상대적으로 낮은 수준의 신경증(높은 수준의 정서적 안정성)을 지니고 있다. 다시 말해 그들은 침착하고, 안정성을 선호하고, 조용하다. 대조적으로 높은 내향성(조용함, 수줍음, 조심스러움)과 높은 신경증(불안감, 적대감, 우울함, 자아의식)을 지닌 사람들은 직장과 다른 환경에서 부정적인 감정을 경험할 가능성이 보다 높다.

이러한 성격특성은 감정에 어느 정도의 영향을 미칠까? 일부 연구는 성격특성을 통해 2년 전에 일에 대한 느낌을 예측할 수 있음을 보여준다. 따로 길러진 쌍둥이들에 관한 연구는 개인의 유전적 형질이 일에 대한 감정과 판단에 영향을 미친다고 결론 내리고 있다. 하지만 사람들이 일하는 실제 상황은 사람들의 태도와 행위에 보다 강한 영향을 미친다는 것을 시사하는 다른 증거들도 있다.[80] 종합하면 성격특성이 직장에서의 감정과 태도에 영향을 미치지만, 그 효과는 직무환경의 효과보다 강하지는 않은 것으로 보인다.

// 스트레스와 행복에 대한 성격의 효과

복원력
중요한 변화, 적대감이나 위험에 직면하여 개인이 성공적으로 대처하는 능력

성격은 우리의 분위기나 감정에 영향을 미치기 때문에 성격은 또한 직무환경에 대한 우리의 스트레스 반응에도 영향을 미친다. 낙천적이고, 자신감 있고, 자주 긍정적인 감정을 경험하는 사람은 스트레스를 덜 느끼기 쉽다.[81] **복원력**(resilience)은 중요한 변화, 적대감이나 위험에 직면하여 개인이 성공적으로 대처하는 능력이다. 모든 사람은 어느 정도의 복원력을 지니고 있다. 스트레스가 심한 상황을 극복할 때마다 이 복원력은 발생한다. 그러나 스트레스를 겪을 때 높은 복원력을 지닌 사람이 평형을 보다 잘 유지한다. 보다 높은 복원력을 지닌 사람들은 잘 흔들리지 않아서 커다란 회복의 필요성이 적다.[82]

성격은 사람들의 복원력의 정도에 상당한 영향을 미친다. 구체적으로 복원력 높은 사람들이 보다 낙천적이다. 그들은 성과에 대해 보다 긍정적으로 기대한다. 우울함과 불안감이 면역체계를 바꾸어 신체의 위험을 증가시키는 것으로 알려져 있는 반면, 낙관주의는 신체가 스트레스에 맞서 싸우도록 돕는 생리적 변화를 가져온다.[83] 신경증, 외향성, 그리고 성실성의 세 가지의 성격 차원은 복원력 및 낙관주의와 연관되는 것으로 보인다. 당연히 높은 복원력을 지닌 사람은 신경증의 정도가 낮다. 그들은 부정적인 감정의 정도가 낮고, 감정적인 자극을 보다 잘 통제할 수 있다. 외향적인 사람은 사회적 관계를 어려워하지 않으며, 외향적인 사람은 복원력이 보다 높은 것으로 보인다. 성실

한 사람은 문제해결능력이 좋기 때문에 높은 복원력과 상관이 있는 것으로 보인다. 문제해결능력은 스트레스의 원인을 어떻게 제거하거나 최소화하는가를 이해하는 데 도움이 된다.[84)]

// 성과에 대한 성격의 효과

이러한 다섯 가지 성격 차원은 직무관련 행위와 직무성과에 영향을 미친다.[85)] 감정이 안정적인 사람들은 높은 스트레스 상황에서 다른 사람보다 일을 더 잘하는 경향이 있다. 높은 호감도를 지닌 사람들은 고객관계를 담당할 가능성과 갈등상황을 보다 효과적으로 처리할 가능성이 높다. 하지만 성실성은 거의 모든 직무집단에서 직무성과를 예측하기 위한 가장 중요한 성격특성으로서 각광받아왔다.

성실한 종업원은 보다 높은 개인적 목표를 정하고 동기부여되며, 낮은 성실성을 지닌 사람보다 높은 성과수준을 기대한다. 높은 성실성을 지닌 사람은 자신의 직무기술서의 내용을 뛰어넘어 과업을 수행하는 경향이 있으며, 전통적인 '지휘와 통제(command and control)'의 일터보다는 보다 많은 자유를 종업원에게 허용하는 일터에서 일을 더 잘하는 경향이 있다. 높은 호감도와 정서적 안정성뿐만 아니라 높은 성실성을 지닌 종업원 역시 고객에게 보다 좋은 서비스를 제공할 가능성이 높다.

성격에 맞는 직업의 발견
해군 잠수부로 일하면서, Dan Porzio는 자신의 다음 직업인 재무기획을 준비하였다. 하지만 이 새로운 분야에 대해 전혀 행복하지 못해서 휴대폰 판매직업을 택하였다. 여전히 만족하지 못해서, Porzio는 그가 3년간 일했던 투자산업으로 이동하였다. 그 기간 동안 직업상담원과 상담을 하였고, 왜 그가 자신의 일에 흥미가 떨어지는지 알 수 있었다. "그 여러 직업을 내가 원하던 것이라고 생각했어요. 그런데 내 성격과 맞지 않는 직업들을 해왔다는 것을 알게 되었어요." 그 후 Porzio는 자신의 성격에 맞는 직업을 발견하게 되었고, 지금은 버지니아주 리치몬드의 보트배인 애너벨 리(Annabelle Lee)의 선장이다.[86)]

// 경력만족에 대한 성격의 효과

성격에 대한 지식을 잘 적용할 수 있는 영역이 직업선택 영역이다. 직업선택은 당신의 능력과 직무요건을 비교하는 것만이 아니다. 성격, 가치 및 역량을 일의 요건과 직무환경 등과 대응시키는 복잡한 과정이다. 당신이 특정 직업에 매우 재능이 있을 수 있으나 그 직무가 제공하는 것과 당신의 성격과 가치가 반드시 부합해야 한다. 경력개발을 연구하는 학자인 John Holland는 경력 성공이 사람과 직무환경 사이의 적합도의 정도에 달려 있다는 개념을 일찍부터 주창하였다.[87)] 사람들은 자신의 성격유형에 따라 분류될 수 있으며 자신의 성격내용과 부합하는 직무환경을 찾고, 또 부합할 때 만족한다고 Holland는 주장하였다. 적합성(congruence)은 자신이 일하는 환경과 동일하거나 유사한 성격을 지니고 있는 정도를 뜻한다. 높은 적합성은 높은 성과, 만족 및 경력에서의 재직기간으로 이어진다는 점을 여러 연구가 발견했으나 다른 연구는 이 연결모형에 대해 덜 지지하고 있다.[88)]

Holland의 여섯 가지 유형 Holland의 이론은 개인적 성격과 직무환경을 6가지의 범주(현실적, 탐구적, 예술적, 사회적, 진취적, 전통적)로 분류하였다. <표 13. 4>는 사람과 직무환경의 유형을 정의하고 있으며 그 환경을 대표하는 표본직업을 열거하고 있다. Holland의 분류 중의 하나에 정확하게 해당되는 사람은 별로 없다. 대신 Holland는 사람

표 13. 4

홀랜드(Holland)의 6가지 성격 유형과 작업환경

홀랜드 유형	성격특성	작업환경 특징	표본 직종
현실적인	실용적인, 수줍은, 물질적인, 안정적인	손, 기계, 도구를 사용하는 작업; 가시적인 결과에 초점을 둠	조립라인 근로자; 세탁작업, 기계공학
탐구적인	분석적인, 내성적인, 솔직한, 호기심 있는, 정확한, 독립적인	발견, 분석, 문제해결과 관련된 작업	생물학자, 치과의사, 시스템 분석가
예술적인	창조적인, 충동적인, 이상적인, 직감적인, 정서적인	비구조화된 상황에서 새로운 제품이나 아이디어의 창조와 관련된 작업	언론기자, 건축가, 광고회사 임원
사회적인	사회적인, 외향적인, 양심적인, 친교욕구	타인을 돕거나 타인에게 봉사하는 작업, 또는 팀 작업	사회복지사, 간호사, 교사, 상담사
진취적인	자신감 있는, 단호한, 정력적인, 파워욕구	타인을 리드하거나 목표지향적인 상황에서 타인을 통한 목표의 달성과 관련된 작업	영업직, 주식중개인, 정치가
전통적인	의존적인, 규율잡힌, 질서정연한, 실용적인, 효율적인	데이터나 정보를 체계적으로 다루는 작업	회계사, 은행원, 관리자

자료 : Based on information in D. H. Montross, Z. B. Leibowitz, and C. J. SHinkman, *Real People, Real Jobs* (Palo Alto, CA: Davies-Black, 1995); and J. H. Greenhaus, *Career Managemant* (Chicago, IL: Dryden, 1987).

들의 차별화의 정도, 즉 개인이 하나 또는 여러 유형에 해당하는 정도를 말하고 있다. 차별화 정도가 높은 사람은 하나의 유형에 부합하며, 대부분의 사람은 둘 이상의 유형에 대응된다.

대부분의 사람이 둘 이상의 유형에 부합하기 때문에 Holland는 꼭지점마다 각각의 성격유형을 가진 6각형과 흡사한 모형을 개발하였다. 일관성은 6각형의 어느 하나에 인접한 유사한 유형에 부합하는 정도를 뜻한다. 대각선에 위치한 두 관계는 따라서 유사성이 없는 유형이다. 예를 들어, 진취적이고 사회적인 유형은 Holland의 모형에서 서로 인접해 있으며 진취적이고 사회적인 사람은 보다 높은 일관성을 지닌다고 할 수 있다.

Holland의 직업적합모형은 결코 완벽하지 않다. 한 예로 그 모형은 이미 설명한 빅파이브 성격모형의 적은 수에만 해당된다. Holland 6각형에서 일부 '반대'의 범주들은 서로 실제로 반대인 것은 아니다. Holland 모형은 개인적인 태도와 행위를 어느 정도 설명하기 때문에 오늘날 경력상담에서의 지배적인 모형이다.[89] 관리자에게 중요한 시사점은 경력개발이 회사의 필요와 개인의 능력을 대응시켜야 한다는 것에 대한 것만은 아니다. 개인의 성격과 선호를 직무의 특성과 부합시키는 것에 대해서도 의미가 있다. 이 사람-일의 대응과정은 보다 행복한 종업원을 낳는다. 이 장 전체를 통해 배웠듯이 긍정적인 감정과 태도는 보다 좋은 직무성과, 고객만족, 그리고 기업에 긍정적인 성과로 이어진다.

결 론 왜 중요한가?

제12장에서 설명된 개념들은 얼마 전까지 종업원 관리의 핵심이었다. 이 지배적인 관점은 종업원의 스태핑과 동기부여는 조직이 성공을 달성하는 주요한, 또는 유일한 방법이었다. 하지만 이 관점을 취하는 관리자라면 큰 어려움에 처하게 될 것이다. 종업원의 감정, 태도, 그리고 행복은 윤리적인 의무의 지표들이다. 종업원들을 존경으로 대우하고, 그들의 욕구를 조직의 자원과 대응시키고, 불필요한 스트레스를 최소화시키는 직장을 제공하는 것은 기업이 해야 할 올바른 일이다. 종업원들은 이해관계자이며, 따라서 태도와 행복의 관리는 기업의 사회적 책임이기도 하다.

윤리적 의무와 기업의 사회적 책임 측면에서뿐만 아니라 종업원의 태도와 행복은 인재를 유치하고 보유하는 기업의 능력에도 영향을 미친다. 종업원의 낮은 사기와 높은 이직률이 종업원에 대한 좋지 않은 대우의 지표로 간주되는 것처럼 기업이 일하기 좋은 기업으로 상을 받을 때 더욱 강력한 기업 브랜드를 형성하게 된다. 궁극적으로 종업원을 어떻게 대우하는가에 관한 기업의 공공 이미지는 구직자의 자질에 결정적인 영향을 미치는 요소가 된다.

윤리적 의무, 기업의 사회적 책임, 그리고 종업원의 보유 측면에서뿐만 아니라 종업원의 감정, 태도, 그리고 행복은 간접적으로, 그러나 논리적으로 강하게 직무성과 및 고객만족과 상관있다. 종업원들은 선발, 훈련, 그리고 보상관리과정을 통해서 단순히 최고의 성과를 달성하는 것은 아니다. 그들은 직무를 긍정적으로 경험해야 하며, 통상적인 스트레스 수준을 지녀야 한다. 자신의 직무에 만족하는 종업원들은 일반적으로 더 긍정적인 감정을 가지고 더 효과적으로 일하며 동료들과 상호작용을 더 잘하며 고객에게 더 서비스한다. 더 만족하고 스트레스가 낮은 종업원들의 낮은 이직률은 일터에서 인재의 질을 더욱 높일 것이다.

Management Challenges

1. 일하기 시작한 지 몇 달 후에 Susan은 자신이 맡은 일에 대한 허탈한 심정에서 기쁨까지 여러 감정적인 에피소드를 경험하였다. 어떻게 이런 감정들이 Susan의 일과 관련된 직무만족 수준에 영향을 미치는지 설명하시오.
2. 관리자들은 종업원의 태도와 감정에 주의를 기울일 필요가 있다. 그러나 종업원이 일하면서 겪는 감정을 어떻게 관리자들이 결정하는가?
3. 종업원-고객-이익 사슬모형을 설명하라. 그리고 이 사슬에서의 연계를 강화하거나 약화시키는 조건을 찾아보라. 관리자는 이 모형의 요소들에 어느 정도 영향을 미칠 수 있는가?
4. 희롱과 같은 직장에서의 스트레스 요인을 최소화하는 것이 관리자들의 역할이라고 하지만, 오히려 일반적으로 관리자들이 스트레스의 원천으로 간주되고 있다. 왜 관리자들이 희롱의 주요한 원천이 되는가에 대한 가능한 이유를 논의하고, 이 문제를 최소화하는 방법을 제시

하시오.

5. ‘행복한 종업원이 행복한 고객을 만든다.’ 왜 이 진술이 참일 수 있는지 설명하고, 이 진술이 사실이 아닐 수 있는 조건을 식별하시오.

6. 어느 노동조합의 한 고위급 인사가 “스트레스 관리가 하는 것이란 사람들이 잘못된 경영에 대처하도록 돕는 것이다. [경영자들은] 스트레스를 줄이는 데 관심을 기울여야 한다.”라고 말했다. 이 진술의 정확도에 대해 논의하시오.

Management Portfolio

한 기업을 선택하여 다음을 살펴보시오.

1. 이 조직은 이 나라에서 일하기 가장 좋은 기업상을 수상하거나 그에 거의 근접하는가? 이 조직은 종업원의 긍정적인 감정을 창출하기 위해 노력하고 있음을 시사하는 다른 정보는 무엇인가?

2. 이 장은 기업들이 보다 애사심이 있는 노동력을 구축하기 위한 다섯 가지 방법을 조명하고 있다. 이 기업이 그 다섯 가지 조건의 하나하나를 충족시키는 정도를 평가하고, 당신의 평가를 뒷받침하는 증거를 제시하시오.

3. 당신이 보기에 이 기업은 일하기에 스트레스가 낮은 기업인가, 높은 기업인가? 당신의 답에 대해 설명하시오. 이 조직이 종업원의 스트레스를 최소화하기 위해 사용할 수 있는 제도는 무엇이라고 보는가?

마·침·사·례 Link650 위의 거친 바다

Shaun O'Neill이 가볍게 문을 노크하고 “교수님, 저를 기억하시겠어요?”라고 말했을 때, Suzanne Baxter 교수는 그 학기 첫 번째 강의를 준비하고 있었다. Baxter 교수는 Shaun이 2년 전 그녀의 조직행동론 강의를 듣던 학생이었음을 기억해냈다. 당시 Shaun은 학위를 마치기 전에 몇 년간 석유산업에서 일할 결심을 하고 있었다.

“학교로 다시 온 것을 환영해요!” Baxter 교수는 그에게 연구실로 들어오라는 손짓을 하며 말했다. “캐나다의 석유 시추회사에서 일한다는 소문을 들었던 것 같은데, 일 할만 해요?”

“예, LINK650이라는 석유시추선에서 2년간 일했습니다. 신규 WestOil 시추선이 2년 전 캐나다 동쪽 해안의 뉴펀들랜드에 요란하게 도착하였죠. LINK650은 텍사스에 있는 LINK회사에 의해 건조되었습니다. 이 산업에서 표준제도는 시추제조업자가 일일 운영을 관리하고 LINK650에 있는 종업원들은 WestOil과는 전혀 관련이 없는 LINK사의 관리자들에 의해 완전히 관리됩니다. 석유시추작업은 위험하지만, 보수가 좋고, 장기간의 휴가를 제공하는 것을 우리 모두가 잘 알고 있지요. 지역신문은 50개의 비기술직에 천여 명의 입사지원서가 줄을 서 있다고 보도한 바 있습니다. 저는 운이 좋아서 그 자리 중 하나를 얻을 수 있었어요.”

“LINK650에 고용된 사람은 열정적이고, 자부심이 강합니다. 선택된 소수이고, 언론의 주목을 많이 받은 새로운 시추선에서 일하는 것에 대해 자랑이 이만저만이 아니었어요. 저는 채용담당자들이 시추선에서의 사원들 복지에 관심을 보여서 깊은 감명을 받았어요. 후에서야 그 채용담당자들이 인력채용 전문 컨설팅회사에서 온 사람들임을 알게 되었습니다. 생각해 보세요, 우리는 그 동안 한 명의 LINK 고위관리자도 만나지 못했어요. 아마 LINK 고위관리자들 중의 일부가 우리를 인터뷰했다면 일은 상당히 달라졌을 거예요."

"우리들 중 다수가 석유시추 현장에서 일한 경험을 가지고 있었음에도, LINK650에서 일하는 것은 정말 충격이었어요. 채용된 50명의 비기술직 사람 중 시추선에서의 야만적인 일에 잘 준비된 사람은 아무도 없었어요. 우리는 북대서양의 매섭고 찬바람 속에서 가장 힘든 일을 했습니다. 아직도 우리의 대부분은 우리가 처음 몇 달 동안 헌신했던 회사를 보기를 원합니다. 신규 입사자의 서너 명은 몇 주 내에 일을 그만두었어요. 그러나 저를 포함한 대부분의 사람들은 정말 잘 지냈어요. 강의에서 교수님이 설명했던 아이디어처럼요. 우리는 거친 날씨와 힘든 일을 통해 서로 도우면서 특별한 유대감을 형성했어요."

"LINK650 감독자들은 달랐어요. 그들은 오랜 기간 동안 멕시코만이나 북해의 시추선에서 일을 해온 거칠고 나쁜 인간들입니다. 그들은 관리자가 되기 전에 자신들이 대우받았던 방식 그대로 종업원을 부리려는 생각을 즐기고 있어요. 우리는 처음 몇 달 동안 그들의 학대를 참았지만, 기계적 결함을 수리하기 위해 두 번씩 LINK 650이 항구에 들어갈 때 상황은 심각해졌어요. 이 문제들로 인해 LINK 관리자들이 당황하기 시작했고, 감독자들에게 심리적 압박을 더하여 우리들로 하여금 일정을 맞추도록 하였습니다."

"감독자들은 설비의 문제들을 무시하기 시작했습니다. 그리고 안전절차 없이 신속하게 일을 끝내라고 재촉했습니다. 그들은 여러 사람들 앞에서 종업원들에게 욕설을 했습니다. 내 동료의 몇 명은 해고되었고, 다른 몇 명은 그만두었습니다. 나도 어느 날 내가 일부러 일을 천천히 한다고 생각한 상사 때문에 거의 짤릴 뻔 했습니다. 그는 내가 연결했던 부품이 손상되었다는 것을 깨닫지(혹은 아예 신경쓰지) 못했어요. 여러 사람들이 감독자들을 피하고 일을 최소한으로 하는 방법을 찾게 되었지요. 동료들 중 많은 사람들이 편법을 개발했어요. 일부 종업원은 유급병가로 시추선을 떠나기 위해 병을 가장했기 때문에 우리는 그것을 시추자의 두통이라고 농담 삼아 불렀어요."

"더러운 감독자들의 머리 꼭대기에서 우리는 항상 시추선의 문제를 비밀에 부쳤어요. 감독자들은 자신들이 전혀 모른다고 말했고, 그것은 부분적으로 사실이었어요. 그러나 그들은 우리에게 관련 없는 일에 관심을 갖지 말라고 말했어요. 그러나 미래 계약의 문제뿐 아니라 시추의 문제는 퇴사할 준비가 안 된 시추선 사람들에게는 중요한 문제였어요. 그들의 직무안전은 시추선의 생산수준을 좌우하고, WestOil이 새로운 시추구멍을 뚫을 것인가에 대한 계약을 좌우하는 것이지요. 시추선의 문제를 생각할 때 우리 대부분은 언제든지 우리가 해고될 것이라고 걱정했어요."

"누군가가 기중기를 잘못 작동시켜 Bob MacKenzie가 피살되자 모든 것이 절정에 달했어요. 이곳 신문에서 기사화되었는지 잘 모르겠어요. 작년 이맘때 큰 사건이었지요. 캐나다 정부 조사는 책임자들이 제대로 훈련받지 못했고, 종업원들은 사전 안전조치 없이 무리하게 일을 끝내도록 압박을 받았다고 결론 내렸어요. 어쨌든 조사가 진행되는 동안, 여러 명의 종업원들이 국제선원노조(Seafarers International Union)에 시추선의 노조결성을 요청하기로 결정했어요. LINK650 대부분의 종업원들이 노조가입서에 서명하는 데 얼마 걸리지 않았어요. 역사상 캐나다에서 시추선이 노조화된 두 번째 경우였기 때문에, LINK의 경영진과 전체 석유산업에게는 정말 충격이었습니다."

"경영진은 노조를 없애기 위해서 모든 노력을 기울였죠. 시추선에 '안전관리자'를 파견하였습니다. 결국 그는 회사가 노조를 와해하기 위해 파견한 컨설턴트라는 것을 우리는 알게 되었죠. 모든 시추선 선원들이 의무적으로 참석하는 안전회의에서 국제노조위원장이 범죄에 연루되었다고 설명하는 비디오를 상영하기도 했지요. 여러 관리자가 노조원 인력을 어떻게 관리하는가에 대한 특별 세미나에 파견되기도 했지요. 물론 그 세미나의 한 부분은 노조 와해방안을 다루었고요. 노조 조직화를 주도한 사람들은 해고되거나 누구도 원치 않는 자리로 옮겨야 했습니다. LINK는 심지어 노조 승인 선거에 도전하기 위해 한 명의 종업원에게 돈을 주기도 했어요. 회사의 노조파괴 전략을 발견하고 노동위원회는 회사의 노조불인정 요청을 기각했지요. 지난달 노동위원회는 LINK가 성실하게 노조와 첫 번째 단체교섭을 하도록 명령했습니다."

"아시다시피, 저는 LINK에 열성적인 사원으로 입사했지만, 그런 회사를 위해 일할 생각이 전혀 없어서 지난달에 그만 두었습니다. 상황이 아무리 어렵더라도 최선을 다하라는 말을 항상 들어왔기 때문에 마음이 편치 않습니다. 큰 경험이었습니다."

토론문제

1. 종업원의 감정과 태도에 관한 지식을 사용하여, 왜 LINK 650 종업원들이 자신들의 일에 불만이었는지 설명하시오.
2. LINK650 종업원들이 자신들의 직무 불만족을 표현하는 여러 방법들을 찾아보시오.
3. LINK 조직에 대한 Shaun O'Neill의 몰입은 고용된 2년의 기간 동안 갈수록 줄어들었다. 그의 조직몰입에 영향을 미친 요인들을 논의하시오.

❋ 주석 | Endnotes

1. F. Bilovsky, "Wegmans Is Named America's No. 1 Employer," *Democrat & Chronicle* (Rochester, NY), January 11, 2005; D. Furlonger, "Best Company to Work For," *Financial Mail* (South Africa), September 30, 2005, p. 20; J. Lee, "Vancity Employees Feel the Difference," *Vancouver Sun*, October 29, 2005, p. E1; W.L. Lee, "Net Value: That Loving Feeling," *The Edge Daily* (Kuala Lumpur), April 25, 2005; T. Knauss, "Small Local Company Is a Happy Place to Work," *Post Standard/Herald-Journal* (Syracuse), March 21, 2006, p. A1; A. Maitland, "Bonds That Keep Workers Happy," *Financial Times* (London), May 18, 2006.
2. C.D. Fisher, "Mood and Emotions While Working: Missing Pieces of Job Satisfaction?" *Journal of Organizational Behavior* 21 (2000), pp. 185–202; M. Pergini and R.P. Bagozzi, "The Role of Desires and Anticipated Emotions in Goal-Directed Behaviors: Broadening and Deepening the Theory of Planned Behavior," *British Journal of Social Psychology* 40 (March 2001), pp. 79–98; J.D. Morris et al., "The Power of Affect: Predicting Intention," *Journal of Advertising Research* 42 (May–June 2002), pp. 7–17.
3. The centrality of emotions in marketing, economics, and sociology is discussed in G. Loewenstein, "Emotions in Economic Theory and Economic Behavior," *American Economic Review* 90, no. 2 (May 2000), pp. 426–32; D.S. Massey, "A Brief History of Human Society: The Origin and Role of Emotion in Social Life," *American Sociological Review* 67 (February 2002), pp. 1–29; J. O'Shaughnessy and N.J. O'Shaughnessy, *The Marketing Power of Emotion* (New York: Oxford University Press, 2003).
4. The definition presented here is constructed from information in the following sources: N.M. Ashkanasy, W.J. Zerbe, and C.E.J. Hartel, "Introduction: Managing Emotions in a Changing Workplace," in *Managing Emotions in the Workplace*, ed. N.M. Ashkanasy, W.J. Zerbe, and C.E.J. Hartel (Armonk, NY: M.E. Sharpe, 2002), pp. 3–18; H.M. Weiss, "Conceptual and Empirical Foundations for the Study of Affect at Work," in *Emotions in the Workplace*, ed. R.G. Lord, R.J. Klimoski, and R. Kanfer (San Francisco: Jossey-Bass, 2002), pp. 20–63. However, the meaning of *emotions* is still being debated. See, for example, M. Cabanac, "What Is Emotion?" *Behavioural Processes* 60 (2002), pp. 69–83.
5. R.B. Zajonc, "Emotions," in *Handbook of Social Psychology*, ed. D.T. Gilbert, S.T. Fiske, and L. Gardner (New York: Oxford University Press, 1998), pp. 591–634.
6. A.H. Eagly and S. Chaiken, *The Psychology of Attitudes* (Orlando, FL: Harcourt Brace Jovanovich, 1993); A.P. Brief, *Attitudes in and around Organizations* (Thousand Oaks, CA: Sage, 1998). There is ongoing debate about whether attitudes represent only feelings or all three components described here. However, those who adopt the single-factor perspective still refer to beliefs as the cognitive *component* of attitudes. For example, see I. Ajzen, "Nature and Operation of Attitudes," *Annual Review of Psychology* 52 (2001), pp. 27–58.
7. S.D. Farley and M.F. Stasson, "Relative Influences of Affect and Cognition on Behavior: Are Feelings or Beliefs More Related to Blood Donation Intentions?" *Experimental Psychology* 50, no. 1 (2003), pp. 55–62.
8. J.A. Bargh and M.J. Ferguson, "Beyond Behaviorism: On the Automaticity of Higher Mental Processes," *Psychological Bulletin* 126, no. 6 (2000), pp. 925–45; R.H. Fazio, "On the Automatic Activation of Associated Evaluations: An Overview," *Cognition and Emotion* 15, no. 2 (2001), pp. 115–41; M. Gladwell, *Blink: The Power of Thinking without Thinking* (New York: Little, Brown, 2005).
9. A.R. Damasio, *Descartes' Error: Emotion, Reason, and the Human Brain* (New York: Putnam Sons, 1994); A. Damasio, *The Feeling of What Happens* (New York: Harcourt Brace and Co., 1999); P. Ekman, "Basic Emotions," in *Handbook of Cognition and Emotion*, ed. T. Dalgleish and M. Power (San Francisco: Jossey-Bass, 1999), pp. 45–60; J.E. LeDoux, "Emotion Circuits in the Brain," *Annual Review of Neuroscience* 23 (2000), pp. 155–84; R.J. Dolan, "Emotion, Cognition, and Behavior," *Science* 298, no. 5596 (November 8, 2002), pp. 1191–94.
10. H.M. Weiss and R. Cropanzano, "Affective Events Theory: A Theoretical Discussion of the Structure, Causes, and Consequences of Affective Experiences at Work," *Research in Organizational Behavior* 18 (1996), pp. 1–74.
11. R. Basch, "Doing Well by Doing Good," *Searcher Magazine*, January 2005, pp. 18–28; K. Coughlin, "Goooood Move," *Star-Ledger* (Newark, NJ), June 5, 2005, p. 1.
12. S.C. Lundin, H. Paul, and J. Christensen, *Fish!: A Remarkable Way to Boost Morale and Improve Results* (New York: Hyperion Press, 2000); S.C. Lundin, H. Paul, and J. Christensen, *Fish! Tales: Bite-Sized Stories, Unlimited Possibilities* (New York: Hyperion Press, 2002).
13. L. Festinger, *A Theory of Cognitive Dissonance* (Evanston, IL: Row, Peterson, 1957); A.D. Galinsky, J. Stone, and J. Cooper, "The Reinstatement of Dissonance and Psychological Discomfort Following Failed Affirmation," *European Journal of Social Psychology* 30, no. 1 (2000), pp. 123–47.
14. G.R. Salancik, "Commitment and the Control of Organizational Behavior and Belief," in *New Directions in Organizational Behavior*, ed. B.M. Staw and G.R. Salancik (Chicago: St. Clair, 1977), pp. 1–54.
15. E.A. Locke, "The Nature and Causes of Job Satisfaction," in *Handbook of Industrial and Organizational Psychology*, ed. M. Dunnette (Chicago: Rand McNally, 1976), pp. 1297–1350; H.M. Weiss, "Deconstructing Job Satisfaction: Separating Evaluations, Beliefs, and Affective Experiences," *Human Resource Management Review* no. 12 (2002), pp. 173–94. Some definitions still include emotion as an element of job satisfaction, whereas the definition presented in this book views emotion as a cause of job satisfaction. Also, this definition views job satisfaction as a "collection of attitudes," not several "facets" of job satisfaction.
16. Ipsos-Reid, "Ipsos-Reid Global Poll Finds Major Differences in Employee Satisfaction around the World," news release (Toronto: January 8, 2001). These results are similar to other global satisfaction surveys. See International Survey Research, *Employee Satisfaction in the World's 10 Largest Economies: Globalization or Diversity?* (Chicago: International Survey Research, 2002).
17. T. Lester, "Performance at Hugo Boss," *Executive Briefing (Economist Intelligence Unit)*, May 4, 2006, p. 1.
18. M.J. Withey and W.H. Cooper, "Predicting Exit, Voice, Loyalty, and Neglect," *Administrative Science Quarterly* 34 (1989), pp. 521–39; W.H. Turnley and D.C. Feldman, "The Impact of Psychological Contract Violations on Exit, Voice, Loyalty, and Neglect," *Human Relations* 52 (July 1999), pp. 895–922.
19. B. Morton, "Positive Work Environment Keeps Them Happy, Staffers Say," *Vancouver Sun*, October 5, 2004, p. D1.
20. T.R. Mitchell, B.C. Holtom, and T.W. Lee, "How to Keep Your Best Employees: Developing an Effective Retention Policy," *Academy of Management Executive* 15 (November 2001), pp. 96–108; C.P. Maertz and M.A. Campion, "Profiles of Quitting: Integrating Process and Content Turnover Theory," *Academy of Management Journal* 47, no. 4 (2004), pp. 566–82.
21. A.A. Luchak, "What Kind of Voice Do Loyal Employees Use?" *British Journal of Industrial Relations* 41 (March 2003), pp. 115–34.
22. J.D. Hibbard, N. Kumar, and L.W. Stern, "Examining the Impact of Destructive Acts in Marketing Channel Relationships," *Journal of Marketing Research* 38 (February 2001), pp. 45–61; J. Zhou and J.M. George, "When Job Dissatisfaction Leads to Creativity: Encouraging the Expression of Voice," *Academy of Management Journal* 44 (August 2001), pp. 682–96.
23. M.J. Withey and I.R. Gellatly, "Situational and Dispositional Determinants of Exit, Voice, Loyalty, and Neglect," *Proceedings of the Administrative Sciences Association of Canada, Organizational Behaviour Division*, June 1998; M.J. Withey and I.R. Gellatly, "Exit, Voice, Loyalty, and Neglect: Assessing the Influence of Prior Effectiveness and Personality," *Proceedings of the Administrative Sciences Association of Canada, Organizational Behaviour Division* 20 (1999), pp. 110–19.
24. T.A. Judge et al., "The Job Satisfaction–Job Performance Relationship: A Qualitative and Quantitative Review," *Psychological Bulletin* 127 (2001), pp. 376–407; Saari and Judge, "Employee Attitudes and Job Satisfaction."
25. Judge et al., "The Job Satisfaction–Job Performance Relationship: A Qualitative and Quantitative Review."
26. T. DeCotiis et al., "How Outback Steakhouse Created a Great Place to Work, Have Fun, and Make Money," *Journal of Organizational Excellence* 23, no. 4 (Autumn 2004), pp. 23–33.
27. "The Greatest Briton in Management and Leadership," *Personnel Today*, February 18, 2003, p. 20; T. Monterastelli, "Pinnacol Focuses on Respecting Employees," *Denver Business Journal*, November 19, 2004. The Wegmans motto is mentioned in R. Levering and M. Moskowitz, "The Best 100 Companies to Work For," *Fortune*, January 24, 2005, pp. 90–96.
28. J.I. Heskett, W.E. Sasser, and L.A. Schlesinger, *The Service Profit Chain* (New York: Free Press, 1997); D.J. Koys, "The Effects of Employee Satisfaction, Organizational Citizenship Behavior, and Turnover on Organizational Effective-

ness: A Unit-Level, Longitudinal Study," *Personnel Psychology* 54 (April 2001), pp. 101–14; W.-C. Tsai and Y.-M. Huang, "Mechanisms Linking Employee Affective Delivery and Customer Behavioral Intentions," *Journal of Applied Psychology* 87, no. 5 (2002), pp. 1001–08; DeCotiis et al., "How Outback Steakhouse Created a Great Place to Work, Have Fun, and Make Money"; G.A. Gelade and S. Young, "Test of a Service Profit Chain Model in the Retail Banking Sector," *Journal of Occupational & Organizational Psychology* 78 (2005), pp. 1–22. However, some studies have found only a weak relationship between employee attitudes and sales outcomes.

29. P. Guenzi and O. Pelloni, "The Impact of Interpersonal Relationships on Customer Satisfaction and Loyalty to the Service Provider," *International Journal of Service Industry Management* 15, no. 3–4 (2004), pp. 365–84; S.J. Bell, S. Auh, and K. Smalley, "Customer Relationship Dynamics: Service Quality and Customer Loyalty in the Context of Varying Levels of Customer Expertise and Switching Costs," *Journal of the Academy of Marketing Science* 33, no. 2 (Spring 2005), pp. 169–83.
30. R.T. Mowday, L.W. Porter, and R.M. Steers, *Employee Organization Linkages: The Psychology of Commitment, Absenteeism, and Turnover* (New York: Academic Press, 1982).
31. F.F. Reichheld, *The Loyalty Effect* (Boston: Harvard Business School Press, 1996), Chapter 4; J.P. Meyer et al., "Affective, Continuance, and Normative Commitment to the Organization: A Meta-Analysis of Antecedents, Correlates, and Consequences," *Journal of Vocational Behavior* 61 (2002), pp. 20–52; M. Riketta, "Attitudinal Organizational Commitment and Job Performance: A Meta-Analysis," *Journal of Organizational Behavior* 23 (2002), pp. 257–66.
32. J.P. Meyer, "Organizational Commitment," *International Review of Industrial and Organizational Psychology* 12 (1997), pp. 175–228.
33. R.D. Hackett, P. Bycio, and P.A. Hausdorf, "Further Assessments of Meyer and Allen's (1991) Three-Component Model of Organizational Commitment," *Journal of Applied Psychology* 79 (1994), pp. 15–23.
34. J. Churchill, "To the Bitter End," *Registered Rep.*, March 1, 2006, p. 59.
35. J.P. Meyer et al., "Organizational Commitment and Job Performance: It's the Nature of the Commitment That Counts," *Journal of Applied Psychology* 74 (1989), pp. 152–56; A.A. Luchak and I.R. Gellatly, "What Kind of Commitment Does a Final-Earnings Pension Plan Elicit?" *Relations Industrielles* 56 (Spring 2001), pp. 394–417; Z.X. Chen and A.M. Francesco, "The Relationship between the Three Components of Commitment and Employee Performance in China," *Journal of Vocational Behavior* 62, no. 3 (2003), pp. 490–510; D.M. Powell and J.P. Meyer, "Side-Bet Theory and the Three-Component Model of Organizational Commitment," *Journal of Vocational Behavior* 65, no. 1 (2004), pp. 157–77.
36. E.W. Morrison and S.L. Robinson, "When Employees Feel Betrayed: A Model of How Psychological Contract Violation Develops," *Academy of Management Review* 22 (1997), pp. 226–56; J.E. Finegan, "The Impact of Person and Organizational Values on Organizational Commitment," *Journal of Occupational and Organizational Psychology* 73 (June 2000), pp. 149–69.
37. D.M. Cable and T.A. Judge, "Person-Organization Fit, Job Choice Decisions, and Organizational Entry," *Organizational Behavior and Human Decision Processes* 67, no. 3 (1996), pp. 294–311; T.J. Kalliath, A.C. Bluedorn, and M.J. Strube, "A Test of Value Congruence Effects," *Journal of Organizational Behavior* 20, no. 7 (1999), pp. 1175–98; J.W. Westerman and L.A. Cyr, "An Integrative Analysis of Person–Organization Fit Theories," *International Journal of Selection and Assessment* 12, no. 3 (September 2004), pp. 252–61.
38. D.M. Rousseau et al., "Not So Different after All: A Cross-Discipline View of Trust," *Academy of Management Review* 23 (1998), pp. 393–404.
39. S. Ashford, C. Lee, and P. Bobko, "Content, Causes, and Consequences of Job Insecurity: A Theory-Based Measure and Substantive Test," *Academy of Management Journal* 32 (1989), pp. 803–29; C. Hendry and R. Jenkins, "Psychological Contracts and New Deals," *Human Resource Management Journal* 7 (1997), pp. 38–44.
40. T.S. Heffner and J.R. Rentsch, "Organizational Commitment and Social Interaction: A Multiple Constituencies Approach," *Journal of Vocational Behavior* 59 (2001), pp. 471–90.
41. E. Frauenheim, "For Developers, It's Not All Fun and Games," *CNET News.com*, November 18, 2004; A. Pham, "Video Game Programmers Get Little Time to Play," *Houston Chronicle*, November 21, 2004, 6; N. Wong, "Exclusive: Nicole Wong Reveals Identity of EA Spouse," *Mercury News* (San Jose, CA), April 25, 2006.
42. J.C. Quick et al., *Preventive Stress Management in Organizations* (Washington, DC: American Psychological Association, 1997), pp. 3–4; R.S. DeFrank and J.M. Ivancevich, "Stress on the Job: An Executive Update," *Academy of Management Executive* 12 (August 1998), pp. 55–66.
43. Quick et al., *Preventive Stress Management in Organizations*, pp. 5–6; B.L. Simmons and D.L. Nelson, "Eustress at Work: The Relationship between Hope and Health in Hospital Nurses," *Health Care Management Review* 26, no. 4 (October 2001), p. 7ff.
44. H. Selye, *Stress without Distress* (Philadelphia: J.B. Lippincott, 1974).
45. S.E. Taylor, R.L. Repetti, and T. Seeman, "Health Psychology: What Is an Unhealthy Environment and How Does It Get under the Skin?" *Annual Review of Psychology* 48 (1997), pp. 411–47.
46. D. Ganster, M. Fox, and D. Dwyer, "Explaining Employees' Health Care Costs: A Prospective Examination of Stressful Job Demands, Personal Control, and Physiological Reactivity," *Journal of Applied Psychology* 86 (May 2001), pp. 954–64; M. Kivimaki et al., "Work Stress and Risk of Cardiovascular Mortality: Prospective Cohort Study of Industrial Employees," *British Medical Journal* 325 (October 19, 2002), pp. 857–60; A. Rosengren et al., "Association of Psychosocial Risk Factors with Risk of Acute Myocardial Infarction in 11,119 Cases and 13,648 Controls from 52 Countries (the Interheart Study): Case–Control Study," *The Lancet* 364, no. 9438 (September 11, 2004), pp. 953–62.
47. R.C. Kessler, "The Effects of Stressful Life Events on Depression," *Annual Review of Psychology* 48 (1997), pp. 191–214; L. Greenburg and J. Barling, "Predicting Employee Aggression against Coworkers, Subordinates, and Supervisors: The Roles of Person Behaviors and Perceived Workplace Factors," *Journal of Organizational Behavior* 20 (1999), pp. 897–913; M. Jamal and V.V. Baba, "Job Stress and Burnout among Canadian Managers and Nurses: An Empirical Examination," *Canadian Journal of Public Health* 91, no. 6 (November–December 2000), pp. 454–58; L. Tourigny, V.V. Baba, and T.R. Lituchy, "Job Burnout among Airline Employees in Japan: A Study of the Buffering Effects of Absence and Supervisory Support," *International Journal of Cross Cultural Management* 5, no. 1 (April 2005), pp. 67–85.
48. K. Danna and R.W. Griffin, "Health and Well-Being in the Workplace: A Review and Synthesis of the Literature," *Journal of Management*, Spring 1999, pp. 357–84.
49. New South Wales Supreme Court, *Naidu v. Group 4 Securitas Pty Ltd & Anor*, (NSWSC, June 24, 2005).
50. This is a slight variation of the definition in the Quebec antiharassment legislation. See www.cnt.gouv.qc.ca. For related definitions and discussion of workplace incivility, see H. Cowiea et al., "Measuring Workplace Bullying," *Aggression and Violent Behavior* 7 (2002), pp. 33–51; C.M. Pearson and C.L. Porath, "On the Nature, Consequences, and Remedies of Workplace Incivility: No Time for 'Nice'? Think Again," *Academy of Management Executive* 19, no. 1 (February 2005), pp. 7–18.
51. D. Turner, "One in Five Staff 'Bullied' in Past 12 Months," *Financial Times* (London), October 2, 2002, p. 5; A. Garrett, "How to Cure Bullying at Work," *Management Today*, May 2003, p. 80; T. Goldenberg, "Thousands of Workers Intimidated on Job: Study," *Montreal Gazette*, June 11, 2005, p. A9; S. Toomey, "Bullying Alive and Kicking," *The Australian*, July 16, 2005, p. 9.
52. V. Schultz, "Reconceptualizing Sexual Harassment," *Yale Law Journal* 107 (April 1998), pp. 1683–1805; M. Rotundo, D.-H. Nguyen, and P. R. Sackett, "A Meta-Analytic Review of Gender Differences in Perceptions of Sexual Harassment," *Journal of Applied Psychology* 86 (October 2001), pp. 914–22. Several U.S. court cases have discussed these two causes for action, including *Lehman v. Toys 'R' Us Inc.* (1993) 132 N.J. 587; 626 A. (2nd) 445; and *Meritor Savings Bank v. Vinson.* 477 U.S. 57 (1986) (U.S.S.C.).
53. B.K. Hunnicutt, *Kellogg's Six-Hour Day* (Philadelphia: Temple University Press, 1996); E. Galinsky et al., *Overwork in America: When the Way We Work Becomes Too Much* (New York: Families and Work Institute, March 2005); R.G. Netemeyer, J.G. Maxham III, and C. Pullig, "Conflicts in the Work–Family Interface: Links to Job Stress, Customer Service Employee Performance, and Customer Purchase Intent," *Journal of Marketing* 69 (April 2005), pp. 130–45.
54. R. Drago, D. Black, and M. Wooden, *The Persistence of Long Work Hours*, Melbourne Institute Working Paper Series (Melbourne: Melbourne Institute of Applied Economic and Social Research, University of Melbourne, August 2005); R. Konrad, "For Some Techies, an Interminable Workday," *Associated Press Newswires*, May 10, 2005.
55. J. Ryall, "Japan Wakes Up to Fatal Work Ethic," *Scotland on Sunday*, June 15, 2003, p. 22; C.B. Meek, "The Dark Side of Japanese Management in the 1990s: Karoshi and Ijime in the Japanese Workplace," *Journal of Managerial Psychology* 19, no. 3 (2004), pp. 312–31.

56. L. Wahyudi S., "Traffic Congestion Makes Me Crazy," *Jakarta Post*, March 18, 2003. The effect of traffic congestion on stress is reported in G.W. Evans, R.E. Wener, and D. Phillips, "The Morning Rush Hour: Predictability and Commuter Stress," *Environment and Behavior* 34 (July 2002), pp. 521–30.

57. F. Kittell et al., "Job Conditions and Fibrinogen in 14,226 Belgian Workers: The Belstress Study," *European Heart Journal* 23 (2002), pp. 1841–48; S.K. Parker, "Longitudinal Effects of Lean Production on Employee Outcomes and the Mediating Role of Work Characteristics," *Journal of Applied Psychology* 88, no. 4 (2003), pp. 620–34.

58. B. Miller, "Brann Baltimore Marketing Firm's Office Gets a Fun Makeover," *Daily Record*, October 3, 2002.

59. Y. Iwasaki et al., "A Short-Term Longitudinal Analysis of Leisure Coping Used by Police and Emergency Response Service Workers," *Journal of Leisure Research* 34 (July 2002), pp. 311–39; "How Large Firms Make Partner Sabbaticals Both Plausible and Appealing," *Partner's Report for Law Firm Owners*, June 2003, p. 1.

60. M. Waung, "The Effects of Self-Regulatory Coping Orientation on Newcomer Adjustment and Job Survival," *Personnel Psychology* 48 (1995), pp. 633–50; A.M. Saks and B.E. Ashforth, "Proactive Socialization and Behavioral Self-Management," *Journal of Vocational Behavior* 48 (1996), pp. 301–23.

61. W.M. Ensel and N. Lin, "Physical Fitness and the Stress Process," *Journal of Community Psychology* 32, no. 1 (January 2004), pp. 81–101.

62. S. Armour, "Rising Job Stress Could Affect Bottom Line," *USA Today*, July 29, 2003; V.A. Barnes, F.A. Treiber, and M.H. Johnson, "Impact of Transcendental Meditation on Ambulatory Blood Pressure in African-American Adolescents," *American Journal of Hypertension* 17, no. 4 (2004), pp. 366–69; M.S. Lee et al., "Effects of Qi-Training on Anxiety and Plasma Concentrations of Cortisol, ACTH, and Aldosterone: A Randomized Placebo-Controlled Pilot Study," *Stress and Health* 20, no. 5 (2004), pp. 243–48; P. Manikonda et al., "Influence of Non-Pharmacological Treatment (Contemplative Meditation and Breathing Technique) on Stress Induced Hypertension —a Randomized Controlled Study," *American Journal of Hypertension* 18, no. 5, Supplement 1 (2005), pp. A89-A90.

63. J. Newman and D. Grigg, "Vancity's Robbery Intervention Program Wins Award," *Vancouver Sun*, October 16, 2004, p. J3.

64. T. Rotarius, A. Liberman, and J.S. Liberman, "Employee Assistance Programs: A Prevention and Treatment Prescription for Problems in Health Care Organizations," *Health Care Manager* 19 (September 2000), pp. 24–31; J.J.L. van der Klink et al., "The Benefits of Interventions for Work-Related Stress," *American Journal of Public Health* 91 (February 2001), pp. 270–76.

65. S.E. Taylor et al., "Biobehavioral Responses to Stress in Females: Tend-and-Befriend, Not Fight-or-Flight," *Psychological Review* 107, no. 3 (July 2000), pp. 411–29; R. Eisler and D.S. Levine, "Nurture, Nature, and Caring: We Are Not Prisoners of Our Genes," *Brain and Mind* 3 (2002), pp. 9–52.

66. J.S. House, *Work Stress and Social Support* (Reading, MA: Addison-Wesley, 1981).

67. S. Schachter, *The Psychology of Affiliation* (Palo Alto, CA: Stanford University Press: 1959).

68. J.L. Howard, "Workplace Violence in Organizations: An Exploratory Study of Organizational Prevention Techniques," *Employee Responsibilities and Rights Journal* 13 (June 2001), pp. 57–75.

69. W.G. Bennis and R.J. Thomas, *Geeks and Geezers* (Boston: Harvard Business School Press, 2002), pp. 74–79; E.D.Y. Greenblatt, "Work–Life Balance: Wisdom or Whining," *Organizational Dynamics* 31, no. 2 (2002), pp. 177–93.

70. Ipsos-Reid, "What Are Canadians' Top Indicators of Career Success?" Ipsos-Reid news release (Toronto: May 7, 2003); Catalyst, *Beyond a Reasonable Doubt: Building the Business Case for Flexibility* (Toronto: Catalyst, April 2005); "Seventeen Percent of Government Workers Plan to Look for a New Job in 2006, Careerbuilder.Com Survey Finds," *PR Newswire*, February 21, 2006; "Work Loses Out to Family," *The Mirror* (London), March 18, 2006, p. 8; S. Shellenbarger, "Forget Vacation Time, New Grads Want Stability and a Good Retirement Plan," *The Wall Street Journal*, February 16, 2006, p. D1.

71. J. Thottam, "Reworking Work," *Time*, July 25, 2005, pp. 50–53.

72. P. Szuchman, "The Job-Share Advantage," *Working Mother* 25 (May 2002), p. 15.

73. "Driving Ambitions," *Employee Benefits*, September 6, 2002, p. 45. More than 100 countries have paid maternity leave. Among the industrialized countries, only the United States, Australia, and New Zealand do not provide this support. See T. Allard and L. Glendinning, "For Now, Aussie Mums Are Still a World Apart," *Sydney Morning Herald*, August 16, 2001; J. Satterfield, "U.S. Lags Behind Other Nations on Family Leave," *Knoxville News-Sentinel*, May 7, 2001, p. A1. For discussion of the FMLA, see S. Kim, "Toward Understanding Family Leave Policy in Public Organizations: Family Leave Use and Conceptual Framework for the Family Leave Implementation Process," *Public Productivity & Management Review* 22 (September 1998), pp. 71–87.

74. J. Gannon, "The Perfect Commute," *Post-Gazette* (Pittsburgh, PA), April 24, 2003, p. E1.

75. G. Marr, "Home Is Not Where the Office Is," *National Post*, August 6, 2004, p. FP10; Australian Telework Advisory Committee (ATAC), *Telework in Australia: Paper II* (Canberra: Commonwealth of Australia, March 2005); Australian Telework Advisory Committee (ATAC), *Telework-International Developments: Paper III* (Canberra: Commonwealth of Australia, March 2005); D. Bricker and J. Wright, *What Canadians Think about Almost Everything* (Toronto: Doubleday Canada, 2005); J. Cummings, "Masters of a Virtual World," *Network World*, April 25, 2005, pp. 76–77. These estimates exclude employees who bring work home from the office because this practice isn't usually considered virtual work.

76. L. Duxbury and C. Higgins, "Telecommute: A Primer for the Millennium Introduction," in *The New World of Work: Challenges and Opportunities*, ed. C.L. Cooper and R.J. Burke (Oxford: Blackwell, 2002), pp. 157–99; V. Illegems and A. Verbeke, "Telework: What Does It Mean for Management?" *Long Range Planning* 37 (2004), pp. 319–34; S. Raghuram and B. Wiesenfeld, "Work-Nonwork Conflict and Job Stress among Virtual Workers," *Human Resource Management* 43, no. 2–3 (Summer–Fall 2004), pp. 259–77.

77. D.E. Bailey and N.B. Kurland, "A Review of Telework Research: Findings, New Directions, and Lessons for the Study of Modern Work," *Journal of Organizational Behavior* 23 (2002), pp. 383–400; D.W. McCloskey and M. Igbaria, "Does 'Out of Sight' Mean 'Out of Mind'? An Empirical Investigation of the Career Advancement Prospects of Telecommuters," *Information Resources Management Journal* 16 (April–June 2003), pp. 19–34; Sensis, *Sensis® Insights Report: Teleworking* (Melbourne: Sensis, June 2005).

78. This historical review and the trait descriptions in this section are discussed in J.M. Digman, "Personality Structure: Emergence of the Five-Factor Model," *Annual Review of Psychology* 41 (1990), pp. 417–40; M.K. Mount and M.R. Barrick, "The Big Five Personality Dimensions: Implications for Research and Practice in Human Resources Management," *Research in Personnel and Human Resources Management* 13 (1995), pp. 153–200; and R.J. Schneider and L.M. Hough, "Personality and Industrial/Organizational Psychology," *International Review of Industrial and Organizational Psychology* 10 (1995), pp. 75–129.

79. T.A. Judge, E.A. Locke, and C.C. Durham, "The Dispositional Causes of Job Satisfaction: A Core Evaluations Approach," *Research in Organizational Behavior* 19 (1997), pp. 151–88; A.P. Brief and H.M. Weiss, "Organizational Behavior: Affect in the Workplace," *Annual Review of Psychology* 53 (2002), pp. 279–307; D.J. Ozer and V. Benet-Martinez, "Personality and the Prediction of Consequential Outcomes," *Annual Review of Psychology* 57 (2006), pp. 401–21.

80. R.D. Arvey et al., "Genetic Differences on Job Satisfaction and Work Values," *Personality and Individual Differences* 17 (1994), pp. 21–33; J. Schaubroeck, D. C. Ganster, and B. Kemmerer, "Does Trait Affect Promote Job Attitude Stability?" *Journal of Organizational Behavior* 17 (1996), pp. 191–96; C. Dormann and D. Zapf, "Job Satisfaction: A Meta-Analysis of Stabilities," *Journal of Organizational Behavior* 22 (2001), pp. 483–504.

81. S.C. Segerstrom et al., "Optimism Is Associated with Mood, Coping, and Immune Change in Response to Stress," *Journal of Personality & Social Psychology* 74 (June 1998), pp. 1646–55; S.M. Jex et al., "The Impact of Self-Efficacy on Stressor-Strain Relations: Coping Style as an Explanatory Mechanism," *Journal of Applied Psychology* 86 (2001), pp. 401–9.

82. S.S. Luthar, D. Cicchetti, and B. Becker, "The Construct of Resilience: A Critical Evaluation and Guidelines for Future Work," *Child Development* 71, no. 3 (May–June 2000), pp. 543–62; F. Luthans, "The Need for and Meaning of Positive Organizational Behavior," *Journal of Organizational Behavior* 23 (2002), pp. 695–706; G.A. Bonanno, "Loss, Trauma, and Human Resilience: Have We Underestimated the Human Capacity to Thrive after Extremely Aversive Events?" *American Psychologist* 59, no. 1 (2004), pp. 20–28.

83. S.E. Taylor et al., "Psychological Resources, Positive Illusions, and Health," *American Psychologist* 55, no. 1 (January 2000), pp. 99–109.

84. K.M. Connor and J.R.T. Davidson, "Development of a New Resilience Scale:

The Connor–Davidson Resilience Scale (CD-RISC)," *Depression and Anxiety* 18, no. 2 (2003), pp. 76–82; M.M. Tugade, B.L. Fredrickson, and L. Feldman Barrett, "Psychological Resilience and Positive Emotional Granularity: Examining the Benefits of Positive Emotions on Coping and Health," *Journal of Personality* 72, no. 6 (2004), p. 1161–90; L. Campbell-Sills, S.L. Cohan, and M.B. Stein, "Relationship of Resilience to Personality, Coping, and Psychiatric Symptoms in Young Adults," *Behaviour Research and Therapy*, in press (2006).

85. T.A. Judge and R. Ilies, "Relationship of Personality to Performance Motivation: A Meta-Analytic Review," *Journal of Applied Psychology* 87, no. 4 (2002), pp. 797–807; A. Witt, L.A. Burke, and M.R. Barrick, "The Interactive Effects of Conscientiousness and Agreeableness on Job Performance," *Journal of Applied Psychology* 87 (February 2002), pp. 164–69.

86. J. Tupponce, "Listening to Those Inner Voices," *Richmond Times-Dispatch*, May 11, 2003, p. S3.

87. J.L. Holland, *Making Vocational Choices: A Theory of Careers* (Englewood Cliffs, NJ: Prentice-Hall, 1973).

88. G.D. Gottfredson and J.L. Holland, "A Longitudinal Test of the Influence of Congruence: Job Satisfaction, Competency Utilization, and Counterproductive Behavior," *Journal of Counseling Psychology* 37 (1990), pp. 389–98; A. Furnham, "Vocational Preference and P–O Fit: Reflections on Holland's Theory of Vocational Choice," *Applied Psychology: An International Review* 50 (2001), pp. 5–29.

89. G.D. Gottfredson, "John L. Holland's Contributions to Vocational Psychology: A Review and Evaluation," *Journal of Vocational Behavior* 55, no. 1 (1999), pp. 15–40.

Memo

14

// PART 4

리더십과 동기부여

파워, 영향력, 협상을 통한 관리

MANAGING THROUGH POWER, INFLUENCE AND NEGOTIATION

LEARNING OBJECTIVES

이 장을 학습한 후 여러분은

1 조직에서의 과업수행을 위해서 파워와 영향력이 필요한 이유를 설명할 수 있다.

2 파워의 주요 원천을 구분할 수 있다.

3 경영자의 파워 크기에 영향을 미치는 상황특수성(contingency)을 설명할 수 있다.

4 조직에서 자신의 영향력을 높이기 위해 경영자가 활용하는 다양한 전술을 서술할 수 있다.

5 효과적으로 협상하기 위해 관리자는 무엇을 해야 하는지 설명할 수 있다.

캘리포니아
샌프란시스코의
제네텍(Genetech) 사옥

도입사례

생명공학의 개척자인 제네텍(Genetech)의 제품개발 총괄인 수잔 데스몬드-헬먼(Susan Desmond-Hellmann)은 재계에서 가장 영향력 있는 사람 중의 한 명으로 손꼽힌다. 제네텍에게 2004년과 2005년은 4가지의 신약이 미국 연방의약청(FDA)으로부터 승인을 얻고 5가지의 중요한 임상실험이 좋은 결과를 얻은 풍년이었다. 이렇게 유래가 없을 정도의 연속적 성공은 많은 부분에서 헬먼 덕분이다.

암 전문의로서의 수련 후, 헬먼은 1995년 제네텍에 입사했다. 회사가 항암약 개발분야로 진출해야 한다고 제네텍의 CEO인 아서 레빈손(Arthur Levinson)이 생각하면서, 출범하는 암 프로그램을 몇 안 되는 암전문가 중 하나인 헬먼이 책임지게 되었다. 레빈손은 "대단히 신속하게 여러 번 그녀를 지원했다"고 말했다. 사람들과의 좋은 관계뿐 아니라 사업에 대한 책임감과 열의, 주당 70시간에서 80시간씩 일하는 그녀의 열의를 레빈손은 높이 샀다. 헬먼은 제네텍의 획기적인 항암제인 애바스틴(Avastin)의 임상실험을 관장했다. 초기실험은 순조로웠으나 2002년의 대규모 유방암실험의 결과는 실망스러웠다. 주식 애널리스트들은 제네텍이 애바스틴 실험을 중단하고 "벌어들인 돈을 헛되이 날리지 말라"고 재촉했다. 초기실험 결과를 재검토한 후 그녀는 애바스틴(Avastin)이 대장암 치료에 효과가 있다고 판단하고, 회사가 대규모 애바스틴 임상실험을 강력하게 추진하도록 요청했다. 2003년 5월 제네텍은 애바스틴이 암의 성장속도를 늦추고, 환자의 생존을 연장시킨다는 긍정적인 결과를 발표했다. 결국 애바스틴은 시장 출시 첫 해 6억 7천 6백만 달러의 매출을 올릴 정도로 역사상 가장 성공적인 항암약이 되었다.

수잔 데스몬드-헬먼은 제네텍에서 대단한 파워와 영향력을 갖게 되었다. 제품개발의 총괄책임자로서 그녀는 제네텍과 같은 생명공학 회사에서 핵심인 신약개발의 막중한 책임을 지고 있다. 헬먼은 자금이나 사람과 같은 희소자원을 여러 신약개발 프로젝트 중 어디에 어떻게 배분해야 할 것인가 등의 중요 의사결정에서 가장 큰 목소리를 내는 사람 중 하나이다. 하지만 그녀는 어떻게 이 직위에 도달하게 되었는가? 전문성, 근면, 그리고 대인관계능력, 중요 의사결정에 대한 책임감, 그리고 내외부의 반대를 무릅쓰고 애바스틴 실험을 고수하기로 한 힘든 결정 등을 통해 가능했다. 이런 속성들로 인해 헬먼은 대단한 성과를 내는 사람이 될 수 있었다. 애바스틴 사례에서 그녀가 옳았다는 것은 단지 그녀의 파워와 영향력을 높였을 뿐이다.[1)]

이 장은 조직에서 업무를 수행하기 위해 협상능력을 활용하여 파워와 영향력을 어떻게 행사하는가에 대해 살펴본다. 새로 임명된 일선관리자가 부하, 동료, 그리고 상사들에게 어떻게 영향을 미치는가를 다룬 제1장을 돌이켜보자.[2] 위계적 직위로부터의 공식적인 파워는 조직 내 영향력의 제한적인 원천일 뿐이며, 파워와 영향력은 제휴의 대인관계 네트워크를 통해 완성된다. 또한 제1장에서 협상이 어떻게 관리자들의 삶의 방식인가를 논의하였다.[3] 관리자들은 업무의 수행을 위해 조직의 내부 및 외부 사람들과 끊임없이 협상한다. 앞으로 보게 되겠지만, 협상능력은 관리자들이 파워를 타인에 대한 영향력으로 바꾸어내고 목표를 달성하는 수단이다. 이러한 문제들을 살펴보기 위해 먼저 조직 내 파워의 원천을 논의하기로 한다. 그리고 나서 관리자들이 조직 내에서 영향력을 행사하기 위해 파워를 어떻게 사용하는가를 살펴볼 것이다. 효과적인 협상가가 되기 위해 필요한 것이 무엇인지 논의하면서 이 장을 마칠 것이다.

조직에서의 파워

파워
다른 사람들이 어떤 일을 하도록 만드는 개인, 팀 또는 조직의 잠재력

파워(power)는 개인, 팀, 또는 조직이 타인으로 하여금 무언가를 하도록 하는 잠재력에서 비롯된다.[4] 잠재력이라는 단어는 중요하다. 파워를 가진 사람들은 원하는 것을 얻기 위해 잠재력을 사용할 필요가 없을 수 있다. 흔히 그들이 파워를 가지고 있다는 사실만으로도 다른 사람들이 특정 일을 하도록 영향을 미치기에 충분하다. 파워의 가장 기본적인 전제조건은 가치 있는 무언가를 얻기 위해 다른 사람에게 의존해야 한다고 어느 사람이나 집단이 믿는 것이다.[5] 예를 들어, 사람 B의 목표달성에 필요한 가치있는 무엇인가를 사람 A가 통제한다면 사람 A는 사람 B에 대해 파워를 가지고 있다(그림 14. 1 참조). 자원, 정보 혹은 당신과 가까워지는 특권에 대한 접근을 당신이 통제한다면 당신은 타인에 대해 파워를 가지고 있다. 예를 들어, 수잔 데스몬드-헬먼(Susan Desmond-Hellmann)은 신약개발 프로젝트에 투입될 재무자원을 통제하기 때문에 조직에서 다른 연구원들에 대해 파워를 가지고 있다는 것이다.

대항력
부하가 자신들의 상사에 대해 갖는 파워

파워는 일방적인 것이 아니다. 관리자는 자신의 부하에 대해 파워를 가지는 반면, 다시 부하들은 상사에 대해 **대항력**(countervailing power)을 가질 수 있다. 관리자는 일을 열심히 해줄 부하직원을 필요로 하고, 이는 부하직원에게 대항력을 부여한다. 부하들에게는 자신들이 대항력을 행사할 수 있는 여러 방법들이 있다. 예를 들어, 부하들은 일을 태만히 함으로써 자신들이 부당하다고 느끼는 것에 대해 조용히 항의할 수 있다. 그들은 자신의 차상위 상사에게 불만을 토로할 수도 있다. 또한 회사를 그만 두고 다른 곳에서 일을 할 수도 있다.

파워는 흔히 인식과 관련된다. 자신들이 무언가 가치 있는 것을 소유하고 있다고 타인들을 믿게 하면 사람들은 타인에 대해 파워를 획득할 수 있다. 예를 들어, 보통 사람들은 유명한 사람과 관계를 맺으면 자신이 특권을 얻었다고 느끼기 때문에 유명인사는 자신의 인간관계 속에서 보통사람들에 대해 파워를 갖게 될 수 있다.

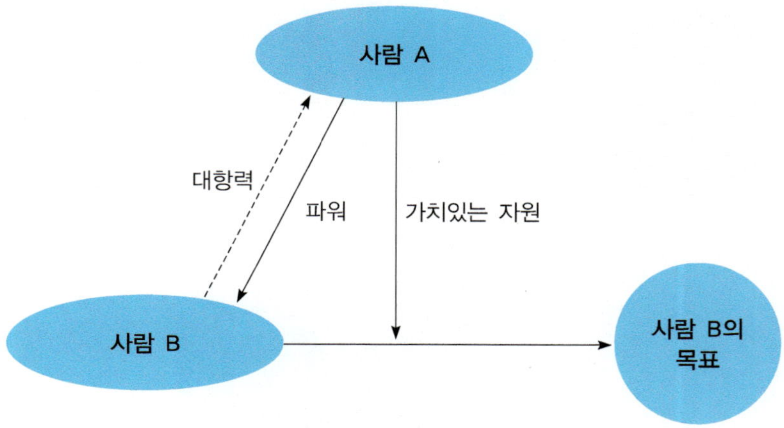

그림 14.1
파워의 의존관계

파워는 언론에 의해 무수히 부정적으로 묘사되었다. 19세기 영국의 액톤(Acton) 경은 "권력은 부패하기 마련이며, 절대권력은 절대적으로 부패한다"라는 유명한 말을 남겼다. 특히, 미국인들은 파워에 대해 이중적이며, 대개 파워에 대해 말하기를 꺼린다. 사회학자인 로자베스 모스 캔터(Rosabeth Moss Kanter)는 "미국인에게 있어 파워란 가장 더러운 단어이다"라고 썼다. 차라리 돈에 대해 말하는 것이 쉬우며, 성(sex)에 대해 말하는 것이 훨씬 쉽다. 파워를 가지고 있는 사람들은 자신이 파워를 가지고 있음을 부인한다. 파워를 원하는 사람들은 자신이 파워에 굶주려 있는 것처럼 비쳐지기를 원치 않는다. 파워의 음모에 연루된 사람들은 은밀하게 움직인다.[6] 파워는 효과적인 경영 행동에서 핵심적인 요소이다. 파워를 결여하고 조직에서 제대로 일이 되도록 하는 것은 어렵다. 경영관련 저술가인 존 코터(John Kotter)도 유사한 지적을 한다. "(미국에서) 파워에 대한 전체적인 느낌은 부정적이며, 이의 근원은 건국 초기로까지 쉽게 거슬러 올라갈 수 있다." 파워의 공정한 사용은 기업에서의 성공에 중요하며 "내가 관찰한 바에 따르면, 파워를 획득하고 효과적으로 사용하는 능력을 기르거나 발전시키지 못해서, 특히 젊고 좋은 교육을 받은 사람들을 포함한 많은 관리자들이 자신들의 잠재능력보다 훨씬 뒤떨어지는 성과를 내고 있다."라고 강조하여 말한다.[7]

권력은 부패하는 경향이 있다 많은 논평가들은 19세기 영국 역사가인 Acton 경이 한 이 말을 두고 파워의 소유가 항상 파워 소유자를 부패하게 만든다고 오해하였다. 이는 사실이 아니며, 현실에서 파워의 현명한 행사는 관리자의 중요한 능력이다.

효과적으로 경영하는 데 있어서 파워는 왜 중요한가? 대답은 다양한 사람이나 조직단위들이 돈, 종업원의 시간, 정보를 포함하는 희소자원을 통제하는 정치적 실체가 바로 조직이기 때문이다.[8] 관리자들은 자신의 목표를 달성하기 위해서 타인들과 협력해야 함을 깨달아야 한다. 파워가 조직에서 어떻게 분포되어 있는가를 알고 있어야 하며, 자신의 파워를 축적해야만 자신의 업무수행에 필요한 희소자원을 통제하는 사람들에게 영향력을 행사할 수 있다. 제네텍의 연구조직에서 일선관리자였던 수잔 데스몬드 헬먼은 자신이 관장하는 암 프로젝트에 돈, 과학자, 그리고 실험공간

그림 14.2

파워의 원천과 상황특수성

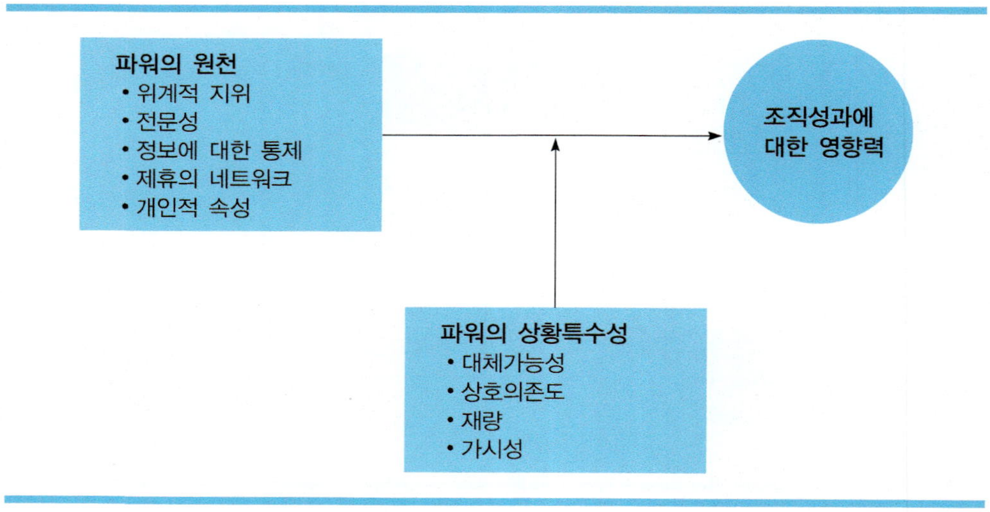

등의 희소자원을 할당해 달라고 상사를 설득해야만 했다. 시간이 갈수록 성실성, 전문성, 그리고 대인관계 능력 덕분에 그녀는 최고경영자인 아서 레빈슨(Arthur Levinson)의 신임을 얻었다. 이를 통해 조직 내에서 자신의 지각된 파워를 높였으며 자원을 둘러싼 교섭능력도 향상시켰다. 그녀는 또한 승진을 통해 제네텍의 미래에 보다 영향을 미칠 수 있게 되어 보다 많은 파워를 얻게 되었다.

파워 그 자체는 가치중립적이다. 좋은 것도 아니며, 나쁜 것도 아니다. 중요한 것은 어떻게 파워가 축적되고 사용되는가이다. 파워는 부당하거나 부정직한 방법으로 축적되어서는 안 되며 비윤리적으로 사용되어서도 안 된다. 하지만 파워는 정직하고 정당한 수단을 통해 축적될 수 있으며 조직과 사회에서 좋은 일을 하기 위해 건설적으로 사용될 수 있다. 히틀러와 간디는 둘 다 파워를 가졌다. 히틀러는 자신의 파워를 타인에게 끔찍한 고통을 주는 데 사용한 반면, 간디는 영국의 식민지 지배로부터 조국을 해방시키기 위해 사용하였다. 파워는 히틀러를 부패시키지 못했으며, 그는 시작부터 온전한 정신이 아니었다. 반면, 간디처럼 강한 윤리적 토대를 지닌 개인에게 파워의 축적은, 잘못이 아닌 방법을 사용하여 유익한 목적을 달성하기 위한 유일한 길이었다. 이것이 파워가 부패할 수 있다는 것을 부정하는 것은 아니다. 관리자가 강한 개인 윤리를 가지고 있다면, 그리고 개인이 일하는 조직이 윤리적 행동을 장려한다면 그러한 경향은 억제될 수 있다는 의미이다.

파워의 원천

관리자가 파워를 축적하고 사용할 때 그 사람은 파워가 어디로부터 오는가를 이해해야만 한다. 조직에서 파워는 위계 내에서의 공식직위로부터, 전문성으로부터, 가치 있는 정보에 대한 통제로부터, 제휴의 네트워크로부터, 개인적 속성으로부터 유래한다.[9] 이러한 요인들이 개인 또는 집단에게 파워를 허용하는 정도는 대체가능성, 상호의존도, 재량, 가시성을 포함하는 상황특수성에 달려 있다(그림 14.2 참조).

// 공식적 위계적 직위

조직에서의 위계서열은 분명히 파워를 결정한다. 최고경영자는 운영담당 부사장보다 많은 파워를 갖고 있으며, 부사장은 일선관리자보다 많은 파워를 갖고 있다. 위계적 파워는 합법적 파워, 보상과 제재에 대한 파워, 희소자원 배분에 대한 파워 등 여러 원천으로부터 발생한다.

합법적 파워 합법적 파워(legitimate power)는 조직구성원들 사이에 존재하는 암묵적인 합의로부터 유래한다. 이 파워를 통해 위계의 상층부에 있는 사람들이 그들의 부하직원에게 특정 행위를 하도록 요구할 수 있다. 예를 들어, 일선관리자는 정당한 조건하에서 자신의 감독하에 있는 부하직원들에게 초과근무를 요구할 수 있다. 유사하게 마이크로소프트사의 마케팅관리자는 그 회사의 최고경영자인 스티브 발머(Steve Ballmer)가 그에게 베이징에 출장가서 중요 고객을 만나라고 할 때 그 합법적 파워를 의심 없이 받아들일 것이다. 대부분 합법적 파워는 공식적인 직무기술서에서 발생하는 것이 아니라 조직의 상층에 있는 사람들이 부하직원을 지휘하는 권리를 가지고 있다는 널리 이해되는 사회적 규범으로부터 연유한다.

하지만 합법적 파워는 부하직원이 상사의 합법성을 수용하는 정도뿐만 아니라 법, 회사 공식규정, 확립된 규범에 의해서도 제한된다. 법은 관리자가 할 수 있는 것들을 제한한다. 예를 들어, 회사의 부채를 투자자에게 은폐하기 위해 관리자가 부하직원에게 회계장부를 수정하라고 요구하는 것은 불법이다. 회사규정과 규범 역시 유사하게 파워를 제약한다. 회사는 노동조합과 특정 단체협약을 협상할 수 있고 그런 협약은 관리자가 배분하는 업무에 제약을 가할 수 있다. 또한 회사의 규범은 관리자가 종업원에게 어떻게 옷을 입어야 하는가에 대해 언급하는 것을 금지할 수도 있다. 관리자의 합법성을 부하직원이 수용하는 정도 역시 관리자의 파워를 제약하는 분명한 요인이다. 만약 부하직원들이 합법적이라고 암묵적으로 인정하는 범위 밖에서 리더가 행동한다면 부하들은 따르기를 거부하거나, 고위층에 개선을 호소하거나, 태업하거나, 퇴사하거나, 파업하는 등 대항력을 행사할 수도 있다.

보상과 제재에 대한 파워 위계서열은 관리자들이 조직 내 인센티브 및 통제시스템을 구체화할 수 있도록 하며 보상과 제재를 집행하도록 한다. 관리자들은 회사의 목표에 부합하는 행위를 보상하고 성과가 보통 이하인 사람에 대해 제재를 가할 수 있다. 보상은 급여인상, 보너스, 승진, 다른 복리후생 등의 형태일 수 있다. 제재는 서로 같은 집단이라는 동질성에 대한 부정을 포함하고 해고까지 포함할 수 있다.

합법적인 파워처럼, 보상과 제재에 대한 파워는 흔히 법, 규범 그리고 합법성을 유지할 필요 등에 따라 제한된다. 계약해지된 종업원은 관리자가 허용된 파워의 한도를 넘었다고 믿는다면 부당해고를 이유로 경영자에 대해 소송을 제기할 수 있다. 2006년 메릴린치(Mirrill Lynch)사가 주식거래 스캔들의 여파로 세 명의 전직 주식중개인들을 해고했을 때 그 3인은 소송을 제기하였고, 회사가 파워의 한도를 넘었다는 법원의 결정으로 14백만 달러의 손해배상을 받은 것이 그 예이다. 그 주식중개인들은 회사가 설정한 오후 4시 시한을 넘겨 고객의 뮤추얼펀드 거래를 도왔다. 그러나 그들에 따르면 회사는 그들이 무엇을 하는지 알고 있었고, 정부가 시한을 넘겨 거래하는 관행을 조사하기 시작해서야 그들에게 제재를 가했다. 그들은 '희생양'이었고, 법원도 이에 분명히 동의했다.[10)]

보다 일반적으로 보상과 제재의 집행이 부당하거나 어떤 방향으로 치우친 것으로 비친다면 이를 실행하는 관리자는 자신의 합법성을 잃을 수도 있다. 보상과 제재시스템이 공정하고 편향이나 정실주의 위협에 치우치지 않도록 하기 위해서 많은 회사들은 이제 부하가 자신의 상사를 평가도록 하는 360도 성과평가시스템을 채택하고 있다. 이런 조치는 부하에게 대항력을 부여하는 결과를 낳는다.

희소자원에 대한 파워 희소자원의 배분은 위계적 파워의 중요한 원천이다. 희소자원은 자본, 사람, 공장, 설비, 작업공간 등을 포함하며 이것들에만 반드시 한정되는 것은 아니다. 복합사업 회사인 유나이티드 테크놀로지의 최고경영자는 자본을 여러 사업부문에 배분하는 과정을 통해 상당한 파워를 갖게 되었다.

유사한 맥락에서 제네텍의 제품개발 총괄인 수잔 데스몬드-헬먼은 희소한 과학적 자원과 재무적 자원을 여러 신약개발 프로젝트에 배분해야 한다고 주장하였으며, 이를 통해 그녀는 신약개발과정을 결정하는 커다란 파워를 갖게 되었다.

희소자원 통제로 인한 파워는 황금을 가진 사람이 규칙을 만든다는 '새로운 황금률' 용어에 요약되어 있다.[11)] 물론 그렇게 간단하지만은 않다. 합법성을 유지하려는 필요와 이로 인한 대항력은 경영층의 행동을 매우 제약할 것이다. 만약 헬먼이 임상실험에서 전망이 나쁜 것으로 나타난 프로젝트에 자금을 지원하려 한다면 그녀는 곧 제네텍에 있는 다른 과학자들에게서 합법성을 잃을 것이고 빠르게 그녀의 파워는 약화될 것이다.

// 전문성

격언에도 있듯이 지식은 힘이고 파워이다. 조직에서도 이는 진리이다. 특정 영역에서의 전문성은 개인에게 상당한 파워를 부여한다. 회사가 암연구 쪽으로 나아가야 한다고 최고경영자인 아서 레빈슨이 결정했을 때, 수잔 데스몬드-헬먼은 조직에서 몇 안 되는 암전문가였기 때문에 제네텍에서 파워를 얻기 시작하였다. 다른 예로 월드콤의 재무총괄책임자였던 스콧 셜리반(Scott Sullivan)은 개인적인 파워를 무수히 휘둘렀다. 셜리반의 파워는 위계서열이 아닌 다른 여러 원천에서 나왔다. 난해한 회계규제에 대한 전문성에서 비롯되기도 하였고, 복잡한 재무거래에 대한 전문성에서 비롯되기도 하였다. 셜리반은 영예로운 '재무총괄책임자(CFO) 상'을 수상하였던 '귀재'라고 여겨졌다. 따라서 셜리반이 회계담당 직원에게 의문스런 회계처리를 지시했을 때, 그들은 셜리반이 혁신적이고 합법적인 허점을 찾아낸 것이라고 생각했다. 불행하게도 최고경영자였던 버니 에버스(Bernie Ebbers)처럼 셜리반은 월드콤의 수입을 부풀리고 회사의 주가를 끌어올리는 110억 달러의 회계부정에 관여하였다. 물론 회사 주가조작으로 셜리반과 에버스는 대단한 이익을 취했다. 그 사기가 드러났을 때 월드콤은 붕괴되어 파산했고 에버스와 셜리번은 감옥행으로 끝났다.[12)]

대항력 전 월드콤(WorldCom) 최고경영자(CEO)였던 스콧 셜리번(Scott Sullivan)이 수갑이 채워진 채 나타나고 있다. 그를 재무총괄책임자(CFO)의 자리에 오르게 만들었던 전문성을 가졌던 셜리번은 결국 그 파워를 남용하고 미국 역사상 가장 큰 회계부정을 공모한 죄로 수감되었다.

경영저술가인 피터 드러커(Peter Drucker)는 우리 사회가 산업경제에서 지식기반경제로 이동함에 따라 보다 많은 종업원들이 전문가 파워를 갖게 될 것이라고 이론화하였다.[13)] 생명과학산업에서 컴퓨터 소프트웨어 산업에 이르기까지 종업원의 지식은 점점 생산의 결정적인 요인이 되고 있다. 이 지식은 궁극적으로 기업을 관리하는 사람들의 통제 밖에 있으며, 기업 목표달성을 위해서는 경영자들이 더욱 전문가 종업원에 의존하도록 만든다.

// 정보에 대한 통제

정보는 힘이라고 흔히들 이야기한다.[14)] 정보가 지식의 기초이기 때문에 지식기반경제에서 이 말은 더욱 타당하다. 그러나 파워는 정보 그 자체에서 연유한다기보다 조직 내에서 정보흐름을 통제할 수 있는 능력에서 연유한다. 특히, 파워가 있는 직위에 있는 사람들은 의사소통 네트워크에서 중심에 위치한 사람들이다. 그들은 정보를 조사하고 자신들의 목표달성과 부합하는 방식으로 정보를 선택적으로 유포하는 정보통제자로서 행동할 수 있다. 정치학 언어로 말하자면 그들은 정보를 '자아낼' 수 있다. 그들은 또한 자신의 지식을 넓히고 자신이 옹호하는 정책, 프로그램, 전략 등을 설득력 있게 주장하기 위해 정보에 접근할 수 있다. 정보는 또한 외부환경의 불확실성과 변화에 조직이 보다 잘 대처하도록 돕는다. 그 정보를 통제하는 사람들은 특별한 파워를 향유할 수 있다.[15)] 예를 들어, 소비자 선호와 미래 수요 트렌드에서의 변화를 이해하는 마케팅 연구자는 파워와 조직 내 영향력을 얻기 위해 그 정보를 지렛대로 활용할 수 있다. 정보는 정보소유자에게 우위를 부여한다. 같은 맥락에서 경영연구자들은 의사소통 네트워크에서의 중심위치는 승진될 가능성, 조직 내에서 명성이 높아질 가능성, 그리고 상대적으로 높은 급여를 받을 가능성과 정(+)적으로 상관된다고 보고하고 있다.[16)]

중심성의 가치에 대한 흥미로운 예는 몇 년 전 자동차 라디오, 이메일, 소식지, 그리고 사내전산망 등을 통해 종업원들이 회사 최신 뉴스를 받도록 하는 혁신적인 제도를

그림 14.3

정보통제를 통한 파워

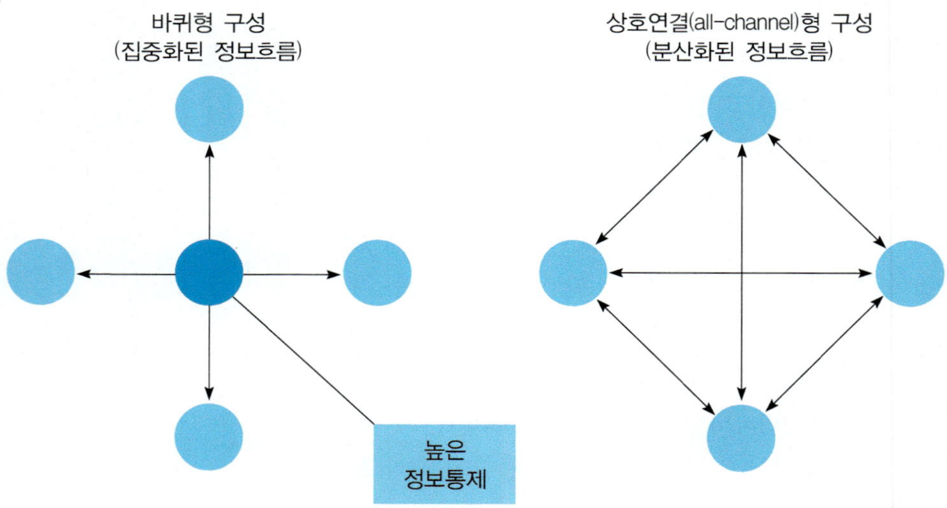

도입한 독일 비즈니스 소프트웨어 회사인 SAP의 경우를 들 수 있다. SAP 종업원들은 이 직접적인 의사소통을 환영하였지만 회사의 중간관리자들은 회사의 정보통제자로서의 자신의 파워를 약화시키기 때문에 이에 반대하였다.[17] 과거에 SAP의 중간관리자들은 조직위계를 통해 정보를 배포하고 규제하며 걸러냈다. 이 중심적 위치로부터 그들의 파워가 연유하였으며, 정보유통에 관한 새로운 방식이 채택되자 그들의 파워는 약화되었다.

정보의 흐름을 통제할 권리는 합법적 파워의 형태이고, 고도로 관료화된 기업에서 가장 일반적으로 존재한다. [그림 14.3]의 바퀴형 구성은 정보의 흐름에 대한 통제가 고도로 중앙화된 방식을 보여준다. 이 의사소통 구조에서 종업원들이 필요한 정보를 제공받기 위해서는 이 그림의 중간에 있는 정보통제자에 의존한다. 이 정보통제자는 SAP에서라면 중간관리자가 이에 해당된다. 그러나 오늘날의 지식기반 경제에서 정보통제자가 직면하는 문제는 중앙화된 정보통제 구조가 지식경영 및 고성과작업팀과 양립하기 어려울 수 있다는 것이다. 결과적으로 SAP와 다른 조직은 상호연결형의사소통 구조(그림 14.3 참조)로 변화하여 보다 많은 정보의 공유를 장려하고 있다. 상호연결형 의사소통 구조에서는 모든 종업원들이 정보에 대해 상대적으로 동등한 접근을 누린다. 이 구조는 정보통제자의 파워를 줄이는 반면, 종업원들과 자율적 작업팀이 보다 나은 의사결정을 하도록 정보를 민주화한다. 그러나 순수한 형태의 경우 상호연결형 의사소통 구조는 혼란스럽게 보일 수 있기 때문에 관료제적 문화를 지닌 대규모 조직은 바퀴형 구조로 되돌아가는 경향이 있다.[18]

// 제휴의 네트워크

당신이 무엇을 아는가가 중요할 뿐 아니라 당신이 누구를 아는가도 역시 중요하다. 조직에서 파워의 중요한 원천 중 하나는 당신이 일을 할 수 있도록 돕는 제휴자나 후원자의 네트워크이다.[19] 대인관계 네트워크를 구축하는 것이 일을 배우는 데 매우 중요한 필요조건이라는 것을 어떻게 관리자가 처음 깨닫는가에 관한 제1장의 내용을 상기할 필요가 있다. 숙달된 관리자들은 전략이나 과정의 채택과 같은 특정 목표를 추구하기 위해 함께 노력하는 자기편의 연합을 구성한다. 제휴의 네트워크를 구축하고 유지하는 열쇠는 호혜주의이다. 간단히 말하면 당신을 돕는 다른 사람을 얻으려면 당신이 어떤 방식으로든 그 사람을 도울 준비가 되어 있어야 한다. 호혜주의적인 사회적 교환은 제휴의 네트워크를 구축하고 유지하는 데 기여한다.[20]

예를 들어, 미국 대통령 린든 존슨(Lyndon Johnson)은 젊은 시절에 전 의회직원으로서 아주 일찍부터 파워 있는 친구들의 네트워크를 구축하기 시작하였다. 20세기 가장 강력한 하원의원 중의 하나였던 샘 레이번(Sam Rayburn)도 이 친구들 중에 포함된다. 텍사스 출신의 독신이었던 샘 레이번은 외로운 사람이었다. 존슨은 그를 자신의 집으로 자주 초대하였다. 레이번과의 연결을 통해 존슨은 워싱턴 실력자들의 비공식 모임에 참석하게 되었다. 존슨은 또한 레이번과의 관계를 통해 파워를 얻었다. 레이번의 친구였기에 존슨은 누구에게서나 대우받았다.[21]

// 개인적 속성

개인 속성이 개인적 파워의 중요한 원천의 하나라는 점은 의문의 여지가 없다(그림 14.4 참조). 많은 속성들이 조직 내 파워를 획득하고 유지하는 데 중요하다고 인식되었다.

1. 에너지, 인내와 체력
2. 에너지를 집중하는 능력과 쓸모없는 노력을 피하는 능력
3. 타인을 읽고 이해하도록 하는 공감
4. 특히, 목표달성을 위해 다양한 수단을 선택하는 유연성
5. 필요할 때 갈등과 대결을 피하지 않으려는 자발적 의사
6. 설득력-논리적인 방식과 공감을 유발하는 방식으로 요점을 말하는 능력
7. 진실성[22]

다시 수잔 데스몬드-헬먼을 생각해보자. 전문성 이외에도 그녀는 에너지, 인내, 체력을 요하는 자발적인 장시간 근무의지 덕분에 제네텍에서 성장할 수 있었다. 유사하게 젊은 린든 존슨은 놀라운 에너지와 인내를 보여주었다. 다른 의회직원들보다 훨씬 일찍 일을 시작하였고, 점심을 위해 일을 중단하지도 않았다. 흔히 저녁 8시 넘게까지 일을 하였다.

중요한 것을 구별하고, 중요한 것에 시간을 집중하고 힘을 쏟는 능력은 또 다른 핵

그림 14.4

파워의 원천으로서의 개인 속성

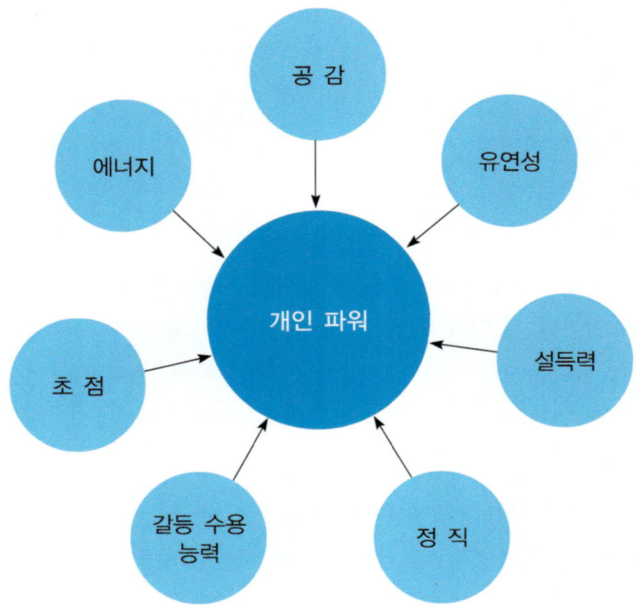

심적인 능력이다. 성공적인 경영자에 관한 연구에서 존 코터(John Kotter)는 하나의 산업이나 기업에 집중한 사람이 성공 가능성이 높다는 것을 발견하였다.[23)]

타인의 믿음, 희망, 그리고 동기를 이해하는 능력인 공감도 제휴의 네트워크를 구축할 때 중요한 속성이 될 수 있다. 샘 레이번에 대한 공감 덕분에 린든 존슨은 자신보다 연장자인 샘 레이번을 자신의 귀중한 후원자로 만들 수 있었다. 수잔 데스몬드-헬먼이 다른 사람들과 함께 한 친목관계는 아마도 공감 덕분이었을 것이다.

유연성은 완고함의 반대이다. 유연성이란 목표를 달성하는 여러 경로가 존재하며 하나의 방법이 실패했을 때 다른 경로를 시도하면 더 좋은 결과를 얻을 수도 있다고 인식하는 능력이다. 수잔 데스몬드-헬먼은 제네텍의 유방암 치료를 위한 말기 임상실험에서 애바스틴이 실패했을 때 유연성을 보여주었다. 데이터를 검토한 후에 그녀는 대장암 치료를 위한 또 다른 임상실험에 애바스틴을 투입하였고 결국 엄청난 성공을 거두었다.

필요할 경우 갈등에 관여하려는 자발적인 의지는 개인적 파워의 중요한 원천일 수 있다. 이는 당신이 습관적으로 냉정하고 고집스럽고 혹은 논쟁적이어야 한다는 의미가 아니다. 그보다 사실이 당신의 편일 때처럼 중요한 사안에 대해 입장을 분명히 할 필요가 있다는 의미이다. 만약 당신이 갈등을 피하려는 소심한 모습을 보인다면 당신은 원하는 것을 얻지 못할 가능성이 높다. 당신은 보다 자기주장이 강한 사람들에 둘러싸일 것이며 당신의 파워는 줄어들 것이다. 린든 존슨은 필요할 때 갈등을 회피하지 않았다. 타인에게 무언가를 위해 싸울 의사가 있다는 것을 표시하였다. 그 결과 다른 사람들이 발생할 결과를 두려워하였기 때문에 다른 사람들이 자신에 반하여 움직이지 못하게 하

설득력 있는 전문가 리차드 페인먼(Richard Feynman)이 챌린저호 참사조사위원회에 참석하였다. 그는 전문성을 지니고 있었을 뿐만 아니라 미국 전체의 이목을 끌 정도의 설득력도 겸비하고 있었다. 위원회의 일원으로서 그는 어떻게 오링의 실패가 참사를 야기하였는지 입증하였고, 어떻게 NASA의 경영이 오링 실패의 가능성을 과소평가했는가를 잘 보여주었다.

* (역자주) 챌린저호 참사 : 1986년 승무원 7명을 태우고 발사되었으나 발사 후 75초 만에 공중폭발하여 승무원 전원이 사망하여 TV 생중계를 시청하던 전 세계를 놀라게 한 우주왕복선 챌린저호 사건을 말하며, 오링은 오른쪽 고체연료의 로켓 이음새 부품을 말함.

였다.

설득력 있게 의사소통하는 능력은 사람들로 하여금 당신에게 귀 기울이도록 만들기 때문에 중요하다. 사람들의 귀를 잡아끄는 사람은 파워를 갖게 된다. 불분명하게 중얼거리거나 정확하고 논리적으로 자신의 입장을 설명하지 못하는 전문가는 그의 전문성이 얼마나 가치 있는가와 상관없이 조직에서 많은 파워와 영향력을 축적하지 못할 것이다. 반대로 설득력이 있는 전문가는 큰 파워를 지닐 수 있다. 위대한 물리학자 리차드 페인먼(Richard Feynman)은 맨해튼 프로젝트에서 일한 로스 알라모스(Los Alamos)로부터 우주왕복선 챌린저호의 참사를 조사하는 독립위원회에 이르기까지 그가 관련한 모든 조직에서 매우 영향력 있는 사람이었다. 그의 파워는 비단 그의 상당한 전문성에서 비롯된 것이 아니라 사람들의 주의를 끄는 뛰어난 단어 사용 능력에서도 비롯되었다.[24)]

마지막으로 진실성은 파워의 원천이 될 수 있으며, 특히 전문성과 같이 파워의 다른 원천과 결부될 때 그러하다. 진실성을 지닌 사람은 타인의 존경과 신뢰를 획득한다. 그들은 공정하고 이성적이고 부정에 결탁하지 않아 명성을 구축하며, 이는 그들의 사회적 자본을 높인다. 진실성을 지닌 사람들은 제휴의 네트워크를 구축하기가 쉽다. 사람들은 진실하다는 명성을 지닌 사람과 호혜주의적 교환을 할 가능성이 보다 많기 때문이다. 게다가 겉과 속이 다르다고 평가되는 사람의 의견은 이기적으로 인식되는 반면, 진실하게 행동한다고 평가되는 사람의 의견에는 보다 무게가 실릴 것이다.

파워의 상황특수성

당신이 조직환경에서의 급격한 변화를 예측하고 심지어 이를 방지할 수 있는 능력 덕분에 전문가 능력을 가졌다고 가정하자. 이는 당신이 영향력을 갖고 있음을 의미하는가? 반드시 그렇지는 않다! 파워는 오직 특정한 조건에서만 조직의 결과물에 대한 영향력으로 전환된다. 파워의 상황특수성이라 불리는데 네 가지 조건은 대체가능성, 상호의존도, 재량, 가시성이다.[25] 이 상황특수성은 파워의 원천이 아니다. 그보다 상황특수성은 사람들이 조직 내에서 일이 이루어지게 하는데 파워를 지렛대로 활용할 수 있는 정도를 결정한다. 당신이 많은 전문가 권력을 가질 수 있지만 상황특수성 요인이 존재하지 않는다면 당신은 이 파워를 가지고 타인에게 영향을 미칠 수 없을 것이다.

대체가능성
대안적 자원의 활용 능력

대체가능성(Substitutability)이란 대안의 활용가능성을 의미한다. 대체재가 없는 중요한 자원을 누군가가 독점하고 있을 때 파워는 가장 커진다. 반대로 핵심자원의 대체재의 수가 증가하면 파워는 감소한다. 당신이 특정 이슈에 전문성을 가진 유일한 사람이라면 당신 회사에서 여러 명이 전문성을 가지고 있을 때보다 더 큰 파워를 지니게 될 것이다. 대체가능성은 동일한 자원을 제공하는 다른 원천에 대해서뿐 아니라 자원 그 자체에 대한 대체재까지도 적용된다. 예를 들어, 노조원의 노동력을 대체하는 기술을 도입할 때 노동조합의 파워는 감소할 것이다. 한때 전화회사 종업원의 파업은 전화회사의 운영을 중단시켰으나 교환원 및 다른 인력에 대한 수요를 감소시키는 컴퓨터화된 시스템과 다른 기술적 혁신들 덕분에 전화회사는 전화교환원의 파업 속에서도 서비스를 제공할 수 있었다. 기술은 종업원에 대한 대체재일 수 있으며 결과적으로 노조의 파워를 감소시킬 수 있다.

상호의존도
파워 보유자와 다른 사람들 사이의 상호의존성의 정도와 특성

상호의존도(Centrality)는 파워 소유자와 다른 사람들 사이의 상호의존성의 정도와 본질을 뜻한다.[26] 대중교통 노동자들은 그들의 행동이 빠르게 많은 사람들에게 영향을 미치기 때문에 뉴욕처럼 대중교통에 대한 의존도가 높은 도시에서 높은 중요성을 지닌다. 잠깐 동안 당신 자신의 중요성을 생각해보라. 만약 내일 회사에, 또는 학교에 가지 않는다면 얼마나 많은 사람들이 영향을 받으며 영향이 나타나기까지 얼마나 많은 시간이 흘러야 하는가? 당신이 높은 중요성을 가졌다면 조직의 많은 사람들은 불리한 영향을 받을 것이며 당신의 부재는 즉각 사람들에게 영향을 미칠 것이다. 당신이 낮은 중요성을 가졌다면 아무도 영향을 받지 않을 것이다.

재량
특정 규정 적용 여부에 대한 조회나 타인의 승인 없이 의사결정을 하거나 판단하는 자유

재량(Discretion)은 특정 규정 적용 여부에 대한 조회나 타인의 승인 없이 의사결정을 하거나 판단하는 자유를 뜻한다. 조직 내 파워의 또 다른 상황특수성은 재량 또는 자율성이다. 현장감독자의 어려움을 생각해보라. 그들은 종업원에 대한 위계적 파워를 지니고 있으나 이 파워는 특정한 규정에 의해 축소될 수 있다. 감독자들이 이 장에서 이미 설명된 파워의 다른 원천을 모색할 수 있다 하더라도, 재량권의 결여는 감독자의 파워를 감소시킨다. 중간관리자들은 이러지도 저러지도 못한다고 영국 국립건강시스템의 한 중간관리자가 불평한다. "중간관리자들은 파워가 거의 없으며, 상급자가 허용해

준 파워만을 갖는다."[27]

가시성(Visibility)이란 파워 보유자가 타인에게 알려지거나 보이는 정도를 말한다. 조직에서 잘 보이지 않는 전문가 파워를 지닌 사람들은 큰 영향력을 갖지 못할 수도 있다. 조직의 결과물에 영향을 미치기 위해 자신의 파워를 지렛대로 사용하지 못할 수도 있다. 예를 들어, 수년 전에 광고대행사의 젊은 카피라이터인 Mimi Cook은 잠재고객을 위한 아이디어를 상사에게 제출하였다. 상사는 곧바로 그 아이디어를 광고대행사의 설립자인 제이 치아트(Jay Chiat)에게 발표하였다. 그 설립자는 그 아이디어에 매우 흡족해 했으나 쿡의 상사는 누구에게서 그 아이디어가 나왔는지를 전혀 말하지 않았다. 하지만 유사한 상황이 몇 달 후에 다시 발생했을 때, 쿡은 그 대행사를 떠나 다른 회사로 갔다.[28] 그녀의 문제는 그녀가 조직 내에서 가시적이지 않았다는 것이다. 다른 광고대행사에서 부예술국장이 될 정도로 성장한 쿡은 파워가 조직에서 알려지지 않은 사람에게 흘러가지 않는다는 것을 알고 있다. 지식이나 가치있는 자원을 통제하는 사람들은 다른 사람들이 자신들을 인식하고 있을 때에만 파워를 사용할 수 있고, 이는 가시성을 필요로 한다. 가시성을 높이는 한 가지 방법은 사람과 관련된 업무를 가지고 여러 상사 및 임원들과 잦은 상호작용을 하는 프로젝트에서 일하는 것이다. 한 제약회사 임원은 "당신은 가시성을 위한 조치를 취할 수 있다"고 조언한다. "부서회의와 같은 소집단에서 당신 자신이 눈에 띄게 만들기 시작하라. 그러면 당신 스스로 그 상황에 익숙해지고, 그 후 좀 더 큰 영역을 찾아보라."[29]

가시성
파워 보유자가 타인에게 알려지거나 보이는 정도

영향력

파워는 조직의 결과물에 영향력을 행사할 수 있는 기회를 개인, 팀 혹은 조직단위에게 부여한다. 영향력은 작동 중인 파워이다. 영향력의 행사는 조직의 내부나 외부에 있는 사람들의 태도, 행위, 결정을 형성하기 위해 파워를 사용하는 것을 의미한다.[30] 여기서 경영자들이 파워를 축적하고 조직에서 일이 되도록 타인에게 영향력을 미치는 여러 조치들을 살펴보자. 영향력 전술을 검토하고 그 적용결과를 논의하기로 하자.

// 영향력 전술

영향력 전술(influence tactics)은 사람들이 조직 내 타인에게 영향력을 행사하고 자신들의 목표를 달성하려는 활동을 의미한다. 성공적으로 실행되면 영향력 전술은 파워의 실질적인 원천을 지니지 못한 하급관리자들도 조직 내 타인의 행동과 결정에 영향을 미칠 수 있도록 만든다. 그들은 조직의 결과물도 구체화할 수 있다.

영향력 전술
조직 내 타인에 대한 영향력을 행사하기 위해 사람들이 취하는 여러 가지 조치

예를 들어, 1990년대 중반 어음할인 중개회사인 찰스 슈왑(Charles Schwab)의 마케팅 부서에서 일하는 젊은 소프트웨어 엔지니어인 윌리암 피어슨(William Pearson)의 행동을 생각해 보자. 그 당시 월드와이드웹(WWW)이 인터넷을 위한 커뮤니케이션 플랫

폼으로 막 등장하였다. 피어슨은 재빨리 웹의 변혁적 파워를 알아차렸고 슈왑의 고객들이 온라인으로 계좌에 접속하는 데 사용되는 투박한 회사 소프트웨어를 곧 무용지물로 만들 것임을 깨달았다. E*Trade와 같은 어음할인 중개회사들은 빠르게 성장하기 시작하였고 자신들의 플랫폼으로 웹을 사용하여 고객에게 온라인으로 거래를 하도록 제공하였다. 이 서비스는 슈왑으로서는 제공할 수 없는 서비스였다. 슈왑도 웹에 대한 온라인 사업에 진출하지 않는다면 그러한 회사들이 슈왑의 시장점유율을 곧 빼앗아 갈 것이라고 피어슨은 생각했다. 그도 최대한의 노력을 하였으나 슈왑에서 관심을 보이는 상사를 확보할 수 없었다. 허탈해 하면서도 피어슨은 다른 관리자들에게 자신의 생각을 말했으나 그들도 아무런 행동을 취하지 않았다. 기본적인 문제는 피어슨이 조직 내부에서 아무런 파워를 갖지 못했다는 점이다. 미래에 대한 그의 비전은 타당했으나 그는 슈왑의 전략에 영향을 미칠 수 없었다.

그 후 피어슨은 과거 슈왑 매니저였으며 현재는 슈왑에서 컨설턴트로 일하고 있는 인 앤 헤네거(Ann Hennegar)를 접촉하였고 도움을 요청하였다. 그녀는 슈왑의 관료주의에 큰 반감을 가진 것으로 잘 알려진 부사장인 톰 사이프(Tom Seip)와의 약속을 제안하였다. 헤네거는 사이프와 접촉하였고 신속하게 그는 약속에 응하기로 하였다. 또한 헤네거는 사이프에게 몇몇의 친구들을 모아줄 수 있는가를 타진하였다.

헤네거와 피어슨이 약속에 나타났을 때 그들은 사이프뿐만 아니라 최고경영자인 찰스 슈왑, 운영총괄 책임자인 데이비드 포트럭도 그곳에 있었다. 피어슨은 참석한 임원들에게 자신이 E-슈왑이라고 부르는 웹기반 인터페이스를 시연하였다. 한 시간 만에 찰스 슈왑은 고객들이 온라인으로 주식을 거래할 수 있는 슈왑을 위한 웹기반 플랫폼을 만들기로 결정하였다. 피어슨은 슈왑의 전략을 전환시키는 데 성공하였다. 그는 고전적인 영향력 전술인 '보다 높은 권위에의 호소'를 통해 이것을 실현하였다. 그는 통상적인 지휘사슬 밖으로 나갔고, 파워를 지닌 상위관리자에게 호소하였고 이단자로 알려진 톰 사이프에게 영향을 미쳤다.[31]

보다 높은 권위에의 호소는 여러 영향력 전술 중의 하나이다. 이외에도 조용한 권위, 적극성, 네트워크 구축, 교환, 연합구성, 호감도 높이기, 인상관리, 설득, 정보통제 등이 있다.[32] 이러한 영향력 전술은 조직에서 보다 많은 파워를 축적하는 방법일 뿐만 아니라 조직 결과물을 구체화하기 위해 파워를 사용하는 방법이기도 하다. 게다가 영향력 전술을 올바로 사용한다면 슈왑에서 윌리암 피어슨이 그러했던 것처럼 제한된 파워를 지닌 사람도 영향을 미칠 수 있다.

조용한 권위
역할기대나 요청자의 합법적 위계적 파워로 인해 어떤 사람이 요청에 순응할 때 발생한다.

조용한 권위 권위를 조용하게 활용하는 것[우리가 **조용한 권위**(silent authority)라고 부르는 것]은 누군가 대상이 되는 사람의 역할기대뿐 아니라 의뢰하는 사람의 합법적 위계 파워 때문에 그 의뢰에 응할 때 발생한다. 흔히 이 조건을 권위에 대한 존중이라고 부른다.[33] 특정 과업을 완료해 달라는 당신 상사의 요구에 당신이 순응할 때 이 존중은 발생한다. 만약 과업이 당신의 업무영역 내에 있고 당신의 상사가 이 요청을 할 권리를 가지고 있다면 이 영향력 전술은 협상, 위협 또는 다른 전술 없이 작동할 것이다.

조용한 권위는 영향력 전술이 아닌 것처럼 흔히 간과된다. 그러나 여러 문화에서 영향력의 일반적인 형태이다. 예를 들어, 일본문화는 위계의 하위에 있는 사람들은 상사의 권위를 수용해야 한다고 가르친다. 조직에서 보다 높은 권위를 지닌 상사를 존경하기 때문에 의심 없이 종업원들은 상사의 요구에 따른다.[34] 조용한 권위는 또한 관리자가 바람직한 행동의 귀감을 제시하여 부하의 행동을 변화시키고자 할 때 역할모델링을 통해 작용할 수 있다. 한 연구는 일본 관리자들은 일반적으로 종업원들이 따라하기를 원하는 행동에 관여하는 것을 통해 종업원에게 영향을 미치려 한다고 보고한다.[35]

적극성 조용한 권위와는 대조적으로 **적극성**(assertiveness)은 타인에게 영향을 미치기 위해 위계적 파워를 적극적으로 사용하기 때문에 '소리 나는 권위(vocal authority)'라고 불릴 수 있다. 적극성은 지속적으로 부하에게 그들의 의무를 환기시키는 것, 빈번하게 부하의 작업을 확인하는 것, 부하들과 맞서는 것, 그리고 순응을 강요하기 위하여 위협이나 제재를 사용하는 것 등을 포함한다. 적극성을 사용하는 관리자는 부하가 지시에 순응하지 않을 때 흔히 위협하거나 벌을 내리려 한다. 일자리의 상실에서부터 체면을 손상시키는 것까지 명시적, 묵시적 위협의 범위는 다양하다. 당신의 생각처럼 적극성 전술은 다소 무디고 매력적이지 않은 영향력 전술이며 부하로부터의 저항을 낳는 등 역효과를 낳을 수 있다.

적극성
타인에게 영향을 미치기 위해 위계적 파워를 행사하는 것

네트워크 구축 제휴의 네트워크가 어떻게 파워의 원천이 되고 조직에서 관리자들이 업무를 수행하는 데 어떻게 도움이 되는지 이미 살펴보았다. 영향력 전술로서의 **네트워크 구축**(network building)은 미래에 유익할 것으로 생각되는 사람들과의 관계를 적극적으로 구축하려는 노력이다. 어떻게 젊은 린든 존슨이 샘 레이번과 같은 파워있는 사람들을 포함하는 네트워크를 구축하려 했는가를 이미 보았다. 적극적으로 네트워크를 구축하려는 사람은 사회적 관계의 중요성을 이해해야 한다. 그들은 자신들이 진입하고 싶어하는 네트워크에 속한 사람들을 만날 가능성이 높은 행사에 참여하는 등 장래 유익할 수 있는 사람들과의 관계를 키우는 데 많은 시간을 투자한다. 네트워크를 잘 구축하는 사람은 네트워크 구축이 쌍방향 도로와 같다는 것을 잘 인식하고 받아들인다. 호혜주의의 규범은 네트워크의 구축과 유지에서 중요하다. 당신을 도울 다른 사람을 원한다면 당신이 그들을 도울 준비가 되어 있어야 한다. 당신은 반드시 교환에 참여하게 된다. 당신이 교환에 응하지 않으면 당신은 이기적인 사람으로 보일 것이며 당신의 명성은 훼손되고 당신이 구축한 네트워크는 허물어질 것이다.

네트워크 구축
미래에 유익할 것으로 생각되는 사람들과의 관계를 적극적으로 구축하거나 또는 구축하려는 노력

교 환 영향력 전술의 한 종류인 **교환**(exchange)은 당신의 요청을 상대방이 들어주는 것의 대가로 혜택이나 자원을 약속하는 것이다. 교환은 대개 네트워크 내에 내재되어 있으며, 이는 사람들이 영향력을 행사하기 위해 구축한 네트워크를 어떻게 유지하고 활용하는가와 관련된다. 교환은 자신이 베푼 호의가 되돌아올 것이라는 기대, 또는 사람들에게 과거의 혜택을 환기시키면 과거의 빚을 갚을 것이라는 기대 속에서 다른 사람

교환
당신의 요청에 대해 다른 상대방이 응한 대가로 혜택이나 자원을 약속하는 것

들을 적극적으로 돕는 것이다. 분명 호혜주의의 규범은 교환전략에서 핵심적이고 명시적인 주제이다.

이 장의 나머지 부분에서 논의할 협상 역시 교환이라는 영향력 전술에서의 핵심적인 부분이다. 예를 들어, 당신이 하루를 쉬는 대신 미래에 좀 더 힘든 일을 하겠다는 교환을 상사와 협상할 수 있다. 즉, "당신이 내게 금요일에 휴가를 주면 나는 다음 주에 자정부터의 심야근무를 하겠다"고 제안할 수 있다.

연합
특정 목표달성을 위해 협력하고자 모인 사람들의 집합

연합형성 **연합**(coalition)은 특정 목표의 달성을 위해 협력하는 사람들의 집단이다. 연합의 형성은 네트워크 구축 및 교환과 밀접하게 관련된다. 조직의 다른 사람들에게 영향력을 행사하기에는 파워가 부족할 때, 제안된 변화를 지원하는 제휴의 연합을 형성할 수 있다. 흔히 연합은 관리자의 네트워크를 통해 이루어지며, 과거의 교환에 의해 유지되거나 미래의 교환에 대한 기대(즉, 호혜주의의 규범)에 의해 유지된다.

세 가지 측면에서 연합은 영향력의 행사와 연관된다.[36] 첫 번째로, 영향력을 키우기 위해 여러 사람들의 파워와 자원을 공동으로 이용한다. 두 번째로, 충분히 크다면 연합은 존재만으로도 해당 사안의 합법성을 상징화하여 파워의 원천으로 작용할 수 있다. 다른 말로, 광범위한 지원을 받기 때문에 그 사안은 관심을 받을 만하다는 인상을 만들어낸다. 세 번째로, 연합과 자신을 동일시하는 사회적 응집력을 참가자들 사이에 확산시킬 수 있다. 그처럼 연합은 규범과 행동의 변화를 위한 강력한 요인이 된다. 연합이 조직의 여러 부분에 있는 광범위한 구성원들을 가지고 있다면 특히 효과적일 것이다. 다른 종업원들이 그 광범위한 연합과 행동을 같이 할 가능성이 높고, 이로 인해 연합의 아이디어를 수용할 가능성도 높아진다.

쓰레기(Rubbish!) 인기 TV 쇼인 아메리칸 아이돌(American Idol)의 공동제작자인 사이먼 코웰(Simon Cowell)이 여러 미국 TV 네트워크에 제안했을 때 그 쇼의 아이디어에 대해 이렇게 반응했다. 그 쇼 프로그램에 대한 팍스 네트워크(Fox network)의 승인을 얻어내기 위해 영향력 전술을 교묘하게 사용하였다.

보다 상위 권위에 대한 호소(Appeal to a Higher Authority) 보다 상위의 권위에 대한 호소는 당신의 직속상관을 뛰어넘어 조직에서 보다 높은 사람에게 호소하여 영향력을 행사하고자 하는 것이다. 이는 위험하지만 잠재적으로 효과적인 영향력 전술이다. 우리가 보았듯이 실망한 윌리엄 피어슨(William Pearson)은 슈왑에서 이 전술을 사용하였다. 자신을 건너뛰었다는 이유로 당신의 상사가 당신을 처벌할 수 있다는 점에서 위험하다. 이 전술을 사용하기 전에 당신은 확실한 사안인지 확인해야 하며 정규 위계경로를 통해 결과물에 영향을 미치는 시도가 제대로 작동하지 않는지 확인해야 한다.

영국 TV 쇼인 팝 아이돌(Pop Idol)에 기초했던 TV 쇼인 아메리칸 아이돌(American Idol)은 보다 상위 권위에 대한 호소의 가치를 보여주는 흥미로운 예이다. 2001년에 팝 아이돌의 두 프로모터인 사이먼 코웰(Simon Cowell)과 사이몬 풀러(Simon Fuller)는 그 쇼의 판권을 사라고 미국 TV 네크워크를 설득했다. 그들은 미국 TV 네트워크에 팝 아이돌을 넘기는 것을 도울 수 있는 크리에이티브예술가대행사(CAA)를 고용하였다. 하지만 미국 TV 네트워크사가 전혀 관심 없음을 확인하였다. ABC와 UPN의 임원들도 관심을 표명하지 않았다. 마지막으로 로스엔젤레스의 팍스(Fox) TV 네트워크의 임원은 약간의 관심을 보였으나 계약까지의 진전은 더뎠다. 속도를 올리기 위해 CAA의 임원들은 Fox TV 네트워크를 소유한 뉴스사(News Corp.)의 설립자이자 최고경영자인 루퍼트 머독(Rupert Murdoch)의 딸인 엘리자베스 머독(Elisabeth Murdoch)과 자신의 회사인 CAA와의 연결을 활용하였다. 엘리자베스 머독은 영국에서 뉴스사(News Corp.)의 자회사인 BskyB 위성채널을 경영하고 있었다. 그녀는 팝 아이돌이 영국에서 얼마나 성공적이었는가를 잘 알고 있었다. 팍스사의 임원들이 계약을 꾸물거린다는 소식을 듣고 그녀는 재빨리 그녀의 아버지에게 전화를 해서 그 권리를 사도록 했다. 다시 루퍼트 머독은 로스엔젤레스의 고위간부에게 전화했고 팝 아이돌과의 계약이 어떻게 되고 있는가를 물었다. "아직 검토 중입니다."라고 대답하자, 머독은 "그만 검토하고 사도록 하세요"라고 쏘아붙였다. 아메리칸 아이돌 쇼는 팍스에게 엄청난 성공이 되었다. 팍스에서의 계약결정은 네트워크를 통해 만들어진 접촉을 거치면서 최고경영자인 루퍼트 머독이라는 상층의 권위에 간접적으로 호소한 후 이루어졌다. 엘리자베스 머독과 CAA의 임원들은 적합한 영향력 전술을 선택하였다.[37)]

호감도 높이기 보다 상위의 권위에 대한 호소, 적극성, 연합 등은 다른 사람들에 영향력을 행사하는 강한 방법들이다. 이와 반대되는 '부드러운' 영향력 전술로 **호감도 높이기**(ingratiation)가 있다. 이 전술은 누군가가 당신을 더욱 좋아하도록 만들기 위한 시도를 의미한다.[38)] 대체로 대부분의 사람들은 자신이 알고 좋아하는 사람들의 요청을 들어주는 경향이 있기 때문에 호감도 높이기 방식은 유용한 전술이다. 다른 사람들 앞에서 당신의 상사에게 아첨하거나 동료의 일을 돕거나, 회사 정책변화에 대한 상사의 제안에 동조하는 등 유사한 태도를 보이거나, 조언을 구한다는 명목으로 다른 사람과 상담하는 등의 행동은 모두 호감도 높이기의 예이다. 전체적으로 볼 때 호감도 높이기를 위한 행동들은 성과평가피드백, 급여, 승진 등으로 측정할 때 경력성공을 예측하는 데 다른 영향력 전술보다 우월하다고 연구결과는 보고하고 있다.[39)]

> **호감도 높이기**
> 타인이 당신을 더 좋아하도록 만들기 위한 시도

호감도 높이기는 개인과 대상 인물과의 지각된 유사성을 높이고 이는 다시 상사가 당신에 대한 긍정적인 의견을 형성하는 방식으로 효과를 낸다. 하지만 이렇게 항상 단순하지는 않다. 눈에 보이게 호감도 높이기 전술을 사용하는 경우 그들의 행동이 진실되지 못하고 이기적이라고 간주되어 영향력을 잃을 위험성도 있다. 과도하게 호감도를 높이는 사람이나 이기적인 동기로 호감도를 높이려는 방식에 대해서는 '아첨'이나 '아부'라는 말이 적용될 수 있다. 명백하게 호감도 높이기를 하는 사람은 영향력이 덜하고 승진 가능성도 낮다는 연구결과도 있다.[40)] 다시 말해 호감도 높이기와 영향력 사이에는 역의 U자형 관계가 있다(그림 14.5 참조). 즉, 적절한 호감도 높이기 노력은 영향력을 증가시키지만 과도한 호감도 높이기는 영향력을 떨어뜨린다. 따라서 호감도 높이기는 눈에 너무 두드러지거나 과도해서는 안 되며 적절해야 하고 진심에서 우러

그림 14.5
호감도 높이기와 영향력

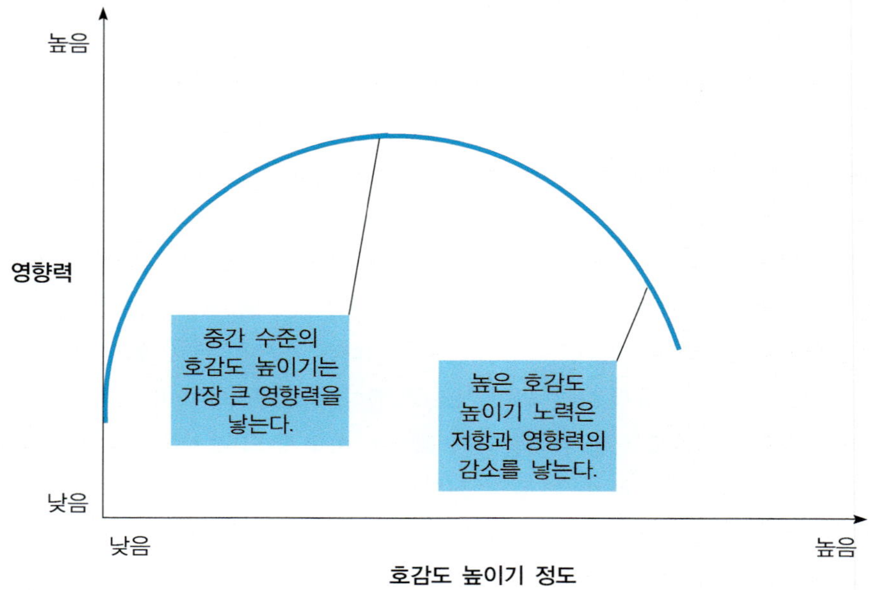

나야 한다.

인상관리
특정인의 공공 이미지를 적극적으로 형성하는 과정

인상관리 호감도 높이기는 우리의 공공 이미지를 적극적으로 형성하려는 과정인 **인상관리**(impression management)라고 알려진 영향력 전술의 한 부분이다.[41] 이 공공 이미지는 중요하거나, 공격받기 쉽거나, 위협적이거나, 근면하거나, 이성적이거나, 비판적이거나, 즐겁거나 등으로 정교하게 만들어질 수 있다. 대부분의 종업원은 통상적으로 사회적 행위규범을 충족시키기 위해 인상관리 전술을 실행한다. 회사규범에 맞게 옷을 입고, 어떻게 해야 할지 다른 사람들에게 묻고, 다른 사람의 나쁜 소식에 걱정을 표하고, 동료나 고객의 문제를 풀어주려 하는 등의 노력이 이에 해당된다. 직장에서 성공하기 위해 사람들이 택하는 흔한 전술이 인상관리이다. 인상관리의 극단적인 예는 사람들이 이력서를 과장해서 쓸 때 발생한다.

호감도 높이기처럼 과도하게 인상관리를 하면 부정직하게 보이기 때문에 영향력은 감소하기 쉽다.[42] 이력서 부풀리기의 경우처럼 과장이 발생하여 인상관리가 오히려 역풍을 맞을 수도 있다. 최근의 예로 팍스 뉴스채널은 아프가니스탄에서의 전투 취재를 돕는 컨설턴트로 거칠고 튼튼한 체구의 전직 군인을 채용했을 때 그를 자랑스럽게 생각했다. 조셉 카파소(Joseph Cafasso)는 그가 복무한 베트남에서의 공훈으로 은성훈장을 받았고 1980년 이란에서의 인질 구출작전의 일원이었다고 주장했다. 게다가 카파소는 군과 정치조직에 인상적인 네트워크를 갖고 있었다. 그 중에는 패트 뷰케넌(Pat Buchanan) 대통령 후보의 선거운동조직가로서 일한 것까지 포함되었다. 그러나 팍스 뉴스에 무수히 출연한 후인 4개월여 후, 그는 갑자기 채널에서 하차하였다. 팍스와 다른 곳의 사람들이 사실로 생각했던 그의 경력과 자격들이 거짓으로 판명되었다. 그의 전체 군경력은 1976년 신병훈련소에서의 44일이 전부이고, 이후 일등병으로 제대했다![43] 카파소의 추락은 정직이 인상관리에서 가장 중요함을 보여준다.

설득 호감도 높이기와 함께 **설득**(persuasion)도 경력성공을 위한 가장 효과적인 영향력 전술 중의 하나이다. 사실과 논리적 주장, 그리고 다른 사람들의 태도와 행동을 변화시키는 감정호소 능력은 비단 영향력을 행사할 때만 중요한 것은 아니다. 많은 사회에서 이는 효과적인 리더의 특성이고 품위 있는 예술이기도 하다. 영향력 전술에 대한 문헌들은 보통 설득을 사실적 증거와 논리적 주장을 통한 이성의 사용으로 설명한다. 하지만 최근의 연구들은 설득이 논리를 사용함과 동시에 정서적인 반응을 일으키고 말하는 사람의 목표에 듣는 사람이 동일시하도록 유도하는 정서적 호소를 함께 사용하는 '이중과정'이라는 관점을 채택하기 시작하였다.[44] 다른 사람의 감정을 잘 활용하는 능력은 강력한 설득전술임이 역사를 통해 입증되어 왔다. 히틀러가 이 능력을 활용하였고 간디 격시도 마찬가지이다. 존 에프 케네디(John F. Kennedy)는 미국의 외교정책을 요약하였고, 'Ich bin ein Berliner.(나는 베를린 사람이다)'라는 독일어 문구를 사용하여 베를린 사람들로부터 감정적인 호응을 이끌어내었다. 마틴 루터 킹(Martin Luthur King)은 그의 유명한 '난 꿈이 있어요(I have a dream)'라는 연설을 통해 미국을 감동시켰다. 설득력 있는 단어들은 우리의 이성에 호소할 뿐 아니라 말하는 사람이 성취하려는 것과의 동일시를 유발하여 정서적 반응을 이끌어내기 때문에 파워와 영향력의 원천이 된다.

설득
사실적인 증거와 논리적인 주장을 통한 이성의 사용

영향력 전술로서의 설득의 효과는 설득하는 사람의 특징, 메시지의 내용, 의사소통 매체, 그리고 설득 대상인 관객에 달려 있다.[45] 무엇이 한 사람을 다른 사람보다 더 설득력 있게 만드는가? 한 가지 요인은 말하는 사람의 인식된 전문성이다. 말하는 사람이 주제를 알고 있다고 듣는 사람이 믿을 때 설득하려는 시도는 보다 성공적이다. 많은 위대한 연설가들이 입증했듯이 마음을 사로잡는 방식으로 설득력 있는 언어를 구사하는 능력은 결정적으로 중요하다.

주제가 관객들에게 중요할 때 메시지의 내용은 말하는 사람만큼이나 중요하다. 설득력 있는 메시지 내용은 여러 경쟁적인 관점을 인정하고 말하는 사람의 입장과 상이한 여러 관점의 주장을 면밀하게 짜맞춘다. 그러한 접근은 경쟁적인 관점을 단순하게 무시하는 방식보다 신뢰성을 높인다.[46] 또한 메시지는 너무 자주라면 곤란하지만 여러 번 반복되는 강한 주장으로 제한되어야 한다. 메시지의 내용은 예를 들어 잘못된 결정의 불행한 결과를 그림으로 보여주는 등의 정서적 호소를 사용해야 한다. 그러나 정서적인 호소는 논리적인 주장과 결합되어야 하며, 정서적 호소에만 의존할 경우 관객들이 조종당한다고 느낄 가능성이 있다. 뿐만 아니라 위협과 연결된 정서적 호소는 항상 그 위협을 극복할 수 있는 구체적인 방안과 함께 언급되어야 한

난 꿈이 있어요 미국 민권운동에 영향을 미친 마틴 루터 킹의 파워는 이성과 감성 모두에 호소하는 설득력 있는 단어 선택을 통해 사람의 태도를 만드는 그의 능력에 연유한다.

다. 예를 들어, 관리자가 "이 새 기술은 우리를 망하게 할 수 있습니다."라고 말하는 것으로는 충분하지 않다. 그 관리자는 또한 어떻게 그가 제안하는 프로젝트가 이 운명을 바꿀 수 있는가를 보여주어야 한다. 마지막으로 관객들이 반대주장에 대해 경고를 받았을 때 메시지의 내용은 보다 설득력이 있다. 이 **예방접종 효과**(inoculation effect)는 관객들로 하여금 예상된 반대에 대한 반대주장을 만들도록 하며, 이는 반대에 의한 후속 설득노력의 효과를 떨어뜨리는 효과를 낳는다.[47]

예방접종 효과
당신이 반대주장에 대해 영향을 미치려 한다고 관중에게 예고하는 것

사람들을 설득할 때 다른 두 가지는 의사소통의 매체와 관객의 특징이다. 일반적으로 설득은 1대1의 대면접촉 상황과 여러 풍부한 매체를 사용하는 의사소통채널을 통할 때 가장 효과가 크다. 대면접촉 의사소통의 개인적 특성은 설득하는 사람의 신뢰성을 높이고 채널의 풍부함은 영향력 전술이 제대로 작동하고 있는가에 대한 빠른 피드백을 제공한다. 관객의 특징과 관련해서 자기존중감과 지능이 높은 사람을 설득하기가 더욱 어렵고 주제가 관객들의 자기 이미지와 강하게 연관되어 있을 경우 사람들의 태도와 행동을 바꾸는 것은 더욱 어렵다.[48]

정보통제 보통 설득은 정보제시를 선택적으로 하는 것인데 반해 정보의 통제는 사람들의 태도와 행동을 바꾸기 위해 정보에 대한 다른 사람들의 접근을 분명하게 조정하는 것이다. 사람들은 흔히 자신에게 유리한 정보는 널리 알리고 자신에게 불리할 수 있는 정보는 은폐한다.[49] 이사회에서 회사의 밝은 전망을 발표하면서 어두운 측면의 내용은 언급하지 않는 최고경영자가 예가 될 것이다. 이러한 영향력 전술의 문제는 중요한 정보에 대한 접근이 차단된 사람이 사실을 알게 될 경우 역효과를 낳을 수 있다는 것이다.

// 결과와 상황특수성

지금까지 사람에게 영향력을 행사하기 위한 여러 전술을 검토하였다. 어떤 전술들이 가장 유용한가에 대해 의문을 가질 수 있다. 이 질문에 대한 가장 좋은 답은 다른 사람들이 자신에 대해 영향력을 행사하려 할 때 사람들이 반응하는 저항, 순응, 그리고 몰입의 세 가지 방식을 이해해야 한다는 것이다.[50] **저항**(resistance)은 사람들이나 조직 단위가 파워를 가진 사람이 요구하는 행동에 대해 반대하고, 그것에 개입하는 것을 거부하고, 그것에 대해 논쟁하고, 또는 그 행동에 대한 개입을 지연시킬 때 발생한다. **순응**(compliance)은 사람들이 요구에 따를 때, 그리고 요구되는 최소 수준의 노력을 기울일 때 발생한다. 그러나 요구받은 것을 할 뿐이고, 그 이상은 아니다. **몰입**(commitment)은 영향력을 행사하려는 사람들의 요구를 인식하고 그 요구를 내면화하여 스스로 그 요구를 실행할 때 발생한다. 몰입은 영향력을 행사하는 사람들이 요청한 목적을 달성하기 위해 보다 큰 동기부여를 가지고 일하는 것과 연관된다. 따라서 몰입은 영향력의 가장 강력한 결과이며, 영향력을 행사하는 사람이 목표하였던 것이다.

저항
해야 할 행동을 거부하거나 해야 할 행동에 대한 개입을 지연시키는 것

순응
사람들이 의무이기 때문에 요청에 따를 때 발생함.

몰입
자신들에게 영향을 미치려는 타인의 요청을 인식하고 그 요청을 내부화하여, 자신의 것으로 받아들일 때 발생함.

이미 설명했듯이 적절한 수준의 호감도 높이기와 인상관리 노력은 몰입을 이끌어낼

수 있다. 그러나 과도한 호감도 높이기와 인상관리는 저항을 낳거나 기껏해야 순응을 낳을 뿐이다. 일반적으로 영향력을 행사하는 사람이 설득, 네트워크 구축, 업무수행을 위한 교환 등 '부드러운' 전술을 사용할 때 몰입이 유발될 가능성이 보다 높다. 적극성, 상위 권위에의 호소 등과 같은 '강한' 영향력 전술은 순응을 낳을 수는 있으나 몰입을 낳을 수는 없으며, 최악의 경우 저항에 이르게 된다. 연구결과에 따르면 제휴는 흔히 성공적이지만 제휴의 특징이 적극성과 위협을 내포하고 있어서 그 효과는 몰입보다는 순응으로 제한될 가능성이 높은 것으로 나타났다.[51)]

그렇다고 강한 전술이 사용되어서는 안 된다는 의미는 아니다. 강한 전술은 부드러운 전술이 원하는 결과를 낳는 데 실패하고 사안이 위험을 감수할 정도로 중요할 경우에만 사용되어야 한다는 의미이다. 강한 전술의 문제는 신뢰를 훼손하고 미래에 영향력을 행사할 가능성을 줄인다는 점이다. 예를 들어, 자신의 상사가 반려한 제안을 승인받기 위해 상사를 건너뛰어 최고경영자에게 직접 전달하는 관리자의 경우 자신의 목적을 달성할 수 있을지도 모른다. 그러나 직속상사는 자신의 권위가 손상되었다고 느낄 것이고 앞으로 그 관리자를 불신으로 대할 가능성이 높다. 명백히 이는 슈왑의 윌리암 피어슨의 사례에서 발생한 것이다. 피어슨은 월드와이드웹에 의해 야기된 위협에 대해 최고경영진들이 관심을 갖도록 하는 데 성공하였으나 최고경영자인 슈왑과의 면담은 그의 경력에서의 최고점이었다. 권위가 손상된 피어슨의 상사는 이후의 성과평가에서 피어슨이 '팀 플레이어가 아니다'라고 평가하였다.[52)]

부드러운 전술에 대한 일반적인 선호와는 별개로 많은 상황특수성이 영향력 전술의 선택에 영향을 미친다. 한 가지의 상황특수성은 영향을 미치는 사람의 파워 원천이다. 전문성을 가진 사람들은 설득을 사용할 때 영향력 행사에서 보다 성공적이고 강력한 위계적 파워를 지닌 사람들은 조용한 권위를 사용할 때 더욱 성공적이다.[53)]

다른 중요한 상황특수성은 영향력 활동의 대상이 조직에서 어디에 위치하고 있는가와 관련된다. 동료에게 영향력을 행사하려고 하는 사람은 아마 설득, 네트워크 구축, 교환, 제휴 형성 등에 보다 초점을 맞출 것이며, 분노를 불러일으킬 수 있는 적극성이나 보다 상위 권위에 대한 호소를 덜 사용할 것이다. 위계의 상위에 있는 사람을 대상으로 할 때 적극성, 보다 상위 권위에의 호소, 그리고 정보의 통제 등은 대단히 위험한 전술이다. 하지만 상사가 정보통제를 통해 부하들에 영향을 미칠 때에는 좀 더 용인될 수 있다.

중요한 다른 상황특수성은 대상이 갖고 있는 개인적 가치이며, 이는 사회문화적 요인에 의해 결정될 수 있다.[54)] 예를 들어, 북미에서는 젊은 종업원들이 은퇴가 임박한 사람들에 비해 평등주의적 가치를 가지고 있으므로 보다 부드러운 영향력 전술을 사용하는 것이 일반적인 경향이다. 조용한 권위나 적극성은 수십 년 전에 비해 수용되는 정도가 낮다. 영향력 전술의 수용은 문화에 따라서도 달라진다. 캐나다와 미국의 관리자와 부하직원은 설득과 적절한 정도의 호감도 높이기에 보다 의존하는데, 이 두 가지가 갈등을 최소화하고 신뢰관계를 뒷받침하기 때문이다. 대조적으로 홍콩의 관리자들은 호감도 높이기에 대한 선호도가 상대적으로 낮은데, 이는 이 전술이 이 문화에서 기대되는 관리자와 종업원 간의 먼 거리를 축소시킬 수 있기 때문이다. 대신 교환을 통한 영향력의 행사는 미국보다 아시아 국가들에서 보다 더 일반적이고 쉽게 수용되는데, 이는 호혜주의의 오랜 전통 때문일 가능성이 있다.

마지막 상황특수성은 성(gender)과 관련된다. 남성과 여성은 영향력 전술의 사용에서 차이가 있는 것으로 보인다. 남성은 여성보다 직접적인 인상관리 전술에 대한 의존도가 높다. 남성은 자신의 업적을 광고하는 경향이 있고 자신에게 보고하는 다른 사람의 성공을 자신의 공으로 가로채는 경향이 있다. 반면에 여성은 자신들이 주목받는 것을 꺼리는 경향이 있으며 자신의 공을 타인과 공유하려는 경향을 보인다. 동시에 여성은 자신에 의해 생긴 문제가 아니더라도 사과하고, 개인의 책임으로 돌리는 경향이 있다. 남성은 책임을 다른 곳으로 돌리기 쉬우며 자기 책임으로 인정하는 경향이 보다 적다.[55]

또한 여성들은 일부 영향력 전술을 사용하는 데 어려움을 겪고, 이는 여성들의 승진 가능성을 낮추는 결과를 낳는다고 몇몇 연구는 전한다. 특히, 여성은 자신들의 권위나 전문성을 통해 영향력을 행사하려고 할 때 덜 영향력이 있는 것으로 타인에게 인식된다. 예를 들어, 채용면접에서 직접적이고 단정적인 어투의 여성 구직자는 동일한 영향력 전술을 사용하는 남성에 비해 채용될 가능성이 낮다. 또한 대화 도중에 직접적으로 동의하지 않는 여성은 말하는 사람에게 동의하는 여성에 비해 영향력이 낮다.[56] 이러한 발견은 여성이 적극성과 같은 강한 영향력 전술을 사용하는 데 있어서 어려움에 직면할 수 있음을 시사한다. 대신 고정관념이 변할 때까지 여성은 호감도 높이기와 같은 보다 간접적이고 부드러운 영향력 전술을 활용할 필요가 있다.

협상 : 갈등해결의 예술

갈등
자신의 이해가 대립적이거나, 상대가 부정적인 영향을 미친다고 어느 한 측이 느낄 때 발생하는 상황

갈등(conflict)은 조직생활에서 하나의 사실이다. 갈등은 자신의 이해가 대립적이거나, 상대가 부정적인 영향을 미친다고 어느 한 측이 느낄 때 발생하는 상황이다.[57] 조직 내에서 파워와 영향력의 행사는 특정 관리자가 옹호하는 행동에 의해 자신의 목표가 부정적으로 영향받는다고 느끼는 다른 관리자들과 특정 관리자가 갈등하게 만든다. 많은 경우 조직 내 자원이 제한되어 있기 때문에, 그리고 다른 사람, 팀 혹은 단위가 희소자원이 어떻게 사용되어야 하는가에 대한 다른 견해를 가지고 있기 때문에 갈등이 생겨난다. 보다 많은 급여에 대한 종업원의 선호는 비용을 줄이고 이익을 높이려는 최고경영자의 희망과 갈등을 빚는다. 광고와 촉진활동에 더 많은 비용을 투입하려는 마케팅 부서의 희망은 새로운 공장과 설비에 대한 자본투자를 늘리려는 생산부서의 희망과 갈등할 수 있다. 개발촉진에 대해 보다 많이 투자하려는 신제품개발팀의 욕구는 자신들의 프로젝트팀을 계속 유지하려는 다른 팀들의 욕구와 충돌한다.

한 기업과 상호작용하는 다른 조직 사이에서 갈등이 발생할 수도 있다. 어느 기업은 가격이나 납품조건을 둘러싸고 공급업체나 고객과 갈등할 수도 있으며 적정한 규제를

둘러싸고 정부와 갈등을 빚을 수 있고, 고용조건을 둘러싸고 노동조합과 갈등관계가 형성될 수 있다.

관리자들은 갈등을 해결하기 위해 많은 시간을 투자한다. 희소자원의 배분과 같이 분쟁이 벌어지는 사안에 대해 둘 이상의 당사자들이 합의에 도달하기 위해 노력하는 대인관계에서의 의사결정과정인 협상을 통해 관리자들은 갈등을 해결한다.[58] 예를 들어, 협상을 통해 차년도에는 마케팅 예산을 증액하는 데 서로 합의하는 조건에서, 마케팅 부서는 금년 마케팅 예산에 대한 요구 수준을 줄이고 생산부서가 새로운 기계를 구입하도록 하는 데 합의할 수 있다. 유사하게 기업과 공급업체들은 협상을 통해 가격조건과 납품일정에 합의할 수 있다.

협상(negotiation)은 경영의 핵심적 역할 중 하나라는 제1장의 내용을 상기할 필요가 있다.[59] 협상이란 관리자들의 삶의 방식이다.[60] 그들은 가격을 둘러싸고 공급업체 및 고객들과 협상하며, 공유자원의 배분에 대해 동료들과 협상하며, 자본과 같은 희소자원에 대한 접근을 위해 상사들과 협상하며, 직무를 할당하기 위해 부하직원들과 협상한다. 어떻게 그들은 이 협상을 하는가?

협상
희소자원의 배분과 같이 분쟁이 되는 사안에 대해 둘 이상의 당사자들이 합의에 도달하기 위해 노력하는 대인관계에서의 의사결정과정

// 협상의 교섭영역모형

[그림 14. 6]에 나오는 교섭영역모형(bargaining zone model)은 협상을 사고하는 방법 중 하나이다.[61] 이 도표는 한쪽의 이익이 다른 쪽의 손실이 되는 승리-패배(win-lose) 상황을 보여준다. 하지만 교섭영역모형은 양측이 모두 협상을 통해 이익을 얻을 수 있는 상황에도 적용될 수 있다. 승리-승리(win-win) 상황에서 협상은 협상사안으로부터의 이익배분을 주기적으로 반복하면서 진행된다.

교섭영역모형에서 나타나듯이 당사자들은 세 가지 주요 협상지점을 결정한다. 초기제안지점은 상대방에 대한 최초의 제안이다. 목표지점은 최종합의를 위한 관리자의

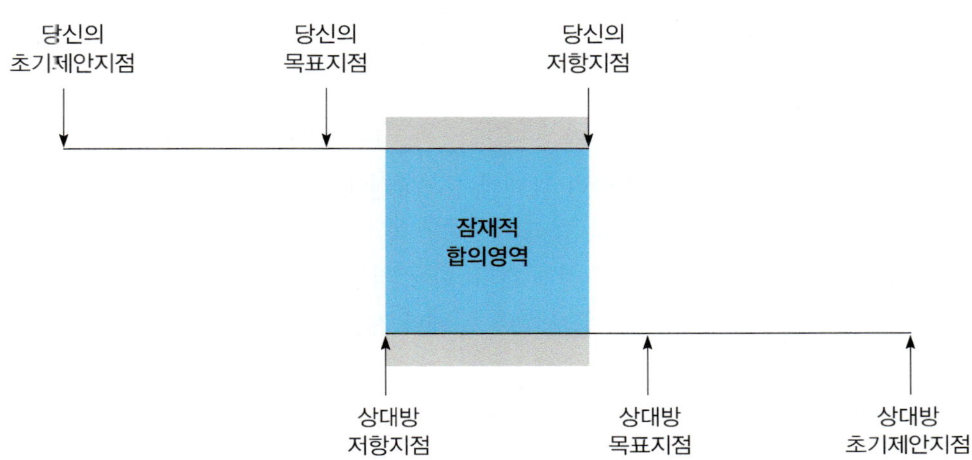

그림 14. 6
협상에서의 교섭영역모형

현실적인 목표 또는 기대를 말한다. 저항지점은 관리자가 더 이상 양보할 수 없는 지점이다.

당사자들은 쟁점이 되는 사안 각각에 대해 초기제안을 설명하면서 협상을 시작한다. 대부분의 경우 참여자들은 초기제안지점이 양쪽의 양보안 제시에 따라 변할 수 있는 시작지점에 불과하다는 것을 알고 있다. 승리-패배 상황에서는 목표지점이나 저항지점을 상대방에게 노출시키지 않는다. 하지만 사람들은 상대방의 저항지점을 알아내려고 애를 쓴다. 이 저항지점을 알게 되면, 협상을 깨지 않고 얼마나 자신이 많은 이익을 얻을 수 있는가를 결정하는 데 도움이 되기 때문이다. 다른 말로 하면, 잠재적인 합의영역을 알기 위해 노력한다는 것이다. 반대로 승리-승리 상황에서 당사자들의 목표는 모든 사람이 자신들의 초기제안지점에 근접하는 창의적인 해법을 찾는 것이다. 그들은 각자가 특정 사안에 대해서는 적은 손실을 거의 보지 않고 다른 사안에 대해서는 많은 이익을 취할 수 있는 합의방안을 찾고자 희망한다.

// 효과적으로 교섭하기

협상의 효과성은 상황, 협상 테이블에 임하는 당사자들의 상대적 파워, 그리고 협상가의 행동에 좌우된다. 상황을 유리하게 만들고, 파워를 축적하여 사용하고, 적절한 행동을 할 때 관리자들은 자신의 목표지점에 근접하게 타결되도록 하여 협상에서 이득을 볼 가능성을 높일 수 있다.

상황요인 가장 중요한 상황요인의 네 가지는 장소, 물리적 상황, 시간, 그리고 청중이다. 첫 번째, 자신의 영역에서 협상하는 것이 보다 쉽기 마련인데, 이는 협상환경에 익숙하고, 편안하게 필요한 조치를 취할 수 있기 때문이다.[62] 게다가 여행과 관련된 스트레스에 시달릴 필요가 없고, 협상기간 동안 타인에게 의지할 필요도 없다. 물론 당신의 장소라고 해도 쉽게 협상장 밖으로 쉽게 나갈 수는 없다. 자신의 영역에서 협상할 때의 전략적 이점을 알기 때문에 많은 협상가들은 중립지역에서의 협상에 합의한다. 전화, 화상회의, 그리고 다른 형태의 정보기술을 통해 장소의 문제를 우회할 수는 있으나, 숙련된 협상가는 항상 대면접촉에 의한 회의방식의 장점을 선호한다.[63]

당사자들 간의 물리적 거리와 장소의 공식성 역시 협상가 개인과 분쟁사안에 대한 개인들의 선호에 영향을 미칠 수 있다. 자리의 배치도 마찬가지이다. 얼굴을 마주보며 앉는 사람들은 갈등상황에서의 승리-패배적 사고방식에 보다 치중할 가능성이 보다 높다. 대조적으로, 일부 협상의 경우 승리-승리 방식을 장려하기 위해 협상 테이블 주위로 참가자들을 의도적으로 흩어져 앉게 한다. 다른 경우에는 모든 협상참여자가 화이트보드 등을 바라보게 함으로써 모두가 같은 문제나 사안에 직면해 있다는 느낌을 갖게 한다.

사람들이 협상에 보다 많은 시간을 투자할수록 합의에 도달하기 위한 그들의 몰입은 커지기 마련이다. 하지만 협상에 보다 많은 시간이 투여되면 협상이 실패하지 않도록 하기 위해 타당하지 못한 양보를 할 가능성도 높아진다. 협상을 종료하는 데 동기부여되는 정도까지는 최종시한의 설정이 유용할 수 있다. 하지만 시간압력은 항상 협상에 부담으로 작용한다.[64] 최종시한이 설정되면 당사자들이 정보를 교환하거나 유연한 제안들을 제시하는 데 시간이 부족하게 된다는 문제가 생긴다. 시간압박을 느끼는 협상자들은 정보를 효과적으로 처리하기 어렵게 되어 갈등에 대한 승리-승리 해법을 찾는 창의적인 능력을 발휘하기 어려워진다. 또한 협상자들이 과도한 양보를 한다든지 지나치게 요구하는 등의 사례도 발생한다.

대부분의 협상에는 임원, 다른 팀의 구성원, 공공 등 협상의 결과에 영향을 받는 사람인 관객이 존재한다. 관객이 오직 협상결과만을 알게 되는 상황과 비교할 때, 관객들이 협상을 지켜보고 있거나 관객이 협상과정에 대한 세부정보를 갖고 있으면 협상자들은 다르게 행동하는 경향이 있다.[65] 관객이 직접 진행상황을 감독할 경우 협상자들은 보다 경쟁적으로 변하고, 양보를 하지 않으려 하고 상대방에 대해 정치적인 전술을 사용할 가능성이 높아진다. 이 '강경' 행동은 협상자가 관객들의 관심사를 실현하기 위해 열심을 다하고 있음을 관객에서 보여주기 위함이다. 아울러 관객이 보고 있을 때 협상자들은 체면세우기에 보다 신경을 쓴다.

파워와 협상 파워의 상대적인 분포는 협상에서 중요한 요인이다. 일회용 기저귀 가격 협상을 위해 월마트와 P&G의 관리자들이 자리에 앉을 때 서로 동등하지 않다. P&G의 일회용 기저귀를 쌓아놓을 필요가 없으며 다른 경쟁회사로부터의 구매도 가능하므로 월마트는 더 많은 파워를 지닌다. 반대로, 월마트가 미국에서 가장 큰 소매점이며 월마트에서 판매되지 않으면 이는 P&G에 분명한 타격이 되므로 P&G는 월마트를 필요로 한다. 월마트가 P&G에 의존하는 정도보다 P&G가 월마트에 의존하는 정도가 더 크기 때문에 월마트는 보다 큰 파워를 갖고 협상에서 보다 유리하게 된다.

협상 테이블에서의 상대적인 파워는 협상결과의 주요 예측치로서 오래 전부터 사람들에게 인식되어 왔다.[66] 일반적으로 당신이 보다 많은 파워를 가질수록 협상을 보다 잘 하게 된다. 이를 인식하기 때문에 협상당사자들은 상대방의 파워에 대한 자신의 파워를 높이기 위한 전술을 자주 추구한다. 예를 들어, 임금인상을 위한 상사와의 협상에서 자신의 파워를 높이기 위해 그 관리자는 다른 회사로부터의 이직 제안을 얻으려 할 수 있다. 그 관리자는 자신의 조직에 덜 의존적이므로 보다 강경한 협상을 진행할 수 있다. 당신의 선택폭을 넓혀 협상에 들어가고 이를 통해 협상결과에 대한 의존도를 낮추는 것은 협상력을 높이는 고전적인 전술이다. 다른 전술은 상대방보다 우월한 정보를 입수하는 방법, 파워를 높이기 위해 전문가를 활용하는 방법, 협상에서의 지위를 보강하는 제휴나 연합을 구축하는 방식 등이 있다.

파워의 인식은 협상에서의 실제 파워만큼이나 중요하다. 따라서 숙련된 협상자라면 자신이 실제보다 더 파워를 가지고 있다는 인식을 만들어내기 위해 노력할 것이다. 협상자는 예를 들어 상대방이 자신의 요구에 응하지 않으면 상대방에게 손해를 끼칠 것이라는 위협행동을 하는 등의 허세를 부릴 수 있다. 상대방이 이 허세를 믿는다면 허세를 부린 협상자의 파워는 높아지게 된다. 급여협상에서 회사가 자신의 급여인상에 동의하지 않으면 다른 회사를 알아볼 것이라고 위협할 수 있다. 이는 허세일 수 있으나 만약 회사가 이 위협을 믿을 만하다고 생각할 경우 그 사람의 인식된 파워는 증가한 것이다.

행동요인 협상에서 자신의 성공가능성을 높이기 위해 관리자들은 많은 다른 행동을 택할 수 있다.

첫 번째, 자신이 협상을 준비하고 의제를 정할 때 더욱 유리한 협상결과를 얻는다고 여러 연구들은 일관되게 말하고 있다.[67] 특히, 협상자들은 초기제안지점, 목표지점, 저항지점을 충분히 숙고해야 한다. 아울러 협상이 실패할 경우에 대비하여 대안적인 전략들을 생각할 필요도 있다.

두 번째, 상대방의 목표를 이해하고 가능성이 높은 상대방 협상전술을 구상하는 등 협상에서 상대가 원하는 것에 관한 정보를 최대한 수집하는 것이 중요하다. 상대방의 말을 듣고 상세한 내용의 질문을 하는 데 최대한의 시간을 투자해야 한다.[68] 정보수집 프로세스를 개선하는 한 가지 방법은 협상에 참여하는 사람들로 팀을 구성하는 것이다. 보다 많은 사람들이 정보수집 프로세스에 참여하면 일부는 협상과정에 적극적으로 참여하고 다른 일부 사람들은 협상진행청취에 특화하여 상대방을 이해하는 데 집중할 수 있다. 아시아의 기업들은 이런 목적으로 대규모 협상팀을 구성하곤 한다.[69] 상대방의 이해관계와 필요에 관한 정보를 많이 수집할수록 협상가는 보다 적은 비용을 들어 양보를 하거나 상대를 만족시키는 제안을 할 수 있다.

세 번째, 숙련된 협상자들은 협상참여자들 간의 관계를 효과적으로 유지하는 방법을 사용하여 의사소통한다. 세부적으로 사람이 아닌 이슈에 집중하여 감정적인 갈등을 최소화한다. 효과적인 협상자들은 또한 "우리가 관대한 제안을 했다는 점에 당신도 동의할 것이라고 생각합니다."와 같은 자극적인 표현을 피할 줄 안다. 효과적인 협상자들은 대개 설득의 달인들이다. 그들은 자신이 전하는 메시지의 내용을 구조화하여 단지 이해되도록 하는 것이 아니라 상대방이 수용하도록 한다.[70]

네 번째, 효과적인 협상자들은 양보의 전술적 가치를 이해한다. 양보는 1) 당사자들이 잠재적인 합의 영역 쪽으로 이동하도록 한다는 점에서, 2) 양측이 신의성실의 원칙하에서 교섭하도록 동기부여하는 상징의 역할을 한다는 점에서, 3) 상대에게 협상사안의 상대적 가치를 말해준다는 점에서 중요하다.[71] 당신은 얼마나 자주 양보를 해야 하는가는 상대방의 기대와 양측 사이의 신뢰의 수준에 따라 달라진다. 예를 들어, 많은 중국 협상자들은 협상 초기에 자신의 입장을 바꾸는 상대를 경계한다. 유사하게 러시아 협상자들은 양보를 신뢰의 신호가 아닌 약함의 신호로 간주하는 경향이 있다고도 한다.[72] 일반적으로 최선의 전략은 적절하게 완고하고 또한 갈등을 해결하고 신의 있게 소통할 정도로 양보하는 것이다.[73] 지나치게 완고하다면 상대방과의 관계를 해칠 수 있으며, 지나치게 양보한다면 취약함을 시사하여 상대방이 자신에게 유리한 방식으로 강경하도록 자극할 수 있다.

결 론 왜 중요한가?

왜 당신은 조직에서의 파워, 영향력, 협상 등에 대해 관심을 기울이는가? 모든 조직은 파워와 영향력이 중요하게 작용하는 정치적 실체이다. 관리자로서 업무수행을 위해 필요한 희소자원을 획득하는 당신의 능력은 파워를 축적하고, 타인에게 영향력을 행사하고, 필요자원을 위해 교섭하는 당신의 능력에 따라 결정된다. 파워와 영향력이 없다면 당신은 자원에 접근하기 위해 협상하는 것에, 상호 이익을 위해 서로 협동하자고 동료들을 설득하는 것에, 그리고 부하들에게 더 생산적으로 일을 하자고 설득하는 것에 어려움을 겪을 것이다. 파워와 영향력이 없다면, 당신은 조직의 목표, 전략, 그리고 성과에 영향을 미칠 수 없을 것이고, 효과적인 관리자가 되기 어려울 것이다.

동시에 파워와 영향력은 양날의 칼임을 기억할 필요가 있다. 현명하게 윤리적으로 사용된다면 파워와 영향력은 사람이 조직에서 대단한 무언가를 정직하게 달성하는 데 도움이 된다. 하지만 파워는 부패하기 쉽다. 비윤리적으로 타인에게 해롭게(그리고 흔히 자신들에게도 해롭게) 파워를 사용하는 관리자들에 의해 사용될 수 있고, 사용되어 왔다.

Management Challenges

1. 어떤 종류의 파워 행사가 조직에서 저항을 야기할 가능성이 높은가? 어떤 종류의 파워 행사가 조직에서 저항을 야기할 가능성이 가장 낮은가?
2. 파워는 왜 부패하기 쉬운가? 파워가 당신을 부패하게 만들지 않도록 하기 위해 당신은 무엇을 할 수 있는가?
3. 파워의 축적과 파워 행사는 기업에서의 성공에 필요한가?
4. 기업이 정치적 실체라고 말할 때 그 의미는 무엇인가? 조직정치는 조직의 결과물에 어떻게 영향을 미치는가?
5. 효과적으로 교섭할 가능성을 높이기 위해 당신은 어떤 전술을 택할 것인가?

Management Portfolio

한 기업을 선택하여 다음을 살펴보시오.

1. 최고경영자(CEO)의 파워는 어디에서 오는가?
2. 최고경영자의 파워를 제한하는 대항력의 원천은 무엇인가?
3. 파워를 축적하고, 영향력을 행사하고, 조직의 목표·전략·행동·운영에 영향을 미치는 중간관리자나 하위관리자의 예를 들 수 있는가? 어떻게 그들은 파워를 축적하였는가? 어떻게 그들은 영향력을 행사하였는가?

4. 조직 내부에서 정치적 행위와 갈등의 예가 있는가? 있다면 예를 들고 어떻게 해결되는가를 설명하시오.

5. 조직과 외부 당사자(예를 들어, 공급업자, 고객, 또는 정부와 같은) 사이의 협상의 예를 찾아보시오. 그 협상은 무엇에 대한 협상이었는가? 그 협상에서 누가 가장 강한 파워를 가지고 있었는가? 결과물은 무엇인가? 어느 당사자가 협상을 보다 잘 했는가?

마 · 침 · 사 · 례 Mike Sears의 흥망성쇠

해리 스톤사이퍼(Harry Stonecipher)는 맥도넬 더글라스(McDonnell Douglas)와 보잉사의 CEO를 역임하였으며, 무뚝뚝하고, 정력적인 항공업계의 거물이다. 마이크 시어즈(Mike Sears)는 그런 해리 스톤사이퍼의 수제자였다. 스톤사이퍼에 의해 발탁되어 1990년대 초 맥도넬 더글라스의 F-18 호넷 전투기 프로그램을 진두지휘하면서 시어즈는 끊임없이 원가를 절감하고 생산성을 높이는 능력 있는 경영자로서 명성을 쌓았다. 다기능 제품개발팀을 구성·관리하고, 부품업체와의 관계를 밀접히 하고, 조직 내 통제를 개선하는 시어즈의 능력을 스톤사이퍼는 극찬했다. 맥도넬 더글라스가 1996년 보잉사에 의해 인수되었을 때 시어즈는 스톤사이퍼와 함께 인수회사인 보잉으로 갔으며 스톤사이퍼는 2002년 은퇴할 때까지 회장으로 머물렀다. 시어즈는 재무총괄책임자(CFO)로 선임되었다.

파워에 의한 부패 보잉사(Boeing) 재무총괄책임자(CFO)인 마이크 시어즈(Mike Sears)와 미국 국방부 구매책임자 다린 드룬(Darleen Druyun)은 둘 다 국방부 구매 의혹에 대한 유죄를 인정하고 수감되었다. 국방부가 보잉사와 220억 달러의 급유기 구매협상을 진행하는 동안, 시어즈는 드룬에게 보잉사에서의 자리를 제안(그녀는 이를 수락하였음)하였다.

그러나 시어즈는 2인자에 지나지 않았다. 재무총괄책임자로서 그는 보잉의 최고경영자인 필 콘디트(Phil Condit)의 뒤를 이를 후보자들 중 한 명이었다. 보잉의 상업용 비행기그룹의 대표인 앨런 머랠리(Alan Mulally), 보잉의 방위시스템 사업을 책임졌던 제임스 앨바우(James Albaugh) 등이 그의 경쟁자들이었다. 회사 내부사람들에 따르면 시어즈는 자신의 경쟁자들을 희생시켜 자신의 지지기반을 쌓는 조치를 취하기 시작했다.

2002년 시어즈는 공군 구매담당 책임자인 다린 드룬(Darleen Druyun)이 민간기업으로 옮기려 한다는 소식을 들었다. 드룬은 가장 먼저 손꼽히는 항공업계의 최고경영자 후보급 인물이었다. 국방부의 구매 프로세스와 계약에 관한 지식 때문에 보잉과 다른 항공회사들은 모두 그녀를 영입하려고 애를 썼다. 제임스 앨바우는 최소 한 번 이상 말을 건넸으나 실패했다. 그러나 시어즈는 어떻게 해서든지 그녀를 영입하고자 설득했고, 결국 성공했다. 이 성공으로 인해 시어즈는 앨바우와 머랠리에 대해 우위를 점하게 되었다. 또한 드룬을 자신의 우방으로 만들면서 그는 자신의 파워기반을 넓힐 수 있었다. 그때 알려지지는 않았으나 국방부의 220억 달러어치 제트 급유기 편대의 구매협상이 진행되는 중간에 시어즈는 드룬에게 보잉에서의 고위직을 약속함으로써 그 계약을 마무리하였고, 그 결과 보잉은 그 계약을 따낼 수 있었다.

2003년 시어즈는 거기서 더 나아갔다. 보통 최고경영자의 특권인 공공관계(PR) 권한과 매체 및 투자자 관리 권한까지 인수하고자 최고경영자였던 필 콘디트와 전면전을 펼친 것으로 알려졌다. 또한 시어즈는 세인트루이스에 있는 보잉의 사내 리더십센터도 장악하였다. 앨바우와 머랠리도 그 센터의 교육세션으로부터 내쫓겼다. 그 센터를 거쳐가는 거의 모든 임원들을 만나게 되면서 시어즈는 보잉이라는 광범위한 조직 내부에서 전례 없을 정도로 자신을 알릴 수 있었다.

2003년 방위사업에서 장부상의 평가절하로 인해 12억 달러의 배상금액을 보잉사가 떠안아야 하는 사실을 앨바우가 시어즈에게 알리지 않은 점이 언론에 유출되자 시어즈의 주가는 더욱 올랐다. 시어즈는 그 당시 PR을 책임지고 있었고, 많은 사람들은 그 유출이 교묘한 인신공격의 일환이라고 의심하였다. 나중에 언론에 유출된 보잉 내부의 메모에서 앨바우는 "평가절하문제를 내가 정보를 보류했기 때문에 생겨난 문제라고 호도하려는 시도는 전 세계 비즈니스계를 놀라게 할 만하며 사실과드 부합하지 않는다. 만약 마이크(시어즈)가 나를 불신하려는 의도였다면, 그는 나에게뿐만 아니라 회사에게도 폐를 끼치는 것이다."라고 말했다. 보잉사 이사회의 한 사람에 따르면, 이때쯤에 시어즈가 필 콘디트의 자리를 차지하기 위해 '매우 역겨운 정도로' 노심초사하는 것이 많은 사람들에게 명백해졌다.

2003년 여름에 마이크 시어즈(Mike Sears)의 경력은 최고점에 다다랐다. 2003년 11월 정부는 '보잉사 관련 사안에 대한 정부의 공식활동에서 그녀의 역할이 아직 종료되지 않은 시점에 다린 드룬과 향후의 고용에 대해 직간접적으로 의사소통'하였다는 혐의로 시어즈를 고소했다. 정부는 그 두 사람이 이 문제를 조사하던 회사 내부 변호사들에게 이 위반을 숨기려고 했다고 발표하였다. 드한 에어버스가 급유기 계약 경쟁입찰에서 써넣은 가격에 대한 극비정보를 보잉 종업원에게 전달함으로써 다린이 법을 위반했다고도 한다. 보잉사는 마이크 시어즈를 즉시 해임하고, 결국 마이크 시어즈와 다린 드룬 둘 다 범죄에 대한 유죄를 인정하고 수감되었다.

역설적으로 시어즈의 해고는 시어즈가 그토록 뒤를 잇기를 원했던 필 콘디트 하에서의 보잉 경영의 윤리에 대한 의문을 제기했다. 한 달도 안 되어 콘디트(Condit)는 스캔들 파편의 희생양이 되면서 최고경영자 자리를 사임하였고, 국방부 급유기계약도 무효화되었다. 해리 스톤사이퍼는 은퇴를 중단하고 콘디트를 대신하여 최고경영자의 자리에 올랐다. 그러나 보잉에서의 또 다른 파워다툼 과정에서 그가 보잉사 직원과의 혼외정사에 관련되었다는 이메일이 누출되면서 해리 스톤사이퍼 역시 최고경영자 자리에서 내려와야만 했다. 보잉사가 연속으로 스캔들에 빠져들까 염려하여 이사회는 스톤사이퍼의 자진사퇴를 부탁하였다. 결국 3M의 최고경영자인 짐 맥니어리(Jim McNeary)가 그의 자리를 대신하게 되었다.[74)]

토론문제

1. 보잉에서 마이크 시어즈가 재무총괄책임자(CFO)로 승승장구하는 것을 파워의 관점에서 어떻게 설명할 수 있다고 생각하는가? 그의 파워의 원천들은 어떤 것인가?
2. 재무총괄책임자(CFO)가 된 이후에 보잉에서 파워기반을 공고히 하기 위해 그는 무엇을 했는가? 그는 어떤 파워 원천을 축적하기 위해 노력했는가? 이 파워를 가지고 그는 무엇을 하려 했는가?
3. 시어즈의 행동의 윤리성에 대한 당신의 생각은 어떠한가? 마이크 시어즈의 추락은 파워가 부패하기 쉽다는 것을 입증하는가?
4. 위의 사례는 이 기간 동안 보잉에서의 내부조직 정치의 본질에 대해 무엇을 말해주는가? 후임 최고경영자(CEO)로서 당신은 조직정치를 문제로 보는가? 그렇다면 이를 해결하기 위해 어떻게 할 것인가?
5. 덜 정치적인 조직에서보다 보잉과 같은 조직에서 왜 파워가 더 중요하다고 생각하는가?

※ 주석 | Endnotes

1. A. Pollack, "She's Winning Her Drug War," *The New York Times,* May 7, 2005, p. 1; D. Hamilton, "Women to Watch: Susan Desmond-Hillmann," *The Wall Street Journal,* October 31, 2005, p. R6.
2. L.A. Hill, *Becoming a Manager* (Boston: Harvard Business School Press, 1992).
3. H. Mintzberg, "Managerial Work: Analysis from Observation," *Management Science* 18 (1971), pp. B97–B110.
4. For a discussion of the definition of power, see H. Mintzberg, *Power in and around Organizations* (Englewood Cliffs, NJ: Prentice-Hall, 1983), Chapter 1; J. Pfeffer, *Managing with Power* (Boston: Harvard Business University Press, 1992), pp. 17, 30; J. Pfeffer, *New Directions in Organizational Theory* (New York: Oxford University Press, 1997), Chapter 6; J.M. Whitmeyer, "Power through Appointment," *Social Science Research* 29 (2000), pp. 535–55.
5. R.A. Dahl, "The Concept of Power," *Behavioral Science* 2 (1957), pp. 201–18; R.M. Emerson, "Power–Dependence Relations," *American Sociological Review* 27 (1962), pp. 31–41; A.M. Pettigrew, *The Politics of Organizational Decision Making* (London: Tavistock, 1973); T. Casciaro and M.J. Piskorski, "Power Imbalance, Mutual Dependence, and Constraint Absorption," *Administrative Science Quarterly* 50 (2005), pp. 167–90.
6. R. Kanter, "Power Failure in Management Circuits," *Harvard Business Review* 57 (July–August 1979), pp. 65–75.
7. J.P. Kotter, "Power, Dependence, and Effective Management," *Harvard Business Review,* July–August 1977, pp. 50–62.
8. G. Morgan, *Images of Organization* (Beverley Hills: Sage, 1985).
9. J.R.P. French and B. Raven, "The Bases of Social Power," in *Studies in Social Power,* ed. D. Cartwright (Ann Arbor: University of Michigan Press, 1959), pp. 150–67; P. Podsakoff and C. Schreisheim, "Field Studies of French and Raven's Bases of Power: Critique, Analysis, and Suggestions for Future Research," *Psychological Bulletin* 97 (1985), pp. 387–411; S. Finkelstein, "Power in Top Management Teams: Dimensions, Measurement, and Validation," *Academy of Management Journal* 35 (1992), pp. 505–38; P.P. Carson and K.D. Carson, "Social Power Bases: A Meta-Analytic Examination of Interrelationships and Outcomes," *Journal of Applied Social Psychology* 23 (1993), pp. 1150–69; Pfeffer, *Managing with Power.*
10. S. Craig, "Merrill Brokers Fired in Scandal Win $14 Million," *The Wall Street Journal,* January 6, 2006, p. C1.
11. Pfeffer, *Managing with Power.*
12. S. Pulliam and A. Latour, "Lost Connection," *The Wall Street Journal,* January 12, 2005, p. A1; S. Rosenbush, "Five Lessons of the WorldCom Debacle," Business Week Online, March 16, 2005.
13. P.F. Drucker, "The New Workforce," *The Economist,* November 3, 2001, pp. 8–12.
14. G. Yukl and C.M. Falbe, "Importance of Different Power Sources in Downward and Lateral Relations," *Journal of Applied Psychology* 76 (1991), pp. 416–23; B.H. Raven, "Kurt Lewin Address: Influence, Power, Religion, and the Mechanisms of Social Control," *Journal of Social Issues* 55 (Spring 1999), pp. 161–86.
15. C.R. Hinings et al., "Structural Conditions of Intraorganizational Power," *Administrative Science Quarterly* 19 (1974), pp. 22–44. Also see C.S. Saunders, "The Strategic Contingency Theory of Power: Multiple Perspectives," *The Journal of Management Studies* 27 (1990), pp. 1–21.
16. D.J. Brass, "Being in the Right Place: A Structural Analysis of Individual Influence in an Organization," *Administrative Science Quarterly* 29 (1984), pp. 518–39; D. Krackhardt, "Assessing the Political Landscape: Structure, Cognition, and Power in Organizations," *Administrative Science Quarterly* 35 (1990), pp. 342–69; J. Pfeffer and A. Konrad, "The Effect of Individual Power on Earnings," *Work and Occupations,* 1991.
17. "Corporate Culture Instilled Online," *The Economist,* November 11, 2000.
18. P.L. Dawes, D.Y. Lee, and G.R. Dowling, "Information Control and Influence in Emergent Buying Centers," *Journal of Marketing* 62, no. 3 (July 1998), 55–68; D.J. Brass et al., "Taking Stock of Networks and Organizations: A Multilevel Perspective," *Academy of Management Journal* 47, no. 6 (December 2004), pp. 795–817.
19. E.J. Zajac and J.D. Westphal, "Director Reputation, CEO–Board Power, and the Dynamics of Board Interlocks," *Administrative Science Quarterly* 41 (1996), pp. 507–30.
20. A. W. Gouldner, "The Norm of Reciprocity: A Preliminary Statement," *American Sociological Review* 25 (1960), 161–78.
21. R.A. Caro, *The Path to Power: The Early Years of Lyndon Johnson* (New York: Alfred A. Knopf, 1982).
22. Pfeffer, *Managing with Power,* p. 166.
23. J. Kotter, *The General Managers* (New York, Free Press, 1982).
24. J. Gleick, *Genius: The Life and Science of Richard Feynman* (New York: Vintage Books, 1992).
25. D.J. Hickson et al., "A Strategic Contingencies' Theory of Intraorganizational Power," *Administrative Science Quarterly* 16 (1971), 216–27; Hinings et al., "Structural Conditions of Intraorganizational Power"; Kanter, "Power Failure in Management Circuits."
26. Hickson et al., "A Strategic Contingencies' Theory of Intraorganizational Power"; J.D. Hackman, "Power and Centrality in the Allocation of Resources in Colleges and Universities," *Administrative Science Quarterly* 30 (1985), pp. 61–77.
27. Kanter, "Power Failure in Management Circuits" ; B.E. Ashforth, "The Experience of Powerlessness in Organizations," *Organizational Behavior and Human Decision Processes* 43 (1989), pp. 207–42; L. Holden, "European Managers: HRM and an Evolving Role," *European Business Review* 12 (2000).
28. J. Voight, "When Credit Is Not Due," *Adweek,* March 1, 2004, p. 24.
29. R. Madell, "Ground Floor," *Pharmaceutical Executive (Women in Pharma Supplement),* June 2000, pp. 24–31.
30. K. Atuahene-Gima and H. Li, "Marketing's Influence Tactics in New Product Development: A Study of High-Technology Firms in China," *Journal of Product Innovation Management* 17 (2000), pp. 451–70; A. Somech and A. Drach-Zahavy, "Relative Power and Influence Strategy: The Effects of Agent/Target Organizational Power on Superiors' Choices of Influence Strategies," *Journal of Organizational Behavior* 23 (2002), pp. 167–79.
31. J. Kador, *Charles Schwab* (New York: Wiley, 2002).
32. D. Kipnis, S.M. Schmidt, and I. Wilkinson, "Intraorganizational Influence Tactics: Explorations in Getting One's Way," *Journal of Applied Psychology* 65 (1980), 440–52. Also see C. Schriesheim and T. Hinkin, "Influence Tactics Used by Subordinates: A Theoretical and Empirical Analysis and Refinement of the Kipnis, Schmidt, and Wilkinson Subscales," *Journal of Applied Psychology* 75 (1990), 246–57; W.A. Hochwarter et al., "A Reexamination of Schriesheim and Hinkin's (1990) Measure of Upward Influence," *Educational and Psychological Measurement* 60 (October 2000), pp. 755–71.
33. R.B. Cialdini and N.J. Goldstein, "Social Influence: Compliance and Conformity," *Annual Review of Psychology* 55 (2004), 591–621.
34. Rao and Hashimoto, "Universal and Culturally Specific Aspects of Managerial Influence." Silent authority as an influence tactic in non-Western cultures is also discussed in S.F. Pasa, "Leadership Influence in a High Power Distance and Collectivist Culture," *Leadership & Organization Development Journal* 21 (2000), pp. 414–26.
35. Rao and Hashimoto, "Universal and Culturally Specific Aspects of Managerial Influence"; Pasa, "Leadership Influence in a High Power Distance and Collectivist Culture."
36. A.T. Cobb, "Toward the Study of Organizational Coalitions: Participant Concerns and Activities in a Simulated Organizational Setting," *Human Relations* 44 (1991), pp. 1057–79; E.A. Mannix, "Organizations as Resource Dilemmas: The Effects of Power Balance on Coalition Formation in Small Groups," *Organizational Behavior and Human Decision Processes* 55 (1993), 1–22; D.J. Terry, M.A. Hogg, and K.M. White, "The Theory of Planned Behavior: Self-Identity, Social Identity, and Group Norms," *British Journal of Social Psychology* 38 (September 1999), pp. 225–44.
37. B. Carter, "How a Hit Almost Failed Its Own Audition," *The New York Times,* April 30, 2006, Section 3, pp. C1, C9.
38. D. Strutton and L.E. Pelton, "Effects of Ingratiation on Lateral Relationship Quality within Sales Team Settings," *Journal of Business Research* 43 (1998), pp. 1–12; R. Vonk, "Self-Serving Interpretations of Flattery: Why Ingratiation Works," *Journal of Personality and Social Psychology* 82 (2002), pp. 515–26.

39. C.A. Higgins, T.A. Judge, and G.R. Ferris, "Influence Tactics and Work Outcomes: A Meta-Analysis," *Journal of Organizational Behavior* 24 (2003), pp. 90–106.

40. D. Strutton, L.E. Pelton, and J.F. Tanner, "Shall We Gather in the Garden: The Effect of Ingratiatory Behaviors on Buyer Trust in Salespeople," *Industrial Marketing Management* 25 (1996), pp. 151–62; J. O' Neil, "An Investigation of the Sources of Influence of Corporate Public Relations Practitioners," *Public Relations Review* 29 (June 2003), pp. 159–69.

41. A. Rao and S.M. Schmidt, "Upward Impression Management: Goals, Influence Strategies, and Consequences," *Human Relations* 48 (1995), pp. 147–67.

42. A.P.J. Ellis et al., "The Use of Impression Management Tactics in Structured Interviews: A Function of Question Type?" *Journal of Applied Psychology* 87 (December 2002), pp. 1200–8; M.C. Bolino and W.H. Tunley, "More Than One Way to Make an Impression: Exploring Profiles of Impression Management," *Journal of Management* 29 (2003), pp. 141–60; S. Zivnuska et al., "Interactive Effects of Impression Management and Organizational Politics on Job Performance," *Journal of Organizational Behavior* 25 (2004), pp. 627–41.

43. J.Rutenberg, "At Fox News, The Colonel Who Wasn't," *The New York Times*, April 29, 2002, p. 1.

44. J.Dillard and E. Peck, "Persuasion and the Structure of Affect: Dual Systems and Discrete Emotions as Complementary Models," *Human Communication Research* 27 (2000), pp. 38–68; S. Fox and Y. Amichai-Hamburger, "The Power of Emotional Appeals in Promoting Organizational Change Programs," *Academy of Management Executive* 15 (November 2001), pp. 84–94; E.H.H.J. Das, J.B.F. de Wit, and W. Stroebe, "Fear Appeals Motivate Acceptance of Action Recommendations: Evidence for a Positive Bias in the Processing of Persuasive Messages," *Personality and Social Psychology Bulletin* 29 (May 2003), pp. 650–64; R. Buck et al., "Emotion and Reason in Persuasion: Applying the Ari Model and the Casc Scale," *Journal of Business Research* 57, no. 6 (2004), pp. 647–56.

45. A.P. Brief, *Attitudes in and around Organizations* (Thousand Oaks, CA: Sage, 1998), pp. 69–84; D.J. O'Keefe, *Persuasion: Theory and Research* (Thousand Oaks, CA: Sage Publications, 2002).

46. Conger, *Winning 'Em Over: A New Model for Managing in the Age of Persuasion;* J.J. Jiang, G. Klein, and R.G. Vedder, "Persuasive Expert Systems: The Influence of Confidence and Discrepancy," *Computers in Human Behavior* 16 (March 2000), pp. 99–109.

47. These and other features of message content in persuasion are detailed in R. Petty and J. Cacioppo, *Attitudes and Persuasion: Classic and Contemporary Approaches* (Dubuque, IA: W. C. Brown, 1981); D.G. Linz and S. Penrod, "Increasing Attorney Persuasiveness in the Courtroom," *Law and Psychology Review* 8 (1984), pp. 1–47; M. Pfau, E.A. Szabo, and J. Anderson, "The Role and Impact of Affect in the Process of Resistance to Persuasion," *Human Communication Research* 27 (April 2001), pp. 216–52; O'Keefe, *Persuasion: Theory and Research,* Chapter 9.

48. N. Rhodes and W. Wood, "Self-Esteem and Intelligence Affect Influenceability: The Mediating Role of Message Reception," *Psychological Bulletin* 111, no. 1 (1992), pp. 156–71.

49. "Be Part of the Team If You Want to Catch the Eye," *Birmingham Post* (UK), August 31, 2000, p. 14; S. Maitlis, "Taking It from the Top: How CEOs Influence (and Fail to Influence) Their Boards," *Organization Studies* 25, no. 8 (2004), pp. 1275–1311.

50. C.M. Falbe and G. Yukl, "Consequences for Managers of Using Single Influence Tactics and Combinations of Tactics," *Academy of Management Journal* 35 (1992), pp. 638–52.

51. Falbe and Yukl, "Consequences for Managers of Using Single Influence Tactics and Combinations of Tactics"; Atuahene-Gima and Li, "Marketing's Influence Tactics in New Product Development."

52. Kador, *Charles Schwab.*

53. R.C. Ringer and R.W. Boss, "Hospital Professionals' Use of Upward Influence Tactics," *Journal of Managerial Issues* 12 (2000), pp. 92–108.

54. G. Blickle, "Do Work Values Predict the Use of Intraorganizational Influence Strategies?" *Journal of Applied Social Psychology* 30, no. 1 (January 2000), pp. 196–205; P.P. Fu et al., "The Impact of Societal Cultural Values and Individual Social Beliefs on the Perceived Effectiveness of Managerial Influence Strategies: A Meso Approach," *Journal of International Business Studies* 35, no. 4 (July 2004), pp. 284–305.

55. D. Tannen, *Talking from 9 to 5* (New York: Avon, 1994), Chapter 2; M. Crawford, *Talking Difference: On Gender and Language* (Thousand Oaks, CA: Sage, 1995), pp. 41–44.

56. S. Mann, "Politics and Power in Organizations: Why Women Lose Out," *Leadership & Organization Development Journal* 16 (1995), pp. 9–15; E.H. Buttner and M. McEnally, "The Interactive Effect of Influence Tactic, Applicant Gender, and Type of Job on Hiring Recommendations," *Sex Roles* 34 (1996), pp. 581–91; L.L. Carli, "Gender, Interpersonal Power, and Social Influence," *Journal of Social Issues* 55 (Spring 1999), pp. 81–99.

57. J.A. Wall and R.R. Callister, "Conflict and Its Management," *Journal of Management* 21 (1995), pp. 515–58; D. Tjosvold, *Working Together to Get Things Done* (Lexington, MA: Lexington, 1986), pp. 114–15.

58. L. Thompson, *The Mind and Heart of the Negotiator* (Upper Saddle River, NJ: Prentice-Hall, 2000).

59. H. Mintzberg, *The Nature of Managerial Work* (New York: Harper & Row, 1973); H. Mintzberg, "The Manager's Job: Folklore and Fact," *Harvard Business Review,* July–August 1975, pp. 49–61.

60. L. Hill, *Becoming a Manager: How New Managers Master the Challenges of Leadership* (Boston: Harvard Business School Press, 2003), pp. 41–42.

61. R. Stagner and H. Rosen, *Psychology of Union–Management Relations* (Belmont, CA: Wadsworth, 1965), pp. 95–96, 108–10; R.E. Walton and R.B. McKersie, *A Behavioral Theory of Labor Negotiations: An Analysis of a Social Interaction System* (New York: McGraw-Hill, 1965), pp. 41–46; Thompson, *The Mind and Heart of the Negotiator,* Chapter 2.

62. J.W. Salacuse and J.Z. Rubin, "Your Place or Mine? Site Location and Negotiation," *Negotiation Journal* 6 (January 1990), pp. 5–10; J. Mayfield et al., "How Location Impacts International Business Negotiations," *Review of Business* 19 (December 1998), pp. 21–24.

63. For a full discussion of the advantages and disadvantages of face-to-face and alternative negotiation situations, see M.H. Bazerman et al., "Negotiation," *Annual Review of Psychology* 51 (2000), pp. 279–314.

64. A.F. Stuhlmacher, T.L. Gillespie, and M.V. Champagne, "The Impact of Time Pressure in Negotiation: A Meta-Analysis," *International Journal of Conflict Management* 9, no. 2 (April 1998), pp. 97–116; C.K.W. De Dreu, "Time Pressure and Closing of the Mind in Negotiation," *Organizational Behavior and Human Decision Processes* 91 (July 2003), pp. 280–95. However, one recent study reported that speeding up these concessions leads to better negotiated outcomes. See D.A. Moore, "Myopic Prediction, Self-Destructive Secrecy, and the Unexpected Benefits of Revealing Final Deadlines in Negotiation," *Organizational Behavior and Human Decision Processes* 94, no. 2 (2004), pp. 125–39.

65. Lewicki et al., *Negotiation,* pp. 298–322.

66. P.H. Kim, R.L. Pinkley, and A.R. Fragale, "Power Dynamics in Negotiation," *Academy of Management Review* 30 (2005), pp. 799–822.

67. S. Doctoroff, "Reengineering Negotiations," *Sloan Management Review* 39 (March 1998), pp. 63–71; D.C. Zetik and A.F. Stuhlmacher, "Goal Setting and Negotiation Performance: A Meta-Analysis," *Group Processes & Intergroup Relations* 5 (January 2002), pp. 35–52.

68. L.L. Thompson, "Information Exchange in Negotiation," *Journal of Experimental Social Psychology* 27 (1991), pp. 161–79.

69. L. Thompson, E. Peterson, and S.E. Brodt, "Team Negotiation: An Examination of Integrative and Distributive Bargaining," *Journal of Personality and Social Psychology* 70 (1996), pp. 66–78; Y. Paik and R.L. Tung, "Negotiating with East Asians: How to Attain 'Win–Win' Outcomes," *Management International Review* 39 (1999), pp. 103–22.

70. O'Keefe, *Persuasion: Theory and Research.*

71. Lewicki et al., *Negotiation,* pp. 90–96; S. Kwon and L.R. Weingart, "Unilateral Concessions from the Other Party: Concession Behavior, Attributions, and Negotiation Judgments," *Journal of Applied Psychology* 89, no. 2 (2004), pp. 263–78.

72. J.J. Zhao, "The Chinese Approach to International Business Negotiation," *Journal of Business Communication,* July 2000, pp. 209–37; N. Crundwell, "U.S.–Russian Negotiating Strategies," *BISNIS Bulletin,* October 2003, pp. 5–6.

73. J.Z. Rubin and B.R. Brown, *The Social Psychology of Bargaining and Negotiation* (New York: Academic Press, 1976), Chapter 9.

74. Sources: S. Holmes, "Why Boeing's Culture Breeds Turmoil," *BusinessWeek,* March 21, 2005, pp. 34–36; R. Stodghill, "Combat Ready at McDonnell," *BusinessWeek,* April 29, 1996, pp. 39–41; J.C. Anselmo, "After Harry," *Aviation Week,* March 14, 2005, pp. 22–26.

// PART 4
리더십과 동기부여

15 효과적인 리더십

EFFECTIVE LEADERSHIP

LEARNING OBJECTIVES

이 장을 학습한 후 여러분은

1. 왜 훌륭한 리더십이 관리자로서 성공에 대해 결정적인지를 설명할 수 있다.
2. 리더십에 대한 주요 이론적인 접근방법을 설명할 수 있다.
3. 효과적인 리더십에 일반적으로 관련된 행동과 기술 등을 확인할 수 있다.
4. 어떻게 리더십의 적절한 접근방법이 중요 상황에 의해서 영향을 받는지를 설명할 수 있다.
5. 변혁적 리더십과 거래적 리더십 간의 차이점을 토론할 수 있다.

컨티넨탈 항공사 (Continental Airlines)의 고든 버튼(Gordon Bethune)

도입사례

1994년 고든 버튼(Gordon Bethune)이 컨티넨탈 항공사(Continental Airlines)에 들어 왔을 때, 회사는 몹시 안 좋은 상황에 처해 있었다. 항공사는 파산에 대한 위험을 대수롭지 않게 생각하고 있었고, 소비자만족에 관해 최저의 등급을 받았으며 경영진과 근로자 간의 첨예한 대립 속에 휩쓸리고 있었다. 이것은 컨티넨탈에게는 새로운 사실이 아니었다. 1983년 이후로 두 번이나 파산의 경험이 있었다. 10명의 CEO들은 수십 년 동안 회사를 운영하기 위해 노력해왔다. 컨티넨탈의 문제점에 대한 버튼의 해결책은 간단했다. 이전의 운영진들은 비용감소를 위한 그들의 노력으로 고객들이 원하는 것, 즉 제시간에 출발하고 도착하는 항공기(1994년 초에는 전체 항공기 중 오직 61%만 제시간에 도착)를 제공하는 항공기의 수용능력을 감소시켜왔다. 버튼은 재빨리 비수익적인 항로를 폐쇄시키기 위해 움직였다. 그러나 정말로 모두의 이목을 끄는 것은 그가 항공사의 근로자들에게 회사의 정시각 수행능력을 향상시키기 위한 캠페인에 끌어들이기 위해 권유한 것이었다. 버튼의 분석은 연기되거나 결항된 항공기들이 컨티넨탈에 한 달에 6백만 달러의 비용을 가져온다고 지적했다. 그리고 만약 근로자들이 컨티넨탈의 업무성과와 이러한 정시각 수행능력으로 평가하여 회사를 탑 5의 항공사에 끌어 올릴 수 있도록 자신을 도와준다면 그는 그들과 함께 6백만 달러를 나누어서 각각의 근로자에게 한 달에 65달러를 지급할 것이라고 주장했다. 1995년까지 이러한 금액을 6차례에 걸쳐서 지급해왔고 항공사의 비행기는 기존 시간의 80%보다 적은 시간으로 도착했다. 이러한 메시지를 전체에 전파시키기 위해서 버튼은 개인적으로 주요 컨티넨탈 허브에 돌아다녔다. 그곳에서 그는 복음전도사와 같은 열정을 가지고 자신의 생각을 선전하면서 근로자들에게 연설과 함께 금액을 전달했다. 또한 관련된 모두와 항공사의 이익을 위해서 그들에게 "신뢰성을 현실로 바꿔라"와 "함께 단합하자"라고 거듭 간청했다. 10년이 끝날 때쯤 컨티넨탈은 수익성이 있고, 고객만족도에 관련해서 산업에서 1위를 차지하게 되었다.[1)]

고든 버튼은 거래적 성향의 리더였다. 그는 그의 선임자들이 할 수 없었던 것을 해냈다. 즉, 컨티넨탈항공을 지속적으로 문제가 많은 항공사에서 뛰어난 기업으로 탈바꿈 시켰다. 그는 명확한 전략적 비전을 표명하고, 종업원들을 보너스 지급과 고객 서비스의 향상을 위한 미션 수행에 그들을 참여시키는 열성, 이 두 가지의 조화를 통해서 그들을 설득시킴으로써 이 일을 해냈다. 이런 대단한 노력은 10년간 버튼의 이름을 가장 중요한 비즈니스 리더의 리스트에 몇 차례 올려놓았다.

리더십
조직의 목표를 추구하기 위해서 생산적으로 작업할 수 있도록 조직 안의 다른 이들을 동기부여하고 영향을 주며 지도하는 과정

우리는 제1장으로부터 리더십이 경영의 중심기능임을 회상할 수 있다. 단지 좋은 경영자들로부터 훌륭한 경영자를 구분하는 것은 훌륭한 경영자들은 리더십 부분에서 뛰어나다는 것에 있다. 우리는 **리더십**(leadership)을 조직의 목표를 추구하기 위해서 생산적으로 작업할 수 있도록 조직 안의 다른 이들을 동기부여하고 영향을 주며 지도하는 과정으로 정의한다.[2] 훌륭한 지도자들은 조직성과 속의 두드러진 변화를 성취하기 위해서 다른 사람들을 통해서 일을 할 수 있다. 지난 10년간 모범적인 리더들로는 '고든 버튼'과 적자의 컴퓨터 하드웨어 기업을 컴퓨터 서비스 기업으로 변형시킨 '루이스 거스너(Louis Gerstner)' 비전적인 리더십으로 이베이(E-bay)를 우수한 인터넷 회사로 만든 '맥 휘트먼(Meg Whitman)'과 '얼라이드 시그널(Allied Signal)', 회사를 취약한 능력의 거대기업에서 최우수 생산성을 지닌 교본으로 만든 '래리 보시디(Larry Bossidy)'와 비전과 기술의 전도활동으로 '픽사(pixar)'를 우수한 애니메이션 영화 스튜디오로 만들고 그가 창립한 회사에 새로운 에너지를 불어넣도록 도와준 스티브 잡스(Steve jobs)'와 'I-Pod'으로 알려진 '애플(Apple)사'가 있다.

이 장에서 우리는 효과적인 리더가 되기 위해서 무엇이 요구되는지를 토의할 것이다. 우리는 경영의 기능으로써 리더십을 더욱 자세히 살펴보면서 시작하고자 한다.

관리와 리딩

리더와 관리자 사이에서 뚜렷한 구별점을 도출해내는 것은 유행이 되어가고 있다. 예를 들어서 영향력 있는 비즈니스 저자 '워렌 베니스(Warren Bennis)'는 리더들은 '올바른 일을 하는 것'에 관심이 있는 반면에, 관리자들은 '일을 올바르게 하는 것'에 관심이 있다고 주장해 왔다.[3] 그는 리더들이 비전, 미션, 그리고 목표에 초점을 맞추는 반면에, 관리자들은 효율성과 효과성에 초점을 맞추고 있다고 보고 있다. 그는 관리자들은 현상유지적인 보수주의자이며, 리더들은 그들 스스로를 현상유지에 대한 도전자이며 변화의 촉진자로 보고 있다고 묘사했다. 베니스(Bennis)는 미국의 조직들은 "과도하게 관리되어 있으며 과소하게 리딩되고 있다"는 논쟁을 펼치고 있다. 하버드의 존 코터(John Kotter)도 이와 유사한 관점을 가지고 있다. 코터에 따르면, 관리는 복잡성에 대처하는 것과 관련된 것이라고 한다. 이와 대조적으로, 리더십은 변화에 대처하는 것과 관련된 것이라고 한다.[4] 베니스와 코터의 관점에 따르면 그들 둘 다 조직의 효율적인 기능화에 중요하지만 관리자가 리더보다는 다소 인간미가 떨어진다고 본다.

베니스와 코터, 둘 다 효과에 관해서 글을 썼지만 그들의 관리자와 리더 사이의 비교에는 오해가 있다. 그 이유는 간단하다. 모든 관리자들 또한 리더이다. 따라서 제1장에서 언급된 것과 같이 그들은 각기 다른 관리기능들—'전략, 계획, 조직, 통제와 종업원 개발'—면에서 탁월하게 만들기 위해서 효율적으로 리더십 기능을 수행해야만 한다. 그들의 목표를 달성하기 위해서 효율적으로 그들의 부서, 기능, 조직과 팀을 이끌어야만 하는 것은 단지 회사의 CEO뿐만 아니라 하위 지위의 관리자도 포함된다는 것은 사실이다. 관리와 리더십은 다른 기술을 요구하는 두 개의 다른 업무가 아니라, 그것들은 동일한 하나인 것이다. 사실상 조직계층 구조 속에서 그들의 직위가 무엇이든지 간에 관리자들은 리드를 해야만 한다.[5] 베니스와 코터가 옳을지도 모른다는 측면은 너무 많은 관리자들이 그들의 직무 중에서 리드가 가장 결정적인 요소라는 점을 파악하지 못해 왔다는 주장이다.

조직의 성과에 대해서 훌륭한 리더십이 왜 중요한가? 최근 조사에서 한 가지 경향은 CEO의 승계가 기업의 성과에 미치는 영향에 대해서 주목하고 있고 만약 리더십이 중요하다면 CEO들의 변화가 기업의 수익성(좋은 리더는 성과를 증대시키는 것, 아니면 좋지 않은 리더는 성과를 악화시키는 것)의 종속변수에 관하여 설명할 수 있어야 한다고 주장하고 있다.[6] 가장 널리 인용되고 있는 정식보고서에서는 CEO 승계가 1년 후에 순이익마진의 변동성의 15.2퍼센트에 대해서만, 3년 후에는 31.6퍼센트에 대해서만 해명할 수 있었다고 밝혀 왔다.[7] 또 다른 최근의 여러 보고서에서는 평균적으로 '일반적인 경제적 상황', '산업요인'과 '특별한 회사속성'을 통제한다는 조건 후에 CEO승계의 영향이 기업의 성과에 15퍼센트 정도로 영향을 주는 것으로 주장하고 있다.[8] 이것은 개개 기업들이 경쟁하는 산업처럼 성과에 같은 영향을 주는 것을 말한다. 이 사실들은 사소한 발견이 아니다. 즉, 그들은 조직 상부에서의 리더십 변화가 기업의 종속적인 성과에 엄청난 영향을 줄 수 있다고 주장한다.[9]

게다가 수많은 사례보고서들은 이러한 평균적인 수치들이 훌륭하거나 무능한 리더들이 특정한 상황 속에서 조직에 끼칠 수 있는 엄청난 영향을 숨기고 있다고 주장한다. 고든 버튼이 컨티넨탈 항공사의 성과에 대단한 영향을 준 것은 의심할 여지가 없다. 반대로 오랜 세월 동안 10명의 CEO들이 교체된 후에 컨티넨탈 항공사는 강력한 리더십을 갈구하게 되었다. 이와 대조적으로, 무능한 리더들은 훌륭한 리더를 소유하기에는 매우 불운했던 기업들의 상당한 경제적 가치를 파괴시켜 왔다. 예를 들면, 그의 완강한 비용절감에 대한 정책 때문에 사슬 톱(Chainsaw Al)으로 잘 알려진 '알 던랩(Al Dunlap)'은 그 회사에서의 2년의 재임기간 동안 서투른 리더십으로 소형기계업체인 '선빔(Sunbeam)'을 파산에 몰아넣었다.[10] 앞서의 내용을 요약해서 말하자면, 리더는 중요하다.

효과적인 리더를 만드는 것은 무엇인가?

효과적인 리더십
그 혹은 그녀의 부하직원들로부터 최상의 성과를 얻어낼 수 있는 리더의 능력

리더십은 가장 많이 논의되고 있는 경영주제 중의 하나이다. 서점의 경영 관련 코너에 가게 되면 당신은 효과적인 리더십의 비밀을 설명하는 다수의 책을 볼 수 있을 것이다. **효과적인 리더십**(effective leadership)이란 그 혹은 그녀의 부하직원들로부터 최상의 성과를 얻어낼 수 있는 리더의 능력을 의미한다. 자급자족하는 생산부서의 CEO나 총괄관리자와 같은 경우에 효과적인 리더십은 전반적인 회사 또는 부서에 대한 지속적이고 높은 성과로 변형되어야만 한다. 실제로, 수천 개의 학술적 연구들은 효과적인 리더십과 비효과적인 리더십의 차이에 대해서 구별하고자 노력해 왔다. 이러한 엄청난 규모의 작업에도 불구하고 무엇이 효과적인 리더를 만드는가에 대한 일치된 의견이 결여되어 있다. 그러나 몇 년 이상 동안 리더십에 대한 다섯 가지 다른 관점들이 등장하고 있다. 그것들 각각은 우리에게 효과적인 리더십의 특성에 대해서 가르쳐 줄 것이다(그림 15.1 참조).[11]

첫 번째 관점인 '권력-영향 접근법'은 리더에 의해서 소유된 권력량, 그 권력의 종류, 그리고 어떻게 그 권력을 조직 안의 다른 사람들에게 영향을 미치는 데 사용되는지의 관점에서 설명하고자 시도한다. 또 다른 관점은 역량 혹은 특성 중심적 관점으로 불리는데, 그것은 효과적인 리더들의 역량과 특성을 확인하고자 노력한다. 세 번째 접근방법, '행동중심적 관점'은 리더십의 효과성과 관련된 특정한 행동들에 대해서 주장하고 있다. 상황중심적 관점은 리더가 사건의 전후 관계에 근거하여 적절한 행동을 채택하고 그것은 어떠한 상황 속에서만 실행되며, 이와 다른 경우에서는 실행되지 않을 것이다. 마지막으로 지난 20년간 리더십에 관해서 변혁적 관점이라고 불리는 것의 연구

그림 15.1
리더십에 관한 관점

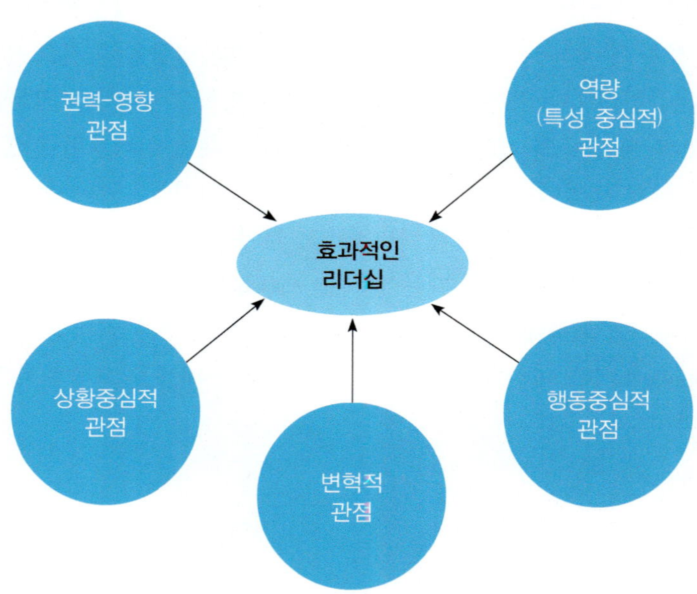

에 대한 관심 증대가 이루어져 왔다. 변혁적 관점은 효과적인 리더가 그들의 비전, 의사소통과 근로자들 사이의 비전에 헌신할 수 있는 능력 등을 통해서 조직을 변형시킨다는 것을 주장하고 있다.

고든 버튼은 변혁적 리더의 한 예이다. 그는 항공사의 각기 다른 비전들을 명시하였고 모든 종업원들에게 비전에 대해 끊임없이 지속적으로 의사소통하며, 성과를 향상시키기 위해 그들에게 보상을 하였으며 비전과 일치되는 행동을 취하도록 그들에게 권한을 위임하였다.

이러한 다른 관점들은 상호배타적인 것이 아니다. 예를 들면, 효과적인 리더가 되기 위해서는 특정한 역량을 요구할 수도 있고, 특정한 행동에 종사해야만 할 수도 있으며 그의 변혁적인 목표를 달성하기 위해서 권한을 사용하거나 축적시킬 필요가 있을지도 모른다. 각각의 관점들은 리더의 속성에 대해서 중요한 것을 말해준다. 이 5가지 관점들 전부는 완벽한 자화상과 마찬가지로 효과적인 리더가 되기 위해서 필요한 것이 무엇인지 제시해준다. 이 장의 나머지 부분에서 우리는 이 5가지 관점을 통해서 우리가 학습할 수 있는 것을 탐독해보도록 한다.

권력-영향 관점

정의상으로 리더란 희소한 자원의 배분, 보상과 제재의 분배에 관한 권한뿐만 아니라 그들의 계급적인 직위로부터 나오는 합법적인 권한을 갖는다(제14장 참조). 그러나 권한의 다른 형태의 사용에 관한 연구는 효과적인 리더가 공식적인 직위로부터 흘러나오는 권한을 사용하는 만큼 개인적인 속성, 제휴자들과 인적관계, 전문지식으로부터 나오는 개인적인 권한에 의지한다고 주장하고 있다.[12] 계층적인 직위로부터 흘러나오는 권한은 종업원들로부터 필수적으로 비전에 대한 신뢰를 구축할 수 있는 것이 아닌, 단지 표면상의 도구일 뿐이다. 컨티넨탈 항공사의 CEO로서의 고든 버튼은 상당한 권력을 누렸다. 그것은 그가 고객 서비스를 향상시킬 수 있게 컨티넨탈의 보상구조를 마음대로 통제할 수 있게 해주었다. 그러나 리더로서의 그의 효과성은 또한 산업의 전문가(버튼은 항공관련 산업의 상당한 경력을 가지고 있었다)로서의 그의 파워와 유창한 웅변술, 에너지, 집중과 통합과 같은 개인적인 특성에 기인하고 있다. 그것들은 종업원들의 존경과 그들의 행동에 영향을 줄 수 있게 도와주었다.

개혁자 뉴욕 경찰국의 국장으로서 성공적인 재임기간 후에 전반적인 범죄율은 17퍼센트까지, 흉악범죄율은 39퍼센트까지, 그리고 살인은 50퍼센트까지 떨어졌다. 윌리암 브래턴은 로스앤젤레스 경찰국의 국장이 되었다. 30년의 경찰 경력 동안 브래턴은 그가 리더십의 책임성을 가졌던 어느 장소에서든지 범죄를 상당히 감소시킨 정책에 대한 개혁운동을 이끄는 데 큰 공을 세워왔다.

권한의 축적과 적용에 관련하여 리더들이 반드시 채택해야만 하는 미묘한 차이가 있는 직위의 또 다른 설명으로서는 윌리암 브래턴(William Bratton)을 살펴보아야 한다. 그는 처음에 뉴욕 교통경찰의 리더로서 그 다음에는 뉴욕 경찰국장으로서 뉴욕의 범죄율 감소에 크나큰 공을 세웠다. 브래턴은 무관용정책을 주장했다. 이것은 거리의 노숙자와 반달리즘과 같은 삶의 질과 관련된 범죄에 대한 고소를 포함하는 것이었다. 그의 압박은 시법원의 반대에 부딪쳤고 경찰들은 사소한 범죄사건으로 법원에 휘말려 드는 것을 걱정했다. 법원의 반대를 이겨내기 위해서 브래턴은 강력한 조력자, 뉴욕시장인 루돌프 쥴리아니(Rudolph Giuliani)의 도움을 이끌어냈다. 쥴리아니는 비록 무관용정책이 초기에는 법원의 업무량을 증가시키지만, 시간이 지나면 뉴욕의 범죄율이 감소되면서 이 또한 줄어들 것이라고 설명했다. 법원은 확신하지 못했다. 그들은 도시 의회에 사소한 범죄사건을 처리하는 경찰들을 면제시켜주자는 법안을 주창하는 상소를 냈다. 브래턴과 쥴리아니는 만약 법원에서 삶의 질과 관련된 범죄에 대해 단호한 조치를 취하지 않는다면 도시의 범죄율은 감소되지 않을 것이라고 주장하며 일련의 언론들과 질의응답을 하고, 뉴욕의 가장 영향력 있는 신문인 '뉴욕타임즈'에 그들의 실정을 기고했다. 브래턴과 시장, 뉴욕타임즈의 연합은 법원을 고립시켰으며, 결국 그들의 반대를 철수시켰다. 결과적으로 무관용정책의 도입은 초창기에 법원의 사건량을 급증시켰다. 그러나 궁극적으로는 범죄율과 법원의 사건 수 역시 떨어지게 되었다.[13)]

이 뉴욕시의 법정시스템의 사례에서 볼 수 있듯이, 윌리암 브래턴의 사례는 제휴자들과의 인적관계가 중요한 지지층으로부터 상당한 적대자들과 대항해서 리더가 정책과 프로그램을 통해 추진시킬 수 있도록 가능케 해주는 일종의 중요한 자원이 될 수 있다. 우리가 고든 버튼과 윌리암 브래턴의 경험으로부터 배울 수 있는 것은 조직 내에서 일을 달성하기 위해서 효과적인 리더들은 합법적인 계층적 권한 이상의 요소들에 많이 의지한다는 것이다. 그들은 그들의 목표를 달성하기 위해서 그들의 계층적인 권한, 전문지식, 제휴자들과 인적관계와 개인적인 권한을 결합한 일종의 기술로 권한게임을 진행한다. 효과적인 리더들은 능숙한 조직적인 정치가이다. 그들은 그들의 전략에 대한 방해물을 제거하거나 무력화시키거나 그들의 목적에 중요한 지지층들을 설득하기 위해 권한을 어떻게 사용하는지 알고 있다.

역량(특성 중심적) 관점

사람들은 다른 사람들과 위대한 리더들을 구별하는 개인적 특질과 특성들에 대해서 항상 관심을 가져왔다. 리더들은 '위대한 사람'이라는 리더십 이론은 만들어진 것이 아니라 가지고 태어난 것이며, 리더들은 끊임없는 에너지, 통찰력 있는 직관력, 초인적인 예측력과 사람을 매혹시키는 설득력 있는 힘과 같은 특성의 자질을 부여받았다고 가정한다.[14)] 1930년과 1940년 사이에 위대함을 특정 짓는 특성들이 무엇인지 확인하기 위한 노력의 일환으로 특성과 관련된 수백 개의 연구들이 수행되었다. 비록 이러한 보고서들 중 대다수는 끝이 없는 특성들의 목록이라는 결과를 가져왔지만, 보고서들 사이의 일관성 부족으로 리더십 특성 접근법에 대한 환상이 널리 깨지게 되었다.[15)]

그러나 공교롭게도 이런 역사적 견해들과 함께 효과적인 리더와 관련된 몇몇 보편적 성향인 개념이 다시 나타났다. 이전 연구들의 재탐구는 특정한 개성적 성향들, 예를 들면 지능, 동기부여, 추진력, 자신감과 권력에 대한 욕망과 같은 것들이 효과적인 리더십과 관련될지도 모른다고 주장하고 있다.[16)] 차후의 보고서는 몇몇의 특성들이 전략적인 사고능력, 성과동기부여, 권한동기부여, 카리스마적 성향과 감성지능 등을 포함하는 효과적인 리더십의 중요한 예측도구가 될 수도 있다고 주장하고 있다. 이러한 특성들의 몇몇은 배움을 통해서 얻을 수 있다고 암시하면서 '역량'이라고 재명명되고 있다. 그러나 광대한 자료의 공급에도 불구하고 이러한 특성들이 중요하거나 또는 필수적이라는 것에 대한 동의는 아직도 없다.

// 전략적 사고

전략적 사고(strategic thinking)란 복잡한 상황을 분석하고, 그것으로부터 무엇을 유출해 낼 수 있으며, 회사가 추진할 수 있도록 최고의 전략에 대한 결론을 도출해 낼 수 있는 지각적인 능력을 말한다. 전략적 사고는 지능과 합리적인 능력의 조합을 요구한다. 전략적 사고의 큰 그림을 볼 수 있는 재능을 가진 사람들은 대량의 혼잡한 자료를 과감하게 짧게 압축할 수 있으며, 문제의 핵심에 도달할 수 있다. 그들은 산업을 분석하고 경쟁적인 역동성을 이해하며 회사에 무엇이 중요한지 명확하게 분별할 수 있다. 그들은 나무를 보고 예측할 수 없는 사람들과는 정반대인 사람들이다. 그들은 엄청난 명확성을 가지고 전체의 숲을 본다.

전략적 사고
복잡한 상황을 분석하고, 그것으로부터 유출해 낼 수 있으며, 회사가 추진할 수 있도록 최고의 전략에 대한 결론을 도출해 낼 수 있는 지각적인 능력

많은 위대한 리더들은 비현실적인 역량을 가지고 있다는 것은 논쟁이 되어 왔다. 제2차 세계대전 동안 영국의 지도자인 윈스턴 처칠(Winston Churchill)은 1930년도 초기에 독일 나치의 부흥이 유럽의 평화에 심각한 위협을 가할 것임을 추측하고 있었다. 그는 전략적이고 거시적으로 내다보고, 반복적으로 몇 년 동안 전쟁이 발발하기 전에 그것에 대해 영국정부에게 경고를 해왔지만, 소용이 없었다. 1939년에 독일이 폴란드를 침범한 직후가 되어서야 영국의 정치인 대다수는 그가 옳았음을 인정했고, 그에게 나라를 지도할 수 있는 권한을 양도했다. 1945년 5월, 처칠은 해리 트루먼(Harry Truman) 대통령에게 구소련이 유럽대륙에 걸쳐 '철의 장막(Iron Curtain)'을 세울 것이라고 경고했을 때, 또 다시 그의 전략적 사고능력을 증명했다. 처칠은 트루먼에게 미국의 영향력은 소련의 지배에 의해서 대체될 것이라고 주장하면서 동독지역에서 미군의 철수에 대한 허가를 내리면 안 된다고 촉구했다. 트루먼은 처칠의 경고에 귀를 기울이지 않았고, 동유럽에 걸쳐 철의 장막이 내려졌으며, 그 후 40년 동안 계속 유지되어 왔다.

빌 게이츠는 전략적 사고를 증명해 온 또 다른 한 예이다. 몇 년 전에 우리는 마이크로소프트의 전략에 대해서 게이츠와 인터뷰할 기회가 있었다.[17)] 게이츠는 마이크로소프트의 CEO였으며 중요한 전략가였다.

나는 마이크로소프트의 전략과 컴퓨터와 커뮤니케이션 산업의 발생변화에 대한 긴 질문 리스트를 가지고 게이츠와 인터뷰를 했다. 결과적으로 알 수 있듯이, 질문을 할

우리는 결코 항복하지 않을 것이다!
제2차 세계대전 중의 영국의 리더인 윈스턴 처칠은 1941년 Time 매거진의 그 해의 인물에 이름이 올랐다. 처칠은 다른 사람들이 볼 수 없었던 위협을 지각할 수 있는 훌륭한 전략적 사고기술을 가졌다. 그는 또한 섬 국가의 방어를 위해 영국 국민들을 결속시킨 재능 있는 웅변가였다.

필요조차 없었다. 게이츠는 내가 마이크로소프트 전략에 관련해 관심이 있음을 알았다. 그리고 그는 환경 안에서 발생한 변화와 그것들이 어떻게 마이크로소프트에게 영향을 주었는지, 그리고 미래에는 어떠한 영향을 줄 것인지, 경쟁자가 무엇을 하고 있었는지, 그리고 마이크로소프트의 전략은 무엇이 되어야 하는지에 관련된 높은 수준의 요약집을 가지고 즉각적으로 말하기 시작했다. 그것은 훌륭한 지적인 성과였다. 그가 인터뷰를 마칠 때까지 게이츠는 마이크로소프트 전략의 매력적이고 응집된 요약집을 제시하면서, 반문 하나 없이 리스트상에 있는 하나하나의 모든 질문에 대답을 했다.

빌 게이츠와 윈스턴 처칠과 같은 리더들은 지각적인 능력을 체내화시키면서 큰 그림을 본다. 두 사람 다 선천적으로 높은 지성과 우수한 합리적인 능력을 지니고 태어났다. 이에 따라 다른 사람들이 직면한 영역을 항해할 수 있는 정신적인 지도를 볼 수 없지만 그들은 볼 수 있다. 비록 지성은 선척적인 재능이지만, 몇몇 사람들은 어느 정도까지는 합리적인 능력을 후천적으로 얻을 수 있다고 믿는다. 실제로 포터의 경쟁적인 요인모델(Competitive forces model)과 같은 전략적 분석들의 많은 모델들은 그렇게 할 수 있도록 디자인된 것이다.

// 성취적 동기부여

성취적 동기부여
개개인의 노력을 통해서 성취의 탁월함을 달성하려는 무의식적인 배려

성취적 동기부여(achievement motivation)는 개개인의 노력을 통해서 성취의 탁월함을 달성하려는 무의식적인 배려를 말한다. 성취 동기적인 개인들은 목표달성의 개인적인 책임성을 가정하며 그들의 목표를 추구하기 위해 지속적으로 그들을 위해 도전적인 목표를 설정하면서 미리 추정된 위험을 책임지며, 그리고 필요할 경우 그들의 노력을 조정시키면서 적극적으로 피드백에 정보를 이용한다.[18] 다시 말하면, 성취-동기적인 개인들은 높은 수준의 내재적인 추진력을 가지고 있다. 그들은 목표지향적이다. 그들은 그들이 무엇을 얻기를 원하는지 알며, 목적을 향하여 열심히 일을 하고 필요할 때 위험을 감수할 것이다. 그리고 만약 그들이 목표를 얻는 데 실패한다고 할지라도 다른 사람들을 비난하지 않을 것이다.

미국 대통령인 린든 존슨(Lyndon Johnson)은 젊었을 때부터 정계 고위직에 진출하고자 목표를 세웠다. 존슨은 앞으로 전진했고, 그의 목표를 달성하기 위해서 장기간 열심히 일했다. 그러면서 그는 성취적 동기부여를 체내화시켰다. 빌 게이츠도 이와 같이 어릴 때부터 성공적인 기업가가 되기를 원했다. 10대 때부터 그와 마이크로소프트 공동 창업자인 폴 앨런(Paul Allen)은 어떻게 포브스 잡지의 미국의 가장 부유한 사람들의 리스트에 올라갈 수 있는지를 사람들에게 물어보면서 포브스의 이슈를 조사하곤 했다. 게이츠는 그들 중의 한 명이 되기를 원했다. 존슨과 같이 그 또한 모험가였다. 그가 퍼스널 컴퓨터의 출현으로 수익을 냈을 때, 그는 하버드에서 나와 자신의 회사인 마이크

로소프트를 시작했다. 이런 일련의 행동은 대부분의 사람들은 결코 할 수 없는 것이다.

// 권력적 동기부여

권력적 동기부여(power motivation)는 지위와 권력을 얻기 위해, 그리고 다른 사람들에게 영향력을 끼치기 위한 무의식적인 추진력으로 정의된다. 심리학자인 데이빗 맥클러랜드(David McClelland)는 효과적인 리더는 그들이 다른 사람들에게 영향을 줄 수 있도록 하기 위해 권력을 축적하기를 원하고, 그것은 그들에게 내적인 만족감을 준다고 주장한다.[19] 맥클러랜드에 따르면 권력적 동기부여는 리더십 효과성에 대해서 필수적이라고 한다. 왜냐하면 조직 안에서 일을 처리하는 것은 개인들에게 권력을 축적시키고 그것을 다른 사람들에게 영향을 미치기 위해 사용해야 하기 때문이다.

권력적 동기부여
지위와 권력을 얻기 위해, 그리고 다른 사람들에게 영향력을 끼치기 위한 무의식적인 추진력

그러나 맥클러랜드는 효과적인 리더들은 또한 도덕적인 권력사용에 높은 관심을 표현한다고 한다. 효과적인 리더들은 통합성을 가지고 행동한다. 만약 그들이 근로자들을 신뢰하지 않는다면, 그들은 리더를 기꺼이 따르지 않을 것이다. 그리고 신뢰는 통합성으로부터 나온다. 그러므로 리더십 효과성은 권력적 동기부여보다 요구하는 것이 더욱 많다. 즉, 그것은 추종자들의 존경과 헌신을 얻을 수 있는 적합한 방식으로의 권력의 사용능력을 요구한다. 흥미있게도 몇몇의 대규모의 보고서는 통합성 또는 정직성이 리더십의 가장 중요한 특성이라고 보고하고 있다. 종업원들은 그들이 신뢰할 수 있는 정직한 리더를 원한다.[20]

// 카리스마

로버트 하우스(Robert House)는 카리스마가 또한 효과적인 리더의 중요한 성향이 될 수 있다고 본다.[21] **카리스마**(charisma)는 몇몇의 사람들이 다른 사람들을 매료시키거나 사람들에게 영향을 줄 수 있는 능력이라고 언급한다. 카리스마가 있는 사람들은 삶의 규모가 크고 다른 사람들을 끌어들일 수 있는 자석과도 같은 개성을 지니고 있다고 일컬어진다. 카리스마가 있는 리더들은 유별나게 높은 자신감과 확신의 힘, 그리고 단언성 또는 사회적 지배성을 가지고 있고, 일반적으로 그들은 우수한 의사소통자이다. 전 미국 대통령인 빌 클린턴은 심지어 자신의 정책에 반대하는 사람들뿐만 아니라, 일반적으로 상당한 카리스마가 있는 리더로 보였다. 애플 컴퓨터사의 CEO인 스티브 잡스, 월마트의 창립자인 샘 월튼도 카리스마가 있는 리더이다. 카리스마가 있는 리더들은 그들의 추종자들의 충성심을 지휘할 수 있으며 이는 특히 그들을 효과적으로 만들어줄 수 있다. 불행히도 몇몇의 카리스마가 있는 리더들은 그들의 카리스마를 악용해 왔다. 피플스 템플(Peoples Temple)의 종교 숭배자들의 카리스마적 리더인 짐 존스는 먼저 그의 카리스마를 이용해 그의 교회의 1,000여 명 정도의 신자들을 샌프란시스코에서 가이아니까지 그와 함께 동행하도록 납득시킨 다음 1978년에 그들을 설득시켜 914명의 사람들을 자살로 이끌었다.

카리스마
몇몇의 사람들이 다른 사람들을 매료시키거나 영향을 줄 수 있는 능력

경영학의 저자인 짐 콜린스(Jim Collins)는 최근에 카리스마적 리더들은 효과적일 수

있지만, 카리스마는 또한 효과적인 리더십의 부작용을 낳을 수 있다고 주장하고 있다.[22] 콜린스의 관점에서 카리스마적 성격을 가진 리더들은 그들의 매력을 이용하여 사람들에게 이성적인 논리를 무시하는 일들을 하도록 만들 수 있다고 본다(짐 존스의 사례). 그러나 카리스마가 결여된 리더들은 논쟁에 대해 잘해내기 위해 논리, 사실, 이유와 정보에 의존해야 한다. 그래야 그것이 더 좋은 결정을 가져올 수 있기 때문이다. 콜린스의 카리스마는 결여되어 있지만, 그럼에도 불구하고 훌륭한 회사를 일구어낸 월그린(Walgreen)의 CEO인 찰스 루돌프 월그린(Charles R. Walgreen)에 초점을 맞추고 있다. 또 다른 예는 월 마트의 CEO로서 샘 월튼의 뒤를 이어 월 마트를 창립하고 오늘날의 지배적인 기업으로 만드는 데 일조한, 데이비드 글라스(David Glass)를 들고 있다. 글라스는 카리스마는 결여되어 있지만 어느 누구도 그가 효과적인 리더임을 부인하지는 않을 것이다.

// 감성적 지능

감성적 지능
자기 자신과 다른 사람들의 느낌과 감정을 점검하고 그것들을 구별할 수 있으며 이 정보를 사용하여 그들의 생각과 행동을 지도할 수 있는 능력

리더십 성향접근법에 논쟁이 되고 있는 한 가지는 **감성적 지능**(emotional intelligence)이라고 불리는 관점이다. 이것은 자기 자신과 다른 사람들의 느낌과 감정을 점검하고 그것들을 구별할 수 있으며 이 정보를 사용하여 그들의 생각과 행동을 지도할 수 있는 능력이라고 언급한다.[23] 이 개념은 작가와 컨설턴트인 데니엘 골먼(Daniel Goleman)에 의해서 보급되었다. 데니얼 골먼은 감성적 지능은 많은 효과적인 리더가 보여주고 있는 능력이라고 주장한다.[24] 골먼에 따르면 감성적 지능의 키 포인트는 다음과 같다.

- **자기자각성 :** 다른 사람들에 대한 그들의 효과뿐만 아니라 개인 자신의 분위기, 정서와 동기를 이해하는 능력
- **자기제어성 :** 분열된 충동 혹은 분위기를 제어하거나 방향을 고치는 것과 행동 전에 생각할 수 있는 능력
- **동기부여 :** 돈과 지위의 수준을 넘어선 일에 대한 열정과 에너지, 지속성을 가지고 목표를 추구하는 성향
- **공감 :** 부하직원의 감정과 관점을 이해하는 것과 그것을 의사결정할 때 고려할 수 있는 것
- **사회적 능력 :** 목적을 가진 친밀성

골먼은 이러한 특성들을 소유하고 있으며 높은 수준의 감성적 지능을 보여주는 리더들은 그렇지 못한 사람들보다 더욱 효과적인 경향을 보여주고 있다고 단언하고 있다. 그들의 자기자각성과 자기제어성은 부하직원의 자신감과 신뢰성을 이끌어낸다. 골먼의 관점으로 볼 때, 사람들은 리더들이 자기자각적이기 때문에 그들 자신의 한계를 인식할 수 있으며, 그들이 자기제어적이기 때문에 신중하게 결정을 고려할 수 있기 때문에 그

들을 존경한다고 한다. 골먼은 또한 자기자각적이고 자기제어적인 개인들은 더욱 자기 확신적인 경향이 있으며 그래서 모호성에 더욱 잘 대처하거나 변화에 더욱 개방적이라고 주장한다. 일에 대한 열정 안에서 보여지는 강력한 동기부여는 또한 전염성이 있으며, 공통적인 목표 또는 조직적인 임무를 추구하고 다른 사람들의 참여를 설득시키는 데 도움이 된다. 마지막으로, 강력한 공감과 사회적 기술은 리더들이 부하직원들의 충성심을 얻는 데 도움을 준다. 감정이입적이며 사회적으로 숙달된 개인들은 논쟁을 처리하는 데 능숙하고, 다양한 지지자층 사이에서 공통된 배경과 목표를 찾아낼 수 있고 사람들을 바람직한 방향으로 이끌어 줄 수 있다. 그들은 또한 제휴자의 인적관계를 만들 수도 있다.

골먼은 감성적 지능의 견해를 지지하기 위해서 몇몇의 한정된 자료를 인용했다. 1996년의 음식과 음료수 회사의 연구자료에서 데이빗 맥클러랜드(David McClelland)는 선임관리자들이 결정적인 대량의 감성적 지능의 능력을 가지고 있을 때, 그들의 부서들은 매년 20퍼센트까지 목표로 한 수익률을 초과하여 달성했다는 것을 밝혀냈다. 그러는 가운데 그러한 능력이 없는 부서의 리더들은 매년 거의 같은 수준의 목표수익을 달성했다. 골먼은 그 자신의 보고서에서 비록 큰 그림을 생각하는 것처럼 지능과 지각적인 기술이 리더십의 효과성을 예측하지만, 선임관리자들의 훌륭한 성과자와 평균적인 성과자들 사이에 차이점의 거의 90퍼센트 정도가 감성적 지능요인에 원인이 있을 수 있다고 주장한다(흥미롭게도, 골먼 자신의 보고서는 출간되지 않았다. 그래서 우리는 그의 발견점과 리서치 분류학이 실제로 얼마나 확실한지 알 수 없다).

감성적 지능의 관점은 어느 정도의 호소력을 가지고 있고, 특히 상당히 흥미롭지만 몇몇의 저자들은 그것이 너무 방대하게 정의가 내려져 있어서 그것을 실질적으로 구별할 수 있는 힘이 결여되어 있다고 공격해오고 있다. 이런 날카로운 비판 속에서, 매우 인정받는 경영학 학자인 애드 록커(Ed Locke)는 감성적 지능의 정의는 '불합리적으로 모든 것을 내포하는 것'이라고 진술했다.[25] 로커와 같은 비평가들은 또한 감성적 지능을 지지하는 증거들은 기껏해야 모호할 뿐이고 미출간된 보고서나 다른 사람들이 볼 수 없는 독점적인 정보로부터 나왔다고 지적한다. 그는 또한 감성적 지능은 중요한 구조라고 논쟁하는 사람들은 그 개념으로부터 많은 돈을 벌었거나 그것을 진흥시키는 데에 이해관계가 있는 대학 학술연구에 관련된 컨설턴트라고 지적한다.

록커가 옳은가? 그렇다고 말하기는 어렵다. 감성적 지능에 대한 계속적으로 이어지는 신랄한 토론의 해결책은 능력에 대한 감성적 지능의 관점의 주요 전제를 잘못 왜곡시키거나 혹은 확실히 확인할 수 있는 상세한 보고서를 기다리는 것이다. 즉, 감정의 자기제어성은 리더십 효과성에 공헌할 것이다.

// 한계와 함축성

리더십에 대한 성향(혹은 능력)적 관점의 섣부른 이해는 자칫 사람들로 하여금 논의된 모든 성향들이 효과적인 리더십에 필요하다고 믿게 만들 수가 있다. 그리고 이것은 그런 경우가 아니다. 모든 성향들이 동등하게 중요한 것이 아니고 이러한 성향들 모두를 소유하지 않아도 효과적인 리더가 된 특정한 예가 있다. 아마도 몇몇의 성향들은 다른 경우보다 특정 상황에서만 더욱 중요할 수 있다. 예를 들자면, 카리스마는 특별히 리더가 새로운 전략의 구성과 조직설계를 향한 움직임과 현상유지를 거부하면서 조직적인 변화에 대해 널리 보급된 프로그램에 헌신을 종업원들에게 설득시킬 필요가 있을 때에 아마도 가치가 있을지 모른다. 그러므로 효과적인 리더십에 다른 성향의 중요성은 문맥적 종속성이다. 즉, 한 상황에서 효과가 있는 것은 또 다른 상황에 그렇지 않을 수도 있다는 것이다.[26] 게다가 우리가 감성적 지능과 카리스마의 경우에서 보았던 것처럼 여전히 유효성과 관련된 동의와 응집된 구조와 리더십 효과성의 예측도구, 이 둘 다의 속성의 중요성과 관련된 결점이 아직도 어느 정도 남아 있다.

비록 성향적 관점은 효과적인 리더들은 만들어지는 것이 아니라 선천적인 것이라고 주장하는 것처럼 보이지만, 다시 말하지만 이것은 사실이 아니다. 우리 모두는 특정한 수준의 지능과 추진력과 합리적인 능력을 부여받았다. 이러한 능력들은 후에 얻을 수 있으며 적어도 배움을 통해 향상시킬 수 있다. 예를 들면, 골먼은 비록 감성적 지능은 부분적으로 천부적인 것이지만, 리더들은 훈련을 통해서 그들의 감성적 지능을 향상시킬 수 있다고 주장한다. 그들은 다른 사람들의 입장으로 자신을 대입하고 공감성을 개발시키는 것과 더욱 자기제어적, 자기자각적으로 변하는 것을 배울 수 있다. 어느 정도까지는 그것들이 성공할 수 있고 이는 리더로서 그들의 효과성을 향상시켜 줄 수도 있다. 게다가 앞서서 언급했던 것처럼 리더들은 그들이 큰 그림을 볼 수 있도록 도와주는 포터의 경쟁적인 요인모델과 같은 구조를 사용하면서 그들의 전략적 사고능력을 향상시킬 수 있다.

행동중심적 관점

리더십에 대한 행동중심적 관점은 리더들의 효과성과 그들의 부하직원에 대한 행동을 연결하려고 시도한다. 한 가정에 의하면, 특정한 리더십 행동은 부하직원의 헌신을 가져오고, 그 결과 조직적인 목표를 추구하는 데 높은 성과를 가져온다. 다양한 실증주의적 보고서들은 실제로 수천 개의 리더십 행동항목들로부터 리더십 행동 또는 양식의 두 가지 집단을 추천해왔다.[27]

인간중심적 행동
그들의 복지를 고려해주는 열정을 갖는 것과 그들의 욕구에 대한 성실한 관심을 보여주면서 부하직원들에 대한 상호적 신뢰와 존경을 보여주는 것을 표현하는 리더십 스타일

한 집단은 **인간중심적 행동**(people-oriented behavior)을 대표한다. 그것은 그들의 복지를 고려해주는 열정을 갖는 것과 그들의 욕구에 대한 성실한 관심을 보여주면서 부하직원들에 대한 상호적 신뢰와 존경을 보여주는 것을 표현하는 리더십 스타일이다. 강력한 인간중심적 스타일을 가진 리더들은 근로자의 주장에 귀를 기울이며, 근로자들에게 개인적 호의를 베풀고, 그들이 요청할 때 그들의 이해관계에 대해 지지해주며 동등한 입장에서 종업원들을 대우해준다(누군가는 인간중심적 행동에 관련된 리더들이 높은 수준의 감성적 지능을 가지고 있다고 주장한다).

또 다른 집단은 **업무중심적 행동**(task-oriented behavior)을 대표하며 작업역할을 정의하고 구조하는 행동들을 포함한다. 업무중심적 행동에 관련된 리더들의 스타일은 종업원들에게 구체적인 업무를 할당시키며 그들의 작업임무와 과정을 명확화시키며 그들이 회사내규를 따르도록 확실하게 하며, 그들이 업무성과 능력에 도달할 수 있도록 추진한다. 업무중심적 리더들은 높은 목표를 설정하고 종업원들에게 그들이 높은 수준 이상으로 성과를 내도록 추진시킬 수가 있다.

업무중심적 행동
종업원들에게 구체적인 업무를 할당시키며 그들의 작업임무와 과정을 명확화시키며 그들이 회사내규를 따르도록 확실하게 하며, 그들의 업무성과 능력에 도달할 수 있도록 밀어 붙이는 스타일

리더들은 업무중심적이거나 아니면 인간중심적이어야만 하는가? 이것은 대답하기 어려운 질문이다. 왜냐하면 각각의 스타일은 장점과 단점을 가지고 있기 때문이다. 보고서는 양쪽 스타일 모두 긍정적으로 리더의 효과성과 연관되어 있지만, 차이점은 종종 특정한 스타일에서 매우 높거나 매우 낮은 성과를 보인 리더 사이에서만 명백할 뿐이다. 인간중심성이 결여된 리더들은 비효과적이라고 주장하면서 결근, 불만, 이직률과 업무 불만족의 측정량은 매우 낮은 수준의 인간중심적 리더십을 가지고 있는 관리자와 함께 일하는 종업원들 사이에서 일반적으로 낮다고 한다. 그러나 직무성과 또한 업무지향적 행동에 관련되지 않은 리더를 위해 일하는 종업원들 사이에서 낮다고 한다.[28)]

그러나 일반적으로 이 보고서는 이들의 다른 행동들을 리더십 효과성에 연결시키는 명확한 패턴을 보여주는 데 실패하여 왔다. 한 가지 문제점은 두 가지 집단은 상호적으로 배타적이지 않을지도 모른다는 것이다. 효과적인 리더는 인간중심적 행동과 업무중심적인 행동 두 가지를 다 보여줄 수도 있다. GE의 전 CEO인 잭 웰치는 일상적으로 이 두 가지 타입의 행동을 사용했다. 그는 목표를 설정하고 부하직원들을 그들의 목표를 얻는 것에 책임감을 가지도록 하는 등 상당히 업무중심적인 리더였다. 그러나 그는 자필로 쓴 메모를 관리자들에게 보내며 그들의 개인적 일상에 대해서 물어봤으며 그들이 곤경에 빠졌을 때 도움을 주는 등 상당히 인간중심적이었다. 행동중심적 관점의 두 번째 문제점은 두 범주가 각각의 범주 안의 특정한 행동들을 가리는 광범위한 일반화였고 구체적인 행동은 광범위한 유형보다 더욱 중요할지도 모른다. 이 관점과 관련된 마지막 문제점은 전후 맥락에 따르는 것이 적절한 행동이라는 것이다.[29)] 다른 상황들은 리더들에게 다른 스타일을 강조하도록 요구할 수도 있다. 즉, 때때로 업무중심적인 것이 최선일지 모르며, 다른 때에는 인간중심적인 것이 최선일지도 모른다. 그래서 리더십에 대한 상황중심적 관점으로 이 문제를 해결하고자 한다.

상황적합적 관점

상황중심적 관점의 핵심에는 간단한 전제가 있다. 즉, 최고의 리더십 행동은 상황에 의존하며 채택된다는 것이다.[30)] 수많은 리더십에 대한 다른 상황적 이론들이 있으며 그들의 타당성에 대해서는 리더십 연구자들 사이에서의 일치성이 적다. 여기에서 우리는 리더십의 효과성을 파악하기 어려운 주제에 대해서 배워야 할 것을 보기 위해 세 가지 중요한 상황적 관점을 간략하게 검토해보도록 한다. 이러한 관점들은 피들러

(Fiedler)의 상황적합이론, 경로-목표이론, 그리고 리더십 대체이론이다.

// 피들러의 상황적합이론

1960년대에 심리학자인 프레드 피들러(Fred Fiedler)는 리더십 연구의 범위를 리더십과 행동의 속박으로부터 떨쳐버리기 위한 노력의 일환으로 그의 리더십의 상황적 이론을 소개했다. 피들러의 근본 가정은 만약 불가능하지 않다면, 사람들이 그들의 리더십 스타일을 변화하는 것이 어렵다는 것이었다. 비록 피들러는 위에서 토론한 그 자신만의 두 가지 스타일(업무중심적과 인간중심적)을 측정하는 방법을 생각해냈지만 그 두 가지 기본적 리더십 스타일을 인정했다. 그는 리더의 효과성은 리더의 아래에서 어떻게 팀과 그룹, 또는 조직을 운영하는지에 의해서 측정되어야만 한다고 믿었다. 그의 연구는 두 가지 기본적 리더십 스타일의 효과성은 세 가지 상황적 요인 또는 상황성에 따라 좌우된다고 주장했다(그림 15.2 참조).

리더-구성원의 관계
추종자들이 그들의 리더들을 얼마나 잘 존경하고 신뢰하며 좋아하는지 나타낸 것

과업구조
부하직원들의 업무가 그것의 명백한 업무책임성, 잘 정의된 과업, 명확한 목표, 그리고 구체적인 절차와 잘 조직화되어 있는지의 정도

직위적 권력
부하직원에 대한 공식적인 계층적인 권력으로부터 나온 것이며 그들을 고용하고, 해고하며, 보상하고 처벌할 수 있는 합법적인 권한을 포함하는 권력

첫 번째 상황은 **리더-구성원의 관계**(leader-member relations)이다. 그것은 추종자들이 그들의 리더들을 얼마나 존경하고 신뢰하며 좋아하는지와 관련되는 것이다. 리더-구성원의 관계가 좋을 때, 부하직원들은 그들의 리더를 존경하고 신뢰하며 좋아하게 된다. 두 번째 상황은 업무구조이다. 그것은 부하직원들의 업무가 그것의 명백한 업무책임성, 잘 정의된 과업, 명확한 목표, 그리고 구체적인 절차와 잘 조직화되어 있는지의 정도와 관련된다. 예를 들면, 조립과정의 근로자들의 업무는 높은 수준의 **과업구조**(task structure)를 가지고 있다. 업무는 명확히 구조화되어 있으며 그리고 책임성, 목표와 과정은 매우 잘 이해되어 있다. 이와 대조적으로, 패션 디자인에서 R&D업무까지의 창의적인 업무들은 선천적으로 낮은 수준의 과업구조를 지니는 경향이 있다. 마지막 상황은 **직위적 권력**(position power)이다. 이것은 부하직원에 대한 공식적인 계층적 권력으로부터 나온 것이며 그들을 고용하고, 해고하며, 보상하고 처벌할 수 있는 합법적인 권한을 포함하는 권력이다.

피들러는 리더-구성원의 관계가 좋았으며, 과업구조가 명확히 정의되었고 이해되었으며, 그리고 직위적 권력이 높았을 때, 상황적인 요소들(상황성)의 상황이 좋았다고 주

그림 15.2

피들러의 리더십이론

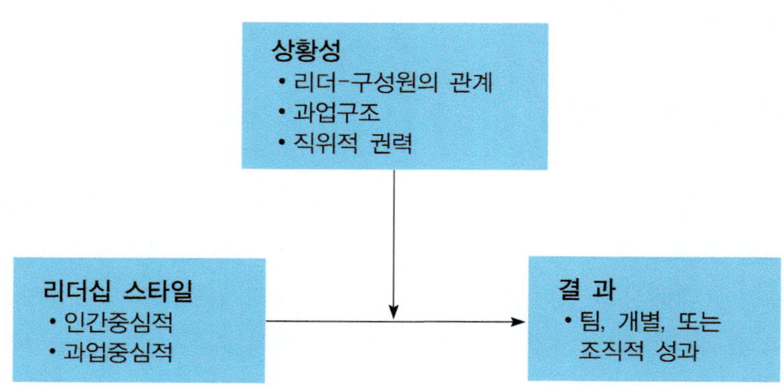

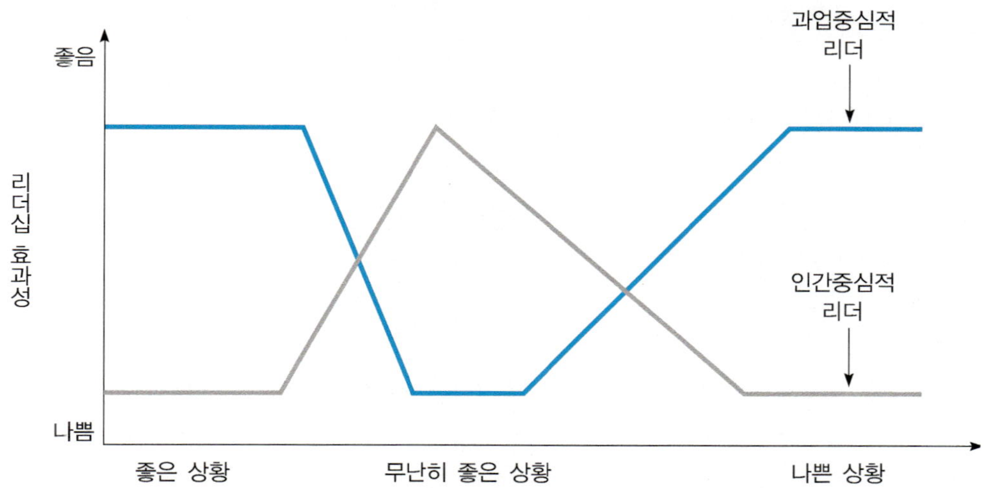

그림 15.3
피들러 이론의 예측

장한다. 리더-구성원의 관계가 좋지 않고, 과업구조가 모호하게 정의되며, 리더의 직위적 권력이 낮았을 때에는 상황적인 요소들의 상황이 좋지 않았다. 피들러의 연구는 과업중심적인 리더들이 두 가지 상황, 즉 상황적인 요소의 형편이 좋지 않거나 매우 좋았을 때에 모두 좋은 성과를 냈다. 이와 대조적으로, 인간중심적인 리더들은 상황적인 요소가 무난히 좋았을 때 더욱 성과를 낼 수 있었다(그림 15.3 참조).

과업중심적인 리더들은 매우 좋은 상황 속에서 좋은 성과를 내는 것처럼 보인다. 왜냐하면 모든 사람이 의기투합하며, 과업은 명확하고, 리더는 방향을 설정하고 책임을 질 필요가 있는 권력을 가지고 있기 때문이다. 피들러에 따르면, 과업중심적 리더들은 또한 상황이 좋지 않을 때에도 또한 좋은 성과를 낸다고 한다. 왜냐하면 심지어 리더들이 개인적으로 종업원들로부터 애정과 신뢰를 받지 못한다 할지라도 그들은 목표를 설정할 수 있고 조직구조를 부하직원의 과업에 강요할 수 있으며, 그들에게 지시를 내릴 수 있기 때문이다. 무난한 상황에서도 좋은 인간관계 기술을 가진 리더들은(인간중심적인 리더) 그룹 내에서 긍정적인 분위기를 창조할 수 있어 이는 상호 간의 관계를 향상시키고, 과업구조를 명확화시키며, 그리고 리더가 부하직원에게 영향을 줄 때 도움을 준다.

피들러 이론의 함축성은 리더는 상황에 맞게 어울려야만 한다는 것이다. 예를 들면, 형편이 좋지 않은 상황 속에서 인간중심적인 리더를 임명하는 것은 효과가 좋지 않을 것이다. 즉, 과업중심적인 리더가 훨씬 좋을 것이다. 신뢰관계를 구축하는 데 초점을 맞추는 인간중심적인 리더들은 어려운 결정을 해야 할 때에 최고로 적합하지 않을지도 모른다.

즉, 피들러의 관점에서 인간중심적인 리더는 요구되는 구조와 목표를 부하직원들에게 브과하기에는 결코 적합하지 않을 것이다. 예를 들면, 2001년에 메릴린치(Merrill Lynch)는 곤란에 빠진 재무기관의 CEO로 스탠리 오닐(Stan O'Neal)을 임명하였다. 그 당시 메릴린치의 수익은 내려가고 시장점유율을 잃어가고 있었으며, 외부 감시자들은 회사가 비대한 관료제와 너무 많은 주식중개인을 보유하고 있다고 믿었다. 오닐은 전형적인 과업중심적인 리더였다. 냉정하고 계산적이며 냉담하고 무정한 사람으로 묘사되었다. 2003년에 오닐은 열성껏 비용을 줄였으며 24,000명의 근로자들을 해고하고 300개 이상의 지역 사무실의 문을 닫았고 그의 가장 가까운 부하직원의 상당수를 포함하는 수십 명의 노련한 관리자까지 해임시켰다. 그 후에 그들은 그를 속이고 그를 교체시키기 위해서 이사회에 로비를 하였다. 그럼에도 불구하고 오닐은 순이익을 2002년에 2억 5천만 달러에서 2005년에 5억 2천만 달러로 급등시키면서, 메릴린치에 인상적인 전환점을 만들어냈다.[31)]

피들러 이론의 가장 큰 가치는 바로 리더를 상황에 부합시킨다는 것을 옹호하고 있으며, 그것은 어느 정도의 직관적인 호소성을 가지고 있다는 것이다. 이 이론의 결점은 그것이 간소화된 것처럼 보인다는 것이다. 행동주의적 이론들과 같이 그것이 확대되면서 리더십의 행동을 두 가지 큰 타입으로 분류하는 것은 공인되지 않은 일반화처럼 보인다. 게다가 인간중심과 과업중심적인 스타일로 나눈 리더의 구분은 때로는 같은 리더가 두 스타일들의 요소들을 보여줄 수 있다는 사실을 무시하고 있다. 피들러의 이론은 또한 상황을 변화하는 데 성공한 리더들(메릴린친에서 스탠리 오닐이 해왔던 것처럼)은 아마도 새로운 상황에 더욱 접합한 또 다른 리더로 대체되어야만 한다고 주장하고 있다. 그러나 그를 제거함으로써 오닐과 같은 효과적인 리더에게 '처벌'을 주는 것은 비현실적인 것처럼 보인다. 왜냐하면 그는 좋지 않은 상황을 더욱 좋게 변화하도록 성공적으로 임무를 해왔기 때문이다. 마지막으로, 피들러는 리더는 그들의 스타일을 변화시킬 수 없다고 가정하지만 모든 사람들이 이에 동의하는 것이 아니다. 우리가 살펴보게 될 다음 관점인 목표-경로이론은 리더들이 그들의 스타일을 한 상황에 부합할 수 있도록 변화시킬 수 있다는 것을 주장한다.

사랑스럽지는 않지만, 냉정을 잃지 않는 스탠리 오닐은 그의 대인관계 기술에 대해서는 낮은 점수를 받는 과업중심적인 리더이다. 냉정하고 냉담하며 무정한 경리담당자로 묘사되지만 오닐은 그럼에도 불구하고 2001년과 2005년 사이에 기록적인 수준까지 수익을 끌어올리고 비용을 줄이면서 메릴린치에 인상적인 전환점을 만들어냈다. 보도에 의하면 오닐은 "무정함이 항상 나쁜 것은 아니다"라고 말해왔다.

// 목표-경로이론

목표-경로이론은 가장 복합적인 리더십이다. 피들러의 이론처럼 목표-경로이론은 상황중심적 이론이다. 그것은 가장 좋은 리더십 스타일은 상황에 따라 의존한다고 언급한다. 피들러의 이론과 다르게 경로-목표이론은 리더들을 상황에 맞게 부합시키기 위해 그들의 스타일을 변화시킬 수 있다는 가정에 근간하고 있다. 예를 들면, 목표-경로이론은 메릴린치에 감명깊은 전환점을 만들면서 스탠리 오닐은 더욱 인간중심적인 스타일을 포함한 다른 행동을 채택함으로써 효과적인 리더가 되기를 지속할 수 있다고 주장한다.

효과적인 리더십 목표-경로이론의 핵심전제는 리더들이 부하직원들의 목표를 달성하기 위해 따라야만 하는 '경로'를 명백화시킴으로써, 그리고 조직의 목표를 향하여 부하직원들이 일을 할 수 있도록 동기부여하는 보상을 제공하고 확인함으로써 부하직원의 성과를 증대시킬 수 있다는 것이다. 경로를 명백히 한다는 것은 부하직원들과 함께 일하는 리더들은 그들을 목표성취까지 이끌 행동을 배우거나 확인할 수 있도록 돕는 것을 의미한다. 다시 말하면, 그들은 부하직원들에게 멘토와 코치를 한다. 경로를 분명히 한다는 것의 의미는 리더들이 문제를 처리하고 부하직원들이 그들의 목표를 달성하는 것을 어렵게 만드는 장애물들을 제거하는 것을 말한다. 예를 들면, 그들은 과도한 모임과 같은 불필요한 과업들을 제거하면서 부하직원들은 중요한 업무에 집중할 수 있게 된다. 보상의 확인과 제공은 리더들이 그들의 부하직원들이 목표달성을 향하여 일을 할 수 있도록 무엇이 동기부여할 것인가를 확인하고, 적절한 보상을 적합한 장소에 제공하는 것을 의미한다.

저자는 학술부서의 장으로서, 한때 23명의 서로 다른 학부 구성원들을 이끌어야만 했다(심지어 가장 좋은 상황에서도 어려운 제안이었다!). 경로를 명백화시키는 것은 다른 학부 구성원들이 좋은 성과평가를 얻을 수 있도록 그들 모두에게 요구되는 것과 경영대학원이 순위에 의해서 측정됨에 따라 학술협회에서 그 위치를 향상시킬 수 있도록 요구되는 것을 그들에게 이해시킬 수 있도록 도와주는 것과 관련된다. 지속적으로 강조되는 것은 최고의 학술간행지에 연구논문을 게재하는 것과 그들의 강의평가에서 훌륭한 교육평가를 받아내는 것을 요구한다. 시간 또한 신참부서 구성원들을 그들의 연구와 교육평가를 향상시키기 위해 코치를 하게 되면서 소비된다. 경로를 분명히 하는 것은 그들의 목표를 달성하기 위한 업무를 방해하는 장애물들을 제거하는 것과 관련이 있다. 예를 들면, 근무해야 하는 위원회부서 구성원들의 수를 줄이는 것을 말한다. 보상의 확인과 제공은 부서 구성원들을 목표달성을 향해 더욱 열심히 일할 수 있도록 동기부여하기 위한 봉급인상, 승진과 상금을 포함한 적절한 인센티브를 찾아내고 사용하는 것을 의미한다.

리더십 스타일 목표-경로이론은 네 가지 다른 리더십 스타일을 설명한다(그림 15. 4를 참조).[32]

> **지시적인 리더십**
> 리더가 부하직원들에게 정확히 그들이 해야 되는 것, 그들에게 업무들을 수행함에 있어 관련된 목표, 구체적인 업무, 지침서를 제공하는 것 등등을 알려줄 때 발생

첫째, **지시적인 리더십**(directive leadership)이 있다. 그것은 리더가 부하직원들에게 정확히 그들이 해야 되는 것, 그들에게 업무들을 수행함에 있어 관련된 목표, 구체적인 업무, 지침서를 제공하는 것 등등을 알려줄 때 발생하게 된다. 지시적인 리더십은 본질적으로 앞서 의논한 과업중심적인 리더십 개념과 같다.

> **후원적인 리더십**
> 리더가 가까이 하기 쉽고 친밀하면서 직원들의 복리후생에 관심을 보이고 그들을 동등하게 대우해주는 리더십 스타일

두 번째 리더십 스타일은 **후원적인 리더십**(supportive leadership)이다. 그것은 리더가 가까이 하기 쉽고 친밀하면서 직원들의 복리후생에 관심을 보이고 그들을 동등하게 대우해주는 리더십 스타일로 정의될 수 있다. 후원적 리더십은 인간중심적인 리더십과 유사하다.

세 번째 리더십 스타일은 **참여적인 리더십**(participative leadership)으로 알려져 있다.

참여적인 리더십
리더가 그의 부하직원과 상담을 하며, 의사결정 전에 그들의 의견을 묻는 리더십 스타일

성과중심적인 리더십
리더가 부하직원들을 격려하면서 그들이 더욱 큰 책임감을 지닐 수 있게, 그들에게 높은 목표를 설정하고 그들의 수행능력에 높은 기대감을 가지고 있으며, 그들에게 신뢰감을 표현할 때 발생

그것은 리더가 그의 부하직원과 상담을 하며, 의사결정 전에 그들의 의견을 묻는 것을 말한다. 참여적인 리더는 부하직원들이 의사결정을 하고 그들의 의견을 의사결정과정에 투입시킬 수 있도록 용기를 복돋아준다.

성과중심적인 리더십(achievement-oriented leadership)으로 알려져 있는 네 번째 리더십 스타일은 리더가 부하직원들을 격려하면서 그들이 더욱 큰 책임감을 지닐 수 있게 그들에게 높은 목표를 설정하고 그들의 수행능력에 높은 기대감을 가지고 있으며, 그들에게 신뢰감을 표현할 때 발생한다.

상황성 경로-목표이론은 리더가 그의 리더십 스타일을 바꿀 수 있다고 주장한다. 그리고 그 두 가지 중요한 상황성은 리더십 스타일의 가장 좋은 선택으로 (1) 부하직원들의 개인적 특성과 (2) 업무환경의 속성(그림 15. 4 참조)을 지적한다. 부하직원들의 개인적 특성은 능력, 기술, 욕구와 종업원들의 동기부여와 같은 요인들을 포함한다. 예를 들면, 대학의 연구원은 높은 수준의 자존감을 가진 유능하고 자기 동기부여적인 개인들이다. 그럼으로써 그들은 지시적인 리더십에 불충분하게 반응하게 된다(그들은 지시를 듣는 것에 분개한다). 반대로 그들은 일반적으로 그들이 리더에게 제공할 수 있는 상당한 전문지식과 경험, 많은 조언들을 가지고 있다는 사실을 인식하는 참여적인 리더십 스타일에 개방적이다. 변호사, 의사와 연구 과학자와 같은 대부분의 전문직 근로자들에 대해 이와 같이 말할 수 있다.

업무환경의 속성은 과업구조(그것은 과업이 잘 정의되어 있고 표준화되었거나 혹은 복잡하고 다양함), 업무집단 또는 팀의 역동성(그것은 팀의 단결력 혹은 분열), 그리고 조직 내의 공식적 권력(그것이 강하거나 약하거나)이다. 예를 들면, 조립라인은 과업구조가 잘 정의되었으며, 표준화되었고 예측 가능하다. 그러한 업무는 단조로울 수 있고 종업원들 사이에서 무관심과 지루함을 유발할 수 있다. 이것에 대처하기 위해, 경로-목표이론은 성과중심적인 리더십을 제안하고 있다. 성과중심적인 리더십을 가진 리더는

그림 15. 4
경로-목표 이론

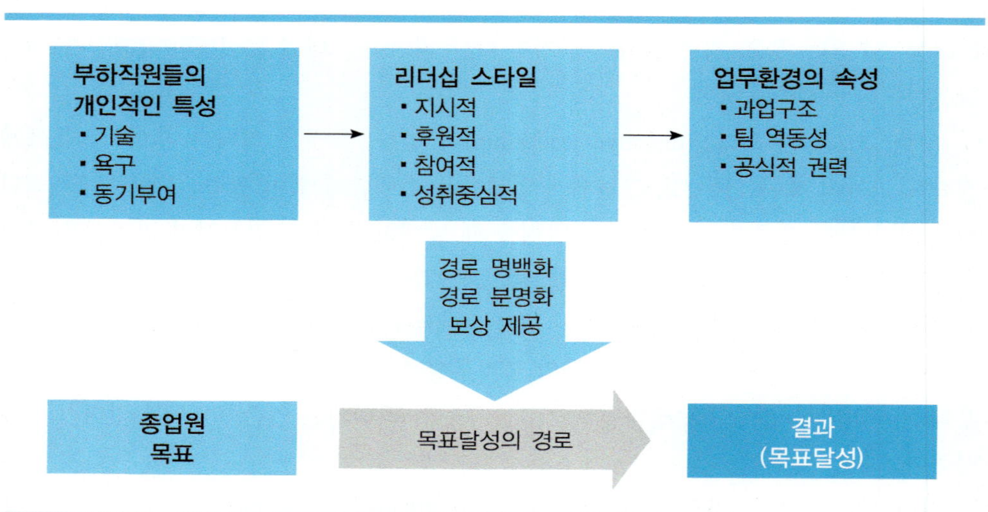

도전적인 목표를 달성하고 그 목표들을 달성하기 위해 부하직원들의 능력에 확신감을 표현으로써 그들을 동기부여한다.

경로-목표이론은 수많은 중요 예측들을 만들어낸다. 첫째, 그 이론은 만약 추종자들의 자신감이 결여되어 있다면 지원적인 리더십은 그들이 목표를 성취할 수 있도록 부하직원들의 자신감을 증대시킬 것이다. 그것은 성과를 향상시키게 된다. 부하직원들의 과업이 모호하다면, 지시적인 리더십이 선호될지도 모른다. 왜냐하면 이것은 부하직원들이 리더를 따라야만 한다는 것을 명백화시키는 것을 도와주며 결과적으로 성과를 향상시키게 되기 때문이다. 만약 부하직원들의 과업이 표준화되었고 무디면 성취중심적인 리더십이 높은 목표를 설정하고 그들의 능력에 확신감을 표현함으로써 그들을 동기부여할 수 있다. 만약 종업원들에게 제공된 보상이 부적절하다면 참여적인 리더십이 리더가 부하직원들의 욕구를 명백화시키고 성과를 향상시키기 위해 보상을 바꿀 수 있도록 도와줄 것이다.

공헌과 제약 경로-목표이론의 장점은 그것이 행동적 이론, 또는 피들러의 이론 중 하나보다 더욱 넓은 리더십 스타일의 다양성을 인지한다는 것이다. 그 인식은 지시적인(과업중심적) 그리고 후원적인(인간중심적) 스타일을 추가하면서 리더들은 효과적인 리더십이 수반하여 일으키는 것의 어떠한 논쟁에 혜택을 덧붙일 수 있는 성취중심적인 리더십 스타일과 참여적인 리더십 스타일을 채택할 수 있다. 몇몇 사람들은 리더들이 그들의 스타일을 직면한 상황에 부합되게 할 수 있는 가정 안에서 또 다른 장점을 보고 있다. 이것은 리더들이 적어도 부분적으로 선천적인 것이 아니라 만들어지는 것임을 내포하고 있다. 이것은 관리자들이 그들의 리더십 능력을 향상시키고자 시도할 때 격려할 수 있는 메시지이다. 또한 경로-목표이론은 어떤 상황에 어떤 스타일이 가장 어울리는지를 예측하고자 한다. 그것은 관리자들이 그들이 어떻게 리드해야만 하는지를 결정하고자 할 때 유용한 정보가 될 수 있다.

반면 경로-목표이론은 약점들을 가지고 있다. 첫째, 한 리더는 동시에 오직 한 스타일만 채택할 수 있다는 함축적인 가정은 단조로워 보인다. 리더가 여기에서 토론한 스타일의 요소들을 결합하는 성공적인 개인적 스타일을 개발할 수 있을지 모른다. 리더는 여전히 가까이 하기 쉽고 친밀하면서(후원적인 리더십), 높은 목표를 설정하며(성취중심적인 리더십), 업무환경을 향상시키는 방법에 대해 종업원들과 상담(참여적인 리더십)하는 와중에 부하직원들에게 특정한 과업들을 수행할 수 있도록 지시할 수 있다. 둘째, 상당한 수의 연구보고서에도 불구하고, 아직 여전히 경로-목표 이론이 효과적인 리더십에 요구되는 것을 확실하게 설명하는지에 대한 강력한 실증주의적인 의견일치가 없다.[33] 경로-목표이론의 많은 가정은 실험해보기에 어렵고 그것들은 여전히 미탐구인 채로 남겨져 있다.

마지막으로, 아마도 가장 심각한 것으로써 경로-목표이론은 리더십 효과성의 좁은 정의를 가지고 있다. 그 이론은 목표를 향한 경로를 명백화하고 확실히 하고 적절한 보상을 적절한 위치에 가져다주는 것에 의해 부하직원들의 동기부여를 증대시키기 위해 리더가 할 수 있는 것에 초점을 맞추고 있다. 리더십 과정에서 잠재적으로 다른 중요한 요인들이 무시되고 있다. 그것은 전략적 비전을 제조함에 있어 리더의 중심적 지위, 리더가 외부적 주주들과의 상호작용의 필요성, 웅변적인 언변을 통한 종업원들에 힘을 불어넣어주는 리더의 능력, 카리스마와 같은 개인적 특성의 중요성, 그리고 예와 같이 리드의 중요성 등이 있다. 그러므로 경로-목표이론은 상당히 통찰력이 있으면서도 단지 효과적인 리더십의 부분적인 정의만을 제공하는 것처럼 보인다.

// 리더십 대체이론

리더십 대체이론
리더십 스타일에 대체자처럼 행동하는 상황성

다양한 상황 속에 다른 리더십 스타일을 추천하고 있는 경로-목표이론과 다르게, **리더십 대체이론**(leadership substitutes)의 접근방법은 리더십 스타일을 대체할 수 있는 상황성을 확인시켜 주고 있다.[34] 대체는 리더십 스타일을 불필요하게 만드는 상황적인 변수(상황성)이다. 이 이론은 과업중심적과 인간중심적인 리더십 스타일을 대체하는 몇 가지 상황성을 확인시키고 있다. 예를 들면, 변호사 또는 의사와 같은 과업을 어떻게 해야 할지 아는 높은 전문성의 부하직원들은 그들의 업무를 구조하는 과업중심적 리더가 필요 없고 무엇을 해야 할지 그들에게 말할 필요가 없다고 주장한다. 게다가 그러한 전문적 부하직원들은 그들의 일로부터 상당한 내재적 만족감을 이끌어내고 높은 수준의 자존감을 가지고 있기 때문에 인간중심적인 리더십 스타일 또한 필요성이 적다고 한다. 다시 말하면, 부하직원들의 이러한 부분의 전문성이 과업 그리고 인간중심적인 리더십 스타일을 대체한다고 말한다. 그러므로 높은 전문성의 인력을 가진 조직에서의 리더는 종종 '동등한 자들 가운데서의 일등'으로 고려되고 그들 자신의 리더십은 조직에 대한 전략적 지침을 제공하고 주주들과의 상호작용에 초점을 맞춘다.

일반적으로, 그들 자신의 행동과 목표달성을 향한 그들 스스로를 리드하는(자기-리더십이라고도 표현하다) 종업원들의 결과를 가져오는 어떠한 상황적 변수들은 혁신적인 과업중심적 그리고 인간중심적 리더십 스타일의 필요성을 감소시킨다. 예를 들면, 성과기반의 보상시스템은 종업원들이 조직적인 목표를 향할 수 있도록 이끌 수 있게 만들며, 그들은 과업중심적인 리더십의 필요성을 대체하거나 혹은 감소시킬 것이다. 이와 유사하게, 단결된 자기-관리적 업무 팀들은 과업과 인간중심적인 리더십을 대체할 수 있다. 단결된 팀에서의 동료들은 계층적인 리더십의 대체자가 될 수 있다.[35] 동료들은 그들에게 팀이 어떻게 일하는지, 과업이 무엇을 수반하고 있는지를 설명하면서 새로운 종업원들을 지도할 수 있다. 그렇지 않으면 동료들은 또한 인간중심적 리더에 의해 제공될 수 있는 사회적 지지를 제공할 수 있다. 게다가 팀의 성과에 연계된 보너스가 지급될 때, 팀 내의 동료들의 공통의 통제와 중심적인 리더십을 대체하면서 행동할 수 있다. 그것은 팀 구성원들과 함께 그들 스스로를 팀 목표를 달성하기 위해 강조하고 서로를 목표에 도달하게끔 열심히 일하도록 격려해줄 수 있다.[36] 그러한 조건들은 토요타, 3M과 뉴코 철강(Nucor Steel) 같은 회사 내에서 보여지고 있다. 이 회사들 모두는 종업원들을 업무과정의 부분에 대해 직접적인 책임을 지도록 하는 자기관리적 팀에 분류시켜 넣는다. 이러한 기업들에서는 팀의 자기관리가 계층적 리더십을 대체하며 회사가 넓은 통제의 범위와 적은 관리층을 가지고 있는 분산된 조직적 구조를 가지고 운영할 수 있도록 해준다.

리더십 대체이론의 사상은 직관적인 호소력을 가지고 있지만 실증적인 증거가 상당히 혼합되어 있다. 몇몇의 연구는 단 소수의 대체자들이 과업 또는 인간중심적인 리더십을 대체하고 있으며, 나머지는 그렇지 못하다고 말하고 있다. 통계적으로 리더십 대체이론의 검증의 혼잡성이 몇몇의 문제점을 설명하고 있다. 그러나 다른 작가들은 제한된 지지가 리더십이 상황에 관련 없이 결정적인 역할을 하고 있다는 증거라고 반박하고 있다.[37] 아마도 기껏해야 우리는 자기관리적인 업무 팀, 자기 리더십, 그리고 적절한 보상시스템과 같은 몇 개의 상황성이 혁신적인 리더십의 중요성을 감소시킬 수 있다고 결론지을 수 있을 것이다.

변혁적 리더십

변혁적인 리더
전략과 조직적인 변화의 대리자인 리더

고든 버튼이 컨티넨탈 항공사를 어떻게 변혁시켰는지의 이야기를 먼저 해보자. 버튼은 변혁적인 리더였다. 그는 컨티넨탈 항공사에 급진적인 변화를 주도했고 그 조직의 성과를 향상시켰다. 버튼과 같은 **변혁적인 리더**(transformational leaders)들은 전략과 조직적인 변화의 대리자이다.[38] 변혁적인 리더들은 곤란에 빠진 조직에 힘을 재차 불어넣어주며 그들에게 새로운 전략적 방향을 제시하고 운영상의 과정과 조직적 구조, 그리고 문화에 대량의 변화를 설계한다. GE의 잭 웰치, 고든 버튼, IBM의 루 거스너, 뉴욕경찰부서의 윌리암 브래턴과 같은 사람들, 즉 현시대에서 가장 칭송받는 비즈니스 리더의 몇몇은 변혁적인 리더로 묘사되고 있다.

최근 수십 년간 리더십 전문가들은 변혁적 리더십의 중요성을 인식하는 데 이르게 되었다. 변동성이 심한 현세계에서 오래된 장수조직에서는 정기적으로 새로운 기술을 이용하는 새로운 라이벌로부터의 공격에 대항하는 그들의 경쟁적인 위치와 시장점유율을 얻을 수 있는 새로운 사업모델들을 찾고 있다. 만약 설립된 조직들이 그러한 도전에 직면하여 벗어나고자 하면 그들은 그들의 전략, 조직, 그리고 운영에 상당한 변화를 가져와야 하고 그것은 변혁적 리더십을 요구하고 있다. 그러므로 한때 세계에서 가장 수익률이 좋은 기업인 IBM은 1990년도 초기에 그것의 메인프레임 컴퓨터로부터 퍼스널 컴퓨터로 변환되어 버린 컴퓨터산업의 중심적인 자리에서 수십억 달러의 손실을 보게 되었고 산업은 델컴퓨터, 마이크로소프트, 그리고 인텔과 같은 경쟁적인 새로운 라이벌 회사에 의해서 점유되었다. 회사는 IBM에 필요한 만큼의 변화를 수행하기 위해서 루 거스너를 데리고 왔다. 거스너는 아무것도 존재하지 않았던 곳에 거대한 서비스사업을 설치하였고 IBM의 관료제를 더욱 역동적이고 기업가적인 사상을 가진 의견일치 주도의 문화로 대체하면서 IBM을 다시 만들었다.

변혁적인 리더의 중요성을 잘 인식시키기 위해서 종종 그들과 변혁적인 리더들 사

거래적 리더
조직의 현행 목적을 달성할 수 있도록 도와주는 리더

이에서 비교가 이루어진다. **거래적 리더**(transactional leaders)는 조직이 그것의 현행 목적을 달성할 수 있도록 도와준다.[39] 그는 가능한 한 효율적으로 사업을 관리하지만 조직의 방침은 변화시키려고 하지 않는다. 상황성과 행동적 이론들은 일찍이 변혁적인 관점을 채택했다는 것을 보여준다. 그들은 주어진 배경 안에서 종업원의 성과와 만족감을 향상시키기 위한 리더의 행동에 초점을 맞춘다. 이와는 반대로, 변혁적 리더십은 조직의 배경을 변화시키고 전략과 문화를 주위환경에 더욱 적합하게 바꾼다.[40] 변혁적인 리더들은 용기를 부여하는 변화의 대리자들이고 그들은 종업원들이 일련의 새로운 회사의 가치관과 행동들을 따르도록 지시한다.

// 변혁적 리더십의 요소

변혁적인 리더가 되기 위해서는 무엇을 필요로 하는가? 이 주제의 저자는 변혁적인 리더들이 공유하고 있는 것처럼 보이는 수많은 행동들을 확인시켜 주고 있다(그림 15.5 참조).[41]

먼저, 변혁적인 리더들은 그들이 이끌고 있는 조직에 대한 각기 다른 미래를 그리게 된다. 이 새로운 비전은 종종 가치관과 규범에 의해 자리 잡힌 조직의 문화를 포함하여, 조직의 전략과 구조 또는 둘 다의 변화를 가져오게 된다. 고든 버튼은 컨티넨탈 항공사의 다른 전략적 미래를 그렸다. 하나는 예정대로 비행기가 착륙, 이륙하는 것이고 고객이 만족하는 것이었다.

두 번째, 변혁적인 리더들은 지속적으로 이 새로운 비전을 가지고 종업원들과 의사소통을 한다. 그들은 비전이 무엇인지 그리고 그 비전을 실행시키기 위해서 종업원들이

그림 15.5

변혁적인 리더의 행동들

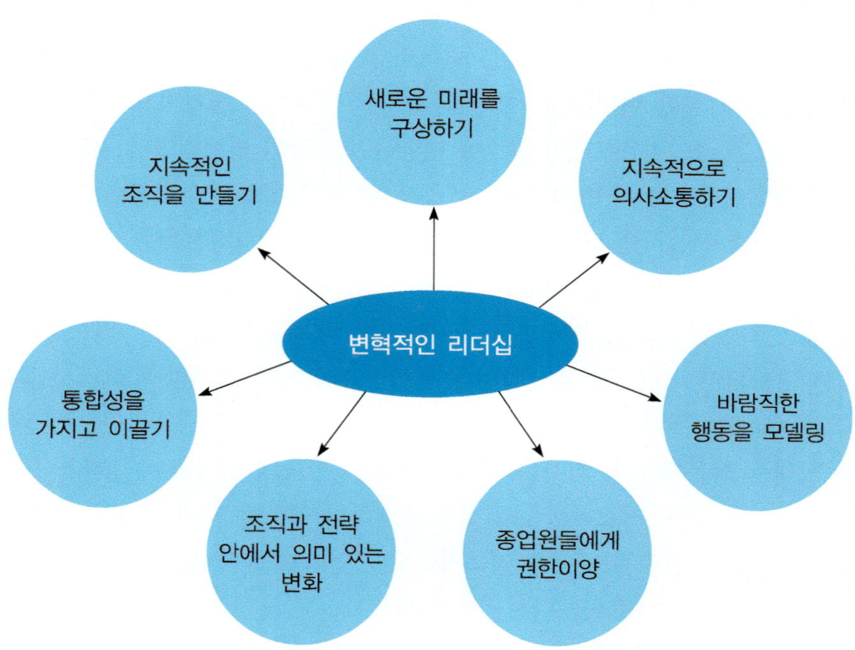

어떠한 가치관을 채택해야만 하는지에 대해서 모든 기회를 이용하여 표명한다. 또한 버튼은 그의 이런 메시지를 컨티넨탈 종업원들에게 전달하기 위해서 할 수 있는 모든 기회를 이용했다. 변혁적인 리더들은 감정적인 호소를 통하여 원대한 목표에 맞춘 메시지 틀을 만들어 종업원들과 다른 회사의 주주들을 사로잡는다. 그러한 틀은 변혁적인 리더들이 공유된 정신적 모델을 설립하게 도와주며 종업원들이 자신의 것으로 채택할 수 있게 해준다.[42] 변혁적인 리더들은 평이한 언어를 능가할 수 있는 상징, 비유, 이야기 그리고 다른 수단을 통해서 그들의 비전을 삶의 일부로 전가시킨다. 비유법은 다른 경험들의 형상을 빌려온다. 그것에 의해 아직 경험해보지 못한 비전 속에 내실 있는 의미를 부여하게 된다.

세 번째, 변혁적인 리더들은 바람직한 행동의 모델을 만든다. 그들은 선례에 따라 이어받아야 할 것과 이끌어야만 하는 것을 인지한다. 그들은 받아들여야 하는 가치관들에 의해 살아간다. 그들은 그들이 이것을 하지 않는다면, 종업원들은 그것들을 심각하게 생각하지 않을 것이고 어떠한 변혁적인 변화의 노력들이 실패하게 될 것이라는 것을 알고 있다. 변혁적인 리더십의 훌륭한 역사적인 이야기들 중 하나로써, 리 아이코카(Lee Iacocca)가 크라이슬러(Chrysler)의 CEO 직책을 인계받았을 때 그 당시 회사는 부도의 위기 직전에 흔들리고 있을 때였다. 그는 잘 알려진 것처럼 회사가 다시 수익을 낼 때까지 그의 봉급을 일 년에 단돈 1달러만 받겠다고 공표했다. 이런 상징적인 행동은 종업원들에게 아주 강력한 메시지를 보냈다. 우리는 조직 안에 함께 있으며 우리는 함께 고통을 받고 번영시켜 나아갈 것이라는 것이다.

네 번째, 변혁적인 리더들은 종업원들이 그들이 표명해온 관대한 전략적 비전을 수행할 수 있도록 그들에게 권한위임을 한다. 컨티넨탈 항공사에서 고든 버튼은 종업원들에게 그가 컨티넨탈의 성과를 향상시키고 그들과 함께 이익을 나누어 갖자고 요청하면서 이 것을 해왔다. GE의 잭 웰치는 '워크아웃'의 방법론을 소개하면서 종업원들에게 권한을 위임했다. 그것은 삼일간의 행사에서 종업원들을 그들의 상관에게 공정개선방안을 제안할 수 있으면서 즉석에서 그 제안에 '좋다', 혹은 '아니다'라고 말해야만 하는 것이다. 잭 웰치는 더 나아가서, 워크아웃 기간으로부터 나온 공정개선방안을 수행함에 있어 성공에 대하여 관리자들에게 보너스를 지급하고자 했다.

다섯 번째, 변혁적인 리더들은 조직의 활동과 구조 안에서 의미 있는 변화를 하고자 한다. 그들은 전략적 비전을 수행하는 데에 필요한 행동들을 증진시키기 위한 조직구조, 통제, 그리고 보상시스템을 변화시키는 것이 중요하다는 것을 보여주기 위해 신속하게 움직인다. 변혁적인 리더들은 구체적인 행동이 없다면, 종업원들은 곧 변화의 노력에 신뢰감을 잃을 것이라고 인지하고 있다. 그들은 조직적인 변화의 노력을 위해 종업원들의 지지를 얻고자 그들이 말하는 것의 의미를 즉각적으로 보여줄 필요가 있다. 고든 버튼은 컨티넨탈의 고객 서비스의 향상과 종업원들의 보너스를 연계시켜 놓았다.

여섯 번째, 변혁적인 리더들은 통합성을 가지고 이끈다. 그들은 사람들이 그들이 믿지 못하는 누군가를 따르지 않는다는 것과 리더가 가질 수 있는 가장 중요한 자산 중에서 공정함과 성실에 대한 평판이 최고라는 것을 인지하고 있다. 사람들은 그들에게 진실을 말해주고(비록 진실이 때때로 가혹할지라도), 윤리적인 방식으로 관리하는 리더를 존경한다. 이것은 변혁적인 리더들이 강경하지 않다는 것을 의미하는 것이 아니라, 그들은 정당한 방식으로 강경하다는 것이다. 만약 그들이 종업원들을 해고시켜야만 한다면, 그들은 왜 그들이 이런 어려운 선택을 해야만 하는지에 대한 이유를 개방적이고 정직한 방식으로 설명하여야 한다. 그러므로 비록 스탠 오닐은 메릴린치의 지도를 인계받았을 때, 상당한 인력감축을 공표함에 있어 조금도 주저하지 않았던 강경한 리더로 알려져 있지만, 그 또한 통합성을 가지고 있는 것으로 간주되어지고 있다.

마지막으로, 변혁적인 리더들은 그들이 떠난 이후에도 효과적이고 효율적으로 계속 운영할 수 있는 지속적인 조직을 만든다. 그들은 개인적 특성의 숭배를 통해서 이끌지 않는다. 그러기보다는 그들은 수십 년 동안 이익을 생산하고 지속시킬 수 있는 새로운 시스템을 만들어 내기 위해서 조직을 재구성한다. 비록 잭 웰치는 2001년에 GE의 CEO 직을 사임하였지만, GE는 아직도 웰치가 설립해놓은 많은 조직을 가지고 있다. 이와 유사하게, 윌리암 브래턴이 뉴욕 경찰국에 도입한 변화들은 비록 그가 1990년에 떠났지만, 오늘날까지 지속되고 있다. 훌륭한 변혁적 리더들은 조직을 설립하고, 한 번 들어오게 되면 그들의 업무를 계속할 수 있는 사람들을 개발시켜냄에 의해서 그 자신들을 이후에도 불필요하게끔 만들 수 있다.

우리는 변혁적인 리더들이 카리스마적이라고 말하지 않았다는 점에 주목해야 한다. 그들은 카리스마적일지도 모르지만 그들은 그렇게 되지 않는다. 카리스마는 리더에게 권한을 추종자들에게는 영향을 주는 개성적 특성이다. 반면에 변혁적인 리더십은 관리자들이 변화과정을 이끌어내기 위해 사용하는 일련의 행동들이다.[43] 카리스마적 리더들은 선천적이지만, 변혁적 리더십의 측면들은 학습될 수 있다. 그러나 변혁적인 리더들은 조직에 대한 차별적인 전략적 미래를 구상해낼 수 있는 높은 지능과 우수한 합리적인 능력을 얻는다. 그리고 적어도 지능은 한 특성이라 할 수 있다. 많은 성공적인 변혁적인 리더들은 효과적이지만 카리스마적은 아니다. 비록 리 아이오카와 잭 웰치는 카리스마적이었지만, 루이스 거스너와 윌리암 브래턴은 아니었다. 그러나 그들 모두 그들이 이끌었던 조직 안에서 상당하고 지속적인 변화를 이루었다.

// 변혁적 리더십의 평가

변혁적인 리더십의 개념은 넓은 호소성을 가지고 있고, 그것은 아마도 오늘날의 리더십의 가장 인기 있는 관점일 것이다. 게다가 보고서는 변혁적 리더십이 중요한 차이를 낳을 것이라고 주장한다. 부하직원들은 변혁적인 리더 아래에서 더욱 만족할 것이고 그들의 조직에 큰 헌신을 가져올 것이다. 그들은 또한 더욱 더 열심히 수행하고 조직적 시민정신의 행동에 참여하고 더욱 창의적인 의사결정을 하는 경향을 보인다.[44] 그러나 변혁적인 리더십의 개념은 수많은 도전을 맞게 된다.

한 가지 문제점은 몇몇의 연구자들은 리더 성공의 관점으로 변혁적인 리더십을 정의함에 있어 순환적 논리를 사용한다.[45] 그들은 리더들이 변혁적이라고 부르는 특정 행동들에 연관되어 있을 때보다는 변화를 성공적으로 가져올 때에만 리더들이 변혁적이라고 주장한다. 또 다른 염려는 몇몇의 연구자들은 변혁적인 리더들을 상황성에 근원하는 접근법이라기보다는 보편적이라고 표현한다. 그러나 최근에는 연구자들이 변혁적인 리더십이 다른 것들보다 몇몇의 상황 속에서 가장 적절한 것으로 보인다는 생각을 탐구하기 시작하고 있다.[46] 변혁적인 리더십은 조직이 곤경에 빠졌을 때 그리고 그들의 성과를 향상시키고 변화하는 환경에 적응할 때 가장 적절해 보인다. 안정된 환경에 기반을 두는 조직에게는 그것이 가장 잘 성과를 내고 변혁적인 리더십이 바로 좋을 것이다. 사실, 능률적인 기계를 바꾸려고 하는 변혁적인 리더는 이점보다는 손해가 더욱 많을지도 모른다.

리더십에서의 성별 차이

지난 30년간 조직 내에서 리더십의 역할을 맡은 여성 수의 급격한 증가를 보여 왔다. 노동 통계청에 따르면 1972년에 미국 내에서 여성이 운영진의 18퍼센트를 차지했었다. 그러나 2002년에는 이 수치가 46퍼센트까지 증가해 왔다.[47] 그러나 여성은 여전히 조직 내에서 가장 높은 계층에서는 대표적이지 못한다는 사실을 지적해야만 한다. 2003년에는 미국 산업의 오직 상급 관리직의 16퍼센트를 여성이 차지할 뿐이다.[48]

직장에서의 여성의 꾸준한 증가는 중요한 질문을 제기하고 있다. 여성은 남성보다 차별적으로 리드를 하는가? 몇몇의 작가들은 그렇게 생각한다. 그들은 여성은 더욱 인간중심적이고 참여적인 리더십을 포함하는 상호작용적인 스타일을 가지고 있다고 주장한다.[49] 그들은 또한 여성들이 그들의 리더십 위치에서 더욱 관계지향적이고 협동적이며, 양육적이고 감성적이라고 믿고 있다. 그들은 이러한 자질들은 여성들이 특히 회사가 조건과 근로자와 관계를 더욱 강조하기를 채택하고자 할 때 리더십 역할에 더욱 적합하게 만든다고 주장한다. 이러한 주장들은 성별 역할의 고정관념과 일치한다. 즉, 남성들은 더욱 과업중심적이고 반면에 여성들은 더욱 인간중심적이라는 것이다.

이러한 고정관념은 사실인가? 여성들은 더욱 인간중심적이고 참여적인 리더십 스타일을 채택하는가? 이 답변들은 상대적으로 아닐 수도 맞을 수도 있다. 직장에서의 리더십 연구들은 일반적으로 남성과 여성의 리더들은 과업중심적이거나 인간중심적인 리더십이 그들의 수준에서 차이를 가져오지 않는다고 밝혀내왔다. 이에 대한 주요 해명은 실제 세상의 직업들은 남성과 여성들의 직업 현직자들로부터 유사한 행동들을 요구하고 있다는 것이다.[50]

그러나 여성들은 그들의 남성 상대자들보다 더욱 쉽게 참여적인 리더십을 채택하고 있다. 한 가지 가능성 있는 이유는 여성들은 종종 더욱 참여적이고 남성들에 비해서 더욱 평등주의적이거나 덜 지위중심적으로 흔히 자라기 때문이다. 또한 여성들이 더욱 많이 대인관계 기술을 남성들보다 상대적으로 더욱 크게 참여적인 리더십 스타일로 전환해 사용한다는 다소의 증거가 있다. 세 번째 설명은 부하직원들은 그들 자신의 성별 고정관념에 기반을 두어, 여성 리더가 더욱 참여적이기를 기대한다는 것이다. 그래서 여성 리더들은 어느 정도까지 이러한 추종자들의 기대에 부응하게 된다.

몇몇의 최근 조사보고서에서 여성들은 코치, 팀워크, 그리고 종업원들에게 권한이양과 같은 리더십 자질들에 대해서 남성보다 더욱 높은 등급을 받았다.[51] 그러나 보고서는 또한 여성들이 리더십스타일의 전 범위를 적용하고자 할 때, 특히 더욱 지시적이고 전제적인 접근방법일 때, 부정적으로 평가를 받는다고 주장하고 있다. 그러므로 아이러니하게도 여성들은 동시대의 리더십 역할에 아주 적합할 것이다. 그러나 추종자들이 가지고 있는 리더의 고정관념과 성별 고정관념을 통한 리더십에 대한 제약을 계속적으로 직면하고 있다.[52] 전반적으로, 추종자들은 리더가 어떻게 행동해야만 하는지에 대해서 기대감을 가지고 있고, 이러한 기대감으로부터 멀리 벗어난 리더들은 그들의 부하직원들로부터 부정적인 평가를 얻을 것이라는 사실에 남성과 여성 리더들 모두는 주의해야만 한다.

결 론 왜 중요한가?

왜 리더십 연구가 포부를 가진 관리자들에게 중요한가?

첫 번째, 우리가 제1장에서 언급했던 것처럼, 리더십은 경영의 중추적인 기능이다. 효과적으로 되기 위해서는, 관리자들은 리드해야만 한다. 부하직원들은 그들의 관리자가 리드해주길 기대한다. 그리고 만약 관리자가 전략화, 계획, 통제, 조직화, 그리고 종업원들을 개발시키고자 한다면 그들은 이러한 예외들을 충족시켜주어야만 한다. 게다가 조직 내에서의 진보는 리더십 기술들을 요구하고 있다. 만약 당신이 부하직원들을 리드할 수 있다고 증명해 보이지 못한다면, 조직을 운영하거나 그것의 작은 단위 중의 하나도 이끌지 못할 것이다.

두 번째, 무엇이 효과적인 리더를 만드는가를 배우는 것은 중요하다. 우리는 리더들이 여러 일들을 끝맺고 부하직원들과 다른 상황성에 영향을 주기 위해 권한을 사용하는 데 능숙하다는 것을 보아왔다. 비록 지능과 카리스마와 같은 개인적 특성들은 몇몇의 성공적인 리더에게만 정의될지도 모르지만, 효과적인 리더의 특성들 중 많은 것들은 학습될 수 있으며, 연습을 통해서 향상시킬 수 있다. 리드하는 방법을 배우는 것은 가능하다. 그러한 전략적인 사고와 감성적인 지능과 같이 학습될 수 있는 역량들은 잠정적으로 리더십 성공의 중요한 예측지표이다.

우리는 또한 그것이 관리자들이 그들의 리더십 스타일을 바꾸고 그들을 상황들에 적합시킬 수 있도록 보답해준다는 것을 보아왔다. 몇몇의 상황들은 더욱 과업중심적인 리더십을 요구하고, 다른 것들은 더욱 인간중심적인 리더십을 요구하고 있다. 그러나 만약 경로-목표 이론이 정확하다면, 관리자들은 이렇게 다양한 리더십 스타일과 연관된 기술들을 배울 수 있고 그들이 직면한 상황에 적합시키기 위해서 그것들의 사용을 그들 방식으로 맞출 수가 있다. 마지막으로, 우리는 관리자가 리드하는 회사의 전략과 조직구조 또는 작은 단위까지 변화시킬 수 있는 변혁적인 리더가 되기 위해 무엇이 필요한지 살펴보았다. 이것은 학습할 수 있고 경험을 통해 연마할 수 있는 일련의 행동들을 요구한다. 이 장의 중심적인 메시지는 바로 당신은 리더로서 당신의 효과성을 향상시키는 방법을 배울 수가 있다는 것이다.

Management Challenges

1. 권한과 영향의 이해가 리더십 성공에 대해 결정적인가? 만약 그렇다면 그 이유는 무엇인가?
2. 이 장 안에서 우리가 메릴린치의 CEO인 스탠리 오닐에 대해 토론했다. 무엇이 스탠리 오닐을 효과적인 리더로 만들었는가?
3. 인간중심적과 과업중심적인 리더 둘 다 되는 것이 가능한가?
4. 이 장에서 소개를 했던 컨티넨탈 항공사의 전 CEO인 고든 버튼의 리더십 스타일은 어떻게 특성화시킬 것인가?
5. 훌륭한 리더는 선천적으로 태어나는 것인가, 아니면 훌륭한 리더가 되는 방법을 학습하는 것이 가능한가?
6. 2005년 2월 휴렛 팩커드(Hewlett-Packard)의 CEO인 칼리 피오리나(Carly Fiorina)는 휴렛 팩커드의 이사진들에 의해서 추방되었다. 연구서를 통해 보면, 피오리나의 리더십 스타일(휴렛 팩커드에서의 그녀의 재임기간 중 토의된 당시에 공개된 몇몇의 사설들)에 대한 무엇을 찾아내려고 한다. 당신은 그것을 어떻게 특성화시킬 것인가? 그녀는 효과적인 리더였는가? 왜 당신은 그녀가 사임하도록 요청받았다고 생각하는가?

Management Portfolio

한 기업을 선택하여 다음을 살펴보시오.

1. 당신은 전문경영인의 리더십 스타일에 대해서 무엇을 알아 낼 수 있는가? 당신은 그의 리더십 스타일을 어떻게 특성화시킬 수 있는가?
2. 그가 채택해온 리더십 스타일은 조직이 직면한 상황에 적합한가?
3. 당신은 효과적인 리더로서 CEO를 특성화시킬 수 있는가? 그것에 관하여 그의 성공과 결점을 어떻게 설명할 것인가?

마·침·사·례 앨런 래플리(A.G. Lafley)

앨런 래플리(A.G. Lafley)가 2000년 거대한 소비재 상품인 프록터앤갬블(Procter & Gamble)의 지휘를 맡았을 때, 주식가격은 4달러까지 떨어졌다. 금융시장에서는 래플리가 CEO의 직위까지 오르는 것에 대해서 주목하지 않았다. 1977년 장난감 세척제 용액의 브랜드 보조자로서 프록터앤갬블에 입사를 시작했던 래플리는 CEO의 전설을 만들 만한 어떠한 것도 가지고 있는 것처럼 보이지 않았다. 헝클어진 백발과 철사테가 있는 안경, 그리고 로저스(Mr. Rodgers)의 품행을 가지고 조용하며, 억제된 인상, 얌전한 그는 비전적이고 역동적인 전형적인

CEO이기보다는 사려 깊은 대학교수 같아 보였다. 인물 소개란에서 포천(*Fortune*)의 한 기자는 래플리를 "입담가가 아니라 경청자일 뿐이다. 그는 경외심을 품게 하지 않고 호감이 가는 인상이다. 그는 식료품 상점의 청소하는 구역에서 흥분하는 그러한 종류의 남자이다. 그는 그의 일원들을 장황한 연설과 눈부신 언약으로가 아니라, 단지 동시에 한 번 그들의 말을 들어줌으로써 그들을 결속시킬 것이다. 이것은 아마도 약간 어리석은 짓이다."라고 묘사했다.[53)]

CEO 같지 않은 CEO 대단한 경청자인 앨런 래플리(A.G. Lafley)는 다른 유명한 CEO들의 강한 카리스마적인 성격이 결여되어 있다. 그러나 그는 불경기 이후에 회사가 운영 성과를 향상시킬 수 있도록 추진하는 데 도움을 주면서, 프록터앤갬블(Procter&Gamble)의 효과적인 리더가 되어 왔다.

어리석거나 아니거나, 래플리는 힘에 겨운 일을 맡게 되었다. 그의 선임자인 두크 재거(Durk Jager)는 프록터앤갬블에서 17개월의 임기를 버텼지만 미미한 성과를 향상시키는 것조차 실패했다. 프록터앤갬블은 십년 동안 다수가 고려할 만한 거대한 소비재 상품회사의 핵심인 새로운 브랜드를 출시하기 위해서 분투해왔다. 상황이 계속 악화되면서 프록터앤갬블의 15개의 최상위 브랜드의 절반이 시장점유율을 잃어갔고, 종업원들의 사기는 항시 낮은 상태였다.

래플리는 그가 재빨리 움직여야만 한다는 사실을 깨달았다. "나는 사람들을 집중시키기 위해서 재빨리 움직여야만 한다. 나는 모든 사람들이 회사 주식이 절반까지 떨어지는 것을 앉아서 보기를 원하지 않는다."[54)] 래플리의 첫 번째 행동 중 하나는 '내가 믿고 있는 10가지 것들'의 선언서를 공포한 것이었다. 목록 중에서 가장 첫 번째 것은 '고객이 왕이다'에 따른 '지도의 변화'이다. 래플리는 또한 프록터앤갬블이 그동안 회사가 오랫동안 무시해왔던 새로운 상품의 아이디어를 위해서 그 자신의 조직의 바깥 외부를 돌아볼 시간이 왔다고 신호를 보냈다.

래플리가 보았던 것처럼 프록터앤갬블은 급진적인 개선을 필요로 하지 않았다. 단지 타이드(Tide)와 팸퍼스(Pampers)와 같은 기본적 브랜드를 더욱 많이 팔기 위해 초점을 맞출 필요가 있을 뿐이었다. 그는 프록터앤갬블의 10개의 베스트 판매 브랜드를 선택하고 그것들 각각의 판매량을 10억 달러 이상이나 창출해냈으며, 그리고 그는 그의 관리자들에게 더욱더 판매에 열중하라고 말했다. 이러한 브랜드들은 프록터앤갬블의 자원의 대부분을 차지할 것이다. 그것은 모두가 이해할 수 있는 메시지였다. 타이드의 판매 증진은 다음 훌륭한 브랜드의 창조보다 더욱 쉬웠다. 몇 년 동안 프록터앤갬블은 새로운 브랜드의 창조에 분투해왔지만, 그러나 AlWays(여성을 위한 생리대)를 가지고 큰 히트를 쳤던 1983년 이후로 새로운 블록버스터는 소개되지 못했다. 지금 래플리는 그들이 가지고 있는 것의 한 가지 과업을 더욱 많이 판매하라라고 관리자들에게 말했다.

래플리는 더욱 나아가서 그의 관리자들에게 고객들이 원하는 것을 자세히 경청하면서 프록터앤갬블의 이미 정착된 브랜드에 가치를 더욱 추가시키라고 강조했다. 이러한 접근방식은 효과를 보았다. 예를 들면, 소비자가 회사의 기저귀를 사용하는 것을 관찰하면서 프록터앤갬블은 엄마들이 아이들에게 화장실 사용 훈련을 시키는 데 걸리는 시간에 대해서 좌절해왔음을 배웠다. 그래서 프록터앤갬블은 회사의 최고판매량을 보이는 팸퍼스(Pampers)브랜드의 새로운 라인을 개발했다. 'Feel n Learn'의 상급훈련자들은 기저귀를 2분 동안 젖게 유지하고, 아이들에게 화장실 안에서 방울을 울리게끔 하여 알릴 수 있도록 하였다. 그는 또한 관리자들에게 제품의 속성보다는 고객들을 위해서 제품이 무엇을 할 수 있는지 고객들에게 물어보는 것에 초점을 두라고 말했다. 그래서 팸퍼스의 목표는 '가장 잘 마르는 기저귀를 만드는 것'에서 '아이를 위해 엄마들을 도울 수 있는 것'을 개발하는 것으로 변경되었다. 그 결과로, 팸퍼스는 오랜 기간 동안 라이벌이었던 킴벌리클락(Kimberly-Clark)보다 더 많은 시장점유율을 차지하게 되었다.

동시에 래플리는 비용삭감을 위해서 움직였다. 몇 달 안에 그는 9,600개의 일자리를 없앴고, 자원을 소비해 온 몇몇 새로운 상품개발 연구를 폐기하고, 상당할 만한 판매량을 창출하지 못해온 새 상품들을 시장에서 퇴출시켰다. 그는 또한 '지프'와 '크리스코'의 브랜드를 포함하여 전략적으로 적합성이 없다고 본 상품들을 매각시켜 버렸다. 그것은 자원의 선별적 분재의 전형적인 사례였다. 팔리는 것에 주목하고 자원들을 이러한 브랜드에 쏟아 붓고 그리고 나머지는 제거해버린다.

래프리의 비용삭감을 언급하면서 프록터앤갬블의 이사진 중 한 명은 언급했다. "그는 그가 필요할 때 어떻게 규칙을 정해야 하는지 안다. 조용한 사람들은 가장 거칠게 되는 경향이 있다." 정말로 동료 간의 협력관계에 의해서 전통적으로 특성화된 문화 안에서는 래프리는 그의 관리자들에게 그들의 성과를 향상시키라고 강요하는 것에 대해서 소심하지 않았다. 최고관리자들과의 모임에서 매 15분마다, 래플리는 모두의 재무성과를 밝혔다. 그는 "그것은 성과중심적인 사람들을 동기부여시키게 됩니다. 그것에 의해 동기부여되지 않는 사람들에게는 이 회사는 적절한 장소가 아닐 겁니다."[55]라고 말했다.

래플리의 또 다른 목표는 프록터앤갬블 안의 장벽들을 부수고, 서로 다른 부서의 종업원들의 생각을 교환하게 하는 것이다. 그는 다른 부서들의 R&D와 마케팅부서의 사람들은 서로 대화해야 한다고 주장했다. 그것은 그들이 전통적으로 해오지 않았던 것이었다. 이런 생각들에 더욱 빛을 발하게 하기 위해 그는 다른 사람들에게 그들의 생각들을 공유한 부서에게 보상을 했다. 구성원들 사이에서 장벽을 제거하는 중요성을 잘 인식시키기 위해서 래플리는 11층 회장 사무실의 디자인을 재설계했는데, 이는 부서 간 장벽을 제거하는 예로 매우 가시적인 조치였다. 오크나무로 이루어진 구획 벽은 허물어졌고 한때 사무실 내에 장식된 19세기의 그림들은 지역 예술박물관으로 기증하였으며, 그리고 CEO와 다른 상급경영진들은 한 층의 반의 구획을 같이 이용토록 할당되었다. 다른 나머지 반의 구획은 종업원 학습을 위한 센터로 탈바꿈되었다.

래플리는 또한 '아이디어를 위해 외부로 접근해라'의 필요성을 명확히 표명했다. 그의 목표는 그가 인계받았을 때의 20퍼센트 이상으로 외부의 자원으로부터 프록터앤갬블의 새로운 상품들의 절반을 얻는 것이었다. 프록터앤갬블은 경쟁자인 클로록스(Clorox)를 포함해서 새로운 상품들을 개발하기 위해서 다른 회사들과 함께 제휴를 맺기 시작해 왔다. 두 회사는 글래드 프레스(Glad Press)와 실(Seal)의 제품을 공동개발했다. 그리고 이 상품은 'S.C Johnson's Saran Wrap'을 앞지르고 미국에서 가장 잘 팔리는 음식 포장지로 변화시켰다.

래플리 리더십의 결과는 감명적이었다. 프록터앤갬블은 핵심 브랜드들은 탄력을 받아왔다. 2005년에는 회사의 가장 팔 팔리는 20개의 브랜드 중에서 19개가 전부 시장점유율을 높였다. 비용은 떨어졌고 판매량과 수익은 상당히 상승해왔다. 2000년에 프록터앤갬블은 400억 달러의 판매량에서 55억 3천만 달러의 수익을 가져왔다. 2005년에는 570억 달러의 판매량에서 104억 달러의 수익을 가져왔다. 주식가격은 같은 기간에 비해서 두 배로 뛰었다.[56]

토론문제

1. 당신은 어떻게 앨런 래플리(A.G. Lafley)의 리더십 스타일을 특성화시킬 것인가 – 인간중심적인가 아니면 과업중심적인가?
2. 앨런 래플리는 어떤 리더십 역량을 가지고 있는가? 그에게 부족해 보이면서 종종 강한 리더들과 연관된 역량은 어떤 것인가?
3. 래플리는 프록터앤갬블의 전략과 문화를 어떻게 변화시켰는가? 당신은 변혁적인 리더, 아니면 거래적인 리더로서 래플리를 특성화시킬 것인가?
4. 앨런 래플리의 이야기는 당신에게 효과적인 리더들의 속성과 스타일에 대해서 무엇을 알려주고 있는가?

❋ 주석 | Endnotes

1. G. Bethune, "From Worst to First," *Fortune,* May 25, 1998, pp. 185–89; B. O'Reilly, "The Mechanic Who Fixed Continental," *Fortune,* December 20, 1999, pp. 176–83.
2. G. Yukl and R. Lepsinger, "Why Integrating the Leading and Managing Roles Is Essential for Organizational Effectiveness," *Organizational Dynamics* 34, no. 4 (2005), pp. 361–75.
3. W. Bennis, *Why Leaders Can't Lead* (San Francisco: Jossey-Bass, 1989).
4. J.P. Kotter, "What Leaders Really Do," *Harvard Business Review* 68, no. 3 (1990), pp. 103–12.
5. Yukl and Lepsinger, "Why Integrating the Leading and Managing Roles Is Essential for Organizational Effectiveness."
6. D.V. Day and R.G. Lord, "Executive Leadership and Organizational Performance: Suggestions for a New Theory and Methodology," *Journal of Management* 14 (1988), pp. 453–64.
7. S. Lieberson and J.F. O'Conner, "Leadership and Organizational Performance: A Study of Large Corporations," *American Sociological Review* 37 (1972), pp. 91–109.
8. N., Wasserman, B. Anand, and N. Nohira, *When Does Leadership Matter?* Harvard Business School Working Paper 01–063, 2001.
9. Some academics say that these results show that leadership does not matter much because the percentage of variance in profit rates is in their view relatively small. However, a 15 percent variance in profit rates is large when you consider that if a good leader follows a good leader, as is often the case, we would expect no variance at all.
10. Staff reporter, "Exit Bad Guy," *The Economist,* June 20, 1998, p. 70.
11. R.N. Kanungo, "Leadership in Organizations: Looking Ahead to the 21st Century," *Canadian Psychology* 39 (Spring 1998), pp. 71–82; G.A. Yukl, *Leadership in Organizations,* 6th ed. (Upper Saddle River, NJ: Pearson Education, 2006); G.A. Yukl, "Managerial Leadership: A Review of Theory and Research," *Journal of Management* 15 (1989), pp. 251–89.
12. Yukl, "Managerial Leadership: A Review of Theory and Research."
13. W.C. Kim and Mauborgne, "Tipping Point Leadership," *Harvard Business Review* 81, no. 4 (2003), pp. 60–71.
14. Yukl, "Managerial Leadership: A Review of Theory and Research."
15. R.M. Stogdill, *Handbook of Leadership* (New York: The Free Press, 1974), Chapter 5.
16. R.J. House and R.N. Aditya, "The Social Scientific Study of Leadership: Quo Vadis?" *Journal of Management* 23 (1997), pp. 409–73.
17. The interview was to gather information for an executive course the author was teaching at Microsoft.
18. House and Aditya, "The Social Scientific Study of Leadership: Quo Vadis?"
19. D.C. McClelland, *Power: The Inner Experience* (New York: Irvington, 1975).
20. D.R. May et al., "The Moral Component of Authentic Leadership," *Organizational Dynamics* 32 (August 2003), pp. 247–60. The large-scale studies are reported in C. Savoye, "Workers Say Honesty Is Best Company Policy," *Christian Science Monitor,* June 15, 2000; J.M. Kouzes and B.Z. Posner, *The Leadership Challenge,* 3rd ed. (San Francisco: Jossey-Bass, 2002), Chapter 2; J. Schettler, "Leadership in Corporate America," *Training & Development,* September 2002, pp. 66–73.
21. R.J. House et al., "Personality and Charisma in the U.S. Presidency: A Psychological Theory of Leadership Effectiveness," *Administrative Science Quarterly* 36 (1991), pp. 364–96.
22. E.M. Heffes, "Follow These Leaders," *Financial Executive,* April 2005, pp. 20–24; J. Collins, *From Good to Great* (New York: Harper Collins, 2001).
23. P. Salovey, and J. Mayer, "Emotional Intelligence," *Imagination, Cognition, and Personality* 9 (1990), pp. 185–211. See also J.M. George, "Emotions and Leadership: The Role of Emotional Intelligence," *Human Relations* 53 (August 2000), pp. 1027–45.
24. The term was first coined by Salovey and Mayer in 1990. See Salovey and Mayer, "Emotional Intelligence"; D. Goleman, "What Makes a Leader?" *Harvard Business Review,* November–December 1998, pp. 92–105.
25. E.A. Locke, "Why Emotional Intelligence Is an Invalid Concept," *Journal of Organizational Behavior* 26 (2005), pp. 425–31.
26. R. Jacobs, "Using Human Resource Functions to Enhance Emotional Intelligence," in *The Emotionally Intelligent Workplace,* ed. C. Cherniss and D. Goleman (San Francisco: Jossey-Bass, 2001), pp. 161–63.
27. P.G. Northouse, *Leadership: Theory and Practice,* 3rd ed. (Thousand Oaks, CA: Sage, 2004), Chapter 4; Yukl, *Leadership in Organizations,* Chapter 3.
28. A.K. Korman, "Consideration, Initiating Structure, and Organizational Criteria—a Review," *Personnel Psychology* 19 (1966), pp. 349–62; E.A. Fleishman, "Twenty Years of Consideration and Structure," in *Current Developments in the Study of Leadership,* ed. E.A. Fleishman and J.C. Hunt (Carbondale, IL: Southern Illinois University Press, 1973), pp. 1–40; T.A. Judge, R.F. Piccolo, and R. Ilies, "The Forgotten Ones? The Validity of Consideration and Initiating Structure in Leadership Research," *Journal of Applied Psychology* 89, no. 1 (2004), pp. 36–51; Yukl, *Leadership in Organizations,* pp. 62–75.
29. S. Kerr et al., "Toward a Contingency Theory of Leadership Based upon the Consideration and Initiating Structure Literature," *Organizational Behavior and Human Performance* 12 (1974), pp. 62–82; L.L. Larson, J.G. Hunt, and R.N. Osbom, "The Great Hi–Hi Leader Behavior Myth: A Lesson from Occam's Razor," *Academy of Management Journal* 19 (1976), pp. 628–41.
30. House and Aditya, "The Social Scientific Study of Leadership: Quo Vadis?"; Yukl, "Managerial Leadership: A Review of Theory and Research."
31. D. Rynecki, "Putting the Muscle Back into the Bull," *Fortune,* April 5, 2004, pp. 162–67.
32. R.J. House, "Path–Goal Theory of Leadership: Lessons, Legacy, and a Reformulated Theory," *Leadership Quarterly* 7 (1996), pp. 323–52.
33. J. Indvik, "Path–Goal Theory of Leadership: A Meta-Analysis," *Academy of Management Proceedings,* 1986, pp. 189–92; J.C. Wofford and L.Z. Liska, "Path–Goal Theories of Leadership: A Meta-Analysis," *Journal of Management* 19 (1993), pp. 857–76; House and Aditya, "The Social Scientific Study of Leadership: Quo Vadis?"
34. S. Keer and J.M. Jermier, "Substitutes for Leadership: Their Meaning and Measurement," *Organizational Behavior and Human Performance* 22 (1978), pp. 375–403.
35. D.F. Elloy and A. Randolph, "The Effect of Superleader Behavior on Autonomous Work Groups in a Government Operated Railway Service," *Public Personnel Management* 26 (Summer 1997), pp. 257–72; C.C. Manz and H. Sims Jr., *The New SuperLeadership: Leading Others to Lead Themselves* (San Francisco: Berrett-Koehler, 2001).
36. M.L. Loughry, "Coworkers Are Watching: Performance Implications of Peer Monitoring," *Academy of Management Proceedings,* 2002, pp. O1–O6.
37. P.M. Podsakoff and S.B. MacKenzie, "Kerr and Jermier's Substitutes for Leadership Model: Background, Empirical Assessment, and Suggestions for Future Research," *Leadership Quarterly* 8 (1997), pp. 117–32; S.D. Dionne et al., "Neutralizing Substitutes for Leadership Theory: Leadership Effects and Common-Source Bias," *Journal of Applied Psychology* 87, no. 3 (June 2002), pp. 454–64; J.R. Villa et al., "Problems with Detecting Moderators in Leadership Research Using Moderated Multiple Regression," *Leadership Quarterly* 14, no. 1 (February 2003), pp. 3–23; S.D. Dionne et al., "Substitutes for Leadership, or Not," *The Leadership Quarterly* 16, no. 1 (2005), pp. 169–93.
38. B.M. Bass, "From Transactional to Transformational Leadership," *Organizational Dynamics,* Winter 1990, pp. 19–32.
39. V.L. Goodwin, J.C. Wofford, and J.L. Whittington "A Theoretical and Empirical Extension to the Transformational Leadership Construct," *Journal of Organizational Behavior* 22 (November 2001), pp. 759–74.
40. A. Zaleznik, "Managers and Leaders: Are They Different?" *Harvard Business Review* 55, no. 5 (1977), pp. 67–78; W. Bennis and B. Nanus, *Leaders: The Strategies for Taking Charge* (New York: Harper & Row, 1985); R.H.G. Field, "Leadership Defined: Web Images Reveal the Differences between Leadership and Management," in *Annual Conference of the Administrative Sciences Association of Canada, Organizational Behavior Division,* ed. P. Mudrack (Winnipeg, Manitoba, May 25–28, 2002), p. 93.

41. J.M. Burns, *Leadership* (New York: Harper & Row, 1978); B.M. Bass, *Transformational Leadership: Industrial, Military, and Educational Impact* (Hillsdale, NJ: Erlbaum, 1998); B.J. Avolio and F.J. Yammarino, eds., *Transformational and Charismatic Leadership: The Road Ahead* (Greenwich, CT: JAI Press, 2002).

42. J.A. Conger, "Inspiring Others: The Language of Leadership," *Academy of Management Executive* 5 (February 1991), pp. 31–45; G.T. Fairhurst and R.A. Sarr, *The Art of Framing: Managing the Language of Leadership* (San Francisco: Jossey–Bass, 1996); A.E. Rafferty and M.A. Griffin, "Dimensions of Transformational Leadership: Conceptual and Empirical Extensions," *Leadership Quarterly* 15, no. 3 (2004), pp. 329–54.

43. J. Barbuto, J.E., "Taking the Charisma out of Transformational Leadership," *Journal of Social Behavior & Personality* 12 (September 1997), pp. 689–97; Y.A. Nur, "Charisma and Managerial Leadership: The Gift That Never Was," *Business Horizons* 41 (July 1998), pp. 19–26; M.D. Mumford and J.R. Van Doorn, "The Leadership of Pragmatism—Reconsidering Franklin in the Age of Charisma," *Leadership Quarterly* 12, no. 3 (Fall 2001), pp. 279–309.

44. J. Barling, T. Weber, and E.K. Kelloway, "Effects of Transformational Leadership Training on Attitudinal and Financial Outcomes: A Field Experiment," *Journal of Applied Psychology* 81 (1996), pp. 827–32.

45. A. Bryman, "Leadership in Organizations," in *Handbook of Organization Studies*, ed. S.R. Clegg, C. Hardy, and W.R. Nord (Thousand Oaks, CA: Sage, 1996), pp. 276–92.

46. E.S. Pawar and K.K. Eastman, "The Nature and Implications of Contextual Influences on Transformational Leadership: A Conceptual Examination," *Academy of Management Review* 22 (1997), pp. 80–109; C.P. Egri and S. Herman, "Leadership in the North American Environmental Sector: Values, Leadership Styles, and Contexts of Environmental Leaders and Their Organizations," *Academy of Management Journal* 43, no. 4 (2000), pp. 571–604.

47. J. Porterfiled and B.H. Kleiner, "A New Era: Women and Leadership," *Equal Opportunities International* 24, no. 5 (2005), pp. 49–56.

48. S.L. Bellar, M. Helms, and D.E. Arfken, "The Glacial Change: Women on Corporate Boards," *Business Perspectives* 16, no. 2 (2004), pp. 30–38.

49. J.B. Rosener, "Ways Women Lead," *Harvard Business Review* 68 (November–December 1990), pp. 119–25; S.H. Appelbaum and B.T. Shaprio, "Why Can't Men Lead Like Women?" *Leadership and Organization Development Journal* 14 (1993), pp. 28–34; N. Wood, "Venus Rules," *Incentive* 172 (February 1998), pp. 22–27.

50. G.N. Powell, "One More Time: Do Female and Male Managers Differ?" *Academy of Management Executive* 4 (1990), pp. 68–75; M.L. van Engen and T.M. Willemsen, "Sex and Leadership Styles: A Meta-Analysis of Research Published in the 1990s," *Psychological Reports* 94, no. 1 (February 2004), pp. 3–18.

51. R. Sharpe, "As Leaders, Women Rule," *BusinessWeek*, November 20, 2000, p. 74; M. Sappenfield, "Women, It Seems, Are Better Bosses," *Christian Science Monitor*, January 16, 2001; A.H. Eagly and L.L. Carli, "The Female Leadership Advantage: An Evaluation of the Evidence," *The Leadership Quarterly* 14, no. 6 (December 2003), pp. 807–34; A.H. Eagly, M.C. Johannesen-Schmidt, and M.L. van Engen, "Transformational, Transactional, and Laissez-Faire Leadership Styles: A Meta-Analysis Comparing Women and Men," *Psychological Bulletin* 129 (July 2003), pp. 569–91.

52. A.H. Eagly, S.J. Karau, and M.G. Makhijani, "Gender and the Effectiveness of Leaders: A Meta-Analysis," *Psychological Bulletin* 117 (1995), pp. 125–45; J.G. Oakley, "Gender-Based Barriers to Senior Management Positions: Understanding the Scarcity of Female CEOs," *Journal of Business Ethics* 27 (2000), pp. 821–34; N.Z. Stelter, "Gender Differences in Leadership: Current Social Issues and Future Organizational Implications," *Journal of Leadership Studies* 8 (2002), pp. 88–99; M.E. Heilman et al., "Penalties for Success: Reactions to Women Who Succeed at Male Gender-Typed Tasks," *Journal of Applied Psychology* 89, no. 3 (2004), pp. 416–27; A.H. Eagly, "Achieving Relational Authenticity in Leadership: Does Gender Matter?" *The Leadership Quarterly* 16, no. 3 (June 2005), pp. 459–74.

53. K. Brooker, "The Un-CEO," *Fortune*, September 16, 2002, pp. 88–93.

54. Brooker, "The Un-CEO."

55. Brooker, "The Un-CEO."

56. Sources: Brooker, "The Un-CEO"; P. Sellers, "Teaching an Old Dog New Tricks," *Fortune*, May 31, 2004, pp. 166–73; T. Wasserman, "Seizing the Moment of Truth," *Brandweek*, October 10, 2005, pp. M8–M13.

16

// PART 4

리더십과 동기부여

커뮤니케이션

COMMUNICATION

LEARNING OBJECTIVES

이 장을 학습한 후 여러분은

1 커뮤니케이션 시스템의 주요한 요소들의 개요를 말할 수 있다.

2 매체를 메시지와 조화시키는 것이 왜 중요한지를 설명할 수 있다.

3 조직 내에서 정보가 공식적, 비공식적으로 유통되는 채널을 논할 수 있다.

4 조직 내에서 오도된 커뮤니케이션을 유발하는 잡음의 원천을 발견할 수 있다.

5 관리자들이 조직 내에서 커뮤니케이션을 활성화하고 잡음을 제거할 수 있는 방안에 대해서 논할 수 있다.

젠 소렌슨(Jen Sorensen)이 그린 이 만화는 래리 서머스가 여성들이 갖는 본질적 기질에 대한 주장을 잘 표현하였다.

도입사례

2006년 2월 21일에 미국의 전 재무장관인 로런스 서머스(Lawrence Summers)는 하버드대학교의 총장직에서 물러났다. 서머스 문제는 2001년에 그의 취임 직후에 유명한 흑인 학자인 코넬 웨스트(Cornell West)와 대면회합을 가질 때 그가 선거운동을 돕는 수업은 빼먹고 힙합을 강의하였다고 그를 꾸짖기 시작하면서 발생하였다. 웨스트는 서머스가 자신의 교육방식과 학문적 업적을 비난하는 것으로 느끼고 즉시 하버드를 떠나 프린스턴으로 갔다. 그 이후에 서머스는 '의도하지 않았더라도 반 셈족(anti-Semitic)의 결과를 갖는 것'이라고 자신이 이름붙인 바와 같이 일단의 학생들과 교수들로 하여금 하버드가 이스라엘에서 기업 활동을 하는 기업들에 대하여 갖고 있는 지분을 박탈하도록 설득하여 팔레스타인에 대한 처리방식에 항의하는 행동을 함으로써 그는 캠퍼스를 소동의 도가니로 만들었다. 몇몇 교수는 처음에는 서머스를 지지하였지만 서머스가 사용하는 '반 셈족'이라는 용어가 선동적이라고 생각하였기 때문에 그에 반대하는 생각이 점점 강해졌다. 2005년 2월에는 서머스가 남녀의 본질적 기질(intrinsic aptitude)이 다르기 때문에 여자들이 과학이나 수학에서 성공하지 못한다고 발언하였다. 그의 발언은 반대자들의 논란거리가 되었고 성편견이라고 비난받게 되었다. 서머스가 하버드대학교의 총장으로 재직하는 기간 중에 여성에게 주어진 종신재직권 비율이 37%에서 11%로 떨어졌기 때문에 더더욱 서머스는 몰리게 되었다. 서머스는 자신의 부족한 커뮤니케이션 탓으로 돌리면서 사과를 하였다. 그리고 하버드대학교에서 더 많은 여성들이 과학분야로 진출하는 것을 돕기 위하여 5천만 달러를 투입하는 노력을 하였으나 허사였다.[1)]

하버드대학교의 최고 리더의 위치에 있던 로런스 서머스의 낙마는 경영자의 성공과 실패에서 커뮤니케이션 기술이 중요한 역할을 함을 보여준다. 하버드에 있는 많은 사람들이 서머스가 훌륭히 총장 직무를 수행했다고 생각하였다. 서머스는 하버드대학교의 격식에 치우친 문화를 흔들어 바로잡았고 필요한 변화를 강력히 밀고 나갔다고 생각하였다. 그러나 그의 잇따른 커뮤니케이션상의 실언은 그의 노력에서 비롯된 명성을 손상시켰다. '하버드의 규칙(*Harvard Rules*)'의 저자인 리처드 브래들리(Richard Bradley)의 담화 중에서 서머스는 "자신의 청중들을 불쾌하게 하는 기술을 가지고 있는 듯하다. 서머스는 천성적으로 거슬리지 않게 말할 줄 모르는 사람이다."[2] 사실 명석하지만 다소 무모한 서머스는 오래전부터 깊이 생각하지 않고 말하는 습관이 있었다. 1990년대 초반에 세계은행 총재로 있을 때 그는 '유독성 쓰레기를 제3세계 국가들에 수출할 수 있다'는 메모가 공개되어 많은 야유를 유발하기도 하였다(그는 나중에 그 생각은 터무니없이 과장된 메모였을 뿐, 즉 실수라고 하였다).

커뮤니케이션
과정으로서 그 과정에 따라서 정보가 사람들 간에 '이해되고' 교환되는 것

이 장에서 우리는 경영자들이 업무를 수행하는 중에 벌어지는 커뮤니케이션이 야기하는 중요한 역할을 면밀히 살펴볼 것이다. **커뮤니케이션**(communication)은 과정으로서 그 과정에 따라서 정보가 사람들 간에 '이해되고' 교환되는 것이라고 정의한다. 우리는 '이해되는'이라는 용어를 강조하고자 한다. 왜냐하면 전달자가 의도하는 의미를 전달하는 것이 좋은 커뮤니케이션의 본질이기 때문이다. 커뮤니케이션은 경영자 직무의 중요한 부분이다. 헨리 민츠버그(Henry Mintzberg)는 앞서 제1장에서 토의하였던 경영자의 직무에 대한 연구에서 경영자는 매일 80% 정도의 시간을 타인과의 커뮤니케이션에 쓴다고 한다. 그러한 커뮤니케이션에는 대면상황, 전화통화, e-메일, 연설, 문서메모, 그리고 보고서 등을 포함한다.[3]

경영자들은 커뮤니케이션을 통하여 타인들에게 영향력을 발휘한다. 그들은 커뮤니케이션을 활용하여 다음과 같은 일을 한다.

- 목표, 전략, 기대, 경영철학과 가치와 같은 정보를 전달한다.
- 회사의 정책과 프로그램에 대하여 종업원들로 하여금 몰입하게 하거나, 협력 네트워크가 종업원들을 지원하도록 함으로써 협력을 신뢰하도록 한다. 또한 부하직원들이 업무를 잘하고 있음을 상관들에게 납득시키고 이해관계자들에게 영향력을 미치게 한다.
- R&D, 마케팅, 생산부서와 같은 조직 내 여러 부서들 간에 조정을 할 수 있다.
- 래리 서머스가 잘 하지 못하였던 것이지만 세상에 자신들의 좋은 이미지를 만들 수 있다.

로런스 서머스 사례에서 충분히 보았듯이 효과적인 커뮤니케이션은 경영자들에게 주요한 도전이 되고 있다. 커뮤니케이션을 잘하는 사람이 되기 위해서는 바른 매체를 활용하여야만 한다. 사람들은 대면회합, e-메일, 화상방송 등의 방법들과 또 다른 매체들 중에서 어느 것이 자신의 메시지를 더 잘 전달할 수 있는지를 정하여야 한다. 사람들은 자신들의 메시지를 조심스럽게 다루어서 전달하고자 하는 정보의 내용에 면

밀한 주의를 기울여야 한다. 무엇을 공공연히 소통할 것이며 또 어느 것은 사적인 영역에 두어야 할지를 결정하여야 한다. 효과를 극대화하고, 정확한 정보를 전할 수 있는 언어를 선정하고, 그리고 원하는 반응을 이끌어내기 위하여 메시지를 전달하여야 한다. 더구나 경영자는 조직 내외부에서 타인들이 커뮤니케이션하는 정보를 또한 활용하여야 한다. 경영자는 잡음과 메시지의 내용정보를 분리할 수 있어야 하며, 얻어진 정보를 정확하게 처리하여 그것의 참의미를 인식하고 합리적으로 활용할 수 있어야 한다.

우리는 커뮤니케이션 과정에 대한 간단하지만 강력한 모형을 검토해봄으로써 커뮤니케이션 관리에 대해서 토론을 시작하고자 한다. 다음에는 정보를 소통시키는 서로 다른 매체 또는 채널에 대해서 토의하고자 하며, 어떻게 메시지와 채널을 조화시킬 수 있는지에 대해서 고려해보고자 한다. 이것은 조직 내 커뮤니케이션을 검토한 이후에 이루어질 것이다. 계속해서 우리는 수신자들로 하여금 메시지를 잘못 해석하도록 하는 정보과중과 인식편견을 포함하여 커뮤니케이션 장애와 단절에 대해서 토의할 것이다. 우리는 이 장을 마치며 커뮤니케이션을 활성화하기 위하여 경영자들이 무엇을 할 수 있는지에 대해서 토의할 것이다.

커뮤니케이션 과정

[그림 16. 1]에 제시된 커뮤니케이션 모형은 커뮤니케이션 과정에 대한 연구자들의 일반적인 생각이다.[4] 이 모형에 따르면 커뮤니케이션은 송신자와 수신자 사이의 채널을 통하여 흐른다. 송신자는 메시지를 형성한 후에 말, 몸짓, 음성의 강약, 그리고 다른 상징이나 기호로 부호화한다. 그 다음에 송신자는 부호화된 메시지를 수신자에게 한 가지나 그 이상의 커뮤니케이션 채널(매체)을 통하여 전달한다. 수신자는 들어오는 메시지를 인식하고 의미 있는 것으로 해석한다. 항상 그런 것은 아니지만 수신자가 해석한 의미는 송신자가 의도한 것이라면 이상적인 것이 된다.

대부분의 상황에서 송신자는 타인이 전달된 메시지를 수신하고 이해하였다는 증거를 찾는다. 이러한 피드백은 "네, 당신이 말하고자 하는 바를 알겠어요"라고 하는 식의 공식적인 인지일 수도 있거나 수신자의 후속 행동으로부터 수신증거를 간접적으로 확인할 수도 있다. 피드백은 커뮤니케이션 과정을 반복한다는 사실을 주목하라. 의도된 피드백은 수신자로부터 부호화되고 송신자에게 전달되어 다시 수신되고 해석된다.

이 모형에 의하면 한 사람으로부터 다른 사람에게 전달되는 의미는 흔히 **잡음**(noise)에 의하여 변경된다. 잡음은 심리적, 사회적, 그리고 구조적 장애로서 송신자의 의도된 메시지를 왜곡하고 모호하게 한다. 커뮤니케이션 과정의 어떤 부분이 왜곡되거나 깨어지게 되면 송신자와 수신자는 공통된 메시지의 이해를 갖지 못하게 된다. 잡음의 결과는 심각할 수 있다. 언어학자인 데보라 태넌(Deborah Tannen)이 다음 사례를 통해 송신자와 수신자 간의 잘못된 커뮤니케이션을 얘기한다.

잡음
심리적, 사회적, 그리고 구조적 장애로서 송신자의 의도된 메시지를 왜곡하고 모호하게 한다.

그림 16. 1
커뮤니케이션 과정모형

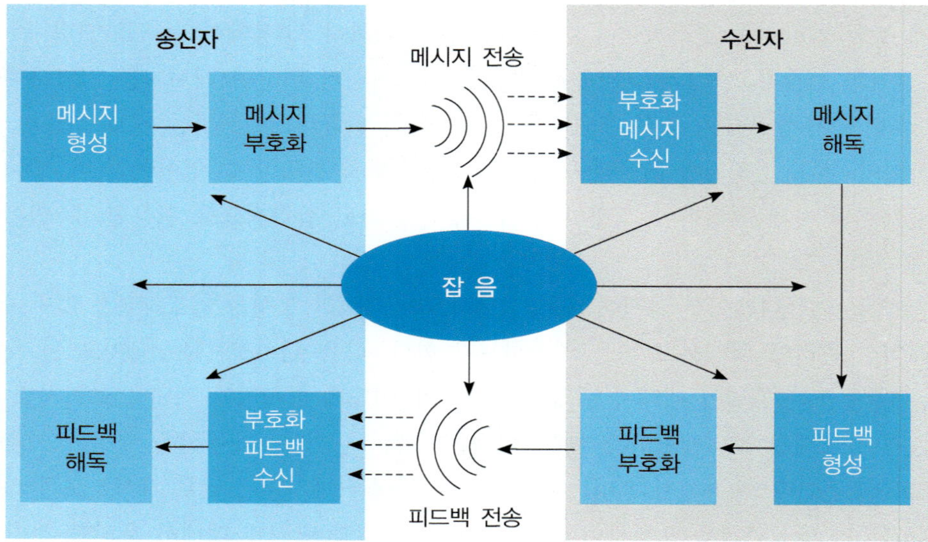

주디 스캇(Judy Scott)은 지난번 직장에서는 관리보조원의 직책으로 일하면서 실제로는 전체 사무실을 아주 잘 운영하였다. 하지만 아이스크림 도매회사의 본사의 지배인 직무는 그녀에게 적임이었기에 면접신청을 하였을 때 그녀는 자신의 경력을 설명할 기회를 면접에서 얻지 못하였다.[5] 면접자만 내내 말하였고 그녀의 계획이 헛되이 그녀는 그 직무를 얻지 못하였다. 스캇은 자신이 전달하고자 하는 메시지를 왜곡시키는 구조적 장벽에 부닥친 것이다. 즉, 면접관이 들으려고 하지 않았다. 래리 서머스도 또한 동일한 잡음이 중요함을 경험하였다. 코넬 웨스트와 대면회합을 가졌을 때 그는 아마도 학자로서 그리고 가장 유명한 흑인 교수 중의 한 사람인 웨스트의 강의를 모욕하려고 하지는 않았으나 코넬 웨스트는 그런 식으로 그것을 이해하였던 것이다. 오도된 커뮤니케이션을 일으키는 잡음은 부분적으로는 서머스가 정확하게 자신의 메시지를 형성하지 않았기 때문이었고, 또 다른 한 부분은 웨스트가 서머스와 면담하러 가는 것을 달가워하지 않고 경솔하고 어리석은 경제학자로부터의 메시지를 부정적인 시각에서 해석하는 심리적인 편견이 있었기 때문이라 할 수 있다.

커뮤니케이션 채널

커뮤니케이션 모형의 중요한 부분이 정보가 전달되는 매체 또는 채널이다. 이러한 채널에는 크게 두 가지 유형이 있다. 하나는 언어적인 것이고 다른 하나는 비언어적인 것이다. 언어적 커뮤니케이션에는 대면회합, 전화대화, 문서로 된 메모 그리고 E-메일 메시지와 같은 구두 또는 문서를 통한 말을 통한 의미전달이 포함된다. 비언어적 커뮤니케이션은 말을 하지 않고 커뮤니케이션하는 것을 의미한다. 여기에서 우리는 언어적·비언어적 커뮤니케이션 채널을 검토해보고 가장 바람직한 채널에 대해서 토의할 것이다.

// 언어적 커뮤니케이션

대면커뮤니케이션은 정보교환에서 가장 풍부한 매체채널(media channel: 전달경로)이다. **매체의 풍부성**(media richness)은 한 가지 채널이 갖는 데이터가 담고 있는 능력을 의미한다. 즉, 송신자와 수신자가 특정한 시간 동안 전달할 수 있는 정보의 다양성과 분량을 의미한다.[6] 대면커뮤니케이션은 구두의 커뮤니케이션에 목소리의 강약, 얼굴표정(들어올려진 눈썹, 미소, 찡그린 표정), 침묵, 자세 등과 같은 중요한 비언어적 단서들이 보충하기 때문에 가장 풍부한 채널이다. 게다가 대면 상호작용은 송신자에게 즉각적인 피드백과 함께 메시지의 감정적 분위기에 적응할 수 있는 기회와 따라서 그에 맞는 내용을 제공할 수 있다.

매체의 풍부성
한 가지 채널이 갖는 데이터가 담고 있는 능력을 의미

전화대화는 매체 풍부성에서 조금 낮다. 많은 비언어적 단서들, 이를테면 얼굴표정과 자세와 같은 것을 전화대화에서 놓칠 수 있다고 하더라도 음성의 강세는 여전히 많은 정보를 전달할 수 있다. 점점 많아지는 커뮤니케이션 채널인 인터넷을 통한 화상회의는 대화상대자들이 얼굴표정과 같은 비언어적 단서들을 볼 수 있기 때문에 전화보다 더 매체 풍부성이 낫다.

전자메일은 한때 전화를 통하여 교환되던 정보를 교환하기 위해 이제 널리 통용된다. 전자메일은 조직상황에서 커뮤니케이션하던 방법에서 혁명적으로 변화해왔다. 메시지가 급속히 형성, 편집, 저장됨에 따라 대부분의 작업장에서 선택하는 매체가 되었다. 정보는 많은 사람들에게 쉽게 추가되고 전달될 수 있다. 전자메일은 작업조정(회의조정이나 동료작업자의 생산일정을 확인하는 등)을 위해서 그리고 잘 정의된 의사결정을 위한 정보송신을 위해서 선호되는 매체가 되었다. 전자메일은 흔히 커뮤니케이션 양을 증대시키고 집단 내에서와 전 조직을 통해서 그러한 정보의 흐름을 중대하게 변경한다.[7] 그 중에서도 특히 전자메일은 대면 및 전화 커뮤니케이션을 줄이고 조직위계에서 서로 다른 수준에 있는 사람들 간의 커뮤니케이션을 증대시킨다는 것이다. 전자메일에서 어떤 사회적·조직적 신분차이는 여전히 존재하지만, 대면커뮤니케이션에서보다 덜 뚜렷하다. 또한 전자메일은 대면회합에서는 눈에 띄어 커뮤니케이션 과정에 잡음이 될 수 있는 나이, 인종, 몸무게 등의 신체적 특징을 감추기 때문에 무의식적인 지각편견을 줄인다.

전자메일은 대면회합이나 전화대화만큼 매체속성이 풍부하지 않다. 전자메일은 시각적이고 언어적 단서들이 부족하다. 그래서 메시지를 오해할 수 있는 소지가 더 크다. 전자메일의 또 다른 문제점은 타인에 대한 친절함과 존경심을 감소시키는 것 같다는 것이다. 다시 말해서 '감정이 실린 메시지를 타인에게 보내는 행동(flaming)'이 더 많아진다는 것은 확실하다. 이렇게 외교적이지 못한 커뮤니케이션에 대해서 두 가지 설명이 있다.

첫째, 사람들이 감정이 가라앉기 전에 글을 써서 이메일로 보내는 반면에, 침착한 생각을 하는 사람들은 전통적인 메모나 편지를 보내기 전에 자제한다.

둘째, 이메일은 종업원들이 대면해서는 절대 말하지 못할 것을 쓸 수 있도록 하는 개인감정이 배제된 매체이다. 다행스럽게도 연구자들은 사람들이 서로에 대해서 더 잘 알게 되고 기업이 명시적인 규범과 규칙을 이메일 커뮤니케이션을 할 때 적용하도록 하면 예의나 존경의 문제가 줄어드는 것을 발견하였다.[8)]

또 하나의 문제는 상황이 모호하고 복잡하며 새로운 경우에 이메일은 불충분한 매체라는 것이다. 커뮤니케이션하고 있는 부류들이 상호 정신적인 틀이 부족하다면 충분한 정보를 공유하기 위하여 많은 메시지를 전달할 필요가 있다. 쌍방향의 대면커뮤니케이션은 이러한 상황에서 훨씬 더 효과적인 매체이다. 그러나 직원들은 이메일 습관을 버리길 꺼린다는 것이 문제이다. 이메일의 마지막 문제점은 정보과중을 만든다는 것이다(이것은 이 장의 마지막에 토의해 볼 것이다). 수백 통의 메시지가 이메일 사용자를 압도하지만 대부분의 메일들은 불필요하거나 관계없는 것들이다. 이메일을 활용한다면 누군가는 쉽게 메시지를 창조하고 복사하여 수천 명의 사람들에게 그룹 메일박스 시스템을 통하여 보낼 수 있지만 그것이 정보과중을 더욱 심화시킬 수 있다.

즉시전달(Instant Messaging : IM)은 어떤 조직에서 유행하는 컴퓨터를 이용한 정보교환의 또 다른 형태이다. 어떤 방법에서 메시지가 간단(대개 약어와 소리를 그대로 적은 것 같은 글자들로 이루어진 한두 문장으로 되어)하고 송신자가 보내자마자 수신자의 화면에 뜨고 즉각적인 피드백이 가능하기 때문에 즉시전달은 이메일보다 더 효율적이다. 그래서 어떤 사람들은 동시에 즉시전달대화를 한다. 이러한 커뮤니케이션의 또 하나의 이점은 직원들이 동시에 여러 명과 그러한 대화를 할 수 있다는 것이다. "당신이 전화를 아무리 잘 이용한다고 하더라도 동시에 당신은 두 사람과 통화만 할 수 있을 뿐이다"라고 한 뉴욕시의 증권중개인은 말한다. "나는 메신저를 통해서 한 번에 6명과 대화할 수 있었어요. …… 그 때문에 나는 내 직무를 수행할 수 있었으며 고객들에게 더 잘 응대할 수 있어요."[9)] 그러나 이메일과 마찬가지로 즉시전달 커뮤니케이션은 대면커뮤니케이션이나 전화대화보다 정보의 풍부성이 떨어진다.

편지, 메모 그리고 보고서와 같은 서면커뮤니케이션 방법은 훨씬 정보의 풍부성이 낮다. 이와 같은 커뮤니케이션 방법은 서류에 적힌 단서만을 전달할 뿐이다. 흔히 이러한 서면 메시지는 이메일에 첨부되지만 직접적인 이메일 커뮤니케이션의 즉시성이 떨어진다. 그러나 정보의 풍부성이 부족함에도 불구하고 어떤 상황에서는 이점이 될 수도 있다. 정교하게 쓰여진 문서는 수신인이 인지오류 또는 부적합한 비언어적 단서 그리고 그와 유사한 것들이 일으킬 수 있는 잡음을 송신인이 피할 수 있도록 메시지를 명확히 할 수 있도록 한다.

블로그와 같은 온라인 일기들은 전문가들이 많은 피고용인들과 글로서 커뮤니케이션할 수 있는 새로운 방법으로 출현하고 있다. 다음, 네이버, 또는 구글과 같은 포털사이트에 전문가들은 고객, 종업원들에게 정기적으로 정보를 게시함으로써 커뮤니케이션 활동을 한다. 정보의 풍부성 측면에서 블로그는 서면 편지, 보고서 메모와 유사하나 그것들과의 차이점은 그것이 특정한 사람들에게만 정보를 전달할 수 있음에 반해 블로그는 웹 사이트를 방문하는 사람이면 누구에게나 열려있다는 점이다.

// 비언어적 커뮤니케이션

비언어적 커뮤니케이션
말보다는 사람의 행동이나 행태를 통하여 전달되는 메시지를 의미

비언어적 커뮤니케이션(nonverbal communication)은 말보다는 사람의 행동이나 행태를 통하여 전달되는 메시지를 의미한다.[10] 이미 언급하였듯이 비언어적 커뮤니케이션에는 인상, 음성 억양, 자세, 물리적 거리, 그리고 침묵을 포함한다. 음성억양은 전화로도 알 수 있지만 대부분의 비언어적 커뮤니케이션은 대면상황에서 발생한다. 대면커뮤니케이션에서 비언어적 단서는 실제 언어보다 메시지 해석에 더 많은 영향력을 갖는다.[11] 이를테면 당신의 상사와 회합을 가질 때 그가 창밖을 응시한다면 당신은 어떻게 느끼는가? 만일 상사가 얼굴 가득히 흥미로운 표정을 하면서 당신을 쳐다본다면 어떤 느낌을 가지는가? 언어적으로는 아마 동일하게 표현되겠지만 비언어적 단서는 당신이 그 회합이 얼마나 성공적이었는지를 알게 할 것이다. 평행선을 달리는 대화에서 비언어적 단서는 미묘한 정보에 대해서 양자에게 신호를 주기 때문에 서로의 말에 색깔을 입히고 더 풍부한 상황을 이해할 수 있게 한다.[12]

감성전염
타인의 감성을 그들의 얼굴에 나타난 표현과 여타 비언어적 행태를 흉내냄으로써 공유하게 되는 자연스런 과정을 의미

비언어적 커뮤니케이션은 언어적 커뮤니케이션과 다음과 같은 점에서 차이가 있다. 첫째, 언어적 커뮤니케이션에 비해 규칙에 덜 얽매인다. 우리는 구어를 이해할 수 있도록 많은 공식적인 교육훈련을 받지만 비언어적 신호를 이해하기는 어렵다. 비언어적 상황에서 비언어적 단서는 대개 모호하고 잘못 이해할 수 있는 취약함을 의미한다. 그러나 웃거나 상을 찡그리거나 하는 인상표현은 태생적이어서 일반적으로 알 수 있기 때문에 문화 간 커뮤니케이션의 믿을 만한 수단을 제공한다.[13] 게다가 여타 비언어적 단서들은 어떤 문화권에 일반적이기 때문에 당신이 그런 문화권에서 양육되었다면 어릴 때부터 그것들을 이해하도록 사회화되어 있다.

또 다른 언어적·비언어적 커뮤니케이션의 차이는 전자는 전형적으로 의식적이지만 대부분의 비언어적 커뮤니케이션은 자동적이고 무의식적이라는 것이다. 우리는 말하거나 쓸 때는 생각하지만 대화 중에 인상을 찌푸리거나 미소를 짓는 등의 몸짓을 하지 않는다. 흔히 당황한 순간에 얼굴이 붉어지는 것과 같은 비언어적 단서를 우리도 모르게 보내고 이런 것은 수신자들이 우리가 전달하고자 하는 메시지를 받아들이는 데 영향을 준다.

이봐, 내 몸짓을 읽으란 말야!
이 그림에서 장교가 적극적으로 사병을 교정하려고 한다고 생각한다면 옳은 거다. 그의 몸짓은 강한 불만을 표시하는 것이다.

비언어적 커뮤니케이션에서 감성을 가장 매혹시키는 효과 중 하나가 **감성전염**(emotional contagion)현상이다. 감성적 전염은 타인의 감성을 그들의 얼굴에 나타난 표현과 여타 비언어적 행태를 흉내냄으로써 공유하게 되는 자연스런 과정을 의미한다. 서류 캐비닛에 당신의 동료가 머리를 부딪치는 것을 보았을 때 당신은 무엇을 할지 생각해보라. 당신은 아마도 당신이 부딪친 것처럼 손을 머리 위에 올려놓을 것이다. 이와 유사하게 누군가가 좋은 사건을 말하는 것을 들었을 때 당신은 웃음을 지으며 행복한 감성을 표현할 것이다. 비언어적 커뮤니케이션들 중 어떤 것들이 의도된 것이라면 감성전염은 무의식적인 것이다. 즉, 우리는 자동적으로 타인을 흉내내고 우리의 비언어적 행태를 그와 일치시키는 것이다.[14]

감성전염의 목적은 세 가지이다.

첫째, 따라하는 것은 우리가 송신자를 이해하고 그와 감정이입을 하는 등의 커뮤니케이션을 하는 중에 피드백을 계속해서 제공한다. 이것의 중요성을 생각하면서 당신의 부하가 동료작업자가 자신의 머리를 때리는 것을 보고도 아무 말 없이 있다는 것을 상상해보자. 유사한 행태를 보이지 않는 것은 이해가 부족함을 의미한다.

둘째, 타인의 비언어적 행태를 흉내내는 것은 그들로부터 감성적 의미를 수용하는 한 가지 방법인 것 같다. 직장동료가 고객에게 화를 낸다면, 청취가 당신이 그러한 감정을 더욱 충분히 이해하는 데 도움을 주지만, 당신은 난색을 표하고 화를 내는 경향이 있다. 다른 말로 하면, 우리는 송신자의 말을 청취하는 것뿐만 아니라 송신자의 감정을 표현함으로써 의미를 수신한다.

감성전염의 세 번째 기능은 동료와의 유대를 유도한다. 감성전염의 비언어적인 표현을 통해, 우리가 느끼는 것에 다른 이들도 감정을 공유하는 것을 볼 수 있다. 이것은 집단구성원의 유사성의 증거를 제공함으로써 집단 응집성을 강화할 수 있다.[15)]

// 최적의 커뮤니케이션 채널 선택하기

각각의 커뮤니케이션 채널은 강점과 약점을 가지고 있다. 최적의 채널은 상황에 달려 있다. 우리는 대면커뮤니케이션이 가장 큰 매체풍부성을 가지고 있고 서면보고가 가장 적게 가지고 있다는 등을 설명하면서, 이미 각각의 채널들이 갖고 있는 매체의 풍부성이 얼마나 다양한지 알아보았다. 매체의 풍부성은 실질적으로 세 가지 요소에 의해 결정된다.

1. 풍부한 매체는 동시에 다양한 커뮤니케이션 방법을 사용한다. 예를 들어, 대면커뮤니케이션은 언어적·비언어적인 정보의 교환을 포함하고 있는 반면에, 서면보고는 언어적인 정보에만 의존하기 때문에 대면커뮤니케이션은 높은 매체풍부성을 갖는다.
2. 대면커뮤니케이션과 같은 풍부한 매체는 수신자로부터 송신자로의 즉각적인 피드백을 제공하는 반면에, 서면보고와 같은 빈약한 매체들은 피드백이 지체되거나 존재하지 않는다.
3. 풍부한 매체는 송신자가 수신자에게 맞도록 메시지를 변화하도록 한다. 대부분의 대면대화는 한 명 또는 몇 사람을 위해 개발된다(하지만 연설은 이러한 규칙에 예외다). 이와는 반대로, 이에 반해 재무보고서는 하나로 모든 것을 맞추려고 하기 때문에 적은 매체 풍부성을 가지고 있다. 즉, 누구나 동일한 정보를 얻는다.

[그림 16. 2]는 풍부한 매체가 커뮤니케이션 상황이 비일상적이거나 모호한 경우 빈약한 매체(lean media)보다 더 낫다는 것을 보여준다. 일상적이지 않은 상황(예상치 못하거나 비정상적인 상황)에서 송신자와 수신자는 공통적인 경험을 적게 가지게 되고, 따라서 그들은 더 많은 양의 정보를 전달하고 즉각적인 피드백을 받을 필요가 있다.

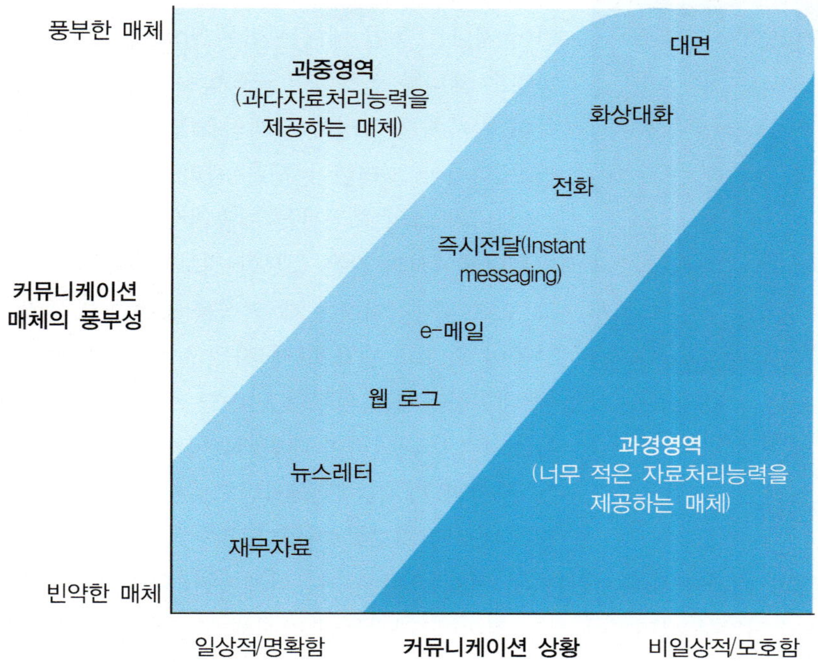

그림 16.2

상황과 매체의 조화

자료 : Lengel, R. & Daft, R. 1988. The Selection of Communication Media as an Executive Skill, *Academy of Management Executive*, 2(3), p. 226에서 인용.

또한 모호한 상황에서도 풍부한 매체가 요구된다. 왜냐하면 당사자들은 그들의 관찰과 경험에 따라서 서로 달리 해석되는 다양한 문제를 해결하기 위해 즉각적인 피드백과 함께 많은 양의 정보가 공유될 필요가 있기 때문이다. 이이 반해 빈약한 매체는 일상적인 상황에서 효과적으로 이용될 수 있는데, 이는 송신자와 수신자가 공유된 정신세계 모델을 통해서 공통의 기대를 갖기 때문이다.[16)]

우리가 상황에 맞지 않는, 즉 잘못된 매체의 풍부성의 수준을 선택한다면 무슨 일이 일어나겠는가? 상황이 일상적이거나 명백할 때, 특별한 대면모임을 갖는 것과 같은 풍부한 매체를 이용한다면 그것은 시간낭비가 될 것이다. 반면에, 우리가 특이하거나 모호한 문제를 다룰 때 서면보고나 다른 빈약한 매체를 통해서 한다면 그 문제는 해결하는 데는 더 많은 시간을 요할 것이고 따라서 오해가 야기될 수 있을 것이다.

ㅇ를테면, 미국의 전 부통령인 딕 체니(Dick Cheney)가 텍사스에서 사냥 중에 우연히 그의 사냥 동료인 해리 휘팅턴(Harry Whittington, 그는 여러 날을 병원에서 보냈다)에게 오인사격을 하여 발생한 2006년 2월에 일어난 긴급상황과 같은 예를 들 수 있을 것이다. 체니와 그의 보좌관들은 24시간 동안 이 사건을 비밀로 하였다. 그러나 이 사건경위는 사고가 일어난 텍사스 지역신문(이 신문은 빈약한 매체이다)을 통해 목장 주인에 의해 공개되었다. 몇 시간도 안 되어 그 소식은 전국 언론에서 보도하기 시작하였다. 사람들은 무슨 이유에서 체니가 숨기고 있었고 어떻게 사건이 일어났는지에 관한 논평을 요구했다. 신문보도는 통제할 수 없게 빠르게 유포되었고, 기자들은 체니가 비

피해대책 미 부통령 딕 체니는 폭스뉴스 기자 브릿 흄에게 자기의 사냥친구를 우발적으로 쏜 것과 관련한 논란 속에서 4일 동안 침묵한 배경을 설명하고 있다. 체니의 마지못한 대면커뮤니케이션은 제어할 수 없었던 논란을 신속히 잠재울 수 있었다.

밀로 한 것에 대해서 비판하였다. 제1면 보도가 나간 지 4일이 지나는 동안 체니는 아무 말이 없었다. 이에 부시 대통령은 체니를 설득하여 국영방송에 나가서 그 사건에 관하여 기자에게 설명하고 책임을 받아들이도록 하였다. 그리고 나서야 그러한 논쟁은 사라졌다.

체니와 그의 보좌관들은 총기사고와 같은 사건이 대면커뮤니케이션과 같은 풍부한 정보를 요구하는 비일상적이고 모호한 사건이라는 데 인식을 공유하지 못했다. 침묵의 날들이 지나고, 발표된 제3자의 뉴스는 한 개 매체가 상황에 대처하기에는 너무나 단순한 것이었다. 체니가 마침내 뉴스기자와 대면하여 대면커뮤니케이션을 수행했을 때 그는 상황과 매체를 조화시킴으로써 그 사건을 신문의 첫 면에서 사라지도록 하였다.[17)]

상황과 매체를 조화시키는 첫 번째 요인은 커뮤니케이션하는 사람이 자신의 이전 경험과 수신자를 고려해야 하는 것이다. 사람들이 정신세계 모델을 공유하고 있을 때, 정보교환이 적었다면 새로운 의미를 커뮤니케이션하는 것이 필요하다. 서로를 이미 잘 알고 있는 사람들은 유사한 정신세계 모델을 가지고 있을 것이고, 따라서 송신자는 더 적은 말과 다른 상징으로 커뮤니케이션할 수 있으며, 메시지가 제대로 이해되었는지 면밀히 검토할 필요가 없다. 공유된 정신세계 모델이 부족하면, 송신자는 반복을 더할 필요가 있다.

커뮤니케이션 매체를 선택할 때 염두에 두어야 할 또 다른 요인은 커뮤니케이션의 권위자인 마셜 맥루한(Marshall McLuhan)의 '매체는 메시지이다.'[18)]라는 유명한 말에 관계된다. 이것의 의미는 커뮤니케이션의 채널은 매체를 통해 전달되는 내용물만큼(또는 아마도 더욱 더) 중요한 사회적 영향력을 가진다는 것이다. 맥루한은 주로 텔레비전과 다른 '새로운 매체'가 사회에 대하여 갖는 영향력을 말한 것이다. 그러나 이러한 개념은 어떻게 커뮤니케이션 매체가 갖는 상징적 의미가 메시지에 관한 우리의 메시지 해석과 송신자와 수신자 간의 관계에 영향을 미치는지에 대해서도 동일하게 적용된다. 메시지로서의 매체원리는 컨설팅회사인 KPMG가 일시해고 통지를 수백 명의 자사 영국인 직원들에게 이메일을 통해 발송했을 때 분명하게 이해되었다. 일반대중들은 즉각적으로 KPMG를 비난했다—메시지의 내용 때문이 아니라 이것이 전달된 매체 때문이었다. 아이러니하게도 KPMG는 좋지 않은 소식을 이메일을 통해 전달하였는데, 이는 대부분의 직원들이 이러한 방법을 요청하였기 때문이다. 여전히 KPMG의 일시해고 통보를 보내는 간부는 주저했다. "저는 이메일은 우리를 무정하게 보이게 할 것을 알기 때문에 이메일을 통해 이야기하는 것이 두렵습니다."라고 한 간부가 인정했다.[19)] 여기에서 중요한 점은 우리는 메시지의 의미왜곡보다 커뮤니케이션 매체의 상징적 의미가 확대될 수도 있다는 것을 알기 때문에 커뮤니케이션 매체의 상징적인 의미에 대해 예민할 필요가 있다는 것이다.

조직 커뮤니케이션

여태까지 우리는 일반적인 관점에서의 커뮤니케이션에 관하여 논의하였다. 이제 우리는 조직 내에서의 커뮤니케이션의 특성에 관하여 더욱 자세히 살펴볼 것이다. 커뮤니케이션은 조직에서 두 가지 주요한 채널을 통해 이루어진다. 공식채널과 비공식채널이다. **공식채널**(formal channel)은 정기적으로 정보를 소통하기 위하여 활용되는 조직 내에서 공적으로 인정된 채널 시스템이다. 공식채널은 조직의 구조와 일치하는 경향이 있으며, 그러한 조직구조 속에서 정보는 관리위계를 따라서 위아래로 그리고 하위부서들 간에 수평적으로 전달된다. **비공식채널**(informal channel)은 관리자가 공식적으로 설립하지 않은 비공인된 채널이다. 비공식채널은 조직의 구조와는 관계없다. 비공식채널에는 소문망과 같이 직원들의 개인적 연결망을 통하여 전달되는 커뮤니케이션이 포함된다.

공식채널
정기적으로 정보를 소통하기 위하여 활용되는 조직 내에서 공적으로 인정된 채널 시스템

비공식채널
관리자가 공식적으로 설립하지 않은 비공연된 채널. 조직의 구조와는 관계없다.

// 공식 커뮤니케이션 채널

조직 내 공식 커뮤니케이션 채널 속에는 정보는 하향, 상향, 수평적인 흐름의 세 가지 방향으로 흐른다. **하향적 커뮤니케이션**(downward communication)은 조직 내 위계구조에서 정보가 상부에서 하부로 전달되는 경우에 발생한다. 하향적 커뮤니케이션에는 조직의 미션, 목표, 가치, 전략, 과정, 절차, 과업 책임, 그리고 위계상 하위 수준의 성과에 대한 피드백과 함께 조직 전반의 성과가 포함된다. 조직에서 관리자들이 하향적 커뮤니케이션을 하려고 할 때는 무엇을 커뮤니케이션할 것인지, 어떤 매체를 활용할 것인지 그리고 수용자가 의도된 메시지를 수용할 수 있도록 하향적 커뮤니케이션에 잠재한 잡음을 어떻게 최소화할 것인지를 고려해야 한다. 다음 절(커뮤니케이션 장애)에서 이에 대하여 좀 더 자세하게 알아볼 것이다. 현재로서 관리자들이 명심해야 할 것은 너무 많은 정보를 하향적으로만 커뮤니케이션하지 말도록 주의를 기울여야 한다는 것이다. 부하에게 정보과중의 기회를 최소화하기 위해서 관리자들은 중요한 커뮤니케이션에만 집중하여야 한다. 관리자들은 매체와 그들의 메시지를 조화시켜야 한다.

하향적 커뮤니케이션
조직 내 위계구조에서 정보가 상부로부터 하부로 전달되는 경우에 발생한다.

상향적 커뮤니케이션(upward communication)은 조직 내에서 하위자로부터 상위자에게로 정보가 흐를 때 발생한다. 상향적 커뮤니케이션에는 일상적 성과보고, 조직에서 수행 중인 전략 및 정책 그리고 절차 등의 시행성공에 대한 더 상위 수준의 관리자에게 보내는 피드백, 운영이나 전략에 대한 제안, 예견치 못한 사건이나 문제에 대한 경고, 그리고 고충과 불만 등이 포함된다. 하향적 커뮤니케이션과 마찬가지로 고위간부들은 어떤 정보를 그들이 원하는지 그래서 그러한 정보가 정기적으로 보고되도록 할 것인지를 결정하여야 한다. 이들 역시 정보과중에 처해서는 안 된다. 그래서 정상적으로 조직시스템을 가동함으로써 정기적인 상향 커뮤니케이션을 할 때 재무적·회계적

상향적 커뮤니케이션
조직 내에서 하위자로부터 상위자에게로 정보가 흐를 때 발생한다.

운영관리, 그리고 시장자료 관련 정보들이 선별되도록 하여야 한다. 우리가 이전에 제9장에서 배웠던 많은 기업들이 현재 활용 중인 BSC(Balance Scorecard)를 생각하면 간부들이 상향커뮤니케이션에서 원하는 정보가 무엇인지를 결정할 때 도움을 받을 수 있을 것이다.[20] 이에 덧붙여 관리자들은 직원들이 제안할 수 있고, 발생되는 문제, 기회, 고충 또는 불만 등을 상층 관리자들에게 경고할 수 있음을 알아야 한다. 이러한 제도에는 직원 제안함, 정기적인 직원과 간부 간 대면회합, 그리고 직원들이 새로운 사업아이디어를 제안하도록 하는 절차 등이 포함된다.

공식적 상향 커뮤니케이션 채널의 흥미로운 예로는 구글에서 찾을 수 있다. 구글에서 일하는 직원들은 일하는 시간의 10%를 참신한 아이디어를 창출하는 데 쓰라는 경영철학을 가지고 있다. 이러한 참신한 아이디어는 언젠가는 구글에게는 새로운 사업기회가 될 것이다. 구굴의 창업자인 세르게이 브린(Sergey Brin)과 래리 페이지(Larry Page)는 이러한 혁신도입의 시간으로부터 나온 프로젝트를 위하여 직원들과 정기적으로 회의를 개최한다. 그러나 고객 웹 제품 담당이사인 마리사 메이어(Marissa Mayer)가 먼저 정밀하게 검토한 이후에야 직원들은 자신들의 아이디어를 브린과 페이지에게 발표하게 된다. 누구나 자신의 제안을 게시할 수 있다. 그러면 메이어는 직원집단하고 만나서 그들의 아이디어를 개발하도록 돕고, 그리고 브린과 페이지 앞에서 발표할 준비가 되었을 때, 즉 초안을 공개할 것이 잘 개발되고 그러한 제안을 뒷받침할 튼튼한 자료의 뒷받침이 있는 경우에 해야 할 것을 결정한다. 그러면 직원들은 브린과 페이지 앞에서 발표할 시간으로 단 20분을 얻게 된다. 이러한 과정을 거쳐서 나온 아이디어로는 구글의 e-메일 프로그램인 지메일, 구글 메신저, 무선랜 인터넷 연결을 무료로 제공하는 것에 주도권을 갖게 된 것, 그리고 구글 어스 등을 들 수 있다.

수평적 커뮤니케이션
조직 내에서 동일한 위계 수준에 있는 직원들과 부서들 사이에서 발생한다.

수평적 커뮤니케이션(horizontal communication)은 조직 내에서 동일한 위계 수준에 있는 직원들과 부서들 사이에서 발생한다. 수평적 커뮤니케이션은 직원들과 부서들의 활동을 조정하고, 또 상위 수준의 관리자의 개입이 없어서 제기될지도 모르는 문제점들을 해결하는 데 필수적이다. 이를테면 신제품개발은 R&D부서, 마케팅부서, 그리고 생산부서 간에 조정이 흔히 필요하다. 왜냐하면 적절한 수요가 있는 제품을 R&D부서가 설계하면 그것을 생산부서에서는 효율적으로 생산해야 하기 때문이다. 이러한 R&D부서, 생산부서, 마케팅부서 간의 조정에는 풍부한 커뮤니케이션이 요구된다. 서로 다른 부서들에 속한 직원들 간의 대면커뮤니케이션을 가능케 하기 위하여 기업들은 흔히 다기능팀을 구축한다(이에 대한 자세한 것은 제8장을 참조할 것). 달리 말하면 다기능팀은 커뮤니케이션 채널이 되는 것이다. 우리가 제8장에서 보았듯이 조직구조를 논의할 때 서로 다른 부서 간에 조정을 이루기 위한 커뮤니케이션 채널들로 서로 다른 부서의 관리자들 간에 직접 접촉, 연결 역할, 그리고 완전한 매트릭스 구조를 들 수 있다.

너의 생각을 말해! 구글을 설립한 래리 페이지와 세르게이 브린은 구글의 새로운 사업을 위한 종업원들의 아이디어를 도출하기 위해 공식적 상향커뮤니케이션 채널을 만들었다. 그러나 종업원들은 브린과 페이지 앞에서 발표하기 전에 그들의 발표를 도와줄 마리사 메이어에게 통과되어야 한다.

// 비공식 커뮤니케이션 채널

앞서 언급한 것처럼 비공식채널은 조직구조와는 무관하게 흔히 개인들 간 관계인 **인맥**(personal network)에 기초한 것이다. 커뮤니케이션 인맥은 조직에서 무엇이 일어나고 있는지에 관한 정보와 아이디어들의 교환을 연결해주는 데 가치 있는 출처가 될 수 있다. 유능한 관리자는 종종 선행적으로 이러한 이유 때문에 개인적 인맥을 정교하게 만든다. — 그것은 그들이 중요한 정보를 발견하는 데 도움을 준다. — 예를 들어, 제9장에서 스타벅스의 최고경영자인 짐 도널드(Jim Donald)가 어떻게 매일 출근길에 지역 스타벅스 매장에 들르는지에 관하여 논의한 바 있다. 매장의 직원들은 도널드를 잘 알고 있고, 그는 그들을 효과적으로 그의 개인적 인맥에 포함시킨다. 앞서 말한 것과 같이 그들은 도널드가 공식적인 채널들로부터 얻을 수 없는 회사의 중요한 정보를 얻을 수 있다. 현재의 회장이자 스타벅스의 전 최고경영자인 하워드 슐츠 도널드(Howard Schultz Donald) 이래로 도널드는 똑같은 행동을 하고 있다. 이러한 접촉들에서 슐츠는 스타벅스 매장에서 음악을 팔아야 한다는 아이디어를 처음으로 듣게 되었다. 그러한 아이디어 중 어떤 것들은 현재 회사의 중요한 정책이 되고 있다(우리는 이러한 사건을 제1장에서 논의한 바 있다).

> **인맥**
> 개인들 간 관계

개인적 인맥은 또한 조직에서 일어나는 것에 대한 루머와 잡담의 통로역할을 할 수 있다. **소문**(grapevine)은 개인적 인맥을 통해 확인되지 않은 정보(루머와 잡담)를 급격하게 퍼뜨릴 수 있다.[21] 소문은 조직에 항상 존재하고, 무슨 일이 벌어지고 있는지에 대한 정보를 전달하는 강력한 힘이 되기도 한다. 특히, 정보가 공식적인 채널들을 통해 발표되지 않은 불확실성이 높은 상황들에서 그렇다. 예를 들면, 만약 회사가 재무적인 문제에 봉착하고 관리자들이 비용을 절감하기 위해 '구체적인 계획'에 착수하기로 결정했으나 어떠한 정보도 공식채널들에 의해 발표되지 않은 경우, 루머는 종종 관리자들이 의도하는 것이 무엇인지 하는 중요한 잡담을 만들어 내는 경우가 많다. 달리 말하면, 잡담은 정보의 진공상태를 채우기 위해서 발생하고, 소문을 통한 잡담의 유포는 특히 모호하고 불확실한 상황에서 더 많다.

> **소문**
> 개인적 인맥을 통해 전파되는 확인되지 않은 정보(루머와 잡담)

소문에 관한 흥미로운 점은 얼마나 많은 커뮤니케이션이 그것들을 통해 이루어지고 얼마나 정확한지이다. 한 연구에서는 조직에서 벌어지는 커뮤니케이션의 70%가 소문을 통해서 이루어진다고 추정했다. 또 다른 연구에서는 소문을 통해 전달되는 모든 정보의 70~90%는 최소한 부분적으로는 사실이라고 한다.[22] 몇몇 관리자들은 소문을 통해 유포되는 정보가 부정확하고 그들이 통제할 수 없기 때문에 그것을 없애려는 경향이 있다. 그러나 이러한 접근방법은 비현실적이다. 사람들은 잡담하길 좋아한다. 더 나은 방법은 공식채널을 통하여 정보를 공개함으로써 오도된 인식을 수정하고 직원들이 생각하고 있는 것에 대하여 가치 있는 피드백을 제공하기 위하여 소문에 귀 기울이는 것이다.

커뮤니케이션 장애와 잡음

이 장의 앞에서 언급한 것처럼, 커뮤니케이션은 잡음에 의해 종종 왜곡된다. 커뮤니케이션을 하기 위한 송신자와 수신자의 의도에도 불구하고, 몇몇 장애의 존재는 효과적인 정보의 교환을 가로막을 수 있다. 조지 버나드 쇼(George Bernard Shaw)는 "커뮤니케이션과 함께 하는 가장 큰 문제는 그것이 완전히 이루어졌다고 믿는 환상이다."라고 말했다. 잡음을 발생시키는 것으로 널리 알려진 커뮤니케이션 장애로는 지각, 필터링, 언어, 정보과중, 문화적 차이, 성(sex)적 차이를 들 수 있다. 커뮤니케이션하는 사람이 메시지와 매체를 조화시키지 못하면, 커뮤니케이션 시스템에서 잡음의 양은 증가한다. 예를 들어, 부통령이었던 딕 체니가 초반에 사냥사고에 관해서 커뮤니케이션할 때 빈약한 매체를 활용했던 것이 잡음을 커뮤니케이션 시스템에 도입한 것이라 할 수 있다.

// 지 각

지각
정보에 참여하고, 정보를 해석하고 조직하는 과정이다.

지각(perception)은 정보에 참여하고 정보를 해석하고 조직하는 과정이다. 지각은 우리가 어떤 정보를 인식하고, 어떻게 그 정보를 해석하며, 우리가 어떻게 그것을 조직하느냐에 영향을 미친다. 우리의 지각은 어떻게 세계가 작동하는지에 관한 정신 모델에 의해 형성된다. 이러한 모델들은 우리의 정신과 경험의 산물이다. 그것들은 우리가 무엇에 참여하고, 무엇을 무시하며, 어떻게 들어오는 정보를 해석하고 조직하느냐에 영향을 미친다.

선택적 지각
우리의 가치, 신념, 기대에 일치하는 정보에는 참여하고 이를 인식하는 반면에 이와 불일치하는 정보는 무시하거나 선별적으로 받아들이는 것을 의미한다.

만약에 우리가 우리의 지각을 안내하는 정신세계모델이 없다면, 우리는 우리에게 공세를 퍼붓는 정보의 바다에 빠지게 될 것이다. 그러나 정신모델이 일반적으로 유익하지만, 그것의 존재는 문제를 야기할 수도 있다. 우리 모두는 선택적 지각을 하는 경향이 있다. **선택적 지각**(selective perception)이란 우리의 가치, 신념, 기대에 일치하는 정보에는 참여하고 이를 인식하는 반면에 이와 불일치하는 정보는 무시하거나 선별적으로 받아들이는 것을 의미한다. 우리는 이미 의사결정 시의 편견에 관해 논의했던 제5장에서 이러한 현상에 대하여 알아보았다. 의사결정자들이 이전의 신념과 일치하는 정보에는 참여하는 반면에 확인되지 않은 증거에 관해서는 무시하거나 경시한다고 주장하는 '사전가설의 편의'에 관해서 언급하였다. 사전가설의 편의는 선택적 지각의 결과물이다. 의사소통의 환경에서, 선택적 지각은 의사소통체계 안에서 오로지 정보의 일부분－대부분 우리가 이전에 갖고 있던 가치, 신념, 기대와 일치하는 명백한 정보－에만 참여한다는 것을 함축하고 있다.

스테레오타이핑
사회적 범주 안에서 그들이 어디에 속하는지에 기초하여 사람의 특성을 결정하는 과정이다.

또 다른 문제점은 스테레오타입으로 이해하는 것이다. **스테레오타이핑**(stereotyping)은 사회적 범주 안에서 그들이 어디에 속하는지에 기초하여 사람의 특성을 결정하는 과정이다.[23] 스테레오타입은 우리가 받아들이는 정보를 어떻게 해석하는지에 영향을 미친다. 우리는 그들의 나이, 성, 인종, 억양, 외모 등과 같은 요인들에 기초하여 사람들에 대해 스테레오타입을 가지고 인식한다. 스테레오타입에 의한 지각은 좋지 않은 판단으로 이끌 수 있다. 예를 들어, 백인 남성이 흑인 남성들보다 의사들로부터 더 좋은 진료를 받고 있다는 것과 그것은 흑인 남자들 사이에 치료받지 못하는 심장질환자들과 관련한 사고율이 더 높아진다는 더 많은 증거자료가 있다. 즉, 의사들이 그들의 환자를 인종에 기초한 스테레오타입을 갖고 있어서 흑인 남성을 진료할 때는 그들로부터 들은 정보를 무시하고, 치료방법을 선택함에 있어서 영향을 미치는 환자의 생활방식에 대하여 부적절한 오해를 한다. 그리고 백인 남성을 진료할 때는 그들로부터 듣는 정보에는 더 많은 주의를 기울이는 경향이 있다.[24)]

날 외모로 판단하지 마시오. 매력적인 사람은 타인으로부터 더 긍정적인 피드백을 얻는 경향이 있다.

스테레오타입에 의한 지각의 또 다른 예는 외양에 기초하는 것이다. 매력적인 사람들은 노동시장에서 평균적인 외모를 가진 사람들의 수입보다 5~10% 정도의 '소득 프리미엄'을 요구한다는 증거가 있다. 매력적이지 못한 외모를 갖고 있는 사람들의 수입은 평균적인 외모를 가진 사람들보다 5~10% 더 낮다. '외모 프리미엄'이 있는 매력적인 사람들의 더 높은 소득은 그들의 외모 때문에 다른 사람들로부터 호의적인 인식을 이끌어내는 그들의 능력 때문이지, 실제적인 능력과는 관계가 없어 보인다.[25)] 이러한 스테레오타입에 의한 지각은 우리가 아마도 좋은 외모를 가진 사람에게는 커뮤니케이션을 할 때 더욱 집중을 하고 더 호의적으로 해석하는 경향을 가지고 있다는 것을 시사한다. 다른 말로 하자면, 외양은 커뮤니케이션 과정에서 잡음의 지각적인 요소라 할 수 있다.

지각과 관련된 세 번째 문제는 **귀인과정**(attribution process)이다. 이것은 관찰된 사건이 주로 내적 요인에 기인한 것인지 외적 요인에 기인한 것인지 결정하는 것이다. 내적 요인은 사람으로부터 비롯되어 사람의 능력 또는 동기와 관련된 것이다. 외적 요인은 환경으로부터 비롯되어 자원의 이용가능성, 타인의 영향, 운과 같은 것들과 관계된 것이다. 이 과정이 어떻게 작동하는지 예를 들어 보면, 업무성과가 좋지 못한 직원이 있다고 생각해보자. 내적 귀인은 우리가 좋지 못한 성과는 능력이나 동기유발의 부족 때문이라고 믿는 경우를 말한다. 외적 귀인은 우리가 좋지 못한 성과를 자원의 부족 탓으로 돌리는 경우를 의미한다.

귀인과정
관찰된 사건이 주로 내적 요인에 기인한 것인지 외적 요인에 기인한 것인지 결정하는 것

심리학자들은 사람들은 타인의 행태를 외적인 요인보다 내적 요인으로 돌리는 경향이 있다는 것을 발견했다.[26)] 예를 들어, 직원이 직장에서 지각을 한 경우에, 상사가 교통체증 때문에 그가 지각했다라고 생각하기보다 늦잠을 잤기 때문에 지각을 했을 것이라는 결론을 내리는 것과 같다. 좋지 못한 성과에 대해 환경적인 요인보다 사람 그 자체를 비난하는 경향을 '**근본적 귀인오류**(fundamental attribution error)'라 하고 사람의

성과에 영향을 미치는 상황적인 요인에 관해 제한된 정보가 있는 경우에 발생되는 특별한 경우인 것 같다.

근본적 귀인오류
좋지 못한 성과에 대해 환경적인 요인보다 사람 그 자체를 비난하는 경향

근본적 귀인오류는 고참부장들이 자기 부서의 빈약한 성과에 대해서 통제할 수 없는 외적 요인들을 탓하기보다는 사람들에게 비난을 늘어놓는 경향을 보이는 것을 설명할 수 있다. 다시 말해 그들은 의사소통 시스템 내에서 정보를 잘못 해석하고 따라서 부정확한 귀인을 한다. 그들이 책임을 지는 부서에서 성과를 내지 못할 경우에 이러한 오류를 범하면 그들은 부하를 해고할 수 있다. 예를 들어, 2004년 8월 HP는 월스트리트의 예상보다 낮은 수익을 보고했고, CEO인 칼리 피오리나(Carly Fiorina)는 즉시 3명의 중역을 해고했다. 피오리나는 회사의 좋지 못한 업적을 중역들의 탓으로 여겼으나, 많은 분석가들은 델과 IBM 같은 경쟁자들과의 힘든 경쟁과 HP가 컴팩(Compaq)컴퓨터사와의 자산합병[27](피오리나의 합병 주장이 주총에서 끝내 승리하였던)을 하는 데만 분투한 것 때문이라고 하였다.

이기적 편의
자기에게 유리한 결과는 내적 요인에 귀인하고 실패는 외적 요인에 돌리는 경향을 말한다.

또 하나의 귀인오류는 **이기적 편의**(self-serving bias)다. 이것은 자기에게 유리한 결과는 내적 요인에 귀인하고 실패는 외적 요인에 돌리는 경향을 말한다. 간단히 말해서, 우리는 우리의 성공을 자신의 공적으로 돌리고 실수는 다른 사람이나 환경 탓으로 돌린다. 이러한 편의의 존재는 문서화가 잘 되어 있다. 예를 들어, 최근에 이루어진 한 연구에서 90%의 직원들이 만일 자신이 기대한 성과등급보다 낮은 평가를 받게 되면, 그들의 상관, 조직, 평가 시스템이나 다른 외적 원인들을 탓하는 것으로 나타났다. 단지 소수의 사람들만이 기대하지 못한 결과에 대해서 그들 자신을 비난하는 것으로 나타났다.[28] 이러한 이기적 편의 때문에 관리자들은 정보를 오도하고 그러한 이기적 편의는 외적 원인 때문이 아니라 자신들에게 조직의 성과개선에 책임이 있다고 생각하는 경향이 있다. 그러나 정반대의 경우도 있다. 그들은 조직의 그들의 관리가 잘못된 경우 실적의 저조를 외부적인 요인으로 돌린다.

최근효과
가장 최근의 자료가 타인들에 대한 우리의 지각을 지배할 때 발생한다.

생각해봐야 할 마지막 지각적 편견은 **최근효과**(recency effect)인데, 최근효과는 가장 최근의 자료가 타인들에 대한 우리의 지각을 지배할 때 발생한다.[29] 최근효과는 관리자가 성과평가 시 모든 사람들에 관한 전년도의 성과를 평가하여 측정할 때 종종 발생한다. 가장 최근의 성과정보는 그것이 상기하기 제일 쉽기 때문에 평가를 지배하는 경향이 있다. 이러한 사실을 아는 사람들은 때때로 그들의 연례 성과평가 바로 직전에 그들을 호의적으로 보일 수 있는 중요한 정보를 그들의 관리자에게 제출함으로써 성과평가 체계를 가지고 장난치려 하기도 한다.

// 필터링

필터링
커뮤니케이션 시스템을 통해서 전달되는 과정에서 정보가 변경되거나 그 시스템을 통과하는 데 실패하는 것을 말한다.

커뮤니케이션 시스템에서 잡음의 주요한 원천은 **필터링**(filtering)이다. 필터링은 커뮤니케이션 시스템을 통해서 전달되는 과정에서 정보가 변경되거나 그 시스템을 통과하는 데 실패하는 것을 말한다. 필터링은 부정적인 정보의 삭제나 지연, 나쁜 사건을 더 좋게 보이려고 덜 거슬리는 언어를 사용하는 것, 또는 개인적인 목적을 위하여 다른

방식으로 정보를 왜곡하는 것 등을 들 수 있다.[30]

직원들과 관리자들은 그들의 상사에게 좋은 인상을 심어 주기 위하여, 그들이 좋아하는 정책 프로그램의 지원을 받기 위하여, 또는 그들이 동의하지 않는 정책이나 프로그램에 반대하기 위하여 커뮤니케이션 과정을 필터링할 수도 있다. 필터링은 조직이 근본적으로 정치적인 것이고 (제14장에서 본 것처럼)정보의 통제와 조작은 조직 내 권력과 영향력의 원천이기 때문이다. 필터링은 조직이 긍정적인 정보를 제공하는 직원들에게는 보상을 하고 나쁜 소식을 전달하는 직원들을 처벌하는 것과 같이 일반적인 것이다.

필터링의 예는 2006년에 NASA의 과학자들이 정치적으로 임명된 24살의 검열관 윌리엄 도이치(William Deutsch)를 고소한 것을 들 수 있다. 도이치는 NASA가 제기하는 정보문제를 그를 정치적으로 고용한 사람에게 호의적이도록 만들 수 있는 공무원이었다. 도이치는 미국 정부가 지구온난화를 야기하는 온실가스의 배출을 줄이는 신속한 행동을 하도록 촉구하는 저명한 NASA의 과학자인 제임스 핸슨(James Hanson)이 그들의 정책과는 반대의 입장에 서 있다고 판단하고 핸슨의 매체접근을 제한하는 데 그의 직위를 이용했다. 게다가 핸슨에게 그가 했던 모든 강연, 인터넷 진술, 언론으로부터의 인터뷰 요청에 관하여 제출할 것을 요구하였다. 도이치에게는 불행하게도 그의 필터링 노력은 오히려 역효과를 내고 말았다. 핸슨은 공식적으로 검열에 관하여 문제를 제기했고, 뉴스보도가 홍수처럼 쏟아졌다. 이에 당황한 NASA는 정부과학자를 검열하려고 시도한 적이 없다며 부인했다. 도이치는 기자들이 그가 이력서를 조작하였으며, 졸업했다고 주장한 텍사스 A&M을 졸업하지 않았다는 사실을 밝히자 스스로 NASA에서 사직하였다.[31]

// 언어적 장애

언어문제는 대단한 커뮤니케이션 잡음의 원천일 수 있다. 송신자가 메시지를 부호화하고 수신자가 이를 해독하는 [그림 16. 1]을 상기해보라. 이러한 과정이 제대로 작동되려면 송신자와 수신자 양자는 동일한 '암호원천(codebook)', 또는 커뮤니케이션되는 단어나 상징들이 담고 있는 의미에 대한 상호이해가 필요하다. 심지어 양자가 동일한 언어로 대화할 때도, 그들은 단어와 문장을 달리 해석할 수 있다. 누군가가 "계산을 다시 한 번 해주시겠어요?"라고 말했다면 그 사람은 친절하게 수치의 재확인을 요구하거나 단순히 당신이 그것을 다시 한 번 해주기를 요청하는 것이다.

언어의 모호성이 항상 역기능적 잡음은 아니다.[32] 때때로 회사의 리더들은 불완전하거나 복잡한 생각들을 설명하기 위해서 은유나 모호한 언어를 사용한다. 모호함은 또한 바람직하지 않은 감정들을 생성하거나 전달하지 않도록 할 수 있다. 예를 들어, 최근 연구에 따르면 사람들은 자기와 다른 가치관과 신념을 가진 사람과 커뮤니케이션할 때에 모호한 언어를 사용한다고 한다. 이러한 상황에서는 모호함이 갈등의 위험을 최소화한다.

은어
특정한 조직 또는 사회 집단에서 특수한 의미를 갖는 것으로 인정된 단어뿐만 아니라 기술적인 언어와 약어로 구성된다.

모호함과 함께, 일반적으로 동일한 언어를 쓰는 사람도 그 언어에 있는 구체적인 **은어**(jargon)를 이해하지 못할 수도 있다. 은어는 특정한 조직 또는 사회 집단에서 특수한 의미를 갖는 것으로 인정된 단어뿐만 아니라 기술적인 언어와 약어로 구성된다. 예를 들어, 마이크로소프트의 기술자들은 그들이 만드는 제품디자인에 관해 토의할 때 보통 'Win 36 API'라는 약어를 사용한다. 이 용어는 실제적으로는 여전히 다소간의 은어가 내포된 용어인 'Windows 36비트 애플리케이션 프로토콜 인터페이스'를 의미한다. 즉, 이 용어는 윈도우즈상에서 소프트웨어 프로그램을 가동하게 해주는 것으로서 소프트웨어 응용프로그램을 가지고 CPU와 단말기를 연결시키는 윈도우즈 프로그램에 있는 후크를 의미한다.

몇몇 은어는 송신자와 수신자가 이 전문적 언어를 이해할 경우에 커뮤니케이션 효율성을 향상시킬 수 있다. 그러나 대학교 교수를 포함하여 전문기술자들이 때때로 청취자들이 전문적인 용어를 해석할 수 있는 동일한 암호원천이 없다는 사실을 간과하고 이러한 용어를 사용한다. 최근 조사에 따르면 사람들이 불필요한 은어에 대하여 부정적으로 반응한다고 한다. 그런데 이것은 송신자가 최신 전문용어를 사용함으로써 자신을 훌륭하게 보이려는 의도와는 반대되는 것이다.[33]

누락
커뮤니케이션 시스템을 통과할 때, 메시지 내용이 왜곡이 있을 때 발생한다.

또 하나의 정보를 왜곡하여 잡음을 생성할 수 있는 문제는 **누락**(drop-off)현상이다. 누락은 커뮤니케이션 시스템을 통과할 때, 즉 자신이 수신한 메시지를 해독하고 다음 사람에게 그 메시지를 전달하기 위해서 부호화할 때 내용을 충실하게 전달하지 못하는 메시지 내용이 왜곡이 있을 때 발생한다.[34] 우리는 관리층의 다른 계층으로 정보가 전해질 때 우연적 왜곡이 일어나는 것을 얘기할 때, 이미 제8장에서 이러한 현상에 관하여 논의하였다. 우리는 이러한 과정을 아이들의 전화놀이에 비유했는데, 메시지는 아이들의 커뮤니케이션 사슬에 의해 전달되고, 각각의 아이들의 전달사슬의 다음 사람에게 속삭이며 전달된다. 그 메시지는 사슬 끝에 가면 처음 시작할 때와는 매우 다른 것으로 나타난다.

누락결과의 비극적인 예는, 베트남 전쟁 중에 미국의 한 기자는 미군이 베트남인 부락을 불사르는 것을 목격했다. 이에 따른 조사에서 본부의 참모들은 어떠한 부락도 태우지 말라고 군대에 명령했지만, 그 메시지는 커뮤니케이션 사슬을 거치면서 왜곡되어 군인들은 그들이 무엇을 해야 할지 추측하고 그렇게 한 것임을 알았다. 본부에서 여단으로 보낸 원래 메시지는 "어떠한 경우에도 베트남인 부락을 태워서는 안 된다"였다. 여단에서는 대대장에게 무전으로 다음과 같이 전달했다. "베트콩이 거기에 있다는 절대적 확신이 없으면, 어떠한 경우에도 부락을 태우는 경우는 없어야 한다." 대대에서는 현장에 있는 보병중대에 다음과 같이 말했다. "베트콩들이 부락에 있다면, 부락을 태워라." 중대장은 중대원들에게 부락을 태워버리라고 큰 소리로 명령했다.[35]

// 정보의 과중

우리는 정보가 많은 세계에 살고 있다. 우리 중 많은 사람들이 지속적으로 정보에 의해 포위당했다고 느끼고 있고, 여기에는 많은 이유가 있다. 추정에 의하면 세계의 정보의 양이 현재 72일마다 2배가 되고 있다고 한다. 미국의회 도서관은 매일 7,000개의 새로운 목록을 등재하고 있다. 2,000개가 넘는 새로운 웹 사이트들이 온라인 상에 매일 나타나고 있다. 매일 최소한 2,000개의 새로운 책들이 출판되고 있다.[36] 여기에 우리는 지난 10년 동안 e-메일 커뮤니케이션의 폭발적인 증가를 경험하고 있다. 몇몇 관리자들은 하루에 300건의 이메일 메시지를 받는다.[37] 만일 음성메일, 핸드폰 문자 메시지, 웹사이트 스캔, PDF파일 다운로드, 하드카피 문서, 그리고 다른 원천에서 들어오는 정보까지 포함시킨다면 이는 확실히 **정보과중**(information overload)이다.[38]

정보과중
수신된 정보의 양이 사람들이 처리할 수 있는 능력을 초과하는 경우에 발생한다.

정보의 과중은 수신된 정보의 양이 사람들이 처리할 수 있는 능력을 초과하는 경우에 발생한다. 직원들은 주어진 시간에 처리할 수 있는 양의 정보를 의미하는 일정한 정보처리능력을 가지고 있다.[39] 같은 시간에 직무는 다양한 정보의 양을 가지고 있다(시간당 처리되어야 하는 정보의 양). [그림 16. 3]에서 보듯이 정보과중은 직무정보처리량이 개인의 정보처리능력을 초과하는 경우에 발생하게 된다.

정보과중은 사람들이 정보를 충분히 빨리 처리하지 못할 때, 정보가 간과되거나 오역되기 때문에 커뮤니케이션 시스템 내에서 잡음을 만든다. 또한 이것은 작업장에서의 스트레스의 일반적인 원인이 되고 있다. 우리는 사람들의 정보처리능력을 키우거나, 직무의 정보부하량을 줄이거나 또는 이 둘을 조합함으로써 이러한 문제들을 최소한으로 줄일 수 있다. 정보처리능력은 우리가 더 빨리 읽는 법을 배우고, 문서를 더욱 효율적으로 찾고, 정보처리속도를 느리게 하는 산만함을 제거함으로써 증가된다. 시간관리도 역시 정보처리능력을 증가시킨다. 정보과중이 일시적인 경우, 정보처리능력은 더

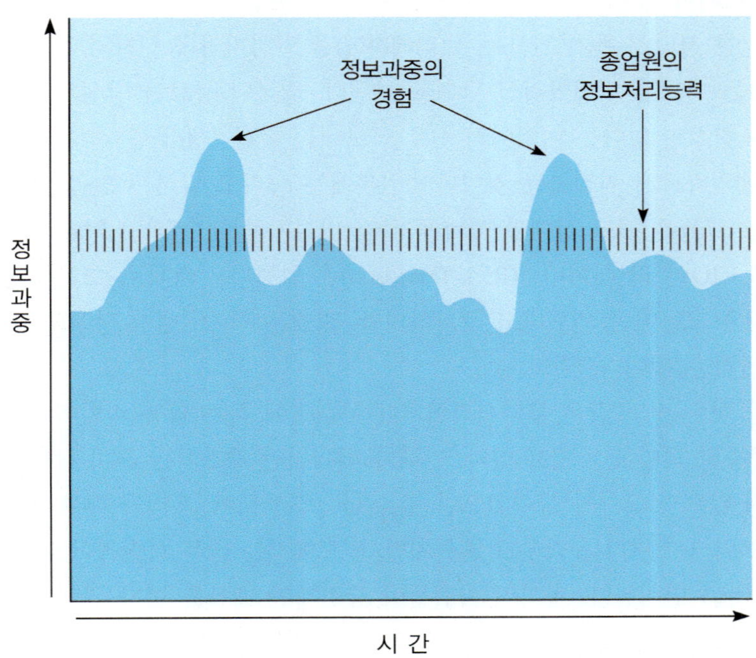

그림 16. 3
정보의 과중

많이 일함으로써 증가될 수 있다.

// 문화적 차이

글로벌화와 문화적 다양성이 증가되는 세계에서, 조직들은 커뮤니케이션에 대한 도전은 물론 새로운 기회에 직면하고 있다.[40] 언어는 가장 명백한 다문화 커뮤니케이션에서의 도전이다. 언어적 커뮤니케이션에서 수신자가 제한된 말만을 알고 있거나 송신자의 억양이 몇몇 말을 쓸 때 통상적인 소리와 다르다면 말은 쉽게 오해된다. 비영어권 국가에서 온 직원들이 공통의 언어로 영어를 쓰면서 비즈니스를 하는 글로벌 기업에서 이러한 문제는 더욱 복잡하게 된다. 문화 간에 커뮤니케이션을 할 때 모호한 언어는 문제를 증폭시킬 수 있다. 예를 들어, 프랑스인 이사가 어떤 사건을 무심결에 과장하여 '재난'이라고 할 수 있다. 반면에 독일 사람들은 대개 문자 그대로 해석하여 그 말을 매우 놀라운 사건으로 이해한다.[41]

동일한 언어에 정통하게 되면 다문화적 커뮤니케이션의 한 차원을 향상시키기는 하지만, 음성억양을 해석할 때 문제가 여전히 발생할 수 있다. 중동사람들은 토론에서 성실성과 관심을 보여주기 위해서 크게 말하는 경향이 있는 반면에, 일본인들은 겸손함이나 예의바름을 보여주기 위해 부드럽게 말하는 경향이 있다. 성량에 관한 이러한 다른 문화규범 때문에 사람들이 다른 사람을 오해할 수 있다.

또한 비언어적 커뮤니케이션에서의 문화적 차이 때문에 타 문화권에서 온 사람들이 서로 커뮤니케이션을 하려고 하는 경우에 잡음이 생길 수 있다. 어떤 문화권에서는 비언어적인 커뮤니케이션이 다른 문화권에서보다 더 중요하다. 예를 들어, 일본인은 비언어적 단서로부터 메시지가 내포하는 의미들 외의 많은 것을 해석한다. 수신자를 불쾌하게 하거나 당황하게 하는 것을 피하기 위하여, 특히 외부인에 대하여 일본인들은 종종 다른 사람이 듣기 원하는 것(**다떼마에**)을 말하지만 송신자의 진정한 느낌(**혼네**)을 암시하는 미묘한 비언어적인 단서를 보낸다. 일본인 동료가 당신의 사업제안에 대해서 그가 관심이 없다는 비언어적 신호를 보내는 한편 "생각 좀 해 볼께요"라고 말하는 것은 예의바르게 거절하는 것이다. "일본에는 no라고 말하는 일곱 가지 방법이 있다. 그리고 그들은 결코 상대를 화나게 하길 바라지 않는다"라고 Manpower 주식회사의 글로벌 CIO인 릭 데이비슨(Rick Davidson)은 말한다. "때때로, 그들이 고개를 끄덕이면 당신은 그들이 동의했다고 생각하지만, 그것은 단지 '내가 당신 말을 듣고 있어요'라고 말하는 것이다."[42]

역자주 다떼마에(建前)는 상대를 의식하는 겉치레를 뜻함.

역자주 혼네(本音)는 속내, 즉 속마음을 뜻함.

미소를 짓는 것과 같은 무의식적이거나 무심결에 하는 많은 비언어적 단서들은 세계에서 공통된 의미를 가지고 있다. 그러나 계획적인 제스처는 흔히 달리 해석해야 한다. 그렇지 않으면 오해를 불러일으킬 수 있다. 예를 들어, 우리들 대부분은 '아니요'라고 말하기 위해서 머리를 좌우로 흔들지만, 인도에서는 많은 사람들이 이것을 '저는 이해했어요'라고 인식한다. 필리핀 사람들이 긍정적인 대답을 하기 위해 그들의 눈살을 치켜올리지만 아랍인들은 혀 차는 소리와 함께 이 표현을 부정적인 응답으로 해석한다. 대부분의 서구인들은 관심과 존경을 표현하기 위해 말하는 사람과 눈을 맞춰야 한다고 생각하는 반면에, 오스트레일리아 원주민들과 몇몇 타 문화권 사람들은 어렸을 때부터 어른들이나 선배들이 그들에게 말할 때 그들에게 존경을 보여주기 위해서 눈을 내려 봐야 한다고 교육을 받는다.[43]

보통의 악수조차도 다문화적으로는 다른 의미를 갖는다. 서구인들은 굳게 잡는 악수를 우정이나 사업관계에서 강렬하고 따뜻함의 신호로서 받아들인다. 이와는 대조적으로, 많은 아시아인들과 중동사람들은 살짝 잡는 악수를 더 좋아하고 악수할 때 손을 굳게 잡는 것은 공격적이라고 간주한다. 독일인들과 악수할 때 악수한 손을 한 번 흔들면 족하지만, 반면에 스페인에서는 악수한 손을 5~6번 이상 흔들지 않으면 신뢰할 수 없는 것을 나타내는 것으로 생각할지도 모른다. 이러한 예에 당신이 혼란을 느끼지 않는다면 다음은 어떤가? '어떤 문화권에서 온 사람들은 악수를 하는 것과 같은 어떠한 공공연한 접촉도 무례하다고 생각한다.'

상호간 경례! 일본에서는 누군가를 만날 때 공손하게 목례하는 것이 관례이다. 이것은 존경의 표시이다.

또한, 커뮤니케이션에는 침묵이 포함된다. 하지만 침묵을 활용하는 것과 그것의 의미는 문화권마다 다르다.[44] 최근 연구에 따르면 미국의 의사와 환자 간 대화시간에는 침묵과 휴지기가 8%밖에 나타나지 않지만 일본 의사와 환자들 사이의 대화시간에는 30% 정도나 된다고 추정된다. 왜 일본인들의 대화에 더 많은 침묵이 있는 것일까? 일본에서 침묵은 존경을 상징하고 듣는 사람은 자기가 지금 듣고 있는 것에 대해서 신중하게 심사숙고하는 것을 표시한다.[45] 또한 일본에서 감정이입은 중요하고, 이러한 공유된 이해는 말없이 드러나게 된다. 이와는 대조적으로, 오스트레일리아, 인도, 그리고 다른 문화권에 속한 대부분의 사람들은 침묵을 커뮤니케이션의 부족으로 보고, 오랜 침묵은 흔히 동의하지 않는 것으로 해석한다.

남이 말하는 중에 끼어들어 말하는 것 또한 다른 문화권에서는 다른 메시지를 전달한다. 일본 사람들은 그들이 말하는 중에 남이 끼어들면 이야기를 멈추는 반면에, 브라질이나 다른 몇몇 다른 나라들에서는 그러한 것이 더욱 일반적인 것이다. 이러한 커뮤니케이션 행태의 차이는 해석의 차이 때문이다. 누군가가 당신과 이야기하는 중에 끼어들면 일본에서는 그것을 무례하게 생각하는 반면에, 브라질 사람들은 아마 그 대화에 대한 관심과 참여하고 싶은 것으로 해석 하는 것이다.

// 성적 차이

'화성에서 온 남자, 금성에서 온 여자(*Men Are from Mars and Women Are from Venus*)'와 같이 남성과 여성의 커뮤니케이션 스타일에 관한 유명한 책을 읽게 된다면 당신은 남성과 여성이 완전히 다른 삶의 방식을 가지고 있다는 결론에 도달하게 될 것이다.[46] 실제로 남성과 여성은 유사한 커뮤니케이션 습관을 가지고 있다. 그러나 미묘한 차이 때문에 때때로 커뮤니케이션 시스템에 잡음이 생길 수 있고, 그것은 갈등과 오해를 초래할 수 있다. 한 가지 차이는 남성이 여성보다 대화를 상대적인 지위와 권력의 협상으로 보기 쉬운 것 같다. 남성들은 "당신은 다음을 해야만 됩니다"와 같이 직접적으로 타인에게 충고하고 전투적인 언어를 씀으로써 자신의 권력을 주장한다. 또한 남성들이 여성들보다 대화를 더 많이 중단시키고 그들의 말하는 스타일은 더 적게 적응시키는 것은 물론이고 여성들과 대화하는 시간을 지배하는 증거가 있다.47)

남성들은 또한 대화의 주요한 기능은 비인격적이며 효율적인 정보의 교환이라고 생각하여 '내용을 중시하는 담화'를 더 많이 한다. 여성들도 또한 내용을 중시하는 대화를 하지만, 특별히 남성들과의 담화에서는 그렇다. 그러나 여성들 사이의 대화에서는 '관계를 중시하는 담화'를 통해 관계형성을 하려는 경향이 더 많다. 여성들은 지위를 주장하기보다는 "당신은 생각해본 적이 있나요"와 같이 간접적으로 묻는다. 이와 유사하게 여성들은 남성들보다 더 자주 사과하고 타인으로부터의 조언을 구하는 경향이 있다. 조사결과에 따르면 여성들이 남성들보다 대면회합에서 비언어적인 단서에 더 민감하다는 것을 알 수 있다.48)

대개 남성들과 여성들은 서로를 이해하지만, 이러한 미묘한 차이는 때때로 자극제가 된다. 예를 들어, 여성과학자들은 남성과학자들 사이의 적대적인 상호관계 때문에 여성들이 의미 있는 토론에 참여하는 것을 어렵다고 불평해오고 있다.49) 또 하나의 자극은 여성들이 감정이입을 원하지만 그 응답으로 남성의 지배를 받는다. 명확히 말하면 여성들은 때때로 수신자와의 친밀감을 발전시키기 위해 그들의 개인적인 경험과 문제들을 수신자와 논의한다. 그러나 남성들은 문제를 듣게 되면 재빨리 해결책을 제안한다. 왜냐하면 그들은 그 상황에 대한 통제력을 주장하기 때문이다. 이는 공통된 이해가 필요한 여성을 좌절시키는 것이다. 그러한 조언은 실질적으로 "당신과 나는 달라. 당신은 문제가 있고 나는 해답을 가지고 있어"라고 말하는 것과 같다. 한편 남성들은 왜 여성들이 그들의 조언을 고맙게 여기지 않는지 이해할 수 없기 때문에 좌절한다.

커뮤니케이션 개선

이제까지 우리는 커뮤니케이션에서 왜곡과 오해를 유발하는 몇 가지 잡음의 원천에 대해서 이해했다. 다음에서는 관리자들이 커뮤니케이션을 개선하고 잡음을 제한하기 위해 할 수 있는 것을 살펴보기로 하자. 관리자들이 커뮤니케이션을 개선하고 잡음을 줄이기 위해서는 다음과 같은 방안을 생각해 볼 필요가 있다. 첫째, 매체와 메시지를 조화시키고 둘째, 정보과중을 줄이는 조치를 취하고 셋째, 메시지를 가장 잘 이해시킬 수 있는 방안에 대해 생각해보고 넷째, 수신된 메시지를 해독할 때 적극적 경청을 하며 다섯째, 정보를 수집하고 유포하는 데 소문을 적극적으로 활용하고 여섯째, 직원들과 직접 커뮤니케이션을 하며 일곱째, 커뮤니케이션을 촉진할 수 있도록 작업장을 설계하는 것 등이다.

// 대체와 미디어의 조화

우리는 이미 매체와 메시지를 조화시키는 것의 중요성에 관해 논의하였다. [그림 16. 2]에서 보듯이, 빈약한 매체는 커뮤니케이션되는 메시지가 일상적이고 명확한 경우에 잘 작동한다. 왜냐하면 송신자와 수신자가 공유된 정신세계모델을 통하여 공통된 기대를 갖고 있기 때문이다. 모호하며 비일상적인 상황은 양자가 관찰하고 경험한 것이 다양한 해석을 낳고 갈등하게 되면 그것을 해결하기 위해 즉각적인 피드백과 함께 더 많은 정보를 공유해야 하기 때문에 풍부한 매체가 필요하다. 달리 말하면, 모호하고 비일상적 상황은 잡음을 발생시킬 기회가 더 많다. 이러한 잡음을 억제하기 위해서 풍부한 매체를 활용할 필요가 있다.

// 정보과중의 감소

매체를 메시지와 조화시키는 것 또한 정보과중을 감소시키는 데 도움이 될 수 있다. 풍부한 매체는 정보집약적이다. 그래서 풍부한 매체의 과대 사용은 정보과중을 악화시킬 수 있다. 만일 관리자가 일상적이고 모호하지 않은 상황에서 빈약한 매체를 사용하면, 이것은 커뮤니케이션 시스템을 통해 유통되는 전체 정보량을 줄일 수 있고 따라서 정보의 과중을 줄일 수 있다. 관리자는 또한 너무 사소한 일상정보를 커뮤니케이션 하지 않도록 주의해야 한다. 관리자들은 중요한 것만을 커뮤니케이션하는 데 초점을 맞추기 위하여 판단하여야 한다.

이 외에도 수신자가 정보의 과중을 관리할 수 있는 세 가지 전략이 있다. 보호하기, 생략하기, 그리고 요약하기이다.[50] 마이크로소프트의 빌 게이츠를 생각해보자. 게이츠는 외부의 핵심집단으로부터 매일 300통의 이메일 메시지를 수신한다. 이렇게 수신된 메시지들은 일반적으로 비서에게로 보내지고 게이츠에게 보내는 것은 필수적으로 읽어야 된다고 생각되는 30개 정도가 됨으로써 게이츠는 정보의 과중으로부터 보호된다. 또한 게이츠는 생략하기 전략을 적용한다. 그것은 분류된 리스트, 비필수적인 것, 그리고 스팸메일 등으로 이 메일들을 재지정하는 소프트웨어 규칙을 이용하는 것이다. 이러한 메시지들은 미리 지정된 폴더에 나중에 읽어야 할 것으로 이동된다. 게이츠는 또한 몇몇 이슈에 관한 전체 보고서들을 읽기 보다는 이사들의 요약본을 읽음으로써 요약하기 전략을 사용한다.

// 메시지의 소통

이 장의 앞에서 알아본 대로, 효과적인 커뮤니케이션은 타인들이 메시지를 수신하여 이해하는 경우에 일어난다. 이러한 어려운 과업을 성취하기 위해서, 송신자는 수신자와 공감하는 법을 배워야 하고, 메시지를 반복하고, 적절한 대화시간을 선택하여야 하고, 평가적이기보다는 설명적이어야만 한다.

공감은 타인의 감정, 생각, 그리고 상황에 대하여 민감하게 이해할 수 있는 능력을 의미한다. 수신자와 공감하는 것은 메시지를 부호화할 때 타인의 입장이 되어 보는 것을 말한다. 예를 들어, 의미가 애매하거나 좋지 않은 감정적 반응을 일으킬 수 있는 말에 조심하여야 한다.

몇 번이나 중요한 포인트를 고쳐 말하는 것이 중요하다. '말하려고 하는 것을 말하시오. 그리고서 당신이 무엇을 말했는지를 말하시오'라는 말이 있는데, 이는 중언부언을 의미하는 것이다. 중언부언하는 것은 중요한 메시지를 강조하고 편안하게 하기 때문에 중요하다. 많은 리더들은 그들의 중요한 메시지를 반복하는 것이 중요하다는 것을 배웠고, 그것이 스며들 때까지 계속적으로 이것을 반복할 것이다. 예를 들어, 제15장에서 컨티넨탈 항공사(Continental Airline)의 CEO인 고든 베슨(Gorden Bethune)이 커뮤니케이션을 할 때 항공사가 '신뢰를 실제'로 만들기 위해서 어떻게 계속해서 그러한 필요성을 반복하였는지를 토의한다. 이것은 그가 직원들에게 주는 핵심적인 메시지였고, 그는 끊임없이 그것을 커뮤니케이션했다.

당신의 메시지를 전달하기 위한 적절한 시간을 선택하는 것은 중요하다. 왜냐하면 사람들이 다른 시간보다 어떤 때는 더 경청하기 때문이다. 당신의 메시지는 다른 메시지나 잡음들과 경쟁하기 때문에 수신자의 주의가 산만하지 않는 때를 찾는 것이 중요하다. 마지막으로 구체적이어야 한다. 이 말은 당신이 누구에게 부정적인 정보를 전달하는 경우에 문제에 집중하여야지 사람에 집중해서는 안 된다. 사람들은 그들의 자존감을 공격당하면 들으려고 하지 않는다. 수신자에게 문제가 있다는 식보다는 수신자가 개선하기 위해서 할 수 있는 것을 제안하는 식이 되어야 한다.

// 적극적 경청

옛날 격언에 이런 말이 있다. "하느님은 사람에게 두 개의 귀와 하나의 입을 주었다, 이것은 사람들이 말을 하기보다 더 많이 들어야 한다는 것을 얘기하는 것이다."[51] 이러한 격언에 따르면, 우리는 듣는 것이 송신자의 신호를 적극적으로 수용하고, 그것들을 정확하게 평가하고, 적절하게 응답하는 과정이라는 사실을 인정할 필요가 있다. 이와 같이 지각, 평가 그리고 반응이라는 3가지 청취의 구성요소는 이 장의 처음에서 살펴보았던 커뮤니케이션 모델의 청취자 측면을 설명한다. **적극적 경청자**(active listener)는 송신자의 신호를 수용하고, 그것의 의도를 해독하고, 그리고 적당한 피드백을 시의적절하게 송신자에게 제공한다(그림 16.4 참조). 적극적 경청자들은 대화하는 동안에 지각, 평가 및 반응활동을 계속적으로 반복하고 이러한 과정들을 개선하기 위해서 다양한 활동을 한다.[52] 대부분의 사람들은 실제로는 그들이 듣는 내용을 이해하고 활용하는 데 실패하는 형편없는 청취자들이다. 형편없는 청취자들은 종종 다른 사람이 말할 때 끼어들고, 다른 사람들이 그것을 말하기 전에 넘겨짚어서 결론으로 비약하고, 그리고 흔히, 지각적 편의에 따라서 정보를 처리하게 된다. 이와 대조적으로 적극적인 경청자는 그들의 지각적 편의를 더 잘 확인할 수 있다.

적극적 경청자
송신자의 신호를 수용하고, 그것의 의도를 해독하고, 그리고 적당한 피드백을 시의적절하게 송신자에게 제공한다.

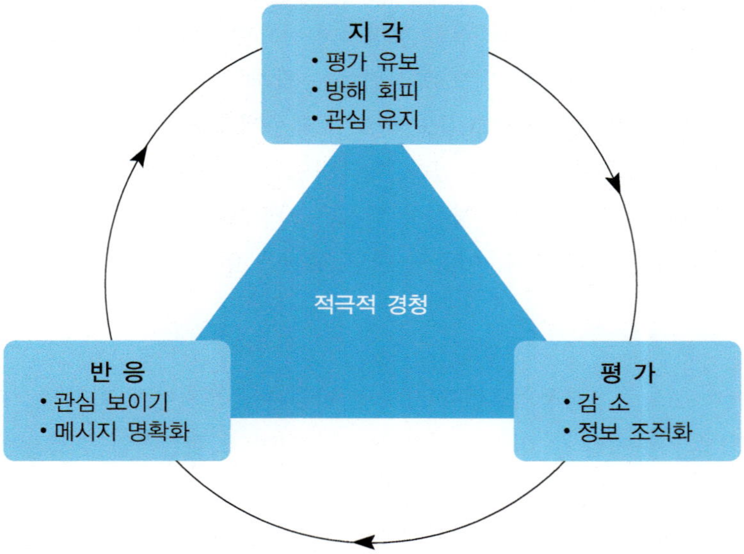

그림 16.4
적극적 경청

지 각(sensing) 지각은 송신자로부터의 신호를 받아서 그것에 주의를 집중하는 과정이다. 이러한 신호는 말의 빠르기, 음성의 톤 등과 같은 소리의 본질적 특성, 구어, 그리고 비언어적 단서 등을 말한다. 적극적인 경청자들은 평가적 태도를 유보하고, 말하는 중에 끼어들지 않고, 관심을 계속 보임으로써 지각을 개선할 수 있다. 평가적 태도를 유보하는 것은 첫인상과 스테레오 타입에 빠지는 것을 피하기 위해서 중요하다. 적극적인 경청자는 화자가 이야기를 끝낼 때까지 메시지에 대한 평가를 유보함으로써 가능한 개방된 마음가짐을 유지하려고 노력한다. 말하는 중에 끼어들지 않는 것은 화자가 말하는 중간에 끼어들게 되면 두 가지 부정적인 효과를 초래하기 때문에 중요하다.

첫째, 화자의 생각에 혼란을 일으킬 수 있고, 그래서 청취자는 전체적인 메시지를 받을 수 없다.

둘째, 끼어드는 행동은 화자가 말하려고 하는 것을 추측하게 할 수 있고 그것은 화자의 생각을 성급하게 평가하게 할 수 있다.

관심을 유지하는 것은 적극적 경청이 의식적인 몰입을 요구하기 때문에 중요하다. 우리는 너무나 많은 주제가 지루하다는 이유로 대화가 시작되자마자 마음의 문을 닫는다. 대신에 적극적인 경청자는 대화가 언제나 가치 있다는 견해를 가지고 관심을 유지한다. 즉, 적극적으로 가치를 찾는 문제일 뿐이라고 생각한다.

평 가(evaluating) 경청을 평가하는 요소에는 메시지의 의미를 이해하기, 메시지를 평가하기, 그리고 메시지를 기억하기가 있다. 사람들이 대화를 더 잘 평가하기 위해서 적극적 경청자는 화자와 공감하고 대화 중에 얻은 정보를 조직화한다. 적극적 경청자는 화자의 느낌과 생각과 상황을 이해하고 민감하게 유지하려고 노력한다. 듣는 사람이 공감을 하게 되면 타인의 관점에서 대화 속의 언어적·비언어적 단서를 정확하게 해석할 수 있기 때문에 공감은 적극적인 경청에서 중요한 스킬이다. 정보의 조직화는 주목하여 듣는 것이다. 보통 평균적으로 사람들은 말하는 것(분당 125단어)보다 정보를 처리하는 것(분당 450단어)이 3배 정도 빠르기 때문에 쉽게 주의가 흐트러질 수 있다. 그러므로 사람들은 주목할 필요가 있다. 적극적인 경청자는 남는 지력을 활용하여 정보를 핵심 포인트로 조직화한다. 사실상 당신은 사람들이 말하기를 그친 후에 그들이 말한 것을 요약하는 것이 좋다. 이렇게 하면 당신은 더 나은 적극적 경청자가 될 수 있다.

반 응(Responding) 경청의 3번째 요소인 반응은 송신자에게 화자의 커뮤니케이션을 지도하고 동기부여할 수 있는 피드백을 주는 것이다. 적극적인 경청자는 관심을 보여주고 메시지를 분명하게 함으로써 반응한다. 적극적인 경청자는 대화 중 충분히 눈맞춤을 하고, 적당한 때에 '정말이야!' '알아들었어요'와 같은 비공식적 신호를 보냄으로써 대화에 관한 그들의 관심을 보여준다. 메시지를 분명히 하기 위해서, 적극적인 경청자는 적당한 때에 "그러니까 당신은 ……게 말하고 있는 거죠?"와 같이 화자의 생각을 바꾸어 말함으로써 피드백을 제공한다. 이것은 대화에 관해서 관심을 훨씬 더 보여주고 청취자가 메시지를 제대로 이해하고 있는지 화자가 판단하는 데 도움을 준다.

// 소문의 적극적 활용

조직에서 정보를 커뮤니케이션하는 데 인맥이 얼마나 중요한지를 이 장의 앞에서 논의하였다. 정보는 소문을 통하여 매우 빠르게 유통될 수 있다. 관리자들은 소문을 틀어막으려고 하기보다는 사람들이 무엇에 대해서 염려하는지에 대한 정보의 원천으로 활용해야 한다는 것을 우리는 알고 있다. 노련한 관리자들은 공식적인 커뮤니케이션 채널을 통해서 얻어질 수 없는 정보들을 얻을 수 있는 인맥을 형성한다. 그들은 소문에 접근하기 위해서 그리고 무슨 일이 벌어지고 있는지를 알기 위해서 인맥을 활용하며, 그리고 공식적 커뮤니케이션 시스템으로부터 필터링되는 중요한 정보가 있는지를 알기 위해서도 그러한 네트워크를 활용한다.

공식채널을 통하여 분명한 정보를 공개하는 등의 빠른 행동을 통하여 관리자들은 소문을 통하여 확산되는 부정확한 루머들을 사전에 제거할 수 있다. 더욱이 관리자들은 새로운 아이디어를 시험하는데도 소문을 활용할 수 있다. 예를 들어서, 관리자들은 종종 '시안'이라고도 하는 고려해 볼만한 아이디어를 제시할 수 있다. 그리고 후에 그 아이디어에 관한 피드백을 소문을 통해서 듣는다. 정치인들은 흔히 이렇게 한다. 그들이 어떤 정책을 생각하고 있다는 암시를 주거나 '출처미상'의 누군가를 통해 정보를 흘린 그 정책을 공식적으로 꺼낼지에 대하여 반응을 측정한다. 이와 유사하게, 관리자들과 투자 은행가들은 때때로 시장이 어떻게 반응할지에 관해 알아보기 위해 두 개의 회사가 합병을 위한 대화를 한다는 루머를 만들어 흘리기도 한다.[53)]

// 직원들과의 직접 커뮤니케이션

노련한 관리자들은 직원들과 직접적으로 커뮤니케이션하게 할 수 있는 전통적으로 그들이 활용하지 않았던 채널의 중요성을 알고 있다. 그들은 회사 밖에 나와서 조직에서 자신들보다 위계가 낮은 직원들과 상호작용을 한다. 거의 40년 전에 휴렛팩커드 사람들은 이러한 커뮤니케이션 전략을 위하여 배회관리라는 새로운 용어를 만들었다.[54)] Southwest항공사의 창업자이자 오랜 동안 CEO였던 허브 켈러허(Herb Kelleher)는 이러한 커뮤니케이션 전략을 실행에 옮겼다. 그는 Southwest항공기에서 자주 나타나서 승무원이나 조종사들과 이야기하고 고객들에게 다과를 건네는 것을 도왔다. 이와 유사하게 월마트의 창업자인 샘 월튼(Sam Walton)도 아무에게도 알리지 않고 자신의 가게에 종종 들르곤 했다. 그리고는 종업원들과 함께 사업에 관해 대화하곤 하였다. 이러한 전략은 필터링을 막을 수 있는 효과적인 방법이었고, 그러한 전략을 통하여 관리자들은 공식적 채널을 통해서 상부로 전달되지 않을 지도 모를 것을 알 수 있었다.

답변하는 부시 대통령 2006년 초 타운홀 미팅에서 대통령이 테러와의 전쟁에서 이기기 위한 그의 전략에 대해서 청중으로부터의 즉흥적 질문에 답하고 있다. 타운홀 미팅을 통해서 이런 리더들은 공식적 커뮤니케이션이 필터링될 수 있는 염려를 배우게 된다.

정치인들이 처음으로 유행시킨 최근의 한 가지 추세는 '**타운 홀 미팅**(town hall meeting)'을 통해 중역들이 직원들과 직접 커뮤니케이션하는 것이다. 이러한 모임에서 많은 집단의 직원들 합병이나 다른 특별한 소식을 주요한 의사결정자로부터 직접 듣는다. 타운 홀 미팅의 중요한 요소는 중역들이 어떤 질문도 허용하고 제기된 문제에 관하여 현장에서 응답하는 것이다. 다른 중역들은 다양하게 제기된 문제에 관하여 직원들의 의견을 듣기 위한 직원 원탁 포럼에 참석한다. 이런 모든 직접 커뮤니케이션 전략은 중역들이 직접적으로 직원들로부터 듣기 때문에 잠재적인 필터링을 최소화한다. 또한 그것들로 말미암아 중역들이 더 깊은 의미를 얻고 조직 내부의 문제에 대한 더 빠른 이해를 얻을 수 있다. 직접적인 커뮤니케이션의 세 번째 이점은 직원들이 회사의 상층에서 결정된 것에 대하여 더 많은 공감을 할 수 있다는 것이다.

역자주 '크지 않은 장소에서 이뤄지는 유권자와의 만남'을 의미함.

// 작업공간 설계를 통한 커뮤니케이션 촉진

커뮤니케이션 능력과 커뮤니케이션에 대한 동기부여는 어느 정도는 직원들이 일하는 물리적 공간에 의해 영향을 받는다. 카페테리아와 승강기 같은 공공장소, 현관, 사무실, 칸막이 방 등의 설계와 위치는 우리가 하는 커뮤니케이션의 횟수는 물론이며 누구랑 커뮤니케이션할 수 있는지를 결정한다.

캘리포니아주 샌프란시스코 근처에 있는 픽사 만화 스튜디오(Pixar Animation Studio)는 회사의 모든 장소를 직원들이 다른 팀에서 일하는 사람들과 우연한 상호작용을 할 수 있게 함으로써 그들의 지식을 공유하도록 설계했다. 픽사의 중역들은 팀원들이

열린 공간, 열린 커뮤니케이션 종업원 간 상호작용과 커뮤니케이션을 촉진할 수 있도록 설계된 열린 공간을 활용하고 있는 사무실

우편물을 가지고 오기 위해서, 점심을 먹거나 화장실을 가기 위해서 그들의 고립된 장소를 떠나야 했기 때문에 이를 '화장실 효과'라고 불렀다. 픽사의 창의적 이사인 존 래시터(John Lasseter)는 "그것은 우연히 만나게 한다. 당신들은 사람들을 지속적으로 만난다. 그것은 우리가 도착한 순간부터 효과가 있었다. 우리는 여기에서 막 피어나고 있다."[55]

또 하나의 점점 유행하는 작업공간전략은 전통적인 사무실을 관리자를 포함한 모든 직원들이 함께 일하는 개방적인 공간배치로 바꾸는 것이다. 사람들이 그들 사이에 벽이 더 적을수록 더 자주 커뮤니케이션한다는 아직 널리 알려지진 않았지만 흥미로운 이야기가 있다. 그러나 조사에 따르면 열린 사무실 설계는 직원들의 사생활과 개인적인 공간의 상실 때문에 직원들의 스트레스를 증대시킨다는 것이다. 40개 대기업에서 일하는 13,000명의 직원들을 분석한 결과에 따르면, 작업공간의 가장 중요한 기능은 주의가 산만하지 않고 일에 집중할 수 있는 장소를 제공하는 것이다. 두 번째로 중요한 기능은 동료들과의 비공식적인 커뮤니케이션을 지원하는 것이다.[56] 다른 말로 하면 작업공간 설계는 사생활과 사회적 상호작용의 기회가 균형을 맞춰야 할 필요가 있다.

결 론 왜 중요한가?

사람을 통해 일을 끝내기 위해서 관리자들은 정확하고, 시의적절하고 신뢰할 만한 정보가 필요하다. 이론적으로 그러한 정보를 그들은 조직 내에서 공식적·비공식적인 커뮤니케이션 채널을 통해 얻는다. 그러나 우리가 살펴본 대로, 이러한 채널을 통해 유통되는 정보는 종종 잡음에 의해 왜곡된다. 결과적으로, 관리자들은 부정확하고, 불완전하거나 편의가 있는 정보에 기초하여 결정을 내릴 수도 있다. 이에 더하여 타인들에게 영향을 미치기 위해서, 관리자들은 효과적인 방법으로 커뮤니케이션을 할 필요가 있다. 그러나 여기 너무 많은 메시지들이 커뮤니케이션 시스템에서 잡음에 의해서 왜곡된다. 그리고 수신자들은 의도된 메시지를 받지 못할 수도 있다.

이것을 피하고 그리하여 관리자들이 의사결정을 위한 그들의 능력을 개선하고 커뮤니케이션을 통해 타인들에게 영향력을 행사하기 위하여, 그들은 조직 안에서의 커뮤니케이션 과정을 이해할 필요가 있다. 그들은 커뮤니케이션 채널을 통하여 정보가 어떻게 유통되는지 그리고 정보의 정확한 전달을 가로막는 장애가 무엇인지를 이해할 필요가 있다. 관리자들은 그들의 조직 내 커뮤니케이션의 효능감을 개선하는 것이 얼마나 중요한지를 이해할 필요가 있다. 그들은 어떻게 잡음으로부터 정보를 분리할 것인가에 관해 알아야 하고 커뮤니케이션에서 잡음을 줄여야 한다. 커뮤니케이션할 때 그들은 그들의 메시지와 매체를 조화시켜야 한다. 그들은 커뮤니케이션 네트워크에서 다른 사람들이 정보를 필터링할 수 있음을 기억해야 한다. 그들은 수신자들이 이해할 수 있도록 메시지를 부호화하고 전달하는 최고의 방법을 알 필요가 있고, 그들은 지각적

편의를 막고 그들이 받은 메시지를 정확히 해독하기 위해서 적극적인 경청자가 될 필요가 있다. 더욱이, 그들은 공식 커뮤니케이션을 보충하기 위한 비공식 커뮤니케이션 채널을 개발하여야 한다. 그들은 소문의 가치를 이해하고 이것을 적극적으로 활용해야 한다. 그리고 그들은 가능한 한 직원들과 직접적으로 상호작용해야 하며, 공식적인 경로를 통해서 흐르지 않는 정보를 모으고 커뮤니케이션하기 위해서 소문과 같은 기회를 이용해야 한다. 만약 그들이 이 모든 것을 행할 수 있다면, 관리자들은 훨씬 더 효과적이 될 것이다.

Management Challenges

1. 커뮤니케이션 시스템 내의 잡음 때문에 조직이 어떻게 재무자원을 잘못 할당할 수 있는지를 설명하시오.
2. 스테레오 타입은 우리 사회에 널리 퍼져있다. 몇 가지 일반적인 스테레오 타입을 생각할 수 있는가? 관리자로서, 송신자에 대한 무의식적인 스테레오 타입적 태도에 의해 메시지에 대한 당신의 지각이 편의되지 않도록 하기 위해 당신은 무슨 조처를 취해야 하는가?
3. 정보과중은 조직에 특유한 문제이다. 수신자로서 정보의 흐름을 관리하고 정보의 과부하를 줄이기 위해 채택해야 할 전략은 무엇인가? 당신이 송신자로서 수신자가 정보의 과중에 빠지지 않게 할 수 있는 것은 무엇인가?
4. 당신의 회사는 다른 회사로부터의 적대적 합병의 대상이다. 입찰회사는 가격을 과도하게 깎는 것으로 악명 높은 CEO가 운영하고 있다. 상층 관리자로서 직원들에게 이러한 합병이 그들에게 무슨 의미를 갖는지 설명해야 한다. 당신은 어떤 커뮤니케이션 매체를 활용할 것이며 그 이유는 무엇인가?
5. 당신은 새로운 사장이 막 부임한 회사의 커뮤니케이션 담당 이사이다. 사장은 다른 회사의 부사장이었다. 당신 회사에서는 그 사장이 하려고 하는 일에 대한 억측으로 소문이 들끓고 있다. 그녀는 카리스마적인 변혁의 주도자로 알려져 있고, 이사회는 그에게 최근 몇 년간 경쟁회사에 비해 뒤처진 회사의 성과를 증대시키라고 요구하고 있다고 알려져 있다. 커뮤니케이션 담당 이사로서, 그에게 어떤 조언을 할텐가? 그리고 그 이유는 무엇인가?

Management Portfolio

한 기업을 선택하여 다음을 살펴보시오.

1. 어떻게 조직전략이 커뮤니케이션 되고 있는가? 이러한 커뮤니케이션이 적절한 것인가? 그렇다면 그 이유는 무엇인가?
2. 당신은 커뮤니케이션 문제나 붕괴의 증거를 발견할 수 있는가?
3. CEO가 직원들 및 주주들과 커뮤니케이션하기 위해 사용하는 매체는 무엇인가? 주어진 메시지의 내용을 전달하기 위한 매체선택은 적절한가?

4. 회사에서 수평적인 커뮤니케이션을 용이하게 하기 위해 사용하는 매체는 무엇인가? 주어진 회사의 전략을 실행하기 위하여 이러한 매체는 충분한가?

마 ‣ 침 ‣ 사 ‣ 례 챌린저호의 참사

1986년 1월 28일, 우주 왕복선 챌린저(Challenger)호가 플로리다에 있는 케네디 우주센터에서 맑고 푸른 하늘로 이륙했다. 73초가 지난 후 챌린저호는 폭발했고 탑승했던 7명 모두 사망했다. 이에 따른 조사에서 곧 2가지 요소에 주목하였다. 로켓 발사체의 오링(O-ring : 고무 패킹)의 봉인과 발사 준비단계의 낮은 온도였다. 로켓 발사체의 고무패킹은 소형 발염장치와 같이 부스터와 불꽃이 결합될 때 로켓의 과열증기를 빼내서 우주 왕복선의 선체를 유지하기 위해 설계되었다. 1982년 10월 초반에 드러난 조사에서 고무패킹이 실패할 것이라고 염려되었다는 것이 발견되었다. 1985년 7월에 NASA의 분석가는 내부 보고서를 통해 고무패킹이 개선되지 않는다면 '비극적인' 실패가 뒤따를 것이라고 경고했다. 유사한 고민들이 로켓 발사체를 제조했던 머튼 씨어콜(Morton Thiokol)사의 엔지니어에 의해 보고되었다. 또한 1985년 중반에 씨어콜의 고무패킹 설계분야의 최고전문가는 그의 상관에게 고무패킹은 실패할 것이고 "인명손실과 같은 가장 높은 수준의 재난의 결과를 낳을 것이다"는 보고서를 보냈다. 한 달 뒤에 또 다른 씨어콜의 기술자가 그의 회사에 NASA에게 패킹 문제가 해결될 때까지 모든 우주왕복선을 중단할 것을 촉구했다. 하지만 패킹의 재설계에 관한 작업이 계속 진행되는 도중에도 왕복선은 비행을 계속했다.

다음은 기후이다. 1986년 1월 27일, 추위가 플로리다를 강타했고, 기상 예보관들은 발사장소가 화씨 18도까지 내려갈 것이라고 말했다. 이것은 왕복선을 만든 회사 락웰(Rockwell)의 이사진들을 염려하게 만들었다. 그들은 우주선 탑에 형성된 고드름들이 우주선의 전열타일을 분리하고 손상을 입힐 수도 있다는 것을 걱정하였다. 1월 28일 오전 8시 45분, 우주왕복선을 만든 회사인 락웰의 사장은 케네디 우주센터의 대표 로버트 글레이셔(Robert Glaysher)를 불러 "발사장소의 얼음에 관한 염려 때문에 발사를 추천하지 않는다"고 말했다. 오전 9시에 글레이셔는 NASA의 임원을 만나서 락웰의 입장은 "그것이 비행하기 안전하지 않다는 것이다"라고 말했다.

회의에 있던 NASA의 임원에 따르면, 락웰 이사들은 그들의 입장을 명확하게 밝히지 못했다. NASA의 높은 행정관인 아놀드 앨드리치(Arnold Aldrich)는 락웰의 임원이 고드름이 우주선에 손상을 입힐 가능성에 대한 염려를 표현했음에도 불구하고 조사관에게 나중에 말하자고 했다. 그는 안전에 심각한 위협이 된다는 그들의 말을 이해할 수 없었다.

앨드리치는 락웰 임원들이 "우리가 발사하지 말라는 것을 요청하거나 주장하지 않았다"고 말했다. 발사 관련 회의에 참석했던 케네디 우주센터의 관리자는 그 상황에 관한 앨드리치의 해석을 뒷받침하고 있다. 그는 수사관들에게 진술했다. "모두가 발사에 관해 서명했던 것을 충분히 느끼면서 회의를 빠져나왔다." 락웰 임원들은 차가운 온도가 유일한 걱정은 아니었다. 그 전날 밤에 유타주에 있는 머튼 씨어콜의 기술자들은 플로리다의 낮은 온도의 보고서에 놀랐고 케네디 우주센터에 있는 그들의 대표자들에게 전화했으며 발사 위험에 대해 그들에게 검토하라고 재촉했다. 기술자들은 극도로 낮은 온도에서 고무패킹이 고장날 것에 대해 걱정했다. 그들의 걱정을 부채질한 것은 이전의 비행기에서 화씨 53도 정도의 온도에서 고무패킹이 뜨거운 열기로 인해 부식된 것 때문이었다.

1월 27일 오후 8시 45분, 몇몇의 씨어콜의 기술자들과 관리자들은 NASA의 임원들과 원격회의를 가졌다. 씨어콜의 최고위의 기술자는 최소온도가 화씨 53도까지 도달하지 않는다면, 발사가 취소되어야 한다고 주장했다. 전화회의에서 NASA의 최고임원인 멀로이(Mulloy)와 하아디(Hardy)는 이에 반대했다. 하아디는 온도와 고무패킹 폭발에 관해 관련성이 없다고 주장하면서 씨어콜의 비행 반대에 관해 '섬뜩'하다고 말했다. 멀로이는 로켓발사체에 대한 최저 온도를 정하는 데 씨어콜이 실패했으며, 그들이 비행기준을 목표 전날 밤에 바꾸려고 시도한다고 불만을 표시했다. 멀로이는 명백히 말했다, "젠장, 씨어콜, 언제 내가 발사하길 바라나요, 다음 4월?" 두 시간 동안의 논쟁 이후, 씨어콜의 직원은 NASA의 반대에 관하여 생각해볼 시간을 요구하였다. 유타주의 기술자들은 발사에 반대하는 반면 씨어콜의 상위 관리자, 제럴드 메이슨(Jerald Mason)은 "우리는 경영상의 주요한 의사결정을 해야 한다"고 선언했다. 놀란 기술자들 앞에서, 그는 경영진들만을 투표했고, NASA에게 씨어콜이 발사에 찬성한다는 추천을 전하기 위해서 그들을 모았다. 그 다음 씨어콜은 NASA의 임원에게 발사에 대한 더 이상의 반대는 없을 것이라고 전달했다.

그 후의 조사에서, 하아디와 멀로이는 기술자들에게 거친 질문을 한 것이 압력을 행사한 것이 아니라고 주장했다. 그들은 또한 씨어콜 임원이 비행이 계속 진행되어야 한다는 발표를 한 후에, 씨어콜의 기술자들이 이러한 입장에 반대한다는 것을 알지 못했다고 말했다.

결국 극도로 차가운 온도는 불운한 챌린저호의 폭발을 야기하면서, 고정 로켓 부스터 중의 하나에 고무패킹의 실패를 가져왔다.[57)]

토론문제

1. 챌린저호의 참사는 예방될 수 있었는가?
2. 챌린저호 재난의 원인이 된 커뮤니케이션 문제는 무엇인가? 특히, 락웰과 씨어콜, 그리고 NASA 간에 정보의 흐름을 왜곡시킨 커뮤니케이션 장애는 무엇인가?
3. 씨어콜과 락웰, 그리고 NASA 간의 커뮤니케이션 시스템은 어떻게 개선할 수 있었는가?

※ 주석 | Endnotes

1. A. Findler, P. Healy, and K. Zernike, "President of Harvard Resigns, Ending Stormy 5-Year Tenure," *The New York Times,* February 22, 2006, pp. A1, A19.
2. Quoted in R. Winters, "Harvard's Crimson Face," *Time,* January 31, 2005, p. 52.
3. H. Mintzberg, *The Nature of Managerial Work* (New York: Harper & Row, 1973).
4. C.E. Shannon and W. Weaver, *The Mathematical Theory of Communication* (Urbana: University of Illinois Press, 1949); K.J. Krone, F.M. Jablin, and L. L. Putnam, "Communication Theory and Organizational Communication: Multiple Perspectives," in *Handbook of Organizational Communication: An Interdisciplinary Perspective,* ed. F.M. Jablin et al. (Newbury Park, CA: Sage, 1987), pp. 18–40.
5. D. Tannen, *That's Not What I Meant!* (New York: Ballantine, 1987).
6. R.L. Daft and R.H. Lengel, "Information Richness: A New Approach to Managerial Behavior and Organization Design," *Research in Organizational Behavior* 6 (1984), pp. 191–233; R.H. Lengel and R.L. Daft, "The Selection of Communication Media as an Executive Skill," *Academy of Management Executive* 2 (1988), pp. 225–32.
7. W. Lucas, "Effects of E-Mail on the Organization," *European Management Journal* 16, no. 1 (February 1998), pp. 18–30; D.A. Owens, M.A. Neale, and R. I. Sutton, "Technologies of Status Management Status Dynamics in E-Mail Communications," *Research on Managing Groups and Teams* 3 (2000), pp. 205–30; N. Ducheneaut and L.A. Watts, "In Search of Coherence: A Review of E-Mail Research," *Human–Computer Interaction* 20, no. 1–2 (2005), pp. 11–48.
8. G. Hertel, S. Geister, and U. Konradt, "Managing Virtual Teams: A Review of Current Empirical Research," *Human Resource Management Review* 15 (2005), pp. 69–95; H. Lee, "Behavioral Strategies for Dealing with Flaming in an Online Forum," *The Sociological Quarterly* 46, no. 2 (2005), pp. 385–403.
9. D. Robb, "Ready or Not . . . Instant Messaging Has Arrived as a Financial Planning Tool," *Journal of Financial Planning,* July 2001, pp. 12–14; J. Black, "Why Offices Are Now Open Secrets," *BusinessWeek,* September 17, 2003; A.F. Cameron and J. Webster, "Unintended Consequences of Emerging Communication Technologies: Instant Messaging in the Workplace," *Computers in Human Behavior* 21, no. 1 (2005), pp. 85–103.
10. L.Z. Tiedens and A.R. Fragale, "Power Moves: Complementarity in Dominant and Submissive Nonverbal Behavior," *Journal of Personality and Social Psychology* 84, no. 3 (2003), pp. 558–68.
11. A. Mehrabian, *Silent Messages* (Belmont, CA: Wadsworth, 1971).
12. L.Z. Tiedens and A.R. Fragale, "Power Moves: Complementarity in Dominant and Submissive Nonverbal Behavior," *Journal of Personality and Social Psychology* 84, no. 3 (2003), pp. 558–68.
13. P. Ekman and E. Rosenberg, *What the Face Reveals: Basic and Applied Studies of Spontaneous Expression Using the Facial Action Coding System* (Oxford, England: Oxford University Press, 1997); P. Winkielman and K.C. Berridge, "Unconscious Emotion," *Current Directions in Psychological Science* 13, no. 3 (2004), pp. 120–23.
14. E. Hatfield, J.T. Cacioppo, and R.L. Rapson, *Emotional Contagion* (Cambridge, England: Cambridge University Press, 1993); S.G. Barsade, "The Ripple Effect: Emotional Contagion and Its Influence on Group Behavior," *Administrative Science Quarterly* 47 (December 2002), pp. 644–75; M. Sonnby-Borgstrom, P. Jonsson, and O. Svensson, "Emotional Empathy as Related to Mimicry Reactions at Different Levels of Information Processing," *Journal of Nonverbal Behavior* 27 (Spring 2003), pp. 3–23.
15. J.R. Kelly and S.G. Barsade, "Mood and Emotions in Small Groups and Work Teams," *Organizational Behavior and Human Decision Processes* 86 (September 2001), pp. 99–130.
16. R.E. Rice, "Task Analyzability, Use of New Media, and Effectiveness: A Multi-Site Exploration of Media Richness," *Organization Science* 3 (1992), pp. 475–500.
17. G. Hitt and J.D. McKinnon, "Cheney Takes Blame for Shooting but Defends How It Was Disclosed," *The Wall Street Journal,* February 16, 2006, p. A4.
18. M. McLuhan, *Understanding Media: The Extensions of Man* (New York: M-Graw-Hill, 1964).
19. K. Griffiths, "KPMG Sacks 670 Employees by E-Mail," *The Independent* (London), November 5, 2002, p. 19; P. Nelson, "Work Practices," *Personnel Today,* November 12, 2002, p. 2.
20. R.S. Kaplan and D.P. Norton, *The Balanced Scorecard: Translating Strategy into Action* (Boston: Harvard Business School Press, 1996).
21. N.B. Kurland and L.H. Pelled, "Passing the Word: Toward a Model of Gossip and Power in the Workplace," *Academy of Management Review* 24 (2000), pp. 428–38. See also G. Michelson and V.S. Mouly, "'You Didn't Hear It from Us But . . .': Toward an Understanding of Rumor and Gossip in Organizations," *Australian Journal of Management* 27 (2002), pp. 57–67.
22. S.M. Crampton, J.W. Hodge, and J.M. Mishra, "The Information Communication Network Factors Influencing Grapevine Activity," *Public Personnel Management* 27 no. 4 (1998), pp. 569–84. D.B. Simmons, "The Nature of the Organizational Grapevine," *Supervisory Management,* November 1985, pp. 39–45.
23. C.N. Macrae and G.V. Bodenhausen, "Social Cognition: Thinking Categorically about Others," *Annual Review of Psychology* 51 (2000), pp. 93–120.
24. A. Balsa and T.G. McGuire, "Prejudice, Clinical Uncertainty, and Stereotyping as Sources of Health Disparities," *Journal of Health Economics* 22 (January 2003), pp. 89–100.
25. D. Hamermesh and J.E. Biddle, "Beauty and the Labor Market," *American Economic Review* 84 (1994), pp. 1174–94.
26. J.M. Feldman "Beyond Attribution Theory: Cognitive Processes in Performance Appraisal," *Journal of Applied Psychology* 66 (1981), pp. 127–48; H.H. Kelley, "The Process of Causal Attribution," *American Psychologist* 28 (1973), pp. 107–28.
27. "Exit Carly," *The Economist,* February 10, 2005, p. 1.
28. P.J. Taylor and J.L. Pierce, "Effects of Introducing a Performance Management System and Employees' Subsequent Attitudes and Efforts," *Public Personnel Management* 28 (Fall 1999), pp. 423–52.
29. D.D. Steiner and J.S. Rain, "Immediate and Delayed Primacy and Recency Effects in Performance Evaluation," *Journal of Applied Psychology* 74 (1989), pp. 136–42.
30. D. Goleman, R. Boyatzis, and A. McKee, *Primal Leaders* (Boston: Harvard Business School Press, 2002), pp. 92–95.
31. "Gagged Prophet," *Houston Chronicle,* February 5, 2006, p. 2.
32. L.L. Putnam, N. Phillips, and P. Chapman, "Metaphors of Communication and Organization," in *Handbook of Organization Studies,* ed. S.R. Clegg, C. Hardy, and W.R. Nord (London: Sage, 1996), pp. 373–408; G. Morgan, *Images of Organization,* 2nd ed. (Thousand Oaks, CA: Sage, 1997); M. Rubini and H. Sigall, "Taking the Edge Off of Disagreement: Linguistic Abstractness and Self-Presentation to a Heterogeneous Audience," *European Journal of Social Psychology* 32 (2002), pp. 343–51.
33. K.M. Jackson, "Buzzword Backlash Looks to Purge Jibba-Jabba from Corporate-Speak," *Boston Globe,* April 17, 2005, p. G1.
34. R.D. McPhee, "Vertical Communication Chains," *Management Communication* 1, no. 4 (1988), pp. 455–86.
35. J.G. Miller, "Living Systems: The Organization," *Behavioral Science* 17 (1972), pp. 69–80.
36. J. Davidson, "Fighting Information Overload," *Office Solutions* 23, no. 1 (2006), p. 49.
37. D. Stonehouse, "E-mail," *Sun Herald* (Sydney), June 26, 2005, p. 26.
38. T. Koski, "Reflections on Information Glut and Other Issues in Knowledge Productivity," *Futures* 33 (August 2001), pp. 483–95; D.D. Dawley and W.P. Anthony, "User Perceptions of E-Mail at Work," *Journal of Business and Technical Communication* 17, no. 2 (April 2003), pp. 170–200; "E-mail Brings Costs and Fatigue," *Western News* (University of Western Ontario–London, Ontario), July 9, 2004.
39. A.G. Schick, L.A. Gordon, and S. Haka, "Information Overload: A Temporal Approach," *Accounting, Organizations & Society* 15 (1990), pp. 199–220; A. Edmunds and A. Morris, "The Problem of Information Overload in Business Organizations: A Review of the Literature," *International Journal of Information Management* 20 (2000), pp. 17–28.
40. D.C. Thomas and K. Inkson, *Cultural Intelligence: People Skills for Global Business* (San Francisco: Berrett-Koehler, 2004), Chapter 6; D. Welch, L. Welch, and R. Piekkari, "Speaking in Tongues," *International Studies of Management & Organization* 35, no. 1 (Spring 2005), pp. 10–27.

41. D. Woodruff, "Crossing Culture Divide Early Clears Merger Paths," *The Asian Wall Street Journal,* May 28, 2001, p. 9.

42. M. Brandel, "Global CIO," *Computerworld,* November 21, 2005, pp. 39–41. Tatamae and hone are discussed in H. Yamada, *American and Japanese Business Discourse: A Comparison of Interaction Styles* (Norwood, NJ: Ablex, 1992), p. 34; R.M. March, *Reading the Japanese Mind* (Tokyo: Kodansha International, 1996), Chapter 1.

43. P. Harris and R. Moran, *Managing Cultural Differences* (Houston: Gulf, 1987); H. Blagg, "A Just Measure of Shame?" *British Journal of Criminology* 37 (Autumn 1997), pp. 481–501; R.E. Axtell, *Gestures: The Do's and Taboos of Body Language around the World,* rev. ed. (New York: Wiley, 1998).

44. S. Ohtaki, T. Ohtaki, and M.D. Fetters, "Doctor–Patient Communication: A Comparison of the USA and Japan," *Family Practice* 20 (June 2003), pp. 276–82; M. Fujio, "Silence during Intercultural Communication: A Case Study," *Corporate Communications* 9, no. 4 (2004), pp. 331–39.

45. D.C. Barnlund, *Communication Styles of Japanese and Americans: Images and Realities* (Belmont, CA: Wadsworth, 1988); Yamada, *American and Japanese Business Discourse: A Comparison of Interaction Styles,* Chapter 2; H. Yamada, *Different Games, Different Rules* (New York: Oxford University Press, 1997), pp. 76–79.

46. This stereotypic notion is prevalent throughout J. Gray, *Men Are from Mars, Women Are from Venus* (New York: Harper Collins, 1992). For a critique of this view see J.T. Wood, "A Critical Response to John Gray's Mars and Venus Portrayals of Men and Women," *Southern Communication Journal* 67 (Winter 2002), pp. 201–10.

47. D. Tannen, *You Just Don't Understand: Men and Women in Conversation* (New York: Ballantine, 1990); D. Tannen, *Talking from 9 to 5* (New York: Avon, 1994); M. Crawford, *Talking Difference: On Gender and Language* (Thousand Oaks, CA: Sage, 1995), pp. 41–44; L.L. Namy, L.C. Nygaard, and D. Sauerteig, "Gender Differences in Vocal Accommodation: The Role of Perception," *Journal of Language and Social Psychology* 21, no. 4 (December 2002), pp. 422–32.

48. A. Mulac et al., "'Uh-Huh. What's That All About?' Differing Interpretations of Conversational Backchannels and Questions as Sources of Miscommunication across Gender Boundaries," *Communication Research* 25 (December 1998), pp. 641–68; N.M. Sussman and D.H. Tyson, "Sex and Power: Gender Differences in Computer-Mediated Interactions," *Computers in Human Behavior* 16 (2000), pp. 381–94; D.R. Caruso and P. Salovey, *The Emotionally Intelligent Manager* (San Francisco: Jossey-Bass, 2004), p. 23.

49. P. Tripp-Knowles, "A Review of the Literature on Barriers Encountered by Women in Science Academia," *Resources for Feminist Research* 24 (Spring/Summer 1995), pp. 28–34.

50. D. Kirkpatrick, "Gates and Ozzie: How to Escape E-Mail Hell," *Fortune,* June 27, 2005, pp. 169–71.

51. Cited in K. Davis and J.W. Newstrom, *Human Behavior at Work: Organizational Behavior,* 7th ed. (New York: McGraw-Hill, 1985), p. 438.

52. The three components of listening discussed here are based on several recent studies in the field of marketing, including S.B. Castleberry, C.D. Shepherd, and R. Ridnour, "Effective Interpersonal Listening in the Personal Selling Environment: Conceptualization, Measurement, and Nomological Validity," *Journal of Marketing Theory and Practice* 7 (Winter 1999), pp. 30–38; L. B. Comer and T. Drollinger, "Active Empathetic Listening and Selling Success: A Conceptual Framework," *Journal of Personal Selling & Sales Management* 19 (Winter 1999), pp. 15–29; and K. de Ruyter and M.G.M. Wetzels, "The Impact of Perceived Listening Behavior in Voice-to-Voice Service Encounters," *Journal of Service Research* 2 (February 2000), pp. 276–84.

53. J.V. Bommel, "Rumors," *Journal of Finance* 58 (2003), pp. 1499–1520.

54. The original term is "management by *wandering* around," but this has been replaced with "walking" over the years. See W. Ouchi, *Theory Z* (New York: Avon Books, 1981), pp. 176–77; T. Peters and R. Waterman, *In Search of Excellence* (New York: Harper and Row, 1982), p. 122.

55. S.P. Means, "Playing at Pixar," *Salt Lake Tribune* (Utah), May 30, 2003, p. D1; G. Whipp, "Swimming against the Tide," *Daily News of Los Angeles,* May 30, 2003, p. U6.

56. G. Evans and D. Johnson, "Stress and Open-Office Noise," *Journal of Applied Psychology* 85 (2000), pp. 779–83; F. Russo, "My Kingdom for a Door," *Time Magazine,* October 23, 2000, p. B1.

57. Sources: I. Austen, "Blemishes on NASA's Shining Image," *Maclean's,* March 10, 1986, p. 60; E. Magnuson, "A Serious Deficiency," *Time,* March 10, 1986, pp. 38–41; L. McGinley and E.T. Pound, "Rockwell International Aids Tell Panel They Warned NASA Launch Was Unsafe," *The Wall Street Journal,* February 28, 1986, p. 1.

17

혁신과 변화의 관리

MANAGING INNOVATION AND CHANGE

LEARNING OBJECTIVES

이 장을 학습한 후 여러분은

1 패러다임 전환이 어떻게 발생하는가를 설명하고 패러다임 전환의 결과에 대해서 토론할 수 있다.

2 조직관성의 주요 원인을 식별할 수 있다.

3 설립된 기업의 전략과 조직을 변화하는데 무엇이 요구되는지를 간략히 서술할 수 있다.

4 많은 조직변화의 노력이 왜 실패하며, 이런 실패를 피하기 위해서 경영자는 무엇을 해야 하는지를 식별할 수 있다.

5 성공적인 생산혁신이 가능한 조직역량을 배가하기 위해 경영자는 무엇을 하여야 하는지를 토의할 수 있다.

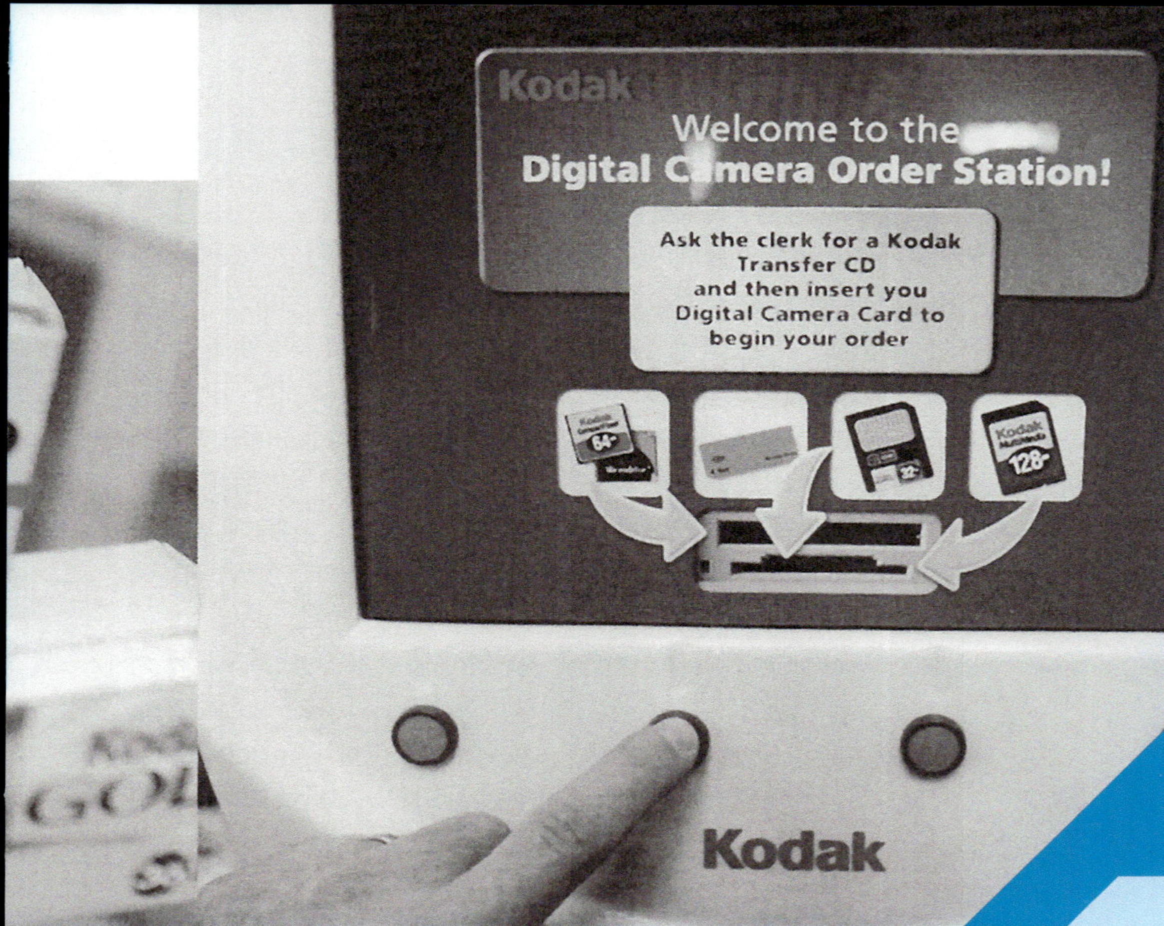

기존 주력사업영역 이었던 전통 필름사업의 쇠퇴가 도래함에 따라 Kodak은 시장에서의 생존을 위해 디지털사진 영역으로 신속히 전환 중에 있다.

도입사례

20세기의 대부분을 Kodak은 사진산업의 선두주자로 보냈다. 20세기의 비즈니스 모델은 단순했다. 사진기를 저렴한 가격에 판매한 후 필름판매 및 현상처리 서비스를 통해 이익을 나는 방식이었다.

이와 같은 모델은 디지털 카메라가 출시되기 시작한 1990년대까지 완전하게 작동했다. 소비자들은 더 이상 필름이 필요없게 되었고, Kodak의 경영진은 극한상황에 처하게 되었다. 위협을 인식한 Kodak은 디지털 카메라 생산을 위한 적극적인 프로그램을 시작했다. 2005년에 이르러 Kodak은 업계 리더 자리를 차지했고, 미국에서 판매되는 디지털 카메라의 22%를 생산하게 되었다. 하지만 이것은 축하할 만한 이유가 전혀 될 수 없었다. 디지털 카메라의 경쟁격화로 인해 이익률이 매우 낮아졌기 때문이다. 예전에 Kodak은 미국에서 현상처리되는 필름의 절반 이상을 판매하면서 높은 이익을 만들었다. 이와 같은 비즈니스는 최고경영진이 불과 2년 전에 예측했던 것보다 세 배나 빠른 속도로 쇠퇴하고 있었으며, 그 결과 Kodak은 2005년에 14억 달러의 손실을 기록했다.

전통적 비즈니스의 급격한 축소에 따라 Kodak은 필름사업에 대한 다운사이징과 공장폐쇄 및 인원감축을 시급히 단행했다. CEO인 Antonio Perez는 Kodak이 전통적 사진사업으로부터 디지털 이미징 사업으로의 전환을 위해 노력할 당시 회사는 '상상이 가능한 최악의 상황'에 있었다고 지적한다. 이와 같은 어려움에도 불구하고, 그는 2008년 경에는 회사의 상황이 개선되어, 80%의 수익이 디지털 이미징 분야에서 발생하고, 두 자릿수의 성장이 가능할 것으로 내다봤다.[1]

현재 Kodak이 겪고 있는 엄청난 변화는 사진시장의 기술 패러다임 전환의 결과이다. 하지만 Kodak이 이와 같은 극적인 패러다임 전환에 직면한 첫 기업인 것은 아니다. 결국에는 모든 기업들이 신기술의 등장과 이 기술을 활용하는 신생 경쟁업체의 성공으로 인해 시장이 자신들로부터 멀어져 가는 상황에 직면하게 될 것이다. 1980년대와 1990년대에 IBM은 Microsoft, Intel, Dell과 같이 PC 혁명을 주도하는 기업들과 경쟁해야 하는 새로운 상황으로 인해 전통적인 메인프레임 컴퓨터 사업이 축소됨에 따라, 이와 유사한 도전에 직면하게 되었다. 현재 Kodak이 디지털 이미징 업체로의 변신을 통해 생존을 모색하고 있는 것과 같이, IBM은 컴퓨터 서비스 기업으로 자신을 재창조함으로써 살아남을 수 있었다.

Encyclopedia Britannica는 패러다임 전환에 직면하여 자신을 재창조함으로써 경쟁에서 살아남은 또 다른 기업이다. 200년이 넘는 시간 동안 Encyclopedia Britannica의 사업은 도서판매를 통해 이루어져 왔다. 하지만 1990년대부터 소비자들이 CD를 사용하게 되고, 나중에는 신생 경쟁업체인 Microsoft의 Encarta나 Wikipedia로 옮겨감에 따라 도서 판매시장은 붕괴를 맞게 되었다. Encyclopedia Britannica는 생존을 위해 전통적인 방식의 사업을 접고, 새로운 온라인 형태의 사업으로 전환해야 했다.

IBM이나 Encyclopedia Britannica와 같은 기업은 어려운 변화의 시기를 거치기는 했지만 패러다임 전환기에서 살아남은 반면, 그렇지 못한 오랜 전통의 기업들도 많다.[2] 워드 프로세싱 소프트웨어와 PC의 등장은 타자기에 대한 수요를 고갈시켰고, 1990년대에 들어 세계 최대의 타자기 회사인 Smith Corona는 파산을 맞게 되었다. 1970년대의 기술 성장기업 중의 하나인 Wang Computers도 중형 컴퓨터를 위한 워드 프로세싱 소프트웨어 판매를 통해 상당수준의 사업성공을 일궜다가 PC용 워드프로세싱 소프트웨어의 시장파괴로 인해 결국 파산에 이르렀다. 철강업계에서는 미니밀(mini mill) 기술을 사용한 Nucor Steel과 같은 기업들이 기존 업체들로부터 시장을 빼앗은 결과, Bethlehem Steel을 비롯한 많은 기업들이 파산을 맞게 되었다.

이번 마지막 장에서는 패러다임 전환의 특징에 대해 살펴본다. 흔히 경쟁에 혁신을 가져오며 기존 기업들을 수세로 내모는 새로운 패러다임의 등장에 대한 논의에 이어, 새로운 패러다임에 대한 대응을 어렵게 만드는 기존 조직 내의 관성과, 패러다임 전환에서 살아남기 위한 관리자들의 전략변화방법에 대한 논의가 이어진다. 이번 장은 관리자들이 패러다임 전환을 시작할 수 있는 혁신의 개발방법에 대한 논의로 마무리된다.

패러다임 전환

패러다임 전환(paradigm shift)은 수요와 경쟁의 특성을 획기적으로 바꾸는 새로운 기술이나 비즈니스 모델이 등장할 때 이루어진다. 패러다임 전환에 직면한 기존 기업은 생존을 위해 새로운 기술을 받아들여야 한다. 패러다임 전환은 다음과 같은 조건 중 하나 이상을 만족시키는 업계에서 발생할 가능성이 더 큰 것으로 보인다.[3)]

패러다임 전환
수요와 경쟁의 특성을 획기적으로 바꾸는 새로운 기술이나 비즈니스 모델이 등장할 때 이루어진다.

첫 번째로, 업계의 기존 기술이 성숙단계에 접어들어 자연적 한계에 접근하고 있거나 이미 자연적 한계에 도달해 있다.

두 번째로, 새로운 와해성 기술(disruptive technology)이 시장에 등장하여 전통적 기술을 사용하는 기존 기업들이 제대로 대응하지 못하고 있는 틈새에 파고들어 뿌리를 내린다.

세 번째로, 한 기업이 경쟁업체들과는 근본적으로 다른 새로운 비즈니스 모델을 개발하여 더 큰 수요를 확보하면서 경쟁업체들을 수세로 내몬다.

// 기술의 자연적 한계

리처드 포스터(Richard Foster)는 기술의 성능과 시간과의 관계를 기술 S곡선(technology S-curve: 그림 17. 1 참조)으로 형식화하였다.[4)] 이 곡선은 시간경과에 따른 R&D 누적투자와 특정 기술의 성능(또는 기능성)의 상관관계를 보여준다. 발전의 초기 단계에서는 신기술에 대한 R&D 투자가 기본적 공학문제의 해결을 통해 급격한 성능 향상을 가져온다. 하지만 얼마 후에는 R&D 누적투자에 대한 수익이 감소하기 시작하고, 성능향상의 속도가 느려지며, 기술이 더 이상의 진보가 불가능한 한계에 접근하기 시작한다. 예를 들어, 상업용 항공산업에서는 라이트 형제의 최초 동력비행 이후의 50년보다 이전의 50년 동안 더 많은 개선이 이루어졌다고 볼 수 있다. 처음 50년 동안에

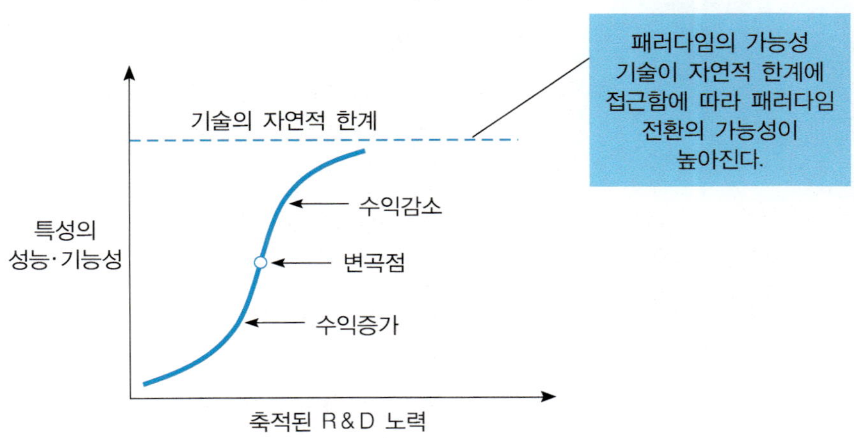

그림 17. 1
기술 S곡선

는 키티호크에서 제트기로의, 즉 나무, 철사, 헝겊으로 만들어진 프로펠러 추진 비행기에서 세계 최초의 성공적 상업용 제트기인 Boeing 707로의 발전이 이루어졌다. 하지만 Boeing 787과 같은 오늘날의 상업용 제트기는 Boeing 707보다 훨씬 더 효율적이기는 하지만 Boeing 707의 직계 후손임을 쉽게 알아볼 수 있다. 상업용 항공산업은 현재 수익감소단계에 있으며, 제트기 기술의 진보가 자연적 한계에 접근하고 있는지도 모른다.

이것이 패러다임 전환과 어떤 관계가 있는가? 포스터에 따르면 기술이 자연적 한계에 접근할 때 연구의 관심은 가능한 대체기술로 전환된다. 결국 여러 대체기술 중의 하나가 상용화되면 이 기술이 기존 기술을 대체하게 된다. 다시 말해, 패러다임 전환의 발생 가능성이 증가하게 되는 것이다. 따라서 향후 10년에서 20년의 특정 시점에 새로운 컴퓨팅 기술이 실리콘 기반 컴퓨팅을 대체하게 됨에 따라, 또 다른 패러다임 전환이 일어나서 컴퓨터 산업의 근간이 뿌리째 흔들리게 될 가능성이 있다. 역사가 보여주는 바에 따르면, 패러다임 전환이 발생할 경우 컴퓨터업계의 다수의 기존 업체들은 쇠락의 길을 걷게 되고 신생기업들이 득세하게 될 것이다.

포스터는 이와 같은 논점을 더욱 심화하여, 대체기술을 위한 경쟁자들이 초기단계에는 소비자들이 제품에서 요구하는 특징 및 기능을 제공함에 있어서 기존 기술보다 효과적이지 못하다고 지적한다. 예를 들어, 20세기 초반은 자동차 생산이 막 시작되던 시기였다. 자동차는 사람들을 한 장소에서 다른 장소로 운반하는 능력으로 인해 그 가치를 인정받았으나, 이는 말과 마차의 경우도 마찬가지였다. 자동차가 처음 등장했을 때, 말과 마차는 이와 같은 역할을 수행하는 데 있어서 자동차보다 다소 우세하였다(그림 17.2 참조). 초기의 자동차는 느리고, 소음이 심했으며, 고장이 잦았다. 또한 자동차가 제구실을 하기 위해서는 포장된 도로망과 주유소들이 필요했지만, 그 당시에는 이와 같은 기반시설이 존재하지 않았다. 따라서 대부분의 경우에 있어서는 말과 마차가 여전히 선호되는 교통수단이었을 뿐 아니라 비용 또한 더 저렴하였다.

하지만 20세기 초반은 자동차 기술이 S곡선의 맨 처음 단계에 있었으며, 획기적인 성능향상과 함께 주요한 공학적 문제가 해결되기 시작하던(또한 포장도로와 주유소들이 건설되던) 시기였다. 이와는 반대로 3000년에 거친 지속적인 개선 및 정교화과정을 거친 말과 마차는 분명히 S곡선의 마지막 단계에 있었다. 그 결과 급속한 개선을 거친 자동차는 머지않아 선호되는 교통수단으로서 말과 마차를 대체하게 되었다. [그림 17.2]에서 볼 수 있듯이, T1의 시점에서는 말과 마차가 아직 자동차보다 우세한 모습을 보이지만, 시점 T2가 되면 자동차가 말과 마차를 추월하게 된다.

고관여기술 약 3,000년에 거친 지속적인 발전을 거친 이후 말과 마차는 기술S곡선의 정점인 마지막 단계에 위치하고 있으며, 따라서 개선은 거의 미미한 수준이다. 이처럼 기술의 성숙은 헨리포드가 자동차 대량생산을 도입한 것처럼 자발적인 패러다임 전환을 용이하게 하였다.

포스터는 후속 기술이 처음에는 기존 기술보다 덜 효율적이기 때문에, 기존 업체와 고객들이 흔히 이를 무시하는 실수를 범했다가 후속 기술의 급속한 성능향상으로 인해 방심하는 사이에 추월을 당하게 된다고 지적한다.

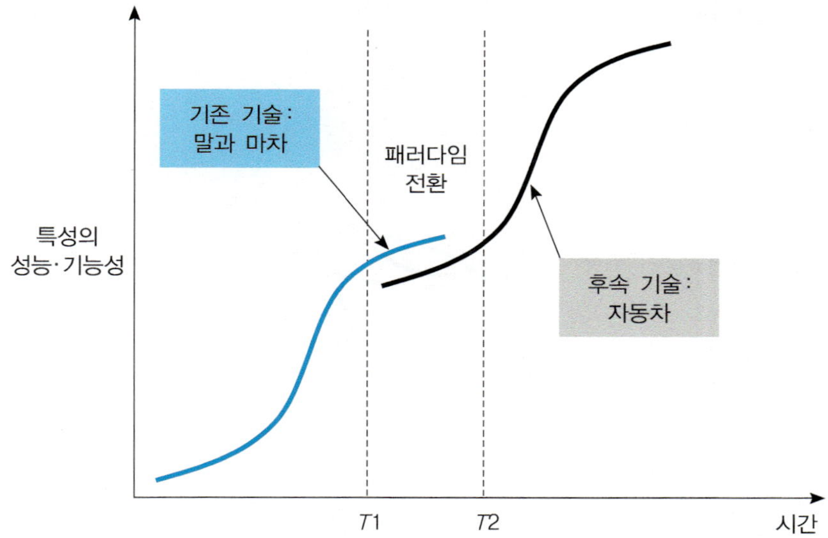

그림 17.2
기존 기술과 후속 기술

마지막으로 짚고 넘어가야 할 논점은, 잠재적 후속 기술은 하나가 아닌 한 무리로 등장하였다가 이 중 하나가 궁극적으로 전면에 부상하게 된다는 점이다(그림 17.3 참조). 이와 같은 상황에서는 기존 업체들이 불리한 입장에 처하게 된다. 기존 업체들은 패러다임 전환이 임박했음을 인식하면서도, 모든 잠재적 대체기술에 투자할 만한 자원을 가지고 있지 못할 가능성이 있다. 전체 과정을 둘러싼 불확실성으로 인해 쉽게 발생할 수 있듯이, 기존 업체는 잘못된 기술에 투자할 경우 이후의 과정에서 배제되는 결과를 초래할 수 있다.

// 와해성 기술

클레이튼 크리스텐슨(Clayton Christensen)은 포스터의 통찰력과 자신의 연구를 심화하여 **와해성 기술**(disruptive technology)[5]이라는 유력한 이론으로 발전시켰다. 크리스텐슨은 와해성 기술이라는 용어를 처음에는 시장의 주류로부터 멀리 출발하였다가 기능성의 향상과 함께 주류시장을 침략하게 되는 신기술을 지칭하기 위해 사용한다. 이와 같은 기술은 산업구조와 경쟁에 급격한 변화를 가져와서 그 결과 기존 조직의 몰락을 초래한다는 점에서 와해적이다. 와해성 기술은 기술적 패러다임 전환을 야기한다.

와해성 기술
처음에는 시장의 주류로부터 멀리 출발하였다가 기능성의 향상과 함께 주류시장을 침략하게 되는 신기술

크리스텐슨의 가장 큰 통찰력은, 기존 업체들이 흔히 새로운 기술의 존재를 인식하면서도 신기술을 원치 않는 고객들의 말을 듣고 이에 대한 투자를 하지 않는다는 점을 지적한 것이다. 물론 이와 같은 일이 발생하는 이유는 신기술이 아직 발전 초기단계, 즉 S곡선의 시작단계에 머무르고 있기 때문이다. 신기술의 성능이 향상되고 나면 고객들이 이를 원하게 되지만, 이때에 이르면 기존 업체가 아닌 신규업체가 대중시장에의 신기술 채택에 필요한 지식을 축적한 상태가 된다.

크리스텐슨은 몇 가지의 상세한 역사적 사례연구를 통해 자신의 논점을 뒷받침하고

그림 17.3

한 무리의 후속 기술

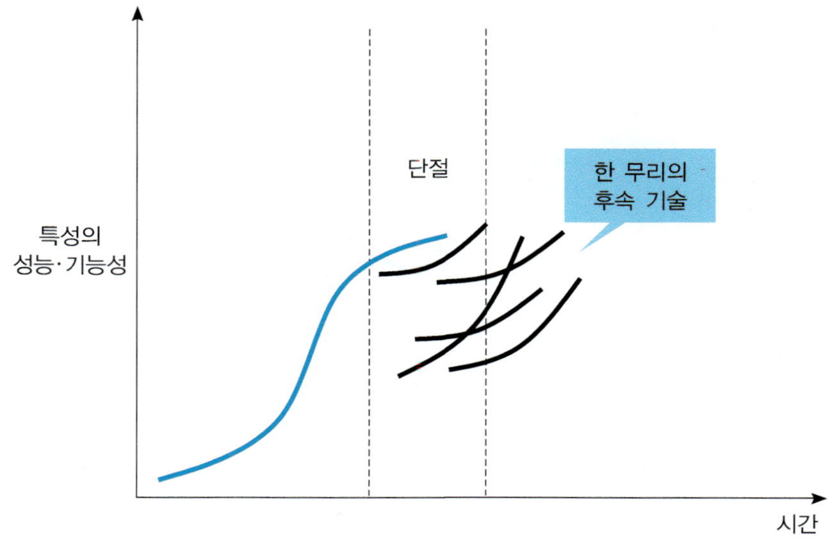

있는데, 이 중 하나가 와해성 기술이 굴착장비 시장에 대변혁을 가져온 사례이다. 굴착업자들은 하수 파이프 등의 설치를 위해 건물기초와 호를 파는 데 익숙해져 있다. 1940년대 이전에는 기계식 굴착기의 버킷 조작을 위해 사용된 지배적 기술은 케이블과 도르래로 이루어진 시스템을 바탕으로 한 것이었다. '증기 삽(steam shovel)'이라고 알려진 이와 같은 기계식 시스템을 통해 커다란 버킷으로 흙을 퍼올렸는데, 굴착기의 크기가 크고, 조작이 어려웠으며, 가격이 비쌌다. 따라서 이와 같은 굴착기는 주택의 기초나 농업용 용수로 등을 위한 작은 호를 파는 데는 거의 사용되지 않았고, 대부분의 경우 작은 호는 수작업을 통해서 팠다.

1940년대에 이르면 유압(hydraulics)이라는 새로운 기술이 등장한다. 이론적으로 볼 때 유압시스템은 기존의 케이블 및 도르래 시스템에 비해 몇 가지 이점을 지니고 있었는데, 이 중 가장 중요한 것은 에너지 효율이 더 높다는 점이었다. 일정한 버킷 크기에 대해 유압시스템의 경우에는 더 작은 엔진이 요구되었다. 하지만 초기의 유압시스템에는 고압상태에서 유압 실린더 실(seal)의 누수로 인해 유압을 통해 들어 올릴 수 있는 버킷의 사이즈가 제한된다는 결점 또한 존재하였다.

이와 같은 결점에도 불구하고, 유압시스템이 처음 등장했을 때, 기계식 굴착업계의 많은 기존 업체들은 이 기술을 심각하게 받아들여 주요 고객들에게 유압식 제품을 원하는지를 물었다. 기존 업체의 주요 고객들은 대형건물이나 호를 위한 기초를 파내기 위해 커다란 버킷이 필요했으므로, 이 질문에 대해 부정적인 대답을 하였다. 이들 고객집단에게 1940년대의 유압시스템은 충분한 신뢰성과 동력을 갖추지 못했던 것이다. 이와 같은 고객들의 조언에 따라 굴착업계의 기존 업체들은 유압시스템에 투자하지 않기로 하는 전략적 결정을 내렸고, 그 대신 당시 지배적이던 케이블과 도르래 기술을 기반으로 한 굴착장비를 계속 생산했다.

그 결과 유압식 굴착장비의 개발은 J. I. Case, John Deere, J. C. Bamford, Caterpillar 등과 같은 신규업체들의 몫이 되었다. 실 문제로 인한 버킷 크기의 제한 때문에, 이들 업체는 처음에는 주거용 건물의 하청업체나 농부 등과 같이, 소형 버킷이 사용될 수 있는 시장의 틈새를 집중 공략하였다. 시간의 경과와 함께 이들 신규업체는 약한 유압실과 관련한 공학적 문제를 해결하게 되었고, 이에 다라 버킷 크기가 더 큰 굴착기를 제조하였다. 결국 이들 업체는 대형 건물, 하수도 등의 기초 굴착을 맡았던 전통적 원청업체의 시장영역 틈새를 침략하게 되었다. 이 시점에서 Case, Deere, Caterpillar 등과 같은 업체들은 업계의 주도권을 잡게 된 반면, 이전시기의 기존 업체 대부분은 시장점유율이 하락하는 상황을 맞게 되었다. 1930년대에 미국에서 케이블 작동식 장비를 생산하던 30여 개의 제조업체 중 1950년대까지 살아남은 업체는 단 네 개에 불과했다.

와해의 희생물 증기삽(steam shovel)은 유압(hydraulics)이라는 새로운 기술이 등장하기까지 지배적인 굴착기술이었다. 유압(hydraulics)시스템의 많은 이점에도 불구하고, 대부분의 증기삽(steam shovel) 생산기업들은 신기술인 유압(hydraulics)시스템에 투자를 하지 않았고, 결국에는 대부분 도산, 폐업하였다

케이블 작동식 굴착기 제조업체들이 그러했던 것처럼 고객의 말에 지나치게 귀를 기울이는 것 이외에, 크리스텐슨은 기존 업체가 새로운 와해성 기술을 채택하는 것을 어렵게 하는 많은 다른 요인들을 제시한다. 그는 많은 기존 업체들이 새로운 와해성 기술에의 투자를 거부하는 이유는, 이들 기술이 초기에는 매우 작은 규모의 틈새시장을 공략하기 때문에 기업 전체의 매출이나 이익에 영향을 미치지 않을 것으로 여겨지기 때문이라고 지적한다. 또한 신기술이 기능성 향상과 함께 주류시장의 침략을 시작하게 되면, 신기술의 개발에는 기존의 모델과 달라서 이행에 어려움이 따르는 새로운 비즈니스 모델이 요구된다는 사실로 인해 기업의 투자가 방해를 받게 된다.

이와 같은 논점은 모두 다양한 예를 통해 예증이 가능한데, 그 중 하나로 들 수 있는 것이 Ameritrade나 E*Trade와 같이 저렴한 수수료를 받는 온라인 증권회사가 1990년대를 통해 이룬 성공이다. 이들 기업은 인터넷이라는 신기술을 사용하여 개인투자자가 매우 낮은 수수료만을 지불하고 주식을 거래할 수 있게 하였다. Merrill Lynch와 같은 종합증권사에서는 거래에 대한 수수료를 받는 주식 중매인을 통해 매매가 이루어져야 했다.

크리스텐슨은 또한 신규업체의 주변에는 일반적으로 공급업체와 유통업체로 이루어진 새로운 네트워크가 성장한다고 지적한다. 초기단계에 와해성 기술을 무시하는 것은 기존 업체들뿐 아니라 공급업체나 유통업체도 마찬가지이다. 이로 인해 신규업체를 위한 새로운 공급업체와 유통업체가 시장에 진입할 수 있는 기회가 생기게 되며, 신규업체의 성장과 함께 관련 네트워크도 함께 성장을 하게 된다. 결국에는 신규업체와 관련 네트워크가 기존 업체뿐 아니라 공급업체와 유통업체로 이루어진 네트워크 전체를 대체하게 된다고 크리스텐슨은 주장한다. 논리적으로 추정하면 이 견해는 와해성 기술이 기업 네트워크 전체를 파괴할 수도 있음을 암시한다.

// 새로운 비즈니스 모델

비즈니스 모델
기업이 수익을 내기 위해 의도하는 방법

비즈니스 모델(business model)이라는 용어는 기업이 수익을 내기 위해 의도하는 방법을 나타낸다. 예를 들어, Hewlett Packard 프린터 사업부의 비즈니스 모델은 프린터를 원가로 판매한 다음 교체용 잉크 카트리지를 제조비용보다 높은 가격에 팔아 수익을 내는 것이다. 이와 같은 모델은 면도기와 면도날(razor and razor blades) 비즈니스 모델이라고 알려져 있는데, 그 이유는 면도기를 원가에 판매한 후 교체용 면도날을 상당히 높은 가격에 팔았던 Gillette가 이와 같은 비즈니스 모델을 처음으로 개척했기 때문이다. 비즈니스 모델의 또 다른 예로 들 수 있는 것은 Google에 의해 대중화된 검색 기반의 유료 광고모델이다. Google은 웹 기반의 검색상품을 무료로 제공하지만, 각 검색과 관련한 광고를 통해, 특히 사용자가 Google에 검색어를 입력할 때마다 뜨는 '스폰서 링크'를 통해 수익을 얻는다. 광고주는 사용자가 스폰서 링크를 클릭하여 스폰서 웹 사이트로 이동할 때마다 소액의 수수료를 Google에 지불한다. 광고주들은 스폰서 목록의 위자리를 차지하기 위해 경쟁입찰에 참여하며, 가장 높은 가격을 제시한 광고주가 목록의 맨 위에 표시된다.

새로운 비즈니스 모델의 발전은 경쟁시장을 근본적으로 변화시킬 수 있으며, 기존 기업들로부터 수요를 빼앗아 가면서 경쟁체제를 붕괴시킨다. 다시 말해 새로운 비즈니스 모델의 발전은 패러다임 전환을 야기할 수 있다. 예를 들어, Google의 검색 기반 광고모델은, 광고업계의 자금이 Google과 경쟁업체들(Yahoo 및 Microsoft의 MSN)로 몰리게 하면서 TV에서 인쇄잡지에 이르는 전통적 미디어에 문제를 야기하고 있다. 이와 유사한 예로서, Southwest Airlines 또한 항공업계에서 경쟁체제를 심각하게 붕괴시키는 비즈니스 모델을 창출하였다. Southwest는 허브를 거치지 않고, 흔히 기존 항공사에서는 서비스를 제공하지 않는 두 도시 사이를 '직항 노선으로(point to point)' 운항하는 결정을 내렸다. 고객들은 이와 같은 비즈니스 모델에 따른 편리와 속도의 가치를 인정하고 있다. 이 회사는 또한 기내식이나 지정좌석, 공항의 출발자 대기 라운지, 타 항공사로의 화물환승 등과 같은 서비스를 제공하지 않음으로써 비용을 획기적으로 줄였다. 이로 인해 Southwest를 비롯하여 Jet Blue나 유럽의 Ryan Air와 같은 모방업체들은 기존 업체들로부터 점진적으로 시장을 빼앗아 갔으며, 그 결과 많은 기존 업체가 재무상의 문제에 처하게 되었다. 또 다른 예로 들 수 있는 것이 PC 업계에서 직접 판매 비즈니스 모델을 창시한 Dell Computer이다. Dell이 비즈니스 모델과 관련한 우월한 가치명제(value proposition)와 낮은 가격이라는 이점을 내세워 시장지배력을 확보함에 따라, 소매유통망을 통해 제품을 판매하는 Dell의 경쟁업체들은 평형상태(equilibrium)를 찾는 데 어려움을 겪어 왔다.

Google과 Southwest Airlines 그리고 Dell이 했거나 또한 지속적으로 하고 있는 일은, 고객에게 더 큰 가치를 제공하는 독창적인 비즈니스 모델을 개발하여 기존 기업들로부터 수요를 빼앗아 오면서, 각각 자신이 속한 시장의 경쟁체제를 재편한 것이었다. 새로운 비즈니스 모델의 발전은 흔히 신기술의 등장을 기초로 한다. Google의 비즈니스 모델은 웹의 등장과 웹 페이지 검색기술의 성숙이 없었다면 존재하지 못했을 것이다.

이와 마찬가지로, 웹 브라우징으로 인해 Dell의 직접 판매모델을 더욱 강력하고 와해적인 것이 되었다. 다시 말해서, 기술혁신은 새로운 비즈니스 모델의 발전을 위한 비옥한 트양이 된다. 하지만 때로는 신기술이 없는 상태에서 새로운 비즈니스 모델이 출현하기도 하는데, Southwest Airlines가 개발한 비즈니스 모델에는 바탕이 되는 신기술이 없다.

// 단속 평형

패러다임 전환은 산업의 역사에 있어서 일시적 사건으로서 발생한다. 연구결과에 따르면, 대부분의 산업에 있어서 기술의 발전은 안정적 궤도(주어진 S곡선)를 따라 진행되며 모두가 전통적 비즈니스 모델을 따르는 경향을 보인다. 하지만 이와 같은 안정기간은 급격한 변화의 시기로 인해 사라지는데, 보통 이러한 변화는 패러다임 전환을 촉발하는 신기술이나 새로운 비즈니스 모델 또는 이 둘의 결합으로 인해 발생한다. **단속 평형**(punctuated equilibrium)이라 불리는, 산업발전에 대한 이와 같은 관점에서는 혁신에 의해 산업구조가 근본적으로 바뀔 때, 오랜 기간에 걸친 산업의 안정구조가 급격한 변화에 의해 단속적으로 단절되는 것으로 본다.[6)]

단속 평형
혁신에 의해 산업구조가 근본적으로 바뀔 때, 급격한 변화에 의해 평형기간이 단절되는 것으로 보는 산업발전에 대한 견해

[그림 17. 4]는 산업의 핵심요소, 즉 경쟁구조에 대한 단속 평형이 어떠한 모양을 하는지를 보여준다. t_0에서 t_1에 이르는 기간 동안에는 산업의 경쟁구조는 소수의 업체들이 시장을 나눠갖는, 안정화된 동시에 고도로 집중된 형태를 취한다. 시간 t에 이르면 기존 또는 신생 업체에 의해 중대한 혁신이 처음으로 이루어진다. 신기술은 산업 진입장벽을 낮추고, 그 결과 신규업체들이 신기술을 앞세워 시장에 진입하게 된다.

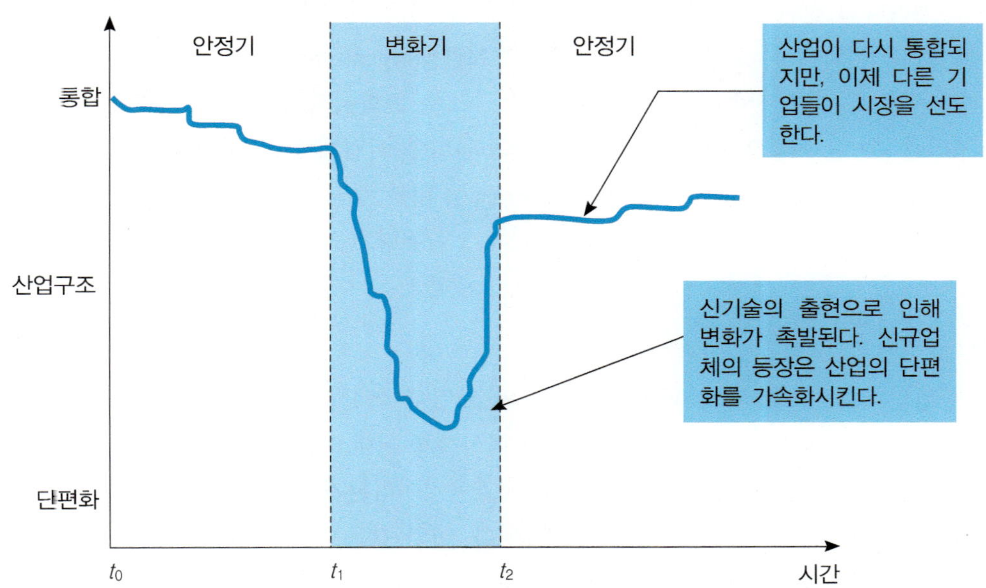

그림 17. 4 단속 평형

산업구조는 더욱 단편화, 경쟁화된다. 얼마간의 시간이 지나면 적응에 실패한 기존 업체와 규모의 경제실현을 위해 필요한 시장점유율 확보에 실패한 신규업체들이 사업을 접게 된다. 시간 t_1에 이르면 산업통합이 다시 이루어지는데, 이번에는 이전과는 다른 기업들이 시장을 지배한다. 따라서 t_1과 t_2 사이에는 격동의 기간이 존재하는데, 이 기간이 지나면 이전과는 다른 지도기업들을 통해 산업이 새로운 평형상태로 안정화된다.

기술혁신에 의해 산업구조가 대변혁을 겪게 되는 급격한 변화의 시기에는 일반적으로 가치가 신규업체들에 의해 옹호되고 새로운 전략을 바탕으로 한 비즈니스 모델로 이전한다.[7)] 사진산업에서는 필름판매 및 필름현상 처리 서비스를 바탕으로 한 비즈니스 모델에서 디지털 이미징 모델로 가치가 이전하였다.

Kodak은 전통적 비즈니스 모델의 선두인 반면, Hewlett-Packard와 Sony는 새로운 비즈니스 모델의 옹호자가 되어 왔다. 증권업계에서는 Merrill Lynch를 선두로 한 종합증권사 모델로부터 E*Trade로 대표되는 온라인 거래 모델로 가치가 이전하였다. 도서판매산업에서는 동네의 소형서점으로부터 Barnes & Noble과 같은 대형서점 체인이나 amazon.com과 같은 온라인 서점으로 가치가 이전하였는데, 이 두 업체는 모두 엄청난 규모의 경제를 실현하고 있다. 이와 같은 변화의 기간 동안 가치이전이 이루어짐에 따라, 많은 기존 기업들은 쇠락의 길을 걷거나, 적어도 현재 Kodak이 겪고 있는 것과 같은 급격한 변혁기를 거치게 된다. 다음 절에서는 이와 같은 현상이 왜 발생하는 지에 대해 살펴본다.

조직관성

조직관성
기업의 전략이나 조직구조의 변화를 어렵게 하는 내외부적 힘

패러다임 전환에 직면한 많은 기존 기업들은 쇠락의 길을 걷게 된다고 앞서 지적한 바 있다. 이와 같은 쇠퇴는 보통 기업이 **조직관성**(organization inertia)으로 인해 환경의 변화속도에 따라 신속하게 전략 및 조직 구조를 변화시키지 못함에 따라 발생한다.[8)] 조직관성이란 기업의 전략이나 조직구조의 변화를 어렵게 하는 내외부적 힘을 의미한다. 조직관성에는 인지도식(cognitive schemata), 내부 정치적 제약, 조직문화, 전략적 집중과 능력, 외부기관으로부터의 제약 등이 포함된다.[9)]

// 인지도식

인지도식
자신의 기업이 속한 세계에 대한 정신모형(mental model)

경영자들은 업무진행 과정에서 자신의 기업이 속한 세계에 대한 정신모형(mental model)인 **인지도식**(cognitive schemata)을 형성하게 된다. 이와 같은 정신모형에는 비즈니스에 있어 무엇이 효과적이고 무엇이 비효율적이라든가, 또는 무엇이 중요하고 무엇이 중요하지 않은가에 대한 믿음이 포함된다. 이와 같은 모형은 경험을 바탕으로 한다. 경영팀이 일정한 시간 동안 함께 일을 하는 경우에는 종종 동일한 세계관, 즉 인지도식

을 공유하게 되어 이것이 의사결정에 영향을 미칠 가능성이 있다.[10] 이로 인해 신속한 의사결정이 가능할지는 모르나, 인지도식을 공유하는 경영팀은 자신들의 도식범위를 벗어난 사건, 데이터, 제안 등은 무시하는 경향이 있다. 즉, 이들에게는 인지적 사각지대(cognitive blind spot)가 존재하는 것이다.[11] 그 결과 이들은 신기술이나 신생기업에 의한 위협을 제대로 이해하지 못하는 우를 범할 가능성이 있다.[12]

이카로스의 추락 그리스 신화에 나오는 이카로스는 태양에 너무 근접하여 비행하게 되고, 그 결과 날개의 깃털을 붙였던 밀랍이 녹아 죽게 된다. 선도기업들이 새로운 기술과 경쟁자를 직면하게 될 때 성장의 원동력이었던 인지도식(그리고 비즈니스 모델)을 지나치게 고수하게 되면 유사한 운명을 겪을 수도 있다. 가장 큰 자산이 가장 큰 단점이 될 수 있기 때문이다.

보통 인지도식이 채택되는 이유는 이들이 과거에 안주하며 업무를 진행하기 때문이다. Danny Miller는 성공적인 기업의 수석 경영진은 흔히 성공적인 비즈니스 관행에 대한 강력한 인지도식을 형성하고 있으며, 이로 인해 새로운 경쟁자나 신기술이 출현했을 때 인지적 사각지대에 특히 취약한 경향을 보인다고 주장한다. Miller는 이를 '이카로스의 역설(Icarus paradox)'이라고 부른다.[13] 그리스 신화에 등장하는 인물인 이카로스는 아버지가 만들어준 날개 한 쌍을 달고 자신이 죄인으로 잡혀 있던 섬을 날아올라 탈출했다. 비행실력이 너무도 뛰어났던 그는 태양을 향해 계속 위로만 날아올랐다. 결국 태양열 때문에 깃털을 날개에 붙이기 위해 사용했던 밀랍이 녹아버려 그는 바다르 추락하여 죽고 말았다. 이 이야기가 역설적인 것은 이카루스의 가장 큰 자산, 즉 그의 비행능력이 그의 죽음의 원인이 되었다는 점이다. Miller는 한때 성공을 구가했던 수많은 기업들에게도 동일한 역설이 적용될 수 있다고 주장한다. Miller에 따르면, 이와 같은 기업의 경영자들은 과거의 성공에 현혹된 나머지 동일한 유형의 노력이 미래의 성공을 보장할 것으로 믿는다고 한다. 즉, 이들은 무엇이 비즈니스의 성공을 보장할 수 있는지에 대한 강력한 인지도식을 형성하고 있다. 불행하게도 신기술의 출현으로 인해 이와 같은 생각은 쉽게 무력화되지만 경영자들은 이미 너무 늦어버린 후에야 이를 깨닫게 되는 경우가 발생한다.

Miller가 예로 든 인물 중 한 명이 바로 1970년대와 1980년대를 주도했던 컴퓨터 기업인 DEC(Digital Equipment Corporation)를 설립한 뛰어난 사업가인 Ken Olson이다. DEC의 성공은 메인프레임보다는 작으면서 당시의 PC보다는 훨씬 강력했던 미니컴퓨터를 바탕으로 하여 이루어졌다. Olson과 그의 DEC 경영팀은 그의 명석함에도 불구하고 PC의 성공으로 인한 위협을 인식하는 데 실패했는데, 그 이유는 주로 이와 같은 위협이 이들의 인지도식 범위를 벗어나 있었기 때문이다. DEC는 기업들에게 판매되어 단말기를 통해 접속되는 강력한 컴퓨터를 제조하였는데, Olson은 이와 같은 형태의 컴퓨터가 미래의 방향이 될 것으로 보았다. 그는 1977년에 PC에 대한 견해를 묻는 질문에 대해 "개인이 집에서 컴퓨터를 사용해야 할 이유가 전혀 없다"고 대답했다. Olson은 사태를 전혀 파악하지 못하고 있던 것이다! 그의 회사가 PC 혁명을 활용할 기회를 놓치고 있는 사이에 Apple의 Steve Jobs나 Microsoft의 Bill Gates, 그리고 Dell Computer

Michael Dell처럼 사태를 직시하고 있던 이들은 업계 혁명을 위한 기반을 다지느라 분주히 움직이고 있었다.

// 내부 정치적 제약

조직은 권력 및 영향력의 분배가 이미 이루어지고 있는 정치시스템으로 볼 수 있다.[14] 제14장에서 살펴본 바와 같이, 여러 경영자가 지니고 있는 권력과 영향력은 위계구조 내에서의 위치, 가치 있는 자원 및 정보에 대한 통제력, 타인이 인식하고 있는 전문지식 수준 등을 포함한 다양한 요소들로 이루어진 함수와 같다. 예를 들어, 존경받는 마케팅 부사장은 판매 데이터베이스를 통해 고객의 선호도에 대한 중요한 정보에 접근함으로써, 엔지니어들에 의해 지배되어야 마땅한 조직에서 막강한 권력을 행사하고 있을 수도 있다. 경영자의 활력 수준, 말재주, 타인과의 공감, 체력 등과 같은 개인적 특성 또한 권력의 원천이 될 수 있다. 재임 당시 가장 막강한 상원의원 중 한 명이었던 Ed Muskie 의원은 일을 끝까지 해내는 능력으로 명성을 얻어 권력을 쌓아나갔는데, 여기에는 그의 엄청난 체력이 한 몫을 했다. 위원회에서 법안에 대한 논의가 이루어지고 있는 동안 그는 결코 회의실을 떠나지 않았고, 심지어는 화장실에도 한 번 가지 않음으로써 관료조직에서는 오줌보가 큰 것이 큰 자산이 될 수 있다는 오랜 격언을 몸소 입증하였다.[15]

권력이 어떻게 축적되었든, 권력을 쥐고 있는 경영자들은 이를 기꺼이 포기하려 하지 않는다. 거의 모든 변화는 그 정의상 조직 내 권력 및 영향력의 기존 분배체계를 변화시키는 경향이 있다. 변화로 인해 권력을 위협받게 되는 이들은 자연스럽게 변화에 반대하게 되며, 종종 변화가 적절하지 못하다는 주장을 하기도 한다. 이들이 권력을 쥐고 있기 때문에 이와 같은 반대는 상당한 정도로 이루어질 수 있으며, 반대가 성공을 거둘 수 있을 정도로 변화의 속도를 늦추거나 중단시키는 조직관성의 원천이 될 수 있다.

예를 들어, 네덜란드의 대규모 다국적기업인 Philips NV는 1990년대에 들어 글로벌 제품사업부의 역할과 책임은 강화하고 해외자회사의 역할과 책임은 축소시키는 정책을 단행했다. 이와 같은 정책의 목적은 사업부 책임자의 손에 권력을 집중하여 규모의 경제를 실현하고, 해외 공장의 폐쇄와 일부 생산성을 확보한 공장들의 제조통합을 통해 비용을 절감하기 위한 것이었다. 이는 곧 Philips 내부에서 상당한 권력을 행사하던, 해외 자회사를 운영하던 경영자들의 권력과 영향력이 축소됨을 의미했다. 예상했던 바와 같이 해외자회사의 경영자들은 이와 같은 변화에 저항하였고, 이는 변화의 속도가 둔화되고 강력한 글로벌 제품사업부를 보유하고 있던 Sony나 Matsushita에 비해 Philips가 경쟁적으로 불리한 입장에 처하게 되는 결과를 가져왔다.

// 조직문화

조직관성을 야기하는 또 다른 요인은 규범 및 가치 시스템(제10장 참조)을 통해 표현되는 기업의 기존문화이다. 인지도식과 밀접한 관계에 있는 가치시스템은 깊이 뿌리 박혀 있는 믿음을 바탕으로 하고 있으며, 따라서 변화시키기가 매우 힘들다. 조직 내의 공식 및 비공식적 사회화과정을 통해 특정 가치 집합이 오랜 기간 동안 지속적으로 강조되고, 직원채용, 승진, 인센티브 제도 등을 통해 이와 같은 가치들이 강화되어 온 상황에서 이들 가치가 더 이상 적절하지 않으며 변화가 필요하다고 갑작스럽게 발표할 경우, 직원들의 저항과 부조화를 초래하게 된다. 예를 들어, Philips에서는 해외 자회사를 운영하는 경영자들에게 자율권을 부여하는 문화가 오랜 기간 동안 이어져 왔었다. 하지만 1990년대의 갑작스러운 변화는 이와 같은 자율성의 축소를 의미했고, 전통적인 기업 가치와의 충돌로 인해 조직 내의 저항을 초래하게 되었다.

// 집중과 능력

새로운 경쟁에 대한 기존 기업의 대응능력을 결정하는 주요 결정요소 중의 하나가 바로 기업이 이전에 행했던 전략적 집중의 특성이다.[16] **전략적 집중**(Strategic commitments)이란 특정 비즈니스 방향(특정 비즈니스 모델)의 지원을 위한 기업의 유무형자산 투자를 말한다. 유형자산에는 건물, 공장, 장비 등이 포함되고, 무형자산에는 시간의 흐름에 따라 축적된 기업의 능력(기술 및 지식)이 포함된다. 기업이 전략적 집중을 이행하고 있을 때, 새로운 경쟁에 대한 대응이 이와 같은 집중으로부터의 단절을 요하는 경우에는 기업이 대응에 어려움을 겪게 된다. 특정 비즈니스 방식에 대한 집중과 이를 지원하기 위한 기업 능력의 개발이 심화되어 있는 기존 기업은 혁신기업의 전략을 모방하거나 혁신적 신기술을 채택하는 속도가 더딜 수도 있다. 이와 같은 현상은 이들 기업이 기존의 전략적 집중으로부터의 단절을 원하지 않거나 기업의 능력이 새로운 경쟁환경

전략적 집중
특정 비즈니스 방향(특정 비즈니스 모델)의 지원을 위한 기업의 유무형 자산투자

관성의 원천 한때 IBM의 강점이었던 메인프레임 컴퓨터 사업에 대한 대대적 투자는 PC 혁명을 가속화하는 관성의 원천이 되었다.

에 적합하지 않기 때문에 일부 발생하기도 한다. 그 결과 이들 기업은 더 이상 효율성이 떨어지더라도 자신들이 가장 정통한 분야에 집착하게 된다.

미국 자동차산업은 좋은 예가 된다. 1945년에서 1975년에 이르는 기간 동안 미국 자동차 업계는 General Motors, Ford, Chrysler에 의한 안정적 과점체제의 지배를 받고 있었는데, 이들 업체는 모두 당시 미국 소비자들이 요구하던 대형차의 생산에 사업방향을 집중하였다. 1970년대 후반 자동차시장이 대형차에서 작고 연비가 뛰어난 소형차로 전환되었을 때, 미국의 자동차업체들은 이와 같은 차를 제조하는 데 필요한 자산과 능력을 갖추고 있지 못했다. 이들이 이전에 행해온 전략적 집중으로 인해 새로운 환경에는 맞지 않는 자산과 능력이 구축되었던 것이다. 그 결과 해외업체, 특히 일본 자동차업체들이 고연비, 고품질, 저가격의 소형차를 앞세워 시장을 파고들기 시작했다. 미국 자동차업체들은 일본업체들의 시장진입에 신속하게 대응하는 데 실패함으로써, 공략이 어려울 정도의 강력한 시장 지위와 브랜드 충성도를 일본업체들이 구축할 수 있는 시간을 벌어주는 결과를 초래했다. 역설적이게도, 고유가 행진과 함께 Ford나 General Motors의 SUV로부터 해외업체가 생산한 Toyota Prius와 같은 자동차로의 수요전환이 이루어지고 있는 지금 동일한 상황이 반복되고 있다.

또 다른 예로 들 수 있는 것이 바로 IBM이다. 1980년대에 IBM은 메인프레임 컴퓨터 사업에 대한 대대적 투자를 단행했다. PC로의 시장전환이 진행되고 있을 때 IBM은 대규모 자산이 하락국면에 있는 메인프레임 사업에 집중되어 있는 곤경에 처하게 되었다. IBM의 제조설비와 연구조직, 영업조직 등이 모두 메인프레임의 생산을 위해 집중되어 있는 상황이었다. 이와 같은 기업자산과 능력은 당시 부상하고 있던 PC 사업에는 적절하지 못하였으므로, 1990년대 초반에 IBM이 겪은 어려움은 일면 불가피한 면이 없지 않았다. 이전까지 행해온 전략적 집중이 IBM의 발을 쇠퇴하는 사업에 묶어두는 결과가 되었다. 이와 같은 자산을 처분하는 것은 조직 내의 모든 이해 당사자들에게 어려움을 가져왔기 때문이다.

// 외부 기관으로부터의 제약

정부기관이나 노동조합과 같이 강력한 기관에 의해 부과되는 외부로부터의 제약 또한 조직관성의 원인이 될 수 있다.[17] 예를 들어, 노동조합이 유연한 노동조건 도입을 위한 인원감축에 반대할 경우, 새로운 경쟁에 대응할 수 있는 기업의 능력은 약화된다. 일례로 Jet Blue나 Southwest와 같은 저가 항공사와의 경쟁에 대응할 수 있는 기존 항공사들의 능력은 강력한 노동조합에 의해 약화되었다. 노동조합은 고용계약의 일부를 변경하고 United Airlines의 고비용구조의 원인이 되었던 연금제도를 조정하려는 사측의 시도에 저항하였다.[18] 이와 마찬가지로 정부규제 또한 전략을 변경하거나 새로운 경쟁에 대응하려는 조직의 능력을 제한할 수 있다. 예를 들어, 일부 국가에서는 자국 원부자재 사용 의무비율 규정을 통해 자국 내에서 판매되는 상품의 일정비율에 대한 생산이 국내에서 이루어지도록 명시하고 있다. 이와 같은 규정은 생산시스템의 일부를 비용이 더 저렴한 국외로 옮겨서 가격경쟁에 대응하려는 기업의 노력에 방해가 될 수 있다.

조직변화

방금 살펴본 바와 같이, 조직은 새로운 경쟁적 현실에 대한 적응을 방해하는 상당수준의 관성을 그 특징으로 한다. 많은 학자들에 따르면, 조직이 새로운 시장현실에 신속하게 대응하지 못할 경우, 이는 기업 쇠퇴의 주요한 원인이 된다.[19] 여기서 제기되는 질문은 조직의 변화를 신속하고 성공적으로 이끌기 위해 경영자들이 할 수 있는 일은 무엇인가이다. 조직변화에 대한 연구결과는 성공적인 조직변화과정으로서, 변화에 대한 지도부의 결의, 조직 해빙, 새로운 전략 및 구성으로의 조직변화, 조직 재결빙의 네 가지 간계를 제안하고 있다(그림 17.5 참조).[20]

// 변화에 대한 지도부의 결의

지도부가 변화의 필요성을 인식하고 이를 추진할 결의를 보이지 않는 한 조직은 변화할 수 없다. 이것은 말처럼 쉬운 일이 아니다. 앞서 살펴본 바와 같이, 지도부 집단이 공유하고 있는 인지도식은 관성의 원인이 되어 변화의 필요성을 인식하는 데 실패하는 원인이 될 수 있다. 많은 경우에 있어서 변화는 예방이라기보다는 반응조치로서 이루어지는데, 그 이유는 지도부가 변화의 필요성을 신속하게 인식하고 악화되는 재무상황을

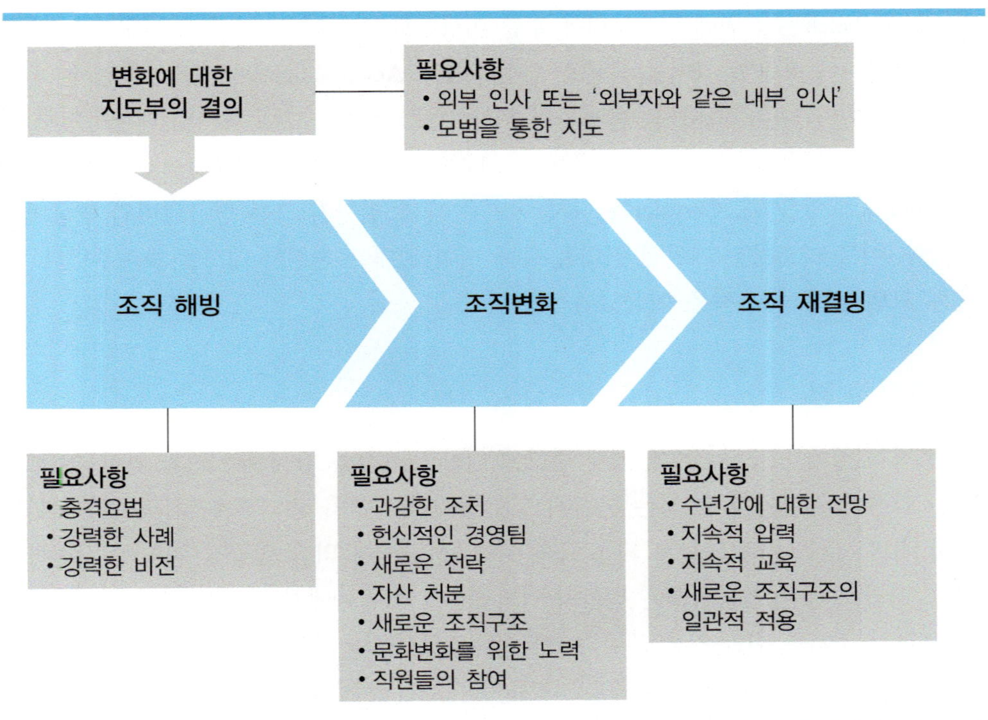

그림 17.5
조직변화 과정

여왕의 전환 Anne Mulcahy가 Xerox의 CEO가 되었을 때 회사는 휘청거리고 있었다. 아날로그에서 디지털 복사기로, 그리고 흑백에서 컬러 복사기로의 전환이 신속하지 못함으로써 경쟁업체에 마켓쉐어를 내줬기 때문이다. 그러나 4년 후 Xerox는 이윤을 다시 창출하고 마켓쉐어를 다시 확보하게 되었다.

통해 현실을 받아들이는 데 실패하기 때문이다.

급격한 변화를 도입하기로 결정한 경영진은 흔히 다른 사고와 문화적 가치를 지닌 외부인사에게 도움을 청하곤 한다. 1990년대 초에 IBM이 큰 어려움을 겪고 있을 때(IBM은 1990년에서 1993년 사이에 140억 달러의 손실을 기록했다) 이사회는 외부인사인 Lou Gerstner를 CEO 자리에 임명했다. 이와 마찬가지로 3M의 이사진이 10여 년에 걸친 볼품없는 실적을 이유로 기업문화에 대한 대개편을 단행하기로 결정을 내렸을 때 영입된 사람은 General Electric 출신의 Jim McNerney였는데, 그는 3M의 CEO로 선출된 최초의 외부인사였다. 이와는 달리 기업의 경영자이지만 기업의 지배적인 인지도식이나 문화적 가치를 공유하지 않는 '외부자와 같은 내부 인사(outside-insider)'를 지도자 위치에 임명하는 것이 효과적인 경우도 있다. GE를 변화시킨 Jack Welch와 2001년 Xerox 이사회의 깜짝 인사를 통해 위험에 빠진 회사를 이끌도록 임명된 Anne Mulcahy가 바로 이와 같은 경우에 해당한다. Mulcahy는 오랫동안 Xerox의 경영진에 몸담기는 했지만 CEO 감으로는 단 한 번도 고려된 적이 없었다. 그녀는 남성 지배적인 조직의 여성 구성원이었을 뿐 아니라, 엔지니어링 문화가 우세한 기업의 영업담당자였다. 하지만 Xerox의 인상적 방향전환을 진두지휘한 4년의 세월이 흐른 후, '외부자와 같은 내부인사'였던 그녀는 미국 역사상 최고의 CEO 중의 한 명으로 알려지게 되었다.[21]

조직변화에 대한 결의에 찬 지도자는 변화의 필요성을 인식하고 이를 직원들에게 효과적으로 전달하여 변화를 위한 노력을 고무시킬 뿐 아니라, '말을 직접 실행에 옮긴다'. Jack Welch는 직원에게 요구하는 수준 이상으로 열심히 일을 하였고, GE 경영진에게 채택하도록 요구한 가치들을 몸소 실현하였다. Anne Mulcahy는 CEO 취임 첫 해에 각지에 흩어져 있는 직원들을 방문하기 위해 10만 마일이 넘는 거리를 여행하면서 변화의 전도사 역할을 했다. 1970년대에 Lee Iacocca가 곤경에 빠진 Chrysler Corporation의 CEO가 되었을 때, Chrysler가 다시 이익을 내기 전까지 그는 단 1달러의 연봉만을 받았다. 이들 지도자는 개인적 결의를 통해 변화에 대한 진지한 태도를 보여주었다. 이들은 모범을 통해 조직을 이끌었던 것이다.

// 조직 해빙

조직 해빙에는 모든 직원들에게 변화에 대한 필요성을 인식시켜 이를 받아들이도록 하는 과정이 포함된다. 조직은 본질적으로 정적인 경향을 지니므로, 점진적인 변화는 흔히 이로 인해 손해를 보게 되는 조직 내 구성원들에 의한 성공적 저항에 직면하게 된다. 따라서 많은 전문가들은 변화가 임박했음을 직원들에게 알리기 위해서는 과감하고 극적인 조치를 취할 것을 권한다. 이들은 충격요법과 유사한 조치가 필요하다고 주장한다. 때로는 IBM과 Xerox의 경우와 같이 재무실적의 악화가 변화에 필요한 충격을 전달하곤 한다. 또는 조직이 변화를 하지 않으면 쇠퇴가 불가피하다는 위기감을 지도자가 조성해 주어야 하는 경우도 있다. Jack Welch는 자신이 앞서 General Electric에서 직면한 가장 큰 어려움 중의 하나는 꽤 좋은 실적을 올리고 있던 회사에 경쟁력 위기가 닥쳐왔음을 납득시키는 것이었다고 언급한 바 있다. 경영자들은 변화를 내키지 않아 하는 조직에 변화를 강제하기 위해 흥미로운 전술을 구사하기도 한다. 보도에 따르면, 한 CEO는 직원들을 자극하여 안락지대에서 끌어내기 위한 의도로 회사 역사상 최대 규모의 회계손실을 고의로 조작했다고 한다. 또 다른 경영자는 형편없는 결과가 나올 것을 미리 알고 있는 상태에서 회사 최초의 고객만족 여론조사를 의뢰하여 이를 변화를 강제하기 위한 수단으로 활용했다고 한다.[22)]

직원들에게 변화의 필요성을 확신시키기 위해 지도자는 자신의 모든 커뮤니케이션 능력을 활용해야 할 수도 있다. 경영자에게는 신뢰감을 주는 회사의 전략적 비전과 함께 변화가 왜 필요한지를 직원들에게 효과적으로 설명할 수 있는 메시지가 요구되며, 경영자는 이와 같은 메시지와 비전이 직원들에게 공감을 일으킬 수 있도록 효과적으로 전달을 하여야 한다. 때로는 과감한 상징적 조치가 직원들이 변화의 필요성을 인식하는 데 도움이 되기도 한다. 4년간에 거친 General Electric의 조직문화 개혁노력에도 불구하고 별다른 진전이 없는 데 실망한 Jack Welch는 단 하루 만에 14명의 경영진 중 12명의 경영자를 해고하였다. Welch는 GE의 수석경영진으로 구성된 이너 서클(inner circle)이 변화에 가장 크게 저항하는 집단 중의 하나라는 인식에 도달한 후 이와 같은 결정을 내리게 되었다. 이와 같은 조치는 GE 경영진에 Welch의 조직변화 노력이 매우 심각한 것임을 알리는 명백한 신호로 전달되었다.[23)]

// 조직변화

조직변화는 경영진, 전략, 조직구조 및 직원행동의 변화를 수반한다. 변화를 위해서는 행동이 따라야 한다. Xerox에서 취해진 조치는 당시 상황에 맞는 매우 단호한 것이었는데, 그 이유는 속도가 느린 조치는 흔히 성공적인 저항의 원인이 되기 때문이다. Anne Mulcahy는 변화를 위한 노력을 함께할 사람들을 Xerox 내부와 외부로부터 직접 뽑으면서 자신을 위한 경영팀을 신속하게 구성하였다. 이들은 Mulcahy에 대한 충성심과 함께 (이전의 Xerox가 추구하던 바가 아닌) 그녀가 성취하려는 바를 공유하는 사람들이었다. 실제로 변화를 위한 노력에 헌신할 최고경영진을 구성하는 것은 조직변화 과정의 중요한 첫 단계로 인식된다.[24)] 이와 같은 과정은 변화의 핵심주도자, 즉 지도자를 중심으로 권력 및 권위를 통합하는 데 도움이 된다.

수석경영진을 구성하는 과정과 병행하여 Mulcahy는 전략변화 조치를 단행하였다. 이 조치를 통해 R&D 자원이 Xerox의 디지털 복사기 개발을 촉진시키는 방향으로 전환되었고, 공장 및 군데가 폐쇄되었으며, 몇몇 공장은 제3의 제조업체에게 매각되었다. 그녀는 자신이 시작한 사업인 데스크탑 복사기 사업부를 폐쇄하기도 하였다. 기업이 다른 전략을 추구하기 위해 자신을 재구성하는 과정에서 이루어지는 이와 같은 자산처분은 많은 조직의 변화 노력에서 찾아볼 수 있는 특징이다. 이와 같은 자산처분과정에서 인원감축은 고통스럽지만 꼭 필요한 측면을 구성하게 된다. 다음의 인원감축 시기와 관련한 불확실성과 직원의 사기에 미치는 부정적 영향을 방지하기 위해, 경영자는 다운사이징 과정을 최대한 신속히 마친 다음 남아 있는 직원들에게 다운사이징의 완료를 알리는 신호를 보내도록 권장된다.

전략변화, 자원할당, 자산처분과 함께 조직구조의 대대적 리엔지니어링 또한 많은 조직변화 노력의 표준요소이다. 흔히 리엔지니어링은 조직 내의 책임관계를 명확히 하고, 책임 및 의무를 하위단계로 이전하여 불필요한 관리계층을 제거하는 것을 목적으로 한다. General Electric의 Jack Welch 회장은 자신과 말단직원 사이에 존재하는 관리계층을 기존의 최대 11단계에서 4단계까지 줄였으며, 이와 동시에 전략 및 운영상의 결정에 대한 책임을 조직의 하위단계로 이전하였다. 그는 또한 GE의 관리 및 인센티브 시스템을 대대적으로 변경하여 장려금액을 늘리고, 이를 부서별 이익과 같은 성과목표에 연계하였다. 이와 같은 조직변화의 배경이 되는 메시지는 명확했다. '이제 GE는 성과지향적인 문화를 지닌 기업'이라는 것이었다. 조직구조의 변화는 또한 기업 내의 권력 및 영향력의 배분흐름을 교란시켜 현 상태의 유지를 위해 노력하는 이들의 세력을 붕괴시키는 결과를 가져온다.

많은 조직변화 노력의 중심에는 기업의 문화를 바꾸려는 시도가 자리 잡고 있다. 이와 같은 시도는 새로운 가치에 따라 행동하는 직원들에게는 보상을 하고, 그렇지 않은 직원들은 해고하며, 기존의 실패한 문화가 아닌 새로운 가치를 지지하는 사람들만을 고용함으로써 어느 정도까지는 이행될 수 있다. 또한 지도자들은 종종 직원들에게 새로운 문화를 교육시키기 위해 체계적인 직원 개발프로그램을 도입하기도 한다.

1980년대에 British AirWays가 시작한 문화적 변화를 위한 노력은 이와 같은 프로그램의 전형적인 예라고 할 수 있다. 이 당시 고객들은 흔히 British AirWays의 첫 글자를 딴 BA가 '정말 형편없음(bloody awful)'을 의미하는 것으로 불렀다. British AirWays의 사업분야를 운송사업이 아닌 고객 서비스로 정한(전략적 전환) CEO는 3만 7,000명의 직원 전체에게 '인간 우선(Putting People First)'이라는 이름의 이틀간에 걸친 문화혁신 프로그램을 실시하였다. 1,400명에 이르는 관리자 모두에게는 '인간경영 우선(Managing People First)'이라는 이름의 5일 간에 걸친 프로그램을 실시하였다. 고객 서비스 메시지를 확실하게 전달하기 위해 BA는 또한 관리 및 인센티브 시스템을 변경하였다. 새로운 시스템에서는 관리자가 실적을 바탕으로 해서 보상을 받을 뿐 아니라 얼마나 올바른 행동을 했는가, 특히 이들의 행동이 새로운 고객중심가치에 부합하는 것인가에 따라 보상을 받았다. 5년 후 British AirWays는 엄청난 액수의 손실을 기록했던 회사에서 항공업계 전체를 통틀어 수

매우 형편없음(bloody awful)에서 매우 훌륭함(bloody awesome)으로 전환 5년 많은 실패 이후, British Airways는 조직변화의 노력을 통하여 조직 문화변화와 더불어 급기야 세계 최고의 이윤창출을 내는 항공사로 발전하게 되었다.

익률이 가장 높은 회사로 변신하게 되었고, 최고의 고객 서비스에 대해 수여되는 상을 여러 번 수상하였다.[25)]

변화를 위한 많은 노력에 있어 꼭 필요한 구성요소로, 직원들을 변화과정에 참여시켜 이들에게 주인의식을 부여하여야 한다. General Electric의 Jack Welch 회장은 '워크아웃(workout)'이라는 과정을 개발하여 GE의 문화를 성과중심의 문화로 바꾸려는 자신의 노력에 직원들을 동참시켰다. 2~3일 동안 진행된 이 과정을 통해 직원들은 자신의 부서에서 생산성을 향상시킬 수 있는 아이디어를 내놓았다. 과정이 끝날 무렵 직원들은 관리자들 앞에서 프레젠테이션을 했고, 관리자는 즉석에서 제안의 승인 또는 거부 여부를 결정하였다. 관리자들에게 압력을 넣기 위해 하위직원이 프로그램을 참관하였으며, 채택된 아이디어는 반드시 이행되어야 했다. 이와 같은 과정은 직원들의 손에 진정한 권한을 부여하는 결과를 가져왔고, GE가 1990년대에 이룬 극적인 생산성 향상의 일부 원인이 되었다. 직원의 권한 강화를 공고히 하기 위해 Welch는 모든 관리자에 대한 360도 성과평가제도를 도입하여, 그의 말에 따르면 '위로는 미소 짓고 아래로는 찍어누르는 직원들'을 분간할 수 있게 되었다.[26)]

전환의 툴(Tool) Jack Welch 회장은 GE의 Crontonville Management Education Center에 개설된 관리개발 과정을 활용하여 GE 성공에 있어서 중요 원천인 문화가치를 교육하였다

// 조직 재결빙

조직 재결빙은 바람직한 직원행동이 제2의 천성이 되도록 조직의 새로운 전략 및 구조를 공고화하기 위한 노력을 통해 이루어진다. 이와 같은 노력은 결코 쉽지 않다. 1980년대에 스칸디나비아 지역의 항공사인 SAS는 British AirWays의 경우와 유사한 대대적 조직변화 노력을 단행했다. 처음에는 이와 같은 노력이 성공적인 것으로 보였으나, 몇 년이 지난 후 이 회사의 CEO는 이전의 문화가 제자리를 찾으려는 것을 인식하고, 새로운 문화를 공고화하기 위한 조직 전반에 걸친 교육 프로그램을 시작하였다. 조직의 문화를 바꾸는 것이 어려운 이유는 문화에는 깊숙이 뿌리 박혀 있는 완고한 공통의 가치가 포함되어 있기 때문이다. 변화의 결과를 기대하기 위해서는 수년 간의 노력이 요구될 수도 있다.

기업을 새로운 전략 및 조직 구성으로 재결빙하기 위해서는 지속적인 관심과 압력이 요구된다. 조직 내의 지도자는 지속적으로 메시지를 전달하고 바람직한 행동을 끊임없이 몸소 실천해야 한다. 관리 및 인센티브 시스템을 통해 바람직한 행동을 장려하고, 새로운 문화의 가치 및 규범에 부응하는 행동을 보이는 동시에 뛰어난 성과를 거둔 관리자와 직원들에게 보상을 실시해야 한다. 지속적 관심은 직원채용 및 개발정책을 위해 필요하다. 예를 들어, 일부 기업들은 포괄적인 내부관리자 교육 프로그램을 통해, 관리자들에게 새로운 문화를 교육하고, 그 중요성을 설명하는 기회로 삼는다. GE의 Jack

Welch 회장은 회사의 Crontonville 관리자 교육센터를 이와 같은 교육을 위한 장소로 활용하였다. 그는 모든 수업을 직접 진행하면서, GE의 모든 관리자가 채택하기를 원하는 기업가적인 성과중심의 가치들을 지속적으로 강조하였다.

Jack Welch가 GE의 CEO 역할을 맡았던 20년에 이르는 재임기간을 특징짓는 놀라운 사실은 그가 자신의 변화 아젠다에 대한 강조를 결코 중단하지 않았다는 것이다. 그는 조직의 문화를 바람직한 궤도에 올려놓기 위한 프로그램과 계획들을 끊임없이 구상했다. 이것이 바로 조직의 새로운 구성을 재결빙하는 데 필요한 노력인 것으로 보인다.

변화를 위한 노력의 실패와 성공의 비결

많은 경영자들이 자신의 조직에 급격한 변화를 위한 노력을 적용하기 위해 노력해 왔는데, 이 중 많은 경우가 실패로 끝났다. Harvard Business School의 John Kotter 교수는 학술연구원인 동시에 변화 노력에 참여한 컨설턴트로서 100건이 넘는 조직변화 노력에 대한 연구를 실시하였다. Kotter에 따르면, 지도자가 변화를 위한 노력을 이행할 때 흔히 저지르는 여덟 가지의 실수가 존재한다.[27)]

첫 번째로, Kotter는 변화를 실현하는 데 실패하는 기업의 50% 이상이 처음부터 충분한 위기감을 조성하지 않았기 때문에 실패하는 것으로 추정한다. 다시 말해서, 직원들을 자극하여 안락지대로부터 끌고 나올만한 충분한 위기감이 조성되지 않았다는 것이다.

두 번째로, Kotter는 많은 지도자들이 변화를 이끌어나가기에 충분히 강력한 연합세력을 구축하지 않는다고 지적한다. 이들은 권력의 중요성과 기존의 경영자들이 관성의 원인이 될 수 있다는 사실을 이해하지 못한다. 앞서 살펴본 바와 같이 Xerox의 Anne Mulcahy는 자신을 도울 최고경영진을 직접 선출함으로써 이와 같은 문제에 대처했으며, Jack Welch는 14명의 최고경영진 중 12명을 해고하고, 공석에 자신의 가치와 위기감을 공유하는 경영자들을 앉혔다.

세 번째로, 변화를 위한 많은 노력들이 실패하는 이유는 지도자가 직원들에게 변화 노력을 위해 조직이 달성하고자 하는 바를 설명해줄 수 있는 강력한 비전을 지니고 있지 못하기 때문이다.

네 번째로, 지도자가 비전을 가지고 있기는 하지만, 비전이 제대로 전달되지 않기 때문이다. Kotter에 따르면, 많은 경영자들이 적어도 몇 년에 한 번씩 지속적으로 비전을 제시하고, 이 비전이 조직 내 모든 수준의 직원들에게 제대로 전달되어야 할 필요성을 이해하지 못하고 있다.

다섯 번째로, Kotter는 변화를 위한 많은 노력들이 실패하는 이유는 지도자가 변화에 대한 장애물을 제거하지 않기 때문이라고 지적한다. 이와 같은 장애물에는 새로운 문화를 수용할 능력이 안 되거나 의지가 없는 경영자와 이전의 관습을 지속적으로 조장하는 조직구조 등이 포함된다. 장애물을 제거하는 데 실패한 변화노력은 걸치레에 그치게 되는데, 그 이유는 지도자가 조직 내의 권력균형을 변경하거나(현상태의 유지를 통해 기득권을 지키려는 경영자들로부터 권력을 이전하거나) 현상태를 강화하는 조직구조를 바꾸는 데 실패하기 때문이다.

여섯 번째로, 변화를 위한 노력이 실패하는 이유는 추진력(momentum)이 존재하지 않기 때문이다. Kotter는 이 부분에서 저지르기 쉬운 가장 큰 실수는 단기적 성과를 계획하여 제시하지 않는 것이다. 사람들은 변화를 위한 노력이 성공적으로 진행되고 있음을 보여주는 증거를 필요로 하며, 그렇지 못할 경우 변화가 가능하다는 믿음을 접고 이전의 관행으로 되돌아간다. 이들에게는 변화를 위한 노력이 진전을 이루고 있다는 확신을 심어 줄 피드백이 필요하다.

일곱 번째로, Kotter는 성공을 너무 일찍 선언하는 것도 실수가 될 수 있다고 믿는다. 앞서 살펴본 바와 같이, 변화를 위한 노력이 성공하기 위해서는 수년 동안의 시간과 끈기가 필요할 수도 있다. 지도자가 성공을 너무 일찍 선언하면 성과향상에 대한 압력이 사라져서 직원들이 이전의 관행으로 되돌아가는 결과가 야기될 수도 있다.

여덟 번째로, Kotter는 변화를 위한 노력이 조직의 문화에 정착되지 못할 경우 실패에 이르게 된다고 지적한다. 문화가 바뀌지 않으면(조직 내의 행동지침이 되는 가치변화가 수반되지 않으면) 경영자와 직원들이 이전문화로 되돌아가고, 더 이상 변화를 위한 노력이 이루어지지 않게 된다.

Kotter의 목록에는 포함되어 있지 않지만, 변화를 위한 노력이 실패하게 되는 또 다른 중요한 이유는 직원 및 하위 관리자들에게 변화의 이행을 위한 권한부여가 이루어지지 않기 때문이다.[28] 앞서 살펴본 바와 같이, 변화를 위한 노력의 핵심적 요소로서, 변화를 끝까지 밀고 나갈 수 있도록 직원들에게 주인의식을 부여하여야 한다. 종종 조직의 한참 아래단계에 있는 직원들이 수석경영자의 가장 큰 지원자가 되는 경우가 있다. Jack Welch는 이러한 이해를 바탕으로 하여 General Electric에 워크아웃 과정을 도입했다. 변화는 위로부터만 주어지는 것이 아니라, 아래로부터도 추진될 수 있다.

그렇다면 변화를 위한 노력이 성공하기 위해서는 어떠한 것들이 필요한가? 요약하면, 변화는 변화를 위한 노력에 헌신하고, 위기감을 조성하며, 변화를 이끌어나갈 강력한 연합세력을 구성하고, 조직의 노력을 이끌어낼 강력한 비전을 제시하며, 이 비전을 조직 내의 모든 이들에게 성공적·지속적으로 전달할 수 있는 지도자를 필요로 한다. 또한 필요한 것은 변화에 대한 장애물을 제거하기 위한(관성을 무력화하기 위한) 경영진 및 조직구조상의 신속하고 단호한 변화이다. 경영자는 또한 단기적 성과를 제시하여 추진력을 지속시켜야 한다.

경영자는 Jack Welch가 GE의 워크아웃 과정을 통해 보여준 것처럼, 직원의 권한을 강화하는 과정을 개발 및 이행하여 직원들을 변화를 위한 노력에 동참시켜야 한다. 마지막으로, 경영자는 조직의 문화를 새로운 방향으로 유도해야 할 뿐 아니라, 이를 지원하는 보상 및 인센티브 시스템의 실시와 올바른 직원의 채용, 훈련 및 개발 프로그램을 통한 조직문화 교육 등을 통해 해당 문화를 제도화하여야 한다. 또한 경영자는 변화가 안정단계에 이를 때까지 이와 같은 노력을 끈기 있게 지속해야 한다.

혁신의 추진

획기적 혁신
신기술의 통합을 통해 경쟁을 종결시키고 지배적 패러다임의 변경을 초래하는 혁신

점진적 혁신
기존 기술 내에서의 제품기능 향상을 나타내는 혁신

이번 절에서는 관성을 극복하고 기업의 전략 및 조직상의 변화를 이끌어 기업이 기술적 패러다임 전환기를 살아남을 수 있도록 하기 위해 관리자가 해야 할 일은 무엇인가에 대해 살펴보았다. 이번 마지막 절에서는 업계의 변화를 이끌 기술적 혁신을 창출하기 위해서는 기업이 어떠한 일을 해야 하는지에 대해 논의한다. 혁신은 신기술의 통합을 통해 경쟁을 종결시키고 지배적 패러다임의 변경을 초래하는 **획기적 혁신**(quantum innovation)일 수도 있고, 기존 기술 내에서의(즉, 기존 S곡선에서의) 제품기능 향상을 나타내는 **점진적 혁신**(incremental innovation)일 수도 있다. 예를 들어, 경매 비즈니스를 위해 e-Bay가 인터넷 기술을 채택한 것은 획기적 혁신으로 볼 수 있다. 이 혁신에는 (경매를 진행하는 인간 경매인과 비교할 때) 근본적으로 다른 기술이 사용되었고, 혁신을 통해 경매산업이 효과적으로 변화되었기 때문이다. 이와는 반대로, 최근의 PC는 1970년대에 소개된 기술이 점진적으로 추가 및 누적된 것으로 볼 수 있다(하지만 최초의 PC는 획기적 혁신에 해당하는데, 그 이유는 혁신을 통해 과거와의 뚜렷한 단절이 이루어졌기 때문이다).

혁신은 여러 면에서 비즈니스 조직의 가장 중요한 경쟁적 우위의 원천으로 볼 수 있다. 그 이유는 혁신을 통해 고객의 필요를 더 잘 만족시키는 신제품을 만들고, 기존 제품의 품질을 향상시키며, 또는 고객이 원하는 제품의 제조비용을 절감할 수 있기 때문이다. 혁신적인 신제품, 공정 또는 비즈니스 모델을 개발할 수 있는 능력은 기업에 중대한 경쟁적 우위를 부여하여, 제품을 차별화하고, 프리미엄 가격을 부과하며, 또는 경쟁사보다 비용구조를 낮게 유지할 수 있게 한다. 한편 경쟁업체들은 성공적인 혁신의 모방을 시도하여 종종 성공을 거두기도 한다. 따라서 경쟁적 우위를 유지하기 위해서는 혁신의 지속적인 추진이 요구된다.

성공적인 신제품의 출시는 비즈니스 성공을 가져오는 중대한 요인이 된다. Robert Cooper는 200개가 넘는 신제품의 출시를 살펴본 결과, 성공적인 제품들 중에서 약 50%는 33%가 넘는 투자수익을 올렸고, 절반은 투자회수기간이 2년 이하였으며, 또한 절반의 제품이 35%가 넘는 시장점유율을 기록했음을 발견했다.[29] 많은 기업들이 성공적 혁신을 통해 획기적 성과를 달성했다. Walkman, 컴팩트 디스크, PlayStation 등과 같은 성공적 제품들을 선보인 Sony와 휴대폰 개발분야의 선두자리를 계속 유지해 온 Nokia, 1990년대부터 2000년대 초반 사이에 여덟 개나 되는 블록버스터 신약을 출시한 Pfizer, 접착제 분야의 핵심 능력을 응용하여 다양한 신제품을 개발한 3M 등이 이와 같은 기업의 예이다.

// 신제품의 실패

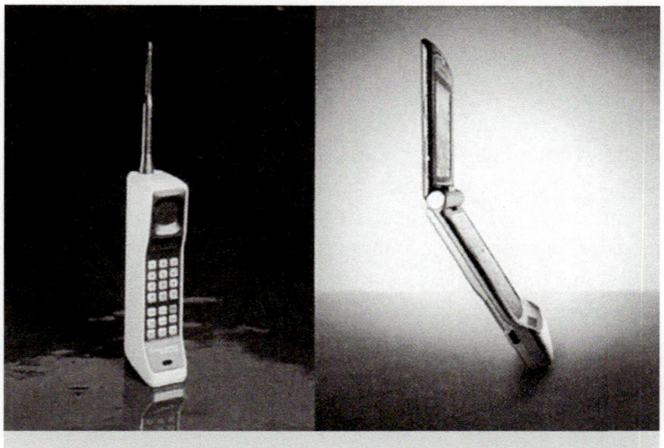

점진적 혁신 최초의 휴대폰은 획기적 혁신에 해당하며, 이후에 더 개선된 형태의 휴대폰들은 기존 기술의 점진적 추가 및 누적, 즉 기능향상에 해당한다.

혁신의 촉진이 경쟁적 우위의 원천이 되기는 하지만, 혁신적 신제품의 실패율은 매우 높다. 연구결과에 따르면, 주요 R&D 프로젝트의 단 10~20%만이 상업적 가능성이 있는 제품으로 이어진다고 한다.[30] 널리 알려진 제품실패의 예로는 Apple Computer의 개인 휴대 정보 단말기(PDA)인 Newton과 비디오 재생녹화기 시장의 Sony의 Betamax 포맷, 그리고 Sega의 Dreamcast 비디오 게임 콘솔을 들 수 있다. 수많은 신제품들이 경제적 수익창출에 실패하는 원인에 대한 많은 논의가 이루어져 왔지만, 가장 많이 언급되는 다섯 가지 실패의 원인은 다음과 같다.[31]

첫 번째로, 많은 신제품들이 실패하는 이유는 혁신에 대한 수요가 본질적으로 불확실하기 때문이다. 시장출시가 이루어지기 전에는 신제품이 전에는 없던 새로운 고객수요를 창출하게 될 것인지, 또는 제품생산을 정당화할 수 있는 충분한 시장수요가 존재하는 것인지를 아는 것은 불가능하다. 효과적인 시장조사를 통해 신기술의 미래수요에 대한 불확실성을 줄일 수는 있지만, 이를 아주 없앨 수는 없으므로, 다소의 실패는 예상되기 마련이다.

두 번째로, 신제품이 종종 실패하는 이유는 기술의 상용화가 제대로 이루어지지 않기 때문이다. 이와 같은 상황은 신제품에 대한 고객수요는 명확하지만, 잘못된 설계나 낮은 품질과 같은 요인들로 인해 제품이 고객의 필요에 맞게 제작되지 못한 경우에 발생한다. 예를 들어, Apple Computer가 1993년 여름에 출시한 개인 휴대 정보 단말기인 Newton의 실패원인은 매력적 잠재기술의 상용화 실패로 추적될 수 있다. Apple은 Newton의 시장이 약 10억 달러에 이를 것으로 예상했으나, (Apple이 마케팅을 통해 중점적으로 강조했던 특징인) Newton의 핸드라이팅 소프트웨어가 메시지 패드에 쓰여진 메시지를 제대로 인식하지 못하는 것이 명백해지자 제품판매가 실현되지 못했다. 그 후에 Palm이 Palm Pilot이라는 제품으로 시장에 뛰어들었고, 이 제품은 큰 성공을 거두어 10억 달러가 넘는 매출을 올렸다.

세 번째로, 신제품은 부적절한 가격책정, 약한 홍보, 효과적이지 못한 유통전략 등과 같은 잘못된 전략으로 인해 실패할 수도 있다. 제품 품질문제 외에도 Apple의 Newton이 실패한 또 다른 이유는 잘못된 제품 포지셔닝 전략에 있었다. Newton의 최초 가격이 너무나도 높았기 때문에(약 1,000달러) 기술의 상용화가 제대로 이루어졌다고 하더라도 실제 구매자의 수는 매우 적었을 것이다.

신제품이 실패를 겪게 되는 또 다른 이유는 기업들이 종종 수요가 충분하지 않은 기술을 시장에 내놓기 때문이다. 기업이 마법과 같은 신기술로 인해 판단력이 흐려져서 제품에 대한 충분한 고객수요가 존재하는지를 검토하지 않는 경우가 발생할 수 있다.

마지막으로, 제품출시까지의 기간이 너무 길 경우 기업은 실패를 겪게 된다. 초기 개발단계와 최종 마케팅 사이의 시간이 길면 길수록('사이클 시간'이 느릴수록) 다른 누군가가 먼저 앞서 제품을 출시하고 발빠른 자가 누리는 이점을 얻게 될 가능성이 크다.[32] 자동차업계에서 General Motors는 느린 혁신자로서 많은 손해를 보았다. GM의 제품개발주기는 약 5년인데, 이는 Honda, Toyota, Mazda의 2~3년이나 Ford의 3~4년에 비해 훨씬 긴 기간이다. 시장에 출시되는 GM의 자동차는 5년된 기술 및 디자인 콘셉을 바탕으로 하기 때문에 출시와 동시에 이미 낡은 것이 되어버린다.

// 성공적 혁신의 창출

경영자는 자신의 조직에 혁신을 창출하고 실패를 피하기 위해 몇 가지의 조치를 취할 수 있다. 이 중 가장 중요한 여섯 가지는 다음과 같다.

- 기본응용과학 연구기술 구축
- 프로젝트 선택 및 관리를 위한 효과적 과정개발
- 부서 간 통합의 활용
- 제품개발팀 구성
- 부분적 병렬개발 공정 구현
- 독립적 조직단위에 혁신적 신기술 배정[33]

기본응용과학 연구기술 구축 기본 및 응용 연구분야의 기술을 구축하기 위해서는 연구 과학자 및 엔지니어를 채용하고 창의성을 장려하는 연구환경을 조성해야 한다. 많은 일류기업들은 이와 같은 목적을 달성하기 위해 대학 스타일의 연구시설을 구축하곤 하는데, 과학자와 엔지니어들에게는 현재 진행 중인 회사의 연구와 직접 관련된 프로젝트 이외에 독자적인 연구 프로젝트를 진행할 수 있는 시간이 주어진다. 예를 들어, Hewlett-Packard에서는 회사연구실이 엔지니어들에게 상시 개방되어 있다.

Hewlett-Packard는 심지어는 연구원들이 회사에서 보내는 시간의 10%를 자신의 아이디어를 탐구하는 데 할애하도록 장려하고 있으며, 이와 같은 프로젝트의 실패에 대한 책임도 전혀 묻지 않는다. 3M의 연구원들은 회사에 이익을 가져올 가능성이 있는 한, 어떤 주제든 흥미 있는 주제를 선택하여 주간 근무시간의 15%를 할애하여 연구를 할 수 있도록 허용된다. 이와 같은 정책의 가장 유명한 결과물이 바로 어디서나 볼 수 있는 포스트-잇이다. 이 제품의 아이디어는 찬송가에서 책갈피가 자꾸 떨어지는 것을 방지할 방법을 궁리하던 한 연구원으로부터 발전되었다. 포스트-잇은 이제 3M의 주요 사업이 되었고, 연간 약 3억 달러의 매출을 올리고 있다.

프로젝트 선택 및 관리 프로젝트 관리는 최초의 개념 생성으로부터 개발을 거쳐 최종 생산 및 선적에 이르는 혁신공정의 전 과정에 대한 관리를 뜻한다.

프로젝트 관리에는 최대한 많은 아이디어를 창출해 내는 능력, 가장 유망한 프로젝

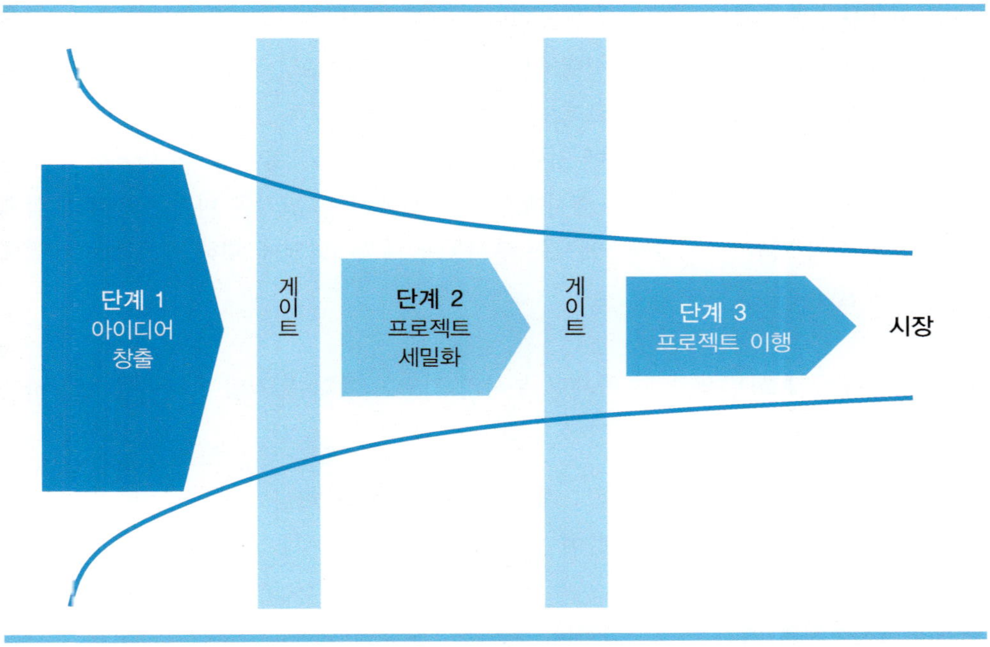

그림 17.6
개발 깔때기

트는 자금지원을 받을 수 있도록 하고 많은 비용을 들인 후 실패할 가능성이 있는 프로젝트는 '폐기'할 수 있도록 개발 초기단계의 여러 경쟁적 프로젝트들 중에서 선택할 수 있는 능력, 그리고 제품출시까지의 기간을 최대한 단축할 수 있는 능력 등이 요구된다. 세 단계의 개발 깔때기(development funnel) 개념은 이와 같은 기술을 구축하기 위해서 필요한 것들이 무엇인지를 요약하여 보여준다(그림 17.6 참조).[34)]

단계 1은 깔때기의 주둥이를 넓혀서 최대한 많은 아이디어가 생성될 수 있도록 하는 것을 목표로 한다. 이와 같은 목표를 위해, 기업은 모든 부서뿐 아니라 고객, 경쟁업체, 공급업체 등으로부터의 입력을 요청해야 한다. 게이트 1에 이르면 깔때기가 좁아진다. 여기서는 초기의 개념 개발과정에 참여하지 않은 부서통합 팀의 관리자들에 의해 아이디어에 대한 검토가 이루어진다. 준비가 완료된 개념은 단계 2로 이동한다. 단계 2에서는 프로젝트 제안의 세부내용에 대한 작업이 이루어진다. 게이트 1은 GO/NO-GO 평가지점이 아니라는 사실에 유의하기 바란다. 아이디어는 좀더 심도 있는 개념개발을 위해 이 심사지점을 통해 되돌려 보내진 후 평가를 위해 제출될 수 있다.

일반적으로 단 2~3개월에 거쳐 진행되는 단계 2에서는 수석경영진이 제안된 프로젝트들을 비교할 수 있도록 단계 1로부터의 데이터와 정보가 양식에 기록된다. 일반적으로 이 단계에서는 제안된 목표시장, 획득 가능한 시장점유율, 수익 가능성, 개발비용, 생산비용, 주요 이정표 등과 같은 세부정보가 담긴 면밀한 프로젝트 계획의 개발이 요구된다. 다음 선택지점인 게이트 2는 GO/NO-GO 평가지점이다. 수석경영진이 고려 중인 프로젝트들을 검토하여 성공 가능성이 가장 큰 프로젝트들을 선택하고, 회사의 장기 목표에 비추어 전략적 관점에서 해당 프로젝트로부터 의미를 추출하려 노력한다. 이 단계의 최우선의 목표는 성공적으로 완료되었을 때 기업의 경쟁우위를 유지 또는 강화하는 데 도움이 될 프로젝트들을 선택하는 것이고, 관련 목표는 회사가 넉넉하지 못한 자본과 인적자원을 너무 많은 프로젝트에 조금씩 분산하여 투입하기보다는 성공 및 수익 가능성이 가장 큰 프로젝트들에 자원을 집중하도록 하는 것이다. 이 단계에서 계속 진행하도록 선택된 프로젝트에는 출시까지 계속 진행될 수 있기를 바라는 기대와 함께 자금 및 인력이 지원된다. 단계 3에서는 부서통합 제품개발팀에 의해 프로젝트 개발제안이 이행된다.

부서 간 통합 R&D, 생산 및 마케팅 부서의 긴밀한 통합은 기업이 다음을 보장하는 데 도움이 된다.

- 제품개발 프로젝트가 고객의 필요에 초점을 맞추도록 한다.
- 신제품이 제조 편이성을 고려하여 설계된다.
- 개발비용이 계속 점검된다.
- 제품출시까지의 기간을 최소화한다.

R&D와 마케팅 부서 간의 긴밀한 통합은 제품개발 프로젝트가 고객의 필요에 초점을 맞추도록 보장한다. 기업의 고객은 신제품 아이디어의 주요 원천 중 하나이다. 고객의 필요, 특히 충족되지 않은 필요의 확인을 통해 성공적인 제품혁신이 발생할 수 있는 맥락이 형성될 수 있다. 고객접점으로서의 마케팅 부서는 귀중한 정보를 제공할 수 있으며, 또한 R&D와 마케팅 부서의 통합은 신제품의 적절한 상용화에 있어서 핵심적 역할을 한다. R&D와 마케팅 부서의 통합이 없을 경우 기업은 수요가 적거나 전혀 없는 제품을 개발하는 위험을 안게 된다.

Techsonic Industries의 사례는 R&D와 마케팅 부서통합의 이점을 잘 보여준다. 이 회사는 낚시꾼들이 보트 밑의 수심을 측정하여 고기를 추적할 수 있게 해주는 수심 측정 전자장비를 만든다. 아홉 가지의 신제품이 잇따라 실패한 후, Techsonic는 전국의 스포츠 애호가들과의 인터뷰를 통해 이들의 필요를 확인하기로 결정하였다. 인터뷰 결과 Techsonic는 밝은 햇빛 아래에서도 볼 수 있는 게이지가 달린 수심측정기에 대한 수요가 아직 충족되고 있음을 확인하고, 제품개발에 착수하였다. 다음 해에 수심측정기가 250달러의 가격에 출시되었고, Techsonic의 매출은 8천만 달러로 세 배 증가하였으며 시장점유율은 40%로 뛰어올랐다.[35)]

R&D와 생산부서와의 통합은 제품이 생산 요구조건들을 염두에 두고 설계될 수 있도록 하는 데 도움이 된다. 생산을 염두에 둔 설계를 통해 제조비용이 절감되고, 실수 발생 가능성이 줄어들어, 결국 제품가격 하락과 품질향상으로 이어진다. R&D와 생산부서의 통합은 생산비용을 절감하고 제품출시까지의 기간을 가속화하는 데 도움이 된다. 제조능력을 고려하지 않고 설계된 신제품은 생산이 너무 힘든 것으로 판명될 수 있다. 이와 같은 경우에는 제품이 재설계되어야 하고, 전체 개발비용과 제품출시까지의 기간이 크게 증가한다. 예를 들어, 제품기획 단계에서 설계변경을 할 경우에는 전체 개

발비용이 50%, 제품출시까지의 기간이 25% 증가한다.[36] 또한 많은 획기적인 제품혁신은 새로운 제조공정을 요하므로, R&D와 생산부서와의 통합은 더욱 중요해진다. 제품출시까지의 기간 및 개발비용의 최소화를 위해 신제품 및 신공정의 동시개발이 요구될 수도 있다.[37]

제품가발팀 부서 간 통합을 달성할 수 있는 가장 좋은 방법 중의 하나는 R&D, 마케팅 및 생산부서의 대표들로 구성된 제품개발팀을 구성하는 것이다. 이 팀의 목적은 제품개발 프로젝트를 초기의 개념개발단계에서부터 출시에 이르기까지 이끌어가는 것이어야 한다. 프로젝트 개발팀이 효과적으로 작동하기 위해서는 몇 가지의 특징이 중요한 것으로 판단되며, 모든 개발 이정표가 만족되어야 한다.[38]

첫째, 팀에 필요한 재무인사 자원확보에 요구되는 조직 내의 높은 지위와 권력 및 권위를 지니고 있는 **실세급 프로젝트 매니저**(a heavyweight project manager)가 팀을 이끌어야 하며, 프로젝트에 (전적으로는 아니더라도) 대부분의 노력을 집중할 수 있어야 한다. 팀 리더는 프로젝트에 대한 믿음이 있어야 하며(즉, 프로젝트의 옹호자이어야 하며), 다양한 부서의 서로 다른 관점들을 통합하고, 공통의 목표를 위해 여러 부서의 직원들이 협력하는 데 도움을 줄 수 있는 기술이 있어야 한다. 팀리더는 또한 수석경영진에 대해 팀의 대변인 역할을 할 수 있어야 한다.

실세급 프로젝트 매니저
팀의 성공을 위해 필요한 재무인사 자원 확보에 요구되는 조직 내의 높은 지위와 권력 및 권위를 지니고 있는 매니저

둘째, 팀에는 각 핵심부서로부터의 적어도 한 명의 구성원이 포함되어 있어야 한다. 팀 구성원은 부서 전문성에 대한 공헌, 부서 내의 높은 지위, 팀 실적에 대해 책임을 지려는 의지, 소속부서에 대한 옹호로부터 자유로울 수 있는 능력 등과 같은 몇 가지 특성을 지니고 있어야 한다. 일반적으로 프로젝트가 진행되는 동안에는 팀의 핵심 멤버들이 프로젝트에 100% 집중할 수 있도록 하는 것이 바람직하다. 팀의 초점이 각 부서에서 진행 중인 일에 분산되지 않고 프로젝트에 집중되기 때문이다.

셋째, 팀 구성원들은 물리적으로 같은 장소에 배치되어 동지애가 고양되고 커뮤니케이션이 촉진되도록 해야 한다.

넷째, 팀은 특히 핵심적인 개발 이정표와 개발예산에 있어서, 명확한 계획과 목표를 지니고 있어야 한다. 팀에는 주요 개발 이정표가 만족되었을 때 보너스를 지급하는 것과 같이, 목표달성에 대한 보상체계가 있어야 한다.

다섯째, 각 팀은 커뮤니케이션 및 분쟁해결을 위한 공정을 개발할 필요가 있다. 일례로 캘리포니아에 본사를 둔 PC용 디스크 드라이브 제조업체인 Quantum Corporation의 제품개발팀은 매주 월요일 오후에 열리는 회의를 통해 모든 중요한 결정과 분쟁해결이 이루어진다는 규칙을 정하였다. 이와 같은 간단한 규칙은 팀이 개발목표를 달성하는 데 도움이 되었다.[39]

부분적 병렬개발공정 제품개발 및 출시를 위해 소요되는 기간을 단축할 수 있는 방법 중의 하나는 부분적 병렬개발공정을 이용하는 것이다. 전통적으로 제품개발공정은 [그림 17. 7A]에서 볼 수 있는 바와 같이, 순차적으로 조직되어 왔다. 이와 같은 공정의 문

그림 17. 7A
순차 공정

제점은 제품개발이 제조문제를 염두에 두지 않고 진행된다는 점이다. 제품의 기본설계가 제조공정의 설계와 실제의 상업적 생산 이전에 완성되기 때문에, 제조 가능성에 대한 초기평가가 이루어지지 않는다. 그 결과 나중에 효과적 제조가 불가능한 것으로 판명되어 제품이 재설계를 위해 되돌려 보내지는 상황이 발생할 수 있다. 제품이 각 단계를 이리저리 이동하는 동안 사이클 시간은 늘어나게 된다.

이와 같은 문제를 해결하기 위해서 [그림 17. 7B]에서 볼 수 있는 것과 유사한 공정을 사용할 수 있다. 부분적 병렬공정에서는 개발단계들이 중첩되어, 예를 들면 제품설계가 완료되기 이전에 생산공정 개발작업이 시작될 수도 있다. 시간과 비용이 많이 드는 제품재설계의 필요성이 줄어듦으로, 이와 같은 공정은 신제품의 개발 및 출시에 소요되는 시간을 획기적으로 줄일 수 있다.

독립적 부서 구성 기업이 해당 업계의 기술 패러다임 전환의 원인이 될 수 있는 획기적 혁신을 개발 중인 경우에는, 기업 내의 경영자가 혁신의 출현이 기업의 기존 비즈니스에 가져올 결과를 두려워하게 될 위험이 존재한다.[40] 경영자들은 혁신이 기업의 기존 비즈니스 매출을 깎아먹게 될 상황을 우려할 가능성이 있다. 디지털 이미징 개발 분야의 선두업체였던 Kodak은 수년 동안 디지털 카메라에 대한 적극적 마케팅을 자제하였는데, 그 이유는 신기술이 기존 업계를 붕괴시키고 필름매출을 깎아먹을 것을 경영진이 우려했기 때문이다.

또한 획기적 혁신은 흔히 근본적으로 다른 비즈니스 모델을 필요로 한다. 그것은 기존 비즈니스에서 사용되던 것과는 다른 제조시스템이 될 수도 있고, 다른 유통시스템이나 다른 가격정책이 될 수도 있다. 예를 들어, 디지털 카메라와 관련한 비즈니스 모델은

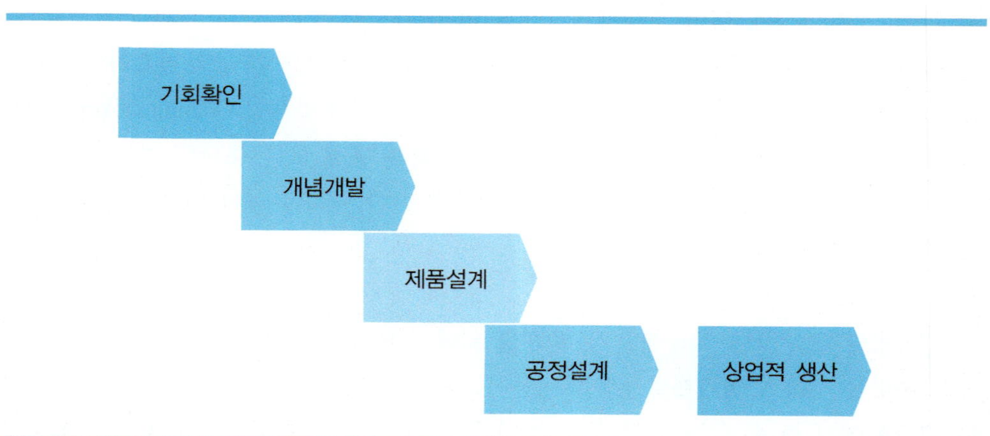

그림 17. 7B
부분적 병렬공정

Kodak의 전통적인 필름사업과 관련한 비즈니스 모델과는 근본적으로 다르다. 연구결과에 따르면, 이 두 가지의 비즈니스 모델이 동일한 조직 내에서 공존하는 것은 거의 불가능한 것으로 밝혀졌다. 거의 필연적으로, 기존 비즈니스 모델은 와해성 기술과 관련한 비즈니스 모델에 의해 도태당하는 상황에 처하게 될 것이다.[41]

이와 같은 문제에 대한 해결책은 신기술을 분리하여 독립적 부서에 배치하는 것이다. 일례로 1980년대에 Hewlett-Packard는 성공적인 제트 프린터 사업을 구축하고 있는 상태에서 잉크젯 기술을 발명하였다. 기업 내의 일부 사람들은 잉크젯 프린터가 레이저젯 프린터의 매출을 깎아먹을 것으로 믿고 HP가 잉크젯 프린터를 생산해서는 안 된다고 주장하였다. 다행스럽게도 HP의 수석경영진은 강력한 잠재력을 지닌 와해성 기술로서 잉크젯 기술을 있는 그대로 보았다. 이들은 상용화를 위한 상당규모의 R&D 자금을 할당하였고, 시장출시를 위한 준비가 완료되자 다른 지리적 위치에 자체 제조, 마케팅, 유통기능이 가능한 독립적 잉크젯 사업부를 설립하였다. HP의 경영자들은 잉크젯 사업부가 레이저젯 사업부의 매출을 깎아먹을 것이라는 사실을 인정하고, 다른 기업보다는 HP 사업부가 다른 HP 사업부의 매출을 깎아먹는 것이 낫다는 결론을 내렸던 것이다.

결 론 왜 중요한가?

이번 장에서는 산업계가 신기술로 무장한 새로운 경쟁자들에 의해 주기적으로 근본적 변혁을 겪게 된다는 것을 살펴보았다. 기존 기업이 신기술로부터 시작된 패러다임 전환에서 살아남기 위해서는 기업의 전략과 조직구조를 바꿔야 한다. 이를 위해서 경영자는 현상태를 유지하려는 관성을 무력화시킬 조직변화에 대한 체계적 접근방식을 채택하여야 하며, 의미 있는 비즈니스 변화를 착실하게 진행해나가야 한다. 또한 본 장에서는 획기적 혁신과 점진적 혁신의 창출을 위해 관리자가 취해야 할 조치는 무엇인가에 대해서도 논의한 바 있다.

이와 같은 주제가 경영학을 공부하는 학생들에게 왜 중요한가? 우리는 변화가 끊임없이 일어나고 있는 세계에 살고 있다. 경쟁은 새로운 상품, 공정 및 비즈니스 모델에 의해 촉진되는 과정이며, 어떤 비즈니스 모델은 이전의 비즈니스 모델을 파괴하고 완전히 새로운 제품의 시장기회를 창출하기도 한다. 경영자로서의 성공을 꿈꾸는 여러분은 이와 같은 과정이 어떻게 진행되는지를 이해하고, 이 과정을 이끌어 가는 역할을 해야 한다. 여러분은 조직이 더 나은 혁신을 개발하도록 촉진하고, 패러다임 전환이 발생했을 때 이를 올바로 인식함으로써, 경쟁에서 앞서나갈 수 있어야 한다. 여러분은 여러분의 기업이 새로운 경쟁현실에 직면했을 때 이에 적응하고, 생존하며, 번창할 수 있도록, 기업의 전략 및 조직구조 상의 변화를 추진할 준비가 되어 있어야 한다. 변화가 성공적으로 이루어지도록 하기 위해서는 조직 내의 관성을 확인하고 이에 대응할 수 있어야 하며, 그 결과 조직이 변화에 대한 불가피한 저항을 극복하는 데 도움이 되어야 한다. 이것들이 바로 진정 훌륭한 경영자의 자질이다.

Management Challenges

1. Kodak의 전통적 필름사업과 디지털 이미징 사업은 각각 S곡선의 어느 부분에 위치하는가? 답을 통해 제시된 위치는 경쟁이라는 관점에서 어떤 의미가 내포되어 있는가?
2. 패러다임 전환은 하이테크 산업에서만 발생하는 것이 아니다. 흔히 하이테크가 아닌 것으로 간주되는 비즈니스 분야에서 패러다임 전환이 발생한 예를 제시해 보시오. 이와 같은 패러다임 전환은 언제 발생하였으며, 그 결과는 무엇이었는가?
3. 1990대 후반에 저렴한 수수료를 내세운 온라인 증권사인 Charles Schwab은 패러다임 전환에 직면하게 된다. 이 패러다임 전환의 원인을 검색하여 Schwab가 어떻게 대응했는지를 문서로 작성하시오. Schwab의 예를 통해 어떠한 교훈을 얻을 수 있는가?
4. General Motors는 현재 미국 내 핵심시장에서 상당한 도전에 직면해 있다. 이와 같은 도전의 특징은 무엇인가? 이와 같은 도전에 대응하기 위해 GM이 해야 할 일은 무엇인가? GM의 대응을 어렵게 할 수 있는 조직관성은 어떤 것들이 있는가?

Management Portfolio

한 기업을 선택하여 다음을 살펴보시오.

1. 조직이 사용할 기술을 선택한다. 이 기술은 S곡선의 어느 부분에 위치하는가?
2. 조직은 패러다임 전환을 겪고 있는 중인가, 아니면 과거에 이미 패러다임 전환기를 겪은 경험이 있는가? 만약 그렇다면, 패러다임 전환의 특성과, 조직이 패러다임 전환에 어떻게 대응했는지(또는 대응하지 않았는지)를 서술하시오.
3. 과거의 패러다임 전환기에 조직은 선두에 섰거나 선두를 지원했는가? 만약 그렇다면, 어떠한 일이 발생했는지 서술하시오.
4. 조직이 직면하게 되는 관성에는 어떤 것들이 있는가? 향후의 패러다임 전환으로 인해 조직의 비즈니스 모델이 붕괴될 경우, 조직의 적응 노력은 얼마나 쉬울 것으로 판단되는가? 조직변화를 위해 취해야 할 조치에는 어떤 것들이 있는가?

마·침·사·례 Reuters의 변화

런던에 본사를 둔 Reuters는 유서가 깊은 기업이다. Reuters는 1850년에 설립된 이래 이용 가능한 가장 빠른 수단을 통해 정보를 전 세계에 신속히 전달하는 일에 전념해 왔다. 1850년대에는 정보전달수단으로 45마리의 통신용 비둘기를 이용하기도 했으며, 1990년대에 이르러서는 세계 최대 규모의 정보전달 기업의 하나로 발전했다. 일반대중에게는 독립적이고 공정한 뉴스보도로 잘 알려져 있지만, Reuters의 수익의 90%는 금융시장의 트레이더들에게 정보를 제공한 결과로 발생한다. 1990년대에 Reuters는 전문 트레이더의 필수품이었던 Reuter 전용 단말기에 실시간 시세 및 금융 정보를 전달하기 위해 독자적 컴퓨터 시스템과 전용 통신망을 도입하였다. Reuters가 금융 데이터 비즈니스에 뛰어들었던 1970년대 초반에는 전체 직원이 2,400명이었고 직원의 대부분은 기자였으나, 1990년 후반 경에는 전체 직원이 19,000명으로 늘어났고, 직원의 대부분은 금융 및 기술 분야의 전문가들이었다. 특히, 이 기간 동안의 비약적인 성장에 있어 Reuters는 합병 등을 통하여 1,000여 종에 이르는 신서비스를 도입하게 되는데, 예컨대 외국어 데이터 서비스와 같은 경우는 다양한 용도로, 때로는 호환성이 없는 컴퓨터 전송시스템에서도 사용되었다.

Reuter는 1990년대 후반에 최고점에 달했다가 두 번의 결정적 타격을 입은 후 사업이 수직 강하하기 시작했다. 첫 번째 충격은 Thompson Financial services나 Bloomberg와 같은 신생기업들이 인터넷에 연결된 모든 컴퓨터에 실시간 금융정보를 제공하게 한 인터넷의 등장에 의해서였다. Reuter는 저렴하고 점차 보편화되고 있는 대안에 갑작스레 고객들을 빼앗기기 시작했다. 인터넷은 Reuter의 사업자산인 정보를 상품화하게 되었다. 2001년에는 1990년대에 형성된 주식시장 거품이 무너졌고, 수천 명에 달하는 금융 종사자들이 일자리를 잃게 되었다. Reuter는 1년 사이에 18%에 이르는 단말기 계약을 잃게 된다. 항상 수익을 누려오던 기업이 갑자기 손실을 보기 시작했다.

2001년 Reuters는 Tom Glocer를 CEO에 임명했다. Reuters 역사상 최초의 기자 출신 CEO이자, 영국인들이 최대 다수였던 기업의 미국인 CEO였다. 심지어 Glocer는 Reuter 조직에 적당치 않은 인물로 묘사되기도 하였다. Glocer는 오랫동안 Reuters가 인터넷 기반의 정보전달시스템으로 전환해야 한다고 주장해 왔다. 2000년에 이러한 시스템을 새롭게 도입하려 할 때 그는 상당한 저항에 직면하게 되었다.

오래된 전용시스템은 잘 작동되고 있고, 심지어 2001년까지 매우 큰 수익을 가져다주었기 때문에 많은 관리자들은 정보를 상업화하고 수익률이 낮은 웹 기반의 시스템으로 옮겨가는 것을 꺼려했다. 이들은 자기잠식효과를 우려했다. Glocer의 메시지는 Reuters가 웹 기반 시스템을 출시하지 않을 경우 고객들이 대거 이탈한다는 것이었다. 2001년에 그의 예상은 현실이 되는 듯했다.

CEO 자리에 오른 Glocer는 인터넷 기반시스템을 다시 추진했지만 곧 Reuters의 문제가 더 깊어져 있음을 알게 되었다. 2002년 Reuters는 사상 최초로 4억 8천만 파운드의 손실을 기록했으며 Glocer는 Reuters의 비즈니스를 '생존을 위한 투쟁'으로 묘사했다. 극적인 조치가 필요함을 깨달은 그는 2003년 2월 Fast Forward라는 이름의 3개년 전략 및 조직변화 프로그램을 시작하였다. 이 프로그램은 제품 라인을 합리화하고 기업의 중점분야를 우선순위화하며 문화를 변화시킴으로써 Reuters가 다시 수익을 낼 수 있도록 고안되었다. 이 프로그램의 첫 번째 단계로 (전 직원의 거의 20%에 해당하는) 3천 명에 달하는 직원들이 정리해고되었다.

기업 문화를 변화시키기 위해 Reuters는 Fast Forward 프로그램에 열정적이고 긴박한 근무태도와 책임감, 고객서비스 및 팀에의 헌신 등과 같은 핵심가치들을 정의하는 'Living Fast'라는 요소를 추가했다. 연공서열보다는 영향력이나 비즈니스에 대한 이해를 기준으로 선별된 140명의 관리자들을 대상으로 이틀간에 걸쳐 회의가 열렸다. 회의가 끝날 무렵 관리자들은 당시 사상 최저가에 거래되고 있던 회사의 주식 50만 주를 매입할 것을 함께 서약했다.

회의를 마치고 관리자들은 의욕에 넘쳐 본업으로 복귀했지만 직원들에게 이와 같은 긴박감이나 자신감 그리고 열정을 전달하는 것이 어렵다는 사실을 깨닫게 되었다. 그 결과 전 직원을 대상으로 하는 하루간의 후속 회의가 추진되었다. Glocer의 영상 메시지와 프로그램의 목표에 대한 간략한 소개에 이어 직원들은 1,300개의 복합기능 집단에 속해 Glocer가 제시한 과제를 해결하고 구체적인 해결책을 제안하는 데 남은 하루를 보냈다. 각 집단은 소위 'Tom의 과제'라고 불리는 것 중 하나를 선택하여 해결하는 데 중점을 두었다. 많은 직원그룹이 곧바로 실현될 수 있는 아이디어들을 내놓았고 이들 아이디어는 실제로 이행되기도 하였다. 직원들은 보다 일반적으로 제품라인의 명료함과 관료주의의 타파, 더 큰 책임감 등을 요구하였다. 이와 같은 요청에 따라 관리자들은 제품라인을 합리화하고 기업의 관리구조를 간소화하는 프로그램을 시작하였다. 2003년 당시, 제품 개수가 총 1,300개에 달했던 Reuters는 2005년에 50개의 핵심제품에 집중하게 되었으며 이들 제품은 모두 인터넷을 통해 제공되었다. 이와 같은 변화에 따른 초기 성과는 고무적인 것이었다. 2004년 말경 Reuters는 3억 8천만 파운드에 달하는 수익을 기록했고 주가는 두 배 이상 뛰어올랐다.[42)]

토론문제

1. Reuters는 1990년대에 어떠한 기술적 패러다임 전환에 직면하게 되었는가? 패러다임 전환은 경쟁환경에 어떠한 변화를 가져왔는가?
2. Reuters가 인터넷 기반 기술을 발 빠르게 도입하지 못한 이유는 무엇인가?
3. Tom Glocer가 CEO로 선택된 이유는 무엇이라고 생각하는가? 그는 CEO로서 어떠한 자산을 회사에 가져다주었는가?
4. Reuter의 전략과 조직문화를 변화시키려 했던 Glocer의 시도를 어떻게 생각하는가? 그는 옳은 방향을 향해 가고 있었는가? 당신이라면 다른 방법을 취했을 것인가?

※ 주석 | Endnotes

1. D. Henry, "A Tense Moment at Kodak," *BusinessWeek,* October 17, 2005, p. 84; W.M. Bulkeley, "Kodak Scales Back Short-Term View but Sees Revival," *The Wall Street Journal,* September 29, 2005, p. B4.
2. J.M. Utterback, *Mastering the Dynamics of Innovation* (Boston: Harvard Business School Press, 1994); A.J. Slywotzky, *Value Migration: How to Think Several Moves Ahead of the Competition* (Boston: Harvard Business School Press, 1996).
3. C.M. Christensen, *The Innovator's Dilemma* (Boston: Harvard Business School Press, 1997); R.N. Foster, *Innovation: The Attacker's Advantage* (New York: Summit Books, 1986).
4. Foster, *Innovation.*
5. See Christensen, *The Innovator's Dilemma;* and C.M. Christensen and M. Overdorf, "Meeting the Challenge of Disruptive Change," *Harvard Business Review,* March–April 2000, pp. 66–77.
6. The term *punctuated equilibrium* is borrowed from evolutionary biology. For a detailed explanation of the concept, see M.L. Tushman, W.H. Newman, and E. Romanelli, "Convergence and Upheaval: Managing the Unsteady Pace of Organizational Evolution," *California Management Review* 29, no. 1 (1985), pp. 29–44; C.J.G. Gersick, "Revolutionary Change Theories: A Multilevel Exploration of the Punctuated Equilibrium Paradigm," *Academy of Management Review* 16 (1991), pp. 10–36; R. Adner and D.A. Levinthal, "The Emergence of Emerging Technologies," *California Management Review* 45 (Fall 2002), pp. 50–65.
7. Slywotzky, *Value Migration: How to Think Several Moves Ahead of the Competition.*
8. M. Hannah and J. Freeman, *Organizational Ecology* (Cambridge, MA: Harvard University Press, 1989); M.T. Hannah and J. Freeman, "Structural Inertia and Organizational Change," *American Sociological Review* 49 (1984), pp. 149–64.
9. C.J. Fombrum, *Leading Corporate Change* (New York: McGraw-Hill, 1992).
10. C.K. Prahalad and R.A. Bettis, "The Dominant Logic: A New Linkage between Diversity and Performance," *Strategic Management Journal* 7 (1986), pp. 495–501.
11. E.J. Zajac and M.H. Bazerman, "Blind Spots in Industry and Competitor Analysis," *Academy of Management Review* 16 (1991), pp. 37–57.
12. M. Tripsas and G. Gavetti, "Capabilities, Cognition, and Inertia: Evidence from Digital Imaging," *Strategic Management Journal* 21 (2000), pp. 1147–61.
13. D. Miller, *The Icarus Paradox* (New York HarperBusiness, 1990).
14. G. Morgan, *Images of Organization* (Beverly Hills: Sage, 1986); J. Pfeffer, *Managing with Power: Politics and Influence within Organizations* (Boston: Harvard Business School Press, 1992).
15. H. Smith, *The Power Game: How Washington Works* (New York: Ballantine, 1988).
16. P. Ghemawat, *Commitment: The Dynamic of Strategy* (New York: Free Press, 1991).
17. P.J. DeMaggio and W.W. Powell, "The Iron Cage Revisited: Institutional Isomorphism and Collective Rationality in Organizational Fields," *American Sociological Review* 48 (1983), pp. 147–60.
18. J. Ott, "United No More," *Aviation Week and Space Technology,* May 16, 2005, p. 28.
19. Hannah and Freeman, *Organizational Ecology;* Hannah and Freeman, "Structural Inertia and Organizational Change."
20. M. Beer, *Organization Change and Development: A Systems View* (Santa Monica, CA: Goodyear Publishing, 1980); Fombrum, *Leading Corporate Change;* K. Lewin, *Field Theory in Social Sciences: Selected Theoretical Papers* (New York: Harper Brothers, 1951); M.L. Tushman and C.A. O'Reilly, *Winning through Innovation: A Practical Guide to Leading Organizational Change and Renewal* (Boston: Harvard Business School Press, 1997); M.L. Tushman and C.A. O'Reilly, "Ambidextrous Organizations: Managing Evolutionary and Revolutionary Change," *California Management Review* 38, no. 4 (1996), pp. 8–31; M. Washington and M.J. Ventresca, "How Organizations Change," *Organization Science* 15 (2004), pp. 82–97.
21. B. Morris, "The Accidental CEO," *Fortune,* June 23, 2003, p. 58.
22. J.P. Kotter, "Leading Change: Why Transformational Efforts Fail," *Harvard Business Review* 73 (March–April 1995), pp. 55–63.
23. *GE's Two-Decade Transformation: Jack Welch's Leadership* (Harvard Business School Case 9-399-150).
24. Fombrum, *Leading Corporate Change.*
25. Tushman and O'Reilly, "Ambidextrous Organizations: Managing Evolutionary and Revolutionary Change."
26. Quoted in *GE's Two-Decade Transformation: Jack Welch's Leadership.*
27. J.P. Kotter, "Leading Change: Why Transformational Efforts Fail," *Harvard Business Review* 73 (March–April 1995), pp. 55–63.
28. G. Labianca and B. Gray, "A Grounded Model of Organizational Schema Change during Empowerment," *Organization Science* 11 (2000), pp. 235–57; P.J. Gade and E.L. Perry, "Changing the Newsroom Culture: A Four-Year Case Study of Organizational Development at the *St. Louis Post-Dispatch," Journalism and Mass Communication Quarterly* 80 (2003), pp. 327–47.
29. R.G. Cooper, *Product Leadership* (Reading, MA: Perseus Books, 1999).
30. Cooper, *Product Leadership;* A.L. Page, *PDMA's New Product Development Practices Survey: Performance and Best Practices* (PDMA 15th Annual International Conference, Boston, MA, October 16, 1991); E. Mansfield, "How Economists See R&D," *Harvard Business Review,* November–December 1981, pp. 98–106.
31. S.L. Brown and K.M. Eisenhardt, "Product Development: Past Research, Present Findings, and Future Directions," *Academy of Management Review* 20 (1995), pp. 343–78; M.B. Lieberman and D.B. Montgomery, "First Mover Advantages," *Strategic Management Journal* 9 (Special Issue, Summer 1988), pp. 41–58; D.J. Teece, "Profiting from Technological Innovation: Implications for Integration, Collaboration, Licensing, and Public Policy," *Research Policy* 15 (1987), pp. 285–305; G.J. Tellis and P.N. Golder, "First to Market, First to Fail?" *Sloan Management Review* Winter 1996, pp. 65–75; G.A.Stevens and J. Burley, "Piloting the Rocket of Radical Innovation," *Research Technology Management* 46 (2003), pp. 16–26.
32. G. Stalk and T.M. Hout, *Competing against Time* (New York: Free Press, 1990).
33. K.B. Clark and S.C. Wheelwright, *Managing New Product and Process Development* (New York: Free Press, 1993); M.A. Schilling and C.W.L. Hill, "Managing the New Product Development Process," *Academy of Management Executive* 12, no. 3 (August 1998), pp. 67–81.
34. Clark and Wheelwright, *Managing New Product and Process Development.*
35. P. Sellers, "Getting Customers to Love You," *Fortune,* March 13, 1989, pp. 38–42.
36. O. Port, "Moving Past the Assembly Line," *BusinessWeek,* Special Issue: Reinventing America, 1992, pp. 177–80.
37. G.P. Pisano and S.C. Wheelwright, "The New Logic of High-Tech R&D," *Harvard Business Review,* September–October 1995, pp. 93–105.
38. K.B. Clark and T. Fujimoto, "The Power of Product Integrity," *Harvard Business Review,* November–December 1990, pp. 107–18; Clark and Wheelwright, *Managing New Product and Process Development;* Brown and Eisenhardt, "Product Development"; Stalk and Hout, *Competing against Time.*
39. C. Christensen, *Quantum Corporation—Business and Product Teams* (Harvard Business School Case #9-692-023).
40. Christensen, *The Innovator's Dilemma;* C.W.L. Hill and F.T. Rothearmel, "The Performance of Incumbent Firms in the Face of Radical Technological Change," *Academy of Management Review* 28 (2003), pp. 257–77.
41. Christensen, *The Innovator's Dilemma.*
42. A.M. Bell, "Inspiring Organizational Change at Reuters," *Strategic Communication Management,* August–September 2005, pp. 18–23; K. Brooker, "London Calling," *Fortune,* April 2, 2001, pp. 130–34; J. Matloff, "Can Reuters Recover?" *Columbia Journalism Review* 42 (July–August 2003), pp. 49–53.

Supplement

보 론

보론 1 마케팅의 기본개념

1. 마케팅의 정의

마케팅은 고객가치를 창출하고 이를 고객들에게 이해시키고 전달하며, 또한 조직과 이해관계자들에게 도움이 되는 방향으로 고객관계를 관리하기 위한 조직활동이며 일련의 과정으로 정의할 수 있다.

피터스와 워터만(Peters & Waterman)은 세계적으로 성공하고 있는 우수 기업들은 고객들에 대한 예민한 감각을 가지고 높은 질과 높은 가치를 생산할 수 있는 고도의 능력을 지니고 있음을 증명하였다. 드럭커(Drucker)는 기업의 목적이 고객창조(creating customers)에 있음을 설파하였고 레빗(Levitt) 교수는 고객창조뿐만 아니라 고객유지(keeping customers)를 함께 보아야 함을 강조하였다. 세계적으로 성장하고 있는 기업들은 고객존중의 사고를 밑바탕에 둔 전략을 펼친다는 공통점이 있다.

사회 속에서 마케팅을 바라볼 때 마케팅은 보다 높은 생활수준을 전달하는 행위이다. Kotler와 Keller(2006)는 마케팅을 사회적 과정과 관리적 과정으로 보았다. "마케팅의 사회적 과정은 개인과 집단이 타인과 함께 가치있는 제품과 서비스를 창출하고 제공하며 자유롭게 교환하는 행위를 통하여 그들이 필요로 하는 것을 얻는 과정이다. 한편, 마케팅의 관리적 과정은 목표시장을 선정하여 우수한 고객가치를 창출하고 전달하며 의사소통함으로써 고객을 확보하고 유지하며 성장시키는 예술과 과학이다."

즉, 마케팅의 목적은 기업에서 창출하는 제품과 서비스를 고객에게 맞추어 팔릴 수 있도록 고객을 알고 이해하는 것이다.

2. 마케팅의 발전과정

마케팅의 발전과정을 살펴보기 위하여 마케팅 활동을 수행하는 여러 가지 경쟁 개념들의 발전과정을 살펴볼 필요가 있다.

1) 생산지향개념(production concept)

시중에서 쉽게 얻을 수 있고 값싼 제품들을 소비자들이 선호할 것이라고 믿는 개념이다. 이는 포드자동차가 대량생산을 통해 규모의 경제를 이루고 가격인하를 성공시켜 소비자 복지를 실현하고자 했던 개념이다. 또한 소비자들이 최고의 품질, 성능, 혁신적인 특성들을 제공하는 제품들을 선호할 것이라고 믿는 개념이다. 소비자들이 잘 만든 제품의 품질과 성능을 높이 평가할 것이라고 보지만, 실제 시장의 요구는 그에 따르지

구분 / 개념유형	시대구분 (미국의 경우)	초 점	소비자의 구매특성과 마케팅과제
생산지향개념	1900~1930	What can we make or do best?	• 소비는 제품품질과 저가격에만 관심이 있다. • 소비자는 최고품질의 제품을 구매한다. • 경쟁제품의 품질이나 성능을 알고 있다. • 소비자는 제품의 가격을 잘 알고 있다. • 따라서 생산과 유통을 개선하여 능률을 높이고 비용을 낮추며 품질을 개선해야 한다.
판매지향개념	1930~1950	How can we sell more aggressively?	• 소비자는 대다수의 상품에 대해 구매저항을 하는 경향이 있다. • 여러 가지 자극으로 보다 많은 구매를 유도할 수 있다. • 따라서 고객의 유지·확보를 위해 강력한 판매조직이 형성되어 있어야 한다.
시장지향개념	1950~1960	What do customers want and need?	• 소비자는 각각 다른 요구를 하게 되므로 세분시장으로 나눌 수 있다. • 자신의 욕구를 가장 근사하게 충족시켜 줄 수 있는 제품을 구매한다. • 따라서 기업은 목표시장을 선점하고 욕구충족도가 높은 효과적인 제품을 개발하고 마케팅 계획을 세워야 고객의 유지나 확보가 가능하다.
사회복지지향 개념	1970 이후	What do customers want? How can we benefit society?	• 소비자는 건강, 환경문제 등에 민감하며, 기업의 윤리적 측면 등을 고려하여 구매하게 된다. • 따라서 기업은 좋은 생활을 제공하고 인간지향적인 사고와 함께 사회적 책임을 지는 방향으로 마케팅활동을 전개할 수 있어야 한다.

못하는 경우가 많다.

2) 판매지향개념(selling concept)

조직이 기본적으로 고객을 그냥 두면 그들이 자발적으로 제품을 충분히 구매하지 않을 것이므로 공격적인 판매와 촉진 노력을 수행해야 한다고 보는 개념이다. 제품공급이 과잉상태에 있을 때 이러한 개념이 지배되는 경우가 많다.

3) 시장지향개념(market concept)

조직의 목표를 달성하기 위해서 선정된 목표시장에 우수한 고객가치를 창출하고, 전달하며, 의사소통하는 데 있어 경쟁자들보다 더 제품중심적으로 만들어서 파는 철학이 아니라 고객중심적으로 느끼고 반응하는 철학이다. 사냥을 나가는 것이 아니라 정원을 가꾸듯이 고객을 정성스럽게 대하는 철학이다.

4) 사회복지지향개념(social welfare concept)

소비자는 건강, 환경문제 등에 민감하며 기업의 윤리적 측면 등을 고려하여 구매하게 되므로 기업은 좋은 생활을 제공하고 인간지향적인 사고와 함께 사회적 책임을 지는 방향으로 마케팅 활동을 전개해나가야 한다는 마케팅 개념이다.

3. 현대적 마케팅의 개념

21세기에 접어들어 고객중심적으로 접근하는 마케팅 개념은 고객만족을 달성하기 위하여 보다 넓고 통합된 접근이 필요하게 되었다. 이제 마케팅은 관계 마케팅, 통합 마케팅, 내부 마케팅, 사회지향 마케팅을 전체적으로 포괄하게 되었다.

1) 관계 마케팅

기업의 고객지향성은 범위가 넓어져 기업의 마케팅활동 성공에 직접적이거나 간접적으로 영향을 미칠 수 있는 모든 사람, 조직들과 깊고 지속적인 관계를 개발하는 것으로 넓혀왔다. 즉, 기업의 가치사슬을 구성하고 있는 고객, 공급자, 유통업자, 다른 마케팅 파트너들과 장기적으로 강한 경제적·기술적·사회적 연계를 구축하는 것을 목표로 하는 관계 마케팅(relationship marketing)으로 발달하고 있다. 오늘날 기업들은 마케팅 네트워크라는 자산을 구축하는 데 집중하고 있다. 기업을 둘러싼 이해관계자들(고객, 종업원, 공급자, 유통업자, 소매상, 광고대행사, 대학 연구자 등)과의 관계를 잘 구축하여 자산화시키려 하고 있다.

2) 통합 마케팅

소비자들에게 가치를 창출하고 커뮤니케이션하면서 가치를 전달하기 위해서는 통합 마케팅(integrated marketing) 프로그램을 만들어가는 것이 중요하다. 기업이 시장에 제시하는 제품, 서비스, 가격, 커뮤니케이션 믹스, 유통을 통합적으로 연결시켜 목표고객에게 제시해야 한다. 경쟁관계에 따라 변화시키면서 접근하는 통합적인 사고는 마케팅의 핵심이다.

3) 내부 마케팅

고객은 외부고객뿐만 아니라 내부고객인 기업의 근로자들을 대상으로 하여 그들을 1차 마케팅 대상으로 보고 접근하여 내부고객이 진정으로 외부고객과 관계를 형성해나가는 또 그렇게 하도록 동기부여하는 내부 마케팅(internal marketing)이 중요해져가고 있다. 내부 마케팅에서는 여러 가지 마케팅 기능들, 즉 판매원, 광고, 고객 서비스, 제품 관리, 마케팅조사 등이 결합되어야 한다. 마케팅은 이제 어느 한 부서의 업무가 아니라 모든 부서의 업무로서 그 업무가 고객에게 어떻게 영향을 미칠 수 있는가를 고려해야 하며 서비스 마케팅의 개념으로 발전해나가고 있다.

4) 사회지향적 마케팅

환경파괴, 자원부족, 폭발적 인구팽창, 기아와 가난 등이 나타나고 지속가능한 사회(sustainable society)가 될 수 있는가 하는 문제제기가 일어나면서 소비자 복지와 사회복지를 함께 고려하는 방향으로 목표시장의 필요와 욕구, 관심을 결정하고 경쟁자들보다 더 효율적으로, 더 능률적으로 바람직한 만족을 전달하려는 사고가 중요시되고 있으며, 이것이 사회지향적 마케팅(societal marketing) 또는 사회적 책임 마케팅(social responsibility marketing)으로 나타나고 있다. 이는 기업성장이라는 축에 공공의 이해(public interest)라는 하나의 축을 더 설정하여 기업 이익, 소비자 만족, 공공의 이해가 함께 갈 수 있어야 한다는 개념을 도입한 것으로서 보다 장기적인 사고를 필요로 한다. 기업 성장, 소비자 복지, 사회 복지를 조화롭게 보고자 하는 개념이다.

4. 마케팅의 핵심개념

1) 1차 욕구, 2차 욕구, 수요

마케팅은 욕구와 수요 충족활동이다. 인간은 생존을 위하여 기본적으로 갖추어야 할 것들이 있다. 음식, 공기, 물, 의복, 주택 등은 기본적인 것들이다. 이들에 대한 욕구를 1차 욕구(needs)라 한다. 이는 사회나 시장의 역할에 따라서 변화하는 성질의 것이 아니며 인간의 본질 속에 내재한 변화하지 않는 기본적인 욕구라는 특성을 가지고 있다.

2차 욕구(wants)는 그 종류가 다양하여 사회, 가정, 학교, 교회 등 단체의 영향을 받아 계속적으로 변화·발전할 수 있으며, 기업은 이러한 변화에 끊임없이 부응하려 한다. 안전하게 살고 싶은 욕구를 1차 욕구라고 하면 안전하게 살기 위해 아파트를 가지고 싶은 욕구를 2차 욕구라 할 수 있으며, 아파트 모형은 계속 변해가고 있기 때문에 이러한 아파트에 대한 2차 욕구도 계속 변하고 있다. 이 2차 욕구는 물질주의(materialism)의 발전과 함께 더 부각되어 왔다.

2차 욕구가 있으면 그에 대해서 지불능력과 구매 의도를 함께 가지고 있는 상태일 때 수요(demands)로 발전한다. 아무리 1차 욕구와 2차 욕구가 있다고 할지라도 수요가 없이는 제품구매로 연결될 수 없다. 기업은 수요를 창출할 수 있을 때 시장점유율을 높이고 성장하게 되는데, 이 수요창출이 마케팅 활동을 통해서 이루어진다.

2) 시장세분화, 목표시장, 포지셔닝

마케팅 관리자는 시장에서 모든 사람들을 충족시킬 수 없다. 기업의 자원이 제한되어 있기 때문이다. 시장을 세분화하여 목표시장을 찾아야 마케팅 자원을 효율적이고 능률적으로 투입할 수 있다. 목표시장을 찾으면, 그 목표시장에서도 경쟁자들이 존재하는 경우가 많으며 경쟁우위를 누리기 위해 소비자들의 마음속에 경쟁자들과 차별화시킬 수 있는 포지셔닝(positioning) 능력을 지녀야 한다.

3) 제품과 상표

제품이란 인간의 1차 욕구와 2차 욕구(needs와 wants)를 충족시켜주는 것으로서 유형적인 것과 무형적인 것을 포함하고 있다. 가장 기초적인 수준에서 인식되는 구매자의 구매 바탕이 되는 제품이 주는 혜택(benefit)이 있다. 화장품 회사가 공장에서 화장품을 만드나 상점에서는 아름다움과 희망을 판다라고 할 때 아름다움과 희망은 기초적인 수준에서 인식되는 것이며, 이를 핵심제품(core product)이라 표현한다. 품질 수준, 특징, 디자인, 상표명 및 포장과 같은 특성을 갖추고 있어 구체적으로 파악할 수 있는 것을 실체제품(tangible product)이라 한다. 확장제품은 실체제품에 추가하여 제공되는 서비스나 혜택으로서 배달과 외상, 보증, 판매 후 서비스 및 설치 서비스 등을 포함하고 있다.

기업은 소비자의 채워지지 않는 욕구의 진공을 발견하여 잠재제품(potential product)을 개발할 수 있다. 이러한 신제품개발에 실패하면 기업은 큰 타격을 받으며, 성공하면 큰 발전을 하기 때문에 혁신적인 신제품개발 과제는 최고경영층의 전략적 선택문제이다.

4) 가치와 만족

기업은 제품과 서비스를 제공할 때 목표 구매자들에게 가치와 만족을 전달할 때 성공한다. 고객은 자신이 얻는 것과 주는 것 사이의 비율로 가치를 정의한다. 고객은 혜택을 얻고 비용을 지불한다. 혜택은 기능적인 이점들과 감정적인 이점들을 포함한다. 비용은 돈, 시간, 에너지 그리고 정신적인 비용을 포함한다. 마케팅 관리자는 혜택을 높이거나 비용을 줄이면서 고객의 가치를 증가시킬 수 있다.

5) 마케팅 경로

표적시장에 도달하기 위하여, 마케팅 관리자는 세 가지 종류의 마케팅 경로를 사용한다. 표적 구매자들에게 메시지를 전달하고 또 그들로부터 메시지를 전달받기 위하여 커뮤니케이션 경로들을 사용한다. 그들은 신문, 잡지, 라디오, 텔레비전, 메일, 전화, CD, 오디오 테이프, 그리고 인터넷을 사용한다. 이러한 것들을 넘어서서 커뮤니케이션은 사람과 사람과의 관계를 통해서, 의상이나 소매상의 외관 또는 많은 다른 매체들에 의해서 전달된다. 많은 사람들이 이메일과 같은 대화 경로를 사용하고 있다. 마케팅 관리자는 물적 제품이나 서비스를 구매자나 사용자에게 보여주거나 전달하기 위하여 유통경로를 사용한다. 여기에는 물적 유통경로와 서비스 유통경로가 있다. 이는 도매상, 소매상과 같은 유통기관, 창고와 수송을 포함한다.

6) 공급망

마케팅 경로가 마케팅 관리자를 표적 구매자들에게 연결하고 있지만, 공급망(supply chain)은 원재료에서 최종 구매자들에게 전달되는 보다 긴 경로를 기술하고 있다. 공급망은 가치전달시스템을 말하며, 한 기업은 공급망에 의해서 발생하는 전체 가치의 한

부분만을 다루고 있다. 기업이 경쟁자들을 흡수하거나 전방 흐름과 후방 흐름으로 움직일 때 기업의 목표는 보다 높은 공급망 가치를 창출하는 것이다.

7) 경 쟁

한 구매자가 고려할 수 있는 실제적이고 잠재적인 제반 제공물들과 대안들은 경쟁관계에 있다. 제품의 대체가능성(product substitutability)에 기반을 두어 경쟁을 다음 네 가지로 나눌 수 있다.

첫째, 상표 경쟁이다. 유사한 가격으로 똑같은 고객들에게 유사한 제품과 서비스를 제공하는 다른 기업들을 경쟁자로 정의할 수 있다. 현대의 EF소나타, 르노삼성의 SM5, 기아의 옵티마는 유사한 가격으로 중산층에 호소하고 있다.

둘째, 산업 경쟁이다. 기업은 똑같은 제품이나 제품군을 만들고 있는 모든 기업들을 자신의 경쟁자들로 볼 수 있다. 현대자동차는 모든 다른 자동차 제조업자 전체와 경쟁하고 있다고 볼 수 있다. GM, 르노삼성 등의 자동차 상표 간 경쟁이다.

셋째, 형태 경쟁이다. 똑같은 서비스를 공급하고 제품을 제조하는 모든 기업들을 다 경쟁자로 볼 수 있다. 자동차 기업은 다른 자동차 제조업체뿐만 아니라, 오토바이, 자전거, 트럭 제조업체들과 경쟁하고 있다고 볼 수 있다.

넷째, 본원적 경쟁이다. 소비자들이 돈을 쓰도록 하기 위해 경쟁하는 모든 기업들을 경쟁자로 볼 수 있다. 현대자동차는 주요 소비재, 해외 휴가, 새로운 집을 파는 기업들을 경쟁자로 볼 수 있다.

8) 마케팅 환경

마케팅 환경은 과업환경과 보다 넓은 거시 환경으로 나누어 볼 수 있는데, 전자는 기업에서 만든 제품을 생산하고, 분배하며 촉진하는 것과 관련된 행위자들을 포함한다. 주요 행위자들은 기업, 공급업자, 유통업자, 거래상, 그리고 표적 고객들이다. 이 과업환경은 가치사슬(value chain)로 연결시켜 보다 경쟁적으로 만들어 가고자 한다. 거시환경은 정치, 경제, 사회, 문화, 법률 등 기업에서 통제 불가능한 변수이다. 기업들은 이것이 기업경영에 영향을 미치므로 정보시스템을 구축하여 적응하고자 한다.

9) 마케팅 믹스

마케팅 믹스는 기업이 표적시장에서 마케팅 목표를 추구하기 위하여 사용하는 마케팅 도구들의 조합을 말한다. 마케팅의 목표를 합리적으로 달성하기 위하여 마케팅 경영자가 일정한 환경적 조건을 전제로 하여 일정한 시점에서 전략적 의사결정으로 선정한 마케팅 수단들이 적절하게 결합 내지 조화되어 있는 상태를 가리킨다. 따라서 이는 일정한 시점을 전제로 하여서 작성된 마케팅 계획과 같은 뜻이 되는 것이다. 마케팅 믹스의 구성요소는 마케팅 관리자가 통제할 수 있는 여러 가지 수단이라 하겠는데, 이는 학자에 따라 다르지만 McCarthy가 오래 전에 4가지 넓은 범주로 분류한 4P가 일반적으로 받아들여지고 있는 개념이다. 즉, 제품, 가격, 유통, 촉진(product, price, place, promotion) 기능이 그것이다. 이는 기업과 소비자와의 바람직한 교환이나 관계(exchange or relationship)를 창출하기 위하여 제품, 아이디어, 서비스를 개발하고, 가격을 설정하며, 창출된 제품을 광고 등을 통하여 촉진할 뿐만 아니라 도매상이나 소매상 등 유통기구를 통하여 제품을 분배하는 기능을 말한다.

보론 2 재무관리의 기본개념

1. 재무관리의 정의와 목표

재무관리란 기업의 재무목표를 달성하기 위하여 재무활동을 계획, 조정, 통제하는 관리활동을 의미하며 구체적으로는 투자활동과 자금조달활동을 의미한다. 재무관리자는 기업 내외의 모든 분야의 활동 성격과 거기서 발생하는 의사결정의 재무적 영향을 판단하고, 어떤 의사결정이 여러 활동들에 미치는 영향을 종합적으로 판단하여 최고 의사결정자의 의사결정이 합리적으로 이루어지도록 하는 역할을 수행한다. 또한 기업의 자금을 적절히 유입하고, 유출하는 것을 도움으로써 기업가치를 높이는 역할을 담당한다.

따라서 재무관리자의 핵심과제는 다음과 같은 세 가지 과제로 요약된다. 첫째로 기업의 장기투자계획과 투자결정의 과제, 둘째로 기업의 자본구조를 결정하는 문제로 부채와 자기자본의 구성비율을 결정하는 과제, 셋째로 유동자산과 유동부채에 대한 관리의 과제이다.

따라서 재무관리의 목표는 기업의 목표와 일치하게 된다. 기업의 목표는 기업가치의 극대화를 통하여 주가의 극대화를 추구하고 이를 통하여 주주의 부의 극대화를 목표로 한다. 마찬가지로 재무관리의 목표는 '기업가치의 극대화 = 주가의 극대화 = 주주 부의 극대화'로 요약된다. 일반적으로 논의하는 이윤극대화(profit maximization) 목표보다 주주 부의 극대화가 타당한 이유는 이윤극대화의 논의에는 위험과 불확실성의 개념이 포함되지 않았으며 상이한 시점에서 발생하는 투자로 인한 이익 분석이 어렵다는 문제가 있다. 따라서 주주의 부의 극대화 목표는 기업의 각종 의사결정에서 미래의 현금 흐름량을 최대화하고, 위험을 최소화하는 방향으로 의사결정을 하는 데 기여하게 된다.

2. 재무관리의 발전과정

1950년대 이전까지 재무관리는 새로운 산업의 출현과 기업규모의 확대에 따른 자금의 수요증대에 대처하기 위하여 유동성 분석기법의 개발, 증권발행방법, 자본시장의 구조에 대한 연구 중심으로 전개되었으며 세계대공황 시기에는 유동성 확보를 위한 관리기법 등의 개발이 이루어지기도 하였고, 나아가 재무비율을 이용한 다양한 의사결정기법이 개발되어 왔다. 1950년대 들어서면서 투자결정 중심의 현대재무관리가 성립되면서 가치평가이론과 함께 위험의 개념이 도입되었다. 이후 금융자산의 가격형성과정, 자

구분	전통적 재무관리	현대 재무관리
① 내용	자본조달결정	자본조달과 투자결정
② 방법론	서술적 방법	분석적 방법
③ 생성동기	기업외적 필요성	의사결정적 필요성
④ 연구대상	특수한 문제 (합병, 재조직, 자본조달방법)	일상적인 문제 (투자결정 및 자본조달정책)

본시장의 효율성, 파생금융상품 및 기업합병에 대한 연구 등이 진행되며 재무관리가 발전하여 왔다.

3. 재무관리의 기본개념들

1) 한계분석 혹은 현재가치에 의한 의사결정의 개념

합리적인 의사결정, 기업가치를 극대화하는 의사결정의 원칙은 추가적인 현금유입과 추가적인 현금유출은 얼마이며 그에 따라 추가적인 순현금흐름이 얼마나 발생하는가의 여부를 가지고 판단하는 것이다. 추가적인 현금유입이 추가적인 현금유출보다 더 큰 상황에서는 순현금흐름이 양(+)인 상황이 계속 발생하며 추가적인 현금유입이 추가적인 현금유출과 동등해질 때까지 순현금흐름에 기초하여 의시결정을 하게된다. 즉, 한계분석에 따른 선택의 원칙을 기업에 적용하여 기업의 생산량은 추가적인 생산이 가져오는 추가적인 수입과 추가적 비용이 일치할 때가지 생산하여야 한다. 따라서 최선의 선택은 기업가치 극대화를 위한 의사결정이 된다.

다음과 같은 두 가지 투자 제안이 있다고 가정하자. A안은 3천만원을 투자하여 1년 뒤에 현재가치로 환산하여 3,600만원의 수입을 얻는 경우이고 B안은 1천만원을 투자하여 1년 뒤에 현재가치로 환산하여 1,300만원의 수입을 얻는 경우이다. 즉, A안은 추가적인 현금유입 3,600만에서 추가적인 현금유출 3,000만원을 차감하여 추가적인 순현금이 600만원이고, B안은 추가적인 현금유입 1,300만원에서 추가적인 현금유출 1,000만원을 차감하면 추가적인 순현금이 300만원이 된다. 두 가지 투자안의 투자수익률을 비교하면 A안의 투자수익률은 20%이고 B안의 투자수익률은 30%이다. 투자수익률로 비교하여 선택한다면 B안을 선택한다. 그러나 한계치에 기초한 의사결정을 하게 되어 추가적인 순현금흐름을 비교한다면 A안이 300만원 더 크다. 따라서 A안이 기업가치의 증가에 더 기여하므로 A안을 선택하게 된다. 바로 이것이 추가적인 가치, 즉 한계분석에 기초한 의사결정이다.

그러나 어떤 가치판단은 현재가치(현가)로 하기도 한다. 모든 의사결정은 현재에 하지만 미래에 대한 충분한 고려가 있은 다음에 적절한 판단이 이루어지게 된다. 미래라는 것이 갖는 기본적인 속성은 시간적으로 떨어져 있으며 불확실성이 항상 따른다는 것이다. 따라서 어떤 것의 가치에 대해 언급할 때는 보통 그것이 갖는 현재가치(현가)를 의미하는 경우가 많다. 또한 어떤 것들 간의 가치를 서로 비교하는 경우에도 그것들이 갖는 현재가치(현가)를 서로 비교하게 된다. 현재가치를 비교한다는 의미는 미래의 현금흐름이 있는 기간 동안의 이자율 및 현금흐름의 불확실성에 대한 고려가 제대로 이루어진 판단이어야 한다는 것을 의미한다.

2) 올바른 가치판단을 위한 평균개념 이해

평균은 산술평균과 기하평균이 있다. 산술평균도 단순산술평균, 가중산술평균 등이 있는데, 단순산술평균은 어떤 상황들이 어느 정도의 발생가능성을 가지고 있는가 하는 것을 보여주는 확률분포를 따르게 된다. 가중산술평균에 해당되는 기대치는 발생가능성을 가중치로 사용한 미래상황의 가중평균치의 개념이다.

기하평균은 상대적 표현인 변화율의 평균값을 구하는 데 유용하며, 변화에 대하여 똑같은 가중치를 두고 있다. 예컨대, 어떤 투자에 대하여 첫해에 연 30%의 이자율, 둘째 해에는 연 80%의 이자를 지급한다면 연평균 얼마의 이자율을 2년 동안 받는 것인가를 정확히 파악하기 위해서는 기하평균의 개념이 유용하다. 기하평균으로 구한 이자율을 통해 100원이 2년 후에 얼마가 되는가를 알 수 있다. $100(1+0.3)(1+0.8)=234$와 같이 평균복리이자율은 매기에 발생하는 이자율들의 기하평균의 개념이다.

3) 정확한 판단을 위한 다양한 비용개념의 이해

비용에 대한 정확한 판단이 올바른 의사결정을 가져온다. 현금유입이 정해져 있다면 현금유출이 최소화되어야 순현금흐름의 현재가치가 극대화된다. 따라서 현금유출을 의미하는 비용에 대한 정확한 이해가 필요하다. 비용은 정확하게 측정되어 의사결정에 의하여 영향을 받는 비용만을 포함하도록 하는 비용의 적합성(relevancy of the cost) 검토가 필요하다. 비용의 종류는 다음과 같다.

i) 고정비용(fixed cost) : 생산량에 관계없이 그 비용이 고정적으로 나가는 비용

ii) 변동비용(variable cost) : 생산량의 변화에 따라 변하는 비용

iii) 기회비용(opportunity cost) : 사용되어야 하거나 구입되어야 하는 어떤 자원의 비용은, 그 자원이 다른 경우나 다른 기회에 사용될 경우 가질 수 있는 가치 중 최대의 가치로 측정되어야 한다. 기회비용은 명시적 비용과 눈에 보이지는 않지만 지불하고 있는 묵시적 비용도 포함되어야 한다.

iv) 매몰비용(sunk cost) : 지불하고 난 뒤에 다시 회수할 수 없는 비용

v) 한계비용(marginal cost) : 추가적으로 들어가는 비용(additional cost), 증분적인 비용(incremental cost)

vi) 평균비용(average cost) : 평균적으로 나타나는 비용

vii) 회계적 비용(accounting cost) : 회계기록상 나타나는 비용

viii) 거래비용(transaction cost, trading cost) : 거래할 때 발생하는 비용

4) 특정한 상황하에서의 제한적 합리성을 전제로 한 의사결정의 이해

올바른 의사결정은 특정한 상황을 전제로 한 의사결정이며 상황이 바뀐다면 의사결정은 새롭게 검토되어야 한다. 즉, 어떠한 의사결정이든 그 의사결정은 그 당시에 얻을 수 있는 정보 및 그 당시의 기업을 둘러싸고 있는 환경(제약조건)하에서의 의사결정일 수밖에 없는 제한적 합리성(bounded rationality)의 전제가 있다.

5) 이자율에 영향을 미치는 다양한 요인들에 대한 이해

이자(율)는 돈을 빌리거나 빌려주는 데 대한 가격이란 의미에서 화폐의 가격이라 불린다. 화폐의 기회비용이라고 하기도 하고 미래재화와 현재재화의 교환비율을 의미한다. 이자는 돈을 빌리는 사람에게는 비용의 개념으로 현금유출이 되고, 돈을 빌려주는 사람에게는 수입의 개념으로 현금유입이 된다. 따라서 이자율은 투자의 성과를 판단하는 중요한 기준이다. 이자율에 영향을 미치는 요인은 다음과 같은 요인들이 있다.

(1) 화폐의 수요와 공급, 그리고 균형이자율

먼저 화폐의 수요 차원에서 화폐의 수요는 실물부문에서의 투자수익률로 대변된다. 즉, 높은 수익률을 가져다주는 실물투자대상이 많을수록 화폐의 수요는 증가하기 때문이다. 따라서 화폐의 수요결정 요인은 실물부문에서 기대되는 투자수익률이다.

한편, 화폐의 공급 차원에서 화폐의 공급은 소비의 시간선호도로 대변된다. 즉, 화폐의 공급 결정요인은 소비에서의 시간선호도이다. 이처럼 화폐의 투자수익률과 시간선호도로 대변되는 화폐의 수요와 공급에 의해 이자율은 결정된다. 이때 수요와 공급 사이에서 결정되는 이자율을 균형이자율 혹은 적정이자율이라고 한다. 즉, 균형이자율은 화폐의 수요와 공급이라는 측면에서 지불하려는 이자율과 요구하는 이자율이 일치할 때의 이자율을 의미한다.

(2) 이자율 결정에 영향을 미치는 기타 요인들

첫째, 불확실성 혹은 위험으로 불확실성에 대한 보상으로 위험이 클수록 이자율은 더 높아진다. 둘째, 인플레이션에 대한 보상으로 명목이자율이 높아진다. 셋째, 정부의 재정상황에 따른 정부의 재정정책이나 통화금융정책에 따라 이자율은 변동을 한다. 넷째, 국제적 측면에서 외국의 이자율 변화에 영향을 받는다.

6) 실물부문과 금융부문 투자의 연관성

실물투자 여부를 결정할 때는 투자가 발생시켜야 할 최소한의 수익(률)이 판단기준이 되며 이때 당연히 투자위험과 수익률을 고려하게 된다. 그런데 실물투자가 금융시장에서 제공하는 수익(률)보다 낮은 수익(률)을 가져온다면 실물투자가 아닌 금융자산에 투자하게 될 것이다.

7) 위험과 수익의 상호 교환관계 이해

어떤 투자대상의 불확실성이 크다는 의미는 실제수익(률)이 기대수익(률)을 크게 벗어날 가능성이 높다는 의미이고, 위험이 높은 투자대상은 실제 나타나는 수익(률)이 사전에 평균적으로 기대했던 수익(률)보다 크게 벗어날 가능성이 높은 투자대상이라는 의미이다. 따라서 합리적인 투자결정은 자신의 위험회피정도에 맞는 위험과 수익(률)의 상호 교환관계를 갖는 투자대상을 선택하는 것이다.

보론 3 생산운영관리의 기본개념

1. 성산운영관리의 개념

생산이란 자원을 이용하여 제품이나 서비스를 산출하는 활동을 말한다. 일반적으로 자동차나 TV와 같은 유형의 제품을 산출하는 활동을 관리하는 것을 생산관리라 하고, 항공권 예약이나 의료서비스 등과 같은 무형의 서비스를 산출하는 활동을 관리하는 것을 운영관리(operations management)라 하며, 이 둘을 합쳐 생산운영관리(production and operations management)라 한다.

생산이란 생산요소(노동력, 원자재, 기계, 기술 등)를 소비자에게 가치가 있는 재화나 서비스로 변환하는 활동이라고 할 수 있으며 이러한 활동을 관리하는 것을 생산운영관리라 한다. 즉, 생산운영관리는 투입물을 산출물로 변환하는 생산시스템을 관리하는 것이다.

여기서 한 가지 유의해야 할 것은 생산시스템의 변환활동은 그 자체가 중요한 것이 아니라 변환과정을 통하여 고객의 욕구를 충족시키는 제품이나 서비스를 산출하여야 비로소 의미를 가진다고 할 수 있다는 것이다. 즉, 생산시스템의 변환과정은 생산요소의 가치를 증식시키는 과정으로 이해될 수 있으며, 생산은 결국 고객만족을 실현시키는 가치증식의 변환활동인 것이다. 그러나 생산운영관리를 위와 같이 보는 시각은 협의적이라고 할 수 있으며, 현대의 생산운영관리는 생산시스템 자체는 물론이고 생산시스템의 밖에 존재하는 외부환경(정부, 고객, 경쟁기업, 국제적 환경 등)의 변화에도 적절히 대처할 수 있어야 한다.

생산시스템은 투입(input), 산출(output), 변환과정(conversion process), 그리고 피드백(feedback)으로 구성된다. 각각의 구성요소에 대하여 살펴보면 다음과 같다.

- 투　　입: 생산에 필요한 여러 물적 또는 비물적 요소들, 예를 들어 노동력, 원자재, 기계, 정보, 경험, 지식 등을 포함한다.
- 변환과정: 투입되는 생산요소들을 이용하여 재화나 서비스를 생성하는 과정을 말한다. 제조업에서는 이러한 변환과정을 생산공정이라 일컫는다.
- 산　　출: 변환과정을 거친 후에 생성되는 재화나 서비스를 말한다.
- 피 드 백: 산출을 측정하여 목표치와의 일치 여부를 검사하고, 편차가 발견되면 투입이나 변환과정을 조절하는 것이다.

2. 생산운영관리의 발전

과거의 생산운영관리는 산출된 재화나 서비스가 목표에 일치하는지의 여부를 측정하고 평가하여 만일 일치하지 않는 경우에는 투입요소나 변환과정에 조치를 취하는, 즉 생산시스템 자체의 관리에만 관심을 두었다. 이러한 경우의 생산운영관리는 협의의 생산운영관리라고 할 수 있으며 생산통제(production control)라고 할 수 있다. 하지만 생산시스템이라는 것이 항시 외부의 환경과 상호작용을 하는 것임을 감안하고 또한 급진적인 기술의 발달과 시장의 급격한 변화 등으로 인하여 기업의 생산기능이 기업전략과의 유기적 관계하에서 종합적으로 전개되어야 함을 인식하게 되었는데, 이 단계를 생산관리 혹은 생산경영(production management)이라 할 수 있다. 여기에 서비스업의 비중이 점점 더 커짐에 따라 서비스생산을 생산운영관리 영역에 포함하는 생산운영관리(production and operations management)의 시대가 열리게 된 것이다. 생산운영관리의 발전에 영향을 주었던 주요 사건들을 살펴보면 다음과 같다.

- 생산운영관리의 출발점은 산업혁명으로 인한 산업기계의 등장, 특히 1764년 제임스 와트(James Watt)의 증기기관의 발명으로 인한 노동시간의 기계시간으로의 대체 및 노동자를 공장으로 유입하는 공장제 시스템의 성립으로 보는 것이 일반적이다.
- 1900년대 초에 프레드릭 테일러(Frederick Taylor)는 작업자의 효율성을 높이기 위한 과학적 관리법을 제안하였다. 이어서 프랭크 길브레쓰(Frank Gilbreth)는 동작연구를, 헨리 간트(Henry Gantt)는 일정계획을 위한 간트차트(Gantt Chart)를 개발하였다. 헨리 포드(Henry Ford)는 과학적 관리법의 요소들을 적용한 조립라인에서 자동차 'Model T'를 대량생산하였다.
- 1920년대 말에 시작된 엘튼 메이요(Elton Mayo) 등의 호손(Hawthorne) 연구는 작업자의 효율성은 단지 작업장의 환경뿐만 아니라 정신적·사회적 요소들의 영향을 받는다는 것이 밝혀졌다.
- 1920년대에 Walter Shewart는 통계적 품질관리법을 개발하였으며, Harold Dodge와 Harry Romig는 샘플링기법을 개발하였다. 2차 세계대전을 계기로 PERT/CPM을 비롯한 OR(operations research)과 같은 계량적 기법들이 개발되어 최적해를 찾는 데 기여를 하였다.
- 1970년대에는 JIT 생산시스템 개념이 등장하였으며 1980년대 이후에는 컴퓨터의 발달과 더불어 보다 정교한 방법들이 등장하게 되고 CAD/CAM, CIM 등의 개념이 등장했다. 이와 더불어 6시그마 프로그램, 전사적 자원관리(ERP : enterprise resources planning) 등의 효율적인 경영혁신 및 관리프로그램 등이 등장하였다.

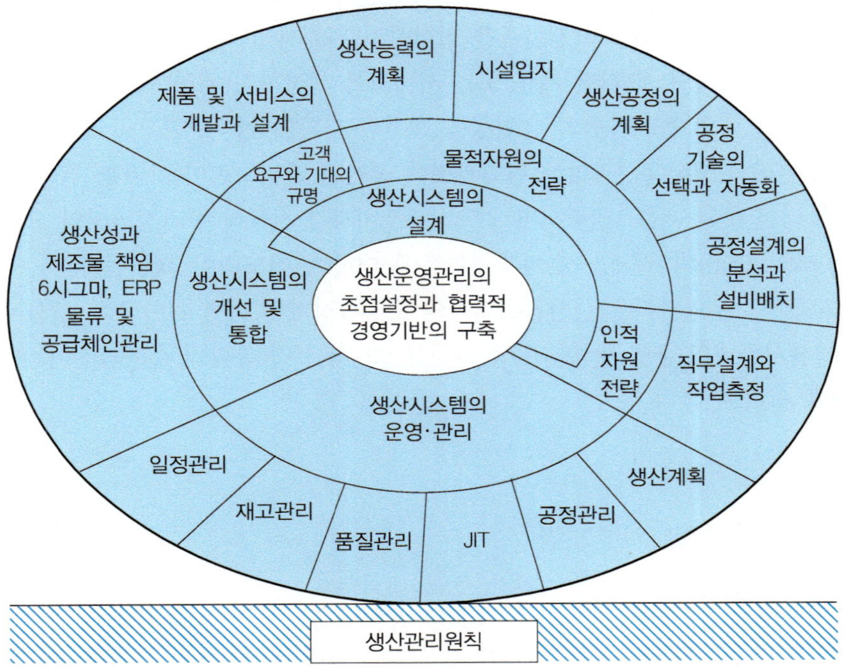

그림 A. 1
생산관리원칙

3. 생산운영관리의 목표

현대의 생산운영관리는 고객의 요구를 정확히 규명하고 고객의 요구에 맞는 제품 및 서비스의 생산에 노력을 기울여야 한다. 일반적으로 고객이 요구하는 것은 다음과 같다.

① 높은 수준의 품질 : 성능, 기능, 내구성, 신뢰도, 규격에의 일치도, 디자인, 고객인지도 등에서 우수한 제품이 경쟁력이 있다.

② 낮은 비용 : 제품이나 서비스가 경쟁사에 비하여 낮은 가격으로 제공되거나 혹은 가격은 같더라도 탐색비용(search cost)과 같은 비금전적인 비용이 낮아야 경쟁력을 확보할 수 있다.

③ 짧은 조달기간 : 조달기간(lead time)이란 고객이 주문을 하여 이를 충족시키기까지 소요되는 시간을 말하는 것으로 고객은 기업의 대응시간이 짧은 것을 원한다.

④ 높은 유연성 : 수요변화에 맞추어 생산량을 조절할 수 있는 생산량유연성과 고객의 다양한 요구에 대처할 수 있는 제품유연성의 확보가 중요하다.

⑤ 낮은 변동성 : 품질에 있어서 변동이 없는 균질의 제품을 제공한다거나 고객과의 약속대로 제품이나 서비스를 제공하는 능력 등이 중요하다.

⑥ 높은 서비스 수준 : 고객의 편익과 만족을 위해 제공되는 것들의 수준이 높을수록 경쟁력이 있다.

비록 위의 여섯 가지의 요구를 모두 만족하는 제품과 서비스를 제공하기가 어렵기는 하지만 경쟁우위의 확보를 위해서는 지속적인 노력을 하지 않을 수 없다.

현대의 생산운영관리는 고객만족을 실현하기 위해서 고객의 요구를 정확히 제품 또는 서비스에 반영하고 그러한 제품 또는 서비스를 생산하기 위하여 인적자원이 주체가 되어 생산시스템의 물적자원의 유연성을 개선하고 확대하는 방향으로 접근을 해야 한다. 또한 현대의 생산운영관리는 변화과정에 국한된 관리노력이 아니라 투입자원의 창출에서부터 산출된 제품 또는 서비스를 최종소비자가 사용하는 과정까지의 고객연결고리(customer chain)의 전체적 부가가치활동에 대한 관리노력이 요구된다.

현대의 생산운영관리는 생산운영관리의 초점설정과 협력적 기반구축, 생산시스템의 설계, 생산시스템의 운영 및 관리, 생산시스템의 개선 및 통합의 순환과정이 꾸준히 회전하여야 한다고 본다.

4. 생산운영관리의 기초개념

1) 생산운영관리의 경쟁요소

경쟁자에 비해 우월한 능력, 즉 경쟁우위를 가지기 위해서는 사업전략과 내·외부 환경분석에 근거하여 다음과 같은 경쟁요소들에 대한 우선순위를 부여하여야 한다. 먼저 기업은 여러 경쟁요소들의 우선순위를 결정해야 이를 바탕으로 생산운영전략을 수립할 수가 있다. 경쟁요소들을 구체적으로 살펴보면 다음과 같다.

■ **원 가** : 생산비용의 절감은 제품이나 서비스를 경쟁사에 비하여 경제적으로 공급하기 위함이며, 이를 위해 노임, 재료비, 경상비를 포함하는 단위당 생산비용을 낮추기 위한 노력이 요구된다. 생산비용의 절감을 위해 다음과 같은 방법이 이용될 수 있을 것이다.

- 제품의 재디자인
- 새로운 생산기술의 도입
- 생산율의 증대
- 폐기물(scrap)의 감소
- 생산공정의 합리화
- 재고의 감소 등

■ **품 질** : 저렴한 가격, 신속한 공급과 더불어 중요한 것이 품질이며, 높은 품질수준 확보를 위하여 다음과 같은 방법이 이용될 수 있다.

- 불량률의 감소를 위한 지속적인 노력
- 성능과 기능의 개선
- 내구성 향상
- A/S 개선 등

■ **시 간** : 제품을 저렴한 가격에 공급하는 것도 중요하지만 소비자가 원하는 제품을 원하는 시기에 공급하는 것도 중요하다. 신속하고 정시배송을 위해 다음과 같은 방법이 이용될 수 있다.

- 완성품 재고를 적정수준 보유
- 생산율의 증대
- 더 신속한 수송수단의 이용
- 현실적인 납기일 제시
- 더 나은 주문생산의 통제
- 더 나은 정보시스템 등

■ **유연성** : 소비자요구의 변화 및 다양성에 대응하기 위한 생산의 유연성을 확보하는 것이 중요하며, 이를 위해 다음과 같은 방법이 이용될 수 있다.

- CAD/CAM 이용
- JIT(just in time) 도입
- FMS(flexible manufacturing system) 도입
- 다기능 작업자 양성
- 생산능력의 증대 등

2) 생산운영관리의 정책수단

생산운영관리의 정책수단이란 위에서 정한 생산목표를 달성하기 위하여 다음의 열 가지 내용에 대해 방향을 결정하는 것이다. 생산운영정책의 내용과 실제로 우수한 기업들이 지향하는 정책을 살펴보면 다음과 같다.

■ **품질(quality)정책** : 고객들이 기대하는 품질수준의 파악과 더불어 마케팅목표와 일치하는 품질수준을 성취하기 위한 정책이 수립되어야 한다. 우수기업들은 종업원 권한부여(employee empowerment)를 통한 시스템 개선, 품질제고를 통한 비용절감 및 주문확보, 불량률 감소를 위한 지속적인 노력 등을 하고 있다.

■ **제품(product)정책** : 고객가치를 창출할 수 있는 제품의 디자인 및 생산을 할 수 있는 정책을 수립해야 한다. 우수기업들의 정책은 하나 혹은 소수의 제품을 생산하고, 지속적으로 신제품을 개발하며, 제품정책을 시장점유율과 제품수명주기와 연관하여 수립한다.

■ **인적자원(human resources)정책** : 종업원들로부터의 헌신적인 노력을 얻기 위한 작업환경, 안정적인 고용환경, 보상체계 등에 대한 정책이 중요하다. 우수기업들은 다기능 작업자 양성, 상호 신뢰와 존중을 통한 사기진작, 효과적인 직원모집, 훈련, 유지관리를 통한 우수한 직원을 육성하고 있다.

- **공정(process)정책** : 저비용, 고품질, 좋은 작업환경 등의 조건을 만족하는 공정 디자인이 중요하다. 우수기업들의 정책은 효율적인 설비 및 공정 개발, 경쟁자에 비하여 상대적으로 낮은 자본투자 수준 등이다.

- **일정계획(scheduling)정책** : 효과적인 일정계획을 통한 생산설비의 높은 이용률을 얻을 수 있는 정책이 필요하다. 우수기업들은 납기일 준수를 통한 주문확보, 효과적인 일정계획을 통한 설비의 이용률 제고, 안정적인 생산일정을 지키고 있다.

- **입지(location)정책** : 기업, 종업원, 지역사회에 높은 가치를 제공하는 효율적이고 경제적인 입지선정이 중요하다. 우수기업들의 정책은 비용, 수입, 고객서비스, 시장진입 등에 유리한 입지선정, 국제적인 기회 추구 등이다.

- **재고(inventory)정책** : 고객서비스 수준 및 설비이용률을 높게 유지하면서 재고에 대한 투자는 최소화하는 정책이 필요하다. 우수기업들은 재고에 대한 투자 최소화, 재고통제와 품질의 균질화를 위하여 JIT기법 등을 이용하고 있다.

- **설비배치(layout)정책** : 종업원에 대한 높은 수준의 작업환경을 지원함과 동시에 생산의 효율성과 효과성을 얻을 수 있도록 설비배치가 이루어져야 한다. 우수기업들의 정책은 셀룰러 생산, 유연 생산시설 이용, 효율성과 가치를 높이기 위한 원자재 흐름의 원활화를 추구하고 있다.

- **조달(procurement)정책** : 안정적이고 효과적이며 효율적인 자원의 공급을 위하여 구매자와 공급자와의 상호 존중 및 협력을 포함한 여러 방안이 마련되어야 한다. 우수기업들은 공급자에 대한 평가 및 지원, 공급자를 생산시스템에 통합시키고 있다.

- **유지(maintenance)정책** : 시설 및 설비의 높은 이용률을 위한 효과적인 예방적 유지 및 신속한 보수를 위한 실행계획이 수립되어야 한다. 우수기업들의 정책은 제품의 변동성을 감축하기 위한 효과적인 예방적 유지보수, 설비의 검사 및 간단한 예방적 유지보수를 할 수 있도록 종업원을 훈련시키고 있다.

보론 4 회계의 기본개념

1. 회계의 개념과 구성요소

회계(accounting)는 회사 등의 실체를 회계대상으로 재무보고를 하기 위한 과정을 의미한다. 이 경우 재무보고란 복식부기의 원리에 의해 회사의 회계정보를 생산하여 이를 필요로 하는 사람에게 전해주어, 각종의 유용한 의사결정을 할 수 있도록 도움을 주는 것을 말한다. 회계정보를 생산하는 사람은 당연히 회사의 경영자가 되며, 회계정보를 이용하는 사람은 주주·채권자·정부·종업원 등 수많은 사람들이 된다.

특히, 경영자는 회계정보를 생산할 책임이 있는 사람이기도 하지만 자기가 생산한 회계정보를 이용하여 회사와 관련한 의사결정도 해야 하는 사람이므로, 회계정보의 생산자이면서 동시에 이용자가 되기도 한다. 회계정보를 이용하는 대부분의 사람들은 회계에서 만들어진 회계정보를 이용하여 주식도 사고, 돈도 꿔주고, 세금도 받고, 임금협상도 하는 등 여러 목적에 이용하기 위하여 회계정보를 필요로 하는 것이다.

회계는 회계정보를 생산하고 이용하는 것이라 할 수 있는데, 이 경우 회계정보란 과연 무엇을 의미할까? 회사에서 일어나는 활동들은 영업활동, 투자활동 및 재무활동으로 나누어 볼 수 있는데, 이러한 회사의 활동들이 어떻게 잘 수행되고 있는가를 숫자로 표시한 것이 회계정보(accounting information)라고 할 수 있다.

이와 같이 복식부기의 원리에 의하여 생산된 회계정보는 이를 이용하려는 사람에게 쉽고 이해하기 좋게 전해주어야 한다. 이 회계정보는 뿔뿔이 전해주는 것보다는 하나의 그릇에 모아서 전해주어야만 그 의미가 알기 쉽게 제대로 전해질수 있는데, 이 경우 회계정보의 전달수단으로서 그릇의 역할을 하는 것이 바로 재무제표(財務諸表: financial statement)인 것이다. 이 재무제표에는 재무상태표, 포괄손익계산서, 현금흐름표 및 자본변동표가 있다.

회계는 복식부기의 원리라는 기본구조를 기반으로 하고 있지만 이론적으로도 뒷받침되어야 하는데, 이것이 회계이론(accounting theory)이다. 이 회계이론을 근간으로 만들어진 것이 기업회계기준이다. 기업회계기준은 회계정보를 생산하는 경우에 반드시 따라야 하는 법규이다. 경영자는 회계정보를 기업회계기준에 따라 생산하지 않는다면 법적 제재뿐만 아니라 경영에도 커다란 위험에 직면할 수 있다. 예를 들어, 공인회계사는 회사가 생산한 회계정보가 기업회계기준에 의하여 잘 되었는지 검증하는 과정에서 기업회계기준을 따르지 않은 경우 회계정보가 적정하게 표시되지 않았다고 판단을 내릴 수 있다. 이렇게 되는 경우 회사는 돈을 빌려오기 어렵게 되고, 주식도 제대로 평가받지 못하여 자본조달이 더욱 어렵게 된다. 기업회계기준은 정부 등 권위있는 기관에서 만들어 공표하는데, 이는 회계이론을 밑바탕으로 하여 만든다. 그러나 기업회계기준은

그림 A. 2

회계정보의 생산과 회계이론

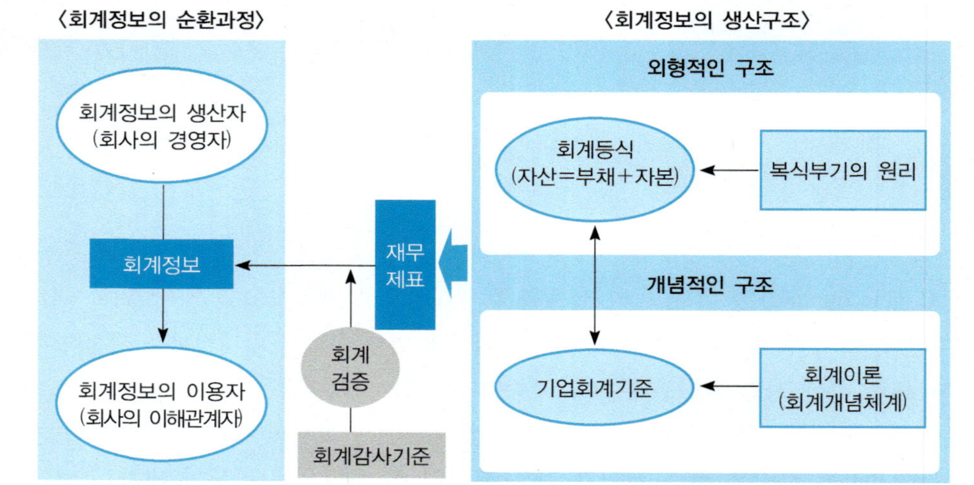

회계의 모든 현상을 반영할 수 없기 때문에 회계담당자가 실무적으로 회계처리하는 경우 기업회계기준에서 규정되지 않은 것은 회계이론에 기초하여야 한다.

따라서 회계정보의 생산은 외형적인 구조인 복식부기의 원리와 개념적인 구조인 회계이론(혹은 회계개념체계)이 서로 조화를 이룰 때 완성된다. 전자의 복식부기의 원리는 회계등식으로 구체화되고, 후자의 회계이론은 기업회계기준으로 구체화된다. 그러나 루까 빠치올리가 만든 복식부기의 원리가 근본적으로 바뀌지 않는 한 회계등식의 기본구조는 변화하지 않겠지만, 기업회계기준은 회계환경이 변하면 바뀌는 특징이 있다. 그래서 기업회계기준은 역사적 산물 내지 정치적 산물이라고도 부르는데, 이것은 곧 기업회계기준은 각 나라의 사정에 의하여 다르게 규정된다는 것을 의미한다. 그러나 어느 나라에서든 기업회계기준을 만드는 경우에는 회계이론이 그 바탕을 이루고 있음을 잊어서는 안 된다. 회계이론의 체계(theoretical structure of accounting) 혹은 회계개념체계는 회계목적, 회계정보의 질적 특성, 회계요소 및 회계인식측정 등으로 상호 연관되어 구성된다.

2. 회계정보의 이용목적

회계정보는 의사결정에 이용하기 위해서 생산된다. 회사의 회계정보를 이용하는 사람은 회사의 외부이용자와 내부이용자로 구분할 수 있는데, 회계정보의 외부이용자로는 주주, 채권자, 정부, 종업원 등이 있다. 그리고 회계정보의 내부이용자로 대표적인 사람은 회사의 경영자이다. 회사의 경영자는 외부이용자에게 재무제표를 작성하여 회계정보를 제공할 일차적 책임도 동시에 갖고 있다.

회사의 외부이용자를 대상으로 회계정보를 제공하는 회계분야를 재무회계라고 하고, 내부이용자를 대상으로 회계정보를 제공하는 회계분야를 관리회계라고 한다. 특히,

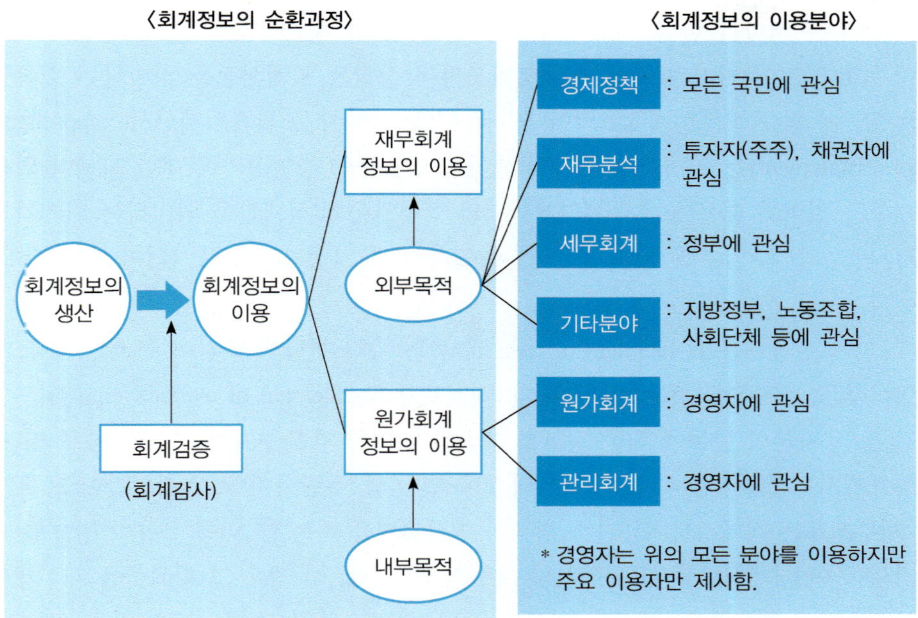

그림 A. 3
회계정보의 이용분야

원가회계의 정보를 생산하는 회계분야를 원가회계라고 한다.

결국 회계의 목적(accounting objectives)은 회사와 관련한 이해관계자들이 의사결정을 하는 데 필요한 유용한 회계정보를 제공하는 것이다. 이 경우 회계정보의 이용자는 반드시 현재의 이해관계자에 한정하는 것은 아니고 미래의 잠재적 이해관계자도 포함한다. 우리나라의 기업회계기준에서도 회계는 '광범위한 정보이용자의 경제적 의사결정에 유용한' 정보를 제공하는 것으로 규정하고 있는데, 이것은 회계가 회사의 이해관계자가 필요로 하는 유용한 회계정보를 제공하는 것임을 강조한 것이다.

3. 재무제표의 구성과 기본용어

회계는 무엇을 하고자 하는 것인가? 회계는 유용한 회계정보를 생산하여 이를 필요로 하는 정보이용자에게 전달하여 의사결정을 하는 데 사용하고자 하는 것이다. 이 경우 재무제표를 작성하여 최종이용자에게 전달하는 과정을 특히 회계정보의 보고과정 혹은 재무보고라고 하며, 주로 재무제표를 통해 이루어진다.

회사의 활동은 회사의 상품을 사고파는 영업활동, 상품 이외의 자산을 사고파는 투자활동 및 돈을 빌리고 꾸어주는 재무활동으로 크게 나누어 볼 수 있다. 매년도의 연말이 되면 이러한 활동을 얼마나 잘했는지 알아보고 싶을 것이다. 이를 보여주는 역할은 주로 재무제표가 담당하고 있는데, 이에는 재무상태표, 포괄손익계산서, 현금흐름표 및 자본변동표가 있다.

재무상태표(statement of financial position)는 회사의 투자활동과 재무활동을 얼마나 잘했는지 보여주며, 또한 영업활동에 대한 총괄내용도 보여줌으로써 회사의 재무상태를 알려주는 역할을 한다. 재무상태표는 일정시점의 재무상태(자산, 부채, 자본 등)를 보여주고 있는 것이기 때문에 재무상태표의 작성일은 일정시점을 의미하는 결산일인 '20××년 ××월 ××일 현재'로 되어 있다. 이에 반하여 포괄손익계산서(comprehensive income statement)는 일정기간 동안 발생한 영업활동의 경영성과에 대한 자세한 명세를 보여주는 것이기 때문에 포괄손익계산서의 작성일은 일정기간을 의미하는 회계기간인 '20××년 ××월 ××일부터 20××년 ××월 ××일까지'로 일정기간이 표시되어 있는 것이 특징이다.

그리고 현금흐름표(statement of cash flow)는 특히 현금의 증감이 어떠한 내용 때문에 발생되었는지 알려주는 명세표이다. 자본변동표(statement of owner's equity)는 일정기간 동안 자본의 변동에 대한 정보를 제공하기 위한 역할을 한다. 현금흐름표 및 자본변동표에서는 '20××년 ××월 ××일부터 20××년××월 ××일까지'로 일정기간이 표시된다.

재무제표는 회계정보이용자가 경제적 의사결정을 하는 데 더욱 유용한 정보를 제공하기 위하여 회계정보를 항목별로 나누어 작성하는데, 이 경우 그 항목들을 재무제표의 기본요소라고 한다. 재무제표의 기본요소에는 자산, 부채, 자본, 수익, 비용, 포괄이익, 소유주의 투자, 소유주에 대한 분배, 현금흐름이 있다. 그리고 재무제표의 기본요소를 구성하는 것을 계정 혹은 계정과목이라고 한다. 이 재무제표의 기본요소는 첫째, 재무상태표의 기본요소로 자산, 부채 및 자본이 있다. 둘째, 포괄손익계산서의 기본요소인 수익, 비용과 포괄이익이 있다. 셋째, 자본변동표의 기본요소인 소유주의 투자 및 소유주에 대한 분배가 있다. 자본변동표의 기본요소에는 포괄이익도 포함되지만, 동시에 포괄손익계산서의 기본요소이기도 하다. 넷째, 현금흐름표의 기본요소로 영업활동으로 인한 현금흐름, 투자활동으로 인한 현금흐름 및 재무활동으로 인한 현금흐름이 있다.

자산(assets)은 ① 과거의 거래나 사건의 결과로 인하여 ② 현재에 기업실체가 지배하고 있고, ③ 미래에 경제적 효익을 창출할 수 있을 것으로 ④ 기대되는 자원을 말한다. 여기서 과거의 거래나 사건의 결과라 함은 이미 발생한 것만이 자산이 될 수 있고, 미래에 발생할 것으로 예상되는 것만으로는 자산이 될 수 없다는 것을 의미한다. 경제적 효익이란 기업실체에 직접 또는 간접적으로 현금창출에 기여하는 잠재력을 의미한다. 현금창출이라 하면 당연히 현금 그 자체가 포함되지만, 유형자산, 무형자산, 투자자산 등도 현금창출에 기여할 수 있는 것들이므로 이들 모두 자산이 될 수 있다. 자산에는 법적인 소유권이 있는 것만 포함되는 것이 아니고, 법적 권리가 없다고 하더라도 미래의 경제적 효익에 대한 지배력이 있다면 자산이 될 수 있다(예를 들어, 기술의 개발비 등).

부채(liabilities)는 ① 과거의 거래나 사건의 결과로 ② 현재에 기업실체가 부담하고 있고, ③ 미래에 경제적 자원의 유출 또는 사용이 ④ 예상되는 의무를 말한다. 여기서 의무는 반드시 법적인 의무만을 의미하는 것은 아니고 상관습이나 관행이 포함되며, 거래의 원활한 촉진을 위해 채택하고 있는 기업정책에 의한 품질보증 등도 포함된다. 부채는 확정된 금액만 포함하는 것이 아니고 제품보증충당 등 추정하여 결정한 금액도 포함될 수 있다.

자본(owner's equity)은 기업실체의 자산총액에서 부채총액을 차감한 잔여액(이를 순자산이라고도 한다)을 말한다. 따라서 자본은 자산과 부채가 결정되면 자동적으로 결정된다. 이 자본은 소유주(주식회사의 경우 소유주를 주주라고 부른다)의 잔여청구권이 된다. 여기서 소유주의 잔여청구권을 소유주지분이라고 부르며, 주식회사의 경우에는 이를 주주지분이라고 부른다. 일부 실무에서는 자본을 타인자본과 자기자본으로 구분하여 이를 모두 포함하여 넓은 의미로 자본이라는 용어를 사용하는 경우가 있으나, 기업회계기준에서는 전자인 타인자본을 부채라 하고 후자인 자기자본만을 자본이라고 한다. 따라서 기업회계기준에서 자본은 자기자본만을 의미하고, 소유주지분 혹은 주주지분이라고도 부른다.

포괄이익(comprehensive income)은 기업실체가 소유주와의 자본거래를 제외한 일정기간 동안 발생한 모든 거래 또는 사건에서 인식된 자본의 변동(즉, 순자산)을 의미한다. 포괄이익은 수익총액에서 비용총액을 차감하여 측정하며, 일반적으로 당기순이익이 이에 해당한다. 여기서 소유주와의 자본거래라 함은 소유주가 투자(예를 들어, 자본금증가 등)하거나 소유주에게 분배(예를 들어, 배당 등)하는 과정에서 자본변동을 발생시키는 거래를 의미한다. 포괄이익을 계산하는 경우 회계기간 말과 회계기간 초의 화폐액에서 물가수준을 고려하지 않는 명목화폐단위 또는 불변화폐단위를 사용하고 있다. 즉, 물가수준을 고려하지 않으므로 회계기간 초의 1만원이나 회계기간 말의 1만원은 동일한 가치가 있다고 본다는 것이다. 이는 어린 아이도 믿지 않는 가정이지만 회계에서는 이 개념을 사용하고 있다는 것을 잘 알아두기 바란다.

수익(revenues)은 ① 기업실체의 경영활동과 관련하여 ② 재화의 판매 또는 용역의 제공 등에 대한 대가로 발생되는 ③ 자산의 유입 또는 부채의 감소를 말한다. 따라서 수익은 자산 또는 부채의 인식과 관련되어 있다. 회계정보의 유용성을 높이기 위하여 수익에서 차익을 분리하여 표시할 수 있는데, 이 경우 차익(gains)이란 ① 기업실체의 주요 경영활동이 아닌 부수적인 활동과 관련하여 ② 소유주의 투자가 아닌 거래나 사건의 결과로 발생되는 ③ 자산의 증가 또는 부채의 감소를 말한다. 차익이라는 용어는 종전에 이익 또는 이득이라는 용어로 사용되어 왔다. 수익의 대표적인 것으로는 매출액, 이자수익, 임대수익 등이 있으며 차익에는 유형자산처분이익, 사채상환이익 등이 있다. 그러나 개념적 및 실무적으로 수익과 차익을 명확히 구분하기 어려운 문제가 있으며, 차익도 경제적 효익을 증가시키므로 본질적으로 수익과 차이가 없으므로, 우리나라에서는 차익을 수익과 구별하여 별개의 요소로 보지 않는다.

비용(expenses)은 ① 기업실체의 경영활동과 관련하여 ② 재화의 판매 또는 용역의 제공 등에 대한 대가로 발생되는 ③ 자산의 유출 또는 부채의 증가를 말한다. 따라서 비용은 자산 또는 부채의 인식과 관련되어 있다. 회계정보의 유용성을 높이기 위하여 비용에서 차손을 분리하여 표시할 수 있는데, 이 경우 차손(losses)이란 ① 기업실체의 주요 경영활동이 아닌 부수적인 활동과 관련하여 ② 소유주에 대한 분배가 아닌 거래나 사건의 결과로 발생되는 ③ 자산의 감소 또는 부채의 증가를 말한다. 차손이라는 용어는 종전에 손실이라는 용어로 사용되어 왔다. 비용의 대표적인 것으로는 매출원가, 급여, 이자비용, 임차비용 등이 있으며, 차손에는 유형자산처분손실, 사채상환손실 등이 있다. 그러나 비용과 차손의 경우에도 수익과 차익처럼 개념적 및 실무적으로 명확히 구분하기 어려운 문제가 있으며, 차손도 경제적 효익을 감소시키므로 본질적으로 비용과 차이가 없으므로 우리나라에서는 차손을 비용과 구별하여 별개의 요소로 보지 않는다.

기타 소유주의 투자와 소유주에 대한 분배는 자본변동표의 기본요소에 속하는 것으로서 각각 소유주의 거래로 인한 자본의 증가와 감소를 의미한다. 소유주와의 거래를 자본거래라고 한다. 그리고 영업활동으로 인한 현금흐름, 투자활동으로 인한 현금흐름 및 재무활동으로 인한 현금흐름은 현금흐름표의 기본요소가 되는 것으로서 각 활동별로 현금흐름의 유입 또는 유출을 의미한다.

찾아보기(INDEX)

ㅊ

ㅋ

저자소개

Charles W. L. Hill

Hill 교수는 현재 Washington대학 경영대학 국제경영학과에 재직중이다. 그는 영국의 맨체스터 공과대학(UMIST)에서 박사학위를 취득했고, 모교와 Texsas A&M 대학, 미시간 주립대학에서 교수를 역임했다.

Hill 교수는 *Academy of Management Journal*, *Academy of Management Review*, *Strategic Management Journal*, *Organization Science* 등의 학술지에 40편 이상의 논문을 발표했다. 또한 전략경영과 국제경영에 대한 두 권의 대학교재를 저술했다. Hill 교수는 *Strategic Management Journal*과 *Organization Science* 등의 편집위원을 역임했다. 1993년부터 1996년까지 *Academy of Management Review*에서 consulting editor였다.

Hill 교수는 Washington대학에서 MBA와 Executive MBA, 그리고 박사과정에서 강의하고 있는데, 우수강의상을 여러 번 수상한 바 있다. 그는 ATL, Boeing, BF Goodrich, Hexcel, House of Fraser, Microsoft, Seattle City Light, Tacoma City Light, Thompson Financial Services, Wizards of the Coast 등의 여러 기업들을 컨설팅하고 있다.

Steven L. McShane

McShane 교수는 Western Australia 대학의 경영대학원에 재직중이며, 학생들의 강의평가에서 높은 점수를 받고 있다. 그는 말레이시아의 Tunku Abdul Rahman 대학의 명예교수이기도 하다. 이전에는 캐나다의 Simon Fraser 대학과 Queen's대학의 경영학 교수로 근무했다.

McShane 교수는 Nokia, Wesfarmers Group, ALCOA World Alumia Australia 등의 많은 조직들과 경영자 세미나를 운영해 오고 있다. 그는 또한 최근 3년간 수십 개의 나라에서 교수와 학생을 대상으로 많은 강연을 하고 있는 인기있는 강사이기도 하다.

McShane 교수는 Queen's대학에서 학부를 졸업했고, Toronto 대학에서 노사관계분야의 석사학위를 취득했고, 미시간 주립대학에서 조직행동, 인적자원관리, 노사관계 분야의 박사학위를 취득했다. 그는 캐나다 경영학회의 학회장과 Simon Fraser 대학의 경영대학원장을 역임했다. 여러 권의 조직행위 관련 저서들을 공저로 발간했으며, 수십 편의 학술논문 등을 발표했다.

역자소개

김기태

상명대학교 경영대학 경영학부 교수
서울대학교 경영학박사

김동배

인천대학교 경영대학 경영학부 교수
서울대학교 경영학박사

김성훈

울산대학교 경영대학 경영학부 교수
서울대학교 경영학박사

김주일

한국기술교육대학교 산업경영학부 및 HRD전문대학원 교수
서울대학교 경영학박사

노중균

FMASSOCIATES 상무이사
서울대학교 경영학박사

송영화

한국전자통신연구원 기술예측연구팀장
한양대학교 기술경영학박사

이상민

한양대학교 경영대학 경영학부 교수
독일 쾰른대학교 경영학박사

이은영

한국기술교육대학교 산업경영학부 교수
서울대학교 경영학박사

이정현

명지대학교 경영대학 경영학과 교수
미국 미시간주립대학교 노사관계 및 인적자원 박사

이준우

한밭대학교 경상대학 경영학과 교수
서울대학교 경영학박사

경영학원론

저 자　Charles W. L. Hill & Steven L. McShane
역 자　김기태 · 김동배 · 김성훈 · 김주일 · 노중균
송영화 · 이상민 · 이은영 · 이정현 · 이준우
발행자　한 헌 주
발행처　도서출판 **경문사**
서울특별시 종로구 평동 19번지
전화 738-7035　FAX. 722-4678
E-mail : kmsp@korea.com
홈페이지 : http://www.kmsp.co.kr
등 록　1995년 11월 9일 제300-1995-138호
2010년 6월 5일 인쇄
2010년 6월 10일 발행

■ **정가 28,000원**

ISBN 978-89-420-0429-4 93320